제6판

個人破産·回生實務

서울回生法院
裁判實務研究會　著

박영사

격 려 사

　서울회생법원은 "채무자에 대한 구제와 배려"를 핵심 가치로 삼고 있습니다. 그런데 최근에는 경제 양극화의 심화, 가계부채의 가파른 증가(2019년 3분기 1572조 원에서 2021년 3분기 1844조 원으로 증가)에 더하여 코로나 감염병 사태까지 겹쳐서 한계상황에 놓인 자영업자 등 개인채무자의 실질적 재기가 절실한 상황입니다.

　국회에서는 지난 해 개인회생제도를 이용할 수 있는 개인 채무자의 범위를 확대하고, 비면책채권의 범위를 축소하는 등 채무자를 위한 법개정이 이루어졌고, 금융감독기관에서도 생계 영업 자금의 상환을 유예하여 주는 등 현재 어려움에 처한 개인 채무자의 구제와 재기는 온 국가의 과제로 부각되었습니다.

　이러한 상황에서 서울회생법원은 최근 3년간 개인 채무자의 도산절차 신청서류 간소화, 부부재산 취급에서의 비합리적인 관행 제거, 변제기간 단축, 추가 생계비 현실화, 특별면책 활성화 등 과거 어느 때보다 많은 제도 개선을 쏟아내어 왔습니다.

　이번에 서울회생법원 재판실무연구회가 펴내는 「개인파산·회생실무」 제6판은 지난 제5판 이후 약 3년 동안 이루어진 법 개정, 주요 대법원판례를 반영함은 물론, 무엇보다도 최근 채무자의 구제를 위하여 서울회생법원에서 이루어진 제도 개선의 의미와 바뀐 실무를 빠짐없이 담았습니다. 나아가 현재 국회, 법무부 등에서 논의되고 있는 입법 개정안을 소개하고 그에 대한 서울회생법원 법관들의 전향적인 검토 결과도 함께 담았습니다.

　이번 실무교재가 법원 내·외부에서 도산실무를 담당하는 분들, 개인도산제도를 연구하거나 채무자 구제에 관심을 가지신 분들에게 조금이나마 도움이 되기를 소망합니다. 아울러 보다 많은 개인채무자들이 한 걸음 더 발전된 개인도산제도와 실무를 통하여 실질적인 재기를 할 수 있도록 많은 분들의 관심과 격려를 부탁드립니다. 앞으로도 서울회생법원은 열린 마음과 낮은 자세로 더욱 귀 기울여 듣겠습니다.

 바쁜 도산재판업무를 병행하면서도 이번 실무교재의 발간을 위해 선뜻 집
필에 참여하여 치열한 연구와 토론을 함께하여 준 서울회생법원 재판실무연구회
소속 법관들의 노고에 깊이 감사드립니다.

2022. 2.

서울회생법원장   서 경 환

제 6 판 머리말

서울회생법원은 세계 최고의 도산전문법원을 지향하면서도 경제적 어려움에 처한 개인채무자가 쉽게 도산제도를 이용할 수 있도록 스스로 문턱을 낮추는 법원이 되기 위해 노력해 왔습니다.

이번에 발간하는「개인파산·회생실무」제6판에서는 개인도산에 있어 전문성을 갖춘 서울회생법원의 법관들이 그동안 다양한 실무사례를 실제로 처리하면서 축적한 연구결과를 집약하였습니다. 지난 제5판 이후 집적된 대법원 판례와 의미 있는 하급심 결정을 분석하여 반영하였고, 서울회생법원이 지속적으로 목소리를 내어 왔던 '개인회생절차 신청이 가능한 개인채무자의 채무한도액 증액'과 '취업 후 상환 학자금 대출 원리금채권을 비면책채권에서 삭제'하는 것과 같은 최근의 법 개정 사항까지 반영하였습니다.

개인회생에서는 '3년 미만의 변제기간을 둘 수 있는 사례의 기준', '추가 생계비 반영 기준', '경제활동이 가능한 연령대의 배우자를 채무자의 부양가족으로 볼 수 있는 기준', '특별면책 및 부칙면책의 기준 및 사례 유형화', '감염병 확산 등에 대응한 변제계획 불수행 기준' 등을 확인하여 반영하였습니다. 이 밖에도 개인회생절차 내에서 채무자가 주택을 소유하면서 변제계획을 수행할 수 있도록 하는 주택담보대출 프로그램을 소개하고 시범 실시 이후 이루어진 요건 완화와 지원 대상 확대 결과도 반영하였습니다. 그리고 양육비 이행확보를 위하여 장래 양육비채권을 개인회생재단채권으로 취급하는 서울회생법원의 실무를 자세하게 소개하였습니다.

개인파산에서는 '부부재산의 분리취급 원칙'에 관한 실무준칙을 반영하고, 재도의 파산 유형을 정리하여 의미 있는 하급심 결정을 소개하였으며, 조사확정재판 및 이의의 소의 절차 체계를 정리하고 하급심의 주요 실무례를 확인한 것이 큰 성과라고 할 것입니다.

이번 실무교재의 개정으로 우리나라 도산실무가 한 단계 더 발전할 수 있기를 기원합니다. 아울러 이번 실무교재에 대한 도산법학자와 실무가의 날카로운 비판과 폭넓은 토론이 더해져 서울회생법원의 보다 나은 실무 개선으로 이어지기를 기대합니다.

　　마지막으로 도산실무에 대한 열정으로 자발적으로 집필에 참여하여 주신 서울회생법원 재판실무연구회 소속 법관들에게 깊이 감사드립니다. 또한 개인도산에 대한 애정으로 이 책에 집필된 여러 제도들이 빛을 발할 수 있는 토양을 만들어 주신 서경환 서울회생법원장님께도 감사의 말씀을 드립니다.

2022. 2.

서울회생법원 재판실무연구회 회장　　**안 병 욱**

격 려 사

    서울회생법원이 도산제도의 발전과 도산전문법원의 설립에 대한 국민적 염원을 담아 개원한 지도 벌써 2년이 넘었습니다. 설립 당시 서울회생법원은 최고의 도산전문법원을 지향한다는 포부를 밝히면서 '효율적인 기업구조조정 제도의 장점 접목을 통한 취약산업 구조개선 및 시장경제 활성화 도모', '지속적 경기불황 속에서 실패를 두려워하지 않는 혁신적 기업가 정신의 제고를 통한 경제 펀더멘털 재건 기여', '정직한 채무자의 실질적 재기 지원을 통한 국가경제의 인적자본 충실화 및 가정경제의 회복', '신속하고 전문적인 국제도산사건 관리를 통한 아시아 지역에서의 선도적인 국제도산 허브코트의 지향'을 설립이념으로 삼았습니다.

    지난 2년간 서울회생법원은 이러한 설립이념에 따른 소명을 다 하기 위하여 사회 각층의 의견을 폭넓게 청취하는 동시에 더욱 진취적으로 여러 최선진 제도를 연구함으로써 스토킹호스 비드 매각방식, 중소기업 맞춤형 회생절차 프로그램(S-Track), 지분보유조항(ERP), 개인회생 주택담보대출채권 채무재조정제도 프로그램 등의 도입, 연 3,000명 이상 방문하는 뉴스타트 상담센터의 운영, P-Plan 회생절차 및 상속재산파산제도의 활성화 등 합리적이고도 효과적인 도산제도의 운영을 위한 창의적인 절차를 마련하는 데 노력을 아끼지 않았습니다. 또한 국제적으로도 다양한 경로를 통하여 세계 유수의 도산전문법원들과 교류하고, 외국 법원과의 원활한 업무협조를 뒷받침할 수 있는 국제적 절차 적용에 보조를 함께 하기로 함으로써 세계 속의 선진 도산전문법원으로 도약할 수 있는 기반을 닦아 왔습니다.

    이번에 펴내는 제5판 「회생사건실무(상)·(하)」, 「법인파산실무」, 「개인파산·회생실무」는 서울회생법원 재판실무연구회가 개원 후 처음으로 발간한 도산제도 전반의 재판실무 교재로서, 그 동안 서울중앙지방법원 파산부 실무연구회가 발간해온 제4판 이후의 축적된 도산실무의 경험과 연구 성과를 다시 살펴보고 지난 2년 동안 서울회생법원 가족들이 열성을 다하여 정비하고 발전시킨 도산실무를 집약한 것입니다. 이 책자들이 각계에서 직접 도산실무를 담당하는 분들뿐만 아니라 도산제도를 연구하거나 관심을 가지신 분들에게 많은 도움이 되기를 기대합니다.

　끝으로 격무 중에도 이 책자들의 발간을 위하여 애쓴 서울회생법원 재판실무연구회 소속 법관들의 노고에 깊이 감사드리고, 우리 도산제도와 서울회생법원이 큰 발전을 이루기를 기원합니다.

2019. 6.

서울회생법원장　　**정 형 식**

제5판 머리말

「회생사건실무」, 「법인파산실무」, 「개인파산·회생실무」는 제4판에 이르기까지 서울중앙지방법원 파산부의 실무를 반영하면서 우리나라 도산실무의 길잡이 역할을 해왔습니다. 제4판이 발간된 2014년 9월 이후 크고 작은 변화를 겪었던 우리나라 도산실무는 2017년 3월 서울중앙지방법원 파산부가 서울회생법원으로 분리·설치된 이후 다시 한 번 도약했습니다. 이에 이러한 변화와 도약을 반영하기 위해 제5판을 발간합니다.

이번 개정판에서는 서울회생법원의 실무사례를 토대로 새로이 시행된 제도와 재판실무상 쟁점에 대한 최근까지의 연구결과와 판례 등을 반영하였습니다. 먼저 법인회생절차에서는 2011년 이후 시행되고 있는 채권자들이 적극적으로 절차에 참여할 수 있는 패스트트랙 기업회생절차와 구조조정담당임원(CRO) 제도 뿐 아니라 서울회생법원 설치 이후 성공적으로 정착된 사전계획안(P-Plan) 제도, 중소기업을 위한 간이회생제도와 중소기업맞춤형 회생절차(S-Track), 회생절차에서의 M&A 특히 공고전 인수희망자가 있는 경우의 M&A인 스토킹호스비드(Stalking Horse Bid) 제도 등을 새로이 집필하였습니다. 또 법인파산절차에서는 파산채권의 신고와 조사, 확정, 재단채권의 행사 및 변제, 견련파산 등 여러 쟁점과 법인파산 절차 운영방향을 반영하였습니다. 개인파산절차에서는 2012년 이후 시행되어 정착된 원칙적 파산관재인 선임 실무를 기초로 설명하고, 서울회생법원 설치 이후 새로이 실시하고 있는 개인 채무자들의 실질적 재기지원을 위한 뉴-스타트 상담센터 등 여러 제도를 소개하였으며, 서울가정법원과의 협업에 따라 접수가 증가하고 있는 상속재산파산 제도에 관한 실무상 쟁점을 별도의 장으로 서술하였습니다. 개인회생절차에서는 서울회생법원 설치 이후 수립된 상세한 업무처리기준과 생계비 산정과 관련하여 변화된 실무, 원칙적 변제기간을 3년으로 단축한 개정 법률과 이에 따른 실무의 변화, 2018년 2월 새로이 도입된 전임외부회생위원 제도 등을 소개하였습니다. 또한 회생·파산채권에 대한 조사확정재판의 간이한 처리실무와 부인권 관련 사건의 다양한 사례, 국제도산 승인·지원 사건의 변화된 심리방식과 외국법원과의 공조실무도 반영하였습니다.

그 밖에도 서울회생법원은 최근 법인회생절차에서 회생절차개시 전에 채무자와 주요채권자들 사이의 자율적 구조조정을 지원(Autonomous Restructuring Support; ARS)하는 프로그램, 개인회생절차에서 신용회복위원회와 협업하는 주택담보대출채권 채무재조정 프로그램을 시범시행하고 있는데, 이에 관한 내용은 실무의 축적을 기다려 다음 개정판에 반영될 것으로 기대합니다.

끝으로 도산재판업무에 충실하면서도 연구와 토론을 거쳐 이 개정판을 집필해주신 서울회생법원 재판실무연구회 소속 법관들과 서울회생법원 개원 이후 2년간 효율적 도산제도 개선을 위해 헌신하신 이경춘 초대 서울회생법원장님께 감사의 말씀을 드립니다. 그리고 모쪼록 제5판이 우리나라 도산실무의 발전에 작은 도움이 되기를 바라고, 제5판이 다루는 새로운 주제나 기존 실무처리방법으로서 논의의 대상이 되는 부분에 대해서는 도산법학자와 도산실무가의 폭넓은 토론이 이어지기를 기대합니다.

2019. 6.

서울회생법원 재판실무연구회 초대 회장 **정 준 영**

제4판 머리말

2006년 4월 채무자 회생 및 파산에 관한 법률이 시행됨에 따라 선진적인 도산법 체계를 가지게 된 우리나라의 도산실무는 그동안 그에 맞추어 괄목할 만한 성장을 하게 되었습니다. 특히 2008년 하반기 이후 세계적인 경기침체와 불황의 영향으로 도산절차를 이용하는 기업이나 개인의 수가 크게 증가하면서, 도산법제와 실무에 대한 관심이 높아졌을 뿐만 아니라 관련 제도 개선에 대한 논의와 요청이 활발히 이루어졌습니다. 이에 따라 특히 개인 도산 분야에서도 최근까지 여러 가지 굵직한 제도 개선 및 실무 운영상의 변화가 있었습니다.

먼저 개인파산 및 면책절차에서는 원칙적으로 대부분의 사건에서 파산관재인을 선임하는 '새로운 개인파산절차'를 시행함으로써 신속한 절차진행을 통해 빠른 시간 내에 채무자를 면책하는 한편, 채무자의 재산은닉 등으로 인하여 파산채권자들의 정당한 권리가 침해되는 경우를 방지하고자 하였습니다. 또한 소송구조의 활성화를 통해 절차비용도 납부할 수 없는 채무자에 대해서는 절차적인 장벽을 해소하도록 노력했습니다.

개인회생절차에서는 법 규정의 취지대로 변호사나 법무사 등을 외부회생위원으로 선임하는 '외부회생위원 제도'를 운영하였습니다. 아울러 개인도산절차에서 신용회복위원회나 서울시 금융복지상담센터와 연계하는 신속처리절차를 시범 실시하여 채무자가 보다 신속하게 구제받을 수 있도록 노력했습니다.

위와 같은 제도개선과 더불어 개인 도산 사건의 양적·질적 증가에 따라 제3판에서 예상치 못했던 실무상 쟁점들이 많이 생겼고, 그 과정에서 많은 연구성과와 실무례가 축적되었습니다.

이에 따라 기존의 제3판이 발간된 지 3년밖에 지나지 않았지만 이번에 제4판을 새롭게 발간하게 되었습니다. 제4판에서는 제3판이 발간된 이후 실무상 문제되었던 주요 쟁점들과 결론을 다루었을 뿐만 아니라, 미처 해결되지 못한 쟁점들도 언급함으로써 독자들과 향후 해결해야 할 과제를 공유할 수 있도록 하였습니다.

개인파산·면책절차에서는 원칙적 파산관재인 선임방식을 채택한 '새로운 개인파산실무'를 반영하여 책의 편제를 대폭 개정하였습니다. 기존의 제3판까지는 '원칙적 동시폐지 방식'을 전제로 하고 있었던 관계로 '개인파산관재인 사건의 처리(제1편 제5장)'의 내용이 풍부하지 못하였던바, 이번 개정에서는 위 부분의 내용을 '법인파산실무'의 해당 부분 내용을 참고하여 상당 부분 보강하였습니다. '파산신청에 대한 법원의 재판(제1편 제4장)' 부분도 '새로운 개인파산실무'의 시행에 따라 대폭 개정이 불가피하여 거의 새로운 내용으로 수정을 하였습니다. '면책불허가사유(제1편 제6장 제6절)' 부분에서는 그동안 선고된 대법원 판결, 결정뿐만 아니라 주요 하급심 결정의 내용도 최대한 반영하려고 노력하였고, 책의 곳곳에 산재해 있던 강제집행 관련된 부분을 따로 빼낸 후 모두 모아서 새로운 장에서 설명하였습니다. 각국의 입법례 부분을 최근까지의 현황에 따라 업데이트하였고, 그동안 개정된 각종 법령과 예규의 내용을 반영하였습니다. 아울러 기존의 내용 중 현행 실무와 괴리가 있는 부분 및 오류가 있었던 부분을 수정하였습니다.

개인회생절차에서는 새롭게 시행된 '외부회생위원 제도' 등을 설명하였고, 대법원규칙 및 예규의 개정으로 변화된 회생위원 업무와 채권자집회의 진행방식을 소개하였으며, 개인회생절차 개시신청부터 개시결정까지의 절차상의 흐름과 개인회생절차개시신청의 기각사유, 압류금지재산이나 면제재산 부분 등을 새롭게 집필하거나 보완하였습니다. 아울러 기존 집필부분에서 실무가 변경된 내용을 추가하거나 수정하고 오류가 있었던 부분을 바로잡았으며, 그동안 나온 대법원 판결과 대법원 결정 등도 반영했습니다.

아무쪼록 이 책이 도산사건을 실제 담당하시는 실무가들이나 도산법 분야를 연구하시는 학자들에게 도산실무를 알려주는 좋은 자료가 되어서 도산법제와 실무의 개선에 조금이나마 기여할 수 있기를 바랍니다.

끝으로 이 개정판 발간을 위해 정성어린 집필과 치열한 토론을 해주신 서울중앙지방법원 파산부 실무연구회 소속 법관들께 진심으로 감사드리고, 앞으로도 도산법 제도와 실무가 좀 더 발전할 수 있도록 여러분들의 많은 관심과 격려를 부탁드립니다.

2014. 8.

서울중앙지방법원 파산부 실무연구회 회장 **윤 준**

제 3 판 머리말

2006년 4월부터 시행된 채무자 회생 및 파산에 관한 법률에 따른 도산실무의 길잡이 역할을 해왔던 「개인파산·회생실무」제2판이 발간된 것이 2008년 8월이었습니다.

그런데 제2판 발간으로부터 만 3년이 경과하는 동안 개인파산사건 및 개인회생사건의 실무운용에 많은 변화가 발생하고 관련 판례도 많이 형성되었습니다. 그동안 폭발적으로 증가하던 개인파산사건은 2007년 154,039건을 정점으로 2008년부터 점차 감소하고 있습니다. 이러한 개인파산사건의 증감 추이는 사회 경제적 상황을 반영하는 것으로 저희 파산부는 이에 발맞추어 사건 증가 시기에는 신속하고도 유연하게, 감소 시기에는 신중하고도 엄격하게 사건을 심리하여 옴으로써 파산제도의 정착과 건전한 발전을 위해 노력하였습니다. 개인회생사건은 이제 변제계획의 수행을 완료하고 면책을 받는 채무자들이 나오면서 절차 전체를 운용하고 검증하게 되었습니다. 그 과정에서 새로운 문제와 쟁점들이 다양하게 발생하였고, 도산사건의 전문재판부로서 각종 연구와 새로운 실무운용 등을 통하여 이러한 문제와 쟁점 해결을 위해 노력하는 과정에서 적지 아니한 성과 및 경험을 집적하였습니다.

그래서 저희 실무연구회는 대법원 판결을 포함하여 새로 형성된 판례, 그리고 제2판 발간 이후 새롭거나 변경된 실무 운용례, 연구 성과 등을 담은 본 제3판을 새롭게 발간하게 되었습니다.

제3판에서는 개인파산 부분에서 제2판이 발간된 이후 많이 나온 파산원인에 관한 판결례를 추가하고, 개인파산사건의 엄격심사방안 실시에 따라 변화된 실무기준을 반영하였으며, 특히 파산관재인 선임사건 수의 증가에 따라 제2판에서는 소홀하게 다루었던 파산관재인의 지위 및 권한과 의무, 파산채권의 신고와 조사 절차, 부인권에 관한 사항을 추가하였습니다. 개인회생 부분에서는 신청자격의 기준이 되는 채무액 산정방법을 명확히 하고, 압류금지재산에 관한 민사집행법의 개정에 따른 업무처리방안을 추가하고, 신청 기각의 구체적 사례를 추가하였습니다.

본 제3판은 도산법 분야 발전의 큰 흐름 속에서 저희 실무연구회만의 현재까지의 실무 운용례와 연구 결과를 내용으로 하고 있어 여러모로 부족한 점이 있습니다만, 이 책이 개인파산 및 개인회생사건을 실제 담당하시는 분들에게는 좋은 지침서가 되어 도산실무 정립에 기여하고, 도산제도를 연구하시는 분들에게는 도산실무에 대한 이해의 폭을 넓히는 데 조금이나마 도움이 되기를 바랍니다.

　　끝으로 개인파산 엄격심사방안의 실시, 개인파산관재인 선임사건 증가, 개인회생사건 증가에 따른 바쁜 업무 중에서도 본 제3판의 발간을 위해 애써 주신 서울중앙지방법원 파산부 실무연구회 소속 법관들의 노고에 감사드리고, 많은 경험과 깊은 전문성을 갖춘 도산전담 법관으로서 앞으로도 도산법 분야 발전에 더욱 크게 기여해 주시기 바랍니다.

2011. 4.

서울중앙지방법원 파산부 실무연구회 회장 　지 대 운

제 2 판 머리말

저희 실무연구회가 채무자 회생 및 파산에 관한 법률의 시행에 발맞추어 새로운 도산실무의 운용 지침서로서 「개인파산 · 회생실무」를 발간한 지 2년이 지났습니다.

위 책은 개인파산 · 개인회생사건이 급증하기 전에 전형적인 사건을 모델로 하여 발간된 것이었으나, 실제로 서울중앙지방법원 파산부가 지난 2년간 새 법에 따라 실무를 운용한 결과 복잡다양한 사건이 접수되어 내용을 일부 수정 · 보완할 필요가 생겼고, 또 그 동안 실무를 운용하면서 축적된 전문재판부로서의 연구결과와 실무례 등을 정리하여 둘 필요도 있었으므로, 이번에 새로이 본 제2판을 발간하게 되었습니다.

제2판은 초판의 틀과 내용면에서 크게 변하지 아니하였으나, 새 법 시행 이후 접수된 사건의 운용과정에서 발생한 문제점이나 처리결과를 가급적 빠짐없이 기재하도록 노력하였습니다. 특히 개인파산신청의 급증으로 말미암아 이를 악용하는 사례가 빈발함에 따라 서울중앙지방법원은 2007년 3월부터 엄격심사하는 방안을 발표하였고 그에 기하여 파산신청의 남용과 면책불허가의 기준을 재정립하게 되었는데, 이와 관련하여 변경된 기준 및 관련 사례를 소개하였습니다. 아울러 위 엄격심사방안에 따라 재산은닉 등 면책불허가사유 및 재산조사를 위하여 개인파산관재인의 선임을 활성화하고 있는바, 개인파산관재인이 선임된 경우의 파산절차 부분을 별도의 장으로 추가하였고, 기타 법령의 개정에 따른 실무의 변동사항 및 관련 양식 등을 상당 부분 보완하였습니다.

초판을 발간할 때와 마찬가지로 이 책이 개인도산사건을 담당하시는 분들에게 좋은 지침서가 되고 실무운영을 개선하는데 조금이나마 도움이 되기를 바라마지 않습니다.

끝으로 바쁜 업무 중에서도 본 제2판 원고의 작성을 위하여 애써 주신 서울중앙지방법원 파산부 실무연구회 소속 법관들의 노고에 깊은 감사의 말씀을 드립니다.

2008. 6.

서울중앙지방법원 파산부 실무연구회 회장 　고 영 한

격 려 사

　　지난 1997년 외환위기 직후의 대기업 연쇄도산 사태로부터 시작하여 최근 가계신용의 위기로 말미암은 개인 도산사건의 급증에 이르기까지 우리 사회는 단기간에 많은 도산사건을 경험하고 있고, 이에 따라 법원의 도산사건 실무도 사회·경제적인 요청에 부응하여 지속적으로 발전함으로써 이제는 도산법제가 우리의 경제활동의 근간을 이루는 중요한 제도의 하나로 자리를 잡았습니다.

　　금년 4. 1.부터 시행된 "채무자 회생 및 파산에 관한 법률"은 과거 회사정리 절차와 화의절차로 이원화되어 있던 기업 재건형 도산절차를 회생절차로 일원화하여 모든 채무자가 이용할 수 있도록 하면서 '기존 경영자 관리인 제도'를 도입함과 동시에 채권자의 권한과 기능을 강화하는 등 종래의 절차를 크게 변경하였고, 파산절차와 개인회생절차에서도 채무자의 회생을 도모하기 위한 적지 않은 변경을 가하고 있어 법원의 도산사건 실무도 앞으로 많은 변화가 있을 것입니다.

　　이번에 서울중앙지방법원 파산부 실무연구회가 펴내는 「회생사건실무(상)·(하)」, 「법인파산실무」, 「개인파산·회생실무」 등의 책자는 서울중앙지방법원 파산부 실무연구회가 그 동안 축적한 회사정리 실무 운영 경험과 연구 성과를 집대성하고, 지난 1년 동안 "채무자 회생 및 파산에 관한 법률"에 따라 새로 시행되는 도산제도의 합리적인 운영 방안에 대한 연구 결과를 모은 것으로서, 새로운 도산법제의 시행에 즈음하여 바람직한 실무관행을 정립하고 도산사건을 합리적이면서도 효율적으로 처리하는 데 좋은 길잡이가 될 것이라고 생각합니다.

　　바쁜 업무중에서도 이 책자들의 발간을 위하여 애쓴 서울중앙지방법원 파산부 실무연구회 소속 법관들의 노고를 치하함과 아울러, 우리 법원에서 가장 많은 경험과 깊은 전문성을 갖춘 도산전담 재판부로서 향후 이 방면의 법률 문화 발전에 더욱 큰 기여를 할 것을 기대합니다.

2006. 5.

대 법 관　**양 승 태**

머 리 말

우리 나라는 "회사정리법"·"화의법"·"파산법" 등 일련의 정비된 도산법제를 가지고 있었습니다. 그러나 우리 사회는 이와 같은 도산법제를 오랫동안 널리 이용하지 못하다가 1997년 외환위기 사태로 촉발된 경제 위기 이후 많은 기업 도산사건과 나날이 증가하는 개인 도산사건에 본격적으로 활용하기 시작하였고, 이제는 도산법제가 우리 사회의 중요한 제도로 확고하게 자리잡게 되었습니다.

과거 "회사정리법"·"화의법"·"파산법"으로 나뉘어 있던 도산법령은 2005. 3. 31. "채무자 회생 및 파산에 관한 법률"로 통합·제정되어 지난 4. 1.부터 시행되고 있습니다.

"채무자 회생 및 파산에 관한 법률" 중 대표적인 기업 재건형 도산절차인 '회생절차'에서는 종래 회사정리절차와 화의절차로 이원화되어 있던 재건형 기업 도산절차를 일원화한 것으로, 기존 경영자 관리인 제도를 도입하고, 회생절차 폐지시 필수적이었던 파산 선고를 임의화하며, 종래 활성화되지 못하였던 채권자협의회의 기능과 권한을 강화하고 있고, '법인파산절차'에서도 채권자협의회 제도를 도입하는 등 채권자의 파산절차 참여를 도모하고 있습니다. 또 새 법은 최근 들어 급증하고 있는 개인파산절차의 공고방법을 간이화하고, 면책심문기일을 임의화하는 등 절차를 간소화하고, 개인파산절차와 개인회생절차에서 파산재단 또는 개인회생재단에 속하지 아니하는 면제재산의 범위를 확대하는 등 많은 변화가 있습니다.

서울중앙지방법원 파산부 실무연구회는 그 동안 회사정리 사건·법인파산 사건·개인파산 사건·개인회생 사건을 처리하면서 실무 경험과 많은 연구 결과를 축적하여 왔습니다. 우리 실무연구회는 이와 같은 실무 경험 및 연구 결과를 토대로 지난 1년 동안 새 법에 맞는 새로운 도산실무의 운영 방안을 연구·검토하였습니다.

그 결과 앞으로는 기존 경영자 관리인 제도를 충실히 시행하여 기존 경영권을 보장하고, 회생계획 인가 전 회생절차 폐지시 파산선고를 지양하며, 회생절차의 조기 종결을 도모하는 등 새 법의 입법 목적에 부합하는 방향으로 회생실무를 운용하여 재정적으로 파탄에 직면한 채무자의 도산절차 진입을 조기에 유도하여 자원의 효율적 배분을 도모함과 동시에, 채권자협의회의 강화된 기능과 권한의 행사를 보장하여 채권자로 하여금 기존 경영자 관리인을 견제·감시할 수 있도록 하는 방향으로 운용함으로써 기존 경영자와 채권자 사이에 자율적인 협의를 통하여 회생절차가 활성화되도록 운용할 것입니다. 또한 향후의 개인파산·회생절차는 '파산자'라는 명칭의 사용을 폐지하여 파산에 대한 부정적 인상을 제거하고, 새 법에 따라 인터넷 공고의 활용, 면책심문기일의 임의화 등 절차를 간소하게 운용하여 채무자로 하여금 '신속한 새 출발'을 할 수 있도록 하며, 면제재산 제도 등을 적극 활용하여 채무자의 기본적인 생활 보장을 도모하는 방향으로 운용할 것입니다.

서울중앙지방법원 파산부 실무연구회는 이번에 위와 같은 연구 결과를 모아 새 법에 따른 새로운 도산실무의 운용 지침서로서 「회생사건실무(상)·(하)」, 「법인파산실무」, 「개인파산·회생실무」를 펴냅니다. 이 실무책자는 과거 서울중앙지방법원에서 발간한 「회사정리실무」·「파산사건실무」·「개인채무자회생실무」 등의 실무책자를 토대로 우리 실무연구회가 그 동안 연구·검토한 결과를 보완하여 새로이 펴내는 것입니다. 새로 발간하는 실무책자는 아직 경험하지 못한 새로운 도산 제도에 대한 연구 결과를 내용으로 하고 있어 여러 모로 부족한 점이 적지 않습니다만, 새로운 도산실무의 정립과 연구에 조금이나마 도움이 되기를 기대하는 마음에서 이를 발간하기에 이르렀습니다.

이번 실무책자의 발간에 종전의 「회사정리실무」·「파산사건실무」·「개인채무자회생실무」의 연구결과를 활용할 수 있도록 흔쾌히 수락하여 주신 종전 집필진 여러분께 감사드립니다.

끝으로 바쁜 업무 가운데에도 책자의 발간을 위하여 애쓴 서울중앙지방법원 파산부 실무연구회 소속 법관들과 교정 작업을 담당한 서울중앙지방법원 파산부 이용운·김춘수 판사의 노고에 감사의 말씀을 드립니다.

2006. 5.

서울중앙지방법원 파산부 실무연구회 회장   이 진 성

집필진명단

1. 초판 집필진

오영준(대법원 수석재판연구관) · 이제정(수원고등법원 부장판사) · 남성민(서울고등법원 부장판사) · 김용철(서울남부지방법원장) · 김진석(서울고등법원 판사) · 박상구(서울동부지방법원 부장판사) · 오민석(수원지방법원·수원가정법원 성남지원장) · 김용하(서울고등법원 판사) · 이성용(서울남부지방법원 부장판사) (이상 전 서울중앙지방법원 파산부 판사)

차한성, 이진성(변호사, 전 서울중앙지방법원 파산수석부장판사)

임치용(변호사, 전 서울중앙지방법원 파산부 부장판사)

박태준 · 홍성준(변호사, 전 서울중앙지방법원 파산부 판사)

문유석(전 서울중앙지방법원 파산부 판사)

2. 제2판 집필진

고종영(서울동부지방법원 부장판사) · 오민석(수원지방법원·수원가정법원 성남지원장) · 권순민(특허법원 판사) · 김용하(서울고등법원 판사) · 이성용(서울남부지방법원 부장판사) · 김정곤(서울남부지방법원 부장판사) · 주진암(서울중앙지방법원 부장판사) · 김형진(서울고등법원 판사) (이상 전 서울중앙지방법원 파산부 판사)

고영한(변호사, 전 서울중앙지방법원 파산수석부장판사)

이용운, 고일광, 정영식(변호사, 전 서울중앙지방법원 파산부 판사)

문유석(전 서울중앙지방법원 파산부 판사)

3. 제3판 집필진

황정수(서울남부지방법원 부장판사) · 윤도근(서울중앙지방법원 부장판사) · 서보민 · 박연주 · 박사랑(서울중앙지방법원 부장판사) · 김진환(수원지방법원 부장판사) · 서삼희(서울고등법원 판사) · 도훈태(대법원 재판연구관) (이상 전 서울중앙지방법원 파산부 판사)

지대운, 김정만(변호사, 전 서울중앙지방법원 파산수석부장판사)

유해용(변호사, 전 서울중앙지방법원 부장판사)

정석종, 조웅(변호사, 전 서울중앙지방법원 파산부 판사)

4. 제4판 집필진

이종석(헌법재판소 재판관, 전 서울중앙지방법원 파산수석부장판사)

서경환(서울회생법원장, 전 서울중앙지방법원 파산부 부장판사)

강민호(서울중앙지방법원 부장판사)·오병희(의정부지방법원 부장판사)·조광국(서울
고등법원 판사)·원용일(인천지방법원 부장판사)·박근정(전주지방법원 정읍지원
장)·조영기(의정부지방법원 부장판사)·노현미(제주지방법원 부장판사)·이형석(울
산지방법원 부장판사)·차승환(대전지방법원 부장판사)·박현배(울산지방법원 부장
판사)·이동현(서울중앙지방법원 판사)·박원철(서울가정법원 판사)(이상 전 서울중
앙지방법원 파산부 판사)

김희중(변호사, 전 서울중앙지방법원 파산부 판사)

5. 제5판 집필진

조인·김주미(이상 서울회생법원 판사)

장석준(대법원 재판연구관)·최우진(서울남부지방법원 판사)·김희동(서울동부지방법
원 판사)·권순엽·김영석(대법원 재판연구관)·최승준(서울동부지방법원 판사)·유
철희(대법원 윤리감사심의관)·권민재(서울남부지방법원 판사)·배진호·박민(서울
북부지방법원 판사)·전성준(서울서부지방법원 판사)·손승우(서울남부지방법원 판
사)·구자광(서울동부지방법원 판사)·전선주(창원지방법원 진주지원 판사)·김정성
(울산지방법원 판사) (이상 전 서울회생법원 판사)

6. 제6판 집필진

이정우, 탁상진, 최유경, 장민석, 신혜원, 우상범, 조형목, 최혜인, 김선중, 김종찬, 손호
영, 이민호, 성기석, 한옥형, 김성은, 김기홍, 민한기(이상 서울회생법원 판사)

일러두기

　＊ 이 실무해설서 내에서 "법 제○조"라고 함은 "채무자 회생 및 파산에 관한 법률 제○조"를, "시행령 제○조"라고 함은 "채무자 회생 및 파산에 관한 법률 시행령 제○조"를 가리킨다.

　＊ 또한 "규칙"이라 함은 대법원규칙인 "채무자 회생 및 파산에 관한 규칙"을, "개인파산예규"라 함은 "개인파산 및 면책신청사건의 처리에 관한 예규"를 가리키며, "개인회생예규"라 함은 송무예규인 "개인회생사건 처리지침"을 가리킨다.

　＊ "양식"이라 함은 본문 뒤에 첨부된 개인파산 및 개인회생편 양식을 가리킨다.

주요 참고자료

1. 국내문헌

소비자파산사건실무, 법원행정처(1998)

법원실무제요 가사Ⅱ, 법원행정처(2010)

법원실무제요 비송, 법원행정처(2014)

법원실무제요 부동산등기실무Ⅱ, 법원행정처(2015)

법원실무제요 민사집행(Ⅲ), 사법연수원(2020)

주석 민사집행법(5)(제3판), 한국사법행정학회(2012)

주석 민사소송법(Ⅰ)(제8판), 한국사법행정학회(2018)

주석 채무자회생법(Ⅰ)(제1판), 한국사법행정학회(2020)

주석 채무자회생법(Ⅱ)(제1판), 한국사법행정학회(2020)

주석 채무자회생법(Ⅲ)(제1판), 한국사법행정학회(2020)

주석 채무자회생법(Ⅳ)(제1판), 한국사법행정학회(2020)

주석 채무자회생법(Ⅴ) 제1판, 한국사법행정학회(2020)

주석 채무자회생법(Ⅵ)(제1판), 한국사법행정학회(2020)

서울중앙지방법원 파산부 실무연구회, 도산절차와 소송 및 집행절차, 박영사(2011)

서울회생법원 재판실무연구회, 법인파산실무(제5판), 박영사(2019)

서울회생법원, 회생위원 직무편람, 사법발전재단(2020)

임치용, 파산법연구, 박영사(2004)

임치용, 파산법연구(2), 박영사(2006)

임치용, 파산법연구(3), 박영사(2010)

최기원, 보험법(제3판), 박영사(2002)

남효순, 김재형, 통합도산법, 법문사(2006)

오수근, 한민, 김성용, 정영진, 도산법, 한국사법행정학회(2012)

노영보, 도산법강의, 박영사(2018)

전병서, 도산법(제4판), 박영사(2019)

전대규, 채무자회생법(제5판), 법문사(2021)

편집대표 곽윤직, 민법주해(8), 박영사(1992)
편집대표 곽윤직, 민법주해(9), 박영사(1992)

2. 일본문헌

東京地裁 破産再生實務研究會, 破産·民事再生の實務(第3版) 破産編, 一般社団法人 金融
　　財政事情研究會(2014)
東京地裁 破産實務研究會著, 破産管財の手引[第2版] 金融財政事情研究會(2015)
東京地裁 個人再生實務研究會, "個人再生の手引", 判例タイムズ社(2011)
西謙二외 1인 編, 破産·民事再生の実務[新版], 金融財政事情研究会(2008)(2012)
伊藤眞, 破産法·民事再生法(第3版), 有斐閣(2014)
伊藤眞 外 5, 条解 破産法(第2版), 弘文堂(2014)
中山孝雄, 金澤秀樹 編, 破産管財の手引(第2版), 一般社団法人 金融財政事情研究會(2015)
　注解 破産法(上)
齋藤秀夫·麻上正信·林屋礼二編, 注解破産法(第三版) (下), 青林書院(1998)
園尾隆司·小林秀之, 條解民事再生法(第3版), 弘文堂(2013)
全國倒産處理弁護士ネットワーク編集, 新注釋民事再生法(下)(第2版)
基本法コンメンタール破産法(第2版), 日本評論社,
竹下守夫외 5인, 大コンメンタール破産法, 青林書院
秋山幹男 외 5인, コメソタール民事訴訟法Ⅱ(第2版)

3. 미국문헌

David G. Epstein et al., Bankruptcy, West Group(1998)
David G. Epstein, *Bankruptcy and Related Law in a Nutshell*, 7th ed., Thomson/West(2005)
Brian A. Blum, Bankruptcy and Debtor/Creditor, 7th ed., Wolter Kluwer(2018)
Charles J. Tabb, Bankruptcy Anthology, Anderson Publishing Co.(2002)
Charles J. Tabb, The Law of Bankruptcy, The Foundation Press(2009)
Charles J. Tabb, *Law of Bankruptcy(4th ed.),* West Academic(2016)
Charles J. Tabb, The Historical Evolution of the Bankruptcy Discharge, 65 Am.
　　Bankr. L.J.(1991)
Charles J. Tabb, "The History of the Bankruptcy Laws in the United States", 3 Am.
　　Bankr. Inst. L. Rev. 5(1995)
David G. Epstein, Bankruptcy and Related Law in a Nutshell, 7th ed., Thomson/
　　West(2009)
Jeffrey T. Ferriell, Edward J. Janger, Understanding bankruptcy 3rd ed., LexisNexis
　　(2013)
Lawrence P. King, Collier Bankruptcy Manual, 3rd ed., LexisNexis(2014)

주요목차

제 1 편   개인파산실무

제 1 장   개인파산절차 개관

제 2 장   파산 및 면책 신청절차

제 3 장   파산신청에 대한 법원의 심리

제 7 장 면책신청에 대한 법원의 심리

제 8 장 면책신청에 대한 법원의 재판

제 9 장 복   권

제10장 개인파산절차와 집행절차

제 2 편 개인회생실무

제 1 장 개인회생절차 개관

제 2 장 개시신청부터 개시결정 전까지

제 3 장   개시결정

제 4 장   개인회생재단의 구성과 확정

제 5 장   개인회생채권

제 6 장   변제계획안의 작성과 그 인부결정

세부목차

제 2 장　파산 및 면책 신청절차

제 3 장　파산신청에 대한 법원의 심리

제 4 장   파산신청에 대한 법원의 재판

제 5 장   개인파산관재인 사건의 처리

제 6 장   상속재산파산

제 7 장　면책신청에 대한 법원의 심리

제 8 장 면책신청에 대한 법원의 재판

제 9 장 복　　권

제10장 개인파산절차와 집행절차

제 2 편 개인회생실무

제 1 장 개인회생절차 개관

제 2 장　개시신청부터 개시결정 전까지

제 3 장   개시결정

제 4 장　　개인회생재단의 구성과 확정

제 5 장 개인회생채권

제 6 장　변제계획안의 작성과 그 인부결정

제 7 장　개인회생절차의 폐지와 변제계획 인가 후 절차

제 8 장　기　　타

제 1 편   양식(개인파산실무)

제 2 편   양식(개인회생실무)

個人破産 · 回生實務

제 1 편

●
●
●

개인파산실무

제 1 장   개인파산절차 개관

제 1 절   개인파산절차의 의의

1. 개인파산절차

　　개인파산절차는 채무자가 자신의 모든 재산으로도 채무를 변제할 수 없는 지급불능 상태에 빠지게 된 경우 채권자 또는 채무자의 신청으로 파산선고가 이루어지고 그 후 파산채권의 확정과 파산재단의 관리·환가절차를 거쳐 면책과 복권에 이르는 일련의 과정을 말한다. 파산제도는 채무자의 재정적 어려움으로 인하여 채무 전체의 변제가 불가능해진 상황에서 채권자의 개별적 채권 행사를 금지하고 채무자 재산의 관리처분권을 파산관재인에게 전속하게 하여 채무자 재산을 공정하게 환가·배당함으로써, 채권자들 사이의 적정하고 공평한 만족을 도모하고 파산절차에서 배당되지 아니한 잔여 채권에 관하여는 채무자의 책임을 면제하여 채무자에게 경제적 재기와 갱생의 기회를 부여하고자 하는 데에 그 목적이 있다.[1]

　　개인파산은 영업자·비영업자 등 채무자의 신분과 관계없이 채무자가 '개인'인 파산사건을 의미하는데, 봉급생활자, 주부, 학생 등 비영업자가 소비활동의 일환으로 자신의 변제능력을 초과하여 과도하게 물품을 구입하거나 금전을 차용한 결과 자신의 모든 재산으로도 채무를 변제할 수 없는 지급불능 상태에 빠져 파산신청을 하는 전형적인 소비자파산에서부터 개인 사업자가 영업활동으로 인하여 파탄에 이른 영업자파산의 경우까지 모두 포함한다.[2]

---

1) 헌법재판소 2013. 3. 21. 선고 2012헌마569 결정; 헌법재판소 2016. 9. 29. 선고 2014헌바292 결정.
2) 구 파산법 하에서는 영업자인 개인(영업소가 있는 경우를 말한다)의 파산신청 사건은 합의부 사물관할에 속하고 비영업자인 개인(영업소가 없는 개인 영업자를 포함한다)의 파산신청 사건은 단독판사의 사물관할에 속하여 '영업자파산'에 대칭되는 '소비자파산'이라는 용어가 일반적으로 사용되었으나, 현행법 하에서는 개인에 대한 파산사건은 모두 단독판사의 사물관할에 속하게 되었으므로, '개인파산'이라는 용어가 더 적절하다.

경제적 파탄에 빠진 채무자 스스로 파산신청을 하는 것을 '자기파산' 또는 '자발적 파산'이라고 말하고, 이와 반대로 채권자가 파산상태에 빠진 채무자를 상대로 파산을 신청하는 것을 '비자발적 파산'이라고 한다.

2. 개인파산절차에서의 면책

파산에 있어서 면책이란, 파산절차에 의하여 배당되지 아니한 잔여 채무에 관하여 파산법원의 재판에 의하여 채무자의 책임을 면제하는 것을 말한다.[3] 법원은 일정한 면책불허가사유가 있는 경우를 제외하고는 면책을 허가하여야 하고, 형식적으로 면책불허가사유가 있는 경우에도 파산에 이르게 된 경위, 그 밖의 사정을 고려하여 면책을 허가할 수 있다(법 제564조 제1항·제2항).

면책결정은 확정되어야 그 효력이 발생한다(법 제565조). 면책결정이 확정되면 채무자는 파산채권자에 대한 채무의 전부에 관하여 그 책임이 면제되고(법 제566조 본문), 당연히 복권되어 파산선고로 인한 각종 공·사법상의 제한이 소멸된다(법 제574조 제1항 제1호).

다만 면책의 효력은 파산채권에 대한 것이므로, 재단채권, 환취권과 별제권, 파산선고 후의 원인에 기하여 생긴 청구권 등에는 면책의 효력이 미치지 아니한다. 그리고 조세, 벌금, 채무자가 고의로 가한 불법행위로 인한 손해배상청구권, 임금·퇴직금 등은 비면책채권으로서 면책대상에서 제외된다(법 제566조 단서). 한편 채무자의 면책은 채무자의 보증인이나 그 밖에 채무자와 공동으로 채무를 부담하는 자의 변제책임과 물상보증인이 제공한 담보에 아무런 영향을 미치지 아니한다(법 제567조).

3. 개인회생절차와의 비교

법은 개인채무자의 도산처리절차로서 청산형 절차인 개인파산절차(법 제3편) 외에 재건형 절차인 개인회생절차(법 제4편)를 규정하고 있다.

개인회생절차는 파산의 원인인 사실이 있거나 그러한 사실이 생길 염려가 있는 자로서 일정액 이하의 채무를 부담하는 급여소득자 또는 영업소득자가 장

---

3) 법인의 파산은 해산사유가 되어(민법 제77조) 파산절차가 종결되면 법인은 소멸하므로 면책은 자연인에 한하여 인정된다. 따라서 개인파산은 법인파산과는 달리 청산을 목적으로 하기보다는 잔존하는 채무에 대한 면책을 받아 경제적 갱생을 하려는 절차로서의 의미가 더 크다.

래 계속적, 반복적으로 수입을 얻을 가능성이 있는 경우 그 수입에서 생계에 필요하다고 인정되는 비용을 제외한 나머지 금액을 원칙적으로 최장 3년간 변제에 투입하면 나머지 채무를 면책받을 수 있는 절차이다.

개인파산절차는 채무자가 파산선고 당시 보유하고 있는 재산을 변제재원으로 하지만, 개인회생절차는 원칙적으로 채무자가 장래 얻게 되는 소득을 변제재원으로 한다. 채무자는 개인회생절차를 이용함으로써 파산선고에 따르는 신분상의 제한이나 사회적 불명예를 피할 수 있으나, 개인회생절차는 급여소득자 또는 영업소득자로서 생계비 이상의 소득(가용소득)이 정기적으로 인정되어야 하므로, 정기적인 수입을 인정받기 어렵거나 가용소득이 확보되지 않는 채무자는 이용하기 어렵다.

제 2 절   개인파산·면책 제도의 연혁

파산·면책제도는 원래 파산상태에 빠진 채무자를 파렴치범으로 몰아 죄악시하는 기조에서 출발하였다가, 채권자의 채권회수비율을 높이기 위하여 채무자의 협조를 받아내는 수단으로 인식되는 단계를 거쳐, "성실하나 불운한 채무자"의 갱생을 도모하는 방향으로 발전하였다. 특히 오늘날 금융자본의 과잉 신용공여의 결과로 발생한 개인의 경제적 파탄은 종래의 "성실하나 불운한 채무자"를 구제하는 차원을 넘어서 과잉융자의 희생자 전반으로 구제대상을 넓히는 단계에 이르렀다.[4]

---

4) 파산·면책제도는 ① 파산제도만 존재하고 면책제도는 존재하지 않던 단계(서양에서 최초로 파산절차라는 집단적 강제집행절차가 도입되었을 때의 모습으로, 채권자만이 상인에 대해서만 파산을 신청할 수 있었다), ② 파산에 이어서 면책이 인정되지만 면책은 예외적으로 인정되던 단계(면책을 받기 위해서는 일정 비율 이상의 채무가 변제되어야 하고, 채권자들에 대한 청문을 통해 전부 또는 일정 비율 이상 채권자의 동의를 받아야 했다), ③ 파산에 이어서 면책이 인정되고 면책이 원칙으로 된 단계(채권자들에 대한 청문 이외에 일정 비율 이상의 변제나 채권자의 동의는 요구되지 않고, 면책불허가사유가 없는 한 면책이 인정되었다), ④ 파산절차와 면책절차가 하나의 절차로 통합된 단계로 발전하여 왔다. 정성규, "개인파산사건에서의 파산절차와 면책절차의 동시진행", 회생과 파산 1권, 사법발전재단(2012. 2.), 436~437면.

1. 로 마 법[5)]

로마 12표법(Lex Duodecim Tabularum)에 의하면 채무자가 채무를 이행하지 않은 경우에는 채권자는 채무자를 살해하거나 채무자를 노예로 삼을 수 있었다. 이러한 대인집행은 인도주의 사상의 영향으로 점차 채무자의 재산에 대한 집행으로 전환되었다. 즉, 법무관은 채권자의 신청에 의해 채무자를 파산자로 선고하여 시민으로서의 명예를 박탈하고, 채권자 전부를 소집하여 그 중 1인을 관재인으로 선임하여 채무자 재산의 매각과 그 대금의 배당을 하게 하였다.

다만 채무불이행에 채무자의 귀책사유가 없는 경우에 한해서 채무자가 스스로 자기의 재산의 처분권한을 채권자들에게 내맡기는 재산위부(cessio bonorum) 제도를 통해 채무변제를 하고 남은 채무에 대해서는 법무관의 판결로 채무자가 기본적인 생활을 영위하면서 자신의 능력 범위 내에서 갚아 나갈 수 있었다.

2. 영   국

영국에서 초기의 추심절차는 개별 채권자의 구제에 초점이 맞춰졌는데 채무자의 재산이 모든 채권을 만족시키기에 부족한 경우 개별 집행은 결국 채권자 사이의 불평등을 야기하여 집합적인 청산절차가 요구되었다. 이러한 요구에 부응하여 헨리 8세 시대인 1542년에 최초의 파산법인 "파산을 한 자에 대한 법(An act against such persons as do make bankruptcy)"이 제정되었다. 이 법은 법률명에서 알 수 있듯이 채무자를 위한 법이 아니라 채무자가 파산상태에 빠진 경우 채권자들의 채권을 공동 회수하기 위한 법으로 채무자의 신청권이나 면책제도는 인정되지 않았다.[6)] 이 법은 파산자를 범법자(offender)로 보는 등 초기 파산법의 특징인 준형사법에 가까운 것으로 필요한 경우 채무자를 구금할 수도 있었다.

그 후 약 150여 년간 주로 채권자의 권리구제를 위하여 파산법이 개정되었다가 1705년 앤 여왕시대에 이르러서야 처음으로 채무자에 대한 면책제도가 인정되는 파산법(Statute of 4 Anne)이 제정되었다. 그러나 이 시기의 면책제도는 채권자의 구제를 효과적으로 하기 위한 것으로 여전히 자발적 파산신청이 인정

5) 전병서, "파산면책의 입법적 검토", 저스티스 제31권 제1호(통권 제47호), 한국법학원(1998. 3), 68~69면.

6) Charles J. Tabb, "The Historical Evolution of the Bankruptcy Discharge", 65 Am. Bankr. L.J. 325, 329면(1991).

되지 않았고, 면책의 대상도 상인인 채무자에 제한한 데다가 채무자가 자발적으로 그의 재정 상태를 공개하고, 재산을 인도하였다는 확인을 집행관(commissioner)이 해 주는 경우에 한해서 면책이 인정되었다. 그나마 집행관의 확인은 재량사항이었는데 아주 제한적으로 행해졌다.[7] 그렇지만 최초로 면책제도를 인정한 점에서 의의가 크다.

영국에서는 산업혁명의 부정적 요소로 경제공황이 발생하자 파산자를 급격한 경제변동의 희생자로 인식하며 파산자에 대한 적극적인 면책의 필요성이 제기되었다. 그 결과 1842년 파산법은 채권자의 동의를 더 이상 면책의 요건으로 하지 않게 되었고, 1861년 파산법은 상인 이외의 일반인에게도 파산규정이 적용되는 것으로 발전하였다.

영국은 파산제도의 목적으로 채권자의 채권회수뿐만 아니라 채무자의 재기를 독립적 목적으로 인식하여 1914년 파산법은 채무자에게 재출발의 기회를 부여하기 위한 면책제도를 규정하였다. 1986년의 신 파산법(Insolvency Act 1986)에 있어서도 일정한 절차를 거치면 원칙적으로 면책을 받을 수 있도록 하고 있다. 즉 법원의 명령에 의하여 파산자를 면책하며, 면책에 의하여 파산자의 채무 전부가 면제된다.[8]

3. 미   국

가. 1800년 파산법

미국은 영국의 1732년 파산법을 모델로 하여 1800년에 최초로 제1차 연방 파산법을 제정하였다.[9] 이 법은 당시 영국법과 마찬가지로 엄격한 요건 하에서 면책을 인정하였다. 면책을 받기 위해서는 채권자 수와 채권액의 각 2/3 이상의 동의를 얻은 집행관의 확인서를 필요로 하였다.[10] 이 법도 여전히 파산신청권은 채권자에게만 인정되었고, 상인만이 파산의 대상으로 되었다.

---

7) Charles J. Tabb(주 6), 334~335면.

8) I. F. Fletcher and Letitia Crabb, Insolvency Act 1986, 227~230면[전병서(주 5), 70면에서 재인용].

9) Charles J. Tabb, "The History of the Bankruptcy Laws in the United States", 3 Am. Bankr. Inst. L. Rev. 5, 14면(1995).

10) Charles J. Tabb(주 9), 15면.

나. 1841년 파산법

그 후 1837년의 경제공황에 직면하여 파산자의 구제가 절실해진 결과 1841 년에는 제2차 연방 파산법이 제정되었다. 제2차 연방 파산법은 파산자 구제법의 성격도 가진 점에서 획기적인 것으로 비상인도 포함하여 일반파산주의가 취하여 진 것과 함께 영미법 최초로 채무자의 자발적 신청도 인정되었다.[11]

또한 면책에 있어서도 채권자의 동의나 집행관의 확인을 요건으로 하지 않 고 채권자 수와 채권액의 과반수에 의한 서면 이의신청이 없는 한 파산자의 면 책이 인정되었다. 1841년 파산법부터 파산제도는 채권자의 채권회수와 함께 채 무자의 구제를 위한 것으로 인식되었다.

이 법을 이용하여 약 3만 명의 채무자가 면책을 받게 되자 채권자의 강한 반발에 부딪쳐 1843년에 곧 폐지되었지만 최초의 근대적인 파산법이라고 할 수 있다.

다. 1867년 파산법

1841년 파산법의 폐지 이후 번영의 시대에 든 미국은 파산법 제정에 대한 특별한 요구가 없다가 1857년의 공황과 남북전쟁 후의 경제적 혼란기를 거치면 서 연방 파산법의 제정의 필요성이 다시 제기되어 1867년 제3차 연방 파산법이 성립하였다.[12] 이 법은 채무자가 파산신청을 하기 위해서는 300달러 이상의 채 무를 부담할 것을 요건으로 함과 아울러 면책을 받기 위해서는 채권자 수와 채 권액 모두에서 과반수의 동의를 얻거나 동의를 얻지 못한 경우에도 채권액의 50% 이상만 변제하면 면책이 가능하게 되어 이전의 동의요건을 개선하였다. 이 법은 1874년에 동의요건을 좀 더 완화하는 것으로 변경되었다가 1878년 폐지되 었다.

라. 1898년 파산법

1884년과 1893년의 경제공황으로 주(州) 법률로는 재정문제를 해결할 수 없 게 되자 연방 파산법의 제정의 필요성이 다시 제기되어 1898년에 제4차 연방 파산법이 제정되었다. 이전의 연방 파산법이 한시적인 것에 반하여 이 법은 영

---

11) Charles J. Tabb(주 9), 18면.
12) Charles J. Tabb(주 9), 19면.

구적인 법률의 시대를 연 것에 그 의미가 있는데, "성실하지만 불운한(honest but unfortunate)" 채무자에게 면책을 인정하는 것이 사회 전체적으로 이익이 된다고 인식하여 이전 파산법들이 면책의 요건으로 요구하던 채권자의 동의 등의 제한들을 삭제하고, 면책불허가사유도 축소하는 등 채무자에게 유리한 내용을 담고 있었다.[13] 자발적 파산신청을 할 수 있는 채무의 최소액도 없어졌다. 그러나 대부분의 규정들은 채무자의 재산의 형평에 맞고 효율성 있는 분배 절차에 초점을 맞추고 있었다.

마. 1938년 파산법

1929년 대공황으로 인한 경제침체와 실업자의 증가 등으로 1932년 전국파산법위원회(National Bankruptcy Committee)가 구성되는 등 파산법의 광범위한 개정작업 끝에 1938년에 파산법이 개정되었다(소위 The Chandler Act).[14]

이 법은 1898년 법을 거의 전면 개정하다시피 한 것으로, 개인파산에 있어서는 파산신청 자체가 면책신청으로 간주되어 파산자는 새로이 면책신청을 하지 않아도 되었고, 파산자에게 면책불허가사유로 되는 불성실한 행위가 존재하지 않는 한 면책을 허가하여야 하는 원칙이 채택되었다.

또한 급여 소득자가 장래의 수입으로 채무를 일정기간 분할변제하고 나머지 채무를 면책하는 채무재조정제도가 제13장으로 도입되었다.[15]

바. 1978년 파산법 및 그 이후 1984년, 1994년 개정법

1938년 파산법 개정 후 40년만인 1978년에 파산법이 대폭 정비되는데, 이는 이전 연방 파산법과 달리 경제 불황에 대한 대응으로 입법된 것이 아니라 연방 파산법이 달라진 경제상황에 적절히 작동될 것인가에 대한 연방의회 차원의 1968년부터 시작된 10년간의 파산법 분석 작업 끝에 개정된 것이다.[16]

개인과 관련한 주요 개정 내용은 파산제도의 이용을 쉽게 하기 위해 종래의 "파산자(bankrupt)"를 "채무자(debtor)"로, "파산선고(adjudication)"를 "구제명령(order of relief)"으로 바꾸었고, 영업소득자도 제13장 채무재조정 절차를 이용할

---

13) Charles J. Tabb(주 9), 23~24면.
14) 1936년에 제출된 개정안의 제안자인 Walter Chandler 의원의 이름에서 유래된 것으로 우리나라의 파산법 및 회사정리법의 모델이 된 법이다.
15) Charles J. Tabb(주 9), 29~30면.
16) Charles J. Tabb(주 9), 33면.

수 있게 되었다. 개정과정에서 채권자 신청에 의한 제13장 신청절차도 논의되었으나 개정법은 자발적 신청만을 채택하는 한편 파산신청이 남용으로 인정되는 경우에는 그 신청을 기각하도록 하였다.

그 후 파산법은 연방 파산법원에 대한 포괄적 관할 부여가 위헌이라는 미 연방 대법원의 판결[17]로 인한 문제점을 해결하기 위한 1984년 개정, 가족농업인의 채무재조정을 위한 1986년 개정 외에도 1988, 1994, 1998년에 부분적으로 개정되었다.

사. 2005년 파산법

미국의 소비자파산사건 수는 1970년대 및 1980년대 장기화된 불황 여파 속에 급격한 증가 추세를 보이다가, 1990년대 걸프전의 종료와 함께 시작된 경제 호황으로 보합세를 유지하였으나, 경제 호황기인 1995년부터 실질소득의 증가, 실업 및 빈곤율의 감소, 소비자물가의 안정 등에도 불구하고 급격한 증가 추세를 보여 왔다.[18]

이러한 증가현상의 원인으로 미국인들의 도덕적 해이, 과소비 풍조, 금융기관의 무분별 대출, 소비자 구제에 편향된 파산법 등이 지적되었는데, 그 중 소비의식이나 소비행동양식에 있어서 도덕적 해이를 초래한 근본원인이 채무의 면책을 용이하게 하는 현행 파산법제의 모순에 있다는 비판이 강하게 일어났다. 그 결과 1994년 개정 파산법에 근거하여 "전국파산법조사위원회(The National Bankruptcy Review Commission)"가 구성되고, 위 위원회는 1997. 10. 22. "파산: 향후 20년(Bankruptcy: The Next Twenty Years)"이라는 최종 보고서를 제출하였다.

이에 의회는 1998년부터 매년 개정안을 상원과 하원에서 심사하였지만 개정안이 통과되지 못하다가 2005. 4. 20. 채무자가 살고 있는 주의 평균소득을 상회한 채무자는 개인파산(chapter 7)이 아닌 개인회생절차(chapter 13)를 이용할 것과 면책을 위한 재정관리 교육과정(Financial management instructional course)의

---

17) *Northern Pipeline Construction Co. v. Marathon Pipe Line Co.*, 458 U.S. 50(1982).

18) 미국의 소비자파산 신청건수는 2001년 약 103만 건, 2002년 약 108만 건, 2003년 약 115만 건, 2004년 약 111만 건, 2005년 약 163만 건으로 꾸준히 증가하고 있다가 2006년 약 35만 건으로 크게 감소하였다(통계자료는 미국 연방법원 홈페이지 http://www.uscourts.gov/Statistics/ BankruptcyStatistics.aspx 참조). 2005년 신청건수의 급증은 개인파산신청을 일부 제한하는 내용의 개정 파산법이 시행되기 전에 개정 전의 파산법을 적용받으려는 데에서 비롯된 것으로 보이고, 2006년 신청건수의 급감은 위 개정 파산법의 영향으로 보인다. 2006년 이후 신청건수 추이는 제1장 제4절 1.항 참조

이수[19] 등을 주된 내용으로 법률이 개정되었다.[20]

4. 우리나라

일본은 1952년에 미국법(당시 시행되던 'The Chandler Act')의 영향 아래 파산법에 면책절차를 도입하였는데, 우리나라는 1962. 1. 20. 법률 제998호로 파산법을 제정하면서 일본 파산법과 같이 미국식 면책제도를 채택하였다.

종래 우리나라의 도산제도는 파산법, 회사정리법, 화의법, 개인채무자회생법으로 나뉘어 있다가, 2005. 3. 31. 법률 제7428호로 '채무자 회생 및 파산에 관한 법률'이 제정(2006. 4. 1. 시행)되면서 각종 도산제도가 하나의 법률로 통합되었고, 파산절차는 위 법률 제3편에 규정되어 있다.

제 3 절 면책의 근거 및 합헌성[21]

1. 면책의 근거

개인파산제도의 주된 목적은 모든 채권자가 평등하게 채권을 변제받도록 보장함과 동시에 채무자에게 면책절차를 통하여 남아 있는 채무에 대한 변제 책임을 면제하여 경제적으로 재기·갱생할 수 있는 기회를 부여하는 것이다. 이와 관련하여 면책제도의 이념 또는 근거에 대하여 두 가지 입장이 논의되고 있다. 하나는 파산제도의 주된 목적 중 전자를 중시하여 파산제도는 채권자에 대한 공평한 변제를 목적으로 하는 채권자의 권리실현에 있는 것을 전제로, 파산채권자의 이익 실현에 성실하게 협력한 채무자에 대하여 특전으로서 면책을 부여한다는 입장이고(특전설), 다른 하나는 위 목적 중 후자를 중시하여 면책을 사회보장제도의 일환이나 채무자 갱생의 수단으로 보는 입장이다(갱생설).

---

19) 이른바 신용교육이라고도 한다. 자세한 내용은 정영식, "미국 파산법 제7장 절차에서의 개인 채무자의 면책절차", 대법원 재판자료 122집 : 외국사법연수논집(30)(2011), 367~376면 참조.

20) 개정 법률의 명칭은 Bankruptcy Abuse Prevention and Consumer Protection Act of 2005인데, 연방 파산법과 독립된 법률은 아니고 연방 파산법 중 개정된 부분의 명칭에 불과하다.

21) 자세한 내용은 서경환, "파산면책의 정당화 근거 및 개인도산제도 활성화를 위한 개선방안", 법조 제68권 제5호(통권 제737호), 법조협회(2019. 10.), 240~280면 참조.

두 입장 중 어느 쪽을 강조하느냐에 따라 심리의 방식이나 면책불허가사유의 해석에 영향을 미치게 된다. 특전설의 입장에 서게 되면, 면책은 일종의 특전 또는 특혜이므로 엄격하게 심사하여 제한적으로 면책을 허가하는 한편 갱생설의 견해를 취한다면, 면책불허가사유에 해당하는 사실이 있어도 그것이 적극적으로 채무자의 불성실성을 나타낸다고 보이지 않는 한 넓게 면책을 인정하려는 입장을 취하게 된다.

현행법은 일정한 불허가사유가 있는 경우 이외에는 반드시 면책을 허가하도록 하는(법 제564조 제1항) 한편 면책불허가사유가 있는 경우에도 종래 실무 해석상 인정해 오던 재량면책의 근거규정(같은조 제2항)을 신설하고, 구 파산법 하에서는 가능하던 면책 절차중의 강제집행 등을 금지·중지(법 제557조)함으로써 기본적으로 갱생설의 입장이라고 해석된다.[22] 서울회생법원에서는 갱생설에 입각하여 실무를 처리하고 있다.

면책제도를 채무자의 갱생 수단으로 보더라도 제도의 운영은 그 시대의 사회·경제적 배경을 고려하지 않을 수 없다. 현재 우리나라의 경제현황은 소비자금융이 급격하게 발달하고 있고,[23] 이에 따라 금융채무불이행자(옛 신용불량자)도 지속적으로 발생하고 있는바, 이 문제는 채무자 자신은 물론 그 가족 나아가 사회 전체에서 볼 때도 긴급하게 해결해야 될 과제로 등장하고 있다.[24] 따라서 실무를 운영하는 입장으로서는 면책으로 인하여 발생할 수도 있는 도덕적 해이를 우려하기보다는 채무자 본인과 가족들의 인간으로서의 생존권을 보장하고 채무자가 경제활동에 참가하여 사회 전체적인 경제적 효율을 높일 수 있도록 면책제

---

22) 한편 현행법은 채권자 등 이해관계인의 법률관계를 조정하고 파산제도의 남용을 방지하기 위하여 여러 절차를 마련하고 있는바, 파산·면책신청이 성실하지 아니하거나 파산절차의 남용에 해당한다고 인정되는 때에는 파산·면책신청을 기각할 수 있도록 하고(법 제309조, 제559조), 일정한 사유에 해당하는 때에는 면책을 불허가할 수 있도록 하며(법 제564조 제1항), 채무자가 고의로 가한 불법행위로 인한 손해배상청구권 등은 면책대상에서 제외하고(법 제566조), 채무자가 파산재단에 속하는 재산을 은닉 또는 손괴하는 등의 사기파산죄로 유죄의 확정판결을 받거나 부정한 방법으로 면책을 받은 경우 면책이 취소될 수 있도록 하고 있다(법 제569조).

23) 예금취급기관의 가계대출 총액은 2003년 322조 130억 원, 2004년 355조 5,400억 원, 2005년 393조 2,395억 원, 2006년 443조 3,482억 원, 2007년 474조 944억 원, 2008년 515조 2,640억 원, 2009년 549조 7,600억 원, 2010년 593조 5,404억 원, 2011년 639조 6,056억 원, 2012년 659조 8,583억 원, 2013년 687조 1,864억 원, 2014년 745조 8,232억 원, 2015년 812조 3,600억 원, 2016년 908조 6,757억 원, 2017년 974조 5,695억 원, 2018년 1,033조 8,174억 원, 2019년 1083조 9,820억 원, 2020년 1,173조 6,954억 원으로 증가하고 있다(한국은행 경제통계시스템 http://ecos.bok.or.kr 참조).

24) 개인파산 내지 신용불량자의 증가는 ① 도박, 범죄, 가정파탄 등 사회불안을 초래하고, ② 근로의욕 저하, 직장에서의 부정행위를 유발하며, ③ 금융기관의 부실채권 증가로 인한 금융기관 부실화, 신용사회로의 이행 지연 유발 등의 문제를 야기한다(삼성경제연구소, 개인파산의 급증과 대책, 14면 이하).

도를 적극적으로 운영할 필요가 있다. 그러나 파산·면책제도는 채권자의 정당한 채권 실현과 채무자의 갱생이라는 이념이 상호 대립되어 왔으며, 그중 어느것을 우선시킬 것인가는 각 시대의 현실 상황에 따라 달라져 왔고 향후에도 달라질 수 있음을 유념하여야 한다.

2. 면책제도의 합헌성

면책은 파산채권자의 권리를 면책결정이라는 재판에 의해 변경한다는 성격을 가지므로 재산권을 보장한 헌법 제23조 등의 규정에 반하지 않는가의 문제가 제기될 수 있으나, 우리나라와 일본, 미국 등에서는 아래와 같이 헌법에 위반되지 않는다고 보고 있다.

가. 우리나라

대법원은 일정한 면책불허가사유가 없는 경우에 반드시 면책을 허가하도록 정하고 있는 법 제564조 제1항의 위헌 여부에 관하여, "개인파산제도의 목적은 모든 채권자가 평등하게 채권의 만족을 얻도록 보장하는 것 외에 지급불능의 상태에 빠진 채무자에게 경제적으로 재기·갱생할 수 있는 기회를 부여하는 데에도 있다. 그 제도를 설계함에 있어서 반드시 채무자에 대한 면책을 일종의 특전으로 이해하는 전제 위에서 이를 행할 필연적인 이유는 없고, 적극적으로 채무자의 불성실성을 드러내는 것으로 평가되는 사유 등이 없는 한 원칙적으로 면책을 인정한다고 하여도 이는 파산상태에 있는 채무자에게 가급적 넓은 범위에서 경제적 재생의 기회를 부여하여 인간다운 삶을 살 수 있는 터전을 마련하려는 정당하고 중요한 입법목적에 기한 것으로서, 그것이 헌법에 규정된 재산권, 평등권, 인간으로서의 존엄과 가치, 행복추구권, 과잉금지의 원칙 등을 근거 없이 부당하게 침해하거나 위반하는 것이라고 할 수 없다."고 하였다.[25]

또한 헌법재판소는 면책의 효력을 정하고 있는 법 제566조 본문의 위헌 여부에 관하여, "면책효력조항은 채권자들에 대한 공평한 변제를 확보하고 채무자의 경제적 재기의 기회를 부여하려는 것으로서 입법목적이 정당하고, 일정한 비

---

25) 대법원 2009. 7. 9.자 2009카기122 결정. 이에 대하여 채권자가 제기한 위헌소원 사건에서 헌법재판소도 같은 취지로 법 제564조 제1항이 헌법에 위반되지 않는다고 판단하였다(헌법재판소 2011. 11. 24. 선고 2009헌바320 결정).

면책채권 외의 채권에 대하여 일률적으로 채무자의 책임을 면제하는 것은 위와 같은 목적 달성에 기여하는 적합한 수단에 해당한다. 한편 구체적 개별 채권에 대하여 면책의 효력을 달리 정할 경우 채권 변제의 합리성과 공평성이 훼손될 우려가 있고, 파산절차에 의한 배당 외의 추가적인 책임 부담을 채무자에게 요구하는 것은 채무자의 갱생을 극히 어렵게 할 우려가 있으며, 법이 면책허가 여부에 관한 재판에서 파산채권자의 이익을 보호하기 위한 여러 절차적 장치를 규정하고 있는 점, 면책허가 결정이 담보권 실행을 통한 채권의 만족을 금지하는 것은 아닌 점 등을 고려할 때 달리 덜 침해적인 대체 수단을 발견하기 어려우므로, 위 면책효력조항은 피해의 최소성 원칙에 반하지 아니한다. 나아가 면책허가결정을 받은 채무자는 사실상 지급불능 상태에 있다는 점에서 파산채권에 대한 채무자의 책임이 면제됨으로써 발생하는 채권자의 불이익이 그리 크다고 보기 어려운 반면 면책제도가 추구하는 공익은 결코 작다고 할 수 없으므로 법익균형성 원칙도 충족된다. 따라서 위 면책효력조항은 파산채권자의 재산권을 침해하지 아니한다. 나아가 일반채권과 조세·벌금 등 채권에 관하여 채무자의 면책 여부를 달리 정한 것, 개인파산절차와 개인회생절차에서 채무의 면책 여부 및 그 정도를 달리 정한 것에는 합리적인 이유가 있기 때문에 평등권을 침해하는 것도 아니다.”라고 하였다.[26]

나. 일   본

일본 최고재판소는 1961. 12. 13. “면책은 채권자에 대하여는 불이익한 처우라는 것은 명백하지만, 한편 파산자를 갱생시켜 인간으로서 존엄과 가치 있는 생활을 영위하는 권리를 보장하는 것도 필요하다. 만약 면책을 인정하지 않는다면 채무자는 이러한 자산상태의 악화를 숨기고 최악의 사태까지 가는 결과가 되어 오히려 채권자를 해치는 경우가 적지 않으므로 면책은 채권자에 대하여도 최악의 사태를 피하기 위한 것이다. 이러한 점에서 면책 규정은 공공의 복지를 위

---

26) 헌법재판소 2013. 3. 21. 선고 2012헌마569 결정. 헌법재판소는 위 결정에서 면책조항의 입법 목적과 관련하여 “개인파산에서 채무자의 경제적 갱생 도모는 채무자가 파산선고 이후에도 잔여 채무에 대한 무제한의 책임을 지게 되는 경우 오로지 채권자에 대한 채무변제를 위해서만 경제활동을 해야 하는 극단적 상황을 방지하여야 한다는 요청에 따른 것이다. 한편 파산자에 대한 면책은 채무자가 자산 상태의 악화를 숨겨 피해를 확대하거나, 특정 채권자가 자신의 채권만을 우선적으로 변제받기 위하여 파산신청을 협박의 수단으로 사용하는 것을 방지하는 역할도 하고 있는바, 이는 파산자에 대한 모든 채권의 공평한 변제의 실현에 기여하는 의미도 있다.”고 하였다.

해 헌법상 허용될 필요 및 합리적인 재산권의 제약으로 풀이하는 것이 상당하다"고 판시하며 면책제도가 헌법에 위배되지 않는다고 결정하였고,[27] 1991. 2. 21. 다시 위 결정을 확인하였다.[28]

다. 미 국

미국의 경우 연방 헌법 제1조 제8항에서 파산에 관한 연방 법률의 제정권한을 연방의회에 부여하고 있으므로 파산에 이른 채무자에게 면책을 부여할 것인지 여부는 시대상황에 따른 연방의회의 입법정책의 문제로 인식되어 왔다.[29] 또한 100년 이상 면책을 통한 재출발의 원칙(fresh start doctrine)을 유지하여 온 현재에는 누구도 그 위헌성을 의심하지 않는 상황이다. 면책제도에 관한 핵심 판결인 *Local Loan Co. v. Hunt*[30]사건에서 연방대법원은, 면책의 목적은 성실하지만 불운한 채무자(honest but unfortunate debtor)로 하여금 "기존 채무의 압박과 굴레로부터 벗어난 새로운 삶의 기회와 미래를 설계할 깨끗한 상태를 향유하도록 하는 것"이라고 판시하면서 그 정당성을 확인시켜 주었다.

제 4 절 개인파산·면책에 대한 각국의 입법례

개인파산에서 면책의 허용 여부에 대한 각국의 입법례는 다양하다. 이는 채무에 대한 역사·사회·문화적 가치관, 법문화의 차이 등에 기인한다. 대체적으로 보면, 대륙법계인 유럽 국가들은 일정 기간 변제계획의 이행을 전제로 잔여채무를 면제하고 있음에 반하여 영미법계 국가는 '새로운 출발(fresh start)'에 초점을 두어 채무면제 허용에 관대한 편이다.

1. 미 국

연방파산법 제7장의 청산(liquidation)이 우리나라의 파산절차에 해당한다. 미

---

27) 日本 最高裁判所 昭和 36(1961). 12. 13. 決定, 民集 15券 11号 2803면.
28) 日本 最高裁判所 平成 3(1991). 2. 21. 決定, 金融法務事情 1285号 21면.
29) 따라서 면책은 법률에 의해 창설된 것으로 헌법상 권리는 아니다. *In re Stewart*, 175 F.3d 796(10th Cir. 1999).
30) 292 U.S. 234(1934).

국 개인파산절차가 우리나라의 개인파산절차와 다른 특색은 다음과 같다.[31]

첫째, 우리나라는 파산신청이 있으면 법원에서 심문 등 일정한 심리를 거친 다음에 파산선고를 하지만, 미국에서는 채무자 신청사건의 경우에 파산신청서가 법원에 접수되면 바로 파산선고와 같은 효력을 가진다.[32] 이러한 효력을 자동중지(automatic stay)라고 한다. 다만 채권자 신청사건의 경우에는 우리나라처럼 법원의 개시결정(order for relief)으로 파산절차가 개시된다.[33]

둘째, 우리나라는 파산선고 시에 파산관재인을 선임하지만, 미국에서는 파산신청서가 접수되면 지체 없이(주로 접수일에) 연방관재인(U.S. Trustee)이 관재인 명부에 등재된 후보자 중에서 임시관재인(interim trustee)을 선임한다.[34] 임시관재인은 채권자집회에서 채권자들이 별도로 관재인을 선임하지 않으면 그대로 파산관재인이 된다.[35]

셋째, 우리나라는 파산절차와 면책절차가 이원화되어 있어서 절차진행이 복잡하지만, 미국에서는 파산절차와 면책절차가 하나의 절차로 진행된다. 미국 파산절차의 개요는 아래 표와 같다.

넷째, 우리나라는 면책절차에서 채권자 등의 이의신청이 없는 경우에도 법원이 직권으로 면책불허가사유의 유무를 심리하지만, 미국에서는 이의신청기간[36] 안에 이의신청이 없으면 법원이 면책불허가사유의 유무를 심사하지 않고 반드시 면책을 하여야 한다.[37] 이의신청이 있으면 대심절차(adversary proceeding)에 의하여 심리하는데, 면책불허가사유가 존재한다는 입증책임은 이의신청인 측에서 부담한다.[38]

다섯째, 우리나라는 파산선고를 받으면 공무원, 교원, 변호사, 공인회계사, 변리사, 법무사, 세무사 등의 자격을 제한하고 있으나(파산선고를 받은 자의 자격을 제한하는 법률이 100여 개에 이른다. 다만 법 제32조의2에서는 파산선고에 의한 차별적 취급을 금지하고 있다),[39] 미국에서는 파산사건의 채무자였다는 이유로 면허, 허

31) 미국 개인파산절차에 대한 자세한 설명은 서경환, "우리나라 소비자파산제도의 개선방안 — 미국 소비자파산제도의 도입을 중심으로", 대법원 재판자료 98집(2002. 12.), 5~118면; 강선명, "미국 파산절차 실무", 법조 53권 5호(2004. 5.) 214~295면 참조.

32) 미국 연방파산법 §301.

33) 미국 연방파산법 §303.

34) 미국 연방파산법 §701.

35) 미국 연방파산법 §702.

36) 이의신청기간은 제1회 채권자집회일부터 60일이다.

37) 미국 연방파산규칙 §4002.

38) 미국 연방파산규칙 §4005.

가, 인가, 특허 등을 거부·취소하여서는 아니 되고 고용을 거부·종료하여서는 아니 된다고 명문의 규정을 두어 채무자를 보호하고 있다.[40]

[미국 파산절차의 개요]

① 파산신청서 접수(자동중지) / 임시관재인 선임

② 채무자에 대한 유의사항 통지[41] / 채권자집회 및 채권신고기간 통지[42]

③ 채권자집회(접수일부터 20일 이상 40일 이내, 통상 30일 후)[43]

④ 면책결정 / 면책불허가결정

〈배당할 재산이 없는 경우〉[44]

⑤ 종결결정[45]

〈배당할 재산이 있는 경우〉

⑤ 채권신고(채권자집회일부터 90일 이내)

⑥ 채권조사

⑦ 현금화 및 배당

⑧ 종결결정

미국 개인파산(연방파산법 제7장) 및 개인회생(연방파산법 제13장)의 신청건수는 다음 표와 같은데, 2005년 개인파산절차의 신청요건을 제한하는 법개정이 이루어진 후 신청 건수가 급감하다가 2010년경 다시 회복된 후 현재까지 지속적으로 감소하고 있다. 개인도산제도 전체에서 개인파산절차가 차지하는 비율은 약 60~70% 정도이다.[46]

---

39) 자세한 내용은 제4장 제2절 6.항 참조.

40) 미국 연방파산법 §525.

41) 채무자에게 파산절차의 주요 내용을 설명하고 준수사항을 통보하는 것이다.

42) 채무자에게 현금화할 재산이 없는 경우에는 채권자집회 일시·장소, 채권신고가 필요 없다는 내용을 통지하고, 현금화할 재산이 있는 경우에는 추가로 채권신고기간, 채권신고방법을 통지한다.

43) 미국에서는 파산관재인이 채권자집회를 진행하고 그 결과를 법원에 보고하는데, 현금화할 자산이 없는 대부분의 사건에서 채권자들이 채권자집회에 출석하는 사례는 거의 없다.

44) 미국에서 개인파산사건의 대부분은 배당할 재산이 없는 경우에 해당한다. 채무자가 보유할 수 있는 집행면제재산(exemptions)의 범위가 상당히 넓기 때문이다.

45) 배당할 재산이 없는 경우에 면책결정과 동시에 종결결정을 한다. 대부분의 사건은 신청시부터 종결결정까지 3개월 정도 걸린다.

46) https://www.uscourts.gov/statistics-reports/analysis-reports/bankruptcy-filings-statistics 미국연방법원 통계자료.

[미국 개인파산 및 개인회생의 신청건수]

연도	개인파산(A)	개인회생(B)	합계(C)	개인파산비율(A/C)
2003	1,155,081	467,908	1,622,989	71%
2004	1,117,304	444,352	1,561,656	72%
2005	1,628,749	409,210	2,037,959	80%
2006	350,190	250,816	601,006	58%
2007	500,223	320,430	820,653	61%
2008	713,369	358,691	1,072,060	67%
2009	1,008,002	402,193	1,410,195	71%
2010	1,099,949	434,728	1,534,677	72%
2011	957,054	402,028	1,359,082	70%
2012	816,154	363,290	1,179,444	69%
2013	706,499	330,899	1,037,398	68%
2014	600,885	307,783	908,668	66%
2015	519,130	299,515	818,645	63%
2016	475,332	294,396	769,728	62%
2017	472,190	292,581	764,771	62%
2018	461,897	288,272	750,169	62%
2019	465,988	285,200	751,188	62%
2020	367,033	155,227	522,260	70%

2. 영　　국[47]

영국은 잉글랜드, 웨일즈, 스코틀랜드, 북아일랜드 지역이 각자 독자적인 법제를 가지고 있는데, 아래에서는 잉글랜드와 웨일즈 지역에 적용되는 개인파산·면책 절차에 관하여 설명하기로 한다.

파산신청은 채권자, 채무자, 채무자의 감독관(supervisor), 공적 청원인(official petitioner) 등이 할 수 있고,[48] 파산명령(Bankruptcy Order)이 내려지면 공적 수탁자(official receiver)[49]는 파산명령이 내려진 후 12주 내에 파산관재인(trustee) 선

---

47) 상세는 Ian F. Fletcher, *The Law of Insolvency*, Sweet & Maxwell(2009), 87~413면; 심영진·이희준·설경은, 영국 도산법 개관, 도산법연구 제4권 제2호(2014), 203~228면 참조.

48) 1986년 도산법(Insolvency Act 1986, 이하 '도산법'이라고 함) 제264조 이하 참조.

49) 'official receiver'는 영국 특유의 제도로서 주무장관(the Secretary of State, 아래 각주 참조)에 의하여 임명된 후 각급 법원에 소속되어 도산절차에서의 각종 업무를 수행하는 공무원을 의

임을 위한 채권자집회의 개최 여부를 결정하여야 하고, 만일 채권자집회가 소집되지 않거나 별도로 파산관재인을 선임하지 않으면 주무장관(the Secretary of State)[50]의 다른 결정이 없는 한 공적 수탁자가 자동적으로 파산관재인이 된다.[51]

파산관재인은 채무자의 재산을 처분하여 환가하고 배당하는 임무를 수행하고,[52] 공적 수탁자가 아닌 파산관재인은 법원의 명령이나 채권자집회의 결의에 의하여 해임될 수 있고 경우에 따라서는 법원에 통지 후 사임할 수도 있다.[53]

면책에는 법원의 결정에 의한 것과 자동면책이 있다.[54]

채무자는 원칙적으로 파산명령을 받은 날부터 1년이 지나면 자동으로 면책된다. 종전에 적용되던 도산법 제279조는 파산절차 개시 후 2년 또는 3년이 경과하거나 면책을 받지 못한 채 15년이 경과하면 자동면책되는 것으로 정하고 있었으나, 채무자의 회생을 촉진하여야 한다는 사회적 분위기하에서 2002년 기업법(Enterprise Act 2002) 제256조에 의하여 위 조항이 개정되어 채무자는 원칙적으로 1년 만에 자동으로 면책을 받게 되었다.

이처럼 채무자에게 단기간 내의 자동면책 혜택을 줌으로써 채무자의 재기를 돕는 한편 채무자에 의한 파산제도의 남용을 막기 위한 제도도 마련되었는데, 그 대표적인 것이 파산제한명령(Bankruptcy Restrictions Order) 제도이다.[55] 이 제도는 법원이 주무장관이나 그의 지시를 수행하는 공적 수탁자의 신청에 의

미하는바, 이를 공공 수탁자, 공적 관재인 등으로 번역하기도 한다.

50) 영국법상 'the Secretary of State'는 재무장관(Chancellor of the Exchequer) 등을 제외한 대부분의 정부 각 부처 장관 앞에 붙는 용어인데, 현실적으로 여러 부처로 나누어져 있음에도 이론상 하나의 부처(one office)만 있는 것으로 되어 있어서 법령에서도 해당 부처를 구체적으로 표시하지 않고 'the Secretary of State'라고만 표시하고 있다(자세한 내용은 http://www.cabinet office.gov.uk/sites/default/files/resources/cabinet-draft-manual.pdf의 'cabinet manual' 100조 참조). 따라서 문맥상 '주무장관'이라고 해석하는데, 여기서는 도산국(The Insolvency Service)의 현재 상급기관인 사업·혁신·기술부 장관(the Secretary of State for Business, Innovation and Skills)을 지칭한다고 볼 수 있다.

51) 도산법 제293조.

52) 도산법 제305조.

53) 도산법 제298조.

54) 법원의 결정에 의한 면책절차(도산법 제280조)는 형사파산명령(Criminal Bankruptcy Order)을 받은 경우에만 인정되는 것이다. 형사파산제도는 피해자에 대한 배상을 용이하게 하기 위하여 유죄판결을 받은 피고인에게 배상을 명하고 재산이 없는 경우에 파산명령을 내림으로써 손해배상을 강제하는 효과를 얻을 목적으로 1972년 형사법(Criminal Justice Act 1972)에 의해 도입된 제도인데, 실제 시행해 본 결과 손해배상을 촉진하는 효과도 없고 위 제도의 이용률도 매우 낮아, 1988년 형사법(Criminal Justice Act 1988)에 의하여 폐지되었다. 이에 따라 법원의 결정에 의한 면책절차는 더 이상 쓰이지 않게 되었다.

55) 2002년 기업법 부칙(Schedule) 20에 의하여 같은 부칙 4A(이하 '부칙 4A'라고 함)가 도산법 제281A조로 삽입되어 2004. 4. 1.부터 시행되었다.

하여 채무자에 대하여 최장 15년까지, 500파운드 이상 신용거래시 파산을 받은 사실을 상대방에게 공개하여야 하고, 법원의 허가 없이 회사의 이사 등에 취임할 수 없으며, 도산전문가(Insolvency Practioner) 등으로 활동할 수 없고, 국회의원에 선출될 수 없는 등의 제한을 부과하는 제도이다.[56]

이러한 파산제한명령의 신청은 원칙적으로 자동면책의 효력이 발생하기 전에 이루어져야 하고, 그 이후에는 법원의 허가를 받아야만 신청이 가능하다. 파산제한명령을 부과하게 되는 사유는 우리나라 법에서 정한 면책불허가사유와 유사한바, 채무자가 재산관련 기록을 제대로 보관하지 않은 경우, 저가거래를 한 경우, 편파변제를 한 경우, 도박이나 위험한 투기행위, 과도한 낭비행위 등을 한 경우 등이다.[57] 또한 채무자가 자동면책제도를 부채회피수단으로 악용하는 것을 막기 위해서 과거 면책을 받은 후 6년 이내에 다시 파산신청을 한 경우도 반드시 고려하여야 할 사유로 정하고 있다.[58]

파산제한명령의 신청 후 그 결정시까지 상당한 시간이 걸리고 심리 전에 자동면책의 효력이 발생하여 공공의 이익(Public Interest)을 해칠 염려가 있는 경우에는 법원이 임시파산제한명령(Interim Bankruptcy Restrictions Order)을 내릴 수도 있다.[59]

한편 파산제한명령과 유사한 제도로 파산제한수용(Bankruptcy Restrcitions Undertaking) 제도가 있는데,[60] 파산제한명령 제도가 법원의 명령에 의한 절차임에 반하여, 파산제한수용 제도는 채무자 스스로 주무장관에게 신청하는 것이라는 점에서 결정적인 차이가 있을 뿐이고, 그 사유나 효과 면에서는 차이가 없다. 그러나 파산제한수용 제도는 재판에 따른 비용이나 신분공개의 부담을 줄일 수 있고, 파산제한명령을 받는 경우보다는 더 관대한 처분을 받을 것으로 기대하는 경향이 있어 파산제한명령보다 더 많이 이용될 것으로 전망되고 있다.

영국법상 특이한 제도로 파산취소(Annulment of Bankruptcy) 제도도 있는바,[61] 이는 파산명령 자체에 하자가 있음에도 이를 간과하고 파산명령이 내려졌

---

56) http://www.bis.gov.uk/insolvency/Publications의 'Bankruptcy Restrictions Orders and Undertakings' 참조.
57) 부칙 4A 제2조 제2항.
58) 부칙 4A 제2조 제3항.
59) 부칙 4A 제5조.
60) 부칙 4A 제7조~제9조.
61) 우리나라에서도 법 제316조에 따라 파산선고에 대하여 즉시항고가 가능하고 그 결과에 따라 이미 내린 파산선고가 취소되는 경우가 있을 수 있으나, 이는 영국법상의 파산취소 제도와 그

거나 채무자가 채무와 파산절차비용을 모두 변제하거나 그에 관한 충분한 담보를 제공한 경우에 법원이 채무자가 이미 면책을 받았는지 여부와 관계없이 파산명령을 취소할 수 있는 제도이다.[62] 파산명령이 취소되면 채무자는 채무자의 재산에 관한 처분권 등을 당연히 회복하지만, 공적 수탁자나 파산관재인에 의해 이미 행해진 재산의 처분이나 변제 등은 그 효력을 유지한다.[63]

한편 채무자의 총채무액이 15,000파운드 이하, 총자산이 300파운드 이하, 월 가용소득이 50파운드 이하인 경우 등에는 공적 수탁자에게 채무구제명령(Debt Relief Orders)을 신청할 수 있는데, 이 제도는 90파운드의 비교적 적은 비용으로 공적 수탁자에게 신청하고, 법원의 개입 없이 공적 수탁자에 의한 조사 및 채무구제명령의 발령만으로 절차가 진행되는 간이한 파산·면책 절차이다.[64]

3. 독   일[65]

독일은 1994. 10. 5. 기존의 파산법(konkursordnung), 화의법(Vergleichsordnung), 포괄집행법(Gesamtvollstreckungsordnung)을 통합하여 도산법(Insolvenzordnung)을 제정·공포하고 1999. 1. 1.부터 시행하였는바, 위 개정 도산법은 종래의 비면책주의[66]를 포기하고 잔존채무의 면책절차를 도입하였다.

독일의 개인도산절차는 통상도산절차(Regelinsolvenzverfahren)[67]와 이에 비해

목적, 요건, 절차 등에서 차이가 있다.
62) 도산법 제282조.
63) 도산법 제282조 (4).
64) 도산법 제251조A~제251조X. 이에 관한 자세한 내용은 http://www.bis.gov.uk/insolvency/personal-insolvency/dro-debtors#3 참조.
65) 상세는 이진만, "독일의 도산법: 소비자도산절차와 면책제도를 중심으로", 재판자료 93집 (2001. 12.); 김경욱, "독일의 소비자파산과 잔여채무면책에 관한 연구", 법조 47권 10호(통권 505호) (1998. 10.); 김경욱, "독일 도산법제의 동향과 시사점", 비교사법 9권 4호(통권 19호) (2002. 12.); 양형우, "소비자파산과 잔여채무의 면책제도: 독일 통합파산(InsO)을 중심으로", 비교사법 5권 2호(통권 9호)(1998. 12.); 양형우 "독일 통합파산법에 관한 소고", 법조 47권 12호 (통권 507호) (1998. 12.); Wimmer/Dauernheim/Wagner/Gietl, Handbuch des Fachanwalts Insolvenzrecht, 5.Auflage, Luchterhand(2012), 1261~1442면(Kai Henning 집필 부분); Walter Zimmermann, Grundriss des Insolvenzrechts, 8.Auflage, C.F.Müller(2010), 129~148면 참조. 한편 독일 도산법 개정의 역사에 대하여는, Braun, Insolvenzordnung(Kommentar), 5.neu bearbeitete Auflage, Verlag C.H. Beck München(2012), 1~15면(Ferdinand Kießner 집필 부분); Pape/ Uhlenbruck/Voigt-Salus, Insolvenzrecht. 2., vollständig überarbeitete Auflage(2010), Verlag Franz Vahlen GmbH, 30~77면(Wilhelm Uhlenbruck 집필 부분) 참조.
66) 기존의 파산법은 파산절차에서 자신의 채권을 만족 받지 못한 채권자가 파산절차 종료 후 잔여채권을 무제한으로 행사할 수 있는 것으로 규정하고 있었는데, 법 개정 이전부터 이러한 상황을 이른바 '현대판 채무감옥'에 비유하면서 많은 비판이 제기되고 있었다.

간소화된 절차라고 할 수 있는 소비자도산절차(Verbraucherinsolvenzverfahren)[68]로 이원화되어 있다. 소비자도산절차를 이용할 수 있는 '소비자'란 현재 독자적인 경제활동(selbstständige wirtschaftliche Tätigkeit)을 하고 있지 않고 과거에도 그러한 활동을 한 적이 없는 자를 말한다. 즉, 현재 독자적인 경제활동을 하고 있거나 과거에 이러한 활동을 한 적이 있는 채무자는 그 사업규모와 무관하게 통상도산절차에 의하는 것이 원칙이다. 다만 과거에 독자적인 경제활동을 한 적이 있기는 하나 그 재산관계가 조망가능하고[69] 자신이 고용하였던 근로자에 대하여 근로관계로부터 발생한 채무(임금지급채무)를 부담하고 있지 않는 경우에는 소비자도산절차의 적용을 받는다. 이하에서는 소비자도산절차와 우리나라 법상 면책절차에 해당하는 잔여채무면책(Restschuldbefreiung) 절차를 중심으로 서술한다.

소비자도산사건은 대체적으로 ① 법정 외의 채무조정절차, ② 도산절차 개시신청 후 법원에 의한 채무조정절차, ③ 간이도산절차, ④ 잔여채무 면책절차를 순차적으로 거치게 된다.[70]

채무자는 도산절차 개시신청을 하기에 앞서 법정 외에서 채권자들과 채무조정 협상을 하여야 하는데, 도산절차 개시신청시 '개시신청 전 6개월 이내에 법정 외 채무조정을 시도하였으나 실패하였음'을 확인하는 증명서[71]를 제출하도록 하여 법정 외 채무조정절차를 강제하고 있다.[72]

---

67) 통상도산절차는 독자적인 경제활동을 하는 개인뿐만 아니라 채무자가 법인인 경우에도 적용되는 원칙적인 절차로서, ① 청산의 성격을 가지는 파산절차, ② 대표적인 갱생절차인 도산계획(Insolvenzplan)절차, ③ 기타 갱생절차를 모두 포함하는 포괄적인 개념이다. 여러 가지 도산절차 중 어떤 절차를 이용할 것인지가 채무자의 선택에 맡겨져 있는 우리나라와는 달리 독일에서는 채무자가 단일한 도산절차 개시신청만을 하면 되고, 도산절차 개시 이후에 개최되는 보고기일(우리나라의 제1회 채권자집회와 유사한 개념이다)에서 파산절차로 나아갈 것인지 또는 갱생절차로 나아갈 것인지 그 방향을 정하게 된다.

68) 대부분의 사건에서 파산절차와 면책절차가 동시에 진행되는 우리나라와 마찬가지로 독일에서도 통상적으로 도산절차와 잔여채무 면책절차가 함께 진행된다(다만 도산절차 개시신청과는 별도로 잔여채무 면책절차에 대하여 별도의 신청이 있어야 한다). 독일 도산법은 소비자도산절차에 대하여는 제9편에서, 잔여채무 면책절차에 대하여는 제8편에서 각 별도의 장을 두어 규율하고 있다.

69) 독일 도산법 제304조 제2항에서는 도산절차 개시신청을 하는 시점에 20명 미만의 채권자를 가진 경우에는 재산관계가 조망가능한 것으로 보고 있다.

70) 이러한 절차진행은 채무자가 도산절차 개시신청을 한 경우를 전제한 것으로서, 채권자가 도산절차 개시신청을 한 경우에는 법정 외 및 법원에 의한 채무조정절차를 생략하고서 곧바로 간이도산절차가 진행된다.

71) 변호사, 공증인, 공인회계사, 세무사, 중재인, 집행관, 소비자센터, 채무상담소 등이 이러한 증명서를 발급하기에 적절한 자로 볼 수 있다고 한다.

72) 아래에서 보는 '면책절차 단축법'의 입법 과정에서, 법정 외 채무조정 가능성이 전혀 없는 경우에는 위 절차를 생략할 수 있는 것으로 도산법 규정을 개정하려는 시도가 있었으나 성공을 거두지 못하였다. 그 결과, 법정 외 채무조정 가능성이 전혀 없는 경우에도 여전히 위 절차를

법정 외 채무조정절차가 실패한 후 채무자가 도산절차 개시신청을 하더라
도 곧바로 도산절차 개시결정이 내려지는 것이 아니라, 3개월을 초과하지 않는
범위에서 개시결정을 유보한 채 일단 법원에 의한 채무조정절차가 먼저 진행된
다. 채무자는 도산절차 개시신청시 이러한 채무조정을 위해 필요한 채무정리계
획안(Schudenbereinigungsplan)을 함께 제출하여야 하고, 이에 대하여 모든 채권자
들의 동의가 있으면 채무정리계획안이 정하는 대로 채무가 조정된다. 모든 채권
자들의 동의를 받지 못한 경우에도 채권자의 과반수가 동의하고, 동의채권자의
채권액이 총 채권액의 2분의 1을 초과하는 경우에는 채권자들의 동의가 법원의
재판에 의하여 대체될 수 있다. 다만 이의를 제기한 채권자가 다른 채권자와 비
교해서 불공평하게 변제받거나, 채무정리계획에 의하는 것이 파산절차에 의하는
것보다 경제적으로 불리한 결과를 초래하는 경우에는 이러한 대체가 불가능하
다. 채권자들의 동의를 받거나 법원의 재판에 의하여 그 동의가 대체된 채무정
리계획안은 소송상의 화해와 동일한 효력을 가지고, 채무정리계획안이 성립되면
도산절차 개시신청은 취하된 것으로 본다.

법원에 의한 채무조정절차가 실패로 끝나면 그동안 유보되어 있던 도산절
차 개시신청에 대한 절차가 다시 진행된다. 법원은 ① 개시원인(지급불능 또는 지
급불능의 우려)이 존재하는지 ② 절차비용을 충족할 정도의 도산재단이 존재하는
지를 심사하여 위 요건들이 존재한다고 판단하면 도산절차를 개시한다. 절차비
용조차도 충당할 수 없는 경우에는 도산절차 자체가 개시되지 않고, 잔여채무면
책도 불가능하다.[73]

일단 개시된 소비자도산절차는 통상도산절차에 비하여 간이한 방식으로 진
행된다. 소비자도산절차의 구체적인 특징으로는, ① 조사기일(Prüfungstermin)[74]
은 진행하여야 하지만 보고기일(Berichtstermin)을 생략할 수 있고, ② 채무자의
재산관계가 명료하고 채권자의 수나 채권액이 적은 경우에는 도산절차가 서면으
로 진행되며,[75] ③ 통상도산절차에서의 자기관리(Eigenverwaltung)[76]에 관한 규

───────────────

거쳐야만 한다.

73) 그 결과 면책이 절실한 경제적 극빈층들이 오히려 면책을 받을 수 없는 결과를 초래하였
는데, 이를 보완하기 위해서 소송구조제도와 절차비용 지급유예제도(일정한 요건을 갖춘 경우 절
차비용의 지급유예를 하고 잔여채무가 면책된 후 그 비용을 환수하는 제도)를 시행하고 있다.

74) 우리나라 법상 채권조사기일과 유사하다.

75) 2013. 7. 18. 공포되어 2014. 7. 1.부터 시행되는 '잔여채무 면책절차의 단축과 채권자의 권리
강화를 위한 법률'(이하 '면책절차 단축법'이라고만 한다) 시행 이전에는 도산법에서 위와 같은
경우에 '도산절차의 전부 또는 일부를 서면으로 진행할 수 있다'고 하고 있었으나, 위 법은 원칙
적 서면진행을 선언하면서, 예외적으로 재판부가 필요하다고 판단하는 경우에 한하여 구술로

정의 적용이 배제되고,[77] ④ 도산관재인(Insolvenzverwalter)이 선임되지 않는 대신 수탁자(Treuhänder)가 제한된 범위에서 관재인의 업무를 담당하고 부인권 행사 권한도 도산관재인이 아닌 채권자에게 귀속하며,[78] ⑤ 채무자가 압류금지재산 또는 제3자로부터 증여받은 재산을 이용하여 장차 도산재단을 환가할 경우 취득이 예상되는 금액 상당을 수탁자에게 지급한 경우에는 도산재단의 환가를 배제할 수 있다는 점 등을 들 수 있다.

잔여채무 면책절차의 진행을 위해서는 채무자의 신청이 있어야 하는데, 이러한 신청은 통상적으로 도산절차 개시신청과 함께 이루어진다. 채무자가 도산절차 개시신청만을 해온 경우 법원은 채무자에 대하여 잔여채무 면책제도의 이용 가능성에 대하여 알려주어야 하고, 채무자는 법원으로부터 이러한 내용에 대한 설명을 들은 후 늦어도 2주 내에 잔여채무 면책신청을 하여야 한다. 채무자는 잔여채무 면책신청을 할 때 '자신의 소득(근로관계에 기하여 취득하는 임금 또는 그와 유사한 수입) 중 압류가능한 부분을 도산절차 개시 후 6년 동안(이른바 '성실행동기간' 동안) 수탁자에게 양도한다'는 취지의 의사표시를 하여야 한다.

법정 외 및 법원에 의한 채무조정절차가 실패로 끝난 후 진행되는 간이도산절차의 최종기일(Schlußtermin)에 법원은 채권자 등을 심문하고 법정 요건을 심사한 후 결정의 형식으로 면책의 예고[79] 또는 면책불허가의 재판을 한다. 다만 면책불허가결정은 법원의 직권으로는 할 수 없고, 채권자가 도산법이 정하는 구체적인 면책불허가사유[80]를 소명하면서 면책불허가신청을 한 경우에만 가능

진행할 수 있다는 취지로 그 내용을 개정하였다. 면책절차 단축법의 구체적인 내용에 대하여는 http://www.bundesgerichtshof.de/DE/Bibliothek/GesMat/WP17/R/Restschuldverk.html(독일연방통상법원 홈페이지) 참조.

76) 우리나라 법상 '기존 경영자 관리인' 제도와 유사한 개념이다.

77) 면책절차 단축법 시행 이전에는 도산계획(Insolvenzplan) 절차(도산계획절차는 우리나라 법상 회생절차와 유사한 개념이다) 또한 소비자도산절차에는 적용이 없는 것으로 되어 있었으나, 위 법의 시행으로 소비자도산절차에서도 도산계획에 의한 진행이 가능하게 되었다.

78) 다만 채권자집회에서 수탁자나 특정채권자에게 부인권의 행사를 위임할 수 있다.

79) '6년의 성실행동기간 동안 도산법이 정하는 채무자의 의무를 준수하고, 수탁자에 대한 최소한의 보수를 지급하며, 도산범죄행위를 범하지 않으면, 위 기간 도과 후 면책을 받을 수 있다'는 취지의 예고를 하게 된다.

80) 도산법 제290조 제1항은 다음과 같은 내용을 면책불허가사유로 정하고 있다(면책절차 단축법에 의하여 개정된 내용을 반영함). ① 채무자가 도산절차 개시신청 전 최근 5년간 또는 개시신청 후에 도산범죄로 인하여 90일 이상의 벌금일수(Tagessätzen)에 해당하는 벌금형 또는 3월 이상의 자유형이 선고된 유죄 확정판결을 받은 경우, ② 도산절차 개시신청 전 최근 3년간 또는 개시신청 후에 신용(Kredit)이나 공적인 급부(Leistungen aus offentlichen Mitteln)를 받기 위하여 또는 공공부담(Leistungen an offentliche Kasse)을 면하기 위하여 채무자가 고의·중대한 과실로 자기의 경제적 관계(wirtschaftliche Verhältnisse)를 허위로 또는 불충분하게 서면으

하다. 법원은 면책예고 결정시에 수탁자를 선임한다.

최종기일을 마친 후 간이도산절차가 종료되면 이른바 '성실행동기간(Wohlver-haltensperiode)'으로 나아가게 된다. 1994년에 개정된 도산법에서는 성실행동기간이 간이도산절차 종료시부터 7년간이었으나, 지나치게 장기간이라는 비판이 있어 법 개정을 통해 현재는 도산절차 개시시점부터 6년간으로 단축되었다.[81] 성실행동기간 동안 채무자는 자신의 소득 중 압류가능한 부분을 수탁자에게 양도하여야 하고, 이를 위해 적절한 소득활동을 하여야 하며, 직장이 없는 때에는 일자리를 찾도록 노력하여야 한다. 그리고 채권자의 입장에서 볼 때 채무자가 충분히 받아들일 것으로 기대할 수 있는 직업을 거부하지 않을 의무를 부담한다. 또한 채무자는 성실행동기간 동안 사인(死因)행위나 상속을 원인으로 취득한 재산의 1/2을 수탁자에게 인도하여야 한다.[82] 수탁자는 채무자로부터 수령한 급부 등을 자신의 고유재산과 분리하여 보관하고, 1년에 한 번씩 채권자들에게 배당하게 된다.

도산법이 정하는 채무자의 의무를 성실하게 이행하면서 면책불허가사유의 발생 없이 성실행동기간을 무사히 마치면, 법원은 채권자, 채무자, 수탁자를 심

로 진술(Angabe)한 경우, ③ 채무자가 도산절차 개시신청 전 최근 3년간 또는 개시신청 후에 고의·중대한 과실로 적절하지 못한 채무를 부담하였거나 재산을 낭비하였거나 또는 경제상태(wirtschaftliche Lage)가 개선(Besserung)될 가망성이 없음에도 도산절차의 개시를 지연시킴으로써 도산채권자의 채권만족을 침해하는 경우, ④ 채무자가 도산절차의 진행 중에 설명 또는 협력의무(Auskunfts-oder Mitwirkungspflichten)를 고의·중대한 과실로 위반한 경우, ⑤ 채무자가, 도산법 제287조 제1항 제3문에 의하여 제출하여야 하는 의사표시[잔여채무 면책신청에 대한 어떠한 장애사유(잔여채무 면책절차에 대한 재도의 신청을 제한하는 사유로서, 아래에서 살펴본다)도 존재하지 않음을 확인하는 의사표시] 및 도산법 제305조 제1항 제3호에 의하여 제출하여야 하는 재산 및 수입목록, 채권자목록과 채권목록을 고의·중대한 과실로 부정확하게 또는 불완전하게 작성한 경우, ⑥ 도산법 제287조b에 의한 소득활동을 하여야 할 의무를 위반하고 그로 인하여 도산채권자들의 채권만족을 침해하는 경우(다만, 채무자에게 소득활동을 하지 못한 데에 대한 귀책사유가 없는 경우에는 그러하지 아니함). 한편, 신설된 도산법 제287조a 제2항에서는 다음과 같은 경우에는 잔여채무 면책신청이 허용되지 않는다고 하고 있다(재도의 잔여채무 면책신청에 대한 제한 규정이다). ① 채무자가 도산절차 개시신청 전 최근 10년간 또는 개시신청 후에 면책허가결정을 받은 적이 있거나, 도산절차 개시신청 전 최근 5년간 또는 개시신청 후에 도산법 제297조(도산범죄에 대하여 정하고 있는 규정)에 의하여 면책불허가결정을 받은 적이 있는 경우, ② 채무자가 도산절차 개시신청 전 최근 3년간 또는 개시신청 후에 도산법 제290조 제1항 제5호(도산절차 진행과정에서의 설명 또는 협력의무위반), 제6호(잔여채무 면책절차 신청에 대한 장애사유 존재 여부에 대한 허위 진술, 각종 목록 등의 허위작성), 제7호(소득활동을 하여야 할 의무위반) 또는 같은 법 제296조(도산법이 정하는 성실행동기간 동안의 채무자 준수사항에 대한 위반)에 의하여 면책불허가결정을 받은 경우.

81) 면책절차 단축법은 여기에서 더 나아가, ① 절차비용이 모두 지급된 경우에는 성실행동기간을 5년으로, ② 절차비용이 모두 지급되고, 채권자목록에 기재된 채권자들에 대한 채무의 변제율이 35%를 넘는 경우에는 위 기간을 3년으로 각 단축하였다.

82) 우리나라 법과는 달리 독일 도산법은 파산재단의 범위를 절차개시 당시의 채무자 소유 재산뿐만 아니라 절차 진행 중에 취득한 재산에까지 확대하고 있다.

문한 후 결정으로 면책허부에 대하여 최종 재판을 한다. 면책이 허가되면 그때까지 잔존하는 모든 채무가 면책되고, 신고하지 아니한 채권자에게도 효력이 미친다. 다만 ① 고의의 불법행위로 인한 손해배상채무,[83] ② 채무자가 고의로 그 의무에 위반하여 지급하지 아니한 과거의 부양료 지급채무, ③ 조세채권·채무관계에 기하여 발생한 채무[다만, 채무자가 조세기본법 제370조(탈세), 제373조(직업적·폭력적·집단적 밀수), 제374조(조세범칙범)가 정하는 조세범죄로 유죄판결을 받아 확정된 경우에 한한다], ④ 벌금 및 이와 동일하게 볼 수 있는 채무(과료, 과태료, 강제금 등), ⑤ 채무자가 도산절차 비용을 지급하기 위해 무이자로 빌린 차용금채무에 대하여는 면책의 효력이 미치지 않는다.

면책허가결정이 확정되었다고 하더라도, ① '채무자가 자신의 의무를 고의로 위반하였고, 그로 인하여 채권자의 만족이 현저하게 침해되었음'이 사후적으로 밝혀진 경우, ② '채무자가 성실행동기간 중에 법 제297조 제1항(도산범죄에 대하여 정하고 있는 규정)에 따라 유죄판결을 받았음'이 사후적으로 밝혀졌거나, '면책허가결정이 내려진 후 과거 성실행동기간 중에 범한 도산범죄로 유죄판결을 받았음'이 사후적으로 밝혀진 경우에는, 법원은 채권자의 신청에 따라 면책을 취소한다. ③ 6년의 성실행동기간이 도과되기 전에 면책허가결정이 내려진 사안[84]에서, '도산법상 도산절차가 종료되기 전까지 채무자가 준수하여야 하는 것으로 정해져 있는 설명 또는 협력의무를 채무자가 고의 또는 중대한 과실로 위반한 경우'에도 법원은 채권자의 신청에 따라 면책을 취소한다. 채권자의 면책취소신청은, 위 ①, ②의 경우에는 면책허가결정이 확정된 때로부터 1년 이내에, 위 ③의 경우에는 도산절차 폐지결정이 확정된 때로부터 6월 이내에 각 제기되어야 한다.

4. 일   본

일본에서는 2004. 6. 2. 파산법이 전면 개정되어 2005. 1. 1.부터 시행되고

---

83) 다만 비면책채권으로 인정받기 위해서는 채권자는 채권신고시에 자신의 채권이 고의의 불법행위에 기하여 발생한 것이라는 사실을 함께 신고하여야 한다. 이러한 신고를 하지 않은 상태에서 면책허가결정이 내려지게 되면 채권자는 자신의 채권이 비면책채권임을 주장하지 못한다.

84) 면책절차 단축법은 절차비용이 모두 지급되었음을 전제로, ① 채권신고를 한 도산채권자가 없는 경우, ② 신고한 도산채권자들이 그 채권 전부의 만족을 얻었고 채무자가 그 밖의 재단채권을 모두 변제한 경우에는, 도산법원이 성실행동기간이 도과되기 전이라도 채무자의 신청을 받아 면책허가결정을 하는 것으로 도산법의 내용을 개정하였다.

있다. 개인파산절차 개시원인은 지급불능($\frac{제2조}{제11항}$)이다. 채무자가 자력결핍 때문에 채무변제를 할 수 없다고 생각하여 그 취지를 명시적 또는 묵시적으로 외부에 표시하는 것을 지급정지라 하는데, 일반적으로 지급정지는 지급불능을 추정하게 한다($\frac{제15조}{제2항}$). 외국에서 파산절차가 개시된 경우, 그 채무자에게 파산절차 개시의 원인사실이 있는 것으로 추정된다($제17$).

일본의 개인파산절차는 동시폐지, 이시폐지를 함께 규정하고 있다는 점에서 우리나라의 제도와 유사한데, 동경지방재판소 민사20부(파산재생부)는 즉일면접과 소액관재절차로 대표되는 독특한 실무 운용을 하고 있다.[85]

즉일면접은, 동시폐지의 처리가 상당하다고 하여 신청된 개인의 자기파산사건에서, 파산절차 개시신청 당일(신청 후 3일 이내의 면접도 허용되고 있다) 재판관이 신청대리인과 면접하여 심문을 실시하고, 동시폐지가 상당한지 아니면 관재절차로 처리하는 것이 상당한지를 분류한 다음, 동시폐지 처리에 특별히 문제가 없다고 판단되면 그날 중으로 파산절차 개시결정을 하면서 동시폐지결정을 하는 운용을 말한다. 이는 법률 전문가인 변호사가 신청대리인으로서 동시폐지를 희망하는 파산신청에 관여한 경우는, 자산, 부채 및 면책 등에 관한 충분한 조사를 실시하는 것은 물론 그 조사결과에 터잡은 법적 검토결과 등 재판소가 동시폐지 가부를 판단하기 위하여 필요한 내용을 신청서에 빠짐없이 기재하였을 것이라는 변호사에 대한 신뢰를 기초로 한 것이다. 현재는 동시폐지의 처리가 상당하다는 취지로 신청된 개인의 자기파산사건뿐만 아니라 관재절차의 처리가 상당하다는 취지로 신청된 개인 또는 법인의 자기파산사건에 관하여도 위와 같이 심문을 실시하면서, 그 심문에서 청취된 내용 중 특히 파산관재인의 신속한 대응이 필요한 사항 등은 파산관재인에게 고지하여 사안에 따라 신속한 처리를 할 수 있도록 하고 있다.

소액관재절차는, 신청대리인인 변호사가 사실관계 및 법률관계에 관한 문제점을 검토한 후 동시폐지가 상당하지 않다고 판단한 사안이나 즉일면접의 심문에 의해 동시폐지가 상당하지 않다고 판단된 사안을 대상으로 한 관재절차의 운용을 말한다. 이 절차는 최저 20만 엔의 관재절차비용을 예납하도록 하여 관재사건으로 파산신청을 수리하는 대신, 파산관재인의 부담이 그에 걸맞은 것이 되도록 개개 절차를 간소화하여 사건을 신속하게 종국처리할 수 있도록 고안되었

---

85) 동경지방재판소 민사20부의 실무에 관한 자세한 내용은 中山孝雄/金澤秀樹編, 東京地裁破産實務研究會著, 破産管財の手引[第2版] 金融財政事情研究會(2015) 참조.

다. 이 절차도 이미 신청대리인에 의해 자산, 부채 및 면책관계의 조사가 이루어진 사건을 대상으로 하고 있기 때문에, 파산관재인으로서는 기본적으로 의문 있는 사항만을 조사하면 충분하고, 관재업무에 관련되는 개개 절차에 관하여도 신청대리인으로부터 협력을 얻을 수 있다.[86]

개인채무자는 파산절차 개시신청일부터 파산절차 개시결정이 확정한 날 이후 1개월이 경과하는 날까지 면책신청을 할 수 있고, 파산절차 개시신청을 하면 특별히 반대의 의사표시가 있는 경우를 제외하고 동시에 면책허가를 신청한 것으로 간주된다. 면책허가가 신청되면 법원은 파산관재인에게 면책불허가사유의 유무 및 재량면책과 관련하여 고려해야 할 사정에 관한 조사를 시키고 그 결과를 서면으로 보고하도록 할 수 있다. 면책불허가사유로는 부당한 파산재단 감소행위, 부당한 채무부담행위, 부당한 편파행위, 낭비 또는 도박 그 밖의 사행행위, 사술에 의한 신용거래, 장부은닉 등의 행위, 허위의 채권자명부 제출행위, 조사협력의무 위반행위, 관재업무 방해행위, 7년 이내의 면책취득, 파산법상 의무위반행위 등이 있다(제252조 제1항). 법원은 이러한 면책불허가사유가 있는 경우에 재량면책 결정을 할 수도 있다.

면책허가결정이 확정되면 파산자는 파산절차에 의한 배당을 제외하고 파산채권에 관한 책임을 면한다(제253조). 다만 조세 등 청구권, 파산자가 악의로 가한 불법행위에 기한 손해배상청구권, 파산자가 고의 또는 중대한 과실로 가한 생명 또는 신체를 해하는 불법행위에 근거한 손해배상청구권, 부부간의 협력 및 부조의무, 혼인에서 발생한 비용 분담의 의무, 자의 감호에 관한 의무, 부양의 의무 등에 관련된 청구권, 고용관계에 근거하여 발생한 사용인의 청구권 및 사용인의 예탁금 반환청구권, 파산자가 알면서 채권자명부에 기재하지 않은 청구권, 벌금 등의 청구권은 이른바 비면책채권으로서 면책허가결정의 효력이 미치지 않는다.

5. 중　　국

중국 기업파산법은 기업법인(企業法人)을 적용대상으로 삼고 있다(제2조).[87] 위 규정상의 기업법인에는 국유기업법인을 포함할 뿐 아니라 유한책임을 지는 기타

---

86) 이처럼 저렴한 비용으로 관재절차가 신속하게 이루어질 수 있는 것은 신청대리인이 역할에 충실하고 절차에 협조하기 때문이라고 할 수 있다.

87) 미국, 독일, 한국 등은 각국의 파산법에서 그 적용범위를 법인에만 한정하고 있지 않지만, 중국 기업파산법은 이와 다르게 규정되어 있다.

기업법인도 포함된다. 한편 중국 기업파산법 제135조는 "기타 법률이 기업법인 이외의 조직의 청산에 관해 규정하고 있고 이것이 파산청산에 속하는 경우라면, 이 법에서 규정하고 있는 절차를 준용한다"고 규정하고 있다. 위 규정은 결국 법인격이 없는 동업기업, 개인소유기업의 파산에 대하여 기업파산법을 적용하려 면 다른 법률에 규정이 있어야 한다는 것을 의미한다.

그런데 중국에서는 현재 관련 자연인의 파산절차에 관하여 법률로 규정하 지 못한 상태이다. 그 이유는, 자연인의 파산을 시행하기에는 사회적·경제적 여 건이 충분히 조성되지 못하였고, 파산이 가능하려면 먼저 재산현황이 투명하여 야 하는데 아직 개인재산의 신고와 관련된 법률이 미비할 뿐 아니라 재산은닉이 나 재산도피를 방지하는 유효한 수단조차 마련하고 있지 못하며, 지역적으로 생 활수준의 격차가 크기 때문에 어떤 재산을 개인생활의 필수품으로 규정지어야 하는지(면제재산의 범위 등)에 대한 기준을 마련하거나 채권상환 대상의 범위를 쉽게 확정하기 어렵기 때문이라고 설명하고 있다.[88]

그러나 경제활동이 활발해짐에 따라 기업뿐만 아니라 사업에 실패한 개인 에게도 파산절차를 통하여 재기의 기회를 부여할 필요성이 커지게 되었고, 이에 중국에서 최초로 경제특구로 지정된 도시인 심천시에서 2020. 8. 26. 중국 최초 개인도산 관련 규정인 '심천경제특구개인파산조례'(이하 '조례'라 한다)가 인민대표 대회 상무위원회를 통과하여 2021. 3. 1.부로 시행되고 있다. 심천시 개인파산제 도의 운영 결과에 따라 중앙정부차원에서 조례를 도입할 가능성이 있으므로 아 래에서 내용을 간단하게 소개하기로 한다.[89]

조례에 따르면, 심천시에 거주하면서 심천시의 사회보험에 연속 만 3년을 가입한 자연인은 생산경영 또는 생활소비로 인해 채무 변제능력을 상실하거나 혹은 전무 채무를 변제하기에 자산이 부족한 경우 개인파산을 신청할 수 있고, 단독 또는 공동으로 채무자에 대해 50만 위안 이상의 만기채권을 소지하고 있 는 채권자도 파산신청을 할 수 있다.

채무자가 법원에 파산신청을 제기하는 경우 부부공동재산목록, 피부양인의 기본상황 등 관련 자료를 제출해야 하고, 법원이 파산신청을 수리하는 재정서(裁 定書)를 송달한 날로부터 15일 이내에 법원과 관리인에게 본인 및 배우자, 미성 년자녀와 기타 공동 생활하는 근친속의 명의로 된 재산과 재산권익을 진실하게

---

88) 양효령, 중국의 신 기업파산법, 한국법제연구원(2007), 29~30면.

89) 윤수종, 중국법연구 제44집(2020. 11. 30.) 547~560면 참조.

신고해야 한다.

법원은 재정(裁定) 후 원칙적으로 3년간을 채무자의 미변제 채무를 면제하기 위한 고찰기간(考察其間)으로 한다. 이 기간 동안 채무자는 생활 혹은 업무에 있어서 필수적이 아닌 소비행위의 제한을 받게 되고, 특정회사 및 금융기관의 이사, 감사 및 고급관리인원 직책을 맡을 수 없게 된다. 법원은 채무자가 행위제한에 관한 규정을 위반하는 경우 고찰기간을 5년까지 연장할 수 있다.

채무자는 고찰기간 내에 행위제한에 관한 규정을 준수하고 파산사기행위가 없는 경우에 법원에 미변제 채무의 면제를 신청할 수 있는데, 법원은 면제불가 사유(채무자가 행위제한에 관한 규정, 재산신고의무에 관한 규정 등을 고의적으로 위반한 경우, 사치 소비, 도박 등 행위로 인해 중대 채무를 부담하게 되거나 혹은 재산이 현저하게 감소된 경우, 재산을 은닉, 전이 훼손하거나 재산권익을 부당 처분하거나 재산가치를 부당하게 감소시킨 경우 등)가 있으면 채무를 면제할 수 없다.

제5절   우리나라 개인파산·면책 현황

1. 접수 및 처리 현황

우리나라에서는 1962년에 파산법이 제정되었지만 파산에 따른 사회적 불명예 등으로 개인파산제도가 이용되지 않다가 1997. 5. 29. 최초의 개인파산선고결정이, 같은 해 11. 8. 파산을 선고받은 채무자에 대해 전부면책결정이 내려진 것을 계기로 개인파산제도가 일반 국민들에게 알려지기 시작하였다. 그 후 외환위기를 거치면서 기업 및 금융기관의 도산이 속출하고 이에 따라 실업률의 급증 및 실질임금의 하락을 초래하면서 소비자금융에도 심대한 타격을 주었다. 정부가 경제위기를 극복하기 위한 경제정책의 일환으로 소비자금융에 대한 제한을 완화함으로써 가계부채의 규모가 급격히 증가하였다.

이에 따른 금융채무불이행자의 증가로 개인파산사건은 전국적으로 2000년 329건, 2001년 672건, 2002년 1,335건, 2003년 3,856건, 2004년 12,373건, 2005년 38,773건, 2006년 123,691건, 2007년 154,039건으로 폭발적으로 증가하다가, 2008년 118,643건, 2009년 110,917건, 2010년 84,725건, 2011년 69,754건, 2012년 61,546건, 2013년 56,983건, 2014년 55,467건, 2015년 53,865건, 2016년 50,288건,

2017년 44,246건, 2018년 43,402건, 2019년 45,642건, 2020년 50,379건으로 점차 감소하고 있다.

　　서울회생법원의 경우 2000년부터 2020년까지의 개인파산·면책신청사건의 접수 및 처리 현황은 다음 표와 같다.

[서울회생법원 2000년~2020년 개인파산·면책의 접수 및 처리 현황]

	개인파산			면 책					
	접수	처리	전국 대비 점유율	접수	처 리				면책률 ②/①
					①계	②인용	기각	기타	
2000	131	132	39.8%	84	123	71	44	8	57.7%
2001	278	289	41.4%	135	96	74	18	4	77.1%
2002	506	371	37.9%	192	156	136	18	2	87.2%
2003	1,839	1,645	47.7%	1,240	748	718	20	10	96.0%
2004	6,896	5,540	55.9%	4,824	3,175	3,133	27	15	98.7%
2005	17,772	14,568	45.8%	18,159	10,278	10,193	18	67	99.2%
2006	44,050	28,326	35.6%	45,539	32,278	31,882	4	392	98.8%
2007	50,116	50,430	32.5%	50,136	49,767	48,789	125	853	98.0%
2008	40,859	42,410	34.4%	40,850	45,639	43,912	478	1,249	96.2%
2009	33,084	27,950	29.8%	33,075	28,793	26,588	804	1,401	92.3%
2010	19,861	17,276	23.4%	19,850	18,106	15,564	954	1,588	86.0%
2011	14,062	22,985	20.2%	14,067	22,947	20,174	1,651	1,122	87.9%
2012	13,175	13,916	21.4%	13,151	20,020	18,263	1,077	680	91.2%
2013	13,186	13,477	23.1%	13,141	13,821	12,918	445	458	93.5%
2014	13,804	13,823	24.9%	13,778	14,030	13,095	455	480	93.3%
2015	13,516	13,638	25.1%	13,506	13,982	13,003	374	605	93.0%
2016	11,747	12,175	23.4%	11,721	12,096	11,050	322	724	91.4%
2017	9,943	10,230	22.5%	9,868	10,365	9,526	297	542	91.9%
2018	9,406	9,670	21.7%	9,200	9,764	8,930	428	406	91.5%
2019	9,383	9,774	20.6%	9,225	9,581	8,842	365	374	92.3%
2020	10,683	9,877	21.2%	10,511	9,849	9,154	307	388	92.9%

* 인용에는 일부인용을 포함하고, 기타는 면책불허가, 각하 및 취하를 의미함.
* 현황표상 면책률은 면책사건의 전체 처리건수 중 면책이 허가된 사건의 비율을 의미하는데, 파산선고 전에 면책신청이 취하, 각하, 기각된 사건을 제외한 실질면책률은 위 현황표상 면책률보다 높음.

2. 개인파산 사건의 실무상 특징

개인파산 사건의 특징은 다음과 같다.[90]

○ 주로 채무자 본인이 스스로 파산신청을 하는 자기파산신청의 형태를 취하고 있다.

○ 채무자에게 배당의 재원이 될 만한 재산이 거의 남아 있지 아니하여 이를 금전으로 환가하여도 파산절차의 비용에도 충당할 수 없기 때문에, 파산채권의 조사·확정, 파산재단의 환가, 배당 등의 절차를 진행하지 않고, 폐지결정을 하는 경우가 많다.

○ 파산재단을 구성할 재산이 거의 없기 때문에 채무자가 파산재단을 구성할 재산을 파산선고 전에 산일, 은닉, 감소시키는 것을 방지하기 위한 보전처분을 발령할 필요성이 적다.

○ 지급불능상태에 빠진 개인 채무자가 스스로 파산신청을 하는 가장 주된 목적은 면책결정을 받아 채무에서 벗어나는 데에 있기 때문에 파산선고 자체는 면책결정을 받기 위한 전제 과정에 해당한다.

3. 현행 개인파산실무의 운용

가. 현행 개인파산실무의 도입 배경

개인파산절차의 운용과 관련하여, 채무자의 도덕적 해이를 방지하기 위해서 엄격한 재산·소득 조사가 이루어져야 한다는 견해가 있는 한편 지나치게 엄격한 조사로 면책이 지체되고 있고 파산관재인 선임을 위한 절차비용이 너무 고액이어서 채무자가 절차를 제대로 이용하지 못하고 있다는 견해도 있는 등 다양한 시각이 존재하여 왔다.

서울중앙지방법원은 2007년까지는 서류심사만으로 파산선고 여부를 결정하는 불심문 파산사건을 확대하는 등으로 급증하는 개인파산사건의 효율적인 처리를 도모하였다. 그러나 개인파산사건이 급증하면서 채무자의 도덕적 해이에 대한 우려가 증가함에 따라, 2007. 3.경 파산신청 요건과 채무자의 재산·소득관계에 대한 심사 강화, 파산관재인 제도의 적극 활용, 불성실·허위신청에 대한 제재 강화 등을 주된 내용으로 하는 새로운 심리방안을 공표하였고,

---

90) 법원행정처, 소비자파산사건실무(1998), 1면.

2010. 4.경부터는 파산절차와 면책절차의 동시진행, 파산심문의 활성화, 파산관재인 선임사건의 대폭 확대 등을 내용으로 하는 엄격심사 방안을 마련하여 시행하였다.

이러한 종전 실무는 파산선고 전에 법원이 보정명령, 파산심문 등을 통하여 채무자에 대한 재산·소득 조사를 마친 다음 파산선고와 동시에 파산절차를 폐지하고, 면책절차에서 별도로 채권자의 이의가 없으면 면책결정을 하는 이른바 '동시폐지' 진행방식을 원칙으로 하면서, 환가·배당할 재산이 있는 경우, 부인권 행사 대상인 행위가 있는 경우, 면책불허가사유가 있는 경우 등에 예외적으로 파산관재인을 선임한 것이다.

이에 대하여는 접수 후 파산선고 및 동시폐지결정에 이르기까지 상당한 시간이 소요되어 급증하는 사건에 적절히 대응하기 어렵고, 파산관재인 선임비용이 대부분 100만 원 이상의 고액이며, 파산절차와 면책절차가 이원화되는 등의 문제가 제기되었다.

나. 현행 개인파산실무의 내용

종전 실무의 문제를 보완하기 위하여 서울회생법원은 2012. 2.부터 현행 실무방식을 채택하여 개인파산절차를 운용하고 있다. 그 주된 내용은, 원칙적으로 모든 사건에 파산관재인을 선임하고, 파산관재인 선임을 위한 절차비용을 합리화하며, 파산절차와 면책절차를 동시에 진행하는 것이다.[91]

법원은 접수 후 파산신청 기각·각하사유, 파산원인 사실의 소명 여부를 심리한 후 파산관재인 선임을 위한 비용의 예납명령을 하고, 예납금이 납부되면 신속히 파산선고결정을 하면서 그와 동시에 파산관재인을 선임한다(즉, 기존의 원칙적인 운용 방식이었던 '동시폐지' 방식은 예외적으로 운용된다). 파산관재인이 채무자의 재산·소득 관계, 면책불허가사유 유무 등의 조사를 마치면, 법원은 파산관재인의 조사결과를 토대로 파산절차의 종결·폐지 여부, 면책 여부 등을 결정한

---

91) 서울중앙지방법원은 현행 개인파산실무를 도입하기 이전에 기존 실무의 문제점을 개선하기 위한 시도로 파산선고에 앞서 면책절차를 동시에 진행하는 방식을 시행하기도 하였다. 이는 파산선고 전 단계에서 채무자에 대한 조사와 이의신청기간 지정을 통한 채권자들에 대한 면책청문절차를 동시에 진행한 후 파산재단으로 될 만한 재산이 없고 의심되는 면책불허가사유도 없는 경우 파산선고결정과 동시에 면책결정을 하는 것이다. 이러한 방식에서는 채권자가 절차에 조기에 참여할 수 있고 채무자로서도 채권자들의 이의가 없는 경우에는 조기에 면책절차를 종결할 수 있다는 장점이 있는 반면 파산선고가 지나치게 지연되고 법원의 직권조사가 소홀해진다는 등의 문제점이 발생하였다.

다. 이처럼 원칙적으로 모든 사건에 파산관재인을 선임함에 따라 효율적이고 충실한 조사가 이루어지고, 파산관재인 선임을 위한 절차비용을 합리화할 수 있게 되었으며,[92] 채무자가 은닉한 재산을 환가·배당하여 재량면책을 할 여지가 많아지게 되었다.[93]

현행 개인파산절차는 공정하고 충실한 재산·소득 조사를 통하여 개인파산제도에 대한 신뢰를 부여하고, 신속한 절차진행을 통하여 성실하나 불운한 채무자의 경제적 새출발에 도움을 주고 있다.

4. 개인파산 절차에 대한 접근성 제고

가. 뉴 스타트(New Start) 상담센터의 운영

서울회생법원은 개원과 동시에 경제적 어려움에 처한 채무자에게 법률적 문턱을 낮추어 주기 위하여 법원 1층에 뉴 스타트 상담센터(이하 '상담센터'라 한다)를 개설하고, 개인 파산관재인, 전임 회생위원, 소송구조 지정변호사 등 개인파산·회생 전문가들을 상담위원으로 위촉하여 방문자들에게 무료로 상담서비스를 제공하고 있다.

서울회생법원 실무준칙 제602호는 상담센터의 설치 및 운영에 관하여 규정하고 있다. 위 실무준칙에 의하면 상담센터는 도산절차에 관한 일반적인 안내, 도산절차 신청방법 등 구체적인 절차 이용 안내, 도산절차 이용에 경제적 제약이 있는 사람에 대한 소송구조 등 관련 지원제도 안내, 신용회복위원회, 서울시 금융복지상담센터, 한국가정법률상담소, 한국자산관리공사 등 유관기관의 채무조정제도 안내 및 기타 도산절차 관련 사항에 관한 상담 업무를 수행한다. 또한 서울회생법원은 상담위원 사이의 업무 편차를 줄이고 상담의 객관성, 중립성, 전문성을 제고하며 현안을 논의하기 위하여 간담회 및 직무교육을 연 1회 이상

---

92) 현재 서울회생법원에서는 실무준칙 제361호에 기하여 파산관재인 선임을 위한 절차비용으로 원칙적으로 30만 원의 예납명령을 하되, 조사업무의 예상 난이도, 채무자의 경제적 사정 등을 고려하여 적절히 예납금을 가감하고 있다.

93) 종전 실무방식은 파산선고 및 동시폐지결정이 있고 나서야 비로소 면책허부에 대한 심리가 시작되는 구조여서, 면책절차에서 채권자의 이의신청으로 채무자의 은닉재산이 밝혀지는 경우 파산절차가 이미 폐지되었기 때문에 법원은 채권자가 은닉재산에 대한 개별적 강제집행을 할 수 있도록 면책을 불허가할 수밖에 없었다. 그러나 현행 개인파산실무에서는 파산선고와 동시에 채권자들에게 이의신청을 할 기회를 부여하고 관재인이 그 이의내용에 따른 채무자의 재산·소득 조사 등을 마친 후에 비로소 폐지 또는 종결에 이르므로, 이러한 문제점은 사라지게 되었다.

개최하고, 법관 및 법원공무원으로 구성된 운영지원단을 두어 체크리스트 방식으로 작성된 상담일지를 비치·관리하고 있다. 상담일지에 의하면, 2017. 3. 1.부터 2020. 12. 31.까지 약 4년 간 매일 평균 약 9명이 방문하여 총 8,381명에 대하여 상담을 실시하였다.[94]

나. 유관기관의 개인파산 신청지원

서울회생법원은 2014년경부터 채무조정이 필요한 채무자들이 신용회복위원회, 서울시금융복지상담센터, 한국가정법률상담소 등 유관기관이 운영하는 상담센터를 통해 본인에게 필요한 채무조정절차를 상담받고 서울회생법원에서 진행하는 개인파산 및 개인회생절차를 통해 조속한 사회복귀를 실현할 수 있도록 하기 위하여, 유관기관을 거친 채무자의 개인파산 신청 사건을 접수받고 있다.

유관기관이 관련 창구를 마련하고 채무조정 신청자 분류, 신청절차 안내, 서류발급 편의제공, 채무조정을 위한 전문상담 등을 먼저 시행하고, 대한법률구조공단과 법원에서 위촉한 소송구조 지정변호사는 유관기관을 통해 접수된 신청 사건을 대리하여 일정한 표식을 붙여 서울회생법원에 제출하는 것으로 절차가 일반 사건보다 간이·신속하게 진행된다.

---

94) 뉴스타트 상담센터의 운영현황은 http://slb.scourt.go.kr/rel/guide/support/index_f.jsp 참조.

제 6 절   개인파산 · 면책 신청사건의 절차흐름

1. 개인파산 · 면책 절차흐름도

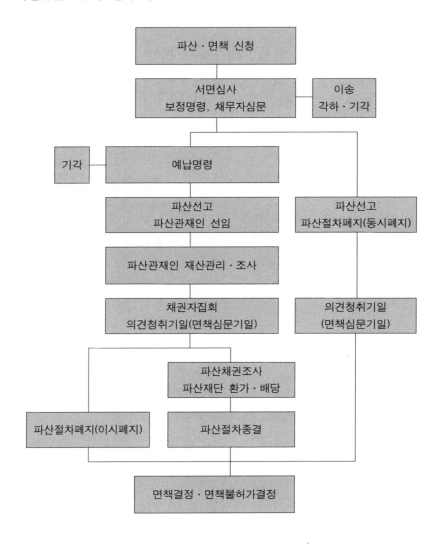

2. 개인파산 및 면책 절차의 단계별 개요

가. 파산 및 면책 신청서 제출

파산 및 면책 신청서를 채무자 주소지를 관할하는 회생법원[95](채무자가 영업자인 경우에는 영업소 소재지를 관할하는 고등법원 소재지의 회생법원 본원도 가능)에 제출한다. 현행법상 개인파산사건은 파산 및 면책의 동시신청이 대부분이다. 채무자가 파산신청시 반대의 의사표시를 한 후 별도로 면책신청을 할 경우에는 면책신청 당시의 주소지에 상관없이 파산을 선고한 법원에 관할이 있다.

나. 신청서에 대한 법원의 심리

신청서를 접수한 법원은 관할, 인지와 송달료, 첨부서류 등을 서면심사하고, 필요한 경우 보정명령을 하거나 채무자를 심문한다. 채무자를 심문하는 경우에는 채권자에게 의견청취서를 보내 심리에 필요한 자료를 직권 조사한다.

다. 예납명령

서면심사 또는 채무자심문을 마친 후 파산원인이 소명되면 법원은 신청인에게 파산관재인 선임을 위한 예납명령을 한다. 현행 개인파산실무에서는 예외적인 경우에만 파산관재인 선임 없이 동시폐지결정이 이루어진다.[96]

라. 파산선고결정

예납금이 납입되면 법원은 채무자에 대하여 파산을 선고하면서 파산관재인을 선임하고, 면책신청에 대한 이의신청기간(또는 면책심문기일)을 정하며(채권자는 법 제564조 제1항 각호의 면책불허가사유를 소명하여 이의신청을 할 수 있다), 제1회 채권자집회 및 의견청취기일을 정한다.

마. 채권자집회 및 의견청취기일

파산관재인은 채무자의 재산·소득 관계, 면책불허가사유 유무 등을 조사한

---

95) 법 부칙(2016. 12. 27. 법14472호) 제2조는 '이 법 시행 당시 회생법원이 설치되지 아니한 지역은 회생법원이 설치될 때까지 관할 지방법원 또는 지방법원 본원은 이 법에 따른 회생법원으로, 관할 지방법원장은 이 법에 따른 회생법원장으로 본다'고 규정하고 있다.

96) 동시폐지의 경우 법원은 파산선고·파산폐지결정을 하면서 면책신청에 대한 이의신청기간(또는 면책심문기일)을 지정하고, 이후 채권자의 이의신청이 있는 경우 의견청취기일을 열어 채권자와 채무자의 의견을 청취한 다음 면책 여부를 결정한다.

후 채권자집회 및 의견청취기일에 출석하여 조사결과를 보고한다.

바. 파산절차의 종결·폐지

채무자에 대한 조사 결과 환가·배당할 재산이 있으면 법원은 파산채권조사, 파산재단의 환가·배당 등의 절차를 마친 후 파산종결결정을 하고, 이와 달리 파산선고 후에 파산재단으로써 파산절차의 비용을 충당하기에 부족하다고 인정되면 파산폐지결정을 한다.[97]

사. 면책결정

법원은 법 제564조 제1항 각호의 면책불허가사유가 있는 때를 제외하고는 면책을 허가하여야 하고, 위 면책불허가사유가 있는 경우라도 파산에 이르게 된 경위, 그 밖의 사정을 고려하여 상당하다고 인정되는 경우에는 면책을 허가할 수 있다. 면책결정이 확정되면 채무자는 당연히 복권되어 파산선고로 인한 공·사법상의 제한이 소멸된다.

아. 각종 통지

파산선고가 확정되더라도 면책신청이 각하·기각되거나 면책불허가결정이 내려진 때 또는 면책취소결정이 확정된 때에 한하여 등록기준지에 통지한다. 면책결정이 확정된 경우에는 한국신용정보원의 장에게 통보한다. 검사에게는 법원이 필요하다고 인정하는 경우에 파산선고사실을 통지한다(법제315조).

---

97) 파산절차는 채권자에 대한 배당이 실시된 경우에는 '종결결정'으로, 배당이 실시되지 않는 경우에는 '폐지결정'으로 종료된다. 그중 폐지결정은 파산선고 시에 예상되는 파산재단이 파산절차의 비용조차 조달하기 어려운 것으로 인정되는 경우 파산선고와 동시에 파산절차를 폐지하는 '동시폐지'와 파산선고 후 파산절차의 진행 중에 비용부족으로 절차를 폐지하는 '이시폐지'로 구분된다.

제 2 장 파산 및 면책 신청절차

　구 파산법에서는 파산선고를 받은 파산자가 면책신청을 할 수 있었으나, 현행법에서는 채무자가 파산신청과 동시에 면책신청을 할 수 있을 뿐만 아니라 채무자가 반대의 의사표시를 한 경우를 제외하고 파산신청과 동시에 면책신청을 한 것으로 보도록 함으로써 파산신청부터 면책까지 사실상 하나의 절차로 이해하고 있다(법 제556조 제1항·제3항). 따라서 개인파산사건은 동시신청제도가 원칙적인 모습이므로 두 신청절차를 통합하여 살펴보기로 한다. 파산신청만 할 경우에는 아래 해당 사항만 참고하면 된다.

제 1 절 신청권자

1. 파산신청권

　개인파산신청은 채권자 또는 채무자가 할 수 있다(법 제294조 제1항). 개인파산사건은 채무자가 면책을 목적으로 스스로 파산신청을 하는 자기파산사건이 대부분이다. 간혹 채권자가 파산신청을 하는 경우도 있으나([양식 2-1] 참조), 이때에는 채권의 존재 및 파산의 원인인 사실을 소명해야 한다(법 제294조 제2항). 채권자가 신청한 파산사건에서 채권의 존재는 판결 등 집행권원으로, 파산의 원인인 지급불능 상태는 재산명시절차에서 채무자가 작성한 재산목록이 전형적인 소명자료로 사용된다.

　채권자가 파산신청을 한 경우 채권자가 2인 이상 존재하여야 하는가가 문제되나, 법은 파산원인으로 지급불능과 채무초과만을 들고 있고, 다수채권자의 경합을 파산절차개시의 요건으로 특별히 명기하지 않고 있으므로 채권자가 1인인 경우에도 규정에 따라 파산절차를 진행하는 데 지장이 없다. 따라서 채권자

가 1인인 경우에도 파산선고를 할 수 있다.[1]

한편 실무적으로 법무사가 비송사건인 개인파산 사건을 수임한 후 신청서 등 관련 서류를 작성하여 법원에 제출하는 등의 방법으로 파산신청 업무를 포괄적으로 위임받아 취급하는 것에 관하여 변호사법이 금지하는 대리에 해당하는지 여부가 문제되었으나, 2020. 2. 4. 법무사법이 개정되어 법무사에게 개인파산의 신청대리를 허용[2]하였다. 다만, 각종 기일에서의 진술의 대리는 허용되지 않는다.

2. 파산능력

자연인은 행위능력의 유무 및 상인·비상인을 불문하고 모두 파산선고를 받아 파산자가 될 수 있는 파산능력을 가지므로 개인파산절차에서는 파산능력의 유무가 문제되지 않는다.

3. 면책신청권

파산신청은 채권자도 할 수 있음에 반하여, 면책신청은 개인인 채무자만 할 수 있다(법 제556조 제1항).[3] 자연인이라면 영업자도 포함된다. 구 파산법 하에서도 법인은 파산선고로 해산되어 파산절차의 종료로 소멸된다는 이유로 법인의 면책신청권은 부정되었는데, 현행법은 면책신청권자를 개인에 한함으로써 이를 명확하게 하였다. 따라서 개인이 아닌 자가 면책신청을 하는 경우에는 신청권 없는 자의 신청으로 면책신청기각사유에 해당한다(법 제559조 제1항 제1호). 채무자가 무능력자인 경우에는 그 법정대리인이 그를 대리하여 신청할 수 있다.

---

1) 주석 채무자회생법(Ⅲ)(제1판), 한국사법행정학회(2020), 786면(이건희).
2) 법무사법(법률 제16911호, 2020. 2. 4. 개정, 2020. 8. 5. 시행) 제2조(업무)
   ① 법무사의 업무는 다른 사람이 위임한 다음 각 호의 사무로 한다.
      6. 「채무자 회생 및 파산에 관한 법률」에 따른 개인의 파산사건 및 개인회생사건 신청의 대리. 다만, 각종 기일에서의 진술의 대리는 제외한다.
3) 개인파산신청은 파산 자체가 아닌 면책을 통한 경제적 갱생을 얻는 데 그 궁극적인 목적이 있으므로, '파산자'라는 용어가 주는 부정적인 이미지를 없애기 위해 현행법은 구 파산법하에서 사용하던 '파산자'라는 용어 대신 '채무자'라는 용어를 사용하고 있다.

4. 외국인의 파산 및 면책 신청권

개인인 채무자가 외국인인 경우에 구 파산법 하에서는 상호주의 원칙에 따라 그 외국인의 본국법에 의하여 한국인이 동일한 지위를 가지는 때에 한해 외국인에 대해 면책신청권을 인정하였다(구 파산법 제2조 단서). 그러나 현행법은 상호주의를 폐지하여(법 제2조), 외국인도 대한민국 국민과 동일한 지위를 갖게 되었으므로 개인인 이상 파산 및 면책 신청을 할 수 있다.

제 2 절 관   할

파산 및 면책 신청서 접수단계에서 당해 법원에 관할권이 없음이 명백한 경우에 접수담당 법원공무원은 관할권이 있는 법원에 신청하도록 창구지도를 한다. 그럼에도 불구하고 만일 채무자가 이에 응하지 아니한 때에는 정식으로 접수한 다음 재판부가 채무자에게 관할 소명에 대한 보정명령을 내린 후 이를 기다려 관할위반을 이유로 직권으로 관할 회생법원으로 이송한다(법 제33조, 민사소송법 제34조 제1항).

1. 토지관할

가. 파산사건

파산사건은 원칙적으로 채무자의 보통재판적이 있는 곳 또는 채무자의 주된 사무소나 영업소가 있는 곳 또는 채무자가 계속하여 근무하는 사무소나 영업소가 있는 곳의 회생법원의 관할에 전속한다(법 제3조 제1항). 통상 주소지는 주민등록등본에 기재된 곳을 의미하지만 그것이 현재 생활의 근거지가 아닌 경우에는 객관적으로 보아 채무자가 주로 생활하는 것으로 판단되는 장소를 의미한다. 이는 그 장소와 생활의 실질적인 관계에 따라 객관적으로 판단하여야 하므로, 주민등록법에 의한 등록 유무와 반드시 일치하는 것은 아니다.[4] 따라서 채무자가 채권자들의 집요한 추심압력에서 벗어나기 위하여 주민등록상의 주소지를 떠나서 현재 다른 곳에서 생활하고 있고 주민등록상 주소에 주소로서의 실체(예컨대 가족

---

4) 주석 민사소송법(Ⅰ)(제8판), 한국사법행정학회(2018), 131~132면(황진구).

의 거주)가 남아 있지 않은 경우에는 주민등록상 주소지가 아닌 실제 거주지를 관할하는 회생법원에 관할권이 있다. 주민등록등본상의 주소와 현주소가 다르고 현주소를 관할하는 법원에 파산신청을 제기한 경우에는 주소가 다른 이유를 구체적으로 설명하도록 하고 현주소에 대한 소명자료로 임대차계약서 사본, 소유자나 임차인의 거주확인서 등을 첨부하도록 하여야 한다.

다만 법인에 대한 회생사건 또는 파산사건이 계속되어 있는 때에는 그 법인의 대표자에 대한 파산선고의 신청은 그 법인에 대한 회생사건 또는 파산사건이 계속되어 있는 회생법원에도 할 수 있고(법 제3조 제3항 제2호), 영업소를 가지고 있는 개인이 파산신청을 할 경우에는 영업소 소재지를 관할하는 고등법원 소재지의 회생법원에서도 할 수 있다(법 제3조 제2항). 따라서 인천, 의정부, 강원 등 지역에 영업소를 가진 개인도 서울회생법원에 개인파산을 신청할 수 있게 되어 영업자 개인파산사건의 토지관할이 확대되었다. 한편 개인회생절차를 이용할 수 있는 범위의 채무를 부담하는 채무자의 주소지가 강릉시·동해시·삼척시·속초시·양양군·고성군인 경우에는 춘천지방법원 강릉지원에도 신청할 수 있다(법 제3조 제10항).

또한 ① 주채무자 및 그 보증인, ② 채무자 및 그와 함께 동일한 채무를 부담하는 자, ③ 부부 중 어느 한 사람에 대한 회생사건·파산사건 또는 개인회생사건이 계속되어 있는 때에는 다른 사람도 주소지와 상관없이 회생사건·파산사건 또는 개인회생사건이 계속된 법원에 파산신청을 할 수 있다(법 제3조 제3항 제3호). 예를 들면, 서울에 거주하는 부인이 서울회생법원에 파산신청을 하여 그 사건이 계속되어 있다면, 생계를 위해 지방에 거주하는 남편도 서울회생법원에 파산신청을 할 수 있다.

위 '회생사건·파산사건 또는 개인회생사건이 계속되어 있는 때'와 관련하여 언제부터 사건이 계속되었다고 볼 것인지가 문제된다. 일반적으로는 소송에서 상대방 당사자인 피고에게 소장 부본이 송달된 때부터 소송계속이 있는 것으로 보지만, 파산사건에서는 계속이라는 상태의 발생이 파산사건의 신청서 부본이 상대방에게 송달된 때부터 시작된다고 볼 것은 아니다. 파산사건은 비송적 성격을 가지고 있는 절차이고, 당사자대립구조로 이루어져 있지도 않으며 그 절차의 개시가 원칙적으로 신청주의이기는 하나, 그 신청서의 부본을 상대방에게 송달하여야 하는 것도 아니라는 점을 고려하면, '회생사건·파산사건 또는 개인회생사건이 계속되는 시점'은, 회생절차개시신청서, 파산신청서, 개인회생절차개시신청서가 회생법원에 접수된 때라고 보는 것이 타당하다. 이렇게 보면 아직 개시결정이나 파산선고가 되지 않은 경우에도 본호의 경합적 관할을 인정할 수 있게 되고, 그것이 입법취지에도 부합한다. 또한 그 계속이 소멸하는 종기는 도산사건의 종료 시이다(회생절차개시신청의 기각 또는 각하 결정이 확정되거나 회생절차의 폐지결정이 확정된 때, 파산신청 기각 또는 각하결정이 확정되거나 파산폐지결정이 확정된 경우 등이다).[5]

상속재산에 관한 파산사건은 상속개시지를 관할하는 회생법원의 관할에 전속한다(법 제3조 제6항). 또한 회생절차개시신청기각결정, 회생절차폐지결정, 회생계획불인가결정이 확정되어 임의적 또는 필수적으로 파산선고가 되는 견련파산의 경우, 당해 회생사건을 담당한 재판부가 소속된 회생법원에 관할이 있다고 본다.

나. 면책사건

면책사건은 회생법원의 전속관할이다(법 제556조 제1항). 여기서 회생법원이란 파산선고를 한 법원을 뜻한다.[6] 채무자가 파산선고 후 거주지를 이전한 경우뿐만 아니라 파산신청 당시 관할이 인정되는 이상 파산선고 전에 주거를 이전하였다고 하더라도 회생법원의 관할은 달라지지 않는다. 즉 개인파산사건의 토지관할이 확대된 사례로 위에서 든 인천, 의정부, 강원 등 지역 소재 지방법원에서 파산선고를 받은 경우에는 해당 지방법원에 면책사건 전속관할권이 있다.

2. 사물관할

구 파산법 하에서는 영업자인 개인이 파산 및 면책 신청을 한 경우에는 합의부의 사물관할에 속하였으나 현행법 하에서는 채무자가 개인이면 영업자인지 여부에 상관없이 단독판사 사물관할에 속하게 되었다(법 제3조 제5항).

3. 관할인정의 기준시점

파산사건의 토지관할의 존부는 파산신청시를 기준으로 판정한다(법 제33조, 민사 소송법 제33조). 따라서 파산신청 후에 결정시까지 채무자의 주소의 변동이 있어도 아무런 영향이 없다.

---

5) 주석 채무자회생법(Ⅰ)(제1판), 한국사법행정학회(2020), 91면(심태규).

6) 따라서 구 파산법이 적용되는 사건의 경우 파산신청 당시 채무자가 영업자로서 합의부 사건에 해당한다면 당해 채무자에 대한 면책사건 역시 합의부 사건으로 처리함이 타당하다.

면책사건의 경우에는 파산을 선고한 법원에 전속관할권이 있으므로 토지관할의 인정 기준시점이 특별히 문제되지 않는다.

4. 전속관할

가. 관할위반의 경우

파산 및 면책사건의 관할은 전속관할이고 합의관할·변론관할이 생길 여지가 없기 때문에 조사결과 관할이 없다고 판단되면 직권으로 사건을 관할법원으로 이송하여야 한다(법 제33조, 민사 소송법 제34조 제1항).

나. 손해나 지연을 피하기 위한 이송

법원은 관할권이 있는 경우에도 현저한 손해 또는 지연을 피하기 위하여 필요하다고 인정하는 때에는 직권으로, ① 채무자의 다른 영업소 또는 사무소나 채무자 재산의 소재지를 관할하는 회생법원, ② 채무자의 주소 또는 거소를 관할하는 회생법원, ③ 법 제3조 제2항 또는 제3항에 따른 회생법원, ④ 법 제3조 제2항 또는 제3항에 따라 해당 회생법원에 회생사건·파산사건 또는 개인회생사건이 계속되어 있는 때에는 제3조 제1항에 따른 회생법원으로 이송할 수 있다(법 제4조).

다. 이송의 효과

이송결정에 대하여는 즉시항고할 수 없다(법 제13조 제1항). 이송할 수 있는 시기는 제한이 없다.[7]

소송을 이송받은 법원은 이송결정에 따라야 하므로, 관할위반을 이유로 이송받은 법원으로서는 관할위반을 이유로 다시 이송할 수 없다(법 제33조, 민사 소송법 제38조). 다만, 관할위반을 이유로 이송받은 법원이 법 제4조에 의하여 이송하는 것은 위와 같은 기속력을 위반하는 것이 아니므로 가능하다.

이송하더라도 이송결정 전에 이루어진 보전처분, 중지명령, 금지명령 등의 효력은 유지된다. 이송받은 법원은 필요하다고 판단할 경우 그 보전처분 등을 변경 또는 취소할 수 있다.

---

7) 주석 채무자회생법(Ⅰ)(제1판), 한국사법행정학회(2020), 103면(심태규).

제 3 절 간주면책신청과 이시신청

면책신청은 파산신청일부터 파산선고가 확정된 날 이후 1개월 이내에 할 수 있다(법 제556조제1항). 개인파산 및 면책신청사건은 대부분 동시에 신청되어 동시에 심리되고 있는데, 실무상 파산신청시 면책신청까지 하는 것을 '동시신청'이라고 한다. 현행법은 채무자가 반대의 의사표시를 한 경우를 제외하고 파산신청과 동시에 면책신청을 한 것으로 간주하는 '간주면책신청' 제도를 신설하였다. 반면에 파산신청과 별도로 면책신청이 된 경우를 '이시신청'이라고 한다.

1. 간주면책신청

채무자가 파산신청을 한 경우에는 반대의 의사표시를 하지 않는 한 파산신청과 동시에 면책신청을 한 것으로 간주된다(법 제556조제3항).[8]

구 파산법 하에서는 파산신청과 별도로 면책신청을 하여야 했으므로, 시간과 비용이 들고 면책신청기간을 도과하여 면책이 되지 않을 위험이 있었다. 그러나 현행법은 파산신청에 명시적인 반대가 없는 한 면책신청을 한 것으로 봄으로써, 면책신청기간의 도과로 인한 위험을 해소하고 면책절차가 신속히 진행되도록 하였다. 이러한 파산신청의 면책신청 간주는 채무자가 파산신청을 한 경우에만 적용되고, 채권자가 파산신청을 한 경우에는 적용되지 아니한다. 따라서 채권자가 파산신청을 한 경우 채무자에게 별도로 면책절차에 대하여 안내해주고, 채무자의 면책신청 의사를 확인하여 면책신청기간이 도과되지 않도록 주의할 필요가 있다.

채무자가 법에 따른 면책신청효과 부여에 대해 반대의 의사표시를 하는 경우에는 그 취지가 기재된 파산신청서([양식 2] 참조)를 이용하여 신청하면 된다.

한편 파산선고를 받지 아니한 채무자[9]에 대하여 회생절차개시신청의 기각

---

8) 미국 연방 파산법은 채무자의 파산신청이 있는 경우 별도의 신청 없이 면책신청이 있는 것으로 보고, 채권자집회기일로부터 60일 내에 채권자 또는 파산관재인이 면책에 대한 이의를 신청하여 면책불허가사유를 입증하거나 채무자가 스스로 면책권을 포기하지 않는 이상, 자동적으로 면책을 허용하고 있다. 일본 개정 파산법 제248조 제4항 본문에서도 간주면책신청 제도를 도입하였다.

9) 개인회생절차의 경우에는 법 제6조 제1항, 제2항의 사유가 있다고 하더라도 필요적 또는 임의적으로 파산선고를 할 수 없으므로, 여기서 채무자는 일반회생절차를 이용한 개인을 의미한다.

결정, 회생계획인가 전 회생절차폐지결정, 회생계획불인가결정이 확정된 경우(임의적 파산선고) 및 회생계획인가가 있은 후 회생절차폐지의 결정이 확정된 경우(필요적 파산선고)에 파산이 선고되면, 회생절차개시의 신청을 파산의 신청으로 보게 되고(법 제6조 제4항), 간주면책제도에 의하여 채무자의 반대의 의사표시가 없는 이상 면책신청도 된 것으로 간주하여 면책절차에 들어간다고 본다. 서울회생법원의 실무상 이와 같은 경우 당사자의 의사를 명확히 하기 위해 당사자로부터 별도로 면책신청서를 제출받고 있다.

2. 면책사건의 이시신청

가. 의   의

채권자가 개인파산신청을 한 사건이나 채무자가 면책신청의 효과가 법률상 부여되는 것을 원하지 않는다는 의사를 표시하여 파산신청을 한 사건에서 나중에 파산신청과 별도로 면책신청이 된 것을 '이시신청'이라고 한다.

이시신청에서는 '파산선고가 확정된 날 이후 1개월 이내'라는 면책신청기간의 제한을 받기 때문에 채무자는 언제까지 면책신청을 할 수 있는지에 대해 유의하여야 한다. 따라서 이러한 경우 법원은 파산심문이나 파산선고를 하면서 면책신청기간을 안내해 주는 것이 바람직하다([양식 19] 참조).

이시신청을 하는 경우에는 채무자가 서면에 의한 면책신청을 하면서 채권자목록을 첨부하여야 하는데, 실무상으로는 정형화된 면책신청서, 진술서와 채권자목록을 제출하도록 하고 있다([양식 25] 참조).

나. 면책신청의 추후보완

채무자가 책임 없는 사유로 인하여 면책신청기간 내에 면책신청을 하지 못한 때에는 그 사유가 종료된 후 30일 이내에 면책신청을 보완할 수 있다(법 제556조 제2항). "채무자가 책임 없는 사유"라 함은 채무자가 그 소송행위를 하기 위하여 일반적으로 하여야 할 주의를 다하였음에도 불구하고 그 기간을 준수할 수 없었던 경우를 말한다. 채무자는 그 기간 내에 면책신청을 할 수 없었던 구체적

개인회생절차에서는 변제계획인가결정으로 파산절차가 효력을 잃고(법 제615조 제3항) 그 후 개인회생절차폐지결정이 확정되더라도 파산절차의 실효가 번복되지 않는다(제621조 제2항). 따라서 파산절차를 밟기 위해서는 채무자 등이 파산신청을 다시 하여야 한다[전대규, 채무자회생법(제5판), 법문사(2021), 953면].

사유, 그와 같이 된 데에 자신에게 책임이 없었다는 점 및 그 사유가 언제 해소 되었는지를 밝혀야 한다. 실무상 채무자의 책임이 없다고 인정한 사유의 예로는 파산선고·동시폐지결정 정본의 송달이 공고보다 지체되었거나 채권자 파산신청 사건에서 채무자에 대하여 공시송달로 진행되어 채무자가 파산선고 사실을 사실 상 알 수 없는 상태에서 면책신청기간을 도과한 경우를 들 수 있다.[10]

제 4 절   절차비용

1. 절차비용의 종류

가. 인   지

채무자가 파산신청과 면책신청을 동시에 하는 경우이거나 면책신청의 효과 가 부여되는 파산신청(간주면책신청)에는 2,000원의 인지를 붙여야 한다. 채권자 가 파산신청하는 경우에는 30,000원의 인지를 붙이고, 채무자가 파산신청과 별도 로 면책신청을 하는 경우에는 1,000원의 인지를 붙인다[민사접수서류에 붙일 인지 액 및 그 편철방법 등에 관한 예규(재민 91-1)]. 다만, 전자사건으로 접수하는 경우 에는 위 인지액의 10분의 9에 해당하는 인지를 붙인다($\binom{민사소송등인지법}{제16조\ 제1항}$).

나. 송 달 료

송달료는 채권자 수에 따라 달라지는데, 파산사건에 대하여 10회분+(채권자 수×4(2016. 11. 24. 개정 예규)회분)의 송달료를, 면책사건에 대하여 10회분+(채권 자 수×3회분)의 송달료를 은행에 납부한 다음, 송달료 납부서를 신청서에 첨부 하여야 한다[송달료규칙의 시행에 따른 업무처리요령(재일 87-4)].[11] 송달료 1회분은 5,200원이다.[12]

---

10) 신청인에게 파산폐지결정을 위한 채권자집회 통지서나 파산폐지결정을 송달하지 않고 공고일 로부터 14일이 경과한 경우 추완사유가 있다고 본 사례로는 서울고등법원 2005. 12. 14.자 2005 라875 결정(이는 면책신청기간을 파산절차 해지시까지로 본 구 파산법 하의 결정이지만 현재도 송달이 공고보다 지체되거나 송달불능된 경우 마찬가지로 볼 수 있을 것이다). 사기파산죄로 고 소를 당하자 면책신청을 취하하였다가 혐의없음 처분을 받은 것을 알게 되어 그로부터 1개월 내에 다시 면책신청을 한 것은 추완사유에 해당하지 않는다는 사례로는 대구지방법원 2013. 7. 19.자 2012라426 결정.

11) 송달료규칙의 시행에 따른 업무처리요령(재일 87-4) [별표1] '적용대상사건 및 당사자 1인당 송달료납부기준'

다. 파산관재인 선임비용

법원이 신청서와 파산선고 요건을 검토한 후 파산관재인 선임이 필요하다고 판단하여 이를 위한 비용의 예납명령을 하면 신청인은 법원이 정한 금액을 민사예납금으로 납입하여야 한다. 현재 서울회생법원에서는 실무준칙 제361호에 기하여 파산관재인 선임을 위하여 원칙적으로 30만 원의 예납명령을 하되, 조사업무의 예상 난이도, 채무자의 경제적 사정 등을 고려하여 적절히 예납금을 가감하고 있다. 다만, 예납금을 증액할 경우에는 특별한 사정이 없는 한 500만 원을 넘을 수 없다[개인파산 및 면책신청사건의 처리에 관한 예규(재민 2005-1) 제2조의4)].

라. 공고료(원칙적으로 불필요)

구 파산법하에서는 관보 및 일간신문 공고 게재비용으로 서울중앙지방법원의 경우 파산절차에서 7,800원, 면책절차에서 270,900원의 비용을 예납받았다.[13] 그러나 현행법은 공고를 관보 게재 또는 대법원규칙이 정하는 방법으로 하도록 규정하고(법 제9조 제1항), 개인파산·면책 절차에서의 공고는 대한민국 법원 홈페이지(http://www.scourt.go.kr) 법원공고란에 게시하는 인터넷 공고를 원칙으로 하므로(개인파산예규 제7조 제1항·제2항), 공고비용은 더 이상 필요 없게 되었다.

다만 현행법 시행 이후에도 구 파산법이 적용되는 사건에서는 여전히 관보 및 일간신문에 의한 공고를 하여야 하므로 공고비용이 필요하다.

2. 절차비용 미납의 효과

신청인이 절차비용을 납부하지 아니하면 파산 및 면책 신청이 기각될 수 있다(법 제309조 제1항 제1호, 제559조 제1항 제2호, 제3호).

한편 법 제304조는 채무자가 파산신청을 한 경우에 파산절차의 비용을 국고에서 가지급할 수 있도록 규정하고 있으나, 구 파산법 제130조와 달리 가지급 여부가 임의적인 것으로 개정되었고, 파산절차비용은 파산재단이 부담하는 것이 원칙이며, 가지급한 비용을 회수할 가망성이 없는 등의 이유로 개인파산절차에

---

12) 과학기술정보통신부 고시 제2021-52호에 의하여 2021. 9. 1.자로 우편요금이 위와 같이 인상되었다.

13) 구 파산법하의 실무상 대부분의 개인파산사건이 소파산에 해당되고 소파산인 경우에는 관보 공고로 족하므로 관보 공고 게재비용만 필요하였다.

서는 국고 가지급 제도가 거의 활용되지 않고 있다.

3. 소송구조

가. 소송구조의 의의

소송구조는 소송비용을 지출할 자금능력이 부족한 사람에 대하여 법원이 당사자의 신청 또는 직권으로 재판에 필요한 비용을 내지 않고 재판을 받을 수 있도록 하는 제도인데, 법원은 「소송구조제도의 운영에 관한 예규(이하 '소송구조 예규'라 한다)」 제5장[14]에 근거하여 개인파산·면책 사건에서 소송구조를 하고 있다.

나. 소송구조의 대상

소송구조의 대상은 「국민기초생활 보장법」에 따른 수급자, 「국민기초생활 보장법」에서 정한 기준 중위소득의 100분의 60 이하 소득자임을 소명하는 자,[15] 「한부모가족지원법」에 따른 보호대상지원대상자, 60세 이상인 자, 「장애인복지법」에 따른 장애인, 「국가유공자 등 예우 및 지원에 관한 법률」 및 「보훈보상대상 자 지원에 관한 법률」에 따른 상이등급 판정자, 「고엽제후유의증 등 환자지원 및 단체설립에 관한 법률」에 따른 장애등급 판정자, 「5·18민주유공자 예우에 관한 법률」에 따른 장해등급 판정자이다(소송구조예규 제22조 제1항). 민사소송법이 소송구조의 요건으로 '소송비용을 지출할 자금능력이 부족한 사람'이라고만 규정(민사소송법 제128조)하는 것과 차이가 있다. 실무상으로는 위 각 호 사유에 해당하지 않더라도 소송 비용을 지출할 자금능력이 부족하다고 판단되면 소송구조결정을 하는 경우가 있다.

다. 소송구조의 범위

소송구조의 범위는 변호사비용과 송달료, 파산관재인 선임을 위한 비용[16]이

---

14) 개인파산 및 면책 사건에 소송구조를 할 경우 「소송구조제도의 운영에 관한 예규」 제21조에 따라 위 예규 제5장의 규정을 우선하여 적용한다.

15) 기준 중위소득의 100분의 60 이상 소득을 정기적으로 얻고 있는 채무자라면 원칙적으로 개 인회생절차를 이용하여야 하고, 이런 채무자가 개인파산신청을 하였다면 이는 절차남용으로 기 각하여야 하므로, 결국 절차남용으로 기각할 사안이 아니라면 개인파산신청자는 모두 소송구조 대상이 된다고도 할 수 있다.

16) 파산관재인 선임을 위한 비용은 30만 원을 상한으로 하고, 파산관재인 보수 결정 시 지급한다

고, 인지, 공고료 등은 소송구조의 범위에 포함되지 않는다(소송구조예규 제22조).[17]
(제1항·제2항)

라. 소송구조의 절차

법원은 소송구조 대상자의 신청에 따라 또는 직권으로 소송구조를 할 수 있다. 다만 파산관재인 선임을 위한 비용에 관하여는 직권으로만 소송구조를 할 수 있다(소송구조예규 제22조 제2항).

소송구조를 신청하려는 사람은 개인별 주민등록등본, 자신이 소송구조 대상자임을 증명하는 증명서(수급자증명서, 급여명세서, 한부모가족증명서, 장애인증명서 또는 장애인복지카드 등)를 준비하여 법원 소송구조 신청 창구에서 소송구조 서비스를 신청하고, 담당직원으로부터 소송구조 지정변호사를 배정받은 다음, 그 변호사의 사무실을 직접 방문하여 소송구조 신청부터 변호사의 도움을 받게 된다. 지정변호사가 소송구조 신청서를 접수하면, 법원은 소송구조요건에 해당할 경우 즉시 소송구조결정을 하고, 그 후 지정변호사는 개인파산 신청서를 작성·제출한다.

이처럼 변호사비용에 대한 소송구조 신청은 소송구조 지정변호사를 통하여 하여야 하는데(소송구조예규 제22조 제3항), 만약 소송구조 지정변호사를 통하여 하지 않고 변호사비용에 대한 소송구조 신청을 하였다면 소송구조 지정변호사를 통해 신청할 수 있도록 안내하는 것이 바람직하다. 변호사비용을 제외한 송달료에 대해서만 소송구조를 신청할 경우에는 소송구조 지정변호사를 통하지 않고 직접 신청할 수 있다.

마. 소송구조 지정변호사의 업무

소송구조 지정변호사는 소송구조 신청전 상담, 소송구조 신청서 작성제출, 개인파산 신청서 작성제출(첨부서류를 검토하였다는 확인서를 붙여야 함), 재판기일 및 절차, 면책의 효과 등에 관한 안내, 법원의 보정사항에 대한 보정, 그 밖에 절차상 필요한 업무를 행한다(소송구조예규 제23조 제2항).

소송구조 지정변호사의 기본 보수액은 24만 원이고, 지급시기는 면책여부의

(소송구조 예규 제26조 제1항). 실무상 파산관재인 보수에 대한 직권소송구조가 있었고, 파산절차에서 환가가 이루어지지 아니한 채 절차를 폐지하는 경우 폐지결정과 함께 30만 원의 범위 내에서 최후보수결정을 하고 있다.

17) 민사소송법이 소송구조의 범위에 변호사비용과 송달료뿐만 아니라 각종 재판비용을 포함하고 있는 것과 차이가 있다(민사소송법 제129조 참조).

결정시이다($\substack{\text{소송구조예규} \\ \text{제25조 제1항}}$).

바. 소송구조결정의 취소

소송구조를 받은 사람이 소송비용을 납입할 자금능력이 있다는 것이 판명되거나, 자금능력이 있게 된 때에는 소송기록을 보관하고 있는 법원은 직권으로 또는 이해관계인의 신청에 따라 언제든지 구조를 취소하고, 납입을 미루어 둔 비용을 지급하도록 명할 수 있다($\substack{\text{민사소송법} \\ \text{제131조}}$).

실무상 예납명령 단계에서 소송구조 대상자임을 소명하여 파산관재인 보수 등에 대하여 직권으로 소송구조 결정을 하였는데, 파산선고 후 파산관재인의 재산조사 및 환가 단계에서 환가할 재산이 발견되어 파산재단이 형성되고, 그 환가액수에 근거하여 최후보수결정을 한 경우, 그와 같은 최후보수결정만으로는 직권소송구조결정에 따라 국고에서 지급되어야 할 30만 원의 범위 내의 금액이 특정될 수 없는 문제가 발생한다.[18] 위와 같은 문제를 해결하기 위하여 최후보수결정 외에 파산관재인에게 30만 원 범위 내의 금액을 보수로 지급할 것을 명하는 내용의 중간보수(또는 우선보수)결정을 별도로 함으로써 직권소송구조결정에 따라 국고에서 지급되어야 할 30만 원 범위 내의 금액을 특정하는 방안을 고려할 수 있으나, 이는 최후보수결정과 별도로 중간보수(또는 우선보수)결정을 함으로써 파산관재인이 보수로 지급받을 총액의 액수에 관하여 혼선을 초래할 여지가 있다.

소송구조가 소송비용을 지출할 자금능력이 부족한 사람에 대하여 재판을 받을 수 있도록 하는 제도임을 고려하면, 파산관재인 보수에 대한 직권소송구조결정이 있었으나 이후 재산 등에 대한 환가가 이루어진 경우에는 일응 예납금을 지급할 능력을 갖추고 있었다고 할 것이어서 소송구조의 요건을 갖추지 못한 것으로 볼 수 있다. 이에 따라 서울회생법원은 파산관재인 보수에 대한 직권소송구조결정이 있었으나 환가가 이루어진 경우에는 민사소송법 제131조에 따라 소송구조 결정을 직권으로 취소할 것인지 여부를 검토하는 방식으로 실무를 운용하고 있다(물론 실제로 소송구조결정을 직권 취소할 것인지는 개별 사건별로 판단되어

---

18) 가령 직권소송구조결정이 내려진 사건에서 파산관재인이 500만 원을 환가한 경우, 서울회생법원 실무준칙 제371호(개인 파산관재인의 보수)의 별지 파산관재인 보수산정표에 따른 기준보수를 그대로 최후보수로 산정한다면 130만 원을 최후보수로 결정하게 될 것인데, 이와 같이 130만 원을 최후보수로 정하는 결정만으로는 직권소송구조결정에 따라 국고에서 지급되어야 할 30만 원의 범위 내의 금액을 특정할 수 없게 된다.

야 할 것이다). 이에 따르면 법원으로서도 사건 초기 단계에서 적극적으로 파산관재인 보수에 대한 직권소송구조결정을 할 수 있을 것이다.

한편 소송구조 변호사로 선임되었다가 파산절차가 종료되기 전에 구조결정이 취소된 때에는 그 변호사가 절차 관련 서류를 제출하는 등 상당한 준비 또는 활동을 한 경우에 한하여 해당 재판장의 재량으로 보수를 지급할 수 있다(소송구조예규 제25조 제2항, 제10조).

제 5 절   파산 및 면책 신청서류 등

1. 파산 및 면책 신청서

가. 법률의 규정

파산신청은 서면으로 하여야 하고, 그 서면에는 신청인 및 그 법정대리인의 성명과 주소, 채무자의 성명·주민등록번호 및 주소, 신청의 취지, 신청의 원인, 채무자의 재산에 관한 다른 절차 또는 처분으로서 신청인이 알고 있는 것, 채권자가 파산신청을 하는 경우 그가 가진 채권의 액과 원인을 기재하여야 한다(법 제302조 제1항). 신청인이 미성년자 등 소송무능력자인 경우 법정대리인의 성명과 주소를 기재한다. 주민등록번호가 없는 외국인이 파산신청을 하는 경우 여권번호 또는 외국인등록번호를 기재한다. 상속재산파산의 경우 실무상 채무자를 '피상속인 망 ○○○의 상속재산'으로 표시하고 있다.

그 외에 파산신청서에는 채권자목록, 재산목록, 채무자의 수입 및 지출에 관한 목록, 호적등본, 주민등록등본, 진술서, 그 밖의 소명자료를 첨부하여야 하되, 신청과 동시에 첨부할 수 없는 때에는 그 사유를 소명하고 그 후에 지체 없이 제출하여야 한다(법 제302조 제2항, 규칙 제72조 제1항). 그리고 위 진술서에는 채무자에 관하여 법원에 회생절차 또는 개인회생절차가 계속되어 있는 경우 당해 사건이 계속되어 있는 법원 및 사건의 표시, 채무자가 개인파산절차 또는 개인회생절차에서 면책결정을 받은 적이 있는지 여부 및 있는 경우 그 결정의 확정일자를 기재하여야 한다(규칙 제72조 제2항).

나. 실무상 양식

실무상 파산 및 면책 신청서와 그 첨부서류는 정형화된 양식을 이용하고 있다.

파산 및 면책 신청서([양식 1] 참조)에 해당 사항을 기재하고 기명날인 또는 서명한 다음, 가족관계증명서, 혼인관계증명서, 주소변동내역이 포함된 주민등록 초본과 등본을 첨부하고, 그 외에 진술서(채무자의 경력, 생활상황, 채무증대 경위, 지급불능에 이르게 된 사정 등을 기재), 채권자목록(채권자별로 성명, 차용·구입일자, 원인, 사용처, 잔존 채권액 등을 기재) 및 채권자주소(채권자의 송달 가능한 주소를 기재), 재산목록, 현재의 생활상황, 수입 및 지출에 관한 목록을 작성하여 첨부한다 ([양식 1-1~1-6] 참조). 실무상으로는 이들 양식에 미비한 점이 있거나 누락된 양식이 있으면 보정하도록 하고 있다.

현행 개인파산절차에서는 원칙적으로 파산관재인이 선임되므로, 신청할 때 파산관재인용 부본 1부를 더 제출하도록 한다.

다. 개별신청의 원칙

복수의 채무자가 동시에 파산신청을 하는 경우에는 채무자별로 신청서를 작성하여야 한다. 개인파산사건은 채무자마다 자산·부채의 상태가 다르므로 동일한 절차 내에서 심리를 진행하여도 통일적인 결론을 내리는 것이 곤란할 뿐만 아니라 오히려 동일한 절차 내에서 재산 상태를 달리하는 수인의 채무자에 대한 심리를 진행하다 보면 사무 처리의 착오가 생길 수도 있으므로, 절차의 성질상 일반 소송절차와는 달리 공동파산신청이 부적합하다. 다만 서울회생법원은 부부나 형제 등 가족이 동시에 신청한 것으로 밝혀진 경우에는 대체로 같은 재판부에 배당하고 있으므로, 이를 부전지 등으로 표시하는 것이 좋다.

라. 개인파산 신청서류의 간소화

2019년까지 개인파산 절차에서 채무자가 법원 및 파산관재인에게 제출하여야 하는 서류는 서울회생법원의 경우 29종(신청 시에 제출하여야 하는 서류를 제외하고 파산선고 후 파산관재인에게 제출하여야 하는 서류)이었고, 다수의 다른 법원은 그 이상의 서류를 요구하고 있어 채무자에게 커다란 부담이 되고 있었다. 이러한 자료제출의 부담으로 개인파산을 신청하여야 할 상황에 있는 채무자가 무리하게 개인회생 등의 다른 제도를 이용하게 되었고, 이는 채무자의 신속한 재기에 더 어려움을 가져오는 결과를 가져오게 되었다. 이에 따라 채무자의 개인파산 신청에 대한 접근성 강화로 경제적 위기에 처한 채무자의 신속한 재기를 지원하고, 절차의 효율성을 증진시킬 필요성이 대두됨에 따라 2019. 12. 24. 「개인파산 및 면책신청사건의 처리에 관한 예규」를 개정하였고, 위 예규는 2020. 1. 20.부터 시행되고 있다.

　　개정된 예규에 의하면, 채무자가 개인파산 신청 시에 제출하여야 하는 신청서 등 서류의 표준양식[19]을 규정하면서, 채무자로부터 일률적으로 제출받을 필요가 있는 것으로 선별된 14종의 소명자료(개인파산 및 면책신청사건 처리에 관한 예규 별표 별지 제7호, [양식 1-7] 참조)를 신청 시에 제출하도록 하고 있다. 이와 같은 예규 개정에 따라 채무자는 부모·배우자·자녀들에 관한 자료 제출 부담에서 벗어나게 되었고, 각 법원이 파산선고 후 채무자로 하여금 파산관재인에게 일률적으로 별도의 자료를 제출하도록 하는 기존의 실무 운영 방식을 중단할 수 있는 기초가 마련되었으며, 실제로 서울회생법원은 위와 같은 예규 개정에 발맞추어 2019. 12. 16.자로 관련 실무준칙 제374호[20]를 제정하여 파산관재인이 파산선고 후에 채무자에게 일률적으로 각종 자료를 요구하는 기존의 실무 운영 방식을 중단하기로 하였다.

2. 창구지도의 중요성

　　개인파산사건은 창구지도가 중요하다. 2019. 12. 24. 개정된 개인파산예규는 파산과 면책의 동시신청 및 개별신청의 각 경우에 필요한 신청서와 신청에 필요한 각종 양식을 [별지] 제1 내지 10호에서 새롭게 규정하였고, 서울회생법원 홈페이지(http://slb.scourt.go.kr/rel/information/min/MinListAction.work?gubun=24)에서도 한글파일 형태로 내려받을 수 있도록 양식을 제공하고 있다. 파산신청은 서면으로 하여야 하므로,(법 제302조 제1항) 구술신청을 하려는 사람에게는 비치된 양식을 이용하여 서면신청을 하도록 지도한다.

---

19) 개인파산예규 제1조의2에 규정된 별지 제1 내지 10호(파산 및 면책신청서, 진술서, 채권자목록, 재산목록, 현재의 생활상황, 수입 및 지출에 관한 목록, 자료제출 목록 등)

20) 서울회생법원 실무준칙(2020. 11. 23.) 제374호 제2조는 '파산관재인이 채무자에 대하여 예규 별지 제1호 내지 제10호 외의 자료를 제출할 것을 요구하는 경우에 파산관재인으로서는 채무자에게 당해 사건에서 어떠한 정황에 기초하여 이를 요구하는 것인지 고지하여야 하고, 법원에 그러한 고지 및 자료제출 요구를 하였음을 사후에 보고하여야 한다'고 규정하고 있다.

특히 현행법은 채무자가 반대의 의사표시를 한 경우를 제외하고는 파산신청에 면책신청의 효과를 법률상 부여하고 있는바($^{법}_{}$ $^{제556조}_{제3항}$), 접수 당시 파산신청서만 제출된 경우 신청인의 의사를 확인하여 면책신청을 하지 않을 의사가 아니라면 파산 및 면책 동시신청을 하도록 창구지도를 한다. 이 경우 채무자로 하여금 신청서에 면책사건의 인지도 첨부하도록 하고, 면책송달료까지 납부하도록 한다.

신청서와 함께 제출하도록 하고 있는 각종 양식에 채권자의 성명과 주소, 채무발생일, 채무액(원금과 이자를 구분하여 기재하도록 한다), 사용처, 보증인 등에 관하여 정확히 기재하지 않은 채 접수되는 경우가 있다. 채무발생일이나 정확한 채무액은 오랜 시간이 지난 경우 정확히 기재하기 힘들다고 하더라도, 사용처에 관하여 아무런 기재가 없거나, 보증인이 있는데도 기재하지 않거나, 채권자의 성명을 "순이 엄마"라는 식으로 기재하거나, 채권자의 주소를 번지도 표시하지 않은 채 "○○은행 ○○지점" 등으로 기재하는 경우가 종종 발견된다. 이런 경우 대부분 다시 법원이 보정명령을 발하여 보정을 시키기는 하지만, 그만큼 절차가 지연되고 비용이 증가하는 단점이 있다. 따라서 신청서를 접수할 때 제출된 신청서에 위와 같은 내용이 정확히 기재되도록 창구지도를 한다.

또 신청서의 부속서류로 제출하여야 하는 소명자료들도 제대로 제출되었는지 확인하여야 한다. 예컨대 재산목록에 자동차가 있다고 표시되어 있으면 자동차등록원부, 보험해약환급금이 있다고 표시되어 있으면 보험회사 작성의 예상환급금증명서, 부동산이 있다고 표시되어 있으면 부동산 등기부등본 및 가액 확인서 등이 제출되어 있는지 살펴보아야 한다.

접수된 기록을 보면 이들 증거자료가 누락된 경우가 매우 많고, 법원은 누락된 자료의 보정을 명할 수밖에 없게 된다. 서면으로 보정명령을 하는 것이 보통이나 신청인이 보정명령의 내용을 이해하지 못하여 필요한 자료를 제대로 제출하지 못한다고 생각되는 경우에는 일단 심문기일을 지정하여 신청인을 소환한 후 보정명령의 내용에 관하여 다시 설명하고 보정을 명한다.

물론 관할이 없거나 미비된 파산신청이라고 하더라도 신청인이 접수를 고집하면 접수자체를 거부할 수는 없다. 그러나 창구지도를 하는 직원은, 절차의 지연과 비용의 증가 등으로 적정한 절차 이행이 되지 않는 단점을 잘 설명하여 협조를 구하여야 할 것이다.

3. 신청서 접수 후의 사무

가. 사건 전산입력 및 사건부호·사건번호의 부여

파산절차와 면책절차를 사실상 일원화하고 파산신청시 면책허가신청의 취지도 동시에 기재하도록 양식을 정비하였으나 파산신청과 면책신청은 법률상 독립된 신청인 관계로 사건부호(파산은 '하단,' 면책은 '하면') 및 사건번호(접수순서)는 각각 부여한다.

간주면책신청 사건의 경우에도 동시신청된 사건과 같이 처리한다.

면책사건의 이시신청의 경우에는 그 면책신청서에 별도의 사건번호를 부여받아 사건입력 프로그램에 전산입력한 후 주기록인 파산신청기록에 시간적 접수순서에 따라 합철하고 파산신청기록표지에 사건번호와 사건명을 병기한다.[21]

나. 절차비용 납부 확인

개인파산·면책 절차비용이 납부되지 아니한 경우에는 신청 기각사유에 해당된다(법 제309조 제1항 제1호, 제559조 제1항 제3호). 따라서 신청서 심사시 절차비용(인지, 송달료)이 제대로 납부되었는지 여부를 확인한다.

다. 개인파산 사건기록의 전면 전자문서화

민사소송 등에서의 전자문서 이용 등에 관한 법률 제3조 제6호는 모든 도산사건에 관하여 2014. 4. 28.부터 전자문서화 하도록 규정하고 있으나, 구 민사소송 등에서의 전자문서 이용 등에 관한 업무처리지침(재일 2012-1, 2017. 10. 17. 재판예규 제1668호로 개정되기 전의 것) 제27조 제2항 제5호는 전자소송 동의 여부와 관계없이 전자기록사건으로 하는 경우에 채무자가 개인인 파산사건을 제외하고 있었다. 개정 업무처리지침에서는 종이기록 보관문제를 해소하고 업무효율성을 증대하기 위하여 2018. 1. 1. 이후 종이로 신청된 개인파산 사건기록을 전자소송 동의 여부와 관계없이 전면 전자문서화하도록 규정하고 있다.

---

21) 민사접수서류에 붙일 인지액 및 그 편철방법 등에 관한 예규 제2조 제2호 및 별표 참조.

제 6 절 파산신청의 취하

파산신청의 취하는 파산선고 전에 한하여 허용되고, 파산선고 후에는 모든 이해관계인에게 파산선고의 효력이 미치므로 파산선고가 확정되기 전이라도 파산신청을 취하할 수 없다. 이는 모든 이해관계인이 동의하더라도 마찬가지이다. 집단적 채무처리 절차인 파산절차에서는 채무자의 관리처분권 이전과 파산채권자의 권리행사 제약이 파산선고로 인하여 즉시 발생하기 때문에 이후에 신청 취하를 인정하는 것은 불합리하기 때문이다.[22][23] 따라서 파산신청이 각하 또는 기각되어 사건이 항고심에 계속 중인 때에는 취하가 가능한 반면, 파산선고에 대한 즉시항고사건이 항고심에 계속되고 그로 인하여 파산선고의 효력이 미확정이라고 하더라고 취하는 불가능하다.[24]

취하에 의하여 파산절차는 개시되지 않고 당연히 종료하고, 이미 행하여진 보전처분이나 구인명령 등은 법률상 당연히 실효된다. 취하가 있으면 사용하지 않은 예납금은 반환된다.[25]

---

22) 이러한 해석론은 우리와 절차가 유사한 일본에서도 마찬가지이며, 특히 일본 파산법 제29조 전단은 이러한 해석론을 반영하여 이를 명문화하였다.

23) 채권자의 신청에 의하여 채무자에 대하여 파산이 선고되면 그 선고한 때로부터 모든 채권자를 위하여 그 효력이 생기므로(법 제311조), 다른 채권자의 채권신고가 모두 취하되거나 그 채권이 모두 소멸하는 등의 특별한 사정이 없는 한, 파산선고 결정에 대한 즉시항고가 제기된 이후에 항고심에서 신청채권자가 신청을 취하하거나 신청채권자의 채권이 변제, 면제, 그 밖의 사유로 소멸하였다는 사정만으로는 항고법원이 제1심의 파산선고 결정을 취소할 수 없다(대법원 2012. 3. 20.자 2010마224 결정).

24) 노영보, 도산법강의, 박영사(2018), 94면.

25) 노영보, 도산법강의, 박영사(2018), 94면.

제 3 장 파산신청에 대한 법원의 심리

제 1 절 개   관[1]

1. 개   요

① 법원은 채무자가 제출한 파산신청서 및 첨부서류를 검토한 후 미비한 사항이 있으면 보정명령을 하고, 채무자를 심문할 필요가 있다고 판단되면 채무자심문을 실시한다.

② 이후 채무자에게 파산원인이 있는 것으로 판단되면, 법원은 파산선고와 동시에 파산절차를 폐지하는 이른바, '동시폐지' 사건으로 처리할 것인지 아니면 파산관재인을 선임하여 파산절차를 진행할 것인지를 결정한다.

③ 동시폐지사건으로 처리하는 경우에는 법원은 파산선고와 동시에 파산폐지결정을 하면서 면책신청에 대한 이의신청기간(또는 면책심문기일)을 지정하고, 이후 채권자의 이의신청이 있으면 서면에 의하거나 의견청취기일을 열어 채권자와 채무자의 의견을 들은 다음 면책여부를 결정한다.

파산관재인을 선임하는 경우에는 채무자에게 파산관재인 선임을 위한 절차비용의 예납을 명한다(법 제303조).

2. 현행 개인파산실무의 운용

서울회생법원은 2012년 2월부터 현행 실무방식을 채택하여 개인파산절차를 운용하고 있는데, 원칙적으로 모든 사건에 파산관재인을 선임하면서 파산관재인 선임을 위한 비용으로 30만 원[2]의 예납명령을 하고 있고, 종전의 원칙적인 운용

---

1) 제1절부터 제4절까지는 채무자가 파산신청을 한 경우를 전제로 한다.
2) 조사업무의 예상 난이도, 채무자의 경제적 사정 등을 고려하여 적절히 예납금을 가감하고 있다.

방식이었던 '동시폐지' 방식은 예외적으로 운용하고 있다(자세한 내용은 제1편 제1장 제5절 참조).[3]

제 2 절 파산신청서의 심사

법 시행 이후 2007년 5월과 2008년 1월에 개인파산 및 면책 신청서 양식이 변경되었는데, 2007년 5월의 주요 변경내용은 ① 부인권 대상 행위, 면책불허가사유를 진술서 앞부분에 기재, ② 파산신청에 이르게 된 사정은 해당 사유의 □ 안에 √ 표시 후 연월일을 명시하여 구체적 사정을 기재, ③ 재산목록에 배우자, 부모, 자녀 명의의 1,000만 원 이상의 재산을 기재, ④ '가계수지표'를 '수입 및 지출에 관한 목록'으로 변경하고, 개인회생절차를 신청할 경우의 가용소득을 기재하고, ⑤ 휴대전화를 통한 정보수신을 신청할 수 있도록 한 것 등이고 2008년 1월의 주요 변경내용은 ① 가족관계의 등록 등에 관한 법률에 따라 '본적'을 '등록기준지'로, 첨부서류 중 '호적등본'을 '가족관계증명서(혼인관계증명서)'로 수정하고, ② 재산목록 중 처분재산에 관한 진술을 '지급 불가능 시점의 1년 이전부터 현재까지 사이에 처분한 1,000만 원 이상의 재산'으로 특정하고, 진술서 중 '채무의 지급이 곤란할 정도로 경제 사정이 어려워진 이후에 재산을 처분한 경험'에 관한 항목을 삭제하여 중복을 피하면서 채무자의 혼동을 방지하고, ③ 재산이 있는 사건에 관하여 신청서와 재산목록에 '파산관재인 선임을 희망한다'는 기재를 할 수 있도록 하여 그러한 경우 신속하게 파산선고 및 파산관재인 선임절차가 진행될 수 있도록 한 것 등이다. 한편, 현재는 2019. 12. 24. 개정된 개인파산예규가 [별지 제1 내지 10호]에서 개인파산 및 면책 신청서와 신청에 필요한 각종 양식을 규정하고 있다.

---

3) 예외적으로 동시폐지를 검토할 수 있는 사건은 파산관재인 선임을 위한 예납명령을 하더라도 예납명령 철회신청이 예상되는 경우인데 그 유형은 다음과 같다. ① 채무자가 기초생활수급대상자인 경우, ② 채무자가 고령, 질병, 신체장애 등으로 현재 소득활동이 불가능하고, 오랜 기간 정상적인 소득활동을 하지 못하고 있으며, 채무도 오래전에 발생한 것인 점 등의 사정이 있는 경우. 다만 2018. 1. 1.부터 파산관재인 선임을 위한 비용에 대하여도 직권소송구조결정이 가능하므로, 동시폐지의 실익이 적어졌다.

1. 첨부서류의 검토

가. 진 술 서

채무자의 진술서([양식 1-1] 참조)를 보면 채무자의 경력, 채무증대의 경위, 파산에 이르게 된 경위 등에 관하여 부실하게 기재된 경우가 많다. 또한 위와 같은 파산 및 면책과 관련된 중요 사실은 기재하지 않고 오히려 자신의 출생부터 파산에 이르기까지의 인생에 대하여 구구절절 기재하는 경우도 상당수 있다. 채무자로서는 채무증대의 경위를 자세히 적으면 혹시 면책불허가사유가 발견될까 두려워 되도록 간단히 적는 경향도 있다. 법원으로서는 보정을 명하여 가능한 한 채무증대 경위, 파산에 이르게 된 경위가 상세히 드러나도록 할 필요가 있다.

진술서에는 지급이 불가능하게 된 시점, 파탄의 직접적인 원인, 채권자와의 관계 및 평소의 생활태도 등이 반드시 기재되어 있어야 한다. 진술서를 검토하다 보면 재산목록에 기재되어 있지 않은 재산을 발견하거나, 면책불허가사유에 관한 자료를 발견하는 경우가 많다.

이하 진술서 양식의 순서에 따라 문제되는 사항을 살펴본다.

1) 경   력

채무자가 경제활동을 시작한 시기부터 현재에 이르기까지의 주요 경력을 빠짐없이 기재하여야 한다.

채무자의 직업 및 경력에 비추어 상당한 재산이 형성되었을 가능성이 있는데도 재산목록에 이렇다 할 재산이 없는 것으로 기재되어 있는 경우에는 채무자에게 그에 대한 소명을 촉구한다. 채무자가 재산을 은닉하거나 재산 상태에 관하여 허위진술을 하고 있다는 의심이 들면 관련 자료의 제출과 설명을 요구한다. 특히, 대표이사로서 회사를 경영하였다거나, 개인사업자로서 영업을 한 경우에는 그 회사나 사업의 폐업 당시 잔존자산의 처분내역, 미수금의 회수가능성 등에 관한 진술이 있는지 확인하여야 하고, 만일 이에 대한 진술이 없거나 부족한 경우에는 보정을 명하여야 한다. 교사, 공무원, 군인으로 근무하다가 또는 기업체에서 장기간 근무하다가 최근에 퇴직한 경우에는 퇴직금이나 퇴직연금의 내역을 확인하여야 하고, 퇴직금을 일시불로 수령하였음에도 퇴직금 사용처에 대한 기재가 없는 경우에는 그 금액과 사용처에 대한 소명을 요구할 필요가 있다.

2) 현재까지의 생활상황 등

이 항목에는 주로 면책불허가사유 또는 부인대상행위를 탐지할 수 있는 사실에 대한 기재를 하도록 되어 있다. 채무자에게 면책불허가사유 또는 부인대상행위에 해당될 수 있는 사실에 관하여 솔직하게 기재하기를 기대하기는 매우 어렵다. 그러나 진술서의 기재만으로도 물건의 염가처분($\frac{법 제564조 제1항 제1호,}{제651조 제1항 제1호}$), 사술에 의한 신용거래($\frac{법 제564조}{제1항 제2호}$), 비본지변제($\frac{법 제564조 제1항 제1호,}{제651조 제1항 제2호}$), 낭비·도박 등 사행행위($\frac{법 제564조}{제1항 제6호}$) 등 면책불허가사유와 편파변제 등 부인대상행위의 존재를 짐작하게 하는 단서를 포착할 수 있으므로, 주의 깊게 살펴야 한다. 만일 채권자의 이의신청을 통하여 채무자가 이 항목에 대한 진술을 숨기거나 허위로 진술한 것이 밝혀진 경우에는 법 제564조 제1항 제3호의 '채무자가 허위의 신청서류를 제출한 때'의 면책불허가사유에 해당할 수 있다.

사기죄의 처벌을 받은 경험이 있다고 기재한 경우에는 그 판결문, 공소장 등의 자료를 제출하도록 명하고, 사기죄로 고소되었으나 처벌받지 않았다고 주장하는 경우에는 사건처리결과 통지서 사본을 제출하도록 하는 것이 바람직하다. 사기죄로 처벌받거나 수사 중인 경우에는 법 제564조 제1항 제2호의 사술에 의한 신용거래의 면책불허가사유에 해당할 가능성이 있으므로 파산선고의 지연으로 인하여 위 조항의 '파산선고 전 1년 이내'라는 요건에 해당하지 않게 되는 부당한 결과가 생기는 것을 방지하기 위하여 신속히 파산선고를 하고 면책절차에서 위와 같은 보정을 명하는 것이 타당하다.

한편 채무자가 이전에 파산신청을 하였다가 취하하거나 기각당한 경험 또는 개인회생절차를 이용한 경험이 있음에도 이를 기재하지 아니하는 경우가 있는데, 서울회생법원에서는 채무자중복접수조회를 통하여 이를 파악하고 있다. 진술서 기재 및 채무자중복접수조회를 통하여 과거에 파산신청을 한 경험이 드러난 경우에는 재도의 파산신청인지, 과거의 파산신청 기각사유가 무엇이었는지, 면책허가결정 후 재신청을 위한 법정기간(채무자가 이전에 파산절차에서 면책을 받은 경우에는 면책허가결정 확정일부터 7년, 개인회생절차에서 면책을 받은 경우에는 면책허가결정 확정일부터 5년)이 경과하였는지 등을 검토할 필요가 있다.

3) 채권자와의 상황

채권자와 채무지급방법에 관하여 교섭한 경험과 소송·지급명령·압류·가압류 등을 받은 경험에 관하여 기재한다. 소송 등에 관하여는 법원에서 송달받은 가압류결정문, 지급명령, 이행권고결정, 소장 등의 사본을 첨부하도록 되어 있다. 이를 통하여 채권자목록에 기재된 채권자 이외의 채권자가 있는지 확인한다.

4) 채무증대 경위

채무증대 경위에 관하여 개정된 신청서 양식은 그 사유를 유형화하여 ① 생활비 부족, ② 주택구입자금 차용, ③ 낭비·도박 등, ④ 사업의 경영 파탄, ⑤ 타인의 채무 보증, ⑥ 사기피해를 당함 등의 사유를 신청인으로 하여금 선택하도록 하였다. 채무자는 선택한 위 유형에 대하여 구체적으로 기재하여야 하고, 법원은 언제, 어떠한 사정으로 누구로부터 얼마를 차용하여 어디에 사용하였는지, 언제 어떠한 사정으로 무엇을 구입하였는지 그 시간적 순서나 채무액수의 증대에 관한 진술이 합리적인 것인가를 검토하여야 한다. 채무증대 경위의 진술과 채권자의견조회서의 기재를 확인하여 채권발생일시, 금액에 큰 차이가 있으면 부인대상행위가 있을 가능성에 관하여도 검토한다.

채무증대원인이 생활비 부족인 경우에는 그 금액이 생활비로서 적정한 금액인지를 검토할 필요가 있다. 채무증대원인이 주택구입자금 차용인 경우에는 그 주택을 현재도 보유 중인지, 처분하였다면 처분시점과 그 구체적인 처분내역, 처분대금 사용처 등을 확인할 필요가 있다. 낭비, 도박 등으로 채무가 증대된 경우에는 낭비, 도박에 사용된 금원의 규모를 확인할 필요가 있고, 타인의 채무 보증으로 채무가 증대된 경우에는 주채무자와의 관계, 보증을 서게 된 경위 등을 확인할 필요가 있다. 사기피해로 채무가 증대된 경우에는 가해자를 형사고소한 적이 있는지, 그에 대한 형사판결이 선고된 적이 있는지 등을 확인할 필요가 있다.

5) 지급불능의 시기와 사유

지급불능의 시기와 사유에 관하여도 개정된 신청서 양식은 그 사유를 유형화하여 ① 변제해야 할 원리금이 불어나 수입을 초과하게 됨, ② 실직함, ③ 경영 사정 악화로 사업 폐업함, ④ 급여 또는 사업소득이 감소됨, ⑤ 병에 걸려 입원함 등의 사유를 신청인으로 하여금 선택하도록 하였고, 지급이 불가능하게 된 시점을 채무자로 하여금 특정하도록 하였다. 그러나 채무자가 주관적으로 생각하는 지급불능의 시기는 참고사항이 될 뿐이고, 가급적 채무증대의 과정을 추적하여 객관적인 지급불능의 시기를 판단해야 한다. 또한 지급불능의 사유에 관하여도 채무자의 진술에만 의존하는 것은 타당하지 않다. 따라서 지급불능의 사유에 관한 채무자의 진술은, 지급불능의 직접적 계기 정도의 의미로 이해하는 것이 좋다. 지급불능의 시기는 부인대상행위의 위기시기 또는 면책불허가사유를 판단함에 있어 중요한 요소이므로 이에 대한 채무자의 진술이 부족한 경우에는 그에 대한 진술 및 관련자료에 대한 보정을 명하여야 한다.

나. 채권자목록

채권자목록([양식 1-2, 1-3] 참조)을 검토할 때에는 다음 사항에 유의하여야 한다.

1) 채권자 누락여부[4]

개인파산사건은 채권자가 금융기관(신용카드 회사 포함)이거나 대부업체 등인 경우가 대부분이나, 개인 채권자(친구나 이웃 등)인 경우도 적지 않다. 진술서의 기재내용과 채권자목록을 잘 비교하여 보면 채권자 중 일부를 누락한 것을 발견할 수 있다. 실수로 누락한 경우도 있고, 일부러 누락한 경우도 있는데, 일부러 누락시킨 경우는 대체로 그 누락된 채권자와 따로 변제의 합의를 하였기 때문이라고 추측된다. 예컨대 사채업자가 금융기관 채권자보다 집요하게 추심을 하기 때문에 사채업자에 대하여는 따로 변제합의를 하고 금융기관 채권만 면제받기를 원한다거나, 친구나 친인척의 채권은 따로 변제합의를 하고 그 밖의 개인채권자들의 채권은 면제받기를 원하는 등의 경우가 있다. 이러한 경우 법원은 누락된 채권자의 성명, 주소를 보정하도록 명하고, 채무자 심문을 하는 경우 채권자목록에 기재하지 않은 채권자는 없는지 물어서 확인한다. 드물기는 하지만 채권자목록에 기재되지 않은 채권자 스스로 채무자의 파산신청을 알고 채권자의견을 보내오는 경우도 있다. 고의로 일부 채권자를 누락하였다고 인정되면 면책을 허가하지 않을 수 있다(법 제564조 제1항 제3호). 채무자가 악의로 채권자목록에 기재하지 아니한 청구권은 채권자가 그 파산선고가 있음을 안 경우를 제외하고는 면책의 대상에서 제외된다(법 제566조 제7호). 이 경우 누락된 비면책채권에 대하여 다시 면책신청하는 것이 사실상 어려우므로 채무자가 채권을 알면서도 누락하지 않도록 꼼꼼한 검토 및 보정을 요한다.

실무상 보증인과 부동산 또는 자동차의 근저당권자를 누락하는 경우가 많다. 특히 보증인은 사전 또는 사후구상권을 가지므로 구상채권자로서 채권자목록에 기재하여야 한다. 또한 수차례에 걸쳐 채권이 양도되면서 최초 금융기관을 찾아가도 전산에서 확인할 수 없는 경우도 많다.

채권자로부터 채권추심을 위임받은 신용정보회사 등을 채권자로 기재하는

---

4) 채권자목록에서 누락된 채권의 실무상 문제점에 관하여는 윤덕주, "채권자 목록에서 누락된 채권의 취급", 한국채무자회생법학회, 회생법학 22호(2021. 6.) 81면 이하 참조.

경우가 있는데, 이러한 경우 채권추심을 위임한 채권자를 채권자목록에 기재하도록 보정을 명하여야 한다. 채권자가 법인이 아닌 개인사업자인 경우 채권자목록에 사업체 이름을 기재하는 경우가 있는데, 이 경우에도 추후에 채권의 특정과 관련하여 면책허가결정의 효력이 미치는지에 대하여 다툼이 생길 여지가 있으므로, 사업자 개인으로 채권자를 변경하도록 보정할 필요가 있다.

또한 임대인이 파산신청을 하는 경우에는 채권자목록에 임차인을 누락하지 않았는지도 확인하여야 한다.

한편 면제재산 범위를 초과하는 임차보증금의 자금 출처와 관련하여, 채무자가 친척으로부터 빌렸다고 주장하면서 정작 그 친척은 채권자로 기재하지 않는 경우가 있는데, 이러한 경우 그 친척을 채권자목록에 기재하도록 보정을 명하여야 한다.

2) 부채총액의 수준

주부, 학생, 무직자 또는 일용직 근로자의 경우와 자영업자, 전문직 종사자의 경우는 일반적으로 그 부채규모가 다를 수밖에 없다.

부채총액이 채무자의 사회적 지위, 경력, 학력 등에 비하여 과소하다고 보이는 경우에는 대부분 신청서에 밝히지 않은 채무가 있게 마련이므로 주의하여야 한다.

반면에 채무자의 사회적 지위, 경력 등에 비하여 채무가 너무 많은 경우(예를 들어 가정주부나 대학생이 수억 원의 채무를 부담하고 있는 경우)에는 채무 발생 경위를 면밀히 검토하여 은닉한 재산이 없는지를 살펴야 한다.

3) 채권자 수의 적정 여부

채권자 수가 지나치게 많으면 채무증대 과정에서 비정상적인 행위가 있었을 가능성이 높으므로 주의하여야 한다. 채권자 수가 지나치게 적을 경우(1인밖에 없는 경우도 있다)도, 강경한 채권자의 추심을 정지시키기 위하여 그 채권자만을 기재하거나, 면책받기를 원하는 채권자만 기재하고 다른 채권자에게는 변제를 하고 있는 등의 부인대상행위가 있을 수 있으므로 주의하여야 한다. 신청서 및 부속서류, 심문기일에서의 심문 등을 통하여 누락된 채권자가 있는지를 확인하여야 한다.

4) 개인 채권자가 있는 경우의 주의점

사채업자나 금융기관은 금전의 대여를 전문적으로 하는 채권자들이므로 약간의 법률지식도 있고, 파산·면책절차에 업무적으로 대응할 줄도 안다. 또한 이들은 자신의 채권이 결국 면책되더라도 이미 받은 이자로 보충하거나 적절한 회계처리 등으로 손해가 거의 없을 수도 있다. 그러나 채무자의 친구, 직장동료, 친족 등 금전대여를 영업으로 하지 않는 개인채권자 중에는 타인으로부터 금전을 차용하여 채무자에게 대여하였는데 채무자가 파산에 이르는 바람에 자기도 경제적으로 곤란한 지경에 이른 예가 종종 있고, 대부분 채무자에 대하여 좋지 않은 감정을 가지고 있다. 법원이 채무자심문 또는 채권자집회에서 자칫 채무자에게 동정적인 태도를 보이면 이들 채권자는 채무자에 대한 악감정을 법원으로 전가시켜 법원의 중립성·공평성을 의심할 수도 있다. 법원은 채무자심문 또는 채권자집회에서 이들 채권자에게 최대한 발언기회를 주고, 불복절차 등 채권자의 절차적 권리에 대하여 자세히 설명해 주는 배려도 필요하다. 이렇게 함으로써 이들로부터 유용한 정보를 제공받을 수도 있다.

5) 기   타

조세채권자가 채권자목록에 기재되어 있는 경우가 있다. 세목별 과세내역서 등을 살펴서 상속세, 재산세, 자동차세 등이 부과되어 있으면 재산목록에 상속재산, 부동산, 자동차가 기재되어 있는지를 확인하고, 기재되어 있지 않으면 채무자심문 또는 파산관재인을 선임하여 이를 확인한다. 조세채권은 면책결정이 있어도 면책되지 않음을 채무자에게 미리 고지할 필요가 있다. 종종 조세채권자가 이를 이유로 이의신청을 하기도 하므로 오해의 소지를 없애기 위해 채권자목록에서 조세채권자를 삭제하도록 보정을 명하기도 한다.

채권자목록에 비면책채권만 기재되어 있거나 비면책채권이 주된 경우에도 파산선고 및 면책결정을 할 수 있으나,[5] 채무자 심문기일을 지정하여 파산·면책신청의 실익이 없을 수 있다는 취지의 설명을 해주면 파산·면책신청을 취하하는 경우도 있다.

한편 국민연금보험료, 건강보험료도 조세채권과 마찬가지로 면책결정이 있어도 면책되지 않으므로, 채권자목록에서 이를 삭제하도록 보정을 명하기도 한다.

채권 발생일을 기재하지 않는 경우가 종종 있는데, 채권 발생일은 파산에 이르게 된 경위 및 면책불허가사유를 판단하는 데에 있어 중요한 자료가 되므로 이를 기재하도록 보정을 명한다.

채권자목록상 채무의 대부분이 파산신청 직전에 발생한 것으로 기재되어

---

5) 채권자목록에 비면책채권만 기재되어 있다는 이유로 면책신청을 각하한 1심 결정을 파기환송한 서울회생법원 2013. 9. 16.자 2013라787 결정 참조.

있는 경우에는 그 사용처와 채무가 발생한지 얼마 되지도 않아 곧바로 파산신청에 이른 경위 등에 대하여 심문하여야 한다. 파산신청 직전에 대출을 받아 친척, 지인 등의 채무를 변제하고 파산신청에 이른 경우가 종종 있는데, 이 경우 변제수령자를 상대로 부인권 행사 여부를 검토해야 하는 경우도 있다.

또한 채무자는 채권자목록과 별도로 채권자의 주소목록을 작성하여 제출하여야 한다. 채권자에 대한 송달의 편의를 위한 것이다.

다. 재산목록

재산목록([양식 1-4] 참조)에는 압류금지재산인지 여부를 묻지 않고 채무자 소유의 재산을 가능한 한 전부 기재하도록 하여야 한다. 실무상 재산목록 요약표에 체크한 내용과 세부 항목, 진술서, 소명자료의 내용이 서로 불일치하는 경우가 종종 있으므로 주의를 요한다. 예를 들어 재산처분이 있었음에도 불구하고 재산목록 요약표에는 재산처분이 없다고 체크해 놓고는 부동산등기사항증명서 등 소명자료를 편철해 놓는 것과 같은 경우, 조세 납부상황을 확인하면 재산세, 자동차세 등이 부과되는데 그에 관한 기재가 없는 경우 등이다. 실무상 문제되는 것은 다음과 같다.

1) 예   금

예금이 있는 경우에는 파산신청일 현재의 예금 잔고를 알 수 있는 자료(예금통장 사본 또는 예금잔고확인서)가 첨부되어 있어야 한다. 예금통장 사본에 상당한 금액의 입출금 내역이 기재되어 있는 경우에는 그에 대응하는 사실이 진술서 또는 재산목록에 기재되어 있는지 확인하고, 재산은닉 또는 편파변제의 의심이 들면 이에 관한 소명을 요구하여야 한다. 파산신청 전에 예금계약을 해지하였으면 해약 일시와 해약 당시의 예금 잔액을 기재하고, 그 자료를 첨부하도록 하여야 한다. 채무자의 배우자, 동거가족 명의의 예금은 기재하지 않는 것이 원칙이나, 재산은닉의 정황이 있는 경우 이들의 예금통장 사본도 제출하도록 명할 수 있다. 채무자가 가족이 협조해 주지 않아 예금통장 사본 제출이 어렵다고 하는 경우에는 해당 금융기관에 금융거래정보제출명령을 신청하도록 권유한다.

2) 보 험 금

파산신청시에 가입하고 있는 보험은 해약환급금 유무에 불구하고 전부 기재되어 있어야 한다. 해약환급금을 기재하지 않는 경우가 많으므로 주의를 요한다.

통상 채무자에게 생존자보험가입증명서를 제출하도록 하여 보험가입내역을

확인한 후 자동차보험 등을 제외한 나머지 보험의 해약환급금 증명서를 제출하
도록 하고 있다.

한편 생명보험 등의 보험약관에는 "보험계약자는 보험증권을 담보로 보험
자에 대하여 해약환급금의 범위 내에서 대출을 청구할 수 있고, 대출이 이루어
진 경우 보험자는 후일 보험금 또는 해약환급금을 지급할 경우에, 지급할 금액
으로부터 위에서 대출한 금액과 이자를 공제한다"는 규정을 두고 있는 경우가
있는데, 이를 '약관대출'이라고 하고, '보험증권대출' 또는 '보험계약대출'이라고도
한다.[6]

이러한 약관대출은 약약상의 의무의 이행으로 행하여지는 것으로서 보험계
약과 별개의 독립된 계약이 아니라 보험계약과 일체를 이루는 하나의 계약이고,
보험약관대출금의 경제적 실질은 보험회사가 장차 지급하여야 할 보험금이나 해
약환급금을 미리 지급하는 선급금과 같은 성격이므로, 위와 같은 약관에서 비록
'대출'이라는 용어를 사용하고 있더라도 이는 일반적인 대출과는 달리 소비대차
로서의 법적 성격을 가지는 것은 아니다.[7] 따라서 채무자는 보험회사로부터 약
관대출을 받은 경우 채권자목록에 보험회사를 기재하여서는 안 된다.

또한 약관대출을 받은 채무자가 면책결정을 받았다 하더라도, 보험회사는 보
험금이나 해약환급금에서 약관대출금을 공제한 나머지 금액만을 지급하면 된다.[8]

한편 보험증권 사본만으로는 약관대출금 공제 후 실제 지급받을 수 있는
해약환급금 액수를 정확하게 알기 어려우므로, 채무자는 보험회사가 발행한 해
약환급금 증명서(해약환급금과 약관대출금 액수가 모두 기재되어 있는 것)를 제출하
여야 한다.

파산신청 직전에 다른 가족 명의로 보험계약자를 변경하는 경우가 종종 있
고, 자녀나 배우자가 피보험자로 되어 있기는 하나, 자녀나 배우자가 소득활동을
하지 않아 채무자가 보험료를 납입한 것으로 보아야 할 경우도 있다. 의심스런
정황이 발견되면 자녀나 배우자의 생존자보험가입증명서를 함께 제출받기도 한다.

해약환급금 증명서를 통해 확인한 해약환급금이 민사집행법상의 압류금지

---

6) 최기원, 보험법(제3판), 박영사(2002), 627면; 김형두, "생명보험계약약관에 기한 보험약관대출
   의 법적 성격", 사법 제2호(2007. 12.), 211면.

7) 대법원 2007. 9. 28. 선고 2005다15598 전원합의체 판결 참조.

8) 그럼에도 불구하고 보험회사가 약관대출을 받은 채무자에 대하여 이의신청을 하고, 채무자는
   보험을 자진 해약하여 보험회사로 하여금 이의신청을 취하하도록 하는 경우가 종종 있으나, 이
   러한 경우 채무자는 보험의 혜택을 받지 못하는 불이익을 입게 되므로 주의를 요한다.

금액(150만 원) 범위 내인 경우에는 그 해약환급금은 파산재단에 포함되지 아니하므로 이를 특별히 고려할 필요가 없이 파산절차를 진행하면 된다.

3) 임차보증금

파산신청시까지의 연체 차임을 공제한 잔액이 명시되어 있어야 하고, 임대차계약서 사본이 그 소명자료로 첨부되어 있어야 한다. 연체 차임의 액수에 관하여는 임대인의 확인서를 제출하도록 명하여야 한다.

4) 대여금·매출금

대여금 또는 매출금은 그 회수가 불가능하다고 주장하는 경우가 많다. 회수가 불가능한 사유를 기재하도록 하고, 이를 입증할 수 있는 자료를 제출하도록 한다. 채무자의 소재불명이 회수불능의 사유라면 채무자의 주민등록초본(직권 말소되어 있는 것) 또는 통·반장의 불거주확인서를, 채무자의 무자력이 회수불능의 사유라면 채무자의 부도사실을 알 수 있는 자료 등을 제출하도록 한다. 그러나 대여금 또는 매출금의 회수가능성에 관한 만족할 만한 소명은 되지 않는 경우가 대부분이다. 대여금 또는 매출금의 규모가 적지 않은 경우에는 그 회수가능성을 객관적으로 검증할 필요가 있다.

5) 퇴 직 금

채무자가 파산선고 전에 생긴 원인으로 장래에 행사할 청구권은 파산재단에 속하므로($^{법\ 제382조}_{제2항}$), 채무자가 파산선고 당시 직장에 근무하고 있는 경우 장래 지급받을 퇴직금도 파산재단에 포함된다. 다만 압류할 수 없는 재산은 파산재단에 속하지 아니하고($^{법\ 제383조}_{제1항}$), 퇴직금의 2분의 1에 해당하는 금액은 압류할 수 없으므로($^{민사집행법}_{제246조\ 제1항\ 제5호}$), 장차 지급받을 퇴직금의 2분의 1에 해당하는 금액만 파산재단에 포함된다.

퇴직금의 액수에 관하여는 신청일 현재 퇴직한다고 가정할 때의 퇴직금 예상액을 기재한 사용자 작성의 증명서가 첨부되어 있어야 한다. 퇴직금채권을 담보로 금전을 차용하여 취업규칙상의 퇴직금보다 적은 액수를 지급받게 되는 경우에는 위 금전차용에 관한 자료를 제출하도록 한다.

6) 부 동 산

부동산등기사항증명서가 첨부되어 있는지, 시가를 증명할 자료가 있는지, 부동산에 설정된 근저당권의 피담보채무에 관하여 채권자의 부채확인서(금융기관의 경우는 잔액증명서를, 개인채권자의 경우는 금융거래내역 등을 제출)가 있는지 확인한다. 부동산에 체납처분 등이 있는 경우에는 그 피보전채권의 잔액도 확인할 필요가 있다. 부동산 시가에 관하여는 부동산 가격공시 및 감정평가에 관한 법률의 절차에 따라 공시되는 개별공시지가증명(토지), 공동주택가격(아파트 등 집합건물), 개별주택가격(단독주택) 등이 있으므로 이를 확인하여야 하겠지만, 위 공시가격이 실거래가를 적절히 반영하지 못하는 것이 현실이므로 부동산 관련 인터넷 사이트[9]의 시세표를 제출받는 것이 바람직하고, 이를 제출받을 수 없는 경우에는 2곳 이상의 인근 부동산 공인중개사 작성의 시가확인서 등을 제출받을 수도 있을 것이다. 그러나 부동산의 시가는 항상 약간의 변동이 있어 정확한 시가 산정이 어렵다는 문제점이 있다. 부동산등기사항증명서를 보면 채무자가 채권자목록에 기재하지 않은 채권자(예를 들어 가압류권자, 근저당권자 등) 또는 부인대상 행위를 발견하는 경우가 있으므로 주의를 요한다.

부동산에 관하여 경매절차가 진행 중인 경우에는 해당 경매법원에 제출된 부동산감정평가서 사본 및 등기된 담보권의 피담보채권액의 잔액증명서를 제출하도록 하여 그 시가 및 피담보채권액을 확인한 후 별제권을 변제하고도 남는 금액이 있는지를 검토한다.

한편 파산선고·동시폐지 후에 채권자의 이의신청을 통하여 채무자 본인도 알지 못하는 부동산이 발견되는 경우가 종종 있는바, 이를 방지하기 위하여 '개인별 토지소유현황정보'[10] 또는 '지적전산자료 조회결과'[11]를 제출하도록 할 필요가 있다.

7) 자 동 차

자동차등록원부와 시가증명자료가 첨부되어 있는지 확인한다. 자동차의 시가는 해당 자동차의 가액이 기재된 보험계약서를 제출받거나, 이를 제출하지 못할 경우 인터넷 중고차거래 사이트 또는 보험개발원 차량기준가액 자료[12]를 제출받아 알 수 있다. 자동차를 할부로 구입하면서 할부금을 피담보채무로 하여 자동차에 저당권을 설정한 경우, 할부금이 대부분 납부된 경우가 종종 있으므로 저당권의 피담보채무 잔액을 확인할 필요가 있다.

8) 기 타 재 산

귀금속, 미술품, 주식, 회원권, 특허권 등이 기재되어 있는 예는 많지 않지만,

---

9) 국민은행 부동산 시세(http://kbland.kr) 또는 국토교통부 실거래가 공개시스템(http://rt.molit.go.kr) 등 이용.

10) 한국토지주택공사 운영 부동산 정보 포털사이트(http://seereal.lh.or.kr)에서 확인가능.

11) 공간정보의 구축 및 관리 등에 관한 법률 제76조에 의함.

12) 인터넷 보험개발원 사이트(http://www.kidi.or.kr)에서 확인가능.

기재되어 있는 경우에는 그 시가를 알 수 있는 자료를 첨부하게 하여야 한다.

비상장주식을 보유하고 있으면서도 이를 신고하지 않아 면책절차에서 채권자가 이를 이유로 이의신청하는 경우가 종종 있으므로 그 비상장주식이 현실적으로 재산가치가 없다 하더라도 기재를 누락하는 일이 없도록 하여야 한다.

9) 지급불가능시점의 1년 이전부터 현재까지 사이에 처분한 1,000만 원 이상의 재산(다만 여러 재산을 처분한 경우 그 합계액이 1,000만 원 이상이면 모두 기재하여야 하고, 부동산은 1,000만 원 미만이라도 기재하여야 한다)

처분시기, 대가, 대가의 사용처가 기재되어 있는지 확인한다. 특히 부동산을 처분한 경우에는 부동산등기사항증명서, 매매계약서, 영수증의 사본, 처분대가의 사용처를 증명할 수 있는 자료를 제출하도록 명하여야 한다. 특히 처분대가의 사용처와 관련하여서는 재산은닉이나 부인권 대상 행위가 있는 경우가 많으므로 실무상 금융거래내역 등 구체적인 자료를 요구하고 있다. 채무변제조의 대물변제가 행해진 경우가 있으므로 주의를 요한다. 세목별 과세증명서에 파산신청 직전까지 재산세가 부과된 것으로 기재되어 있음에도 재산목록에 아무런 기재가 없는 경우에는 그에 대한 소명을 요구할 필요가 있다.

10) 최근 2년 이내에 주거이전에 따른 임차보증금 수령 여부

임차물건, 임대차계약상 임차보증금의 액수와 실제로 수령한 임차보증금의 액수 및 수령한 임차보증금의 사용처가 기재되어 있어야 한다. 수령한 임차보증금을 새로운 주거지의 임차보증금으로 사용하는 경우가 많은데, 새로운 주거지의 임차보증금이 기존 주거지의 임차보증금보다 현저히 적은 금액인 경우에는 그 차액 상당의 재산을 은닉하거나 일부 채권자에게 편파변제하였을 가능성이 있으므로, 그 차액의 사용처를 조사할 필요가 있다.

11) 이혼에 의한 재산분할 여부

채무자가 파산선고 전에 이혼을 하면서 배우자에게 재산분할로 일정한 재산을 양도하였거나, 혼인 중 배우자 명의로 취득한 재산이 있음에도 재산분할을 청구하지 않은 경우가 있다.

이러한 행위는 부인대상행위에 해당할 여지가 있고 면책불허가사유로도 될 수 있으므로 혼인관계증명서 등을 확인하여 최근 2년 이내에 이혼한 사실이 있는 경우에는 이 부분도 조사를 하여야 한다.[13]

---

13) 대법원 2000. 7. 28. 선고 2000다14101 판결은 이미 채무초과 상태에 있는 채무자가 이혼을 함에 있어 자신의 배우자에게 재산분할로 일정한 재산을 양도한 경우에 그 재산분할이 민법 제

채무자가 배우자의 소득으로 재산을 취득하였다고 주장하는 경우에는 그 배우자가 재산 취득자금을 마련할 수 있을 정도의 소득활동을 하였는지를 심리할 필요가 있고, 배우자의 가족으로부터 취득자금을 지원받았다고 주장하는 경우에는 이를 소명할 수 있는 금융거래내역 등의 제출을 요구하여야 한다.

배우자가 자녀를 양육하는 조건으로 배우자 명의로 재산을 이전하였다고 주장하는 경우에는 자녀의 연령, 부모의 소득액 등을 고려하여 향후 채무자가 지급하여야 할 대략적인 양육비 금액을 산정한 후 이를 기초로 재산분할이 적정한지에 대하여 심리할 필요가 있다.

12) 상속재산 존부

상속재산 분할협의 또는 상속재산분할심판 등을 등기원인으로 하여 채무자 명의의 등기가 이루어진 상속재산뿐만 아니라 채무자의 파산신청 전까지 여전히 피상속인 명의로 남아 있었던 상속재산도 기재하도록 하여야 한다.

상속재산의 분할협의에 의하여 다른 상속인이 상속재산을 전부 취득한 경우에는 부인대상행위에 해당할 수 있으므로 조사를 요한다.

상속재산 분할협의는 부인권의 대상이 되나,[14] 상속포기행위 자체는 부인권의 대상이 되지 않는다.[15]

839조의2 제2항 규정의 취지에 따른 상당한 정도를 벗어나는 과대한 것이라고 인정할 만한 특별한 사정이 있으면 그 상당한 정도를 벗어나는 초과부분에 관한 한 적법한 재산분할이라고 할 수 없기 때문에 위 초과부분은 사해행위 취소의 대상이 될 수 있다고 판시하고 있다. 위 판례의 취지에 따르면 이미 파산원인이 있는 채무자가 이혼을 하면서 재산분할을 한 경우에 상당한 정도를 벗어나는 부분에 관한 재산분할은 부인권 행사의 대상이 된다.

14) 대법원 2008. 3. 13. 선고 2007다73765 판결(상속재산의 분할협의는 상속이 개시되어 공동상속인 사이에 잠정적 공유가 된 상속재산에 대하여 그 전부 또는 일부를 각 상속인의 단독소유로 하거나 새로운 공유관계로 이행시킴으로써 상속재산의 귀속을 확정시키는 것으로 그 성질상 재산권을 목적으로 하는 법률행위이므로 사해행위취소권 행사의 대상이 될 수 있고, 한편 채무자가 자기의 유일한 재산인 부동산을 매각하여 소비하기 쉬운 금전으로 바꾸거나 타인에게 무상으로 이전하여 주는 행위는 특별한 사정이 없는 한 채권자에 대하여 사해행위가 되므로, 이미 채무초과 상태에 있는 채무자가 상속재산의 분할협의를 하면서 유일한 상속재산인 부동산에 관하여는 자신의 상속분을 포기하고 대신 소비하기 쉬운 현금을 지급받기로 하였다면, 이러한 행위는 실질적으로 채무자가 자기의 유일한 재산인 부동산을 매각하여 소비하기 쉬운 금전으로 바꾸는 것과 다르지 아니하여 특별한 사정이 없는 한 채권자에 대하여 사해행위가 되며, 이와 같은 금전의 성격에 비추어 상속재산 중에 위 부동산 외에 현금이 다소 있다 하여도 마찬가지로 보아야 할 것이다).

15) 대법원 2011. 6. 9. 선고 2011다29307 판결(상속의 포기는 비록 포기자의 재산에 영향을 미치는 바가 없지 아니하나 상속인으로서의 지위 자체를 소멸하게 하는 행위로서 순전한 재산법적 행위와 같이 볼 것이 아니다. 오히려 상속의 포기는 1차적으로 피상속인 또는 후순위상속인을 포함하여 다른 상속인 등과의 인격적 관계를 전체적으로 판단하여 행하여지는 '인적 결단'으로서의 성질을 가진다. 그러한 행위에 대하여 비록 상속인인 채무자가 무자력 상태에 있다고 하여서 그로 하여금 상속포기를 하지 못하게 하는 결과가 될 수 있는 채권자의 사해행위취소를 쉽사리 인정할 것이 아니다. 그리고 상속은 피상속인이 사망 당시에 가지던 모든 재산적 권리

라. 현재의 생활상황([양식 1-5] 참조)

수입상황에 관하여는 수입을 입증할 수 있는 자료가 첨부되어 있는지 확인한다. 자영업자의 경우에는 종합소득세 확정신고서, 봉급생활자인 경우에는 급여명세서 또는 근로소득세 원천징수영수증의 사본이 필요하다. 채무자가 기초생활수급자, 조건부수급자, 차상위계층, 한부모가족, 장애인인 경우에는 이를 증명할 증명서(수급자 증명서 등)를 제출하여야 한다. 무직자인데도 생활보호대상자나 연금수급자가 아닌 경우에는 생계비의 조달방법을 살펴보아야 한다.

실무상 채무자가 상당한 소득이 있음에도 직업 및 수입에 관하여 단순히 일용직으로 기재하고 월 급여를 실제보다 적게 기재하는 경우가 있다. 채무자의 소득은 파산원인의 판단이나 개인회생을 신청할 수 있는 정도에 이르는 경우의 파산절차 남용 판단에 중요한 요소이므로 정확하게 기재하여야 한다. 따라서 의심스러운 때에는 국민연금가입자의 경우 국민연금가입증명서, 국민연금보험료납부증명 또는 미납증명 자료를, 건강보험가입자의 경우 건강보험료 부과내역, 건강보험료 납부확인서를 제출케 하여 수입을 확인할 필요가 있다.

주거지가 임차주택인 경우는 확정일자부 임대차계약서를, 채무자 또는 친족 소유의 주택인 경우에는 부동산등기사항증명서를, 친족 외의 자 소유인 경우에는 부동산등기사항증명서와 소유자의 주거확인서가 첨부되어 있는지 확인하여야 한다.

임차인 명의가 소득활동을 하지 않는 다른 가족으로 되어 있고 임차보증금이 면제재산의 범위를 초과하는 때에는, 그 보증금 지급과 관련된 금융거래자료 등의 제출을 요구할 필요가 있고, 임대차계약서상 보증금은 많지 않으나 월차임이 과다한 경우에는 파산신청을 하였음에도 계속해서 그곳에 거주하고 있는 경위와 월차임을 어떤 자금으로 조달하고 있는지에 대하여 심리할 필요가 있다.

및 의무·부담을 포함하는 총체재산이 한꺼번에 포괄적으로 승계되는 것으로서 다수의 관련자가 이해관계를 가지는데, 위와 같이 상속인으로서의 자격 자체를 좌우하는 상속포기의 의사표시에 사해행위에 해당하는 법률행위에 대하여 채권자 자신과 수익자 또는 전득자 사이에서만 상대적으로 그 효력이 없는 것으로 하는 채권자취소권의 적용이 있다고 하면, 상속을 둘러싼 법률관계는 그 법적 처리의 출발점이 되는 상속인 확정의 단계에서부터 복잡하게 얽히게 되는 것을 면할 수 없다. 또한 상속인의 채권자의 입장에서는 상속의 포기가 그의 기대를 저버리는 측면이 있다고 하더라도 채무자인 상속인의 재산을 현재의 상태보다 악화시키지 아니한다. 이러한 점들을 종합적으로 고려하여 보면, 상속의 포기는 민법 제406조 제1항에서 정하는 "재산권에 관한 법률행위"에 해당하지 아니하여 사해행위취소의 대상이 되지 못한다).

마. 수입 및 지출에 관한 목록([양식 1-6] 참조)

1) 가계수지표

가계수지표는 채무자의 월 수입과 월 지출의 내역과 금액을 파산신청일이 속한 달의 직전 달을 기준으로 채무자뿐만 아니라 채무자와 가계를 같이하는 모든 구성원을 기준으로 작성하도록 한 것이다. 따라서 가계수지표상 채무자 수입이 기재되었더라도 신청일 현재 무직인 경우도 있음을 주의하여야 한다.

재산목록과 가계수지표를 서로 비교하면서 검토하면 예컨대 보험료가 지출되는데 해약환급금의 기재가 없다든지, 차량유지비가 지출되는데 자동차의 기재가 없다든지 하는 점들이 발견된다. 조세, 공과금의 납부상황을 확인하여 재산세, 자동차세 등이 지출되는데 재산목록에 그에 관한 기재가 없다면 이에 관하여도 보정을 명한다.

2) 채무자의 가용소득

채무자에게 장래의 계속적이고 일정한 소득이 있어 개인회생절차를 이용할 수 있음에도 불구하고 파산신청을 하는 것을 방지하기 위하여 개정된 양식에 추가되었다. 따라서 가용소득[16]을 검토하여 개인회생절차를 신청할 수 있는 채무자의 경우에는 개인회생절차를 신청하도록 유도하고, 만일 이에 따르지 않을 경우에는 파산신청이 파산절차의 남용에 해당한다고 인정되는 때(법 제309조 제2항)에 해당함을 이유로 파산신청을 기각할 수 있을 것이다.

다만 대법원은 "법 제309조 제2항은 법원은 채무자에게 파산원인이 존재하는 경우에도 파산신청이 파산절차의 남용에 해당한다고 인정되는 때에는 심문을 거쳐 파산신청을 기각할 수 있다고 규정하고 있는바, 파산면책제도의 목적 및 다른 도산절차와의 관계, 위 조항의 입법 연혁과 조문 체계 등에 비추어 보면, 채무자가 개인인 경우 '파산신청이 파산절차의 남용에 해당한다'는 것은 채무자가 현재는 지급불능 상태이지만 계속적으로 또는 반복하여 일정한 소득을 얻고 있고, 이러한 소득에서 필수적으로 지출하여야 하는 생계비, 조세 등을 공제한 가용소득으로 채무의 상당 부분을 계속적으로 변제할 수 있기 때문에 회생절차·개인회생절차 등을 통하여 충분히 회생을 도모할 수 있다고 인정되는 경우를 주로 의미한다고 보아야 한다. 따라서 채무자가 회생절차·개인회생절차를 신청한다면 그 절차를 통하여 충분히 회생을 도모할 수 있는 상태에 있는지 여

---

16) 「국민기초생활 보장법」에서 정한 기준 중위소득의 100분의 60 이상 소득.

부를 전혀 심리하여 보지도 아니한 상태에서 채무자에게 장래 소득이 예상된다는 사정만에 터잡아 함부로 채무자의 파산신청이 파산절차의 남용에 해당한다고 단정하여서는 아니 된다"고 판시하고 있다.[17]

따라서 파산절차의 남용에 해당한다는 이유로 파산신청을 기각하기 위해서는, 채무자가 회생절차·개인회생절차 등을 통하여 충분히 회생을 도모할 수 있는 상태에 있는지를 구체적으로 심리하여야 한다.

파산선고를 하고 파산관재인을 선임한 이후에야 채무자에게 회생절차나 개인회생절차를 이용할 수 있을 정도의 가용소득이 있음이 밝혀지는 경우에는 파산절차 진행을 중단하고 채무자에게 회생절차나 개인회생절차를 신청하도록 하고, 이후 그 절차에서 회생계획인가결정 또는 변제계획인가결정이 있으면 파산절차는 효력을 잃게 된다(법 제256조 제1항, 제615조 제3항).

바. 가족관계증명서, 혼인관계증명서와 주민등록등본 및 주민등록초본

가족관계증명서와 혼인관계증명서의 경우 가족관계와 혼인관계에 관한 일부 사항만이 기재되는 일반증명서가 아니라 상세증명서를 제출받아야 한다.[18] 분가, 혼인 등으로 제적되어 있는 제적등본을 제출하는 예가 있으므로 주의를 요한다. 또한 최근에 이혼을 하거나 상속을 받은 경우에는 부인대상행위가 있을 수 있으므로 재산목록 등과 비교하여 의심이 있으면 보정을 명하고 필요한 경우 채무자심문을 열어 이를 확인한다.

주민등록등본은 현주소와 동거인을 확인하기 위해 필요하고, 주민등록초본은 채무자의 최근 주소변동내역 등을 확인하기 위해 필요하므로, 실무상 주민등록등본(주소변동내역 포함된 것)과 주민등록초본을 모두 제출받고 있다. 채무자의 인적사항(주민등록번호 등)이 주민등록등본과 가족관계증명서에 다르게 기재되어 있는 경우가 있는데, 이러한 경우에는 주민등록등본상의 기재를 기준으로 한다.

2. 현행 개인파산실무에서의 파산신청서 검토 방법

가. 파산신청서 검토 방법 변경의 필요성

원칙적으로 파산선고·동시폐지를 하던 종전의 방식에서는 파산신청서 검

---

17) 대법원 2009. 5. 28.자 2008마1904, 1905 결정 참조.

18) 가족관계의 등록 등에 관한 법률 제15조 참조.

토, 보정명령, 채무자심문 등에 법원의 심리가 집중되었으나, 원칙적으로 모든 사건에 파산관재인을 선임하는 현행 실무방식에서는 관재인보고서 검토와 채권자집회기일 준비에 많은 시간이 소요되므로, 파산신청서 검토는 파산선고가 되면 안 되는 사건과 예외적으로 동시폐지를 할 사건을 선별해 내는 데에 중점을 두어야 한다.

나. 구체적인 검토 방법

1) 파산선고가 되면 안 되는 사건 선별

파산선고가 되면 안 되는 사건의 유형은 다음과 같다.

가) 관할 위반 사건   파산신청을 한 법원에 관할권이 없는 경우에는 관할 법원으로 이송한다. 실무상 접수 법원에 관할이 있는지 여부에 관하여 소명하라는 취지의 보정명령을 내리고, 보정된 내용에 비추어 관할이 없는 경우가 명백한 경우에는 이송결정을 하고 있다.

나) 채무자가 고소득자(특히 의사, 한의사 등 전문직 고소득자)인 경우[19] 채무자 심문기일을 열어 채무자에게 회생절차나 개인회생절차를 이용할 수 있을 정도의 가용소득이 있음이 밝혀지는 경우에는 채무자에게 회생절차나 개인회생절차를 신청하도록 권유하고, 채무자가 이에 응하지 않으면 파산절차 남용을 이유로 파산신청을 기각할 수도 있다.[20]

다) 재도의 파산신청 사건   채무자중복접수조회에서 이전에 파산신청을 한 이력이 나타나는 경우에는 종전에 파산선고 결정을 받았으나 면책결정을 받지 못한 채무자가 면책을 받기 위하여 재차 파산신청을 하는 재도의 파산신청이 아닌지를 검토한다. 대법원은 "파산결정을 받았으나 면책불허가결정을 받아 그 결정이 확정된 후에는 동일한 파산에 대한 재차 면책신청이나 오로지 면책을 받기 위하여 '동일한 파산원인'으로 재차 파산신청을 하는 이른바 재도의 파산신청은 허용될 수 없다."는 입장을 취하고 있다.[21]

---

19) 파산신청서 첨부서류인 '수입 및 지출에 관한 목록' 중 '가계수지표'를 주의 깊게 검토하면 된다.

20) 한편 파산선고를 하고 파산관재인을 선임한 이후에야 채무자에게 회생절차나 개인회생절차를 이용할 수 있을 정도의 가용소득이 있음이 밝혀지는 경우에는 파산절차 진행을 중단하고 채무자에게 회생절차나 개인회생절차를 신청하도록 하고, 이후 그 절차에서 회생계획인가결정 또는 변제계획인가결정이 있으면 파산절차는 효력을 잃게 된다.

21) 대법원 2011. 8. 16.자 2011마1071 결정(면책불허가결정이 확정된 경우), 대법원 2006. 12. 21. 자 2006마877 결정(면책신청기간의 도과로 면책신청이 각하된 경우), 대법원 2009. 11. 6.자 2009 마1583 결정(면책기각결정이 확정된 경우).

이에 대하여 하급심은 재도의 파산신청에 해당하는 경우 위 대법원 판례에 따라 파산신청의 이익이 없다고 보아 이를 각하하면서도, 사안에 따라서는 '동일한 파산원인'에 해당하는지 여부를 엄격하게 심사하여 채무자에게 새로운 파산·면책의 기회를 제공하기도 한다.[22] (자세한 내용은 제1편 제8장 제1절 7. 참조).

　　라) 개인회생사건이 계속 중인 경우　　채무자중복접수조회에서 이전에 개인회생신청을 한 이력이 나타나는 경우에는 개인회생절차가 폐지되었는지를 검토하고, 만일 폐지되지 않은 상태라면 채무자에게 개인회생절차를 계속 진행할 의사가 있는지를 확인한다(개인회생신청을 한 이후에 파산신청을 하였다면 개인회생절차를 계속 진행할 의사가 없는 경우가 대부분이다). 개인회생절차를 계속 진행할 의사가 없는 경우에는 채무자에게 폐지 신청을 하도록 하여 개인회생절차가 폐지된 이후에 파산절차를 진행하면 되고, 개인회생절차를 계속 진행할 의사가 있는 경우에는 채무자에게 파산·면책신청을 취하하도록 권유한다.

　　실무상 개인회생 사건 중 ① 채무자의 수입이 개인회생절차개시신청 당시 기준 중위소득[23]에 100분의 60을 곱한 금액에 미치지 못하는 것으로 보이는 사건, ② 채무자가 수입을 장래에 계속적·반복적으로 얻을 가능성이 있다고 보기 어려운 사건의 경우에는 채무자에게 개인회생절차개시신청을 취하할 것을 권유하는 내용의 보정명령을 보내는 방식으로 절차 전환을 유도하고 있다.

　　마) 채무자가 이전에 면책을 받은 적이 있으나 법정기간이 경과하지 않은 경우　채무자가 면책신청을 하기 전에 개인파산절차와 관련하여 면책을 받은 경우에는 면책허가결정의 확정일부터 7년, 개인회생절차와 관련하여 면책을 받은 경우에는 면책확정일부터 5년이 경과하지 아니하면 면책불허가사유에 해당한다(법 제564조 제1항 제4호). 위 기간이 경과하지 않은 상태에서 파산선고를 하면 이후 면책단계에서 재량면책 사유가 없는 한 면책불허가 결정을 할 수밖에 없으므로, 파산신청서 검토 단계에서 이러한 사정이 발견되면 채무자에게 파산·면책신청을 취하하고 위 기간이 경과한 이후에 다시 신청하도록 권유하는 것이 좋다.

---

22) 서울회생법원은 2020. 4. 17.자 2018라467 결정에서 "종전 사건에서 면책이 기각, 불허가되었다는 사정만 있으면 예외 없이 재도의 파산신청이라고 보아 각하할 것이 아니라, 채무자가 다시 파산신청을 하게 된 기간, 경위, 의도 등을 종합하여 재도의 파산신청이 '파산절차의 남용'에 해당한다고 판단되는 경우에 법 제309조 제2항(채무자에게 파산원인이 존재하는 경우에도 파산신청이 파산절차의 남용에 해당한다고 인정되는 때에는 파산신청을 기각할 수 있다)을 적용하여 파산신청을 기각하면 충분하다."고 판시하였다.

23) 국민기초생활 보장법 제6조의2에서 산정한 기준 중위소득을 의미한다.

2) 일응 동시폐지를 검토할 사건 선별

현행 개인파산실무에서 예외적으로 동시폐지를 검토할 수 있는 사건은 파산관재인 선임을 위한 예납명령을 하더라도 예납명령 철회신청이 예상되는 경우인데, 그 유형은 ① 채무자가 기초생활수급대상자인 경우, ② 채무자가 고령, 질병, 신체장애 등으로 현재 소득활동이 불가능하고, 오랜 기간 정상적인 소득활동을 하지 못하고 있으며, 채무도 오래전에 발생한 것인 등의 사정이 있는 경우 등이 있다.

따라서 파산신청서 첨부서류인 '현재의 생활상황' 중 '수입의 상황'이나, '수입 및 지출에 관한 목록' 중 '가계수지표'에 생활보호에 관한 기재가 있는지를 검토하고, 그러한 기재가 있다면 수급자 증명서 등이 제출되었는지를 검토할 필요가 있다.[24]

3. 보정명령

채무자가 제출한 파산신청서 및 첨부서류에 미비한 사항이 있으면 보정명령을 발한다([양식 4, 5] 참조). 실무상으로는 보정명령에 가능한 한 자세히 조사가 필요한 사항을 기재하여 심문기일을 단축하는 방향으로 처리하고 있다. 보정명령에 응하지 않을 경우에는 다시 보정을 촉구하고, 계속해서 정당한 사유 없이 보정명령에 불응하는 경우에는 파산신청이 성실하지 아니한 것으로 보아 이를 기각할 수도 있고(법 제309조 제1항 제5호), 보정명령에 응하지 않은 결과 파산원인에 대한 소명이 부족한 것으로 판단되면 채무자에게 파산원인이 존재하지 아니한 것으로 보아 파산신청을 기각할 수도 있다(법 제309조 제1항 제3호).

다만 대법원은 "법 제309조 제1항 제5호에서 파산신청 기각사유로 규정하고 있는 '신청이 성실하지 아니한 때'란 채무자가 법 제302조 제1항에 정한 신청서의 기재사항을 누락하였거나 법 제302조 제2항 및 채무자 회생 및 파산에 관한 규칙 제72조에 정한 첨부서류를 제출하지 아니하였고, 이에 대하여 법원이 보정을 촉구하였음에도 채무자가 정당한 사유 없이 응하지 아니한 경우를 말하

---

24) 다만 소송구조 예규 제22조 제2항에 의하여 법원은 직권으로 파산관재인 선임을 위한 비용에 관하여 소송구조 결정을 할 수 있게 되었으므로, 2018. 1. 1. 이후 접수된 사건 중 기존의 기준에 따라 동시폐지를 할 수 있는 사건이라고 하더라도 파산관재인 선임비용 직권 소송구조를 통하여 파산관재인을 선임하여 절차를 진행할 수 있게 되었다. 자세한 내용은 제1편 제2장 제4절 3. 소송구조 부분 참조.

는 것이며, 법원이 보정을 명한 사항이 위와 같이 법령상 요구되지 않는 내용에 관한 것이라면 채무자가 그 사항을 이행하지 못하였다 하더라도 이를 이유로 파산신청을 기각하는 것은 허용되지 않고, 또한 채무자가 법원의 보정 요구에 일단 응한 경우에는 그 내용이 법원의 요구사항을 충족시키지 못하였다 하더라도 법원이 추가적인 보정 요구나 심문 등을 통하여 이를 시정할 기회를 제공하지 아니한 채 곧바로 파산신청을 기각하는 것은 허용되지 않는다"고 판시하였다.[25]

제 3 절 채무자 파산심문

1. 심문기일의 지정

신청기록을 검토하여 채무자를 심문할 필요가 있다고 판단되는 사건에 대해서는 채무자 심문기일을 지정할 수 있다(임의적 심문)([양식 6] 참조).

한편 법 제309조 제2항은 '법원은 채무자에게 파산원인이 존재하는 경우에도 파산신청이 파산절차의 남용에 해당한다고 인정되는 때에는 심문을 거쳐 파산신청을 기각할 수 있다'고 규정하고 있으므로, 파산절차 남용을 이유로 파산신청을 기각할 경우에는 반드시 채무자 심문을 하여야 한다(필요적 심문).

2. 채무자의 소환

채무자에게 심문기일결정 등본을 송달하는 방법으로 소환한다. 심문기일결정 등본이 송달불능된 경우에는 실무상 파산신청서에 기재된 연락처로 전화하여 심문기일에 출석할 것을 고지하고, 그 결과를 보고서로 작성하여 기록에 첨부하고 있다([양식 6-1] 참조).

3. 채권자 의견청취서 발송

서울회생법원은 채무자 심문기일을 지정하는 경우에는 채권자목록에 기재된 모든 채권자에게 채권자 의견청취서를 송달하고 있다. 의견청취서는 채권의

---

25) 대법원 2008. 9. 25.자 2008마1070 결정, 대법원 2011. 7. 28.자 2011마958 결정 참조.

원인 및 액수, 채무자의 자산, 부인대상 행위, 면책불허가사유(편파변제, 사술, 사행행위 등)에 관한 정보와 함께 동시폐지에 대한 의견, 채권자가 비용을 예납하고 파산절차를 진행할 의사가 있는지 여부 등에 관하여 의견을 기재할 수 있도록 정형화되어 있다([양식 7] 참조). 의견청취서의 회답기간은 채무자에 대한 심문기일 이전으로 정한다.

채권자가 의견청취서를 작성해서 보내오면, 채권자목록에 기재된 채권발생 연월일, 채권액 등과 의견청취서에 기재된 그것을 비교하여 다른 점이 있는지를 확인하고, 채권자가 동시폐지사건으로 처리하기에 부적당한 사유(재산은닉, 부인대상행위)가 있다고 주장하는 경우에는 채무자 심문기일에 채무자에게 이를 확인한다.

한편 채무자 심문 도중 누락된 채권자가 발견되는 경우가 있는데, 이러한 경우에는 채무자에게 누락된 채권자를 채권자목록에 추가하도록 한 다음 그 채권자에게 의견청취서를 송달한다.

4. 채무자 심문기일의 진행

면책심문의 임의화($^{법 \; 제558조}_{제1항}$)로 인하여 파산·면책사건이 채무자에 대한 한 차례 심문도 없이 채무자가 제출하는 서류에 의존하여 처리될 수도 있게 되었다. 법원은 파산절차의 남용 여부의 조사와 동시폐지형 또는 파산관재인형 사건 처리방식의 선택 등을 위하여 채무자 본인을 직접 심문하는 경우에는 사전에 신청서와 함께 제출된 채무자의 진술서, 재산목록, 현재의 생활상황, 수입 및 지출에 관한 목록 및 기타 첨부서류, 보정서, 채권자 의견조회 결과 등을 미리 검토한 뒤 심문기일에는 채무자가 숨기고 있는 재산은 없는지, 혹은 변제에 사용할 수 있는 재산은 달리 없는지에 초점을 맞추어 의문사항을 집중적으로 질문하는 것이 바람직하다.

민사소송에서는 심증을 드러내는 경우가 드문 데에 반하여, 파산절차에서는 면책불허가가 명백히 예상되는 경우 취하를 유도하기 위하여 면책절차에서 면책을 허가받지 못할 가능성이 많다는 점을 고지하는 경우도 있다.[26] 이때에는 파산선고를 받고 면책을 받지 못하는 경우의 불이익에 관하여 충분히 설명할 필요

---

26) 그러나 재량면책도 가능하고 일부면책도 가능하므로 취하를 권유하기 전에 신중한 판단을 요한다.

가 있다. 특히 파산선고를 받는 것만으로 채무를 면하게 된다고 알고 있는 채무자, 채무자의 파산선고로 보증인의 채무도 면하게 되는 것으로 알고 있는 채무자가 많으므로, 이들 사항에 관한 잘못된 지식을 교정해 줄 필요도 있다. 대부분의 채무자는 법원의 취하 권유에도 불구하고 파산절차를 계속하고 싶다는 뜻을 표시한다.

파산선고를 받고 복권되지 아니하는 경우 당연퇴직 또는 등록이 취소될 수 있는 공무원, 교사, 변호사, 세무사 등에 대해서는 파산선고로 받을 수 있는 불이익에 관하여 미리 설명하여 주는 것이 좋다.

채무증대 경위 등에 관하여 참고인을 조사할 필요가 있는 경우도 있다. 이때 따로 참고인에게 소환장을 보내지는 않고, 심문기일에 채무자에게 참고인을 대동하여 출석할 것을 지시하고 기일을 속행하여 속행기일에 참고인을 심문한다. 채무자에게 대동하여 출석하도록 할 경우 진술의 신빙성에 영향을 미칠 경우에는 법원에서 직접 참고인에게 전화로 연락하여 심문기일에 참석할 것을 요구할 수 있다. 그러나 실무상 참고인을 심문하는 경우는 거의 없다.

5. 심문기일의 변경, 연기

채무자의 기일변경신청이 있거나 법원의 사정으로 변경하여야 할 경우 변경결정을 하여 기일을 변경하고 변경된 기일의 소환장을 채무자에게 송달한다. 채무자가 불출석한 경우에는 기일을 연기하고 연기된 기일의 소환장을 채무자에게 송달한다.

6. 심문조서의 작성

심문조서는 재판장이 조서의 작성을 명한 때에 작성한다(규칙제5조)[양식 8] 참조). 파산신청서, 진술서, 첨부서류 등이 이미 제출되어 있으므로 원칙적으로 신청서와 진술서를 인용한 정형화된 심문기일조서를 작성할 경우에는 종전과 달리 심문조서를 작성할 필요가 없다. 다만 파산신청서와 진술서에 기재되지 아니한 사항, 그 기재와 모순되는 사항, 기재 내용을 보충하는 사항 등에 관하여 심문이 이루어진 경우, 심문기일에 구두로 보정을 명한 경우 혹은 사후 면책절차 단계에서 진술을 번복할 가능성이 있는 내용에 대하여는 조서에 구체적으로 기재한다. 참고인을 심문한 경우에는 참고인 심문조서도 함께 작성한다.

7. 채무자 심문시에 주의할 점

가. 면책불허가사유 및 재량면책사유의 존부에 관한 자료의 수집

개인파산신청은 면책을 목적으로 하는데, 면책허가결정을 받지 못하고 파산선고만 받게 될 경우 채무자에게 불이익하게 되므로 파산절차에서도 면책불허가사유 및 재량면책사유의 유무에 관한 자료를 수집할 수 있다.

대법원도 채무자에게 면책불허가사유가 있는 경우에는 파산절차의 남용에 해당한다는 이유로 파산신청을 기각할 수 있다고 판시하여,[27] 파산절차에서도 면책불허가사유에 관한 자료를 수집할 수 있다는 입장이다.

나. 채권자 소환 요부

현재 서울회생법원에서는 채무자 심문시에 채권자에게 출석통지를 따로 하지는 않고, 채무자 심문기일을 기재한 의견청취서를 보내 알려주고 있다.

8. 심문기일에 채무자가 불출석한 경우의 처리

가. 송달불능으로 불출석한 경우

채무자 심문기일결정 등본이 송달불능된 경우, 송달불능 사유가 '수취인 부재' 또는 '폐문 부재'로 되어 있는 경우 그 주소로 발송송달한다. 송달불능 사유가 '수취인 불명,' '주소 불명,' '이사 불명'인 경우에는 우선 송달 시행 당시의 우편봉투에 기재된 주소 또는 성명에 오기가 있는지 확인하고 오기가 있으면 수정 후 재송달한다.

채무자 심문기일결정 등본이 송달불능된 경우에는 실무상 신청서에 기재된

---

27) 대법원 2011. 1. 25.자 2010마1554, 1555 결정(채무자가 채권자에게 채무를 부담하고 있는 상황에서 배우자의 상속재산에 관한 자신의 상속지분 일체를 포기하여 장남으로 하여금 단독으로 상속받도록 하고, 장남이 그 상속재산을 단독으로 상속한 후 일부 상속재산을 처분하기까지 하였음에도 파산신청서에 그 내용을 기재하지 않았을 뿐만 아니라 상속재산이 없다고 기재하여 본인의 재산상태에 관하여 허위의 진술을 하는 등 면책불허가사유에 해당하는 행위를 저지르면서 한 파산신청을 파산절차의 남용행위로 보아 '채무자 회생 및 파산에 관한 법률' 제309조 제2항에 따라 그 파산신청을 기각한 원심판단은 수긍할 수 있고, 그러한 판단이 섣불리 파산신청을 기각하여 채무자에게 재량면책을 받을 기회를 부당히 상실하게 하는 것이라고 볼 수 없다고 한 사례).

전화 등의 연락처로 심문기일을 통지하여 출석할 것을 알려 주고 있다.

실무상 채무자가 파산신청을 한 후 외부와 모든 연락을 끊고 잠적하여, 보정명령뿐 아니라 심문기일결정 등본도 송달불능되고 전화로도 연락이 되지 않아서 첫 심문기일부터 불출석으로 처리되는 예가 있다. 채무자가 파산신청만 하면 바로 모든 채무를 면할 수 있다고 잘못 생각한 때문일 것이라고 추측된다. 신청인인 채무자가 소재불명인 경우에는 파산신청을 기각할 수 있다(법 제309조 제1항 제4호).

나. 적법한 송달을 받고서도 불출석한 경우

채무자가 심문기일에 정당한 이유 없이 출석하지 않은 경우에는 채무자를 구인할 수 있으나(법 제322조 제1항), 실무상 심문기일을 연기하여 다시 출석할 기회를 주고, 재차 정당한 이유 없이 출석하지 않는 경우에는 파산신청이 성실하지 아니한 때에 해당하거나 파산원인의 소명이 부족함을 이유로 파산신청을 기각할 수 있다.

심문기일에 채무자가 출석하지 않는 이유는 채권자와의 만남을 피하기 위한 것일 수도 있고, 파산신청 후 채권자와 따로 합의하였기 때문일 수도 있다. 채권자를 피하기 위함이라는 것이 불출석의 정당한 이유는 될 수 없지만, 1회 불출석으로 바로 파산신청을 기각하는 것은 채무자에게 가혹하다고 하겠다.

장기간 출장 또는 질병으로 인한 입원 등 불출석에 정당한 이유가 있을 수도 있는데, 이러한 경우에는 그 사유에 관한 소명자료를 제출받고, 출석장애사유가 해소될 때까지 심문기일을 장기간 뒤로 정하는 것도 한 가지 방법이다.

제4절 심문종결 후 검토할 사항

1. 파산원인의 존부

법 제305조 제1항은 '채무자가 지급을 할 수 없는 때에는 법원은 신청에 의하여 결정으로 파산을 선고한다'고 규정하고 있다.

대법원은 "법 제305조 제1항에서 파산원인으로 규정하는 '채무자가 지급을 할 수 없는 때,' 즉 지급불능이라 함은 채무자가 변제능력이 부족하여 즉시 변제하여야 할 채무를 일반적·계속적으로 변제할 수 없는 객관적 상태를 말한다.

채무자가 개인인 경우 그가 현재 보유하고 있는 자산보다 부채가 많음에도 불구하고 지급불능 상태가 아니라고 판단하기 위하여는, 채무자의 연령, 직업 및 경력, 자격 또는 기술, 노동능력 등을 고려하여 채무자가 향후 구체적으로 얻을 수 있는 장래 소득을 산정하고, 이러한 장래 소득에서 채무자가 필수적으로 지출하여야 하는 생계비 등을 공제하여 가용소득을 산출한 다음, 채무자가 보유 자산 및 가용소득으로 즉시 변제하여야 할 채무의 대부분을 계속적으로 변제할 수 있는 객관적 상태에 있다고 평가할 수 있어야 한다. 이와 같이 부채 초과 상태에 있는 개인 채무자의 변제능력에 관하여 구체적·객관적인 평가 과정을 거치지 아니하고, 단지 그가 젊고 건강하다거나 장래 소득으로 채무를 일부라도 변제할 수 있을 것으로 보인다는 등의 추상적·주관적인 사정에 근거하여 함부로 그 채무자가 지급불능 상태에 있지 않다고 단정하여서는 아니 된다"고 판시하고 있다.[28]

따라서 채무자가 파산신청 당시 보유하고 있는 자산보다 부채가 많은 경우에는 채무자가 보유 자산과 가용소득으로 채무의 대부분을 계속적으로 변제할 수 있는 상태에 있다는 등의 특별한 사정이 없는 한 채무자에게 파산원인이 있는 것으로 보아야 한다.

한편 법 제305조 제2항은 지급정지가 있으면 지급불능으로 추정하도록 되어 있다. 따라서 지급불능이 아니라는 반증이 없는 한 파산을 선고할 수 있다. 위 추정규정은 파산채권자가 파산신청을 한 경우에 채무자의 지급불능 사실을 입증하기가 곤란하다는 점을 고려하여 채권자의 이익을 위하여 마련된 것이다.

법 제301조는 파산신청 당시 채무자에 대하여 이미 외국에서 파산선고가 있은 때에는 파산의 원인인 사실이 존재하는 것으로 추정한다고 규정하고 있다.

2. 동시폐지 또는 파산관재인 선임 여부 결정

법원은 재산목록 등의 자료와 채무자심문결과 등을 고려하여 파산재단으로 될 만한 재산이 파산관재인의 보수 등 파산절차의 비용에도 미치지 못할 것이 예상되면 파산선고와 동시에 파산절차를 폐지(이른바 '동시폐지')한다(법 제317조 제1항). 동시폐지의 경우에는 파산관재인 선임, 파산관재인에 의한 채무자 재산의 관리, 채무자의 관리처분권 박탈, 파산재단의 환가 및 배당 등의 절차가 행하여지지 않기 때문에 동시폐지결정은 매우 신중하게 할 필요가 있다. 서울회생법원은 현행

---

28) 대법원 2009. 5. 28.자 2008마1904, 1905 결정, 대법원 2011. 10. 28.자 2011마961 결정 참조.

개인파산실무를 운용하면서, 원칙적으로 모든 사건에 파산관재인을 선임하고 예외적으로 동시폐지를 하고 있다.

제5절 채권자 파산신청에 대한 법원의 심리

1. 파산신청서 기재사항 및 첨부서류

파산신청서에는 ① 신청인 및 그 법정대리인의 성명 및 주소, ② 채무자의 성명·주민등록번호 및 주소, ③ 신청의 취지와 원인, ④ 채무자의 재산에 관한 다른 절차 또는 처분으로서 신청인이 알고 있는 것을 기재하여야 하고, 채권자가 파산신청을 하는 경우에는 채권자가 가진 채권의 액수와 원인도 기재하여야 한다(법 제302조 제1항).

또한 파산신청서에는 ① 채권자목록, ② 재산목록, ③ 채무자의 수입 및 지출에 관한 목록, ④ 가족관계증명서, 주민등록등본, 진술서, 그 밖의 소명자료를 첨부하여야 하고, 신청과 동시에 첨부할 수 없는 때에는 그 사유를 소명하고 그 후에 지체 없이 제출하여야 하는데(법 제302조 제2항, 규칙 제72조 제1항), 채권자가 파산신청을 하는 경우 채권자로서는 채무자의 채권자와 재산 등을 정확하게 알기 어려우므로 자신이 알고 있는 범위 내에서 채권자목록 등을 작성하여 파산신청서에 첨부하면 되고 첨부할 수 없는 서류는 그 사유를 소명하면 된다.

2. 채권의 존재 및 파산원인 소명

채권자가 파산신청을 하는 경우에는 채권자가 채권의 존재 및 채무자에게 파산의 원인이 있다는 사실을 소명해야 하는데(법 제294조 제2항), 채권의 존재는 판결문, 공정증서 등 집행권원이, 파산의 원인인 채무자의 지급불능 상태는 재산명시절차에서 채무자가 작성한 재산목록이 가장 전형적인 소명자료로 사용된다.[29]

---

29) 한편 채권자의 파산신청이 '파산절차의 남용'에 해당하는지를 판단하는 기준과 관련하여 대법원은, 채무자가 토지구획정리조합인 사례에서 "파산절차의 남용은 권리남용금지 원칙의 일종으로서, 파산신청이 '파산절차의 남용'에 해당하는지는 파산절차로 말미암아 채권자와 채무자를 비롯한 이해관계인에게 생기는 이익과 불이익 등 여러 사정을 종합적으로 고려하여 판단하여야 한다. 가령 채권자가 파산절차를 통하여 배당받을 가능성이 전혀 없거나 배당액이 극히 미미할 것이 예상되는 상황에서 부당한 이익을 얻기 위하여 채무자에 대한 위협의 수단으로 파산신청

3. 채무자 심문기일의 지정

서울회생법원에서는 채권자가 파산신청을 하는 경우 채무자 심문기일을 지정한다. 채무자가 심문기일에 출석하면 채무자에게 파산절차 진행에 관한 의견을 물어본 후, 채무자가 파산절차 진행을 원하는 경우에는 채무자에게 채권자목록과 재산목록 등을 제출하도록 하여 제출된 자료를 참고하여 파산선고 여부를 결정하고, 채무자가 파산절차 진행을 원하지 않아 채권자목록 등의 제출을 거부하는 경우에는 채권자가 제출한 자료만으로 파산선고 여부를 결정한다.

채무자에게 심문기일결정 등본이 송달되지 않는 경우에는 채권자에게 채무자의 주소를 보정할 것을 명하고(통상 채무자의 주민등록초본도 함께 제출하도록 한다), 채무자의 주민등록초본에 기재된 주소지로도 송달되지 않는 경우에는 채권자가 제출한 자료만으로 파산선고 여부를 결정한다.

4. 예납명령

채무자 심문 후 파산관재인을 선임하는 경우에는 채권자에게 파산관재인 선임을 위한 절차비용의 예납을 명한다(법제303조). 예납명령은 즉시항고의 대상이 아니므로(법제13조), 즉시항고를 통해 불복할 수 없다.

5. 채무자의 면책신청

채무자가 파산신청을 한 경우에는 반대의 의사표시를 하지 않는 한 파산신청과 동시에 면책신청을 한 것으로 간주되나(법제556조제3항), 채권자가 파산신청을 한 경우에는 위와 같은 면책신청 간주 규정이 없으므로 채무자가 별도로 면책신청을 하지 않으면 파산선고만 받고 면책결정을 받지 못하는 불이익을 입을 수 있

을 하는 경우에는 채권자가 파산절차를 남용한 것에 해당한다. 이처럼 파산절차에 따른 정당한 이익이 없는데도 파산신청을 하는 것은 파산제도의 목적이나 기능을 벗어난 것으로 파산절차를 남용한 것이다. 이때 채권자에게 파산절차에 따른 정당한 이익이 있는지를 판단하는 데에는 파산신청을 한 채권자가 보유하고 있는 채권의 성질과 액수, 전체 채권자들 중에서 파산신청을 한 채권자가 차지하는 비중, 채무자의 재산상황 등을 고려하되, 채무자에 대하여 파산절차가 개시되면 파산관재인에 의한 부인권 행사, 채무자의 이사 등에 대한 책임추궁 등을 통하여 파산재단이 증가할 수 있다는 사정도 감안하여야 한다. 이와 함께 채권자가 파산신청을 통해 궁극적으로 달성하고자 하는 목적 역시 중요한 고려 요소가 될 수 있다(대법원 2017. 12. 5.자 2017마5687 결정)"라고 판시하였다.

다. 따라서 채권자가 파산신청을 한 경우 채무자가 면책결정을 받기 위해서는 반드시 면책신청을 하여야 한다. 면책신청 기한은 파산선고가 확정된 날 이후 1개월까지이다(법 제556조 제1항). 한편 채무자가 책임 없는 사유로 인하여 파산선고가 확정된 날 이후 1개월까지 면책신청을 하지 못한 때에는 그 사유가 종료된 후 30일 이내에 면책신청을 할 수 있다(법 제556조 제2항).

제4장 파산신청에 대한 법원의 재판

제1절 각하·기각결정

1. 각 하

　　개인파산의 신청권자는 채권자 또는 채무자에 한정된다(법 제294조 제1항). 그런데 신청인이 채권자임을 주장하면서도 채권의 존재를 소명하지 않는 때와 같이, 신청인을 법에서 정한 신청권자라고 인정하기 부족한 경우가 있다. 이때에는 신청인에 대하여 보정명령을 내리고, 보정에 불응하거나 보정내용에 의하더라도 적법한 신청권자라고 인정하기 부족하면 파산신청을 각하한다.

　　회생절차개시결정 또는 개인회생절차개시결정이 있는 때에는 동일한 채무자에 대한 파산신청이 금지됨에도 불구하고(법 제58조 제1항 제1호, 제600조 제1항 제1호,), 신청인이 위와 같은 결정을 간과하고 파산신청을 하거나, 회생절차나 개인회생절차가 폐지될 것을 예상하여 미리 파산신청을 하는 경우가 있다. 서울회생법원에서는 신청인에 대한 보정명령을 통해 신청경위 등을 확인하여, 파산신청에 특별한 사정이 없는 경우 이를 각하하고, 만약 가까운 장래에 회생절차 또는 개인회생절차가 폐지될 것이 확실시 되면 일단 그 진행상황을 살펴서 회생절차나 개인회생절차의 폐지가 확정된 후 파산절차를 속행하는 것으로 처리하고 있다.

　　채무자가 파산신청 후 사망하였는데 채무자의 상속인들이 파산절차 속행신청을 하지 않은 때에는 그 상속인들에게 파산절차를 속행할 것을 명하고, 상속인들이 속행신청을 하지 않는 경우 파산신청을 각하한다(채무자가 사망한 경우에 관하여는 '제6장 제6절 1.' 참조).

　　채무자가 종전에 파산선고를 받았으나 면책신청기간의 도과 등으로 면책결정을 받지 못한 경우 또는 면책기각결정이나 면책불허가결정이 확정된 후, 면책을 받기 위하여 동일한 파산원인으로 재차 파산신청을 하는 이른바 재도의 파산신청에 관하여, 대법원은 부적법하여 허용되지 않는다는 입장이다.[1] 이에 대하여 하급심은 재도의 파산신청에 해당하는 경우 위 대법원 판례에 따라 파산신청의 이익이 없다고 보아 이를 각하하면서도, 사안에 따라서는 '동일한 파산원인'에 해당하는지 여부를 엄격하게 심사하여 채무자에게 새로운 파산·면책의 기회를 제공하기도 한다[2](재도의 파산신청에 관하여는 '제8장 제1절 7.' 참조).

2. 기   각

가. 파산신청 기각사유($\frac{법}{제309조}$)의 의의

구 파산법에는 파산신청 기각에 관한 규정이 없었기 때문에 신청인이 절차를 성실히 이행하지 않거나 파산절차를 남용하는 경우에도 법원이 이를 적절하게 통제할 수 있는 근거가 마련되어 있지 않았다. 당시의 실무에서는 파산절차의 남용 등으로 파산선고를 함이 부당하다고 보일 경우에는 신청인에게 파산신청 취하를 권유하거나 일단 파산선고를 한 후 면책을 불허가하는 방법으로 문제를 해결하여 왔다.

법은 파산신청을 기각할 수 있는 사유에 대한 규정을 둠으로써 위와 같은 문제를 입법적으로 해결하였다. 법 제309조는 개인파산절차가 당사자의 주관적 사정에 따라 중대한 영향을 받거나 남용되는 것을 방지함으로써, 정직하고 성실하나 불운한 채무자의 새로운 출발(fresh start)을 도모하는 것을 목적으로 하는 개인파산제도의 사회적 기능이 정상적으로 발현되도록 하려는 데에 그 의의가 있다.

나. 법 제309조 기각사유에 대한 개별적 검토

1) 절차비용의 미납($\frac{제1항}{제1호}$)

신청인이 절차비용을 미리 납부하지 아니한 때에는 법원은 파산신청을 기각할 수 있다. 구 파산법은 채권자가 파산신청을 하는 경우에만 절차비용의 예납의무를 부담케 하고, 미납할 경우 파산신청을 각하하도록 한 반면($\frac{구 파산법}{제129조 제1항}$),

---

1) 대법원 2011. 8. 16.자 2011마1071 결정(면책불허가결정이 확정된 경우), 대법원 2006. 12. 21. 자 2006마877 결정(면책신청기간의 도과로 면책신청이 각하된 경우), 대법원 2009. 11. 6.자 2009 마1583 결정(면책기각결정이 확정된 경우).

2) 대법원 입장과 다른 견해를 취한 하급심 결정례로 서울회생법원 2020. 4. 17.자 2018라467 결 정 참조.

법은 파산신청을 한 사람이 채권자인지 아니면 채무자인지 여부를 불문하고 신청인에게 절차비용의 예납의무를 부담시키고, 미납할 경우 파산신청을 기각할 수 있도록 하였다. 위 규정에서 절차비용이라고 함은 인지, 송달료, 개인파산관재인의 선임비용을 말한다.

2) 회생절차 또는 개인회생절차에 의한 처리(제1항 제2호)

동일한 채무자에 대하여 법원에 회생절차 또는 개인회생절차가 계속되어 있고 그 절차에 의하는 것이 채권자 일반의 이익에 부합하는 때에는 법원은 파산신청을 기각할 수 있다. 회생절차 또는 개인회생절차에 의하여 채권자들은 청산가치가 보장된 변제계획에 따라 채무자로부터 변제를 받을 수 있어 파산절차에 의할 경우보다 채권자들에게 더 이익이므로, 이러한 때에는 파산신청을 기각할 수 있도록 한 것이다.

다만, 법원은 회생절차개시의 신청 또는 개인회생절차개시의 신청이 있는 경우 필요하다고 인정하는 때에는 이해관계인의 신청에 의하거나 직권으로 회생절차개시의 신청 또는 개인회생절차의 개시신청에 대한 결정이 있을 때까지 채무자에 대한 파산절차의 중지를 명할 수 있고(법 제44조 제1항 제1호, 제593조 제1항 제1호), 그렇지 않더라도 이후 회생절차개시결정 또는 개인회생절차개시결정이 있으면 채무자에 대한 파산절차가 당연히 중지되는데(법 제58조 제2항 제1호, 제600조 제1항 제1호), 위 각 규정에 의하여 채무자에 대한 파산절차가 이미 중지된 후라면 본호를 적용하여 채무자의 파산신청을 기각할 수는 없을 것이다. 따라서 법원이 본호를 적용하여 파산신청을 기각할 수 있는 것은 채무자에 대한 회생절차개시신청 또는 개인회생절차개시신청이 있은 후 파산절차의 중지명령이 발령되거나 회생절차개시결정 또는 개인회생절차개시결정이 있기 전으로 한정된다고 보아야 한다.[3]

파산신청이 기각된 후 회생절차 또는 개인회생절차가 폐지되면 채무자가 또다시 파산신청을 하여 동일한 절차를 반복해야 하는 문제가 있으므로 본호 규정을 적용함에는 신중해야 한다. 서울회생법원의 실무는 파산절차 계속 중에 회생절차나 개인회생절차의 신청이 있으면 그 진행상황을 살펴서, 만약 인가 전에 폐지가 되면 파산절차를 속행하고, 회생계획이나 변제계획이 인가되면 파산절차의 실효를 이유로(법 제256조 제1항, 제615조 제3항) 기타 종국으로 처리하고 있다.

3) 파산원인의 부존재(제1항 제3호)

채무자에게 파산원인이 존재하지 아니한 때에는 법원은 파산신청을 기각할

---

3) 주석 채무자회생법(Ⅳ), 한국사법행정학회(2020), 38면(원운재).

수 있다. 법 제305조 제1항에서 파산원인으로 규정하는 '채무자가 지급을 할 수 없는 때,' 즉 지급불능이라 함은 채무자가 변제능력이 부족하여 즉시 변제하여야 할 채무를 일반적·계속적으로 변제할 수 없는 객관적 상태를 말한다.[4] 채무자가 지급을 정지한 때에는 지급불능인 것으로 추정한다(법 제305조 제2항). 한편 상속재산파산의 경우는 채무초과가 유일한 파산원인이다(법 제307조).

파산원인은 파산신청의 시점이 아니라 파산신청에 대한 재판을 하는 시점에 존재하여야 한다.[5] 따라서 파산신청시 파산원인이 존재하였더라도 재판시 파산원인이 소멸하여 존재하지 않게 되었을 경우 파산을 선고할 수 없고, 파산신청에 관한 재판에 대하여 즉시항고가 제기된 경우에도 파산원인의 존부는 항고심의 재판시를 기준으로 판단하여야 한다.

채무자가 현재 보유하고 있는 자산보다 부채가 많음에도 불구하고 지급불능 상태가 아니라고 판단하기 위하여는, 채무자의 연령, 직업 및 경력, 자격 또는 기술, 노동능력 등을 고려하여 채무자가 향후 구체적으로 얻을 수 있는 장래 소득을 산정하고, 이러한 장래 소득에서 채무자가 필수적으로 지출하여야 하는 생계비 등을 공제하여 가용소득을 산출한 다음, 채무자가 보유 자산 및 가용소득으로 즉시 변제하여야 할 채무의 대부분을 계속적으로 변제할 수 있는 객관적 상태에 있다고 평가할 수 있어야 한다. 이와 같이 부채 초과 상태에 있는 채무자의 변제능력에 관하여 구체적·객관적인 평가 과정을 거치지 아니하고, 단지 채무자가 젊고 건강하다거나 장래 소득으로 채무를 일부라도 변제할 수 있을 것으로 보인다는 등의 추상적·주관적인 사정에 근거하여 함부로 지급불능 상태에 있지 않다고 단정하여서는 아니 된다.[6]

---

4) 대법원 1999. 8. 16.자 99마2084 결정, 대법원 2009. 3. 2.자 2008마1651 결정.

5) 대법원 2011. 5. 26.자 2011마517 결정.

6) 대법원 2009. 5. 28.자 2008마1904, 1905 결정. 위 사안에서 대법원은, 채무자가 군대를 제대한 1973년생의 남자로서 신체적·정신적으로 건강한 노동능력을 가지고 있고, 현재 미혼으로 어머니를 부양하고 있는 외에 다른 부양가족은 없으며, 가족이 임차한 아파트에 무상으로 거주하고 있는 점 등에 비추어 파산원인에 대한 소명이 부족한 경우에 해당한다고 판단한 원심에 대하여, 채무자가 향후 구체적으로 어느 정도의 장래 소득을 얻을 수 있는지, 장애인인 어머니를 부양하면서 생계를 유지하기 위하여 어느 정도의 생계비를 지출하여야 하는지, 변제재원으로 활용할 수 있는 가용소득은 얼마인지를 산출하여 본 바 없다는 이유로 파기하였다.
　같은 취지의 대법원 판례로는 대법원 2009. 9. 11.자 2009마1205, 1206 결정, 대법원 2009. 11. 6.자 2009마1464, 1465 결정, 대법원 2010. 1. 25.자 2009마2183 결정, 대법원 2010. 8. 11.자 2010마888 결정, 대법원 2010. 9. 20.자 2010마868 결정, 대법원 2011. 4. 29.자 2011마422 결정, 대법원 2011. 5. 26.자 2011마517 결정, 대법원 2011. 9. 15.자 2011마1112, 1113(병합) 결정, 대법원 2011. 10. 13.자 2011마894, 895(병합) 결정, 대법원 2011. 10. 28.자 2011마961 결정, 대법원 2012. 3. 20.자 2010마224 결정.

채무자의 친족이 재산이나 수입이 있다고 하더라도, 그 친족이 채무자에 대하여 채무보증인의 지위에 있다거나 스스로 채무자의 채무를 이행할 의사를 보이는 등의 특별한 사정이 없는 한 그러한 사정을 채무자의 파산원인 판단에 고려할 수는 없다.

4) 신청인이 소재불명인 때(제1항 제4호)

신청인이 소재불명인 때에는 법원은 파산신청을 기각할 수 있다. 신청인이 소재불명이어야 하므로, 채권자가 파산신청을 하였는데 채무자가 소재불명인 경우에는 이 규정이 적용되지 않는다. 신청인의 소재불명은 파산심문 과정에서 주로 문제된다(이에 관하여는 '제3장 제3절 8.' 참조).

5) 신청이 성실하지 아니한 때(제1항 제5호)

신청이 성실하지 아니한 때에는 법원은 파산신청을 기각할 수 있다. 실무상 신청인이 파산심문 기일통지를 송달받고도 정당한 사유 없이 2회 이상 심문기일에 불출석하는 경우에는 신청이 성실하지 아니하다고 보고 있다.

채무자가 신청서의 기재사항을 누락하였거나 첨부서류를 제출하지 않았음을 이유로 신청이 성실하지 아니하다고 인정하기 위하여는, 채무자가 법 제302조 제1항에 정한 신청서의 기재사항을 누락하였거나 법 제302조 제2항 및 규칙 제72조에 정한 첨부서류를 제출하지 아니하였고, 이에 대하여 법원이 보정을 촉구하였음에도 채무자가 정당한 사유 없이 응하지 아니한 경우이어야 한다. 법원이 보정을 명한 사항이 위와 같이 법령상 요구되는 내용 이외의 것이라면 채무자가 그 사항을 이행하지 못하였다 하더라도, 이를 이유로 파산신청을 기각하는 것은 허용되지 않는다.[7] 또한 채무자가 법원의 보정 요구에 일단 응한 경우에는 그 내용이 법원의 요구사항을 충족시키지 못하였다 하더라도 법원이 추가적인 보정 요구나 심문 등을 통하여 이를 시정할 기회를 제공하지 아니한 채 곧바로 파산신청을 기각하는 것은 허용되지 않는다.[8]

---

[7] 대법원 2008. 9. 25.자 2008마1070 결정. 위 사안에서 대법원은, '친족의 재산란에 기재된 재산목록'과 '채권자에 대한 부채증빙자료'는 법 제302조 제2항 및 규칙 제72조에 정한 파산신청시의 첨부서류에 해당하지 않는다고 보아 위 사항에 관한 법원의 보정명령을 완전하게 이행하지 못하였다 하더라도 파산신청을 기각할 수 없다고 판시하였다.

　또한 대법원은, '친족의 재산에 관한 사항'(대법원 2009. 11. 6.자 2009마1464, 1465 결정)이나 '채무자의 처 명의인 아파트의 분양대금의 출처에 관한 사항'(대법원 2011. 10. 28.자 2011마961 결정)은 법령상 요구되는 신청서의 기재사항이거나 첨부서류에 해당하지 않는다고 판시하였다.

[8] 대법원 2008. 9. 25.자 2008마1070 결정. 그 밖에 대법원이 추가적인 보정 요구나 심문 등을 통하여 신청인에게 시정할 기회를 주지 않았다고 본 사례로는 대법원 2011. 9. 15.자 2011마1112, 1113(병합) 결정, 대법원 2011. 10. 28.자 2011마961 결정, 대법원 2012. 1. 12.자 2011마2059, 2060 결정, 대법원 2012. 4. 13.자 2012마271, 272 결정.

법 제302조 제1항에서 정한 신청서의 기재사항은 다음과 같다.

① 신청인 및 그 법정대리인의 성명 및 주소

② 채무자의 성명·주민등록번호 및 주소

③ 신청의 취지

④ 신청의 원인

⑤ 채무자의 사업목적과 업무의 상황

⑥ 채무자의 재산에 관한 다른 절차 또는 처분으로서 신청인이 알고 있는 것

⑦ 채권자가 파산신청을 하는 때에는 그가 가진 채권의 액과 원인

법 제302조 제2항에서 정한 신청서의 첨부서류는 다음과 같다.

① 채권자목록

② 재산목록

③ 채무자의 수입 및 지출에 관한 목록

④ 그 밖에 규칙에서 정하는 서류

규칙 제72조에 정한 첨부서류는 다음과 같다.

① 호적등본,[9] 주민등록등본

② 진술서. 진술서에는 채무자에 대한 회생절차 또는 개인회생절차가 계속되어 있는 경우 당해 사건이 계속되어 있는 법원 및 사건의 표시, 법 제564조에 의한 면책허가결정 또는 법 제624조에 의한 면책결정을 받은 적이 있는지 여부 및 그러한 사실이 있는 경우 그 결정의 확정일자를 각 기재하여야 한다.

③ 그 밖의 소명자료

서울회생법원은 종래 정형화된 양식을 활용하여 채무자로 하여금 파산선고

대법원은, 제1심법원이 파산신청 당시 채무자가 아파트 처분사실을 누락한 사실을 알고도 이에 대한 보정요구나 심문 등을 통하여 채무자가 이를 시정할 기회를 제공하지 아니한 채 파산신청을 기각하였고, 원심에 이르러 채무자가 아파트 처분사실 및 그 경위를 설명하고 그에 대한 소명자료를 제출하였는데도 원심이 다시 신청불성실을 이유로 항고를 기각한 사안에서, 원심이 문제 삼은 아파트 처분사실의 누락이 면책불허가사유에 해당되는지 여부는 별론으로 하더라도 법 제309조 제1항 제5호에 정한 '신청이 성실하지 아니한 때'에 해당한다고 보기 어렵다고 판시하였다(대법원 2012. 4. 13.자 2012마271, 272 결정).

9) 가족관계의 등록 등에 관한 법률이 2007. 5. 17. 법률 제8435호로 제정되면서 같은 법 부칙 제2조에 의하여 구 호적법이 폐지되었으므로, 규칙 제72조 제1항 제1호의 호적등본 부분은 가족관계증명서, 혼인관계증명서 등으로 개정되어야 할 것으로 보인다. 서울회생법원은 신청인으로 하여금 채무자의 가족관계증명서, 기본증명서, 혼인관계증명서를 제출하도록 지도하고 있다.

후 파산관재인에게 총 29종의 소명자료를 제출하도록 하였으나, 이에 관하여 소명자료의 종류가 지나치게 많고 채무자 이외에 채무자의 친족에 관한 자료의 제출까지 요구하여 채무자에게 과도한 부담을 지운다는 지적이 있었다. 이에 서울회생법원은 2019년도에 개인파산 신청서 양식과 첨부서류 개선을 위한 TF를 구성하여 개선방안을 논의하였고, 이후 대법원에서 전국 개인파산 재판장 간담회 등을 거쳐 개인파산예규를 개정함으로써 채무자가 파산신청시에 반드시 제출하여야 하는 14종의 소명자료를 규정하기에 이르렀다. 즉 2019. 12. 24. 개정된 개인파산예규 제1조의2는 '개인파산 및 면책신청서와 그 첨부서류 표준양식은 별지 제1호 내지 제10호와 같다.'고 규정하면서, 별지 제7호에서 파산신청시 제출하여야 할 14종의 소명자료에 관하여 정하고 있다.[10]

6) 남 용(제2항)

가) 입법연혁 개인을 대상으로 한 도산절차로는 파산절차 외에 법 제2편의 회생절차, 제4편의 개인회생절차가 있다. 회생절차와 개인회생절차는 모두 채무자에게 파산원인이 있는 때, 즉 지급불능을 개시원인으로 하고 있으나 (법 제34조 제1항 제2호, 제579조 제1호), 채무자에게 변제자력이 있는 경우 채무자의 회생이 파산할 때보다 채무자, 채권자는 물론 사회경제적으로도 더 이익이므로, 법은 회생절차나 개인회생절차를 파산절차보다 우선시하고 있다(법 제44조 제1항 제1호, 제58조 제1항 제1호, 제593조 제1항 제1호, 제600조 제1항). 그런데 채무자가 소득이 있어서 채무의 상당 부분을 변제할 수 있음에도 불구하고 회생절차나 개인회생절차를 이용하지 않고 파산신청을 한다면, 이는 위와 같은 법의 취지에 어긋날 뿐만 아니라 이를 방치할 경우 자칫 채무자의 도덕적 해이를 조장할 수 있다. 법은 이러한 문제를 해결하기 위하여 미국 연방파산법 제707조의 파산신청 남용(abuse)에 의한 기각 조항을 도입하였다.[11]

나) 요 건 법원은 채무자에게 파산원인이 존재하는 경우에도 파산신청이 파산절차의 남용에 해당한다고 인정되는 때에는 심문을 거쳐 파산신청을

---

10) 대법원은 '채무자가 법 제302조 제2항 및 규칙 제72조에 정한 첨부서류를 제출하지 아니하고, 이에 대하여 법원이 보정을 촉구하였음에도 정당한 사유 없이 응하지 아니한 경우'에 법 제309조 제1항 제5호에 따라 파산신청을 기각할 수 있다는 입장(대법원 2008. 9. 25.자 2008마1070 결정 등 참조)이지만, '법 제302조 제2항 및 규칙 제72조에 정한 첨부서류'에 해당하는지 여부에 관하여 다소 엄격한 기준을 적용하고 있다. 따라서 채무자가 개정된 개인파산예규에 규정된 14종의 소명자료 중 '법 제302조 제2항 및 규칙 제72조'에서 명시적으로 규정하고 있는 것 이외의 소명자료 제출을 해태하는 경우 법 제309조 제1항 제5호에 따라 파산신청을 기각할 것인지 여부에 관하여는 신중하게 판단할 필요가 있다.

11) 서경환, 파산신청이 파산절차의 남용에 해당하는지 여부의 판단, 대법원판례해설 제79호, 법원도서관(2009), 650~652면; 법무부, 채무자 회생 및 파산에 관한 법률 해설, 법무부법무국(2006), 136~137면.

기각할 수 있다. 법 제309조 제2항은 단순히 '남용'이라고만 규정하여 그 구체적인 판단기준이 무엇인지 문제된다.[12]

종래 대법원은 주로 채무자의 변제능력과 관련지어서 파산절차 남용 여부의 판단기준을 제시하였다. 즉, 대법원 2009. 5. 28.자 2008마1904, 1905 결정은 "파산면책제도의 목적 및 다른 도산절차와의 관계, 위 조항의 입법연혁과 조문체계 등에 비추어 보면, 채무자가 개인인 경우 '파산신청이 파산절차의 남용에 해당한다'는 것은 채무자가 현재는 지급불능 상태이지만 계속적으로 또는 반복하여 일정한 소득을 얻고 있고, 이러한 소득에서 필수적으로 지출하여야 하는 생계비, 조세 등을 공제한 가용소득으로 채무의 상당 부분을 계속적으로 변제할 수 있기 때문에 회생절차·개인회생절차 등을 통하여 충분히 회생을 도모할 수 있다고 인정되는 경우를 주로 의미한다고 보아야 한다. 따라서 채무자가 회생절차·개인회생절차를 신청한다면 그 절차를 통하여 충분히 회생을 도모할 수 있는 상태에 있는지 여부를 전혀 심리하여 보지도 아니한 상태에서 채무자에게 장래 소득이 예상된다는 사정만에 터잡아 함부로 채무자의 파산신청이 파산절차의 남용에 해당한다고 단정하여서는 아니 된다."라고 판시하였다.[13]

---

12) 이와 달리 미국 연방파산법 제707조는 남용에 해당하는 경우에 관하여 상세한 규정을 두고 있다. 위 조항에 의하여 남용에 해당하는 경우는 다음과 같이 2가지로 볼 수 있다[이하에 관하여는 서경환(주 11)].

첫째, 불성실 신청(bad filing) 또는 채무자의 재정상황을 종합적으로 고려하여 남용이라고 판단되는 경우이다[§707(b)(3)]. 미국은 우리나라처럼 파산원인을 별도로 규정하고 있지 않기 때문에, 지급불능상태에 있지 아니함에도 불구하고 파산신청을 하는 경우 위 조항을 적용하여 파산신청을 기각할 수 있다.

둘째, 채무자에 대한 재산심사(means test)를 통하여 일정한 경우에 남용이 추정된다[§707(b)(2)]. 즉, 2016년 기준으로 채무자가 5년 동안 변제 재원으로 채권자들에게 최소한 ① 7,475USD 또는 파산채권의 25% 중 다액이나 ② 12,475USD를 변제할 능력이 있는 경우에는 파산신청의 남용이 추정된다. 다만 채무자의 현재소득(current income)이 평균가구소득(medial family income)보다 적은 경우에는 위 재산심사가 면제된다.

13) 위 사안에서 대법원은, 채무자가 현재 과일도매상에서 배달업무에 종사하면서 월 76만 원 가량의 소득을 얻고 있을 뿐, 계속적으로 일정한 소득을 얻는다고 보기 어려운 점, 위 소득액은 어머니를 부양하고 있는 채무자가 개인회생절차를 신청할 경우 소득에서 공제하는 평균적인 2인 가족 최저생계비(국민기초생활 보장법에 정한 최저생계비에 50% 정도 가산)에도 미치지 못하는 점, 장애인인 어머니를 부양함에 따라 추가적인 지출이 예상되는 등 채무자의 가용소득으로 수행가능한 변제계획을 작성하기 어려운 것으로 보이는 점, 이와 같이 개인회생절차를 이용하기 어려운 채무자가 파산절차도 이용할 수 없다고 한다면 개인회생절차를 이용하여 채무를 감면받을 수 있는 고소득 채무자에 비하여 소득이 적어 열악한 지위에 있는 채무자가 오히려 도산절차를 통한 갱생을 전혀 도모할 수 없게 되는 불합리한 결과를 초래하는 점 등의 이유로, 채무자에게 노동능력이 있어 채무의 일부를 변제할 수 있을 것으로 보인다는 등의 이유로 채무자의 파산신청이 남용에 해당한다고 본 원심결정을 파기하였다.

같은 취지의 대법원 판례로는 대법원 2009. 9. 11.자 2009마1205, 1206 결정, 대법원 2009. 11. 6.자 2009마1464, 1465 결정.

서울회생법원에서는 채무액이 다액으로서 파산원인이 인정되기는 하지만, 채무자가 전문직 한편 대법원이 파산절차 남용금지를 권리남용금지원칙의 한 표현이라고 본 판례도 있다. 대법원 2011. 1. 25.자 2010마1554, 1555 결정은 "제309조 제2항이 규정하는 바는 권리남용금지원칙의 한 표현으로서, 파산신청이 '파산절차의 남용'에 해당하는지 여부는 다른 일반조항에서와 마찬가지로 그 권리의 행사에 관련되는 제반 사정을 종합적으로 고려하여 판단되어야 한다. 특히 위 법규정의 입법연혁이나 문언 및 규정체계 등에 비추어 보면, 정직하고 성실한 채무자의 새로운 출발을 도모하면서도 채권자에게 보다 공평한 만족을 보장하려는 파산제도 기타 도산제도의 본래적 기능이 정상적으로 발휘될 수 있도록 하기 위하여, 채무자의 현재 및 장래의 변제능력이 무겁게 고려됨은 물론이고, 그 외에도 파산신청의 동기와 그에 이른 경위, 지급불능의 원인 및 그에 관련한 이해관계인들의 행태, 파산절차와 관련하여 제공되는 각종 정보의 정확성, 채무자가 예정하는 지출 등의 낭비적 요소 유무 등이 문제될 수 있다. 또한 파산신청이 종국적으로 채무자의 면책을 얻기 위한 목적으로 행하여지는 경우에 채무자에게 법이 정한 면책불허가사유의 존재가 인정된다면 이러한 사정도 파산절차의 남용을 긍정하는 요소로 평가될 수 있음은 물론이다. 한편 그에 있어서는 면책불허가사유가 존재하더라도 법원이 파산에 이르게 된 경위 등을 참작하여 재량으로 면책을 허가할 수 있는 점 등에 비추어, 채무자가 위와 같은 재량면책을 받을 수 있는 기회를 부당하게 상실하는 것이 아닌지 하는 점에도 유념할 것이다."라고 판시하였다.[14][15]

종사자로서 현재 및 장래에 상당한 수입을 올릴 것으로 보이고 상당한 자산을 보유하고 있다는 점 등을 이유로 회생을 시도함이 없이 파산신청을 한 것을 파산절차의 남용으로 보아 기각한 예가 있다([양식 13] 참조).

14) 대법원은 위 사안에서, 채무자가 채권자에게 채무를 부담하고 있는 상황에서 배우자의 상속재산에 관한 자신의 상속지분 일체를 포기하여 장남으로 하여금 단독으로 상속받도록 하고, 장남이 그 상속재산을 단독으로 상속한 후 일부 상속재산을 처분하기까지 하였음에도 파산신청서에 그 내용을 기재하지 않았을 뿐만 아니라 상속재산이 없다고 기재하여 본인의 재산상태에 관하여 허위의 진술을 하는 등 면책불허가사유에 해당하는 행위를 저지르면서 한 파산신청을 파산절차의 남용행위로 보아 '채무자 회생 및 파산에 관한 법률' 제309조 제2항에 따라 그 파산신청을 기각한 원심판단은 수긍할 수 있고, 그러한 판단이 섣불리 파산신청을 기각하여 채무자에게 재량면책을 받을 기회를 부당히 상실하게 하는 것이라고 볼 수 없다고 판시하였다.
한편 채무자가 상속의 포기를 한 경우에 관하여 대법원 2012. 1. 12.자 2010마1551, 1552 결정은 상속의 포기가 상속인으로서의 지위 자체를 소멸하게 하는 행위로서 일차적으로 피상속인 또는 후순위상속인을 포함하여 다른 상속인 등과의 인격적 관계를 전체적으로 판단하여 행하여지는 인적 결단으로서의 성질을 가지므로, 민법상 사해행위 취소의 대상이 되지 못하고, 법 제650조 제1호의 사기파산죄에도 해당하지도 않는다고 판시하였다. 따라서 채무자가 상속포기를 하였더라도 곧바로 면책불허가사유에 해당되는 행위를 저지른 경우로서 파산절차를 남용하였다고 볼 수는 없다.

15) 한편, 채권자의 파산신청이 파산절차의 남용에 해당하는지에 관한 대법원 2017. 12. 5.자 2017

다) 관련 문제   종전에 파산선고 결정을 받았으나 면책결정을 받지 못한 채무자가 면책을 받기 위하여 재차 파산신청을 하는 재도의 파산신청에 관하여, 대법원은 부적법하여 허용되지 않는다는 입장을 취하고 있다. 반면, 재도의 파산신청을 예외 없이 각하할 것이 아니라, 채무자가 다시 파산신청을 하게 된 기간, 경위, 의도 등을 종합하여 재도의 파산신청이 '파산절차의 남용'에 해당한다고 판단되는 경우에 법 제309조 제2항을 적용하여 파산신청을 기각하면 족하다고 판단한 하급심 결정도 있다.[16]

또한 파산선고 및 면책결정까지 받았으나 채권자목록에 누락된 채권이 발견되어 새로이 파산신청을 한 경우 종래 이를 재도의 파산신청 중 하나의 유형으로 보기도 하였으나, 이는 면책결정을 받은 채무자가 다시 파산신청을 하는 경우로서 면책결정을 받지 못한 채무자가 다시 파산신청을 하는 것을 의미하는 재도의 파산신청이라는 개념과는 다소 차이가 있다. 따라서 이 경우는 재도의 파산신청이 아닌 '채무자가 악의로 채권자목록에 기재하지 아니한 청구권(법 제566조 제7호의 비면책채권)'의 문제로 해결하면 족하다. 즉 누락된 채권이 위 비면책채권에 해당하지 않는다면 당초 면책결정의 효력이 누락된 채권에도 미치므로 새롭게 파산신청을 할 이익이 없지만, 반대로 누락된 채권이 위 비면책채권에 해당한다면 새롭게 파산신청을 한 경위 등을 조사하여 '파산절차의 남용'에 해당하는지 여부를 판단하여야 한다.[17]

라) 필요적 심문   법원이 파산신청이 파산절차의 남용에 해당한다고 인정하여 그 신청을 기각하기 위해서는 반드시 심문을 거쳐야 한다(법 제309조 제2항). 본

마5687 결정은 제3장 제5절 2.항 각주 28) 참조.

16) 서울회생법원 2020. 4. 17.자 2018라467결정.

17) 대법원 2018. 6. 22.자 2018마5435 결정은 "채권자목록에 누락된 채권이 법 제566조 제7호의 비면책채권에 해당하더라도, 이는 채무자가 과거 파산 및 면책결정의 효력으로 위 채권이 면책되었다는 주장을 하지 못하는 것일 뿐 그 후에 그 채권의 면책을 구하기 위하여 새로운 파산신청을 할 수 없다는 것은 아니다. 또한 채무자가 특별한 사정 없이 불필요한 파산신청을 반복한다면 파산절차를 남용하는 것으로 볼 여지가 있을 것이나, 이 사건은 과거 면책결정 후 약 10년이 지나 새롭게 파산신청을 한 것이어서 불필요한 파산절차를 반복하는 것으로 보기도 어렵다. 특히 법 제566조 제7호가 채권자목록에 기재하지 않은 채권을 면책대상에서 제외한 이유는 면책결정에 관한 절차참여의 기회를 갖지 못한 채 불이익을 받게 되는 채권자를 보호하기 위한 것이다(대법원 2010. 10. 14. 선고 2010다49083 판결 참조). 따라서 이 사건 파산절차에서 채권자의 참여 아래 위 누락된 채권에 관한 면책불허가사유 유무를 심사하여 면책 여부를 결정하면 채권자의 절차 참여 기회를 충분히 보장할 수 있을 것이므로, 과거 파산 및 면책절차의 채권자목록에서 누락된 채권의 면책을 구한다는 이유만으로 이 사건 파산신청이 파산절차를 남용하는 것이라고 볼 수는 없다."고 판시하였다. 따라서 과거 파산 및 면책절차의 채권자목록에서 누락된 채권의 면책을 구하기 위한 새로운 파산신청이 예외 없이 '파산절차의 남용'에 해당한다고 단정할 수는 없고, 그 파산신청의 경위가 어떠한지 따져보아야 한다.

조는 심문의 대상을 명시하지 않고 있으나 파산신청을 기각하기 위하여 필요한 심문이므로 신청인을 반드시 심문하여야 하는 것으로 해석하여야 한다. 심문방법이 한정되어 있지 않으므로 법원은 서면으로 심문할 수 있고 필요한 경우에는 심문기일을 지정하여 말로 심문할 수도 있다. 신청인이 심문서 또는 기일통지서 등을 송달받고도 아무런 답변을 하지 아니하고, 심문기일에 출석하지도 아니한 때에는 진술의 이익을 포기한 것으로 보아 그 진술을 듣지 아니하고 파산신청을 기각할 수 있다.[18]

제 2 절 파산선고 등

1. 개   요

채무자가 지급을 할 수 없는 때에는 법원은 신청에 의하여 결정으로 파산을 선고한다. 법원은 파산재단으로 파산절차의 비용을 충당하기에 부족하다고 인정되는 때에는 파산선고와 동시에 파산폐지의 결정을 하고(이를 실무상 '동시폐지'라고 한다), 파산관재인의 선임이 필요하다고 판단될 경우 파산관재인 선임 결정을 한다. 법원이 어느 경우에 의하여 파산절차를 진행할 것인가에 따라 파산선고와 동시에 결정하여야 할 사항이나 파산선고의 후속조치, 파산선고가 법률관계에 미치는 효과 등에서 차이가 있게 된다.

서울회생법원은 현행 개인파산실무에 따라 원칙적으로 파산관재인을 선임하여 절차를 진행함은 앞서 본 바와 같다. 따라서 파산관재인을 선임하는 경우를 전제로 하여 그 절차를 기술하기로 한다. '아래 2.'에서는 파산선고 전의 절차, '아래 3.'에서는 파산선고의 일반적인 요건과 결정내용, 파산선고와 동시에 하여야 할 결정, 파산선고 당일의 절차, 후속조치에 관하여 설명하고, 파산선고의 효과에 관하여는 '아래 4.'에서 따로 설명한다. 파산선고의 효과와 관련된 파산관재인의 업무처리에 대하여는 '제1편 제5장'에서 보다 상세하게 설명한다. 파산관재인을 선임하지 아니하는 경우와 관련하여서는 '아래 5.'에서 동시폐지의 결정내용, 후속조치 및 그 효과에 관하여 설명한다. 한편 채무자는 파산선고에 의하여 각종 신분 등에 제한을 받게 되는데 이에 관하여는 '아래 6.'에서 설명한다.

---

18) 주석 채무자회생법(Ⅳ)(제1판), 한국사법행정학회(2020), 44~45면(원운재).

[개인파산관재인 업무 흐름] ─ 배당할 재산이 있는 경우

시 행 일	업 무 내 용	
	파산관재인	법원
파산선고 2~3주 전	─	파산관재인 내정 통보 관리위원회 의견조회
파산선고 1주 전	사건기록 열람·등사	파산선고 결정문, 선임증 등 작성
파산선고 당일	파산관재인 채무자 대면 채무자의 실거주지, 전화번호, 직 장 등 확인	파산선고 결정 고지 향후 절차진행 및 주의사항 안내 파산관재인 소개 및 선임증 교부 신용교육 안내
	채무자 영업소 내지 주소지에 가 서 점유관리에 착수 압류금지물건 이외의 채무자 재산 의 점유 관리, 봉인 특히 현금, 예금통장, 유가증권, 등 기권리증, 금고 열쇠 등을 확보 채무자 영업소에 파산선고 안내문 등 부착 장부를 인도받아 검토 일상적인 경비지출 중단	
파산선고 후 수일 내	일상적인 경비지출의 필요성 검토, 법원과 상의	파산선고 결정 공고 및 송달 (검사에 대한 통지-생략) 우체국에의 통신제한 촉탁 현금 및 고가품 보관장소 지 정결정
	파산관재인의 사용인감 신고 및 현금 및 고가품 보관장소 지정 신청	
파산선고 후 수주일 내	채무자 면담 및 재산상태 조사 등기 및 등록재산 목록 제출 파산선고 후 취한 각종 조치 및 업무 진행경과 중간보고	채권신고기간 및 채권조사기 일 결정 및 공고 파산채권자들에게 채권신고 양 식 및 안내문 발송 채권신고 접수
	환가에 착수: 동산은 신속히 매각. 부동산은 대부분 담보가 설정되 어 있으므로 담보권자와 협의하 여 임의매각 시도 또는 포기 파산채권에 기한 압류 해제 중단된 소송의 수계, 기존 법률관계 의 처리, 환취권·상계권·별제권 의 처리, 부인권 대상행위 검토	
	채권신고기간 및 채권조사기일 지 정신청	

제 1 회 집회 1주 전까지	파산관재인 보고서 및 파산채권 시부인표 제출	
제 1 회 집회 및 채권조사 기일	파산관재인 보고서와 파산채권 시 부인표에 따라 보고	신고된 채권 조사
	집회 후 즉시 이의통지서 작성	
제 1 회 집회 후	채권조사 특별조사기일 지정신청 (채권신고기일 이후에 채권신고 된 경우)	파산관재인 우선지급보수 결 정(임의적)
		채권조사 특별조사기일에 관 한 비용예납결정
		채권조사 특별조사기일에 관한 지정 결정 및 공고·통지
채권조사 특별기일	파산채권 시부인표에 따라 보고	추후 신고된 채권 조사
	집회 후 즉시 이의통지서 작성	
최후배당 준비	예납금, 환가한 재산 등의 파산재 단편입 허가신청	예납금, 환가한 재산 등의 파 산재단편입 허가결정
	파산관재인 보수산정을 위한 소명 자료제출	파산관재인 최후보수결정(보 수결정은 면책불허가사유의 조사·보고에 관한 보수도 함께 고려)
	최후배당 허가신청 재단채권승인 허가신청	최후배당 허가결정 재단채권승인 허가결정
	배당표 작성·제출 및 배당공고 촉탁 의뢰 배당 공고 배당 공고 게재 보고 및 최후배당 제외기간 결정신청 배당표 경정 배당 통지	최후배당제외기간 결정 및 공 고 최후배당제외기간 만료 배당표에 대한 이의신청기간 만료
	임치금 출급 및 계좌해지 허가 신청	임치금 출급 및 계좌해지허가
최후 배당	최후배당 실시 및 배당액 공탁	
최후배당 후속절차	배당실시 보고서 작성·제출 파산채권자표에 배당액 기입	
	임무종료에 의한 계산보고서 작 성·제출 임무종료에 의한 계산보고를 위한 채권자집회 소집 신청	임무종료에 의한 계산보고를 위한 채권자집회 및 의견청 취기일 지정 결정 및 면책 불허가사유 조사보고서 제 출명령 결정·공고
임무종료 및 계산보고를	면책불허가사유 조사보고서 제출(1 주 전)	

위한 채권자 집회 및 의견청취기일	임무종료에 의한 계산보고 및 면책불허가사유 조사결과 보고	
파산종결[19]		파산종결 결정·공고
면책		면책에 대한 이의신청기간(통상 1회 채권자집회일로부터 1주전까지) 만료
		면책신청에 관한 결정

[개인파산관재인 업무 흐름] ― 배당할 재산이 없는 경우

시 행 일	업 무 내 용	
	파산관재인	법원
파산선고 2~3주 전	―	법원의 파산관재인 내정 통보 관리위원회 의견조회
파산선고 1주 전	사건기록 열람·등사	파산선고 결정문, 선임증 등 작성
파산선고 당일	파산관재인 채무자 대면 채무자의 실거주지, 전화번호, 직장 등 확인	파산선고 결정 고지 향후 절차진행 및 주의사항 안내 파산관재인 소개 및 선임증 교부 신용교육 안내
	채무자 영업소 내지 주소지에 가서 점유관리에 착수 압류금지물건 이외의 채무자 재산의 점유 관리, 봉인 특히 현금, 예금통장, 유가증권, 등기권리증, 금고 열쇠 등을 확보 채무자 영업소에 파산선고 안내문 등 부착 장부를 인도받아 검토 일상적인 경비지출 중단	
파산선고 후 수일 내	일상적인 경비지출의 필요성 검토, 법원과 상의 파산관재인의 사용인감 신고	파산선고 결정 공고 및 송달 (검사에 대한 통지-생략) 우체국에의 통신제한 촉탁
파산선고 후 수주일 내	채무자 면담 및 재산상태 조사 파산선고 후 취한 각종 조치 및 업무 진행경과 중간보고 중단된 소송의 수계, 기존 법률관	

---

19) 다만 재단채권 변제에 전부 충당되어 파산채권자에 대한 배당이 이루어지지 못한 경우에는 파산폐지 결정을 한다.

	계의 처리, 환취권·상계권·별제권의 처리, 부인권 대상행위, 환가포기 등 검토	
제 1 회 집회 1주일 전까지	파산관재인 보고서 제출	
제 1 회 채권자집회·파산폐지에 관한 의견청취집회·파산관재인 임무종료 및 계산보고를 위한 집회·의견청취기일	파산관재인 보고서(임무종료에 의한 계산보고 및 면책불허가사유 조사결과 등)에 따른 보고	
제 1 회 집회 후		파산폐지 결정 및 공고 파산관재인 최후보수 결정(예납금액)
면책		면책에 대한 이의신청기간(통상 1회 채권자집회일로부터 1주전까지) 만료
		면책신청에 관한 결정

2. 파산선고 전의 절차

가. 예납명령

기록을 검토하여 이송, 각하, 기각 또는 동시폐지결정 등을 할 사안이 아닌 경우에는 파산관재인 선임을 위하여 신청인[20]에게 상당하다고 인정하는 금액을 파산절차의 비용으로 납부할 것을 명한다(법제303조)(양식 24] 참조). 신청인이 예납명령을 받고도 이에 응하지 않으면 법원은 파산신청을 기각할 수 있다(법 제309조 제1항 제1호)(양식 24-1] 참조).

다만 서울회생법원은 새로운 개인파산실무에 따라 실무준칙 제361호[21]에

---

20) 채권자 파산신청 사건의 경우에는 신청인인 채권자가 예납금 납부의무자가 된다.
21) 서울회생법원 실무준칙 제361호
    제2조 (예납금의 기본원칙)

기하여 개인파산 예납 기준표와 상관없이 예납금을 원칙적으로 30만 원으로 하되, 채무자의 부채총액, 파산재단의 규모, 부인권 대상행위의 존부와 수, 파산절차의 예상 소요기간, 재단수집의 난이도, 채권자의 수, 채무자의 직업, 소득, 건강 등을 고려하여 적절히 가감하고 있다.[22] 채무자 재산에 대한 환가 없이 파산절차를 종료하는 경우에는 위 예납금액을 파산관재인 보수로 지급하고 있다.

나. 파산관재인 선임을 위한 사전절차

예납금이 납부되면 담당재판부는 당해 사건에서 선임할 파산관재인을 물색한다. 개인파산 사건을 관할하는 회생법원은 개인파산 사건에서 파산관재인 업무를 담당할 파산관재인 후보자 명단을 작성하여 파산관재인 선임에 활용할 수 있다.[23] 서울회생법원은 파산관재업무의 충실, 효율, 통일을 도모하고 유능한 파산관재인 후보자를 확보하며 전문성을 제고하기 위해, 파산관재인단을 구성하여

---

① 개인파산 사건에서 동시폐지를 하지 아니하는 경우의 예납금은 30만 원으로 한다.
② 제1항의 금액은 물가상승률, 파산관재인의 업무 수행 환경 및 개인파산 사건 실무 변경 등 여러 요인을 고려하여 변경할 수 있다.
제3조 (예납금의 증액)
다음 각 호의 경우를 종합적으로 고려하여 예납금을 예규 제2조의4에서 정한 상한인 500만 원까지 증액할 수 있다.
1. 부채총액이 다액인 경우
2. 부채총액 중 잔존채무 원금이 높은 비율을 차지하는 경우
3. 채권자가 다수인 경우
4. 비금융기관 채권자가 존재하는 경우
5. 파산신청일에 근접하여 지급불능에 이른 경우
6. 파산신청일에 근접하여 채무자 및 직계가족의 재산변동이 있는 경우
7. 파산신청일에 근접하여 발생한 채무가 다액인 경우
8. 파산재단의 규모가 클 것으로 예상되는 경우
9. 부인권 대상 행위가 있는 것으로 예상되는 경우
10. 관련 소송이 존재하는 경우
제4조 (예납금의 감액)
다음 각 호 중 2개 이상의 사유에 해당할 경우 예납금을 감액할 수 있다.
1. 채무자가 생계급여 수급자인 경우
2. 지급불능에 이른 시기가 파산신청 10년 이전인 경우
3. 채무자 및 직계존비속인 부양가족에 대하여 의료비가 지속적으로 지출되어야 하는 불가피한 사정이 있는 경우
4. 채무자에게 질병이 있거나, 재산이나 수입이 전혀 없는 등 예납금의 납입이 곤란한 특별한 사정이 인정되는 경우

22) 다만 예납금을 증액할 경우에는 특별한 사정이 없는 한 500만 원을 넘을 수 없다(개인파산예규 제2조의4).
23) 파산관재인의 자격에 관하여 법에는 아무런 정함이 없지만, 파산관재인이 직접 소송을 수계하거나, 부인권의 행사 등 소송에 대한 검토 및 소송 수행을 하여야 할 경우가 빈번하므로 이에 대한 추가 비용을 절감하고 절차를 신속히 처리할 필요가 있다는 점 등을 고려하여 서울회생법원은 변호사를 파산관재인으로 선임하고 있다.

각 재판부당 수명의 전속 파산관재인을 두고, 이들 사이에 순서를 정하여 파산관재인을 선임하고 있다.

파산관재인이 내정되면 그 파산관재인 내정자와 연락하여 파산선고일 및 시각을 정하고, 관리위원회에 의견조회를 한다(법 제355조 제1항)([양식 24-3] 참조). 파산선고 전일까지 담당재판부는 파산선고 결정문과 기타 공고 등 후속조치를 위한 일체의 양식([양식 24-4~24-8] 참조)과 파산관재인후보에게 줄 선임증([양식 24-9] 참조)을 준비한다.

3. 파산선고[24]

가. 요건 및 내용

파산선고를 하기 위하여는 파산원인 사실이 인정되어야 한다. 파산원인은 채무자가 지급을 할 수 없는 때(법 제305조 제1항), 즉 지급불능이다. 지급불능에 해당하기 위하여는 채무자가 변제능력이 부족하여 즉시 변제하여야 할 채무를 일반적·계속적으로 변제할 수 없는 객관적 상태에 있어야 하고,[25] 채무자가 지급을 정지한 때에는 지급불능인 것으로 추정한다(법 제305조 제2항). 한편 상속재산에 대한 파산신청의 경우 상속재산으로 상속채권자 및 유증을 받은 사람에 대한 채무를 완제할 수 없는 때에는 법원은 결정으로 파산을 선고한다(법 제307조).

파산선고 이전에 회생절차개시결정(법 제58조 제2항 제1호) 또는 개인회생절차개시결정(법 제600조 제1항 제1호)이 있는 때, 회생절차개시신청 또는 개인회생절차개시신청 후 파산절차의 중지명령(법 제44조 제1항 제1호, 제593조 제1항 제1호)이 있는 때에는 파산선고를 할 수 없다. 한편 '제4장 제1절 2.'에서 살펴본 파산신청 기각사유가 인정되는 경우라고 하더라도 법원이 반드시 파산신청을 기각하여야 하는 것은 아니고, 파산신청의 경위나 채무자의 경제상황 등을 종합하여 이 경우에도 파산선고를 할 수 있다.

파산선고는 법원의 결정으로 한다(법 제305조 제1항). 주문의 기재례는 다음과 같다.

채무자 ○○○에 대하여 파산을 선고한다.

---

24) '파산선고'는 절차적으로는 '파산절차개시결정'을 의미하고, 일본 파산법에서는 구법의 파산선고라는 용어를 파산절차개시결정으로 개정하였다. '파산선고'가 주는 부정적 어감과 낙인효과, 외국 입법례 등을 고려하여 '파산절차개시결정'으로 법을 개정해야 한다는 주장이 유력하다.

25) 대법원 2009. 5. 28.자 2008마1904, 1905 결정.

파산선고 결정문에는 파산원인의 존재가 인정되는 사유(법 제305조, 제33조, 민사소송법 제224조 제1항, 제208조)를 기재하여야 하는데, 실무상 채무자가 지급불능 상태에 있다는 점을 간단하게 언급하는 정도로 기재하고 있다. 파산선고는 그 결정의 확정을 기다리지 않고 선고시부터 효력을 발생하므로, 그 시점을 명확하게 하기 위하여 파산선고의 연월일시(법 제310조)를 기재한다.

나. 파산선고와 동시에 하여야 할 결정

파산선고와 동시에 하여야 할 결정의 내용은 다음과 같다.

1) 파산관재인 선임

파산선고와 동시에 파산관재인이 선임되므로(법 제312조 제1항 전단) 파산선고결정문에 선임사실을 기재한다. 파산선고 직후 파산관재인에게 파산선고결정문 정본을 송달하고, 미리 준비한 파산관재인 선임증의 원본을 교부한다. 법원은 파산선고를 한 때에는 즉시 파산관재인의 성명 및 주소 또는 사무소를 공고하고([양식 24-6] 참조), 이를 기재한 서면을 채권자에게 송달하여야 한다(법 제313조 제2항).

2) 채권신고기간 및 채권조사기일의 지정

가) 법률의 규정　　법원은 파산선고와 동시에 채권신고의 기간(파산선고를 한 날로부터 2주 이상 3월 이하), 제1회 채권자집회의 기일(파산선고를 한 날로부터 4월 이내), 채권조사의 기일(채권신고기간의 말일로부터 1주 이상 1월 이하의 기간)을 정하여야 한다(법 제312조 제1항). 제1회 채권자집회와 채권조사기일은 병합할 수 있다(법 제312조 제2항).

---

1. 채무자 ○○○에 대하여 파산을 선고한다.
2. 변호사 △△△(생년월일, 주소)을 파산관재인으로 선임한다.
3. 채권신고기간 및 채권조사기일은 추후 지정한다.26)
4. 위 면책사건에 관하여 면책신청에 대한 이의신청기간을 2021. ○○. ○○.까지로 정한다.
5. 제1회 채권자집회·파산폐지에 관한 의견청취·파산관재인의 임무종료에 따른 계산보고·채무자에 대한 의견청취의 각 기일 및 장소를 2021. ○○. ○○. 15:00 서울법원종합청사 4별관 제○호 법정으로 한다.
6. 이 사건 파산을 간이파산으로 한다.
7. 파산관재인은 위 면책신청사건에 대하여 채무자에 대한 면책불허가사유 유무를 조

사하여 2021. ○○. ○○.까지 조사보고서를 제출하고, 제5항의 의견청취기일에 출석하여 그 결과를 보고하여야 한다.

8. 송달하여야 하는 장소를 알기 어려운 파산채권자에 대한 송달은 공고로써 갈음한다.

나) 실무의 운용   종전의 실무는 일반적으로 위 규정에 따라 채권신고의 기간과 채권조사의 기일을 파산선고와 동시에 정하되, 다만 파산채권자에 대한 배당이 실시되지 아니할 것으로 예상되는 사건, 즉 조세채권이 많아 배당까지 나가지 못하고 이시폐지가 예상되는 사건, 부인권 대상 행위가 있어 파산관재인을 선임하지만 재산회복이 어려워 보이는 사건, 재산은닉 등 면책불허가사유가 의심되어 이에 대한 조사를 위하여 파산관재인을 선임하는 사건의 경우에는 채권신고기간과 채권조사기일을 '추후지정'으로 하였다.

그러나 현행 개인파산실무에서는 파산관재인이 선임되는 모든 사건에 있어서 채권신고의 기간과 채권조사의 기일을 추후에 지정(이하 '추정형'이라고 약칭한다)하고 있다. 파산관재인 선임사건 중 소수의 사건만이 환가·배당 절차로 나아가게 되는 점, 채권신고의 기간과 채권조사의 기일을 지정하였다가 배당이 실시되지 못하면 채권자가 각종 증거서류를 첨부하여 채권신고서를 법원에 제출하고도 정작 배당을 받지 못하여 불만을 제기하는 경우가 있는 점, 집회가 여러 번 개최되는 등 절차만 번잡해질 뿐만 아니라, 채권신고 및 조사에 따라 '파산신고서철' 및 '파산채권자표철'을 작성·유지하고, 이의통지서를 송달하며, 조사확정재판을 진행해야 하므로 모든 사건에 관하여 채권신고기간과 채권조사기일을 지정한다는 것은 지나친 비효율을 초래하게 되는 점 등을 감안하여 볼 때 현행 실무는 타당성이 있다. 다만 법문 내용과 다른 실무 운용이라는 점에 대하여 비판적인 입장이 있으므로 이에 대하여는 입법적으로 해결할 필요가 있다.[27]

---

26) "채권신고기간을 2021. ○○. ○○.까지로 한다."와 같이 지정하는 경우도 있으나, 현재 서울회생법원에서는 사용하지 않고 있다.

27) 일본의 구 파산법도 지정형만을 규정하였으나 재판실무상 추정형으로 운영되는 점을 감안하여 2005년 개정된 신 파산법 제31조는 파산재단을 가지고 파산절차비용을 지급함에 부족할 우려가 있다고 인정되는 때에는 채권신고기간과 채권조사의 기간 또는 기일을 정하지 아니할 수 있는 것으로 정하였다(大コンメンタール 破産法, 編輯代表 竹下守夫, 靑林書院, 2007, 119면). 이에 대하여 파산채권신고로 시효중단의 효력이 부여되고 있는 점(법 제32조 제2호), 채무자가 면책불허가결정이나 면책취소결정을 받게 되는 경우 신고한 파산채권자는 파산종결 후에 파산채권자표의 기재에 기하여 강제집행을 할 수 있는 점(법 제535조 제2항)을 이유로, 추정형으로 운영하는 실무에 대한 비판적인 입장도 있다.

3) 제1회 채권자집회·파산폐지에 관한 의견청취·파산관재인의 임무종료에 따른 계산보고·채무자에 대한 의견청취의 각 기일의 지정

현행 개인파산실무는 파산선고와 동시에 제1회 채권자집회·파산폐지에 관한 의견청취집회·파산관재인의 임무종료에 따른 계산보고집회의 각 기일 및 의견청취기일(또는 면책심문기일)을 파산관재인의 업무에 소요되는 기간을 감안하여 (파산선고일로부터 대략 2개월 정도 후) 지정한다. 면책심문기일은 임의적인 것이므로 제1회 채권자집회 기일에 면책심문기일을 열지 않을 수 있다. 현행 개인파산실무는 면책심문기일 대신 파산선고와 동시에 면책신청에 대한 이의신청기간을 통상 제1회 채권자집회 기일의 일주일 전까지로 정하고, 제1회 채권자집회 기일에 의견청취기일을 병합하여 진행하고 있다.

파산폐지에 관한 의견청취집회·파산관재인의 임무종료에 따른 계산보고집회의 각 기일 및 의견청취기일도 함께 지정하는 것은 대부분의 사건이 제1회 채권자집회까지 파산관재인의 업무가 종료되므로 이를 미리 지정하는 것이고(제1회 채권자집회, 파산폐지에 관한 의견청취 및 계산보고 집회, 의견청취기일을 병합하여 진행하는 경우의 조서 기재례는 [양식 24-23-1] 참조), 실제로 지정된 기일까지 파산관재인의 업무가 종료되지 않는 경우에는 제1회 채권자집회만 진행하고, 파산폐지에 관한 의견청취집회·파산관재인의 임무종료에 따른 계산보고집회의 각 기일은 취소하고 추후에 파산관재인의 신청에 의하여 진행한다. 지정된 기일까지 파산관재인의 업무가 종료되는 것으로 예상되는 경우에는 파산관재인은 지정된 기일로부터 약 1주일 전까지 면책불허가사유를 조사한 보고서를 제출하고, 지정된 기일에서 조사결과를 보고한다.

'추정형' 사건에서는 채권자에게는 채권신고용지를 보내지 아니하고, 제1회 채권자집회에서 채권조사를 하지 아니한다([양식 24-4-1] 참조). 추후에 배당 실시가 확실시 되면 파산관재인의 신청에 따라 채권신고기간 및 채권조사기일을 정하여 공고하고 채권자에게 이를 통지하며, 채권신고서 양식 및 안내문을 송부하는 절차를 취한다.

4) 간이파산결정

파산재단에 속하는 재산액이 5억 원 미만이라고 인정되는 때에는 법원은 파산선고와 동시에 간이파산의 결정을 하여야 한다(법 제549조 제1항). 파산절차 중 파산재단에 속하는 재산액이 5억 원 미만임이 발견된 때에는 법원은 이해관계인의 신

청에 의하거나 직권으로 간이파산의 결정을 할 수 있다($^{법\ 제550조}_{제1항}$). 간이파산절차 중 파산재단에 속하는 재산액이 5억 원 이상임이 발견된 때에는 법원은 이해관계인의 신청에 의하거나 직권으로 간이파산취소의 결정을 할 수 있다($^{법}_{제551조}$). 간이파산에 관하여는 아래와 같은 몇 가지 특칙이 있다.

① 제1회 채권자집회의 기일과 채권조사의 기일의 원칙적 병합($^{법}_{제552조}$)

② 감사위원을 두지 않음($^{법}_{제553조}$)

③ 제1회 채권자집회의 결의와 채권조사 및 계산보고를 위한 채권자집회의 결의를 제외하고는 법원의 결정으로 채권자집회의 결의에 갈음($^{법}_{제554조}$)

④ 원칙적으로 1회 배당($^{법}_{제555조}$)

5) 공고갈음 결정

송달하여야 하는 장소를 알기 어렵거나 규칙이 정하는 사유가 있는 때에는 공고로써 송달을 갈음할 수 있다($^{법}_{제10조}$). 규칙이 정하는 사유란 도산절차의 진행이 현저하게 지연될 우려가 있는 때를 의미한다($^{규칙\ 제7조}_{제1호}$).

다. 파산선고 당일의 절차

파산선고 당일에는 채무자의 출석을 확인한 후 채무자와 파산관재인에게 파산선고결정을 고지한다.[28] 그리고, 채무자에게 제1회 채권자집회 기일 및 장소를 고지하고, '파산선고를 받은 채무자에 대한 주의사항([양식 24-5] 참조)을 교부한 다음 그 내용을 설명하고, 선임된 파산관재인을 소개하면서 파산관재인의 관재업무에 최대한 협조할 것과 채권자들에게 파산선고결정통지서 등의 송달이 이루어지도록 신경써줄 것을 당부한다. 또 파산관재인에게는 선임증을 교부하고, 파산선고와 함께하는 결정의 내용을 고지한다.

서울회생법원에서는 실무준칙 제603호에 기하여 채무자의 실질적 재기지원을 위하여 파산선고 직후 신용회복위원회, 서울금융복지상담센터 등 유관기관과 협력하여 신용교육을 제공하고 있다. 신용교육은 부채 및 자산 관리 방법, 신용등급 등 신용정보의 개요, 예상치 못한 재정적 위기 상황에서의 대처방법, 면책후 실질적 재기지원을 위한 복지제도 소개 등을 그 내용으로 한다.

또한 파산관재인은 필요하다고 판단하는 경우에는 파산선고 즉시 채무자의

---

[28] 파산선고 당일에 채무자에게 파산이 선고된 이후에는 파산신청의 취하가 허용되지 아니하는 법률효과를 설명한다. 이러한 설명을 듣고 파산신청의 여부를 신중히 검토해보겠다는 이유로 파산선고 당일에 파산신청을 취하하는 경우도 있다.

주소지에 가서 압류금지 물건 이외의 채무자의 임차보증금[29] 등 재산을 파악하고 이에 대한 점유·관리에 착수하여야 한다.[30] 또한 파산재단의 입·출금이 파산관재인을 통하여 이루어질 수 있도록 채무자가 가지고 있는 현금, 예금통장, 유가증권, 등기권리증, 금고 열쇠 등을 확보하여야 한다.

라. 파산선고의 후속조치

1) 공   고

법원은 파산선고를 한 때에는 즉시 파산선고의 주문 등 법 제313조 제1항 각호에서 정한 사항을 공고하여야 한다(법 제313조 제1항). 법의 규정에 의한 공고는 관보나 법원이 지정하는 일간신문에 게재하는 방법 또는 전자통신매체를 이용한 공고의 방법으로 행하는데(법 제9조 제1항, 규칙 제6조 제1항), 개인파산사건의 공고는 전자통신매체를 이용한 방법에 의한 공고를 원칙으로 하고 있고(개인파산 예규 제7조), 실무상 공고사항을 인터넷 대한민국 법원 홈페이지(www.scourt.go.kr)의 법원공고란에 게시하는 방법에 의하고 있다. 파산선고를 공고하는 경우에 필요하다고 인정하는 때에는 적당한 방법으로 공고사항의 요지만을 공시할 수 있고(규칙 제6조 제2항), 법원사무관 등은 공고한 날짜와 방법을 기록에 표시하여야 한다(규칙 제6조 제3항).

파산선고의 공고는 관보에 게재된 날의 다음 날 또는 대법원규칙이 정하는 방법에 의한 공고가 있은 날의 다음 날 0시에 그 효력이 생긴다(법 제9조 제2항). 공고가 있는 때에는 모든 이해관계인에 대하여 그 재판의 고지가 있은 것으로 본다(법 제9조 제3항).

2) 송   달

법원은 알고 있는 채권자·채무자 및 재산소지자에게 파산선고의 공고사항과 동일한 내용을 기재한 서면을 직권으로 송달하여야 한다(법 제313조 제2항, 제1항). 파산선고는 공고 및 송달을 모두 하여야 하는 경우이므로 그 송달은 우편을 발송하는 방법, 즉 발송송달에 의할 수 있고(법 제11조 제1항), 이 경우 파산선고의 공고가 있는 때

---

29) 개인파산에서 채무자의 재산 중 가장 큰 비중을 차지하는 것이 임대차보증금인데, 신청서에 임차인 명의, 임대차보증금 액수 등을 허위로 기재하는 경우가 많이 발견되므로 파산관재인은 이에 대하여 파산선고 즉시 확인하여야 한다.

30) 점유란 파산재단에 속하는 물건을 현실로 파산관재인의 지배하에 두는 것을 말하고, 관리란 파산재단에 속하는 재산을 보전하고 그 효용에 따라 이용하여 증식하는 것을 말한다. 실무상 파산재단에 대한 점유 착수는 파산선고일에 파산관재인이 채무자의 영업소, 주거지 등에 가서 파산재단에 속하는 일체의 재산이 파산관재인의 점유에 귀속한다는 취지의 파산선고 안내문을 부착하는 방법으로 한다.

에는 모든 이해관계인에 대하여 송달의 효력이 있다($_{제2항}^{법 제11조}$). 그러나 파산선고를 발송송달에 의하는 것은 다음과 같은 실무상 문제점이 있다. 첫째, 채무자가 채권자목록에 채권자의 주소를 잘못 기재하는 경우가 자주 있기 때문에 이 경우 기재된 대로 발송송달하는 것은 적절하지 않다. 둘째, 채무자가 주소를 알기 어렵다는 이유로 채권자목록에 채권자의 주소를 기재하지 못하는 경우가 상당수에 이르고, 이때에는 발송송달 자체가 불가능하다. 셋째, 서울회생법원에서는 파산선고와 함께 면책 이의신청기간결정을 하고 있는데,[31] 이의신청기간결정은 직권으로 송달하여야 하고($_{제1항}^{법 제8조}$) 공고에 관한 규정이 없으므로 이해관계인에 대하여 교부송달 등에 의하지 않고 곧바로 발송송달을 하는 것은 적법한 송달이라고 보기 어렵다. 이를 해결하기 위하여 서울회생법원에서는 파산선고의 송달을 발송송달이 아닌 교부송달에 의하면서, 다만 파산선고 절차의 신속하고 원활한 진행을 위하여 파산선고와 동시에 송달에 갈음하는 공고결정을 하고 있다($_{규칙 제7조 제1호}^{법 제10조 제1항,}$).

3) 검사에 대한 통지

법원은 파산범죄 등에 대한 수사의 단서 제공 등 필요하다고 인정하는 경우에는 파산선고한 사실을 검사에게 통지할 수 있다($_{제315조}^{법}$). 이 경우에는 회생법원의 관할에 상응하는 지방검찰청 검사장에게 결정등본을 첨부하여 통지한다([양식 21] 참조).[32] 다만 특별한 사정이 없는 한 파산선고시 검사에 대한 통지를 생략하여도 무방할 것이다.

4) 우체국에의 통신제한 촉탁

체신관서·운송인 그 밖의 자에 대하여 채무자에게 보내는 우편물·전보 그 밖의 운송물을 파산관재인에게 배달할 것을 촉탁할 수 있다($_{제484조}^{법}$)([양식 24-8] 참조). 실무상 신청인의 주소지와 거소지를 관할하는 우체국에 통신제한 촉탁을 하고 있다. 서울회생법원은 실무준칙 제375호[33]에서 정하는 바에 따라 파산관재인

---

31) 이에 관하여는 [양식 15, 24-4-1] 참조.

32) 구 파산법과 달리 검사에 대한 통지가 임의적 사항이므로 현재 서울회생지방법원 실무는 파산선고를 하더라도 바로 검사에 대한 통지를 하지는 않고 있다. 다만 면책절차에서 사기파산죄와 과태파산죄의 사유가 명백히 드러나 면책불허가를 하는 경우에는 수사 단서의 제공 등을 위하여 검찰에 통지하고 있다([양식 21-1] 참조).

33) 서울회생법원 실무준칙 제375호
제2조 (우편물 등 배달 촉탁의 기준)
① 파산관재인은 관재 업무 수행을 위하여 필요한 경우 법원에 채무자에게 보내는 우편물 등을 파산관재인에게 배달할 것을 촉탁하여 달라는 신청을 할 수 있다.
② 법원은 제1항에 따른 파산관재인의 신청이 있는 경우, 또는 그와 같은 신청이 없더라도 파산관재인의 업무 수행을 위하여 필요하다고 인정되는 경우에 채무자에게 보내는 우편물 등을 파산관재인에게 배달할 것을 촉탁할 수 있다.

의 관재 업무 수행에 필요한 경우에만 통신제한 촉탁을 실시하고 있다.

5) 파산등기 · 등록의 촉탁

법원사무관 등은 채무자에게 파산재단에 속하는 권리에 관한 등기(부동산 · 선박 · 공장재단), 등록(자동차 · 공업소유권 · 광업권)이 있으면 직권으로 지체없이 촉탁서에 파산결정서의 등본을 첨부하여 파산선고 등기를 촉탁한다(법 제24조, 제3항, 제27조). 파산관재인은 채무자에게 등기, 등록이 된 권리가 있으면 법원에 파산선고 기입등기의 촉탁을 신청하여야 한다. 구 파산법에서는 그 등기촉탁의 주체가 법원이었으나 현행법에서는 법원사무관 등으로 바뀌었으므로 파산선고 등기 촉탁이 지연되는 일이 없도록 주의하여야 할 것이다([양식 24-10] 참조).[34] 이들 등기 · 등록촉탁에 있어서 등록세 · 교육세, 등기촉탁수수료는 면제된다(법 제25조, 제4항).

4. 파산선고의 효과

가. 채무자의 재산관계에 미치는 효과

1) 파산재단의 성립

파산선고에 의하여 채무자가 파산선고 당시에 가진 국내외의 모든 재산은 파산재단을 구성한다(법 제382조, 제1항). 채무자가 파산선고 전에 생긴 원인으로 장래에 행사할 청구권도 파산재단에 속한다(법 제382조, 제2항). 파산절차는 파산재단에 속하는 재산을 대상으로 진행된다.

다만 압류금지재산(법 제383조, 제1항), 면제재산(법 제383조, 제2항),[35] 그리고 채무자가 파산선고 후에 새로이 취득한 이른바 신득재산(新得財産)은 파산재단에 속하지 않는데, 이를 자유재산이라고 하고 파산절차의 대상에서 제외된다. 압류금지재산은 일반법인 민사집행법 제195조(압류금지물건),[36] 제246조(압류금지채권) 및 특별법인 공무

---

34) 참고로 법인파산의 경우에는 상업등기부에 파산선고 기입등기가 촉탁되고, 법인 소유의 개별 파산재단의 등기 · 등록에 관한 권리에 관하여는 파산선고 기입등기가 촉탁되지 않는다.

35) 면제재산에 관하여는 '제4절 면제재산' 부분 참조.

36) 민사집행법 제195조의 규정에 의한 압류금지물건 중 실무상 문제되는 것은 다음과 같다.
    1. 채무자 및 그와 같이 사는 친족(사실상 관계에 따른 친족을 포함, 이하 '채무자등')의 생활에 필요한 의복 · 침구 · 가구 · 부엌기구, 그 밖의 생활필수품
    3. 채무자등의 생활에 필요한 1월간의 생계비로서 대통령령이 정하는 액수의 금전(민사집행법 시행령 제2조에 의하여 현재 185만 원이고, 다만 민사집행법 제246조 제1항 제8호의 압류금지 예금 등이 있으면 185만 원에서 그 예금 등을 제외한 금액)
    6. 전문직 종사자 · 기술자 · 노무자, 그 밖에 주로 자기의 정신적 또는 육체적 노동으로 직업 또는 영업에 종사하는 사람에게 없어서는 아니 될 제복 · 도구, 그 밖에 이에 준하는 물건
    15. 채무자등의 일상생활에 필요한 자동차로서 자동차관리법이 정하는 바에 따른 장애인용 경

원연금법 제39조, 군인연금법 제18조, 근로기준법 제86조 등에서 규정한 바에 따라 정하여지고, 압류금지재산을 정하는 재판($^{민사집행법 제196조,}_{제246조 제3항}$)이 있는 경우에는 그 범위가 다소 변동될 수 있다.

실무상 주로 문제되는 것은 민사집행법의 압류금지채권인데, 그 대상은 다음과 같다.

① 법령에 규정된 부양료 및 유족부조료

② 채무자가 구호사업이나 제3자의 도움으로 계속 받는 수입

③ 병사의 급료

④ 급료·연금·봉급·상여금·퇴직연금, 그 밖에 이와 비슷한 성질을 가진 급여채권의 2분의 1에 해당하는 금액. 다만 그 금액이 국민기초생활보장법에 의한 최저생계비를 감안하여 대통령령이 정하는 금액[37]에 미치지 못하는 경우 또는 표준적인 가구의 생계비를 감안하여 대통령령이 정하는 금액[38]을 초과하는 경우에는 각각 당해 대통령령이 정하는 금액으로 한다.

⑤ 퇴직금 그 밖에 이와 비슷한 성질을 가진 급여채권의 2분의 1에 해당하는 금액

⑥ 주택임대차보호법 제8조, 같은 법 시행령의 규정에 따라 우선변제를 받을 수 있는 금액.[39][40] 이에 해당하기 위해서는 주택에 대한 경매신청의 등기

형자동차

[37] 민사집행법 시행령 제3조(압류금지 최저금액)
법 제246조 제1항 제4호 단서에서 "국민기초생활 보장법에 의한 최저생계비를 감안하여 대통령령이 정하는 금액"이란 월 185만 원을 말한다.

[38] 민사집행법 시행령 제4조(압류금지 최고금액)
법 제246조 제1항 제4호 단서에서 "표준적인 가구의 생계비를 감안하여 대통령령이 정하는 금액"이란 제1호에 규정된 금액 이상으로서 제1호와 제2호의 금액을 합산한 금액을 말한다.
1. 월 300만 원
2. 법 제246조 제1항 제4호 본문에 따른 압류금지금액(월액으로 계산한 금액을 말한다)에서 제1호의 금액을 뺀 금액의 2분의 1

[39] 주택임대차보호법 시행령 제10조(보증금 중 일정액의 범위 등)
① 법 제8조에 따라 우선변제를 받을 보증금 중 일정액의 범위는 다음 각 호의 구분에 의한 금액 이하로 한다.
1. 서울특별시: 5,000만 원
2. 수도권정비계획법에 따른 과밀억제권역(서울특별시는 제외한다), 세종특별자치시, 용인시, 화성시 및 김포시: 4,300만 원
3. 광역시(수도권정비계획법에 따른 과밀억제권역에 포함된 지역과 군지역은 제외한다), 안산시, 광주시, 파주시, 이천시 및 평택시: 2,300만 원
4. 그 밖의 지역: 2,000만 원
② 임차인의 보증금 중 일정액이 주택가액의 2분의 1을 초과하는 경우에는 주택가액의 2분의 1에 해당하는 금액까지만 우선변제권이 있다.
③ 하나의 주택에 임차인이 2명 이상이고, 그 각 보증금 중 일정액을 모두 합한 금액이 주택

전에 주택의 인도와 주민등록을 마쳐야 하고(^{주택임대차보호법 제8조}_{제1항, 제3조 제1항}), 그 임대차보증금
이 주택임대차보호법 시행령 제11조에서 정하는 금액 이하[41][42]이어야 한다.

⑦ 생명, 상해, 질병, 사고 등을 원인으로 채무자가 지급받는 보장성보험
의 보험금(해약환급금 및 만기환급금을 포함한다). 다만 압류금지의 범위는 생계유
지, 치료 및 장애 회복에 소요될 것으로 예상되는 비용 등을 고려하여 대통령령
으로 정한다.[43]

가액의 2분의 1을 초과하는 경우에는 그 각 보증금 중 일정액을 모두 합한 금액에 대한 각
임차인의 보증금 중 일정액의 비율로 그 주택가액의 2분의 1에 해당하는 금액을 분할한 금액
을 각 임차인의 보증금 중 일정액으로 본다.

④ 하나의 주택에 임차인이 2명 이상이고 이들이 그 주택에서 가정공동생활을 하는 경우에는
이들을 1명의 임차인으로 보아 이들의 각 보증금을 합산한다.

40) 2021. 5. 11.자로 시행된 개정 주택임대차보호법 시행령에 따라 소액임차인의 우선변제권이 인
정되는 임차보증금 한도가 상향되었다. 위 개정규정은 시행령 시행 당시 존속 중인 임대차에
대해서도 적용하되, 시행 전에 임차주택에 대하여 담보물권을 취득한 자에 대해서는 종전의 규
정에 따른다(주택임대차보호법 시행령 부칙 제2조).

41) 주택임대차보호법 시행령 제11조(우선변제를 받을 임차인의 범위)
법 제8조에 따라 우선변제를 받을 임차인은 보증금이 다음 각 호의 구분에 의한 금액 이하인
임차인으로 한다.
1. 서울특별시: 1억 5,000만 원
2. 수도권정비계획법에 따른 과밀억제권역(서울특별시는 제외한다), 세종특별자치시, 용인시,
화성시 및 김포시 : 1억 3,000만 원
3. 광역시(수도권정비계획법에 따른 과밀억제권역에 포함된 지역과 군지역은 제외한다), 안산
시, 광주시, 파주시, 이천시 및 평택시 : 7,000만 원
4. 그 밖의 지역: 6,000만 원

42) 2021. 5. 11.자로 시행된 개정 주택임대차보호법 시행령에 따라 우선변제를 받을 수 있는 소액
임차인의 범위가 확대되었다. 위 개정규정은 시행령 시행 당시 존속 중인 임대차에 대해서도
적용하되, 시행 전에 임차주택에 대하여 담보물권을 취득한 자에 대해서는 종전의 규정에 따른
다(주택임대차보호법 시행령 부칙 제2조).

43) 민사집행법 시행령 제6조(압류금지 보장성 보험금 등의 범위)
① 법 제246조 제1항 제7호에 따라 다음 각 호에 해당하는 보장성보험의 보험금, 해약환급금
및 만기환급금에 관한 채권은 압류하지 못한다.
1. 사망보험금 중 1천만 원 이하의 보험금
2. 상해·질병·사고 등을 원인으로 채무자가 지급받는 보장성보험의 보험금 중 다음 각
목에 해당하는 보험금
가. 진료비, 치료비, 수술비, 입원비, 약제비 등 치료 및 장애 회복을 위하여 실제 지출되
는 비용을 보장하기 위한 보험금
나. 치료 및 장애 회복을 위한 보험금 중 가목에 해당하는 보험금을 제외한 보험금의 2
분의 1에 해당하는 금액
3. 보장성보험의 해약환급금 중 다음 각 목에 해당하는 환급금
가. 민법 제404조에 따라 채권자가 채무자의 보험계약 해지권을 대위행사하거나 추심명
령 또는 전부명령을 받은 채권자가 해지권을 행사하여 발생하는 해약환급금
나. 가목에서 규정한 해약사유 외의 사유로 발생하는 해약환급금 중 150만 원 이하의 금액
4. 보장성보험의 만기환급금 중 150만 원 이하의 금액
② 채무자가 보장성보험의 보험금, 해약환급금 또는 만기환급금 채권을 취득하는 보험계약이
둘 이상인 경우에는 다음 각 호의 구분에 따라 제1항 각 호의 금액을 계산한다.
1. 제1항 제1호, 제3호 나목 및 제4호: 해당하는 보험계약별 사망보험금, 해약환급금, 만기

⑧ 채무자의 1월간 생계유지에 필요한 예금(적금·부금·예탁금과 우편대체를 포함한다). 다만 그 금액은 국민기초생활 보장법에 따른 최저생계비, 제195조 제3호에서 정한 금액 등을 고려하여 대통령령으로 정한다.[44]

한편 수탁자가 파산한 경우 신탁된 재산은 수탁자의 고유재산이 된 것을 제외하고는 수탁자의 파산재단을 구성하지 아니한다(신탁법 제24조). 위탁자가 파산한 경우에도 신탁계약에 의하여 신탁재산은 위탁자의 재산에서 분리되므로(신탁법 제22조), 신탁재산이 당연히 위탁자의 파산재단에 속하게 되는 것은 아니다.

2) 관리처분권의 이전

파산선고에 의하여 채무자는 파산재단을 구성하는 재산에 관한 관리·처분권을 잃고, 이 관리·처분권은 파산관재인에게 전속하며(법 제384조), 파산관재인은 파산재단에 관한 소송에 관하여 당사자로서 소송행위를 한다(법 제359조). 그러나 채무자는 자유재산에 대한 관리처분권을 그대로 보유하고, 파산절차에 관한 재판에 대하여 즉시항고할 수 있다.

3) 파산선고 후 채무자의 법률행위 등의 효력

파산선고 후 채무자가 파산재단에 속하는 재산에 관하여 법률행위를 한 경우 상대방은 파산채권자에게 이를 대항할 수 없고(법 제329조 제1항, 상대적 무효), 파산선고 후 채무자의 법률행위에 의하지 아니하고 파산재단에 속하는 재산에 대한 권리를 취득한 경우에도 상대방은 그 취득으로써 파산채권자에게 대항할 수 없다(법 제330조 제1항, 상대적 무효). 이는 파산선고 후 파산재단에서 재산이 유출되는 것을 막아 파산관재인이 원활한 환가 업무를 수행하도록 하기 위한 것이다. 또한 파산선고일에 한 법률행위 또는 권리의 취득은 파산선고 후에 한 것으로 추정한다(법 제329조 제2항, 제330조 제2항). 따라서 파산관재인은 그 법률행위 또는 권리의 취득이 파산선고 당일에 이루어진 것임을 증명하면 충분하고, 이에 대하여 상대방이 그 법률행위 또는 권리의 취득이 파산선고의 시(時)를 기준으로 파산선고 전에 이루어졌음을 증명해야 한다.[45]

환급금을 각각 합산한 금액에 대하여 해당 압류금지채권의 상한을 계산한다.
　2. 제1항 제2호 나목 및 제3호 가목: 보험계약별로 계산한다.

44) 민사집행법 시행령 제7조(압류금지 예금 등의 범위)
　법 제246조 제1항 제8호에 따라 압류하지 못하는 예금 등의 금액은 개인별 잔액이 185만 원 이하인 예금 등으로 한다. 다만 법 제195조 제3호에 따라 압류하지 못한 금전이 있으면 185만 원에서 그 금액을 뺀 금액으로 한다.

45) 주석 채무자회생법(Ⅳ)(제1판), 한국사법행정학회(2020), 212면(이희준); 전병서, 도산법(제4판), 박영사(2019), 197면.

파산채권자는 파산절차에 의하지 아니한 개별적인 권리행사가 금지됨에 비추어 볼 때, '파산채권자'에게 대항할 수 없다고 함은 파산채권자 전체의 공동의 이익을 위하여 선량한 관리자의 주의로써 그 직무를 수행하는 '파산관재인'에게 대항할 수 없음을 뜻한다.[46] 또한 '대항할 수 없다'는 것은 법률행위 또는 권리취득의 상대방이 파산관재인에 대하여 그 법률행위 또는 권리취득의 효력을 주장할 수 없다는 상대적 무효를 의미한다. 따라서 파산관재인은 그 법률행위 또는 권리취득의 효력을 승인하는 것이 파산재단에 유리하다고 판단하는 때(파산재단에 속하는 재산을 통상적인 경우보다 고액으로 매도한 경우 등)에는 이를 유효한 것으로 추인할 수 있다.[47] 위 규정을 적용함에 있어서 상대방이 선의인 경우가 문제될 수 있으나, 법 제331조 내지 제333조와 달리 법 제329조와 제330조에서 선의·악의를 특별히 구분하고 있지 않은 점에 비추어 상대방은 선의·악의를 불문하고 파산채권자에게 대항하지 못한다고 봄이 상당하다.

한편 부동산 또는 선박에 관하여 파산선고 전에 생긴 채무의 이행으로서 파산선고 후에 한 등기 또는 가등기는 파산채권자에게 대항할 수 없고, 다만 등기권리자가 파산선고의 사실을 알지 못하고 한 등기에 관하여는 그러하지 아니하다(법 제331조 제1항). 권리의 설정·이전 또는 변경에 관한 등록 또는 가등록의 경우에도 마찬가지이다(법 제331조 제2항). 파산선고 후 그 사실을 알지 못하고 채무자에게 한 변제는 이로써 파산채권자에게 대항할 수 있으나(법 제332조 제1항), 파산선고 사실을 알고 한 경우에는 파산재단이 받은 이익의 한도 안에서만 파산채권자에게 대항할 수 있다(법 제332조 제2항). 환어음의 발행인 또는 배서인이 파산선고를 받은 경우 지급인 또는 예비지급인이 그 사실을 알지 못하고 인수 또는 지급을 한 때에는 이로 인하여 생긴 채권에 관하여 파산채권자로서 그 권리를 행사할 수 있고(법 제333조 제1항), 이는 수표와 금전 그 밖의 물건이나 유가증권의 급부를 목적으로 하는 유가증권의 경우에도 마찬가지이다(법 제333조 제2항). 법 제331조 내지 제333조에 있어서 파산선고의 공고 전에는 상대방을 선의로 추정하고, 공고 후에는 악의로 추정한다.

파산선고 전에 채무자를 위하여 상속개시가 있는 경우, 채무자가 파산선고 후에 한 단순승인이나 상속포기는 한정승인의 효력을 가지고(법 제385조 제386조 제1항), 이는 포괄적 유증의 경우에도 마찬가지이다(법 제387조).

---

46) 대법원 2008. 2. 1. 선고 2006다32187 판결.
47) 주석 채무자회생법(IV)(제1판), 한국사법행정학회(2020), 216~217면(이희준); 전병서, 도산법(제4판), 박영사(2019), 198면.

4) 기존의 법률관계에 대한 효과

파산선고 당시 양 당사자의 채무가 모두 미이행 상태인 쌍무계약의 경우 파산관재인은 계약의 이행 또는 해제에 관한 선택권을 가진다(법 제335조 제1항). 파산관재인이 이행을 선택한 경우 상대방의 반대채권은 재단채권이 된다(법 제473조 제7호). 반대로 파산관재인이 해제를 선택한 경우 상대방의 손해배상청구권은 파산채권이 되고(법 제337조 제1항), 상대방은 급부물 또는 그 가액에 관하여 환취권 또는 재단채권으로서 권리를 행사할 수 있다(법 제337조 제2항)(이에 관하여는 '제5장 제3절 2.' 참조).

대리권은 대리인의 파산으로 소멸하고(민법 제127조 제2호), 위임계약은 당사자 일방의 파산으로 당연히 종료한다(민법 제690조). 주식회사와 이사 또는 유한회사와 이사의 관계도 위임관계이므로(상법 제382조 제2항, 제567조), 채무자가 이들 회사의 이사인 경우 당연히 퇴임한다. 다만 위임자가 파산선고를 받은 경우 수임자가 파산선고의 통지를 받지 아니하고 파산선고 사실도 알지 못한 채 위임사무를 처리한 때에는 이로 인하여 파산선고를 받은 사람에 대하여 생긴 채권에 관하여 수임자는 파산채권자로서 권리를 행사할 수 있다(법 제342조).

사용자가 파산선고를 받은 경우 고용기간의 약정이 있는 때에도 노무자 또는 파산관재인은 계약을 해지할 수 있고(민법 제663조 제1항), 이 경우 각 당사자는 계약해지로 인한 손해의 배상을 청구하지 못한다(민법 제663조 제2항). 민법상 조합의 조합원이 파산선고를 받은 때에는 당연 탈퇴되며(민법 제717조 제2호), 익명조합의 영업자 또는 익명조합원 일방의 파산으로 익명조합계약은 당연히 종료한다(상법 제84조 제3호). 합명회사, 합자회사 및 유한책임회사의 사원은 파산으로 당연히 퇴사한다(상법 제218조 제5호, 제269조, 제287조의25).

소비대차의 대주가 목적물을 차주에게 인도하기 전에 당사자 일방이 파산선고를 받은 때에는 소비대차는 그 효력을 잃으며(민법 제599조), 사용대차의 차주가 파산선고를 받은 때에는 대주는 계약을 해지할 수 있다(민법 제614조).

임차인이 파산선고를 받은 경우에 임대차기간의 약정이 있는 때에도 임대인 또는 파산관재인은 민법 제635조의 규정에 의하여 계약해지의 통고를 할 수 있고(민법 제637조 제1항), 이 경우 각 당사자는 상대방에 대하여 계약해지로 인하여 생긴 손해의 배상을 청구하지 못한다(민법 제637조 제2항). 그러나 임대인이 파산선고를 받은 경우 임차인이 주택임대차보호법 제3조 제1항이나 상가건물 임대차보호법 제3조의 대항요건을 갖춘 때에는 파산관재인은 쌍방미이행 쌍무계약이라는 이유로 계약을 해지할 수 없다(법 제340조 제4항).

도급인이 파산선고를 받은 때에는 수급인 또는 파산관재인은 계약을 해제할 수 있고, 이 경우 수급인은 일의 완성된 부분에 대한 보수 및 보수에 포함되지 아니한 비용에 대하여 파산재단의 배당에 가입할 수 있으며(민법 제674조제1항), 다만 각 당사자는 상대방에 대하여 계약해제로 인한 손해의 배상을 청구하지 못한다(민법 제674조제2항). 반대로 수급인이 파산선고를 받은 때에는 파산관재인은 필요한 재료를 제공하여 채무자로 하여금 일을 하게 할 수 있고, 이 경우 채무자가 받을 보수는 파산재단에 속한다(법 제341조).

5) 계속 중인 소송에 대한 효과

파산선고로 인하여 파산재단의 관리처분권이 파산관재인에게 이전하는 결과, 파산재단에 관한 소송에 관하여는 파산관재인이 당사자가 되고, 파산선고 전에 제기되어 계속 중인 소송절차는 중단되며, 원칙적으로 파산관재인이 이를 승계한다.

가) 소송의 중단   파산선고가 있으면 파산선고 당시 계속중이던 '파산재단에 관한 소송'은 파산선고에 의하여 중단된다(민사소송법 제239조). 소송절차의 중단은 파산선고결정의 확정을 기다리지 않고 수소법원과 당사자의 인식 여부와 무관하게 파산선고에 의하여 즉시 발생하고, 1심뿐 아니라 항소심과 상고심도 포함한다. 민사소송법 제233조 내지 제237조의 중단사유[48]와 달리 소송대리인이 있는 경우에도 중단된다(민사소송법 제238조 참조). 나아가 소송절차와 같은 대립구조를 취하는 다른 재판절차, 예를 들어, 독촉절차,[49] 조정절차, 항고심절차, 소송비용확정절차, 재산분할청구와 같은 가사비송도 민사소송법 제239조를 준용하여 그 절차가 중단된다고 할 것이다.

사해행위취소소송(민법 제406조)은 파산선고를 받은 채무자를 피고로 하는 것은 아니지만, 그 소송의 결과는 파산재단에 직접적인 영향이 있고, 이를 부인소송으로 변경하여 파산관재인이 통일적으로 수행할 필요가 있으므로 중단된다(법 제406조제1항).[50]

---

48) 민사소송법 제233조 제1항 당사자의 사망으로 말미암은 중단, 제234조 법인의 합병으로 말미암은 중단, 제235조 소송능력의 상실, 법정대리권의 소멸로 말미암은 중단, 제236조 수탁자의 임무가 끝남으로 말미암은 중단, 제237조 자격상실로 말미암은 중단.

49) 대법원 2012. 11. 15. 선고 2012다70012 판결은 "독촉절차는 금전, 그 밖에 대체물이나 유가증권의 일정한 수량의 지급을 목적으로 하는 청구에 대하여 채권자로 하여금 간이·신속하게 집행권원을 얻을 수 있도록 하기 위한 특별소송절차로서(민사소송법 제462조), 그 성질에 어긋나지 아니하는 범위에서 소에 관한 규정이 준용된다(민사소송법 제464조). 따라서 지급명령이 송달된 후 이의신청 기간 내에 회생절차개시결정 등과 같은 소송중단 사유가 생긴 경우에는 민사소송법 제247조 제2항이 준용되어 이의신청 기간의 진행이 정지된다."고 판시하였다.

50) 법 제406조는 파산채권자가 제기한 소송만 중단된다고 규정하고 있으나, 재단채권자가 제기한 사해행위취소소송도 역시 중단된다고 할 것이다. 참고로 일본 파산법 제45조 제1항은 재단채권자가 제기한 사해행위취소소송 역시 중단된다고 명시하고 있다.

　　채권자대위소송에 대하여 대법원은 "채권자대위소송에서 원고는 채무자에 대한 자신의 권리를 보전하기 위하여 채무자를 대위하여 자신의 명의로 채무자의 제3채무자에 대한 권리를 행사하는 것이므로, 그 지위는 채무자 자신이 원고인 경우와 마찬가지라고 볼 수 있다. 그런데 소송의 당사자가 파산선고를 받은 때에 파산재단에 관한 소송절차는 중단되고(민사소송법 제239조), 파산채권자는 파산절차에 의하지 아니하고는 파산채권을 행사할 수 없게 된다(법 제424조). 그리고 채무자가 파산선고 당시에 가진 모든 재산은 파산재단에 속하게 되고, 채무자는 파산재단을 관리 및 처분하는 권한을 상실하며 그 관리 및 처분권은 파산관재인에게 속하게 되므로(법 제382조 제1항, 제384조), 채무자에 대한 파산선고로 채권자가 대위하고 있던 채무자의 제3자에 대한 권리의 관리 및 처분권 또한 파산관재인에게 속하게 된다. 한편 법은 채권자취소소송의 계속 중에 소송의 당사자가 아닌 채무자가 파산선고를 받은 때에는 소송절차는 중단되고 파산관재인이 이를 수계할 수 있다고 규정하고 있는데(법 제406조, 제347조 제1항), 채권자대위소송도 그 목적이 채무자의 책임재산 보전에 있고 채무자에 대하여 파산이 선고되면 그 소송 결과는 파산재단의 증감에 직결된다는 점은 채권자취소소송에서와 같다. 이와 같은 채권자대위소송의 구조, 법의 관련 규정 취지 등에 비추어 보면, 민법 제404조의 규정에 의하여 파산채권자가 제기한 채권자대위소송이 채무자에 대한 파산선고 당시 법원에 계속되어 있는 때에는 다른 특별한 사정이 없는 한 민사소송법 제239조, 법 제406조, 제347조 제1항을 유추 적용하여 그 소송절차는 중단되고 파산관재인이 이를 수계할 수 있다"고 판시하였다.[51]

　　행정소송도 토지수용을 다투는 소송, 공정거래위원회의 과징금납부명령에 대한 취소소송[52] 등과 같이 파산재단에 직접 영향을 미치는 것이면 중단된다.

　　그러나 파산재단과 관계없는 소송, 예컨대 이혼 기타 신분관계에 관한 소송은 중단되지 않고, 자유재산에 관한 소송도 채무자가 그 관리·처분권을 잃지 않으므로 중단되지 않는다.

　　소의 객관적 병합이 있는 경우 또는 본소에 대한 반소가 제기되어 있는 경

---

51) 대법원 2013. 3. 28. 선고 2012다100746 판결.
52) 대법원 2012. 9. 27. 선고 2012두11546 판결(공정거래위원회를 상대로 제기한 과징금 납부명령 등 취소소송 계속 중 회생절차개시결정이 있었음에도 법원이 그 사실을 알지 못한 채 소송수계가 이루어지지 않은 상태에서 절차를 진행하여 청구를 기각하는 판결을 선고한 사안에서 위 판결은 일방 당사자의 회생절차개시결정으로 소송절차를 수계할 관리인이 법률상 소송행위를 할 수 없는 상태에서 심리되어 선고된 것이므로 여기에는 마치 대리인에 의하여 적법하게 대리되지 아니하였던 경우와 마찬가지의 위법이 있다고 하였다).

우에는, 파산재단에 한하여 소송절차가 중단된다. 소의 주관적 병합의 경우에는, 공동소송인 중 파산선고를 받은 자의 소송절차만 중단된다. 다만 필수적 공동소송에서 공동소송인 가운데 한 사람에게 소송절차를 중단 또는 중지하여야 할 이유가 있는 경우 그 중단 또는 중지는 모두에게 효력이 미치므로(민사소송법 제67조 제3항), 공동소송인 전원에 대하여 소송절차의 진행이 정지되고 그 정지기간 중에는 유효한 소송행위를 할 수 없다는 점을 주의하여야 한다.

수소법원이 이러한 소송절차의 중단을 간과하고 소송을 계속 진행하는 경우가 있으므로, 파산관재인은 파산선고 직후 채무자가 당사자인 소송을 확인하여 해당 재판부에 파산선고 및 파산관재인 선임 사실을 증명할 수 있는 자료(파산선고 결정문)를 첨부하여 절차의 진행을 중지하여 줄 것을 신청하여야 한다.

소송절차 중단 중에 한 당사자나 법원의 소송행위(예컨대, 상소 등)는 원칙적으로 무효이나, 상대방이 이의를 제기하지 아니하여 이의권(민사소송법 제151조)을 상실하면 유효하게 된다. 소송절차 중단 중의 소송행위라도 추인하면 유효하게 된다. 중단사유를 간과하고 소송절차가 진행되어 종국판결이 선고되어도 그 판결은 당연무효는 아니고, 대리인에 의하여 적법하게 대리되지 않았던 경우와 마찬가지로 보아 대리권 흠결을 이유로 상소 또는 재심에 의하여 그 취소를 구할 수 있으며,[53] 상소심에서 수계절차를 밟은 경우에는 위와 같은 절차상의 하자는 치유되고 그 수계와 상소는 적법한 것으로 본다.[54] 소송절차가 중단되면 기간의 진행이 정지되고, 중단상태가 해소된 때(소송절차 수계사실을 통지한 때 또는 소송절차를 다시 진행한 때)부터 전체기간이 새로 진행된다(민사소송법 제247조 제2항).[55]

나) 소송의 수계

(1) 파산재단에 속하는 재산 그 자체에 관한 소송   파산재단에 속하는 재산에 관하여 파산선고 당시 법원에 계속되어 있는 소송은 파산관재인이 소송을 수

---

53) 대법원 2014. 1. 29. 선고 2013다65222 판결, 대법원 2015. 11. 12. 선고 2014다228587 판결.

54) 대법원 2020. 6. 25. 선고 2019다246399 판결.

55) 대법원 2012. 11. 15. 선고 2012다70012 판결은 "피고가 원고를 상대로 지급명령을 신청하여 지급명령이 원고에게 송달되었는데, 같은 날 원고에 대해서도 회생절차개시결정이 내려진 경우, 지급명령이 송달된 후 이의신청 기간 내에 회생절차개시결정 등과 같은 소송중단 사유가 생겼으므로 민사소송법 제247조 제2항이 준용되어 이의신청 기간의 진행이 정지되고, 따라서 위 지급명령은 확정되지 않았기 때문에 원고가 피고를 상대로 하여 제기한 청구이의의 소는 허용되지 않는다"고 하였다.

대법원 2009. 11. 23.자 2009마1260 결정은 "상대방에 대한 회생절차개시결정이 있어 소송절차가 중단됨으로써 재판장의 인지보정명령상의 보정기간은 그 기간의 진행이 정지되었고, 소송절차가 중단된 상태에서 행한 재판장의 보정기간연장명령도 효력이 없으므로, 각 보정명령에 따른 기간불준수의 효과도 발생할 수 없다"고 하였다.

계한다(법 제347조). 수계신청은 파산관재인은 물론 상대방도 할 수 있다. 소송수계
신청의 적법 여부는 법원의 직권조사 사항으로서 조사의 결과 수계가 이유 없다
고 인정할 경우에는 결정으로서 이를 기각하여야 하나(민사소송법 제243조 제1항), 이유 있을 때
에는 별도의 재판을 할 필요 없이 그대로 소송절차를 진행할 수 있다.[56] 파산선
고 전부터 소송대리인이 선임되어 있던 경우에는 그 기초가 되는 위임계약은 파
산선고로 실효되고 대리권도 소멸하므로(민법 제690조 전문, 제128조 전문), 다시 위임계약을 체결하
여야 한다.

변론종결 후에 파산이 선고되어 소송절차가 중단되었다 하더라도 법원은
수계절차 없이 판결을 선고할 수 있다(민사소송법 제247조 제1항).[57] 상고이유서 제출기간이 경
과하거나 상고이유서를 제출한 후에 소송당사자가 파산선고를 받은 때에도 상고
법원은 상고장, 상고이유서, 답변서, 기타의 소송기록에 의하여 상고가 이유 있
다고 인정할 경우에 수계절차를 거치지 않고 변론 없이 원심판결을 파기하고 사
건을 원심법원에 환송하는 판결을 할 수 있다.[58]

파산관재인은 수계 후 계속 소송을 진행하는 것이 파산재단에 실질적으로
이익이 되는지 검토하여 불필요하고 무익한 소송, 패소가능성이 높은 소송은 취
하 또는 화해 등으로 신속히 종결할 필요가 있다.

파산관재인이 소송을 수계한 때에는 대항요건의 흠결, 부인권 행사, 통정허
위표시, 사기·강박에 의한 의사표시 등에 대한 선의의 제3자 항변[59]등 파산관
재인 고유의 공격방어방법을 제출할 수 있다. 파산관재인이 수계한 소송에 관하
여 소송비용의 부담을 명받은 경우, 상대방 당사자의 소송비용 상환청구권은 수
계 전의 부분도 포함하여 재단채권이 된다(법 제347조 제2항). 파산재단의 증식을 위해 지
출된 것이므로 파산채권자 공동의 이익을 위하여 생긴 재판상 비용이기 때문이
다. 파산관재인이 수계한 소송의 수계 전 당사자가 지출한 소송비용은 이에 해
당하지 아니한다.

(2) 파산채권 및 재단채권에 관한 소송   파산채권에 관한 소송은 파산관재
인이 당연히 수계하는 것이 아니라, 상대방의 채권신고와 그에 대한 채권조사의
결과에 따라 처리한다.

상대방의 채권이 신고되고 채권조사기일에 파산관재인 및 다른 파산채권자

56) 대법원 2006. 11. 23. 선고 2006재다171 판결.
57) 대법원 2008. 9. 25. 선고 2008다1866 판결.
58) 대법원 2001. 6. 26. 선고 2000다44928, 44935 판결.
59) 대법원 2003. 6. 24. 선고 2002다48214 판결, 대법원 2010. 4. 29. 선고 2009다96083 판결 등.

의 이의가 진술되지 아니하거나 이의가 철회된 경우라면 파산채권은 확정되므로, 중단되었던 소송은 소의 이익이 없어 각하된다.

파산관재인이나 다른 파산채권자에 의하여 이의가 진술되면 중단하고 있던 소송은 채권조사확정소송으로 당사자 및 청구취지가 변경되어 속행된다. 즉, 파산채권의 신고인은 이의자 전원을 상대방으로 한 수계신청을 하고, 청구취지는 "원고의 채무자에 대한 파산채권은 ○원임을 확정한다"는 형태로 변경하여야 한다.

통상은 파산채권자가 이의자를 상대방으로 하여 수계하지만(법제464조) 집행권원 있는 채권의 경우에는 반대로 이의자가 파산채권자를 상대방으로 하여 수계하여야 한다. 파산채권에 관한 제1심의 종국판결 선고 후에 파산선고가 있는 경우에도 신고된 파산채권에 대한 이의자가 수계신청을 하여야 하는 것이고, 이 경우 소송의 형태는 채권확정의 소로 변경되어야 한다.[60]

한편 재단채권은 파산채권의 조사와 같은 채권확정절차를 거치지 않고 직접 파산관재인에게 청구할 수 있으므로, 재단채권에 관한 소송은 앞서 본 파산재단에 속하는 재산 그 자체에 관한 소송과 같은 방식으로 수계한다.

(3) 채권자대위소송, 채권자취소소송   채권자대위소송, 채권자취소소송이 중단된 경우 파산관재인은 원고 측[61]을 수계한다.[62][63]

채권자취소소송에서 채무자에 대하여 파산이 선고되어 소송절차가 중단된 후 상대방의 수계신청이 있는 경우 파산관재인이 종전의 소송진행 상황을 고려하여 소송수계를 거절할 수 있는지에 관하여 견해의 대립이 있었다. 수계거절권 긍정설은 첫째, 법문상 '수계할 수 있다'라고 규정하고 있으므로(법 제406조 제2항, 제347조 제1항), 수계 여부에 관하여 파산관재인에게 재량을 부여하고 있다고 보는 것이 법문에 충실한 해석인 점, 둘째, 채권자취소소송의 원고 패소 판결이 채무자를 구속하지 않음에도

---

60) 대법원 1999. 7. 23. 선고 99다22267 판결.

61) 대법원 2013. 3. 28. 선고 2012다100746 판결(채권자대위소송에서 원심판결 선고 이후에 피대위자인 채무자가 파산선고를 받음에 따라 신용보증기금이 원고로서 진행한 기존의 소송절차를 채무자의 파산관재인이 수계한다는 취지로 한 소송수계신청을 받아들인다고 판시한 사안임).

62) 채권자취소소송은 파산채권자가 채무자를 상대로 이행청구소송과 병합되어 제기되는 경우가 많은데, 채무자에 대하여 파산이 선고되면 파산관재인은 채권자취소소송에서는 파산채권자를 수계하고, 이행청구소송에서는 채무자를 수계하기 때문에 원고와 피고의 지위를 겸유하게 되므로, 이 경우 변론을 분리하여 심리를 진행한다.

63) 참고로 파산선고 당시 법원에 채권자취소의 소가 계속되어 있는 경우뿐만 아니라 파산선고 후 파산채권자가 채권자취소의 소를 제기한 경우에도 대법원은 "파산채권자가 파산선고 후에 제기한 채권자취소의 소가 부적법하더라도 파산관재인은 이러한 소송을 수계한 다음 청구변경의 방법으로 부인권을 행사할 수 있다고 보아야 한다"고 판시하였다(대법원 2018. 6. 15. 선고 2017다265129 판결).

총채권자의 이익을 대표하는 파산관재인이 파산채권자 중 1인에 불과한 취소채권자의 소송수행 결과에 구속되도록 하는 것은 파산재단 확보의 관점에서 불합리하다는 점(소송비용 상당의 재단채권만 늘어나는 결과 발생)(법 제347조) 등을 근거로 하였다. 반면, 수계거절권 부정설[64]은 첫째, 파산관재인이 소송수계를 하지 않을 경우 채권자취소소송은 파산절차가 종료할 때까지 계속 중단되므로 상대방은 상당한 기간 불안정한 지위에 놓이게 되고, 채권자취소소송에 따른 원고 패소판결의 기판력을 받을 수 있는 상대방의 이익도 부당하게 해하는 점, 둘째, 법 제33조에 의해 준용되는 민사소송법 제241조, 제244조에 의하면, 상대방도 수계신청을 할 수 있고, 법원은 파산관재인이 소송절차를 수계하지 않는 경우 직권으로 소송절차를 계속하여 진행할 것을 명할 수 있는 점, 셋째, 파산관재인이 수계한 소송에서 패소할 경우 그 소송비용 상당이 재단채권이 되는 것은 채권자취소소송뿐만 아니라 그 이외의 파산재단에 관한 소송의 경우에도 동일한 점 등을 근거로 한다.

이에 관하여 대법원은 채권자취소소송 계속 중 채무자에 대하여 파산이 선고되어 소송절차가 중단되었으나 당사자 중 누구도 수계신청을 하지 아니한 사안에서 "원고의 소송수계인을 채무자의 파산관재인으로 정하여 이 사건의 속행을 명한다."고 결정한 바 있다.[65]

참고로 파산선고 전에 채권자가 제기한 채권자취소소송에 관한 확정판결이 있는 경우, 그 효력이 파산관재인에게도 미치는지에 대해 논란이 있다. 채권자가 제기한 채권자취소소송에서 채권자가 패소판결을 받았다고 하더라도, 채권자취소권과 부인권은 요건과 효과가 다르기 때문에 파산관재인은 부인의 소 등을 제기할 수 있다고 보아야 한다. 반면 채권자가 제기한 채권자취소소송에서 채권자가 승소판결을 받은 경우, 승소한 파산채권자는 파산선고로 그 판결에 기재된 권한을 잃어 이행청구·강제집행 등을 할 수 없고, 파산관재인이 승계집행문을 받아 그 승소판결에 기하여 집행을 할 수 있다.[66]

---

64) 전병서, 도산법(제4판), 박영사(2019), 255면; 정문경, "부인권 행사에 관한 실무상 몇 가지 쟁점", 도산법연구 제2권 제2호, 사단법인 도산법연구회(2011), 54~55면; 伊藤眞, 破産法·民事再生法(第3版), 有斐閣(2014), 407면 참조.

65) 대법원 2016다242471 사해행위취소 사건의 2021. 4. 15.자 결정 참조. 학계와 실무는 파산관재인의 수계거절권을 긍정하면 법원이 속행명령을 할 수 없다고 하므로, 위 대법원 결정은 수계거절권 부정설의 입장을 취한 것으로 볼 수 있다.

66) 대법원 1998. 5. 30.자 98그7 결정 참조. 참고로 주식회사 우리건설(서울중앙지방법원 2006하합54) 사건에서, 파산채권자가 제기한 채권자취소소송이 파산선고로 중단되지 않고 계속되어 파산채권자가 승소판결을 받자, 파산관재인이 그 승소판결을 원용하고, 승계집행문을 받아 집행을 하였다.

(4) 소송 수계 전 또는 수계 후 파산절차가 종료되는 경우   중단된 소송이 수계되지 않고 있는 사이에 파산취소, 파산폐지, 종결 등에 의하여 파산절차가 종료되면 채무자는 당연히 수계하고 소송이 다시 진행된다. 이 경우 수계신청은 필요하지 않고, 당해 법원은 파산절차 종료의 증명이 있으면 다시 기일을 지정하여 소송을 진행하면 되고, 별도로 수계 여부에 대한 재판을 할 필요는 없다(민사소송법 제239조 후문). 수계 후에 이들 종료사유가 발생하면 소송은 다시 중단되고 채무자가 소송절차를 수계하게 되며, 상대방도 수계신청을 할 수 있다(민사소송법 제240조, 제241조). 소송의 목적이 된 재산에 대한 환가를 포기한 때에는 채무자의 관리처분권이 부활하므로, 위 규정을 유추적용하여 채무자가 소송절차를 수계하게 된다.

6) 행정사건 절차

파산재단 소속 재산에 관하여 파산선고 당시 행정청에 사건이 계속되어 있으면 그 절차는 파산관재인에 의한 수계 또는 파산절차의 종료가 있을 때까지 중단된다(법 제350조 제1항). 행정청에 계속하는 사건의 예로는 행정청의 처분에 대한 불복신청사건, 행정심판사건, 특허심판사건, 노동위원회에 계속중인 부당노동행위 심사에 관한 사건, 토지수용위원회의 재결에 대한 불복사건 등을 들 수 있다. 중단된 절차는 파산관재인 또는 상대방이 수계할 수 있고, 그 절차비용은 재단채권이 된다(법 제350조 제2항, 제347조 제2항).

나. 채무자의 신분 등에 대한 효과

1) 설명의무

채무자 또는 상속재산에 대한 파산의 경우 상속인, 그 대리인, 상속재산관리인 및 유언집행자는 파산관재인의 요청에 의하여 파산에 이르게 된 사정, 파산재단, 환취권, 별제권, 부인권 등 파산에 관하여 필요한 설명을 할 의무가 있다(법 제321조 제1항, 제1호, 제4호). 채무자 등이 정당한 사유 없이 설명을 하지 아니하거나 허위의 설명을 한 때에는 설명의무위반죄로서 1년 이하의 징역 또는 1천만 원 이하의 벌금에 처해지고(법 제658조), 채무자에 대하여 면책불허가사유가 된다(법 제564조 제1항 제1호, 제658조).

2) 구   인

법원은 필요하다고 인정하는 때에는 파산선고를 받은 채무자를 구인하도록 명할 수 있고, 이 경우 형사소송법의 구인에 관한 규정을 준용한다(법 제319조 제1항, 제2항). 채무자가 법원의 심문을 위한 소환에 응하지 않는 경우에 행하여질 수 있겠으나, 실무상 채무자를 구인하는 경우는 거의 찾아보기 어렵다.

3) 통신비밀의 제한

파산관재인은 채무자에게 보내는 우편물이나 전보 그 밖의 운송물을 열어 볼 수 있다($^{법\ 제484조}_{제2항}$). 이는 통신의 자유에 대한 침해이므로 필요한 정도를 넘는 것은 허용되지 않는다. 채무자는 파산재단과 관련이 없는 것의 교부를 파산관재인에게 요구할 수 있다($^{법\ 제484조}_{제3항}$).

다. 파산채권자에 대한 효과

1) 개별집행의 금지

파산선고에 의하여 파산채권자는 개별적인 권리행사가 금지되고, 파산절차에 참가하여서만 그 만족을 얻을 수 있다($^{법}_{제424조}$).[67] 채무자의 자유재산에 대한 강제집행도 금지되고, 이미 개시되어 있던 강제집행·보전처분은 실효한다($^{법\ 제348조}_{제1항}$). 그러나 채무자의 보증인 또는 물상보증인에 대하여는 파산선고의 효력이 미치지 아니하므로, 이들에 대한 집행에는 아무런 영향이 없다. 또한 어음소지인은 만기 전에도 인수를 위한 어음의 제시를 금지한 어음 발행인이 파산한 경우 상환청구권을 행사할 수 있다($^{어음법\ 제43조}_{제3호}$).

2) 파산채권의 등질화

파산선고가 있으면 금전에 의한 배당이 가능하도록 비금전채권은 금전으로 평가하고($^{금전화,\ 법}_{제426조\ 제1항}$), 선고시에 변제기가 도래하지 않은 채권은 일률적으로 변제기가 도래한 것으로 본다($^{현재화,\ 법}_{제425조}$). 금전화와 현재화를 아울러 파산채권의 등질화 또는 균질화라고 한다.

라. 파산선고의 효력발생시기

파산선고의 효력은 선고시부터 발생한다($^{법}_{제311조}$). 채무자 등에 대한 파산선고

---

67) 파산선고 전에 부동산에 대한 점유취득시효가 완성되었으나 파산선고시까지 이를 원인으로 한 소유권이전등기를 마치지 아니한 자는, 그 부동산의 소유자에 대한 파산선고와 동시에 파산채권자 전체의 공동의 이익을 위하여 파산재단에 속하는 그 부동산에 관하여 이해관계를 갖는 제3자의 지위에 있는 파산관재인이 선임된 이상, 파산관재인을 상대로 파산선고 전의 점유취득시효 완성을 원인으로 한 소유권이전등기절차의 이행을 청구할 수 없다. 또한 그 부동산의 관리처분권을 상실한 파산자가 파산선고를 전후하여 그 부동산의 법률상 소유자로 남아 있음을 이유로 점유취득시효의 기산점을 임의로 선택하여 파산선고 후에 점유취득시효가 완성된 것으로 주장하여 파산관재인에게 소유권이전등기절차의 이행을 청구할 수도 없다. 이 경우 법률적 성질이 채권적 청구권인 점유취득시효 완성을 원인으로 한 소유권이전등기청구권은 구 파산법 제14조가 규정하는 파산자에 대하여 파산선고 전의 원인으로 생긴 재산상의 청구권으로서 파산채권에 해당하므로 파산절차에 의하여서만 그 권리를 행사할 수 있다(대법원 2008. 2. 1. 선고 2006다32187 판결).

의 통지가 송달불능되더라도 파산선고의 효력에는 영향이 없다.

5. 동시폐지

가. 의의와 요건

파산재단이 파산절차비용에 충당하기에도 부족하다고 인정되면 법원은 파산선고와 동시에 폐지결정을 하여야 한다(법 제317조 제1항). 이것을 실무상 동시폐지라고 하고, 선고 후에 폐지되는 이시폐지와 구별된다(이시폐지에 관하여는 '제1편 제5장 제6절 2.' 참조). 다만 파산관재인 선임비용과 같은 절차비용을 충당하기 충분한 금액이 미리 납부된 때에는 동시폐지결정을 하지 않는다(법 제318조).

나. 결정의 내용

동시폐지의 경우 법원은 결정에 파산선고의 주문과 파산폐지결정의 주문 및 이유를 기재하여야 하는데(법 제317조 제2항), 실무상 채무자가 지급불능 상태에 있고 파산재단으로 파산절차의 비용을 충당하기에 부족하다는 점을 간단히 언급하는 정도로 기재한다. 파산절차가 폐지되는 경우이므로 법 제312조 제1항에서 규정하는 파산관재인 선임, 채권신고 기간 등의 사항은 정하지 않는다. 파산선고·동시폐지의 주문례는 다음과 같다.

---

1. 채무자에 대하여 파산을 선고한다.
2. 이 사건 파산을 폐지한다.

면책절차를 동시에 진행할 경우 파산선고와 동시에 면책심문기일 또는 이의신청기간을 지정한다. 서울회생법원의 실무는 이의신청기간을 지정하는 방법에 의하고 있다(면책심문을 할 경우에는 [양식 14], 이의신청기간을 지정하는 경우에는 [양식 15] 참조).

다. 파산선고·동시폐지결정 후의 조치

1) 공   고

법원은 동시폐지를 하는 경우 파산선고의 주문과 파산폐지결정의 주문 및 이유의 요지를 공고하여야 한다(법 제317조 제2항). 앞서 본 바와 같이 실무상 공고사항을 인터넷 대한민국 법원 홈페이지(www.scourt.go.kr)의 법원공고란에 게시하는 방법에 의하고 있다(파산선고만 한 경우는 [양식 16], 면책심문기일을 동시에 지정한 경우는 [양식 17], 이의신청기간을 동시에 지정한 경우는 [양식 18] 참조).

  2) 송   달

  법원은 동시폐지를 하는 경우 채권자목록에 기재된 채권자 전원·채무자 및 재산소지자에게 파산선고 및 동시폐지결정 등본을 직권으로 송달한다(법 제317조, 제313조 제2항, 제8조 제1항). 서울회생법원에서는 교부송달에 의하되, 파산선고의 신속한 송달을 위하여 공고 갈음 결정을 하고 있고, 면책절차의 의미와 파산채권자가 면책절차에서 가지는 권리의 행사방법 등을 알리기 위하여 파산채권자들에게 면책절차와 관련한 안내문을 함께 송달하고 있다([양식 20] 참조).

  라. 파산선고·동시폐지결정의 효과

  파산선고와 동시에 동시폐지결정이 있는 경우에는 '4. 파산선고의 효과' 부분에서 살펴본 경우와 달리 파산재단 자체가 처음부터 성립하지 않으므로 법 제347조, 제348조가 적용되지 않는다. 채무자는 재산에 대한 관리처분권을 그대로 보유하고, 파산선고 당시 채무자와 관련하여 법원에 계속되어 있는 소송은 중단되지 아니하며, 파산선고 전에 채무자 소유 재산에 관하여 진행 중이던 강제집행, 가압류, 가처분 절차는 실효하지 않는다. 파산채권자는 자유로이 그 권리를 행사할 수 있으나, 다만 면책신청이 있는 경우에는 파산선고·동시폐지 후 면책결정이 확정될 때까지 파산재단에 속하는 재산에 대하여 강제집행, 가압류 가처분을 할 수 없고, 파산선고 전에 이미 행하여지고 있던 강제집행, 가압류, 가처분은 중지된다(법 제557조 제1항).

6. 파산선고에 의한 차별적 취급의 금지와 그 예외

  가. 차별적 취급의 금지

  법 제32조의2는 '누구든지 이 법에 따른 파산절차 중에 있다는 이유로 정당한 사유 없이 취업의 제한이나 해고 등 불이익한 처우를 받지 아니한다'라고 규정하고 있다. 개인파산제도가 변제능력을 상실한 개인의 경제적·사회적 재건을 도모하기 위한 제도임에도 불구하고, 종래 150여 개의 법률에서 파산선고를 받은 자에 대한 불이익한 규정을 두고 있었고, 사회적으로도 파산선고를 불성실의 징표 또는 사회적 신뢰의 상실로 이해하여 취업규칙 등에서 파산선고를 당연퇴직사유로 정하고 있었다. 이 규정은 이러한 현실을 고려하고 채무자의 경제적 재기를 돕기 위하여 2006. 3. 24. 개정법률로 신설되었다.[68]

비록 회사의 사규나 취업규칙에 파산선고를 받는 것이 당연퇴직사유로 정하여졌다고 하더라도, 사용자는 근로자가 파산절차 중에 있다거나 그 절차에서 파산선고를 받았음을 이유로 그 근로자를 해고하거나 감봉 등의 불이익한 처우를 할 수 없다.[69] 다만 정당한 사유가 있는 때에는 예외적으로 불이익한 조치를 할 수도 있겠으나, 그 경우 정당한 사유가 있다는 점에 대한 입증책임은 이를 주장하는 사용자가 부담한다.

나. 각종 법률상의 예외[70]

예외적으로 법률의 규정에 따라 파산선고를 받은 채무자는 다음과 같은 자격 등의 제한을 받는다. 그러나 이러한 불이익은 파산을 선고받은 채무자 본인에게 한정되고, 가족 등 다른 사람에게는 아무런 불이익이 없으며, 면책 또는 복권이 되면 그러한 불이익이 없어진다. 한편 대통령, 국회의원, 지방자치단체장 등 정무직 공무원의 직위 및 그 피선거권은 파산선고에 의하여 영향을 받지 아니하고(국가공무원법 제3조 제2항, 공직선거법 제18조, 제19조), 파산을 선고받고 복권되지 아니한 사람이라도 변호사의 사무원이나 법무사의 사무원, 공인노무사의 직무보조원(공인노무사법 제11조)이 될 수 있으며, 사법시험이나 변호사시험에 응시할 수 있다.

---

68) 법무부(주 11), 77~78면.

69) 법 제1조, 제32조의2의 규정에 비추어, 파산선고 자체를 불성실의 징표 또는 사회적 신뢰의 상실로 이해하여 직장에서 해고하는 등의 불이익한 처분을 하는 것은 파산제도의 취지 및 법 제32조의2의 규정에 정면으로 반하는 것이고, 원고가 파산을 선고받았다는 이유만으로는 사회통념상 고용관계를 계속할 수 없을 정도로 근로자인 원고에게 책임있는 사유가 발생한 경우에 해당한다고 보기 어렵다는 이유에서, 피고 회사가 직원인사규정에 채용결격사유인 '파산자로서 복권되지 아니한 자'를 당연퇴직 사유의 하나로 규정하였음을 근거로 원고를 당연퇴직 내지 해고하는 것은 근로기준법 소정의 정당한 이유를 갖추지 못하여 효력이 없다고 판시한 사례로는 서울중앙지방법원 2008. 6. 19. 선고 2007가합43592 판결(항소심 항소기각, 상고심 심리불속행기각으로 확정). 파산선고를 당연퇴직사유로 규정한 공기업의 인사규정을 무효라고 선언한 하급심으로는 서울중앙지방법원 2006. 7. 14. 선고 2006가합17954 판결(항소 부제기로 확정).

70) 이에 대하여 차별적 취급의 금지 규정의 신설에도 위와 같은 각종 법률상의 예외 규정들은 파산선고 자체를 징벌이나 불이익을 주는 전근대적 인식의 산물로서 채무자의 갱생이라는 도산제도의 목적에 정면으로 반하고 2006년 채무자회생법 제32조의2 신설 취지와도 모순되는 것이므로 시급하게 개정되어야 한다는 견해가 있다. 서경환, "파산면책 정당화 근거 및 개인도산제도 활성화를 위한 개선방안", 법조 제68권 제5호(통권 제737호), 법조협회(2019. 10.), 270면.

1) 민법상의 불이익

파산선고를 받은 사람은 후견인이나 유언집행자가 될 수 없다(민법 제937조 제3호, 제1098조). 다만 권리능력, 행위능력 및 소송능력은 제한받지 않는다.

2) 각종 직업상의 결격사유

파산선고를 받고 복권되지 아니한 사람은 변호사(변호사법 제5조), 일반직·특정직·별정직 공무원(국가공무원법 제33조, 제3조 제1항), 지방공무원(지방공무원법 제31조), 장교·준사관·부사관(군인사법 제10조), 경찰공무원(경찰공무원법 제8조), 교육공무원(교육공무원법 제10조의4), 사립학교교원(사립학교법 제52조), 임명공증인(공증인법 제13조), 외국법자문사(외국법자문사법 제5조), 법무사(법무사법 제6조)가 될 수 없다. 특히, 장교·준사관·부사관(군인사법 제40조), 경찰공무원(경찰공무원법 제27조), 교육공무원(교육공무원법 제43조의2), 사립학교교원(사립학교법 제57조), 임명공증인(공증인법 제15조)의 경우에는 당연퇴직사유에 해당하므로, 파산선고가 확정되면 당연히 퇴직하고 후에 면책을 받아 복권되더라도 퇴직이 무효로 되거나 다시 복직되는 것은 아니다.[71] 한편, 일반직·특정직·별정직 공무원(국가공무원법 제69조, 제1호 단서), 지방공무원(지방공무원법 제61조 제1호 단서)의 경우에는 공무원의 당연퇴직 요건을 합리적으로 보완하기 위해[72] 공무원이 파산선고를 받고 신청기한 내에 면책신청을 하지 아니하였거나 면책불허가 결정 또는 면책 취소가 확정된 경우 즉, 면책되지 아니할 것이 확정된 경우에만 당연퇴직되도록 관련법이 개정되었다.

그 밖에 결격사유로 규정된 대표적인 사례로는 결혼중개업 운영자 및 종사자(결혼중개업의 관리에 관한 법률 제6조), 일반경비원 또는 경비지도사, 경비업 영위 법인의 임원(경비업법 제5조, 제10조), 공인노무사(공인노무사법 제4조), 공인회계사(공인회계사법 제4조), 관세사(관세사법 제5조), 정비사업조합의 조합임원, 정비사업전문관리업자의 대표자 및 임직원(도시 및 주거환경정비법 제43조, 제105조), 도시개발조합의 임원(도시개발법 제14조), 변리사(변리사법 제4조), 감정평가사(감정평가 및 감정평가사에 관한 법률 제12조), 산림조합의 임원(산림조합법 제39조), 지구별수협의 임원(수산업협동조합법 제51조), 아이돌보미(아이돌봄 지원법 제6조), 행정사(행정사법 제6조) 등이 있다.

3) 각종 사업의 제한

파산선고를 받고 복권되지 아니한 사람에 대하여 허가·등록이나 영업의 결격사유로 규정된 대표적인 사례로는, 가축분뇨관련영업 허가(가축분뇨의 관리 및 이용에 관한 법률 제31조), 건설기술용역사업 수행자 등록, 건강기능식품영업 허가(건강기능식품에 관한 법률 제9조), 건설업 등록

(건설산업기본법), 건설폐기물처리업 허가(건설폐기물의 재활용), 건축사사무소개설 신고 및
제13조), 건설폐기물처리업 허가(촉진에 관한 법률 제24조), 건축사사무소개설 신고 및
감리 등 업무 신고(건축사법 제24조), 고압가스관련 허가 및 등록(고압가스 안전), 공인
신고(제23조 제9항 단서), 고압가스관련 허가 및 등록(관리법 제6조), 공인
중개사개설 등록(공인중개사), 73) 관광사업 등록 및 신고(관광진흥법), 직업훈련시설 지정
등록(법 제10조), 관광사업 등록 및 신고(제7조), 직업훈련시설 지정
(근로자직업능력), 기부금품모집 등록(기부금품의 모집 및), 기술사사무소개설 등록(기술사법),
(개발법 제29조), 기부금품모집 등록(사용에 관한 법률 제4조), 기술사사무소개설 등록(제7조),
도매시장법인의 지정, 중도매업 허가·시장도매인 지정(농수산물 유통 및 가격안정에), 담
도매시장법인의 지정, 중도매업 허가·시장도매인 지정(관한 법률 제23조, 제25조, 제36조), 담
배소매업 지정(담배사업법), 대부업 등록(대부업 등의 등록 및 금융이용자), 먹는물사업관련 허가
지정(제16조), 대부업 등록(보호에 관한 법률 제4조), 먹는물사업관련 허가
(먹는물관리법), 목재생산업 등록(목재의 지속가능한 이용에), 다단계판매업 등록(방문판매 등에),
(제24조), 목재생산업 등록(관한 법률 제25조), 다단계판매업 등록(관한 법률 제13조),
보험설계사 등록(보험업법), 세무사 등록(세무사법), 폐수처리업 등록(물환경보전), 식품관련
등록(제84조), 세무사 등록(제4조), 폐수처리업 등록(법 제63조), 식품관련
영업 허가(식품위생법), 액화석유가스관련사업 허가(액화석유가스의 안전관리), 개인택시 등 여
허가(제38조), 액화석유가스관련사업 허가(및 사업법 제7조, 제5조), 개인택시 등 여
객자동차운송사업 면허 및 등록(여객자동차), 어린이집의 설치·운영(영유아보육), 옥
운송사업 면허 및 등록(운수사업법 제6조), 어린이집의 설치·운영(법 제16조), 옥
외광고사업 등록(옥외광고물 등의 관리와 옥외광고산업), 자동차매매업·자동차정비업·자동차
외광고사업 등록(진흥에 관한 법률 제11조의2), 자동차매매업·자동차정비업·자동차
해체재활용업 등록(자동차관리법), 전기공사업(전기공사업법), 주류제조 및 주류판매 면허
등록(제54조), 전기공사업(제5조), 주류제조 및 주류판매 면허
(주류 면허 등에), 주택건설사업 등록(주택법 제6조), 직업소개사업의 신고·등록 및 허가
(관한 법률 제7조), 주택건설사업 등록(제2조), 직업소개사업의 신고·등록 및 허가
(직업안정법), 도축업·집유업·축산물가공업, 식용란선별포장업, 식육포장처리업, 축산
(제38조), 도축업·집유업·축산물가공업, 식용란선별포장업, 식육포장처리업, 축산
물보관업 허가(축산물위생), 근로자파견사업 허가(파견근로자보호 등에), 폐기물처리업 허가
물보관업 허가(관리법 제22조), 근로자파견사업 허가(관한 법률 제8조), 폐기물처리업 허가
및 전용기제조업 등록(폐기물관리), 학원의 설립·운영 등록(학원의 설립·운영 및), 할부거
및 전용기제조업 등록(법 제26조), 학원의 설립·운영 등록(과외교습에 관한 법률 제9조), 할부거
래업 등록(할부거래에 관한), 화장품제조·제조판매업 등록(화장품법), 화물자동차운송사업
래업 등록(법률 제20조), 화장품제조·제조판매업 등록(제3조의3), 화물자동차운송사업
허가(화물자동차), 등이 있고, 이미 허가·등록 등을 받은 경우에도 그 취소사유
허가(운수사업법 제4조), 등이 있고, 이미 허가·등록 등을 받은 경우에도 그 취소사유
가 될 수 있다.

제 3 절 재판에 대한 불복과 재판의 확정

1. 재판에 대한 불복

가. 즉시항고

파산선고,74) 파산신청 각하 또는 기각결정에 대하여는 즉시항고를 할 수 있

---

73) 공인중개사법 제10조에 의하여 파산선고를 받고 복권되지 아니한 자는 중개사무소의 개설등
록을 할 수 없고, 소속공인중개사 또는 중개보조원이 될 수 없다고 규정하고, 같은 법률 제38조
에서 개설등록을 취소하여야 한다고 규정하고 있다.

74) 법 제316조는 '파산신청에 관한 재판'이라고 규정하고 있어서 법원이 법 제6조 제1항, 제2항
또는 제8항에 따라 직권으로 파산을 선고한 경우가 이에 해당하는지 문제된다. 그러나, 파산선
고 결정은 파산절차에서 이해관계인에게 가장 큰 영향을 미치는 결정으로 직권으로 파산을 선

다(^{법 제316조}_{제1항}). 파산선고와 동시에 파산폐지가 된 경우 파산폐지결정에 대하여만 즉시항고할 수도 있다(^{법 제317조}_{제1항·제3항}). 즉시항고는 채무자, 채권자 또는 상속재산의 파산신청권자가 할 수 있다(^{법 제294조 제1항,}_{제299조 제1항}).

파산선고는 공고 및 송달을 동시에 하여야 하므로, 파산선고에 대한 즉시항고기간은 공고의 효력이 발생한 날, 즉 관보에 게재된 날의 다음 날 또는 대법원규칙이 정하는 방법에 의한 공고가 있은 날의 다음 날 오전 0시부터 14일 이내이다(^{법 제13조}_{제2항}).[75] 위 즉시항고기간은 불변기간이고,[76] 위 즉시항고기간에는 초일을 산입한다(^{법 제33조, 민사소송법}_{제170조, 민법 제157조 단서}).

한편 파산신청 각하 또는 기각결정은 공고를 하지 않으므로, 이에 대한 즉시항고기간은 신청인이 그 결정 정본을 송달받은 날부터 1주일 이내이다 (^{법 제33조,}_{민사소송법 제444조}). 위 즉시항고기간은 불변기간이고,[77] 위 즉시항고기간에는 초일을 산입하지 아니한다(^{법 제33조, 민사소송법}_{제170조, 민법 제157조 본문}).

즉시항고는 서면으로 하여야 하고(^법_{제14조}), 항고장은 원결정 법원에 제출되어야 한다(^{법 제33조,}_{민사소송법 제445조}). 항고장에는 항고인, 항고로써 불복을 신청한 결정의 표시와 그 결정에 대하여 항고를 한다는 취지를 기재하여야 하고, 소정의 인지를 붙여야 한다. 채권자가 파산신청을 한 경우 그에 대한 재판에 불복하기 위해서는 항고장에 60,000원의 인지를 붙여야 하고(^{민사소송 등 인지법 제11조}_{제1항, 제9조 제1항 제1호}), 그 밖의 경우에는 2,000원의 인지를 붙여야 한다(^{민사소송 등 인지법}_{제11조 제2항}).

즉시항고에는 집행정지의 효력이 없다(^{법 제316조}_{제3항}). 법원은 파산신청을 기각하는 결정에 대하여 즉시항고가 있는 경우 이해관계인의 신청 또는 직권으로 채무자의 재산에 대한 가압류·가처분을 하거나 책임제한절차의 정지를 명할 수 있으나(^{법 제316조 제2항,}_{제323조, 제324조}), 실무상 거의 이루어지고 있지는 않다. 한편 파산선고에 대하여 즉시항고가 있는 경우 원결정 법원이 파산절차를 어느 단계까지 진행시킬 것인

고한 결정도 해석상 파산신청에 의하여 파산을 선고한 결정과 동일하게 취급되어야 할 필요가 있으므로, 법원이 파산신청에 의하지 아니하고 직권으로 파산을 선고한 결정에 대하여도 법 제316조를 유추하여 즉시항고를 할 수 있다고 해석하여야 한다. 실무에서는 법원이 직권으로 파산을 선고한 결정에 대하여 이해관계인이 즉시항고를 제기하자 그 허용 여부에 대한 명시적인 판단 없이 즉시항고를 기각한 사례(대전고등법원 2012. 8. 22.자 2011라96 결정, 서울고등법원 2011. 6. 28.자 2011라609 결정)가 있고, 법 제6조 제1항에 의한 직권 파산선고 결정에 대한 채무자의 즉시항고를 기각한 항고심 결정에 대한 재항고에 관한 결정으로는 대법원 2018. 10. 12. 자 2018마619 결정 등이 있다.

75) 파산선고 결정의 주문 등의 공고가 있기 전에 즉시항고를 하는 것도 허용된다(대법원 2014. 10. 8.자 2014마667 전원합의체 결정 등).
76) 대법원 2014. 7. 25.자 2014마980 결정 등.
77) 대법원 2013. 9. 27.자 2013마1213 결정 등.

지가 문제된다. 파산관재인에 의한 재산조사를 진행하는 것에는 특별한 문제가 없겠으나, 재산의 환가나 배당과 같이 당사자에게 회복하기 어려운 손해를 입힐 우려가 있는 업무를 진행함에는 신중을 기할 필요가 있다.

나. 원결정 법원의 조치

항고장에 기재할 사항을 적지 않은 경우나 소정의 인지를 붙이지 않은 경우에 접수담당 법원사무관 등이 보정을 권고하고, 항고인이 위 권고에 불응한 경우 원심재판장은 상당한 기간을 정하여 보정을 명한다. 항고인이 보정기간 이내에 흠을 보정하지 않거나 즉시항고기간을 넘긴 것이 분명한 때에는 원심재판장이 명령으로 항고장을 각하한다.

원결정 법원은 즉시항고가 이유가 있다고 판단되면 재판을 경정하고(이른바 재도의 고안. [양식 24-2-1], [양식 24-2-2] 참조), 이유가 없다고 판단되면 항고장이 제출된 날부터 2주 이내에 기록을 항고법원에 보낸다($^{법\ 제33조,\ 민사소송법}_{제446조,\ 제443조}$). 실무상 파산관재인 선임비용과 같은 절차비용미납을 이유로 한 파산신청 기각결정에 대하여 채무자가 즉시항고를 하면서 비용을 예납하는 경우가 많은데, 서울회생법원에서는 재도의 고안으로 원결정을 취소하고 파산절차를 진행시키는 것으로 처리하고 있다. 다만 즉시항고가 항고기간이 경과한 이후에 이루어진 경우에는 원결정을 경정할 수 없다. 이는 즉시항고기간의 도과로 원재판이 이미 확정되었기 때문이다.

다. 항고법원의 조치

항고법원은 심리 결과 항고가 부적법하다고 인정하는 때에는 항고를 각하하고, 원결정이 정당하다고 인정하는 때에는 항고를 기각하며, 원결정이 부당하다고 인정한 때에는 원결정을 취소하여야 한다($^{법\ 제33조,\ 민사소송법,\ 제443조,}_{제413조,\ 제414조,\ 제416조,}$). 항고심의 속심적 성격에 비추어 항고심에서의 사실과 증거의 제출은 항고심에서 심문을 연 때에는 그 심문종결 시까지, 심문을 열지 아니한 때에는 결정의 고지 시까지 가능하다 할 것이므로, 항고심 법원으로서는 그때까지 제출한 자료를 토대로 제1심결정 혹은 항고이유의 당부를 판단하여야 한다.[78] 따라서 채무자가 제1심 법원의 보정요구에 응하지 아니하여 '신청이 성실하지 아니한 때'에 해당함을 이유로 파산신청기각결정을 받은 후 즉시항고하면서 보정 요구에 응

---

78) 대법원 2012. 1. 12.자 2011마2059, 2060 결정.

하였다면, 비록 그 내용이 법원의 요구사항을 충족시키지 못할지라도 항고심 법원으로서는 채무자에게 추가적인 보정 요구나 심문 등을 통하여 이를 시정할 기회를 제공한 후에 제1심 결정 또는 항고이유의 당부를 판단하여야 할 것이다.[79)]

　항고심에서 원심의 결정을 취소하는 경우 사건을 원심 법원에 환송하여야 하고(법 제316조 제5항), 항고심의 동시폐지결정 취소결정이 확정되면 원심은 파산관재인 선임 등 동시처분(법 제312조) 및 부수처분(법 제313조)을 행하고 통상의 파산절차를 진행한다(법 제317조 제5항).

2. 파산신청에 대한 재판의 확정

　파산신청에 대한 재판은 즉시항고기간이 경과한 때에 확정된다. 즉, 파산선고는 관보에 공고가 게재된 날의 다음 날 또는 대법원규칙이 정하는 방법에 의한 공고가 있은 날의 다음 날 오전 0시부터 14일이 경과한 때에 확정되고, 파산신청 각하 또는 기각결정은 채무자가 그 결정 정본을 송달받은 날부터 1주일이 경과한 때에 확정된다. 파산선고가 있은 때에는 동일한 파산원인으로 다시 파산신청을 하는 것은 이른바 재도의 파산신청으로 현재의 대법원 판례에 따르면 허용되지 않는다. 그러나 파산신청이 각하 또는 기각된 경우에는 동일한 파산원인으로 재차 파산신청을 하는 것이 가능하다고 해석된다.

3. 파산선고 확정 후의 처리(등록기준지 확정통보)

　파산선고 사실은 '제2절 6. 나.'에서 설명한 바와 같이 각종 법률에서 자격, 인·허가 등의 결격사유로 규정되어 있고, 이러한 결격사유 등 신원증명업무는 등록기준지의 시(구가 설치된 시에 있어서는 구)·읍·면의 장이 관장하고 있다.[80)]

　구 파산법하에서는 채무자에 대한 파산선고가 확정되면 지체 없이 법원사무관 등이 파산선고 결정등본을 첨부하여 등록기준지 시·구·읍·면장에게 파산선고 확정통보를 하였다. 이는 공익적 고려에서 법원의 예규[81)]로 실시한 것인

---

79) 대법원 2012. 4. 13.자 2012마271, 272 결정.

80) 구 신원조회 업무처리지침(행정안전부예규 제242조), 결격사유조회 업무처리요령(2012. 1. 31. 국무총리승인).

81) 폐지된 파산선고시 본적지 통지 여부에 대한 질의(재민 89-1).

데, 실무상 등록기준지에 파산선고 확정 통지 후 면책결정이 확정되면 복권을 위해 불과 몇 개월 만에 다시 등록기준지에 면책결정 확정 통보를 반복하여 왔다.

그런데 파산선고로 인한 각종 법률상 제한은 파산선고가 있었다는 사실이 아니라 파산선고 후 복권되지 아니한 자에게만 가해지는 것이고, 면책은 당연 복권사유라는 점을 참작하여, 파산선고가 확정되더라도 면책신청이 각하·기각되거나 면책불허가결정이 내려지거나 면책취소의 결정이 확정된 때에 한하여 통보([양식 22] 참조)하는 것으로 개인파산 예규를 개정하였다(개인파산 예규 제6조). 다만 파산선고결정이 있은 후 면책신청기간 내에 면책신청이 없는 때에는 파산선고의 확정사실을 등록기준지에 통보하여야 한다. 일부면책결정이 내려진 때에도 이는 당연복권사유에 해당되지 아니하므로 등록기준지에 파산선고 확정통보를 하여야 한다.

개정된 예규는 법 시행 이후의 사건뿐만 아니라 파산선고 확정을 등록기준지에 통보하지 아니한 구 파산법이 적용되는 사건에도 적용된다(개인파산예규 부칙 제3조 제2항).

제 4 절　면제재산

1. 면제재산제도의 의의

면제재산이란, 채무자가 파산선고시에 가진 재산으로서 원래 파산재단에 속하여야 하나, 법원의 결정에 의하여 일정한 범위 내에서 파산재단에 속하는 것을 면제받아 자유재산으로 변경된 재산을 말한다(법 제383조 제2항). 구 파산법은 파산재단에 속하지 않는 재산을 민사집행법의 압류금지재산 중 일부로 한정하는 등(구 파산법 제6조 제3항) 그 범위를 지나치게 좁게 규정하여 채무자가 파산선고 후 기본적인 생활조차 영위하기 어렵게 만든다는 비판이 있었다. 이 규정은 채무자의 새로운 출발을 위하여 필요한 최소한도의 기본적인 생활수단을 계속 채무자에게 보유케 하자는 미국 연방파산법의 exemption 제도를 수계한 것이다.

다만 면제재산결정은 채무자의 신청이 있어야 가능하고 그 시기에 제한이 있으므로, 법률적 지식이 부족한 채무자가 미처 면제재산 신청을 하지 못하여 불이익을 받을 우려가 있다. 서울회생법원에서는 면제재산 신청을 한 채무자와의 형평성을 고려하여, 비록 면제재산 신청이 없는 경우에도 재산환가 과정에서 면제재산의 취지를 고려하고 있다.

2. 면제재산제도의 내용

가. 면제재산의 범위 — 파산재단 제외 재산의 확장

1) 주거용 건물의 임차보증금반환청구권 중 일정액

가) 대 상 채무자 또는 그 피부양자의 주거용으로 사용되고 있는 건물에 관한 임차보증금반환청구권으로서 주택임대차보호법 제8조(보증금 중 일정액의 보호)의 규정에 의하여 우선변제를 받을 수 있는 금액의 범위 안에서 대통령령이 정하는 금액을 초과하지 아니한 부분은 면제재산의 대상이 된다 (법 제383조 제2항 제1호). 면제재산이 되는 임차보증금반환청구권의 상한액은 주택임대차보호법 시행령 제10조 제1항에서 정한 금액으로 하는데(시행령 제16조 제1항),[82] 서울특별시는 5,000만 원, 수도권정비계획법에 따른 과밀억제권역(서울특별시 제외), 세종특별자치시, 용인시, 화성시 및 김포시는 4,300만 원, 광역시(수도권정비계획법에 따른 과밀억제권역에 포함된 지역과 군지역은 제외), 안산시, 광주시, 파주시, 이천시 및 평택시는 2,300만 원, 그 밖의 지역은 2,000만 원이다(주택임대차보호법 제8조 제1항, 제3항, 같은 법 시행령 제10조 제1항).[83] 만약 그 금액이 주택가격의 2분의 1을 초과하는 경우에는 주택가격의 2분의 1로 한다(시행령 제16조 제1항).

나) 주택임대차보호법상 요건의 필요성 여부 2010. 7. 23.부터 시행된 개정 민사집행법은 '주택임대차보호법 제8조, 같은 법 시행령의 규정에 따라 우선변제를 받을 수 있는 금액'을 압류금지채권으로 규정하고 있다(민사집행법 제246조 제1항 제6호). 따라서 위 규정에 의한 압류금지채권이기 위해서는 소액임차인의 우선변제권 요건, 즉 ① 주택에 대한 경매신청의 등기 전 주택의 인도 및 주민등록과 ② 임대차보

---

82) 종래 구 시행령 제16조 제1항은 '법 제383조 제2항 제1호에서 "대통령령이 정하는 금액"이라 함은 주택가격의 2분의 1을 초과하지 않는 범위에서 다음 각 호의 구분에 의한 금액을 말한다. 1. 수도권정비계획법에 의한 수도권 중 과밀억제권역: 1,600만 원, 2. 광역시(군지역과 인천광역시를 제외한다): 1,400만 원, 3. 그 밖의 지역: 1,200만 원'이라고 규정하였는데, 주택임대차보호법 시행령의 개정으로 그 금액이 상향조정되었음에도 구 시행령은 개정되지 않아 양 규정 사이에 금액 차이가 발생하는 문제가 있었다. 2013. 2. 13. 개정된 현행 시행령 제16조 제1항은 파산재단에서 면제할 수 있는 임차보증금반환청구권의 상한액을 주택임대차보호법 시행령과 연동시킴으로써 이러한 문제를 해결하였다.

83) 2021. 5. 11.자로 시행된 개정 주택임대차보호법 시행령에 따라 소액임차인의 우선변제권이 인정되는 임차보증금 한도가 상향되었다. 위 개정규정은 시행령 시행 당시 존속 중인 임대차에 대해서도 적용하되, 시행 전에 임차주택에 대하여 담보물권을 취득한 자에 대해서는 종전의 규정에 따른다(주택임대차보호법 시행령 부칙 제2조).

증금이 주택임대차보호법 시행령 제11조에서 정하는 금액 이하라는 요건이 충족되어야 한다. 한편 법 제383조 제2항 제1호는 '채무자 또는 그 피부양자의 주거용으로 사용되고 있는 건물에 관한 임차보증금반환청구권으로서 주택임대차보호법 제8조의 규정에 의하여 우선변제를 받을 수 있는 금액의 범위 안에서 대통령령이 정하는 금액을 초과하지 아니한 부분'을 면제재산의 대상으로 규정하고 있는데, 이 경우에도 소액임차인의 우선변제권 요건을 필요로 하는지 여부가 문제된다.

견해의 대립이 있을 수 있으나, 위 두 규정의 문언 자체가 상이하고, 주거의 안정을 통하여 채무자의 새로운 출발을 돕기 위한 면제재산 제도의 취지에 비추어 보면, 이 조항에 의한 면제재산에 해당하기 위하여 소액임차인의 우선변제권 요건을 구비할 것을 요하지는 않는다고 보는 것이 타당하다. 이렇게 볼 때 이 조항은 민사집행법의 개정에도 불구하고 주택임대차보호법상의 요건을 갖추지 못하여 압류금지채권에 해당하지 않는 임차보증금에 대하여도 그 중 일정액을 면제재산으로 보호하는 근거규정으로서의 의미를 가지게 된다.[84] 예컨대, 서울에 거주하는 채무자의 임차보증금이 2억 원이어서 주택임대차보호법 시행령 제11조 제1호 소정의 금액을 초과하여 소액임차인에 해당하지 않거나, 전입신고를 미처 하지 못하여 주택임대차보호법 제8조에 의한 우선변제 요건을 충족시키지 못하는 경우에도, 위 임차보증금 중 5,000만 원의 한도 내에서는 면제재산으로 인정될 수 있다.

2) 6월간 생계비에 사용할 특정한 재산

채무자 및 그 피부양자의 생활에 필요한 6월간의 생계비에 사용할 특정한 재산으로서 대통령령이 정하는 금액을 초과하지 아니한 부분은 파산재단에서 면제할 수 있다(법 제383조 제2항 제2호). 시행령이 정하는 금액은 1,110만 원이다(시행령 제16조 제2항). '생계비에 사용할 특정한 재산'의 의미에 관하여는 실제 생계에 필요한 재산에 한정되므로 자동차[85]나 골프채와 같이 생계에 필요하지 않은 물건들은 면제재산 대상에서 제외된다는 견해와 당해 재산의 매각대금으로 생계비에 사용할 가능성

---

84) 이와 달리 면제재산에 해당하기 위해서는 소액임차인의 우선변제권 요건을 충족시킬 필요가 있다는 견해에 의하면, 민사집행법의 개정으로 이 조항에 의한 임차보증금은 압류금지재산으로서 당연히 파산재단에서 제외되는 반면 위 요건에 해당되지 못하는 채무자의 임차보증금은 압류금지재산이나 면제재산으로도 보호받지 못하게 된다. 다만 실무상으로는 임차보증금을 환가함에 있어서 면제재산 제도의 취지를 감안하고 있으므로, 견해에 따른 실질적인 차이는 적을 것이다.

85) 다만 장애인용 경형자동차의 경우 압류금지재산에 해당될 수 있다(민사집행법 제195조 제15호).

이 있는 재산이면 실제 생계에 필요한지 여부와 상관없이 면제재산 대상에 해당
된다는 견해가 대립되고 있다. 서울회생법원의 실무는 이 조항에 해당하는 면제
재산의 대상을 비교적 넓게 인정하되, 사치품이나 고가품과 같이 파산재단에 편
입시켜 환가가 되어야 할 것으로 예상되는 재산에 대하여는 면제재산의 대상에
서 제외시키고 있다.

나. 절   차

1) 신청자격[86]

면제재산을 신청할 수 있는 자격은 개인 채무자에 한한다. 이는 채무자 및
그 가족의 경제적 회생을 지원하기 위하여 마련된 제도이기 때문이다.

2) 신청시기 및 방법

면제재산의 신청은 파산신청일 이후부터 파산선고 후 14일 이내에 면제재
산이 되기를 원하는 재산에 관하여 '면제재산 목록'을 작성하고, 이에 대한 소명
자료를 첨부한 서면으로 하여야 한다(법 제383조 제3항)([양식 9] 참조). 면제재산 신청에 인
지나 송달료를 붙일 필요는 없다.

3) 법원의 조치

면제재산에 관한 신청이 있는 경우에는 별도의 사건부호 및 번호의 부여
없이 문건으로 파산기록에 가철한다. 법원은 파산선고 전에 면제재산신청이 있
는 경우에는 파산선고와 동시에, 파산선고 후에 그러한 신청이 있는 경우에는
신청일부터 14일 이내에 면제 여부 및 그 범위를 결정하여야 한다(법 제383조 제4항)([양식
12, 12-1, 12-2] 참조).[87] 또한 그와 같은 결정이 있는 경우에는 채무자 및 알고
있는 채권자에게 그 결정서를 송달하여야 한다(법 제383조 제5항). 이 결정에 대하여 불복
하는 채무자 및 채권자는 즉시항고를 할 수 있다(법 제383조 제6항). 다만 위 즉시항고는
집행정지의 효력이 없다(법 제383조 제7항).

파산선고와 동시에 파산절차를 폐지할 경우에는 파산재단이 구성되지 않으
므로, 이때에는 면제재산결정을 할 필요가 없다.

---

86) 법문상 신청에 의해서만 면제재산 결정을 할 수 있는데 파산신청을 한 채무자 중에는 법률적
   지식이 별로 없는 경우가 많아 면제재산의 필요성이 있으면서도 신청을 못함으로써 불이익을
   입을 수 있으므로 입법론상 법원이 직권으로도 면제재산결정을 할 수 있도록 함이 바람직하다.
   일본 신 파산법 제34조 제4항도 같은 이유로 법원이 직권으로 할 수 있게 규정하고 있다.

87) 다만, 실무상 면제재산에 대하여 인용 또는 기각 결정을 하지 않고 해당 재산에 대한 환가포
   기 결정으로 갈음하는 경우가 많다.

다. 면제재산 신청 재산에 대한 중지·금지명령

법원은 파산선고 전에 면제신청이 있는 경우에 채무자의 신청 또는 직권으로 파산선고가 있을 때까지 면제의 신청이 있는 재산에 대하여 파산채권에 기한 강제집행, 가압류 또는 가처분의 중지 또는 금지를 명할 수 있다(법 제383조 제8항)(중지명령은 [양식 10], 금지명령은 [양식 11] 참조). 파산신청이 취하, 각하 또는 기각된 때에는 발령된 중지·금지명령은 별도의 취소결정 없이 당연히 효력을 잃는다. 면제결정이 확정된 때에는 위와 같이 중지한 절차는 그 효력을 잃는다(법 제383조 제9항).

실무상 채무자가 가재도구에 대하여 6월간 생계비에 사용할 특정한 재산이라는 이유로 유체동산 강제집행에 대한 중지·금지명령을 신청하는 사례가 많다. 압류된 가재도구 중에는 압류금지물건에 해당하여 면제재산의 대상이 되지 않거나 냉장고, 세탁기 등 채무자가 이를 매각하여 생계비에 충당하리라고 상정하기 어려운 재산들이 포함된 경우가 있을 수 있는데, 채무자가 동종의 물건을 재구입할 때 소요될 비용과 면제재산 제도의 취지를 감안하면 이를 폭넓게 인정할 필요가 있다. 한편 압류된 물건의 소재지와 채무자의 주거지가 상이한 경우에는 보정명령 등을 통하여 당해 재산이 채무자의 소유인지 여부 등을 심리할 필요가 있다.

면제재산에 대하여 중지·금지를 할 수 있는 것은 파산채권에 한하고, 재단채권은 이에 해당하지 아니한다. 위 중지 또는 금지명령에 대하여는 즉시항고할 수 없다(법 제13조 제1항).

라. 면제재산결정의 효과

면제재산으로 결정된 재산은 파산재단에서 제외되므로(법 제383조 제2항), 파산관재인의 관리·처분권이 미치지 않고 채무자는 이를 자유롭게 처분할 수 있다.

파산절차가 진행되는 동안 파산채권자는 그 면제재산에 대하여 강제집행을 할 수 없고(제424조), 파산절차가 종료되더라도 면책절차가 계속 중인 경우에는 면책신청에 관한 재판이 확정될 때까지는 면제재산을 포함한 채무자의 재산에 대하여 강제집행을 할 수 없다(제557조). 그런데 파산절차가 종결되었으나 미처 면책신청이 이루어지지 못한 예외적인 경우[88]에는 파산채권자가 면제재산에 대하여

---

88) 파산신청만 있고 간주면책신청이 적용되지 않는 사건에서 파산절차가 동시폐지로 종료된 경

강제집행을 하는 것을 막을 수 없어 면제재산 제도의 실효성을 저하시킬 우려가 있다. 이러한 점을 감안하여 법 제383조 제10항은 면제재산에 대하여는 제556조 제1항의 규정에 따라 면책신청을 할 수 있는 기한까지 파산채권에 기한 강제집행, 가압류 또는 가처분을 할 수 없다고 규정함으로써, 면제재산 결정 후 면책신청시까지의 파산채권자의 면제재산의 집행을 금지하고 있다.

우가 이에 해당할 것이다.

제5장 개인파산관재인 사건의 처리

제1절 개인파산관재인의 지위 및 권한과 의무

1. 지   위

파산관재인은 파산절차를 수행하기 위하여 필수적이고 가장 중요한 기관으로 파산선고와 동시에 선임된다(법 제312조 제1항).

채무자가 파산선고시에 가진 모든 재산은 파산재단을 구성하고(법 제382조), 그 파산재단을 관리 및 처분할 권한은 파산관재인에게 속하므로(법 제384조), 파산관재인은 채무자의 포괄승계인과 같은 지위를 가지게 되지만, 파산이 선고되면 파산채권자는 파산절차에 의하지 아니하고는 파산채권을 행사할 수 없고, 파산관재인이 파산채권자 전체의 공동의 이익을 위하여 선량한 관리자의 주의로써 그 직무를 행하므로, 파산관재인은 파산선고에 따라 채무자와 독립하여 그 재산에 관하여 이해관계를 가지게 되는 제3자로서의 지위도 가지게 된다.

따라서 파산관재인은 민법 제108조(통정한 허위의 의사표시) 제2항, 민법 제110조(사기, 강박에 의한 의사표시) 제3항의 경우 등에 있어서 제3자에 해당하고, 그 선의·악의도 파산관재인 개인의 선의·악의를 기준으로 할 수는 없고 총파산채권자를 기준으로 하여 파산채권자 모두가 악의로 되지 않는 한 파산관재인은 선의의 제3자라고 할 수밖에 없다.[1] 또한 파산선고 전에 부동산에 대한 점유취득시효가 완성되었으나 파산선고시까지 이를 원인으로 한 소유권이전등기를 마치지 아니한 자는 파산재단에 속하는 부동산에 관하여 이해관계를 갖는 제3자의 지위에 있는 파산관재인을 상대로 파산선고 전의 점유취득시효 완성을 원인

---

1) 대법원 2006. 11. 10. 선고 2004다10299 판결, 대법원 2010. 4. 29. 선고 2009다96083 판결, 대법원 2014. 8. 20. 선고 2014다206563 판결.

으로 한 소유권이전등기절차의 이행을 청구할 수 없고, 파산채권자로서 파산절차에 의하여서만 그 권리를 행사할 수 있다.[2] 채권양도의 대항요건을 갖추기 전에 양도인이 파산한 경우 파산관재인이 민법 제450조(지명채권양도의 대항요건)의 제3자에 해당하는지 여부,[3] 파산선고 후 해제권이 행사된 경우 파산관재인이 민법 제548조(해제의 효과, 원상회복의무) 제1항 단서의 제3자에 해당하는지 여부 등에 관하여는 견해의 대립이 있다.[4]

2. 권 한

파산관재인은 취임 직후 바로 파산재단 소속 재산의 점유에 착수하는 것을 시작으로, 파산의 목적 달성을 위하여 파산절차상 필요한 일체의 행위를 할 권한을 가진다. 다만 파산관재인에게 속하는 권한은 파산재단에 속하는 것에 한하므로, 자유재산[5]에 대한 관리·처분에까지 미치지는 않는다.

가. 적극재산의 관리

적극재산의 관리에 관하여는 우선 파산재단의 점유관리에 관하여 재산의 봉인(법 제480조), 재산가액의 평가(법 제482조), 중단된 소송의 수계(법 제347조)의 권한이 있고, 파산재단의 정리·수집·청산에 관한 각종 법률관계의 처리(법 제335조 내지 제344조), 환취권·별제권·상계권의 처리(법 제407조 내지 제422조), 채권의 추심과 소의 제기(법 제384조 제359조), 재단의 환가(법 제491조, 제492조, 제496조, 제497조), 부인권의 행사(법 제391조 내지 제406조), 재단채권의 변제(법 제473조 내지 제478조) 등의 권한이 있다.

---

2) 대법원 2008. 2. 1. 선고 2006다32187 판결.

3) 파산관재인이 민법 제450조 제1항의 제3자에 해당한다는 하급심 판결로는 대구지방법원 2004. 4. 30. 선고 2003가단52460 판결(미항소 확정) 참조.

4) 윤남근, "파산관재인 — 그 법률상 지위와 권한을 중심으로 —", 재판자료 82집(1999), 191면; 양재호, "파산관재인이 통정허위표시의 법률관계에서 보호되는 제3자에 해당하는지 여부 및 이 경우 '선의성'의 판단기준", 민사판례연구 30권, 박영사(2008), 459면 이하 참조. 다만, 대법원 2014. 6. 26. 선고 2012다9386 판결은 파산선고 전에 채무자에 대하여 증여계약의 해제 의사표시를 하였으나 증여한 부동산에 대하여 원상회복등기를 마치지 않은 사안에서, '파산채권자 모두가 악의로 되지 않는 한 파산관재인은 민법 제548조 제1항 단서의 선의의 제3자라고 할 수밖에 없으므로, 증여계약의 해제로써 선의의 제3자인 파산관재인에게 대항할 수 없다고 하였다.

5) 파산재단에 속하는 재산은 압류 가능한 재산에 국한되므로 압류금지재산, 채무자가 파산선고 후에 취득한 재산(이른바 신득재산), 법원에서 면제재산으로 결정한 면제재산(제383조 제2항)은 파산재단에 속하지 않는다. 이를 '자유재산'이라고도 한다[오수근, '개인채무자의 도산', 도산법(2012), 한국사법행정학회].

나. 소극재산의 관리

소극재산의 관리에 관하여는 신고채권의 조사와 이의(법 제452조 내지 제458조), 파산채권의 확정에 관한 소송에 대한 응소 또는 소의 제기(법 제462조 내지 제466조), 중단된 소송의 수계(법 제347조)의 권한이 있다.

다. 배당에 관한 권한

배당에 관하여는 배당허가(동의)의 신청(법 제506조, 제520조), 배당표의 작성·제출·경정(법 제507조, 제508조, 제513조, 제527조), 배당액의 공고(법 제509조), 배당액(또는 배당률)의 결정·통지(법 제515조, 제522조), 배당실시(법 제505조, 제517조 내지 제519조, 제524조, 제526조 내지 제528조), 추가배당(법 제531조, 제532조) 등의 권한이 있다.

라. 채권자집회에 관한 권한

제1회 채권자집회에서의 파산경과 보고(법 제488조), 기타 채권자집회의 소집신청(법 제367조), 집회에의 출석·보고·설명·의견진술(법 제365조, 제499조) 등의 권한이 있다.[6]

마. 면책불허가사유의 조사·보고와 이의신청

면책불허가사유의 유무를 조사하여, 면책심문기일 또는 의견청취기일에 그 결과를 보고하고(법 제560조), 그 조사보고서를 법원에 비치하며(법 제561조), 면책심문기일로부터 30일 이내에 혹은 의견청취기일 내에 면책신청에 관하여 이의를 제기할 권한(법 제563조)이 있다.

3. 의 무

가. 선량한 관리자의 주의의무

파산관재인은 선량한 관리자의 주의로써 그 직무를 행하여야 한다(법 제361조 제1항). 이러한 주의의무위반과 관련하여 실무상 지적되는 예로는, 재단에 속한 추심 가능한 매출금채권의 회수에 관하여 지급명령 신청 등 적절한 수단을 취하지 않은 채 시효완성으로 회수불능되어 전혀 배당을 할 수 없게 된 경우, 부인권의 유무에 관한 조사 및 그 행사를 게을리하거나, 역으로 승소 또는 회수가능성이 없음

---

6) 또한 파산관재인은 이와 같이 채권자집회에 대한 보고를 위하여 채무자에게 '파산에 관하여 필요한 설명'을 요청할 권한이 있다(법 제321조).

이 명백함에도 부인권을 행사한 경우, 법원의 허가를 요하는 경우에 그 허가를 받지 않고 행위를 한 경우, 채무자가 강력하게 이의를 진술하여 그 존재에 의심이 가는 채권에 관하여 충분히 조사하지 않고 그 채권을 시인한 경우, 하자있는 배당표를 작성하여 파산채권자에게 손해를 가한 경우, 일부 채권자를 위법하게 배당에서 제외한 경우,[7] 재단채권인 조세채권에 관하여 교부청구가 있었는데도 이를 무시하고 파산채권자에게 배당한 후 파산절차를 종결한 경우, 의심이 있는 재단채권을 부인하지 않고 변제한 경우, 파산재단에 재단채권을 변제하기에 충분한 금원이 있음에도 조세나 공과금을 제때에 납부하지 아니하여 가산세 등을 부담하게 한 경우, 채무자의 자유재산을 처분한 경우, 환취권·별제권의 목적물을 손상한 경우, 명백히 위법한 조세부과처분에 대하여 불복절차를 게을리한 경우 등이 있다.

특히 파산관재인은 보조인의 행위로 인해 책임을 지는 사례가 발생할 수 있으므로, 보조인에 대한 관리·감독에 주의를 다하여야 한다.

다만 파산관재인은 파산재단의 관리·처분에 관하여 재량권을 가지고 있으므로, 파산관재인이 업무를 수행하면서 파산재단에 다소 손실을 가져왔다 하더라도(예를 들어, 파산관재인이 부동산을 매각함에 있어 좀 더 나은 가격으로 매각하기 위해 매매시기를 검토하다가 결과적으로 처음 의도하였던 가격보다 저렴한 가격으로 매각하게 된 경우), 이를 두고 곧바로 선관주의의무 위반이라고 단정할 수 없다.[8] 통상의 합리적인 파산관재인으로서 그 상황에서 합당한 정보를 가지고 적합한 절차에 따라 파산재단의 최대이익을 위하여 신의성실에 따라 업무를 수행한 것이라면, 현저한 불합리가 없는 한 파산관재인의 판단은 허용되는 재량의 범위 내의 것으로서 선관주의의무를 다한 것으로 볼 것이다.[9]

---

7) 대법원 2011. 7. 28. 선고 2010다38571 판결(파산관재인이 중간배당절차를 진행하면서 이의 없이 확정된 파산채권을 배당에서 배제시킨 것은 불법행위에 해당한다고 한 사례).

8) 대법원 2010. 11. 11. 선고 2010다56265 판결 참조(파산관재인이 법원의 허가를 받아 임의매각하는 경우에는 그 환가의 방법, 시기, 매각절차, 매수상대방의 선정 등 구체적 사항은 파산관재인이 자신의 권한과 책무에 따라 선량한 관리자의 주의를 다하여 적절히 선택할 수 있으므로, 파산관재인이 파산재단에 속하는 부동산을 경쟁입찰방식에 의해 매각하면서 입찰 당시 입찰공고에 정한 금액에 미달하는 입찰보증금만을 납부한 최고금액 입찰자를 낙찰자로 결정한 후 다음 날 입찰보증금을 추가 납부받아 매매계약을 체결하고 파산법원의 허가를 받은 사안에서, 위 입찰 및 매매계약은 법 제496조 제2항에 정한 임의매각에 해당하므로 입찰보증금 납입 하자에 관한 민사집행법의 규정은 위 입찰에 적용되지 않고, 낙찰자가 나머지 입찰보증금을 납입한 이상 위 입찰보증금 납입 하자가 입찰절차의 공공성과 공정성이 현저히 침해될 정도로 중대한 경우라 볼 수 없다고 본 원심의 판단이 정당하다고 한 사례).

9) 파산관재인의 선관주의의무와 관련하여, 파산관재인이 중도에 사임하거나 또는 파산절차가 종료하여 그 임무가 종료되는 경우 채권자집회에 계산의 보고를 하게 되는데(법 제365조 제1항),

나. 중립의무 및 충실의무

파산관재인은 채무자, 파산채권자 등 다수 이해관계인의 이해를 조절하면서 파산절차를 주도적으로 수행하는 기관이므로, 그 지위, 직책상 직무의 집행에 있어서 모든 이해관계인에 대하여 공정·중립을 유지하여야 한다. 이러한 의무는 법에 직접적인 근거는 없지만, 그 지위의 성격에서 나오는 당연한 의무라고 할 수 있다. 이와 같은 차원에서 민법 및 상법상 자기거래의 금지 등 충실의무에 관한 규정이 유추적용된다고 해석된다. 따라서, 파산관재인이 파산재단 소속 재산을 환가함에 있어서 직접적 또는 간접적으로 그 상대방이 되는 것은 그것이 채무자와 파산채권자 다수의 희망에 따른 것이라고 해도, 특별한 사정이 없는 한 허용되지 않는다.

다. 보고의무

1) 채권자집회에 대한 보고

파산관재인은 파산선고에 이르게 된 사정 및 채무자와 파산재단에 관한 경과와 현상에 관하여 제1회 채권자집회에 보고한다($_{제488조}^{법}$). 실무상 파산관재인 보고서[10]를 작성·제출하고 있고, 보고서에는 파산재단에 속한 재산의 현황, 파산관재업무의 진행방침, 재단수집의 난이도와 전망, 파산재단 환가의 비용과 소요기간, 배당률의 예측 등을 기재하여 파산채권자에게 그에 관한 자료를 제공하고 있다. 그 밖에 파산관재인의 임무가 종료한 때에는 채권자집회에 계산의 보고를 하여야 하고($_{제1항}^{법 제365조}$), 채권자집회가 정하는 바에 따라 파산재단의 상황에 관하여 보고한다($_{제499조}^{법}$).

2) 법원에 대한 보고

법원은 파산관재인에 대한 일반적 감독권을 가지므로($_{제358조}^{법}$), 그 감독의 전제로서 정기보고 기타의 형식으로 관재업무 수행상황의 보고를 명할 수 있고, 파산관재인은 이 명령에 응하여 보고할 의무가 있다. 서울회생법원에서는 개인

위 채권자집회에서 계산보고서가 이의제기 없이 승인되면 파산관재인은 보고한 사항에 한하여 채무자, 파산채권자, 후임 관재인에 대하여 책임을 면하게 된다는 견해가 있다. 위 견해는 상법 제450조를 유추적용한 것으로 보인다. 자세한 내용은 임치용, 파산법연구(3), 박영사(2010), 144면 참조.

10) 서울회생법원에서는 2018. 1. 1.부터 접수된 사건에 대하여 개인파산 사건 관련 정보를 축적하고 이를 활용하기 위해 원칙적으로 전자적 정보 입력방식의 E-form 보고서(양식 [24-20] 참조)를 제출받고 있다.

파산관재인에게 6개월마다 선임 사건 수, 환가 및 배당 현황 등에 관한 업무현황보고서를 제출하도록 하고 있다.

라. 의무위반에 대한 효과

파산관재인이 위 의무를 게을리하면 해임사유가 되고(법 제364조 제1항), 의무위반으로 인하여 이해관계인에게 손해를 가한 경우 손해배상책임을 진다(법 제361조 제2항). 파산관재인의 의무위반으로 인한 손해배상채권은 재단채권[11]이므로(법 제473조 제4호) 파산재단도 손해배상책임을 지고, 파산관재인 개인의 손해배상책임과 파산재단의 손해배상책임은 부진정연대채무의 관계에 있다.

제 2 절   개인파산관재인의 업무 및 법원의 감독

1. 일반적 업무집행

가. 파산관재인 취임 직후의 업무집행

파산관재인은 파산선고 후에 ① 파산관재인 명의의 사용인감 개설신고, ② 현금 등 고가품 보관장소의 지정신청(이에 따른 고가품 보관장소 지정결정은 [양식 24-11] 참조, 고가품보관장소 지정은행에 대한 의뢰서는 [양식 24-12] 참조), ③ 부인권 행사를 위한 가처분의 필요에 관한 검토, ④ 파산재단 소속 재산에 관하여 소송·강제집행·가압류·가처분의 계속 여부 파악 등의 업무를 조속히 처리하여야 한다. 다만 실무상 파산재단의 형성이 가능하다고 보이는 경우에 한하여 현금 등 고가품 보관장소의 지정신청을 하고, 파산재단의 형성이 어려울 것으로 예상되는 경우에는 별도의 지정신청을 하지 않는 것이 일반적이다.

나. 소송대리인의 선임

파산재단에 관한 소송은 파산관재인이 직접 수행하는 것이 원칙이다. 따라서 파산채권조사확정 재판에 대한 이의의 소, 부인에 관한 소송 등은 파산관재

---

11) 파산관재인이 직무집행에 관하여 한 불법행위 및 직무와 관련하여 부담하는 채무의 불이행도 파산재단에 관하여 한 행위이므로, 이로 인한 손해배상청구권은 법 제473조 제4호가 정하는 재단채권이 된다(대법원 2014. 11. 20. 선고 2013다64908 전원합의체 판결 참조).

인이 이를 수행하여야 할 것이다. 이를 위하여 부인에 관한 소송 등이 예상되는 경우에는 파산관재인 보수를 예상하여 넉넉히 예납금을 정하여야 할 것이다.

다. 파산관재인 대리, 보조인의 활용

1) 파산관재인 대리

파산관재인은 필요한 때에는 그 직무를 행하게 하기 위하여 법원의 허가를 받아 자기의 책임으로 대리인을 선임할 수 있다(법 제362조 제1항, 제2항). 구 파산법 제155조에 의하면 파산관재인은 '임시고장이 있는 경우'에 법원의 인가를 얻어 대리인을 선임할 수 있었으나 현행법에서는 '임시고장이 있는 경우'를 삭제하여 대리인 선임 요건을 완화하였다.

파산관재인 대리는 파산관재인에 갈음하여 재판상 또는 재판 외의 모든 행위를 하는 등 당해 사건에 관하여 실체법상 및 소송법상의 포괄적 대리권을 가지고(법 제362조 제4항),[12] 파산관재인과 별도로 비용, 보수 등을 받을 수 있다(법 제30조 제1항 제1호). 법원은 파산관재인 대리 선임 허가신청에 대하여, 특정 파산관재인이 수행 중인 사건 수가 많은 경우, 특정 사건의 관재업무가 규모·내용 등에 비추어 복잡하고 광범위한 경우 등 파산관재인 대리 선임의 필요성을 검토하여 허가 여부를 결정한다.

2) 보조인

한편, 파산관재인은 그 직무상 필요에 따라 보조인을 고용할 수 있다. 파산관재인은 보조인을 고용하더라도 원칙적으로 관재업무를 직접 처리하여야 하고, 법원에 제출하는 허가신청서, 보고서 등의 작성을 보조인에게 맡기더라도 그 내용을 완전히 검토하여 파산관재인이 파산재단의 현황을 제대로 파악하지 못 하는 일이 없도록 주의하여야 한다. 특히 파산관재인은 보조인에 의해 금전사고가 발생하지 않도록 임치금의 출금을 직접 담당하는 등 보조인에 대한 관리·감독에 주의를 다하여야 한다.

---

12) 이러한 점에서, 파산관재인 대리는 민사소송법 제88조에 의하여 수소법원의 허가를 받은 소송대리인과 다르므로 합의부가 심판하는 사건에서도 소송수행이 가능하다.

2. 기존 계약의 처리[13)]

가. 일 반 론

파산이 선고되더라도 파산관재인은 파산재단에 관한 종전 법률관계를 승계하고, 그 법률관계의 내용은 변동되지 않는 것이 원칙이다. 다만 관리처분권이 파산관재인에게 이전된다는 점 때문에 법에서는 종전 법률관계에 관하여 특칙을 두고 있다.

쌍무계약의 경우 쌍방 모두 이행을 완료하였다면 그 법률관계는 그대로 확정되고, 다만 부인권이 문제될 수 있을 뿐이다. 계약당사자 중 일방만이 이행을 완료한 경우에는 상대방의 이행 문제만 남게 된다.[14)] 문제는 양 당사자 모두 이행을 완료하지 않은 경우이다. 이 경우 법은 형평의 관점에서 원칙적으로 파산관재인이 채권자 일반의 이익을 고려하여 파산재단에 유리한 계약의 이행 또는 파산재단에 불리한 계약의 해제·해지를 선택할 수 있도록 선택권을 부여하는 대신, 파산관재인이 이행을 선택하는 경우 상대방은 채무를 완전히 이행해야 함에도 반대급부를 파산채권으로 비례배당을 받게 되는 불합리를 해소하기 위해 상대방의 반대급부를 재단채권으로 인정하고 있다.

나. 미이행 쌍무계약 일반(법 제335조)

1) 개   요

파산선고 당시 양 당사자의 채무가 모두 미이행 상태인 쌍무계약의 경우 파산관재인은 계약의 이행 또는 해제에 관한 선택권을 가진다. 파산관재인이 이행을 선택하는 경우에는 상대방에 대한 이행의 청구는 법원의 허가사항이고(법 제492조 제9호), 상대방의 반대채권은 재단채권이 된다(법 제473조 제7호). 해제를 선택하는 경우에는 상대방의 손해배상청구권은 파산채권으로 되고, 상대방은 급부물 또는 그 가액에 대하여 환취권자 또는 재단채권자로서 권리를 행사할 수 있다(법 제337조).

상대방은 파산관재인에 대하여 상당한 기간을 정하여 그 기간 안에 계약의 이행 또는 해제(해지) 선택의 확답을 최고할 수 있고, 파산관재인이 확답을 하지

---

13) 이곳에서 언급되지 않은 거래소의 시세 있는 상품의 정기매매, 계속적 공급계약, 소유권유보부매매계약, 리스계약, 도급계약, 고용계약, 조합계약 등의 처리문제에 대하여는 서울회생법원 실무연구회, 법인파산실무 제5판, 박영사(2019), 제7장 제2절 참조.

14) 만약 채무자만이 이행을 완료하였다면 파산관재인은 파산재단의 환가절차로써 상대방에게 채무의 이행을 청구할 수 있고, 반대로 상대방만이 이행을 완료하였다면 상대방은 반대급부 청구권을 파산채권으로 행사할 수 있다.

않으면 해제한 것으로 간주한다(^{법 제335조}_{제2항}).

2) 미이행 쌍무계약의 의미

'쌍무계약'이라고 함은 쌍방 당사자가 상호 대등한 대가관계에 있는 채무를 부담하는 계약으로서, 본래 쌍방의 채무 사이에 성립·이행·존속상 법률적·경제적으로 견련성을 갖고 있어서 서로 담보로서 기능하는 것을 가리키는 것이다. 그러므로 이와 같은 법률적·경제적 견련관계가 없는데도 당사자 사이의 특약으로 쌍방의 채무를 상환 이행하기로 한 경우는 여기서 말하는 쌍무계약이라고 할 수 없다.[15] 법 제335조는 쌍무계약의 통칙이고, 쌍무계약의 특질을 가진 공법적 법률관계에도 법 제335조가 적용 또는 유추적용 될 수 있다.[16] 여기서 말하는 쌍무계약은 파산선고 당시 유효하게 성립되어 있어야 한다. 따라서 일방의 청약만 있고 승낙이 없는 상태에 있거나, 파산선고 이후에 성립된 쌍무계약에는 법 제335조가 적용되지 아니한다.

'이행을 완료하지 아니한 때'란 채무자와 상대방 양쪽 모두에게 채무의 전부 또는 일부가 남아 있는 것을 말한다. 미이행의 정도는 문제되지 않는다. 즉 전혀 이행하지 않은 경우뿐 아니라, 일부만 이행된 경우도 포함하고, 일부만 이행된 경우 그 비율은 문제되지 않는다. 종된 급부만의 불이행, 불완전이행도 여기서 말하는 미이행에 포함된다.[17] 다만 단순히 부수적인 채무에 불과한 경우에는 그 미이행이 있다고 하더라도 법 제335조에서 정한 미이행이라 할 수 없다.[18] 미이행의 원인은 묻지 않으므로[19] 조건 미성취, 기한 미도래 또는 이행지체에 의한 경우는 물론, 동시이행의 항변권이 행사된 경우도 포함하고, 나아가 이행불능인 경우도 포함된다.

3) 파산관재인의 선택권

가) 선택권의 행사   파산관재인은 미이행 쌍무계약의 이행 선택권을 파

---

15) 대법원 2007. 3. 29. 선고 2005다35851 판결, 대법원 2007. 9. 7. 선고 2005다28884 판결.

16) 대법원 2021. 5. 6. 선고 2017다273441 전원합의체 판결.

17) 박병대, "파산절차가 계약관계에 미치는 영향", 재판자료 제82집(1999), 법원도서관, 444면. 이와 관련하여 대법원 2001. 10. 9. 선고 2001다24174, 24181 판결은 공사가 이미 완성되었다면, 특별한 사정이 있는 경우를 제외하고는 공사도급계약을 해제할 수 없으므로(민법 제668조 단서), 그 이후에 발생하는 하자보수의무를 이행하지 아니하였다고 하더라도 '이행을 완료하지 아니한 때'에 해당하지 않는다고 하였다[이 판결에 대한 평석으로는 이균용, "수급인의 파산과 파산법 제50조의 적용 여부", 대법원판례해설 제38호(2002), 법원도서관, 487면 이하 참조].

18) 대법원 1994. 1. 11. 선고 92다56865 판결은 채무자와 상대방의 채무는 쌍무계약상 상호 대등한 대가관계에 있는 채무를 의미하고 계약상의 채무와 관련이 있다 하여도 막연한 협력의무에 불과한 것은 이에 해당하지 아니한다고 하였다.

19) 대법원 1998. 6. 26. 선고 98다3603 판결, 대법원 2003. 5. 16. 선고 2000다54659 판결.

산재단에 유리하게 되도록 행사하여야 한다. 선택권의 행사방식·행사기간에는 제한이 없다. 해제권을 행사하는 경우 사전에 이를 최고할 필요가 없고, 해제를 전제로 원상회복을 구하는 형태로도 가능하다.[20] 해제권을 행사함에 있어 계약 당사자의 일방 또는 쌍방이 수인인 경우에 해제·해지의 불가분성에 관한 민법 제547조의 제한을 받지 아니한다.[21]

약정된 채무 자체의 이행을 청구하거나 하자담보책임을 청구하는 등 계약의 존속을 전제로 하는 권리를 주장하는 방식으로 이행을 선택할 수도 있다.[22] 다만 파산관재인이 이행을 선택한 경우 상대방에 대한 이행의 청구는 법원의 허가(또는 감사위원의 동의)사항이다(법 제492조 제9호).[23]

양 당사자가 이행하지 않은 부분이 균형을 잃은 경우나 해제권의 행사가 남용이 되는 경우 파산관재인은 해제권을 행사할 수 없다.[24]

나) 해제를 선택한 경우   해제로 인한 상대방의 손해배상청구권은 파산채권이다(법 제337조 제1항).[25] 파산선고 전에 상대방이 채무의 일부를 이행하였고, 급부를 받은 물건이 파산재단 중에 현존하는 경우에는 환취권자로서 상대방은 그 반환을 청구할 수 있고, 현존하지 않는 경우에는 그 가액의 배상을 재단채권자로서

---

20) 다만 대법원 2010. 2. 25. 선고 2007다85980 판결은 파산채권의 신고 및 조사절차에서 파산관재인이 시부인을 한 것에 대하여 미이행 쌍무계약의 해제의 의사표시를 한 것으로 보거나, 채권자가 채권신고를 통하여 매매계약 해제의 의사표시를 한 것으로 보려면 채권자가 채권신고에 이르게 된 동기 및 경위, 채권신고서에 기재된 채권의 내용 및 원인, 파산관재인의 시부인 경위 등을 종합적으로 고려하여 계약해제의 의사를 표시한 것으로 추단할만한 객관적 사정이 인정되어야 한다고 판시하면서, 채권자가 매매계약상 채무의 불이행에 따른 손해배상채권을 파산채권으로 신고하고, 파산관재인이 위와 같은 신고를 일부 시인하였다는 사정만으로는, 채권자가 매매계약 해제의 의사를 표시하거나 파산관재인이 계약해제의 의사를 표시한 것으로 볼 수 없다고 하였다.

21) 대법원 2003. 5. 16. 선고 2000다54659 판결.

22) 대법원 2004. 11. 12. 선고 2002다53865 판결에서는 회사정리절차에서 관리인이 분양잔대금을 받고 입주를 시켰다면 이행을 선택한 것이라고 보았다.

23) 재건형 절차인 회생절차에서는 계약을 해제·해지하는 경우에 법원의 허가를 받도록 하는 반면(법 제61조 제4호), 청산형 절차인 파산절차에서는 계약의 속행이 예외적인 것이므로 이행을 선택하는 경우에 허가를 받도록 하고 있다. 이 경우 법원으로부터 허가를 받지 아니하였다면, 이행의 의사표시는 무효이다.

24) 서경환, "회사정리절차가 계약관계에 미치는 영향", 재판자료 제86집(2000), 법원도서관, 651면은 채무자가 파산선고 전에 부동산을 이중매매하고 그에 관한 소유권이전등기를 마치지 않은 경우, 제2매수인의 매매대금이 더 많다고 하더라도 제1매수인과의 매매계약을 해제하는 것은 권리남용으로 허용되지 않는다고 한다. 다만 구 회사정리법이 적용되는 사안에서 대법원 1998. 6. 26. 선고 98다3603 판결, 대법원 2003. 5. 16. 선고 2000다54659 판결은 정리절차 개시 후 상당기간이 경과된 뒤에 관리인이 구 회사정리법 제103조 제1항에 따른 해제권을 행사하더라도 그 해제권의 행사가 신의칙에 반하는 것으로서 권리남용에 해당한다고 할 수 없다고 하였다.

25) 이 손해배상청구권은 원래 법 제446조 제1항 제2호에 의하여 후순위 파산채권으로 되어야 할 것이지만, 공평을 위해서 일반파산채권으로 승격시킨 것이다.

청구할 수 있다($^{법 제337조}_{제2항}$). 이때 파산관재인은 법원(또는 감사위원)으로부터 환취권 또는 재단채권의 승인 허가를 받아야 한다($^{법 제492조}_{제13호}$). 이러한 환취권 또는 재단채권과 파산관재인의 상대방에 대한 원상회복청구권은 동시이행의 관계에 있다. 한편 파산관재인이 법 제335조 제1항에 의하여 매매계약을 해제한 때에도 매매계약에서 정한 위약금 약정이 적용된다.[26] 해제의 효과는 종국적이기 때문에 파산절차가 폐지되어도 계약은 부활하지 않는다.

다) 이행을 선택한 경우   파산관재인이 이행을 선택한 경우, 이행으로 받은 급부는 파산재단에 속하고, 상대방의 청구권은 재단채권이 된다($^{법 제473조}_{제7호}$). 상대방의 청구권은 본래 파산채권이지만, 동시이행의 항변권을 가지는 상대방의 입장을 존중하여, 재단채권으로 격상시킨 것이다.[27] 파산관재인이 상대방에 대한 이행을 지체하는 경우 그로 인한 손해배상청구권 역시 재단채권이 된다.[28] 파산관재인이 이행을 선택한 경우 파산선고 전의 미지급 대금채권이 파산채권인지 재단채권인지에 대하여 다툼이 있다.[29]

4) 상대방의 최고권 · 해제권

상대방은 파산관재인에게 계약을 이행하여 파산관재인의 해제권을 배제할 수 없고,[30] 파산만을 이유로 미이행 쌍무계약을 해제할 수도 없다. 다만 파산선고 전에 채무자의 채무불이행 등으로 상대방에게 해제권이 발생한 경우에는 상대방은 그 해제권을 행사할 수 있고,[31] 파산관재인이 이행을 선택한 후에도 채무를 불이행하면 이를 이유로 상대방이 계약을 해제할 수 있을 뿐이다.[32] 이처

---

26) 대법원 2013. 11. 28. 선고 2013다33423 판결. 위 판결은 매매계약 당시 위약금 약정을 하고 쌍방 이행이 완료되지 않은 상태에서 매수인에 대하여 파산선고가 된 후 파산관재인이 매매계약을 해제한 경우 매매계약에서 정한 계약금 상당의 위약금이 매도인에게 귀속된다고 하였다.

27) 재단채권이 된 상대방의 청구권은 수시변제를 하여야 하는 것이기 때문에 동시이행의 항변권도 상실하지 않는다.

28) 대법원 2004. 11. 12. 선고 2002다53865 판결.

29) 대법원 2004. 8. 20. 선고 2004다3512, 3529 판결은 회사정리절차에서 관리인이 채무의 이행을 선택한 것으로 간주되는 경우 상대방의 기성공사부분에 대한 대금청구권은 공익채권으로 된다고 하였고, 그 취지를 따르면 파산절차에서 파산선고 전의 미지급 대금채권은 재단채권으로 취급될 여지가 많다.

30) 대법원 1992. 2. 28. 선고 91다30149 판결.

31) 회생절차에 관한 판결이나, 대법원 2011. 10. 27. 선고 2009다97642 판결 참조. 이 경우 해제의 효과와 관련하여 파산관재인이 민법 제548조 단서의 제3자에 해당하는지에 대해서는 견해의 대립이 있다.

32) 이처럼 상대방이 해제권을 행사한 경우, 상대방이 가지는 원상회복청구권이나 손해배상청구권은 법 제473조 제4호의 재단채권이 된다. 이에 대해서는, 박병대, "파산절차가 계약관계에 미치는 영향", 재판자료 제82집(1999), 법원도서관, 456면 참조.

럼 상대방은 파산관재인의 선택에 따라 그 법적 지위가 달라지는 불안정한 상태에 놓이게 된다. 이에 법은 상대방에게 최고권을 인정하여 불안정한 지위에서 벗어날 수 있도록 하고 있다. 즉, 상대방은 파산관재인에 대하여 이행 또는 해제 (해지) 선택의 확답을 최고할 수 있고, 파산관재인이 확답하지 않으면 해제 또는 해지한 것으로 간주한다($^{법\ 제335조}_{제2항}$).[33] 상대방의 최고는 그 대상인 계약을 특정하여 명시적으로 하여야 한다.[34]

다. 매매계약

1) 매도인이 파산한 경우

가) 매도인의 인도의무, 매수인의 대금지급의무가 모두 미이행인 경우

쌍방 미이행 쌍무계약이므로 파산관재인은 채무의 이행 또는 계약의 해제를 선택할 수 있다($^{법\ 제335조}_{제1항}$). 이행을 선택하는 경우에는 법원의 허가 또는 감사위원의 동의를 얻어야 한다($^{법\ 제492조}_{제9호}$). 상대방은 파산관재인에 대하여 이행 여부를 최고할 수 있고, 파산관재인이 확답하지 않으면 해제 또는 해지한 것으로 간주한다($^{법\ 제335조}_{제2항}$).

파산관재인이 이행을 선택한 경우 상대방인 매수인의 청구권은 재단채권이 된다($^{법\ 제473조}_{제7호}$). 해제를 선택한 경우에는 상대방의 손해배상청구권은 파산채권이고, 파산선고 전에 상대방이 채무의 일부를 이행하고 그 급부물이 파산재단 중에 현존한 때에는 상대방은 환취권자로서 그 물건의 반환을 청구할 수 있고, 현존하지 않으면 그 가액의 배상을 재단채권자로서 청구할 수 있다($_{제337조}^{법}$).

나) 매도인의 인도의무가 미이행이고 매수인의 대금지급의무가 이행 완료된 경우

매수인의 목적물 인도청구권은 파산채권으로서 금전화될 수밖에 없게 된다 ($^{법\ 제423조,}_{제426조\ 제1항}$).

다) 매도인의 인도의무가 이행 완료되고 매수인의 대금지급의무가 미이행인 경우

매도인이 가지는 매매대금채권은 파산재단에 귀속되므로($^{법\ 제382조}_{제2항}$), 파산관재인은 매수인에 대하여 매매대금의 지급을 청구할 수 있다.

2) 매수인이 파산한 경우

가) 매도인의 인도의무와 매수인의 대금지급의무가 모두 미이행인 경우

쌍방 미이행 쌍무계약이므로 법 제335조가 적용된다.

---

33) 반면에 재건형 절차인 회생절차에서는 관리인이 최고를 받은 후 30일 이내 확답을 하지 않으면 이행을 선택한 것으로 처리하고 있다(법 제119조 제2항).

34) 대법원 2003. 5. 16. 선고 2000다54659 판결.

나) 매도인의 인도의무가 미이행이고 매수인의 대금지급의무가 이행 완료된 경우

매수인이 가지는 목적물 인도청구권은 파산재단에 귀속되므로(법 제382조 제2항), 파산관재인은 매도인에 대하여 그 이행을 청구할 수 있다.

다) 매도인의 인도의무가 이행 완료되고 매수인의 대금지급의무가 미이행인 경우

매매대금채권은 파산채권이 되므로(법 제423조), 매도인은 파산절차에 의하여 이를 행사하여야 한다. 파산선고 전에 이미 채무자의 채무불이행을 이유로 해제권이 발생하여 매도인이 파산선고 후에 해제의 의사표시를 한 경우 파산관재인에게 해제의 효력을 주장할 수 있는지에 대해서는 견해의 대립이 있다.[35]

3) 매매예약

파산선고 당시 상대방의 매매예약완결권이 행사되지 아니한 상태에 있는 경우에도 상대방의 권리행사에 의하여 매매계약이 성립되거나 장차 매매계약이 성립될 수 있어 매매예약 자체에 법 제335조가 유추적용이 된다. 따라서 파산관재인이 이행을 선택하면 상대방은 매매계약에 따른 급부를 재단채권으로 청구할 수 있고, 해제(해지)를 선택하면 그로 인한 손해배상청구권을 파산채권으로 신고할 수 있을 뿐, 매매계약에 따른 급부를 파산채권으로 신고할 수는 없다.[36]

라. 임대차계약

1) 개   요

임대차계약은 전형적인 쌍무계약의 일종으로서 임대차기간 중에는 남은 기간 목적물을 사용·수익하게 할 의무와 차임을 지급할 의무가 남아 있게 되므로 법 제335조가 적용되고, 파산관재인으로 하여금 계약의 해지 또는 이행을 선택하게 하여 계약관계를 처리하는 것이 원칙이다. 그러나 임차인이 파산한 경우에 관하여는 민법, 주택임대차보호법 및 상가건물 임대차보호법의 규정에 따라 위 원칙이 수정되는 경우가 많다.

---

35) 박병대, "파산절차가 계약관계에 미치는 영향", 재판자료 제82집, 450, 451면 ; 윤남근, "일반 환취권과 관리인·파산관재인의 제3자적 지위", 회생과 파산 1(2012), 사법발전재단, 33면 ; 윤근수, "파산관재인과 통정허위표시의 제3자", 판례연구 제16집(2005), 부산판례연구회, 74-76면 ; 양재호, "파산관재인이 통정허위표시의 법률관계에서 보호되는 제3자에 해당하는지 여부 및 이 경우 '선의성'의 판단기준", 민사판례연구 30권, 박영사(2008), 461, 462면. 다만, 파산선고 전 해제의 의사표시가 있는 경우 파산관재인은 민법 제548조 제1항 단서의 제3자에 해당하므로, 해제로써 선의의 제3자인 파산관재인에게 대항할 수 없다(대법원 2014. 6. 26. 선고 2012다9386 판결).

36) 대법원 2007. 9. 6. 선고 2005다38263 판결.

2) 임대인이 파산한 경우

임대인이 파산한 경우 그 후 임대차계약의 처리에 관하여는 우선 파산관재인이 임대차계약을 해지할 수 있는지 여부와 임차보증금이 있는 경우의 처리방법이 문제된다.

가) 파산관재인의 해지 가부   임대인이 파산한 경우 파산관재인이 법 제335조에 따라 임대차계약을 해지할 수 있는지가 문제된다.

법은 종전의 실무를 반영하여 임대인이 파산한 경우 주택임대차보호법과 상가건물 임대차보호법상의 대항력을 갖춘 임차인을 보호하기 위하여 미이행 쌍무계약에 관한 법 제335조의 적용을 배제하였다(법 제340조 제4항). 즉 파산관재인의 해지권행사로부터 임차인을 보호하고 있다. 선순위 저당권이 설정되어 있어 선순위 저당권자에게 대항력을 주장할 수 없는 경우에도 마찬가지이다.[37]

임대차계약이 계속되는 경우 임차인은 파산관재인에 대하여 차임지급의무를 부담한다. 또 대항력 있는 임대차의 경우에도 파산관재인은 차임미지급, 무단전대 등 채무불이행 사유에 의한 해지를 할 수 있다. 파산관재인이 해지하지 못하는 임대차라고 하더라도 파산절차의 원활한 진행을 위하여 임대차계약을 해지하고 보증금을 반환할 필요가 있는 경우에는, 파산관재인은 보증금 상당액을 퇴거비용으로 지급하는 취지의 화해계약을 체결하고 퇴거비용을 재단채권으로서 지급하면 된다(법 제473조 제4호).

파산관재인이 대항력을 구비하지 못한 임대차계약을 해지하는 경우 해지의 효력은 민법 제635조의 기간 경과를 기다리지 않고 즉시 발생한다(민법 제637조의 반대해석). 임차인이 인도와 임차보증금반환채권의 동시이행을 주장할 수 있는가에 대하여 논란이 있으나, 현재 서울회생법원의 실무는 실체법상의 권리가 파산절차라고 하여 당연히 상실된다고 볼 수 없으므로 배당액과 상환으로 인도하는 것으로 해석하고 있다.

나) 임차보증금이 있는 경우   임차보증금반환채권은 임대차계약에 부수하여 파산선고 전부터 성립되어 있는 채권이고, 파산관재인이 임대차계약을 해지하는 경우에는 임대차계약이 종료되고 임차물의 명도가 완료된 후 미지급 차임 등이 없는 경우에 현실로 반환을 청구할 수 있는 정지조건부 파산채권이다. 따라서 임차인은 목적물을 인도하기 전까지 임차보증금반환채권을 자동채권으로

---

37) 임치용, 파산법연구(2), 박영사(2006), 133~134면.

하는 상계를 할 수 없다($_{제418조}^{법}$). 다만 임차인은 파산선고시의 당기와 차기의 차임채무에 관하여는 상계할 수 있고, 보증금이 있는 경우 시기의 제한 없이 당기와 차기 이후의 차임채무에 관한 상계를 할 수 있다($_{제421조}^{법}$).[38]

　　종래 주택임대차보호법에 따라 대항요건과 확정일자를 갖춘 주택임차인의 임차보증금반환채권을 파산절차에서 어떻게 보호할 것인가를 둘러싸고 논란이 있었다. 법은 종전의 실무를 반영하여 대항요건과 확정일자를 갖춘 주택임차인(상가건물 임대차보호법상의 임차인도 같다)은 파산재단에 속하는 주택(대지를 포함한다)의 환가대금에서 후순위권리자 그 밖의 채권자보다 우선하여 보증금을 변제받을 권리를 인정하였다($_{제1항 · 제3항}^{법 제415조}$). 주택임대차보호법 제8조 소정의 소액보증금의 우선변제권자도 파산신청일까지 대항력을 갖추면 우선변제권을 인정하였다($_{제2항}^{법 제415조}$).[39] 여기서 말하는 우선변제권은 파산절차 또는 경매절차에서 우선변제권을 갖는다는 뜻이지 경매신청권까지 부여된 것은 아니다.

　　다) 선급 차임이 있는 경우　　　임대인이 파산선고를 받은 경우 차임의 선급 또는 차임채권의 처분은 파산선고시의 당기 또는 차기에 관한 것을 제외하고는 이로써 파산채권자에게 대항할 수 없다($_{제1항}^{법 제340조}$). 즉 차임을 매월 말 지급하는 것으로 정한 경우 임차인이 1년분의 차임을 선급하였더라도, 임차인은 파산관재인이 파산선고를 받은 달과 그 다음 달 이후의 차임을 청구하면 이를 이중지급이라는 이유로 거절할 수 없다. 파산한 임대인이 미경과분의 차임채권을 양도한 경우에도 마찬가지이다. 이로 인하여 손해를 입은 임차인 또는 채권양수인은 그 손해배상채권을 파산채권으로 하여 파산절차에 참가할 수 있다($_{제2항}^{법 제340조}$).

　　3) 임차인이 파산한 경우

　　임차인의 파산에 관한 민법 제637조가 법 제335조의 특칙이므로, 계약기간이 정하여져 있는 경우라도 파산관재인뿐 아니라 임대인도 파산을 이유로 민법 제635조의 규정에 의하여 계약을 해지할 수 있다($_{제1항}^{민법 제637조}$). 이 경우 민법 제635

---

38) 다만, 특별한 사정이 없는 한 임차인이 위 임대차보증금반환채권으로 임대인에 대한 파산선고 후에 파산재단에 부담한 채무에 대하여 상계하거나 채무에서 공제하는 것까지 허용되지는 아니하며, 그에 관한 합의 역시 효력이 없다(대법원 2017. 11. 9. 선고 2016다223456 판결).

39) 주의할 사항은, 소액보증금의 우선변제권자의 경우, 파산선고일 또는 경매신청등기일이 아닌 파산신청일까지 대항요건을 갖춘 경우에만 파산절차에서 우선변제권을 인정하고 있는바, 이는 파산신청 이후(특히 채권자 신청의 경우) 파산선고를 받을 임대인이 친지 등을 소액임차인으로 가장하여 입주시킴으로써 우선변제를 받아가는 탈법행위를 막기 위한 취지이다. 이에 따라 집행법원은 경매개시결정의 기입등기 전에 대항요건을 갖추기는 하였지만, 파산신청일 이후에 대항요건을 취득한 소액임차인의 경우에는 위 조항에 따른 우선변제권을 인정할 수 없고 해당 배당액을 파산관재인에게 배당하여야 할 것이다.

조 제2항 소정의 기간이 경과하면 임대차는 종료하며, 상대방에 대하여 해지로 인한 손해의 배상을 청구하지 못한다(민법 제637조 제2항).[40]

주택임대차보호법 제4조, 상가건물 임대차보호법 제9조의 임대차기간에 관한 강행규정이 적용되는 경우라고 하더라도 민법 제637조에 기한 임대인의 해지권은 제한되지 않는다.

임차인이 파산선고를 받았으나 파산관재인이 이행을 선택하여 관재업무의 편의상 계속하여 임차하는 경우, 파산선고 후의 차임은 재단채권(법 제473조 제7호)이 되지만 파산선고 전의 미지급 차임에 대하여는 파산채권으로 취급하는 견해[41]와 재단채권으로 취급하는 견해의 대립이 있으나, 실무상 파산채권으로 취급하고 있다.[42] 파산관재인이 해지한 경우에 파산선고 전의 미지급 차임은 파산채권이고, 파산선고일부터 계약이 해지에 의하여 종료하는 날까지의 차임 및 그 이후의 명도시까지의 차임 상당 손해배상금은 재단채권이 된다(법 제473조 제8호). 따라서 파산관재인은 특별한 사정이 없는 한 조기에 임대차를 해지하는 것이 좋다. 그리고 임대인 및 파산관재인은 상대방에 대하여 이행 또는 해지의 선택을 상당 기간 내에 확답하여야 한다는 취지의 최고를 할 수 있고, 그 기간 내에 상대방의 확답이 없으면 해지한 것으로 간주한다(법 제339조, 제335조 제2항).

마. 위임계약

1) 위임자가 파산한 경우

위임계약의 내용이 유상·쌍무인가 무상·편무인가를 묻지 않고, 위임자의 파산으로 계약은 당연히 종료한다(민법 제690조 전문).[43] 이 경우 미이행 쌍무계약에 관한 법 제335조는 적용될 여지가 없다.[44] 위임계약에 기하여 수임자에게 대리권이 수여된 경우에는 위임계약의 종료로 그 대리권도 소멸한다(민법 제128조). 위임자의 파산을 위임계약의 종료원인으로 하지 않는다는 취지의 특약은, 파산재단 소속 재

---

40) 헌법재판소 2016. 9. 29. 선고 2014헌바292 결정은 '위 규정으로 인하여 임대인이 입게 되는 불이익이 파산절차를 신속하게 진행함으로써 파산채권자 전체의 이익을 도모하고 임차인을 보호하고자 하는 공익에 비하여 결코 크다고 볼 수 없다'는 이유로 위 규정이 헌법에 위반되지 않는다고 판시하였다.

41) 전병서, 도산법(제4판), 박영사(2019), 220면.

42) 계약의 일부이행 선택을 불허하는 입장에서는 재단채권설을 취한다. 이에 대하여는 임치용(주 37), 142면.

43) 즉, 위임자의 파산으로 계약이 장래에 향하여 효력이 소멸한다.

44) 대법원 2002. 8. 27. 선고 2001다13624 판결.

산의 관리·처분권이 파산관재인에게 전속되므로($^{법}_{제384조}$) 무효라고 해석된다.[45]

　　위임자의 파산에 의한 위임계약의 종료는 수임자에 대하여 파산의 사실을 통지하거나 수임자가 그 사실을 안 때가 아니면 이로써 수임자에게 대항하지 못한다($^{민법}_{제692조}$). 수임자가 위임자의 파산에 관한 통지를 받지 못하고, 파산선고의 사실을 알지도 못한 채 위임사무를 처리한 경우, 그로 인한 비용상환청구권이나 보수청구권 등의 채권은 파산선고 후에 생긴 청구권이지만 파산채권이다($^{법}_{제342조}$). 또 위임자의 파산에 의한 계약 종료시에 긴박한 사정이 있는 때에는 수임자는 위임자 또는 파산관재인이 위임사무를 처리할 수 있게 될 때까지 필요한 긴급처분을 하여야 한다($^{민법}_{제691조}$). 이러한 긴급처리로 인하여 생긴 보수청구권이나 비용상환청구권은 재단채권이 된다($^{법 \, 제473조}_{제6호}$).

　　파산재단에 관하여 소송 등이 진행되고 있는 경우 파산선고를 받은 채무자와 대리인 사이에 체결되어 있는 위임계약도 이에 따라 당연히 종료하므로, 파산관재인은 파산선고 후 위임관계를 계속할 필요가 있다고 판단하면 다시 위임계약을 체결하여야 한다.

　　2) 수임자가 파산한 경우

　　수임자가 파산한 경우에도 위임관계는 종료한다($^{민법 \, 제690조}_{전문}$). 위임계약에 기하여 수임자에게 수여되어 있던 대리권도 소멸한다($^{민법 \, 제127조}_{제2호}$). 판례도 위임의 당사자 일방이 파산선고를 받은 경우에는 민법 제690조에 의하여 위임계약이 당연히 종료하고 장래에 향하여 위임의 효력을 소멸시킨다고 판시하였다.[46] 다만 수임자가 파산선고를 받아도 이것을 위임계약의 종료원인으로 하지 않는다는 취지의 특약은, 민법 제690조가 강행규정이라고 할 수 없고 위임사무는 위임자의 재산에 대한 사무일 뿐 파산채무자인 수임자의 재산에 관한 것이 아니므로 유효하다고 해석된다.

　　수임자의 파산에 기한 위임의 종료도, 위임자에게 파산 사실을 통지하지 않거나 위임자가 이를 알지 못하면 이를 위임자에게 대항할 수 없다($^{민법}_{제692조}$). 또 수임자가 파산한 경우 수임자에게 긴급처분 의무가 있는 것은 위임자가 파산한 경우와 같다($^{민법 \, 제691조}_{전문}$). 주식회사의 이사로 있던 자가 파산한 경우 회사와의 위임관계는 당연히 종료한다($^{상법 \, 제382조 \, 제2항,}_{민법 \, 제690조 \, 전문}$).

---

45) 다만 위임사무의 내용이 위임인의 일신에 전속하는 신분상·인격상 권리에 관한 것이라면 그렇지 않다.

46) 대법원 2002. 8. 27. 선고 2001다13624 판결.

바. 근로계약

근로자가 파산절차 중에 있다는 이유로 정당한 사유 없이 해고할 수 없다 (법제32조의2). 근로자가 파산선고를 받았다는 것을 당연퇴직사유로 규정하고 있는 인사규정은 법 제32조의2에 반한다는 이유로 무효라고 선언한 하급심 판결이 있다.[47] 또한 근로계약은 근로자의 자유의사에 기하여 체결 또는 계속되어야지 파산관재인이 이행 또는 해지를 선택하는 것은 허용할 수 없다는 점에서 미이행 쌍무계약에 관한 법 제335조도 적용되지 않는다. 결국 근로계약 자체는 파산에 의하여 아무런 영향을 받지 않는 것이 된다.[48]

사. 보험계약

보험자가 파산의 선고를 받은 때에는 보험계약자가 파산선고 후 3월 이내 에 계약을 해지할 수 있다(상법제654조).

보험계약자가 파산한 경우 법 제335조에 의해 처리된다. 다만 손해보험의 경우 보험료를 미리 다 내는 경우가 많은데, 이 경우에는 보험계약자 측 이행은 완료된 것이어서 법 제335조가 적용되지 않는다. 타인을 위한 보험의 경우, 보험 계약자가 파산선고를 받은 때에는 그 타인이 그 권리를 포기하지 아니하는 한 그 타인도 보험료를 지급할 의무가 있다(상법제639조제3항).

아. 그 밖의 계약

소비대차계약은 대주가 목적물을 차주에게 인도하기 전에 당사자 일방이 파산선고를 받으면 당연히 실효한다(민법제599조). 사용대차에서 차주가 파산선고를 받 은 때에는 대주는 계약을 해지할 수 있다(민법제614조).

상호계산은 당사자의 일방이 파산선고를 받은 때 종료하고, 각 당사자는 계 산을 폐쇄하고 잔액의 지급을 청구할 수 있다(법 제343조제1항). 이에 따른 청구권을 채무 자가 가지는 때에는 파산재단에 속하고, 상대방이 가지는 때에는 파산채권이 된 다(법 제343조제2항).

---

47) 서울중앙지방법원 2008. 6. 19. 선고 2007가합43592 판결(항소기각, 대법원 심리불속행기각으 로 확정됨)
48) 사용자가 파산한 경우에 관하여는 서울회생법원 실무연구회(주 13), 제7장 제2절 9. 참조.

3. 진행 중인 소송, 강제집행, 보전처분 등의 처리

파산선고 전에 파산재단에 관하여 진행 중이던 소송, 즉, 파산채권에 관하여 진행 중이던 소송과 파산재단에 속하는 재산에 관하여 진행 중이던 소송은 파산선고로 인하여 중단된다(민사소송법 제239조). 또한 파산채권자가 제기한 채권자취소소송, 채권자대위소송[49]도 파산선고로 인하여 중단된다(법 제406조 제1항).[50] 그러나 실제로는 중단을 간과하고 소송을 계속 진행하는 경우가 있으므로,[51] 파산관재인은 파산선고 직후 채무자가 당사자인 소송을 확인하여 담당 재판부에 파산선고 및 파산관재인 선임 사실을 증명할 수 있는 자료(파산선고 결정문)를 첨부하여 절차의 진행을 중지하여 줄 것을 신청하여야 한다. 또한 파산관재인은 소송의 진행이 필요하다고 판단하는 경우 소송수계신청[52]을 하여야 한다.

파산채권자가 파산선고 후에 제기한 채권자취소의 소는 부적법하나, 파산

---

49) 대법원 2013. 3. 28. 선고 2012다100746 판결 참조.

50) 채권자취소소송과 병합하여 원상회복의 방법으로 제기된 배당이의의 소의 경우, 법 제406조에 따라 파산관재인이 소송절차를 수계한 사례가 있다[제1심판결 선고 이후 채무자에 대한 파산선고가 있었고, 파산관재인은 항소심에서 소송절차를 수계하여 부인의 소로 청구를 변경한 사안이다(서울중앙지방법원 2015. 11. 17. 선고 2015나14593 판결, 이후 대법원 2016. 4. 28. 선고 2016다200705 판결로 상고가 심리불속행 기각되어 위 원심판결이 확정되었다)].
    한편, 통정허위표시를 청구원인으로 한 배당이의의 소의 경우, 대법원은 '채무자 소유 부동산에 관해 경매절차가 진행되어 부동산이 매각되었으나 배당기일에 작성된 배당표에 이의가 제기되어 파산채권자들 사이에서 배당이의소송이 계속되는 중에 채무자에 대해 파산이 선고되었다면, 배당이의소송의 목적물인 배당금은 배당이의소송의 결과와 상관없이 파산선고가 있은 때에 즉시 파산재단에 속하고, 그에 대한 관리·처분권 또한 파산관재인에게 속한다(법 제384조). 이와 같이 소송의 결과가 파산재단의 증감에 아무런 영향을 미치지 못하는 파산채권자들 사이의 배당이의소송은 채무자의 책임재산 보전과 관련이 없다. 따라서 이러한 배당이의소송은 법 제347조 제1항에 따라 파산관재인이 수계할 수 있는 소송에 해당한다고 볼 수 없다.'고 판단하였다(대법원 2019. 3. 6.자 2017마5292 결정, 다만 대법원은 '이 사건 배당이의소송은 원심결정 이전에 그 당사자들 사이에서 화해권고결정이 확정됨으로써 종료된 이상 수계신청 기각결정에 대하여 항고로써 불복할 이익이나 필요가 없다.'는 이유로 원심결정을 파기하고 항고를 각하하였다). 이러한 경우 파산관재인은 해당 소송의 원·피고를 상대로 공탁된 배당금에 대한 공탁금출급청구권의 확인을 구하는 독립당사자참가신청을 하여야 할 것이다.

51) 소송 계속 중 일방 당사자에 대하여 파산선고가 있었는데, 법원이 파산선고 사실을 알지 못한 채 파산관재인이나 상대방의 소송수계가 이루어지지 아니한 상태 그대로 소송절차를 진행하여 판결을 선고하였다면, 그 판결은 소송에 관여할 수 있는 적법한 소송수계인이 법률상 소송행위를 할 수 없는 상태에서 심리되어 선고된 것이어서, 마치 대리인에 의하여 적법하게 대리되지 아니하였던 경우와 마찬가지로 위법하다(대법원 2018. 4. 24. 선고 2017다287587 판결).

52) 파산재단에 속하는 재산 자체에 관한 소송수계는 파산관재인이 수계 후 계속 소송을 진행하는 것이 파산재단에 실질적으로 이익이 되는지 검토하여 그 실익이 없거나 패소가능성이 높다고 판단되는 경우 법원의 허가를 얻어 취하 또는 화해 등으로 신속히 종결함이 바람직하다. 또한 파산채권은 파산절차에 의하여만 행사할 수 있기 때문에(법 제242조) 파산채권에 관한 소송은 파산선고로 중단되더라도 즉시 수계할 것이 아니라 파산절차에서 파산채권자의 채권신고와 그에 따른 채권조사절차의 결과를 본 후에 소송수계 여부를 정하면 된다.

관재인은 이러한 소송을 수계한 다음 청구변경의 방법으로 부인권을 행사할 수 있다.[53]

한편, 파산선고 전에 채권자가 채무자를 상대로 이행청구의 소를 제기하거나 채무자가 채권자를 상대로 채무 부존재 확인의 소를 제기하였더라도 만약 그 소장 부본이 송달되기 전에 채무자에 대하여 파산선고가 이루어졌다면 파산재단에 관한 소송에서 채무자는 당사자적격이 없으므로, 위 소는 부적법한 것으로서 각하되어야 하고(별제359조), 이 경우 파산선고 당시 법원에 소송이 계속되어 있음을 전제로 한 파산관재인의 소송수계신청 역시 적법하지 않으므로 허용되지 않는다.[54]

파산재단에 관하여 진행 중인 강제집행, 가처분, 가압류는 파산재단과의 관계에서 실효하므로, 파산관재인은 이들 절차가 종료하지 않은 한 이들 절차를 무시하고 환가하면 되지만,[55] 실무상으로는 집행취소 신청을 하고 있다.

4. 재단채권의 수시변제

가. 개   요

재단채권은 파산재단 전체로부터 파산채권자에 우선하고, 파산절차에 의하지 않고 파산재단으로부터 수시로 변제받을 수 있는 청구권을 말한다. 현행법상 재단채권은 그 성질이나 종류의 면에서 통일적인 파악을 할 수 없기 때문에 보통 효력의 면에서 이렇게 재단채권을 정의한다.[56][57]

---

53) 대법원 2018. 6. 15. 선고 2017다265129 판결.

54) 대법원 2018. 6. 15. 선고 2017다289828 판결.

55) 다만, 경매절차에서 가압류채권자를 위하여 배당금이 공탁되고 가압류채권자의 채권에 대한 채권자 승소의 본안판결이 확정된 이후에 채무자에 대하여 파산이 선고된 경우, 가압류채권자의 채권은 특별한 사정이 없는 한 공탁된 배당액으로 충당되는 범위에서 본안판결 확정 시에 소멸한다. 따라서 가압류채권자가 공탁된 배당금을 채무자의 파산선고 후에 수령하더라도 이는 파산관재인과의 관계에서 민법상의 부당이득에 해당하지 않고, 만약 가압류채권자가 본안의 승소판결 확정 이후 공탁금을 수령하지 않고 있는 동안, 채무자의 파산관재인이 채무자에 대하여 파산선고가 있었다는 이유로 공탁금을 출급하였다면, 파산관재인은 본안판결이 확정된 가압류채권자에게 부당이득으로 이를 반환하여야 한다(대법원 2018. 7. 24. 선고 2016다227014 판결, 대법원 2018. 7. 26. 선고 2017다234019 판결).

56) 전병서(주 41), 173면 참조.

57) 재단채권은 파산재단 전체로부터 변제를 받을 수 있는 청구권이라는 점에서 파산채권과 공통하지만, 파산채권과 같이 파산절차를 통하여 '배당'이라는 형태로 평등한 변제를 받는 것이 아니라, 파산절차에 의하지 않고(신고, 조사, 확정이라는 절차를 거치지 않고) 수시로 직접 파산관재인으로부터 개별적으로 파산채권보다 먼저 변제를 받을 수 있는 점이 다르다. 이에 대한 자세한 내용은 전병서(주 41), 173~174면 참조.

법이 재단채권으로 정한 것은 주로 파산재단의 관리·처분·배당 등의 절차로 인한 비용으로, 원칙적으로 파산선고 후에 파산재단에 관하여 생긴 청구권이다. 그러나 조세, 임금채권 등과 같이 파산선고 전후를 불문하고 공익적 목적 때문에 재단채권이 되는 것도 있다.

재단채권은 파산절차에 의하지 않고 파산관재인이 수시로 변제하여야 한다(법제475조). 파산관재인은 재단채권 승인 및 임치금반환 허가서를 법원에 제출하여 그 허가를 받고(법제492조 제13호),[58] 이 허가서 등본을 임치금 보관장소에 제시하고 금전을 인출하여 재단채권을 변제한다. 허가서에는 재단채권으로 승인하여야 하는 사유, 금액, 인출할 보관장소 등을 기재한다.

학설상 논란이 있으나, 파산선고 후 재단채권에 기한 강제집행은 허용되지 않는다고 해석하는 것이 실무의 대세이다.[59] 또한 제473조 제2호 본문에 해당하는 재단채권에 기하여 파산선고 전에 파산재단에 속하는 재산에 대하여 행해진 체납처분에 대하여는 명문으로 파산선고 후에도 이를 속행할 수 있다고 하고 있으나(법제349조 제1항), 제473조 제2호 본문 외의 재단채권에 기해 파산선고 전에 파산재단에 속하는 재산에 대하여 행해진 강제처분은 파산선고로 인하여 실효된다.[60]

---

58) 파산관재인이 보관된 임치금을 반환받는 것을 허가하는 경우로는 재단채권의 수시변제, 배당 등이 있다.

59) 대법원 2007. 7. 12.자 2006마1277 결정: 다만 재단채권자의 정당한 변제요구에 대하여 파산관재인이 응하지 아니하면 재단채권자는 법원에 대하여 구 파산법 제151조, 제157조에 기한 감독권 발동을 촉구하든지, 파산관재인을 상대로 불법행위 손해배상청구를 하는 등의 별도의 조치를 취할 수는 있다고 한다. 위 판례 이전에도 같은 견해가 실무의 대세[정준영, "파산절차가 계속중인 민사소송에 미치는 영향—판결절차와 집행절차를 포함하여", 재판자료 제83집(1999), 법원도서관, 211면 이하; 사법연수원, 법원실무제요 민사집행(III)(2020), 187-191면]였는데, 그 주요 근거는 구 파산법 제42조 제2항은 재단채권 중 변제의 우선순위를 정하고 있고, 제42조 제1항은 파산재단이 재단채권총액을 변제하기에도 부족한 때에는 파산관재인이 채권액비율에 따라 안분변제하여야 한다고 규정하고 있었는바, 재단채권에 기한 개별집행을 허용하면, 이러한 규정에 반하는 불평등변제를 초래한다는 점이다. 일본에서도 재단채권에 기한 강제집행 가부에 대한 논란이 있었으나, 2004년 개정된 파산법 제42조는 파산선고시 재단채권에 기한 강제집행 등도 금지, 실효된다고 규정하여 입법적으로 해결하였다.

60) 대법원 2008. 6. 27.자 2006마260 결정: 파산관재인의 파산재단에 관한 관리처분권이 개별집행에 의해 제약을 받는 것을 방지함으로써 파산절차의 원만한 진행을 확보함과 동시에, 재단채권 간의 우선순위에 따른 변제 및 동순위 재단채권 간의 평등한 변제를 확보할 필요성이 있는 점, 파산선고 후 재단채권에 기하여 파산재단에 속하는 재산에 대한 별도의 강제집행은 허용되지 않는 점, 강제집행의 속행을 허용한다고 하더라도 재단채권에 대한 배당액에 관하여는 재단채권자가 직접 수령하지 못하고 파산관재인이 수령하여 이를 재단채권자들에 대한 변제자원 등으로 사용하게 되므로(대법원 2003. 8. 22. 선고 2003다3768 판결 참조), 재단채권자로서는 단지 강제집행의 대상이 된 파산재산의 신속한 처분을 도모한다는 측면 외에는 강제집행을 유지할 실익이 없을 뿐 아니라, 파산관재인이 강제경매절차에 의한 파산재산의 처분을 선택하지 아니하는 한 강제집행절차에 의한 파산재산의 처분은 매매 등의 통상적인 환가 방법에 비하여 그 환가액의 측면에서 일반적으로 파산재단이나 재단채권자에게 모두 불리한 결과를 낳게 되므로,

한편, 재단채권자가 자신의 특정채권을 보전하기 위하여 파산재단에 관하여 파산관재인에 속하는 권리를 대위하여 행사하는 것은 파산재단의 관리처분권을 파산관재인의 공정·타당한 정리에 일임한 법 규정 취지에 반하지 않는 한 허용된다.[61]

나. 재단채권의 범위

재단채권은 일반적으로 법 제473조에서 열거하고 있는 일반재단채권과 그 밖의 규정에 따른 특별재단채권으로 구분하는데, 이 구분에 따라 그 변제의 순서가 달라지는 것은 아니고, 변제의 순서는 법 제477조에서 따로 정하고 있다.[62]

1) 일반재단채권

법 제473조(재단채권의 범위)
다음 각호의 어느 하나에 해당하는 청구권은 재단채권으로 한다.
1. 파산채권자의 공동의 이익을 위한 재판상 비용에 대한 청구권
2. 「국세징수법」 또는 「지방세징수법」에 의하여 징수할 수 있는 청구권(국세징수의 예에 의하여 징수할 수 있는 청구권으로서 그 징수우선순위가 일반 파산채권보다 우선하는 것을 포함하며, 제446조의 규정에 의한 후순위파산채권을 제외한다). 다만, 파산선고 후의 원인으로 인한 청구권은 파산재단에 관하여 생긴 것에 한한다.
3. 파산재단의 관리·환가 및 배당에 관한 비용
4. 파산재단에 관하여 파산관재인이 한 행위로 인하여 생긴 청구권
5. 사무관리 또는 부당이득으로 인하여 파산선고 후 파산재단에 대하여 생긴 청구권
6. 위임의 종료 또는 대리권의 소멸 후에 긴급한 필요에 의하여 한 행위로 인하여 파산재단에 대하여 생긴 청구권
7. 제335조제1항의 규정에 의하여 파산관재인이 채무를 이행하는 경우에 상대방이 가지는 청구권
8. 파산선고로 인하여 쌍무계약이 해지된 경우 그 때까지 생긴 청구권

강제집행을 불허하고 다른 파산재산과 마찬가지로 파산관재인이 환가하도록 함이 상당하다고 인정되는 점 등을 고려할 때, 임금채권 등 재단채권에 기하여 파산선고 전에 강제집행이 이루어진 경우에도, 그 강제집행은 파산선고로 인하여 그 효력을 잃는다고 보아야 할 것이다.

61) 대법원 2016. 4. 15. 선고 2013다211803 판결. 반면 대법원 2000. 12. 22. 선고 2000다39780 판결에 따르면, 금전채권을 보전하기 위해서는 파산관재인에 속하는 권리를 대위행사 할 수 없다고 해석된다. 파산관재인에 속하는 권리를 대위하여 행사하는 경우에 관한 자세한 내용은 김희중, "재단채권자가 자신의 채권을 보전하기 위하여 파산재단에 관하여 파산관재인에 속하는 권리를 대위하여 행사하는 것이 허용되는지 여부", 대법원판례해설 제107호, 413~415면.
62) 재단채권의 범위에 대한 보다 자세한 내용은 서울회생법원 실무연구회(주 13), 제9장 제2절 참조.

> 9. 채무자 및 그 부양을 받는 자의 부양료
> 10. 채무자의 근로자의 임금·퇴직금 및 재해보상금
> 11. 파산선고 전의 원인으로 생긴 채무자의 근로자의 임치금 및 신원보증금의 반환청구권

가) 파산채권자의 공동의 이익을 위한 재판상의 비용에 대한 청구권($\frac{1}{호}$)[63]

파산신청에서 종결에 이르기까지의 재판비용으로, 파산절차 수행에 있어 불가결한 공익적인 비용이다. 구체적으로는 파산신청비용,[64] 파산선고 시 공고비용, 채권자집회 소집비용, 배당에 관한 비용, 파산종결에 관한 재판비용 등이다.

채권자신청의 경우 채권자가 예납한 예납금($\frac{법}{제303조}$)도 여기에 포함되는 것으로 보아 예납을 한 채권자가 재단채권자가 된다. 그러나 채권조사의 특별기일 소집비용, 각 채권자의 파산절차 참가비용($\frac{법 제446조}{제1항 제3호}$)은 공동의 이익을 위한 것이라고 할 수 없으므로 이에 해당하지 않는다.[65] 또 채권자가 파산선고 전에 채무자의 채권을 압류한 경우 압류채권자가 채권압류에 지출한 비용도 일반파산채권에 불과하다.

나) 조세 등 청구권($\frac{2}{호}$)

파산선고 전의 원인으로 인한 조세 등 청구권은 본래 파산채권이어야 할 것이나, 조세 등의 징수를 확보하기 위하여 정책적으로 재단채권으로 한 것이다. 여기서 파산선고 전의 원인으로 인한 것인지 여부는 파산선고 전에 법률에 정한 과세요건이 충족되어 그 조세 등 청구권이 성립되었는가 여부를 기준으로 하여 결정된다. 따라서 '파산선고 전의 원인'으로 인한 조세 등 청구권에 해당하려면 파산선고 전에 조세 등 청구권이 성립하기만 하면 족하고, 파산선고 전에 조세 등 청구권이 확정되거나 납기가 도래할 필요까지는 없다.

다만, 파산선고 전의 원인으로 인한 조세 등 청구권에 기하여 파산선고 후에 발생한 가산금·중가산금은 납세의무의 이행지체에 대하여 부담하는 지연배상금의 성질을 띠는바, 법 제446조 제1항 제2호의 '파산선고 후의 불이행으로 인

---

63) 이 청구권의 권리주체는 원칙적으로 법원이다. 최승록, "파산채권과 재단채권", 재판자료 제82집, 335면 참조.

64) 채권자가 변호사를 선임하여 파산신청을 한 경우 그에 따른 변호사보수가 위 규정의 재단채권에 해당하는지 논란이 있다. 대법원 1967. 3. 27.자 66마612 결정은 정리절차개시신청 업무의 위임업무 처리에 관한 변호사의 약정보수금청구권은 구 회사정리법 제208조 제1호 소정의 재판상의 비용에 해당하지 않는다고 판시한 바 있다.

65) 따라서 뒤에서 보는 바와 같이 채권조사의 특별기일 소집비용은 해당 채권자에게 따로 예납을 명하고 있다.

한 손해배상액'에 해당하는 것으로 봄이 타당하므로, 재단채권에서 제외된다.[66]

　한편 이 규정 단서('다만, 파산선고 후의 원인으로 인한 청구권은 파산재단에 관하여 생긴 것에 한한다')의 취지는, 파산재단에 관한[67] 파산선고 후의 원인으로 인한 조세 및 공과금은 파산재단의 관리비용에 해당하는 것으로 파산채권자를 위한 공익적인 지출로서 공동으로 부담하는 것이 타당하기 때문에 재단채권으로 한 것이다. 여기에 해당하는 것으로서는 파산재단에 속하는 재산에 관하여 발생한 재산세, 자동차세, 등록면허세, 인지세 등이 있다.[68]

　재단채권에 속하는 조세 등 청구권을 대위변제한 대위변제자가 그 대위에 의하여 취득한 채권도 재단채권으로 해석함이 상당하다.[69]

　국세징수의 예(최근 법령에는 '국세 체납처분의 예'라는 표현을 쓰고 있다)에 의하여 징수할 수 있는 청구권 중 징수우선순위가 일반 파산채권보다 우선하는 것은 건강보험료(국민건강보험법 제85조), 국민연금보험료(국민연금법 제98조), 산업재해보상보험료(고용보험 및 산업재해보상보험의 보험료징수 등에 관한 법률 제30조), 한국장애인고용공단의 고용부담금(장애인고용촉진 및 직업재활법 제38조) 등이고, 그렇지 아니한 것은 국유재산법상의 사용료·대부료·변상금채권, 환경개선비용 부담법상의 환경개선부담금,[70] 독점규제 및 공정거래에 관한 법률에서 정한 불공정거래행위에 대한 과징금, 부동산 실권리자명의 등기에 관한 법률에 따른 장기미등기자에 대한 과징금, 전기사업법에서 정한 부담금[71] 등이 있다.[72]

---

66) 대법원 2017. 11. 29. 선고 2015다216444 판결.

67) 공동의 이익으로 볼 수 있는 것, 즉 '파산재단의 관리, 환가 및 배당에 관한 비용의 청구권'에 해당한다고 볼 수 있는 조세 등의 청구권을 의미한다. 전병서(주 41), 182면.

68) 반면에, 파산이 선고된 후에 지역가입자인 채무자에게 부과되는 건강보험료(국민건강보험법 제77조 제2항), 지역가입자·임의가입자·임의계속가입자인 채무자에게 부과되는 국민연금보험료(국민연금법 제88조 제4항) 등은 파산재단과 직접 관련된 것이 아니기 때문에 재단채권에 해당하지 않는다.

69) 대법원 2009. 2. 26. 선고 2005다32418 판결은 구 회사정리법상 공익채권인 조세채권을 대위변제한 대위변제자가 그로 인하여 취득한 채권 역시 공익채권이라는 입장을 취하고 있으므로, 이 논리를 파산절차에 적용하면 재단채권인 조세채권을 대위변제한 대위변제자는 재단채권으로 채무자의 파산관재인을 상대로 그 이행을 청구할 수 있다고 봄이 타당하다. 이에 대하여 반대 견해로는 김정만·정문경·문성호·남준우, "법인파산실무의 주요 논점", 저스티스 제124호(한국법학원, 2011), 458면 참조.

70) 파산선고 이전에 발생한 것은 파산채권이나, 파산선고 이후에도 부동산 등을 보유하여 발생하는 것은 '파산재단의 관리에 관한 비용'(3호)으로 재단채권에 해당한다.

71) 이는 전기요금과 구분된다. 전기요금은 국세징수의 예에 의하지 아니한다.

72) 구 파산법 제38조 제2호는 국세징수의 예에 의하여 징수할 수 있는 청구권의 우선권 유무를 불문하고 모두 재단채권으로 규정하고 있었는바, 이에 대하여 헌법재판소는 구 파산법 제38조 제2호 본문 후단의 '국세징수의 예에 의하여 징수할 수 있는 청구권' 중에서 구 산업재해보상보험법 제74조 제1항, 구 임금채권보장법 제14조 및 구 고용보험법 제65조에 의하여 국세체납처분의 예에 따라 징수할 수 있는 청구권으로서 파산선고 전의 원인에 의하여 생긴 채권에 기하

다) 파산재단의 관리, 환가 및 배당에 관한 비용($\frac{3}{\bar{2}}$)   파산관재인의 보수, 매각수수료, 재산목록·대차대조표 작성비용 등이다. 파산절차의 수행에 있어서 불가결한 공익적 비용 중 제1호에 해당하지 않는 것은 전부 여기에 해당한다.

라) 파산재단에 관하여 파산관재인이 한 행위로 인하여 생긴 청구권($\frac{4}{\bar{2}}$)

파산관재인이 행한 소비대차, 임대차, 위임, 도급, 화해 등에 의하여 상대방이 취득한 채권뿐만 아니라 파산관재인이 미이행 쌍무계약에서 이행을 선택하고도 채무자의 채무를 이행하지 아니하여 상대방이 채무불이행을 이유로 계약을 해제하는 경우의 상대방의 원상회복청구권,[73] 파산관재인이 신고채권에 대하여 이의를 진술하였으나 파산채권의 확정에 관한 소송에서 패소한 경우 위 신고채권자의 소송비용상환청구권, 파산관재인의 파산재단 관리·환가에 관한 업무의 수행으로 인하여 상대방이 취득한 청구권,[74] 파산관재인의 불법행위로 인하여 상대방이 취득한 손해배상청구권, 파산관재인이 직무와 관련하여 부담하는 채무의 불이행으로 인한 손해배상청구권,[75][76] 파산관재인이 파산절차에서 제기한 소송으로 인하여 그 상대방이 가지게 된 소송비용상환청구권[77] 등이 이에 해당한다. 파산관재인의 불법행위에는 부작위에 의한 것도 포함된다. 예컨대 파산선고

여 파산선고 후에 발생한 연체료 청구권에 해당하는 부분은 헌법에 위반된다는 결정을 선고하였다(헌법재판소 2005. 12. 22. 선고 2003헌가8 결정).

　　한편 헌법재판소는 구 파산법 제38조 제2호 본문의 '국제징수법에 의하여 징수할 수 있는 청구권' 중에서 「파산선고 전의 원인에 의하여 생긴 국세 및 지방세에 기하여 파산선고 후에 발생한 가산금 및 중가산금 청구권」 부분은 헌법에 위반되지 아니한다는 결정을 선고하였다(헌법재판소 2008. 5. 29. 선고 2006헌가 6, 11, 17 결정).

　　그 후 대법원 2010. 1. 14. 선고 2009다65539 판결은 구 파산법 적용 사안에서 파산선고 전의 원인에 의하여 생긴 국세 및 지방세에 기하여 파산선고 후 발생한 가산금 및 중가산금 청구권은 재단채권에 해당한다고 판시하였고, 서울중앙지방법원의 실무도 구 파산법 적용 사안의 경우에는 국세 및 지방세에 기하여 파산선고 전에 부과된 원금 및 그에 대한 파산선고 전후의 가산금 및 중가산금 청구권은 모두 재단채권으로 해석하고, 국세체납처분의 예에 따라 징수할 수 있는 청구권으로서 파산선고 전의 원인에 의하여 생긴 채권에 기하여 파산선고 후에 발생한 연체료 청구권은 후순위 파산채권으로 해석하고 있다.

73) 대법원 2001. 12. 24. 선고 2001다30469 판결.

74) 대법원 2015. 6. 24. 선고 2014다29704 판결.

75) 대법원 2014. 11. 20. 선고 2013다64908 전원합의체 판결은, 파산관재인은 직무상 재단채권인 근로자의 임금·퇴직금 및 재해보상금을 수시로 변제할 의무가 있다고 할 것이므로, 파산관재인이 파산선고 후에 위와 같은 의무의 이행을 지체하여 생긴 근로자의 손해배상청구권은 법 제473조 제4호 소정의 '파산재단에 관하여 파산관재인이 한 행위로 인하여 생긴 청구권'에 해당하여 재단채권이라고 하였다.

76) 다만, 파산선고 전의 원인으로 인한 국세나 지방세에 기하여 파산선고 후에 발생한 가산금·중가산금에 대하여는 법 제473조 제4호가 아닌 제473조 제2호가 우선적으로 적용되고, 제473조 제2호 괄호 안의 규정에 따라 재단채권에서 제외된다(대법원 2017. 11. 29. 선고 2015다216444 판결).

77) 대법원 2009. 9. 24. 선고 2009다41045 판결.

후 재단소속 건물이 타인의 토지를 불법점유하고 있는 경우 상대방의 파산선고 후의 손해배상청구권은 이 규정에 해당한다. 파산관재인이 법 제500조의 허가를 얻지 않고 은행으로부터 예금을 인출한 경우에 은행에 과실이 있다면 은행은 파산재단에 대하여 이중 지급을 면할 수 없지만, 한편 은행은 파산재단에 대하여 위 인출금에서 과실상계비율을 공제한 금액의 손해배상청구권을 취득하고, 이 손해배상청구권은 이 규정의 재단채권에 해당하므로 상계로 대항하게 될 것이다.

마) 사무관리 또는 부당이득으로 인하여 파산선고 후 파산재단에 대하여 생긴 청구권($\frac{5}{호}$)   파산재단에 속하지 않는 환취권의 대상물을 파산관재인이 매각하고 그 매각대금을 파산재단에 편입한 경우 환취권자는 이 규정의 재단채권자로서 권리행사를 할 수 있다. 저당 부동산이 경매되었을 때 다른 채권자에게 배당되어야 할 금액이 파산관재인에게 교부되어 위 배당금이 파산재단에 편입된 경우 그 채권자도 이 규정의 재단채권자이다.

바) 위임의 종료 또는 대리권의 소멸 후에 긴급한 필요에 의하여 한 행위로 인하여 파산재단에 대하여 생긴 청구권($\frac{6}{호}$)   위임계약이나 위임에 의한 대리권은 당사자의 파산으로 소멸하고($\frac{민법, 제690조}{제127조 제2호}$), 수임자는 그 경우에 급박한 사정이 있는 때에는 긴급처리를 할 의무를 지게 되는데($\frac{민법}{제691조}$), 이러한 긴급처리로 인하여 생긴 보수청구권이나 비용상환청구권이 본호의 재단채권이 된다. 그러나 긴급한 필요에 의한 행위가 아닌 경우에는 파산채권이 될 뿐이다($\frac{법}{제342조}$).

사) 제335조 제1항의 규정에 의하여 파산관재인이 채무를 이행하는 경우에 상대방이 가지는 청구권($\frac{7}{호}$)   쌍방 미이행의 쌍무계약에 관하여 파산관재인이 채무의 이행을 선택하면 상대방의 채무 이행으로 파산재단이 이익을 얻게 되므로 이에 대응하여 상대방의 반대급부청구권을 재단채권으로 한 것이다.

임차인 파산의 경우 파산관재인은 임대차계약을 해지하여 임차보증금을 조속히 반환받아야 하겠지만 만일 사정에 의하여 임대차계약이 일정한 기간 존속한 경우에 파산선고 후의 차임은 이 규정에 해당한다.

아) 파산선고로 인하여 쌍무계약이 해지된 경우 그때까지 생긴 청구권($\frac{8}{호}$) 임대차나 고용 등의 계속적 계약에 관하여는, 임차인 또는 사용자의 파산을 이유로 하는 해지 통보가 인정되고 있다($\frac{민법, 제637조}{제663조}$). 그리고 해지 통보가 있은 후 법에 정한 일정한 기간이 경과한 후($\frac{민법 제635조}{근로기준법 제26조}$) 이들 계약이 종료한다. 이 규정은 이들 계약에 관하여, 파산선고 후 계약 종료시까지 생긴 청구권을 재단채권으로 한 것이다.

이것을 재단채권으로 한 것은 해지 통보가 있었던 때로부터 계약이 종료할 때까지 사이에 파산재단은 상대방으로부터 급부를 받는 데 대하여, 상대방의 반대급부청구권을 파산채권으로 하는 것은 불공평하기 때문이다.

예컨대 임대차계약에 있어서 임차인이 파산한 경우, 그 파산관재인은 임대차계약 해지의 통지를 할 수 있는데(민법제637조), 그 해지의 효력이 발생한 날까지 발생한 차임채권이 이 규정의 재단채권이다.

민법의 해석으로는 사용자의 파산관재인이 고용계약을 해지한 경우 그 효력은 즉시 발생한다고 할 수 있으나(민법제663조), 근로기준법이 적용되는 경우 30일분 이상의 예고수당을 지급하거나 30일 전에 예고하여야 한다(근로기준법제26조). 이 예고수당 또는 예고기간 중의 임금채권도 이 규정에 해당한다.

자) **채무자 및 그 부양을 받는 자의 부양료(9호)**   채무자가 자유재산만으로 본인과 그 가족의 생활을 유지할 수 없어 생활보호 등의 공적 부양을 이용하게 되면, 결과적으로 파산채권자가 국민의 부담으로 만족을 얻는 것이 된다. 따라서 사회정책적 고려에서[78] 채무자 본인에 대한 부양료뿐만 아니라 채무자의 부양을 받는 자의 부양료를 재단채권으로 한 것이다. 구 파산법 제38조 제9호는 부양료를 재단채권으로 규정하면서 제182조 제1항 및 제184조에서 그 지급을 위하여는 제1회 채권자집회의 결의, 집회 전에는 법원의 허가를 요하도록 규정하고 있었다. 그러나 법은 파산선고를 받은 채무자 및 그 가족의 생계보호를 위해 면제재산제도를 신설하면서, 부양료 지급에 대한 법원 허가나 채권자집회 결의에 관한 위 각 규정을 모두 삭제하였으므로, 이 규정은 큰 의미가 없게 되었다.

차) **채무자의 근로자의 임금·퇴직금 및 재해보상금(10호)**   2000. 1. 12. 구 파산법 개정 전에는 파산선고 전의 임금은 우선파산채권이 되고, 파산선고 후의 임금에 한하여 제3호 또는 제4호 소정의 재단채권이 되는 것으로 해석하였으나, 위 개정으로 파산선고 전의 임금채권도 그 발생시기가 파산선고 전후인지 여부를 불문하고, 최종 3월분 또는 최종 3년분 등의 구분 없이 그 전액이 재단채권으로 인정된다. 여기서 임금에는 임금, 봉급, 급료, 수당, 상여 등 명칭의 여하를 묻지 않고 사용자가 근로자에게 근로의 대가로 지급하는 일체의 금품이 포함된다(근로기준법 제2조 제1항 제5호). 가족수당, 초과근무수당, 휴업수당(근로기준법제46조)도 포함된다. 그러나 근로자가 특수한 근무조건이나 환경에서 직무를 수행하게 됨으로 말미암아 추가로 소요되는 비용을 변상하기 위하여 지급되는 이른바 실비변상적 급여는 임금

78) 전병서(주 41), 186면.

이 아니므로, 재단채권으로 되지 않는다.[79]

퇴직금 역시 법 제473조 제10호에 의하여 재단채권으로 보호받고 있다. 법정기준 이하, 즉 근로연수 1년 미만인 경우에도 단체협약 등에 의해 그 지급조건이 정해져 있으면 재단채권인 퇴직금채권으로 본다(유리한 조건 우선의 원칙). 지급조건을 정한 규정이 없더라도, 퇴직금산정의 근거가 객관적으로 명백하고, 그에 기하여 지급하는 관행이 있는 경우에도 마찬가지이다. 퇴직위로금이나 명예퇴직금에 관하여도 마찬가지로 해석할 것이다.[80]

재해보상금은 근로기준법에 정한 한도 내에서만 인정되는바, 이를 초과하는 부분은 일반 손해배상채권에 불과하여 파산채권에 해당하고, 근로자가 산업재해보상보험법에 의하여 보험급여를 받았거나 받을 수 있으면 사업주(보험가입자)는 동일한 사유에 대하여 근로기준법에 따른 재해보상 책임이 면제되므로(산업재해보상보험법 제80조 제1항), 이 경우에는 근로자가 재단채권을 주장할 수 없다.

임금채권보장법 제7조에 의하여 고용노동부장관이 근로자에게 일정한 범위의 미지급 임금 및 퇴직금에 관하여 체당금을 지급한 경우, 그 지급한 금액의 한도 내에서 사업주에 대한 당해 근로자의 미지급 임금과 퇴직금청구권을 대위하게 되는데, 이때 근로기준법상 임금채권의 우선변제권(근로기준법 제38조 제2항) 및 근로자 퇴직급여 보장법상 퇴직금채권의 우선변제권(근로자퇴직급여보장법 제12조)은 위 대위되는 채권에 존속하므로(임금채권보장법 제8조), 체당금의 지급으로 대위에 의하여 취득한 채권은 파산선고 전후에 지급하였는지 관계없이 모두 재단채권이다.[81] 임금채권보장법에 의하여 고용노동부장관이 체당금을 지급한 경우가 아니더라도, 임금채권의 대위변제자가 그 대위에 의하여 취득한 채권도 재단채권이라고 봄이 타당하다.[82]

---

79) 대법원 1990. 11. 9. 선고 90다카4683 판결.
80) 퇴직위로금이나 명예퇴직수당은 그 직에서 퇴임하는 자에 대하여 그 재직 중 직무집행의 대가로서 지급되는 후불적 임금으로서의 보수의 성질을 아울러 갖고 있다고 할 것이므로 퇴직금과 유사하다고 볼 것이고, 따라서 이들은 구 민사소송법 제579조 제4호에서 정하는 퇴직금 기타 유사한 급여채권에 해당한다(대법원 2000. 6. 8.자 2000마1439 결정). 반면 정리해고에 따른 위로금 내지 해고 후 생계보장을 위한 보상금의 일종의 성격을 가지는 퇴직위로금은 재단채권으로 볼 수 없다(대법원 2008. 7. 10. 선고 2006다12527 판결).
81) 임치용(주 37), 159면.
82) 대법원 1996. 2. 23. 선고 94다21160 판결은 우선변제권 있는 임금채권을 대위변제한 자는 변제자대위의 법리에 따라 강제집행절차 등에서 우선변제권이 있다고 판시하였고, 대법원 2015. 11. 27. 선고 2014다208378 판결은 근로복지공단이 구 임금채권보장법에 따라 근로자에게 최우선변제권이 있는 임금과 퇴직금 중 일부를 체당금으로 지급하고 그에 해당하는 근로자의 임금 등 채권을 배당절차에서 대위행사하는 경우, 근로복지공단이 대위하는 채권과 체당금을 지급받지 아니한 다른 근로자의 최우선변제권이 있는 임금 등 채권 사이의 배당순위는 같은 순위라고 판시하였다.

카) 파산선고 전의 원인으로 생긴 채무자의 근로자의 임치금 및 신원보증금의 반환청구권($\frac{법}{제1호}$)

2) 특별재단채권

가) 파산관재인이 부담있는 유증의 이행을 받은 때에는 수익자가 가지는 부담의 이익을 받을 청구권은 유증목적의 가액을 초과하지 아니하는 한도 안에서 재단채권이 된다($\frac{법}{제474조}$).

부담부 유증의 수유자는 유증의 효력발생시부터($\frac{민법 제1073조}{제1항}$) 그 부담을 이행할 책임이 있으므로($\frac{민법 제1088조}{제1항}$), 수유자가 파산한 경우 부담수익자의 채권은 파산채권이 되어야 할 것이지만, 재산을 증여하는 대신 수유자에게 그 부담을 이행시키려는 유언자의 의사를 존중하여 쌍방 미이행 쌍무계약에 관하여 파산관재인이 이행을 선택한 경우와 동일하게 취급한 것이다.

나) 파산관재인이 쌍무계약을 해제 또는 해지한 경우에 채무자가 받은 반대급부가 파산재단 중에 현존하지 아니하는 때의 가액의 청구권도 재단채권이 된다($\frac{법 제337조}{제2항}$).

다) 파산재단에 속하는 재산에 관하여 파산선고 당시 계속하는 소송을 파산관재인이 수계한 경우 상대방의 소송비용청구권은 재단채권이다($\frac{법 제347조}{제2항}$).

수계 전후에 발생한 것을 포함하여 파산관재인이 패소한 경우 상대방이 갖는 소송비용청구권은 모두 재단채권으로 된다. 파산재단의 증식을 위하여 지출된 것이므로, 파산채권자 공동의 이익을 위하여 생긴 재판상 비용으로서 재단채권으로 한 것이다.

라) 파산채권에 관하여 파산재단에 속하는 재산에 대하여 행하여진 강제집행을 파산관재인이 속행시킨 경우의 집행비용도 재단채권이다($\frac{법 제348조}{제2항}$). 재단의 이익을 위하여 지출된 것이므로 파산재단의 환가에 관한 비용의 일종으로서 재단채권으로 한 것이다. 속행 전에 발생한 집행비용도 재단채권이 된다.

마) 채무자의 행위가 부인된 경우에 반대급부로 인하여 생긴 이익이 현존하는 때에는 그 이익의 한도에서 상대방은 재단채권자로서 반환청구를 할 수 있고($\frac{법 제398조}{제1항}$), 반대급부에 의하여 생긴 이익이 현존하지 않는 때에는 상대방은 그 가액의 상환청구권을 파산채권으로서 행사한다($\frac{법 제398조}{제2항}$).

부인제도의 목적은 어디까지나 파산재단의 원상회복에 있고 상대방에게 제재를 가하는 데 있지 않으므로, 부인된 행위가 쌍무계약인 경우, 채무자가 받은 반대급부 내지 그에 기한 재산상의 이익이 현재 파산재단 중에 존재하는 때 이

것을 파산재단에 남겨두는 것은 부인권의 목적을 넘는 것이 된다. 이를 피하기 위하여 법 제398조는 파산관재인이 이것을 상대방에게 반환 또는 상환하여야 하는 것으로 정하였다. 즉 현물이 잔존하면 그것을 반환하여야 하고, 현물에 의한 이익이 현존하면 이익상환청구권이 재단채권으로 되는 것이다.

바) 파산재단이 파산채권의 확정에 관한 소송(채권조사확정재판을 포함한다)으로 인하여 이익을 받은 때에는 이의를 주장한 파산채권자는 그 이익의 한도 안에서 재단채권자로서 그 소송비용의 상환을 청구할 수 있다(법제469조).

채권자의 이의로 인하여 무권리자의 배당 참가가 저지되고, 다른 파산채권자의 이익이 보호된 점에서 공익비용의 성질을 가진다고 할 수 있으므로 재단채권으로 정한 것이다. 상환의 한도는 파산재단이 받은 이익(엄격히 말하면 총 파산채권자의 이익이라고 할 수 있을 것이다)인데, 신고채권의 부존재 또는 파산채권으로서의 부적격이 확정된 경우에는 그에 대한 예상배당액, 우선권이 부정된 경우에는 우선파산채권으로서의 예상배당액과 일반파산채권으로서의 예상배당액의 차액이 파산재단이 받은 이익이다.

사) 파산선고에 이르기 전에 회생절차가 선행하여 실패하고 결국 파산선고가 행하여진 견련파산의 경우, 이러한 선행절차를 위하여 생긴 공익채권은 재단채권으로 된다(법 제6조 제4항·제9항).

다. 재단 부족의 경우의 처리방법

파산관재인은 재단이 재단채권의 전액을 변제하기에 충분한지 여부에 관하여 어느 정도 예상을 하고 절차를 진행하지만, 여러 사정으로 이 예상이 빗나가 재단채권의 전액을 변제할 수 없는 경우가 생긴다. 이러한 경우에 이미 행하여진 재단채권의 변제는 영향을 받지 않고, 미지급 재단채권에 관하여 그 변제 순서가 문제된다.

파산재단이 재단채권의 총액을 변제하기에 부족한 것이 분명하게 된 때의 변제순위에 관하여 법 제477조는 다음과 같이 정하고 있다.

1) 재단채권에 관하여 유치권, 질권, 저당권, 동산·채권 등의 담보에 관한 법률에 따른 담보권 및 전세권이 있을 때에는 이 재단채권이 우선한다(법 제477조 제1항 단서).

따라서, 재단부족이 예상되는 경우에는 재단채권에 관하여 담보권을 설정하는 것을 허가하지 않는 것이 바람직하다.

2) 법 제473조 제1호 내지 제7호·제10호의 재단채권은 다른 재단채권에

우선한다(법 제477조 제2항).[83] 다만, 회생절차에서 법원의 허가를 받아 차입한 자금(신규차입자금)에 관한 채권은 견련파산이 선고되거나 파산절차가 속행되면 재단채권이 되는데(법 제6조 제4항·제9항, 제7조 제1항,), 신규차입자금에 관한 채권이 있는 경우에는 위 재단채권과 법 제473조 제10호의 재단채권은 다른 재단채권에 우선한다(법 제477조 제3항).[84]

그러나 법 제473조 제1호 내지 제7호·제10호의 재단채권 중 제1호와 제3호는 파산절차 내의 공익비용의 성질을 가지는 것으로서 제2호, 제4호 내지 제7호, 제10호의 재단채권과는 성질을 달리하므로 가장 먼저 변제하여야 하는 것으로 해석된다(국세기본법 제35조 제1항 제2호 참조). 따라서 공고, 우편비용, 관재사무 비용, 파산관재인 보수 등이 재단채권 중에서 최우선으로 지급된다.[85] 다만 제1호에 해당하는 재단채권 중 채권자가 예납한 예납금은, 원래 파산절차비용에 충당하기 위하여 예납한 것이므로 파산재단이 부족할 경우에는 기타 제1호, 제3호 소정의 파산재단 운영비용을 먼저 지급한 후 잉여가 있으면 조세, 임금 등의 기타 재단채권보다는 우선적으로 지급받을 수 있는 것으로 해석하여 온 것이 서울회생법원의 실무이다.

3) 동순위의 재단채권 사이에는 법령이 규정하는 우선권에 불구하고 아직 변제하지 아니한 채권액의 비율에 따라 변제한다(법 제477조 제1항 본문).

따라서 파산관재인은 조세채권의 징수에 관한 이른바 압류(교부청구) 선착주의(국세기본법 제36조 제1항, 지방세기본법 제73조 제1항), 당해세 우선(국세기본법 제35조 제1항 제3호, 지방세기본법 제71조 제1항 제3호) 등의 순위를 무시하고, 그 밖의 동일 순위의 재단채권과 함께 아직 변제하지 않은 채권액의 비율에 따라 안분하여 평등하게 변제하면 된다. 조세채권 중 국세와 지방세, 국세 상호간, 지방세 상호간에 우열의 차이를 두지는 않고 안분하여 변제한다.

위와 같은 안분변제를 위해 파산재단에 속하는 재산에 대하여 경매가 계속되는 경우, 매각대금 중 별제권자에게 배당하고 남은 금액은 파산관재인에게 지

---

83) 일반재단채권과 특별재단채권, 특별재단채권들 사이의 우선순위에 관하여는 일반재단채권에 준하여 판단하여야 할 것이다. 예를 들어, 쌍방 미이행 쌍무계약을 해제 또는 해지한 경우 원물에 갈음하는 상대방의 가액 청구권은 재단채권의 변제순위와 관련하여 법 제473조 제4호 또는 제5호에 준하여 볼 수 있다. 이는 가액 청구권이 파산관재인이 한 해제 또는 해지 의사표시로 인하여 생긴 청구권이고, 상대방에게 완전한 원상회복을 부여하기 위한 것이어서 계약해제 또는 해지의 효력에 관한 물권적 효력설에 의할 경우 일종의 부당이득으로 인하여 파산선고 후 파산재단에 대하여 생긴 청구권으로도 볼 수 있기 때문이다.

84) 법 제477조 제3항은 2020. 2. 4. 개정법률 시행 이후 결정된 파산선고 사건으로 구성된 파산재단부터 적용한다.

85) 법 제477조 제3항이 적용되는 경우에는 법 제473조 제1호와 제3호의 재단채권, 법 제473조 제10호의 재단채권과 신규자금차입에 관한 채권, 법 제473조 제2호·제4 내지 7호의 재단채권, 나머지 재단채권 순서로 변제하면 될 것이다.

급되어야 하고, 임금채권자나 조세채권자에게 지급되어서는 아니 된다.[86] 다만 경매가 진행 중인 재산을 포기하는 경우에는, 매각대금을 파산관재인에게 지급할 수 없고, 종래의 순위에 따라 임금채권자에게 최종 3개월분의 임금채권을 최우선으로 배당하게 될 것이다.[87]

한편, 법 제415조의2에 따라, 최우선변제의 대상이 되는 최종 3개월분의 임금, 재해보상금, 최종 3년간의 퇴직급여 등 채권의 채권자는 파산재단에 속하는 재산에 대한 별제권 행사 또는 법 제349조 제1항의 체납처분에 따른 환가대금에서 다른 담보물권자보다 우선하여 변제받을 권리가 있다. 이는 과거 모든 임금채권을 재단채권으로 규정한 결과, 근로기준법 등 실체법상으로 최우선변제의 대상이 되는 임금 등 채권이 파산절차에서는 다른 재단채권과 동순위에 있게 되어 그 권리보호에 미흡한 점을 개선한 것이라고 할 것이다. 다만, 법 제415조의2 본문의 규정은 별제권 행사 또는 체납처분 절차에서 우선변제받을 수 있다고 규정하였으므로, 별제권 행사 또는 체납처분 절차가 아닌 경우(파산관재인이 파산재단을 임의로 매각한 경우 등)에는 실체법상으로 최우선변제의 대상이 되는 임금 등 채권이라고 하더라도 우선변제권이 없다고 보아야 한다. 또한 근로복지공단이 임금채권보장법 제8조에 따라 임금 등 채권을 대위변제한 경우에는 별제권 행사 또는 체납처분 절차에서도 법 제415조의2 단서에 따라 우선변제권이 없다.

5. 법원의 감독

가. 감독권의 범위[88]

파산관재인은 법원의 감독을 받는다(법 제358조). 그러나 파산관재인이 법원의 하급기관은 아니므로 법원이 파산관재인의 업무에 관하여 일반적 지휘명령권을 가지는 것은 아니고, 그 감독의 범위는 파산관재인의 직무집행에 의무위반이 있는지 여부에 한한다.[89]

---

86) 대법원 2003. 6. 24. 선고 2002다70129 판결.

87) 대전고등법원 2000. 9. 6. 선고 2000나1257 판결(대법원 2001. 1. 20. 선고 2000다53489 판결로 상고가 기각되었다).

88) 서울회생법원에서는 파산관재인에 대한 감독의 구체적인 내용과 관련하여 별도의 준칙["파산관재인의 선정 및 평정"(서울회생법원 실무준칙 제301호)]을 제정하여 시행하고 있다.

89) 서울회생법원에서는 현행 개인파산실무 운용과정에서 파산관재인의 업무처리에 있어 적정성이 확보되고 있는지, 보조인이 그 권한을 넘어서서 업무를 행하고 있는 것은 아닌지 등을 감독하기 위하여 파산관재인의 업무수행일지와 보조인 업무수행일지를 채권자집회 전에 보고서와 함께 제출하게 하고 있다. 업무수행일지에는 업무일시, 업무내용(자료제출, 설명요청 등이 있는

파산관재인이 개개의 직무집행에 관하여 선관주의의무($\frac{별}{제361조}$) 위반이 있는 때에는 법원은 시정명령으로서 구체적인 작위·부작위를 명하고, 이에 위반할 때에는 해임할 수 있다($\frac{법 제364조}{제1항 전문}$).

나. 각종 허가사항의 취급[90]

1) 개 요

법원의 일상적인 업무는 파산관재인의 각종 업무에 관한 허가신청서의 검토 및 허가 여부의 결정이라고 할 수 있다.[91] 법 제492조 소정의 행위가 분명한 경우뿐만 아니라, 허가사항인지 의심되는 경우에도 가능한 한 법원의 사전 허가를 받아 업무를 처리하도록 지도하고 있다.

법원의 허가를 받아야 하는 행위에 관하여 법 제492조가 정하고 있는데, 주요한 것은 부동산의 임의매각($\frac{1}{호}$), 동산의 임의매각($\frac{7}{호}$), 쌍방 미이행 쌍무계약의 이행 선택($\frac{9}{호}$), 소의 제기($\frac{가압류 및 가처분의}{신청은 제외, 10호}$), 화해($\frac{11}{호}$), 권리의 포기($\frac{12}{호}$), 재단채권·환취권 및 별제권의 승인($\frac{13}{호}$), 별제권의 목적의 환수($\frac{14}{호}$), 파산재단의 부담을 수반하는 계약의 체결($\frac{15}{호}$), 그 밖에 법원이 지정하는 행위($\frac{16}{호}$) 등이다. 다만 같은 조 제7호 내지 제15호에 해당하는 경우 중 그 가액이 1천만 원 미만으로서 법원이 정하는 금액 미만인 때에는 그러하지 아니하나, 서울회생법원은 개인파산사건에서 위 금액을 정하는 경우가 없다.

법 제492조 소정의 행위에 관하여 법원의 허가 또는 감사위원의 동의는 효력발생요건이고, 따라서 파산관재인이 법원의 허가 또는 감사위원의 동의를 받지 않고 한 행위는 무효이지만,[92] 선의의 제3자에게는 대항할 수 없다($\frac{별}{제495조}$). 한편, 파산재단에 속하는 재산액이 5억 원 미만이라고 인정되는 때에는 법원은 파산선고와 동시에 간이파산의 결정을 하여야 하고($\frac{법 제549조}{제1항}$), 간이파산의 경우에는 감사위원을 두지 않는다($\frac{별}{제553조}$). 다만 실무상 개인파산사건에서 감사위원을 선임

경우 그 요청사항과 대상 등을 간략히 기재하게 함)을 기재하도록 되어 있다.

90) 허가사항의 취급 중 이 책에서 언급되지 않은 '영업의 양도,' '차재,' '별제권 목적의 환수,' '파산재단의 부담을 수반하는 계약의 체결,' '그 밖에 법원이 지정하는 행위'에 대해서는, 서울회생법원 실무연구회(주 13), 제12장 제3절 참조.

91) 파산관재인의 허가신청서는 특별한 사정이 없는 한 신속히 검토하여 허가 여부를 결정하여야 한다. 허가신청서는 적어도 허가일 3일 전에 접수하도록 지도한다. 허가는 통상 파산관재인이 전자소송시스템을 통해 제출한 허가신청서를 전자결재하는 방법으로 한다. 허가하지 아니할 경우에는 미리 파산관재인에게 연락해서 불허가의 취지를 설명하고 허가신청을 취하하거나 보완할 것을 권유한다.

92) 대법원 1990. 11. 13. 선고 88다카26987 판결.

하는 사례가 거의 없으므로 법원의 허가 이외에 감사위원의 동의까지 받는 경우는 없다고 할 수 있다.

법원의 허가 또는 불허가결정에 대하여는 불복할 수 없다($^{법\ 제13조,}_{제1항}$).

2) 부동산·동산 기타 자산의 임의매각

가) 부동산의 임의매각   부동산·동산 기타 자산 등 민사집행법에서 환가방법을 정한 권리의 환가는 민사집행법에 따르되, 법원의 허가를 얻어 다른 방법으로 환가할 수 있다($^{법}_{제496조}$). 실무상으로는 적극적으로 재단의 증식을 위하여 법원의 허가를 얻어 임의매각하는 방법으로 환가하는 경우가 많다.

부동산의 임의매각에 있어서 주의하여야 할 점은 우선 그 가격이다. 적정한 가격을 산정하기 위하여 전문가의 감정을 거치는 것이 좋지만, 예상매각가격이 높지 않은 부동산은 감정을 하게 하지 않고 부동산중개업자의 매매실례, 공시지가, 장부가, 최근 경매부동산의 최저경매가격 등의 조사결과를 신청서에 기재하도록 하고, 소명자료를 첨부하게 한다. 담보권자 등이 자료를 가지고 있는 경우에는 이를 제공받는 것도 하나의 방법이다.

다음으로 문제되는 것은 매각의 방법이다.[93] 파산관재인이 최저한의 매각조건을 제시한 후 매수희망자를 모집하여, 매수희망자의 변제자력, 부대조건의 충족 가능성, 담합의 가능성 등을 심사하여 1차 선정을 하고, 이들을 대상으로 입찰을 실시하는 방법이 좋다. 그러나 매수희망자가 적으면 매수희망자 전원을 상대로 입찰을 실시하여도 무방하다. 낙찰자가 결정되면 법원의 허가를 조건으로 하는 매매계약을 체결한다. 법원은 파산관재인이 이와 같은 절차를 거쳤는지 검토하고, 불분명하면 관련 자료를 제출하도록 한다.

나) 동산 기타 자산의 임의매각   기본적으로는 부동산의 경우와 마찬가지이다. 가재도구 및 반제품 등 처분이 현저히 곤란하고 폐기에도 상당한 비용을 요하는 것이 명백한 물품 등은 그 취지를 기재하는 것만으로 충분하지만, 기계, 원재료, 상품, 차량운반구, 특허권 등에 관하여는 채무자는 물론 전문가 및 같은 업종의 상거래채권자 등의 의견을 청취하여 조사한 후 그 결과와 견적서 등의 자료를 첨부하는 것이 바람직하다. 그러나 동산의 경우에는 자산가치가 거의 없는 경우가 대부분이고 오히려 처리비용을 들여야 하는 경우도 있으므로 처분가

---

93) 서울회생법원에서는 현재 부동산·동산 기타 자산의 임의매각방법의 하나로 파산관재인으로 하여금 「대한민국 법원 홈페이지(www.scourt.go.kr)-대국민서비스-공고-회생·파산 자산매각 안내」의 공고게시판에 매각할 자산의 구체적인 내용을 게시하도록 하여 매수인을 물색하는 방법을 활용하고 있다.

격에 대하여 지나치게 객관적인 자료를 요구하는 것은 관재업무의 지체를 초래할 우려가 있으므로 신중을 기해야 한다. 최근 각종 회원권, 지식재산권, 비상장주식 등의 거래를 중개하는 인터넷 사이트들이 늘고 있으므로 이를 활용하여 매각하는 것도 가능할 것이다.

채권, 유가증권, 콘도회원권, 골프회원권 등의 양도허가를 함에 있어서는, 채권의 현재가격의 산출근거, 시장가격 등에 관한 자료가 첨부되어 있는지 확인한다.

3) 쌍방미이행 쌍무계약의 이행 선택

쌍무계약의 이행허가신청서를 검토함에 있어서는 계약의 이행을 선택하는 것이 해제를 선택하는 것보다 파산재단에 유익하다는 점이 충분히 소명되어 있는지 검토하여야 한다. 실무상으로는 명시적으로 쌍무계약의 이행을 선택하였다고 밝히지 않고 곧바로 그 반대급부의 이행허가를 신청하는 경우도 많다. 이때에는 파산관재인에게 이행 선택의 취지인지 확인한 다음, 해제를 선택하지 않고 이행을 선택하여야 할 사정이 있는지 소명하도록 한다.

또한 법 제335조가 적용될 수 있는 계약인지에 관하여 다툼이 있는 경우도 있으므로, 법리와 실익을 따져 신중히 허가하여야 한다.

4) 소의 제기

일반적으로 파산관재인의 소 제기 허가신청이 있으면 파산관재인의 청구가 법률적으로 성립 가능한가, 증거자료는 확보되어 있는가, 승소하는 경우 집행가능성이 있는가, 파산재단으로서 경제성이 있는가 등을 검토하여 허가 여부를 결정하여야 한다. 소송대리인을 선임하는 경우 그 선임비용뿐 아니라 패소하는 경우 상대방의 소송비용청구권도 파산재단의 부담이 되고(법 제473조 제3호 또는 제4호), 소송이 지연되면 관재업무가 장기화될 염려도 있으므로, 소액채권의 경우 및 입증이 곤란한 경우에는 소송을 하지 않고 재단에서 포기를 하는 경우가 많다. 소 제기의 허가신청을 검토할 때는 소장, 신청서 등은 물론, 상대방과의 교섭 경위, 기타 이해관계인의 동향 등 법원이 소 제기의 필요성을 판단할 수 있는 자료가 첨부되어 있는지 확인하여야 한다. 또 소송대리인을 선임하겠다고 신청하는 경우에는 파산관재인이 직접 수행하는 것이 곤란한 사정을 확인하고, 그 보수액에 관하여 사전에 법원의 내락을 받도록 지도한다. 다만 부인의 청구의 경우 이를 제기하기 위한 인지, 송달료 등의 납입을 위한 임치금 반환허가를 받아야 하는 것은 별론으로 하고, 부인의 청구 신청 자체나 그 신청의 취하에 관하여 법원의 허가를 받을 필요는 없다고 본다.[94] 파산관재인이 부득이 소를 제기하거나 응소하였으나 1심에서 패소판결을 받은 경우 항소 여부도 법원의 허가를 받아야 한다.

법 제492조 제10호의 소에는 지급명령 신청, 반소, 소송참가, 파산신청도 포함되나, 가처분 및 가압류의 신청은 포함되지 않는다. 법원의 허가 또는 감사위원의 동의는 소 제기의 적법요건이므로 허가 또는 동의 없는 소는 부적법하여 각하된다.[95]

5) 화 해

화해는 파산재단의 형성에 큰 영향을 미치는 반면 소의 제기를 허가한 취지가 몰각될 수도 있으므로, 그 필요성에 관하여 파산관재인에게 상세한 사정의 설명을 요구하여야 한다. 실무상 파산관재인으로 하여금 사전에 화해의 경위, 화해의 필요성을 법원에 구두로 보고하여 일정 범위의 내락을 얻은 다음에 상대방과 교섭하고 법원의 허가를 조건으로 화해계약을 체결하고, 계약서를 첨부하여 화해계약의 체결허가신청을 하도록 한다.

6) 권리의 포기

관리에 많은 비용을 요하는 것, 파산재단에 속하는 채권 중 채무자의 행방불명 및 부도, 권리의 입증이 곤란하여 회수가능성이 없는 것 등에 관하여는 권리를 포기하는 것이 바람직할 수도 있다. 따라서 법원은 허가신청을 검토함에 있어서 포기의 필요성에 관하여 구체적인 소명이 있는지 확인하여야 한다.

파산관재인에 따라서는 권리의 포기가 파산관재업무의 태만으로 비칠 것을 우려하여, 파산재단에 아무런 실익이 없는 관재업무를 남긴 채 파산절차를 지연시킬 수도 있으므로, 법원은 적당한 시기에 권리포기 신청을 하도록 지도하여야 한다.[96]

---

94) 부인의 청구 사건은 파산선고를 한 재판부에서 처리하도록 되어 있는바, 장차 그 사건을 담당할 재판부로부터 신청 및 그 취하에 관한 허가를 받는다는 것이 부적절한 점을 감안한 것이다. 부인의 청구는 신청사건이므로, 법이 허가사항으로 규정하고 있는 '소의 제기' 자체에 포함되지 않음을 근거로 법원의 허가를 받을 필요가 없다고 보는 견해도 있다. 한편 부인의 청구에 대한 이의의 소, 파산채권조사확정재판에 대한 이의의 소를 제기하는 것은 법원의 허가사항이다.

95) 대법원 1990. 11. 13. 선고 88다카26987 판결. 위 판결은 법원의 허가가 소제기의 적법요건일 뿐 아니라 법원의 허가 없이 재판상 화해를 한 경우 구 민사소송법 제422조 제1항 제3호(현행 민사소송법 제451조 제1항 제3호)의 재심사유에 해당한다고 판시하였다.

96) 파산관재인이 파산재단에 속한 부동산의 임의매각을 위해 매수인을 물색하는 과정에서 이미 상당한 시간이 경과되었고, 향후에도 그 매각가능성이 희박하여 환가를 포기하는 것이 적절해 보이는 경우가 종종 있다. 그러나 부동산의 매각 또는 환가포기에 대해서는 채권자들이 관심을 가지고 지켜보는 경우가 많으므로, 부동산의 환가포기는 신중을 기하는 것이 좋다. 이러한 차원에서 부동산 환가포기 신청에 대한 허가를 하기 전에 채권자들에게 현재 상황, 포기대상자산, 포기사유 등을 구체적으로 기재한 의견조회서를 발송하여 채권자들에게 환가포기에 대하여 의

소 취하(반소 취하를 포함한다), 항소·상고의 취하 및 포기, 청구의 인낙, 화해권고결정·강제조정결정에 대한 이의 포기도 이 규정의 권리포기에 해당한다고 해석하여 법원의 허가를 받도록 하고 있다. 이들 경우에도 그 신청서에는 그 경위에 관한 설명과 함께 소명자료가 첨부되어 있어야 한다.[97]

7) 재단채권, 환취권 및 별제권의 승인

가) 재단채권의 승인   재단채권을 승인할 때에는 그 범위에 관하여 의문이 생기는 경우가 적지 않기 때문에 그 발생원인, 시기, 근거 등에 주의하여야 한다. 또한 파산재단으로써 재단채권도 전액 변제하지 못할 것이라고 예상되는 경우에는 변제 순위에 주의할 필요가 있다.

나) 환취권의 승인[98]

(1) 파산관재인이 파산선고 후 현실적으로 점유·관리하게 된 재산 중 채무자에게 귀속되지 않는 재산이 혼입되어 있는 경우, 당해 재산에 대하여 권리를 주장하는 제3자는 파산재단으로부터 이를 환취할 수 있는 권리를 가진다. 이를 환취권이라 한다(법 제407조).

(2) 환취권은 채무자 회생 및 파산에 관한 법률에 의하여 창설되는 권리가 아니고, 목적물에 대하여 제3자가 가지는 실체법상 권리의 당연한 효과이므로 어떠한 권리가 있으면 환취권이 발생하는가는 민법, 상법 그 밖의 실체법의 일반원칙에 의하여 결정된다. 환취권(법 제407조)의 기초가 되는 권리로서는 소유권뿐 아니라 용익권(지상권 등)이나 점유권 외에, 채무자에 대한 임대인 또는 임차인 등이 가지는 계약상의 반환청구권·전대인이 채무자인 전차인에 대하여 가지는 목적물 반환청구권 등도 포함된다. 그러나 파산선고 전에 채무자로부터 물건을 매수한 자가 가지는 목적물의 인도청구권과 같이, 파산재단 소속 물건에 대한 채권적 인도청구권은 파산채권이 될 뿐이다.

(3) 한편 신탁법상 신탁재산의 수탁자가 파산한 경우 수탁자의 고유재산이 된 것을 제외한 신탁재산은 파산재단을 구성하지 않게 되나(신탁법 제24조), 이 경우 법

견을 진술할 기회를 부여하는 실무례도 있다.

97) 한편, 파산관재인이 파산절차에서 파산채권자의 후순위파산채권 중 일부에 관하여 한 소멸시효이익 포기는 권리의 포기에 해당하지 않아 법원의 허가사항이라 볼 수 없다(대법원 2014. 1. 23. 선고 2012다44785 판결, 대법원 2014. 1. 29. 선고 2012다109507 판결).

98) 환취권은 일반환취권과 특별환취권으로 나누어지고, 특별환취권에는 '운송중인 매도물의 환취권(법 제408조 제1항),' '위탁매매인의 환취권(법 제409조),' '대체적 환취권(법 제410조)'이 있다. 개인파산사건에서 특별환취권은 크게 문제되지 않으므로, 이 책에서는 일반환취권만을 서술한다. 특별환취권에 대하여는, 서울회생법원 실무연구회(주 13) 제12장 제3절 8. 나. 2) 참조.

원은 신탁재산관리인을 선임하여 신탁재산을 관리하게 되므로(_{신탁법 제18조}_{제1항 제2호}) 위탁자 또는 수익자가 당연히 환취권을 행사할 수 있는 것은 아니고, 신탁계약을 해제 또는 해지한 후에야 환취권을 행사할 수 있다.

(4) 파산선고 전에 환취권의 기초가 되는 권리에 관하여 부동산등기법 제88 조의 가등기가 경료되어 있는 경우 이 가등기에 기한 본등기의 청구도 환취권으로 승인한다.

(5) 리스업자의 리스물건 반환청구권에 관하여는 그 법률구성에 관하여 논의가 있으나, 별제권으로 구성한다고 하더라도 리스업자는 그 담보권의 실행을 위하여 리스물건의 인도를 청구할 수 있고, 환취권으로 구성하더라도 리스업자는 정산의무를 부담하므로, 결국 별제권으로 구성하든 환취권으로 구성하든 결과적으로는 큰 차이가 없다.

(6) 소유권유보부매매[99]의 경우에도 그 법률구성에 관하여는 견해의 대립이 있어서 매수인이 파산한 경우 매도인의 권리를 환취권으로 승인할 것인지 별제권으로 승인할 것인지 문제된다. 이에 대하여 대법원 2014. 4. 10. 선고 2013다61190 판결은 "동산의 소유권유보부매매의 경우에 매도인이 유보한 소유권은 담보권의 실질을 가지고 있으므로 담보목적의 양도와 마찬가지로 매수인에 대한 회생절차에서 회생담보권으로 취급함이 타당하고, 매도인은 매매목적물인 동산에 대하여 환취권을 행사할 수 없다."고 하였던바, 파산절차에서도 위 판결의 취지는 그대로 적용된다고 할 것이다. 그 결과 매수인이 파산한 경우 동산소유권유보부 매매의 매도인의 권리는 별제권으로 승인하여야 할 것이다.

(7) 가등기담보 등에 관한 법률이 적용되는 담보가등기라면 이는 별제권의 대상이 된다(_{가등기담보 등에 관한 법률}_{제17조 제1항}). 가등기담보 등에 관한 법률이 적용되지 않는 부동산 양도담보나 동산 양도담보의 경우에도 소유권이전의 형식은 담보목적에 있는 것이므로 별제권의 대상이 된다고 봄이 타당하다.[100]

---

99) 대법원 1999. 9. 7. 선고 99다30534 판결: 위 판결은 "동산의 매매계약을 체결하면서, 매도인이 대금을 모두 지급받기 전에 목적물을 매수인에게 인도하지만 대금이 모두 지급될 때까지는 목적물의 소유권은 매도인에게 유보되며 대금이 모두 지급된 때에 그 소유권이 매수인에게 이전된다는 내용의 이른바 소유권유보의 특약을 한 경우, 목적물의 소유권을 이전한다는 당사자 사이의 물권적 합의는 매매계약을 체결하고 목적물을 인도한 때 이미 성립하지만 대금이 모두 지급되는 것을 정지조건으로 하므로, 목적물이 매수인에게 인도되었다고 하더라도 특별한 사정이 없는 한 매도인은 대금이 모두 지급될 때까지 매수인뿐만 아니라 제3자에 대하여도 유보된 목적물의 소유권을 주장할 수 있다"고 판시하였다. 같은 취지의 판례로 대법원 2000. 5. 30. 선고 99다45826 판결.

100) 김재형, "도산절차에서의 담보권자의 지위", 민사판례연구(28)(2006), 박영사, 1141~1142면; 임준호, "파산절차상 담보권의 처리", 재판자료 제83집(1999), 법원도서관, 86면 참조. 한편 회생절

(8) 위탁매매인이 위탁자로부터 받은 물건 또는 유가증권이나 위탁매매로 인하여 취득한 물건, 유가증권 또는 채권은 위탁자와 위탁매매인 또는 위탁매매인의 채권자 간의 관계에서는 이를 위탁자의 소유 또는 채권으로 보므로($_{제103조}^{상법}$), 위탁매매인이 위탁자로부터 물건 또는 유가증권을 받은 후 파산한 경우에는 위탁자는 물건 또는 유가증권을 환취할 권리가 있다.[101]

(9) 한편 양도담보권자가 파산한 경우 구 파산법 제80조는 "파산선고 전에 파산자에게 재산을 양도한 자는 담보의 목적으로 한 것을 이유로 그 재산을 환취할 수 없다"고 규정하고 있었다. 그러나 양도담보를 거래형태의 하나로 인정하는 점에 비추어 양도담보권자가 파산한 것만을 이유로 양도담보설정자의 이익이 침해되는 것은 타당하지 않다는 비판이 있었고, 판례도 위 규정은 양도담보권의 피담보채권이 아직 소멸하지 않은 경우에 양도담보권자의 파산을 이유로 환취권을 행사하는 것을 허용하지 않는 것이라 해석하여 양도담보권의 피담보채권이 소멸한 경우에는 파산자는 더 이상 양도담보권의 목적이 된 재산권을 보유할 권원이 없으므로 양도담보 설정자는 원칙적인 규정인 구 파산법 제79조에 의하여 양도담보의 목적이 된 재산권을 환취할 수 있다고 판시한 바 있다.[102] 결국 구 파산법 제80조는 부당한 규정이어서 개정법에서 삭제되었으므로, 양도담보권자가 파산한 경우 양도담보 및 환취권에 관한 일반적인 규율에 따라 처리하면 된다.[103]

다) 별제권의 승인　　파산재단에 속하는 재산상에 설정되어 있는 유치권, 질권, 저당권, 동산·채권 등의 담보에 관한 법률에 따른 담보권 또는 전세권을 법상 별제권이라고 하고($_{제411조}^{법}$), 별제권은 파산절차에 의하지 아니하고 이를 행사할 수 있다($_{제412조}^{법}$).

저당권자로부터 별제권의 행사가 있는 경우 파산관재인은 권리의 존부, 청구채권 및 그 채권액, 소멸시효의 완성 여부를 검토한다. 채무자 소유 부동산에 저당권이 설정되어 있지만 그 담보권의 부존재 또는 소멸을 주장할 수 있는 사유가 있는 경우에는 파산관재인은 위 부동산에 관하여 담보권실행경매가 진행 중이면 경매개시결정에 대한 이의($_{제265조}^{민사집행법}$)를 하고 저당권설정등기말소청구소송

차에서 양도담보권은 회생담보권으로 규정되어 있다(법 제141조 제1항).

101) 대법원 2008. 5. 29. 선고 2005다6297 판결.
102) 대법원 2004. 4. 28. 선고 2003다61542 판결.
103) 전병서(주 41), 323면.

등을 제기하여야 한다. 이때에는 따로 법원의 허가를 얻어야 한다(법 제492조 제10호).

근저당권은 채무자 또는 근저당설정자의 파산선고가 있으면 피담보채무의 범위가 확정된다고 해석되므로, 파산선고 후에 새로이 생긴 채무가 청구채권의 범위에 포함되어 있는지 검토한다. 다른 저당권자가 신청한 경매에서 배당에 참가하는 방법으로 별제권을 행사하는 경우에도, 파산관재인은 그 법원에 제출된 채권신고서나 채권계산서를 검토하여 필요하면 배당이의를 하여야 한다.

가등기담보권은 파산절차에서 저당권과 동일하게 취급되므로(가등기담보 등에 관한 법률 제17조 제1항), 별제권으로 승인한다.

어음의 양도담보권자는 채무자의 어음 발행인에 대한 어음상 청구권에 대하여 담보권을 갖는다는 점에서 별제권을 가지는 것으로 열거된 유치권자나 질권자 등과 다름이 없으므로 별제권을 행사할 수 있는 권리를 가지는 자로 봄이 상당하고, 그 어음 발행인을 채무자와 함께 채무를 부담하는 자로 볼 수는 없다.[104]

한편, 가처분채권자가 파산선고를 받게 되면 가처분채권자가 제공한 담보공탁금에 대한 공탁금회수청구권에 관한 권리는 파산재단에 속하므로, 가처분채무자가 공탁금회수청구권에 관하여 질권자로서 권리를 행사한다면 이는 별제권을 행사하는 것으로서 파산절차에 의하지 아니하고 담보권을 실행할 수 있다.[105]

채권조사 단계에서 별제권의 존재가 의심스러운 경우에도 파산관재인은 그 피담보채권액의 존부 및 내용에 대해서만 파산채권으로서의 시·부인을 하면 될 것이나, 채권조사 단계에서 별제권부 채권으로 시인하였다고 해도 이것은 법 제492조에서 규정한 별제권의 승인으로서의 효력을 가지는 것은 아니므로, 그 후에도 파산관재인은 별제권에 대하여 이의할 수 있다.

설정계약 및 설정등기절차가 부인의 대상으로 되는 담보권, 사실관계 및 법률관계의 내용을 조사하기 전에는 그 범위에 포함시킬지 여부가 정하여지지 아니한 상사유치권(제58조) 및 선박우선특권(제777조) 등의 승인에 있어서도 법률상 문제점뿐만 아니라 관재업무의 편의와 실익 등 사실상의 문제점도 검토한 후 승인여부를 결정하여야 한다.

통상 별제권의 승인만을 단독으로 하는 경우는 드물고, 파산관재인이 별제권의 목적을 환수하면서 당해 부동산을 임의매각하는 경우 그 전제로서 별제권을 승인하는 예가 많다.

---

104) 대법원 2010. 1. 14. 선고 2006다17201 판결.
105) 대법원 2015. 9. 10. 선고 2014다34126 판결.

파산관재인이 별제권을 부인할 때는 허가를 요하지 않는다. 이 경우 상대방은 자신이 별제권자임을 주장하며 임의경매개시결정 등 별제권의 실행을 위한 조치를 취할 것이므로, 파산관재인은 법원의 허가를 받아 저당권부존재확인 또는 저당권설정등기말소청구소송 등 해당 별제권의 효력을 다투는 소송을 제기하여야 한다. 저당권의 경우 민사집행법 제46조 제2항에 의하여 집행의 정지를 명하는 잠정처분을 받아 위 경매절차를 정지시킬 수 있고, 그 후 파산관재인이 승소확정판결을 받은 경우에는 저당권을 말소한 다음 저당권설정등기가 말소된 등기부등본 또는 위 확정판결의 정본을 집행법원에 집행취소서류로 제출하면 경매법원은 이미 실시한 경매절차를 취소할 것이다(민사집행법 제266조 제1항 제1·2·3호, 제2항).

라) 상계의 승인   상계의 승인에 관하여도, 법 제492조 제13호를 유추적용하여 법원의 허가를 얻도록 하고 있다. 파산관재인이 하는 상계뿐 아니라 파산채권자가 하는 상계의 승인도 포함한다. 후자의 경우 당연히 파산채권자가 행하는 상계 자체는 법원의 허가사항이 아니나, 파산관재인 입장에서 파산채권자가 행한 상계가 적법함을 인정하여 반대채권의 이행청구 등을 하지 않고 종결처리하겠다는 취지의 승인신청이다.[106]

다. 보고 요구

정기적으로 또는 수시로 법원에 보고서를 제출하게 하여 파산관재업무의 진행상황을 감독한다. 서울회생법원에서는 채권자집회기일이 추정된 사건의 경우 6개월마다 법원에 정기보고를 하게 하고, 그 밖에 중요한 사항을 처리할 경우에는 수시로 구두 또는 서면으로 보고하게 하고 있다. 정기보고는 서면보고가 원칙이고 ① 파산재단의 현재 구성상태(대상재산, 가액, 존재형태 등)는 어떠한지, ② 파산재단의 환가와 관련하여 현재 어떠한 절차가 진행중인지, ③ 환가절차가 지연되고 있다면 그 사유는 무엇이고 그에 대한 해결책은 무엇인지, ④ 환가에 관련된 장래의 일정은 어떠하고 언제쯤 환가절차가 종료할 예정인지 등을 그 내용으로 한다.

---

106) 파산선고 전에 발생한 제3자의 파산채권자에 대한 채권을 파산선고 후에 파산관재인이 양수함에 따라 파산채권자가 파산재단에 대하여 채무를 부담하는 경우, 법 제422조 제1호에서 정한 '파산채권자가 파산선고 후에 파산재단에 대하여 채무를 부담한 때'에 해당한다. 따라서 이 경우 상계가 허용되지 않는다(대법원 2014. 11. 27. 선고 2012다80231 판결).

라. 화폐·유가증권·귀금속류 등 고가품의 관리

파산선고와 동시에 파산재단에 속하는 재산은 파산관재인의 관리처분권에 전속한다(법제384조). 파산관재인은 선량한 관리자의 주의로써 재산을 관리하여야 하는데(법 제361조 제1항), 화폐·유가증권·귀금속류 등의 고가품에 관하여는 그 보관방법이 적정하지 않으면 파산관재인의 부정행위를 초래하므로 이를 방지하여 파산재단에 손해를 주지 않도록 하기 위하여, 법원이 보관방법을 정하도록 하고 있다(법제487조).

실무상 현금 등 고가품에 관하여는 파산선고 직후에 은행 등 금융기관을 임치장소로 지정하고, 파산관재인 명의의 계좌를 개설하여 보관하도록 하고 있다. 파산관재인은 선임 직후 적절한 금융기관을 선택하여 법원에 임치금 보관장소 지정신청을 하고, 법원의 허가를 얻어 파산관재인 명의의 계좌를 개설하고 그 통장 사본을 첨부하여 계좌 개설 완료를 보고하여야 한다. 법원은 현금 등 고가품 보관방법 지정 결정과 함께 파산관재인이 개설한 예금 계좌의 금융기관에 대하여 법원의 허가서 등본을 확인한 후 예금인출 등에 응하여 달라는 취지의 의뢰를 한다.

파산관재인이 임치금의 반환을 받기 위하여는 법원의 허가가 필요하다(법 제500조 제1항). 임치금의 보관장소 내에서 예금의 종류를 바꾸는 것(예컨대 보통예금을 정기예금으로 바꾸는 것)도 실무상 법원의 사전 허가를 얻도록 지도하고 있다.

법원은 파산관재인이 보고서를 제출할 때 재단예금잔고를 명확히 밝히고, 반드시 수지계산서, 잔고증명서 원본 및 예금통장사본을 첨부하도록 요구하여 파산관재인의 금전지출에 부정이 없도록 감독하여야 한다.

마. 비용과 보수의 지급

1) 비용의 지급

파산관재업무에 필요한 비용으로는 재단 환가비용(감정료, 매각 수수료, 운송비, 인지대, 등기비용 등), 소송비용(인지대, 송달료, 보전처분 보증금, 집행예납금 등), 사무처리비용(문서 인쇄대금, 통신비, 여비, 교통비, 숙박비, 공고비, 조세·공과 등)이 있다. 재단 환가비용 및 소송비용은 파산채권자 공동의 이익을 위하여 지출된 공익적 비용으로서 법 제473조 제3호 파산재단의 관리·환가 및 배당에 관한 비용에 해당하므로 법원이 파산관재인의 재단채권 승인 허가 신청을 받아 심사를 거쳐 지급하지만, 사무처리비용은 파산관재인의 보수에 포함된다고 보므로 보수와 별도로 지급하는 일은 거의 없다.

2) 파산관재인의 보수

가) 파산관재인의 보수는 법원의 결정으로 정한다. 이 보수결정에 대해서는 파산관재인뿐 아니라 파산채권자도 즉시항고할 수 있다(법제30조 제3항). 법에는 보수결정과 보수지급의 시기에 대하여 아무런 정함이 없다.

나) 채권자에 대한 배당 없이 이시폐지로 종료되는 사건에서는, 파산폐지결정을 함과 동시에 예납금의 범위 내에서 보수에 관한 결정을 한다. 이 경우 실무의 주류는 예납금의 재단편입 없이 법원의 예납금 계정에서 보수금을 지급하고 있다.[107] 제1회 채권자집회에서 파산절차가 종료되지 않고 다음 집회기일을 추후지정하거나 속행기일을 지정하는 경우 제1회 채권자집회를 종료한 직후에 보수의 일부를 선급할 수도 있으나([양식 24-13] 참조), 개인파산사건에서 파산관재인에게 보수 일부를 선급하는 경우는 드물다.[108]

다) 파산관재인이 파산재단을 수집, 환가하여 채권자에게 배당을 하는 경우 배당실시 전에 파산관재인에게 예납금의 재단편입 신청을 하게 하고 이를 허가한 후에 환가방법 등 관재사무의 난이도, 재단수집액과 배당액 등을 참작하여 파산관재인 보수 결정을 한 다음에 나머지 금액으로 채권자에 대한 배당을 실시하게 하면 될 것이다.

이러한 경우 보수산정의 세부기준을 어떻게 정할 것인지가 문제된다. 서울회생법원에서는 재단수집액에 비례하여 기준보수액을 산출하고 있다. 수집 재단의 규모가 크면 통상 처리하여야 할 사무량도 많고 파산관재인에게 고액 환가의 동기를 부여하기 위하여 그와 같이 정한 것이다. 그러나 수집 재단의 규모와 사무량이 반드시 정비례하는 것은 아니므로, 수집 재단의 규모가 클수록 보수의 증가율은 낮아진다. 서울회생법원 출범 전 서울중앙지방법원은 파산관재인의 보수 산정을 위하여 '개인파산관재인의 보수산정 기준'[개인파산실무준칙 제2호]을 제정하여 2011. 9. 1.부터 시행하였고,[109] 2012. 10. 22. 위 '개인파산관재인의 보

---

107) 파산관재인의 보수는, 파산재단의 관리·환가 및 배당에 관한 비용(법 제473조 제3호)에 해당하여 재단채권이므로, 예납금의 파산재단 편입을 거친 후 파산재단에서 변제하도록 함이 바람직하나, 예납금 외 파산재단의 형성가능성이 없는 사건에서 파산관재인에 대한 보수지급을 위해 사건별로 임치금 보관 통장을 개설하게 하고, 파산관재인의 신청에 따라 법원이 현금 및 고가품 보관방법을 정해야 한다면, 법원이나 파산관재인 모두에게 비효율적이라는 점을 감안한 실무운용이다.

108) 다만 환가절차진행에 오랜 시간이 필요할 것으로 예상되는 사건 등에서는 예외적으로 관재인 보수의 일부 선급을 고려해 볼 수 있을 것이다.

109) 실무준칙을 제정하게 된 배경은, 파산관재인 선임 사건이 대폭 증가함에 따라 보수산정기준을

수산정기준'을 개정하여 개정된 준칙을 2012. 10. 22.부터 시행하였다.[110][111] 그 후 서울회생법원은 '서울회생법원 실무준칙'을 제정하여 2017. 9. 1.부터 시행하였는데, 그 실무준칙 제371호에 개인 파산관재인의 보수에 관하여 정하였다. 현재는 위 실무준칙에 따라 파산관재인의 수집액을 기준으로 기준보수를 산정하되, 채권의 종류 및 채권자의 수, 관재업무의 수행기간, 환가업무의 구체적 내용과 업무난이도 등을 고려하여 기준보수의 50% 범위 안에서 적절히 가감하여 지급하고 있다.

제 3 절 파산채권의 신고와 조사 및 제1회 채권자집회

1. 파산채권의 신고

가. 채권신고의 의의

채권자는 파산채권을 신고함으로써 파산절차에 참가하게 된다. 채권자는 이 신고에 의하여 비로소 파산절차상의 파산채권자가 되고, 파산재단으로부터 배당받을 기회를 부여받는다. 또한 파산채권 신고에 의하여 실체법상으로도 파산절차 종료시까지 소멸시효가 중단되는 효과가 생긴다(법 제32조 제2호).[112] 다만 파산채권자가 그 신고를 취하하거나 그 신고가 각하된 때에는 시효중단의 효력이 발생하지 아니한다(법 제32조 제2호 단서, 민법 제171조).[113]

준칙화하여 실무기준을 통일할 필요성이 발생하였기 때문이다.

110) 개정된 준칙에서는 현행 개인파산실무의 도입으로 파산관재인 보수가 원칙적으로 30만 원으로 정해짐에 따라 기준보수액 중 최소금액을 30만 원으로 하향조정하였고, 파산관재인들에게 파산재단의 환가를 적극적으로 추진할 동기부여를 하기 위해 환가 금액이 1,000만 원 이하인 경우에도 준칙 개정전 보수액과 큰 차이가 없도록 적용요율을 상향조정하였다.

111) 파산관재인 보수는 기타소득이 아니라 영리를 목적으로 독립된 지위에서 계속적, 반복적으로 하는 사회적 활동인 사업에서 발생하는 사업소득이나, 위 보수를 사업소득으로 신고할 의무를 게을리하였다고 비난할 수 없는 정당한 사유가 있으므로, 아직 부과제척기간이 도과하지 않은 과세연도의 종합소득세에 가산세를 부과할 수 없다(대법원 2017. 7. 11. 선고 2017두36885 판결).

112) 한편, 채무자가 파산 및 면책신청을 하기 위해 채권자에게 부채증명서 발급을 의뢰한 행위를, 채무자가 자신의 채무 또는 채권자의 권리가 있음을 알고 있다는 뜻을 채권자에게 표시한 행위로 볼 수 있다면, 설령 채무자가 그 채무를 면하기 위하여 부채증명서 발급을 의뢰하였다고 하더라도, 위 발급 의뢰 행위는 소멸시효 중단사유가 되는 채무승인에 해당한다(대법원 2018. 2. 13. 선고 2017다265556 판결 참조).

113) 대법원 2005. 10. 28. 선고 2005다28273 판결: 민법 제171조는 파산절차참가는 채권자가 이를 취소하거나 그 청구가 각하된 때에는 시효중단의 효력이 없다고 규정하고 있는바, 채권조사기

나. 신고의 방법

파산채권의 신고는 채권신고기간 내에 하여야 하고, 대리인도 할 수 있다 (규칙 제73조). 채권신고는 실무상 정형화된 채권신고서에 의하고 있다([양식 24-16] 참조). 파산선고와 동시에 채권신고기간과 채권조사기일을 정하는 경우에는, 법원은 알고 있는 채권자에게 파산선고 통지와 함께 채권신고서 양식을 송부한다. 한편 파산선고를 하면서 채권신고기간과 채권조사기일을 추후로 지정한 경우에는, 이후 실제로 채권신고기간과 채권조사기일 지정 결정을 하게 되면 그 결정과 함께 채권신고서 양식을 송부한다.

채권자는 채권신고서와 함께, ① 대리인에 의하여 채권신고를 하는 경우에는 대리권을 증명하는 서면, ② 파산채권이 집행력 있는 집행권원 또는 종국판결이 있는 것일 때에는 그 사본, ③ 채권자의 주민등록등본 또는 법인등기사항증명서를 제출하여야 한다(규칙 제73조 제2항). 별제권자는 별제권의 목적인 부동산의 등기부등본도 제출하여야 한다.

법원사무관 등은 신고서를 접수한 후 채권신고인에게 접수증([양식 24-18] 참조)을 교부한다. 채권을 신고할 때에는 채권신고서 및 첨부서류의 부본을 2부 제출하여야 하고, 법원사무관 등은 이 중 1부를 파산관재인에게 교부하여야 한다(규칙 제74조).

다. 접수된 채권신고서의 처리

채권신고서가 접수되면 법원사무관 등은 신고서에 접수인을 찍고, 파산채권자표를 작성한다(법 제448조 제1항). 파산채권자표([양식 24-15] 참조)는 채권신고서와 일체로 만들어져 있다(앞면은 파산채권자표, 뒷면은 채권신고서). 채권신고서와 파산채권자표를 일체로 한 것은 대조를 용이하게 하고 채권신고서가 분실된 경우 발생할 수 있는 파산채권자표의 기재 내용에 대한 분쟁을 예방하기 위해서이다(채권자가 자기가 신고한 내용대로 파산채권자표에 기재되어 있지 않다고 주장하는 경우 그 착오기재의 원인이 채권자 측에 있는지 법원 측에 있는지 쉽게 확인할 수 있다).

일에서 파산관재인이 신고채권에 대하여 이의를 제기하거나 채권자가 법정기간 내에 파산채권확정의 소를 제기하지 아니하여 배당에서 제척되었다고 하더라도 그것이 위 규정에서 말하는 '그 청구가 각하된 때'에 해당한다고 볼 수는 없다 할 것이고, 따라서 파산절차참가로 인한 시효중단의 효력은 파산절차가 종결될 때까지 계속 존속한다.

라. 채권신고서의 검토

법원사무관 등은 채권신고서가 접수되면 즉시 파산채권자표를 작성하고 채권신고서와 파산채권자표의 등본을 파산관재인에게 교부한다. 파산관재인은 교부받은 채권신고서를 즉시 검토하여 미비한 점이 발견되면 채권자에게 보정을 요구하고, 채권자가 응하지 않으면 법원에 채권신고의 각하를 요청하거나 채권조사기일에서 이의하여야 한다.

채권신고서에는 일반적으로 ① 채권액 및 원인, ② 일반의 우선권이 있는 경우에는 그 권리, ③ 후순위채권으로 되는 것이 있을 때에는 그 구분을 기재하여야 하고, 별제권자의 경우에는 그 밖에 별제권의 목적, 별제권의 행사로 변제받을 수 없는 채권액(예정부족액)을 기재하여야 하며,[114] 파산선고 당시에 소송이 계속되어 있는 파산채권인 경우에는 그 법원, 당사자, 사건명 및 사건번호를 함께 기재하여야 한다(법 제447조).

별제권자는 피담보채권의 액 및 예정부족액을 신고하여야 하고(법 제447조 제1항·제2항), 파산관재인은 피담보채권의 존부 및 액에 관한 인부와 이를 전제로 한 예정부족액에 관하여 인부를 한다(법 제450조 제448조 제1항). 채권신고서에 예정부족액의 기재가 없으면 예정부족액을 신고하지 않는 취지인지 신고인에게 확인하고, 그 후에도 예정부족액의 신고가 없으면 예정부족액을 영(零)으로 처리하여도 무방하다.

피담보채권이라고 주장하는 채권 자체의 존재와 그 수액은 인정되지만 별제권의 존재가 인정되지 않거나 담보권설정행위가 부인권행사의 대상으로 되는 때에는 피담보채권액에 관하여 이의를 진술할 필요는 없고, 예정부족액에 관하여는 이의하여야 한다. 이의 없는 피담보채권액은 파산채권으로 확정되지만, 그 권리행사는 통상의 파산채권과는 달리 부족액에 한하여 할 수 있다. 예정부족액의 인부는 의결권을 행사할 금액을 결정하는 데 있어 기준이 될 뿐(법 제373조 제2항·제3항), 배당에는 영향을 미치지 않는다. 별제권자가 파산절차에서 배당을 받기 위해서는 별제권을 포기하거나, 별제권을 행사한 다음 부족채권액을 소명 또는 증명하여야 한다(법 제512조 제2항, 제513조 제3호, 제525조). 피담보채권액의 존재가 인정되지 않으면 당연히 피담

---

114) 대법원 1996. 12. 10. 선고 96다19840 판결: 별제권은 파산절차에 의하지 아니하고 이를 행사할 수 있고, 구 파산법 제201조 제2항은 별제권자가 별제권의 행사에 의하여 채권 전액을 변제받을 수 없는 경우에 파산절차에 참가하여 파산채권자로서 배당받기 위하여 채권신고를 하는 경우에 관한 규정이므로, 별제권도 파산채권과 같이 반드시 신고, 조사절차를 거쳐 확정되어야만 행사할 수 있는 것은 아니다.

보채권액과 예정부족액에 관하여 모두 이의하여야 한다.

한편 서울회생법원은 채권조사확정재판의 대상은 파산채권이 되는 피담보채권의 존부 및 범위에 한정된다는 입장을 취하여, 채권조사확정재판 중 예정부족액에 관하여 다투는 부분은 대상적격이 없다는 이유로 각하 결정을 하고 있다. 신고채권자가 별제권의 행사로 변제받지 못할 예정부족액을 입증하기 위하여 부동산감정평가서를 첨부할 필요까지는 없다.

마. 채권신고기간 경과 후의 신고

채권신고기간이 경과하더라도 신고의 종기를 제한하는 명문의 규정이 없으므로, 최후배당의 배당제외기간까지 한 채권신고는 유효하다.

채권자가 최후배당의 배당제외기간 만료 이후에 채권신고를 한 경우에는 채권조사의 여지가 없고 배당으로부터 제외된다. 최후배당의 배당제외기간 만료 직전에 채권신고가 이루어진 때에는 민사집행법 제84조 제6항을 유추적용하여 배당제외기간을 연기하고, 채권조사 특별기일 절차를 진행한 후, 추가로 확정된 채권자를 배당절차에 참여하게 한 후 배당하는 경우가 있다.[115]

특별조사기일을 여는 경우의 비용은 기간 후에 신고한 파산채권자의 부담으로 되어 있어(법 제453조 제2항), 파산채권자에게 그 비용의 예납을 명하는데(자세한 내용은 후술하는 2. 나. 채권조사의 특별기일 참조), 이 예납금을 내지 않으면 채권신고를 각하하므로, 만약 신고채권액이 소액이어서 그 예상배당액보다 예납금이 많게 되는 경우에는 파산관재인이 그 사유를 설명하고 신고를 취하하도록 유도하는 것도 절차를 간명하게 하는 방법일 것이다.

2. 파산채권의 조사 및 제1회 채권자집회

가. 채권조사의 일반기일 및 제1회 채권자집회

1) 채권조사의 개요

파산채권의 조사는 채권조사기일에 파산관재인, 파산채권자, 채무자가 신고

---

115) 실무상 파산채권자가 법 제313조 제2항의 서면을 송달받지 못하는 등으로 채무자에 대하여 파산이 선고된 사실을 뒤늦게 알아 최후배당의 배당제외기간이 경과하기 직전에야 채권신고를 하는 경우가 있다. 이러한 경우 최후배당의 배당제외기간이 경과하기 전까지 채권조사의 특별기일이 개최되고 그 채권이 확정되어야 한다는 이유로 그 채권이 사실상 배당에 참가할 수 없다고 한다면 부당한 결과가 발생할 수 있기 때문이다.

된 파산채권에 관하여 그 존부, 채권액, 내용과 원인, 순위 등의 진위를 검토·확정하는 절차이다.[116] 파산채권은 파산절차에 의해서만 그 채권액의 비율에 따라 만족을 얻을 수 있는데, 파산채권자들에게 공평하게 배당하기 위해서는 분배의 기초가 되는 파산채권의 존재 및 내용을 확정하여야 한다.

파산관재인은 파산채권자의 채권신고서와 그 첨부서류, 채무자가 보관하고 있는 관련 장부, 채무자 및 신고채권자의 진술 등을 대조·검토하여 채권에 대한 시·부인을 하여야 한다. 그러나 채권의 발생원인사실의 입증책임은 어디까지나 신고채권자가 지는 것이므로, 채권 시인 여부의 결정은 엄격하게 하여야 한다(파산채권의 시·부인기준에 관하여는 [양식 24-19] 참조).

파산채권자에게도 다른 파산채권자의 신고채권에 대하여 이의할 수 있는 권한이 부여되어 있지만, 파산채권자는 위와 같은 검토를 할 만한 처지에 있지 않은 경우가 대부분이다. 사실상 파산관재인에게 모든 이의책임이 있다고 할 수 있으므로, 파산관재인은 관련 자료를 잘 검토하여 채권조사에 신중하게 임하여야 한다. 특히 일단 신고채권을 시인하고 나면 그 효력을 다투기 위해서는 파산채권자표 기재 무효확인의 소 등 복잡한 절차를 거쳐야 하므로, 채권의 존부와 그 액에 관하여 조금이라도 의심스러운 경우에는 일단 이의를 진술하는 것이 타당하다.

파산선고를 받지 아니한 채무자에 대하여 회생계획인가 전에 회생절차폐지결정 또는 회생계획불인가결정이 있고 그 결정이 확정된 경우, 법원은 채무자에게 파산의 원인이 되는 사실이 있다고 인정하는 때에는 채무자 또는 관리인의 신청에 의하거나 직권으로 파산을 선고할 수 있는데, 이에 따라 채무자에 대하여 파산선고가 이루어진 경우 회생절차에서 이루어진 회생채권의 신고, 이의와 조사 또는 확정은 파산절차에서 행하여진 신고, 이의와 조사 또는 확정으로 본다(법 제6조 제2항·제5항). 이러한 경우에는 회생절차에서 채권조사가 이루어졌다면 파산절차에서는 별도로 채권조사를 할 필요가 없다.[117] 그러나 회생채권의 신고·조사 후에 채권액의 변동이 생길 수 있으므로 그 범위 안에서 추가신고가 필요할 수도 있다.

---

116) 통상적으로 파산관재인이나 이해관계인이 신고된 채권의 내용을 시인하거나 부인(법문상으로는 '이의'라고 표현되고 있음)한다는 점에서 '시·부인'이라고도 한다.

117) 반면 회생계획인가 후 회생절차 폐지결정이 확정되어 법 제6조 제8항에 따라 파산이 선고된 경우에는 법 제6조 제5항과 같은 규정이 없으므로, 별도의 채권조사가 필요하다.

2) 조사기일 및 제1회 채권자집회

가) 사전준비   법원은 제1회 채권자집회 전에 파산관재인과 연락하여 사전준비 상태를 확인한다. 파산관재인은 파산관재인 보고서([양식 24-20] 참조)를 미리 준비하여야 하고, 채권조사기일 진행이 예정된 경우 파산채권조사결과표 ([양식 24-21] 참조), 채권자출석상황 및 의결표([양식 24-22] 참조)를 준비하여야 한다.

나) 집회의 진행   먼저 제1회 채권자집회를 열어 파산관재인의 보고를 듣고, 채권조사기일을 열어 파산채권을 확정시킨 후, 채권자집회를 속행하여 결의사항에 대해 결의를 하는 식으로 운영된다. 그러나 감사위원의 설치(법제376조), 영업의 폐지 또는 계속, 고가품의 보관방법(법제489조)이 임의적 결의사항으로 변경되었으므로 개인파산관재인 사건에서는 채권조사절차를 마치면 결의절차가 필요 없는 경우가 대부분이다. 또한 결의가 필요 없으므로 신고한 파산채권자가 모두 불출석하더라도 제1회 채권자집회 및 조사기일의 진행에는 아무런 문제가 없다 (제1회 채권자집회 및 조사기일의 조서에 관하여는 [양식 24-23] 참조).[118]

한편 서울회생법원은 현행 개인파산실무에 따라 파산선고와 동시에 채권신고의 기간과 채권조사의 기일을 추후 지정하면서, 제1회 채권자집회, 파산폐지에 관한 의견청취집회(법제545조), 파산관재인의 임무종료에 따른 계산보고집회(법제365조), 채무자에 대한 의견청취기일을 병합하여 진행하고 있다(제1회 채권자집회 등의 조서에 관하여는 [양식 24-23-1] 참조. 한편 도산절차에서는 원칙적으로 조서를 작성하지 아니하므로,[119] 서울회생법원에서는 위와 같이 병합하여 진행한 제1회 채권자집회 등에서 파산, 면책절차가 종료되는 경우에는 조서를 작성하지 않고 있다). 법은 제1회 채권자집회와 채권조사기일, 면책심문기일의 병합만을 규정하고 있으나(법 제312조 제2항·, 제558조 제5항), 파산관재인이 선임된 개인파산사건 대부분이 파산재단의 수집, 환가 및 배당으로 이어지지 아니하고 이시폐지결정이 내려지고 있는 점을 감안하여 절차의 신속성과 효율성을 도모하기 위함이다.

3) 조사기일 종료 후의 절차

가) 조사결과의 기재   법원사무관 등은 채권조사의 결과 및 채무자가 진술한 이의를 파산채권자표에 기재한다(법 제459조 제1항).

나) 이의통지   조사기일을 종료하면, 법원은 파산채권자에게 이의통지서

---

118) 다만, 파산관재인이 채권조사기일에 출석하지 않으면 채권의 조사를 할 수 없다(법 제452조).
119) 규칙 제5조.

를 송달한다([양식 24-24] 참조). 파산관재인이 재단채권이나 후순위채권임을 이유로 이의한 경우에도 이의를 한 것으로 보아 이의통지를 한다. 이의통지서에는 파산관재인 또는 파산채권자의 이의 사유를 기재한다. 법은 출석하지 아니한 파산채권자의 채권에 관하여 이의가 있는 경우에만 이의통지를 하도록 규정하고 있지만(법 제461조 제1항), 실무에서는 출석 여부를 가리지 않고 전부 통지한다. 이의통지는 서류를 우편으로 발송하여 할 수 있다(법 제461조 제2항). 실무상 법원의 업무부담 경감을 위하여 파산관재인이 이의통지서 초안을 작성하여 법원에 제출하고, 법원이 이를 채권자들에게 우편으로 보내는데, 파산관재인이 법원에 이의통지서 초안을 늦게 제출하는 경우 채권자들도 이의통지서를 늦게 받아 채권조사확정재판을 신청할 시간적 여유를 갖지 못하는 경우가 간혹 있으므로 주의를 요한다.

4) 이의의 철회

채권조사기일에 이의를 진술하지 아니한 경우에는 후일 새로이 이의를 진술할 수 없지만, 반대로 이의를 진술한 경우에는 그 이의를 채권조사의 기일 중, 기일 외를 묻지 않고 언제라도 철회할 수 있다. 이의 철회는 법원의 허가사항이라고 할 수는 없지만, 이의의 철회로 파산채권이 확정되므로, 법원은 파산관재인에게 이의철회의 통지를 하기 전에 미리 법원과 상의하도록 지도한다.

이의철회의 방법으로는 이의철회서 2통을 법원에 제출하면 법원이 1통을 기록에 편철하고 나머지 1통을 채권자에게 송부하는 방법과 법원에 이의철회서 1통을 제출하고, 당해 채권자에게는 파산관재인이 적당한 방법으로 통지하는 방법의 두 가지가 있는데, 어느 방법을 택하여도 상관이 없다.

이의철회가 법원에 접수되면 법원사무관 등은 파산채권자표에 그 내용을 기재하고 이로써 파산채권은 신고한 내용대로 확정된다.

5) 채권확정의 효력

확정채권에 관하여 파산채권자표에 기재한 때에는 그 기재는 파산채권자 전원에 대하여 확정판결과 동일한 효력이 있다(법 제460조). 이 확정판결과 동일한 효력의 의미에 관하여는 학설 대립이 있으나, 판례·통설은 이를 파산절차 내에서의 불가쟁의 효력으로 이해하고 있다.[120] 이러한 불가쟁의 효력은 파산관재인에

---

120) 대법원 2006. 7. 6. 선고 2004다17436 판결: 파산절차에 있어서 채권조사기일에 파산관재인 및 파산채권자의 이의가 없는 때에는 채권액은 이로 인하여 확정되고, 확정채권에 관하여는 채권표의 기재는 파산채권자 전원에 대하여 확정판결과 동일한 효력을 가지는데(구 파산법 제213조 제1항, 제215조), 확정판결과 동일한 효력이라 함은 기판력이 아닌 확인적 효력을 가지고 파산절차 내부에 있어 불가쟁의 효력이 있다는 의미에 지나지 않고, 이미 소멸된 채권이 이의 없이 확정되어 채권표에 기재되어 있더라도 이로 인하여 채권이 있는 것으로 확정되는 것이 아니므

게도 미친다고 할 것이어서, 일단 이의 없이 확정된 파산채권을 파산관재인이 나중에 부인할 수 없다.

한편, 파산채권만이 채권신고·조사절차에 따른 확정의 대상이 되는 것이므로, 재단채권이 파산채권으로 신고되어 파산채권으로 확정되고 배당을 받았다고 하더라도 채권의 성질이 당연히 파산채권으로 변하는 것은 아니다.[121]

확정 후 파산채권자표에 기재된 채권을 다투려면, 기재의 잘못(절차적 오류), 명백한 위산, 오기 등에 관하여는 판결의 경정에 준하여 경정할 수 있지만, 실체적인 사항에 관한 잘못을 시정하려면 각 해당사유가 있는 경우 재심의 소, 청구이의의 소, 파산채권자표 기재 무효확인의 소를 제기할 수밖에 없다.[122]

나. 채권조사의 특별기일

특별기일이란 신고기간 경과 후에 신고된 채권 또는 신고기간 내에 신고하였으나 신고기간 경과 후에 신고사항에 관하여 다른 파산채권자의 이익을 해하는 변경이 가해진 채권에 관하여, 일반기일에서 조사함에 대하여 파산관재인 또는 다른 파산채권자가 이의한 경우 또는 일반기일 이후에 채권이 신고된 경우에 채권조사를 위하여 특별히 여는 기일을 말한다(법 제453조 제2항, 제454조, 제455조). 실무상 파산관재인 또는 파산채권자의 이의를 이유로 특별기일을 여는 예는 거의 없고, 일반기일 이후에 신고된 채권을 조사하기 위하여 여는 경우가 대부분이다. 다만 재단채권의 변제에 그쳐 배당이 불가능할 것으로 예상되는 사건의 경우, 배당이 불가능함에도 채권조사절차를 열기 위해 채권자들에게 비용예납을 하도록 하는 것은 부당하다고 보이므로, 서울회생법원에서는 위와 같이 배당이 불가능할 것으로 예상되는 사건의 경우 추가채권신고가 있는 경우에도 특별기일을 개최하지 않고 있다.

법원은 특별기일 지정신청이 있으면 비용을 부담하게 되는 조사 대상 채권자에게 비용예납을 명한다([양식 24-24-1] 참조). 서울회생법원에서는 채권신고기

로, 이것이 명백한 오류인 경우에는 파산법원의 경정결정에 의하여 이를 바로잡을 수 있으며 그렇지 아니한 경우에는 무효확인의 판결을 얻어 이를 바로잡을 수 있다고 할 것이나, 채권조사기일 당시 유효하게 존재하였던 채권에 대하여 파산관재인 등으로부터의 이의가 없는 채로 채권표가 확정되어 그에 대하여 불가쟁의 효력이 발생한 경우에는 파산관재인으로서는 더 이상 부인권을 행사하여 그 채권의 존재를 다툴 수 없게 되었다고 할 것이고, 나아가 파산관재인이 사후에 한 그러한 부인권 행사의 적법성을 용인하는 전제에서 파산채권으로 이미 확정된 채권표 기재의 효력을 다투어 그 무효확인을 구하는 것 역시 허용될 수 없는 것이다.

121) 대법원 2008. 5. 29. 선고 2005다6297 판결.
122) 위 대법원 2004다17436 판결.

간 결정을 송달받고도 신고를 하지 않다가 채권조사기일 이후에 비로소 채권신고를 한 채권자에게는 비용예납을 명하고 있고, 채권신고기간 결정을 송달받지 못하였거나, 채무자가 채권조사기일 이후에 채권자를 추가함으로 인하여 늦게 채권신고를 한 채권자에게는 비용예납을 명하지 않고 있다.

예납금은 예납명령 송달비용과 모든 파산채권자에 대한 송달비용을 합한 금액에 상당하는 액수로 정한다.[123]

예납명령에 응하지 않으면 채권신고를 각하한다([양식 24-24-2] 참조). 예납금이 납부되면 지체 없이 특별조사기일 지정 결정을 하여 모든 채권자에게 송달하고, 공고도 한다. 조사대상이 아닌 채권자에게도 특별조사기일 통지를 하는 이유는 이들 채권자에게도 다른 파산채권에 대한 이의권이 있기 때문이다(법 제451조 제1항). 그러나 실무상 채권자가 다른 파산채권에 대하여 이의하는 경우는 거의 없으므로, 기일 통지를 할 때 특별조사기일에서 조사할 채권의 목록을 첨부하여 이에 대하여 이의가 없는 채권자는 출석할 필요가 없음을 알리고 있고, 나아가 신고 채권자 이외의 파산채권자에게는 송달을 하지 않고 공고로써 송달에 갈음하는 실무례도 있다.

3. 파산채권의 확정에 관한 소송 등

가. 이의된 파산채권의 확정을 위한 절차

파산채권의 조사에서 신고한 파산채권의 내용에 대하여 파산관재인 또는 파산채권자가 이의를 한 때에는 그 파산채권(이의채권)을 보유한 파산채권자는 그 내용의 확정을 위하여 이의자 전원을 상대방으로 하여 법원에 채권조사확정재판을 신청할 수 있다(법 제462조 제1항). 다만 이의채권에 관하여 파산선고 당시 이미 소송이 계속되어 있는 경우에는 채권자가 이의자 전원을 그 소송의 상대방으로 하여 소송을 수계하여야 한다(법 제462조 제1항 단서, 제464조).[124] 신고한 파산채권에 관하여 이의가 제기되면 그 파산채권자는 이의자를 상대로 변론을 거친 소송을 통해 권리를 확정받은 후에 파산절차에 참여해야 할 것이지만, 법은 간이·신속한 파산절차 진

---

123) 예를 들어 파산채권자가 5명인 경우에는 예납금은 31,200원[예납명령 송달비용 5,200원＋모든 파산채권자에 대한 송달비용 26,000원(＝파산채권자 5명×5,200원)]에 상당하는 액수가 될 것이다.

124) 소장 부본이 송달되기 전에 당사자에 대하여 파산선고가 된 경우에는 대립당사자 구조를 요하는 민사소송법의 원칙상 소는 부적법한 것으로 각하되어야 하고, 이 경우 파산선고 당시 법원에 소송이 계속되어 있음을 전제로 한 수계신청 역시 적법하지 않으므로 허용되지 않는다(대법원 2018. 6. 15. 선고 2017다289828 판결 참조).

행을 위해 심문을 거친 결정절차를 우선하도록 하고, 그 결정에 불복이 있으면 이의의 소($^{법\ 제463조,}_{제1항}$)를 제기하여 소송절차에서 권리를 확정하도록 하였다. 다만 이의채권에 관하여 이미 소송이 제기되어 있는 경우에는 원칙으로 돌아가 이의 채권 보유자가 당해 소송을 수계하여 그 소송절차에서 권리를 확정 받아야 한다.

한편, 이의채권이 집행력 있는 집행권원이나 종국판결 있는 채권인 경우에는, 이의 있는 자가 소송(청구이의의 소, 재심의 소)을 제기하여야 하고, 파산선고 당시 이미 소송이 계속되어 있는 경우에는 이의 있는 자가 그 파산채권을 보유한 파산채권자를 상대방으로 하여 소송을 수계하여야 한다($^{법\ 제462조\ 제1항\ 단서,}_{제466조\ 제1항,\ 제2항}$). 이의채권이 집행력 있는 집행권원이나 종국판결 있는 채권인 경우에는 그 채권자가 즉시 강제집행에 착수할 수 있는 지위에 있거나 권리의 존재에 관하여 고도의 개연성이 인정되는 법원의 판단을 받은 상태이기 때문에 이를 존중하는 차원에서 제소책임을 전환하여 이의자가 권리의 부존재 또는 감축 등을 소송으로 다투도록 한 것이다.[125]

나. 파산채권 조사확정재판($^{법}_{제462조}$)

1) 당사자적격 및 신청절차

조사확정재판은 이의된 파산채권이 존재한다고 주장하는 채권자가 신청하여야 하고, 상대방은 이의자 전원이어야 한다.[126] 이의자 중 일부만을 상대로 한 조사확정재판신청은 부적법하다.[127]

조사확정재판의 신청기간은 이의가 있는 파산채권에 관한 조사를 위한 일반조사기일 또는 특별조사기일로부터 1개월 이내이다($^{법\ 제462조}_{제5항}$).[128] 채권조사확정재판이 1개월 이후에 신청된 경우에는 그 신청을 각하하여야 한다([양식 24-24-3] 참조). 위 신청기간은 불변기간이 아니므로 당사자가 책임질 수 없는 사유로 말미암아

---

125) 박태준, "파산채권의 확정절차", 재판실무연구(5) 도산관계소송, 한국사법행정학회(2009), 355면.

126) 채권조사기일에서 채무자가 이의를 진술하였더라도 채무자의 이의는 파산채권의 확정에 영향이 없으므로(법 제458조), 파산채권자가 채무자를 상대로 조사확정재판을 신청할 필요는 없다. 또한 다른 파산채권자가 이의를 진술하였음에도 파산관재인을 상대로 채권조사확정재판을 신청한 경우와 같이 신청인이 상대방을 잘못 지정한 것이 분명한 때에는 진정한 이의자로 상대방을 경정할 수 있다(법 제33조, 민사소송법 제260조).

127) 채권자가 이의자 일부만을 상대로 조사확정재판을 신청하였더라도 신청기간이 지나기 전까지는 누락된 이의자를 상대방으로 추가하는 신청을 할 수는 있다고 할 것이다(법 제33조, 민사소송법 제68조 제1항 본문 참조).

128) 파산채권의 이의에 관한 통지(법 제461조)의 발송일 또는 송달일로부터 1개월 이내가 아니므로, 파산채권자가 이의통지서를 송달받았는지 여부와 관계없이 신청기간 준수여부가 결정된다.

그 기간을 지킬 수 없었다고 하더라도 신청을 추후 보완할 수 없다.[129] 조사확정재판의 신청이 각하되면 이의채권 보유자는 파산절차에 참가할 수 없고 배당에서도 제외된다($_{제1항}^{법 제512조}$).

채권조사확정재판의 신청서에는 ① 당사자 및 대리인의 성명 또는 명칭과 주소, ② 신청의 취지와 이유를 기재하여야 한다($_{제65조 \ 제1항}^{규칙 \ 제77조}$). 또한 신청의 이유가 되는 사실을 구체적으로 기재하고 증거서류의 사본을 첨부하여야 한다($_{제65조 \ 제2항}^{규칙 \ 제77조}$). 신청서는 당사자의 수에 1을 더한 부분을 첨부하여야 하고, 법원은 신청서 부본을 상대방 당사자에게 송달하여야 한다($_{제65조 \ 제3, \ 4항}^{규칙 \ 제77조}$).

채권조사확정재판은 소가결정이나 이에 따른 고액의 인지 첨부가 불필요하고 일률적으로 1,000원의 인지($_{편철방법 \ 등에 \ 관한 \ 예규 \ 제3조}^{민사접수서류에 \ 붙일 \ 인지액 \ 및 \ 그}$)를 붙이면 되고, '2021하확100000' 사건으로 입력 후 원래의 파산기록과 별도의 기록으로 관리한다.

2) 심판대상 및 청구원인의 제한

채권조사확정재판의 심판대상은 이의가 진술된 파산채권의 존부와 그 채권액, 우선권의 유무, 후순위 파산채권의 구분 등이다($_{제2항}^{법 제462조}$). 채권조사기일에서 이의가 없었거나 그 후 이의가 철회된 파산채권의 전부 또는 일부는 이미 확정되었으므로($_{제458조}^{별}$), 그에 관하여 확정을 구하는 조사확정재판신청은 부적법하다.

파산채권자는 채권조사의 결과가 반영된 파산채권자표에 기재된 사항에 한하여만 조사확정재판신청을 할 수 있으므로($_{제465조}^{별}$), 채권조사기일까지 신고하지 않았거나 그 기일에서 조사하지 않은 채권을 새롭게 주장할 수 없다(증액 또는 우선권 주장 등). 다만 파산채권자표에 기재된 권리와 급부의 내용이나 액수는 같고 청구의 기초가 동일하지만 그 발생원인을 달리 하는 권리의 확정을 구하는 경우와 같이, 법률상 성격은 다르더라도 사회경제적으로 동일한 채권으로 평가할 수 있는 권리의 확정을 구하고, 그와 같은 주장이 파산관재인이나 다른 채권자 등의 이의권을 실질적으로 침해한다고 보기 어려운 경우에는 허용된다고 볼 수 있다.[130]

---

129) 구 회사정리법상 회사정리절차에서의 정리채권확정의 소에 관한 것으로, 대법원 2003. 2. 11. 선고 2002다56505 판결. 다만 실무상 파산채권자가 이의통지서를 적법하게 송달받지 못했거나 이의통지서가 신청기간 만료에 임박하여 발송되는 등의 특별한 사정이 있는 경우에는, 법원이 신청기간을 연장하는 결정을 하기도 한다(법 제33조, 민사소송법 제172조 제1항 본문 참조).

130) 대법원 2007. 4. 12. 선고 2004다51542 판결 참조. 이와 달리 신청인이 사회경제적 동일성도 인정되지 아니한 권리를 새롭게 주장하여 신청을 변경한 경우에는, 상대방이 이의를 제기하지 않더라도 법원이 직권으로 그 허용가능성을 심리하여 신청의 변경을 허가하지 않아야 할 것이다(서울회생법원 2018. 1. 17. 선고 2017가합100432 판결, 항소기각 및 심리불속행 상고기각으로 확정).

3) 심리 및 결정 등

법원은 채권조사확정재판을 하는 때에 필요적으로 이의자를 심문하여야 한다(법 제462조).[131] 심문은 기일을 지정하거나 심문서 등의 서면을 통해 할 수 있다. 심문조서는 재판장이 작성을 명한 경우를 제외하고는 작성할 필요가 없다(규칙 제5조).

채권조사확정재판의 결정 대상은 파산채권의 존부와 그 내용이지 신청의 당부가 아니다(법 제462조)(결정례에 관하여는 [양식 24-25] 참조). 따라서 심리 결과 파산채권의 존재가 인정되지 아니할 경우에는 그 결정 주문에서 조사확정재판을 기각한다고 할 것이 아니라, 이의 있는 파산채권이 존재하지 아니한다고 하여야 한다.[132] 조사확정재판을 통하여 확정되는 채권 중에 우선권 있는 파산채권이나 후순위 파산채권이 포함된 때에는 결정 주문에서 그 구분을 명확히 표시해 주어야 한다.[133] 조사확정재판의 결정은 이유의 요지만을 기재할 수 있다(규칙 제77조, 제66조 제1항).

법원은 채권조사확정재판의 결정서를 당사자에게 송달하여야 한다(법 제462조 제4항). 또한 법원은 채권조사확정재판절차에서 화해를 권유하거나 조정에 회부하는 결정을 할 수 있고, 조정에 회부하는 경우 민사조정법 및 민사조정규칙을 준용한다(규칙 제77조, 제66조 제2항).

4) 파산절차 종료와의 관계

채권조사확정재판이 계속된 상태에서 파산선고 결정이 취소되거나(법 제316조 제5항), 파산폐지 결정이 확정되면(법 제538조 제545조), 파산채권을 조사할 실익이 없으므로 채권조사확정재판은 종료된다.[134] 반면, 파산종결 결정이 있은 때에는 종전 당사자 사이에서 계속 진행하여 파산채권을 확정하여야 하고, 이 경우 파산관재인의 관리처분권은 채권조사확정재판절차를 수행하는 범위에서 존속하게 된다.[135]

---

131) 법 조문상 상대방 당사자인 이의자만을 심문하면 되나, 실무상 대면심문을 하는 경우에는 보다 충실한 심리를 위해 신청인(파산채권자)도 함께 심문하는 것이 보통이다. 또한 실무는 신청기간 도과 등 부적법한 신청임이 명백한 경우 심문 없이 곧바로 각하 결정을 하기도 한다.

132) 심판대상인 파산채권이 일부만 인정되더라도 '나머지 신청을 기각한다'는 주문을 기재하지 않고 있다.

133) 대법원 2006. 11. 23. 선고 2004다3925 판결은 파산채권확정의 소에 관한 사안이나 조사확정재판의 경우에도 동일할 것이다.

134) 실무상 기타 종국으로 전산입력 후 종국처리하고 있다.

135) 실무상 파산관재인이 배당절차를 진행하는 경우, 사전에 채권조사확정재판을 마무리하는 것이 일반적이지만, 관련 사건의 결과대기 등으로 부득이한 경우 채권조사확정재판의 결정 없이 파산절차를 종결할 수도 있다. 다만, 파산관재인은 종결 전에 이의채권에 해당하는 배당액을 임치(법 제519조 제1호) 및 공탁(법 제528조 제1호)하여야 하고, 이의채권이 부존재한 것으로 확정되면 다른 파산채권자에게 추가배당을 하여야 한다(법 제531조).

다. 채권조사확정재판에 대한 이의의 소(법 제463조)

채권조사확정재판에 대하여 불복이 있는 경우에는 즉시항고를 하는 대신에 이에 대한 이의의 소를 제기하여야 한다.

1) 당사자적격 및 소제기 절차

채권조사확정재판에 대한 이의의 소는 이의채권의 보유자 또는 이의채권에 대하여 이의를 진술한 자로서 채권조사확정재판의 당사자만이 제기할 수 있다. 이의채권 보유자가 소를 제기하는 경우에는 이의자 전원을 피고로 하여야 하고(법 제463조 제3항 전단), 이때 공동피고인 이의자 전원은 원칙적으로 고유필수적 공동소송의 관계에 있다.[136] 반대로 이의자가 소를 제기하는 경우에는 이의채권을 보유한 파산채권자를 피고로 하여야 한다(법 제463조 제3항 전단). 이 때에는 이의자가 복수라 하더라도 고유필수적 공동소송의 공동원고가 될 필요는 없고, 복수의 소송이 제기된 경우에는 합일확정의 필요가 있으므로[137] 법원이 필요적으로 변론을 병합하여야 한다(법 제463조 제4항).

이의의 소는 파산계속법원의 전속관할이고, 여기서의 파산계속법원은 파산사건이 계속 중인 재판부를 포함하는 조직법상의 회생법원[138]을 가리키는 것으로 일반 민사소송과 같이 민사재판부에서 처리하고 있다.

이의의 소는 채권조사확정재판의 결정서를 송달받은 날로부터 1개월 이내에 제기하여야 한다. 이 제소기간은 불변기간이 아니다. 만일 제소기간을 도과하여 이의의 소가 제기되었다면 그 소는 부적법하므로 각하하여야 한다. 한편 이의채권 보유자가 제소기간 내에 이의자를 상대로 본조의 이의의 소가 아닌 일반 이행의 소를 제기한 경우에도 이후 파산채권 확정의 소로 청구취지를 변경하였다면 제소기간을 준수하였다고 볼 수 있다.[139]

이의의 소의 인지는 통상 민사소송에서와 같이 소송목적의 값에 따라 결정된다(민사소송 등 인지법 제2조). 그리고 이의의 소의 소송목적의 가액은 배당예정액을 표준으로 하여 파산계속법원이 정한다(법 제470조). 실무상 당사자가 소장에 소액의 인지를 붙

---

136) 伊藤眞 外 5, 条解 破産法(제2판), 弘文堂(2014), 892면.

137) 이의의 소의 판결은 파산채권자 전원에 대하여 효력이 있다(법 제468조 제1항).

138) 회생법원이 설치되지 아니한 지역은 회생법원이 설치될 때까지 관할 지방법원 또는 지방법원 본원을 회생법원으로 본다(법 부칙 <제14472호, 2016. 12. 27.> 제2조 참조).

139) 구 회사정리법상 회사정리절차에서의 정리채권확정의 소에 관한 것으로, 대법원 1994. 6. 24. 선고 94다9429 판결 참조.

이거나 인지를 붙이지 아니한 채 이의의 소를 제기하고, 그 후 해당 재판장의 인지보정명령과 파산계속법원의 소송목적의 가액 결정에 따라 부족한 인지를 보정하고 있다.

2) 심판대상 및 청구원인의 제한

이의의 소의 심판대상은 이의가 진술된 파산채권의 존부와 그 내용이지 채권조사확정재판결정의 당부가 아니다. 또한 이의채권을 보유한 파산채권자는 파산채권자표에 기재된 사항에 한하여만 이의의 소를 제기할 수 있다(법 제465조).

3) 변론 및 판결 등

이의의 소는 민사소송의 일종으로 그 절차에 처분권주의와 변론주의가 적용되고 채권조사확정재판의 속심절차가 아니다. 따라서 이의의 소의 당사자는 이의채권에 관한 주장·증명책임에 따라 새롭게 필요한 주장과 증거를 제출하여야 한다. 채권조사확정재판 결정의 내용에 의해 파산채권의 존재 또는 부존재에 관하여 추정력이 생기거나 주장·증명책임이 전환되는 것이 아니다.

이의의 소의 판결은 그 소가 부적법하여 각하하는 경우를 제외하고는 채권조사확정재판의 결정을 인가하거나 변경하는 판결을 하여야 한다(법 제463조 제5항). 먼저 채권조사확정재판에서 정한 채권의 존부와 내용이 맞다면 채권조사확정재판을 인가하여야 한다.[140] 반면 채권조사확정재판에서 정한 채권의 존부와 내용과 달리 판단되면, 채권조사확정재판을 변경하여 채권조사확정재판 신청의 적법 여부, 이의채권의 존재 및 그 내용(액수, 우선권, 후순위 파산채권)에 관한 구체적인 판단을 명확히 표시해 주어야 한다.[141] 서울회생법원은 이의의 소 판결에서 나머지 청구를 기각한다는 주문은 기재하지 않고 있다.

4) 파산절차 종료와의 관계

이의의 소가 계속된 상태에서 파산선고 결정이 취소되거나(법 제316조 제5항), 파산폐지 결정이 확정되면(법 제538조 제545조), 파산관재인이 당사자인 경우 채무자가 그 소송을 수계하여야 하고(민사소송법 제240조 유추), 파산관재인이 당사자가 아닌 파산채권자들 사이의 소송인 경우 파산채권을 조사할 실익(소의 이익)이 없으므로 부적법하다. 반면, 파산종결 결정이 있은 때에는 채권조사확정재판과 마찬가지로 종전 당사자 사이

---

140) 주문례: 서울회생법원 2021. ○. ○.자 2021하확○○ 파산채권조사확정재판을 인가한다.

141) 주문례: 서울회생법원 2021. ○. ○.자 2021하확○○ 파산채권조사확정재판을 아래와 같이 변경한다. ① ○○○의 파산채권조사확정재판 신청(또는 신청 중 ○○부분)을 각하한다, ② ○○○의 채무자 ○○○에 대한 파산채권은 존재하지 아니함을 확정한다, ③ ○○○의 채무자 ○○○에 대한 파산채권은 ○○원임을 확정한다, ④ ○○○의 채무자 ○○○에 대한 파산채권은 이미 확정된 ○○원 외에 추가로 ○○원이 존재함을 확정한다.

에서 계속 진행하여 파산채권을 확정하여야 한다. 파산관재인이 당사자인 경우 파산관재인은 파산의 종결에도 불구하고 이의의 소를 수행하는 범위에서는 관리 처분권을 상실하지 않는다.

라. 이의채권에 관한 소송의 수계(법제464조)

이의채권에 관하여 파산선고 당시 소송이 계속되어 있는 경우 채권자가 그 권리의 확정을 구하고자 하는 때에는 이의자 전원을 그 소송의 상대방으로 하여 소송을 수계하여야 한다.

1) 이의채권에 관한 소송

수계가 필요한 소송은 이의가 있는 파산채권을 소송물로 하는 소송으로 채무자가 당사자(원고 또는 피고)인 사건이다. 통상 이행소송인 경우가 많을 것이지만, 적극적 확인소송이나 채무자가 제기한 소극적 확인소송[142]도 포함된다. 또한 법 제6조 제1항에 의한 파산선고시 종전 회생절차에서 제기되어 진행 중인 회생채권 조사확정재판에 대한 이의의 소도 포함된다.[143] 다만 판례는 상고심의 당사자가 상고이유서 제출기간이 경과한 후에 파산선고를 받은 경우에는 파산관재인이 소송을 수계할 필요성이 존재하지 않아 수계절차를 거칠 필요가 없다고 보아 수계신청을 기각하고 있다.[144]

2) 수계절차

이의채권을 보유한 파산채권자는 이의자 전원을 상대방으로 하여 중단된 소송절차를 수계하여야 한다. 이때 상대방인 이의자 전원은 원칙적으로 고유필수적 공동소송의 관계에 있으므로, 이의자 일부만을 상대로 한 소송수계신청은 원칙적으로 부적법하다. 상대방인 이의자의 수계신청도 허용되는 지에 관하여는 견해의 대립이 있으나, 상대방의 소송절차상 이익 보호를 위해서라도 상대방도 할 수 있다고 보아야 하고(민사소송법제241조),[145] 필요한 경우 법원이 직권에 의한 속행명

---

142) 이때 피고인 채권자는 소송수계신청 후 반소로 파산채권의 확정을 구할 수 있을 것이다.

143) 대법원 2020. 12. 10. 선고 2016다254467, 254474 판결.

144) 대법원 2001. 6. 26. 선고 2000다44928, 44935 판결, 제4장 제2절 4. 가. 5) 나) (1)의 각주 62), 대법원 2013. 5. 23. 선고 2012다33488 판결(미간행). 대법원 2014. 12. 11. 선고 2011다84830 판결(미간행). 이에 의하면 상고심의 결론에 따라 상고기각 판결이면 원심의 결과에 따라 파산채권이 확정되고, 원심법원 환송판결이면 원심법원에서 수계절차를 거쳐 파산채권 확정을 구해야 할 것으로 보인다. 한편 이러한 판례에 대하여는 당사자가 상고심 계속 중 파산선고를 받은 경우에도 소송을 중단시켜 채권조사절차를 거치도록 하여 사건의 속행 여부를 결정하여야 한다고 비판하는 견해가 있다[임치용, "채권조사절차를 둘러싼 실무상의 문제점", 파산법연구3, 박영사(2010), 77면].

령도 할 수 있다(민사소송법).[146]
      제244조

　　파산채권자가 파산절차에서 채권신고를 하지 않은 등으로 채권조사절차가 진행되지 아니하여 파산채권이 이의채권이 되지 아니한 상태에서는 당사자는 미리 소송수계신청을 할 수 없고, 이와 같은 소송수계신청은 부적법하다.[147] 또한 파산채권자는 파산채권에 대한 조사 결과 파산채권자표에 기재된 사항에 한하여 수계신청이 가능하고 그 곳에 기재되지 않은 사항을 주장하는 수계신청은 부적법하여 각하되어야 한다(법 제465조).

　　파산선고 당시 이미 이의채권에 관하여 소송이 계속 중이어서 수계신청을 하여야 함에도 불구하고 별도의 조사확정재판을 신청하는 것은 권리보호의 이익이 없으므로 부적법하다.[148] 다만, 파산절차에 관하여는 회생절차에 관한 법 제172조 제2항과 같이 수계신청의 시기를 제한하는 규정이 존재하지 아니하므로, 조사확정재판이 각하되더라도 계속 중인 소송에서 수계신청을 할 수 있다. 반대로 소는 제기되었으나 소장부본이 상대방에게 송달되지 않은 상태에서 채무자에 대한 파산선고가 있는 경우에는 소송이 계속되었다고 볼 수 없으므로 수계신청은 부적법하다고 보아야 하고,[149] 이 경우 이의채권을 보유한 파산채권자가 신청기간 내에 별도로 채권조사확정재판을 신청하여야 한다.

　　수계신청은 소송절차의 중단사유와 수계할 사람의 자격을 소명하는 자료를 붙인 서면으로 하여야 하고(민사소송규칙 제60조), 법원은 상대방에 수계신청 사실을 통지하여야 한다(민사소송법 제242조). 법원은 수계신청의 적법 여부를 직권으로 조사하여 이유 있으면 별도의 재판 없이 그대로 소송을 진행하고,[150] 이유 없다고 인정되면 결정으로 기각하여야 한다(민사소송법 제243조 제1항).[151]

---

145) 대법원 2020. 12. 10. 선고 2016다254467, 254474 판결(주 143).

146) 이에 대하여는 이의채권을 보유한 파산채권자만이 수계신청을 할 수 있고, 따라서 법원이 직권에 의한 속행명령도 할 수 없다고 보는 견해가 있다[서울회생법원 재판실무연구회, "법인파산실무(제5판)", 박영사(2019), 332, 333면].

147) 대법원 2019. 4. 25. 선고 2018다270951(본소), 2018다270968(반소) 판결, 대법원 2018. 4. 24. 선고 2017다287587 판결.

148) 대법원 2020. 12. 10. 선고 2016다254467, 254474 판결, 대법원 1991. 12. 24. 선고 91다22698, 91다22704 판결.

149) 대법원 2018. 6. 15. 선고 2017다289828 판결 및 심태규, "채권조사확정재판에 대한 이의의 소에 관한 실무상 문제점", 사법논집 제66집, 법원도서관(2018), 400, 401면 참조. 이에 대하여는 소송경제 측면이나 분쟁이 유형에 따른 재판의 효율성 등에 비추어 이 경우에도 법 제464조의 규정이 적용되어 수계를 필요로 한다는 의견도 있다[서울중앙지방법원 파산부 실무연구회, "도산절차와 소송 및 집행절차", 박영사(2011), 61면].

150) 이의채권이 이미 소송계속 중인 경우에는 법 제463조 제2항과 같은 규정이 없어 파산계속법원의 관할에 전속하지 아니한다.

3) 수계 후의 소송절차

이의채권자는 소송 수계 후에 청구취지 등을 채권확정소송으로 변경하여야 한다.[152] 계속되어 있는 소송이 채무자가 파산채권자를 상대로 제기한 채무부존재 확인의 청구 등 소극적 확인소송인 경우에는 파산채권자가 소송을 수계한 후 반소의 제기가 필요한지에 관하여 견해의 대립이 있으나, 실무상 반소를 제기하는 경우가 있다.[153]

수계한 당사자는 종전 소송수행의 결과를 전제로 소송행위를 하여야 하나, 파산관재인이 부인권을 이유로 이의한 경우에는 부인권 행사 효과의 한도에서는 채무자의 종전 소송수행 결과에 구속되지 아니한다.[154]

마. 집행력 있는 집행권원 또는 종국판결이 있는 파산채권에 대한 이의(법제464조)

이의채권에 관하여 집행력 있는 집행권원이 있거나 종국판결이 있는 경우에는 이의자는 채무자가 할 수 있는 소송절차에 의하여만 이의를 주장할 수 있고, 파산선고 당시 이미 소송이 계속되어 있는 경우에는 이의 있는 자가 그 파산채권을 보유한 파산채권자를 상대방으로 하여 소송을 수계하여야 한다(법 제462조 제1항 단서, 제466조 제1항, 제2항,).

1) 이의채권에 관한 집행력 있는 집행권원 또는 종국판결

집행력 있는 집행권원이란 집행력 있는 정본(민사집행법 제28조)과 동일한 효력을 가지고 집행을 할 수 있는 강제집행의 권원(민사집행법 제24조, 제56조)을 말한다. 따라서 집행권원이 확정된 지급명령과 같이 강제집행에 집행문 부여가 필요 없는 경우(민사집행법 제58조 제1항)가 아닌 이상 파산채권신고 당시 또는 늦어도 채권조사기일까지는[155] 집행문이 부

---

151) 주석 채무자회생법(Ⅴ) (제1판), 한국사법행정학회(2020), 203면(나원식), 수계신청이 기각된 경우에는 소송절차가 계속 중단된 상태에 있게 되므로 상대방 당사자의 수계신청 또는 법원의 속행명령을 통해 적법한 수계절차를 거쳐 소송의 결론을 낼 수 있다고 본다.

152) 대법원 2018. 4. 24. 선고 2017다287587 판결 등. 대법원 2020. 12. 10. 선고 2016다254467, 254474 판결에 의하면 원고가 청구취지를 변경하지 않으면 법원은 그 점을 지적하여 당사자의 명확한 의사를 석명하여야 한다(법 제6조 제1항에 의해 파산이 선고된 경우 종전 회생채권확정소송을 계속 유지할 이익도 있으므로 회생채권확정의 청구취지를 파산채권확정으로 변경 또는 추가할 것인지를 석명해야 한다고 보았다).

153) 심태규, "채권조사확정재판에 대한 이의의 소에 관한 실무상 문제점", 사법논집 제66집, 법원도서관(2018), 399, 400면은 원고의 소송수계인이 되는 이의자가 그 소송의 청구취지를 이의채권의 부존재의 확정을 구하는 것으로 변경하면 그 판결은 채권의 존부와 내용을 정하는 판결이라고 보기에 충분하다는 견해를 취한다.

154) 伊藤眞 外 5, 條解 破産法(제2판), 弘文堂(2014), 903면.

155) 노영보, 도산법 강의, 박영사(2018), 429면, 심태규, "채권조사확정재판에 대한 이의의 소에 관한 실무상 문제점", 사법논집 제66집, 법원도서관(2018), 407, 408면. 이에 관하여는 엇갈리는 하

여되어 있어야 한다(민사집행법 제28조, 제57조, 제59조).[156) 또한 파산채권자는 집행력 있는 집행권원 또는 종국판결이 있는 파산채권인 때에는 그 뜻을 함께 신고하고 그 사본을 제출하여야 한다(규칙 제73조 제1항 제3호, 제2항 제2호). 채권신고서에 집행권원 등에 관하여 기재되지 아니하였거나 그 사본이 제출되지 아니하였다면 그 채권은 집행력 있는 집행권원이나 종국판결이 있는 채권으로 취급되지 아니한다.[157)

한편 종국판결은 소나 상소에 의한 소송사건의 전부나 일부에 대하여 그 심급을 완결하는 판결을 말한다. 이의채권에 관한 종국판결이 있는 경우에도 집행문 부여가 필요하나(민사집행법 제28조), 종국판결은 이의채권 존부에 관한 법원의 판단이므로 확정되었거나 가집행이 선고되었는지 여부를 불문하고 집행문 부여 없이도 제소책임을 전환하는 예외를 두고 있다. 종국판결은 이의채권을 소송물로 하여 채무자에 대하여 이행을 명하는 이행판결 외에 이의채권의 존재를 확인하는 내용의 판결(채무부존재 확인청구의 기각판결 등)도 포함된다.[158) 이와 관련하여 종국판결에 집행문이나 집행판결을 받지 아니한[159) 화해, 청구의 포기·인낙조서 또는 조정조서, 중재판정과 같이 확정판결과 같은 효력이 인정되는 조서가 포함되는지에 관하여는 견해가 대립된다(민사소송법 제220조, 중재법 제35조).[160) 다만 파산관재인은 이의채권에 관하여 화해조서, 조정조서, 중재판정 등이 있다는 취지가 기재되어 있으면 사전에 파산채권자에게 집행문 부여 여부를 소명하거나 보완하라는 취지의 요청을 하는 것이 바람직하다.

급심 판결이 존재한다.

156) 대법원 1990. 2. 27.자 89다카14554 결정, 주석 채무자회생법(Ⅴ) (제1판), 한국사법행정학회 (2020) 218면(나원식).

157) 회생채권에 관한 부산고등법원(창원) 2020. 2. 10.자 2019라10080 결정(확정) 참조. 다만 이의자가 집행권원 등의 존재를 알고 있었던 경우에도 제소책임의 전환을 인정할 것인지 여부에 관하여는 견해가 대립될 수 있다[위 2019라100080 결정에서는 주관적 인식을 배제하였으나, 대전고등법원 2015. 9. 9. 선고 2014다12827 판결(확정)에서는 주관적 인식이 있으면 제소책임의 전환을 인정하였다].

158) 노영보, 도산법 강의, 박영사(2018), 429면.

159) 집행문이나 집행판결을 받은 경우에는 당연히 집행력 있는 집행권원에 해당한다.

160) 긍정설은 제소책임의 전환을 규정한 취지를 살려 집행문을 부여받지 않은 화해조서, 조정조서 등과 법원의 집행판결을 받지 않은 중재판정도 종국판결에 준하여 집행문을 부여받지 않아도 된다고 본다[심태규, "채권조사확정재판에 대한 이의의 소에 관한 실무상 문제점", 사법논집 제66집, 법원도서관(2018), 408면, 임치용, "파산절차의 개시가 중재절차에 미치는 효력", 사법논집 제41집, 법원도서관(2005), 309면]. 반면 부정설은 종국판결 있는 이의채권의 제소책임을 전환하는 것은 예외 규정에서 추가적으로 예외를 두는 것이므로 가급적 제한적으로 해석해야 하고, 강제집행을 위해서는 집행문이 필요하다는 명문의 규정(민사집행법 제57조에서 제28조 준용)에 반하므로, 집행문을 부여받지 않은 화해조서 등은 종국판결에 포함되지 않는다고 본다[전대규, 채무자회생법(제5판), 법문사, 635면 참조].

2) 채무자가 할 수 있는 소송절차

이의자는 집행력 있는 집행권원 및 확정된 종국판결에 대하여 채무자가 할 수 있는 청구이의의 소, 재심의 소 등을 제기하여야 한다. 청구이의의 소를 제기할 수 있다는 사정만으로 채무부존재확인소송이 확인의 이익이 없어 부적법한 것은 아니므로 채무부존재확인소송을 제기할 수도 있고, 파산절차 진행 중에는 파산채권에 기한 강제집행이 허용되지 않으므로 오히려 이러한 채무부존재확인소송의 제기가 더 적절하다는 견해도 있다.[161]

집행력 있는 집행권원이 있는 이의채권에 관하여 소송(청구이의소송 또는 화해무효소송 등)이 계속 중이거나 이의채권에 관하여 미확정의 종국판결이 있는 경우에는 이의자가 그 파산채권을 보유한 파산채권자를 상대방으로 하는 소송절차를 수계하여야 한다.[162] 이 경우 파산채권자가 이의주장 책임의 전환으로 인한 이익을 포기하여 수계신청을 하는 것도 가능하다. 수계된 소송절차에서는 종전의 소송을 속행하거나 상소를 제기하여야 한다. 다만, 파산채권에 관한 소송이 상고심에 이르러 상고이유서 제출기간이 지나거나 제출한 후에 채무자에 대한 파산선고가 있은 경우 이의채권을 보유한 파산채권자나 이의자인 파산관재인의 소송절차수계신청을 모두 받아들이지 않고 그 신청을 기각하고 있다.[163]

3) 소송절차의 진행

집행력 있는 집행권원이나 종국판결이 있는 채권에 관하여 여러 개의 소가 계속되게 되면, 합일확정의 필요가 있으므로 법원은 변론을 병합하여야 한다 (법 제466조 제3항, 제463조 제4항). 이의자는 파산채권자표에 기재한 사항에 한하여, 채무자가 할 수 있는 소송절차에서 이의를 주장할 수 있고, 계속 중인 소송을 수계할 수 있다 (법 제466조 제3항, 제465조).

바. 소송목적의 가액 결정(소가결정)(법 제470조)

파산채권의 확정에 관한 소송의 목적의 가액은 배당예정액을 표준으로 하

---

161) 심태규, "채권조사확정재판에 대한 이의의 소에 관한 실무상 문제점", 사법논집 제66집, 법원도서관(2018), 391면.

162) 대법원 1999. 7. 23. 선고 99다22267 판결, 대법원 2005. 10. 27. 선고 2003다66691 판결.

163) 대법원 2007. 9. 21. 선고 2005다22398 판결(미간행), 대법원 2015. 7. 23. 선고 2013다57092 판결(미간행) 등. 이에 대하여는 채무자가 상고심 계속 중 파산선고를 받는 경우에도 일단 소송을 중단시켜 채권조사절차를 거치도록 하여 사건의 속행 여부를 결정하여야 한다는 견해도 있다 [임치용, 파산법연구 3, 박영사(2010), 76, 77면]. 한편 대법원 판례에 따르면 파산관재인은 상고심의 결론을 기다려 그 취지대로 채권조사결과를 사실상 수정하여 파산채권을 확정하고 배당하여야 할 것으로 보인다.

여 파산계속법원이 이를 정한다. 소가결정의 기준이 되는 '권리자가 파산절차에 의하여 얻을 배당예정액'은 파산계속법원이 아니면 알기 어렵기 때문에 위와 같이 규정한 것이다. 여기서 말하는 '파산계속법원'이란 파산채권조사확정재판에 대한 이의의 소의 관할법원과 마찬가지로 파산사건이 계속 중인 재판부를 포함하는 조직법상의 회생법원을 의미한다.[164]

'파산채권의 확정에 관한 소송'에는 채권조사확정재판에 대한 이의의 소는 물론, 이미 계속되어 있는 이의채권에 관한 소송이 수계된 경우($_{제464조}^{법}$),[165] 집행력 있는 집행권원이나 종국판결 있는 채권에 관한 청구이의의 소($_{제466조}^{법}$) 등도 포함된다. 실무상 파산채권자표 기재 무효확인의 소, 파산채권의 확정과 관련한 부인의 소 등도 포함된다고 보아 소송목적의 가액을 결정한 바 있다.[166]

실무상 원고가 소장에 소액의 인지를 붙이거나 인지를 붙이지 아니한 채 파산채권의 확정에 관한 소를 제기하고, 그 후 해당 재판장의 인지보정명령이 내려지면, 파산계속법원에 당해 소송 및 그 소송과 관련된 파산사건의 사건번호를 명시하고 소장, 이의채권의 범위를 확인할 수 있는 자료 등을 첨부하여 소가결정신청을 한다. 이후 파산계속법원이 배당예정액 또는 환가가능 재산총액을 시인된 채권으로 나눈 비율(예상배당률) 등을 표준으로 하여 소송목적의 가액 결정을 하면, 원고는 그에 따라 부족한 인지를 보정하게 된다.[167]

소송목적의 가액 결정에 대하여는 허용 규정이 없어 즉시항고를 할 수 없고($_{제13조}^{법}$) 민사소송법에 의한 특별항고만 가능하다. 또한 이미 파산계속법원이 소송목적의 가액 결정을 한 경우에 패소한 부분을 감축하거나 배당예정액이 감소됨에 따라 소송목적의 가액을 감액 받을 의도로 다시 결정을 신청하는 경우가 있으나, 허용되지 않는다고 봄이 통설이다. 다만 청구취지가 변경(확장)된 경우에

---

164) 파산채권확정소송의 소가결정의 주체를 구 파산법 제225조는 수소법원으로 하고 있었으나, 현행법은 파산법원(파산계속법원)으로 규정하였다. 따라서 파산채권확정에 관한 소송이 고등법원에 계속 중인 경우에도, 소가결정신청은 파산계속법원에 하여야 할 것이다.

165) 당해 심급이 종결된 후 상소장에 첨부할 인지액 산출을 위하여 소가결정을 할 수 있다.

166) 그 외에 법 제462조의 채권조사확정재판도 소송목적의 가액 결정의 대상이 되는지에 관하여 견해 대립이 있으나, 법 제467조 내지 제470조가 '파산채권의 확정에 관한 소송'과 '채권조사확정재판'을 명확히 구분하고 있고, 채권조사확정재판의 인지는 일률적으로 1,000원으로 정해져 있는 점을 고려하면 위 결정의 대상에 포함되지 아니한다. 또한 파산관재인이 파산채권자를 상대로 제기한 부인의 소, 청구이의의 소, 채무부존재 확인의 소는 견해 대립은 있으나 위 결정의 대상에 포함되지 않는다고 보아야 한다. 마지막으로 파산절차가 종료된 후에 채무자를 상대로 파산채권의 이행을 구하는 소가 제기된 경우에는 그 소송의 실질이 파산채권의 확정에 관한 소송이라 하더라도 파산계속법원이 없으므로 일반적 소송목적의 가액 산정방법에 따라야 한다.

167) 서울회생법원 재판실무연구회, 법인파산실무(제5판), 박영사(2019), 341면.

는 변경된 청구에 관하여 소송목적의 가액이 결정된 적이 없으므로 다시 결정을 신청하여 받을 수 있다고 본다.[168]

사. 파산채권의 확정에 관한 소송결과의 기재 및 그 효력

법원사무관 등은 파산관재인 또는 파산채권자의 신청에 의하여 파산채권의 확정에 관한 소송의 결과(채권조사확정재판에 대한 이의의 소가 출소기간 안에 제기되지 아니하거나 각하된 때에는 그 조사확정재판의 내용)를 파산채권자표에 기재하여야 한다(법 제467조). 이 때 그 신청인은 재판서의 등본 및 재판의 확정에 관한 증명서를 제출하여야 한다(규칙 제77조, 제67조).

여기서 '파산채권의 확정에 관한 소송'에는 법 제463조의 채권조사확정재판에 대한 이의의 소나 법 제464조에 의하여 이의채권에 관하여 채권자가 수계한 소송뿐만 아니라 법 제466조 제1항 또는 제2항에 의하여 집행력 있는 집행권원이나 종국판결 있는 채권에 관하여 이의자가 제기하거나 수계한 소송도 포함된다.[169] 또한 '소송의 결과'는 종국판결 외에도 그 소송의 결론인 판결의 확정·청구의 포기·인낙·화해·조정·취하 등을 의미한다.

파산채권의 확정에 관한 소송에 대한 판결은 파산채권자 전원에 대하여 그 효력이 있다(법 제468조 제1항). 또한 채권조사확정재판에 대한 이의의 소가 출소기간 안에 제기되지 아니하거나 각하된 때에는 그 재판은 파산채권자 전원에 대하여 확정판결과 동일한 효력이 있다(법 제468조 제2항). 따라서 파산채권의 확정에 관한 재판의 결과에 채권조사기일에 출석하지 아니한 파산채권자나 파산채권이 확정된 후에 채권신고를 한 파산채권자, 채권신고를 하지 않은 파산채권자도 구속된다.[170]

아. 소송비용의 상환 등

파산관재인이 이의를 진술하였으나 파산채권의 확정에 관한 소송에서 패소하여 소송비용부담재판에 의해 상대방에게 소송비용 상환의무를 부담하게 된 경우, 상대방의 소송비용상환청구권은 재단채권에 해당한다(법 제473조 제4호).

한편 파산채권자가 이의를 진술하였고, 파산채권의 확정에 관한 소송에서 승소하여 파산재단이 이익을 받은 때에는 이의를 주장한 파산채권자는 그 이익

---

168) 서울회생법원 재판실무연구회, 법인파산실무(제5판), 박영사(2019), 342면.
169) 대법원 2012. 6. 28. 선고 2011다63758 판결.
170) 서울회생법원 재판실무연구회, 법인파산실무(제5판), 박영사(2019), 343면.

의 한도 안에서 재단채권자로서 소송비용의 상환을 청구할 수 있다(법제469조). 여기
서 '이익의 한도'라 함은 파산재단이 해당 소송의 결과에 따라 상대방인 파산채
권자에 대하여 부담하지 않게 된 범위의 한도를 말한다. 예를 들어 이의채권이
존재하지 않는 것으로 확정된 경우 그 채권에 대한 예상배당액이 이익의 한도라
할 수 있다.[171]

제4절 부인권

1. 의   의

　부인권이란 파산선고 전에 채무자가 파산채권자를 해하는 행위를 한 경우
그 행위의 효력을 부인하고 일탈된 재산을 파산재단에 회복하기 위하여 파산관
재인이 행하는 법상의 권리이다(법제391조). 채무자가 재정적 위기상태에 빠지게 되
면 채무자를 비롯한 이해관계인들은 각자 자신의 이익을 최대한 확보하기 위한
행위를 하게 될 유인을 갖게 된다. 즉, 채무자는 재정적인 위기상태를 감추면서
재산을 빼돌려 은닉하거나 자신에게 도움이 되는 채권자에게 편파적인 변제를
하게 되고, 채권자는 채무자와 결탁하거나 우월적 지위를 통해 압력을 행사하여
다른 채권자를 배제한 채 자신의 채권을 우선적으로 변제받고자 한다. 그러나
채무자와 채권자의 이와 같은 행위는 채권자 등 이해관계인 사이에 불평등을 초
래하여 채무자 재산의 공정한 환가·배당이라는 파산제도의 근본 목적을 훼손하
게 된다. 부인권은 이와 같이 파산절차 전에 행한 채무자의 일정한 행위를 사후
에 부인하여 파산재단으로부터 일탈된 재산을 원상으로 회복시킴으로써 이해관
계인 사이의 공평한 배당을 가능케 하는 것을 목적으로 한다.[172]

　파산절차상의 부인권과 민법 제406조의 채권자취소권은 채무자를 해하는
행위의 효력을 부인하고 일탈된 공동담보의 회복을 도모하여 채권자들을 보호한
다는 점에서 제도적 취지를 같이 하고 있다.[173] 그러나 채권자취소권은 개별 채

---

171) 서울회생법원 재판실무연구회, 법인파산실무(제5판), 박영사(2019), 344면.
172) 이진만, "통합도산법상의 부인권", 민사판례연구 제28권, 민사판례연구회(2006), 867면.
173) 연혁적으로 두 권리는 모두 로마법상 채권자가 제3자에 대하여 재산상 이익의 반환을 소구할
　　수 있는 권리인 파울리나 소권(actio pauliana)에서 유래한 것으로 알려져 있다[주석 채무자회생
　　법(IV) (제1판) 한국사법행정학회(2020), 617면(심영진)].

권자에게 인정되는 권리로서, 사해행위 당시 채무초과의 상태에 있어야 하고 취소대상이 되는 행위(법률행위)나 행사의 방법(소 제기) 등이 매우 제한적이다. 반면 집단적 채무처리절차인 파산절차상의 부인권은 채권자간의 공평한 처우를 위하여 행사권한이 파산관재인에게 전속하고, 부인의 대상행위가 반드시 채무초과 상태에서 이루어져야 하는 것은 아니며,[174] 부인대상이 되는 행위나 행사의 방법 등이 완화된 강력한 권리이다.[175]

    그러나 채무자가 행한 거래행위의 효력을 사후에 부인하는 것은 거래의 안전을 해치는 결과를 초래할 뿐만 아니라 거래 상대방으로 하여금 재정적 위기에 처한 채무자와의 거래를 기피하게 함으로써 채무자 스스로 재정적 위기를 해소하기 위한 노력을 어렵게 만들 수 있다. 따라서 부인권 제도를 운용함에 있어서는 부인의 대상이 되는 행위를 분명하게 획정함으로써 거래안전을 도모하고 거래비용을 줄이기 위한 노력이 필요하다.[176] 이러한 취지에서 실무는 파산관재인이 부인의 소 또는 부인의 청구 절차 내에서 조정 또는 화해(화해권고결정 포함)를 시도하는 것을 폭넓게 허용하고 있고, 파산관재인은 부인권 행사의 실익이 없는 것으로 판단되면 부인권의 행사를 포기하기도 한다.[177]

2. 부인유형과 상호관계

    법은 행위의 태양, 시기, 내용 등을 기준으로 하여 부인대상 행위를 유형화하고 있다. 부인의 유형은 일반적으로 ① 채무자가 파산채권자를 해할 것을 알면서 한 행위를 부인하는 고의부인(악의부인)(법 제391조 제1호), ② 채무자가 지급의 정지 등 경제적 파탄이 표면화된 시기에 한 행위를 부인하는 위기부인[위기부인은 다시 ㉠ 채무자의 의무에 속한 본지행위부인(같은 조 제2호)과 ㉡ 채무자의 의무에 속하지 않는 행위를 부인하는 비본지행위부인(같은 조 제3호)으로 나눌 수 있다], ③ 채무자가 한 무상행위 내지 이와 동일시할 수 있는 유상행위를 부인하는 무상부인(같은 조 제4호)으로 나눌 수 있다.[178] 또

---

174) 대법원 2016. 5. 12. 선고 2016다5788 판결(미간행), 대법원 2005. 11. 10. 선고 2003다271 판결.

175) 서울회생법원 재판실무연구회, 법인파산실무(제5판), 박영사(2019), 508면.

176) 이진만(주 172), 868면.

177) 부인권을 행사하여 실질적으로 회수할 수 있는 액수가 적은 경우나 채무자가 부인의 상대방과 생계를 같이하는 경우 등 특별한 사정이 있는 경우에는 부인권 행사여부를 더욱 신중히 검토할 필요가 있다.

178) 참고로 미국은 부인의 유형을 편파행위(preference) 부인(11 U.S.C. §547), 사해행위(fraudulent transfer and obligation) 부인(11 U.S.C. §548)으로 나누고 있다. 일본은 부인의 유형을 고의부

한 채무자와 특수관계에 있는 자들을 상대로 한 특칙($\substack{\text{법} \\ \text{제392조}}$)이 있다. 그 밖에 특수한 부인으로 권리변동의 성립요건·대항요건의 부인, 집행행위부인이 있다.

법은 고의부인, 위기부인, 무상부인을 별도로 요건을 정하여 규정하고 있지만 상호 배타적인 관계에 있는 것이 아니며, 1개의 행위가 각 부인유형에 해당하는 경우 어느 것이라도 주장하여 부인할 수 있다.

3. 일반적 성립요건

법은 부인대상 행위를 개별적으로 규정하여 이를 유형화하고 있는데, 각 유형마다 특유한 성립요건 외에 공통되는 일반적 성립요건으로서 채무자의 행위, 행위의 유해성(적극적 요건), 행위의 상당성(소극적 요건)이 문제된다. 개별적 성립요건을 살피기에 앞서 일반적 성립요건에 관하여 살펴보도록 한다.

가. 채무자의 행위 ─ 적극적 요건

1) 행위의 주체

법 제391조의 각 호는 '채무자가 … 한 행위'라고 규정하고 있어 부인권의 대상이 되는 행위는 채무자의 행위 또는 이와 동일시되는 행위에 한하는지가 문제이다. 부인의 대상은 원칙적으로 채무자의 행위이다. 다만 채무자의 행위가 없었다고 하더라도 채무자와의 통모 등 특별한 사정이 있어서 채권자 또는 제3자의 행위를 채무자의 행위와 동일시할 수 있는 경우에는 예외적으로 그 채권자 또는 제3자의 행위도 부인의 대상으로 할 수 있다.[179)]

한편 집행행위의 부인($\substack{\text{법} \\ \text{제395조}}$)에 있어서는 반드시 집행행위를 채무자의 행위와 같이 볼 만한 특별한 사정이 있을 것을 요하지 아니한다.[180)] 부인대상행위가 집행기관에 의한 집행절차상 결정에 의한 경우를 당연히 예정하고 있고 채무자의 행위가 개입할 여지가 없기 때문이다.

인, 위기부인(본지행위와 비본지행위의 부인), 무상부인으로 구분하였으나, 현재는 사해행위부인, 편파행위부인, 무상행위부인으로 구분하고 있다(파산법 제165조). 독일은 그 대상이 되는 행위에 초점을 맞추어 본지행위부인(Kongruenzanfechtung, 도산법 제130조), 비본지행위부인(Inkongruenz-anfectung, 도산법 제131조), 직접부인(Unmittelbarkeits-anfechtung, 도산법 제132조, 채권자를 직접 해하는 행위의 부인), 고의부인(Vorsatzanfechtung, 도산법 제133조 제1항), 무상부인(Schenkungsanfechtung, 도산법 제134조)으로 나눈다.

179) 대법원 2011. 10. 13. 선고 2011다56637, 56644 판결, 대법원 2004. 2. 12. 선고 2003다53497 판결.
180) 대법원 2011. 11. 24. 선고 2009다76362 판결.

2) 행위의 태양

부인의 대상이 되는 행위로는 부동산·동산의 매각, 증여, 채권양도, 채무면제 등과 같은 협의의 법률행위에 한하지 않는다. 변제, 채무승인, 법정추인, 채권양도의 통지·승낙,[181] 등기·등록, 동산의 인도 등과 같은 법률효과를 발생시키는 일체의 행위를 포함한다. 또한 사법상의 행위에 한하지 않고 소송법상의 행위인 재판상의 자백, 청구의 포기 및 인낙, 재판상의 화해, 소·상소의 취하, 상소권의 포기, 공정증서의 작성, 염가의 경매 등도 부인의 대상이 되며, 공법상의 행위도 부인의 대상이 된다.

채무자의 부작위도 부인의 대상이 될 수 있다. 따라서 시효중단의 해태, 지급명령신청에 대한 이의신청의 부제기, 지급거절증서의 미작성 등의 경우도 부인될 수 있다.

또한 부인의 대상이 되는 행위가 반드시 법률적으로 유효한 것일 필요는 없다. 통정허위표시, 착오, 반사회질서의 법률행위 등과 같이 무효 또는 취소의 사유가 있더라도 무방하다. 이때 파산관재인은 행위의 무효·취소와 부인의 주장을 동시에 할 수 있고 부인의 주장만을 할 수도 있다. 채무자의 급부가 불법원인급여에 해당하여 파산선고를 받은 채무자가 반환을 청구할 수 없다고 하더라도 파산관재인은 이를 부인하고 그 반환을 청구할 수 있다.

나. 행위의 유해성 — 적극적 요건

부인의 대상이 되는 행위는 파산채권자에게 해를 끼치는 행위이어야 한다. 파산채권자에게 해를 끼치는 행위로는 대표적으로 채무자의 일반재산을 절대적으로 감소시키는 '사해행위'와 채권자간의 평등을 저해하는 '편파행위'가 있다. 어느 경우이든 당해 행위로 말미암아 다른 채권자들의 배당률이 낮아지는 결과가 된다면 행위의 유해성이 인정될 여지가 많다.

채무자가 행위 당시에 자산초과상태였다고 하여 반드시 행위의 유해성이 부정되는 것은 아니다. 대법원은 채무자가 행위 당시 자산초과상태였다 하여도 장차 파산절차에서 배당재원이 파산채권을 전부 만족시킬 수 없는 이상, 그리고 그러한 개연성이 존재하는 이상, 일부 특정 채권자에 대한 편파행위는 다른 채권자들이 파산절차에서 배당받아야 할 배당액을 감소시키는 행위로서 유해성이

---

181) 승낙에 대해서는 부인의 성립요건으로서 채무자의 행위가 필요한지와 관련하여 부인할 수 있는지에 대하여 견해의 대립이 있다.

인정될 수 있다고 판시하였다.[182]

한편 일체로 이루어진 행위에 대하여 부인권을 행사하는 경우, 행위의 유해성은 그 행위 전체가 파산채권자에게 미치는 영향을 두고 판단하여야 하고, 그 전체를 통틀어 판단할 때 파산채권자에게 불이익을 주는 것이 아니라면 개별약정만을 따로 분리하여 그것만을 가지고 유해성이 있다고 판단하여서는 안된다.[183]

이하에서는 행위의 유해성이 문제되는 경우에 대하여 살펴본다.

1) 부동산의 매각행위

종래에는 부동산을 부당한 가격으로 매각한 경우는 물론이고, 적정한 가격으로 매각한 경우라도 소비하기 쉬운 금전으로 환가하는 것은 재산의 일반담보력을 저하시키는 것이므로 원칙적으로 일반채권자를 해하는 행위라고 보는 것이 통설이었다.[184] 그러나 부인권 행사에 관한 최근의 동향은 적정가격에 의한 부동산의 매각을 모두 부인의 대상으로 한다면 채무자의 자체적인 구제노력을 봉쇄하여 채무자가 도산절차 밖에서 재정적 위기를 극복할 길을 막아 버려 채무자를 파탄에 빠뜨리게 할 우려가 있으므로, 그 매각이 염가에 이루어진 것이 아닌 한 매각의 목적, 대금의 사용처 등을 종합적으로 판단하여 신중하게 결정할 필요성이 있다는 입장을 취하고 있다.

2) 변제행위

가) 본지변제와 고의부인   채무자가 변제기가 도래한 채권을 변제하는 본지변제행위라고 할지라도 형식적인 위기시기에 이루어진 경우에는 모든 채권자들에 대한 채무변제에 사용되어야 할 채무자의 재산으로부터 특정 채권자만 만족을 얻는 결과가 되므로 다른 채권자들과의 공평을 해치는 불평등 변제로서 위기부인(법 제391조 제2호)의 대상이 될 수 있다는 점에 대해서는 이론의 여지가 없다. 나아가 판례는 본지변제가 형식적 위기시기 이전, 즉 지급정지나 파산신청이 있기 이전이지만 경제적 파탄상태에 빠진 시기에 이루어진 경우에도 고의부인(법 제391조 제1호)의 대상이 된다고 본다.[185] 법 제391조 제1호에서 말하는 '채권자를 해하는 행위'에 본지변제가 제외되어 있다고 볼 수 없고, 그와 같이 해석하더라도 당해 변제를 수령한 특정채권자의 이익을 부당하게 해하는 것이 아니라는 것을

---

182) 대법원 2005. 11. 10. 선고 2003다2345 판결, 대법원 2005. 11. 10. 선고 2003다271 판결.

183) 대법원 2002. 9. 24. 선고 2001다39473 판결.

184) 채권자취소권의 경우도 같다. 곽윤직 편, 민법주해(9), 박영사(1992), 828면.

185) 대법원 2006. 6. 15. 선고 2004다46519 판결.

이유로 한다.

본지변제에 대한 고의부인을 인정하기 위해서는 채무자에게 파산절차가 개시되는 경우에 적용되는 채권자평등의 원칙을 회피하기 위하여 특정채권자에게만 변제한다는 인식이 필요하다.[186]

나) 담보권자에 대한 변제 · 대물변제와 부인   파산절차에서는 별제권자인 담보권자에 대한 변제는 부인의 대상이 될 수 없고[187] 대물변제의 경우에도 피담보채권과 목적물의 가액이 균형을 유지하는 한 부인의 대상이 되지 않는다. 반면, 목적물의 가액이 피담보채권을 초과하는 경우에는 그 초과부분에 대한 대물변제행위는 부인권을 행사하여 차액에 대한 상환을 구할 수 있다.[188]

다) 차입금에 의한 변제   채무자가 제3자로부터 자금을 차입하여 특정채권자에게만 변제를 한 경우 다른 채권자와의 평등을 해하는 것으로서 원칙적으로 부인의 대상이 된다. 문제는 나아가 전적으로 특정채무의 변제를 위하여 제3자로부터 차입을 하고 그에 따라 즉시 변제가 행하여진 경우이다. 제3자와 채무자가 차입금을 특정 채무를 소멸시키기 위하여 사용하기로 약정하고, 실제 그와 같은 약정에 따라 특정 채무에 대한 변제 등이 이루어졌으며, 차입과 변제 등의 시기와 경위, 방법 등 제반 사정에 비추어 실질적으로 특정 채무의 소멸이 당해 차입금에 의하여 이루어진 것이라고 볼 수 있고, 차입금의 차입 조건이나 이를 제공하는 제3자와 채무자의 관계에 비추어 차입 이전과 비교할 때 채무 소멸이 이루어진 이후 채무자의 재산이 감소되지 아니한 사정이 인정된다면, 그와 같은 채무소멸행위는 전체적으로 보아 파산채권자 등을 해하지 아니하여 부인의 대상이 되지 아니하고, 위와 같은 제3자와 채무자의 약정은 반드시 명시적으로 행하여질 필요는 없고 묵시적으로도 이루어질 수 있다고 할 것이다.[189]

3) 담보권의 설정행위

기존 채무를 위한 담보권 설정행위가 부인권 행사의 대상이 됨에는 특별한 이견이 없다. 문제는 신규차입을 위하여 담보권을 설정하는 행위가 부인권 행사의 대상이 될 수 있는지 여부이다. 대법원은 "채무자가 지급불능 상태에서 특정

---

186) 대법원 2005. 11. 10. 선고 2003다271 판결.

187) 다만 저당권이 설정된 부동산의 가액이 피담보채권액에 현저히 미달하는 등의 경우에는 채무자의 저당권에 대한 변제가 부인의 대상이 될 수 있다. 예컨대, 부동산의 가액이 5,000만 원이고 근저당권의 피담보채권액이 1억 원인데 채무자가 근저당권자에게 8,000만 원을 변제하였다면, 부동산 가액을 초과한 3,000만 원의 변제행위는 편파행위로서 부인의 대상이 될 수 있다.

188) 斎藤秀夫 등, 注解 破産法 第三版 (上), 青林書院(1998), 437면.

189) 대법원 2018. 4. 12. 선고 2016다247209 판결, 대법원 2011. 5. 13. 선고 2009다75291 판결.

채권자에게 담보를 제공하였다고 하더라도 이것이 신규차입과 동시에 교환적으로 행하여졌고, 그 차입금과 담보 목적물의 가격 사이에 합리적인 균형을 인정할 수 있으며, 이로써 채무자가 차입금을 은닉하거나 증여하는 등 파산채권자를 해하는 처분을 할 우려를 생기게 하는 것이 아니라면 이러한 담보제공행위는 파산채권자를 해하는 행위로 볼 수 없어 채무자 회생 및 파산에 관한 법률 제391조 각호에 따라 부인할 수 있는 행위에 해당하지 않는다.”고 판시하였다.[190] 또한 자금난으로 사업을 계속 추진하기 어려운 상황에 처한 채무자가 자금을 융통하여 사업을 계속 추진하는 것이 채무변제력을 갖게 되는 최선의 방법이라 생각하고 부득이 부동산을 특정 채권자에게 담보로 제공하고 신규자금을 추가로 융통받는 경우 채무자의 담보권 설정행위는 부인의 대상이 되지는 않을 것이다.[191] 다만 형식적으로는 기존 채무의 변제를 받고 그 직후 같은 금액을 신규대출하는 방식을 취하였지만, 그 실질 및 경제적 효과에 있어서 기존 채무에 대한 기한의 연장에 불과한 경우 이를 담보하기 위하여 이루어진 근저당권 설정행위가 부인의 대상이 된다고 판시한 예가 있다.[192]

4) 이혼에 따른 재산분할

실무상 재정적 위기상태에 빠진 채무자가 이혼을 하면서 배우자에게 금전, 주식, 부동산 등을 재산분할의 명목으로 증여하는 경우가 드물지 않다. 민법 제839조의2에 규정된 재산분할은 혼인 중에 취득한 실질적인 공동재산을 청산·분배하는 것을 주된 목적으로 하는 것으로서[193] 일종의 재산처분행위라고 볼 수 있으므로 부인권의 대상이 될 수 있다.[194] 그러나 이혼에 따른 재산분할은 공동재산의 청산·분배 외에도 이혼 후 상대방에 대한 부양적 성격이 가미되어 있고, 분할자의 유책행위에 의하여 이혼함으로 인한 정신적 손해(위자료)를 배상하기 위한 급부로서의 성질까지 포함하여 분할할 수도 있으므로,[195] 구체적인 사건에서 재산분할의 유해성을 인정함에는 신중을 기하여야 한다.

재산분할자가 당해 재산분할에 의하여 무자력이 되어 일반채권자에 대한 공동담보를 감소시키는 결과가 된다고 하더라도 그러한 재산분할이 민법 제839

---

190) 대법원 2017. 9. 21. 선고 2015다240447 판결.

191) 채권자취소권에 관한 판결이나, 대법원 2002. 3. 29. 선고 2000다25842 판결.

192) 대법원 2005. 11. 10. 선고 2003다271 판결.

193) 대법원 1998. 2. 13. 선고 97므1486, 1493 판결 등.

194) 이혼에 따른 재산분할이 사해행위로서 채권자취소권의 대상이 될 수 있다는 판례로는 대법원 2000. 7. 28. 선고 2000다14101 판결 등.

195) 대법원 2005. 1. 28. 선고 2004다58963 판결, 대법원 2001. 5. 8. 선고 2000다58804 판결.

조의2 제2항의 규정 취지에 반하여 상당하다고 할 수 없을 정도로 과대하고, 재산분할을 구실로 이루어진 재산처분이라고 인정할 만한 특별한 사정이 없는 한 부인권의 대상이 되지 아니한다. 또한 위와 같은 특별한 사정이 있어 부인대상 행위가 되는 경우에도 부인되는 범위는 그 상당한 부분을 초과하는 부분에 한정되며, 그와 같이 상당한 정도를 벗어난 과대한 재산분할이라고 볼 만한 특별한 사정이 있다는 점에 관한 증명책임은 파산관재인이 부담한다.[196]

한편 대법원 2013. 10. 11. 선고 2013다7936 판결은 "이혼으로 인한 재산분할청구권은 이혼을 한 당사자의 일방이 다른 일방에 대하여 재산분할을 청구할 수 있는 권리로서 이혼이 성립한 때에 그 법적 효과로서 비로소 발생하는 것일 뿐만 아니라, 협의 또는 심판에 의하여 구체적 내용이 형성되기까지는 그 범위 및 내용이 불명확·불확정하기 때문에 구체적으로 권리가 발생하였다고 할 수 없으므로 협의 또는 심판에 의하여 구체화되지 않은 재산분할청구권은 채무자의 책임재산에 해당하지 아니하고, 이를 포기하는 행위 또한 채권자취소권의 대상이 될 수 없다."라고 판시하였다. 위와 같은 대법원 판례의 취지에 따르면, 이혼 당시 단순히 재산분할청구를 포기한 경우에는 파산절차에서의 부인권 행사의 대상이 아니라고 볼 여지가 있다.[197]

5) 상속재산의 분할협의·상속포기

실무상 재정적 위기에 처한 채무자가 상속재산의 분할협의를 하면서 자신의 상속분에 미치지 못하는 재산만을 분할받거나 상속분에 관한 권리를 포기하는 경우가 많다. 상속재산의 분할협의는 상속이 개시되어 공동상속인 사이에 잠정적 공유가 된 상속재산에 대하여 그 전부 또는 일부를 각 상속인의 단독소유로 하거나 새로운 공유관계로 이행시킴으로써 상속재산의 귀속을 확정시키는 것으로 그 성질상 재산권을 목적으로 하는 법률행위이므로 채권자취소권이나 부인권의 대상이 될 수 있다.[198]

그러나 채무자가 상속재산의 분할협의를 하면서 상속재산에 관한 권리를 포기함으로써 결과적으로 일반 채권자에 대한 공동담보가 감소되었다 하더라도,

---

196) 채권자취소권에 관하여는 대법원 2005. 1. 28. 선고 2004다58963 판결, 대법원 2001. 5. 8. 선고 2000다58804 판결, 대법원 2000. 9. 29. 선고 2000다25569 판결, 대법원 2000. 7. 28. 선고 2000다14101 판결.

197) 다만 이러한 경우에도 파산관재인이 이혼한 배우자를 상대로 재산분할청구를 할 수 있다는 견해가 있고, 그러한 재산분할청구에 대하여 본안 판단을 한 하급심 심판례도 확인된다. 이에 관한 자세한 내용은 제7장 제6절 1. 가. 1) 가)의 각주 31) 참조.

198) 대법원 2007. 7. 26. 선고 2007다29119 판결, 대법원 2001. 2. 9. 선고 2000다51797 판결.

그 재산분할결과가 채무자의 구체적 상속분에 상당하는 정도에 미달하는 과소한 것이라고 인정되지 않는 한 유해성이 인정되는 부인대상행위라고 볼 수 없고, 구체적 상속분에 상당하는 정도에 미달하는 과소한 경우에도 부인이 되는 범위는 그 미달하는 부분에 한정하여야 한다.[199]

한편 상속의 포기도 부인권의 대상이 되는지가 문제된다. 사해행위취소권에 관한 대법원 2011. 6. 9. 선고 2011다29307 판결은 "상속포기는 비록 포기자의 재산에 영향을 미치는 바가 없지 아니하나 상속인으로서의 지위 자체를 소멸하게 하는 행위로서 순전한 재산법적 행위와 같이 볼 것이 아니다. 오히려 상속의 포기는 1차적으로 피상속인 또는 후순위상속인을 포함하여 다른 상속인 등과의 인격적 관계를 전체적으로 판단하여 행하여지는 '인적 결단'으로서의 성질을 가진다. 그러한 행위에 대하여 비록 상속인인 채무자가 무자력 상태에 있다고 하여서 그로 하여금 상속포기를 하지 못하게 하는 결과가 될 수 있는 채권자의 사해행위취소를 쉽사리 인정할 것이 아니다. 그리고 상속은 피상속인이 사망 당시에 가지던 모든 재산적 권리 및 의무·부담을 포함하는 총체재산이 한꺼번에 포괄적으로 승계되는 것으로서 다수의 관련자가 이해관계를 가지는데, 위와 같이 상속인으로서의 자격 자체를 좌우하는 상속포기의 의사표시에 사해행위에 해당하는 법률행위에 대하여 채권자 자신과 수익자 또는 전득자 사이에서만 상대적으로 그 효력이 없는 것으로 하는 채권자취소권의 적용이 있다고 하면, 상속을 둘러싼 법률관계는 그 법적 처리의 출발점이 되는 상속인 확정의 단계에서부터 복잡하게 얽히게 되는 것을 면할 수 없다. 또한 상속인의 채권자의 입장에서는 상속의 포기가 그의 기대를 저버리는 측면이 있다고 하더라도 채무자인 상속인의 재산을 현재의 상태보다 악화시키지 아니한다. 이러한 점들을 종합적으로 고려하여 보면, 상속의 포기는 민법 제406조 제1항에서 정하는 '재산권에 관한 법률행위'에 해당하지 아니하여 사해행위취소의 대상이 되지 못한다."라고 판시하였다. 이와 같은 판례의 취지에 비추어 보면 상속포기는 부인권의 대상에도 해당되지 않는다고 할 것이다.[200]

199) 채권자취소권에 관하여는 대법원 2001. 2. 9. 선고 2000다51797 판결.
200) 대법원 2012. 1. 12.자 2010마1551, 2010마1552 결정은 상속의 포기가 법 제650조 제1항 제1호에서 사기파산죄로 규정하고 있는 '파산재단에 속하는 재산을 은닉 또는 손괴하거나 채권자에게 불이익하게 처분을 하는 행위'에도 해당하지 않는다고 판시하였다.

다. 행위의 상당성 — 소극적 요건

부인의 대상이 되는 행위가 파산채권자에게 해를 끼친다고 하더라도 행위 당시의 개별적·구체적 사정에 따라서는 당해 행위가 사회적으로 필요하고 상당하였다거나 불가피하였다고 인정되어 일반 파산채권자가 파산재단의 감소나 불공평을 감수하여야 한다고 볼 수 있는 경우가 있을 수 있고, 그와 같은 예외적인 경우에는 채권자평등, 채무자의 보호와 이해관계의 조정이라는 법의 지도이념이나 정의관념에 비추어 부인권행사의 대상이 될 수 없다고 보아야 한다.[201]

행위의 상당성 여부는 행위 당시의 채무자의 재산 및 영업 상태, 행위의 목적·의도와 동기 등 채무자의 주관적 상태를 고려함은 물론, 변제행위에 있어서는 변제자금의 원천, 채무자와 채권자와의 관계, 채권자가 채무자와 통모하거나 동인에게 변제를 강요하는 등의 영향력을 행사하였는지 여부 등을 기준으로 하여 신의칙과 공평의 이념에 비추어 구체적으로 판단하여야 한다.

그와 같은 상당성이 있다는 사정에 대한 주장·증명책임은 상대방인 수익자에게 있다.[202] 즉 이 요건은 부인권 행사의 소극적 요건에 해당하는 것이다.

4. 개별적 성립요건

가. 고의부인(법 제391조 제1호)

> 법 제391조(부인할 수 있는 행위)
> 파산관재인은 파산재단을 위하여 다음 각호의 어느 하나에 해당하는 행위를 부인할 수 있다.
> 1. 채무자가 파산채권자를 해하는 것을 알고 한 행위. 다만 이로 인하여 이익을 받은 자가 그 행위 당시 파산채권자를 해하게 되는 사실을 알지 못한 경우에는 그러하지 아니하다.

1) 의   의

채무자가 파산채권자를 해한다는 사실을 알면서 한 행위에 대하여 부인하는 것을 고의부인이라 한다. 채무자의 사해의사를 요건으로 하는 부인으로서 민

201) 대법원 2011. 10. 13. 선고 2011다56637, 56644 판결, 대법원 2005. 11. 10. 선고 2003다2345 판결, 대법원 2004. 3. 26. 선고 2003다65049 판결, 대법원 2002. 8. 23. 선고 2001다78898 판결.
202) 대법원 2002. 8. 23. 선고 2001다78898 판결.

법상의 사해행위취소권과 실질적으로 같다. 고의부인의 성립요건은 ① 객관적 요건으로 파산채권자를 해하는 채무자의 행위가 있어야 하고(사해행위), ② 주관적 요건으로 채무자가 행위 당시 그 행위에 의하여 파산채권자를 해한다는 사실을 알고 있어야 한다(사해의사). 사해행위와 사해의사에 대한 증명책임은 파산관재인이 부담한다.[203)]

  2) 객관적 요건

  '파산채권자를 해하는 행위'란 채권자의 공동담보가 되는 채무자의 일반재산을 감소시킨다는 의미이나, 여기에는 채무자의 일반재산의 절대적 감소를 초래하는 사해행위 외에 채권자간의 평등을 저해하는 편파행위도 포함된다.

  대법원도 법 제391조 제1호에서 규정하는 '채무자가 파산채권자를 해하는 것을 알고 한 행위'에는 총 채권자의 공동담보가 되는 채무자의 일반재산을 파산재단으로부터 일탈시킴으로써 파산재단을 감소시키는 사해행위뿐만 아니라, 특정한 채권자에 대한 변제나 담보의 제공과 같이 그 행위가 채무자의 재산관계에 영향을 미쳐 특정한 채권자를 배당에서 유리하게 하고 이로 인하여 파산채권자들 사이의 평등한 배당을 저해하는 편파행위도 포함된다고 판시하였다.[204)]

  한편 채무자의 행위의 대상이 되는 재산이 애초부터 파산재단에 속하지 않아서 파산관재인이 부인권을 행사하더라도 그 재산을 파산재단으로 회복할 수 없는 경우에는 채무자가 총채권자의 공동담보가 되는 일반재산을 감소시키는 사해행위를 하였다고 볼 수 없어 부인의 대상이 될 수 없다.[205)]

  또한 채무자가 지급불능 상태에서 특정 채권자에게 한 변제 등 채무소멸에 관한 행위가 새로운 물품공급이나 역무제공 등과 동시에 교환적으로 행하여졌고, 채무자가 받은 급부의 가액과 당해 행위에 의하여 소멸한 채무액 사이에 합리적인 균형을 인정할 수 있는 경우 그 채무 소멸행위는 파산채권자를 해하는 행위로 볼 수 없어 부인할 수 있는 행위에 해당하지 않는다.[206)]

---

203) 대법원 2006. 6. 15. 선고 2004다46519 판결.

204) 대법원 2011. 10. 13. 선고 2011다56637, 56644 판결, 대법원 2005. 11. 10. 선고 2003다271 판결.

205) 대법원 2010. 3. 11. 선고 2007다71271 판결. 퇴직보험에 따라 발생하는 보험금청구권 등은 파산재단에 속하는 재산이 아니므로 파산 전 회사가 피보험자의 퇴직금 중간정산에 동의한 행위는 총채권자의 공동담보가 되는 일반재산을 절대적으로 감소시키는 행위라고 할 수 없어 부인권 행사의 대상이 될 수 없다고 본 사례.

206) 대법원 2018. 10. 25. 선고 2017다287648, 287655 판결. 채무자가 지급불능 상태에서 변호사에게 부가가치세 경정거부처분에 대한 심판청구 및 행정소송을 위임하면서 위임사무가 성공하는 것을 정지조건으로 하여 변호사에게 부가가치세 환급금채권 중 일부를 양도하고, 그 후 채무자에 대하여 파산이 선고된 사안에서, 그와 같은 채권양도행위는 변호사의 역무제공과 실질적으

3) 주관적 요건

부인의 대상이 되는 행위 당시에 채무자가 그 행위로 인하여 파산채권자를 해한다는 사실을 알아야 한다. 고의의 내용에 관해 대법원은 인식설을 취하여 채무자가 파산채권자를 해한다는 사실을 인식하면 족하고 가해의 의사나 의욕까지 필요한 것은 아니라고 판시하였다.[207] 채무자 본인이 아니라 대리인이 행위를 한 경우 대리인을 기준으로 고의 여부를 판단한다(민법 제116조).

사해행위의 경우에는 채무자의 사해의사 즉, 채무자가 행위 당시에 당해 행위로 인하여 자신의 일반재산이 감소함으로써 변제자력이 부족해지거나, 변제자력이 부족한 상태가 심화된다는 사실을 인식하는 것으로 충분하다.

반면 편파행위의 경우에는 법이 정한 부인대상행위 유형화의 취지를 몰각시키는 것을 방지하고 거래 안전과의 균형을 도모하기 위하여 파산절차가 개시되는 경우에 적용되는 파산채권자평등의 원칙을 회피하기 위하여 특정채권자에게만 변제 또는 담보제공 등의 편파행위를 한다는 인식이 필요하다.[208] 또한 편파행위까지 규제 대상으로 하는 법의 부인권 제도에 있어서는 반드시 해당 행위 당시 부채의 총액이 자산의 총액을 초과하는 상태에 있어야만 부인권을 행사할 수 있다고 볼 필요가 없으므로, 편파행위 당시 채무자가 채무초과 상태에 있었는지에 대한 수익자의 인식 여부를 선의 인정의 주된 근거로 삼아서는 안 된다.[209]

한편 고의부인의 대상이 되는 행위라고 하더라도 수익자가 행위 당시 파산채권자를 해하게 되는 사실을 알지 못한 경우에는 부인할 수 없으나(법 제391조 제1호 단서), 채무자의 사해행위와 사해의사가 증명되면 수익자의 악의는 추정되므로, 수익자 자신이 선의에 대한 증명책임을 부담한다.[210] 수익자가 선의인 이상 과실 유무는 묻지 않는다.

로 동시교환적으로 행하여진 것으로 볼 수 있고 그 역무제공과 채권양도금액 사이에 합리적인 균형을 인정할 수 있으므로 파산채권자를 해하는 행위로 볼 수 없다고 본 사례.

207) 대법원 2005. 11. 10. 선고 2003다271 판결, 대법원 2004. 1. 29. 선고 2003다40743 판결.
208) 대법원 2015. 12. 10. 선고 2015다235582 판결, 2005. 11. 10. 선고 2003다271 판결.
209) 대법원 2020. 6. 25. 선고 2016다257572 판결.
210) 대법원 2011. 10. 13. 선고 2011다56637, 56644 판결.

나. 위기부인(법 제391조 제2호·제3호)

1) 의   의

채무자가 지급정지 등 위기의 시기에 한 파산채권자를 해하는 행위, 담보제공 또는 채무소멸에 관한 행위를 채무자의 주관적 인식의 존부와 관계없이 부인하는 것을 위기부인이라 한다. 법 제391조 제2호는 채무자의 의무에 속하는 본지행위도 대상으로 한다는 점에서 채무자의 의무에 속하지 아니하는 비본지행위를 부인하는 법 제391조 제3호와 구별되고, 법 제391조 제2호는 수익자의 악의에 대한 증명책임이 파산관재인에게 있다는 점에서 수익자에게 선의의 증명책임이 있는 법 제391조 제1호와 차이를 두고 있다. 위기부인은 어느 것이나 채무자의 고의를 요건으로 하지 않는다는 점에서 고의부인 또는 사해행위취소권과 다르다.

2) 본지행위에 대한 위기부인

> **제391조(부인할 수 있는 행위)**
> 파산관재인은 파산재단을 위하여 다음 각호의 어느 하나에 해당하는 행위를 부인할 수 있다.
> 2. 채무자가 지급정지 또는 파산신청이 있은 후에 한 파산채권자를 해하는 행위와 담보의 제공 또는 채무소멸에 관한 행위. 다만 이로 인하여 이익을 받은 자가 그 행위 당시 지급정지 또는 파산신청이 있은 것을 알고 있은 때에 한한다.
> **제392조(특수관계인을 상대방으로 한 행위에 대한 특칙)**
> ① 제391조 제2호 단서의 규정을 적용하는 경우 이익을 받는 자가 채무자와 대통령령이 정하는 범위의 특수관계에 있는 자(이하 이 조에서 "특수관계인"이라 한다)인 때에는 그 특수관계인이 행위 당시 지급정지 또는 파산신청이 있은 것을 알고 있었던 것으로 추정한다.
> **제404조(지급정지를 안 것을 이유로 하는 부인의 제한)**
> 파산선고가 있은 날부터 1년 전에 한 행위는 지급정지의 사실을 안 것을 이유로 하여 부인할 수 없다.

가) 성립요건의 개관   본지행위에 대한 위기부인의 성립요건은 ① 객관적 요건으로서 파산채권자를 해하는 행위, 담보의 제공 또는 채무의 소멸에 관한 행위라야 하고, ② 시기적 요건으로서 채무자가 지급정지 또는 파산신청이 있은 후에 한 행위라야 하며, ③ 주관적 요건으로서 수익자가 행위 당시 지급정지 등의 사실을 알고 있을 것이 필요하다. 그와 같은 세 가지 요건에 대한 증명책임은 모두 파산관재인이 부담한다.

나) 객관적 요건   '파산채권자를 해하는 행위'란 담보의 제공, 채무의 소멸이라는 편파행위(불평등행위)를 제외한 총 채권자를 해하는 사해행위, 즉 일반재산감소행위를 의미한다는 것이 일반적이다.[211]

'담보의 제공'이란 채무자가 특정 채권자에게 담보권설정계약에 따른 담보제공의무를 이행함으로써 담보제공을 하는 경우를 말한다. 기존의 담보제공의무를 이행하는 행위라도 담보제공시기가 형식적 위기시기 이후인 경우에는 위기부인의 대상이 될 수 있다.

'채무의 소멸에 관한 행위'란 채무자가 특정 채권자에 대한 기존의 채무를 소멸시키는 행위를 말하는데, 변제기가 도래한 채권을 변제하는 본지변제행위[212]나 이미 체결된 대물변제계약에 따른 대물변제가 여기에 해당된다.

다) 시기적 요건   채무자가 지급정지 또는 파산신청이 있은 후에 한 행위이어야 한다. 지급정지란 지급불능을 추정하게 하는 사실로서 변제자력의 결핍으로 인하여 변제기가 도래한 채무를 일반적·계속적으로 변제하는 것이 불가능함을 명시적·묵시적으로 외부에 표시하는 것을 말한다. 여기서 자력의 결핍이란 채무자에게 채무를 변제할 수 있는 자산이 없고 변제의 유예를 받거나 변제하기에 족한 융통을 받을 신용도 없는 것을 말한다.[213]

채무자의 지급정지 또는 파산신청 상태는 당해 사건의 파산선고에 이르기까지 해소 또는 취하되지 않고 계속 유지되어야 하고, 부인권이 행사되는 파산절차와 직결된 경우여야 한다.[214] 즉, 지급정지 또는 파산신청이 있은 후 그 지

---

211) 구 파산법 제64조 제2호는 위기부인에서의 객관적 요건에 관하여 '파산자가 한 담보의 제공, 채무소멸에 관한 행위 기타 파산채권자를 해하는 행위'라고 규정함으로써 담보의 제공과 채무소멸에 관한 행위를 파산채권자를 해하는 행위의 하나로 예시적으로 규정하고 있었다. 구 파산법 제64조 제2호에서 채권자를 해하는 행위의 의미에 관하여 대법원은 대법원 2004. 3. 26. 선고 2003다65049 판결, 대법원 2002. 8. 23. 선고 2001다78898 판결 등에서 파산채권자를 해하는 행위에는 사해행위와 편파행위가 모두 포함된다고 판시하였다. 종래에 ① 고의부인은 일반재산을 절대적으로 감소시키는 사해행위를, 위기부인은 채권자간 평등을 저해하는 편파행위를 각 그 대상으로 한다는 전제를 엄격히 유지하여 위기부인에서의 채권자를 해하는 행위를 편파행위와 동일시할 수 있는 행위로 파악하고 담보의 제공, 채무의 소멸에 관한 행위를 그 예시로 보는 견해와, ② 담보의 제공, 채무소멸행위라는 편파행위 외에 채권자를 해하는 행위, 즉 일반재산감소행위도 별도로 위기부인의 대상이 된다는 견해로 나뉘어 있었는데, 근래에는 ②설이 통설이 되었다고 한다[이진만(주 172), 886~887면].

그런데 법 제391조 제2호는 '채무자가 한 파산채권자를 해하는 행위와 담보의 제공 또는 채무소멸에 관한 행위'라고 규정함으로써 파산채권자를 해하는 행위와 담보의 제공 또는 채무소멸에 관한 행위를 병렬적으로 열거하고 있다. 법 시행 이후에 위기부인에서 파산채권자를 해하는 행위의 의미에 관하여 명시적으로 다룬 판례는 아직 없다.

212) 대법원 2004. 3. 26. 선고 2003다65049 판결.

213) 대법원 2002. 11. 8. 선고 2002다28746 판결.

214) 강승준, 법원의 직권에 의한 화의취소결정 및 그에 기한 파산선고가 있는 경우에 구 파산법

급정지가 해소되거나 파산신청이 취하된 경우이면 나중에 다시 파산신청을 하여 파산이 선고되더라도 이전 지급정지 또는 파산신청을 이유로 부인할 수 없다.[215] 또한 법 제6조에 의해 회생절차 종료 후 파산이 선고된 경우에는 회생절차의 개시신청을 지급정지 또는 파산신청으로 본다(법 제6조, 제4항, 제9항).

다만 파산선고가 있은 날부터 1년 전에 한 행위는 지급정지의 사실을 안 것을 이유로 하여 부인할 수 없다(법 제404조).

라) 주관적 요건 본지행위에 대한 위기부인에 있어서는 채무자의 주관적 인식을 요하지 않지만, 수익자가 채무자의 행위 당시에 지급정지 또는 파산신청이 있은 것을 알고 있어야 한다. 고의부인이나 비본지행위에 대한 위기부인에서와 달리 수익자의 악의에 대한 증명책임은 파산관재인에게 있다.

다만 수익자가 채무자와 대통령령이 정하는 범위의 특수관계에 있는 자인 때에는 수익자의 악의가 추정되므로(법 제392조 제1항), 수익자가 자신이 선의임을 증명할 책임을 부담한다.

3) 비본지행위에 대한 위기부인

제391조(부인할 수 있는 행위)
파산관재인은 파산재단을 위하여 다음 각호의 어느 하나에 해당하는 행위를 부인할 수 있다.
3. 채무자가 지급정지나 파산신청이 있은 후 또는 그 전 60일 이내에 한 담보의 제공 또는 채무소멸에 관한 행위로서 채무자의 의무에 속하지 아니하거나 그 방법 또는 시기가 채무자의 의무에 속하지 아니하는 것. 다만 채권자가 그 행위 당시 지급정지나 파산신청이 있은 것 또는 파산채권자를 해하게 되는 사실을 알지 못한 경우를 제외한다.
제392조(특수관계인을 상대방으로 한 행위에 대한 특칙)
② 제391조 제3호의 규정을 적용하는 경우 특수관계인을 상대방으로 하는 행위에 대하여는 같은 호 본문에 규정된 "60일"을 "1년"으로 하고, 같은 호 단서를 적용하는 경우에는 그 특수관계인이 그 행위 당시 지급정지 또는 파산신청이 있은 것과 파산채권자를 해하는 사실을 알고 있었던 것으로 추정한다.
제404조(지급정지를 안 것을 이유로 하는 부인의 제한)
파산선고가 있은 날부터 1년 전에 한 행위는 지급정지의 사실을 안 것을 이유로 하여 부인할 수 없다.

제64조 제5호에서 말하는 지급정지의 의미, 대법원판례해설(제72호), 법원도서관(2008), 219면.
215) 전병서, 도산법(제4판), 박영사(2019), 280면.

가) 성립요건의 개관　　비본지행위에 대한 위기부인은 담보의 제공 또는 채무의 소멸에 관한 행위를 부인의 대상으로 한다는 점에서 제2호의 본지행위에 대한 위기부인과 같은 점이 있으나 채무자의 의무에 속하지 아니하는 행위(비본지행위)를 부인의 대상으로 한다는 점에서 차이가 있다. 이에 따라 법은 본지행위에 대한 위기부인보다 시기적 요건을 완화하여 부인대상을 지급정지 등이 있기 이전 60일 내에 이루어진 행위까지 확대하고 있다.

비본지행위에 대한 위기부인의 성립요건은 ① 객관적 요건으로서 담보의 제공 또는 채무의 소멸에 관한 행위로서 그 행위 자체나 방법 또는 시기가 채무자의 의무에 속하지 아니하는 행위라야 하고, ② 시기적 요건으로서 채무자가 지급정지 등이 있은 후 또는 그 전 60일 내에 한 행위라야 한다. 위 성립요건에 대한 증명책임은 파산관재인이 부담한다. 다만 ③ 수익자가 행위 당시에 지급정지 등이 있는 사실 또는 다른 채권자를 해한다는 사실을 알지 못한 경우에는 부인의 대상이 되지 않는데, 선의에 대한 증명책임은 수익자가 부담한다.

나) 객관적 요건　　채무자가 담보의 제공 또는 채무의 소멸에 관한 행위를 하였고, 그 행위 자체나 방법 또는 시기가 채무자의 의무에 속하지 아니하는 행위이어야 한다. 여기에서 '채무자의 의무에 속한다'라고 함은 일반적·추상적 의무로는 부족하고 구체적 의무를 부담하여 채권자가 그 구체적 의무의 이행을 청구할 권리를 가지는 경우를 의미한다.[216]

행위 자체가 채무자의 의무에 속하지 아니하는 예로는 채무자가 기존의 채무에 대하여 담보를 제공하기로 하는 약속이 없음에도 담보제공을 하는 경우를 들 수 있다. 방법이 의무에 속하지 아니하는 예로는 본래 약정이 없음에도 대물변제를 하는 경우를 들 수 있고, 시기가 의무에 속하지 아니하는 예로는 변제기 전에 채무를 변제하는 경우를 들 수 있다.

다) 시기적 요건　　지급정지나 파산신청이 있은 후 또는 그 전 60일 이내에 한 행위까지 부인의 대상이 된다. 본지행위의 위기부인과 비교할 때 시기적 요건이 완화되어 있다. 여기서 '지급정지'라 함은 채무자가 변제기에 있는 채

---

216) 대법원 2011. 11. 10. 선고 2011다55504 판결. 채무자가 원고로부터 건설자재를 임차하고 그에 대한 차임 지급을 연체하자, 원고가 채권확보차원에서 채무자의 A에 대한 이 사건 공사대금채권을 가압류하였고, 채무자가 원고에게 가압류해제를 요청하면서 공사대금채권을 양도하였고, 그 후 재차 채권확보를 위한 원고의 요구로 채무자가 다른 공사대금채권을 양도한 사건에서, 두 번째 채권양도 경위와 애초에 원고와 채무자 사이에 변제방법으로 채권을 양도한다는 약정이 존재하지 않았던 사정 등에 비추어 볼 때, 두 번째 채권양도는 본래 약정된 채무자의 의무에 속하지 아니한 행위에 해당한다고 본 원심의 판단이 정당하다고 한 사례.

무를 자력의 결핍으로 인하여 일반적·계속적으로 변제할 수 없다는 것을 명시적·묵시적으로 외부에 표시하는 것을 말한다. 여기서 자력의 결핍이란 단순한 채무초과 상태를 의미하는 것이 아니라 채무자에게 채무를 변제할 수 있는 자산이 없고 변제의 유예를 받거나 또는 변제하기에 족한 융통을 받을 신용도 없는 것을 말한다.[217]

한편 행위의 상대방이 채무자와 대통령령이 정하는 범위의 특수관계인인 때에는 지급정지나 파산신청이 있기 전 1년 이내에 한 행위까지 부인의 대상이 된다(법 제392조 제2항 전단).

다만 파산선고가 있은 날부터 1년 전에 한 행위는 지급정지의 사실을 안 것을 이유로 하여 부인할 수 없다(법 제404조).

라) 주관적 요건　　　수익자는 그 행위 당시 지급정지나 파산신청이 있은 사실 또는 파산채권자를 해하게 되는 사실을 알지 못하였음을 증명하여 선의자로서 보호받을 수 있다. 증명책임은 이를 주장하는 수익자에게 있다.[218] 수익자가 채무자와 대통령령이 정하는 범위의 특수관계인인 때에는 그 행위 당시 지급정지 또는 파산신청이 있은 것과 수익자의 악의가 추정된다(법 제392조 제2항 후단).

다. 무상부인(법 제391조 제4호)

> 제391조(부인할 수 있는 행위)
> 파산관재인은 파산재단을 위하여 다음 각호의 어느 하나에 해당하는 행위를 부인할 수 있다.
> 4. 채무자가 지급정지 또는 파산신청이 있은 후 또는 그 전 6월 이내에 한 무상행위 및 이와 동일시할 수 있는 유상행위
> 제392조(특수관계인을 상대방으로 한 행위에 대한 특칙)
> ③ 제391조 제4호의 규정을 적용하는 경우 특수관계인을 상대방으로 하는 행위인 때에는 같은 호에 규정된 "6월"을 "1년"으로 한다.

1) 의　　의

무상부인이란 채무자가 한 무상행위 또는 이와 동일시할 수 있는 유상행위를 부인하는 것을 말한다. 무상행위 또는 이와 동일시할 정도의 유상행위에 대해서는 파산채권자를 해할 위험성이 현저한 반면 상대방의 이익을 고려할 필요

---

217) 대법원 2011. 11. 10. 선고 2011다55504 판결.
218) 대법원 2011. 11. 10. 선고 2011다55504 판결, 대법원 2011. 5. 13. 선고 2009다75291 판결.

성은 적으므로 수익자의 악의를 요건으로 하지 않는다. 무상부인의 성립요건은 ① 객관적 요건으로서 무상행위 또는 이와 동일시하여야 할 유상행위이어야 하고, ② 시기적 요건으로서 지급정지 등이 있은 후 또는 그 전 6월 이내에 한 행위라야 한다. 성립요건에 대한 증명책임은 파산관재인이 부담한다.

2) 객관적 요건

'무상행위'란 채무자가 대가를 받지 않고 적극재산을 감소시키거나 소극재산, 즉 채무를 증가시키는 일체의 행위를 말한다. '무상행위와 동일시할 수 있는 유상행위'란 상대방이 반대급부로서 출연한 대가가 지나치게 근소하여 사실상 무상행위와 다름없는 경우를 말한다.[219] 무상행위로는 증여, 유증, 채무면제, 권리포기, 시효이익의 포기, 사용대차 등의 법률행위와 소의 취하, 청구의 포기와 인낙, 소송상 화해 등과 같은 소송행위 등이 있다.

무상행위인지 여부는 채무자를 기준으로 하여 판단해야 하는 것이고 수익자의 입장에 무상성이 있는지를 판단할 것이 아니다. 따라서 채무자가 주채무자를 위하여 보증을 제공한 것이 채권자의 주채무자에 대한 출연의 직접적 원인이 되는 경우에도, 채무자의 보증행위와 이로써 이익을 얻은 채권자의 출연과의 사이에는 사실상의 관계가 있음에 지나지 않고 채무자가 취득하게 될 구상권이 언제나 보증행위의 대가로서의 경제적 이익에 해당한다고 볼 수도 없으므로, 달리 채무자가 보증의 대가로서 직접적이고도 현실적인 경제적 이익을 받지 아니하는 한 그 보증행위의 무상성을 부정할 수는 없다.[220]

또한 무상부인은 그 행위의 상당성 여부의 판단에 있어서도 행위의 목적·의도와 동기, 수익자와의 통모 여부 등 채무자와 수익자의 주관적 상태보다는 행위 당시의 채무자의 재산 및 영업 상태, 행위의 사회경제적 필요성, 행위의 내용 및 금액과 이로 인한 채무자의 경제적 이익 등 객관적 요소를 종합적으로 고려하여 판단하여야 한다.[221]

3) 시기적 요건

채무자가 지급정지 또는 파산신청이 있은 후 또는 그 전 6월 이내에 한 행위이어야 한다.

행위의 상대방이 채무자와 대통령령이 정하는 범위의 특수관계인인 때에는

---

219) 대법원 2012. 6. 28. 선고 2012다30427 판결, 대법원 2002. 3. 12. 선고 2000다55478 판결.
220) 대법원 2009. 2. 12. 선고 2008다48117 판결.
221) 대법원 2012. 6. 28. 선고 2012다30427 판결, 대법원 2008. 11. 27. 선고 2006다450444 판결.

지급정지나 파산신청이 있기 전 1년 이내에 한 행위까지 부인의 대상이 된다 (법 제392조 제3항).[222)]

한편 무상부인의 대상이 되는 행위가 포괄적으로 또는 연속적으로 이루어진 경우에는 기초가 되는 법률행위를 대상으로 시기요건을 판단할 필요가 있다. 따라서 채권자와 주채무자 사이의 계속적 거래관계로 인하여 발생하는 채무를 근보증한 행위를 부인하는 경우에는 채무가 실제로 발생한 때가 아닌 보증의 의사표시가 이루어진 시점을 기준으로 판단해야 하고,[223)] 금융기관이 새로운 자금의 수수 없이 문서상으로만 신규대출로 기존 채무를 변제한 것으로 처리하는 '대환'의 경우에는 최초의 대출계약 체결일을 기준으로 판단해야 한다.[224)]

라. 특수관계인을 상대방으로 한 행위에 대한 특칙(법 제392조)

> 제392조(특수관계인을 상대방으로 한 행위에 대한 특칙)
> ① 제391조 제2호 단서의 규정을 적용하는 경우 이익을 받는 자가 채무자와 대통령령이 정하는 범위의 특수관계에 있는 자(이하 이 조에서 "특수관계인"이라 한다)인 때에는 그 특수관계인이 행위 당시 지급정지 또는 파산신청이 있은 것을 알고 있었던 것으로 추정한다.
> ② 제391조 제3호의 규정을 적용하는 경우 특수관계인을 상대방으로 하는 행위에 대하여는 같은 호 본문에 규정된 "60일"을 "1년"으로 하고, 같은 호 단서를 적용하는 경우에는 그 특수관계인이 그 행위 당시 지급정지 또는 파산신청이 있은 것과 파산채권자를 해하는 사실을 알고 있었던 것으로 추정한다.
> ③ 제391조 제4호의 규정을 적용하는 경우 특수관계인을 상대방으로 하는 행위인 때에는 같은 호에 규정된 "6월"을 "1년"으로 한다.

본지행위에 대한 위기부인(법 제391조 제2호)의 단서 규정을 적용함에 있어서 이익을 받는 자가 특수관계인인 경우에는 그 특수관계인이 행위 당시 지급정지 등이 있은 것을 알고 있었던 것으로 추정한다(법 제392조 제1항). 또한 비본지행위에 대한 위기부인(법 제391조 제3호)의 규정을 적용하는 경우 특수관계인을 상대방으로 하는 행위에 대하

---

222) 대법원 2009. 2. 12. 선고 2008다48117 판결은 부인 대상이 연대보증행위인 사안에서 부인 대상 행위의 기간이 확장되는 상대방이 특수관계인인 경우라 함은 그 연대보증행위의 직접 상대방으로서 보증에 관한 권리를 취득하여 이를 행사하는 채권자(수익자)가 채무자의 특수관계인인 경우를 말하며, 비록 주채무자가 채무자와 특수관계에 있다고 하더라도 연대보증행위의 상대방인 채권자가 채무자의 특수관계인이 아닌 경우에는 이에 해당하지 않는다고 판시하였다.

223) 대법원 2002. 7. 9. 선고 99다73159 판결.

224) 대법원 2003. 5. 30. 선고 2002다67482 판결, 대법원 2001. 11. 13. 선고 2001다55222, 55239 판결.

여는 시기적 요건을 완화하여 부인대상을 지급정지 등이 있기 이전 1년 내에 이루어진 행위까지 확대하고 단서 규정을 적용함에 있어서도 그 특수관계인이 그 행위 당시 지급정지 등이 있은 것과 파산채권자를 해하는 사실을 알고 있었던 것으로 추정한다(법 제392조 제2항). 한편 무상행위에 대한 부인(법 제391조 제4항)에 있어서도 특수관계인을 상대방으로 하는 행위에 대하여는 부인대상을 지급정지 등이 있기 이전 1년 내에 이루어진 행위로 확대하고 있다(법 제392조 제3항).

개인파산절차에서 특수관계인의 범위에 관하여는 시행령 제4조 제1호에서 규정하고 있는데, 그 범위는 다음과 같다.

① 배우자(사실상의 혼인관계에 있는 자를 포함한다)

② 8촌 이내의 혈족이거나 4촌 이내의 인척

③ 본인의 금전 그 밖의 재산에 의하여 생계를 유지하는 자이거나 본인과 생계를 함께하는 자

④ 본인이 단독으로 또는 그와 위 ① 내지 ③의 관계에 있는 자와 합하여 100분의 30이상을 출자하거나 임원의 임면 등의 방법으로 법인 그 밖의 단체의 주요 경영사항에 대하여 사실상 영향력을 행사하고 있는 경우에는 당해 법인 그 밖의 단체와 그 임원

⑤ 본인이 단독으로 또는 그와 위 ① 내지 ④의 관계에 있는 자와 합하여 100분의 30이상을 출자하거나 임원의 임면 등의 방법으로 법인 그 밖의 단체의 주요 경영사항에 대하여 사실상 영향력을 행사하고 있는 경우에는 당해 법인 그 밖의 단체와 그 임원

마. 특별요건

1) 어음채무의 지급에 관한 부인의 제한(법 제393조)

제393조(어음지급의 예외)
① 제391조의 규정은 채무자로부터 어음의 지급을 받은 자가 그 지급을 받지 아니하면 채무자의 1인 또는 여럿에 대한 어음상의 권리를 상실하게 되었을 경우에는 적용하지 아니한다.
② 제1항의 경우 최종의 상환의무자 또는 어음의 발행을 위탁한 자가 그 발행 당시에 지급정지 또는 파산신청이 있었음을 알았거나 또는 과실로 인하여 이를 알지 못한 때에는 파산관재인은 그로 하여금 채무자가 지급한 금액을 상환하게 할 수 있다.

　　법 제393조 제1항은 어음금 지급의 경우에는 일정한 요건 아래 제391조에서 규정한 부인유형에 해당하더라도 부인할 수 없도록 하고 있다. 어음 소지인이 채무자가 어음금을 제공함에도 이를 수령하지 않을 경우 상환청구권을 상실하게 되고, 따라서 변제를 받을 수밖에 없음에도 나중에 파산절차에서 그 변제가 부인된다면 그때는 이미 거절증서작성기간이 도과하여 역시 상환청구권을 상실하게 되는 불합리한 결과를 초래하고 어음거래의 안전을 해하기 때문에 부인의 대상에서 제외한 것이다.

　　여기서의 '어음'은 약속어음, 환어음뿐만 아니라 수표도 포함되고, '어음의 지급'이란 약속어음의 발행인, 환어음의 지급인·인수인·참가인수인, 수표의 지급인에 의하여 지급되는 경우를 말한다. 또한 지급을 받지 아니하면 상실하게 되는 '어음상의 권리'는 전자에 대한 상환청구권을 의미한다는 것이 통설이다.[225] 이에 따라 '만기 전의 지급' 또는 '지급제시기간 경과 후의 지급', '지급거절증서 작성이 면제된 어음·수표의 지급'[226]의 경우에는 상환청구권의 보전이나 상실사유에 해당하지 않아 법 제393조 제1항의 '어음의 지급'에 해당하지 않는다.

　　그러나 경우에 따라서는 채권자가 이를 악용하여 어음금의 변제를 받는 방법으로 우선변제를 받을 수 있으므로 법 제393조 제2항은 일정한 경우 파산관재인이 최종의 상환의무자 또는 어음의 발행을 위탁한 자로 하여금 채무자가 지급한 금액을 상환하게 할 수 있도록 규정하고 있다.

　　여기서의 '최종의 상환의무자'란 약속어음의 제1배서인, 환어음·수표의 발행인을 말하고, 악의 또는 과실 여부는 어음·수표의 발행 당시를 기준으로 판단하되 파산관재인이 증명해야 한다.

---

225) 전병서, 도산법(제4판), 박영사(2019), 290면.

226) 어음법 제46조 제1항, 제77조 제1항 제4호, 수표법 제42조 제1항. 현재 통용되는 대부분의 약속어음은 지급거절증서 작성의무가 면제되는 것이 보통이므로 법 제393조 제1항에 의한 부인의 제한이 적용될 여지가 많지 않다[주석 채무자회생법(IV) (제1판) 한국사법행정학회(2020), 684면 (심영진)].

2) 성립요건·대항요건의 부인(_{제394조}^법)

> 제394조(권리변동의 성립요건 또는 대항요건의 부인)
> ① 지급정지 또는 파산신청이 있은 후에 권리의 설정·이전 또는 변경의 효력을 생기게 하는 등기 또는 등록이 행하여진 경우 그 등기 또는 등록이 그 원인인 채무부담행위가 있은 날부터 15일을 경과한 후에 지급정지 또는 파산신청이 있음을 알고 행한 것인 때에는 이를 부인할 수 있다. 다만 가등기 또는 가등록을 한 후 이에 의하여 본등기 또는 본등록을 한 때에는 그러하지 아니하다.
> ② 지급정지 또는 파산신청이 있은 후에 권리의 설정·이전 또는 변경을 제3자에게 대항하기 위하여 필요한 행위를 한 경우 그 행위가 권리의 설정·이전 또는 변경이 있은 날부터 15일을 경과한 후에 지급정지 또는 파산신청이 있음을 알고 행한 것인 때에도 제1항과 같다.

가) 의   의   법 제394조는 대항요건 등의 구비행위를 권리변동의 원인행위와 분리하여 그 원인행위를 부인할 수 없는 경우에도 독자적으로 대항요건 등의 구비행위를 부인할 수 있도록 규정하고 있다. 대항요건 등의 구비행위에 대한 부인을 인정하는 취지는 원인행위가 있었음에도 상당기간 대항요건 등의 구비행위를 하지 않고 있다가 지급정지 등이 있은 후에 그 구비행위를 한다는 것은 일반채권자들에게 예상치 않았던 손해를 주기 때문에 이를 부인할 수 있게 한 것이다. 그러나 권리변동의 원인이 되는 행위를 부인할 수 없는 경우에는 가능한 한 성립요건 또는 대항요건을 구비시켜 당사자가 의도한 목적을 달성시키면서 법 제394조가 정하는 엄격한 요건을 충족시키는 경우에만 이를 부인할 수 있도록 한 것이라고 해석되므로, 성립요건 또는 대항요건의 구비행위는 법 제394조의 요건을 충족시키는 경우에만 부인의 대상이 될 뿐이고, 이와 별도로 법 제391조 각 호에 의한 부인의 대상이 될 수 없다(제한설).[227]

나) 성립요건

(1) 객관적 요건으로서 권리의 설정, 이전 또는 변경의 성립요건 또는 대항요건을 구비하는 행위가 있어야 한다. 부동산의 등기, 동산의 인도, 채권의 양도와 입질에 관한 통지나 승낙, 지시채권의 배서·교부, 선박의 등기, 자동차의 등록 등을 구비하는 행위를 가리킨다.

(2) 시기적 요건으로서 권리의 설정, 이전 또는 변경의 원인인 채무부담행위가 있은 날부터(성립요건의 경우) 또는 권리의 설정, 이전 또는 변경이 있은 날부

---

227) 대법원 2007. 7. 13. 선고 2005다72348 판결.

터(대항요건인 경우) 각 15일을 경과한 후에 등기 또는 등록, 대항요건 등의 구비행위가 이루어져야 한다. 여기서 원인행위가 '있은 날'의 의미는 권리변동의 원인행위가 이루어진 날이 아니고 그 원인행위의 효력이 발생하는 날을 의미한다.[228]

(3) 주관적 요건으로서 부인되는 행위의 상대방인 수익자가 지급정지 또는 파산신청이 있음을 알고 있어야 한다.

위 각 성립요건의 증명책임은 파산관재인에게 있다.

다) 예   외   그러나 지급정지 등이 있기 전에 이루어진 가등기 또는 가등록에 기한 본등기 또는 본등록은 부인의 대상이 되지 않는다(법,제394조). 이미 가등기 등이 마쳐진 경우에는 당해 재산이 채무자의 일반재산으로부터 일탈될 가능성을 대외적으로 공시하고 있기 때문에 일반 채권자들에게 예상치 못한 손해를 준다고 할 수 없기 때문이다. 그러나 가등기 또는 가등록 자체가 법 제394조 제1항 본문의 요건을 충족하면 부인대상행위에 해당할 수 있다.

3) 집행행위의 부인(법,제395조)

> **제395조(집행행위의 부인)**
> 부인권은 부인하고자 하는 행위에 관하여 집행력있는 집행권원이 있는 때 또는 그 행위가 집행행위에 의한 것인 때에도 행사할 수 있다.

집행행위의 부인이란 부인하고자 하는 행위에 관하여 상대방이 이미 집행권원을 가지고 있거나 그 행위가 집행행위로서 이루어진 것이더라도 부인하는 것을 말한다. 집행행위에 대하여 부인권을 행사할 경우에도 행위 주체인 점을 제외하고는 법 제391조 각 호 중 어느 하나에 해당하는 요건을 갖추어야 한다.[229]

법 제395조 전단의 '부인하고자 하는 행위에 관하여 집행력 있는 집행권원이 있는 때'와 관련하여 부인의 대상이 되는 행위는 ① 집행권원의 내용을 이루는 의무를 발생시키는 채무자의 원인행위, ② 집행권원의 내용을 이루는 의무를 이행하는 행위, ③ 집행권원 자체를 성립시킨 채무자의 소송행위가 있다.

법 제395조 후단의 '부인하고자 하는 행위가 집행행위에 의한 것인 때'와 관련하여 부인의 대상은 집행행위에 의하여 실현되는 실체법상의 효과가 아니라 집행행위 그 자체이다. 여기서 '집행행위'는 집행권원에 의한 채권의 만족적 실현을 직접적인 목적으로 하는 행위를 의미하고, 담보권의 취득이나 설정을 위한 행위는 이에 해당하지 않는다.[230] 또한 파산절차에서 담보권은 별제권이므로 담

228) 대법원 2004. 2. 12. 선고 2003다53497 판결.
229) 대법원 2011. 11. 24. 선고 2009다76362 판결.

보권실행행위는 원칙적으로 부인의 대상이 아니다.

집행행위의 부인에 있어서는 반드시 집행행위를 채무자의 행위와 같이 볼 만한 특별한 사정이 있을 것을 요하지 아니한다.[231] 부인대상행위가 집행기관에 의한 집행절차상 결정에 의한 경우를 당연히 예정하고 있고 채무자의 행위가 개입할 여지가 없다는 점 등을 이유로 한다. 다만 집행행위에 대하여 부인권을 행사할 경우에도 행위주체의 점을 제외하고는 법 제391조 각 호 중 어느 하나에 해당하는 요건을 갖추어야 할 것이므로, 집행행위를 법 제391조 제1호에 의하여 부인할 때에는 채무자의 주관적 요건을 필요로 하는 고의부인의 성질상 채무자가 파산채권자들을 해함을 알면서도 채권자의 집행행위를 적극적으로 유도하는 등 그 집행행위가 '채무자가 파산채권자들을 해함을 알면서도 변제한 것'과 사실상 동일하다고 볼 수 있는 특별한 사정이 요구된다.[232]

4) 전득자에 대한 부인(법 제403조)

> **제403조(전득자에 대한 부인권)**
> ① 다음 각호의 어느 하나에 해당하는 때에는 전득자(轉得者)에 대하여도 부인권을 행사할 수 있다.
> 1. 전득자가 전득 당시 각각 그 전자(前者)에 대한 부인의 원인이 있음을 안 때
> 2. 전득자가 제392조의 규정에 의한 특수관계인인 때. 다만 전득 당시 각각 그 전자(前者)에 대한 부인의 원인이 있음을 알지 못한 때에는 그러하지 아니하다.
> 3. 전득자가 무상행위 또는 이와 동일시할 수 있는 유상행위로 인하여 전득한 경우 각각 그 전자(前者)에 대하여 부인의 원인이 있는 때
> ② 제397조 제2항의 규정은 제1항 제3호의 규정에 의하여 부인권이 행사된 경우에 관하여 준용한다.

부인권의 실효성을 확보하기 위해서는 전득자에 대해서도 부인의 효과가 미치도록 할 필요가 있고, 반면 이를 관철할 경우 거래의 안전을 해칠 우려가 있다. 전득자에 대한 부인의 공통적인 성립요건으로서 전득자의 전자에 대한 부인의 원인이 있어야 하므로, 수익자에 대해서는 법 제391조의 각호, 제392조 내

---

230) 대법원 2011. 11. 24. 선고 2009다76362 판결. 담보권의 취득이나 설정을 위한 행위가 집행행위에 해당하지는 않더라도 법 제391조 각호에 의하여 부인될 수는 있다.

231) 대법원 2011. 11. 24. 선고 2009다76362 판결.

232) 대법원 2018. 7. 24. 선고 2018다204008 판결. 참고로 일본 大審院 昭和8年 12月 28日 昭和8 (才)第1551号 判決, 일본 大審院 昭和14年 6月 3日 昭和13(才)第2078号 判決, 일본 最高裁判所 昭和37年 12月 6日 昭和37(才)第422号 判決은 집행행위가 고의부인의 대상이 되기 위해서는 채무자가 사해의사를 가지고 고의로 강제집행을 초래하거나 또는 그 강제집행이 채무자가 사해의사를 가지고 변제한 것과 사실상 동일하다고 볼 수 있는 경우여야 한다고 하고 있다.

지 제395조의 요건을 충족해야 하고, 중간전득자가 있을 때에는 중간전득자에 대하여 법 제403조의 요건을 갖추어야 한다. 나아가 특별 성립요건으로서 ① 전 득자가 전득 당시 그 전자에 대하여 부인의 원인이 있음을 알고 있어야 하고 이 경우 전득자의 악의에 대한 증명책임은 파산관재인이 부담하며($\frac{법 제403조}{제1항 제1호}$)[233] ② 다만 전득자가 채무자의 특수관계인일 때는 전득자가 자신이 선의임을 증명 해야 하며($\frac{같은 조}{제1항 제2호}$), ③ 전득자가 무상행위 또는 이와 동일시할 수 있는 유상행 위로 인하여 전득한 경우에는 그 전자에 대하여 부인의 원인이 있으면 족하다 ($\frac{같은 조}{제1항 제3호}$).

바. 상속재산에 대한 파산의 특칙

법 제391조(고의부인·위기부인·무상부인)·제392조(특수관계인을 상대방으로 한 행위에 대한 특칙)·제393조(어음지급의 예외)·제398조(상대방의 지위) 및 제399조 (상대방의 채권의 회복)의 규정은 상속재산에 대한 파산선고가 있은 경우에 피상 속인·상속인·상속재산관리인 및 유언집행자가 상속재산에 관하여 한 행위에 대하여 준용한다($\frac{법}{제400조}$).

상속재산에 대하여 파산선고가 있은 경우 유증을 받은 자에 대한 변제 그 밖의 채무의 소멸에 관한 행위가 그 채권에 우선하는 채권을 가진 파산채권자를 해하는 때에는 이를 부인할 수 있다($\frac{법}{제400조}$).

상속재산에 대하여 파산선고가 있은 경우 피상속인·상속인·상속재산관리 인 및 유언집행자가 상속재산에 관하여 한 행위가 부인된 때에는 상속채권자에 게 변제한 후 부인된 행위의 상대방에게 그 권리의 가액에 따라 잔여재산을 분 배하여야 한다($\frac{법}{제402조}$).

5. 부인권의 행사와 효과

가. 부인권의 주체

부인권의 행사주체는 파산관재인으로 한정되어 있다($\frac{법}{제396조}$). 따라서 파산채 권자는 부인권을 대위하여 행사할 수 없고, 법원에 대하여 파산관재인에 부인권 의 행사를 명하도록 신청할 수 있을 뿐이다. 법원은 직권 또는 채권자의 신청에 의하여 파산관재인에게 부인권의 행사를 명할 수 있다($\frac{법}{제396조}$).

---

233) 대법원 2011. 5. 13. 선고 2009다75291 판결.

나. 부인권 행사의 방법

부인권은 소,[234) 부인의 청구 또는 항변에 의하여 행사한다(법 제396조 제1항). 어느 수단을 선택할지는 파산관재인이 판단한다.[235) 파산관재인은 이미 관련 소송이 제기되어 있는 상황이라면 소송수계 또는 항변에 의하여 행사하는 것을 우선적으로 검토할 필요가 있고, 그렇지 않다면 부인의 실익을 고려하여 소로 할지 부인의 청구로 할지를 정하게 된다. 이때 부인대상의 규모(소가), 부인권 행사기간, 부인 후 집행가능성, 상대방의 화해의사유무 등이 판단의 기준이 된다.

한편 수 개의 사해행위 취소소송 계속 중에 채무자에 대하여 파산이 선고되어 파산관재인이 각 소송을 모두 수계하고 부인의 소로 변경하여 진행한 경우에 그 중 하나의 소송에서 파산관재인이 승소판결을 받아 그 판결이 확정되고 그에 기하여 원상회복을 마쳤다면, 동일한 내용의 나머지 소송은 권리보호의 이익이 없어 부적법하다.[236)

1) 부인의 소

가) 소의 제기   파산관재인은 부인의 소를 제기하거나 취하, 소송상 화해, 청구의 포기 등을 하기 위해서는 법원의 허가를 얻어야 한다(법 제492조). 부인권은 수익자 또는 전득자 중 어느 일방 또는 쌍방을 상대로 하여 행사할 수 있고, 쌍방을 상대로 소를 제기하는 경우 필요적 공동소송이 아니라 통상의 공동소송이 된다.

나) 관 할   부인의 소는 파산사건이 계속되어 있는 법원의 관할에 전속한다(법 제396조 제3항).

따라서 파산관재인이 채권자가 제기한 채권자취소소송을 수계하여 청구변경의 방법으로 부인권을 행사하는 경우에, 채권자취소소송이 계속 중인 법원이 파산계속법원이 아니라면 그 법원은 관할법원인 파산계속법원으로 사건을 이송하여야 할 것이다.[237) 다만, 파산관재인이 부인권을 행사하면서 그 원상회복으로

---

234) 부인권의 행사방법으로서의 '소'에는 파산채권자가 채무자의 사해행위에 관하여 채권자취소소송을 이미 제기하여 계속 중인 경우, 파산선고 이후 파산관재인이 중단된 채권자취소소송을 수계하여 부인의 소로 변경하는 것도 포함된다.

235) 부인권을 명시된 '재판상 행사' 방법 외에 '재판 외'에서도 행사할 수 있는지에 관하여는 견해의 대립이 있다[주석 채무자회생법(IV) (제1판) 한국사법행정학회(2020), 715면 이하 (심영진) 부분 참조].

236) 대법원 2020. 6. 25. 선고 2016다2468(미간행).

237) 대법원 2018. 6. 15. 선고 2017다265129 판결 참조.

서 배당이의의 소를 제기한 경우에는 법 제396조 제3항이 적용되지 않고 민사집행법 제156조 제1항, 제21조에 따라 배당을 실시한 집행법원이 속한 지방법원에 전속관할이 있다.[238] 또한 채권자취소소송이 항소심에 계속된 후에는 파산관재인이 소송을 수계하여 부인권을 행사하더라도 법 제396조 제3항이 적용되지 않고 항소심법원이 소송을 심리·판단할 권한을 계속 가진다고 보는 것이 타당하다.[239]

다) 소송물   부인소송의 법적 성질에 대하여 판결 주문에서 부인을 선언하는 형성소송설과 부인의 선언이 아닌 금전의 지급이나 물건의 반환 등 부인에 기초하여 생기는 상대방의 의무를 판결 주문에 기재하면 족하다는 이행·확인소송설이 대립하고 있다. 서울회생법원의 실무는 이행·확인소송설을 따르고 있다. 이행·확인소송설에 의할 때 부인소송의 소송물은 부인권 자체가 아니라 부인의 효과로서 발생한 권리관계에 기한 이행청구권 또는 확인청구권이고, 부인의 주장은 공격방어방법으로서 판결이유 중에서 판단된다.

대법원은 이에 관하여 부인권을 소로써 행사한다는 것은 부인의 대상이 되는 행위가 그 효력을 소급적으로 상실하게 됨으로써 발생하는 법률적인 효과에 따라 원상회복의무의 이행을 구하는 소를 제기하거나, 그 법률관계의 존재 또는 부존재 확인을 구하는 소를 제기하는 방법에 의할 수도 있다는 의미로 보아야 한다고 판시하였다.[240]

비록 법은 부인의 유형을 별도로 규정하고 있지만, 이행·확인소송설에 따른다면 부인의 유형에 따라 별개의 형성소송이 인정되는 것은 아니고, 부인의 유형이 서로 배타적인 관계에 있는 것도 아니므로, 1개의 행위가 각 부인의 유형에 해당하는 경우에는 어느 것이라도 주장할 수 있다.

라) 주문례   이행·확인소송설에 따르면, 대상행위를 '부인한다'는 형성

---

238) 대법원 2021. 2. 16.자 2019마6102 결정. 이 결정의 취지에 따르면, 채권자취소소송에 배당이의 소송이 병합되어 있는 경우에 파산관재인이 수계하여 진행하더라도 파산계속법원으로 이송하지 않아도 될 것으로 보인다. 한편, 파산관재인이 확정된 지급명령 또는 집행력 있는 공정증서가 있는 채권에 대하여 부인권 행사 대상에 해당함을 이유로 이의하는 경우, 이의의 방법으로 청구이의의 소를 제기하면서 부인권을 행사할 수 있을 것인데, 청구이의의 소는 원칙적으로 집행 권원이 확정된 지급명령인 경우에는 지급명령을 내린 지방법원에, 공정증서인 경우에는 채무자의 보통재판적이 있는 곳의 법원의 관할에 전속하므로(민사집행법 제58조 제4항, 제59조 제4항, 제21조) 이 경우에도 역시 전속관할 경합의 문제가 발생할 수 있고, 따라서 이미 계속 중인 사건은 파산계속법원으로 이송하지 않는 것이 바람직하다는 견해가 있다[다만, 이와 반대 취지 판결로는 서울고등법원 2018. 12. 21. 선고 2018나2039479 판결(확정) 참조].

239) 대법원 2017. 5. 30. 선고 2017다205073 판결 참조.

240) 대법원 2009. 5. 28. 선고 2005다56865 판결.

판결의 주문을 낼 필요는 없다. 원고가 청구취지에서 '부인한다'는 주문을 구하는 경우에도 이를 부인의 선언을 구하는 확인청구로 선해하여 부인의 선언을 구할 이익(확인의 이익)이 있는지 판단해야 할 것인데, 별도로 원상회복 또는 가액배상을 구하는 경우에는 확인의 이익이 없다고 할 것이다. 한편 부인의 소에서는 파산관재인만이 원상회복의 상대방이 된다. 부인권행사에 따른 원상회복 등에 관한 이행판결에 대해서는 가집행 선고가 가능하고, 가액배상 등의 지연손해금 이율과 관련하여 소송촉진 등에 관한 특례법 제3조 제1항이 적용된다.[241]

(1) 원상회복 또는 가액배상으로 금전의 지급을 명하는 경우

> 피고는 원고에게 금 1억 원 및 이에 대하여 2021. 1. 2.부터 2021. 11. 21.까지는 연 5%의, 그 다음날부터 다 갚는 날까지는 연 12%의 각 비율로 계산한 돈을 지급하라.

(2) 부동산의 처분행위에 관하여 부인하는 경우   등기의 원인인 행위가 부인된 때 또는 등기가 부인된 때 파산관재인은 부인의 등기를 신청하여야 한다(법 제26조 제1항). 이 등기는 파산절차가 인정하는 특별한 등기이기 때문에 등기의 원인인 행위가 부인되거나 등기 자체가 부인된 경우에는 이전등기 또는 말소등기가 아닌 부인등기절차를 명하여야 한다. 또한 법은 등기원인행위의 부인과 등기 자체의 부인을 명백히 구분하고 있으므로 주문 역시 이를 구분하여 내야 한다.

등기원인행위의 부인의 경우 주문례는 다음과 같다.

> 피고는 원고에게 별지 목록 기재 부동산에 관하여 서울중앙지방법원 2021. 1. 2. 접수 제100호로 마친 소유권이전등기의 원인의 부인등기절차를 이행하라.

등기 자체에 대한 부인의 경우 주문례는 다음과 같다.[242]

---

241) 대법원 2014. 9. 25. 선고 2014다214885 판결은 "소로써 부인권을 행사함과 아울러 원상회복으로 금전의 반환을 구하는 경우 채무자는 그 소장 부본을 송달받은 다음 날부터 반환의무의 이행지체로 인한 지체책임을 진다"고 하면서, "원심이 위 법리와 같은 취지에서, 피고는 원고에게 예금인출일부터 적어도 원심판결 선고일까지는 민법이 정한 연 5%의, 그 다음 날부터는 다 갚는 날까지는 소송촉진 등에 관한 특례법이 정한 연 20%의 각 비율로 계산한 이자 및 지연손해금을 지급할 의무가 있다고 판단한 것은 정당하다"고 판시하였다.
242) 서울고등법원 2002. 11. 28. 선고 2001나9955 판결.

> 피고는 원고에게 별지 목록 기재 부동산에 관하여 서울중앙지방법원 2021. 1. 2. 접수 제100호로 마친 소유권이전등기의 부인등기절차를 이행하라.

(3) 채권양도 또는 그 대항요건을 부인하는 경우   채권양도뿐만 아니라 채권양도 통지까지 이루어진 경우, 제3채무자에게 그 채권을 다시 파산관재인에게 양도하였다는 통지를 이행하라고 하기도 하나, 제3채무자에게 양도행위를 부인하였다는 통지를 하도록 하는 것이 타당하다.

> 피고는 김갑동(제3채무자)에게 피고와 채무자 사이의 별지 목록 기재 채권에 관한 2020. 10. 1.자 양도행위가 2021. 1. 2. 부인되어 그 효력이 상실되었다는 취지의 통지를 하라.

한편, 채권양도 또는 그 대항요건을 부인하는 경우, 제3채무자가 이미 변제공탁을 하였다면, 제3채무자는 더 이행할 의무가 남아있지 않으므로 제3채무자를 상대로 부인의 통지를 할 필요는 없고, 공탁금 출급청구권 양도의 의사표시를 하고 대한민국에 그 양도 통지를 하거나(확지 공탁의 경우), 공탁금 출급청구권이 원고에게 있음을 확인(상대적 불확지공탁의 경우) 하면 된다.

> (확지 공탁의 경우)
> 피고는 원고에게 김갑동(제3채무자)이 2021. 4. 1. 서울중앙지방법원 2020년 금 제100호로 공탁한 공탁금 1억 원에 대한 출급청구권을 양도하는 의사표시를 하고, 대한민국(소관 : 서울중앙지방법원 공탁공무원)에게 위 출급청구권을 양도하였다는 취지의 통지를 하라.
> (상대적 불확지공탁의 경우)
> 김갑동(제3채무자)이 2021. 1. 2. 서울중앙지방법원 2021년 금 제100호로 공탁한 공탁금 1억 원에 대한 출급청구권은 원고에게 있음을 확인한다.

2) 부인의 청구

가) 청구의 제기   부인의 청구는 결정에 의한 간이한 절차에서 부인권을 행사하는 것이다. 부인의 청구는 부인의 소와 마찬가지로 파산사건이 계속되어 있는 법원의 전속관할에 속한다(법 제396조 제3항). 부인의 청구는 소가와 상관없이 인지액이 1,000원이고, 사건부호는 '하기'이다. 부인의 청구 사건에서는 당사자를 '청구인(또는 신청인),' '상대방'이라고 표기한다.

나) 심리 및 재판   부인의 청구에 관하여는 법 제106조 및 제107조가 준

용된다(법 제396조 제4항). 따라서 파산관재인은 부인의 청구를 하는 때에는 그 원인인 사실을 소명해야 하고(법 제106조 제1항), 법원은 심문을 거쳐 이유를 붙인 결정으로 부인의 청구를 인용하거나 기각한다(법 제106조 제2항). 결정을 하기 전에 상대방을 반드시 심문하여야 하고(법 제106조 제3항), 부인의 청구를 인용하는 결정을 한 때에는 결정서를 당사자에게 송달하여야 한다(법 제106조 제4항).[243]

채권조사확정재판에서는 조정을 명시적으로 인정하나, 부인의 청구에서는 이에 관한 규정이 없어 조정이 가능한지에 관하여 논란이 있다. 서울회생법원에서는 이러한 논란을 감안하여 당사자가 원만히 합의에 이르는 경우 조정보다는 화해권고결정에 의하고 있다(법 제33조, 민사소송법 제225조 이하). 부인의 청구를 기각하는 결정에는 기판력이 발생하지 않기 때문에 상대방의 동의 없이 부인의 청구 신청을 취하하는 것이 가능하다.[244]

부인의 청구 결정 주문은 부인의 소와 같다. 부인의 청구도 사건을 완결하는 재판이므로(민사소송법 제104조) 소송비용 부담의 재판은 해야 하지만, 판결이 아니므로 가집행선고를 할 수는 없다. 가액배상 등의 지연손해금 이율과 관련하여 소송촉진 등에 관한 특례법 제3조 제1항이 적용되는지에 대해 논란이 있으나, 실무는 대체로 그 적용을 긍정하고 있다.[245]

다) 불복과 확정   부인의 청구를 기각하는 결정에 대하여는 불복할 수 없다. 별도로 부인의 소를 제기하면 족하기 때문이다. 그러나 부인의 청구를 인용하는 결정에 대하여 불복이 있는 자는 결정문을 송달받은 날로부터 1월 이내 (불변기간)에 이의의 소를 제기할 수 있다(법 제107조 제1항). 이의의 소는 파산계속법원의 관할에 전속한다(법 제107조 제3항). 이의의 소에 대한 판결에서 결정에 대한 인가, 변경, 취소를 명한다(법 제107조 제4항).

부인의 청구를 인용하는 결정의 전부 또는 일부를 인가하는 판결이 확정된 때, 결정문을 송달받은 때로부터 1월 이내 이의의 소가 제기되지 아니하거나, 이의의 소가 취하·각하된 때, 부인의 청구를 인용하는 결정은 확정판결과 동일한 효력이 있다(법 제107조 제5항).

---

243) 실무는 기각하는 결정을 한 때에도 결정서를 당사자에게 송달하고 있다.

244) 다만, 파산관재인이 취하하는 경우에는 소송비용 부담의 재판이 없어 소송비용확정신청을 통해 소송비용을 부담할 수도 있음을 주의해야 한다.

245) 서울중앙지방법원 2018. 1. 10. 선고 2017나45072 판결(대법원 2018. 6. 15. 선고 2018다213804 판결로 심리불속행 기각되어 확정).

3) 부인의 항변

파산관재인은 상대방이 제기한 소송에 대하여 항변으로 부인의 의사표시를 제출하여 그 청구의 기각을 구하거나, 상대방의 항변에 대하여 재항변으로 부인의 의사표시를 제출하여 그 배척을 구할 수 있다.

4) 채권자취소소송과 부인권 행사

파산채권자가 민법 제406조에 의하여 제기한 채권자취소소송이 파산선고 당시 계속되고 있는 때에는 그 소송절차가 중단되고(법 제406조 제1항), 파산관재인 또는 상대방이 이를 수계할 수 있다(법 제406조 제2항, 법 제347조 제1항).[246] 채권자취소소송을 파산관재인이 수계한 경우에는 부인의 소로 청구를 변경하여야 하고, 채권자취소소송을 제기한 원래의 채권자는 보조참가인으로 소송에 참여할 수 있다. 파산관재인은 채권자취소소송을 수계하는 대신 부인권을 행사하여 부인의 소나 부인의 청구를 제기할 수도 있다.[247]

파산선고 이후 채권자는 개별적인 권리행사를 할 수 없으므로(법 제424조) 파산선고 후 제기된 채권자취소소송은 부적법하여 각하하여야 한다. 다만, 채권자가 파산선고 후에 제기한 채권자취소소송이 부적법하더라도 파산관재인은 이러한 소송을 수계한 다음 청구변경의 방법으로 부인권을 행사할 수 있다고 보아야 할 것이고, 파산관재인이 수계한 소송이 부적법한 것이었다는 이유만으로 소송수계 후 교환적으로 변경된 부인의 소마저 부적법하다고 볼 것은 아니다.[248]

5) 채권조사절차와 부인권 행사

파산관재인은 채권조사를 함에 있어서 신고된 파산채권에 관한 부인권의 행사 여부를 고려하여 이의 여부를 결정해야 한다. 채권조사기일에서 아무런 이의도 제기되지 아니하여 파산채권으로 확정된 파산채권에 관하여는 그 후 파산관재인이 부인권을 행사하여 파산채권자표 기재의 무효확인을 구할 수 없기 때문이다.[249]

---

246) 당사자 중 어느 누구도 수계신청을 하지 아니한 경우, 법원은 직권으로 속행명령을 하여 중단된 소송절차를 진행할 수 있다(대법원 2021. 4. 15.자 2016다242471 속행명령결정, 대법원 2019. 8. 9.자 2018다299037 속행명령결정 참조). 이러한 대법원 결정의 취지에 따라 종전의 파산관재인의 수계거절권 긍정설 및 그에 따른 속행명령 불가론은 재검토되어야 할 것으로 보인다[서울회생법원 재판실무연구회, "법인파산실무(제5판)", 박영사(2019), 92면].

247) 이 경우 기존 채권자취소소송은 그대로 중단된 상태에 있게 되나, 상대방의 수계신청이나 법원의 속행명령이 있은 후 부인의 소로 청구가 변경된 경우에는 파산관재인이 제기한 부인의 소에 관하여는 중복소송의 문제가 발생할 수 있다.

248) 대법원 2018. 6. 15. 선고 2017다265129 판결.

249) 대법원 2003. 5. 30. 선고 2003다18685 판결, 대법원 2006. 7. 6. 선고 2004다17436 판결.

다. 부인권 행사의 효과

1) 원상회복

부인권의 행사는 채무자의 재산을 원상으로 회복시킨다(법 제397조 제1항). 즉 부인권 행사의 효과는 물권적으로 발생하고, 부인권 행사에 의하여 일탈되었던 재산은 상대방의 행위를 기다리지 않고 당연히 채무자에 복귀한다(물권적 효과설). 다만 그 효과는 파산재단과 부인의 상대방 사이에서만 상대적으로 발생하고 제3자에 대해서는 효력이 미치지 않는다(상대적 무효설).[250]

원상회복되는 권리의 변동에 등기 등의 공시방법이 필요하거나 채권양도 통지 등의 대항요건이 필요한 경우에 그 권리취득의 원인행위 또는 대항요건의 구비행위 자체가 부인되면 파산관재인은 부인의 등기(법 제26조) 등을 신청하거나 통지 등에 의한 대항요건을 구비하여야 한다. 부인권행사의 효력발생시기에 대하여 판결확정시설, 의사표시설(부인의 의사표시가 상대방에게 도달한 때 즉, 부인권의 행사의 취지가 기재된 소장, 준비서면 등 서면이 상대방에게 송달된 때 부인의 효과가 발생), 절충설(소의 제기나 항변의 제출에 의하여 불확정적 효력이 발생하고 부인권 존부의 판단에 관한 판결이 확정되었을 때 소급하여 확정적 효력이 발생한다는 견해이다) 등의 대립이 있으나, 실무는 의사표시설(행사시설)을 따르고 있다.[251]

원상회복과 관련하여 금전교부행위가 부인된 경우에는 상대방은 채무자로부터 교부받은 액수와 동액의 금전 및 (법정이자율에 의함) 교부받은 날부터 발생한 법정이자와 부인권 행사의 취지가 기재된 서면(통상 부인의 청구서 또는 소장)을 송달받은 다음 날부터 발생한 지연손해금(법정이율에 의함)을 반환하면 된다.

2) 가액배상

파산관재인이 부인권을 행사할 당시 이미 그 대상이 되는 재산이 물리적으로 멸실·훼손되거나, 금전과 같이 일반재산에 편입되어 특정될 수 없거나, 상대방이 제3자에게 처분하여 현존하지 않는다거나 담보물을 매각·처분하여 배당금·매각대금 등을 금전으로 수령하였다면 가액배상을 청구할 수 있다. 파산절차상으로는 가액배상을 직접적으로 규정하고 있지는 않으나 대법원은 가액배상을 인정하고 있다.[252] 부인권 제도의 취지와 선의의 무상취득자의 현존이익반환

---

250) 대법원 2005. 12. 22. 선고 2003다55059 판결.
251) 대전고등법원 2019. 4. 10. 선고 2018나14128 판결(심리불속행 기각), 대전고등법원 2017. 12. 1. 선고 2017나10112 판결(심리불속행 기각) 등 참조.
252) 대법원 2003. 2. 28. 선고 2000다50275 판결.

의무를 규정한 법 제397조 제2항, 제403조 제2항과 가액상환에 따른 상대방의 채권의 부활을 규정한 제399조 등을 근거로 가액배상을 인정하는 것이 일반적인 견해이다.

가액배상과 관련하여 문제되는 것은 배상액산정의 기준시점이다. 견해의 대립은 있으나, 실무는 부인권 행사의 효력발생시기(의사표시설)와 일치시켜 부인권을 행사할 때의 가액이라는 입장을 취하고 있다. 수익자가 부인대상행위인 채권양도로 양수받은 채권을 추심하는 경우에는, 금전교부행위가 부인되어 원상회복을 구하는 경우와 마찬가지로 금전을 수령한 날부터 부인권행사의 효력이 발생한 때까지는 법정이자의 지급을 구할 수 있고, 부인권행사의 효력발생일 다음날부터는 가액배상에 대한 지연손해금의 지급도 구할 수 있다.[253]

3) 무상부인과 선의자의 보호

무상부인(^{법 제391조} ^{제4호})의 경우에는 상대방의 선의·악의를 묻지 않으므로 상대방에게 가혹한 결과를 초래할 수 있다. 따라서 선의의 상대방을 보호하기 위하여 반환의 범위를 경감하여 이익이 현존하는 한도 내에서 상환하도록 하고 있다(^{법 제397조} ^{제2항}). 전득자에 대해서도 전득 당시 선의이었다면 역시 이익이 현존하는 범위 내에서 상환하도록 규정하고 있다(^{법 제403조} ^{제2항}).

4) 상대방의 지위

부인권의 목적은 파산재단을 부인의 대상이 되는 행위 이전의 상태로 원상회복을 시키는 데 있지 채무자로 하여금 부당하게 이익을 얻게 하려는 것이 아니다. 따라서 채무자의 행위가 부인된 경우 채무자의 급부에 대하여 한 상대방의 반대급부는 파산재단으로부터 반환되어야 한다.

만약 상대방이 한 반대급부가 채무자의 재산 중에 현존하고 있다면 상대방은 그 반환을 청구할 수 있고(^{법 제398조} ^{제1항 전단}), 반대급부 자체는 현존하지 않으나 그 반대급부로 인하여 생긴 이익이 현존하고 있다면 상대방은 이익이 현존하는 한도 내에서 재단채권자로서 상환을 청구할 수 있다(^{법 제398조} ^{제1항 후단}).

채무의 이행행위가 부인된 경우 상대방이 그 받은 이익을 반환하거나 그 가액을 상환한 때 상대방의 채권이 부활한다(^{법 제399조}). 상대방의 선이행의무를 명시하고 있는데, 이는 상대방의 의무를 선이행시켜 먼저 파산재단을 현실적으로 원상회복시킨 후에야 비로소 상대방의 채권을 부활시키겠다는 것이다. 따라서 상대방은 부활한 채권을 자동채권으로 하여 반환채무와 상계할 수도 없다.[254]

---

253) 대법원 2007. 10. 11. 선고 2005다43999 판결. 대법원 2014. 9. 25. 선고 2014다214885 판결.

6. 부인권의 소멸

가. 제척기간 도과로 인한 소멸

부인권은 파산선고가 있은 날로부터 2년이 경과한 때에는 행사할 수 없다(법제405조). 또한 부인의 대상이 되는 행위가 있던 날부터 10년을 경과한 경우에도 마찬가지이다(같은 조 후문).

이와 관련하여 파산채권자가 제기한 채권자취소소송의 계속 중 채무자에 대하여 파산이 선고되고 파산관재인이 중단된 채권자취소소송을 수계하여 부인의 소로 변경한 경우, 어느 시점을 기준으로 위 2년을 판단할 지에 관하여 견해의 대립이 있다.[255] 실무는 특별한 사정이 없는 한 중단 전 채권자취소소송이 법원에 처음 계속된 때를 기준으로 제척기간 준수여부를 판단한다.[256]

나. 지급정지와 부인의 제한

지급정지의 사실을 안 것을 이유로 하여 부인하는 경우에는 파산선고가 있는 날로부터 1년 전에 행하여진 행위는 부인할 수 없다(법제404조). 지급정지의 사실을 안 것을 이유로 하는 부인이라 함은 법 제391조 제2호 또는 제3호의 위기부인을 말한다. 그 외에 파산채권자를 해하는 사실을 안 것을 이유로 하는 부인이나 파산신청이 있는 것을 안 것을 이유로 하는 부인의 경우에는 적용되지 아니한다.[257] 위와 같이 부인을 제한하는 것은 부인권 행사에 시간적 제약을 가함으로써 거래관계자의 신뢰를 보호하기 위한 것이다.

한편 지급정지 후에 회생절차 등의 선행 도산절차를 거쳐 파산이 선고된 경우에는, 특별한 사정이 없는 한 선행 도산절차로 인하여 소요된 기간은 위 1년에 산입되지 아니한다(통설).[258]

---

254) 대법원 2007. 7. 13. 선고 2005다71710 판결. 화해권고결정시 달리 정할 수 있는지 견해가 다를 수 있으니 주의를 요한다.

255) 주석 채무자회생법(IV) (제1판) 한국사법행정학회(2020), 757, 756면(심영진).

256) 대법원 2016. 7. 29. 선고 2015다33656 판결.

257) 노영보, 도산법강의 박영사(2018), 353면.

258) 대법원 2019. 1. 31. 선고 2015다240041 판결, 대법원 2004. 3. 26. 선고 2003다65049 판결.

제 5 절   파산재단의 환가와 포기

1. 파산재단의 환가

가. 개   요

1) 주체와 시기

파산절차에서는 채무자의 재산을 전부 금전으로 환가하여 배당하므로 파산재단의 적정한 환가는 파산채권자들의 채권회수와 직결되어 있어 파산관재인 직무 중에서 매우 중요한 직무이다. 파산관재인은 선량한 관리자로서의 주의의무에 반하지 않는 한 원칙적으로 재단의 재산을 적당한 시기·방법으로 환가할 수 있는 재량권을 가진다.[259]

다만 중요한 재산의 환가처분에 관하여 법원의 허가(법 제492조)를 필요로 하는 것으로 되어 있다.

환가는 원칙적으로 일반의 채권조사기일이 종료되기 전에는 할 수 없다 (법 제491조본문). 다만 법원의 허가를 받으면 위 채권조사기일 종료 전이라도 환가할 수 있다(법 제491조단서).

서울회생법원은 현행 개인파산실무 하에서 채권조사기일 추정형 방식[260]으로 진행하고 있는데, 파산관재인들은 통상 환가할 재산을 발견하면 곧바로 채권조사기일지정신청을 하고 법원이 채권조사기일을 지정하여 환가 전에 채권조사기일이 종료될 수 있도록 하고 있다. 그리고 환가가 조속히 이루어질 수 있고 환가할 가액이 적정하다고 판단되는 경우 채권조사기일 종료 전이라도 법원의 허가를 얻어 환가하는 예도 많다.

2) 절   차

법 제492조에 열거하고 있는 환가처분에 대해서는 법원의 허가가 필요하다.

---

259) 한승, "파산재단의 점유·관리·환가", 재판자료 제82집(1999), 256면.

260) 서울회생법원에서 운용하고 있는 현행 개인파산실무에서는 파산관재인이 선임된 개인파산사건 대부분이 파산재단의 환가 및 배당으로 이어지지 않고 이시폐지결정이 내려지고 있는 점을 감안하여 절차의 신속과 효율을 도모하기 위하여 파산선고결정과 동시에 제1회 채권자집회, 파산폐지에 관한 의견청취집회, 파산관재인의 임무종료에 따른 계산보고집회, 채무자에 대한 의견청취기일을 같이 지정하면서도 채권신고의 기간과 채권조사기일은 추후지정하고 있다. 그 후에 파산관재인이 파산재단의 조사 후 파산채권자들에게 배당이 가능할 정도의 파산재단이 확보될 가능성이 있다고 판단되면 곧바로 채권신고기간 및 채권조사기일 지정을 신청한다.

부동산에 관한 물권, 등기하여야 하는 국내선박 및 외국선박의 임의매각
(법 제492조/제1호),   광업권·어업권·양식업권·특허권·실용신안권·의장권·상표권·서
비스표권 및 저작권의 임의매각(법 제492조/제2호), 영업의 양도(법 제492조/제3호), 상품의 일괄매각
(법 제492조/제4호), 동산의 임의매각(법 제492조/제7호), 채권 및 유가증권의 양도(법 제492조/제8호) 등이 법원
의 허가가 필요한 환가행위에 해당한다. 다만 동산의 임의매각, 채권 및 유가증
권의 양도에 대하여는 목적물의 가액이 1,000만 원 미만으로서 법원이 정하는
금액 미만인 때에는 그러하지 아니하다(법 제492조/단서).

채무자는 위 환가처분에 관하여 파산관재인에게 의견을 진술할 수 있고
(법/제493조), 파산관재인이 법원의 허가 없이 위 환가처분하였을 때라도 선의의 제3
자에게 대항할 수 없다(법/제495조).

3) 방   법

서울회생법원은 실무준칙 제302호를 통해 파산재단에 속한 재산을 공정하
고 효율적으로 환가할 수 있도록 합리적인 환가방법을 정하였는바,[261] 구체적인
환가방법에 관하여는 항을 바꾸어 재단재산 종류별로 설명한다.

나. 부동산의 환가

부동산의 환가는 민사집행법에 의한 강학상 '형식적 경매'(민사집행법/제274조) 중에서
청산을 위한 경매에 의하여야 하는 것으로 정하여져 있다(법 제496조/제1항). 다만 파산관
재인은 법원의 허가를 얻어 다른 방법으로 환가할 수 있다(법 제496조/제2항). 실무상으로
는 법원의 경매절차보다 임의매각하는 것이 더 높은 가격으로 환가할 수 있기
때문에, 재단증식을 위하여 법원의 허가를 얻어 임의매각하는 방법으로 환가하
는 경우가 많다.[262] 민사집행법에 따른 부동산의 환가는 부동산 규모가 상당하

---

261) 위 준칙 제2조 제1항은 환가의 방법을 다음과 같이 규정하고 있다.
   1. 공고를 통한 공개매각
   2. 수의계약
   3. 파산선고 전 강제집행의 속행
   4. 법 제497조 제1항, 민사집행법 제274조 제1항에 따른 경매신청
   5. 법 제335조에 따라 기본계약을 해제한 후 원상회복청구권 등 행사
   6. 처분 전 임대
   7. 추심
   8. 수개 자산의 일괄매각
   9. 영업의 양도
   10. 그 밖에 재산의 환가에 적당한 방법
262) 대법원 2010. 11. 11. 선고 2010다56265 판결 참조. 위 판결은 "파산관재인은 파산재단에 속하
   는 부동산 등의 환가를 위하여 민사집행법에 따라 이른바 형식적 경매절차를 신청하거나(법 제
   496조 제1항), 법원의 허가를 얻어 영업양도 등 다른 방법으로 환가를 실시할 수 있고(법 제496

고 매각가능성도 있어 보이는데 매수인 물색의 어려움으로 임의매각에 시간이 소요된 경우에 주로 이용된다.

1) 임의매각

가) 방 법   대부분의 개인파산관재인 사건에서 환가 대상 중 가장 큰 비중을 차지하는 것이 부동산이므로 공정하고 투명하게 매각업무를 처리하는 것이 채권자를 납득시키는 데 중요한 요소가 된다. 파산관재인은 부동산중개업자 등에 의뢰하는 등으로 매수희망자를 모집하고, 매수희망자가 경합하는 경우에는 최고가매수희망자와 법원의 허가를 조건으로 하는 매매계약을 체결한다.

매수희망자가 나타나지 않아 파산관재인이 이를 물색하여야 할 때에는 별제권자, 공유자, 임차인 등 이해관계인, 채무자의 친족 등에게 매수의사를 타진하는 방법도 취할 수 있을 것이다.

부동산의 환가는 그 매각방법과 가격, 매각시기에 관하여 채권자들의 관심이 많을 것이므로 파산관재인은 업무효율성을 높이도록 노력함과 아울러 환가업무에 공정성·투명성을 제고하여 채권자들의 이해를 얻을 수 있도록 하여야 한다. 서울회생법원은 채권자들의 절차참여를 보장하고 채권자들에게 매각정보를 알리기 위해 파산관재인이 주요 자산을 매각하거나 포기하는 경우 '대한민국 법원 홈페이지(www.scourt.go.kr)－대국민서비스－공고－회생·파산 자산매각 안내'의 공고게시판을 이용하기도 한다.

나) 매각조건의 설정   매매가격의 적정성을 확보하기 위해서는 객관적인 자료가 필요하다. 시가감정을 실시하는 것이 가장 좋겠지만 그 비용이 과다하게 드는 것이 보통이므로, 일반적으로 감정을 실시하지 않고 인근 부동산중개업자 등의 시가확인서, 토지에 대한 개별공시지가, 공동주택가격확인서, 개별단독주택가격확인서 등의 자료를 종합적으로 판단하여 적정한 가격을 설정하여 그 가격 이상으로 매각되도록 한다.

그러나 위 기준가격 이상으로는 매수희망자가 나타나지 않는 경우에는 파산채권자가 수긍할 수 있는 최소한의 합리적인 가격으로 처분하도록 하여도 무방할 것이다.

다) 별제권부 부동산의 환가   근저당권 등 담보권이 설정되어 있는 파산

조 제2항), 후자의 방법에 의한 환가에는 임의매각도 당연히 포함되는데, 파산관재인이 법원의 허가를 받아 임의매각하는 경우에는 그 환가의 방법, 시기, 매각절차, 매수상대방의 선정 등 구체적 사항은 파산관재인이 자신의 권한과 책무에 따라 선량한 관리자의 주의를 다하여 적절히 선택할 수 있다."고 판시하였다.

재단 소속 부동산을 임의매각의 방법으로 환가하려는 경우에 파산관재인은 담보권 등기 말소에 대한 담보권자의 동의를 얻어 담보권 등기 말소절차를 이행하는 것이 적정하므로 부동산을 임의매각하기에 앞서 별제권자와 사이에 매도가격의 적정성과 피담보채무의 변제방법 등에 관하여 사전에 협의할 필요가 있다.

실무상 파산관재인이 별제권의 목적의 환수(법 제492조 제14호)와263) 병행하여 임의매 각의 방법으로 환가하는 경우가 있다. 파산관재인은 부동산의 매수희망자를 물 색하여 매수희망자와 별제권자, 파산관재인 사이에 매각대금, 환수대금의 지불, 별제권 소멸절차, 소유권이전등기절차가 동시에 이루어지도록 합의한다. 환수시 에 별제권자에게 지불하는 환수대금은 반드시 피담보채권액과 같은 금액이 되어 야 하는 것은 아니고, 담보권의 실행이 신속하게 이루어지는 반면 비용은 들지 않는 장점이 있으므로, 민사집행법에 의한 절차가 진행될 경우 예상되는 배당액 등을 고려하여 파산관재인이 환수 전에 환수금액에 관하여 적절히 교섭하여 보 다 많은 매각대금이 재단에 환입될 수 있도록 노력할 필요가 있다.264)

그 밖에 파산관재인이 별제권자에게 별제권의 실행을 촉구하여 그 절차에 서 생긴 잉여금 또는 청산금을 파산재단에 환입하는 방법, 별제권의 목적인 부 동산의 경매신청을 하여(별 제497조) 그 매각대금에서 절차비용과 별제권자의 피담보 채권액을 공제한 잔액을 파산재단에 환입하는 방법,265) 별제권이 붙은 채로 임 의매각을 하여 그 매각대금을 파산재단에 환입하는 방법 등이 이용되고 있다.

담보과잉 상태여서 잉여의 가망이 없는 부동산이라고 하더라도 통상 임의 매각을 하는 것이 담보권 실행에 의하는 것보다 고가매각 및 조기매각이 가능하 므로, 파산관재인은 별제권자를 설득하여 환수금액을 대폭 감액하도록 한 후 임 의매각을 실시하고 그 매각대금의 일부라도 재단에 환입될 수 있도록 노력하여

---

263) 별제권의 목적의 환수란, 별제권의 목적 예컨대 부동산에 관하여 그 담보되어 있는 채무를 파 산관재인이 변제하고, 당해 담보권을 소멸시키는 것을 말한다.

264) 후순위 담보권자가 있는 경우 후순위 담보권자가 담보권 말소 동의를 거부하면 매각이 성사 되지 않는다는 점에 유의하여야 한다. 임의매각 계획과 함께 후순위 담보권자와의 협의도 확정 지을 수 있도록 해야 한다. 일본은 담보권자가 담보권 말소 동의를 거부하면 임의매각이 성사 되지 않는 문제점을 해결하기 위해 2005년부터 시행된 파산법에, 파산관재인의 신청에 따라 파 산재단에 속하는 재산에 설정되어 있는 담보권을 소멸시켜 임의로 매각하고, 임의매각대금의 일부를 파산재단에 환입시키는 것을 가능하게 하는 담보권 소멸제도를 법제화하였다(일본 파산 법 제186조 내지 제191조).

265) 이 경우 별제권자가 받을 금액이 아직 확정되지 아니한 때에는 파산관재인은 대금을 따로 임 치하여야 하고, 별제권은 그 대금 위에 존재한다(법 제497조 제2항). 이때 파산관재인은 별제권 의 목적이 된 대금이 다른 파산재단과 구별될 수 있도록 별도의 예금계좌를 개설하여 보관하는 것이 바람직하다. 별제권자는 민법의 물상대위(민법 제342조, 제370조)와 달리 압류를 요하지 않고 당연히 그 대금에 대해 별제권을 행사할 수 있다[임준호(주 100), 113, 114면 참조].

야 한다.

잉여의 가망이 없고 별제권자와 협상도 되지 않기 때문에 재단의 증식이 전혀 기대되지 않는 경우에는 재산세·관리비 등의 부담을 면하고 관재업무를 조기에 종결시키기 위하여 당해 부동산을 파산재단에서 포기(법 제492조 제12호)할 것을 고려하여야 하는 수도 있다.

파산관재인은 별제권자가 법률에 정한 방법에 의하지 아니하고 별제권의 목적을 처분하는 권리를 가지는 경우에는 법 제497조에 따라 별제권의 목적인 재산을 환가할 수 없고, 별제권자의 권리행사를 존중하고 기다려야 한다. 이때 파산관재인은 법원에 별제권자가 처분권을 행사하여야 하는 기간을 정해 줄 것을 신청할 수 있고(법 제498조 제1항), 별제권자가 위 기간 안에 처분을 하지 아니하는 때에는 처분권을 상실한다(법 제498조 제2항). 파산관재인의 환가권과 별제권자의 환가권을 합리적으로 조정하고, 별제권자의 권리해태(懈怠)로 파산절차가 장기간 지연되는 것을 방지하기 위한 규정이다. 별제권자가 법률에 정한 방법에 의하지 아니하고 별제권의 목적을 처분할 권리를 가지는 예로는 가등기담보 등에 관한 법률의 적용을 받지 않는 양도담보약정이 있는 경우, 채권자에게 담보물의 처분권한을 부여하고, 이를 처분하여 변제에 충당하기로 하는 약정이 있는 경우 등을 들 수 있다.[266]

라) 임차인이 있는 부동산의 매각　　대항력 있는 임차인이 있는 경우 파산관재인은 법 제335조에 의한 계약 해지를 할 수 없다(법 제340조 제4항). 따라서 대항력 있는 임차인이 있는 부동산을 매각할 때는 다른 방법으로 임대차계약을 종료하거나, 인도시의 보증금의 잔액을 새 임대인에게 승계하는 것으로 처리하여야 한다. 임대차계약의 종료는 파산관재인이 임차인과 사이에 임차인이 보증금반환청구권을 포기하고, 파산관재인이 보증금 상당액의 퇴거 비용을 지급하는 취지의 화해를 하고, 위 퇴거 비용을 재단채권(법 제473조 제4호)으로서 지급하는 방법으로 한다.

마) 등기의 말소　　파산재단의 관리처분권은 파산관재인에게 있으므로 파산선고 이후의 파산재단 관련 등기사항은 파산관재인의 신청에 의하여 등기하여야 한다. 따라서 임의매각의 경우에는 등기의 일반원칙에 따라 파산관재인과 매수인이 공동으로 소유권이전등기를 신청해야 한다. 신청서에는 법원의 허가서 등본과 파산관재인임을 증명하는 서면, 파산관재인의 인감증명을 첨부해야 한다. 파산관재인이 위와 같이 파산선고 등기가 마쳐진 부동산을 처분한 후 제3자 명의의 소유권이전등기를 마친 때에는, 법원사무관 등은 파산관재인의 신청에 의

---

266) 임준호(주 100), 117, 118면; 注解 破産法(下), 456면.

하여 관할등기소 등기관에게 '매각'을 원인으로 파산선고 등기의 말소를 촉탁하여야 하고 등기관은 이를 수리하여야 한다.[267] 별제권의 목적의 환수 방법으로 임의매각을 완료한 경우에는 별제권자의 신청에 따라 담보권설정등기를 말소하게 된다.

부동산에 대한 담보권설정행위를 부인하여 그 부인의 등기가 된 것만으로는 담보권설정등기가 말소되지 않으므로, 임의매각을 하는 경우에는 담보권설정등기가 남아 있는 채로 매각할 수밖에 없다. 부인의 등기가 된 재산을 임의매각한 경우 그 임의매각을 원인으로 하는 등기가 된 때에는 법원이 이해관계인의 신청에 의하여 부인의 등기, 부인된 행위를 원인으로 하는 등기, 부인된 등기 및 각 등기의 뒤에 되어 있는 등기로서 파산채권자에게 대항할 수 없는 것의 말소를 촉탁하여야 한다(^{법 제26조
제4항}).

2) 민사집행법에 의한 환가

민사집행법에서 환가방법을 정한 권리의 환가는 민사집행법에 따른다(^{법 제496조
제1항}). 또한 파산관재인은 별제권자의 의사와 관계없이 민사집행법에 의하여 별제권의 목적인 재산을 환가할 수 있다(^{별
제497조}). 이는 민사집행법 제274조 제1항의 '그 밖의 법률이 규정하는 바에 따른 경매'에 해당하므로 담보권 실행을 위한 경매의 예에 따라 실시한다.[268]

이 집행은 투자가치는 있으나 장기간 임의매각이 되지 않는 경우, 제3자가 부동산을 불법점거하고 있어 집행법원의 부동산인도명령 등을 받을 필요가 있는 경우, 부동산 매도 후 하자담보책임이 우려되는 경우, 부동산감정가액이나 인근 공인중개사를 통하여 확인한 시세가 별제권자의 피담보채무액을 상회함에도 별제권자가 별제권을 실행하지 않을 뿐 아니라 임의매각에도 협조하지 않는 경우에 고려할 수 있다.

이는 강학상 '형식적 경매' 중 청산을 위한 경매에 해당하므로, 집행권원은 불필요하고, 경매신청권을 증명하는 서류로서 파산선고결정 등본을 제출하면 족하다. 신청서의 기재사항 중 채권자·채무자·소유자는 신청인·상대방으로, 담보권과 피담보채권의 표시는 경매신청권의 표시 등으로 바꾸어 기재하여야 한다. 이 경우 부동산 위에 존재하는 제한물권 등의 부담은 매각에 의하여 소멸한

---

267) 법원행정처, 부동산등기실무[Ⅲ](2015), 388면 참조.

268) 사법연수원, 법원실무제요 민사집행(Ⅲ)(2020), 294면 이하. 구체적인 절차는 위 책 해당부분 참조.

다.[269] 이때 배당요구나 배당절차가 필요한지 여부에 관하여, 집행법원은 파산절차에서 변제하도록 신청인인 파산관재인에게 매각대금을 교부하여야 하고 따로 배당요구나 배당절차를 밟아서는 안 된다는 견해와 소멸주의가 적용되는 이상 소멸되는 부담에 관계된 채권자들에 대한 배당절차를 실시하여야 한다는 견해의 대립이 있다.[270] 강제집행의 실무는 대체로 배당절차를 실시하여 파산선고 전에 체납처분된 채권과 별제권부 채권에 배당하고 나머지를 파산관재인에게 교부하고 있다.

이 경우 집행비용[271]이 발생하는바, 파산재단이 충분히 확보된 경우 파산재단에서 지출하나, 그렇지 않은 경우 파산관재인이 자신의 비용으로 선지출하고 환가가 완료된 이후 재단채권 승인을 받아 변제받고, 사안에 따라서 채무자에게 비용 예납을 명할 수도 있다.

다. 기계 · 집기 · 비품 · 가구 · 차량의 환가

이들은 매각이 어려운 경우가 많고, 매각할 수 있다고 하더라도 매우 싼 값에 매각될 수밖에 없으며, 산일되기 쉽고 감가의 속도도 빠르므로, 조기에 매각하여야 한다. 특히 채무자가 점포 또는 주거 등을 임차하고 있고 집기 · 비품 등이 있는 경우에는 재단채권의 발생을 방지하고 조기에 명도하기 위하여 이들을 신속하게 처분하여야 한다. 자동차는 시간의 경과에 따라 가치가 낮아지므로 파산선고 직후 그 점유를 확보하고, 중고차거래소 등에 매각을 위임하되, 중개수수료의 부담이 큰 경우 인터넷 시세를 자료로 채무자의 친족 등 주변인을 상대로 매각하도록 한다.[272] 그 밖의 동산의 경우 압류금지재산(민사집행법 제195조)에 해당하여 파

---

269) 형식적 경매인 유치권에 의한 경매도 강제경매나 담보권 실행을 위한 경매와 마찬가지로 목적부동산 위의 부담을 소멸시키는 것을 법정매각조건으로 하여 실시된다는 대법원 2011. 6. 15. 자 2010마1059 결정 등 참조.

270) 자세히는 사법연수원, 법원실무제요 민사집행(Ⅲ)(2020), 421면 이하 참조.

271) 강제집행에 필요한 비용은 부동산의 감정료, 신문공고료, 현황조사비용, 매각수수료 등의 각종 수수료와 송달료이다. 감정료는 감정인 등 선정과 감정료 산정기준 등에 관한 예규(재일2008-1)에 의하여, 신문공고료는 민사소송비용법 제10조, 제8조에 의하여, 부동산현황조사수수료는 집행관수수료규칙 제15조, 제3조, 제22조, 법원공무원 여비규칙 10조 내지 13조에 의하여, 매각수수료는 집행관수수료규칙 제16조, 제17조, 집행관에게 지급할 부동산 경매수수료의 예납 및 지급에 관한 예규(재민79-5), 송달료는 송달료규칙, 송달료규칙의 시행에 따른 업무처리요령(재일87-4)에 의하여 산정된다. 집행비용 중 절대적으로 큰 비중을 차지하는 것은 부동산감정료인데 이는 감정가액에 비례하여 산정되는 것이어서 감정하기 전에는 쉽게 예측하기 어려운 난점이 있다. 하지만 감정가액에 따라서 감정료가 수백만 원에 달하는 경우도 종종 있으므로 사전에 부동산 가액을 추정할 수 있는 자료들을 가능한 한 수집하여 집행비용을 따져보는 것이 바람직할 것이다.

산재단에 속하지 않거나, 환가가능성이 없는 경우가 많다. 압류금지재산이 아닌 고가의 가구라 하더라도 일반적으로 환가가 곤란한 경우가 많기 때문에 채무자의 가족 또는 친족 등이 매수하도록 하는 경우가 많다.

라. 매출금 또는 대여금 채권의 회수

매출채권이나 대여금채권은 임의변제 요구나 소송 등 법적 절차를 통하여 환가하도록 한다. 사업자인 채무자의 매출금 채권은 상대방의 주소를 조사하여 청구서, 잔고확인의뢰서 등을 송부하여 독촉하고, 청구에 응하지 않는 채무자에게 소송제기를 경고한 최고서를 발송한다. 다만 소 제기에 앞서 상대방의 재산관계를 확인하여 소송결과에 따라 강제집행을 하는 경우 실익이 있는지 여부를 미리 파악하여 의미 없는 소 제기로 파산절차가 지연되는 일이 없도록 유의한다. 그러므로 파산관재인은 소 제기의 실익이 있음을 소명하는 자료를 첨부하여 허가신청을 하도록 한다.

서울회생법원에서 채무자가 대여금채권(1억 원 상당)에 대하여 확정판결을 받은 후 채권압류 및 추심명령을 받은 상태에서 파산선고가 된 사건에서 그 소송의 상대방이 공무원이어서 매월 일정액의 회수가 가능하기는 하나 그 회수에 장기간이 소요될 것으로 예상되는 경우에 파산관재인이 그 대여금채권을 대한민국 법원 홈페이지(www.scourt.go.kr)의 '대국민서비스' 중 '공고'란 아래 '회생·파산 자산매각 안내'의 '공고 게시판'에 매각공고하여 입찰을 통해 환가한 사례가 있다.

마. 임차보증금의 회수

채무자가 건물의 임차인인 경우, 파산관재인은 위 임대차계약을 해지할 수 있고(민법 제637조), 해지기간이 경과하면 임대차는 종료되므로 파산관재인은 건물을 명도함과 동시에 보증금반환을 청구할 수 있다.

다만 위 임차보증금 중 민사집행법상 압류금지채권 상당액이나 임차보증금 중 일부에 면제재산 결정이 있는 경우 파산관재인은 반환받은 보증금 중 압류금지채권 상당액이나 면제재산 결정에서 정한 금액을 채무자에게 지급하여야 할

---

272) 조세체납을 원인으로 압류등기가 되어 있는 고가의 자동차의 경우 파산관재인이 관할세무서에 공매를 요청하여 그 공매절차에서 매각대금을 수령하는 방법을 도모해볼 수 있다. 저당권이 설정된 자동차의 경우도 파산관재인이 저당권자에게 별제권의 실행을 요청하는 방법을 고려해 볼 수 있다.

것이다(임차보증금의 면제재산 결정에).
대해서는 제4장 제4절 2. 참조

바. 보험해약환급금의 회수

개인파산신청 채무자들은 보험설계사로 종사한 경력이 있거나 사회보험에 대신하여 사고나 질병에 대한 대비 등의 사유로 다수의 보험계약을 체결하고 있는 경우가 상당수 있다.

파산관재인은 파산재단의 관리·처분권한을 가지므로 파산관재인의 이름으로 보험계약해지권을 행사하여 그 채권의 지급을 청구할 수 있다.

보험해약환급금에서 압류금지채권 액수를 제외하고도 남는 금원이 있을 것으로 예상되는 경우는 원칙적으로 보험해약환급금의 환가를 시도한다.[273]

그런데 피보험자 및 근친자가 현재 가료 중임을 이유로 보험계약의 계속을 희망하는 경우에는 피보험자 또는 근친자로부터 해약환급금 상당액을 제공받고 보험계약상의 권리를 양도하는 방법도 고려할 수 있다.

파산관재인이 보험회사에 대하여 보험해약의 의사표시 후 보험해약환급금 지급을 청구하였는데 보험회사가 채무자에 대한 신용대출금채권을 자동채권으로 하여 위 보험해약환급금채권을 대등액 범위 내에서 상계한 후 나머지 금액을 지급하겠다고 주장하는 경우에 상계를 허용할 것인지에 대하여 견해의 대립[274]이 있다. 실무상으로는 파산관재인이 보험회사에 대하여 보험해약의 의사표시를 하기 전에 보험회사가 먼저 보험해약을 요구하면서 신용대출금 채권을 자동채권으로 한 상계를 신청하는 경우가 많은데, 이때 채무자가 보험계약의 유지를 원하는 경우에는 보험회사의 위 신청을 불허하는 입장에서 채무자의 건강, 재산상태, 압류금지재산의 범위, 면제재산의 취지 등을 고려하여 채무자 측으로부터 예상 해약환급금 상당액을 제공받고 그 보험계약을 유지하도록 처리하고 있다.

---

273) 보험해약환급금은 의료보장성 보험의 경우 채무자 또는 피보험자의 건강상태 등을 고려하여 환가 포기를 고려하기도 하는데, 의료보장과 관련이 없는 연금성 또는 저축성 보험은 의료보장적 성격의 보험에 비하여 환가를 적극적으로 검토한다.

274) 보험해약환급금채권은 보험해약의 의사표시가 있으면 효력이 발생하는 채권으로서 조건부채권에 해당한다고 볼 수 있으므로(대법원 2009. 6. 23. 선고 2007다26165 판결 참조), 위와 같은 경우 파산채권자인 보험회사는 법 제417조 후문에 기하여 보험해약환급금채권을 수동채권으로 하여 보험회사 자신의 대출금채권을 자동채권으로 상계할 수 있다고 보는 견해가 있다. 이에 대하여 보험해약환급금채권은 보험해약의 의사표시로 비로소 발생하는 것으로서 파산채권자가 파산선고 후에 파산재단에 대하여 채무를 부담한 때에 해당하므로 법 제422조 제1호에 의하여 상계할 수 없다고 보는 견해가 대립되어 있다.

사. 배우자 명의 재산 환가 문제

채무자가 배우자 명의 재산의 취득 경위나 자금 출처를 제대로 밝히지 못하는 경우 혼인기간 등을 고려하여 채무자의 기여도가 인정된다는 이유로 위 재산을 환가하는 차원에서 파산관재인과 채무자가 화해계약을 체결하는 경우가 있다.

그러나 부부의 일방이 혼인 중 자기 명의로 취득한 재산은 그 특유재산으로 추정하므로($_{민법}^{제830조}_{제1항}$), 배우자 명의 재산의 취득 경위나 자금 출처 등을 조사하여 배우자 명의 재산이 명의신탁된 것이거나 부인권 행사 대상에 해당하여 실질적으로 채무자의 재산으로 볼 수 있는 경우가 아니라면 그 재산은 채무자의 파산재단에 속한다고 할 수 없으므로, 파산관재인이 위와 같은 목적으로 화해계약을 체결하는 것은 바람직하지 않다.

2. 재단재산의 포기

가. 개   요

1) 포기의 필요성

파산관재인은 파산재단 소속의 모든 재산을 환가하여야 하는 것이 원칙이지만, 환가가 불가능하거나 환가비용을 공제하면 남는 것이 없는 경우에는 파산재단에는 이익이 없고, 오히려 파산재단의 보유로 인하여 세금이나 관리비용의 부담이 증가하는 불이익만 초래될 수 있으며 파산절차의 종결이 지연될 우려가 있다. 그러므로 신속하고 효율적인 파산절차 진행을 위하여 파산관재인은 그 재산을 파산재단으로부터 포기할 수 있다($_{법}^{제492조}_{제12호}$).[275] 실무상 계산보고를 위하여 소집된 집회($_{법}^{제529조}$)에서 환가하지 아니한 재산에 대한 포기결의를 하는 경우는 거의 없고, 법원의 허가로 결의를 대신하고 있다.

포기의 필요성을 검토할 때 채무자에게 경제적 새출발의 기회를 부여하고자 하는 개인파산제도의 취지를 살려 채무자의 생계유지와 기본적 생활 보장에 필수적인 재산은 그 재산가액, 환가의 용이성, 면책의 효력을 받는 파산채권자들과의 형평을 종합적으로 고려하여 재단포기를 보다 적극적으로 고려하는 것이

---

275) 일반적으로 파산관재인이 하는 권리의 포기는 파산재단에 속하는 권리를 파산재단에서 제외하여 채무자, 별제권자 기타 이해관계인의 자유로운 처분에 맡기는 취지의 의사표시를 말한다.

타당하다는 입장이 있다. 이러한 입장에 따른다면 채무자의 생계에 필수불가결한 정도를 재단포기에서 고려할 요소 중 하나의 요소로 생각해 볼 수 있다. 이러한 입장에 대해서 이는 면제재산 제도로 해결할 문제이지 재단포기에서 고려해야 할 사항은 아니라는 반대견해가 있으나, 면제재산제도의 기능이 충분히 발휘되지 못할 경우 재단포기로써 이를 보완할 필요성이 있다는 점에서 재단포기 여부를 판단할 때 위와 같은 요소를 고려해 봄직하다.[276]

한편 포기의 필요성을 검토할 때 면제재산제도의 취지와 기능을 보완하자는 관점에서 채무자의 생계에 필수불가결한 정도도 함께 고려하자는 입장에 의하더라도 채무자가 당해 재산을 재산목록에 기재하지 않았거나 재산은닉의 정황이 있는 사안이라면 원칙적으로 환가에 착수하고 재단포기는 엄격하게 보는 것이 형평에 부합할 것이다.[277]

2) 포기의 절차와 시기

법원의 허가를 얻어 포기할 수 있다. 포기의 시기는 제한이 없고, 파산절차의 종료에 이르기까지 수시로 할 수 있으나, 통상적으로 파산절차 종료 전까지 매각을 시도하다가 종료 직전에 포기하고 있다.

한편 파산재단에서 유일하고 면적이 상당한 부동산이지만 매각가능성이 없어 재단포기할 경우에는 채권자들에게 재단포기에 대한 이해를 얻을 필요가 있으므로, 파산관재인이 포기대상자산, 포기사유 등을 기재하여 작성한 서면을 대한민국 법원 홈페이지 공고게시판[278]에 게재하도록 하거나 또는 법원이 채권자들에게 의견조회서[279]를 발송하여 의견을 청취하는 절차를 거치는 것이 바람직

---

276) 면제재산 요건으로 규정되어 있는 '6개월간 생계비에 사용할 특정한 재산'의 범위에 대하여 견해대립이 있는데, 위 재산은 6개월간 생계비 액수에 상당하는 규모로서 생계유지에 필요한 재산이라는 견해와, 생계유지에 필요한 것인지 여부와 상관없이 매각 등의 방법으로 현금화하여 6개월간 생계비에 조달할 재산이라는 견해가 나뉘어 있다.
  전자의 견해에 따르는 경우 채무자의 생계유지에 필수불가결한 재산임에도 불구하고 신청시기를 놓쳐 면제재산결정을 받지 못할 경우에 재단포기를 통하여 면제재산신청의 실기(失期)를 추후에 보완할 수 있게 된다. 후자의 견해에 따르는 경우에는 채무자 생계유지에 필수적이지만 현금화할 가능성이 없는 재산에 대하여 면제재산결정을 받을 수 없는 대신에 재단포기를 통하여 채무자의 자유재산이 확장되는 셈이 된다.

277) 참고로 大阪地方裁判所·大阪辯護士會破産管財運用檢討プロジェクトチーム 編, "破産管財手續の運用と書式", 新日本法規(2009), 70, 71면에 소개된 '자유재산확장제도의 운영기준'을 보면 채무자가 재산목록에 기재하지 않은 재산은 재산의 종류나 성격을 불문하고 파산재단에서 제외하지 아니하고 환가함을 원칙으로 두고 있다.

278) 대한민국 법원 홈페이지(www.scourt.go.kr)의 '대국민서비스'-'공고'-'회생·파산 자산매각 안내'-'공고 게시판'을 이용한다.

279) 의견조회서에는 포기대상 자산, 재단포기를 고려해야 할 사정 등을 기재하고, 채권자가 법원에 의견을 제출하면 의견을 종합하여 포기 허가 여부를 검토할 것이라는 문구를 기재하면 될

하다.

또한 재단포기의 경우에는 추후에 채권자의 이의제기나 항고 또는 파산관재인에 대한 책임 추궁 등이 문제될 수 있으므로, 파산관재인은 관재인 보고서나 재단포기 허가신청서에 포기 사유, 포기가 적절하다고 판단한 근거 등에 대하여 가급적 상세하게 기재하는 것이 바람직하다.

3) 포기의 효과

포기는 파산재단에서 제외하여 채무자 또는 별제권자의 자유로운 처분에 맡기는 것이므로(이른바 상대적 포기), 당해 재산은 포기에 의하여 채무자의 자유재산이 되어 그에 대한 채무자의 관리처분권이 회복되며, 동시에 조세·공과금 등도 채무자가 부담한다.

나. 부동산의 포기

1) 부동산가격의 하락으로 인하여 파산재단 소속의 부동산의 시가가 그 피담보채권보다 작게 되는 경우가 있다. 재단증식에 기여하지는 못하면서 관리비, 재산세 등 부담의 증가로 오히려 재단을 감소시킨다고 할 수 있는 부동산은 그 포기를 검토하여야 한다. 부동산 포기의 기준은 당해 부동산의 보유가 파산재단의 증식에 기여할 가능성이라고 할 수 있다. 포기 여부의 판단에 있어서는 시장의 동향, 물건의 개성, 가액, 임의매각 가능성 내지 임의매각 노력의 결과, 별제권자의 의향 등을 종합적으로 고려하여야 한다.[280]

실무상 지방 소재 임야, 토지 지분, 맹지인 경우에 환가가 어려워 종종 문제된다. 채무자 소유 임야가 선산이거나 채무자의 친인척들과 부동산을 공유하고 있는 경우 채무자의 친인척이나 지인들에 대한 임의매각을 시도하다가 매각이 성사되지 않으면, 매각가능성이 희박하다고 보아 포기하는 예가 많다.

매수인이 없어 장기간 환가가 지체되고 강제집행절차를 통한 매각가능성도 희박하다면 재단포기를 고려하되 이 경우에 채권자들에게 그 취지를 설명할 필

것이다.

280) 한편 과거에는 판례(대법원 2004. 2. 13. 선고 2003다49153 판결 참조)와 법원경매실무가 부동산 경매시 부동산 소유자에게 부가가치세 납세의무를 긍정하였으나, 2006. 2. 9. 부가가치세법시행령 제14조 제3항의 신설로(현행 시행령 제18조 제3항 제1호) 그 이후에 이루어진 국세징수법 제61조에 따른 공매(같은 법 제62조에 따른 수의매각을 포함), 민사집행법에 따른 경매(강제경매, 담보권실행을 위한 경매, 민법·상법 등 그 밖의 법률에 따른 경매 포함)로 인한 소유권의 이전은 재화의 공급에 해당하지 아니하는 것으로 명시됨으로써 부가가치세의 과세대상에서 제외되었다.

요가 있을 것이다.

한편 부동산에 설정되어 있는 근저당권의 피담보채무액이 부동산 가액을 초과함이 분명한 경우에는 당해 부동산을 매각하더라도 근저당권자에게 변제하고 남는 금원이 없어 파산채권자들에게 배당할 재원이 마련되지 아니하므로 재단포기를 할 것이다.

그런데 근저당권 이외에 당해 부동산에 관하여 주택임대차보호법 제3조 제1항의 규정에 의한 대항요건을 갖추고 임대차계약증서상의 확정일자를 받은 임차권(즉 주택임대차보호법 제3조의2 제2항에 의하여 우선변제권을 가지는 임차권)을 별제권에 준하는 것으로 보아 근저당권의 피담보채무와 임차보증금 반환채무 합계액이 부동산 가액을 초과하는 경우에 재단포기를 할 것인지 문제될 수 있다.

위와 같은 우선변제권을 가지는 임차권자는 경매신청권이 없으므로, 관재인이 당해 부동산에 대하여 재단포기를 하면 임차권자는 부동산이 임의매각되거나 다른 담보권자가 경매실행할 때까지 임차보증금을 전혀 회수하지 못한 채로 임차권자 의사와 달리 장기간 동안 거주할 수밖에 없는 상황에 처하는 부당한 점이 있고, 면책결정을 받으면 임차보증금반환채권을 집행절차를 통해 회수할 수 없게 되는 점을 고려하여, 파산관재인은 이러한 경우 환가를 시도하고 매각시 매수인에게 임차보증금반환채무를 인수하게 하거나 임차권자를 상대로 별제권 목적의 환수 방법에 준하는 조치를 병행하여 진행하는 것이 적정하다.

또한 법원은 파산절차 중에 별제권자가 신청한 부동산경매절차가 진행 중이라면, 위와 같이 주택임대차보호법상의 우선변제권을 가지는 임차권자에 대한 변제 여부와 변제금 액수를 확정지을 수 있도록 그 경매절차가 종료될 때까지 기다려 그 결과를 지켜볼 필요가 있다.

2) 파산관재인의 허가신청서에는 포기의 허가를 구하는 사유를 구체적으로 기재하고 소명자료를 첨부하여야 한다. 재산세의 과세기준일은 매년 6월 1일(지방세법 제114조)로 정해져 있고, 과세기준일 현재의 소유자에게 과세되므로(지방세법 제107조 제1항), 가급적 위 과세기준일 전에 포기절차를 마칠 수 있도록 주의하여야 한다.

개인파산관재인은 채무자에게 부동산을 인도하고, 법원사무관 등은 권리포기허가서의 등본을 첨부하여 권리포기의 등기를 촉탁하여야 한다(법 제24조 제4항). 경매 진행 중인 재산에 대하여 파산관재인이 권리포기를 한 경우에는 포기허가서를 첨부하여 집행법원에 권리포기사실을 신고하여야 할 것이다.

다. 동산의 포기

1) 차 량

인수희망자가 없는 차량, 도난 등의 사유로 소재불명인 차량은 포기를 고려한다.

차량은 파산선고 전 과세관청이나 국민건강보험공단 등에 의해 다수의 압류가 되어 있거나 근저당권이 설정되어 있어 환가가 어려운 경우가 많아 재단포기를 고려하는 경우가 많다. 다만 차량에 저당권 설정 등록이 되어 있는 경우에 실제로는 피담보채무가 변제 등으로 소멸되었음에도 저당권 설정 등록이 남아 있는 경우가 있으므로 저당권의 피담보채무 내역을 확인할 필요가 있다. 특히 할부로 차량을 매수한 경우에 저당권 설정 등록이 되어 있기는 하지만 할부대금을 거의 납부하여 피담보채무액이 미미한 경우가 종종 발견된다.

실무상 차량에 체납조세 등으로 압류가 되어 있거나 저당권이 설정되어 있어 차량 시세에서 체납조세액과 피담보채무를 제외하면 그 잔액이 많지 않은 경우가 다수인데, 이러한 사안에서 매각에 드는 비용이 상당하고 매각되더라도 배당금의 액수가 매우 적은 반면 채무자가 생계유지 또는 일상생활에 차량을 필요로 하는 정도가 큰 경우에는 재단포기를 고려해 볼 수 있다.

구체적인 예로, 장애인 세금혜택을 받기 위해 채무자와 타인이 공유로 취득하였으나 채무자 지분비율이 매우 낮은 차량 또는 이른바 '대포차량'으로서 자동차관리법 제24조의2에 따라 운행정지명령이 내려진 차량과 같이 환가의 실익이 없거나 환가가 현실적으로 불가능한 경우, 채무자 또는 동거가족이 장애인이어서 대중교통 이용이 어려워 차량이 필요한 경우, 차량을 이용한 노점상으로 생계를 유지하는 경우에 재단포기를 고려한다.

2) 기계·집기·기구·비품 기타 동산

집기·비품·가구는 압류금지재산(민사집행법 제195조)에 해당하여 파산재단에 속하지 않거나, 환가가능성이 없어 재단포기를 고려하여야 할 경우가 많다. 또한 매수희망자가 없는 기계나 기타 동산 등은 포기를 고려해 볼 수 있다.

라. 채권의 포기

실무례에서 주로 재단포기 여부가 문제되는 채권을 종류별로 살펴보면 다음과 같다.

1) 임차보증금

파산재단에 해당하는 임차보증금[281]이 채무자 거주지의 임차보증금인 경우에 채무자가 다른 소득이나 재산이 없으며 이를 환가할 경우 주거생활 유지에 타격을 입는다면, 재단포기를 고려해 볼 수 있다.

임차보증금에 대하여 면제재산결정 신청을 하였더라면 면제재산결정을 하였을 것임이 분명해 보이는데 채무자가 면제재산결정 신청을 하지 아니하여 파산재단으로 있는 경우에 재단포기를 고려해 볼 수 있을 것이다.[282] 이 경우 서울회생법원 실무에서는 파산관재인이 면제재산제도의 취지를 고려하여 면제재산 범위에 해당하는 임차보증금에 대하여 재단포기 허가신청을 하는 예가 있고, 법원은 재단포기 허가를 적극적으로 고려하고 있다.

그러나 이와 같은 경우라도 채권압류·추심 등 채권자의 집행 착수가 있었거나 채무자가 대출을 받은 후 그 대출금을 거주지 임차보증금 지급에 그대로 사용한 후 수개월 내에 파산신청한 경우에는 채무자의 주거생활 보장의 이익을 고려하기 보다는 환가·배당을 통한 채권자들의 채권만족을 기하는 것이 형평에 부합하므로 환가에 적극적으로 착수하는 것이 적정할 것이다.

2) 보험해약환급금

파산재단에 해당하는 보험해약환급금이 있으면 원칙적으로 환가하지만, 채무자에게 당해 보험해약환급금 외에 다른 재산이 없고 채무자의 연령이 높고 건강상태가 좋지 않아 의료처치가 필요하다고 보이는 경우에는 배당절차를 가정할 때 파산채권자들에 대한 배당금액[283] 등을 감안하여 재단포기를 고려할 수 있다.[284] 보험해약환급금은 재산의 성격상 사안별로 구체적 타당성에 맞는 검토가 필요한 부분이다.

---

281) 민사집행법 제246조 제1항 제6호에서 정한 압류금지재산에 해당하는 부분의 임차보증금은 파산재단에 해당하지 아니하므로 재단포기를 고려할 대상 자체가 아니다. 후술하는 보험해약환급금 중 압류금지재산에 해당하는 부분도 역시 마찬가지 이유로 재단포기를 고려할 대상이 아니다.

282) 즉, 법 제383조 제2항 제1호에서 정한 면제재산 요건에 해당하는 임차보증금이 있는 경우 재단포기를 고려할 수 있을 것이다(법 제383조 제2항 제1호의 해석에 대하여는 제4장 제4절 2. 가. 1) 참조). 또한 채무자가 별다른 수입이 없고 임차보증금이 유일한 재산인 경우 법 제383조 제2항 제1호에 해당하는 임차보증금액에 더하여 같은 항 제2호에서 정한 '6월간의 생계비에 사용할 특정한 재산' 범위 금액의 임차보증금 부분까지 재단포기를 고려해 볼 수 있을 것이다.

283) 보험해약환급금을 회수하더라도 배당금이 극히 적을 것으로 예상된다면 재단포기를 고려할 적극적인 요인으로 볼 수 있다.

284) 이러한 사정이 있는 경우에 법원은 파산관재인으로 하여금 보고서나 환가포기 허가신청서에 그 사정을 상세히 기재하도록 하는 것이 바람직하다.

3) 매출금·대여금 기타 채권

채무자의 소재불명 또는 무자력으로 회수가 불가능하거나 현저히 곤란한 채권, 증거불충분으로 입증이 불가능한 채권 등은 포기를 검토하여야 한다. 다만 채무자가 소재불명 또는 무자력이라고 하더라도 그 채권액이 다액이면 파산채권자의 납득을 얻기 위하여 소제기 또는 채권자들의 의견청취 등의 절차를 거쳐야 할 필요가 있다.

제 6 절   개인파산사건의 종료

개인파산절차의 주된 종료사유로는 ① 배당실시 후의 파산종결, ② 파산선고 후에 배당에 적당한 재원이 확보되지 아니하고 파산재단으로써 그 비용을 충당하기에 부족하다고 판단된 경우에 하게 되는 이시폐지, ③ 동의폐지가 있다.

1. 배당실시 후 파산종결

가. 배당실시

1) 시   기

채권조사에 의하여 배당에 참여할 채권이 확정되고 배당에 적당한 재원이 확보되면 파산관재인은 파산채권자에게 그 채권의 순위, 채권액에 따라 평등한 비율로 배당을 실시하게 되는바(법 제505조), 배당은 그 시기에 따라 중간배당, 최후배당, 추가배당으로 나누어진다. 법인파산의 경우 배당하기에 적당한 금전이 있을 때마다 지체없이 배당을 하여 수회의 중간배당을 하게 되지만, 개인파산관재인사건은 일반적으로 환가할 재산이 많지 않으므로 파산재단의 전부를 환가한 후에 최후배당 1회만 실시하게 된다.[285] 이하에서는 최후배당을 중심으로 서술한다.

2) 사전검토사항

파산관재인은 법원에 배당허가(법 제520조)를 신청하기에 앞서 ① 예납금의 재단

---

[285] 간이파산의 경우에는 재단의 규모가 작기 때문에 중간배당을 실시하지 않는바(법 제555조), 간이파산으로 진행하는 대부분의 개인파산관재인사건은 위 규정에 의하더라도 최후배당만 실시하게 된다. 한편 개인파산절차에서는 특별한 사정이 없으면 최후배당 허가신청시부터 배당절차가 완료되기까지 약 60일 정도가 소요된다.

편입, ② 환가를 마치지 않은 재산 유무의 확인, ③ 환가불능 재산의 포기, ④ 미변제 재단채권의 처리,[286] ⑤ 보수결정신청 등의 절차를 완료하여야 한다.

  3) 배당허가신청

    배당을 하기 위해서는 법원의 허가를 받아야 하는데(법 제506조, 제520조), 허가신청서에는 배당가능한 금액, 배당에 참가시킬 파산채권의 액, 우선채권자·일반채권자의 구별, 예상배당률 등을 기재한다. 서울회생법원에서는 절차의 신속진행을 위해 파산관재인으로 하여금 배당허가신청서를 제출할 때에 재단채권 승인 허가신청, 재단채권 변제를 위한 임치금 반환 허가신청, 배당재원 산정을 위한 수지계산내역, 최후배당표, 최후배당 희망일정과 기일지정신청을 함께 하도록([양식 24-26-1] 참조)하고 있고, 이와 더불어 최후배당 제외기간 결정신청서, 배당공고촉탁의뢰서도 함께 제출하도록 하고 있다.

  4) 배당표 제출·검토·배당공고

    파산관재인은 배당표를 법원에 제출하여 이해관계인으로 하여금 배당표를 확인, 조사할 수 있도록 하여야 한다(법 제508조). 서울회생법원에서는 파산관재인이 배당허가신청시에 배당표([양식 24-26] 참조)도 함께 제출하고 있다.

    법원은 제출된 배당표를 검토한 후 오류가 있다고 판단되면 파산관재인에게 보완을 지시한다. 주요 검토대상은 '배당에 참가시킬 채권,'[287] '배당에 참가시킬 채권의 액,' '배당할 수 있는 금액' 등이다. 배당에 참가시킬 파산채권 중 정지조건부 채권, 장래의 채권으로서 최후배당의 제외기간 내에 권리행사가 가능하지 아니한 채권(법 제523조) 및 별제권부 채권으로 목적물을 처분한 후에 발생한 부족액을 배당제외기간 내에 증명하지 아니한 채권은 배당을 받을 수 있는 채권에서 제외된다(법 제525조). 해제조건부 채권은 제외기간 내에 조건이 성취하지 않은 경우 무조건의 채권과 동일하게 취급한다(법 제524조).

    파산관재인은 완전한 배당표가 작성되면 배당에 참가시킬 채권의 총액 및 배당할 수 있는 금액을 공고하여야 한다(법 제509조)([양식 24-27] 참조). 서울회생법원의 실무는 파산관재인의 신청을 받아 법원이 촉탁하는 것으로 처리하고 있다.[288] 통

---

286) 재단채권을 무시하고 배당을 실시한 결과 재단채권자가 재단에서 변제를 받지 못하게 된 경우에는 파산관재인은 재단채권자가 입은 손해를 배상하여야 한다(법 제361조 제2항).

287) 배당에 참가시킬 채권의 범위와 관련하여서는, '수인이 각각 전부의 이행을 할 의무를 지는 경우에, 채권조사에 의하여 확정된 채권이 보증인, 주채무자, 연대채무자 등의 변제 등으로 소멸한 경우의 처리방법,' '파산관재인 또는 다른 채권자가 이의를 제기한 채권의 처리방법,' '별제권자의 파산채권의 처리방법,' '법 제446조 제1항 제4호에 열거된 공법상 청구권의 처리방법' 등이 문제되는바, 이에 대하여는, 서울회생법원 실무연구회(주 13), 제16장 제2절 3. 나. 2) 참조.

상 배당허가신청시에 배당공고촉탁의뢰도 함께 하고 있음은 앞서 본 것과 같다.

5) 최후배당의 제외기간 결정

배당공고 게재 보고서가 제출되면 법원은 최후배당의 제외기간을 결정하고 이를 공고한다([양식 24-28~24-30] 참조). 최후배당의 제외기간은 공고일로부터 14일 이상 30일 이내로 정한다(법 제521조). 서울회생법원은 실무상 공고일로부터 2주로 정하고 있다.

6) 배당표의 경정

파산관재인은 배당공고일부터 배당표에 대한 이의기간 만료까지의 기간[289]에 배당표 경정의 사유가 발생하면, 직권 또는 파산채권자의 신청에 의하여 배당표를 경정한다.[290] 배당표 경정의 사유는 다음과 같다.

① 명백한 오기, 오류를 발견한 경우[291]

② 파산채권자표를 경정하여야 하는 사유가 배당제외기간 안에 발생한 경우(법 제513조 제1호)[292]

③ 배당제외기간 내에 채권조사에 있어서 이의를 받은 채권자가 채권조사확정재판을 신청하거나 법 제463조 제1항의 소송을 제기하거나 소송을 수계한 것을 증명한 경우 또는 별제권자가 담보목적물의 처분에 착수한 것을 증명하고 그 처분에 의하여 변제를 받을 수 없는 채권액을 소명한 경우(법 제513조 제2호)

④ 별제권자가 배당제외기간 안에 파산관재인에 대하여 그 권리를 포기하거나 그 부족액을 증명한 때(법 제513조 제3호)[293]

---

288) 서울회생법원의 실무는 파산관재인이 촉탁신청을 해오면 실무관이 대한민국 법원 홈페이지 (www.scourt.go.kr) 대국민서비스 중 공고란에 파산관재인 명의로 공고를 하는 방식으로 운영하고 있다.

289) 뒤에서 보는 것과 같이 배당표에 대한 이의기간이 최후 배당제외기간 경과 후 7일이므로, 최후배당제외기간(공고일부터 14일 이상 30일 이내)에 위 이의기간을 합친 기간이 된다.

290) 배당표 경정은 법원의 허가사항은 아니지만, 통상적으로 법원과 사전 협의를 거친다. 다만 배당률의 변동이 있는 경우에는 법원의 허가를 받아야 한다(법 제515조 제2항).

291) 배당표에 대한 이의기간 만료 후라도 명백한 오기, 오류가 발견된 경우에는 배당액의 통지 전까지 배당표를 경정할 수 있다고 보아야 할 것이다.

292) 예컨대 조사확정재판 내지 그 이의의 소의 종결, 이의의 철회, 채권신고의 취하, 채권양도에 의한 채권자의 변경 등이다.

293) 중간배당의 경우 법 제513조 제2호 사유의 별제권자에 대하여는 그 배당액을 임치하고(법 제519조 제3호), 동조 제3호 사유의 별제권자에 대하여는 그 배당액을 현실로 지급하게 된다. 최후배당의 경우에는 별제권자가 최후의 배당에 관한 배당제외기간 안에 파산관재인에 대하여 그 권리포기의 의사를 표시하지 아니하거나 그 권리의 행사에 의하여 변제를 받을 수 없었던 채권액을 증명하지 아니한 때에는 배당에서 제외되므로(법 제525조), 임치하였던 배당액은 다른 채권자들에게 배당한다(법 제526조).

⑤ 배당표에 대한 이의가 인정된 때(법제514조)

경정한 배당표는 이해관계인의 열람을 위하여 파산관재인이 이를 다시 법원에 제출하여야 한다(법 제508조 유추적용).

배당표를 경정한 결과 이미 공고한 '배당에 참가시킬 채권의 총액' 또는 '배당할 수 있는 금액'에 증감이 있는 경우에 다시 공고를 하여야 하는지가 문제되는 바, 법은 파산관재인의 배당공고 후 최후배당제외기간 내에 배당표를 경정하여야 할 사유가 생기거나 배당액 통지 발송 전에 추가 배당재원이 생김으로써 배당표를 경정하는 경우 배당액 공고를 다시 할 필요가 없음을 정하고 있다(법 제509조 단서).

7) 배당표에 대한 이의

가) 이의신청   파산채권자는 배당표에 기재된 사항에 관하여 최후배당 제외기간 경과 후 7일 내에 법원에 이의신청을 할 수 있다(법 제514조 제1항). 재단채권자나 채무자에게는 신청권한이 없다. 파산채권자는 예컨대 자신의 채권이 기재되지 않았다든지, 배당할 수 없는 다른 채권의 기재가 있다든지, 채권액 또는 순위에 오류가 있다는 등의 사유를 주장할 수 있다. 그러나 파산채권자가 최후배당 제외기간 경과 후 배당참가에 필요한 증명 또는 소명을 하였다는 주장, 채권조사를 거쳐 확정된 채권의 배당참가에 대한 이의 주장 등은 이의신청의 사유가 되지 않는다.

이의신청은 법원에(법 제514조 제1항) 서면으로(법 제14조) 하여야 한다. 법원은 구술변론에 의하거나 의하지 않고 재판할 수 있고, 서면 또는 구두로 당사자를 심문하거나 직권으로 필요한 조사를 할 수 있다(법 제12조). 이의신청이 있으면 법원은 파산관재인에게 배당절차를 중지하도록 지시한다.

나) 이의신청에 대한 결정   법원은 이의가 이유 있는 때에는 파산관재인에게 배당표의 경정을 명하는 결정을 한다(법 제514조 제2항 전문)([양식 24-30-1] 참조). 이 경정결정서는 송달을 요하지 않고, 이해관계인이 열람할 수 있도록 법원에 비치하여야 한다. 비치의 공고에 관하여는 규정이 없지만, 사정에 따라서는 경정결정서를 비치하였음을 통지 또는 공고할 필요가 있을 것이다. 경정결정에 대하여는 파산관재인 또는 경정으로 불이익을 받는 파산채권자가 즉시항고할 수 있다. 항고기간은 경정결정서를 비치한 날부터 기산하여 1주간이다(법 제514조 제2항 후문).[294]

이의가 이유 없는 때에는 기각결정을 하고([양식 24-30-2] 참조), 직권으로 이

---

294) 제3항을 신설하면서 경정결정에 대한 항고기간 기산점에 관하여 규정하였으므로 기존에 이를 규정하였던 제2항 후문은 중복되는 규정이다.

의신청을 한 채권자, 그 상대방 및 파산관재인에게 이를 송달한다(_{제1항}^{법 제8조}). 이 결정에 대하여는 이의신청인만이 즉시항고할 수 있고(_{제3항}^{법 제514조}), 항고기간은 결정 송달일의 다음날부터 1주간이다(_{제444조 제1항}^{법 제33조, 민사소송법}).

법원은 이의에 대한 결정을 하고서 그 결정이 확정된 후 배당절차를 진행하도록 파산관재인에게 지시한다(_{제522조 참조}^{법 제515조 제1항,}).

8) 배당액의 결정 및 통지

파산관재인은 배당표에 대한 이의가 없는 경우에는 이의신청기간 경과 후 지체없이, 이의가 있는 경우에는 그에 대한 결정이 확정된 후 각 채권자에 대하여 배당액의 통지를 하여야 한다(_{제522조}^법).

법에는 최후배당의 경우에는 배당액을(_{제522조}^법) 통지하도록 규정하고 있지만, 실무상으로는 배당률과 배당액을 함께 통지하고 있다([양식 24-31] 참조).

배당액의 통지에 의하여 배당액이 확정되고, 그 변경은 허용되지 않으며, 채권자가 이 통지를 받은 때부터 구체적인 배당청구권을 취득한다. 배당액의 통지를 발송한 후 체납세금의 교부청구 등에 의하여 재단채권자가 있는 사실을 알게 되었다고 해도, 이미 통지한 배당금액에서 재단채권을 변제할 수 없다(_{제534조}^법).

9) 임치금 반환허가

파산관재인은 배당실시를 위하여 배당금을 임치금 보관장소로부터 인출하여야 하므로, 배당실시 전에 미리 법원에 임치금의 반환허가를 신청함과 동시에 임치금 계좌의 해지신청을 하여야 한다([양식 24-31-1] 참조).

10) 배당의 실시와 공탁

가) 배당금의 지급방법   배당금채무는 추심채무이므로(_{제1항 본문}^{법 제517조}), 원칙적으로 파산채권자가 파산관재인 사무소에 와서 배당금을 수령하여야 한다. 그러나 실무상 배당일 당일의 사무의 번잡, 사무소에 찾아오는 불편 등을 피하기 위하여 채권자의 은행 계좌에 송금하여 처리하는 것이 바람직한 경우가 많다. 그 밖에 파산관재인과 파산채권자 사이에 별도의 변제방법을 합의할 수도 있다 (_{제1항 단서}^{법 제517조}).[295]

파산관재인의 요청에 따라 파산채권자가 파산관재인에게 송금받을 계좌의 지정 및 통지를 하였다면, 현실적으로 파산관재인의 사무실을 방문하여 배당금의 지급을 구하지 않더라도 추심채무의 이행에 필요한 협력을 다한 것이므로,

---

295) 예컨대, 배당금을 지급하는 대신 법원의 허가를 받아 채무자가 보유한 채권을 양도하는 것으로 배당금의 지급에 갈음하는 것도 가능하다.

파산관재인은 지정·통보한 계좌에 배당금 원금 및 그에 대한 지연손해금을 송금하여야 하고 단지 배당금을 수령할 것을 통보한 것만으로 적법한 이행의 제공이 있었다고 볼 수 없다.[296]

　　나) 배당금의 공탁　　　채권자가 배당금을 수령하지 않는다든지 배당통지서가 이사불명 등의 사유로 반송되어 온 경우에는 전화 등으로 확인한 후 수령을 기대할 수 없으면 배당금을 공탁한다. 배당금지급의무는 추심채무이므로 공탁장소는 파산관재인의 사무소 소재지 관할법원의 공탁소가 될 것이다.

　　배당통지 후에 채권자가 연대보증인으로부터 채권 전액을 대위변제받은 사실을 알게 된 경우에는 채권의 명의변경 절차에 준하여, 배당금청구권의 지위승계신고서를 법원에 제출하게 하고 대위변제자에게 배당한다. 신고서가 제출되지 않으면 대위변제액에 상당한 배당액을 공탁한다.

[최후배당의 절차]

파산관재인이 할 절차	법원이 할 절차	주의점	근거조문
예납금의 처리 (예납금의 재단편입신청)	예납금의 재단편입 신청허가		
파산관재인 보수산정을 위한 소명자료제출	파산관재인 최후보수 결정	보수표 참고	30
최후배당 허가신청[297] 재단채권승인 허가신청		허가신청서, 수지계산서, 잔고증명서 첨부	
	최후배당 허가결정 재단채권승인 허가결정	감사위원이 있어도 법원의 허가 필요	520
배당표 작성·제출			507, 508
	배당표 검토	미확정채권, 별제권으로 변제받지 못한 금액의 증명이 없는 채권이 포함되어 있는지 검토	
공고 촉탁 의뢰		배당표 제출과 동시에 할 수도 있음	
	공고 촉탁		
배당공고		대법원규칙이 정하는 방법(인터넷공고)	509, 9①

---

296) 대법원 2005. 8. 19. 선고 2003다22042 판결.

최후배당 제외기간 결정 신청, 임무종료에 의한 계산보고를 위한 채권자 집회 지정 신청			
	최후배당 제외기간 및 결정, 임무종료에 의한 계산보고를 위한 채권 자집회 및 의견청취기 일 지정결정, 면책불허 가사유 조사보고서 제 출명령 결정·공고	최후배당 제외기간 은 배당공고일부터 14일 이상 30일 이 내	521, 365, 367, 368, 563, 560, 10
배당표 경정			513
배당제외기간 만료			521
배당표에 대한 이의신청기간 만료		제외기간 만료일로 부터 1주	514
배당통지		배당실시의 취지, 배당액을 통지	522
임치금 출급 및 계좌해 지 허가신청			
	임치금 출급 및 계좌해 지 허가		500
배당실시		배당금 지급	517①
배당액 공탁			528
배당실시보고서 작성·제출		영수증, 공탁서 사 본 첨부. 공탁서 원 본은 별도로 법원 에 보관	
파산채권자표에 배당액 기입			517②
임무종료에 의한 계산보 고서 작성·제출			365
계산보고를 위한 채권자집회			365, 529
	파산종결결정, 공고		530

---

297) 서울회생법원에서는 개인파산사건을 진행함에 있어 절차의 신속진행을 위해 최후배당허가 신 청시에 배당표 제출, 배당공고 촉탁의뢰, 최후배당 제외기간결정 신청을 함께 하고 있다.

11) 배당실시보고서 제출

배당을 종료한 때에는 파산관재인은 신속하게 배당실시보고서([양식 24-31-2] 참조)를 작성하고, 배당금 영수증 또는 송금의뢰서의 사본을 첨부하여 법원에 제출한다. 공탁한 경우에는 공탁서 원본을 첨부하여 제출한다.

나. 계산보고집회와 파산종결

파산관재인은 통상 최후배당 허가신청을 하면서 법원에 임무종료에 의한 계산보고집회 소집신청을 하고, 법원은 위 파산관재인의 신청에 따라 또는 직권으로 채권자집회 기일을 결정하고 회의의 목적사항[298]을 공고하면서($\frac{법 제367조,}{제368조}$)([양식 24-32, 24-33] 참조),[299] 적당한 방법으로 채권자에게 그 기일을 통지한다.

한편 대부분의 파산사건에서 파산선고시 제1회 채권자집회기일과 파산관재인의 임무종료에 따른 계산보고기일을 같은 날로 지정하고 있는바([양식 24-4-1] 참조), 채권자집회가 속행되는 사건은 병합된 다른 기일도 계속 속행 또는 연기되는 것으로 보고, 별도로 계산보고집회 소집결정을 하지 않는 실무례도 있다.

뒤에서 살펴보는 바와 같이 서울회생법원에서는 현재 면책심문기일을 지정하는 대신에 면책신청에 대한 이의기간을 지정하면서 의견청취기일을 파산종결을 위한 집회 또는 이시폐지를 위한 채권자집회와 같은 날로 지정한 후 양자를 병합하여 진행하고 있다. 의견청취기일도 면책심문기일의 일종이라 할 것이므로, 면책심문기일의 예에 따라 의견청취기일 지정결정을 파산관재인 및 면책의 효력을 받을 파산채권자로서 법원이 알고 있는 파산채권자에게 송달하여야 한다($\frac{법 제558조,}{제2항}$).[300]

파산관재인은 이해관계인의 열람을 위하여 수지계산보고서[301]를 계산보고집회기일 3일 전까지 법원에 제출하여야 한다($\frac{별}{제365조}$). 파산관재인은 계산보고를 위한 채권자집회에서 채권자들에게 수지계산보고서의 내용을 설명하며, 법원은 채권자들에게 위 보고내용에 대하여 이의할 기회를 준다. 계산에 대한 채권자의

---

298) 목적사항을 '파산관재인의 임무종료에 의한 계산보고'로 하고 있다.

299) 파산관재인이 배당을 완료한 후에 임무종료에 의한 계산보고집회 소집신청을 하는 실무례도 있으나, 절차의 신속진행이라는 관점에서 본다면, 최후배당허가신청시에 집회기일 지정신청을 하는 것이 바람직하다. 현재 서울회생법원의 실무는 후자의 방식을 취하고 있다.

300) 파산선고 시 지정된 의견청취기일에서 다음 기일을 추정하였다가 새롭게 의견청취기일을 지정하는 경우에도 마찬가지이나, 의견청취기일에서 다음 기일을 지정하여 속행하는 경우에는 송달할 필요가 없다(법 제558조, 제457조 단서).

301) 수지계산보고서에는 수입과 지출의 내역과 금액을 항목별로 기재하게 한다([양식 24-31-2] 참조).

승인 또는 이의는 기일에서 구두로 진술하여야 한다.[302) 채무자·파산채권자가 이의를 진술하지 않는 경우에는 파산관재인의 계산보고를 승인한 것으로 간주한다(법 제365조 제2항)(종결집회의 조서에 관하여는 [양식 24-34] 참조).[303)

계산보고를 위한 채권자집회가 종결된 때에는 법원은 파산종결 결정([양식 24-35] 참조)을 하고, 그 주문 및 이유의 요지를 공고한다(법 제530조)([양식 24-36] 참조). 또한 우체국에 대한 배달촉탁기간이 남아있는 경우 이를 취소하여야 한다(법 제485조 제2항)([양식 24-37] 참조).

파산종결 결정에 대하여는 불복할 수 없다(법 제13조 제1항). 만약 파산관재인의 행위로 인하여 손해를 입은 파산채권자가 있다 하더라도 개별적인 소송을 통해 해결하여야 할 것이다.

2. 이시폐지

파산선고 후에 배당에 적당한 재원이 확보되지 아니하고 파산재단으로써 그 비용을 충당하기에 부족하다고 판단되면 법원은 파산관재인의 신청에 의하거나 직권으로 파산폐지결정을 하게 된다.[304)

파산관재인이 파산폐지를 신청하면 법원은 채권자집회의 기일을 결정하고 회의의 목적사항[305)을 공고한다(법 제367조 제368조)([양식 24-38, 24-39] 참조). 채권자에게 기일의 통지를 적당한 방법으로 하여야 하고, 또한 의견청취기일도 겸하는 경우에는 면책심문기일에 준하여 파산관재인 및 면책의 효력을 받을 파산채권자로서 법원이 알고 있는 파산채권자에게 송달하여야 한다(법 제558조 제2항).

한편 대부분의 파산사건에서 파산선고시 제1회 채권자집회기일과 파산폐지에 관한 의견청취기일, 파산관재인의 임무종료에 따른 계산보고기일을 같은 날로 지정하고 있는바([양식 24-4-1] 참조), 채권자집회가 속행되는 사건은 병합된

---

302) 그러나 개인파산사건에서는 임무종료에 의한 계산보고집회기일에 채권자가 직접 출석하여 이의나 승인의 의견을 진술하는 경우는 거의 없다.

303) 이의를 진술한 채권자가 있는 경우 이에 관하여 석명하거나 증거서류 등을 제출하게 하고, 속행기일을 열어 계산내용을 보정하도록 할 수도 있다. 그러나 이의를 진술한 채권자가 있어도 법원이 파산종결 결정을 하는 데에는 지장이 없고, 다만 파산관재인과 이의한 채권자 사이의 손해배상청구 등의 문제만 남게 된다.

304) 환가를 하였으나, 조세 등 재단채권을 변제하기에도 부족하여 일반채권자들에게까지 배당이 되지 않는 경우에도 폐지결정을 하여야 한다.

305) 목적사항을 '파산폐지에 관한 의견청취'와 '파산관재인의 임무종료에 의한 계산보고'로 하고 있다.

다른 기일도 계속 속행 또는 연기되는 것으로 보고, 별도로 집회 소집결정을 하지 않는 실무례도 있다.

　　채권자집회에서는 먼저 채권자에게 파산절차 폐지에 관한 의견진술의 기회를 부여한다(폐지집회 조서에 관하여는 [양식 24-40] 참조). 그다음에 계산보고를 위한 채권자집회를 진행하여 파산채권자가 이의를 진술하지 않는 경우에는 파산관재인의 계산보고를 승인한 것으로 간주된다(법 제365조 제2항). 이때 법원은 이시폐지 결정([양식 24-41] 참조)을 하고 그 주문 및 이유의 요지를 공고한다(법 제546조)([양식 24-42] 참조). 또한 폐지결정이 확정되고, 우체국에 대한 배달촉탁기간이 남아있는 경우 이를 취소하여야 한다(법 제485조 제2항)([양식 24-43] 참조).

　　파산폐지결정에 대해서는 즉시항고할 수 있다(법 제545조 제3항).

3. 동의폐지

가. 의　　의

　　동의폐지란, 채권신고기간 내에 신고한 파산채권자 전원의 동의를 얻을 것을 조건으로 하여 채무자의 신청으로 하는 파산폐지를 말한다(법 제538조). 이 제도는 파산절차에 참가한 채권자 전원이 파산절차의 종료를 희망하는 경우에, 이와 같은 처분권자의 의사를 존중하는 것이 타당하다는 취지에서 둔 것이다.

　　동의폐지는 채무자가 융자나 채무면제 등을 통하여 지급불능 상태를 해소할 수 있다고 판단되는 경우 시도해 볼 수 있는 갱생의 한 방법이라고 할 수 있다. 실무에서는 채권자가 많지 않은 사건에서 파산선고 후 부인권 대상행위 또는 재산은닉 등 면책불허가사유가 발견되어 곧바로 면책허가결정을 하기 어려운 상황에서 채무자가 채권자들과의 협의를 통해 채무의 전부 또는 일부를 변제하고 파산절차에서 벗어나기를 희망하는 경우에 주로 이용된다.

나. 면책절차와의 관계

　　개인파산사건의 경우, 채무자가 면책신청을 하는 때에는 법 제538조에 의한 동의파산폐지의 신청을 할 수 없고(법 제556조 제4항), 동의파산폐지의 신청을 한 때에는 그 기각의 결정이 확정된 후가 아니면 면책의 신청을 할 수 없다(법 제556조 제5항).306)307)

---

306) 이는 동의폐지제도가 채무자가 융자 등을 통해 파산원인을 해소할 수 있다고 판단되는 경우 시도할 수 있는 갱생의 방법으로 채무자는 파산재단의 관리처분권을 다시 회복하게 되어 면책

따라서 채무자가 파산절차 진행 도중에 동의파산폐지 신청을 하고자 하는 뜻을 비칠 때에는 면책취하서를 먼저 제출하도록 지도한다. 다만 면책신청은 파산신청일부터 파산선고가 확정된 날 이후 1개월 이내에만 할 수 있는바(법 제556조 제1항), 동의파산폐지 절차진행을 위해 면책신청을 취하하였다가 채권자들의 동의를 얻지 못하게 되면 더 이상 면책도 신청할 수 없게 되어 파산선고의 불이익이 계속 남게 되는 문제가 발생한다. 실무상으로는 채무자가 변제 등으로 사실상 채권자들의 사전 동의를 받았거나 동의가 확실한 상태에서 동의파산폐지 신청을 하도록 하고 있다.

다. 요   건

동의폐지를 위해서는 채권신고기간 내에 신고[308]한 파산채권자 전원의 동의를 얻거나(법 제538조 제1항 제1호), 채권자 전원의 동의가 없는 때에는 동의하지 않은 채권자에 대하여 다른 파산채권자의 동의를 얻어 파산재단에서 담보를 제공하여야 한다(법 제538조 제1항 제2호). 채권자의 동의는 채권 자체를 포기한다는 의미가 아니라 파산절차의 수행을 포기한다는 법원에 대한 의사표시이다.

1) 채권신고기간 내에 신고한 파산채권자 전원의 동의

신고하지 않은 채권자, 재단채권자, 환취권자의 동의는 요하지 않는다. 별제권자도 예정부족액의 증명이 없는 한 동의를 요하지 않는다. 채권신고기간 경과 후에 신고한 자의 동의도 요하는가에 관하여는 다툼이 있으나, 이러한 채권자에

과 모순되어 양립할 수 없기 때문이다. 자세한 내용은, 백창훈, "면책과 복권", 재판자료 83집, 법원도서관(1999), 417면 참조.

307) 구 파산법에서도 이시폐지 파산선고 사건에서 동의에 의한 파산폐지 신청과 면책신청 상호간에 제한은 현행법과 크게 다름이 없었다. 현행법은 파산신청이 있는 경우에 면책신청까지 한 것으로 간주하는 규정을 신설함으로써 법 제556조 제3항과 같은 조 제4항·제5항과의 충돌이 문제된다. 즉, 간주면책신청이 있는 경우에 동의에 의한 파산폐지신청을 할 수 있느냐의 문제가 발생된다. 간주면책신청은 채무자의 면책신청기간 도과로 인한 면책신청각하라는 위험을 해소하기 위한 것으로 동의폐지신청을 막을 이유가 되지 아니한다. 따라서 위 각 조항의 조화로운 해석을 위해서는 법 제556조 제4항·제5항에서의 '면책신청'에는 법 제556조 제3항에 의한 간주면책신청은 포함되지 않는다고 봄이 상당하다. 간주면책신청으로 사건부호 및 번호가 부여된 상태에서 동의에 의한 폐지결정이 있는 경우에는 면책신청의 취하를 받거나 자격없는 자의 신청으로 보아 면책신청을 기각하여 사건종국처리를 한다.

308) 동의를 얻어야 할 대상이 '채권신고기간 내에 신고한 파산채권자'이므로, 동의폐지는 그 개념상 채권조사절차가 이미 진행되었음을 전제로 한다. 그런데, 현행 개인파산실무에서는 파산선고 시에 채권조사기일을 추정하고 환가할 재산이 발견되면 그때서야 비로소 채권조사기일을 지정하고 있는바, 실무상 채권조사기일지정 전에 채무자가 동의폐지의 의사를 표명하는 경우가 종종 있다. 이 경우에는 곧바로 채권신고기간 및 조사기일을 지정하여 그 절차를 진행한 후에 동의폐지절차를 진행하고 있다.

대하여는 동의폐지신청에 대한 이의권이 보장된 것으로 족하고($^{법\ 제543조}_{제2항}$), 법문상 이들 채권자의 동의를 요한다고는 규정하고 있지 않으므로, 동의를 요하지 않는다고 해석한다. 이 동의의 상대방은 채무자가 아니라 법원이다.

2) 부동의한 신고 파산채권자에 대한 담보의 제공

채무자는 동의하지 않은 신고 파산채권자에게는 파산폐지에 동의한 파산채권자의 동의[309]를 얻어 파산재단에 속하는 재산을 담보로 제공할 수 있다.[310] 파산재단에 속하지 않는 채무자의 자유재산 내지 제3자의 재산으로도 담보를 제공할 수 있는바, 이 경우에는 다른 파산채권자의 동의를 요하지 않는다.

담보제공 방법과 관련하여 채무자가 담보제공을 현실적으로 하여야 하는지가 문제되나, 채무자는 파산재단의 관리처분권이 없어 파산재단에 속한 재산을 관념적으로 담보에 제공할 수 있을 뿐이므로 제공할 담보를 구체적으로 특정하여 이를 고지하면 족하다고 보는 것이 타당하다. 담보는 피담보채권인 파산채권이 소멸할 때까지 존속한다.

채무자가 제시한 담보가 상당한지의 여부는 법원의 재량으로 정하고($^{법\ 제538조}_{제2항\ 후문}$), 법원의 이러한 결정에 대하여는 불복할 수 없다($^{법\ 제13조}_{제1항}$). 부동의 파산채권자 스스로가 담보가 상당하다고 인정하는 경우에는 위와 같은 결정을 할 필요가 없다.

3) 미확정 채권자에 대한 동의의 요부 또는 담보의 당부의 결정

채권조사기일에 파산관재인 또는 다른 파산채권자가 이의를 진술하여 확정되지 않은 채권에 관하여 동의[311]를 요하는가에 대하여는 법원의 재량으로 결정할 수 있고($^{법\ 제538조}_{제2항\ 전문}$),[312] 이 결정에 대하여는 불복할 수 없다($^{법\ 제13조}_{제1항}$).

라. 절   차

1) 채무자의 신청

동의폐지를 위해서는 채무자의 신청이 있어야 한다.

---

309) 담보제공에 대한 동의의 의사표시는 동의폐지에 대한 동의와는 달리 채무자에 대하여 하는 소송행위라고 해석한다.

310) 채무자는 파산선고에 의하여 파산재단 소속 재산의 관리처분권을 상실하므로 원래 파산재단 소속 재산을 담보에 제공할 권한이 없지만, 파산폐지결정이 확정되면 이 권한을 회복하게 될 지위에 있으므로 이를 허용한 것이다.

311) 이 동의에는 파산폐지에 대한 동의와 동의하지 않는 다른 파산채권자에게 담보를 제공하는 것에 대한 동의가 모두 포함된다.

312) 법원이 이들 채권자의 동의를 요한다고 결정하면 채무자는 이들의 동의도 얻어야 한다.

2) 신청서와 함께 제출하여야 하는 서면

① 신고파산채권자의 폐지동의서,[313] ② 부동의 파산채권자에 대한 다른 파산채권자의 담보제공동의서, ③ 부동의 파산채권자에게 담보를 제공하였음을 증명할 수 있는 서면, ④ 미확정 파산채권자의 동의를 필요로 하는가 여부에 관한 법원의 결정서, ⑤ 파산채권자에 제공한 담보가 상당한가 여부에 관한 법원의 결정서를 함께 제출하여야 한다.[314]

3) 공고 및 서류의 비치

파산폐지의 신청에 형식상 미비한 점이 없고 신청이 적법하다고 인정하면 법원은 채무자로부터 법 제538조에 의한 파산폐지의 신청이 있다는 뜻을 공고하고([양식 24-45] 참조), 이해관계인이 열람할 수 있도록 신청에 관한 서류를 비치하여야 한다(법 제542조).[315]

4) 이의신청

채권신고기간 내에 신고한 파산채권자 및 이의신청기간 경과 전에 신고한 파산채권자는 공고의 효력이 발생한 날(공고게재 다음 날)부터 14일 이내에 법원에 파산폐지에 대한 이의신청[316]을 할 수 있다(법 제543조). 별제권자, 재단채권자, 환취권자에게는 이의신청권이 없고, 신고하지 않은 파산채권자에게도 이의신청권이 없다고 해석한다. 14일의 기간은 늘릴 수 없는 법정기간이지만 제척기간은 아니므로, 이의신청기간 경과 후의 이의신청도 법원은 일단 이를 참작하여야 한다.

이의신청이 이유 있다고 인정하는 경우에는 결국 파산폐지신청을 기각하게 되고, 이의신청이 이유 없다고 인정하는 경우에는 파산폐지결정을 하게 되므로, 이의신청에 대하여 따로 재판을 하지는 않는다.

5) 의견청취

이의신청기간 경과 후 법원은 채무자, 파산관재인, 이의신청한 파산채권자의 의견을 들어야 한다(법 제544조). 의견청취의 방식은 의견서를 제출받아도 좋고([양

---

[313] 파산폐지동의서는 파산채권자가 법원에 대하여 파산폐지에 동의한다는 의사를 기재한 서면이지만 파산채권자가 직접 법원에 제출하지 않고 채무자를 통하여 제출하여도 좋다.

[314] 개인파산절차에서는 대부분 채권자 전원의 동의가 있는 경우에만 동의폐지절차를 진행하므로, 폐지동의서 외의 나머지 서류를 제출하는 경우는 거의 없다.

[315] 이는 아직 신고하지 아니한 파산채권자에게 파산폐지의 신청이 있었음을 알리고 이에 대하여 이의를 진술할 기회를 부여하려는 취지에서 둔 규정이다.

[316] 이의사유로는 자기는 파산폐지에 동의하지 않는다든지, 자기의 동의가 사기·강박 또는 착오 등 하자 있는 의사표시에 의하여 되었다든지, 파산폐지에 관하여 달리 동의를 얻어야 하는 파산채권자가 있는데 그 동의가 없다든지, 또는 그 동의가 하자 있는 의사표시에 의하여 되었다든지 하는 것을 예로 들 수 있다.

식 24-46] 참조), 기일을 열어 심문[317]을 하여도 좋다. 의견서를 기일까지 제출하지 않는다든지 기일에 출석하지 않는 때에는 의견을 듣지 않고 결정할 수 있다.

6) 동의폐지 신청에 대한 재판

법원은 신청인에게 형식상 미비한 점에 관하여 보정명령을 하였으나 보정이 이행되지 않은 때, 기타 파산폐지의 신청에 필요한 요건을 구비하지 않았다고 인정한 때에는 신청을 부적법한 것으로서 각하하고([양식 24-47] 참조), 채권자의 이의가 이유 있다고 인정하는 때에는 파산폐지 신청을 기각한다. 이 결정정본은 법원이 직권으로 신청인(채무자)에게 송달한다(법 제8조 제1항). 채무자는 이에 대하여 즉시항고할 수 있다(법 제538조 제3항).

파산폐지의 신청에 필요한 조건을 갖추었고, 채권자의 이의가 있었으나 그 이의가 이유 없다고 인정하는 때에는 파산폐지의 결정을 하고([양식 24-48] 참조), 그 주문과 이유의 요지를 공고한다(법 제546조)([양식 24-49] 참조). 이 결정정본은 채무자 및 파산관재인에게 직권으로 송달한다(법 제8조 제1항). 파산폐지결정에 대하여는 파산채권자가 즉시항고할 수 있다(법 제538조 제3항).

마. 동의폐지결정 확정의 효과 및 확정 후의 절차

동의폐지결정이 확정되면 채무자는 파산재단의 관리처분권을 회복하고, 법률상 당연히 복권하여 파산선고의 불이익으로부터 벗어나게 된다(법 제574조 제1항 제2호). 파산관재인의 임무는 종료하게 되므로, 파산관재인은 재단채권을 변제하고(법 제547조), 채권자집회에서 계산보고를 하여야 한다. 실무상 동의파산폐지의 신청이 있으면 그 취지를 공고하면서 이의기간을 고려하여 법 제544조에 따른 의견청취기일과 임무종료에 따른 계산보고집회기일을 미리 함께 지정해 둔다. 또한 법원은 우체국에 대한 배달촉탁기간이 남아있는 경우 이를 취소하여야 한다(법 제485조 제2항).

4. 파산절차 종료의 효과

가. 채무자에 대한 효과

채무자는 파산재단에 속하는 재산의 관리처분권을 회복한다. 따라서 파산재단에 잔여재산 즉 파산관재인이 환가하지 않거나 포기한 재산이 있으면 이를 자

---

317) 심문을 통해 의견청취를 하는 경우에는 기일지정결정을 하고 이 결정정본을 채무자, 파산관재인, 이의신청인에게 송달하거나 공고로 송달에 갈음한다.

유로이 처분할 수 있다.

나. 파산관재인에 대한 효과

파산관재인의 임무는 종료한다. 파산선고 전에 제기되어 파산선고에 의하여 중단한 파산재단에 관한 소송으로 파산관재인 또는 상대방에 의해 수계되지 않은 것은 채무자가 당연히 수계하고($^{민사소송법}_{제239조}$), 수계된 것은 파산종료에 의하여 다시 중단한 후 채무자가 수계하여야 한다($^{민사소송법}_{제240조}$).

다. 파산채권자에 대한 효과

본래 파산절차가 종료하게 되면 파산채권자는 자유로이 그 권리를 행사할 수 있게 된다. 그러나 개인파산의 경우 채무자는 면책신청을 동시에 하고, 그러한 경우 법 제557조에 의하여 파산채권에 기한 강제집행·가압류 또는 가처분이 금지되고, 이미 행하여진 경우에는 중지되며, 면책결정이 확정된 때에는 위절차 등이 실효되고 파산채권에 관하여 면책의 효력이 미치게 되므로 결국 개인파산의 경우에는 파산채권자가 채무자를 상대로 권리를 행사할 기회는 거의 없게 된다.[318] 다만 면책신청이 기각되거나 불허가되는 경우에는 파산채권자표의 기재에 의하여 채무자에 대하여 강제집행할 수 있다($^{법 제548조}_{제1항, 제535조}$).

파산이 종료되더라도 파산채권자가 채무자의 보증인 등에 대하여 가지는 권리와 파산채권자를 위하여 제공한 담보에는 영향이 없다($^{법}_{제567조}$).

5. 면책불허가사유에 대한 조사

법은 면책심문기일을 채권자집회 또는 채권조사의 기일과 병합할 수 있도록 규정하고 있는바($^{법 제558조}_{제5항}$), 과거에는 파산종결을 위한 집회 또는 이시폐지를 위한 채권자집회와 면책심문기일을 병합하는 경우가 많았다. 그러나 면책심문기일을 진행하는 경우 심문기일부터 30일간의 이의기간을 부여하여야 하므로($^{법 제562조}_{제1항}$), 그 기간이 지나야 면책결정을 할 수 있어 그만큼 절차가 지연되는 문제가 있었

---

318) 한편, 채무자가 파산선고를 받으면 파산선고 전에 파산채권에 기하여 파산재단에 속하는 재산에 대하여 행하여진 강제집행·가압류 또는 가처분은 파산재단에 대하여는 그 효력을 잃고(법 제348조 제1항 본문 참조), 파산폐지의 결정에는 소급효가 없으므로, 파산선고로 효력을 잃은 강제집행 등은 사후적으로 파산폐지결정이 확정되더라도 그 효력이 부활하지 아니한다(대법원 2014. 12. 11. 선고 2014다210159 판결).

다. 이에 서울회생법원에서는 현재 면책심문기일을 지정하는 대신에 면책신청에
대한 이의기간을 지정하면서 의견청취기일을 파산종결을 위한 집회 또는 이시폐
지를 위한 채권자집회와 같은 날로 지정하고 양자를 병합하여 진행하고 있다.

이 경우 법원은 파산관재인으로 하여금 면책불허가사유의 유무를 조사하게
하고 의견청취기일에서 그 결과를 보고하게 할 수 있다(법제560조).[319] 법원은 파산관
재인에게 적어도 의견청취기일 1주일 전까지 면책불허가사유의 유무를 조사하여
보고할 것을 명해야 하고([양식 53] 참조), 파산관재인은 면책불허가사유 조사보고
서([양식 54] 참조)를 성실하게 작성하여 제출하여야 할 것이다.

채권자집회와 병합하여 개최된 의견청취기일에서 법원은 파산관재인으로
하여금 면책불허가사유의 유무를 보고하도록 하고, 출석한 채권자들이 있는 경
우 그들에게 의견을 진술할 기회를 부여한다. 출석한 채권자의 진술내용 또는
의견청취기일 전에 미리 제출된 채권자의 이의신청서의 내용으로부터 추가조사
가 필요하다고 판단되는 경우에는, 파산관재인에게 그에 대한 추가조사를 명하
면서 채권자집회와 의견청취기일을 속행하기도 한다.

6. 최종보수의 지급

파산절차가 종료하면 파산관재인에게 최종보수를 지급한다. 보통의 경우 예
납금 중 우선보수, 송달료 등 순수 절차비용을 제외한 나머지 금액의 대부분을
최종보수로 지급하면 될 것이다. 예납금을 파산재단에 편입하는 경우에는, 우선
소정의 기준에 따라 파산관재인 보수를 산정한 후([양식 24-44] 참조) 최후배당
허가신청과 동시에 파산관재인 보수에 대한 재단채권 승인 허가신청을 받아([양
식 24-26-1] 참조) 파산재단에서 보수가 지급되도록 한다.

7. 기타(회생절차의 회생계획 인가결정 또는 개인회생절차의 변제계획 인가결정에 따른 파산절차의 종료)

파산선고 전·후의 단계에서 채무자는 회생절차 또는 개인회생절차(이 두

---

319) 법 제560조는 면책심문기일에 관한 규정이나, 의견청취기일도 면책심문기일의 일종이므로, 위
   규정은 파산관재인으로 하여금 의견청취기일에서 면책불허가사유 조사결과를 보고하게 할 수
   있는 근거가 된다.

가지 절차를 합쳐서 이하에서는 '회생절차 등'이라고만 한다) 개시신청을 할 수 있는데, 회생절차 등은 파산절차에 우선하는 재건형 절차이므로 회생절차 등 개시신청이 있으면 법원은 회생절차 등 개시의 신청에 대한 결정이 있을 때까지 파산절차의 중지명령을 발할 수 있고(법 제44조 제1항 제1호, 제593조 제1항 제1호), 회생절차 등 개시결정이 있으면 이미 진행하고 있는 파산절차는 중지된다(법 제58조 제2항 제1호, 제600조 제1항 제1호).

위와 같이 중지된 파산절차는 회생계획 또는 변제계획(이 두 가지를 합쳐서 이하 '회생계획 등'이라고만 한다)에 대한 인가결정이 있으면 실효된다(법 제256조 제1항 본문, 제615조 제3항). 여기서 절차가 그 효력을 잃는다는 의미는 앞으로의 속행을 허용하지 않는다는 뜻이 아니라 소급하여 그 절차가 효력을 잃는다는 것이고, 절차 실효의 효과는 인가결정과 동시에 발생한다(법 제256조 제1항 본문, 제615조 제3항).[320] 효력을 잃은 파산절차에서의 재단채권(법 제473조 제2호 및 제9호에 해당하는 조세 등의 청구권, 부양료 등 제외)은 회생절차에서는 공익채권이 되지만(법 제256조 제2항), 개인회생절차에서는 법 제256조 제2항과 같은 규정이 없으므로 파산절차에서의 재단채권 중 법 제583조에 규정한 것만이 개인회생재단채권으로 취급되게 될 것이다.

회생계획 등 인가결정은 독립된 파산종료 원인이므로, 따로 파산종결 결정이나 파산폐지 결정은 필요하지 않다.[321] 그러나 파산절차의 실효로 파산관재인의 임무는 종료한 것이므로, 이에 따른 계산보고집회를 소집하여 파산관재인이 계산보고를 할 필요가 있다(법 제365조).

---

320) 인가결정이 내려진 후 그 결정이 사후적으로 취소되는 경우에 종전에 소멸하였던 파산절차가 그 효력을 회복하는지에 대하여 견해의 대립이 있으나, ① 파산절차의 경우 시간적 간격 없이 절차를 진행할 필요성이 인정되는 점, ② 집단적 채무처리절차 사이의 속행은 용이하게 인정될 수 있는 점 등을 들어 파산절차는 인가결정취소의 소급효에 의하여 그 효력을 회복한다고 보고 있다.

321) 실무상 회생계획 등에 대한 인가결정이 내려졌음이 확인되면 별도의 결정 없이 '기타 종국'이라는 사유로 종국입력하고 있다.

제 6 장 상속재산파산

제 1 절 개 관

1. 제도의 취지

상속재산이 채무초과인 경우에 상속인, 상속인의 고유채권자, 피상속인의 상속채권자, 유증을 받은 자 사이에 이해의 충돌이 발생할 우려가 있고, 이러한 이해관계의 충돌을 조절하기 위하여 민법에서 한정승인과 재산분리 제도를 마련하고 있으나 이해관계인의 공평을 철저히 도모하기에는 충분하지 않다.[1]

즉, 민법의 한정승인이나 재산분리에 관한 규정에는 파산관재인, 채권자집회, 부인제도 등이 존재하지 않고, 상속재산을 상속채권자에게 공평하게 배당하기 위한 채권조사절차 등이 존재하지 않는다. 이에 법은 통상 권리·의무의 객체에 불과한 상속재산에 대하여 파산능력을 인정하여 채무초과상태의 상속재산을 엄격한 절차에서 공평하게 청산할 수 있도록 하고, 그에 따라 상속인의 청산부담을 경감시키고자 상속재산파산 제도를 마련하고 있다.

2. 제도 이용의 활성화 노력

구 파산법 제119조에서도 현행법상 상속재산파산에 관한 제307조와 동일한 조문이 있었으나 민법의 한정승인에 관한 청산절차가 상속재산에 대한 파산절차를 사실상 대체하는 기능을 하였고, 그에 비해 상속재산파산 제도가 비교적 널리 알려져 있지 않았기 때문에 실제 제도의 이용률은 매우 저조하였다.[2][3]

---

1) 전병서, 도산법(제4판), 박영사(2019), 40~42면.
2) 일본도 상속재산파산 절차의 이용은 저조한 편이다. 동경지방재판소 파산재생부의 상속재산에 관한 파산사건의 건수는 연간 10건 내외에 그치고 있다[東京地裁破産再生實務研究會, 破産·民

서울회생법원과 서울가정법원은 상속재산파산 제도의 활성화를 통하여 상속인의 청산부담 경감, 상속채권자의 채권회수 절차의 간소화, 상속채권자에 대한 공평한 배당 등을 도모할 필요성이 크다는 점에 공감해 2017. 3.경부터 협력회의체를 구성하였다.

그 일환으로 서울가정법원은 2017. 7. 12.부터 한정승인신고에 대한 심판을 하는 경우 상속인들에게 상속재산파산 제도에 대한 안내문([양식 56] 참조)을 발송하고 있고, 서울회생법원은 법원 홈페이지 및 뉴스타트 상담센터에서 상속재산파산신청에 대한 안내를 하고 있다. 이후 서울회생법원에서는 상속재산파산신청의 접수가 다음과 같이 유의미하게 증가하였다.

기 간	접수사건수(건)	비율(%)[4]
2015년	5	0.04
2016년	9	0.08
2017년	75	0.75
2018년	192	2.04
2019년	145	1.55
2020년	173	1.62

제 2 절 채무자와 신청권자

1. 상속재산파산의 채무자

가. 채무자의 법률구성

종래 상속재산파산의 채무자가 누구인지를 둘러싸고 상속인채무자설, 피상속인채무자설, 상속재산채무자설 등이 대립하였으나, 현재 통설은 법이 상속인의 파산과 상속재산에 대한 파산을 구별하고 있는 점, 법 제437조에 의하면 상속재

事再生の實務(第3版) 破産編, 一般社團法人 金融財政事情研究會(2014), 588면].

3) 상속재산파산의 이용이 저조한 이유로 일본에서는 상속재산이 채무초과인 것이 명백하면 통상은 상속포기를 하는 점, 상속재산파산 제도가 그다지 알려져 있지 않은 점, 한정승인에 관한 일본민법 제929조가 한정승인자에 대해서 상속채권자나 수유자에 대한 평등변제를 의무화하고 있기 때문에 한정승인에 의한 간이한 청산절차가 사실상 상속재산에 대한 파산절차의 대체기능을 해왔기 때문이라는 점 등이 지적되고 있다[伊藤眞 外 5, 条解 破産法(제2판), 弘文堂(2014), 1473면].

4) 동일 기간 내 접수된 전체 개인파산 사건 중 상속재산파산 사건의 비율이다.

산파산의 경우 상속인에게 파산채권자로서의 지위가 인정되는 점,[5] 사망하여 파산능력을 상실한 피상속인을 채무자로 보는 것은 타당하지 않은 점 등을 근거로 상속재산 그 자체(상속재산채무자설)를 채무자로 보고 있고, 실무도 그러하다.

나. 면책신청권 인정여부

상속재산파산의 경우는 피상속인이 이미 사망하여 그에 대한 갱생이 문제가 될 여지가 없고, 상속재산으로 총 채권자에게 변제를 하는 것이 주된 목적이며, 파산폐지 또는 종결로 인하여 상속재산이 소멸하기 때문에 성질상 면책을 인정할 필요가 없다.

다만 상속인이 있는 경우에 상속인에게 면책신청권이 인정되는지가 문제되나, 상속인은 파산을 선고받은 채무자가 아니므로 면책신청권이 없다고 보고 있다. 상속인은 상속포기나 한정승인의 방법으로 채무상속에 따른 상속인 고유재산에 대한 강제집행의 위험을 피할 수 있는데, 법은 구 파산법과 달리 상속인을 보호하기 위하여 한정승인 간주에 관한 법 제389조 제3항을 신설하였으므로, 상속인에게 별도의 면책신청권을 인정할 실익이 적어졌다.[6] 따라서 상속재산에 대한 파산절차 종료 후 상속인이 한 면책신청은 신청권자의 자격을 갖추지 아니한 때에 해당하므로 기각하여야 한다(법 제559조 제1항 제1호).

다. 채무자의 표시

채무자의 표시는 '피상속인 망 ○○○(주민등록번호)의 상속재산'([양식 55] 참조)으로 하고 있다.

---

5) 전병서(주 1), 43~44면.

6) 반면, 일본 파산법은 독일법(독민 1975조)과 달리 상속재산의 파산절차를 이용하더라도 한정승인의 효과가 부여되지 않기 때문에 상속재산의 파산절차가 진행되더라도 후에 상속채권자나 수유자가 상속인의 고유재산에 대해서 권리행사를 할 가능성이 있다. 이에 일본에서는 상속인 보호를 위하여 면책허가신청의 규정을 유추적용하여 상속인에게 상속재산의 파산절차에서 면책허가신청을 할 수 있도록 하여야 한다는 유력설이 있으나, 통설과 판례는 이를 부정한다. 이를 해결하기 위한 견해로 일본에서는, 상속재산파산 절차가 진행되면 상속인이 한정승인을 하였는지와 관계없이 상속채무에 대한 변제는 상속재산을 한도로 하고, 상속재산파산 절차가 종료하면 상속채권자는 변제를 담보하는 재산을 잃으며, 이후 사실상 채권의 만족을 받을 수 없게 된다는 해석론, 상속재산에 대하여 파산절차가 진행된 경우에는 상속채무에 대한 상속인의 변제책임은 상속재산을 한도로 하는 규정을 신설하여야 한다는 입법론 등이 존재한다[竹下守夫 외, "大コンメンタール破産法", 青林書院(2007년), 969~971면 참조].

2. 상속재산파산의 신청권자

가. 신청권자

상속재산에 대하여 상속채권자,[7] 유증을 받은 자(수유자),[8] 상속인,[9] 상속재산관리인[10] 및 유언집행자[11]는 파산신청을 할 수 있다($\frac{법}{제1항}$ 제299조).

실무상 신청인은 주로 상속인인데, 상속인이 여러 명인 경우에는 공동으로 신청할 수도 있고, 각 상속인이 단독으로 신청할 수도 있다. 이는 상속재산파산 신청을 일종의 보존행위로 보기 때문이다.[12] 상속의 포기는 상속이 개시된 때에 소급하여 그 효력이 있어 상속포기자는 처음부터 상속인이 아니었던 것이 되므로($\frac{민법}{제1042조}$) 상속재산파산의 신청권이 없다.

상속인의 채권자는 상속으로 인하여 상속인의 재산상태가 악화된다고 하더라도 상속재산파산의 신청권이 없고,[13] 상속재산에 대하여 파산선고가 있은 경우에는 상속재산파산의 파산재단에 대하여 파산채권자로서 권리를 행사할 수도 없다($\frac{법}{제438조}$).

나. 신청의무의 부과

상속재산관리인, 유언집행자 또는 한정승인이나 재산분리가 있은 경우의 상

---

7) 피상속인의 사망 당시(상속개시시)까지 피상속인에 대하여 발생한 채권을 가진 자를 말한다.

8) 유증이란 유언에 의하여 유산의 전부 또는 일부를 타인에게 주는 행위이다. 민법 제1060조에 의하면 유언은 본법이 정한 방식에 의하지 아니하면 효력이 생기지 아니한다고 규정하고 있으므로, 민법 제1065조 내지 제1071조에 정한 유언의 요식절차를 갖춘 유증만이 유효하다(대법원 1985. 12. 10. 선고 85누667 판결 참조). 다만 요식성을 갖추지 못한 유증의 경우에도 일정한 경우 민법 제562조에서 정한 사인증여로서의 효력을 인정할 수 있을 것이나, 사인증여를 받은 자는 법 제299조 제1항에서 정한 수유자에 해당한다고 볼 수 없다.
   한편, 실무상 수유자의 대부분이 공동상속인이라는 점을 고려하면, 공동상속인이 유증을 받은 자의 지위를 겸하는 경우도 있을 수 있을 것이다.

9) 민법 제1000조(상속의 순위), 제1001조(대습상속), 제1003조(배우자의 상속순위)에 의한 공동상속인으로서 민법 제1004조(상속인의 결격사유)에 의한 결격사유가 없는 자를 말한다.

10) 민법 제1023조(상속재산보존에 필요한 처분), 제1040조(공동상속재산과 그 관리인의 선임), 제1047조(분리 후의 상속재산의 관리), 제1053조(상속인 없는 재산의 관리인) 규정에 의하여 법원이 선임한 상속재산관리인을 말한다.

11) 유언자가 유언으로 지정한 유언집행자(민법 제1093조), 지정된 유언집행자가 없는 때 법률의 규정에 의하여 유언집행자로 간주되는 상속인(민법 제1095조), 법원이 유언집행자가 없거나 사망 등 사유로 없게 된 경우에 이해관계인의 청구에 의하여 선임한 유언집행자(민법 제1096조)를 말한다.

12) 전병서(주 1), 58면.

13) 다만 이러한 경우 상속인의 채권자는 민법 제1045조에 따라 상속재산과 상속인의 고유재산의 분리를 청구할 수 있을 것이다.

속인은 상속재산으로 상속채권자 및 수유자에 대한 채무를 완제할 수 없는 것을 발견한 때에는 지체 없이 파산신청을 할 의무가 있다(법 제299조 제2항).

상속재산관리인, 유언집행자의 신청의무는 선관주의의무에서 비롯한다.

상속인에 대하여는 한정승인 또는 재산분리가 있은 경우에 한하여 신청의무를 부과하고 있는데, 상속의 승인 전에는 상속을 포기할 여지가 있으므로 상속인에게 신청의무를 부과하는 것은 적당하지 않고, 단순승인 후에는 상속인이 상속채권자 및 수유자에게 무한책임을 지므로 상속인에게 신청의무를 부과할 필요가 없기 때문이다.[14]

제 3 절   신청기간

1. 법규정 및 취지

일반 개인파산 사건은 파산신청에 기간의 제한이 없으나 상속재산파산에 대해서는 법 제300조에서 신청기간을 정하고 있다. 상속재산파산은 상속재산을 상속인의 고유재산으로부터 분리하여 청산하는 것이 주된 목적이므로, 상속인의 고유재산과 상속재산이 혼합되었을 가능성이 높거나, 변제가 완료된 경우에는 상속재산파산에 의한 청산을 인정할 필요성이 낮기 때문이다.

상속재산파산의 신청기간과 관련된 법조문은 다음과 같다.

> [법]
> 제300조(상속재산에 대한 파산신청기간)
> 상속재산에 대하여는 「민법」 제1045조(상속재산의 분리청구권)의 규정에 의하여 재산의 분리를 청구할 수 있는 기간에 한하여 파산신청을 할 수 있다. 이 경우 그 사이에 한정승인 또는 재산분리가 있은 때에는 상속채권자 및 유증을 받은 자에 대한 변제가 아직 종료하지 아니한 동안에도 파산신청을 할 수 있다.

---

14) 齋藤秀夫 외 2, 注解 破産法(下), 200면, 전병서(주 1) 58면에서 재인용. 이에 대하여는 한정승인의 경우 한정승인자는 상속재산으로서 알고 있는 채권자 등에 대하여 각 채권액에 따라 변제할 의무가 있고, 실제 한정승인 등의 절차에 의하여 상속채권자 등의 관계를 처리할 수 있는 경우도 많으므로, 위 규정이 기능할 여지는 거의 없어 한정승인자에게 파산신청권을 인정하면 충분하고, 신청의무까지 부과할 필요는 없다는 견해가 있다[전병서(주 1), 58면]. 2004년 개정된 일본의 파산법은 상속재산관리인 등의 파산신청 의무를 삭제하였다.

[민법]

제1019조(승인, 포기의 기간)

① 상속인은 상속개시 있음을 안 날로부터 3월내에 단순승인이나 한정승인 또는 포기를 할 수 있다. 그러나 그 기간은 이해관계인 또는 검사의 청구에 의하여 가정법원이 이를 연장할 수 있다.

제1026조(법정단순승인)

다음 각호의 사유가 있는 경우에는 상속인이 단순승인을 한 것으로 본다.

2. 상속인이 제1019조 제1항의 기간 내에 한정승인 또는 포기를 하지 아니한 때

제1045조(상속재산의 분리청구권)

① 상속채권자나 유증받은 자 또는 상속인의 채권자는 상속개시된 날로부터 3월내에 상속재산과 상속인의 고유재산의 분리를 법원에 청구할 수 있다.

② 상속인이 상속의 승인이나 포기를 하지 아니한 동안은 전항의 기간경과 후에도 재산의 분리를 법원에 청구할 수 있다.

2. 법 제300조 제1문에 의한 신청기간

법 제300조 제1문, 민법 제1045조 제1항에 의하면 상속재산에 대한 파산신청기간은 재산분리를 청구할 수 있는 기간,[15] 즉 상속개시일로부터 3개월 이내이다.

한편, 법 제300조 제1문, 민법 제1045조 제2항의 규정에 의하면 상속개시일로부터 3개월이 경과한 이후에도 '상속인이 상속의 승인이나 포기를 하지 아니한 동안' 상속재산파산을 신청할 수 있는데, 민법 제1026조 제2호에 의하면 상속인이 제1019조 제1항의 기간(상속개시 있음을 안 날로부터 3개월) 내에 한정승인 또는 포기를 하지 아니한 때에는 단순승인을 한 것으로 간주하므로, '상속인이 상속의 승인이나 포기를 하지 아니한 동안'이라 함은 상속인이 상속개시 있음을 안 날로부터 3개월을 의미한다.[16]

결국 법 제300조 제1문, 민법 제1045조 제1항에 의한 상속재산파산 신청기간은 원칙적으로 상속개시일로부터 3개월 이내이나, 민법 제1045조 제2항에 의하여 상속인이 상속개시 있음을 안 날로부터 3개월 이내로 연장되었다고 볼 수

---

15) 상속재산에 대한 청산절차라는 점에서 상속재산파산과 공통점이 있는 민법상 한정승인 또는 재산분리에도 기간의 제한이 있으므로, 이와 균형을 맞추기 위해서 상속재산파산의 신청기간을 재산분리기간으로 제한한 것이다[条解 破産法(주 3), 1488~1489면].

16) 윤진수, "상속채무를 뒤늦게 발견한 상속인의 보호", 법학(1997), 190면.

있다.

3. 법 제300조 제2문에 의한 신청기간

가. 제1문의 신청기간의 연장

법 제300조 제2문에 의하면, 같은 조 제1문에 의한 재산분리의 청구기간 즉, 상속인이 상속개시 있음을 안 날로부터 3개월 이내에 실제로 한정승인 또는 재산분리가 있은 경우에는 상속채권자 및 수유자에 대한 변제가 아직 종료하지 아니하였다면 언제라도 상속재산파산을 신청할 수 있다. 한정승인 또는 재산분리의 효과로서 상속재산과 상속인의 고유재산이 혼합되지 아니하였고, 상속채권자 및 수유자에 대한 변제가 아직 종료하지 아니하였다면 청산의 필요성이 여전히 존재하기 때문이다.

결국 상속인이 상속개시 있음을 안 날로부터 3개월 이내에 한정승인 또는 재산분리가 있은 경우에는 법 제300조 제1문에 불구하고 상속재산에 대한 청산을 종료하기 전까지 상속재산파산의 신청기간이 제한 없이 연장된다고 볼 수 있다.[17]

나. 특별한정승인의 포함 여부

민법 제1019조 제3항에 의하면 상속인이 상속개시가 있음을 안 날로부터 3개월 이내에 상속채무가 상속재산을 초과하는 사실을 중대한 과실 없이 알지 못한 상태에서 단순승인을 한 경우 그 사실을 안 날부터 3개월 이내에 특별한정승인을 신청할 수 있는 것으로 규정하고 있는데, 이와 같은 특별한정승인은 법 제300조 제2문에서 정한 '이 경우 그 사이에 한정승인이 있은 때'라는 신청기간의 요건(즉, 상속개시 있음을 안 날로부터 3개월 이내에 한정승인이 있는 때)을 준수할 여지가 없다는 이유로, 특별한정승인을 받은 경우에는 상속재산파산 신청을 각하하여야 한다는 견해가 유력하다.

이에 대하여는, 상속재산파산 절차가 한정승인절차보다 엄격한 청산절차인 점, 상속재산과 상속인의 고유재산이 분리되어 있기만 한다면 특별한정승인에 의한 변제가 아직 종료하지 아니한 동안은 상속재산파산을 이용할 실익이 존재

---

17) 실무상 한정승인신고의 수리를 받은 상속인이 상속재산파산을 신청하는 경우가 대부분인데, 한정승인신고는 민법 제1019조 제1항에서 정한 기간, 즉 상속개시 있음을 안 날로부터 3월 내에 할 수 있는 것이므로, 한정승인신고가 수리되었음을 증명하는 한정승인 심판서가 첨부되어 있다면, 일단 상속재산파산의 신청기간이 준수된 것으로 볼 수 있을 것이다.

하는 점, 비교법적으로도 2004년 전면 개정된 일본 파산법은 구 파산법에 있던 '그 사이에' 라는 요건을 삭제하여 일단 상속재산파산 신청을 할 수 없게 된 경우라도 그 후에 한정승인이 있으면 다시 상속재산에 대해서 파산신청을 할 수 있도록 내용이 개정된 점[18] 등을 근거로, 특별한정승인의 경우에까지 민법 제1045조의 재산분리 청구기간 내에 이루어질 것을 요구하는 것으로 볼 수는 없다는 견해도 있다.[19]

4. 기간도과의 효과

상속재산파산의 신청이 신청기간 도과 이후 제기된 경우에는 신청이 부적법하므로 각하한다.

제 4 절   관할과 절차비용

1. 관   할

가. 토지관할

상속재산에 대한 파산사건은 상속개시지를 관할하는 회생법원의 관할에 전속한다(법 제3조 제6항). 상속은 피상속인의 주소지에서 개시하고(민법 제998조), 통상 주소지는 주민등록등본에 기재된 곳을 의미하므로, 실무상 피상속인의 사망 당시 주민등록등본을 확인하여 최후 주소지를 기준으로 전속관할 법원을 판단한다. 다만 피상속인의 주민등록등본상 최후 주소지가 피상속인의 생활의 근거지가 아니었던 경우에는 객관적으로 보아 피상속인이 주로 생활하였던 것으로 판단되는 실제 거주지를 관할하는 회생법원에 관할권이 있다고 할 것이다.

나. 사물관할 및 전속관할

상속재산파산 사건은 단독판사의 사물관할에 속한다(법 제3조 제5항). 상속재산파산

---

18) 条解 破産法(주 3), 1488면.

19) 이이수, "채무자회생법 및 상속재산파산제도 관련 쟁점", 2017년 서울회생법원 하반기 간담회, 4~5면.

사건의 관할은 전속관할이고 합의관할·변론관할이 생길 여지가 없기 때문에 조사결과 관할이 없다고 판단되면 직권으로 사건을 관할법원으로 이송하여야 한다(법 제33조, 민사소송법 제34조 제1항). 또한 전속관할이므로 민사소송법 제34조 제2항 및 제3항의 재량이송의 여지가 없다.

한편, 법 제4조에서 정한 손해 또는 지연을 피하기 위한 직권 이송이 상속재산파산 사건에서도 가능한지가 문제되나, 법 제4조 각호에서 상속재산파산 사건에 대하여 규정하고 있지 않은 이상 위 규정에 의한 이송이 불가능하다는 견해가 유력하다.

2. 절차비용

가. 인   지

민사접수서류에 붙일 인지액 및 그 편철방법 등에 관한 예규(재민 91-1) 일람표에 의하면 일반 개인파산 사건의 인지액으로 채권자가 신청하는 경우 30,000원을, 채무자가 신청하는 경우 1,000원을 붙여야 하는데, 위 예규에서 상속재산파산 사건에 관한 인지액을 별도로 정하고 있지 않다.

서울회생법원은 준채무자의 지위에 있는 상속인, 상속재산관리인 및 유언집행자가 파산신청을 하는 경우에는 1,000원의 인지를 붙이도록 하고 있고, 채권자, 수유자가 파산신청을 하는 경우에는 30,000원의 인지를 붙이도록 하고 있다.

나. 송달료, 파산관재인 선임비용, 공고료, 소송구조 등

상속재산파산의 경우 별도로 면책신청을 할 수 없으므로, 면책과 관련한 비용을 제외하고는 일반 개인파산신청의 경우와 같다.[20]

제 5 절 파산원인

1. 파산원인

상속재산파산은 상속재산으로 상속채권자 및 수유자에 대한 채무를 완제할

---

20) 자세한 내용은 제2장 제4절 1.항 참조.

수 없는 때, 즉 채무초과 상태가 유일한 파산원인이다(_법_{제307조}).

일반적으로 개인과 법인의 보통파산원인은 지급불능이고(^{법 제305조}_{제1항}), 존립 중인 합명회사 및 합자회사를 제외한 법인에 대해서는 지급불능 이외에 채무초과도 파산원인이 되는데(_법_{제306조}), 상속재산파산은 채무초과만이 파산원인이 된다.

피상속인의 사망 이후 상속재산은 사실상 고정되었다고 볼 수 있고, 장래 자산의 증가는 거의 기대할 수 없기 때문에 채무초과만을 상속재산파산의 파산 원인으로 정한 것이다. 특히 지급불능이 파산원인에서 제외된 것은, 지급불능의 판단에는 채무자의 현재의 재산뿐만 아니라 그 신용이나 노력 및 그에 따라 채무의 변제기가 장래에 도래할 때 변제가능성이 있는지도 고려하여야 하는데, 상속재산파산에 있어서는 신용이나 노력을 고려할 여지가 없고 오로지 상속재산이 변제력의 기초가 되기 때문이라고 설명된다.[21][22]

2. 파산원인의 소명책임

가. 상속인, 상속재산관리인 또는 유언집행자

상속인, 상속재산관리인 또는 유언집행자가 파산신청을 하는 때에는 파산의 원인인 사실을 소명하여야 한다(^{법 제299조}_{제3항}). 의견의 차이나 이해의 대립이 있는 경우 자기에게 유리한 해결을 이끌어 내기 위하여 파산신청을 위협 등의 목적으로 이용하는 것을 방지하고자 하는 취지이다.[23]

한편, 법 제296조는 여러 명의 이사, 무한책임사원 또는 청산인이 있는 경우의 법인파산 신청에 있어서 '이사·무한책임사원 또는 청산인의 전원이 하는 파산신청이 아닌 때에는 파산의 원인인 사실을 소명하여야 한다'고 규정하고 있

---

21) 條解 破産法(주 3), 1482~1483면.

22) 파산원인을 채무초과에 한정하는 것과 관련하여 일본에서는, 지급불능이 지급정지라는 외형적인 사실로부터 추정할 수 있는 것과는 달리 채무초과는 대차대조표 등이 갖추어져 있다 하더라도 그 입증이 반드시 쉽다고 볼 수 없는 점, 개인의 경우에 그러한 재무서류를 갖추는 것을 기대하기 어렵기 때문에 신청인의 입증부담이 큰 점, 또한 채권자 파산신청의 경우 신청 이후 채무자가 사망하고 파산절차가 속행된 경우에 지급정지에 의해 파산원인을 추정할 수 없게 되어 신청인에게 불이익한데, 이와 같이 채무자의 사망으로 파산원인이 바뀌는 것은 매우 기이한 점 등을 이유로, 피상속인이 사망하기 전에 지급정지를 한 경우에는 지급불능이라는 파산원인을 추정하여야 하고, 입법적으로 상속재산파산의 경우에도 지급불능을 채무초과와 함께 파산원인으로 추가하여야 한다는 견해가 있다. 이에 대하여는 현행법 아래에서 지급불능을 채무초과에 준하는 것으로 해석할 수는 없고, 파산원인의 변경은 주식회사가 합명회사, 합자회사로 변경되는 경우에도 동일하게 발생하므로, 이를 상속재산파산의 경우에만 기이한 현상이라고 볼 수 없다는 이유로 앞선 견해에 반대하는 견해가 있다[條解 破産法(주 3), 1483~1484면].

23) 條解 破産法(주 3), 1487면.

어 이사 등의 전원이 하는 파산신청의 경우에는 파산원인을 소명할 필요가 없다. 그런데 역시 여러 명의 상속인, 상속재산관리인 또는 유언집행자가 존재할수 있는 상속재산파산 신청에 관한 법 제299조 제3항에서는 '전원이 하는 파산신청이 아닌 때에는'이라는 조건이 붙어 있지 않기 때문에, 공동상속인들 전원이신청하는 경우, 단독상속인이 신청하는 경우 모두 신청인이 파산원인을 소명하여야 한다.

이는 법인 또는 회사에 대한 파산은 해산사유가 되고, 개인에 대한 파산은다양한 공·사법상의 자격제한 등 불이익이 있기 때문에 법인 또는 회사의 이사전원이 파산신청을 하거나 개인이 스스로 파산신청을 한 경우에는 파산원인의존재가 거의 확실하지만, 상속재산파산의 경우에는 신청인에게 그와 같은 불이익이 없기 때문이라고 설명된다.[24]

나. 상속채권자 또는 수유자

상속재산파산의 신청인으로는 상속채권자, 수유자, 상속인, 상속재산관리인및 유언집행자가 있는데(법 제299조 제1항), 상속인, 상속재산관리인 및 유언집행자에 대하여는 법 제299조 제3항에서 소명책임을 부과하고 있는 반면, 다른 신청권자인상속채권자 또는 수유자에 대하여는 별도의 규정이 없어 이들에게 파산원인의소명책임이 있는지가 문제된다.

상속채권자나 수유자는 파산원인을 소명할 필요가 없다고 해석하는 것이다수설이나, 이에 대하여는 법 제299조 제3항은 제294조 제2항의 특별규정 또는보충규정으로 보아야 하므로, 상속채권자 또는 수유자가 상속재산파산을 신청하는 경우에는 채권자의 파산원인 소명의무에 관하여 규정한 법 제294조 제2항에따라 그 채권의 존재 및 파산의 원인인 사실을 소명하여야 한다고 해석하는 견해[25]가 있다.

---

24) 条解 破産法(주 3), 1487면.
25) 이이수(주 19), 7~8면(이 견해는 상속재산파산 신청권자 중 상속인 등 준채무자의 지위에 있는 신청권자들은 법인의 이사가 복수 존재하는 경우처럼 서로 의견차이나 이해대립이 있을 수있고, 의견차이나 이해대립을 자신에게 유리하게 해결할 목적으로, 즉 다른 신청권자에 대한 위협의 수단으로 상속재산 파산신청을 이용할 우려가 있기 때문에 이를 막기 위하여 법 제299조제3항이 상속인, 상속재산관리인, 유언집행자에게 파산원인에 대한 별도의 소명의무를 부과하고있는 것이라고 주장한다).

3. 파산원인이 부존재하는 경우

파산원인이 부존재하는 경우에는 파산신청을 기각하여야 한다(법 제309조 제1항 제3호 참조).

제 6 절 채무자가 파산신청절차 중 사망한 경우

1. 파산신청 후 파산선고 전에 사망한 경우

법 제308조는 '파산신청 또는 파산선고가 있은 후에 상속이 개시된 때에는 파산절차는 상속재산에 대하여 속행된다'고 규정하고 있다. 위 규정에 의하면 채무자가 '파산신청 후 파산선고 전에 사망한 경우'나 '파산선고 후에 사망한 경우'나 어느 경우든 파산절차는 중단되지 않고 상속재산에 대하여 속행되는 것으로 볼 수 있다. 이러한 경우 파산절차가 중단되는 문제는 발생하지 않는다.

파산신청 후 파산선고 전에 채무자가 사망한 경우, 상속인의 의사와 상관없이 파산선고가 이루어지고 파산관재인이 선임된다면 상속인은 상속재산에 대한 관리처분권을 상실하는 불이익을 입게 되므로, 상속인에게 파산절차를 속행할 것인지에 관하여 선택할 수 있는 기회를 주는 것이 타당하다.[26]

현재 서울회생법원은 파산신청 후 파산선고 전에 채무자가 사망하였으나 채무자의 상속인들이 파산절차 속행 신청을 하지 않는 경우에는 그 상속인들에게 파산절차를 속행할 것을 명하고([양식 8-2] 참조), 상속인들의 속행신청이 없는 경우에는 파산절차를 속행할 의사가 없는 것으로 보아 파산신청을 각하하고 있다.[27] 이러한 경우 채무자는 '피상속인 망 ○○○(주민등록번호)의 상속재산'으로 표시한다.

---

26) 우리 법 제308조와 동일한 내용이었던 일본 구 파산법 하에서도 학설의 다툼은 있었으나 파산신청 후 파산선고 전에 채무자가 사망하는 경우 파산절차가 중단된다고 보는 견해가 유력하였다. 일본 파산법 제226조는 파산신청 후 파산선고 전에 채무자에 대하여 상속이 개시된 때에는, 상속인 등은 상속개시한 때로부터 1월 이내에 파산절차 속행 신청을 하여야 하고, 그 기간 내에 속행 신청이 없는 경우에는 그 기간이 경과한 때에 파산절차가 종료되는 것으로 규정하고 있다.

27) 한편 파산절차 속행 명령은 법적 근거가 부족하므로 파산신청 후 파산선고 전에 채무자가 사망한 경우의 처리와 관련하여 입법론적인 검토가 필요하다는 이견도 제기되고 있다.

2. 파산선고 후에 사망한 경우

가. 절차의 속행

파산선고와 동시에 파산폐지 결정을 한 경우에는 파산절차는 이미 종료되었으므로 파산절차의 속행에 관한 문제는 발생하지 않는다.

파산선고와 동시에 파산관재인이 선임된 경우에는 파산절차는 상속재산에 대해 속행되고(법제308조), 상속재산의 관리처분권은 파산관재인에게 있으므로 파산절차가 중단되는 문제는 발생하지 않는다.

나. 파산재단과 파산채권

한편, 법 제382조 제1항에 의하면 채무자가 파산선고 당시에 가진 모든 재산이 파산재단에 속하게 되는데, 파산선고 이후 채무자가 사망한 경우에는 파산선고 이후의 신득재산 등이 채무자의 상속재산에는 포함되기 때문에 파산재단과 상속재산이 반드시 일치하지 않을 수 있다.[28]

이에 대하여는 종래의 파산재단을 확장하여 상속재산에 대해서 파산절차를 속행하여야 한다는 의견도 있으나, '고정주의(파산선고 시를 기준시로 하여 파산재단의 범위를 고정하는 원칙)'와의 관계에서 속행절차는 종래의 파산재단에 대해서 속행된다고 보고, 자유재산이나 신득재산은 파산선고 후에 새로이 등장하는 채권자의 채권에 대한 책임재산을 구성한다고 봄이 타당하다.[29]

또한 법 제423조에 의하면 채무자에 대하여 파산선고 전의 원인으로 생긴 재산상의 청구권을 파산채권으로 한다고 규정하고 있으므로, 채무자에 대한 파산선고 이후 채무자의 사망 시까지의 원인에 의한 채권자는 위 규정의 파산채권자가 될 수 없다.

3. 면책신청의 처리

파산선고를 받은 채무자가 면책절차 중 사망한 경우 신청대리인 또는 상속인으로부터 채무자의 사망사실이 기재된 기본증명서 등을 제출받은 후 면책사건

---

28) 반면, 파산신청 이후 파산선고 전에 채무자가 사망한 경우에는 상속재산이 확정된 이후 파산선고로 파산재단의 범위가 고정되므로, 이와 같은 문제가 발생할 가능성이 없다.

29) 이 경우 신득재산의 총액보다 파산선고 후 상속개시 전에 생긴 상속채권의 총액이 큰 경우에 제2의 파산이 문제된다[条解 破産法(주 3), 1494~1495면].

을 당연종료된 것으로 처리한다. 면책을 받을 권리는 일신전속적 권리이므로 채무자가 사망하면 당연히 면책절차는 종료되고 절차 승계의 문제는 생기지 않기 때문이다. 이 경우 사건부의 종국란 및 기록 표지에 "채무자의 사망으로 종료"라고 기재하고 재판장의 확인을 받아 종결처리한다.

제 7 절 파산선고의 효과

1. 파산재단의 성립

상속재산에 대하여 파산선고가 있는 때에는 이에 속하는 모든 재산을 파산재단으로 한다(법 제389조 제1항). 파산재단은 파산선고시를 기준으로 확정하여야 한다.

한편, 실무에서는 주로 한정승인신고의 수리가 먼저 있은 후 상속재산파산을 신청하는 경우가 대부분인데, 상속인이 가정법원에 한정승인신고를 하면서 피상속인의 상속개시 당시 상속재산을 신고하였을 것이므로,[30] 그중 적극재산이 파산재단을 형성할 수 있는지 우선 검토될 수 있을 것이다.[31]

2. 상속인의 지위에 미치는 효과

가. 한정승인 간주

상속재산에 대하여 파산선고가 있는 때에는 민법 제1026조 제3호에 의하여 상속인이 단순승인한 것으로 보는 때를 제외하고는 상속인은 한정승인한 것으로 본다(법 제389조 제3항). 민법 제1026조 제3호의 단순승인 사유는 상속인이 한정승인 또는 포기를 한 후에 상속재산을 은닉하거나 부정소비하거나 고의로 재산목록에 기입

---

30) 상속인은 상속재산목록을 첨부하여 한정승인의 신고를 하여야 한다(민법 제1030조 제1항). 한정승인신고서에 첨부하여야 하는 상속재산의 목록은 상속재산 전부를 망라한 것이어야 하므로 소액의 채권이나 추심의 가능성이 적은 채권이라도 포함하여 세밀히 작성하여야 하고, 원칙적으로 적극재산뿐만 아니라 소극재산도 포함하여 적어야 한다[법원행정처, 법원실무제요, 가사II (2010), 376면].

한편, 상속인은 상속재산을 파악하기 위하여, ① 사망신고 이전에도 이용할 수 있는 금융감독원의 '상속인 금융거래 조회 서비스', ② 사망신고와 동시에 또는 사망일이 속한 달의 말일부터 6개월 이내에 관할 시·구 또는 읍·면·동사무소에서 이용할 수 있는 '안심 상속 원스톱 서비스' 등을 이용할 수 있다.

31) 파산재단의 범위에 관한 자세한 내용은 제6장 제8절 1. 참조.

하지 아니한 때를 말한다.

한편, 법 제389조 제3항에서는 '상속재산에 대하여' 파산선고가 있는 때에 상속인이 한정승인을 한 것으로 간주하고 있는바, 개인인 채무자에 대하여 파산선고가 있은 이후 채무자가 사망하여 상속재산파산 절차가 속행되는 경우에도 (_{제308조}^법), 상속인에 대하여 법 제389조 제3항에 의한 한정승인의 효력이 간주되는 것인지 문제된다.

이에 대하여는 법 제308조에 의하여 상속재산파산 절차로 속행되는 경우는 '상속재산'에 대하여 파산선고가 있었던 경우가 아니라는 이유로 상속인이 한정 승인을 받은 것으로 간주하는 법 제389조 제3항의 적용을 부정하는 견해와 상속인에게 별도의 면책신청권을 부여하지 아니하는 대신 한정승인의 효력이 간주되는 것으로 규정한 법의 취지에 비추어 법 제308조에 의하여 파산절차가 상속재산에 대하여 속행되는 경우에도 법 제389조 제3항을 유추적용하여야 한다는 견해가 있는데, 명문의 규정 없이 상속인의 상속을 포기할 권리를 침해하는 것은 부당하므로,[32] 이를 부정하는 것이 타당하다.

나. 상속인의 파산채권자로서의 지위

상속재산에 대하여 파산선고가 있는 경우 상속인이 피상속인에 대하여 가지는 권리는 소멸하지 아니한다(_{제2항}^{법 제389조}).[33] 상속인은 피상속인에 대한 채권에 관하여 상속채권자와 동일한 권리를 가지므로 상속재산파산의 파산재단에 대하여 채권의 성격에 따라 파산채권자 또는 재단채권자로서 권리를 행사할 수 있고, 피상속인의 채무를 소멸시키기 위하여 자기의 재산으로 출연을 한 때에는 상속채권자와 동일한 권리를 가진다(_{제437조}^법).

다. 상속인에 대한 설명의무 부과

상속재산에 대한 파산선고가 있는 경우 상속인, 그 대리인, 상속재산관리인 및 유언집행자와 종전에 같은 자격을 가졌던 자[34]는 파산관재인·감사위원 또

---

32) 김주미, "상속재산파산의 실무상 쟁점 연구-파산재단과 자유재산, 상속비용과 재단채권, 민사소송과의 관계 등을 중심으로", 법조 68권 1호(733호), 341면.

33) 이때 소멸하지 않고 상속인이 행사할 수 있는 권리에는 채권뿐만 아니라 물권도 포함되므로, 상속인이 피상속인 소유의 부동산에 대하여 저당권을 가지고 있었던 경우에는 저당권은 혼동으로 소멸하지 않고, 상속인은 파산관재인이 관리하는 파산재단인 부동산에 대하여 저당권을 실행하여 피담보채권의 만족을 도모할 수도 있다[条解 破産法(주 3), 1506면].

34) 상속포기자가 이에 해당할 것이다.

는 채권자집회의 요청에 의하여 파산에 관하여 필요한 설명을 할 의무가 있다 (법 제321조 제1항, 제4호, 제2항). 실무상 상속인이 상속재산파산을 신청하는 경우가 많고, 신청인인 상속인에게 설명의무의 이행을 요구하는 경우가 대부분이나, 피상속인이 파산신청 이후 사망하여 상속재산파산으로 속행된 경우 상속인이 절차에 제대로 협조하지 않는 사례가 있으므로, 파산관재인은 상속인에게 설명의무의 내용과 위반의 효과를 강조할 필요가 있다.

라. 상속인 등에 대한 구인

법원은 상속재산에 대한 파산신청이 있는 경우, 파산선고 전이라도 상속인과 그 법정대리인 및 지배인에 대하여 구인을 명할 수 있고(법 제322조 제1항, 제320조 제4호), 파산선고 이후 필요하다고 인정하는 때에는 상속인과 그 법정대리인 및 지배인에 대하여 구인을 명할 수 있다(법 제320조 제4호, 제319조 제1항). 위와 같은 파산선고 전·후의 구인에는 형사소송법의 구인에 관한 규정을 준용하고, 구인결정에 대하여는 즉시항고를 할 수 있으며(법 제322조 제2항, 제319조 제2항, 제3항), 구인의 명을 받은 자가 그 사실을 알면서도 파산절차를 지연시키거나 구인의 집행을 회피할 목적으로 도주한 때에는 1년 이하의 징역 또는 1천만원 이하의 벌금에 처한다(법 제653조).[35]

마. 형사처벌의 가능성

상속재산에 대한 파산의 경우 상속인, 그 법정대리인 및 지배인이 법 제650조(사기파산죄), 법 제651조(과태파산죄)에 규정된 행위를 하고 파산선고가 확정된 때에는 각 조에서 정한 형벌에 처한다(법 제652조).

3. 상속채권자 및 수유자의 지위에 미치는 효과

가. 일반론

상속재산에 대한 파산선고가 있거나 상속재산과 상속인에 대한 양쪽 파산이 모두 진행되는 경우, 법은 상속채권자 및 수유자의 채권 행사의 가능성과 그들 사이의 배당우열 등에 대하여 규정하고 있다.

---

35) 실무상 상속인이 상속재산파산을 신청하는 경우가 대부분인데, 이러한 경우에는 신청인인 상속인이 설명의무를 협조적으로 이행할 가능성이 높고, 채권자가 상속재산파산을 신청하는 경우에는 상속인의 소재를 파악하기 어렵거나 연락두절인 경우가 많으므로, 실제로 상속인을 구인할 수 있는 경우는 드물다.

나. 파산채권자의 지위

1) 상속재산에 대한 파산선고가 있는 경우

상속재산에 대하여 파산선고가 있는 때에는 상속인의 고유채권자는 상속재산파산의 파산재단에 대하여 파산채권자로서 권리를 행사할 수 없으므로(법제438조), 오로지 상속채권자 및 수유자만이 상속재산파산의 파산재단에 대한 파산채권자로서 권리를 행사할 수 있다.

한편, 상속채권자 및 수유자는 상속재산파산 절차에 의하지 않고서는 파산채권을 행사할 수 없으므로(법제424조), 상속인의 고유재산에 대하여 파산채권을 행사할 수 없다.

2) 상속재산과 상속인에 대하여 각 파산선고가 있는 경우

① 상속인이 단순승인한 경우

상속재산 및 상속인에 대하여 모두 파산선고가 있고 상속인이 단순승인을 한 경우[36]에는 상속채권자와 수유자는 그 채권의 전액에 관하여 각 파산재단에 대하여 파산채권자로서 권리를 행사할 수 있다(법제435조).[37]

따라서 상속채권자 및 수유자는 상속재산 이외에 상속인의 고유재산에 대하여도 권리를 행사할 수 있으나, 이 경우에 상속채권자 및 수유자를 상속인의 채권자와 같은 순위로 취급하는 것은 상속인의 고유재산을 염두에 둔 상속인의 채권자에게 불이익을 주는 것이 되므로 상속인의 파산재단에 대하여는 상속인의 채권자가 상속채권자나 수유자의 채권보다 우선한다(법제445조). 민법 제1052조에서 정한 재산분리가 있는 경우와 동일한 우선변제권을 인정하고 있는 것이다.[38]

② 상속인이 한정승인한 경우

파산선고를 받은 상속인이 한정승인을 한 때(법 제385조 또는 제386조 제1항의 규정에 의하여 한정승인의 효력이 있는 때 포함)에는 상속채권자와 수유자가 상속인

---

36) 다만 상속재산에 대하여 파산선고가 있는 때에는 상속인은 한정승인한 것으로 간주되고(법 제389조 제3항), 실무상 한정승인신고가 수리된 이후 상속재산파산을 신청하는 경우가 대부분이므로, 상속채권자 또는 수유자가 상속인의 고유재산에 대하여 파산채권을 행사할 수 있는 경우는 매우 드물다.

37) 상속인에 대한 파산선고가 있는 경우 상속채권자 및 수유자는 그 채권의 전액에 관하여 상속인의 파산재단에 대하여 파산채권자로서 권리를 행사할 수 있고(법 제434조), 상속재산에 대한 파산선고로 상속채권자 및 수유자만이 상속재산파산의 파산재단에 대한 파산채권자가 되므로(법 제438조), 법 제435조는 양쪽 파산이 있는 경우의 상속채권자 및 수유자의 채권자로서의 지위를 확인하는 취지에서 규정된 것으로 볼 수 있다.

38) 전병서(주 1), 171~172면.

의 고유재산에 대하여 파산채권자로서 권리를 행사할 수 없으므로(법제436조), 상속인의 고유재산에 대하여는 오로지 상속인의 채권자가 파산채권자로서 권리를 행사한다. 반대로 상속재산에 관한 파산재단에 대하여는 오로지 상속채권자 및 수유자가 파산채권자로서 권리를 행사한다(법제438조).

다. 채권액의 기준시

상속재산과 상속인에 대한 양쪽 파산선고가 있고, 상속인이 단순승인을 하여 상속채권자와 수유자가 법 제435조에 기하여 그 채권의 전액에 관하여 각 파산재단에 대하여 파산채권자로서 권리를 행사할 수 있게 된 경우 채권액의 기준시는 원칙대로 각 파산절차의 파산선고시이다. 따라서 상속재산과 상속인에 대하여 모두 파산선고가 있은 이후에 그중 하나의 절차에서 일부 배당이 이루어졌다고 하더라도 상속채권자와 수유자의 파산채권액이 배당액만큼 감소하지 않는다. 이 경우 상속재산과 상속인의 고유재산은 본래 모두 상속인에게 귀속하는 하나의 책임재산이나 별개의 파산절차에서 청산되고 있을 뿐이므로, 일반 개인파산 절차에서 중간 배당금을 수령하여도 신고채권액을 줄일 필요가 없는 것과 마찬가지로 파산채권액이 감소하지 않는 것이다.[39]

반면, 상속재산에 대한 파산선고가 있고 그 절차에서 배당까지 이루어진 이후에 상속인에 대한 파산선고가 있는 경우에는 상속인의 파산절차에서 상속채권자 및 수유자가 행사할 수 있는 파산채권액은 상속인에 대한 파산선고 당시의 채권액 즉, 상속재산파산 절차의 배당액을 공제한 금액이 된다. 반대의 경우, 즉 상속인에 대한 파산선고가 있고 배당까지 이루어진 이후 상속재산에 대한 파산선고가 있는 경우에도 마찬가지이다.[40]

라. 상속채권자와 수유자 사이의 우열

상속재산에 대하여 파산선고가 있는 때에는 상속채권자의 채권은 수유자의 채권에 우선하므로(법제443조), 상속채권자가 수유자에 우선하여 배당을 받는다. 민법 제1036조에서 한정승인자가 상속채권자에 대한 변제를 완료한 후가 아니면 수유자에게 변제하지 못한다고 규정한 것과 균형을 맞춘 것이다. 상속채권자는 대가를 제공하였지만, 수유자는 무상으로 권리를 취득한 사람이기 때문이고,[41] 상

---

39) 條解 破産法(주 3), 1503~1504면.
40) 條解 破産法(주 3), 1503면.

286 제 1 편   개인파산실무

속채권자와 수유자를 동순위로 취급하면, 피상속인이 상속채권자를 해할 목적으로 유증을 이용할 우려가 있기 때문이다.[42]

마. 상속재산의 잔여재산에 대한 권리행사 가능성

상속재산에 대하여 파산선고가 있는 때에는 최후의 배당으로부터 제외된 상속채권자와 수유자는 잔여재산에 관하여 그 권리를 행사할 수 있다(별제537조). 민법 제1039조에서 '제1032조 제1항의 기간 내에 신고하지 아니한 상속채권자 및 수유자로서 한정승인자가 알지 못한 자는 상속재산의 잔여가 있는 경우에 한하여 그 변제를 받을 수 있다'고 규정한 것과 균형을 맞춘 것이다.[43]

따라서 상속재산파산 절차에서 뒤늦게 채권자로 추가되거나, 채권신고 등을 제때 하지 못해 배당에서 제외된 상속채권자와 수유자는 파산관재인이 잔여재산을 보관하는 경우 잔여재산에 대하여 권리를 행사할 수 있다.

4. 상속인의 고유채권자의 지위에 미치는 효과

상속재산에 대하여 파산선고가 있는 때에는 상속인의 채권자는 상속재산파산의 파산재단에 대하여 파산채권자로서 권리를 행사할 수 없다(별제438조). 즉, 상속재산에 대하여 파산선고가 있는 경우에 상속인의 채권자는 상속재산에서 변제를 받을 수 없고, 상속인의 고유재산에서만 변제를 받을 수 있다. 상속인의 채권자는 본래 상속인에게 귀속하는 상속재산에 대하여 권리를 행사할 수 있지만, 상속인이 상속재산을 취득하는 것은 우연한 사정에 지나지 않고, 상속재산에 대한 파산선고가 있는 경우 상속인의 채권자까지 그 파산재단으로부터 변제를 받게 된다면 상속채권자 및 수유자와의 관계에서 공평하지 못하다고 보기 때문이다.[44]

5. 상속재산파산과 한정승인, 재산분리의 관계

상속재산에 대한 파산선고는 한정승인 또는 재산분리에 영향을 미치지 아

---

41) 전병서(주 1), 170, 172면.
42) 条解 破産法(주 3), 1504면.
43) 전병서(주 1), 170면.
44) 전병서(주 1), 171면.

니하므로(법 제346조), 상속재산에 대한 파산선고를 전·후로 하여 별도의 한정승인 또는 재산분리를 신청할 수 있다. 다만 파산취소 또는 파산폐지의 결정이 확정되거나 파산종결의 결정이 있을 때까지는 그 절차가 중지된다(법 제346조). 상속재산 파산 절차가 한정승인 또는 재산분리 절차보다 엄격한 청산절차이기 때문에 상속재산파산 절차를 한정승인 또는 재산분리 절차에 우선하도록 한 것이다(상속재산파산의 우선성).[45]

제 8 절   파산재단과 자유재산

1. 파산재단의 종류

상속인이 피상속인으로부터 포괄적으로 승계하는 상속개시 당시 피상속인에게 속하였던 재산에 관한 일체의 권리와 의무 중 피상속인의 일신에 전속하는 권리의무를 제외한 것을 상속재산이라고 하는데(민법 제1005조 참조), 위 상속재산 중 소극재산을 제외한 적극재산이 주로 파산재단을 형성한다. 한편, 상속재산파산 절차에서는 실제 환가가능성이나 환가비용 등을 고려하여 파산관재인이 법원의 허가를 받아 환가를 포기하는 것 등이 가능하므로, 상속재산 중 적극재산과 파산재단이 반드시 일치하는 것은 아니다.

가. 부동산 등 등기(등록)되는 권리

등기나 등록에 의하여 공시되는 부동산, 자동차, 무체재산권 등이 파산선고 당시 피상속인 명의로 공시되어 있었다면 파산재단이 된다. 또한 상속개시 이후 부동산 등에 대하여 상속을 등기원인으로 하여 공동상속인 명의의 등기가 마쳐져 있다고 하더라도, 이는 상속인들의 잠정적인 공유상태를 표상하는 것에 불과하므로 등기명의자에 불구하고 역시 파산재단을 구성한다.[46] 어느 경우에나 직

---

45) 条解 破産法(주 3), 1473면.

46) 상속인이 여러 명인 경우 상속을 원인으로 하는 소유권이전등기는 상속인 전원이 신청할 수도 있고, 상속인 중 1인이 상속인 모두를 위해 공동상속인 전원을 등기권리자로 표시하여 소유권이전등기를 신청할 수도 있다. 상속재산은 민법 제1006조에 의하여 상속인들의 공유에 속하고 상속에 의한 등기신청은 민법 제265조 단서에서 규정하고 있는 공유물 보존행위의 일종으로 볼 수 있기 때문이다. 이 경우 상속으로 인한 등기의 원인은 "상속"이다[법원행정처, 법원실무제요, 부동산등기실무Ⅱ(2015), 254~255면].

권으로 지체 없이 촉탁서에 파산결정서의 등본을 첨부하여 파산선고 등기 또는 등록을 촉탁하여야 하고(법, 제24조, 제3항, 제27조), 파산관재인은 파산재단 중 등기, 등록된 권리가 있으면 법원에 파산선고 기입등기의 촉탁을 신청하여야 한다.

또한 피상속인이 실질적인 소유자로서 명의신탁자인 경우에는 명의신탁의 유형에 따라 파산재단을 확보할 수 있을 것이다.[47]

한편, 피상속인 명의의 부동산 중 분묘에 속한 1정보 이내의 금양임야와 600평 이내의 묘토인 농지[48] 등의 소유권은 제사를 주재하는 자가 이를 단독으로 승계하므로(민법, 제1008조의3), 금양임야와 600평 이내의 묘토인 농지는 제사재산으로서 상속재산으로도 볼 수 없고, 파산재단에도 포함되지 않는다.[49]

나. 채 권

피상속인의 대여금채권, 예금반환채권, 임대차보증금반환청구권,[50] 손해배상

---

47) 양자 간 명의신탁의 경우에는 그 부동산 자체가 상속재산이 될 것이나, 3자 간 등기명의신탁이나 계약명의신탁의 경우에는 명의신탁약정에 기한 물권변동이 무효인 경우라도 부동산 자체를 상속재산으로 보기는 어렵다. 즉, 피상속인이 매수인으로서 부동산 매매계약을 체결하고 그 소유권등기를 명의수탁자 앞으로 해 둔 3자 간 등기명의신탁의 경우, 명의신탁약정 및 그에 기한 물권변동의 무효로 소유권이 매도인에게 복귀되고, 명의신탁자인 피상속인은 명의수탁자를 상대로 매도인을 대위하여 소유권말소등기청구권을 행사하거나 진정명의회복을 원인으로 한 소유권이전등기청구권을 행사하여 그 부동산의 소유권을 취득할 수 있게 되는 것이므로, 위와 같은 등기청구권이 상속재산이라고 할 것이다. 또한 명의신탁자인 피상속인의 위임에 따라 명의수탁자가 매도인과 매매계약을 체결한 계약명의신탁의 경우, 피상속인이 부동산의 소유권을 취득할 수는 없고 경우에 따라 매매대금에 대한 부당이득반환청구권을 행사할 수 있을 뿐이므로, 그 부당이득반환청구권이 상속재산이 된다고 할 것이다[시진국, "상속재산분할심판의 실무상 제문제", 가사재판연구 Ⅰ, 서울가정법원 가사재판연구회(2007), 13∼14면].
   대법원 2014. 2. 13. 선고 2012다97864 판결(양자 간 등기명의신탁의 경우), 대법원 2016. 5. 19. 선고 2014도6992 전원합의체 판결(3자 간 등기명의신탁, 이른 중간생략등기형의 경우), 대법원 2016. 9. 28. 선고 2015다65035 판결['부동산 실권리자명의 등기에 관한 법률'(이하 '부동산실명법') 시행 이전 계약명의신탁의 경우], 대법원 2014. 8. 20. 선고 2014다30483 판결(부동산실명법 시행 이후 계약명의신탁의 경우) 등 참조.

48) '금양임야'는 그 안에 분묘를 설치하여 이를 수호하기 위하여 벌목을 금지하고 나무를 기르는 임야를 의미하는 것으로서(대법원 2004. 1. 16. 선고 2001다79037 판결 참조), 피상속인의 사망 당시에 당해 임야에 그 선대의 분묘가 없는 경우에는 그 임야를 금양임야라고 볼 수 없고(대법원 2001. 2. 27. 선고 2000두703 판결 참조), '묘토인 농지'는 그 경작하여 얻은 수확으로 분묘의 수호, 관리비용이나 제사의 비용을 조달하는 자원인 농토이어야 하며(대법원 1997. 5. 30. 선고 97누4838 판결 참조), 당해 임야나 농지의 현황과 관리상태 등에 비추어 전체적으로 금양임야나 묘토인 농지에 해당하는지 여부를 판단하여야 한다(대법원 2008. 10. 27. 자 2006스140 결정).

49) 다만 금양임야 등의 소유자가 사망한 후 상속인과 그 금양임야로써 수호하는 분묘의 제사를 주재하는 자가 다를 경우에는 그 금양임야 등은 상속인들의 일반상속재산이 되므로(대법원 1994. 10. 14. 선고 94누4059 판결), 이 경우에는 금양임야였던 부동산이 파산재단이 될 수 있을 것이다.

50) 다만 주거용 건물의 경우, 주택임대차보호법 제9조 제1항에 의하면 임차인이 상속인 없이 사망한 경우에는 그 주택에서 가정공동생활을 하던 사실상의 혼인 관계에 있는 자가 임차인의 권

청구권 등도 파산재단을 구성하고, 그에 부수한 담보권이나 용익물권 등도 파산재단을 구성한다고 할 것이다.

손해배상청구권의 경우에는 피상속인이 생전에 손해배상청구권을 취득하고 이를 행사할 의사표시를 한 경우에는 당연히 상속재산으로서 파산재단에 해당하고, 피상속인이 아무런 의사표시를 못 하고 불법행위에 의하여 즉사한 경우라 하더라도 시간적 간격설에 따라 피상속인의 재산적 손해배상청구권[51]과 위자료청구권[52] 모두 상속재산이 되므로,[53] 역시 파산재단을 구성한다.

한편, 약혼해제로 인한 위자료청구권은 양도 또는 승계하지 못하지만, 당사자 간에 이미 그 배상에 관한 계약이 성립되거나 소를 제기한 후에는 그러하지 아니하므로(민법 제806조 제3항), 이 경우의 위자료청구권은 원칙적으로 상속되지 않아 파산재단에 해당할 여지가 없다고 할 것이나, 이는 행사상의 일신전속권이고 귀속상의 일신전속권은 아니므로 위자료의 지급을 구하는 소송이 이미 제기되었거나 청구권자가 청구권 행사의 의사표시를 외부적, 객관적으로 명백하게 한 경우에는 상속이 가능하다고 할 것이고, 파산재단에도 포함된다고 볼 것이다.

혼인의 무효 또는 취소(민법 제825조), 재판상 이혼(민법 제843조),[54] 입양의 무효 또는 취소(민법 제897조), 재판상 파양(민법 제908조)의 경우에도 민법 제806조를 준용한다.

리와 의무를 승계하고, 주택임대차보호법 제9조 제2항에 의하면 임차인이 사망한 때에 사망 당시 상속인이 그 주택에서 가정공동생활을 하고 있지 아니한 경우에는 그 주택에서 가정공동생활을 하던 사실상의 혼인 관계에 있는 자와 2촌 이내의 친족이 공동으로 임차인의 권리와 의무를 승계하므로, 해당 임차권은 상속재산이 아니다[김소영, 상속재산분할, 민사판례연구 25권 (2003. 2.), 775면]. 이때 승계하는 임차인의 권리가 거주할 수 있는 권리만을 의미하는지 임대차보증금반환청구권까지 포함하는지 대하여는 견해의 대립이 있는데, 임대차보증금반환청구권까지 포함한다고 본다면 위 청구권은 상속재산이라고 보기 어렵게 된다.

51) 대법원 1966. 2. 28. 선고 65다2523 판결.
52) 대법원 1969. 4. 15. 선고 69다268 판결.
53) 법원행정처, 법원실무제요 가사II(주 30), 612면.
54) 대법원 1993. 5. 27. 선고 92므143 판결(이혼위자료청구권은 상대방 배우자의 유책불법한 행위에 의하여 혼인관계가 파탄상태에 이르러 이혼하게 된 경우 그로 인하여 입게 된 정신적 고통을 위자하기 위한 손해배상청구권으로서 이혼시점에서 확정, 평가되고 이혼에 의하여 비로소 창설되는 것이 아니며, 이혼위자료청구권의 양도 내지 승계의 가능 여부에 관하여 민법 제806조 제3항은 약혼해제로 인한 손해배상청구권에 관하여 정신상 고통에 대한 손해배상청구권은 양도 또는 승계하지 못하지만 당사자간에 배상에 관한 계약이 성립되거나 소를 제기한 후에는 그러하지 아니하다고 규정하고 같은 법 제843조가 위 규정을 재판상 이혼의 경우에 준용하고 있으므로 이혼위자료청구권은 원칙적으로 일신전속적 권리로서 양도나 상속 등 승계가 되지 아니하나 이는 행사상 일신전속권이고 귀속상 일신전속권은 아니라 할 것인바, 그 청구권자가 위자료의 지급을 구하는 소송을 제기함으로써 청구권을 행사할 의사가 외부적 객관적으로 명백하게 된 이상 양도나 상속 등 승계가 가능하다).

다. 생명보험금청구권

생명보험금청구권은 보험계약에서 수익자를 누구로 지정하였는가에 따라 상속재산이 되는지 여부가 달라진다.[55]

피상속인이 자신을 피보험자 겸 보험수익자로 지정하여 생명보험계약을 체결하고 보험금을 납입하던 중 사망한 경우 그 보험금지급청구권은 당연히 피상속인 소유에 속하게 되므로, 상속재산에 해당하고, 파산재단에도 포함된다.[56]

피상속인이 자신을 피보험자로 한 생명보험계약에서 보험수익자를 공동상속인 중 특정인으로 지정한 경우 이는 제3자를 위한 계약의 일종으로서 수익자로 지정된 그 상속인이 보험계약의 효과로서 당연히 보험금청구권을 취득하고 이를 상속에 의해 취득했다고 해석할 여지는 없으므로, 그 상속인의 고유재산에 속한다고 할 것이다.[57]

피상속인이 보험계약을 체결하면서 수익자로 상속인 중 특정인을 지정하지 않고 단순히 '상속인'이라고만 지정한 경우에는, 이는 피상속인의 의사해석 문제로서 특단의 사정이 없는 한 위 보험계약은 피상속인 사망 당시의 상속인을 수익자로 지정한 제3자를 위한 계약의 일종으로 보아야 할 것이므로, 보험금청구권은 보험계약의 효력발생과 함께 상속인이 되는 자의 고유재산에 속하게 된다.[58] 피상속인이 제3자를 수익자로 지정한 경우, 보험계약자가 보험수익자의 지정권을 행사하기 전에 보험사고가 발생하여 상법 제733조에 의하여 피보험자의 상속인이 보험수익자가 되는 경우에도 마찬가지이다.[59]

피상속인이 제3자를 피보험자로 하는 생명보험계약을 체결하면서 자신을 보험수익자로 지정하였는데 보험존속 중에 계약자이자 보험수익자인 피상속인이 사망한 경우에는 상법 제733조 제3항 후단의 보험계약자가 다시 보험수익자를 지정하지 아니하고 사망한 경우에 준하여 보험수익자의 상속인이 보험수익자가 되고, 이러한 경우 보험수익자의 상속인이 피보험자의 사망이라는 보험사고가 발생한 때에 보험수익자의 지위에서 보험자에 대하여 가지는 보험금지급청구권은 상속재산이 아니라 상속인의 고유재산이다.[60]

55) 이하 이 부분 논의는 시진국(주 47), 33~34면 참조.
56) 대법원 2000. 10. 6. 선고 2000다38848 판결, 대법원 2002. 2. 8. 선고 2000다64502 판결.
57) 대법원 2001. 12. 24. 선고 2001다65755 판결.
58) 대법원 2001. 12. 28. 선고 2000다31502 판결.
59) 대법원 2004. 7. 9. 선고 2003다29463 판결.

이를 표로 정리하면 다음과 같다.

순번	계약자	피보험자	수익자	보험사고 발생여부	파산재단 여부	참고 판례
1	피상속인	피상속인	피상속인	피상속인 사망으로 발생	○	2000다64502
2	피상속인	피상속인	공동상속인 중 특정인	피상속인 사망으로 발생	×	2001다65755
			'상속인'	피상속인 사망으로 발생	×	2000다31502
			지정 안함	피상속인 사망으로 발생	×	2003다29463
3	피상속인	제3자	피상속인	제3자 사망으로 발생	×	2005두5529

한편, 피상속인이 제3자 또는 공동상속인을 피보험자로 하여 생명보험계약을 체결하였으나 보험사고가 발생하지 아니한 채 사망한 경우에는 피상속인의 보험계약상 지위가 상속재산이 되므로,[61] 해당 보험의 해약환급금청구권이 파산재단에 해당한다고 할 것이다.

라. 유족급여[62]

공무원이나 사기업의 직원이 재직 중 사망한 때 법률이나 사기업의 내규에 따라 지급되는 유족급여는 크게 미지급임금의 성격과 유족의 생활보장적 성격을 함께 갖는 일종의 사망퇴직금으로서의 유족급여[63]와 오로지 유족의 생활보장을 위해 사회보험 내지 사회보장적 성격으로 지급되는 유족급여[64]로 나눌 수 있다.

사망퇴직금의 성격을 갖는 유족급여는 법률 또는 단체협약이나 취업규칙에 유족급여의 수급권자가 정해져 있는 경우는 유족의 생활보장 등을 고려하여 민법과는 다른 입장에서 수급권자를 지정한 제3자를 위한 계약의 일종으로 볼 수 있으므로, 그 수급권자가 고유의 재산으로 이를 취득하였다고 보아야 하고, 상속

---

60) 대법원 2007. 11. 30. 선고 2005두5529 판결.

61) 서울가정법원 2017. 1. 18.자 2016느합1174 심판.

62) 법원행정처 법원실무제요 가사Ⅱ(주 30), 612면; 시진국(주 47), 34∼35면.

63) 공무원연금법, 사립학교교직원 연금법, 군인연금법상의 유족급여가 여기에 해당할 수 있다[시진국(주 47), 34∼35면].

64) 산업재해보상보험법, 국가유공자 등 예우 및 지원에 관한 법률, 범죄피해자 보호법상의 유족급여가 여기에 해당할 수 있다[시진국(주 47), 34∼35면].

재산으로 취급할 것은 아니므로,[65] 파산재단에 포함될 수 없다.

한편, 사회보장법에서 사망한 자와 일정한 관계에 있는 유족에게 보상금의 성격으로 지급하도록 되어 있는 유족급여는 오로지 유족을 보호하려는 사회보험 내지 사회보장적 목적에서 법률에 수급권자가 되는 유족의 범위가 정해져 있어 수급권자로 정해진 유족의 고유재산에 속하므로,[66] 파산재단에 포함될 수 없다.

마. 상속재산이 처분, 멸실 · 훼손된 경우의 반대급부 또는 대가(이른바 대상재산)

상속개시 당시에는 상속재산을 구성하던 재산이 그 후 처분되거나 멸실 · 훼손되는 경우, 처분되거나 멸실 · 훼손된 재산의 반대급부 또는 대가(이른바 대상재산)가 파산재단을 구성하는지가 문제된다.

이에 대하여 상속인이 파산선고 전에 상속재산의 전부 또는 일부를 처분한 이후 상속재산에 대하여 파산선고가 있는 경우에 대하여는 법이 특별히 규정하고 있다. 즉, 상속인이 반대급부에 관하여 가지는 권리가 파산재단에 속하고, 이 경우 상속인이 이미 반대급부를 받은 때에는 이를 파산재단에 반환하여야 하나, 그 반대급부를 받은 때에 상속인이 파산의 원인인 사실 또는 파산신청이 있은 것을 알지 못한 때에는 그 이익이 현존하는 한도 안에서 이를 반환하면 된다 (법 제390조 제1항, 제2항).[67]

한편, 상속개시 당시에는 상속재산을 구성하던 재산이 멸실 · 훼손된 경우 (재건축 · 재개발된 경우, 화재가 발생하여 멸실된 경우 등)에 대하여는 법이 별도로 규정하고 있지는 않으나, 그 대가에 해당하는 보험금, 보상금 등이 존재하는 경우에는 종래의 상속재산이 동일성을 유지하면서 그 형태가 변경된 것에 불과하므로[68] 그 대상재산이 파산재단을 형성한다고 볼 수 있을 것이다.[69]

---

65) 판례도 공무원연금법상의 유족급여는 공무원 또는 공무원이었던 자의 사망 당시 그에 의하여 부양되고 있던 유족의 생활보장과 복리향상을 목적으로 하여 민법과는 다른 입장에서 수급권자를 정한 것으로, 수급권자인 유족이나 유족이 아닌 직계비속은 상속인으로서가 아니라 이들 규정에 의하여 직접 자기의 고유의 권리로서 이를 취득한다고 하여 같은 입장이다. 대법원 1996. 9. 24. 선고 95누9945 판결, 대법원 2000. 9. 26. 선고 98다50340 판결(공무원연금법상의 유족연금수급권), 대법원 1998. 3. 10. 선고 97누20908 판결(군인연금법상의 유족연금수급권) 등 참조.

66) 대법원 2009. 5. 21. 선고 2008다13104 전원합의체 판결.

67) 민법 제748조에서 정한 수익자의 반환범위와 균형을 맞춘 조문이다.

68) 상속재산분할과 관련한 대법원 2016. 5. 4.자 2014스122 결정 참조.

69) 이 때 멸실 · 훼손된 재산의 대가를 상속인이 미리 받은 경우의 처리와 관련하여 법 제390조 2항을 유추적용할 것인지가 문제되나, 선의의 수익자의 반환범위에 관한 민법 제748조를 적용하더라도 상속인이 파산의 원인인 사실 또는 파산신청이 있은 것을 알지 못한 때에는 그 이익이

한편, 상속인이 무단으로 상속재산을 매각하였는데 시세보다 매우 저렴한 가격에 매각한 경우에는 그 매매대금 이외에 상속인에 대한 손해배상청구권을 행사하여 환가된 금전을 파산재단으로 포함시킬 수 있을 것이다.

바. 부 의 금

사람이 사망한 경우에 부조금 또는 조위금 등의 명목으로 보내는 부의금은 상호부조의 정신에서 유족의 정신적 고통을 위로하고 장례에 따르는 유족의 경제적 부담을 덜어줌과 아울러 유족의 생활안정에 기여함을 목적으로 증여되는 것으로서, 1차적으로 장례비용에 충당되는 것이고, 그 잉여분은 특별한 사정이 없는 한 피상속인의 공동상속인들이 각자의 상속분에 따라 권리를 취득하는 것이므로[70] 상속재산에 해당한다고 볼 수 없고, 파산재산에도 포함되지 않는다.

사. 피상속인의 상속인에 대한 권리

일반적으로 상속이 개시되면 민법 제191조, 제507조에 의하여 피상속인과 상속인 사이에 존재한 권리·의무는 혼동으로 소멸한다. 그러나 상속재산파산의 경우에도 이와 같은 혼동에 의한 소멸을 인정하면, 상속인의 피상속인에 대한 채권은 실제로는 변제를 받지 못했음에도 불구하고 소멸하게 되어 상속채권자나 수유자에 비해 현저히 불리한 입장에 처하게 되는 반면, 피상속인의 상속인에 대한 채권은 상속인이 다른 상속채권자나 수유자에 우선하여 상속재산으로부터 변제를 받는 것과 동일한 효과가 발생하고,[71] 파산관재인은 상속인에 대한 권리 행사가 불가능하게 된다.

이는 이해관계인의 형평을 도모하면서 상속재산을 엄격하게 청산할 목적에서 상속재산에 파산능력을 인정한 취지에 어긋나므로, 법 제389조 제2항은 한정승인에 관한 민법 제1031조와 마찬가지의 취지에서 상속재산에 대하여 파산선고가 있는 경우 피상속인이 상속인에 대하여 가지는 권리와 상속인이 피상속인에 대하여 가지는 권리는 소멸하지 아니한다고 규정하고 있다. 즉, 상속재산 파

현존하는 한도 안에서 이를 반환하면 된다고 할 것이다.
※ 제748조(수익자의 반환범위)
① 선의의 수익자는 그 받은 이익이 현존한 한도에서 전조의 책임이 있다.
② 악의의 수익자는 그 받은 이익에 이자를 붙여 반환하고 손해가 있으면 이를 배상하여야 한다.
70) 대법원 1992. 8. 18. 선고 92다2998 판결.
71) 條解 破産法(주 3), 1498면.

산절차에서 피상속인의 상속인에 대한 권리는 혼동으로 소멸하지 않고 파산재단
에 포함된다고 할 것이다.[72]

2. 자유재산의 인정여부

가. 압류금지재산, 면제재산의 인정 여부

상속재산파산에 있어서 파산재단에서 제외되는 압류금지재산과 면제재산에
관한 법 제383조 제1항 및 제2항이 그대로 적용되는지가 문제된다.

면제재산에 대하여는 법 제383조 제2항에서 '개인인 채무자'의 신청을 요구
하고 있으므로, 상속재산파산 사건의 경우에는 면제재산에 관한 법 제383조 제2
항이 적용될 여지가 없다고 할 것이다.

한편, 압류금지재산에 대하여는, 상속재산파산 사건의 채무자는 상속재산
그 자체이므로 개인인 채무자의 생계보장, 재기지원 등을 고려하여 규정된 압류
금지재산에 관한 규정은 적용될 여지가 없다는 이유로 압류금지재산을 파산재단
에서 제외되는 재산으로 정한 법 제383조 제1항을 상속재산파산 사건의 경우에
는 적용할 수 없다는 견해가 있다. 그러나 민사집행법 또는 기타 법령에서 압류
금지재산을 정하는 것은 채무자의 보호만을 목적으로 한 것이 아니고 채무자 가
족의 최소한의 생계를 보장하는 것과 같은 공공복리를 도모하기 위한 사회정책
적 요청에 근거하는 것이고[73] 특히 압류금지물건의 경우 그 소유자를 불문하고
채무자 등의 점유와 사용가능성을 보호하고자 하는 것이며,[74] 상속채권자들도
본래는 피상속인의 압류금지재산에 대하여 강제집행을 할 수 없었기 때문에 그
재산으로 채권의 만족을 얻지 못하더라도 부당하다고 할 수는 없으므로, 압류금
지재산 중 피상속인뿐만 아니라 그와 같이 살면서 생계를 같이 하던 가족의 생
계를 보장하는 취지에서 규정된 압류금지재산의 경우에는 상속재산파산 사건에
서도 파산재단에서 제외되어야 한다고 보는 것이 타당하다.

---

72) 전병서(주 1), 132~133면.

73) 김승환, 민일영, (주석) 민사집행법(5)(제3판), 한국사법행정학회(2012), 제195조, 제246조.

74) 압류금지 규정에 위반한 집행행위에 대하여 채무자는 물론 압류금지의 이익을 받는 동거가족
이나 동거친족도 집행에 관한 이의를 할 수 있고, 압류금지재산에 해당되는 물건이 누구의 소
유에 속하는 것인가 하는 점은 압류금지물인정 여부의 결정에 아무런 영향이 없다[김승환, 민일
영(주 72), 제195조].

나. 신득재산의 발생 가능성

피상속인이 파산선고 이전에 사망한 경우에는 피상속인 명의의 재산에서 추가로 발생하는 과실이나 피상속인 명의의 재산이 처분, 멸실·훼손되어 그 대가로 취득하는 재산(대상재산) 외에 피상속인의 새로운 원인행위에 의한 신득재산이 발생할 가능성이 없으므로, 신득재산을 자유재산으로 인정할 여지는 없을 것이다.

다. 파산관재인의 환가포기 재산

파산관재인은 상속재산의 가치에 비하여 관리 또는 환가비용 등이 과다하다고 판단한 경우 법원의 허가를 받아 그에 대한 환가포기를 할 수 있다.

다만 파산관재인이 환가포기를 한 경우 해당 재산의 귀속주체가 누구인지가 문제되는데, 실무상 파산관재인이 환가포기한 재산은 상속인에게 반환하고 있다.

제 9 절 재단채권

1. 상속비용의 재단채권 인정 여부

가. 상속비용의 재단채권성

법 제473조 각호에서 정한 재단채권은 상속재산파산 절차에서도 그대로 적용된다. 따라서 상속재산에 대한 파산선고 이후에 파산재단에 해당하는 상속재산의 관리 등에 관한 비용이 지출된 경우에는 법 제473조 제3호에 의하여 재단채권이 된다고 볼 것이다.

그런데 민법 제998조의2에 의하면 상속에 관한 비용은 상속재산 중에서 지급하는 것이고, 상속에 관한 비용은 상속재산의 관리 및 청산에 필요한 비용을 의미하는바,[75] 상속재산파산 사건의 경우 상속개시 이후 파산선고 전에 상속인 또는 제3자가 지출한 상속재산의 관리 및 청산에 필요한 비용이 법 제473조 제3호의 파산재단의 관리 등에 관한 비용으로서 재단채권에 해당하는지가 문제된다.

---

75) 대법원 2003. 11. 14. 선고 2003다30968 판결.

이에 대하여는, 상속개시 이후 파산선고 전에 상속재산에 관하여 지출된 비용은 파산선고로 인하여 파산재단이 성립되었을 것을 전제로 하고 있는 법 제473조 제3호의 파산재단의 관리 등에 관한 비용에 해당하지 않고, 달리 재단채권에 관한 열거적 규정 어디에도 해당하지 않는다고 보아 부정하는 견해[76]가 있고, 파산재단의 관리, 환가, 배당과 관련하여 필수적으로 지출이 필요한 비용(의무가입 보험료, 무연고자 등에 대한 장례비용 등)은 파산선고 이전에 발생한 비용이라고 하더라도 법 제473조 제3호에 의하여 재단채권으로 보는 것이 공평하다는 이유로 긍정하는 견해가 있는데, 상속인이 피상속인 사망 이후 지출한 비용을 상속재산파산 절차에서 우선 지급받지 못하면 민법의 한정승인에 의한 청산절차와 균형이 맞지 않고, 상속인으로서는 한정승인보다 불리한 상속재산파산절차를 이용할 실익이 없게 되어 상속인의 청산의무를 경감시키려는 제도 취지에 반하게 되므로[77] 긍정하는 것이 타당하다.

한편, 상속비용은 상속개시 이후에 상속재산의 유지 및 관리를 위해 발생한 비용을 의미하므로, 상속개시 이전에 공동상속인 또는 제3자가 피상속인을 대신하여 피상속인 명의의 재산과 관련하여 부담한 비용은 일반적인 상속채권에 불과하다.

나. 상속비용 해당 여부

상속재산에 대하여 파산선고가 있는 경우 파산재단을 관리 및 처분하는 권한은 파산관재인에게 속하게 되므로(법제384조), 파산선고 이후 파산관재인이 상속재산의 관리, 환가 등을 위하여 지출한 비용은 법 제473조 제3호에 의하여 재단채권이 된다.

상속개시 이후 파산선고 이전에 지출된 상속비용의 경우에는 앞서 본 부정설과 긍정설에 따라 재단채권여부가 달라지는데, 긍정설에 의하더라도 우선 상속비용에 해당할 것이 요구된다. 상속비용 해당 여부가 주로 문제되는 경우는 다음과 같다.

---

76) 이 견해는 상속재산파산 절차에서는 법 제424조에 의하여 상속채권자도 파산절차에 의하여서만 채권을 행사할 수 있어 결과적으로 상속재산으로부터만 배당을 받을 수 있는바, 상속인이 파산선고 전에 지출한 상속비용에 대하여 민법 제998조의2를 근거로 상속채권자보다 언제나 우선하여야 한다는 것은 형평에 반한다는 점도 근거로 한다(권순엽, "파산관재인의 건의 및 질의 사항에 대한 답변", 2018년 서울회생법원 상반기 간담회 자료집).

77) 김주미(주 32), 341면.

1) 상속재산에 대한 일반적 관리비용

상속재산을 유지, 관리하기 위해 지출한 비용, 예컨대 화재보험료, 부동산에 관한 필요비 등 관리비용이 객관적으로 필요한 범위 내에서 지출되었다면 상속비용에 해당한다. 다만 상속인의 과실(過失)에 의하여 지출한 것은 상속비용에 해당한다고 볼 수 없다.[78]

한편, 통상 상속재산과 관련된 재산세 등 공조공과는 상속비용에 해당하나, 그것이 국세징수법 또는 지방세징수법에 의하여 징수할 수 있는 채권이라면 법 제473조 제2호에 의하여 재단채권이 될 것이고, 이를 상속인 등이 대위변제한 경우 그 대위에 의하여 취득한 채권도 재단채권으로 볼 수 있다.[79]

2) 양도소득세, 취득세, 중개수수료 등

상속재산의 개별적 권리의 이전 등에 필요한 비용이나 상속재산의 처분 등에 수반되는 비용, 즉 상속인이 상속재산의 취득 및 그 처분과 관련하여 부담한 부동산중개수수료, 취득세 등은 상속재산의 관리 및 청산에 필요한 비용으로 볼 수 없으므로 상속비용으로 볼 수 없다.

양도소득세의 경우 대법원은 상속재산의 처분에 수반되는 조세부담은 상속에 따른 비용이라고 할 수 없다고 판시하여[80] 상속비용성을 부정하였으나, 상속채무의 변제를 위한 상속재산의 처분과정에서 발생한 양도소득세의 경우 한정승인제도의 취지를 고려하여 상속비용으로 보아야 한다는 견해도 유력하다.[81]

한편, 상속인이 상속재산에 대하여 한정승인을 하거나 법에 의하여 한정승인을 한 것으로 간주되는 경우에도 지방세법에 따라 취득세가 부과될 수 있는데, 상속인에게 부과된 취득세는 상속인의 고유채무에 해당할 뿐 상속비용에 해당하지 않는다.[82] 이는 한정승인의 경우 상속인이 책임이 제한된 상태로 피상속

---

78) 시진국(주 47), 15~16면.

79) 대법원 2009. 2. 26. 선고 2005다32418 판결 참조.

80) 대법원 1993. 8. 24. 선고 93다12 판결.

81) 민유숙, "2012년 민사(친족, 상속법) 중요 판례", 인권과 정의 432호, 57~58면, 대법원 2012. 9. 13. 선고 2010두13630 판결은 '이 사건 양도소득세 채무가 상속채무의 변제를 위한 상속재산의 처분과정에서 부담하게 된 채무로서 민법 제998조의2에서 규정한 상속에 관한 비용에 해당하고, 상속인의 보호를 위한 한정승인제도의 취지상 이러한 상속비용에 해당하는 조세채무에 대하여는 상속재산의 한도내에서 책임질 뿐이라고 볼 여지가 있음은 별론으로 하고'라고 판시하였다.

82) 대법원 2007. 4. 12. 선고 2005두9491 판결(민법 제1019조 제3항에 의한 이른바 특별한정승인의 경우 비록 상속채무가 상속재산을 초과한다 하더라도 상속으로 취득하게 될 재산의 한도로 상속채무에 대한 책임이 제한되는 점에서 민법 제1028조에 의한 통상의 한정승인과 다를 바 없으므로, 특별한정승인자가 취득세를 납부할 의무가 있다고 본 사례).

인의 재산에 관한 권리·의무를 포괄적으로 승계하는 것이기 때문에, 소유권이
전등기가 실제로 이루어졌는지, 상속인이 실제로 부동산을 사용·수익하는지 등
과 상관없이 한정승인의 효과로서 상속인이 부동산을 상속에 의하여 취득한 것
으로 보기 때문이다.[83]

3) 상속세

상속세 및 증여세법은 상속세 과세가액을 피상속인을 기준으로 산정하고
($\substack{상속세 및 \\ 증여세법 제3조}$), 공동상속의 경우에도 상속재산을 분할하기 전의 총 상속재산 가액
에 누진세율을 적용하여 세액을 산출하는 구조를 취하고 있어($\substack{상속세 및 증여세법 \\ 제13조, 제14조}$) 이
른바 유산세방식을 채택하고 있는 것으로 설명되므로,[84] 상속세는 상속비용에
해당하는 것으로 볼 수 있다.[85]

4) 장례비용

장례비용은 상속인이 이를 자신의 비용으로 지출하였고, 피상속인이나 상속
인의 사회적 지위와 그 지역의 풍속 등에 비추어 합리적인 금액의 범위 내라면
상속비용에 해당한다.[86] 합리적인 금액의 범위 내의 묘지구입비 역시 장례비용
의 일부라고 볼 것이나,[87] 천도재, 49일재, 위패비용, 제사비용은 장례비의 일부
라거나 상속재산의 관리 및 청산에 필요한 비용으로 볼 수 없다.[88]

한편, 통상 피상속인의 장례식에서 부의금을 받는 경우가 많은데, 부의금은
1차적으로 장례비용에 충당되는 것이므로,[89] 부의금이 실제 상속인이 지출한 장

헌법재판소도 상속재산에 대한 취득세를 부과함에 있어서, 상속채무초과상태에 있는 자와 그
렇지 아니한 자를 구별하지 아니하는 구 지방세법(2000. 12. 29. 법률 제6312호로 개정되기 전의
것) 제110조가 평등원칙에 위배되지 않고, 한정승인자라 하여도 상속재산에 대하여 실질적 권리
를 취득하는 것이고 다만 상속채무에 대한 책임이 한정됨에 불과한 것이므로 담세력의 실질이
없다고 볼 수 없다고 설시하였다(헌법재판소 2006. 2. 23. 선고 2004헌바43 전원재판부).

83) 부동산취득세는 재화의 이전이라는 사실 자체를 포착하여 거기에 담세력을 인정하고 부과하
는 유통세의 일종으로서 부동산의 취득자가 그 부동산을 사용·수익·처분함으로써 얻어질 이
익을 포착하여 부과하는 것이 아니므로, 지방세법 제105조 제1항의 '부동산취득'이란 부동산 취
득자가 실질적으로 완전한 내용의 소유권을 취득하는지 여부와 관계없이 소유권이전의 형식에
의한 부동산취득의 모든 경우를 포함하는 것으로 해석된다(대법원 2007. 4. 12. 선고 2005두9491
판결).

84) 시진국(주 47), 30면.

85) 대법원 2015. 5. 14. 선고 2012다21720 판결, 대법원 2002. 11. 26. 선고 2002므1398 판결.

86) 대법원 2003. 11. 14. 선고 2003다30968 판결.

87) 대법원 1997. 4. 25. 선고 97다3996 판결(상속에 관한 비용은 상속재산 중에서 지급하는 것이
고, 상속에 관한 비용이라 함은 상속재산의 관리 및 청산에 필요한 비용을 의미한다고 할 것인
바, 장례비용은 피상속인이나 상속인의 사회적 지위와 그 지역의 풍속 등에 비추어 합리적인
금액 범위 내라면 이를 상속비용으로 보는 것이 옳고, 묘지구입비는 장례비용의 일부라고 볼
것이며, 상속재산의 관리·보존을 위한 소송비용도 상속에 관한 비용에 포함된다).

88) 서울고등법원 2016. 5. 26.자 2015브360, 361 결정(심리불속행 기각).

례비용의 충당에는 부족하나 합리적인 금액 범위 내의 장례비용에는 충당할 수
있었던 경우에는 상속인이 부의금을 초과한 장례비용을 일부 부담하였다고 하더
라도 상속비용에 해당하지 않는 것으로 보고 있다.[90]

결국 상속인이 부의금을 초과한 장례비용을 상속비용으로 인정받기 위해서
는 장례비가 피상속인이나 상속인의 사회적 지위와 그 지역의 풍속 등에 비추어
합리적인 금액 범위 내이고, 그 범위에 미달하는 부의금이 접수되어 상속인이
고유재산으로 장례비용을 지출하였음이 모두 소명되어야 한다.

2. 예납금의 재단채권 인정 여부

가. 상속채권자와 수유자가 납부한 예납금

상속채권자와 수유자가 납부한 예납금은 통상의 채권자 개인파산신청 사건
의 경우처럼 파산절차 수행에 있어 불가결한 공익적 비용이므로 법 제473조 제1
호의 재단채권에 해당한다고 할 것이고, 예납을 한 채권자가 재단채권자가 된다.

나. 상속인, 상속재산관리인, 유언집행자가 납부한 예납금

상속인, 상속재산관리인, 유언집행자가 납부한 예납금도 법 제473조 제1호
에 해당하는 재단채권으로 볼 수 있는지 견해대립이 있을 수 있다. 이들은 상속
재산에 대한 관리자의 입장에 있으므로 채무자에 준하는 자(준채무자)이기 때문
이다.[91]

서울회생법원은 상속인, 상속재산관리인, 유언집행자가 그의 부담으로 납부
한 예납금은 파산채권자 공동의 이익을 위한 것으로 보아 재단채권으로 보고 있
으나,[92] 상속인, 상속재산관리인, 유언집행자가 예납금을 상속재산에서 출연한

---

89) 대법원 1992. 8. 18. 선고 92다2998 판결.

90) 예컨대 실제 상속인이 지출한 장례비용이 1,000만 원이고, 부의금으로 합계 250만 원을 받았
는데, 피상속인이나 상속인의 지위, 지역의 풍속 등에 비추어 장례비 300만 원이 합리적인 금액
의 범위로 인정된 경우, 상속인이 부의금을 초과하는 750만 원을 부담한 경우라고 하더라도 상
속비용으로 인정되는 금액은 50만 원(=장례비용 상한 300만 원−부의금 250만 원)이다. 이 경
우 상속인이 부의금을 초과하여 지출한 돈 중 상속비용으로 인정되지 않은 700만 원(=1,000만
원−250만 원−50만 원)은 파산채권에도 해당하지 않고 상속인의 자기 부담으로 될 뿐이다.

91) 이이수(주 19), 3면.

92) 이는 상속재산파산은 상속인의 재산과 분리하여 피상속인의 상속재산으로 전체 상속채권자에
게 변제하기 위한 것인데, 상속인 등이 자신의 고유재산에서 출연한 예납금을 일반채권자에 대
한 배당재원으로 처리하는 것은 적절하지 않기 때문이다.

경우나 피상속인이 예납금을 이미 부담한 경우에는 이를 파산재단에 편입하여 배당재원으로 사용하고 있다.

제10절 상속인과 수유자의 파산

1. 상속인의 파산

가. 일반론

법은 상속재산에 대한 파산절차뿐만 아니라 상속인이 파산선고를 받은 경우에 상속채권자, 수유자, 상속인의 고유채권자를 둘러싼 이해관계를 조절하기 위한 여러 규정을 두고 있다.

나. 상속인이 파산선고를 받은 이후 상속이 개시된 경우(상속인 파산선고 → 상속개시)

상속인이 파산선고를 받은 이후 상속이 개시된 경우에 관하여는 법에서 특별히 규정하지 않고 있다. 파산선고시를 기준으로 파산채무와 파산재단이 이미 확정되었으므로, 피상속인의 적극재산은 채무자의 신득재산이 되고,[93] 소극재산은 파산선고 이후 발생한 새로운 채무가 된다. 따라서 이를 상속인의 파산절차에서 고려할 것은 아니다.

다. 상속개시 이후 상속인이 상속재산에 대한 승인 또는 포기를 하고 파산선고를 받은 경우(상속개시 → 승인 또는 포기 → 상속인 파산선고)

1) 승인 또는 포기의 효력

상속인이 파산선고를 받기 전에 이미 상속이 개시되었고 나아가 상속재산에 대한 승인 또는 포기까지 한 경우, 그 승인 또는 포기의 효력에 따라 파산재단에 미치는 영향이 크다고 하더라도 파산선고로 인하여 상속인이 이미 한 승인 또는 포기의 효력이 변경되지 않고,[94] 파산선고시에 확정된 파산채권과 파산재단에 따라 파산절차가 진행된다.

---

93) 條解 破産法(주 3), 1518면.
94) 條解 破産法(주 3), 1517면.

2) 상속채권자, 수유자 및 상속인의 채권자의 지위[95]

① 상속인이 파산선고 전에 단순승인을 한 경우에는 상속인의 채권자 이외에 상속채권자 및 수유자도 상속인의 파산재단에 대하여 그 채권의 전액을 파산채권으로 행사할 수 있다. 따라서 상속채권자 및 수유자는 상속재산만이 아니라 상속인의 고유재산에 대하여도 상속인의 채권자와 우열 없이 권리행사를 할 수 있게 된다.

② 재산분리가 행하여진 경우에는 상속채권자 및 수유자는 상속인의 파산재단에 대하여 파산채권자로서 권리를 행사할 수 있으나(법 제434조), 재산분리의 효과에 관한 민법 제1052조에 따라 상속재산으로부터는 상속채권자와 수유자가 상속인의 채권자에 우선하여 변제를 받고, 상속인의 고유재산으로부터는 상속인의 채권자가 상속채권자와 수유자보다 우선적으로 변제를 받는다. 따라서 상속채권자와 수유자가 상속인의 고유재산으로부터 변제를 받는 때에는 상속인의 채권자보다 후순위이다

③ 상속인이 한정승인을 한 경우에는 상속채권자와 수유자는 상속인의 고유재산에 대하여 파산채권자로서 그 권리를 행사할 수 없다(법 제436조). 한정승인의 효과에 관한 민법 제1028조에 따라 한정승인이 있으면 상속인은 상속재산의 한도에서 상속채권자와 수유자에게 변제하면 충분하고 그 책임재산이 상속재산에 한정되기 때문이다. 따라서 상속인의 고유재산에 대하여는 오로지 상속인의 채권자가 파산채권자로서 권리를 행사한다는 점에서 상속채권자와 수유자가 파산채권자로서 권리를 행사할 수는 있으나 상속인의 채권자보다 배당에 있어 후순위가 되는 것에 불과한 재산분리의 경우와 차이가 난다.

라. 상속개시 이후 상속재산파산 신청기간 내에 상속인이 파산선고를 받은 경우(상속개시 → 상속인이 상속개시 있음을 안 날로부터 3개월 내 상속인에 대한 파산선고)

상속재산에 대하여 파산을 신청할 수 있는 기간 내에 신청에 의하여 상속인에 대한 파산선고가 있는 때에는 재산분리가 없는 경우에도 상속재산으로부터는 상속채권자와 수유자가 상속인의 채권자에 우선하여 변제를 받고, 상속인의 고유재산으로부터는 상속인의 채권자가 상속채권자와 수유자보다 우선적으로 변제를 받는다(법 제444조).

---

95) 이하 이 부분 전병서(주 1), 169~170면 참조.

즉, 상속인이 파산선고를 받기 전에 재산분리가 행하여진 위 다. 2) ②항의 경우에는 민법 제1052조에 의하여 상속채권자, 수유자와 상속인의 고유채권자 사이 배당의 우열이 정해지지만, 이와 같은 재산분리가 없는 경우에는 민법의 규정에 따라 그들 사이의 우열을 정할 수 없게 된다. 이에 법은 공평의 관점에서[96] 상속인이 상속재산에 대한 파산신청기간 내(즉, 재산분리를 신청할 수 있는 기간으로 상속개시 있음을 안 날로부터 3개월 이내이다[97])에 상속인에 대한 파산선고가 있는 경우에는 재산분리의 청구가 없더라도 재산분리가 있는 경우와 마찬가지로 상속채권자 및 수유자와 상속인의 고유채권자 사이의 배당 우열에 관하여 정하고 있는 것이다.

마. 상속개시 이후 상속인이 파산선고를 받고 상속재산에 대한 승인 또는 포기 행위를 한 경우(상속개시 → 상속인 파산선고 → 승인 또는 포기)

1) 한정승인 간주

파산선고 전에 상속개시가 있는 경우, 상속인이 파산선고 후에 한 단순승인은 파산재단에 대하여는 한정승인의 효력을 가지고(법 제385조), 파산선고 후에 한 상속포기도 파산재단에 대하여는 한정승인의 효력을 가진다(법 제386조 제1항). 상속인이 파산선고를 받는 경우 파산재단을 관리 및 처분하는 권한이 파산관재인에게 속하게 되고(법 제384조), 상속인이 파산선고 후 파산재단에 속하는 재산에 관하여 한 법률행위는 파산채권자에게 대항할 수 없게 되므로(법 제329조), 상속인이 민법의 규정에 따라 단순승인이나 포기를 한 경우 그 효력을 제한하기 위해 둔 규정이다. 다만 이와같은 한정승인의 효력은 '파산재단'에 대하여만 생기는 것이므로, 한정승인의 효과에 따라 배당이 이루어져 파산절차가 종료된 경우에는 상속인인 채무자가 한 단순승인이나 상속포기의 의사표시 그대로의 효력이 발생한다고 보아야 한다.[98]

---

96) 전병서(주 1), 169면.

97) 법 제300조 제1문, 민법 제1045조에 의한 상속재산파산 신청기간은 상속인이 상속개시 있음을 안 날로부터 3개월 이내이다(자세한 내용은 제3절 신청기간 참조).
   한편, 법 제300조 제2문에 의한 상속재산파산 신청기간은 상속인이 상속개시 있음을 안 날로부터 3개월 이내에 한정승인 또는 재산분리가 있는 경우를 전제로 하는바, 이 경우에는 재산분리 또는 한정승인에 따른 효과로서 채권행사여부 및 배당순위가 정해지므로, 법 제444조의 적용은 없다고 볼 수 있다.

98) 条解 破産法(주 3), 1519~1521면.

2) 상속채권자, 수유자 및 상속인의 채권자의 지위

법 제385조 또는 제386조 제1항에 의하여 한정승인의 효력이 간주되는 경우 상속채권자와 수유자는 상속인의 고유재산에 대하여 파산채권자로서 권리를 행사할 수 없으므로(법제436조), 상속인의 고유재산에 대하여는 오로지 상속인의 채권자가 파산채권자로서 권리를 행사하게 된다.

3) 파산관재인의 상속포기 인정 가능

상속인이 파산선고 후에 상속포기를 하여 법 제386조 제1항에 따라 한정승인이 간주되는 경우에도 파산관재인은 상속인이 한 상속포기의 효력을 그대로 인정할 수 있다(법제386조제2항 전문). 상속재산의 채무초과가 명백한 경우에 상속재산과 채무자의 고유재산을 별도로 관리해야 하는 파산관재인의 부담을 경감시키기 위해 파산관재인이 상속포기를 인정할 수 있도록 한 것이다.[99]

이 경우 파산관재인은 포기가 있은 것을 안 날부터 3월 이내에 그 뜻을 법원에 신고하여야 하는데(법제386조제2항 후문), 이때 위 신고법원이 파산법원인지 가정법원인지가 문제된다. 법 제386조 제2항 후문에서 신고법원이나 그 절차가 별도로 규정되어 있지는 않지만, 법 제492조 제6호에서 파산관재인이 제386조 제2항의 규정에 의한 상속포기의 승인을 하는 경우 파산법원의 허가를 받아야 하는 것으로 규정하고 있는 점을 고려하면 신고법원은 가정법원으로 보아야 할 것이다.[100]

따라서 파산관재인은 채무자가 파산선고 후에 한 상속포기의 효력을 인정하기 위해서는 법 제492조 제6호에 근거하여 파산법원의 허가를 받아 가정법원에 신고하여야 한다.

바. 상속인의 파산과 한정승인, 재산분리의 관계

상속인에 대한 파산선고는 한정승인 또는 재산분리에 영향을 미치지 아니하므로(법 제346조 본문), 상속인 또는 상속재산에 대한 파산선고를 전후로 하여 별도의 한정승인 또는 재산분리를 신청할 수 있다. 다만 파산취소 또는 파산폐지의 결정이 확정되거나 파산종결의 결정이 있을 때까지는 그 절차가 중지된다(법 제346조 단서).

상속인에 대한 파산선고를 전·후로 상속인이 한정승인을 하거나 재산분리가 있는 때에는 상속재산의 처분은 파산관재인이 하여야 한다(법제503조).

99) 條解 破産法(주 3), 1525~1526면.
100) 이이수(주 19), 14~15면.

2. 수유자의 파산

가. 포괄수유자의 파산

포괄수유자가 파산선고를 받은 경우에는 상속인의 파산에 관한 규정인 법 제385조 및 제386조를 준용하고(_{제387조}^법), 법 제503조 제1항 및 제2항을 준용한다 (_{제3항}^{법 제503조}). 포괄수유자는 상속인과 동일한 권리의무가 있기 때문이다(_{제1078조}^{민법}).

나. 특정수유자의 파산

특정수유자는 유언자의 사망 후에 언제든지 유증을 승인 또는 포기할 수 있는데(_{제1항}^{민법 제1074조}), 특정수유자가 파산선고 전에 유증을 받았으나 파산선고 당시 까지 민법 제1074조 제1항에서 정한 승인 또는 포기의 의사표시를 하지 아니한 때에는 파산관재인이 특정수유자에 갈음하여 그 승인 또는 포기를 할 수 있다 (_{제1항}^{법 제388조}). 이때 유증의무자나 이해관계인은 상당한 기간을 정하여 그 기간 내에 유증에 대한 승인 또는 포기를 확답할 것을 파산관재인에게 최고할 수 있다 (^{법 제388조 제2항,}_{민법 제1077조}).

제11절   상속재산파산의 종료와 관련한 문제

1. 동의파산폐지

동의폐지란, 채권신고기간 내에 신고한 파산채권자 전원의 동의를 얻을 것을 조건으로 하여 채무자의 신청으로 하는 파산폐지를 말하고(_{제538조}^법), 이 제도는 파산절차에 참가한 채권자 전원이 파산절차의 종료를 희망하는 경우에, 이와 같은 처분권자의 의사를 존중하는 것이 타당하다는 취지에서 둔 것이다.

상속재산파산 절차에서는 상속인 전원의 합의에 의한 동의파산폐지의 신청을 할 수 있다고 규정하고 있다(^{법 제539조}_{제2항}). 상속인 전원의 합의를 요건으로 한 것은 각 상속인에게 다른 상속인(실질적으로는 파산재산전체)을 대표할 수 있다는 규정이 없고, 상속채무에 대해서 후일 상속인 간에 분쟁이 생기는 것을 방지할 필요가 있다는 점이 주된 이유라고 설명된다.[101]

---

101) 条解 破産法(주 3), 1516~1517면.

2. 관련 민사소송과의 관계

상속재산파산 절차의 종료 후 상속채권자가 상속인을 상대로 하여 상속채무의 이행을 구하는 소송을 제기하고, 위 소송절차에서 상속인이 상속재산에 대한 파산절차가 종료되었음을 이유로 본안 전 항변 또는 청구기각의 주장을 하는 경우 상속인의 채무 또는 책임의 범위가 문제된다.

이에 대하여 견해의 대립이 있으나, 하급심의 다수 실무례는 법 제346조 본문에서 '상속인이나 상속재산에 대한 파산선고는 한정승인 또는 재산분리에 영향을 미치지 아니한다'라고 규정하고 있는 것을 근거로 한정승인을 하거나 한정승인의 효과가 간주되는 상속인에 대하여는 상속재산을 책임의 한도로 하여 전부 이행판결을 선고하고 있다.[102]

---

[102] 2018. 11. 29.자 선고 대구지방법원 2018가합1487호 판결(확정), 2018. 11. 2.자 선고 광주지방법원 2018가단509722호 판결(확정), 2018. 5. 2.자 선고 인천지방법원 2017가소88806 판결(확정), 2018. 4. 11.자 선고 수원지방법원 2017나69526 판결, 2017. 11. 29.자 선고 서울중앙지방법원 2016가소430768 판결(확정), 2017. 11. 16.자 선고 서울중앙지방법원 2017가단37759 판결(확정).
　　다만 이와 같은 전부이행 판결로서 상속인이 상속채권자의 민사소송에 별도로 대응해야 하는 불편과 소송비용을 전부 부담해야 하는 불이익이 발생하므로, 상속재산파산 절차가 폐지 또는 종결된 경우 상속인의 책임을 면제하는 규정을 입법적으로 도입함으로써 상속재산파산 제도의 활성화를 도모할 필요성이 있다.

제 7 장 면책신청에 대한 법원의 심리

제 1 절 개   관

면책신청 사건에 대한 법원의 심리는 면책신청서 및 첨부서류의 검토, 채무자를 심문할 필요가 있는 경우 채무자에 대한 면책심문 실시, 채권자에 대하여 이의신청 기회 부여, 채권자의 이의신청이 있는 경우 이의신청인 또는 채무자의 의견청취절차 진행 순서로 이루어지게 된다.

대부분의 개인파산·면책신청 사건은 동시에 신청되고 있으므로 실무상 개인파산신청 사건과 면책신청 사건이 동시에 심리되고 있다. 따라서 면책신청이 별도로 된 경우가 아니라면 파산·면책신청서 및 첨부서류를 심사하면서 면책불허가사유가 있는지 사전에 검토하고, 채무자 파산심문 시에도 면책불허가사유 및 재량면책 사유의 존부에 관한 자료를 수집하며, 파산선고와 동시에 면책심문기일 또는 이의신청기간 지정결정을 하고, 채권자집회와 의견청취기일을 병합해서 실시하며, 파산관재인이 선임되어 있는 사건에서는 보고서 제출 시에 면책불허가사유에 대한 보고도 같이 하도록 하고 있다.

제 2 절 면책신청서의 심사

1. 면책신청서 등의 검토

가. 면책신청서

면책신청 사건의 신청권자, 관할, 절차비용 등은 제1편 제2장의 파산 및 면책 신청절차 부분에서 기술한 바와 같다. 다만 면책신청이 별도로 된 경우에는 면책신청기간의 준수여부를 확인할 필요가 있다. 서울회생법원에서 사용하는 면책신청서에는 면책을 구하는 취지와 함께 파산선고결정을 받은 연월일시를 기재하도록 부동문자로 인쇄되어 있으므로 그 기재의 누락이 있는지 본다([양식 25] 참조).

나. 진 술 서

실무상 파산신청과 별도로 면책신청을 하는 경우에 면책신청서와 함께 진술서를 제출하게 하고 있다. 이 진술서에는 ① 파산선고를 받기까지 채무변제를 위하여 노력한 내용, ② 파산선고를 받게 된 사정(채무를 전부 변제하는 것이 불확실하다고 생각되기 시작한 시기 포함), ③ 파산선고 후의 경과(직업, 수입, 파산선고 후 변제 유무), ④ 현재까지의 생활 상황(가족 포함) 등에 관하여 기재하도록 하여 면책불허가사유의 유무와 재량면책을 판단하는 자료로 활용하고 있다.

다. 채권자목록

1) 검토사항

채무자는 파산채권자의 성명 및 주소, 파산채권의 발생일, 파산채권의 액수 및 원인을 기재한 채권자목록을 면책신청서에 첨부하여 제출하여야 한다(법 제556조 제6항).

면책신청이 파산신청과 동시에 된 경우나 법 제556조 제3항에 의해 면책신청을 한 것으로 간주된 경우에는 파산신청서에 첨부된 목록을 면책심리절차에서 그대로 사용할 수 있다(법 제556조 제7항). 다만, 파산신청 이후 새로운 채권자를 추가하는 경우가 종종 있는데 이 같은 경우에는 새로운 채권자를 포함한 채권자목록 전체를 다시 제출하여야 한다.

채권자목록은 면책의 효력을 받게 될 채권자를 특정하게 해주고, 채권자에게 이의신청할 기회를 줄 수 있는 자료가 된다. 채무자가 일부 채권자를 누락하는 경우가 있으므로 파산사건의 진술서 기재내용 등과 비교하여 누락한 채권자가 있는지 검토한다(채권자목록의 자세한 검토사항은 제1편 제3장 제2절 1. 나. 참조).

2) 면책신청 시 채권자목록을 제출하지 않은 경우의 처리

채무자가 면책신청과 동시에 채권자목록을 제출할 수 없는 때에는 그 사유를 소명하고 그 후에 지체 없이 이를 제출하여야 한다(법 제556조 제6항 단서).

채무자가 법원으로부터 채권자목록을 제출하라는 보정명령을 받고도 이행하지 아니하는 경우 법원은 어떤 결정을 내려야 할지가 문제된다. 실무상 면책신청을 한 채무자가 채권자목록을 제출하지 아니한 예는 거의 없으나 수차에 걸친 제출명령에도 불구하고 이를 이행하지 아니한 경우에는 절차를 계속 진행할 필요 없이 불성실을 이유로 면책신청 자체를 기각함이 상당하다.

3) 채권자목록의 기재에 흠결이 있는 경우

채권자목록을 제출하기는 하였지만 그 중요한 내용에 흠결이 있는 경우 법원의 처리방법이 문제된다. 우선 흠결의 보정을 명한다. 어쩔 수 없는 사정(당해 자료의 멸실 등)으로 보정할 수 없으면 그 사정을 서면으로 법원에 설명하도록 한다.

2. 파산사건 기록의 검토

법원은 면책신청서와 이에 첨부된 진술서만으로는 채무자의 면책허가 여부에 대한 충분한 자료의 수집이 곤란하기 때문에, 파산사건의 기록까지 함께 검토한다. 파산신청절차에서 채무자에 대한 면책불허가사유가 충분하게 심리되어 있으면 이를 참조하여 면책사건 심리의 방향을 정하면 되지만, 그렇지 않은 경우에는 채권자의 면책신청에 대한 이의신청(법 제562조)과 그에 대한 채무자의 답변서를 기다려 이를 정할 수밖에 없다. 현재의 실무는 파산신청절차에서 채무자에게 면책불허가사유가 있는지 여부에 대한 심리를 진행하고 있음은 앞서 말한 바와 같다.

3. 보정명령

파산사건기록과 면책신청서, 진술서 등에 미비한 점이 있거나 면책불허가사유의 의심이 있는 경우에는 채무자에게 그에 관한 사항을 보정하도록 명한다. 보정명령에 따른 보정서가 제출된 것을 확인한 후 면책심문기일 또는 이의신청기간을 지정할 수도 있다.

4. 서류의 비치, 열람

법원은 이해관계인이 열람할 수 있도록 면책신청서, 채권자목록 등 면책신청에 관한 서류를 법원에 비치하여야 한다(법 제561조 제1호). 파산관재인이 선임되어 있는 경우에는 면책불허가사유의 유무에 관한 파산관재인의 조사보고서도 비치한다

(법 제561조
제2호). 이해관계인이 원하는 경우 복사도 가능하다(법 제33조, 민사
소송법 제162조). 다만 열람·복사를 함에 있어서는 먼저 법원의 허가를 얻어야 할 것이다(별
제28조).

제 3 절 채무자 면책심문 및 이의신청기간

1. 개   관

면책을 신청한 자에 대하여 파산선고가 있는 때에는 법원은 기일을 정하여 채무자를 심문할 수 있는데, 이를 '채무자 면책심문'이라 한다(법 제558조
제1항). 또한 검사·파산관재인 또는 면책의 효력을 받을 파산채권자는 면책심문기일부터 30일 이내에, 면책심문기일을 정하지 않은 경우에는 법원이 정한 날 이내에 면책신청에 관하여 법원에 이의를 신청할 수 있는데(법 제562조
제1항), 이와 같이 파산채권자 등이 이의를 신청할 수 있는 기간을 '이의신청기간'이라 한다. 구 파산법은 채무자에 대한 면책심문기일을 필수적으로 하였으나 현행법은 면책심문기일을 임의화하였다. 서울회생법원의 실무상 파산사건의 심리 시 면책불허가사유에 대해서도 심리하고 있고, 면책심문기일에 채권자가 출석하는 경우가 많지 않으며, 대부분의 사건에서 별다른 면책불허가사유가 없이 면책이 허가되는 점에 비추어 면책심문기일을 지정하지 않고, 이의신청기간 지정 결정을 해서 채권자 등의 이의신청이 있는지 여부를 확인한 후에 면책 여부 결정을 하고 있다. 면책에 의하여 가장 영향을 받는 사람은 채권자이므로 채권자의 이의가 없고, 별다른 면책불허가사유가 발견되지 않는다면 면책심문기일을 지정하지 않음으로써 채무자가 신속하게 면책을 받게 할 수 있다.

2. 면책심문기일

가. 면책심문기일 지정

송달료 등의 비용예납을 확인하고, 신청의 법적 요건(신청권, 관할권의 존부)과 구비서류(인지의 첩부, 채권자목록의 제출)를 조사한 후 심문할 필요가 있다고 인정되면 동시신청의 경우 파산선고 시에, 이시신청의 경우에는 별도 결정으로 면책심문기일을 지정한다([양식 14, 26] 참조).

채무자가 신청한 개인파산 사건은 반대의사표시가 없는 한 파산신청으로 면책신청까지 한 것으로 간주되므로(법 제556조 제3항), 간주면책신청 사건에서 면책심문기일을 지정할 때에도 파산선고와 동시에 면책심문기일을 지정한다. 면책심문기일은 통상 파산선고일부터 1개월 정도 후 2개월 이내의 날짜로 지정한다. 파산신청과 별도로 면책신청을 하는 경우에 면책심문기일은 면책신청일부터 60일 이내의 날짜로 지정하면 된다(개인파산예규 제3조 제2항).

면책심문기일은 채권자집회 또는 채권조사의 기일과 병합하여 진행할 수 있다(법 제558조 제5항).

나. 파산관재인에 대한 조사보고서 제출명령

파산관재인이 선임되어 있는 사건에 관하여는 법원은 파산관재인에게 채무자에 대한 면책불허가사유가 있는지에 대한 조사를 하고, 이를 면책심문기일에 보고하게 할 수 있다(법 제560조)([양식 54] 참조). 파산관재인에게 조사보고를 명한 경우 조사보고서는 이해관계인이 열람할 수 있도록 비치하여야 하므로(법 제561조 제2호), 조사보고서의 제출기한을 적어도 심문기일 1주일 전까지로 정한다.

파산관재인은 조사보고서에 면책불허가사유의 유무, 재량면책의 허부에 관하여 파산채권자 및 채무자에 대한 조사 결과, 파산관재업무 수행 중 발견한 사항 등을 토대로 의견을 기재하여야 한다.

다. 면책심문기일의 공고 및 송달

1) 공   고

채무자에 대한 면책심문을 실시하기로 하여 그 기일을 결정한 때에는 이를 관보에 게재하거나 대법원규칙이 정하는 방법에 따라 공고하여야 하는데(법 제558조 제2항), 실무상 대한민국 법원 홈페이지(http://www.scourt.go.kr) 법원공고란에 게시하는 방법으로 공고함을 원칙으로 한다(개인파산예규 제7조)(동시 신청 시 공고는 [양식 17], 이시 신청 시 공고는 [양식 27] 참조).

2) 송   달

가) 송달 대상   면책심문기일을 지정한 결정 등본을 파산관재인 및 면책의 효력을 받을 파산채권자로서 법원이 알고 있는 파산채권자에게 송달하여야 한다(법 제558조 제2항). 송달은 민사소송법에서 정한 방법에 따른다(별 제33조). 다만 면책심문기일은 공고 및 송달을 하여야 하는 경우이므로 그 송달은 발송송달로 할 수

있고(법제11조제1항), 그 공고는 모든 관계인에 대하여 송달의 효력이 있다(같은조제2항).

채무자에 대한 심문기일 출석통지는 면책심문기일이 지정된 결정 등본을 송달하는 것으로 대체한다. 신청대리인이 선임되어 있는 경우에는 대리인에게 송달하는 것으로 채무자에 대한 심문기일 출석통지를 갈음할 수도 있다.

채권자목록에 기재된 모든 채권자에게 면책심문기일 결정등본과 함께 면책신청이 있음을 알리고, 면책불허가사유 및 이의신청의 기간 및 방법에 대한 내용이 담긴 채권자안내문([양식 20] 참조)을 송달한다. 면책심문기일 통지는 공고와 송달을 동시에 하여야 하는 경우로서 발송송달로도 충분하나 실질적인 절차참여권을 보장하기 위하여 실무상 교부송달을 하고 있다.

구 파산법은 검사에게도 면책심문기일결정 등본의 송달을 요구하였으나 (구 파산법 제 341조 제2항), 실무상 검사가 심문기일에 출석한 예가 없어 현행법에서는 검사를 면책신청에 관한 이의신청권자로만 규정하고(법 제562조 제1항), 면책심문기일의 송달 대상에서는 제외하였다(법 제558조 제2항).

나) 송달불능 시의 실무 처리　　채무자에 대한 송달이 불능되면 그 사유에 상관없이 발송송달과 함께 실무상 신청서에 기재된 연락처로 면책심문기일에 출석할 것을 통지하는 것이 일반적이다.

실무상 파산채권자에 대한 면책심문기일결정 등본의 송달이 불능된 경우에, 위 결정은 공고와 송달을 모두 하여야 하는 대상이므로 법 제11조 제1항에 의하여 발송송달을 하여 법상 요구되는 송달의 요건을 충족시킬 수 있다. 다만 실무는 채권자의 절차적 참여권을 실질적으로 보장하기 위하여 심문기일에 출석한 채무자에게 송달불능된 채권자의 주소보정을 명하여 보정된 주소로 이의신청방법 등이 담긴 채권자안내문을 송달하고 있다.

보정된 주소가 법인등기사항증명서 또는 주민등록등본 상의 것임에도 불구하고 그 주소로 송달이 계속되지 않거나 채권자의 주소 확인 거부 등 채무자의 성실한 노력에도 불구하고 채권자의 주소를 파악할 수 없는 경우가 있다. 이때에는 송달하여야 하는 장소를 알기 어려운 때에 해당한다고 보아 공고로써 송달에 갈음할 수 있다(법 제10조).

라. 채무자가 불출석한 경우의 처리

1) 채무자가 소환장을 받고도 불출석한 경우

채무자는 면책심문기일에 출석하여 심문에 성실히 응할 의무가 있으므로 채무자가 정당한 사유 없이 계속하여 불출석하는 경우에는 법 제564조 제1항 제5호 소정의 의무위반을 이유로 면책을 불허할 수 있다. 또한 채무자가 정당한 사유 없이 심문기일에 불출석하는 경우에는 신청이 성실하지 아니한 때 (법 제559조 제1항 제4호)에 해당한다고 보아 면책신청 자체를 기각할 여지도 있으나 이 경우 면책신청을 다시 할 수 없게 되는 점(법 제559조 제2항)을 감안하여야 한다.

단 1회의 불출석만으로도 위와 같이 채무자에게 불리한 결정을 할 수도 있 겠지만 실무상 채무자를 수회 소환하고 있다. 즉, 채무자가 불출석하면 심문기일 을 연기하고 다시 소환한다. 이때 법정에서 연기를 선고하면 연기된 기일의 공 고 및 파산관재인과 면책의 효력을 받을 파산채권자로서 법원이 알고 있는 파산 채권자에게 연기된 기일에 대한 송달을 하지 않아도 된다(법 제558조 제4항, 제457조 단서).

채무자가 자료를 제출하여 입원 등 불출석의 사유를 소명하면 연기하고 다 시 소환한다. 그러나 채무자가 중병으로 심문기일에 출석할 수 없고 회복에 장기 간을 요하는 경우와 같이 다시 소환하여도 출석하지 아니할 것으로 예상되는 경 우에는 진단서 등 소명자료를 제출하도록 하고, 법원의 심문내용을 기재한 진술 서 제출명령([양식 29] 참조)을 송달한 다음, 그에 대한 진술서로 대신할 수 있다.

2) 송달불능으로 채무자가 불출석한 경우

제1회 심문기일에 채무자에 대한 면책심문기일결정 등본이 송달불능되고, 신청서상의 연락처로도 연락이 되지 않은 상태에서 채무자가 심문기일에 불출석 한 경우에는 심문기일을 다시 정하여 연기한다.

발송송달의 방법으로 채무자에게 연기된 면책심문기일을 통지한 후 계속하 여 불출석하면 심문기일을 종결하고, 앞서 본 것처럼 면책을 불허하거나 면책신 청을 기각한 다음, 그 결정 정본을 공시송달의 방법으로 송달한다.

3) 채무자의 신청대리인만 출석한 경우

면책심문기일에는 채무자가 직접 출석하는 것이 원칙이다. 심문기일에 신청 대리인만 출석하고 채무자는 불출석한 경우에는 대리인에게 정당한 사유에 관한 보고서를 제출하게 하고 이를 참작하여 정당한 사유가 있다고 생각되면 다시 기 일을 정하여 채무자를 소환하는 것이 바람직하다.

마. 면책심문의 방식

심문은 원칙적으로 비공개로 하고 있다(비송사건절차법 제13조 참조). 심문 중 채무자 또는 채 권자에게 면책제도의 취지, 면책의 효력 등을 설명하여야 할 경우도 있다.

바. 면책심문기일의 진행

1) 채무자에 대한 심문

파산절차의 심문결과와 보정명령에 따른 보정서, 파산관재인의 조사보고 등의 자료로부터 충분히 드러난 사정에 관하여는 따로 심문하지 않는다.

따라서 심문의 내용은 주로 파산심문이나 채무자의 파산관재인에 대한 설명 시 채무자가 정직하게 진술하였는가 여부, 파산관재인의 조사보고서에 나타난 의문점에 관한 채무자에 대한 석명, 파산절차에서 파산채권자로부터 수집한 의견청취서에 나타난 부당하거나 의문시되는 채무자의 행위에 관한 석명, 파산선고 후 채무자의 경제적 생활 상황 및 채권자와의 관계 등이다. 실무에서는 이들 심문의 내용이 심문기일 전에 기록에 충분히 나타나도록 진술서와 보정명령 등을 활용하고 있다.

2) 채권자에 대한 이의신청 기회 부여

채권자가 출석한 경우 이의신청의 기회를 부여한다(법 제562조 제1항). 사전에 이의신청서가 제출되어 있으면 이의신청서를 진술하게 하고, 파산절차에서 제출된 채권자 의견청취서에 면책불허가사유에 관한 기재가 있으면 이를 확인하고 조서에 그 내용을 간단히 기재한다. 그 밖에 심문기일에서 면책불허가사유에 관하여 새로운 주장이 있으면 그 내용을 정리하여 조서에 기재한다.

3) 기일의 변경, 연기, 속행

기일의 변경, 연기, 속행은 기일에서 선고하면 따로 공고 또는 송달을 요하지 않는다(법 제558조 제4항, 제457조 단서).

면책심문기일을 종결한 후 다시 심문이 필요한 경우에는 심문기일 지정결정을 하고 채무자를 소환한다. 이때 채권자 등에게는 이미 이의신청 기회를 부여하였으므로 따로 공고 및 기일통지를 하지 않고 있다.[1] 그러나 심문종결이 되지 아니한 상태에서 심문기일을 추정하였다가 다시 지정하는 경우에는 공고 및 기일통지를 하여야 한다.

---

[1] 이에 대하여 본조는 채무자의 면책절차와 관련하여 파산채권자에 대한 절차보장을 위한 것이라는 목적으로 규정된 것이라는 점을 고려하면 면책심문기일을 종결한 이후 다시 심문이 필요한 경우라면 면책으로 인하여 가장 큰 영향을 받는 이해관계인인 파산채권자에게도 새로운 면책심문기일 지정결정의 송달과 공고가 필요하다는 견해가 있다. 주석 채무자회생법(Ⅱ)(제1판), 한국사법행정학회(2020), 632면(장철웅).

4) 면책심문 종결 후 결정 전의 추가 채권자신고

이 경우에는 원칙적으로 면책심문기일을 다시 열어 최초 채권자목록에 누락된 경위 및 추가 경위를 심문할 것이지만, 면책심문기일을 다시 지정함이 없이 추가된 채권자에 대하여 이의신청기간을 지정하는 결정을 하고 이를 추가된 채권자에게 송달하는 것도 가능하다.

사. 조서의 작성

심문조서는 재판장이 조서의 작성을 명한 때에 작성한다($\substack{규칙 \\ 제5조}$)([양식 28] 참조).

3. 이의신청기간

가. 의   의

검사, 파산관재인 또는 면책의 효력을 받을 파산채권자는 면책심문기일이 정해진 경우 면책심문기일부터 30일 이내에, 면책심문기일을 정하지 않은 경우 법원이 정하는 날 이내에 법원에 이의를 신청할 수 있다. 앞서 본 바와 같이 서울회생법원의 실무상 개인파산·면책신청 사건의 신속한 처리를 위해 대부분의 사건에서 면책심문기일을 지정하지 않고 이의신청기간을 지정해서 면책 사건을 처리하고 있다. 다만, 이하에서는 면책심문기일을 정하는 경우에 대해서도 간단히 살펴보기로 한다.

나. 심문기일이 지정된 경우

검사, 파산관재인 또는 면책의 효력을 받을 파산채권자는 면책심문기일부터 30일 이내에 면책신청에 관하여 법원에 이의를 신청할 수 있다($\substack{법 제562조 \\ 제1항 본문}$). 법원은 상당한 이유가 있는 때에는 신청에 의하여 그 기간을 늘일 수 있으므로($\substack{법 제562조 \\ 제1항 단서}$), 이 경우 법원은 별도로 이의신청기간을 연장하는 결정을 하여야 한다([양식 32] 참조).

면책심문기일은 변경, 연기 및 속행이 가능하므로($\substack{법 제558조 \\ 제3항}$), 법 제562조 제1항 소정의 이의신청기간이 시작되는 심문기일은 심문종결일을 뜻한다. 이의신청기간은 심문종결일부터 당연 기산되는데, 실무상 채권자에게 면책심문기일결정등본과 함께 면책심문기일 종결일부터 30일 이내 이의신청할 수 있다는 내용이 기재된 채권자안내문([양식 20] 참조)을 송달하는 방법으로 이의신청기간을 고지하고 있다.

이의신청기간을 연장하는 결정을 하는 경우에 구 파산법 하에서는 심문기일에 이의신청기간 결정을 선고하는 경우에는 송달을 요하지 않았으나(구 파산법 제344조 제2항), 현행법은 그러한 근거 규정이 없으므로 파산채권자의 신청에 의하여 이의신청기간을 연장하는 결정을 심문기일에 선고한 경우에도 그 신청인에게 이를 송달하여야 한다.

서울회생법원은 면책심문을 실시할 경우에는 심문종결 시 채무자에게 앞으로의 절차를 설명하면서 소정 기간 내에 이의신청이 있으면 다시 의견청취기일을 정할 수도 있다고 고지하면서 이에 대한 안내문([양식 33] 참조)을 교부하고 있다.

다. 심문기일이 지정되지 않는 경우

1) 이의신청기간 지정 결정

면책심문기일을 지정하지 아니한 경우에는 구 파산법 하에서와 같이 채권자들이 이의신청할 수 있는 기간을 지정하는 결정을 하여야 한다(법 제562조 제1항 본문). 이의신청기간 지정 결정은 파산선고와 동시에 하거나 이의신청기간 지정 결정만 단독으로 할 수 있다(파산선고와 동시에 이의신청기간 지정 결정을 하는 경우 [양식 15] 참조, 이의신청기간 지정 결정만 하는 경우 [양식 30] 참조). 이 경우에도 법원은 그 기간을 늘일 수 있지만([양식 32] 참조) 심문기일이 정하여지지 않은 상태에서 채권자가 연장신청을 하는 경우는 드물 것이다.

이의신청기간을 지정하는 결정을 한 경우에는 파산관재인과 면책의 효력을 받을 채권자에게 이를 송달하여야 한다(법 제8조). 채권자의 절차참여권을 보장하기 위해 교부송달하고 있다.

2) 이의신청기간 지정 결정이 그 기간 내에 송달되지 아니한 경우

이의신청기간을 지정하는 결정등본을 채권자에게 송달한 결과 그 결정등본이 이의신청기간 내에 채권자에게 송달되지 아니한 경우에는 채무자에게 해당 채권자에 대한 주소보정명령을 함과 아울러 이의신청기간이 경과하였다면 해당 채권자에 대한 이의신청기간을 다시 정하여 보정된 주소로 다시 송달한다.

3) 이의신청기간 지정 결정의 송달에 갈음하는 공고

송달하여야 하는 장소를 알기 어려운 채권자의 경우에는 송달에 갈음하는 공고 결정을 하고 공고로써 송달에 갈음할 수 있다($_{제10조}^{법}$). 서울회생법원에서는 이의신청기간 지정 결정을 하면서 송달에 갈음하는 공고 결정도 같이 하고 있다([양식 30] 참조). 면책신청 사건의 경우 채권자에게 이의신청기간 지정 결정이 송달되지 않아 그 처리가 지연되는 경우가 종종 있는데, 공고로써 송달에 갈음하여 그 처리를 신속하게 할 수 있다. 다만 채권자의 절차참여권을 침해할 수 있으므로 공고로써 송달에 갈음하는 것은 신중하게 하여야 한다.

가) 법인채권자　　　채권자가 법인인 경우에는 주소가 이전되는 경우가 흔치 않고, 법인등기사항증명서를 발급받아 주소를 확인할 수 있으므로 송달되지 않는 경우가 적은 편이다. 대부업체의 경우 사실상 폐업을 하여 송달이 되지 않는 경우가 종종 있는데, 고위험·고수익을 추구하는 대부업의 특성을 고려하여 비교적 폭넓게 공고로써 송달에 갈음하고 있다. 거래처 등 기타 법인의 경우에는 채무가 다액이라면 대표자 개인 주소지에 대한 송달 등을 거친 이후에 비로소 공고로써 송달에 갈음하고 있다.

나) 개인채권자　　　채권자가 개인인 경우, 주민등록표 초본 등 주소를 명확히 알 수 있는 자료가 제출되어 있고 그 주소에 대한 송달이 '이사불명,' '수취인불명,' '주소불명'으로 불능인 경우에 공고로써 송달에 갈음한다. '수취인부재'인 경우 채무가 다액이라면 일정 기간을 기다려 다시 송달을 시도해 볼 필요가 있을 것이다. '폐문부재'로 송달이 되지 않는 경우에는 채무의 다과에 따라 바로 공고로써 송달에 갈음하거나 특별송달을 거쳐 공고로써 송달에 갈음한다. 채권자가 보증인인 경우에는 채무자와 이해관계가 크게 대립되는 사이가 아니고, 친족인 경우가 많으므로 비교적 쉽게 공고로써 송달에 갈음하고 있다.

채무자로 하여금 채권자의 주민등록표 초본 등을 발급받아 제출할 수 있도록 하기 위하여 채권자의 주민등록번호와 주민등록상 주소지 등 인적사항을 확보하여야 하는데, 이를 위하여 채무자의 신청이 있으면 법원이 필요한 경우에 통신사에 사실조회(채권자의 전화번호를 알고 있는 경우)를 하거나 금융기관에 대한 제출명령(채권자의 계좌번호를 알고 있는 경우나 채권자가 보증인인 경우)을 하는 경우도 있다.[2]

---

2) 위와 같은 방법을 거쳐도 채권자의 인적사항을 알 수 없는 경우에는 채무자에 대해 보정명령을 발령하여 '채권자와의 관계 및 채무를 부담하게 된 경위,' '채권자와 연락이 두절된 사유와 그 기간,' '채권자로부터 최근에 채무이행의 독촉을 받은 사실이 있는지 여부'에 관하여 보정서를 제출하게 한 후 이를 검토하여 추가로 보정을 명하거나 공고로써 송달에 갈음하는 실무례도 있다.

제 4 절 면책신청에 대한 이의

1. 개   관

검사, 파산관재인, 면책의 효력을 받을 파산채권자는 면책신청에 관하여 법원에 이의를 신청할 수 있다(법 제562조 제1항).

법원은 면책불허가사유의 존부에 관하여 직권으로 조사할 수 있으므로(법 제12조 제2항), 이의신청권은 법원의 직권발동을 촉구하고 그에 관한 자료를 제공하는 권리에 불과하다. 따라서 이의신청에 대하여 따로 재판을 할 필요는 없고 면책신청 자체에 대한 재판을 하면 된다. 이의신청이 부적법하더라도 이를 각하하는 재판을 할 필요가 없다.

다만 면책에 의하여 자신의 권리가 영향받는 사람은 채권자뿐이므로 채권자의 이의가 없으면 면책불허가사유의 존부에 대한 조사의 필요성도 크게 줄어든다고 볼 수밖에 없다. 개별적인 민사조정절차에서 채권자의 이의가 없으면 채무자의 채무감면이 확정되는 것과 같은 원리이다.[3]

2. 이의신청권자

검사, 파산관재인, 면책의 효력을 받을 파산채권자(법 제562조 제1항)이다. 다만 동시폐지 사건의 경우 파산관재인이 선임되지 않으므로 파산관재인이 이의할 여지가 없다. 또한 검사에 대한 파산선고의 통지는 파산법원이 필요하다고 인정한 경우에 한하여 이루어지고(법 제315조), 면책심문 시에도 통지의 대상이 아니므로, 검사가 이의신청을 하는 경우를 생각해 보기 어렵다. 검사에 대한 파산통지가 필요적이었던 구 파산법 하에서도 실무상 검사가 이의신청을 한 경우는 한 번도 없었다. 실무상 이의신청은 채권자만이 하고 있다.

파산채권자는 채권신고의 유무에 상관없이 이의신청을 할 수 있지만, 파산채권자인지 여부가 기록상 분명하지 않을 때에는 파산채권자임을 소명하여야 한

---

3) 이러한 취지에서 미국 연방파산규칙에서는 면책에 대한 이의신청기간 안에 이의신청이 없으면 법원이 면책불허가사유의 유무를 심사하지 않고 반드시 면책을 하여야 한다고 규정하고 있다. 이의신청이 있으면 대심절차(adversary proceeding)에 의하여 심리하는데 면책불허가사유가 존재한다는 입증책임은 이의신청인 측에서 부담한다.

다. 채권자목록에 기재되지 않은 채권자가 이의신청을 하는 경우에도 마찬가지
이다. 별제권자, 환취권자, 면책의 효력을 받지 않는 채권자 등이 면책신청에 관
하여 이의신청을 할 수 있는지 여부가 문제인데, 면책절차에서 별제권·환취
권·비면책채권 해당 여부를 판단하기 어려운 점, 면책불허가사유가 법원의 직
권조사사항인 점 등에 비추어 보면 이의신청을 할 수 있다고 볼 것이다(자세한
논의는 제1편 제8장 제2절 2. 마. 참조).[4]

3. 이의신청의 기간 및 방식

서면으로 이의신청을 할 경우에는 원본과 부본 각 1통을 제출하여야 한다
(규칙 제78조 제1항). 면책에 대한 이의신청은 법원의 직권발동을 촉구하는 성질의 것으로
별도의 사건부호 및 사건번호를 부여하거나 신청인지를 붙일 필요가 없다. 면책
심문기일에 채권자가 출석해서 구두로 이의신청하는 것도 가능하고, 이와 같은
경우 조서에 이의신청 내용을 기재한다. 그러나 실무상 그러한 채권자라도 이의
신청서를 제출하도록 권유하고 있다. 반드시 이의신청서라는 제목이 아니더라도
이의신청의 취지가 기재되어 있으면 족하다.

법은 "법원은 제562조 제1항의 규정에 의하여 채권자의 이의신청이 있는
때에는 채무자 및 이의신청인의 의견을 들어야 한다"고 규정하여(법 제563조) 법 제
562조 제1항의 소정의 기간 내에 이의신청이 있는 때에만 의견청취를 하는 것
으로 해석될 여지도 있다. 그러나 이의신청은 법원의 직권발동을 촉구하는 것으
로 이의신청기간 시작 전[5] 또는 경과 후에 제출된 이의신청에 대해서도 의견청
취를 함을 원칙으로 한다. 파산절차에서의 채권자 의견청취서에서 면책불허가사
유를 주장한 경우에도 이의신청에 준하여 처리한다.

4. 이의신청의 내용

이의신청을 하는 때에는 법 제564조 제1항 각 호의 면책불허가사유를 소명

---

4) 이에 대하여 면책의 효력을 받을 파산채권자만이 이의신청권이 있으므로, 파산채권자가 아닌
별제권자나 비면책채권자의 경우에는 이의신청권이 없다는 견해로는 주석 채무자회생법(II)(제1
판), 한국사법행정학회(2020), 644면(장철웅).

5) 실무상 파산선고되는 거의 모든 사건에서 면책심문기일의 지정 없이 파산선고와 동시에 면책
에 대한 이의신청기간을 정하여 채권자에게 통지하고 있고, 대부분의 이의신청도 이의신청기간
내에 제출되고 있다.

하여야 한다(법 제562조 제2항). 이의신청에는 면책불허가사유에 해당하는 구체적 사실을 주장하고 이에 대한 소명자료를 제출하여야 한다. 파산신청과 별도로 면책신청이 된 경우라면 면책신청기간 경과 후의 면책신청임을 주장하여 면책신청 각하의 결정을 구할 수도 있다.

5. 이의신청이 있는 경우의 절차

가. 의견청취의 방법 — 기일지정 또는 서면

법원은 법 제562조 제1항의 규정에 의하여 이의신청이 있는 때에는 채무자 및 이의신청인의 의견을 들어야 한다(법 제563조). 채권자의 절차참여권을 보장하기 위한 것이다. 의견청취의 방법으로는 기일을 지정하여 의견을 듣는 것과 서면에 의한 것을 들 수 있다.

통상 이의신청인이 면책불허가사유에 대한 구체적 사실을 주장하고 이에 대한 소명자료를 첨부할 경우에는 기일을 지정하여 의견을 청취한다. 이에 반하여 이의신청인이 면책불허가사유에 대한 주장 없이 '도덕적 해이' 등을 이유로 면책에 이의를 하거나 면책불허가사유를 주장하더라도 구체적 사실의 적시나 소명을 하지 아니한 경우에는 서면에 의한 의견청취가 적정할 것이다.

이의신청에 대한 심리방법으로 서면에 의할 것인지 기일지정에 의할 것인지는 법원의 재량 판단사항이나, 이의신청인과 채무자에게 주어야 할 의견진술기회는 이의신청과는 별도로 요구되는 절차이므로, 이의신청서에 이의신청의 이유가 기재되어 있다고 하여 위와 같은 절차를 생략할 수는 없다.[6]

한편 서울회생법원 실무상 파산관재인을 선임하는 사건에 있어서 기일지정에 의한 의견청취의 방법을 원칙적으로 취하고 있다. 파산관재인을 선임하는 사건의 경우 파산선고와 함께 제1회 채권자집회 기일과 같은 일시로 의견청취기일을 미리 지정하고, 의견청취기일 통지서와 이의신청기간 지정 결정을 채권자목록에 있는 채권자 전부에게 통지하고 있다. 채권자의 이의신청이 있는 경우 미리 정해진 의견청취기일에서 채권자의 의견을 청취하고 있다.[7]

---

[6] 대법원 2010. 2. 11.자 2009마2147 결정. 한편 채무자의 면책신청에 대해 채권자가 이의신청을 하였음에도 원심이 아무런 의견청취절차를 거치지 아니한 채 면책허가결정을 하자, 채권자가 절차참여권 보장침해를 이유로 항고한 사안에서, 항고심의 심문기일에 채권자가 출석하여 채무자에 대하여 면책을 허가하여서는 아니 되는 사정에 관한 진술기회를 가졌으므로, 원심의 절차상의 하자는 치유되었다는 사례로 서울중앙지방법원 2009. 9. 14.자 2009라213 결정(확정).

[7] 이와 같은 실무에 대하여 이의신청도 없는 상태에서 의견청취기일을 지정하는 방식의 적정성

나. 기일지정에 의한 의견청취

1) 의견청취기일의 지정

의견청취기일을 제1회 채권자집회 기일과 같은 일시로 미리 지정하는 방식의 경우 대부분 의견청취기일 지정시기가 문제가 되지 않는다. 다만 파산절차가 종결 또는 폐지된 이후 채권자 이의신청이 있는 경우와 같이 의견청취기일을 별도로 정하는 경우에는 그 지정시기가 문제가 된다. 원칙상 일부 채권자의 이의신청이 있더라도 이의신청기간 경과 후에 다른 채권자의 이의신청 여부를 확인한 후 의견청취기일을 지정함이 원칙이나, 절차의 신속한 진행을 위해 다른 이의신청이 없을 것으로 예상되는 경우에는 이의신청기간 도과를 기다릴 필요 없이 곧바로 의견청취기일을 지정하는 것도 무방하다([양식 34] 참조).

채권자의 이의신청으로 의견청취기일을 지정한 경우에는 의견청취기일 통지서를 채무자 및 이의신청을 한 채권자에게 교부송달의 방법으로 송달한다([양식 35] 참조). 그 이외의 채권자에게는 송달하지 않는다. 이의신청인에게 통지서를 발송하기까지 채무자로부터 이의신청에 대한 의견서 등이 제출되어 있으면 그 부본을 동봉하여, 채권자에게 그에 대하여 반론이 있으면 의견청취기일까지 서면(원본과 부본 각 1통)으로 제출하도록 한다.

의견청취기일 결정 후 이의신청이 취하된 경우, 이의신청인 및 채무자에게 송달할 시간적 여유가 있는 경우에는 기일을 취소하는 결정을 하고 그 등본을 쌍방에게 송달하고, 시간적 여유가 없는 경우에는 의견청취기일에 기일지정결정을 취소한다는 결정을 고지한 후 면책허부의 결정을 하면 된다. 그러나 이의신청이 취하되었다고 하여 반드시 기일지정을 취소하여야 하는 것은 아니며, 심문의 필요성이 있는 경우 직권으로 채무자를 심문할 수 있음은 물론이다.

2) 면책불허가사유의 주장이 없는 이의신청의 처리

실무상 채권자는 채무자의 면책신청에 대해 면책불허가사유에 대한 구체적 주장이 없이 도덕적 해이 등의 사유만을 주장하며 이의신청을 하는 경우가 많다. 의견청취는 법 제562조 제1항의 규정에 의한 이의신청이 있는 때 하도록 되어 있고(_{제563조}), 이의신청을 하는 때에는 면책불허가사유를 소명하여야 하나

에 대하여 의문이 있을 수 있으나, 파산선고 후 제1회 채권자집회의 기일 사이에 이의신청이 있을 수 있어 이를 예상하여 미리 기일을 정한다고 하여 절차위반이 아니며, 파산관재인에게 면책불허가사유의 유무를 조사하게 하는 것이 법원의 재량인 이상, 보고의 기회를 언제로 하는지 결정하는 것에도 재량이 있다는 점에서 적정하지 않다고 볼 것은 아니다.

(법 제562조
제2항), 면책불허가사유에 대한 주장 없이 채무자의 면책을 받아들일 수 없다
는 내용의 이의신청에 대해서도 의견청취기일을 지정하여 이의신청인에게 면책
불허가사유를 주장, 소명하도록 촉구함이 바람직하다.

　이의신청에 대하여 채무자의 의견을 듣도록 한 취지는 불리한 이의신청내
용에 대한 채무자의 반론권을 보장하는 데 그 취지가 있으므로 면책불허가사유
에 대한 아무런 주장 없이 면책을 불허해야 한다는 취지의 이의신청에 대해서는
채무자의 의견을 듣지 않아도 법 제563조에 위배되지 않는다고 할 것이나 앞서
본 것처럼 실무는 위와 같은 경우에도 채무자에게 의견을 진술할 기회를 주고
있다.

　3) 의견청취기일의 실시

　의견청취기일 전에 이의신청서의 부본을 채무자에게 송달하고(규칙 제78조
제2항), 이
의신청에 대하여 반론이 있는 경우에는 반론서를 제출하도록 한다.

　실무는 의견청취기일 통지서와 채권자의 이의신청서 부본을 함께 채무자에
게 송달하고 있으므로 의견청취기일 전에 반론서가 제출되는 경우도 있지만 그
러하지 아니할 때에는 의견청취기일에 채무자에게 반론할 내용이 있는지 확인한
후 필요하면 답변서 형태의 반론서를 제출받기 위해 의견청취기일을 속행할 수
도 있다.

　사안에 따라서는 파산관재인이 선임된 경우 이의신청서에 나타난 사실의
확인을 위하여 파산관재인에게 보고서의 제출을 명하기도 한다.

　이의신청인이 법인인 경우에는 담당직원이, 개인인 경우 제3자가 이의신청
인을 대리하여 나온 경우 위임장을 확인한 후 이의신청대리인으로서 의견진술을
하게 한다. 면책신청사건은 직권주의가 적용되는 비송사건으로서 사건의 관계인
은 소송능력자로 하여금 소송행위를 대리시킬 수 있으므로(비송사건절차법
제6조 제1항 본문), 대리권
만 확인하면 충분하고 민사소송과 달리 법원의 허가를 요하지 않는다.[8] 비송대
리인의 권한은 서면으로 증명하여야 하며(비송사건절차법 제7조
제1항, 민사소송법 제89조) 통상 위임장에 의하
여 증명하고 있다. 대리권의 범위는 위임계약의 취지에 따라 결정되지만 그 취
지가 분명하지 않은 경우에는 당해 사건에 관한 모든 행위를 위임한 것이라고
보는 것이 통설이다. 다만 이의신청취하에는 특별수권이 필요하다.[9]

---

8) 법원행정처, 비송, 법원실무제요(2014), 22면. 다만, 법원이 사건 관계인 본인의 출석을 명령한
　경우에는 소송행위를 대리할 수 없다. 또한 법원은 변호사가 아닌 자로서 대리를 영업으로 하
　는 자의 대리를 금하고 퇴정을 명할 수 있다(비송사건절차법 제6조 제1항 단서, 제2항).
9) 법원행정처(주 8), 24면.

이의신청인이 불출석한 경우는 이의신청서를 진술한 것으로 간주하여 의견
청취기일을 종료한 후 면책허부의 결정을 한다.

법원은 심문종결 후에도, 이의의 내용에 따라서는 파산관재인에게 추가로
조사보고를 명할 수도 있고, 채무자에게 보정명령을 통하여 석명을 요구할 수도
있다.

4) 의견청취기일의 변경, 연기, 속행

의견청취기일도 채무자 심문기일의 한 형태이므로, 그 기일의 변경, 연기,
속행에 관하여는 심문기일과 마찬가지로 운용한다.

5) 의견청취기일 종료 후의 심문기일

의견청취기일 종료 후 기록을 검토하여 추가로 조사하여야 할 점이 발견되
면, 채무자에게 보정명령을 발하거나 다시 심문기일을 지정하여 소환할 수 있다.
이때는 이미 채권자에게 절차 참여의 기회는 충분히 보장하였다고 보고 법 제
558조 제2항에 의한 공고 및 채권자들에 대한 송달은 하지 않는 것이 보통이나,
채무자의 보정에 대한 반론이 예상되는 경우 등에는 이의신청한 채권자를 소환
하는 것이 좋다.

6) 의견청취기일 조서 작성

의견청취기일이 종료하면 채무자 심문기일에 준하여 재판장이 조서의 작성
을 명한 때에 조서를 작성한다([양식 36] 참조).

다. 서면에 의한 의견청취

이의신청에 대한 의견청취를 서면으로 할 경우에는 이의신청인이 제출한
이의신청서 부본을 채무자에게 송달 또는 교부하고 그에 대한 의견을 서면으로
제출하게 한다([양식 37] 참조). 이어 채무자의 의견이 기재된 답변서 부본을 이의
신청인에게 송달 또는 교부하고 그에 대한 의견을 서면으로 제출하게 한다. 채
무자의 답변서와 이에 대한 이의신청인의 의견이 서면으로 제출되면 채무자와
이의신청인의 의견진술할 기회가 부여되었다고 할 것이므로 면책허부의 결정을
할 수 있다. 채무자가 답변서를 제출하지 않거나 이의신청인이 채무자의 답변서
에 대한 의견을 서면으로 제출하지 않는 경우, 채무자나 이의신청인에게 '의견청
취서'([양식 37] 참조)를 보내거나 보정명령을 하는 방법 등으로 의견을 진술할 기
회를 주어야 한다. 채무자나 이의신청인에게 의견청취서가 송달되지 않았음에도
별다른 조치 없이 면책허부의 결정을 하면 채무자나 이의신청인에게 의견을 진

술할 기회를 주었다고 볼 수 없으므로 절차 위반의 위법이 있게 된다.[10] 서면으로 의견청취를 하다가도 심리할 필요가 있는 때에는 기일을 지정하여 채무자와 이의신청인에게 출석통지를 할 수 있음은 물론이다.

제 5 절 면책신청의 취하와 당사자의 사망

1. 면책취하

파산신청의 취하는 파산선고 전에 한하여 허용되는 데 반해 면책신청의 취하는 그 시기의 제한이 없으므로 면책허부의 결정이 있을 때까지 취하할 수 있다. 채무자가 파산선고 후에 "이 사건 파산 및 면책신청을 취하한다."는 내용의 취하서를 제출하는 경우가 많은데, 이 경우 파산신청 사건은 취하가 되지 않고, 면책신청 사건만 취하가 되어 채무자는 파산선고로 인한 법률효과를 그대로 받게 되므로 유의할 필요가 있다.[11]

2. 채무자가 면책절차 중 사망한 경우

파산선고를 받은 채무자가 면책절차 중 사망한 경우 신청대리인 또는 상속인으로부터 채무자의 사망사실이 기재된 기본증명서 등을 제출받은 후 면책사건을 당연종료된 것으로 처리한다. 면책을 받을 권리는 일신전속적 권리이므로 채무자가 사망하면 당연히 면책절차는 종료되고 절차 승계의 문제는 생기지 않기 때문이다. 이 경우 사건부의 종국란 및 기록 표지에 "채무자의 사망으로 종료"라고 기재하고 재판장의 확인을 받아 종결처리한다.

---

10) 대법원 2012. 6. 15.자 2012마422 결정. 1심 법원은 파산선고와 동시에 폐지결정을 하였고, 이후 재항고인이 면책신청 사건에서 이의신청을 하자 재항고인에게 '채무자에게 어떠한 면책기각 또는 면책불허가사유가 있는지 법상의 해당 조문을 적시하여 다시 의견을 진술하기 바란다'는 내용의 의견청취서를 송달하였다. 그러나 의견청취서가 3회에 걸쳐 폐문부재로 송달되지 않자 1심 법원은 의견청취기일 지정 등 더 이상 다른 조치를 취하지 않은 채 면책허가결정을 하였고, 항고심에서도 재항고인에게 따로 의견진술 기회를 주지 않은 채 항고를 기각하였다면 절차 위반의 위법이 있다고 본 사례.

11) 채무자가 위와 같은 취하서를 제출한 경우 채무자에게 파산선고의 효력은 향후에도 남는다는 법률효과를 인식하면서도 면책만 취하하겠다는 의사인지 확인한 후에 종국처리를 하는 실무례도 있다.

제6절 면책불허가사유

법 제564조 제1항에서 면책불허가사유를 열거하고 있는데 행위유형에 따라 세 가지로 나눌 수 있다.[12] 첫째는 채무자가 의도적으로 채권자를 해하는 행위이다. 여기에는 법 제564조 제1항 제1호 전단에서 규정하는 법 제650조의 사기파산죄, 법 제651조의 과태파산죄 해당 사유와 법 제564조 제1항 제2호(속이거나 감추고 한 신용거래)·제3호(허위의 채권자목록 등의 제출 또는 재산상태에 관한 허위의 진술)·제6호(과다한 낭비·도박 기타 사행행위)에 규정하는 사유가 속한다. 둘째는 채무자가 법상 의무이행을 태만히 하고 절차의 진행을 방해하는 행위이다. 이에 해당하는 것으로 법 제564조 제1항 제1호 후단에서 규정하는 법 제653조의 구인불응죄, 법 제656조의 파산증뢰죄, 법 제658조의 설명의무위반죄 해당 사유와 법 제564조 제1항 제5호(법이 정한 의무위반)에 규정하는 사유가 있다. 셋째는 면책제도를 원만히 운영하고 남용을 방지하기 위하여 정책적으로 규정한 법 제564조 제1항 제4호(소정 기간 이내 면책 받은 사실)의 사유이다.

이와 같이 법 제564조 제1항 제1호는 도산범죄(제650조, 제651조, 제653조, 제656조 또는 제658조의 죄)에 해당하는 행위가 있으면 이를 면책불허가사유로 한다고 규정하고 있다. 이는 일본 구 파산법을 모태로 한 것인데, 일본에서는 이러한 구 파산법의 규정 형식이 도산한 채무자에 대한 징벌주의적 발상에서 나왔다는 비판이 제기되어 왔고, 2005년 파산법에서는 이러한 비판을 반영하여 벌칙조항을 원용하지 않고 면책불허가사유를 개별적으로 나열하는 방식으로 규정 형식을 바꾸었다. 도산절차의 이해관계인 등 국민의 알권리 측면에서 보더라도, 벌칙 조문을 원용하는 방식보다는 일일이 나열하는 방식이 면책불허가사유를 쉽게 이해하는 데 기여하므로 법 개정이 바람직하다.

개별 면책불허가사유의 해석을 어떻게 할 것인가는 파산·면책제도에 대한 가치관과 밀접한 관련이 있고, 파산·면책제도가 도입된 이래 이에 대하여 계속해서 논의가 있어 왔다. 면책불허가사유의 해석 기준에 큰 영향을 미친 것으로는 대법원 2004. 4. 13.자 2004마86 결정이 있는데, 위 결정에서는 "면책불허가사유의 하나인 '낭비'라 함은 당해 채무자의 사회적 지위, 직업, 영업상태, 생활수준, 수지상황, 자산상태 등에 비추어 사회통념을 벗어나는 과다한 소비적 지출행

---

12) 전병서, 도산법(제4판), 박영사(2019), 440면.

위를 말하고, 채무자의 어떠한 지출행위가 '낭비'에 해당한다고 보기 위해서는 그것이 형사처벌의 대상이 될 수 있음을 감안하여 보다 신중한 판단을 요한다"고 판시하여 면책불허가사유의 해석·적용은 엄격하고 신중하게 이루어져야 한다는 기본적인 방향을 제시하였다.

이러한 대법원의 입장은 법 개정을 통해서도 어느 정도 반영되었다. 구 파산법 제346조는 면책불허가와 관련하여 "법원은 다음 각호의 1에 해당하는 경우에 한하여 면책불허가의 결정을 할 수 있다"라고 정하고 있었으나, 현행법 제564조 제1항은 위 규정을 "법원은 다음 각호의 어느 하나에 해당하는 때를 제외하고는 면책을 허가하여야 한다"로 수정하였다. 이러한 문언의 수정은, 현행법이 구 파산법에 비하여 '특별한 사정이 없으면 원칙적으로 면책을 허가한다'는 의지를 더 강하게 표현한 것이라고 이해되고 있다.

또한 법정책적인 측면에서 보더라도, 면책불허가사유를 넓게 해석한다면 이는 새로운 출발(fresh start)의 기회부여라는 면책제도의 이념에 배치된다고 할 수 있다.[13] 상당 부분의 면책불허가사유가 형사처벌이 되는 파산범죄사유와 겹치는 점도 면책불허가사유를 해석함에 있어 불확정개념의 확대해석을 경계하고 엄격성을 유지하여야 할 또 다른 중요한 근거가 된다.[14]

이러한 대법원 판례의 입장, 법 개정의 취지 및 법 정책적인 측면 등 제반 사정들을 종합해 볼 때 아래의 각 면책불허가사유를 해석·적용할 때에는 엄격하고 신중한 입장을 취하는 것이 바람직하다.

면책불허가사유의 판단이 중요한 이유는 면책 제도의 합헌성에 있어서 중요한 근거가 되기 때문이다. 즉, 일정한 사유에 기한 면책불허가는 면책을 통한 재산권 제한과 평등의 원칙 제한의 합리적 근거가 되므로 그 기능을 제대로 수행하고 있는지 확인이 필요하다.

아울러 면책불허가사유를 어느 정도 신중하고 엄격하게 해석하는가에 의하여 면책의 범위가 결정된다는 점에서도 그 중요성이 있다.

---

13) David G. Epstein et. al., *Bankruptcy*, West Group(1998), 474면.
14) 오수근 외 3인, 도산법(2012), 362면, 한편 미국 연방 파산법상 채권자 또는 파산관재인이 면책불허가사유가 있음을 민사본안소송의 입증정도로 증명(a preponderance of the evidence)해야 하는데(연방 파산소송규칙 4005조), 소비자파산신청의 목적은 면책에 있음을 감안하여 의심스러울 때에는 채무자에게 유리하게 해석한다. *In re de Armond*, 240 B.R. 51(Bankr. C.D. Cal. 1999); *In re Chalasani*, 92 F.3d 1300(2d Cir. 1996); *In re Miller*, 39 F.3d 301(11th Cir. 1994).

1. 법 제564조 제1항 제1호(파산범죄 해당 행위)

채무자에게 법 제650조·제651조·제653조·제656조 또는 제658조의 죄에 해당하는 행위가 있다고 인정되는 때에는 면책을 허가하지 않을 수 있다.

법 제564조 제1항 제1호에서 "제650조·제651조·제653조·제656조 또는 제658조의 죄에 해당하는 행위"란 구성요건해당성, 위법성, 유책성을 모두 갖춘 경우를 말하는 것인가 아니면 구성요건해당성만 갖추면 되는가에 관하여 다툼이 있으나, 일반적인 견해는 구성요건해당성만 갖추면 충분하고, 형법상 위법성조각사유나 책임조각사유가 있는 경우에는 재량면책의 단계에서 고려하면 족하다고 본다. 따라서 이들 파산범죄에 대한 기소 여부, 유죄판결 여부는 하나의 고려사항에 불과할 뿐이고, 수사 자체가 이루어지지 않거나 불기소되거나 무죄판결이 확정되었다고 하더라도 법원은 독자적으로 파산범죄에 해당하는 사실을 인정하여 면책불허가결정을 할 수 있다.

다만, 법 제564조 제1항 제1호의 면책불허가사유가 위와 같이 형사처벌의 대상이 될 수도 있음을 감안하면, 채무자의 행위가 위 사유에 해당하는지에 관해서는 더욱 엄격하고 신중하게 판단하여야 하고, 법원으로서는 채무자가 제출한 자료 및 면책신청에 대하여 이의를 신청한 채권자 등이 제출한 자료 외에도 채무자가 주장하는 사유를 소명하는 데 필요하다고 판단되는 자료의 제출을 적극적으로 명하는 등의 방법으로 채무자의 행위가 면책불허가사유에 해당하는지를 심리·판단하여야 한다.[15]

이들 파산범죄를 구체적으로 살펴보면 다음과 같다.

가. 법 제564조 제1항 제1호, 제650조(사기파산죄 해당 행위)

법 제650조 사기파산죄[16]는 총 채권자의 이익을 보호함으로써 파산절차의 적정한 실현을 도모하기 위한 것이다. 사기파산죄에 해당하는 행위를 면책불허가 사유로 삼은 것은 그와 같은 행위가 총 채권자에게 배당될 책임재산에 대한 직접적인 침해이므로 채무자에게 면책을 허가하는 것이 타당하지 않기 때문이다.

---

15) 대법원 2016. 8. 31.자 2016마899 결정.
16) 사기파산죄의 공소시효의 기산점을 언제로 보느냐가 문제될 수 있다. 일본에서는 파산선고 전의 사기파산행위는 객관적 처벌조건이 성취되지 아니한 이상 처벌의 여지가 없기 때문에 그 행위와 관련된 사기파산죄에 관하여는 파산선고 확정시부터 공소시효가 진행된다고 보고 있다고 한다. 大コンメンタール破産法, 竹下守夫 외 5인, 靑林書院, 1144면 참조.

면책허가결정을 한 후 법 제650조의 사기파산죄로 유죄판결이 확정되면 법원은 파산채권자의 신청 또는 직권에 의하여 면책허가결정을 취소할 수 있다(법제569조제1항 전문). 사기파산은 파산범죄 중에서도 그 죄질이 나쁘므로 면책을 취소할 수 있게 한 것이다.

1) 법 제564조 제1항 제1호, 제650조 제1항 제1호(재산의 은닉, 손괴 또는 불이 익한 처분 행위)

제564조(면책허가)
① 법원은 다음 각호의 어느 하나에 해당하는 때를 제외하고는 면책을 허가하여야 한다.
1. 채무자가 제650조・제651조・제653조・제656조 또는 제658조의 죄에 해당하는 행위가 있다고 인정하는 때
제650조(사기파산죄)
① 채무자가 파산선고의 전후를 불문하고 자기 또는 타인의 이익을 도모하거나 채권자를 해할 목적으로 다음 각호의 어느 하나에 해당하는 행위를 하고, 그 파산선고가 확정된 때에는 10년 이하의 징역 또는 1억원 이하의 벌금에 처한다.
1. 파산재단에 속하는 재산을 은닉 또는 손괴하거나 채권자에게 불이익하게 처분을 하는 행위

채무자가 파산선고의 전후를 불문하고 자기 또는 타인의 이익을 도모하거나 채권자를 해할 목적으로 파산재단에 속하는 재산을 은닉, 손괴 또는 채권자에게 불이익하게 처분하는 행위를 하는 경우이다. 실무상 이 규정에 해당하는 사유가 인정되는 경우에는 다른 면책불허가사유에 비해 재량면책의 인정을 엄격히 하고 있다.

가) 행　　위　　'파산재단에 속하는 재산'이란 '파산재단에 속하거나 속하여야 할 재산'이라고 선해한다. 사기파산죄는 '파산선고의 전후를 불문하고' 채무자의 행위를 처벌하는 규정인데, 제1항 제1호의 '파산재단'은 파산선고가 있은 후에야 비로소 형성되는 것이기 때문이다. 미국, 일본 등 외국 입법례도 같은 취지이므로, 법 개정이 바람직하다. '파산재단에 속하는 재산'에는 채무자가 파산선고 당시에 가지는 일체의 재산과(법 제382조 제1항),[17] 채무자가 파산선고 전에 생긴 원인

---

17) 지급불능에 빠진 이후에 채무자가 대표이사로 재직 중인 회사 명의의 계좌에서 은닉으로 볼 여지가 있는 타인 명의의 계좌로의 금원 송금내역이 발견된 사안에서, 그 금원을 채무자의 개인재산으로 볼 수 없다(그 회사가 외형상으로만 법인의 형식을 갖추고 있을 뿐 실질적으로는 채무자의 개인기업에 불과하거나 법인의 형식이 채무자에 대한 법률적용을 회피하기 위한 수단으로 함부로 쓰여지는 경우여서 회사에 대하여 별개의 법인격을 인정하는 것이 신의성실의 원칙에 위반되는 경우는 별론으로 함)고 하여 채무자의 재산은닉행위를 인정하지 않은 사례로는 서울중앙지방법원 2008. 10. 29.자 2008라344 결정(심리불속행 재항고기각). 채무자가 대표이사

으로 장래에 행사할 청구권(퇴직금청구권 등)이 포함되고(^{법 제382조} ^{제2항}), 압류금지재산[18]
은 제외된다(^{법 제383조} ^{제1항}). 그 밖에 파산관재인의 부인권행사에 의하여 파산재단에 회
복될 재산[19]과 손괴에 의하여 파산선고 전에 멸실된 경우는 당해 행위가 없었
다면 장래 법정재단에 속하게 되었을 재산도 포함한다.

　'은닉'이란 채권자 또는 파산관재인에 대하여, 재산의 발견을 불가능 또는
곤란하게 하는 것을 말한다. 재산을 장소적으로 이동시켜 그 소재를 불명하게
하는 행위[20]뿐만 아니라, 재산을 형식상 친족 등의 명의로 취득하는 등 재산의
소유관계를 불명하게 하는 것도 은닉에 해당한다.[21] 이 규정의 은닉에는 강제집

　　로 재직 중인 회사의 법인카드를 개인적으로 사용하였는데, 그 사용내역에서 유흥주점에서의
　　결제 등과 같은 낭비의 정황이 발견되는 경우에도 마찬가지라 할 것이다.

18) 따라서, ① 민사집행법 제246조 제1항 제6호가 정하는 「주택임대차보호법」 제8조, 같은 법 시
　　행령의 규정에 따라 우선변제를 받을 수 있는 금액, ② 민사집행법 제246조 제1항 제7호, 같은
　　법 시행령 제6조에 따라 압류가 금지되는 범위 내의 보장성보험의 보험금, 해약환급금(민법 제
　　404조에 따라 채권자가 채무자의 보험계약 해지권을 대위행사하거나 추심명령 또는 전부명령을
　　받은 채권자가 해지권을 행사하는 경우를 제외한 다른 사유로 발생하는 해약환급금에 대하여는
　　150만 원을 한도로 한다) 및 만기환급금, ③ 채무자의 1월간 생계유지에 필요한 예금 등(개인별
　　잔액으로 185만 원을 한도로 한다)에 대하여는 설사 그에 대하여 은닉, 손괴, 불이익한 처분행
　　위가 있다고 하더라도 면책불허가사유가 되지 않는다.

19) 부인권은 부인대상 행위가 있은 날로부터 10년이 경과한 때에는 행사할 수 없으므로, 10년 전
　　에 채권자에게 불이익하게 재산을 처분하였다고 하더라도 그것이 명의신탁에 해당하는 등의 사
　　유로 은닉행위에 해당하지 않는 이상, 그 행위를 '파산재단에 속하는 재산'을 불이익하게 처분하
　　였다고 평가하기는 곤란하다. 이에 대하여는 최두호, "항고심에서 바라본 개인파산·개인회생",
　　2010년도 서울중앙지방법원 파산부 법관 Workshop 자료 참조. 같은 취지의 결정으로는 서울중
　　앙지방법원 2016. 11. 7.자 2015라330 결정(확정), 같은 법원 2013. 10. 1.자 2013라1435 결정(확
　　정), 같은 법원 2013. 7. 17.자 2013라447 결정(확정), 같은 법원 2008. 12. 16.자 2007라878 결정
　　(확정).

20) 채무자가 유체동산 경매절차에서 압류물품(시가 199만 원 상당)을 무단으로 옮긴 사실로 채
　　권자로부터 고소를 당하여 공무상표시무효죄로 기소유예처분을 받은 사안에서 위 무단이전행위
　　를 은닉에 해당한다고 본 사례[면책불허가사유에 해당한다고 본 후 사안이 경미한 점 등 기타
　　사정을 참작하여 재량면책함, 서울중앙지방법원 2013. 8. 1.자 2013라705 결정(확정)].

21) 대법원 2006. 5. 15.자 2004마755 결정. 채무자가 지급불능 상태에서 자신의 예금계좌로 송금
　　받은 요양급여 등을 다시 딸 명의의 예금계좌로 이체하여 사용함으로써 채권자들의 강제집행을
　　불가능하게 한 사례로는 서울중앙지방법원 2010. 8. 16.자 2009라998 결정(확정), 채무자가 지급
　　불능 상태에서 가압류의 목적물을 자신의 영업장에서 거주지로 옮기고, 그 중 일부를 제3자에
　　게 무상으로 제공한 사례로는 서울중앙지방법원 2010. 2. 12.자 2008라964 결정(확정), 친족 명
　　의로 소유권이전등기를 한 사례로는 서울중앙지방법원 2008. 2. 1.자 2007라802 결정, 채무자가
　　미용기구 제조업을 운영하다 폐업한 후 장모 명의로 동일한 영업을 하고 있고 파산신청 6개월
　　전 처 명의로 승용차를 구입하고 파산신청 후 장모 명의로 다른 승용차를 구입한 사례로는 서
　　울중앙지방법원 2008. 2. 1.자 2007라862 결정(확정), 채무자가 월간지 회사를 운영하여 오다 폐
　　업한 후 채권자들의 압류를 피하기 위해 처와 자녀 명의로 동일한 영업을 위한 회사를 설립한
　　사례로는 서울중앙지방법원 2007. 8. 31.자 2007라397 결정(재항고이유서 부제출로 기각), 채무
　　자 명의의 재산은 없으나 가족 등 타인명의로 회사의 주식을 보유하고 있을 뿐만 아니라 가족
　　들이 주식을 보유하고 있는 회사 명의로 재산을 소유하고 있고 그 회사들 상호간에도 주식을
　　보유하게 하여 강제집행을 곤란하게 한 사안에 대하여 '은닉'에 해당한다고 본 사례로는 서울중
　　앙지방법원 2013. 1. 24.자 2011라1782 결정(재항고 후 심리불속행기각으로 확정).

행면탈죄의 허위양도[22] 및 임대차계약·보험계약의 명의변경,[23] 가족·친지 명의의 통장을 사용하여 상당한 금원거래를 하였음에도 그 사실을 파산절차 진행과정에서 숨기는 행위[24]도 포함된다. 진실한 양도행위는 후술하는 불이익처분에 해당하는 것은 별론으로 하고, 은닉에는 해당하지 않는다.

'손괴'란 물리적 훼손 등 재산의 가치를 감소시키는 일체의 행위를 포함한다. 대상으로 되는 재산의 범위에 관하여 동산 내지 부동산으로 제한하는 견해도 있다.[25]

'채권자에게 불이익한 처분'이란 은닉, 손괴와의 균형상 재산의 증여[26]나 현

---

22) 채권자의 이의로 지급불능시점 이후의 부동산 처분사실이 드러났고, 채무자가 채권자 중 1인에게 대물변제조로 소유권을 이전한 것이라고 주장하였으나, 결과적으로는 강제집행을 피하기 위해 채무자의 인척 명의로 소유권이전등기를 경료한 사실이 밝혀진 사례로는 서울중앙지방법원 2011. 9. 1.자 2011라266 결정(확정).

23) 채무자가 파산신청 1개월 전에 보험계약자의 명의를 동생 명의로 변경한 사례로는 서울중앙지방법원 2010. 5. 28.자 2010라65 결정(확정), 지급불능에 빠진 상태에서 임차보증금 반환청구권 1억 2,000만 원 상당을 장인에게 양도한 후 장인이 이를 다시 자신의 아들(채무자의 처남)에게 양도하였고, 그 아들이 자신을 임차인으로 하여 채무자의 임대차계약과 같은 내용의 임대차계약을 체결한 사례로는 서울중앙지방법원 2011. 4. 19.자 2010라450 결정(확정), 파산신청 1개월 전에 임대차계약의 임차인을 동생으로 변경하고 자동차 소유자 명의를 배우자로 변경한 사례로는 서울중앙지방법원 2013. 5. 20.자 2012라825 결정(확정). 반면에, 파산신청 2개월 전에 보험계약자를 배우자로 변경한 사안에서, 채무자가 보험료를 납부하기 어려운 형편이 되어 배우자 명의 은행계좌에서 보험료를 자동이체하려고 하였으나 보험사에서 보험계약자를 변경해야 한다고 하여 부득이 보험계약자를 배우자로 변경하였다는 취지로 변소하였고, 그 변소를 받아들여 면책불허가사유에 해당하지 않는다고 본 사례로는 서울중앙지방법원 2013. 6. 25.자 2012라1169 결정(확정).

24) 채무자 명의의 계좌에 돈을 보관할 경우 채권자들의 압류가 들어올 것이 예상되는 상황에서 이를 피하기 위하여 채무자가 약국을 운영하여 국민건강보험공단으로부터 수령하는 돈을 그 즉시 자녀의 예금계좌로 송금해온 행위를 은닉으로 본 사례로는 대법원 2007. 7. 26.자 2006마1433 결정, 채권자들의 압류를 피해서 5,000만 원 상당의 금원을 자녀 명의 계좌로 이체하여 사용한 행위가 이 규정의 면책불허가사유에 해당한다고 본 사례(그 금액이 채무변제에 사용되었다고 하더라도, 면책불허가사유에 해당함은 변함이 없다고 봄)로는, 서울중앙지방법원 2011. 8. 18.자 2010라1104 결정(확정), 채권자의 집행을 피하기 위해 유일한 부동산을 처분한 후 그 매각대금 5억 6,000만 원을 동서의 통장으로 송금한 행위를 이 규정의 면책불허가사유에 해당한다고 본 사례로는 서울중앙지방법원 2011. 5. 24.자 2010라1101 결정(확정), 지급불능상태에서 자녀 명의로 회사를 설립한 후 자녀 명의 통장으로 위 회사 관련 금원거래를 계속해 온 사안에서 이 규정을 적용한 사례로는 서울중앙지방법원 2013. 3. 12.자 2010라1189 결정(확정).

25) 齋藤秀夫 외 2, 注解 破産法(第三版) (下), 靑林書院(1998), 860면.

26) 채무자가 지급불능 상태에서 협의이혼에 따른 재산분할 명목으로 채무자의 사실상 유일한 재산인 중도매업 허가권을 배우자에게 이전하여 유한회사를 설립한 사례로는 서울중앙지방법원 2010. 6. 15.자 2009라681결정(심리불속행 재항고기각), 채무자가 주택에 관하여 기여분이 있음에도 지급불능 상태에서 재산분할을 통하여 배우자에게 주택에 관한 권리를 모두 보유하게 한 사례로는 서울중앙지방법원 2010. 7. 20.자 2010라408 결정(확정), 채무의 지급이 곤란할 정도로 경제사정이 어려워진 상황에서 딸에게 유일한 재산인 토지를 증여한 사례로는 서울중앙지방법원 2007. 8. 23.자 2006하면19863 결정(항고기각), 파산자가 자신의 모든 재산이라 할 수 있는 아파트를 처에게 증여한 것은 비록 이혼을 원인으로 한 것이라고는 하나 이는 처의 이익만을 고려한 것으로 위 아파트로 책임져야 할 파산채권을 가진 채권자들을 해하는 행위라고 판단한

저히 부당한 가격으로의 매각[27])과 같이 모든 채권자에게 절대적으로 불이익한 처분행위[28])를 말하는 것이다. 따라서, 채무자가 여러 채권자들 중 일부 채권자에게 채무의 내용에 좇아 변제를 하는 행위는 '채권자에게 불이익한 처분행위'에 해당한다고 할 수 없다.[29]) 또한 채무자의 처분행위에 대하여 사해행위 취소소송이 제기되어 그 처분행위를 취소하는 판결이 확정된 경우에도, 취소된 구체적인 행위가 염가매각 등이 아닌 거래시세대로의 매매행위라면 '불이익처분'에 해당하지 않는다 할 것이다.[30])

이혼에 따른 재산분할은 그것이 상당한 정도를 벗어나는 과대한 것이라고 인정할 만한 특별한 사정이 없는 한 '불이익처분'에는 해당하지 않을 것이나, 채무자가 지급불능상태에서 유일한 재산을 매각한 후 그 매각대금의 대부분을 재산분할 또는 위자료 조로 배우자에게 지급한 경우,[31]) 배우자 명의로 부동산을 취득하기는 하였으나, 채무자 소유 부동산 처분대금으로 그 취득자금을 마련하는 등 채무자의 기여도가 상당 부분 인정됨에도 지급불능상태에서 협의이혼하면서 재산분할을 포기한 경우[32])에 이 규정이 정하는 '불이익처분'에 해당한다고 본 하급심 결정례가 있다.[33])

사례로는 서울중앙지방법원 2006. 5. 4.자 2005하면8802 결정(확정).

27) 채무초과에 빠진 채무자가 1억 6천만 원 상당의 아파트를 특정 채권자에게 5천만 원 가량 저렴하게 매도한 사례로는 서울중앙지방법원 2007. 9. 18.자 2007라448 결정(확정), 5억 원의 채무를 부담하던 채무자가 압류를 피하기 위해 1억 5천만 원 상당의 빌라를 처형에게 7천만 원에 매도한 사례로는 서울중앙지방법원 2007. 6. 4.자 2007라347 결정(확정).

28) 채무자가 특정 채권자에게 1,500만 원의 채무만 부담하고 있음에도 그 채권자에게 6,500만 원의 약속어음을 공증해 주고, 그 채권자가 그 약속어음금 채권을 청구채권으로 하여 채권압류·전부명령을 받은 후 채무자의 급여, 퇴직금 채권에 대하여 채권집행을 하여 3,790만 원을 변제받은 사례가 채권자들에 대한 '불이익처분'에 해당한다고 본 사례로는 서울중앙지방법원 2011. 7. 20.자 2011라160 결정(확정). 반면에, 채무자 소유 부동산을 시세대로 매각하여 면제재산 범위내인 현재 거주지 임차보증금, 파산신청비용, 과태료 납부비용, 생활비 등으로 사용한 사안에서, 은닉, 손괴에 준할 정도로 채권자 전체에 대하여 절대적으로 불이익을 미치는 행위가 아니라는 이유로 '불이익처분'이 아니라고 본 사례로는 서울중앙지방법원 2013. 4. 1.자 2011라896 결정(확정).

29) 대법원 2008. 12. 29.자 2008마1656 결정, 대법원 2016. 8. 31.자 2016마899 결정.

30) 채무자의 아파트 매도행위가 사해행위로 취소되기는 하였으나, 그 아파트 매매계약이 국토해양부 아파트 실거래정보상의 시세에 따라 체결되었다면 그 처분행위는 '불이익처분'이 아니라고 본 사례로는 서울중앙지방법원 2011. 5. 26.자 2010라1088 결정(확정). 아울러 위 결정에서는, 법 제391조 각호에 규정된 부인권 대상행위와 이 규정상의 '불이익처분'이 반드시 일치하는 것이 아님을 명시적으로 설시하기도 하였다.

31) 서울중앙지방법원 2013. 8. 22.자 2012라1364 결정(확정, 채권자들에게 1억 4,000여만 원의 채무를 부담하고 있는 상태에서 유일한 부동산을 처분하여 일부 채무변제에 사용한 후 매각대금 잔액 1억 원 상당을 배우자에게 위자료 또는 재산분할조로 지급한 사안임).

32) 서울중앙지방법원 2013. 4. 1.자 2011라228 결정(확정).

33) 다만 대법원 2013. 10. 11. 선고 2013다7936 판결은, "이혼으로 인한 재산분할청구권은 이혼을

한편 '상속의 포기'가 이 규정의 '불이익처분'에 해당하는지가 문제된다. 대법원 2012. 1. 12.자 2010마1551, 2010마1552 결정은, "상속의 포기는 상속인으로서의 지위 자체를 소멸하게 하는 행위로서 일차적으로 피상속인 또는 후순위상속인을 포함하여 다른 상속인 등과의 인격적 관계를 전체적으로 판단하여 행하여지는 인적 결단으로서의 성질을 가진다. 따라서 상속의 포기는 민법 제406조 제1항에서 정하는 '재산권을 목적으로 한 법률행위'에 해당하지 아니하여 사해행위 취소의 대상이 되지 못하고,[34] 또한 채무자 회생 및 파산에 관한 법률 제650조 제1호에서 사기파산죄로 규정하고 있는 '파산재단에 속하는 재산을 은닉 또는 손괴하거나 채권자에게 불이익하게 처분을 하는 행위'에도 해당하지 않는다고 할 것이다"라고 하여 상속의 포기는 이 규정의 '불이익처분'에 해당하지 않는다고 보고 있다.[35] 반면에, 상속재산분할협의를 통해 개별 상속재산에 대한 자신의 지분을 포기하는 것은 사해행위취소나 부인권 행사의 대상이 되고,[36] 더 나아가 이 규정이 정하는 불이익처분에 해당한다 할 것이다.[37][38]

한 당사자의 일방이 다른 일방에 대하여 재산분할을 청구할 수 있는 권리로서 이혼이 성립한 때에 그 법적 효과로서 비로소 발생하는 것일 뿐만 아니라, 협의 또는 심판에 의하여 구체적 내용이 형성되기까지는 그 범위 및 내용이 불명확·불확정하기 때문에 구체적으로 권리가 발생하였다고 할 수 없으므로 협의 또는 심판에 의하여 구체화되지 않은 재산분할청구권은 채무자의 책임재산에 해당하지 아니하고, 이를 포기하는 행위 또한 채권자취소권의 대상이 될 수 없다"고 하고 있는바, 위 판결의 취지에 따르면 이러한 재산분할 포기행위는 파산절차에서의 부인권 행사의 대상도 아니라고 볼 여지가 있다. 여기에다가 부인권 행사를 통해 파산재단으로 회복될 수 없는 재산에 대한 은닉·손괴·불이익처분은 이 규정의 면책불허가사유에 해당하지 않는다는 입장을 관철한다면, 파산신청 직전에 이혼을 하면서 재산분할을 포기하는 행위는, 이혼 당시 타방 배우자 명의로 되어 있는 재산이 사실상 채무자 소유이어서 그에 대한 재산분할 포기행위를 재산은닉행위로 볼 수 있는 경우가 아닌 한, 이 규정이 정하는 면책불허가사유에 해당하지 않는다고 볼 여지도 있다.

이러한 해석에 대하여, 이혼으로 인한 재산분할청구권을 행사상 일신전속권으로 볼 것은 아니고, 협의 또는 심판에 의하여 구체화되지 않은 재산분할청구권이라도 파산재단에 속하는 것으로 보아야 하므로, 파산관재인이 이혼한 배우자를 상대로 재산분할청구를 할 수 있다는 반대견해가 있다[양형우, "이혼으로 인한 재산분할청구권의 파산절차상 처리방안", 민사법학 75호 (2016. 6.), 503-514면].

이와 관련하여서는, 파산관재인이 제기한 재산분할청구에 대하여 본안 판단을 한 하급심 심판례도 확인된다[서울가정법원 2014. 5. 16.자 2013느합258 심판(확정), 서울가정법원 2014. 8. 8. 자 2013브103 심판(확정) 등].

34) 대법원 2011. 6. 9. 선고 2011다29307 판결.

35) 정확하게는 1심이 채무자의 상속포기행위를 이 규정이 정하는 '불이익처분'으로 보아 채무자에게 면책불허가사유가 존재함이 명백하고 재량면책의 여지도 없음을 이유로 파산신청 자체를 파산절차남용으로 기각하였고, 항고심도 같은 취지로 채무자의 항고를 기각하였으며, 이에 채무자가 재항고한 사안이었다.

36) 대법원 2008. 3. 13. 선고 2007다73765 판결.

37) 서울중앙지방법원 2013. 8. 5.자 2012라852 결정(확정).

38) 한편 배우자가 사망 직전에 자녀에게 부동산을 증여하였고 그 후 채무자가 파산신청을 하였

행위의 시기는 파산선고의 전후를 묻지 않는다. 다만 사기파산죄는 총 채권자의 이익을 보호하기 위한 규정이므로 그 해당 행위를 인정하기 위해서는 그 행위시에 총 채권자의 이익을 해할 수 있는 객관적인 상황, 즉 파산원인인 채무초과 또는 지급불능이 발생할 상황에 있어야 한다.[39)]

나) 고의·목적   이 규정에 해당하기 위해서는 주관적 요건으로서 해당 행위에 대한 인식이 있어야 한다. 또한 파산개시에 대한 위험을 인식해야 한다.[40)] 파산원인을 이루는 구체적 사실의 인식으로 족하고, 그것이 파산원인을 구성하는가에 관한 판단까지 필요한 것은 아니다.

법 제650조 제1항에서는 고의 외에 '자기 또는 타인의 이익을 도모하거나 채권자를 해할 목적'이라는 주관적 요소를 구성요건으로서 요구하고 있다. 여기에서 채권자란 특정 채권자가 아닌 총 채권자를 해할 목적인 경우를 말한다.

문제는 현행 규정 상 '자기 또는 타인의 이익을 도모하거나 (또는) 채권자를 해할 목적'을 요구하고 있어서, '채권자를 해할 목적'이 없는 경우라도 '자기 또는 타인의 이익을 도모할 목적'만 있으면 사기파산죄가 성립하는 것으로 되어 있는 점이다. 그러나 결과 발생을 요하는 배임죄와 달리 결과 발생을 요하지 않는 사기파산죄에서 배임죄와 동일하게 주관적 요건을 규정하면 채무자에게 가혹한 결과를 초래한다는 비판이 일본 구 파산법의 해석론에서 제기되어 왔고, 이를 반영하여 일본 2005년 파산법은 사기파산죄의 성립을 위하여는 '채권자를 해할 목적'이 반드시 요구되는 것으로 개정하였다. 미국 파산법의 면책불허가사유에도 '악의 및 사해의사(knowingly and fraudulently)'를 주관적 구성요건으로 요구하고 있다. 법 개정이 필요하고, 그 전이라도 해석론으로 '채권자를 해할 목적'을 요하는 것으로 엄격하게 해석하는 것이 바람직하다.

목적이란 결과에 대한 미필적 인식만으로는 부족하고, 확정적인 인식 또는

는데, 채무자가 자녀에 대하여 유류분반환청구권을 행사하지 않은 것이 '불이익처분'에 해당한다고 하며 채권자가 이의를 제기해 온 사안에서, 유류분반환청구권이 있다고 하더라도 이를 행사하지 않은 행위가 곧바로 파산재단에 속하는 재산을 은닉하거나 채권자에게 불이익하게 처분하는 행위라고 보기 어렵다고 본 사례로는, 서울중앙지방법원 2013. 6. 26.자 2012라1262 결정(확정). 이는, "유류분반환청구권은 그 행사 여부가 유류분권리자의 인격적 이익을 위하여 그의 자유로운 의사결정에 전적으로 맡겨진 권리로서 행사상의 일신전속성을 가진다고 보아야 하므로, 유류분권리자에게 그 권리행사의 확정적 의사가 있다고 인정되는 경우가 아니라면 채권자대위권의 목적이 될 수 없다"는 대법원 2010. 5. 27. 선고 2009다93992 판결의 취지를 반영한 것으로 이해할 수 있다.

39) 齋藤秀夫 외 2(주 25), 864면은 파산절차의 개시가 절박한 상태에 있는 것을 말한다고 한다.

40) 齋藤秀夫 외 2(주 25), 864면; 伊藤眞, 破産法·民事再生法(第3版), 有斐閣(2014), 741면.

적극적인 의욕을 필요로 한다.[41] 목적이 실제로 달성되었을 필요는 없다.

다) 인과관계   은닉 등의 행위와 파산선고와의 사이에 인과관계를 요하는 것은 아니고, 사실상의 견련관계가 있으면 족하다는 것이 통설이다. 사실상의 견련관계란, 행위 당시 존재하였던 파산의 위험이 해소됨이 없이 계속되어 파산선고에 이르는 것을 의미한다.[42] 따라서 일단 위기적 상황이 해소되고 정상적인 경제활동으로 돌아온 후 다시 별도의 원인으로 파산에 이른 경우에는 견련관계가 없다고 보아야 한다.[43]

2) 법 제564조 제1항 제1호, 제650조 제1항 제2호(파산재단의 부담을 허위로 증가시키는 행위)

> 제564조(면책허가)
> ① 법원은 다음 각호의 어느 하나에 해당하는 때를 제외하고는 면책을 허가하여야 한다.
> 1. 채무자가 제650조·제651조·제653조·제656조 또는 제658조의 죄에 해당하는 행위가 있다고 인정하는 때
> 제650조(사기파산죄)
> ① 채무자가 파산선고의 전후를 불문하고 자기 또는 타인의 이익을 도모하거나 채권자를 해할 목적으로 다음 각호의 어느 하나에 해당하는 행위를 하고, 그 파산선고가 확정된 때에는 10년 이하의 징역 또는 1억원 이하의 벌금에 처한다.
> …생략…
> 2. 파산재단의 부담을 허위로 증가시키는 행위

채무자가 파산선고의 전후를 불문하고 '자기 또는 타인의 이익을 도모하거나 채권자를 해할 목적'으로 파산재단의 부담을 허위로 증가시키는 행위를 하는 경우이다. 파산재단의 부담 증가는 총 채권자에 대한 배당가능성을 부당하게 저하시킬 위험이 있기 때문이다. 주관적 요건으로 '채권자를 해할 목적'을 요하는 것으로 엄격하게 해석하는 것이 바람직하다.

이 규정의 행위는 파산재단의 부담을 허위로 증가시키는 것으로서 재단채권을 증가시키는 것, 파산재단에 속하는 재산에 저당권이나 질권 등의 담보권을 설정하는 것이 전형적인 예이다. 허위의 채무를 부담하여 파산채권을 증가시키는 것도 여기에 해당되는가에 대하여 논의가 있으나 긍정하는 것이 일반적 견해이다[행위의 시기, 고의와 목적, 인과관계는 위 1)과 같음]. 실무에서는 채무자가 제3

---

41) 齋藤秀夫 외 2(주 25), 866면; 伊藤眞(주 40), 741면.
42) 伊藤眞(주 40), 745면.
43) 小西秀宣, "免責不許可事由としての財産の不利益處分", 判例タイムズ 830号, 330면.

자와 허위의 임대차계약서를 작성한 후 그 제3자로 하여금 경매절차에서 소액임
차인으로서 배당을 요구하게 하는 사례가 종종 발견되고 있는바, 이러한 행위에
대하여도 본 규정의 적용을 고려할 수 있을 것이다.[44]

　　3) 법 제564조 제1항 제1호, 제650조 제1항 제3호(상업장부의 부작성, 부실기
　　　재, 은닉, 손괴 행위)

제564조(면책허가)
① 법원은 다음 각호의 어느 하나에 해당하는 때를 제외하고는 면책을 허가하여야 한다.
1. 채무자가 제650조·제651조·제653조·제656조 또는 제658조의 죄에 해당하는 행
　위가 있다고 인정하는 때
제650조(사기파산죄)
① 채무자가 파산선고의 전후를 불문하고 자기 또는 타인의 이익을 도모하거나 채권
　자를 해할 목적으로 다음 각호의 어느 하나에 해당하는 행위를 하고, 그 파산선고
　가 확정된 때에는 10년 이하의 징역 또는 1억원 이하의 벌금에 처한다.
…생략…
3. 법률의 규정에 의하여 작성하여야 하는 상업장부를 작성하지 아니하거나, 그 상업
　장부에 재산의 현황을 알 수 있는 정도의 기재를 하지 아니하거나, 그 상업장부에
　부실한 기재를 하거나, 그 상업장부를 은닉 또는 손괴하는 행위

　　채무자가 파산선고의 전후를 불문하고 자기 또는 타인의 이익을 도모하거
나 채권자를 해할 목적으로 법률의 규정에 의하여 작성하여야 할 상업장부를 작
성하지 아니하거나 이에 재산의 현황을 알 수 있는 정도의 기재를 하지 아니하
거나 또는 부실한 기재를 하는 행위 또는 이를 은닉하거나 손괴하는 행위를 하
는 경우이다. 자기 또는 타인의 이익을 도모하거나 채권자를 해할 목적이 요구
되므로 채무자의 무지·무능에 의한 불비는 불허가사유로 되지 않는다.[45]

　　상업장부를 작성하지 않는 등의 행위는 파산재단의 범위를 정확하게 파악
하는 것을 곤란하게 하기 때문에 이를 면책불허가사유로 한 것이다. 현행 규정

---

44) 이재욱, "면책불허가사유의 해석과 심리방안", 대법원 도산법분야연구회 2011년 세미나 자료
　　(2011), 150~151면. 채무자가 본인 소유 주택에 관하여 제3자와 허위로 임대차계약을 체결하였
　　고, 제3자가 위 주택에 관한 임의경매절차에서 소액임차인으로서 권리신고 및 배당요구신청까
　　지 한 사안에서 이를 파산재단의 부담을 허위로 증가시키는 행위로 보아 면책을 불허가한 사례
　　로는 서울회생법원 2017. 12. 14.자 2016라2171 결정(확정).
45) 채무자가 전자제품판매업체를 운영하면서 상업장부를 작성하지 아니한 사실은 인정되나, 해당
　　업체의 영세한 규모 등에 비추어 채무자가 상업장부를 작성하지 않은 것이 위 법에 정한 목적
　　하에 이루어진 것이라고 단정하기 어렵고, 달리 이를 소명할 자료가 없음을 이유로, 상업장부
　　부작성을 이유로 한 채권자의 항고를 기각한 사례로는 서울중앙지방법원 2008. 12. 9.자 2008라
　　735 결정(심리불속행 재항고기각).

은 일본의 구 파산법 규정을 옮겨온 것인데, 일본 2005년 파산법에서는 '상업장
부'에 한정하지 않고, 미국 파산법을 참고하여 업무 및 재산 상황에 관한 '장부,
서류, 기타 물건'으로 대상을 확대하였다. 우리나라에서도 법 개정이 바람직하다.

　'상업장부'란 상인이 영업상 재산 및 손익의 상황을 명백히 하기 위하여 상
법상 작성할 의무가 있는 회계장부 및 대차대조표를 말한다(상법 제29조 내지 제33조 참조). 소상인
에게는 이러한 의무가 없다(상법 제9조). 소상인이란 자본금액이 1천만 원에 미달하는
상인으로서 회사가 아닌 자를 말한다(상법 부칙<법률 제1000호> 제1조, 상법시행령 제2조). 법인의 대표자가 법인
의 상업장부와 관련하여 이러한 행위를 하였더라도 법 제652조(일정한 지위에 있
는 자의 사기파산죄 및 과태파산죄) 소정의 행위에 해당할 뿐 이 규정의 면책불허
가사유에 해당하지 않는다.

　'상업장부를 작성하지 아니하거나'란 전혀 작성하지 않은 경우, 일응 상업장
부의 외형은 갖추었지만 그 내용적 흠결이 중대하여 사회통념상 상업장부라고
말할 수 없는 경우도 포함하지만, 흠결이 그 정도가 아닌 경우에도 아래에서 보
는 '재산의 현황을 알 수 있는 정도의 기재를 하지 아니한 경우'에 해당하면 이
규정이 적용되므로 구분의 의미는 없다. '재산의 현황을 알 수 있는 정도의 기재
를 하지 아니한'이란 어느 정도 관재업무의 수행에 지장을 생기게 하고, 법원이
파산절차 폐지를 하여야 하는지 여부를 판단하기에 곤란하게 할 정도의 하자를
의미한다.

　'은닉'이란 채권자 또는 파산관재인에 대하여 장부의 발견을 불능 또는 곤
란하게 하는 것, '손괴'란 장부의 본래의 효용을 해하는 것을 말한다.[46]

　행위의 시기는 파산선고의 전후를 묻지 않는다. 다만 장부가 폐쇄된 경우
(법 제481조)에는 폐쇄된 후의 행위는 문제될 여지가 없을 것이다[고의와 목적, 인과관계
는 위 1)과 같음].

---

46) 채무자가 운영하던 수산물도소매업체의 1년 매출액이 약 5억 원 상당인데, 채무자가 파산신청
직전에 위 업체에 관한 상업장부를 폐기한 것이 법 제564조 제1항 제1호, 제650조 제1항 제3호
에서 정한 상업장부를 손괴하는 행위를 한 때에 해당함을 이유로 면책을 불허가한 사례(그 외
에도 다른 면책불허가사유가 있었음)로는 서울중앙지방법원 2008. 4. 2.자 2007하면29678 결정
(확정).

4) 법 제564조 제1항 제1호, 제650조 제1항 제4호(폐쇄장부의 변경, 은닉, 손괴
   행위)

제564조(면책허가)
① 법원은 다음 각호의 어느 하나에 해당하는 때를 제외하고는 면책을 허가하여야 한다.
1. 채무자가 제650조·제651조·제653조·제656조 또는 제658조의 죄에 해당하는 행
   위가 있다고 인정하는 때
제650조(사기파산죄)
① 채무자가 파산선고의 전후를 불문하고 자기 또는 타인의 이익을 도모하거나 채권
   자를 해할 목적으로 다음 각호의 어느 하나에 해당하는 행위를 하고, 그 파산선고
   가 확정된 때에는 10년 이하의 징역 또는 1억원 이하의 벌금에 처한다.
…생략…
4. 제481조의 규정에 의하여 법원사무관등이 폐쇄한 장부에 변경을 가하거나 이를 은
   닉 또는 손괴하는 행위

파산관재인은 파산선고 후 지체없이 채무자의 재산에 관한 장부를 폐쇄하고 그 취지를 기재한 후 기명날인하여야 한다(법제481조). 채무자가 자기 또는 타인의 이익을 도모하거나 채권자를 해할 목적으로 위 규정에 의하여 파산관재인[47]이 폐쇄한 장부에 변경을 가하거나 이를 은닉 또는 손괴하는 행위를 하는 경우 면책불허가사유에 해당된다. 실무상으로는 파산관재인이 선임되어 장부를 폐쇄한 예는 매우 드물기 때문에, 이 규정을 적용하여 면책불허가를 한 예는 찾아보기 어렵다. 일본에서는 2005년 파산법 개정시에 위와 같은 내용의 구 파산법 규정을 삭제하였다.

‘변경’이란 파산재단에 속하는 재산의 현황을 아는 것을 곤란하게 할 정도의 것이어야 한다. 은닉·손괴의 개념은 법 제650조 제1항 제1호의 그것과 동일하다.

이 규정 행위의 객체는 이와 같이 파산관재인이 폐쇄한 장부를 말한다. ‘채무자의 재산에 관한 장부’이므로 상업장부에 한하지 않는다.

행위의 시기는 법문상 파산선고의 전후를 묻지 않는다고 되어 있지만 행위의 객체의 성질상 실제로는 파산선고 후의 행위만이 문제된다[고의와 목적, 인과관계는 위 1)과 같음].

---

47) 법 제650조 제1항 및 제651조 제1항의 각 제4호는 ‘제481조에 규정에 의하여 법원사무관 등이
   폐쇄한 장부’라고 기재되어 있으나 법 제481조의 장부폐쇄의 주체는 파산법상의 ‘법원서기관 등’
   에서 ‘파산관재인’으로 변경되었으므로 위 ‘법원사무관’ 등은 파산관재인의 오기로 보인다.

나. 법 제564조 제1항 제1호, 제651조(과태파산죄 해당 행위)[48]

법 제651조 과태파산죄 역시 총 채권자의 이익을 보호하기 위한 것이다. 다만, 사기파산죄와 같은 '자기 또는 타인의 이익을 도모하거나 채권자를 해할 목적'을 요건으로 하고 있지 않고, 행위태양의 일탈성 또한 사기파산죄보다 경미하다.

1) 법 제564조 제1항 제1호, 제651조 제1항 제1호(신용거래 구입상품의 현저한 불이익 조건 처분)

> **제564조(면책허가)**
> ① 법원은 다음 각호의 어느 하나에 해당하는 때를 제외하고는 면책을 허가하여야 한다.
> 1. 채무자가 제650조 · 제651조 · 제653조 · 제656조 또는 제658조의 죄에 해당하는 행위가 있다고 인정하는 때
> **제651조(과태파산죄)**
> ① 채무자가 파산선고의 전후를 불문하고 다음 각호의 어느 하나에 해당하는 행위를 하고, 그 파산선고가 확정된 경우 그 채무자는 5년 이하의 징역 또는 5천만원 이하의 벌금에 처한다.
> 1. 파산의 선고를 지연시킬 목적으로 신용거래로 상품을 구입하여 현저히 불이익한 조건으로 이를 처분하는 행위

채무자가 파산선고의 전후를 불문하고[49] 파산의 선고를 지연시킬 목적으로 신용거래로 상품을 구입하여 현저히 불이익한 조건으로 이를 처분하는 행위를 하는 경우이다.

가) 행   위   이 규정의 적용대상은 '신용거래로 상품을 구입한 후 현저히 불이익한 조건으로 이를 처분하는 행위'이다.

'신용거래'란 대금 후불 방식의 거래를 말한다. 신용카드를 사용하여 물건을 구입한 경우는 물론, 할부계약도 포함된다고 보는 것이 일반적이다.[50] 실무상 신용카드로 냉장고, 세탁기 등 고가의 가전제품 또는 상품권 등을 구입함과 동시에 할인 매각함으로써 현금을 융통하는 경우에 이 규정에 해당할 수도 있다.[51]

---

48) 과태파산죄는 과실범이 아니라 고의범임을 유의하여야 한다.

49) 법문상으로는 '파산선고의 전후를 불문'한다고 되어 있으나 본 호의 행위는 논리적으로 파산선고 후에 행할 수 없으므로, 실제로는 파산선고 전의 행위만이 문제된다.

50) 반대의 견해는 齋藤秀夫 외 2(주 25), 872면.

51) 신용카드를 사용하여 마트에서 상품을 구입한 뒤 곧바로 매각하는 방법으로 2억 9,000만 원 상당의 금원을 마련하고, 백화점 등에서 상품권을 구입한 후 할인하여 매각하는 방법으로 7,950만 원 상당의 금원을 마련하여 다른 채무의 변제나 대출금 이자를 납부하는 데 사용한 사안에 대하여 본 규정을 적용한 사례로는 부산지방법원 2011. 4. 7.자 2011라403 결정(확정).

'현저히 불이익한 조건'이란, 물품의 처분조건이 일반적인 거래 실정에 비추어 불합리하게 채무자에게 불이익한 것을 말한다.[52] 신용거래로 구입한 상품도 파산재단에 속하는 재산이고 이를 불이익한 조건으로 처분하는 것은 총 채권자의 이익에 반하는 것이므로 면책불허가사유로 규정한 것이다.

한편 구 파산법은, 위와 같은 행위 외에 '현저히 불이익한 조건으로 채무를 부담하는 행위' 또한 과태파산행위로서 면책불허가사유로 삼았으나,[53] 현행법에서는 이를 삭제하였다. 따라서 신용카드를 이용하여 고율의 현금서비스를 이용한 것을 이 규정 소정의 면책불허가사유에 해당한다고 보았던 종전 실무는 더 이상 유지할 수 없게 되었다.

나) 고의·목적　　이 규정에 해당하기 위해서는 해당 행위에 대한 인식이 필요함은 물론, 파산에 이를 수밖에 없다는 객관적인 상황을 인식[54]해야 한다. 해석상 상품 구입 당시 현저히 불이익한 조건으로 처분할 것을 예정하여 신용거래로 구입한 경우에 한하여 본 호를 적용한다. 또한 파산선고를 지연시킬 목적이 있어야 한다. 파산선고를 완전히 회피할 목적도 이에 포함된다. 이 규정의 목적은 사기파산죄의 목적과는 달리 희망 또는 의욕을 요하지 않고 확정적 인식으로 족하다고 해석한다.[55]

　2) 법 제564조 제1항 제1호, 제651조 제1항 제2호(파산의 원인이 있음을 알면서 한 비본지행위)

제564조(면책허가)
① 법원은 다음 각호의 어느 하나에 해당하는 때를 제외하고는 면책을 허가하여야 한다.
1. 채무자가 제650조·제651조·제653조·제656조 또는 제658조의 죄에 해당하는 행위가 있다고 인정하는 때
제651조(과태파산죄)
① 채무자가 파산선고의 전후를 불문하고 다음 각호의 어느 하나에 해당하는 행위를

---

52) 500만 원 상당의 자동차를 할부구입 즉시 320만 원에 처분한 채무자에게 위 규정을 적용하여 면책을 허가하지 않은 사안으로 서울지방법원 2002. 6. 17.자 2001파357 결정(80% 일부면책, 항고기각으로 확정). 채무자 명의의 신용카드를 제3자에게 교부하여 약 1,000만 원 상당의 자동차를 매수하도록 하고, 그 대가로 500만 원을 송금받은 채무자에게 위 규정을 적용하여 면책을 허가하지 않은 사안으로 수원지방법원 2014. 11. 14.자 2013라163 결정(확정).
53) 구 파산법하에서는 사채업자로부터 고이율의 금원을 차용하거나, 신용카드 불법할인업자로부터 신용카드를 이용하여 물건을 구입한 것처럼 허위전표를 작성하고 고율의 선이자를 공제한 나머지를 대출받는 형식의 신용카드 불법 할인행위 등이 여기에 해당한다고 해석되었다.
54) 大內義三, "免責不許可事由としての破産法 375條 2号 行爲", 判例タイムズ 830号, 334면.
55) 齋藤秀夫 외 2(주 25), 872면.

하고, 그 파산선고가 확정된 경우 그 채무자는 5년 이하의 징역 또는 5천만원 이하의 벌금에 처한다.

…생략…

2. 파산의 원인인 사실이 있음을 알면서 어느 채권자에게 특별한 이익을 줄 목적으로 한 담보의 제공이나 채무의 소멸에 관한 행위로서 채무자의 의무에 속하지 아니하거나 그 방법 또는 시기가 채무자의 의무에 속하지 아니하는 행위

채무자가 파산선고의 전후를 불문하고 파산의 원인인 사실이 있음을 알면서 어느 채권자에게 특별한 이익을 줄 목적으로 한 담보의 제공 또는 채무의 소멸에 관한 행위로서, 채무자의 의무에 속하지 아니하거나 그 방법 또는 시기가 채무자의 의무에 속하지 아니하는 행위를 한 경우이다. 채무자가 편파적으로 담보를 제공하거나 채무를 소멸시킴으로써 일반 채권자의 이익을 해하는 행위를 규정한 것이다.

이러한 행위는 부인권 중에서 이른바 중 비본지행위부인(법 제391조 제3호)의 대상에 해당하고, 이 경우 부인권의 대상이 되기 위해서는 시기적으로 채무자가 지급정지나 파산신청이 있은 후 또는 그 전 60일 이내에 담보제공 또는 채무소멸에 관한 행위를 하여야 한다. 그런데 비본지행위 면책불허가사유는 '채권자를 해할 목적'을 요구하지도 않고, 시기적인 제한도 없으면서, 기존에 있는 채무를 편파적으로 비본지변제하는 행위만 있으면 면책불허가사유에 해당한다고 함으로써 채무자에게 지나치게 가혹한 측면이 있다. 미국에서는 이러한 내용의 면책불허가사유도 없고 도산범죄로 처벌하고 있지도 않다. 따라서 이러한 비본지행위가 부인권의 대상이 됨은 별론으로 하고, 나아가 면책불허가사유에까지 해당한다고 규정하는 것은 가혹하므로 법을 개정하거나 엄격하게 해석하는 것이 바람직하다.

가) 행   위   '담보의 제공'이란, 저당권,[56] 질권, 가등기담보, 양도담보권, 동산·채권 등의 담보에 관한 법률이 정하는 담보권 등의 설정을 말한다. '채무의 소멸에 관한 행위'로는 주로 변제,[57] 공탁, 상계, 대물변제, 경개, 해제계

---

56) 채무자가 대표이사인 주식회사의 대출금채무에 대하여 연대보증을 선 뒤, 채무초과 상태에 이르자 대출 금융기관 앞으로 채무자 소유 아파트에 관하여 근저당권설정등기를 경료해 준 사례로는 서울중앙지방법원 2010. 6. 1.자 2009라735 결정(확정), 지급불능상태에서 채권자 중 1인에게 채무자 소유 부동산 지분에 근저당권을 설정해 준 사례로는 서울중앙지방법원 2011. 8. 16.자 2010라1100 결정(확정).

57) 채무자가 지급불능상태에서 채권자 중 1인에 대한 자신의 채무를 변제하기 위해 그 채권자가 제3자에게 부담하고 있던 채무(합계 430만 원 상당)를 자신의 신용카드로 대신 결제한 행위에 대하여 이 규정을 적용한 사례로는 서울중앙지방법원 2011. 9. 9.자 2011라400 결정(확정).

약, 상계계약이 문제된다. 실무상 소유하고 있던 부동산 등을 채권자에게 대물변제 조로 매도하는 사례가 많으므로, 파산신청 직전에 부동산을 처분한 사실이 기록상 나타나면 그 부동산의 등기부등본을 제출하도록 하여 이 규정의 행위에 해당하는지 확인할 필요가 있다. 또한 폐업을 하면서 사업상 발생한 채무에 대한 대물변제 조로 영업 전체를 양도하거나 재고자산 또는 사업장의 임차보증금 반환청구권을 양도하는 사례[58]가 많으므로, 채무자가 파산신청 직전에 폐업한 경우에는 폐업 당시의 영업자산의 처분내역에 대하여도 확인을 하는 것이 좋다.[59]

'채무자의 의무에 속하지 않는 것'으로는, 무효 또는 취소할 수 있는 법률관계로 인한 채무, 자연채무, 소멸시효가 완성된 채무 등에 대하여 변제를 하는 것, 특약이 없는데도 담보를 제공하는 것[60][61] 등이 있다. '방법이 의무에 속하지 않는 것'이란 채무의 내용에 좇은 변제가 아닌 변제, 이른바 비본지변제를 가리키고 특약이 없는데도 대물변제를 하는 행위[62]가 그 전형적인 예이다. '시기가

---

58) 채무자가 지급불능상태에서 채무변제 조로 개인채권자 중 일부에게 일식집 임차보증금과 운영권을 양도한 사례로는 서울중앙지방법원 2011. 8. 25.자 2010라838 결정(확정), 채무자가 지급불능상태에서 채무변제 조로 부친에게 상가 임대차보증금반환채권을 양도한 사례로는 서울중앙지방법원 2016. 5. 24.자 2016라354 결정(확정).

59) 이재욱(주 44), 152면.

60) 채무자가 제수의 언니와 돈거래를 해오다가 채무 지급이 곤란할 정도로 경제사정이 어려워진 시기에 자기 소유의 아파트에 관하여 근저당권 및 가등기를 설정해 준 사례로는 서울중앙지방법원 2008. 6. 19.자 2008라201 결정(재항고이유서 부제출 기각).

61) 파산의 원인사실이 발생한 상태에서 기존의 채무에 관하여 여신거래기본약관상의 담보제공조항을 근거로 담보를 제공하는 것이 비본지행위인지가 문제된다. 이에 대하여 대법원은, "「채무자의 신용변동, 담보가치의 감소, 기타 채권보전상 필요하다고 인정될 상당한 사유가 발생한 경우에는 채무자는 채권자의 청구에 의하여 채권자가 승인하는 담보나 추가담보의 제공 또는 보증인을 세우거나 이를 추가한다」는 여신거래기본약관의 규정은 채무자에게 일반적·추상적 담보제공의무를 부담시키는 것에 불과하고, 구체적인 담보제공의무를 부담시키는 것은 아니어서 채무자가 이에 불응하여도 채권자는 그의 이행을 소구할 수 없고 단지 약관의 규정 등에 따라 채무에 대한 기한의 이익이 상실되어 바로 채권을 회수할 수 있음에 불과하므로 그 약관 규정에 따른 담보제공은 구 회사정리법(1999. 12. 31. 법률 제6085호로 개정되기 전의 것) 제78조 제1항 제3호 소정의 '회사의 의무에 속하는 행위'라고 볼 수 없다(대법원 2000. 12. 8. 선고 2000다26067 판결, 대법원 2006. 6. 29. 선고 2004다32503 판결)"고 하여 이러한 행위도 비본지행위라는 취지로 판시하였다.

62) 대물변제를 비본지행위로 본 사례로는, 서울중앙지방법원 2010. 5. 31. 2009라908 결정(채무자가 세제류도소매업을 영위하다가 지급불능 상태에서 거래 채권자에게 1억 6,000만 원 가량의 물품대금 채무변제에 갈음하여 재고물품 등을 일괄 양도한 사례), 서울중앙지방법원 2008. 2. 1.자 2007라913 결정(채무자가 운동기구를 고안하여 딸과 함께 실용신안등록을 하였다가 지급불능에 빠진 상태에서 딸에게 4,700만 원 채무의 대물변제 조로 실용신안권 지분을 이전한 사례), 서울중앙지방법원 2007. 8. 24.자 2005하면17656 결정(채무자가 음식점 영업을 하여 오다 처가에 대하여 부담하고 있던 채무의 변제 조로 파산신청 약 6개월 전에 처조카에게 위 음식점의 임차보증금반환채권 등 영업재산을 양도한 사례).

의무에 속하지 않는 것'이란 기한 전의 변제를 말한다. 채무자가 파산의 원인인 사실이 있음을 알면서 여러 채권자들 중에서 어느 채권자에게 특별한 이익을 줄 목적으로 변제하였더라도 그 행위가 '변제기에 도달한 채무를 그 내용에 좇아 변제하는 것'인 경우에는 부인권 행사의 대상이 될 수 있음은 별론으로 하더라도 이 규정에 해당한다고 볼 수 없다.[63]

나) 목   적   이 규정의 행위는 파산의 원인인 사실이 있음을 알면서 어느 채권자에게 특별한 이익을 줄 목적을 가지고 행할 것임을 요한다. 그 채권자에는 파산채권자뿐만 아니라 별제권자, 재단채권자도 포함된다. 어느 채권자에게 특별한 이익을 줄 목적은 단순한 인식으로는 부족하고 적극적으로 이를 희망하거나 의욕하는 것을 의미한다[행위시기, 고의는 위 가. 1) 참조].[64]

3) 법 제564조 제1항 제1호, 제651조 제1항 제3호·제4호(제3호: 상업장부의 부작성, 부실기재, 은닉, 손괴 행위, 제4호: 폐쇄장부의 변경, 은닉, 손괴 행위)

제564조(면책허가)
① 법원은 다음 각호의 어느 하나에 해당하는 때를 제외하고는 면책을 허가하여야 한다.
1. 채무자가 제650조·제651조·제653조·제656조 또는 제658조의 죄에 해당하는 행위가 있다고 인정하는 때
제651조(과태파산죄)
① 채무자가 파산선고의 전후를 불문하고 다음 각호의 어느 하나에 해당하는 행위를 하고, 그 파산선고가 확정된 경우 그 채무자는 5년 이하의 징역 또는 5천만원 이하의 벌금에 처한다.
…생략…
3. 법률의 규정에 의하여 작성하여야 하는 상업장부를 작성하지 아니하거나, 그 상업장부에 재산의 현황을 알 수 있는 정도의 기재를 하지 아니하거나, 그 상업장부에 부정의 기재를 하거나, 그 상업장부를 은닉 또는 손괴하는 행위
4. 제481조의 규정에 의하여 법원사무관등이 폐쇄한 장부에 변경을 가하거나 이를 은닉 또는 손괴하는 행위

이 규정들은 사기파산죄에서의 법 제650조 제1항 제3호·제4호와 행위내용이 같다. 다만 자기 또는 타인의 이익을 도모하거나 채권자를 해할 목적이 없는 경우이다. 그 각 호의 행위를 인정하기 위해서는 채무자가 행위 당시 채권자를 해하는 인식을 가지고 있어야 한다.[65] 앞서 본 바와 같이 입법론으로는 개정 검

---

63) 대법원 2008. 12. 29.자 2008마1656 결정, 대법원 2016. 8. 31.자 2016마899 결정.
64) 대법원 2010. 1. 20.자 2009마1588 결정.
65) 齋藤秀夫 외 2(주 25), 865면.

토가 필요하다.

다. 법 제564조 제1항 제1호, 제653조(구인불응 행위)

제564조(면책허가)
① 법원은 다음 각호의 어느 하나에 해당하는 때를 제외하고는 면책을 허가하여야 한다.
1. 채무자가 제650조·제651조·제653조·제656조 또는 제658조의 죄에 해당하는 행위가 있다고 인정하는 때
제653조(구인불응죄)
제319조, 제320조, 제322조 및 제578조의6에 따른 구인의 명을 받은 자가 그 사실을 알면서도 파산절차를 지연시키거나 구인의 집행을 회피할 목적으로 도주한 때에는 1년 이하의 징역 또는 1천만원 이하의 벌금에 처한다.

구 파산법 하에서는 파산자는 법원의 허가 없이는 주거지를 떠날 수 없었고 파산자가 도망하거나 재산을 은닉 또는 손괴할 우려가 있는 때에는 법원은 파산선고를 받은 채무자를 감수(監守)하여 타인과의 면접 또는 통신을 제한할 수 있었으며, 이를 위반할 경우 이러한 행위를 형사처벌함과 아울러 면책불허가사유로까지 삼았다. 그러나 감수 또는 주거지제한 등은 실무상 이용되지 않았을 뿐만 아니라, 채무자의 신체의 자유에 대한 과도한 제한으로 볼 여지가 있어 현행법에서는 관계조항을 삭제하였다.

한편 구 파산법 하에서와 마찬가지로 현행법은 법원이 필요하다고 인정하는 때에는 파산선고 전후를 불문하고 파산선고를 받은 채무자, 그 법정대리인, 이사 및 지배인, 상속재산에 대한 파산의 경우 상속인과 그 법정대리인 및 지배인을 구인하도록 명할 수 있는 것으로 규정하고 있다(법 제319조, 제320조, 제322조). 법은 법원의 구인명령을 받은 자가 그 사실을 알면서 파산절차를 지연시키거나 구인의 집행을 회피할 목적으로 도주하는 행위를 형사처벌하는 규정을 신설(법 제653조)함과 동시에 이를 새로운 면책불허가사유로 하였다.

다만 구인명령을 받은 채무자가 도주하지는 않았으나 정당한 사유 없이 불응하는 경우에는 위 구인불응죄에 해당되지 아니하지만 법에 정하는 채무자의 의무 위반을 내용으로 하는 법 제564조 제1항 제5호 소정의 사유에 해당되어 면책불허가사유가 된다고 할 것이다.

입법론으로는 검토가 필요하다. 채무자 본인이 파산을 신청한 경우에 파산선고 전 채무자 또는 이에 준하는 자가 출석하지 아니할 경우에는 파산신청을

기각하면 충분하고($^{법\ 제309조\ 제1항}_{제4호·제5호}$) 굳이 형사처벌을 가하거나 면책불허가사유로 규정할 필요가 있는지 의문이기 때문이다. 일본의 파산법을 비롯한 외국 입법례에서도 찾아볼 수 없는 규정으로서 삭제하는 것이 바람직하다.

라. 법 제564조 제1항 제1호, 제656조(뇌물 약속·공여·공여의사표시)

제564조(면책허가)
① 법원은 다음 각호의 어느 하나에 해당하는 때를 제외하고는 면책을 허가하여야 한다.
1. 채무자가 제650조·제651조·제653조·제656조 또는 제658조의 죄에 해당하는 행위가 있다고 인정하는 때
제656조(파산증뢰죄)
다음 각호의 어느 하나에 해당하는 자에게 뇌물을 약속 또는 공여하거나 공여의 의사를 표시한 자는 3년 이하의 징역 또는 3천만원 이하의 벌금에 처한다.
1. 파산관재인(제637조의 규정에 의한 국제도산관리인을 포함한다)
2. 감사위원
3. 파산채권자
4. 파산채권자의 대리인
5. 파산채권자의 이사

파산관재인(국제도산관리인을 포함), 감사위원, 파산채권자나 그 대리인 또는 이사에게 뇌물을 약속 또는 공여하거나 공여의 의사를 표시한 자를 파산증뢰죄로 처벌하는 것은 구 파산법에서도 마찬가지였다. 다만 구 파산법 하에서는 채무자가 파산증뢰의 행위를 한 경우에는 채무자가 부정하게 면책을 받은 것으로 보아 채권자의 신청이 있는 경우에 면책취소를 할 수 있었을 뿐이다.

면책은 파산절차에 성실하게 임한 채무자에게 부여되는 것으로 법은 공정하고 형평에 맞는 파산절차의 유지를 도모하기 위해 채무자의 파산증뢰행위를 새로운 면책불허가사유로 삼고 있다.[66]

---

66) 파산관재인으로부터 재산상태에 대한 설명과 자료제출을 요구받게 되자 파산관재인에게 선처를 호소하면서 금액 미상의 돈을 공여하려 한 사안에서 이 규정을 적용한 사례로는 서울중앙지방법원 2013. 8. 28.자 2012라1055 결정(확정).

마. 법 제564조 제1항 제1호, 제658조(설명의무위반 행위)

> 제564조(면책허가)
> ① 법원은 다음 각호의 어느 하나에 해당하는 때를 제외하고는 면책을 허가하여야 한다.
> 1. 채무자가 제650조·제651조·제653조·제656조 또는 제658조의 죄에 해당하는 행위가 있다고 인정하는 때
> 제658조(설명의무위반죄)
> 제321조 및 제578조의7에 따라 설명의 의무가 있는 자가 정당한 사유 없이 설명을 하지 아니하거나 허위의 설명을 한 때에는 1년 이하의 징역 또는 1천만원 이하의 벌금에 처한다.
> 제321조(채무자 등의 설명의무)
> ① 다음 각호의 자는 파산관재인·감사위원 또는 채권자집회의 요청에 의하여 파산에 관하여 필요한 설명을 하여야 한다.
> 1. 채무자 및 그 대리인
> 2. 채무자의 이사
> 3. 채무자의 지배인
> 4. 상속재산에 대한 파산의 경우 상속인, 그 대리인, 상속재산관리인 및 유언집행자
> ② 제1항의 규정은 종전에 제1항의 규정에 의한 자격을 가졌던 자에 관하여 준용한다.
> 제578조의7(파산선고를 받은 신탁의 수탁자 등의 설명의무)
> ① 유한책임신탁재산에 대한 파산선고를 받은 경우 제578조의6 제1항 각 호의 자는 파산관재인·감사위원 또는 채권자집회의 요청에 의하여 파산에 관하여 필요한 설명을 하여야 한다.
> ② 종전에 제578조의6 제1항 각 호의 자격을 가졌던 자에 대하여는 제1항을 준용한다.

이는 사기파산죄나 과태파산죄와 같이 파산채권자의 이익을 직접적으로 해치는 것은 아니지만, 파산절차의 원활한 진행을 방해하고, 파산재단의 형성을 방해한다는 점에서 면책불허가사유로 한 것이다.[67] 개인파산·면책절차는 기본적으로 채무자의 협조를 전제로 하고 있다. 개인파산·면책사건 심리에 필요한 대부분의 자료가 채무자 측에 편재되어 있고, 채권자나 기타 이해관계인이 채무자의 내부사정을 알기는 쉽지 않기 때문이다. 설명의무위반을 파산범죄로 하고 더 나아가 면책불허가사유로까지 정한 것은 이러한 개인파산절차의 특성을 감안하여 절차진행을 원활하게 하려는 고려가 깔려있다. 다만 설명의무의 범위를 광범위하게 인정하면 채무자 및 그 가족들의 개인정보에 대한 권리, 프라이버시권

---

67) 전병서, "파산자의 면책에 관한 고찰", 법조 47권 1호(496호), 110면.

등과의 충돌을 일으킬 우려가 있으므로, 아래에서 보는 '파산에 관하여 필요한 설명'인지의 여부 및 '파산관재인의 설명요구의 합리성' 등의 요건을 구체화시켜 그 범위를 합리적으로 제한해 나가는 노력이 필요하다.

설명요구권자는 파산관재인, 감사위원[68] 또는 채권자집회이다(법 제321조 제1항). 따라서 파산절차가 동시폐지된 경우는 이 규정의 적용이 없다. 파산관재인에는 그 대리인이 포함된다. 감사위원의 업무집행은 과반수로 결정하므로, 설명요구권자로서의 감사위원은 각 감사위원을 가리키는 것이 아니라 합의체를 말한다고 해석된다. 채권자집회는 물론 합의체를 가리키므로, 설명을 구하기 위해서는 결의를 요한다. 다만 이 설명요구권자에 법원은 포함되지 않는다. 법원에 대한 설명 거부나 허위의 설명은 법 제564조 제1항 제3호·제5호의 면책불허가사유가 된다.

'파산에 관하여 필요한 설명'은 파산에 이른 사정, 파산재단, 파산채권, 재단채권, 부인권, 환취권, 별제권, 상계권 기타 파산관재 업무에 필요한 일체의 사항에 미친다. 항고심에서 '파산에 관하여 필요한 설명'에 해당한다고 본 구체적인 사례들로는, ① 실소유자가 채무자인 것으로 의심되는 가족 명의 재산의 취득자금 출처,[69] ② 채무자가 파산신청에 임박해서 처분한 재산의 매각금액 및 그 대금의 구체적인 사용처,[70] ③ 채무자가 파산신청에 임박해서 가족·친지 등에 대한 채무를 변제하였다고 주장하는 경우에 그 채무가 실제로 있었음을 확인할 수 있는 소명자료,[71] ④ 지급불능에 이른 후에 채무자가 사용하고 있는 통장에서

---

68) 법 제553조는 간이파산(파산재단에 속하는 재산액이 5억 원 미만이라고 인정되는 경우)으로 진행하는 경우에 감사위원을 두지 아니한다고 정하고 있으나, 서울회생법원의 실무는 간이파산으로 진행하지 않는 경우에도 감사위원을 두지 않고 있다. 따라서, 감사위원에 대한 설명의무위반이 문제되는 경우는 사실상 없다고 볼 수 있다.

69) 채무자가 현재 배우자가 분양받은 아파트에 거주하고 있고, 채무자가 지급불능상태에 이른 후에도 배우자가 경매절차에서 임야를 경락받기도 한 사안에서, 파산관재인이 배우자의 경제활동 내역, 아파트 분양대금의 출처 및 임야를 경락받은 경위와 그 자금출처에 대하여 설명을 요구하였음에도 채무자가 이에 불응한 경우에 이를 설명의무위반으로 본 사례로는 서울중앙지방법원 2013. 6. 21.자 2012라448 결정(1심에서 설명에 불응하였으나 항고심에서 설명하여 재량면책, 확정), 채무자가 부동산 취득자금을 형제들의 도움으로 마련하였다고 주장만 할 뿐 소명자료를 제출하지 않은 경우에 이를 설명의무위반으로 본 사례로는 서울회생법원 2017. 12. 1.자 2017라803 결정(확정).

70) 채무자가 파산신청 직전에 아파트를 처분하였는데, 채무자가 주장하는 매각대금 자체로도 시세보다 저렴하여 파산관재인이 매매계약서 및 매매대금의 지급을 소명할 수 있는 금융거래자료 제출을 요구하였으나 채무자가 이에 불응한 경우에 이를 설명의무위반으로 본 사례로는 서울중앙지방법원 2013. 5. 30.자 2011라1739 결정(심리불속행 재항고기각).

71) 파산신청 직전에 채무자의 통장에 4,300만 원 상당의 돈이 입금된 사실이 채권자의 이의에 의하여 발견되었고, 채무자가 그에 대하여 주변 친지로부터 자금을 차용해서 개인채권자들의 채무변제에 사용하였다고 주장하는 사안에서, 파산관재인이 개인채권자들로부터 금원을 차용한 금융거래자료 및 그 사용처에 대한 설명을 요구하였으나, 채무자가 이에 불응한 사안에 대하여

일정 규모 이상의 금원거래내역이 발견되는 경우 그 구체적인 내용과 거래경위,[72] ⑤ 파산신청에 임박해서 차용한 돈의 사용처,[73] ⑥ 과거에 파산·면책을 신청하였다가 기각된 경위,[74] ⑦ 이혼에 따른 재산분할을 하지 않은 경위,[75] ⑧ 상속재산분할협의 과정에서 자신의 상속지분을 포기한 경우 등이 있다.

한편 이 규정에서 말하는 '파산에 관하여 필요한 설명'이라는 요건을 충족하려면, 관재인이 설명을 요구하는 사항 자체가 파산관재 업무에 필요한 것이어야 할 뿐만 아니라, 구체적인 개별사안에서 파산관재인이 그와 같은 설명을 요구하게 된 이유가 기록상 나타나는 여러 정황들에 비추어 합리적인 것으로 인정되어야 한다. 예컨대, 가족 명의의 재산에 대한 취득자금 출처를 설명하지 않았다는 이유로 면책불허가결정을 하기 위해서는 그 전제로서, 그 명의자인 가족이 재산취득 당시 소득활동을 하지 못할 정도로 어렸다거나, 그 취득시점 이전에 제대로 된 소득활동을 한 적이 없었다는 등 재산의 실질적인 소유자가 채무자인 것으로 의심할 수 있을 만한 정황이 기록상 나타나야 할 것이다.[76]

설명의무위반으로 본 사례로는 서울중앙지방법원 2011. 9. 9.자 2011라112 결정(확정).

72) 2007. 11.부터 2009. 3.까지 정선카지노가 있는 ○○은행 사북지점에서 3억 6,490만 원이 출금되고 1억 4,653만 원이 입금된 사실이 확인되어 파산관재인이 채무자에게 자금사용처에 대한 자료제출을 요구하였으나, 채무자가 불응한 사안에 대하여 설명의무위반으로 본 사례[채무자는 사업체 로비자금으로 사용하였다고 주장하였으나, 사업체 폐업(2008. 9.) 후에도 계속적인 거래가 있는 점에 비추어 도박 등 사행행위를 한 사실이 있는지에 대하여 설명을 요구할 필요성이 있다고 봄]로는 서울중앙지방법원 2011. 7. 12.자 2011라41 결정(확정).

73) 채무자가 사기죄로 처벌받은 전력을 누락하였던바, 채권자가 이에 대하여 이의제기를 하면서 편취한 돈의 사용내역에 대하여 밝힐 것을 요구하였고, 이에 파산관재인이 같은 내용에 대하여 설명을 요구하였음에도 채무자가 이에 불응한 경우에 대하여 설명의무위반으로 본 사례로는 서울중앙지방법원 2013. 8. 16.자 2013라1000 결정(확정).

74) 2010년에 파산·면책신청이 한 차례 기각된 적이 있고, 지난 사건에서는 개인채권자가 있었음에도 새로 신청한 사건에서는 금융기관채권자만 목록에 기재하여 지난 사건의 파산·면책 기각 사유 및 개인채권자들을 이 사건에서 누락한 경위에 대하여 설명을 요구하였음에도 채무자가 이에 불응한 경우를 설명의무위반으로 본 사례로는 서울중앙지방법원 2013. 8. 6.자 2012라1058 결정(확정).

75) 배우자의 명의로 취득한 부동산이 있었음에도 이혼시에 그에 대하여 재산분할을 하지 않았고, 채무자는 배우자가 자신의 채무를 대위변제해 준 적이 있어 재산분할을 하지 않은 것이라고 주장하는 사안에서, 파산관재인이 배우자의 대위변제사실을 확인할 수 있는 금융거래자료 등의 제출을 요구하였으나 채무자가 이에 불응한 경우를 설명의무위반으로 본 사례로는 서울중앙지방법원 2013. 6. 19.자 2012라164 결정(확정), 채무자가 혼인기간 중에 배우자에게 부동산을 증여하였으나, 이혼하면서 재산분할을 청구하지 않았고, 그러한 증여를 하게 된 이유는 전 배우자로부터 사업자금을 지원받았기 때문이라고 주장하면서도 이를 확인할 수 있는 자료를 제출하지 않은 경우를 설명의무위반으로 본 사례로는 대전지방법원 2017. 9. 7.자 2016라80 결정(확정).

76) 채무자가 지급불능상태에 이른 후에 채무자의 자녀(취득 당시 대학재학 중, 25세)가 매매대금 1억 2,000만 원에 아파트를 취득한 사실이 발견되어 파산관재인이 그 취득자금 출처에 대하여 설명 및 금융거래자료 제출을 요구한 사안에서, ① 자녀의 아파트 취득 당시의 연령 및 소득활동상황, ② 채무자가 장기간 부동산중개업에 종사하였던 점, ③ 지급불능 이후에 채무자의 배우

'설명을 하지 않거나 허위의 설명을 하여야' 한다. 여기서의 '설명'은 문언 그대로의 설명 외에 자료제출까지도 포함하는 개념이다. 일단 설명의무위반을 범한 채무자가 그 후에 파산법원에 그 사실을 설명하거나 자료를 제출한 때에도 면책불허가사유가 존재함에는 변함이 없으며, 다만 재량면책에서 고려할 수 있을 뿐이다.[77]

한편 '정당한 사유'가 있는 경우에는 설명이나 자료제출을 거절할 수 있다. 채무자의 지적능력, 연령, 사안의 복잡성 등에 비추어 그 채무자에게 온전한 설명을 기대하기 어려운 경우에는 채무자가 관재인의 설명요구에 응하지 못한 데 대하여 정당한 사유가 있다고 볼 여지가 있다.[78] 또한 파산관재인이 설명을 요구하는 내용이 채무자가 보유 또는 지배하고 있는 정보의 범위를 넘어선다면, 채무자가 그에 대하여 제대로 설명을 하지 못하더라도 정당한 사유를 인정할 수 있는 경우가 있다.[79] 다만, 실무에서는 채무자가 위와 같은 주장을 하면서 파산

자가 여러차례 부동산 거래를 한 정황 등을 들어 파산관재인의 설명요구가 합리적이라고 본 사례로는 서울중앙지방법원 2011. 8. 12.자 2010라1090 결정(심리불속행 재항고기각), 채무자의 배우자가 그 법인의 발기인이자 최대주주이고, 채무자의 아들이 그 법인의 사내이사이며, 채무자가 위 법인 소유의 아파트 입주자대표회의로부터 급여를 지급받은 적이 있고, 위 법인을 대리하여 소송을 수행한 적도 있는 사안에서 파산관재인이 채무자, 배우자 및 자녀의 위 법인에의 관여 정도에 대하여 설명 및 자료제출을 요구한 것은 정당하다고 본 사례로는 서울중앙지방법원 2013. 6. 7.자 2012라479 결정(항고심에서 설명하여 재량면책, 확정), 채무자가 이의채권자로부터 돈을 빌린 시점 전후로 채무자의 전 배우자가 부동산을 취득하였고, 파산신청 불과 3개월 전에 협의이혼을 한 사안에서, 파산관재인이 전 배우자의 부동산 취득자금의 출처에 관한 자료를 요구하는 것은 정당하다고 본 사례로는 서울회생법원 2017. 8. 16.자 2016라1548 결정(확정).

77) 특히, 1심에서 설명의무위반을 이유로 면책불허가된 후 항고심에 가서 설명을 하는 경우에 주로 문제된다.

78) 파산관재인이 파산신청 전에 채무자가 처분한 총 합계 26억 원 상당의 부동산 매각대금의 사용처에 대한 설명을 요구하였고, 채무자가 그 매각대금 중 1억 4,900만 원에 대한 사용처를 설명하지 못한 사안에서, ① 위 매매대금이 5개월에 걸쳐서 일부는 채무자의 계좌로 송금되고 일부는 채무자에게 직접 현금으로 지급되었던 점, ② 채무자가 운영하던 사업체의 수입도 함께 채무자의 계좌에서 입출금되어 부동산 매각대금과 사업체의 수입을 구별하기가 어려웠던 점, ③ 위 1억 4,900만 원 중 상당금액은 생활비, 공과금 지급, 신용카드사용대금 지급, 대출금 이자 지급 등의 용도로 사용된 것으로 보이는 점, ④ 채무자가 69세의 고령으로서 당뇨병, 우울증 등을 앓고 있으면서 파산관재인의 설명요구에 제대로 응하기 어려웠던 것으로 보이는 점 등의 사정을 들어 설명의무를 위반하였다고 보기 어렵다고 본 사례로는 서울중앙지방법원 2013. 7. 15.자 2012라490 결정(확정).

79) 채무자 소유 상가주택 4채에 대하여 경매절차가 진행되던 중에 채무자가 지인으로부터 항고보증금 5,000만 원을 빌려 매각허가결정에 대하여 항고를 제기하였고, 재항고절차 진행 중에 위 주택 4채를 항고보증금을 빌려준 지인에게 소유권이전해 주었으며, 그 직후 그 지인이 위 각 주택을 매각하여 매매차익 1억 4,000만 원 상당을 취득한 사안에서, 파산관재인이 채무자와 지인 사이의 위 주택매매가 진정한 것인지의 확인을 위해 위 각 주택의 매매대금이 누구에게 지급되었는지, 매매차익이 누구에게 귀속되었는지에 대한 소명자료 제출을 요구하였으나 채무자가 충분한 소명자료를 제출하지 못한 사안에서, 채무자가 보유 또는 지배하고 있는 정보의 범위를 넘어 설명을 요구할 수는 없다는 이유로 설명의무위반이 아니라고 본 사례로는 서울중앙

관재인의 설명 요구에 응할 수 없다고 주장하는 경우, 파산관재인의 신청이나 법원의 직권으로(법 제12조 제2항) 사실조회 등을 하거나 채무자에게 필요한 사실조회 등의 신청을 하도록 보정을 명하기도 한다.

2. 법 제564조 제1항 제2호(파산원인 사실을 속이거나 감추고 한 신용거래 행위)

> 제564조(면책허가)
> ① 법원은 다음 각호의 어느 하나에 해당하는 때를 제외하고는 면책을 허가하여야 한다.
> …생략…
> 2. 채무자가 파산선고 전 1년 이내에 파산의 원인인 사실이 있음에도 불구하고 그 사실이 없는 것으로 믿게 하기 위하여 그 사실을 속이거나 감추고 신용거래로 재산을 취득한 사실이 있는 때

채무자가 파산선고 전 1년 내에 파산의 원인인 사실이 있음에도 불구하고 그 사실이 없는 것으로 믿게 하기 위하여 그 사실을 속이거나 감추고 신용거래로 인하여 재산을 취득한 사실이 있는 때에는 면책을 허가하지 않을 수 있다. 요건을 상술하면 다음과 같다.[80]

가. 재산의 취득행위가 파산선고 전 1년 내일 것

파산신청부터 파산선고까지 심리에 상당한 기간이 걸리는 경우도 있어, 파산선고가 일찍 되었다면 이 규정에 의하여 면책이 허가되지 않을 채무자가 파산선고의 지연으로 인해 이 규정에 해당하지 않게 되는 부당한 결과가 생길 수 있기 때문에, 입법론으로서는 위 기간의 개시 시점을 파산신청시로 앞당겨야 한다는 주장도 있다.[81] 실무에서는 위와 같은 부당한 결과를 방지하기 위해서 이 규정에 해당하는 사유가 있을 것으로 예상되는 경우 신속히 파산절차를 진행하고 있다.

지방법원 2011. 7. 1.자 2010라1272 결정(확정), 채무자가 배우자 및 자녀들 명의의 금융거래내역, 신용카드 사용내역 등을 제출하여 달라는 파산관재인의 요구에 응하지는 못하였으나, 배우자 및 자녀들과 20년 이상 별거하였고, 그들과 생활관계를 함께 하고 있다고 볼 정황도 없는 사안에서, 앞 사례와 동일한 이유로 설명의무위반이 아니라고 본 사례로는 수원지방법원 2016. 11. 18.자 2015라391 결정(확정).

80) 대법원 2010. 8. 23.자 2010마227 결정.

81) 참고로, 일본 신 파산법은 위 기간의 개시 시점을 파산신청시로 규정하였다.

이 규정을 적용하기 위해서는 채무자가 제출하는 채권자목록, 채권자 의견 조회, 파산관재인의 조사 결과 등을 토대로 신용거래에 의하여 재산을 취득한 날짜를 특정하여야 한다.

나. 파산의 원인인 사실이 있을 것

여기서 파산원인이란 지급불능을 말한다. 지급불능이란, 채무자가 자력이 없어서 즉시 변제하여야 할 채무를 일반적 계속적으로 변제하지 못하는 객관적 상태를 말하고,[82] 자력은 재산 이외에도 신용과 노력을 종합하여 판단한다. 재산은 없더라도 신용이나 노력에 의해 금전의 조달이 가능하면 지급불능이라고 할 수 없지만, 재산이 있어도 환가가 곤란한 경우는 금전의 조달이 곤란하므로 지급불능이라고 할 수 있는 경우가 있다.

지급불능은 채무자의 객관적 상태이므로, 채권자 또는 채무자의 주관적 평가 또는 행동과는 관계가 없다. 따라서 어느 채권자가 채무자의 자력 없음을 알지 못하고 융자를 하거나 자력 없음을 안 후에 동정심에서 융자를 계속하였다고 해도 지급불능이라고 할 수 있는 경우가 있고, 채무자가 자기의 자력을 과소평가하여 지급을 정지하였더라도 지급불능이 아닌 경우도 있을 수 있다. 또 채무자가 상품의 염가매각이나 고리의 사채차용 등에 의해 무리하게 조달한 자금으로 변제를 계속하면, 일견 자력이 있는 것 같은 외관을 보이더라도 객관적으로는 지급불능이라고 판단되는 경우도 있을 수 있다.

다. 파산의 원인인 사실을 속이거나 감출 것

행위자에게 파산원인인 사실이 있음에도 그렇지 않은 것처럼 이를 속이거나 감추어 상대방을 착오에 빠뜨리는 행위를 말한다.[83] 지급불능에 빠진 채무자가 여러 사채업자로부터 금원의 차용을 계속하는 행위가 흔히 발견된다. 구 파산법 하에서는 '사술'이라는 표현을 하여 채무자가 이미 경제적으로 파탄상태에

---

82) 대법원 1999. 8. 16.자 99마2084 결정.

83) 소득 수준에 비추어 과도하게 번호계에 가입하여 계불입금조차 납입하기 곤란한 상태에서 채권자에게 1개월만 차용하겠다고 하면서 금원을 차용하였는데, 파산선고 1년 전에 차용한 돈의 액수(1억 4,890만 원)가 전체 채무(4억 1,780만 원)의 36%에 이른 사안에서 '파산원인인 사실을 속이거나 감춘' 경우에 해당한다고 본 사례로는 서울중앙지방법원 2012. 9. 11.자 2011라438 결정(확정), 임차보증금액을 실제보다 높게 기재한 허위의 임대차계약서를 채권자에게 제시하여 자신의 자력을 과시하는 방법으로 채권자를 기망하여 파산선고 전에 2,500만 원을 차용하였고, 위 행위로 인해 사기죄의 유죄판결을 받은 사안에서 이 요건을 충족하였다고 본 사례로는 서울중앙지방법원 2012. 7. 23.자 2011라953 결정(확정).

있음을 고지하지 않은 것을 사술로 볼 것인가에 관하여는 견해가 나뉘었다. 지급불능의 상태에 있는 대부분의 채무자는 계속하여 금원을 차용하는 경우가 통례인데 단순히 불고지라는 소극적인 태도만으로 사술에 해당한다고 해석하는 것은 부당하다는 견해가 다수였다.[84]

현행법은 구 파산법상의 '사술'이라는 표현을 '그 사실을 속이거나 감추고'로 수정하였는데, 그 의미에 대하여 대법원 2010. 8. 23.자 2010마227 결정은, "채무자가 파산의 원인인 사실이 없는 것으로 믿게 하기 위하여 그 사실을 속이거나 감추었다고 판단하기 위해서는, 채무자가 객관적으로 지급불능의 상태에 있었다는 사정만으로 부족하고, 채무자가 신용거래로 재산을 취득하는 과정에서 상대방인 채권자에게 한 언행, 상대방인 채권자가 채무자에게 다액의 채무가 있다거나 지급불능의 상태에 빠질 수도 있다는 사정을 알고서 과다한 이익을 얻기 위하여 신용거래에 나아간 것인지 여부 등 상대방인 채권자가 신용거래를 하게 된 경위, 채무자의 전체 채무 중에서 위와 같이 취득한 재산이 차지하는 비중 및 그 증감의 정도, 신용거래의 성격 즉, 새로운 신용거래인지 아니면 종전의 신용거래를 연장 내지 갱신한 거래에 지나지 않는지 여부, 채무자가 신용거래로 취득한 재산의 사용처 등을 면밀히 심리하여 판단하여야 한다"고 판시하였다.[85]

구 파산법과 달리 현행법에서는 법문상 '속이는' 적극적인 행위뿐만 아니라 '감추는' 소극적인 행위까지 포함하고 있으므로, 채무자가 파산원인이 있는 사실을 알면서 단순히 이를 고지하지 않고 신용거래를 한 경우에까지 이 규정을 적용할 것인지에 관하여 논의가 있다.

입법자가 법 문언을 위와 같이 명시적으로 수정하였고, 대법원의 위 결정에서도 '채무자가 상대방인 채권자에게 한 언행'일 것을 여러 판단 요소 중 하나로 들고 있을 뿐, '채무자가 상대방을 적극적으로 속일 것'을 필수적인 요건으로 삼았다고 보이지는 않는다는 이유로 이를 긍정하는 견해가 있으나,[86] 위와 같은 법문상 표현 변화는 '사술을 써서'라는 용어를 우리말로 풀어쓰는 과정에서 나타

---

84) 이재환, "소비자파산", 재판자료 83집, 법원도서관(1999), 509면; 전병서, 도산법(제2판), 법문사(2007), 415면; 반대로 긍정하는 견해는 백창훈, "면책과 복권", 재판자료 83집, 법원도서관(1999), 421면.

85) 파산신청 당시 채무액이 약 8억 6,000만 원이었고, 신청 직전 1년간 합계 1억 2,700만 원 이상을 차용하여 채무 돌려막기에 사용한 사안으로서, 원심은, 채무자가 경제적 어려움 속에 현저하게 불이익한 조건으로 사채업자들로부터 돈을 차용하여 이를 채무 돌려막기에 사용해왔다는 사정을 들어 본 규정의 면책불허가사유가 있다고 보았으나, 대법원은 그것만으로는 부족하다고 판단하여 원심결정을 파기·환송하였다.

86) 이재욱(주 44), 154면.

난 것에 불과하고, 지급불능상태에서 부득이하게 신용거래를 하게 된 통상의 채무자에게 위와 같은 고지의무를 엄격히 준수하도록 하는 것은 가혹하고 현행법에서 정한 면책제도의 취지에도 맞지 않으며, 신용거래 과정에서의 채무자의 부작위가 형사법에서의 '기망'에 이를 정도라고 한다면 이는 형사절차에서 다룰 문제일 뿐 현행법 제6편 벌칙 부분에서는 위와 같은 신용거래 행위에 대하여 처벌규정도 두고 있지 않은 점 등을 근거로 이를 부정하는 것이 일반적인 실무례이다.[87]

이와 관련하여 파산신청을 불과 얼마 앞두지 않은 시점에서 신용카드를 사용하여 다량으로 물품을 구입하거나, 거액의 현금서비스를 받아 소비 또는 일부 채권자에게 변제하거나 심지어 파산신청을 위한 비용으로 삼는 비정상적인 사례가 있는데, 단기간 내에 집중적으로 큰 금액의 신용카드 사용이 있거나, 파산신청 직전에 상당한 금액의 신용거래가 있는 경우에는 본 규정을 적용하여 면책을 허가하지 않은 하급심 결정례들이 있다.[88]

라. 신용거래로 인하여 재산을 취득할 것

신용거래란, 대금 후불 형태의 거래, 다시 말해 상대방이 장래에 반대급부를 이행하리라는 신뢰를 토대로 이루어지는 거래를 말한다. 신용카드를 사용한 물품구입, 현금서비스, 마이너스통장 대출[89] 및 기타 담보를 제공하지 아니하고 금융기관으로부터 신용대출을 받거나 개인채권자로부터 자금을 차입하는 행위가 여기에 포함된다.

---

87) 전병서(주 12), 444면도 같은 견해이다. 이와 관련된 하급심 결정례를 보면, '이 면책불허가사유를 적용하기 위해서는 채무자의 적극적인 기망행위를 필요로 하는바, 단순히 파산원인사실이 존재함을 고지하지 아니한 채로 신용거래를 한 것만으로는 이 면책불허가사유를 적용할 수 없다'는 취지의 결정(제3자가 금융기관을 기망하여 채무자 명의로 대출을 받기는 하였으나, 채무자가 적극적으로 기망행위를 하였음을 인정할 자료가 없다고 판단함)으로는 서울중앙지방법원 2013. 8. 9.자 2013라378 결정(확정), 채무자가 신용거래 당시 본인의 자력에 대하여 묵비하는 것을 넘어서 적극적으로 채권자를 기망하였다고 볼 만한 사정이 발견되지 않았음을 이유로 이 면책불허가사유를 적용할 수 없다고 본 사례로는 서울중앙지방법원 2014. 8. 21.자 2014라1356 결정(확정).

88) 2009. 6. 19. 파산신청을 하였는데, 2009. 5. 14.부터 2009. 5. 18.사이에 마트, 백화점 등에서 합계 1,200만 원 상당을 신용카드로 결제한 행위에 대하여 이 규정을 적용한 사례로는 서울중앙지방법원 2011. 11. 30.자 2011라375 결정(확정), 법무사 사무실에 파산신청을 의뢰한 후 1개월간 현금서비스 금액을 제외하고도 합계 550만 원 상당의 신용카드 결제를 한 행위에 대하여 이 규정을 적용한 사례로는 서울중앙지방법원 2011. 9. 19.자 2011라437 결정(확정).

89) 서울중앙지방법원 2011. 11. 15.자 2010라1256 결정(확정, 파산선고 1년 전에 2,000만 원 상당의 마이너스대출을 받은 행위에 대하여 이 규정을 적용하였으나, 재량면책함).

한편 속칭 '카드깡'이 이 규정이 정하는 신용거래에 포함되는지가 문제된다. 현재 하급심 결정례들은 속칭 '카드깡' 행위(실제로 재화나 용역의 구입 없이 신용카드로 결제하고 현금을 수령하는 행위)를 '파산원인 사실을 속이거나 감추고 한 신용거래행위'로서 면책불허가사유에 해당한다고 보고 있다.[90] 구 파산법 제367조 제2호는 '신용거래로 인하여 상품을 구입하여 현저히 불이익한 조건으로 이를 처분하는 행위' 외에도 '현저하게 불이익한 조건으로 채무를 부담'하는 행위 또한 과태파산죄로 규율하고 있었던바, 속칭 '카드깡'은 위와 같은 과태파산죄 해당행위로서 면책불허가사유를 구성한다고 보았다. 그런데, 현행법 제651조 제1항 제1호는 구 파산법 제367조 제2호의 문언 중 '현저하게 불이익한 조건으로 채무를 부담'하는 행위 부분을 삭제하였고, 속칭 '카드깡'은 실제 물품구입이 없는 단순한 자금융통으로 볼 수 있다는 점에서, 현행법하에서는 속칭 '카드깡'을 법 제564조 제1항 제1호, 제651조 제1항 제1호가 정하는 '신용거래 구입상품의 불이익 처분'으로 규율하기는 어렵게 되었다.[91] 결론적으로 속칭 '카드깡'에 대하여는 그 행위가 파산선고 전 1년 이내에 행해진 경우에 한하여 이 규정의 적용을 받는다고 하여야 할 것이다.

상대방이 위 오신의 결과 신용거래에 응하여 채무자에게 신용을 공여할 것을 요한다.[92] 재산에는 동산, 부동산, 채권, 무체재산권 기타 재산을 포함한다.

재물의 점유가 이전되거나 재산상의 이익을 취득할 것을 요한다. 사기죄에 비유하자면 기수에 이른 것을 말한다. 재물 등을 취득하는 자는 채무자와 특별한 관계가 있는 제3자, 예컨대 채무자의 대리인으로서 그의 이익을 위하여 수령하는 자나 채무자가 제3자의 이익을 위하여 재물을 취득시킬 목적으로 하는 경우의 제3자라도 좋다.

채무자의 행위, 상대방의 오신, 신용거래, 재산의 취득 사이에는 차례로 인

---

90) 서울중앙지방법원 2010. 11. 24.자 2010라258 결정[확정, 실제 물품구입 없이 1,040만 원 상당의 대금을 신용카드로 결제하고 936만 원을 수령한 행위(속칭 '카드깡'에 해당함)에 대하여 이 규정을 적용함], 서울중앙지방법원 2011. 8. 5.자 2011라376 결정(확정, 채무자가 공인중개사 사무실에서 600만 원 상당을 신용카드로 결제하였는데, 그 결제내역이 속칭 '카드깡'을 한 것으로 밝혀진 사안에서 이 규정을 적용함), 대전지방법원 2018. 8. 7.자 2017라4 결정(확정, 채무자가 식당이나 상점 등에서 합계 1,100만 원 상당을 신용카드로 결제하였고, 채무자가 속칭 '카드깡'을 한 것이라고 소명한 사안에서 이 규정을 적용함).

91) 같은 취지의 사례로 대구지방법원 2016. 11. 25.자 2014라685 결정.

92) 파산선고 전 1년 내에 이미 감당할 수 없는 과도한 채무를 부담하고 있는 등 파산원인이 있음에도 불구하고 이를 숨기고 자신의 연간소득이 연 5천만 원에 이른다고 기망하여 금전대출을 받은 사례로는 서울중앙지방법원 2004. 5. 7.자 2003라1251 결정(확정).

과관계가 있을 것을 요한다. 재산의 취득으로 이 규정의 행위가 성립하고, 그 후 일부 변제를 하였다고 하더라도 이 규정의 성립에는 영향이 없다. 변제하였다는 점은 재량면책의 정상으로 고려하면 족하다. 따라서 이미 전액 변제를 하여 파산신청시에는 소멸한 채권도 조사의 대상이 된다.

마. 고   의

이 규정의 고의는 전술한 각 구성요건 사실에 대한 인식, 인용이다. 스스로 지급불능인 사실을 인식할 것을 요하지만, 파산절차상의 지급불능에 해당하는가 아닌가의 법률상의 평가 또는 인식은 요하지 않는다.

3. 법 제564조 제1항 제3호(허위의 채권자목록 등의 제출 또는 재산 상태에 관한 허위의 진술 행위)

> 제564조(면책허가)
> ① 법원은 다음 각호의 어느 하나에 해당하는 때를 제외하고는 면책을 허가하여야 한다.
> …생략…
> 3. 채무자가 허위의 채권자목록 그 밖의 신청서류를 제출하거나 법원에 대하여 그 재산상태에 관하여 허위의 진술을 한 때

채무자는 면책신청을 하는 경우에 채권자목록을 첨부할 의무가 있고 (법 제556조 제6항), 심문기일에 채무자의 재산 상태에 대하여 진실하게 진술하여야 한다. 채무자가 이러한 의무에 위반하여 허위의 채권자목록[93] 그 밖의 허위의 신청서류를 제출하거나 법원에 대하여 그 재산 상태에 관하여 허위의 진술을 한 때[94]

---

93) 채무자가 일부 채권자와 사이에 별도의 변제약정을 체결하고, 채권자목록에 그 기재를 누락한 사례로는 서울중앙지방법원 2010. 7. 13.자 2010라197 결정(확정), 채무자의 재산상태와 소득을 잘 알고 있는 특정 채권자를 고의로 누락시킨 채 재산상태와 소득을 허위 기재한 사례로는 서울중앙지방법원 2008. 4. 30.자 2007라851 결정(심리불속행 재항고기각), 파산신청 당시 개인채권자를 누락하였다가 파산선고 이후 발각되어 채무자가 뒤늦게 위 채권자를 채권자목록에 추가하였어도 이 규정을 적용하여 면책을 허가하지 않은 사례로는 서울회생법원 2017. 8. 3.자 2016라2174 결정(확정).

94) 채무자가 이혼 후에도 전 남편 명의로 예금계좌를 사용하고 전 남편이 운영하는 법인의 법인카드를 사용하며 전 남편의 거소를 자유로이 출입하면서 우편물을 수령하고 타인에 대한 6천만 원 상당의 채권을 보유하고 있음에도 불구하고, 이혼당하고 쫓겨나 친척 도움으로 생계를 유지하고 있다고 기재한 사례로는 서울중앙지방법원 2007. 9. 28.자 2007라368 결정(확정), 채무자가 파산신청 전 2년 내 유일한 재산인 아파트를 1억 4,900만 원에 처분하여 일부 채권자에게만 변제하였음에도 불구하고 그런 사실이 없다고 기재한 사례로는 서울중앙지방법원 2007. 9. 7.자 2007라474 결정(확정), 파산신청 당시 반환받은 임대차보증금 2,500만 원을 보유하고 있었음에

에는 면책불허가사유에 해당된다. 직업, 소득 등을 허위로 기재하거나[95] 진술서
에 채무자가 받을 채권을 전혀 기재하지 아니한 것,[96] 부동산이나 임차보증금
등을 은닉할 목적으로 거주권원을 허위로 기재하는 것[97]도 이 규정에 해당한다.

'채권자목록'에는 파산채권자의 성명 및 주소, 파산채권의 액 및 그 원인,
별제권이 있는 때에는 그 목적 및 그 행사에 의하여 변제를 받을 수 없는 채권
액을 기재하여야 한다. 따라서 위 각 기재사항에 관하여 허위의 기재를 한 경우
가 이 규정에 해당한다.

'허위의 신청서류'에서의 '신청서류'는 재산목록, 채무자의 수입 및 지출에
관한 목록, 진술서 등 파산 및 면책 신청서에 첨부하여야 하는 서류를 뜻한다(자
세한 내용은 "제2장 제5절 1. 가." 참조). 이와 관련하여, 채무자가 임차보증금 반환
청구권이 있다는 사실 자체를 숨기거나 임차보증금액을 속이기 위해 임대차계약
서나 무상거주사실확인원을 위조해서 제출하는 경우가 종종 발견된다.[98]

'진술'이란 파산절차 및 면책절차에서의 채무자의 법원에 대한 진술을 말한
다. 심문기일에서의 구두진술뿐 아니라 진술서의 제출에 의한 진술을 포함한다.

도 불구하고 재산목록에 아무 재산이 없다고 기재한 사례로는 서울중앙지방법원 2007. 2. 20.자
2006하면20703 결정(확정).

95) 채무자가 이혼한 전 배우자 명의로 사업자등록을 하고 계속 건설업을 영위하여 왔음에도 직
업을 일용직으로, 수입을 월 80만 원으로 기재한 경우에 대하여 이 규정을 적용한 사례로는 서
울중앙지방법원 2013. 4. 1.자 2011라228 결정(확정), 채무자가 의료법인의 실제 운영자이거나
적어도 다른 동업자와 주도적으로 위 법인을 운영하였음에도 일시 근무한 것에 불과하다고 진
술한 사안에 대하여 이 규정을 적용한 사례로는 서울중앙지방법원 2013. 6. 18.자 2012라799 결
정(심리불속행 재항고기각), 채무자가 제3자의 명의만 빌려 아파트를 소유하고 커피전문점을 운
영하고 있음에도, 재산은 전혀 없고 무직으로서 월 40만 원 정도의 수입으로 생활한다고 기재한
사안에 대하여 이 규정을 적용한 사례로는 서울회생법원 2018. 1. 31.자 2016라444 결정(확정).
96) 채무자가 5,700만 원 상당의 의류판매수수료 채권을 보유하고 있음에도 이를 재산목록에 기재
하지 않은 경우에 대하여 이 규정을 적용한 사례로는 서울중앙지방법원 2013. 7. 24.자 2012라
997 결정(확정).
97) 반면에, 채무자가 임차하고 있던 주택의 임대인이 양도소득세를 감면받을 목적으로 채무자의
주소를 자기 소유의 다른 주택으로 옮겨 달라고 하여 주거지를 허위로 기재한 경우에 이 규정
의 면책불허가사유에 해당하지 않는다고 본 사례로는 서울중앙지방법원 2013. 6. 20.자 2012라
414 결정(확정), 사위의 부양가족이 되어 건강보험에 가입하기 위해 사위의 거주지로 전입신고
를 한 후 거주지를 실제와 다르게 기재한 경우에 이 규정이 적용되지 않는다고 본 사례로는 서
울중앙지방법원 2013. 5. 27.자 2012라40 결정(확정).
98) 배우자 명의의 임차보증금 4억 5,000만 원의 임차주택(사실상 채무자의 소유로 밝혀짐)에 거
주하고 있음에도 임차보증금이 1억 원으로 기재된 허위의 임대차계약서를 제출한 경우에 대하
여 이 규정을 적용한 사례로는 서울중앙지방법원 2013. 8. 6.자 2013라325 결정(확정), 자녀 명
의의 임차보증금 3,000만 원의 주택에 거주하고 있음에도, 지인이 임차한 주택에 무상거주하고
있다고 하면서 그 지인 명의의 허위의 임대차계약서, 허위의 무상거주사실확인원, 인감증명서를
제출한 경우에 대하여 이 규정을 적용한 사례로는 서울중앙지방법원 2013. 4. 16.자 2011라513
결정(확정).

허위진술의 대상이 되는 '재산상태'는 채무자의 적극재산[99]과 소극재산을 말하고, 원칙적으로 '채무자 본인'의 '파산신청 당시'의 재산상태에 한정된다.

'채무자 본인'의 재산상태인지와 관련하여 친족 등이 보유한 재산에 대한 허위진술이 본 규정이 정하는 면책불허가사유가 되는지가 문제된다. 이에 대하여 대법원 2009. 3. 20.자 2009마78 결정은, "법 제564조 제1항 제3호는 '채무자가 법원에 대하여 그 재산상태에 관하여 허위의 진술을 한 때'를 면책불허가사유로 규정하고 있는바, 여기에서 '그 재산상태'란 '채무자의 재산상태'를 말하는 것이고, 채무자의 재산에는 채무자가 자신의 명의로 보유하는 재산뿐만 아니라 타인의 명의를 빌려 실질적으로 자신이 보유하는 재산도 모두 포함된다. 그러나 이에 해당하지 않는 재산으로서 채무자의 친족 등이 보유하는 재산은 채무자의 재산이라고 볼 수 없으므로, 채무자가 이러한 친족 등의 재산상태에 관하여 허위의 진술을 하였다고 하여 위 조항에 정한 면책불허가사유에 해당한다고 볼 수 없다"고 설시하였다.[100][101][102] 또한 채무자 본인과 채무자가 대표자로 있는 법인은 엄연히 법인격이 다르므로, 법인의 대표자인 채무자가 그 법인의 재산이나

---

99) 채무자가 보유하고 있던 무허가건물에 대하여 보상금 지급이 예정되어 있음에도 이러한 사실을 파산신청서에 기재하지 않았고, 파산신청 후 파산선고 전에 위 보상금으로 5,240만 원 상당을 모친 명의의 계좌로 송금받은 사안에 대하여 이 규정을 적용한 사례로는 서울중앙지방법원 2011. 11. 21.자 2011라418 결정(확정).

100) 이 대법원 결정에서는 채무자가 파산신청 당시 부친이 부동산을 보유하고 있음에도 친족 보유 재산란에 아무런 기재를 하지 않은 사안이 문제되었던바, 대법원은 채무자의 부친이 위 부동산을 취득할 당시 채무자가 만 18세에 불과하고, 달리 채무자가 위 부동산의 실질적인 보유자임을 인정할만한 자료가 없다고 보아 '타인의 명의를 빌려 실질적으로 자신이 보유하는 재산'에 해당하지 않는다고 판단하였다.

101) 이 대법원 결정 이후 친족 명의의 재산에 대한 허위진술을 어떻게 처리할 것인지가 문제되었다. 서울회생법원에서는, 채권자가 제출한 증거 등에 의하여 그 친족 명의의 재산이 실질적으로 채무자의 재산임이 밝혀진 경우에는 그 자체가 채무자 본인의 재산에 관하여 허위의 신청서류를 제출한 것이거나 재산상태에 관하여 허위의 진술을 한 것에 해당되므로, 법 제564조 제1항 제3호에 따른 면책불허가사유가 존재한다고 보고 있다. 반면에, 채권자들이 제출한 자료나 직권조사에 의하더라도 해당 재산이 채무자 본인의 것인지를 확신할 수는 없으나, 여러 정황상 실질적으로 채무자의 소유이거나 채무자가 그 재산과 관련하여 불이익처분을 하였다는 '상당한 의심'이 들어 법원이 이에 관하여 설명을 요구하고 자료제출을 명하였으나, 채무자가 이에 응하지 않고 있는 때에는 법 제564조 제1항 제5호를 적용하고 있다. 자세한 내용은 최두호(주 19) 참조.

102) 한편 파산신청 당시 자녀 명의로 된 주택이 있었는데, 그 취득 당시에는 자녀가 아직 경제활동을 시작하지 않았고, 그 밖의 소득이 있었음을 인정할 만한 자료도 없으며, 주택에 설정된 근저당권의 피담보채무에 대한 대출금 이자를 자녀가 납입하였다는 자료도 제출하지 못하고 있음에도 자녀의 소득으로 위 주택을 취득하였다고 주장한 사안에 대하여 이 규정을 적용한 사례로는 서울중앙지방법원 2013. 5. 1.자 2011라1853 결정(확정), 고모 명의로 분양받은 아파트(채무자가 실소유자임이 드러났고, 실거래가가 3억 원 정도였음)를 재산목록에 기재하지 않는 경우에 대하여 이 규정을 적용한 사례로는 서울중앙지방법원 2011. 4. 5.자 2010라179 결정(심리불속행 재항고기각).

채무에 대하여 허위로 진술한 경우에는 여기에 해당하지 않는다.[103]

이 규정을 해석함에 있어 대법원 2011. 8. 16.자 2011마1071 결정은, 이 규정은 "채무자가 '고의로' 허위의 신청서류를 제출하거나 허위의 진술을 한 경우에 한정하여 적용되는 것일 뿐이고, 채무자가 '과실로' 허위의 신청서류를 제출하거나 허위의 진술을 한 경우에는 적용되지 아니한다[104]"고 하면서, 채무자의 고의를 판단함에 있어서도, "파산결정을 받았으나 면책불허가결정을 받아 그 결정이 확정된 후에는 동일한 파산에 대한 재차 면책신청이나 오로지 면책을 받기 위하여 동일한 파산원인으로 재차 파산신청을 하는 이른바 재도의 파산신청이 허용되지 아니하는 점을 감안하여 볼 때, 법 제564조 제1항 제3호의 면책불허가 사유인 고의로 허위의 신청서류를 제출하거나 허위의 진술을 한 경우에 해당하는지 여부에 관해서는 엄격하고 신중하게 판단해야 한다"고 판시하였다(대법원 2011. 8. 16.자 2011마1071 결정).[105)106] 채권자목록상 채권금액을 사실과 다르게 기

---

103) 채무자가 운영하던 주식회사(채무자가 회사 총 주식의 78% 보유)의 채무를 채권자목록에 기재하지 않았고, 위 회사 소유 자산을 매각한 후 그 대금으로 위 회사의 채무를 변제한 행위를 기재하지 않았더라도 허위진술로 볼 수 없다고 한 사례로는 서울중앙지방법원 2011. 5. 19.자 2010라1249 결정(확정).

104) 같은 취지의 판결로는 대법원 2011. 3. 28.자 2010마1757 결정, 대법원 2011. 3. 18.자 2011마122 결정[개인택시 운송면허를 보유하고 있음에도 재산목록에 이를 기재하지 않은 것이 문제되었으나, 채권자의 신청서(채권자 신청사건이었음), 채무자의 진술서 등 기록 여러 곳에 현재도 개인택시업에 종사하고 있음을 알 수 있는 정황이 나타남을 이유로 채무자의 고의를 인정하기 어렵다고 본 사안], 대법원 2010. 8. 19.자 2010마770 결정, 대법원 2008. 12. 29.자 2008마1656 결정(채무자가 파산신청 전에 보험계약을 해지하여 해약환급금으로 채권자 중 1인에게 3,000만 원을 변제하였음에도 파산 및 면책신청서에 "채무의 지급이 곤란할 정도로 경제사정이 어려워진 이후에 일부 채권자에게만 변제한 경험이 없다"고 기재한 것이 문제된 사건으로서 진술서에는 위와 같은 내용이 누락되었으나 재산목록에는 위 내용이 구체적으로 기재되어 있고, 보험해약 관련 소명자료도 함께 제출된 점에 비추어 채무자의 고의를 인정하기 어렵다고 본 사안).

105) 이 대법원 판결에서는 배우자를 주채무자로 하는 보증채무를 채권자목록에서 누락한 행위가 문제되었던바, 대법원은, 채무자가 배우자를 상대로 제기된 사건의 소장을 송달받은 후 4일 후에 면책결정을 송달받자마자 채권자에게 내용증명우편을 발송하여 면책결정을 받았음을 알리고 이에 대해 이의가 있으면 즉시항고를 제기할 수 있다고까지 알린 점, 채무자가 자신의 파산·면책사건에서 자발적으로 누락된 다른 채권자를 추가하여 수정 채권자목록을 제출하기도 하였던 점 등을 들어 채무자가 고의로 채무를 누락하였다고 단정하기 어렵다고 판단하였다.

106) 채권자가 채무자를 상대로 제기한 소송에서 파산신청 전에 원고 패소 판결이 선고되었고, 이에 채무자가 파산신청 시에 채권자목록에 위 채권을 기재하지 않았으나, 그 후 항소심에서 채무자가 일부 금원을 지급하는 것으로 조정이 성립된 경우에 채권누락에 대한 고의를 인정하기 어렵다고 본 사례로는 서울중앙지방법원 2013. 7. 24.자 2012라997 결정(확정), 채무자가 금원을 교부받은 사실은 인정하나, 그 금원이 대여금이 아니라 반환의무 없는 투자금이라고 주장하면서 금원 지급인을 채권자목록에 기재하지 않은 것에 채권누락에 대한 고의를 인정하기 어렵다고 본 사례로는 서울중앙지방법원 2014. 4. 29.자 2014라607 결정(확정). 반면에, 부동산을 보유하고 있음에도 재산목록에 이를 기재하지 않은 행위가 문제되는 경우에 채무자가 그 부동산에 대한 재산세 납부사실이 있는 경우에는 대체로 채무자의 고의 누락을 인정하고 있고[서울중앙지방법원 2013. 5. 30.자 2011라1739 결정(심리불속행 재항고기각), 서울중앙지방법원 2013. 5.

재한 것이 채권자와 채무자 사이의 변제액수, 변제충당방법 등에 대한 이견이나 계산착오에 기한 경우에는 고의를 인정하기 어려울 것이다.

한편 특정 채권을 고의로 채권자목록에 기재하지 않아 허위의 채권자목록을 제출한 것으로 인정되는 경우에, 그러한 행위가 이 규정이 정하는 면책불허가사유인 동시에 법 제566조 제7호('채무자가 악의로 채권자목록에 기재하지 아니한 청구권')가 정하는 비면책채권에 해당하는 것이 아닌가 하는 의문이 있을 수 있다. 특히, 대법원이 법 제566조 제7호 법문상의 '악의' 또한 '고의'로 해석하고 있는 것과 관련하여,[107] 이 규정의 면책불허가사유를 적용하기 위해 필요한 '고의'가 비면책채권 성립을 위한 '악의'와 같다고 한다면, 하나의 행위가 면책불허가사유를 구성함과 동시에 비면책채권을 성립시키는 모순에 이르게 된다는 점을 지적하면서 이 규정의 면책불허가사유 적용을 위해 필요한 '고의'는 단순한 고의를 넘어서서 채권자를 해할 목적으로 특정한 채권자를 누락하는 등 채권자목록 자체가 허위의 것으로 인식될 필요가 있다고 보는 주장[108]이 있어 왔다. 그러나 이 규정은 면책의 허부에 대한 결정을 하는 단계에서 적용되는 것인 반면 법 제566조 제7호는 채무자에 대하여 일단 면책허가결정이 내려진 후에 그 면책사건의 채권자목록에 누락되어 있던 채권자가 채무자를 상대로 본안소송을 제기하거나 강제집행을 하고, 그에 대하여 채무자가 제기한 면책항변에 대하여 채권자가 '비면책채권'이라는 재항변을 하는 경우에 그 재항변의 판단과 관련하여 문제된다. 따라서, 위 두 규정은 그 적용 단계를 서로 달리하는 것이어서 같은 평면에서 문제되어 상호 모순이 발생하는 경우는 거의 없을 것이다. 대법원은 이 규

28.자 2012라103 결정(재항고이유서 부제출기각), 서울중앙지방법원 2013. 4. 16.자 2011라1089 결정(심리불속행 재항고기각)], 파산신청 전에 채권자로부터 승계집행문에 기하여 집행을 당하였음에도 그 채권자를 채권자목록에 기재하지 않는 경우에 허위의 채권자목록제출로 인정한 사례가 있다[서울중앙지방법원 2013. 5. 7.자 2011라1219 결정(확정)].

107) '악의'의 의미와 관련하여 대법원은, "채무자가 면책결정 이전에 파산채권자에 대한 채무의 존재 사실을 알면서도 이를 채권자목록에 기재하지 않은 경우를 뜻하므로, 채무자가 채무의 존재 사실을 알지 못한 때에는 비록 그와 같이 알지 못한 데에 과실이 있더라도 위 법조항에 정한 비면책채권에 해당하지 아니하지만, 이와 달리 채무자가 채무의 존재를 알고 있었다면 과실로 채권자목록에 이를 기재하지 못하였다고 하더라도 위 법조항에서 정하는 비면책채권에 해당한다"는 입장이다. 아울러 채무자의 악의를 판단함에 있어서는, "누락된 채권의 내역과 채무자와의 견련성, 그 채권자와 채무자의 관계, 누락의 경위에 관한 채무자의 소명과 객관적 자료와의 부합 여부 등 여러 사정을 종합하여 판단하여야 하고, 단순히 채무자가 제출한 자료만으로는 면책불허가사유가 보이지 않는다는 등의 점만을 들어 채무자의 선의를 쉽게 인정하여서는 아니 된다"고 판시하였다(대법원 2012. 4. 13. 선고 2011다106785 판결). 같은 취지로는 대법원 2010. 10. 14. 선고 2010다49083 판결.

108) 伊藤眞(주 40), 718면.

정의 면책불허가사유 해석을 함에 있어 고의를 넘어선 '채권자를 해할 목적'까지 요구하고 있지는 않은 것으로 보이는바, 기본적으로는 비면책채권을 성립시키는 '악의'와 같은 개념으로 보되, 다만 채무자가 채무의 존재사실을 알고 있었으나 과실로 이를 채권자목록에 기재하지 못한 경우에, 이는 면책불허가사유는 되지 않으나, 과실로 누락한 해당 채권은 비면책채권이 된다고 하여 다소간의 차이를 인정하고 있는 듯하다.

4. 법 제564조 제1항 제4호(일정 기간 내에 면책 받은 사실)

> 제564조(면책허가)
> ① 법원은 다음 각호의 어느 하나에 해당하는 때를 제외하고는 면책을 허가하여야 한다.
> …생략…
> 4. 채무자가 면책의 신청 전에 이 조에 의하여 면책을 받은 경우에는 면책허가결정의 확정일부터 7년이 경과되지 아니한 때, 제624조에 의하여 면책을 받은 경우에는 면책확정일부터 5년이 경과되지 아니한 때

단기간에 여러 차례의 면책을 허용하게 되면 채무자가 면책제도를 악용할 위험이 있고 무책임한 경제활동을 추인하는 것으로 될 수도 있으므로 이를 억제하기 위한 정책적인 고려에서 면책불허가사유로 한 것이다.

개인파산절차에서 면책을 받은 경우에는 면책허가결정 확정일부터 7년이 경과하지 아니하여야 하고, 개인회생절차에서 면책을 받은 경우에는 면책확정일부터 5년이 경과하지 아니할 것을 요건으로 한다.[109] 구 파산법 제346조 제4호는 면책 신청 전 10년 이내에 면책을 받은 때로 하였는데, 현행법은 그 기간을 단축함과 아울러 기산점을 면책확정일로 명확히 하였다.

실무상 신건 검토 단계에서 채무자 중복접수조회 등을 통해 채무자가 과거에 면책을 받은 적이 있고 신건 검토시점을 기준으로 면책확정일로부터 위 각 기간을 도과하지 아니한 사실이 발견되면, 심문기일을 열거나 보정명령으로 채무자에게 설명을 하여 취하를 권유하거나, 재량면책의 가능성이 없다고 판단되는 경우 파산절차남용을 이유로 파산신청을 기각하기도 한다(파산신청 기각 결정

---

109) 재면책 금지기간은 미국 연방 파산법의 경우 개인파산면책을 받은 경우 8년, 개인회생면책을 받은 경우 6년이고(11 U.S.C. §727(a)(8),(9)), 일본 파산법의 경우 면책확정일 또는 재생계획인가확정일부터 7년(제252조 제10호)이다.

이 면책불허가결정보다는 상대적으로 채무자에게 불이익이 적기 때문이다). 다만 5년 또는 7년이 도과하였는지의 여부의 기준 시점은 '면책허가 여부 결정시'라 할 것이므로, 신건 검토 시에 위 기간의 도과가 거의 임박한 경우에는 파산선고를 늦출 필요가 있는 경우도 있을 것이다.

입법론으로는 기준 시점을 '면책허가 여부 결정시'에서 '파산신청일'로 개정하는 것이 바람직하다. 일본의 2005년 파산법에서는 '면책허가신청시'로 하고 있고, 미국 파산법은 '파산신청시'로 하고 있다.

'면책허가결정을 받은 적이 있는지 여부 및 있는 경우 그 결정의 확정일자'는 법 제302조 제2항 제4호, 규칙 제72조 제2항 제2호에 따라 파산신청시의 필수적 기재사항인바, 채무자가 신청 당시 진술서에 이를 기재하지 않았고, 재판부가 그 사실을 인지하지 못한 채 파산선고를 하였다면 그 불이익은 채무자가 부담하여야 하므로, 이러한 경우 원칙적으로 이 규정에 따라 면책불허가결정을 하여야 할 것이다. 다만 채무자가, 위 기간 내에 면책받은 적이 있을지라도 채무자가 노령이거나 생활보호·장애연금 등의 공적 부조로 생활하고 있는 경우 등 부득이한 사정이 있는 경우에는 재량면책을 고려할 수 있을 것이다.

5. 법 제564조 제1항 제5호(이 법에서 정하는 채무자의 의무위반)

> 제564조(면책허가)
> ① 법원은 다음 각호의 어느 하나에 해당하는 때를 제외하고는 면책을 허가하여야 한다.
> …생략…
> 5. 채무자가 이 법에 정하는 채무자의 의무를 위반한 때

이 규정은 채무자 회생 및 파산에 관한 법률상의 의무위반 일반을 대상으로 한다. 법 제564조 제1항 제1호 내지 제3호도 물론 법상의 의무위반행위이지만 이 규정에 대한 특별규정이므로 위 각 호의 규정이 이 규정에 우선하여 적용되고, 이 규정은 보충적 규정이다.

적용 요건은 법이 부과하고 있는 의무에 위반하는 것이다. 구체적으로는, ① 채무자가 파산선고 전에 변제금지의 가처분(법 제323조 제1항)에 위반하여 변제를 한 경우, ② 법원이 필요한 직권조사(법 제12조 제2항)로서 채무자에게 파산에 이르게 된 경위 및 재산상황 등에 관하여 설명을 요구하고 관계서류의 제출을 명하였으나 채

무자가 이에 따르지 않은 경우,[110][111] ③ 파산선고 후에 파산관재인에게 알리지
아니하고 파산재단에 속한 재산을 처분한 경우[112] 등이 있다.

한편 '친족 등이 보유하는 재산에 대한 허위진술은 원칙적으로 법 제564조
제1항 제3호가 정하는 재산상태에 대한 허위진술에 해당하지 않는다'는 취지의
대법원 결정 이후 친족 명의의 재산에 대한 허위진술을 어떻게 처리할 것인지가
문제된다. 이에 대해서는 여러 정황상 실질적으로 그 재산이 채무자의 소유이거
나 그 재산형성과정에 채무자의 상당한 기여도가 있는 것으로 볼 여지가 있어
법원이 이에 관하여 설명을 요구하고 자료제출을 명하였음에도 채무자가 이에
응하지 않고 있는 때에는 이 규정이 적용될 수 있을 것이다(위 ②의 경우에 해당
할 것이다). 채무자가 면책절차에서 면책심문기일에 정당한 이유 없이 출석하지
아니하거나 출석하여도 진술을 거부하면 이 규정에 의하여 면책을 불허가할 수
있다.[113] 파산관재인·감사위원 또는 채권자집회의 요청에 따른 채무자의 설명
의무($_{제321조}^{별}$) 위반은 이 규정이 아니라 법 제564조 제1항 제1호, 제658조가 적용
된다.

이상에서 살펴본 바와 같이 이 조문의 문언이 '이 법에 정하는 채무자의 의
무를 위반한 때'임에도 정작 법에서는 의무위반여부를 판단함에 있어 그 전제가
되는 채무자의 구체적인 의무를 명시하고 있는 조문이 없고, 그 결과 실무에서

---

110) 이 사유로 '이 법이 정하는 채무자의 의무위반'에 해당한다고 보기 위해서는, 재판부가 명시적
으로 설명을 요구하는 보정명령을 내보내거나 심문기일 등에서 채무자에게 설명을 요구하고 그
내용을 조서 등에 기재할 필요가 있다.

111) 채무자가 파산신청서에 지인의 집에서 무상으로 거주하고 있다고 기재하여 재판부가 실제로
지인의 집에 거주하는지의 여부 및 그 무상거주경위에 대하여 밝히라는 보정명령을 내보냈고,
이에 채무자가 친정식구들과 오랜 기간 알고 지냈던 지인의 집에 방 한 칸을 얻어 거주하고 있
다는 취지의 답변서를 제출하였는데, 채무자가 실제로는 배우자 소유 아파트에 거주하고 있음
이 심리 중에 밝혀진 사안에 대하여 이 규정을 적용한 사례로는 서울중앙지방법원 2011. 7. 28.
자 2011라333 결정(확정).

112) 법 제384조(파산재단을 관리 및 처분하는 권한은 파산관재인에게 속한다)로부터 해석을 통해
채무자에게 '파산선고 후에 파산재단에 속한 재산을 처분하지 않을 의무'를 도출해 내고 있는
것으로 보인다. 파산선고 후에 파산관재인의 사전허가 없이 채권자에게 공장, 기계설비 등을 처
분한 사안에 대하여 이 규정을 적용한 사례로는 서울중앙지방법원 2013. 3. 12.자 2010라1189
결정(확정), 파산선고 후에 파산관재인의 사전허가 없이 보험계약을 해지하고 해약환급금을 반
환받아 임의로 사용한 경우에 대하여 이 규정을 적용한 사례로는 서울중앙지방법원 2013. 3. 8.
자 2011라489 결정(확정).

113) 채무자가 파산신청 전 처분한 아파트 매각대금 중 일부로 개인채권자 2인에게 채무변제를 하
였다고 주장하여 파산관재인이 그에 대한 자료제출을 요구하고 그 채권자 2인의 연락처를 요구
하였음에도 이에 불응하였고, 항고심 심문기일에도 2회 연속 정당한 사유 없이 불출석한 사안
에 대하여 이 규정을 적용한 사례로는 서울중앙지방법원 2013. 7. 15.자 2012라521 결정(심리불
속행 재항고기각).

는 해석을 통해 '이 법에 정하는 채무자의 의무'를 도출하고 있다. 그러나 이 규정의 적용을 통해 채무자가 면책불허가라는 중대한 불이익을 입게 된다는 점을 감안한다면 향후 입법을 통해 이 규정의 적용대상이 되는 '채무자의 의무'에 대한 명시적인 규정을 두는 것이 바람직하다.[114]

6. 법 제564조 제1항 제6호(과다한 낭비·도박 기타 사행행위)

> **제564조(면책허가)**
> ① 법원은 다음 각호의 어느 하나에 해당하는 때를 제외하고는 면책을 허가하여야 한다.
> …생략…
> 6. 채무자가 과다한 낭비·도박 그 밖의 사행행위를 하여 현저히 재산을 감소시키거나 과대한 채무를 부담한 사실이 있는 때

종래 실무상 자주 문제되었던 면책불허가사유이다. 채무자가 파산선고의 전후를 불문하고 과다한 낭비 또는 도박 기타 사행행위를 하여 현저히 재산을 감소시키거나 과대한 채무를 부담하는 행위를 한 경우이다. 구 파산법 하에서는 이러한 행위에 대해 과태파산죄로 형사처벌까지 하였으나 현행법은 형사처벌조항을 삭제하고 낭비 또는 도박 기타 사행행위의 정도가 과다할 것을 요구하여 면책불허가사유로만 삼고 있다. 이와 같이 현행법은 낭비·도박 기타 사행행위 자체가 과도할 것을 요구하여 구 파산법에 비해 그 사유를 더욱 엄격히 하였다.

가. 행 위

'낭비'란 채무자의 사회적 지위, 직업, 영업상태, 생활수준, 수지상황, 자산상태 등에 비추어 사회통념을 벗어나는 과다한 소비적 지출행위를 말한다.[115] 일

---

114) 참고로 독일 도산법 제290조 제1항 제5호는 '채무자의 정보제공의무 및 협력의무위반'을 면책불허가사유로 규정하면서, 같은 법 제20조, 제21조 제2항 제2호, 제22조 제3항 제2문 및 제3문, 제97조, 제98조, 제101조에서 채무자에 대하여 부과되는 정보제공의무 및 협력의무의 구체적인 내용을 명시적으로 규정하고 있다. 또한 같은 법 제295조는 정보제공의무 및 협력의무와는 별개로 도산절차가 진행되는 동안 채무자가 준수하여야 할 의무의 내용을 구체적으로 규정한 후, 같은 법 제296조에서 채무자가 고의 또는 과실로 이러한 의무를 위반하고, 그로 인하여 도산채권자의 만족을 해한 경우에는 도산법원은 도산채권자의 신청에 의하여 면책을 불허가한다고 하고 있다.

115) 대법원 2004. 4. 13.자 2004마86 결정(과태파산죄의 "낭비" 해당 여부에 대한 최초의 대법원 결정임), 대법원 2007. 6. 26.자 2006마40 결정(채무자가 파산신청 당시 105,609,890원 상당의 채

반적으로 위와 같은 요소들을 종합하여 고려하되 채무자와 같은 생활수준을 영위하는 일반인들을 기준으로 판단한다. 입법론으로는 낭비개념의 모호성을 주장하며 면책불허가사유에서 배제하여야 한다는 견해가 있고, 실무상으로도 낭비만을 이유로 면책을 허가하지 않는 것에 소극적인 견해도 있다.

'도박'이란 우연한 승패에 관하여 재물을 거는 것을 말한다. 반드시 형사법상 도박죄가 성립하는 경우에 한하지 않으며, 적법한 것으로 인정되고 있는 경마, 경륜 등도 포함한다.[116]

'그 밖의 사행행위'란 우연에 의하여 이익을 얻는 행위로서 투기 목적의 주식거래, 가상자산 거래 등이 이에 해당한다.[117] 다만 주식거래에 관하여는 투기와 투자의 구분이 모호하고 주식거래행위 자체가 적법한 이상 주식투자 실패만을 이유로 면책을 불허가해서는 안 된다는 비판이 있다.

나. 결 과

과다한 낭비 또는 사행행위에 의하여 '현저하게 재산을 감소시키거나 과대하게 채무를 부담'하는 결과를 초래해야 한다. 어느 정도가 '현저' 또는 '과대'에 해당하는가는 채무자의 사회적 지위, 직업, 영업상태, 생활수준, 수지상황, 재산

무를 부담하고 있었는데, 그 중 채무자가 2000년경부터 2003년경까지 사이에 고급음식점이나 유흥주점에서 식대 내지 주대 등으로 부담하게 된 채무가 2,500만 원 이상에 달하였고, 채무자는 위 기간 동안 여러 차례 직장을 옮기면서 회사 영업사원으로 근무하였으나 그 계속근무연수가 대체로 1년을 넘지 아니하였고, 원두커피 배달전문점을 운영하기도 하였으나 경영난을 겪다가 개업한 지 6개월 만에 폐업한 사안에서 채무자의 위와 같은 행위가 이 규정이 정하는 '낭비'에 해당한다고 보았음). 채무자가 파산신청일로부터 3개월에서 5개월 사이에 유흥주점에서 수회에 걸쳐 신용카드로 결제함으로써 그에 따른 카드대금 채무를 부담한 사례로는 서울중앙지방법원 2009. 6. 1.자 2009라223 결정(확정), 채무자가 다단계투자 등으로 5천만 원의 채무를 부담하던 상황에서 파산신청 20일 전에 2천만 원을 대출받아 아들의 중국유학비로 1천만 원, 이혼하면서 남편에게 1천만 원을 송금한 사례로는 서울중앙지방법원 2008. 1. 17.자 2007라507 결정(확정), 파산신청을 한 채무자가 월세 108만 원인 임차주택에 거주하고 있는 것은 낭비라는 채권자의 주장에 대하여, 그 월세의 대부분을 자녀가 부담하고 있는 점을 들어 이를 낭비로 볼 수 없다고 본 사례로는 서울중앙지방법원 2013. 6. 20.자 2012라414 결정(다른 면책불허가사유가 있었으나 재량면책, 확정), 채권자에게서 편취한 돈을 채무 돌려막기에 사용하였다는 점만으로는 이를 낭비로 볼 수 없다고 본 사례로는 서울회생법원 2017. 8. 2.자 2016라1750 결정(확정).

116) 채무자가 2억 원 정도를 횡령한 후 그 돈 중 일부로 경마, 경륜에 사용한 경우에 대하여 이 규정을 적용한 사례로는 서울중앙지방법원 2013. 6. 20.자 2012라414 결정(재량면책, 확정), 생활보호대상자이고 월 50만 원 정도의 수급비를 받는 것 외에는 별다른 소득이 없었음에도 국내 카지노에 16차례 출입하고 해외여행도 두 차례 다녀온 채무자에게 위 규정을 적용한 사례로는 서울중앙지방법원 2015. 10. 16.자 2015라979 결정(확정).

117) 별다른 재산이 없고 실직 상태임에도 불구하고 주식투자에 다액(1억 3,300여만 원)을 사용하였을 뿐만 아니라 채무자의 채무 대부분이 주식 투자자금으로 사용되거나 주식 투자자금으로 사용하기 위해 대출받은 금원을 변제하기 위하여 발생한 경우 위 규정을 적용한 사례로는 서울회생법원 2019. 12. 4.자 2018라182 결정(확정).

상태 등을 종합하여 사회통념에 따라 판단한다.

다. 인과관계

낭비 또는 사행행위와 현저한 재산의 감소 또는 과대한 채무의 부담 사이에는 상당인과관계가 있어야 한다. 낭비 또는 사행행위가 과대한 채무부담의 직접적인 원인(原因)이 아니고 간접적인 원인(遠因)에 지나지 않는 경우에는 이 규정이 적용되지 아니한다.

7. 면책불허가사유가 있는 경우의 절차상 유의점

가. 파산신청 단계에서의 창구지도 및 상담

신청서 및 진술서의 기재 자체만으로 면책불허가사유가 있음이 분명한 경우에는 파산사건의 신청서 접수 시에 면책이 허가되지 않을 수 있으므로 신청의 실익이 없을 것이라고 설명하여 신청을 단념시킬 수도 있을 것이지만, 실제로는 법원사무관 등의 업무량이 많고 면책불허가사유 유무의 판단도 쉽지 않기 때문에 이와 같이 처리하는 것을 기대하기는 어렵다.

변호사, 법무사 기타 파산사건에 관하여 상담하는 기관에서도 과다한 채무부담으로 인한 고통을 호소하는 사람들에게 무작정 파산신청을 권고할 것이 아니라 면책불허가사유의 유무를 확인한 후 개인회생, 회생 등의 대안을 모색하도록 유도하는 것이 바람직하다.

나. 취하 및 다른 해결방법의 권고

실무상 파산선고 전에 면책불허가사유의 존재가 밝혀지고 재량면책의 여지도 없다고 판단되면 심문기일을 지정하여 면책을 허가받을 수 없을 가능성이 있다는 점을 설명한 다음 파산신청을 취하하고 개인회생, 회생 등 다른 해결 방법을 모색해 볼 것을 권고하고 있다. 때로는 취하의 의사도 밝히지 않고 심문기일에 출석하지 않는 경우도 있는데, 이때에는 전후 사정에 비추어 파산원인에 대한 소명부족을 이유로 파산신청을 기각하고(법 제309조 제1항 제5호), 파산신청이 기각되었음을 이유로 면책신청도 기각할 수 있다(법 제559조 제1항 제2호). 채무자가 재판부의 권고에도 불구하고 계속해서 절차를 진행하겠다는 의사를 표명하는 경우 원칙적으로 채무자의 의사를 존중하여야 할 것이나, 사안에 따라서는 파산절차남용을 이유로 파산신청을 기각[118]하면서(법 제309조 제2항) 면책신청도 기각하는 것이 채무자에게 더 유리한 경우도 있을 것이다.[119]

다. 재량면책의 고려

1) 재량면책의 의의

구 파산법 제346조는 면책불허가사유가 존재하는 경우 면책불허가결정을 "할 수 있다"고 규정하고 있어 실무상 면책불허가사유가 있다고 하더라도 재량에 의하여 면책을 허가하여 왔다. 현행법은 채무자에게 면책불허가사유가 없는 경우에 면책을 허가하는(법 제564조 제1항) 외에 면책불허가사유가 있는 경우라도 파산에 이르게 된 경위, 그 밖의 사정을 고려하여 상당하다고 인정되는 경우에는 면책을 허가할 수 있도록 재량면책에 대한 근거규정을 신설하였다(법 제564조 제2항).

2) 재량면책의 기준

가) 새로운 현행 개인파산실무와 재량면책 운용방식의 변화 대부분 기록심사만으로 파산·면책결정이 내려지고 파산심문이나 면책심문은 예외적으로만 실시되던 과거 실무하에서는 신청서 및 진술서의 기재내용에 의존하여 심리가 진행되었으므로, 채무자 진술의 진실성 확보가 제도 운영의 핵심이었다. 또한 대부분의 사건이 동시폐지의 방식으로 끝나던 과거 실무에서는 일단 파산선고·동시폐지결정이 내려지고 나면, 면책절차에서 채권자의 이의를 통해 채무자의 은닉재산이나 부인권 행사 대상이 발견되더라도 이를 환가·배당할 방법이 없어 면책을 불허가할 수밖에 없었다. 이러한 실무운영방식의 특성상 허위진술, 재산은닉·손괴·불이익처분 또는 비본지행위 등의 면책불허가사유가 존재하는 사안에 대하여는 재량면책을 엄격하게 운영하였다.

그러나 원칙적 파산관재인 선임을 주된 내용으로 하는 현행 개인파산실무에서는 파산관재인이 파산선고 후에 채무자가 파산·면책신청서에 기재한 내용의 진실성 여부에 대하여 대면조사를 하게 되어 과거에 비하여 채무자 진술의

---

118) 대법원 2011. 1. 15.자 2010마1554, 1555 결정은 파산절차의 남용에 해당하는지의 판단방법과 관련하여, "파산신청이 종국적으로 채무자의 면책을 얻기 위한 목적으로 행하여지는 경우에 채무자에게 법이 정한 면책불허가사유의 존재가 인정된다면 이러한 사정도 파산절차의 남용을 긍정하는 요소로 평가될 수 있음은 물론이다. 한편 그에 있어서는 면책불허가사유가 존재하더라도 법원이 파산에 이르게 된 경위 등을 참작하여 재량으로 면책을 허가할 수 있는 점 등에 비추어, 채무자가 위와 같은 재량면책을 받을 수 있는 기회를 부당하게 상실하는 것이 아닌지 하는 점에도 유념할 것이다"라고 하여 면책불허가사유가 존재함이 명백하고 재량면책의 여지도 없는 경우에는 파산신청 자체를 파산절차남용으로 기각할 수 있다고 보고 있다.

119) 이 경우 최소한 채무자에 대한 파산선고로 인한 불이익은 피할 수 있을 것이다.

진실성 확보가 용이하다. 또한 파산선고와 동시에 파산선고 사실 및 이의신청기간이 채권자들에게 통지되고, 면책사건의 의견청취기일이 채권자집회와 같은 날로 지정되는 등 파산절차·면책절차의 동시진행을 통해서 파산절차 폐지 이전 단계부터 채권자들이 절차에 참여할 수 있는 기회가 보장될 뿐만 아니라, 그 과정에서 채권자의 이의제기로 은닉재산이 발견되더라도 파산관재인이 이를 환가·배당할 수 있기 때문에 파산절차의 폐지 후에 비로소 은닉재산이나 부인권 행사대상이 발견되는 경우는 드물다. 그리고 설사 은닉재산이나 부인권 행사대상 행위가 있었더라도, 대부분의 사건에서 파산관재인이 선임되어 있으므로, 폐지 전에는 언제든지 부인권 행사나 환가·배당이 가능하고, 채권자들에게 배당이 이루어지고 나면 채권자들의 불이익이 상당 부분 상쇄된다. 이러한 실무운영의 변화에 따라 현행 개인파산실무하에서는 과거에 비하여 재량면책이 더 적극적으로 활용되고 있다.

다만 면책불허가사유 중 형사처벌까지 이르는 요건, 특히 사기파산죄 중 재산은닉, 손괴, 불이익한 처분행위나 과태파산죄 중 파산원인 있음을 알면서 한 비본지 행위 등의 사유가 있는 경우에는, 그로 인한 채권자들의 불이익이 환가·배당 등을 통해 상쇄되지 않는 한, 다른 면책불허가사유에 비하여 재량면책을 함에 있어 신중을 기할 필요가 있다.[120] 또한 면책불허가사유와 관련 있는 민·형사 판결이 확정된 경우에는 사실상 적법절차를 거쳐 면책불허가사유에 대한 법원의 명시적인 판단을 받은 것과 다름없으므로 재량면책결정을 할 때에도 그 취지를 고려하는 것이 좋다.[121]

나) 재량면책의 구체적인 기준   재량면책은 면책불허가사유에 해당하는

---

120) 더 나아가 이러한 사기파산죄와 과태파산죄의 사유가 명백히 드러나 면책불허가를 하는 경우에는 수사 단서의 제공 등을 위하여 검찰에 통지할 필요가 있는 경우도 있을 것이다. 법 제315조를 넓게 해석하여 이를 법적 근거로 삼고 있고, 구체적 방법으로는, 파산선고 결정등본에다가 면책불허가 결정등본을 첨부하여 파산법원의 관할에 상응한 지방검찰청 검사장에게 통지하면 될 것이다([양식 21-1] 참조).

121) 민사사건에서는 사해행위취소소송, 형사사건에서는 사기죄의 유죄판결이 문제되는 경우가 많다. 사해행위취소소송에서 사해행위에 대한 취소가 이루어진 후 배당 등을 통해 채권자들에게 배당이 된 경우에는 재량면책을 고려할 수 있을 것이다. 사기죄로 유죄판결이 선고된 경우에 채권자들이 단지 그 사실만을 들어 면책불허가사유에 해당한다고 이의신청을 하는 경우가 많은데, 이 경우 그 구체적인 범죄행위가 법이 정하는 명시적인 면책불허가사유(예컨대, 파산원인사실을 속이고 감추고 한 신용거래행위)에 해당하는지를 별도로 검토하여야 하고, 해당하는 경우라도 피해액, 피해자의 수, 피해회복 여부 등 제반사정을 고려하여 재량면책을 검토할 여지가 있을 것이다[다만, 이 경우에는 면책결정이 있더라도 법 제566조 제3호(채무자가 고의로 가한 불법행위로 인한 손해배상)에 의하여 해당 피해자의 손해배상청구권에 대하여는 책임이 면제되지 않을 수 있다].

행위의 경중에 따라 판단하되 행위 내용이 가벼운 경우에는 보다 유연하게 재량
면책을 인정해야 할 것이고 행위의 정도가 무거운 경우에는 보다 특별한 사정을
고려하여 결정해야 할 것이다.[122]

　재량면책을 결정함에 있어 참작해야 할 구체적인 사유로는 면책불허가사유
에 해당하는 행위의 경중,[123] 채무의 발생원인과 증가 경위,[124] 변제노력의 정
도,[125] 채무자와 가족들의 현재의 생활정도,[126] 경제적 갱생에 대한 의욕과 갱생

---

122) 채무자가 지급불능 상태에서 채권자들의 압류를 피하기 위해 기존 보험 7건의 보험계약자 및
보험금 수령자를 자녀들로 변경하고, 채권자목록에 위 보험회사에 대한 채무(약 1,800만 원 상
당)를 기재하지 않았고, 제3자에 대한 약 850만 원 상당의 대여금 채권을 재산목록에 기재하지
않았으나, 채무자가 이혼 후 전남편 도움 없이 10년 이상 홀로 자녀를 양육하고, 채무의 대부분
은 전남편의 채무에 대한 보증 및 자녀양육과정에서 발생한 점, 채권자목록에 기재된 채권자
중 1인을 제외한 나머지 채권자는 면책에 대하여 이의를 제기하지 않는 점, 채무자가 불이익하
게 처분하거나 기재하지 아니한 재산이 면제재산의 범위 내에 있는 점을 고려하여 재량면책한
사례로는 서울중앙지방법원 2010. 9. 30.자 2010라85 결정(확정), 채무자가 파산관재인으로부터
부동산 매도대금의 사용처 입증을 요구받았음에도 이에 응하지 않았으나, 채무자의 부동산 매
도 시점이 오래되었고, 일용직으로 일하면서 정기적인 수입이 없으며, 만 66세의 고령인 점과
건강상태 등까지 고려하여 재량면책한 사례로는 서울회생법원 2017. 8. 28.자 2016라1483 결정
(확정).

123) 이러한 사정을 재량면책을 함에 있어 고려한 구체적인 예로는, ① 유체동산 경매절차에서 압
류된 물건(199만 원 상당)을 무단으로 옮긴 행위에 대하여 공무상표시무효죄로 기소유예처분을
받은 경우에, 압류물품의 가액이 크지 않음을 이유로 재량면책한 사례, ② 파산신청 직전에 보
험계약자 명의를 다른 가족의 명의로 변경하였으나, 그 해약환급금액이 크지 않음을 이유로 재
량면책한 사례, ③ 재산목록에 패물을 누락하였으나 그 금액이 300만 원 정도로서 크지 않다는
이유로 재량면책한 사례, ④ 채무자가 파산신청 시에 실제 소득이 150만 원임에도 40만 원의
소득을 얻는 것으로 기재하였으나, 150만 원의 소득도 최저생계비 범위 내이므로 파산절차를
폐지함에 있어서는 차이가 없음을 이유로 재량면책한 사례, ⑤ 모친 명의로 되어 있는 임차보
증금 7,000만 원 중 2,400만 원이 실질적으로 채무자의 재산임에도 재산목록에 아무런 재산이
없는 것으로 기재하였으나, 위 2,400만 원이 면제재산 범위 내인 점을 참작하여 재량면책한 사
례, ⑥ 채권자로부터 사기로 고소당한 사실을 신청서에 누락하였으나, 그것이 11년 전의 일이고
채권자와 합의하여 혐의없음 처분을 받았음을 이유로 재량면책한 사례, ⑦ 신청인이 파산신청
시에 소득을 200만 원으로 기재하였으나 실제로는 300만 원 정도의 소득을 얻고 있어 재산상태
에 대한 허위진술이 문제된 사안에서 채무자의 총 채무가 116억 원에 이르는 점에 비추어 보면
위 소득액의 차이가 크다고 보기는 어렵다는 취지로 재량면책한 사례, ⑧ 부동산 지분(시세 400
만 원, 실질적으로는 종중재산)이 있음에도 재산목록에서 이를 누락한 사안에서 그 가액이 크지
않음을 이유로 재량면책한 사례가 있다.

124) 이러한 사정을 재량면책을 함에 있어 고려한 구체적인 예로는, ① 채무자가 배우자나 가족의
채무 또는 근무하던 회사의 채무를 보증함으로써 경제적 파탄에 이르게 된 점을 참작한 사례,
② 채무자가 차용한 것으로 되어 있으나 실제로는 명의만 빌려주었을 뿐 차용금을 다른 사람이
사용한 점을 참작한 사례, ③ 주식투자로 채무가 증가하기는 하였으나 시세차익을 노린 투자라
기보다는 퇴직 후 지인의 소개로 주식투자를 한 것이고, 그 과정에서 생긴 손실금을 만회하기
위해 투자를 계속하다가 채무가 증가한 점을 참작한 사례, ④ 타인의 채무를 보증함으로써 경
제적 파탄에 이르게 되었는데, 주채무자는 이미 면책을 받았거나 주채무자가 현재 개인회생절
차 진행 중인 점을 참작한 사례, ⑤ 배우자의 사업자금조달을 위한 금원차용으로 경제적 파탄
에 이르게 되었는데, 배우자와 이혼한 상태인 점을 참작한 사례가 있다.

125) 이와 관련하여서는, 채무자가 면책불허가결정에 대하여 즉시항고를 한 후 채무자의 압류된 급
여가 공탁되어 채권자들에게 일부 배당이 되었고, 채무자도 사전에 채권자들에게 위 배당절차

의 가망성,[127] 채권의 종류, 내용이나 채권자의 신용조사의 태양 등 채권자 측의
사정,[128] 이의신청의 유무[129] 등 제반사정을 고려하여 결정하되,[130][131] 기본적으
로 채무자의 경제적 갱생을 통한 사회복귀를 실현하려는 면책제도의 사회·정책
적 기능에 유념해야 한다. 그 밖에도 채권자들의 손실이 어떤 경위로든 전보되
었는지의 여부,[132] 면책으로 인한 채권자들의 불이익 정도,[133] 면책불허가사유를
구성하는 행위에 대한 채무자의 관여 정도,[134] 파산·면책 신청시점과 면책불허

에 권리신고를 하라고 통지한 점을 재량면책을 함에 있어 참작한 사례가 있다.

126) 이와 관련하여서는, ① 채무자가 고령, 건강상의 문제, 신체적 장애, 여러 명의 자녀 양육 등
으로 정상적인 소득활동이 불가능한 반면 채무액은 정상적인 소득활동을 하더라도 변제가 어려
울 만큼 과다한 점을 참작하여 재량면책한 사례, ② 채무자가 고령이고 오래 전에 발생한 채무로
인해 상당 기간 경제활동에 제약을 받아온 점 등을 재량면책을 함에 있어 참작한 사례가 있다.

127) 이와 관련하여서는, 횡령한 금원을 도박자금으로 사용하는 등 면책불허가사유가 있으나, 채무
자가 횡령죄로 실형복역 후 강한 갱생의지를 보이고 있음을 이유로 재량면책한 사례가 있다(이
의한 채권자가 횡령의 피해자로서 그 채권이 비면책채권인 점도 감안함).

128) 이와 관련하여서는, ① 재산목록에 채무자의 부동산 지분(선산)을 누락하였으나, 채권자가 위
지분에 대하여 오래 전에 가압류 집행을 마쳤음에도 그동안 집행을 하지 않은 사정을 재량면책
결정에서 참작한 사례, ② 채권자목록에 일부 채권을 누락하였으나, 기록상 누락한 채권자들이
채권을 사실상 포기한 정황이 드러나는 점을 재량면책을 함에 있어 참작한 사례가 있다.

129) 채권자의 이의신청에 의하여 재량면책의 여부가 결정될 것은 아니고, 다른 사유와 마찬가지로
하나의 판단자료가 될 뿐이다. 다만 같은 면책불허가사유라도 채권자의 이의에 의하여 비로소
발견되는 경우에는 재량면책을 함에 있어 더 엄격한 입장을 취하는 경향이 있다.

130) 이재환(주 84), 506면.

131) 미국 연방파산법은 채무자가 파산신청 전 1년 이내에 친족, 동업자, 법인 등 특수관계인
(insider)의 파산사건에서 면책불허가사유에 해당하는 행위를 한 경우도 면책불허가사유로 규정
하고 있다(11 U.S.C. § 727 (a)(7)). 우리 법상에는 이러한 규정이 없으나 재량면책 여부 판단의
한 요소로 고려할 수 있을 것이다. 면책 심리 중 채무자가 허위진술을 한 사실이 밝혀졌는데,
함께 파산·면책 신청을 한 채무자의 남편이 파산 신청 전 약 6개월 전에 지급불능상태에서 처
조카에게 유일한 재산인 식당의 영업 일체를 대물변제조로 양도하는 데 채무자가 적극 관여하
였다는 이유로 재량면책을 불허한 사례로는 서울중앙지방법원 2008. 4. 30.자 2007라851 결정(심
리불속행 재항고기각).

132) 이와 관련하여서는, ① 재산목록에서 누락한 부동산이 파산절차 진행 도중에 임의경매되어 채
권자들에게 배당이 이루어진 점을 참작한 사례, ② 채무자의 부동산 처분행위와 관련하여 사해
행위취소소송이 제기되어 원고 승소 판결이 확정되었고, 그 후 그 부동산이 경매되어 채권자들
에 대한 배당이 이루어진 점을 참작한 사례, ③ 사해행위취소소송이 제기되어 1심에서 원고 승
소 판결이 선고된 후 채무자 측이 항소하였으나, 항소심에서 원고가 채무자 측으로부터 일부
채무변제를 받고 소를 취하한 점을 참작한 사례, ④ 채무자가 파산신청 직전에 자신의 승용차
를 자녀에게 증여한 행위가 문제된 사안에서, 증여받은 자녀가 그 승용차를 매각하여 채권자에
대한 채무를 변제한 점 등을 재량면책결정에서 참작한 사례들이 있다.

133) 이와 관련하여서는, ① 비면책채권의 채권자를 제외한 다른 채권자들의 이의가 없는 사정이
재량면책에서 자주 고려되는 것으로 보이고, ② 채무자가 중대한 과실로 야기한 교통사고로 인
한 구상금채무만이 채권자목록에 기재되어 있는 사안에서(상속지분포기가 불이익처분에 해당하
여 면책불허가사유는 이미 존재하고 있었음), 채권자로서는 그 채권이 비면책채권이 될 가능성
이 많아 면책허가결정이 내려지더라도 불이익이 없는 반면 채무자로서는 면책을 불허가 할 경
우 파산선고로 인한 불이익을 고스란히 부담하게 되는바, 이는 채무자에게 지나치게 가혹하다
는 점을 들어 재량면책을 한 사례도 있다.

가사유의 발생시점 사이의 시간적 간격[135] 등의 사정 또한 재량면책을 함에 있어 고려되고, 특히, 파산관재인 선임사건에서는 환가를 통한 배당이 이루어졌는지, 채무자가 파산관재인의 조사에 성실하게 응하였는지의 여부[136]도 재량면책 여부를 결정함에 있어 중요한 고려요소이다.

재량면책은 허위진술로 인한 법 제564조 제1항 제3호 또는 제5호의 면책불허가사유가 존재하는 경우에 가장 문제된다. 면책불허가된 사건들 중 위 사유가 적용된 사건의 수가 가장 많을 뿐만 아니라, 그 정도가 중하지 않은 경우도 많기 때문이다. 현행 개인파산실무 시행 전 서면심리를 통한 원칙적 동시폐지 방식으로 절차를 운영할 당시에는 채무자 진술의 진실성을 담보하기 위해 허위진술에 대해서는 재량면책을 고려함에 있어 다른 사유에 비하여 엄격한 기준을 적용하였다. 현행 개인파산실무하에서도 채무자 진술의 진실성 확보가 여전히 중요하기는 하나, 파산선고 후 파산관재인이 채무자를 직접 면담하여 채무자의 재산상황 등에 대하여 면밀히 조사하는 점 등을 감안하면 예전과는 다른 재량면책의 기준을 적용할 필요가 있다. 허위 진술의 구체적인 내용 및 허위의 정도, 그 사실을 파산법원이 알았을 경우 파산사건에 있어서의 부인권 행사, 재산의 환가·배당과 관련하여 다른 결과에 이르게 되었을 것인지의 여부, 허위진술이 채권자들에게 불이익을 야기하는 지의 여부[137] 등을 종합적으로 고려하여 판단하여야 할 것이다.

---

134) 이와 관련하여서는, ① 재산은닉행위가 문제되었으나 재산은닉행위를 주도한 것은 채무자의 배우자이고, 채무자의 채무 또한 배우자의 사업자금 조달 과정에서 발생한 것이며, 배우자도 채무자와 함께 파산신청을 하여 파산절차 진행 중 위 재산은닉행위로 면책불허가결정을 받았음을 참작한 사례, ② 상속재산분할협의 과정에서 상속지분을 포기한 행위가 문제되었으나, 채무자가 분할 당시 미성년자여서 채무자의 모친이 채무자를 대리하여 상속재산분할을 하였음을 참작하여 재량면책한 사례가 있다.

135) 문제된 사해행위가 파산·면책신청 시점으로부터 상당히 오래 전의 것이라는 사정을 재량면책결정에서 참작한 사례가 있다.

136) 1심에서 '파산관재인에 대한 설명의무위반 또는 법원의 직권조사에 대한 불응'의 사유로 면책불허가된 사안에서 채무자가 항고를 한 후 항고심에서 설명을 한 경우에도 그로 인해서 면책불허가사유 자체가 소멸되는 것은 아니므로 일단 면책불허가사유는 존재한다고 보되, 다만 그러한 사정을 재량면책을 함에 있어 고려하고 있다. 또한 관재인에 대한 설명의무위반이 문제된 경우에 채무자가 고령이고 건강상 문제가 있어 설명을 제대로 하지 못한 사정을 들어 재량면책을 한 사례도 있다.

137) 파산신청 직전에 상속이 개시되어 채무자가 한정승인을 하였음에도 파산신청서에 상속재산이 없다고 기재한 행위가 허위진술로 문제가 된 경우에, 설사 그 내용을 기재하였다고 하더라도, 상속재산에 대하여는 상속채권자의 채권이 우선하여 파산채권자에 대하여는 배당이 이루어지지 못했을 것이므로 그 허위진술이 채권자를 해하는 것은 아니라는 이유로 재량면책을 한 사례가 있다.

3) 재량면책 주장에 대한 판단

대법원 2009. 10. 9.자 2009마1369 결정은 "법원은 법 제564조 제1항 제2 호의 면책불허가 사유가 있는 경우라도 파산에 이르게 된 경위, 그 밖의 사정을 고려하여 상당하다고 인정되는 경우에는 면책을 허가할 수 있고, 채무자가 재량면책을 주장하고 있는 경우에는 이에 대해 심리·판단하여야 한다."라고 하면서 채무자의 재량면책 주장을 심리·판단하지 않은 채 면책을 불허가한 원심결정을 파기, 환송하였다.

4) 일부면책

가) 일부면책의 방법 및 허용 여부   재량면책을 결정함에 있어 채무의 일부만을 면책할 수 있는지가 문제된다. 특히, 채무자가 앞으로도 상당한 정도의 소득을 얻을 수 있으리라고 예상되는 경우에는 채무 중 일부라도 변제하도록 하는 것이 형평에 맞는다는 점을 근거로 그 필요성이 제기되어 왔다.

일부면책의 구체적 방법으로는 ① 특정 채권을 면책의 대상에서 제외하는 방법(이른바 '개별적 일부면책'),[138] ② 채무자의 특정 재산을 파산채권자들을 위한 책임재산에서 제외하는 방법, ③ 모든 채권자에게 공통된 비율로 채무의 일정 비율을 면책의 대상에서 제외하는 방법(이른바 '비율적 일부면책')이 거론되고 있다.[139] 일부면책에 대하여는 이론적으로 타당한지 여부에 대하여 다툼이 있으나,[140] 대법원 2006. 9. 22.자 2006마600 결정은 "채무자의 경제적 갱생을 도모하

---

138) 종래에 '개별적 일부면책'이 필요한 경우로 논의되었던 사안들은 다음과 같다. ① 채무자가 면책대상이 아닌 채권을 면책대상으로 해 주도록 강력히 요구하고 법원이 채무자에게 채권자목록에서 삭제할 것을 요구해도 응하지 않은 경우(예를 들면 부정행위에 의한 위자료 청구권을 면책의 대상으로 요구하는 경우)에 면책결정 확정 후 강제집행절차에서 분쟁발생을 방지하기 위하여 당해 채권이 면책대상으로 되지 않는다는 점을 명시해서 면책결정을 할 필요가 있다. ② 다른 사람 명의를 모용한 차용, 위조문서를 이용한 차용, 사기적 차용 등과 같이 고의의 불법행위에 의한 손해배상채권에 가까운 채권 등이 있는 때에 이들을 면책대상에서 제외할 필요가 있는 경우가 있다. ③ 장래 수입을 얻을 수 있는 건강한 청년인 채무자가 자동차사고로 부양가족을 가진 성년남자를 사망하게 함으로써 지게 된 손해배상채무, 양육비 지급이 지체되어 양육자와 자녀의 생활이 곤궁해지고 대출금 채무도 증가하는 경우에 고액 소득을 얻고 있는 채무자의 과거 양육비 채무 등은 채권자와 채무자 사이의 이해균형을 위해 면책대상에서 제외할 필요가 있다. 그 밖에도, ④ 지급불능을 인식한 후에 발생한 차용금 채무, ⑤ 가압류 채권자가 법원의 경매절차에서 그에게 배당된 금원을 수령하기 위하여 채무자를 상대로 집행권원을 얻기 위한 소를 제기할 것이 예상되는 사안에서 전부면책을 할 경우에는 경매절차에서 공탁된 금원을 회수하지 못하고 그 금원이 채무자에게 귀속되는 문제가 발생할 수 있는 사안 등이 '개별적 일부면책'이 필요한 사안들로 논의되었다. 이에 대하여 자세한 내용은 김정만, "파산절차에서 일부면책", 조정연구 창간호(2007), 53~54면 참조.

139) 이 중 이른바 '비율적 일부면책'을 제외한 나머지 2가지 유형에 대하여는, 일부면책 긍정설의 입장에서도 사후적으로 파산채권자 사이의 평등을 깨뜨릴 위험이 있다는 이유로 그 인정에 소극적이다. 따라서 이하에서 논의되는 내용은 이른바 '비율적 일부면책'에 대한 것이다. 자세한 내용은, 김정만(주 138), 53면 참조.

려는 것이 개인파산제도의 근본 목적이라는 점을 감안할 때 채무자가 일정한 수입을 계속적으로 얻을 가능성이 있다는 등의 사정이 있어 잔존 채무로 인하여 다시 파탄에 빠지지 않으리라는 점에 대한 소명이 있는 경우에 한하여 그러한 일부면책이 허용된다고 봄이 상당하다"고 판시하여 일정한 요건 하에 일부면책 결정의 적법성을 인정하였다.[141)

　　나) 현행 개인파산실무 도입 이전의 일부면책제도 운영상황　　서울중앙지방법원에서는 1998년 처음 일부면책결정을 한 이래 2003년까지는 적극적으로 일부면책을 활용하였다.[142) 그러던 중 2004년부터는 ① 일부면책비율에 대한 통일적 기준 정립이 어려워 동일한 사안에 대해 법원 또는 재판부마다 일부면책비율이 달라질 수 있는 점, ② 일부면책은 채무자로 하여금 파산절차 종료 이후에 장래 소득 또는 장래 취득할 재산으로 면책되지 아니한 파산채권의 일부를 계속 변제하게 하는 것으로 채무자의 경제적 갱생에 장애가 되는 점, ③ 일부면책과 동일한 결과를 가져오는 개인채무자회생제도의 시행으로 파산절차에서 일부면책을 활용할 필요성이 줄어들었던 점 등의 사정을 감안하여 예외적인 경우에 한하여 일부면책을 활용하였다. 특히, 채무자의 재산, 수입 등에 관하여 충분한 자료가 제출되지 못한 상태에서 서면심사만으로 파산선고 및 동시폐지결정이 내려진 사안에서, 면책심리 단계에서야 비로소 환가·배당 가능한 재산이나 최저생계비를 초과하는 채무자의 가용소득이 발견되기는 하였으나 그 재산의 가액이나 가용소득의 금액이 크지 않은 경우에 주로 활용되었고, 구체적인 방식은 대부분의 사안에서 이른바 '비율적 일부면책'의 방식이 활용되었다.[143)

　　다) 현행 개인파산실무 도입 이후의 일부면책제도 운영상황　　2012년 현행 개인파산실무가 도입된 이후에는 일부면책결정이 거의 활용되지 않고 있다. 파산선고 후 파산관재인이 채무자의 재산상태 및 소득에 대하여 면밀한 조사를 실

---

140) 자세한 내용은 김정만(주 138), 39면 이하 참조.

141) 이 결정이 앞서 본 일부 면책의 구체적 유형 중 '비율적 일부면책'을 인정한 것임은 명백하다. 더 나아가 위 결정이 '개별적 일부면책'까지 인정하였는지가 문제되는바, 명시적으로 이를 배제하고 있지는 않으나 채권자 평등의 원칙상 '개별적 일부면책' 자체를 인정하기 어려운 점, 위 결정이 일부면책의 요건으로 내세운 '잔존 채무로 인하여 다시 파탄에 빠지지 않으리라는 점'은 채권자의 사정보다는 채무자의 갱생에 무게를 두려는 의미로 해석되는 점 등을 들어 위 결정이 '개별적 일부면책'까지 인정한 것으로 볼 수 없다는 견해가 있다. 자세한 내용은, 김정만(주 138), 60면 참조.

142) 2003년도 서울중앙지방법원의 면책허가사건 중 일부면책의 비율은 약 10.25%에 이르렀고, 대부분 비율적 일부면책의 방식으로 이루어졌다고 한다. 자세한 내용은, 김정만(주 138), 45면.

143) 서울중앙지방법원 개인파산재판부에서 일부면책결정을 내린 건수는 2008년 0건, 2009년 5건, 2010년 7건, 2011년 0건이다.

시할 뿐만 아니라, 파산절차와 면책절차의 동시진행으로 이시폐지 전에 채권자들이 채무자의 은닉재산이나 소득상황에 대하여 충분히 이의제기를 할 수 있어 파산폐지 후에 채무자의 은닉재산이나 소득이 발견되는 경우가 거의 없기 때문으로 보인다.[144][145]

---

144) 채무자가 파산신청서에 소득을 사실대로 기재하지 않은 관계로 파산선고 후에서야 비로소 채무자가 최저생계비 이상의 정기적인 소득을 얻고 있음이 발견되는 경우가 종종 있는바, 이러한 경우에는 일부면책이 여전히 필요한 것이 아닌가라고 생각해 볼 수도 있다. 그러나 이러한 경우에는 파산절차의 진행을 중단하고 채무자로 하여금 자발적으로 회생신청이나 개인회생신청을 하게끔 유도하며, 그 절차에서 회생계획인가결정 또는 변제계획인가결정이 내려지면 파산절차는 그 효력을 상실(법 제256조 제1항, 제615조 제3항)시키는 방식으로 처리하는 실무례가 있고, 이러한 실무례에 의한다면, 이러한 경우에도 일부면책을 활용할 필요성은 거의 없다고 볼 수 있다.
　　이에 대하여, 채무자가 개인사업자나 전문직, 공무원 등 장래예상소득이 고정적이고 그 액수도 적지 않은 경우에는 현행 실무에서도 일부면책제도를 고려해 보아야 한다는 견해가 있다.

145) 일본 동경지방재판소에서도 소액관재수속제도가 정착된 1999년 이후에는 일부면책제도를 이용하고 있지 않는데, 이와 비슷한 이유에 기인한 것으로 보인다. 자세한 내용은, 김정만(주 138), 48면 참조.

제 8 장   면책신청에 대한 법원의 재판

제 1 절   결   정

1. 각하결정

면책신청기간을 도과하여 신청한 경우에는 면책신청을 각하한다([양식 38] 참조). 면책신청은 파산신청일부터 파산선고가 확정된 날 이후 1월 이내에 할 수 있다(법 제556조 제1항). 한편 파산선고결정은 공고 및 송달을 하여야 하고(법 제313조 제1항, 제2항), 공고가 있는 때에는 파산선고결정에 대하여 공고가 있은 날부터 14일 이내에 즉시항고를 할 수 있는바(법 제13조 제2항, 제316조 제1항), 위 즉시항고 기간 경과일이 파산선고가 확정된 날이 된다. 다만 채무자가 그 책임 없는 사유로 인하여 면책신청기간 내에 면책신청을 하지 못한 때에는 그 사유가 종료된 후 30일 이내에 한하여 면책신청을 할 수 있다(법 제556조 제2항).

파산채권의 일부만의 면책을 구하는 일부면책신청도 부적법하므로 각하한다.

또한 파산신청이 정당한 대리권 없는 자에 의하여 이루어졌음을 이유로 이를 각하하는 경우에는 면책신청 역시 대리권 없는 자에 의하여 이루어진 것이기 때문에 각하해야 한다. 이는 실체판단에 앞서 신청의 적부를 먼저 판단하여야 하기 때문이다.[1]

2. 기각결정

가. 기각사유

현행법은 법 제559조 제1항으로 면책신청의 기각사유를 신설하였다.[2] 이를

---

1) 서울중앙지방법원 2009. 1. 7.자 2008라898, 899 결정(확정), 최두호, "항고심에서 바라본 개인파산·개인회생", 도산실무연구 127집.
2) 엄밀한 의미에서 각하사유라고 할 수 있을 것이나 다른 도산절차와의 균형을 고려하여 기각

구체적으로 살펴보면 다음과 같다.

1) 채무자가 신청권자의 자격을 갖추지 아니한 때($\frac{1}{\bar{\Sigma}}$)

면책신청은 개인인 채무자에 한하여 할 수 있으므로(법 제556조 제1항), 법인이 면책을 신청한 경우에는 비자격자의 신청으로 이 규정에 근거하여 그 신청을 기각한다. 한편 채무자가 동의에 의한 파산폐지신청을 한 경우에는 그 기각의 결정이 확정된 후가 아니면 면책신청을 할 수 없으므로(법 제556조 제5항), 동의파산폐지신청의 기각결정이 확정되기 전에 채무자가 면책신청을 하였다면 신청자격이 없음을 이유로 그 신청을 기각한다. 상속재산 파산사건에서 신청인인 상속인의 면책신청도 이 규정을 적용하여 기각한다.

2) 파산신청이 기각된 때($\frac{2}{\bar{\Sigma}}$)

면책은 파산을 전제로 한 것이므로 파산신청이 기각된 때에는 면책절차에 나아가 심리할 필요 없이 면책신청 자체를 기각하면 된다. 재도의 파산신청이 부적법하여 각하할 경우에도 이 규정을 유추 적용하여 동시 또는 간주신청된 면책사건을 기각함이 타당하다.

3) 채무자가 절차의 비용을 예납하지 아니한 때($\frac{3}{\bar{\Sigma}}$)

구 파산법에서는 채무자가 면책신청을 하면서 예납하는 비용은 거의 일간 신문 및 관보 공고료였는데 현행법에서는 인터넷 공고가 가능하게 됨에 따라 이 규정을 이유로 면책신청이 기각되는 경우는 거의 없을 것이다.

한편 인지, 송달료도 절차비용이므로 채무자에 대한 인지, 송달료 보정명령에도 불구하고 이를 보정하지 않은 경우에도 면책신청을 기각할 수 있을 것이다.

4) 그 밖에 신청이 성실하지 아니한 때($\frac{4}{\bar{\Sigma}}$)

이 규정은 포괄조항으로 법 제559조 제1항 제1호 내지 제3호 소정의 사유가 없더라도 신청이 불성실한 경우에는 면책신청을 기각할 수 있다. 채무자가 면책심문기일 또는 의견청취기일에 정당한 사유 없이 계속하여 불출석하거나 출석하여도 진술을 거부한 경우에 구 파산법하에서는 면책신청을 각하하였으나(구 파산법 제347조), 현행법에서는 이 경우에 이 규정을 적용하여 면책신청을 기각할 수 있다.[3]

사유로 한 것이다.

3) 실무상 "채무자는 정당한 사유 없이 ( )회에 걸쳐 의견청취기일에 출석하지 아니하였는바, 이는 채무자 회생 및 파산에 관한 법률 제559조 제1항 제4호에 정해진 면책신청 기각 사유인 '신청이 성실하지 아니한 때'에 해당한다. 따라서 이 사건 면책신청을 기각한다."라고 기재한다.

나. 기각결정의 효력

면책신청 기각결정에 대해서는 채무자가 면책기각결정정본을 송달받은 날부터 1주 이내에 즉시항고를 할 수 있다(법 제559조 제3항, 제33조, 민사소송법 제444조 제1항). 법 제559조 제1항의 규정에 의하여 면책신청이 기각된 채무자는 동일한 파산에 관하여 다시 면책신청을 할 수 없다(법 제559조 제2항).[4]

3. 면책허가결정

가. 주문의 형식

면책불허가사유가 없거나, 면책불허가사유가 있더라도 재량면책을 하는 경우에는 면책허가결정을 한다.

1) 전부면책

전부 면책의 주문 형식은 다음과 같다([양식 39] 참조).

> 채무자를 면책한다.

2) 일부면책

일부면책을 허용하는 견해에 의하면 일부면책의 경우는 일부면책의 유형에 따라 그 주문례가 달라질 것이지만, 그 유형 중에서 비율적 일부면책의 주문은 다음과 같다.

> 1. 채무자에 대하여 이 사건 면책결정 확정시의 채무원금·이자·지연손해금의 합계액 중 이자·지연손해금 전액과 원금의 ○○%에 해당하는 금액 및 나머지 원금 ○○%에 대한 이 사건 면책결정확정일 다음날부터 ○년을 경과한 날까지의 지연손해금에 대하여 면책을 허가한다.
> 2. 제1항의 채권 부분을 제외한 나머지에 관하여 채무자의 면책을 허가하지 아니한다.[5]

나. 이유의 기재방법

면책허가결정의 경우에는 다음과 같이 이유를 간략하게 기재하는 것이 일반적이다.

---

4) '동일한 파산'인지 여부의 판단기준에 관하여는 후술하는 '7. 재도의 파산신청' 부분 참조.
5) 일부면책은 곧 일부 면책불허가에 해당하므로 이와 같은 주문이 필요하다는 견해가 다수이다.

> 이 사건 기록에 의하면, 채무자에게 채무자 회생 및 파산에 관한 법률 제564조 제1항
> 에서 정한 면책불허가사유에 해당하는 사실이 인정되지 아니하므로 주문과 같이 결정
> 한다.

다만 재량면책결정을 할 때에는 면책불허가사유의 존재와 재량면책허가의
사정에 관하여 설시하기도 하나, 현재 서울회생법원의 실무는 다음과 같이 기재
하는 것이 일반적이다.

> 이 사건 기록 및 이 법원의 채무자에 대한 심문결과에 의하면, 채무자에게 채무자
> 회생 및 파산에 관한 법률 제564조 제1항에서 정한 면책불허가사유에 해당하는 사실
> 이 인정되나, 채무자가 파산에 이르게 된 경위, 그 밖의 사정을 고려하여 면책을 허가
> 함이 상당하다고 인정되므로 채무자 회생 및 파산에 관한 법률 제564조 제2항에 의하
> 여 면책을 허가하기로 하여 주문과 같이 결정한다.

4. 면책불허가결정

면책불허가사유가 있고 재량면책을 허가할 특별한 사정이 없으면 면책불허
가결정을 한다. 채무자가 재량면책을 주장하고 있는 경우에는 이에 대해 심리·
판단하여야 한다.[6]

가. 주문의 형식

면책불허가결정의 주문은 다음과 같다.

> 이 사건 면책을 허가하지 아니한다.

나. 이유의 기재방법

실무상 면책불허가사유를 자세히 기재한 예([양식 41-1] 참조)와 단순히 "채
무자 회생 및 파산에 관한 법률 제564조 제1항 제1호, 제650조 제1항 제1호 소
정의 면책불허가사유에 해당하는 사실이 인정되므로"라고만 기재한 예가 있다.
기록상 면책불허가사유의 존부가 분명한 사건에 관하여는 후자의 예로 처리하여

---

6) 대법원 2009. 10. 9.자 2009마1369 결정(채무자가 재량면책을 주장하고 있음에도 원심이나 원
   심이 유지하고 있는 제1심은 재량면책 사유가 존재하는지 여부에 대해 심리·판단한 바 없음을
   이유로 원심결정을 파기, 환송한 사안임).

도 무방할 것이다([양식 41] 참조).

5. 결정의 송달 및 공고

가. 각하 또는 기각결정

각하 또는 기각결정은 그 결정정본을 채무자에게 송달한다(법제8조제1항). 결정 전에 이미 채무자가 소재불명인 경우에는 결정정본을 공시송달한다.

나. 면책허가결정

구 파산법하에서는 면책허가결정을 직권 송달하도록 한 규정에 따라 채무자, 파산관재인 및 검사에게 면책허가결정을 송달하고, 채권자에 대한 송달은 실무상 공고로 갈음하였다. 현행법은 면책허가결정을 한 때에는 그 주문과 이유의 요지를 공고하도록 하고(법제564조제3항전문)([양식 40] 참조), 이 경우 송달은 하지 않을 수 있도록 하였다(같은항후문).

실무상 채무자에게는 면책허가결정정본을 교부송달하고, 이의신청 채권자에게는 법원의 판단을 알려준다는 의미에서 그 결정등본을 교부송달하기도 하나 그 이외의 이해관계인에게는 송달하지 아니한다.

다. 면책불허가결정

채무자에게 면책불허가결정([양식 41] 참조) 정본을 송달한다(법제8조제1항). 채권자 및 검사에 대하여는 송달을 생략하고, 따로 공고도 하지 않고 있다. 채권자 및 검사는 면책불허가결정에 대하여 즉시항고할 법률상 이익이 없기 때문이다. 그러나 사기파산죄(법제650조)와 과태파산죄(법제651조)의 사유가 명백히 드러나 면책불허가를 하는 경우에는 수사 단서의 제공 등을 위하여 검찰에 통지하는 것도 고려해야 할 것이다.

실무상 채무자의 면책신청에 대하여 이의신청을 한 채권자에 대하여는 법원의 판단을 알려준다는 의미에서 결정등본을 교부송달하기도 한다.

6. 결정에 대한 불복방법

가. 불복신청권자

면책신청에 관한 재판에 대해 이해관계를 가지는 자는 즉시항고를 할 수 있다(법 제559조 제3항, 제564조 제4항, 제13조 제1항). 즉, 각하·기각 및 면책불허가결정에 대하여는 채무자가, 면책허가결정에 대하여는 파산채권자, 파산관재인 및 검사가 각 즉시항고할 수 있다. 실무상 파산관재인 또는 검사가 즉시항고한 사례는 거의 없다.

나. 불복신청방법

재판에 대한 불복은 서면으로 하여야 하므로(법 제14조), 항고제기기간 내에 즉시항고장을 원심법원에 제출하여야 한다. 이 경우 첨부할 인지액은 2,000원이고 납부할 송달료는 5회분 26,000원(=5,200원×5)이다[송달료규칙의 시행에 따른 업무처리요령(재일 87-4) 별표1].

다. 불복신청기간

면책허가결정은 공고하여야 하고(법 제564조 제3항), 공고가 있는 때에 면책허가결정에 대한 즉시항고 기간은 공고가 있은 날부터 14일 이내이다(법 제13조 제2항). 여기에서 말하는 공고일은 공고가 실제로 된 날이 아니라 공고의 효력이 발생한 날이고, 공고 효력 발생일은 공고가 있은 날의 다음 날이므로(법 제9조 제2항), 면책허가결정의 즉시항고 기간은 공고가 있은 날의 다음 날부터 기산하여 14일이다(초일은 산입한다).[7]

면책신청에 대한 각하·기각 또는 면책불허가결정에 대한 즉시항고기간은 채무자가 각 그 결정정본을 송달받은 날부터 1주간이다(법 제33조, 민사 소송법 제444조).[8] 즉시항고기간을 도과한 경우에는 항고장을 각하한다([양식 43] 참조).

한편 채권자가 면책결정에 대하여 즉시항고장을 제출하였다가 기간도과로 부적법하다는 이유로 각하명령을 받은 후 다시 위 각하명령에 대한 즉시항고기간 내에 면책결정에 불복한다는 취지의 재항고장을 제출한 경우에는 특별항고가 아니라 즉시항고로 취급해야 한다.[9]

---

7) 예를 들어, 2019. 4. 1. 면책허가결정 공고가 있은 경우, 2019. 4. 2.부터 기산하여 14일이 경과한 2019. 4. 15.까지가 즉시항고 기간이 된다.

8) 각하, 기각 또는 면책불허가결정에 대해서는 공고를 하지 않기 때문에 공고를 기준으로 한 불복기간인 14일이 적용되지 않는다.

9) 대법원 2013. 10. 29.자 2013그235 결정.

라. 원재판의 경정

즉시항고가 된 경우 즉시항고장을 제출받은 원심법원은 항고에 정당한 이유가 있다고 인정하는 때에는 그 재판을 경정하여야 한다(법 제33조, 민사소송법 제446조). 이를 재도의 고안이라고 한다. 실무상 채무자가 예납명령 또는 보정명령을 장기간 이행하지 아니하여 파산 및 면책신청을 기각하였는데 채무자가 곧바로 예납 또는 보정을 하고 즉시항고한 경우, 채무자가 심문기일이나 의견청취기일에 수차례 출석하지 아니하여 파산 및 면책신청을 기각하였는데 추후 성실히 출석할 것을 서약하고 즉시항고를 제기한 경우 등이 이에 해당한다.

다만 항고기간이 지난 즉시항고와 같이 부적법한 경우에는 경정할 수 없다. 이는 항고기간의 도과로 원재판이 이미 확정되었기 때문이다. 재도의 고안을 한 때에는 그 항고절차가 종료하므로 사건을 항고법원에 송부할 필요가 없다.

항고가 이유 없다고 인정되는 경우에는 사건기록을 항고법원에 송부하면 된다. 이때 의견서를 첨부할 필요는 없다.

마. 항고심의 심리 및 판단

항고심에서의 새로운 사실과 증거의 제출은 항고심에서 심문을 연 때에는 그 심문종결시까지, 심문을 열지 아니한 때에는 결정의 고지시까지 가능하다.[10]

항고심의 재판은 즉시항고가 이유 없을 경우 항고를 기각하고, 즉시항고가 이유 있는 경우에는 원결정을 취소하고 자판함이 원칙이다([양식 44] 참조). 다만 파산신청에 관한 재판에서 즉시항고가 이유 있다고 인정하는 때에는 원결정인 파산신청에 대한 결정을 취소하고 사건을 원심법원에 환송하여야 하고(법 제316조 제5항), 이 경우 면책신청에 대한 결정도 취소하고 원심법원에 환송한다.

한편 면책신청기간을 도과하여 면책신청이 부적법하다는 이유로 신청을 각하한 결정에 대한 즉시항고가 이유 있다고 인정하는 경우에도 원결정을 취소하고 사건을 원심법원에 환송하여야 할 것이다(법 제33조, 민사소송법 제418조). 법 제559조에 의해 면책신청을 기각하는 결정에 대해서도 항고심이 이를 취소하는 경우에는 면책허부에 대한 재판이 이루어진 바 없으므로 사건을 원심법원에 환송하여 원심이 후속 면책절차를 진행함이 상당하다.

---

10) 대법원 2009. 2. 26.자 2007마1652 결정.

7. 재도의 파산신청

가. 의   의

재도(再度)의 파산신청이란 파산선고결정은 받았으나 면책결정을 받지 못한 채무자가 면책결정을 받기 위한 목적으로 다시 파산신청을 하는 것을 의미한다. 이는 파산신청 자체가 각하 또는 기각된 경우[11]에 채무자가 면책결정을 받기 위한 목적으로 다시 파산신청을 하는 것과는 구별되는데, 파산선고 여부는 파산선고 당시 파산원인이 있는지 여부에 따라 결정할 것이고, 종전 파산신청에 대한 결정에 재소금지효력이나 기판력이 인정되는 것이 아니기 때문에 이러한 파산신청은 허용된다.

나. 유   형

채무자가 파산선고결정은 받았으나 ① 면책신청을 하지 않았거나, 면책신청 기간 내에 제기하지 못한 경우, ② 면책절차 중 그 면책신청을 취하한 경우, ③ 면책신청이 각하 또는 기각된 경우, ④ 면책불허가결정을 받은 경우 등이 있다.

다. 허용 여부에 대한 종전의 논의

재도의 파산신청을 금지하는 규정이 없고, 파산신청은 면책을 목적으로 하므로 면책을 법률상 이익으로 하여 다시 파산신청을 할 수 있고, 동시폐지사건에서 채무자가 새로 취득한 재산으로 변제를 하게 하는 경우 재도의 파산신청을 부정하는 것은 면책제도의 취지에 반한다는 것을 논거로 하여 긍정하는 견해와 파산제도는 총채권자를 위해 채무자의 총재산을 환가·배당하는 것을 목적으로 하므로 한 번 파산선고를 받은 이상 실질적으로 동일한 채무를 원인으로 하여 재도의 파산신청을 하는 것은 신청이익이 없고, 재도의 파산신청을 쉽게 허용한다면 면책신청기간을 정한 취지에 반한다는 것을 논거로 하여 부정하는 견해가 대립하고 있었다.[12]

라. 대법원의 입장

이에 대하여 대법원은 2006. 12. 21.자 2006마877 결정에서 "면책신청기간을

---

11) 파산신청이 기각(각하)된 경우 통상 면책신청은 법 제559조 제1항 제2호에 의하여 기각한다.
12) 西 謙二외 1인 編, 破産·民事再生の實務[新版] 中, 金融財政事情硏究會(2012), 247~249면.

도과하여 면책신청이 각하된 자가 면책결정을 받기 위한 목적으로 하는 재도의 파산신청은 구 파산법 제339조 제5항[13]에 제한적으로 정한 면책신청 추완 규정을 면탈하게 하는 것이어서 허용될 수 없다"고 하여 최초로 재도의 파산신청에 대한 입장을 밝혔고, 이어 대법원 2009. 11. 6.자 2009마1583 결정에서 "파산결정을 받았으나 면책기각결정을 받아 위 결정이 확정된 후 오로지 면책을 받기 위하여 동일한 파산원인으로 재차 파산신청을 하는 이른바 재도의 파산은 허용될 수 없다"고 하였으며, 대법원 2011. 8. 16.자 2011마1071 결정에서는 "파산결정을 받았으나 면책불허가결정을 받아 그 결정이 확정된 후에는 동일한 파산에 대한 재차 면책신청이나 오로지 면책을 받기 위하여 동일한 파산원인으로 재차 파산신청을 하는 이른바 재도의 파산신청은 허용되지 않는다"고 하였다. 즉, 대법원은 면책신청기간 경과 후(위 ①유형), 면책기각결정을 받은 이후(위 ③유형), 면책불허가결정을 받은 이후(위 ④유형)의 파산신청은 모두 부적법하다고 판시하였다.[14]

마. 검   토

법에서 여전히 면책신청 기간 및 면책신청 추완 규정을 두고 있고(법 제556조), 면책신청이 기각된 채무자는 동일한 파산에 관하여 다시 면책신청을 할 수 없도록 규정하고(법 제559조 제2항) 있는 이상 면책을 위한 재도의 파산신청을 허용한다면 이들 규정의 취지를 몰각하는 것이고, 이미 파산선고가 이루어진 이상 이와 동일한 파산원인에 기하여 파산신청을 하는 것은 신청의 이익이 없으므로 재도의 파산신청을 허용할 수 없다는 것이 현재 실무의 주류적 입장인 것으로 보인다.[15] 이때 파산원인이 동일한지 여부는 종전의 파산선고 이후 채무자의 재산상황의 변동으로 새로이 파산원인이 발생하였는지 여부에 의하여 판단하여야 할 것이라고 한다.[16]

---

13) 현행 법 제556조 제2항과 동일한 내용으로, 구 파산법 제339조 제5항은 "파산자가 그 책임없는 사유로 인하여 제1항 규정에 의한 면책의 신청을 할 수 없었던 경우에는 그 사유가 그친 후 30일 내에 한하여 면책의 신청의 추완을 할 수 있다."고 규정하고 있었다.

14) 위 ②유형에 대한 결정은 아직 없으나, 위 ① 유형과 같이 볼 수 있을 것이다.

15) 주석 채무자회생법(IV)(제1판), 한국사법행정학회(2020), 52면(원운재).

16) 이 경우 '동일한 파산'인지 여부를 판단함에 있어서, ① 법 제556조 제3항 면책신청 의제규정이 있어 채무자 파산신청 사건에서 면책신청 기간이 도과하는 경우는 사실상 상정하기 어렵고, ② 면책허가결정이 확정된 날부터 7년이 경과하지 아니하는 경우에도 재량면책이 가능한 점에 비추어 보면 재도의 파산을 허용하지 아니하는 것은 채무자에게 지나치게 가혹하며, ③ 파산원인인 지급불능을 '변제능력이 부족하여 즉시 변제하여야할 채무를 일반적, 계속적으로 변제할

이에 대하여 경제적 파탄에 직면한 채무자의 갱생을 목적으로 하는 법의 취지 등에 비추어 재도의 파산신청이라는 이유로 파산신청 자체를 부적법하다고 보는 것은 채무자에게 지나치게 가혹하다는 반론 또한 만만치 않게 제기되고 있다. 앞선 주류적 견해를 따르면서도 동일한 파산원인에 해당한다는 판단을 매우 엄격하게 하여 사실상 채무자에게 새로운 파산·면책의 기회를 제공하는 실무례가 점차 축적되었다.[17] 나아가 법상 재도의 파산신청을 명시적으로 금지하는 규정이 없고, 파산선고를 받은 후 복권되지 않으면 각종 직업상·신분상 불이익을 받는 사정,[18] 재도의 회생절차·개인회생절차를 허용하고 있는 다른 도산절차와의 균형 등을 고려하여, 채무자가 다시 파산신청을 하게 된 기간, 경위, 의도 등을 종합하여 재도의 파산신청이 파산절차의 남용에 해당한다고 판단되는 경우에 법 제309조 제2항을 적용하여 파산신청을 기각하면 충분하고, 그렇지 않은 경우에는 다시 파산신청을 하여 면책을 받을 권리보호의 이익이 있다고 하여 재도의 파산신청을 허용할 수 있다는 실무례가 있다.[19]

한편 면책결정을 받은 후 채권자목록에 누락된 채권이 있는 경우에 위 채권의 면책 여부에 다툼이 있어 다시 면책결정을 받기 위한 목적에서 파산신청을 하는 경우 이를 재도의 파산신청 중 하나의 유형으로 보아야 한다는 논의가 있었다. 그런데 이는 종전에 면책결정을 받은 채무자가 다시 파산신청을 하는 경우로서, 종전에 파산선고를 받았으나 면책결정을 받지 못한 채무자가 다시 파산신청을 하는 것을 의미하는 재도의 파산신청이라는 개념과 다소 차이가 있다고 보인다. 따라서 이 경우에는 채무자가 악의로 채권자목록에 기재하지 아니한 청구권(법 제566조 제7호의 비면책채권)의 문제로 보아 해결함이 타당하고, 채무자가 그 채권의 면책을 받기 위하여 파산신청을 한 경우에는 파산신청의 경위 등을 따져보아 판단하

수 없는 객관적 상태'로 정의할 경우, 채무자가 일단 지급불능 상태에 이르면 그 이후에는 지급불능 상태가 계속되어 논리적으로 파산원인은 모두 동일하게 되는데, 이는 재소금지 또는 기판력의 규정이 없는 파산절차에서 지나치게 채무자의 신청권을 제한하는 점 등의 이유로 가급적 '동일한 파산'의 개념을 좁게 해석해야 한다는 견해가 있다. 이 견해에 따르면 ① 채권자목록상의 채권자 수, 채권액이 거의 동일할 것, ② 기존 파산 및 면책 사건의 확정일로부터 상당히 근접한 일시에 재차 신청이 접수되었을 것, ③ 추가된 지급불능 원인이 존재하지 아니할 것, ④ 선행의 파산사건이 파산기각 이외의 사유로 종결되었을 것 등의 요건이 모두 갖추어졌을 경우에만 '동일한 파산'으로 보아야 한다고 한다(김태준, "2013 서울중앙지방법원 파산부 WORKSHOP 자료집", 126면 이하).

17) 창원지방법원 2018. 6.. 19.자 2017라85 결정, 창원지방법원 2019. 9. 19.자 2019라10134 결정, 전주지방법원 2019. 11. 6.자 2018라526 결정 등.
18) 구체적 내용은 '제4장 제2절 6. 나.' 참조.
19) 서울회생법원 2020. 4. 17.자 2018라467 결정, 서울회생법원 2020. 7. 14.자 2018라101279 결정.

여야 할 것이다.[20]

8. 면책허가결정 확정 후의 절차

가. 파산채권자표 기재

법원사무관 등은 파산채권자표가 있는 경우에는 파산채권자표에 면책의 결정이 확정되었다는 뜻(예컨대 "2021. 4. 1. 면책허가결정 확정")을 기재하여야 한다(법 제568조). 구 파산법하에서는 면책결정이 확정되면 그 결정의 주문을 관보와 일간신문에 공고하였으나 현행법은 면책허가결정을 한 경우에만 그 주문과 이유의 요지를 공고하도록 하고 있다(법 제564조 제3항).

나. 등록기준지 통지

구 파산법하에서 실무상으로는 파산선고가 확정되면 이를 등록기준지에 통보하였다. 면책결정은 당연복권사유이므로 면책결정이 확정되면 채무자의 복권을 위해 법원사무관 등은 이를 등록기준지에 통보하여야 했다.

하지만 2006. 4. 1.부터는 등록기준지에 대한 파산선고 확정사실의 통보가 면책신청이 각하·기각되거나 면책불허가결정(일부면책 포함)이 내려지거나 면책취소결정이 확정된 때에 한하여 실시되므로 파산선고 확정사실이 통보되지 않은 상태에서 면책결정이 확정된 경우에 더는 면책확정사실을 등록기준지에 통보할 필요가 없게 되었다(개인파산 및 면책신청사건의 처리에 관한 예규 제6조 제1항 제1호).

다만 등록기준지에 파산선고 확정사실이 통보된 경우에는 면책결정이 확정된 후에 복권을 위해 여전히 확정사실을 통보해야 한다(개인파산 및 면책신청사건의 처리에 관한 예규 제6조 제1항 제2호). 이 경우에 면책결정등본을 첨부할 필요는 없다.

---

20) 대법원은 종전 면책결정을 받았으나 채권자목록에서 누락된 채권의 면책을 목적으로 다시 파산신청을 한 것이 파산절차의 남용에 해당한다고 판단한 원심결정에 대하여, 채무자가 과거 파산 및 면책결정의 효력으로 그 채권이 면책되었다는 주장을 하지 못하는 것일 뿐 그 후에 그 채권의 면책을 구하기 위하여 새로운 파산신청도 할 수 없다는 것은 아니고, 채무자가 특별한 사정 없이 불필요한 파산신청을 반복한다면 파산절차를 남용하는 것으로 볼 여지가 있을 것이나, 채무자가 과거 면책결정 후 약 10년이 지나 새롭게 파산신청을 한 것이어서 불필요한 파산신청을 반복하는 것으로 보기 어렵고, 법 제566조 제7호의 취지 등에 비추어 새로운 파산절차에서 채권자의 참여 아래 그 채권에 관한 면책불허가사유 유무를 심사하여 면책 여부를 결정하면 채권자의 절차 참여 기회를 충분히 보장할 수 있을 것이므로, 과거 파산 및 면책절차의 채권자목록에서 누락된 채권의 면책을 구한다는 사정만으로 파산절차를 남용한 것으로 볼 수는 없다는 이유로 원심결정을 파기하였다(대법원 2018. 6. 22.자 2018마5435 결정).

다. 한국신용정보원의 장에 대한 통지

면책결정이 확정된 때에는 법원은 한국신용정보원의 장에게 사건번호, 채무자의 성명 및 주민등록번호, 면책 결정일 및 확정일을 기재한 서면으로 통보한다(개인파산 및 면책신청사건의 처리에 관한 예규 제5조)([양식 42] 참조).[21]

라. 예납금의 반환

예납금의 잔액이 있으면 채무자에게 반환한다.

제 2 절 면책결정의 효력

1. 효력발생의 시기

면책허가결정은 확정되어야 그 효력이 발생한다(법 제565조). 면책허가결정은 그 주문과 이유의 요지를 공고하고(법 제564조 제3항), 공고가 있은 날의 다음 날부터 14일이 경과할 때까지 즉시항고가 제기되지 아니하면 확정된다. 면책허가결정은 형성적 효과를 그 내용으로 하고 달리 소급효를 인정하는 규정도 없으므로 소급효가 인정되지 않는다.

2. 파산채권자에 대한 효력

가. 책임의 면제

면책을 받은 채무자는 파산절차에 의한 배당을 제외하고는 파산채권자에 대한 채무의 전부에 관하여 그 책임이 면제된다(법 제566조 본문). 면책의 효력은 파산채권[22]에 대한 것이므로, 재단채권, 소유권에 기한 반환청구권 등의 환취권이나 별제권 등에는 면책의 효력이 미치지 아니하는 것이 원칙이다.[23] 또한 파산선고

---

21) 한국신용정보원은 면책결정에 대한 정보를 제공받은 경우 채무자에 대한 연체정보 등을 해제한다(한국신용정보원 일반신용정보관리규약 제9조).

22) 다만 재단채권이라는 이유만으로 당연히 면책대상에서 제외되는 것은 아니라는 견해도 있다. 임치용, 파산법연구 2, 박영사(2006), 251면.

23) 이에 반하여 법 제2편 회생절차에서는 담보권일지라도 목록에 기재되지 않거나 신고되지 아

후의 원인에 기하여 생긴 청구권은 파산채권이 아니므로 면책의 효력이 미치지 아니한다.

면책된 채무는 채무 자체가 소멸하는 것인지, 채무 자체는 존속하고 채무자에게 책임을 물을 수 없는 자연채무로 되는지가 다투어지고 있다.[24] 채무소멸설에 의하면 파산채권자는 채무자에게 임의의 변제를 구할 수 없고, 채무자로부터 수령한 변제는 부당이득으로 보게 되나, 자연채무설에 의하면 파산채권자는 면책 후 강제집행에 의한 만족을 얻지 못하지만, 채무자로부터 임의의 변제를 받을 권한은 인정된다.

대법원 2001. 7. 24. 선고 2001다3122 판결은 "구 회사정리법 제241조는, 정리계획인가의 결정이 있는 때에는 계획의 규정 또는 같은 법의 규정에 의하여 인정된 권리를 제외하고 회사는 모든 정리채권과 정리담보권에 관하여 그 책임을 면한다고 정하였는데, 위 면책에 대하여 채무 자체는 자연채무 상태로 남게 되지만 회사에 대하여 이행을 강제할 수 없다는 의미"라고 해석하였다. 같은 취지로 대법원 2005. 2. 17. 선고 2004다39597 판결 또한 "회사정리법 제241조에서 말하는 면책이라 함은 채무 자체는 존속하지만, 회사에 대하여 이행을 강제할 수 없다는 의미라고 봄이 상당하므로, 위와 같이 면책된 채무는 이른바 자연채무"라고 판시하였다.

면책된 채권은 통상의 채권이 가지는 소 제기의 권능[25]과 집행력을 상실한다. 한편 채권에는 재판 외에서 변제를 요구할 수 있는 권능이 있는데 그 행사의 방법에 따라 채무자에게 정신적인 고통을 주거나 심지어는 자살에 이르게 할 정도의 강력한 위력을 발휘한다.[26] 따라서 면책결정은 소송상 청구뿐만 아니라

니할 경우 회생계획의 인가에 의하여 실권된다.

[24] 전병서, 도산법(제4판), 박영사(2019), 453면; 김정만, "파산면책의 효력", 사법논집 제30집(1999), 205면; 일본 판례는 자연채무설을 취하고 있다. 最高裁判所 平成 11. 11. 9. 判決(判例時報 1685号 66면); 最高裁判所 平成 9. 2. 25.(判例時報 1607号 51면).

[25] 대법원 2015. 9. 10. 선고 2015다28173 판결.

[26] 채권의 공정한 추심에 관한 법률 제9조는 '채권추심자는 채권추심과 관련하여,
  1. 채무자 또는 관계인을 폭행·협박·체포 또는 감금하거나 그에게 위계나 위력을 사용하는 행위,
  2. 정당한 사유 없이 반복적으로 또는 야간(오후 9시 이후부터 다음 날 오전 8시까지를 말한다. 이하 같다)에 채무자나 관계인을 방문함으로써 공포심이나 불안감을 유발하여 사생활 또는 업무의 평온을 심하게 해치는 행위,
  3. 정당한 사유 없이 반복적으로 또는 야간에 전화하는 등 말·글·음향·영상 또는 물건을 채무자나 관계인에게 도달하게 함으로써 공포심이나 불안감을 유발하여 사생활 또는 업무의 평온을 심하게 해치는 행위,
  4. 채무자 외의 사람(제2조 제2호에도 불구하고 보증인을 포함한다)에게 채무에 관한 거짓 사실

소송 외에서 임의의 변제를 청구할 권능까지 상실한다고 볼 것이다.

다만 채무자가 면책채권을 임의로 이행할 경우 그 급부를 보유할 수 있는 권능만이 남게 된다. 임의변제가 유효하기 위해서는 자발성이 인정되어야 한다. 채무자가 채권자로부터 추심독촉을 받은 가족들을 위하여 변제한 경우에는 채권자의 직접적인 변제요구가 없어도 자발성이 인정될 수 없다.[27] 이처럼 자발성은 채무자가 변제를 하게 된 경위를 객관적 기준 하에 살펴봄으로써 인정될 수 있을 것이다. 면책 후 자발성이 인정되는 임의변제는 유효한 변제로서 부당이득의 문제는 생기지 않는다.

면책결정 후 파산채권자가 채무자에게 이행청구소송을 제기하는 경우 면책된 채권은 통상의 채권이 가지는 소 제기 권능을 상실하여 권리보호의 이익이 없으므로 그 채권의 이행을 구하는 소는 부적법하여 각하되어야 한다.[28]

나. 과태료 부과

채무자가 면책된 사실을 알면서 면책된 채권에 기하여 강제집행·가압류 또는 가처분의 방법으로 추심행위를 한 자는 500만 원 이하의 과태료를 받을 수 있다(법 제660조 제3항). 여기에서 말하는 '면책된 사실을 알면서'는 사실상 인식을 뜻하고, 법이 과태료로 규제하고 있는 채권자의 행위는 "강제집행·가압류 또는 가처분"에 한한다.[29] 또한 채권의 공정한 추심에 관한 법률 제17조 제3항, 제12조 제4호는 「채무자 회생 및 파산에 관한 법률」에 따른 회생절차, 파산절차 또는

을 알리는 행위,

5. 채무자 또는 관계인에게 금전의 차용이나 그 밖의 이와 유사한 방법으로 채무의 변제자금을 마련할 것을 강요함으로써 공포심이나 불안감을 유발하여 사생활 또는 업무의 평온을 심하게 해치는 행위,

6. 채무를 변제할 법률상 의무가 없는 채무자 외의 사람에게 채무자를 대신하여 채무를 변제할 것을 반복적으로 요구함으로써 공포심이나 불안감을 유발하여 사생활 또는 업무의 평온을 심하게 해치는 행위,

7. 채무자의 직장이나 거주지 등 채무자의 사생활 또는 업무와 관련된 장소에서 다수인이 모여 있는 가운데 채무자 외의 사람에게 채무자의 채무금액, 채무불이행 기간 등 채무에 관한 사항을 공연히 알리는 행위를 하여서는 아니 된다'고 규정하고 있고, 같은 법률 제15조 제1항은 '제9 조 제1호를 위반하여 채무자 또는 관계인을 폭행·협박·체포 또는 감금하거나 그에게 위계나 위력을 사용하여 채권추심행위를 한 자는 5년 이하의 징역 또는 5천만원 이하의 벌금에,' 같은 조 제2항은 '제9조 제2호부터 제7호까지를 위반한 자는 3년 이하의 징역 또는 3천만원 이하의 벌금에' 각 처하도록 규정하고 있다.

27) *Norton Bankruptcy Law and Practice* 2d, 3 Norton Bankr. L.&Prac. 2d §48 : 3.

28) 대법원 2015. 9. 10. 선고 2015다28173 판결.

29) 미국 연방 파산법상 채무자가 면책을 받으면 채권자는 강제집행 등의 법적 조치뿐만 아니라 사실상의 추심행위, 추심을 목적으로 하는 형사고소까지도 모두 금지되어 면책의 실질적 효과를 높이고 있다. *Norton Bankruptcy Law and Practice* 2d, 3 Norton Bankr. L.&Prac. 2d §48 : 3.

개인회생절차에 따라 전부 또는 일부 면책되었음을 알면서 법령으로 정한 절차 외에서 반복적으로 채무변제를 요구하는 행위를 한 자에게는 500만 원 이하의 과태료를 부과하도록 규정하고 있다.

다. 비면책채권[30]

법은 파산채권 중 면책의 효력을 부여하는 것이 여러 가지 이유에서 부적당한 다음과 같은 채권에 대하여는 이른바 비면책채권으로서 면책에서 제외하고 있다(법 제566조 단서).

1) 조세채권($\frac{1}{호}$)

조세채권을 비면책채권으로 규정한 취지는 국고의 수입확보라는 징세정책상의 요구에 기한 것이다. 여기에서 말하는 '조세'채권은 파산채권인 조세채권에 한정된다. 따라서 조세채권을 재단채권으로 규정하고 있는 현행법(법 제473조 제2호는 국세징수법 또는 지방세기본법에 지방세징수법에 의하여 징수할 수 있는 청구권을 재단채권으로 하고 있다) 하에서 이 규정은 의미가 없다.[31]

한편 '조세채권' 외에도 국세징수의 예에 의하여 징수할 수 있는 청구권을 모두 재단채권으로 하였던 구 파산법 제38조 제2호와는 달리, 법 제473조 제2호는 국세징수의 예에 의하여 징수할 수 있는 청구권으로서 그 징수우선순위가 일반 파산채권보다 우선하는 청구권(예: 건강보험료, 국민연금보험료, 고용보험료 등)만을 재단채권으로 규정하고 있고, 그러한 청구권은 본 호에서 정한 비면책채권은 아니지만 재단채권으로서 면책의 효력이 미치지 않게 된다. 반면, 국세징수의 예에 의하여 징수할 수 있는 청구권으로서 그 징수우선순위가 일반 파산채권에 우선하지 아니하는 청구권(예: 국유재산의 대부료·사용료, 변상금 채권 등)은 일반 파산채권으로서 면책허가결정에 의하여 면책된다.

2) 벌금, 과료, 형사소송비용, 추징금 및 과태료($\frac{2}{호}$)

이들 공법상 청구권은 다른 파산채권자와의 관계에서는 법 제446조 제1항

---

30) 구법(2021. 12. 28. 법률 제18652호로 개정되기 전의 것) 제566조 단서 제9호에서 「취업 후 학자금 상환 특별법」에 따른 취업 후 상환 학자금대출 원리금을 비면책채권으로 규정하고 있었는데, 면책을 받은 채무자가 학자금대출의 상환책임에서 벗어나게 함으로써 청년들에게 학자금대출에 대한 부담을 덜어주고, 경제적 자립의 기회를 제공하기 위한 취지에서 2021. 12. 28. 위 규정을 삭제하는 것으로 개정되었다. 그리고 부칙<18652호, 2021. 12. 28.> 제2조에서 위 개정규정은 이 법 시행 당시(2022. 1. 1.) 면책허가를 받았으나 상환을 완료하지 아니한 채무자의 취업 후 상환 학자금대출 원리금 청구권에도 적용하는 것으로 규정하였다.

31) 다만 재단채권에 대하여도 면책의 효력이 미칠 수 있다는 견해에 의하면 이 규정은 재단채권인 조세채권을 비면책채권으로 규정하는 의미가 있다.

제4호 소정의 후순위 파산채권에 해당하지만, 채무자에 대해서는 형벌 내지 질서벌로서 직접 본인에게 그 고통을 주는 것을 목적으로 하는 것으로 성질상 실제로 이행시켜야 하기 때문에 비면책채권으로 한 것이다. 이와 관련하여 대법원 2013. 6. 27. 선고 2013두5159 판결은 "채무자 회생 및 파산에 관한 법률 제140조 제1항, 제251조 단서는 회생절차개시 전의 벌금·과료·형사소송비용·추징금 및 과태료의 청구권은 회생계획인가의 결정이 있더라도 면책되지 않는다고 규정하고 있는바, 이는 회생계획인가의 결정에 따른 회생채권 등의 면책에 대한 예외를 정한 것으로서 그에 해당하는 청구권은 한정적으로 열거된 것으로 보아야 하고, 위 규정에 열거되지 아니한 과징금의 청구권은 회생계획인가의 결정이 있더라도 면책되지 않는 청구권에 해당한다고 볼 수 없다."고 하였는바, 파산절차에서도 동일하게 볼 수 있을 것이다.

3) 채무자가 고의로 가한 불법행위에 기한 손해배상청구권($\frac{3}{호}$)

이는 사회적으로 비난을 받을 만한 행위로 인한 경우까지 면책결정에 의하여 그 채무에 관한 책임을 면제하는 것은 정의의 관념에 반하는 결과가 된다는 점을 고려한 것이다. 구 파산법은 '악의'의 불법행위임을 요건으로 하여 적극적 해의를 요하는지, 단순히 고의만으로 충분한지, 여기에 인식 있는 과실도 포함되는지에 대해 다툼이 있었지만 현행법은 이를 입법적으로 해결하였다.[32] 즉, 고의의 불법행위에 기한 것에 한정되고 과실에 의한 불법행위에 기한 것은 법 제566조 제4호에 해당하지 않는 한 면책되며, 피용자의 불법행위에 대한 민법 제756조의 사용자책임은 사용자의 선임·감독상의 과실책임이므로 피용자가 악의인 경우에도 면책된다.[33] 또한 불법행위만 해당되므로 단순한 계약위반으로 인한 손해배상의 경우는 면책된다.

4) 중대한 과실로 타인의 생명 또는 신체를 침해한 불법행위로 인한 손해배상($\frac{4}{호}$)

구 파산법하에서는 과실에 의한 불법행위 손해배상도 면책의 대상이 된 관계로 과실에 의한 불법행위로 인한 손해배상청구권, 특히 피해자가 사망한 경우에는 이를 면책대상에서 제외하여야 한다는 견해, 중과실로 인한 경우에는 비면책채권으로 하여야 한다는 견해 등이 입법론으로 논의되었다. 현행법은 이를 받

---

32) 미국 연방파산법 제523조(a)(6)항은 타인 또는 타인의 재산에 대하여 채무자의 의도적(willful)이고 해의적인 가해(malicious injury)로 인하여 발생한 채권을 비면책채권으로 하고 있다.

33) 백창훈, "면책과 복권", 재판자료 83집, 법원도서관(1999), 423면.

아들인 것이다.

중대한 과실이란 채무자가 어떠한 행위를 함에 있어서 조금만 주의를 기울였다면 생명 또는 신체 침해의 결과가 발생하리라는 것을 쉽게 예견할 수 있음에도 그러한 행위를 만연히 계속하거나 조금만 주의를 기울여 어떠한 행위를 하였더라면 생명 또는 신체 침해의 결과를 쉽게 회피할 수 있음에도 그러한 행위를 하지 않는 등 일반인에게 요구되는 주의의무를 현저히 위반하는 것을 말한다. 이와 관련하여 대법원 2010. 3. 25. 선고 2009다91330 판결은 중앙선이 설치된 편도 1차로의 국도를 주행하던 승용차가 눈길에 미끄러지면서 중앙선을 넘어가 반대차로에서 제설작업 중이던 피해자를 충격하여 사망에 이르게 한 사안에서 '중대한 과실'에 해당하지 않는다고 보았고, 대법원 2010. 5. 13. 선고 2010다3353 판결은 벌점 누적으로 운전면허가 취소된 자가 차량을 운전하고 가던 중 졸음운전으로 진행방향 우측 도로변에 주차되어 있던 차량의 뒷부분을 들이받아 동승한 피해자에게 상해를 입힌 사안에서, 그 사고가 가해자의 '중대한 과실'에 의하여 발생하였다고 보기 어렵다고 하였다.

미국 연방 파산법 제523조(a)(9)항은 음주운전 또는 금지약물 복용상태에서 운전중의 타인의 생명 또는 신체에 대한 불법행위로 인한 손해배상채권을 비면책채권으로 하고 있다. 사람의 생명 또는 신체에 대한 손해배상이므로 중대한 과실로 인한 대물 손해배상인 경우에는 면책의 대상이 된다.

5) 채무자의 근로자의 임금·퇴직금 및 재해보상금($\frac{5}{호}$), 임치금 및 신원보증금($\frac{6}{호}$)

근로자의 보호라는 사회 정책적 고려에서 비면책채권으로 규정한 것이다. 구 파산법하에서는 파산 선고시부터 역산하여 최후 6개월분의 급료, 임치금과 신원보증금을 비면책채권으로 하였는데, 현행법은 임치금과 신원보증금 외에도 채무자의 근로자의 임금·퇴직금 및 재해보상금을 모두 비면책채권으로 하여 그 범위를 확대하였다.

파산선고 전의 원인으로 생긴 채무자의 근로자의 임치금 및 신원보증금과 파산선고 전후를 불문하고 채무자의 근로자의 임금·퇴직금 및 재해보상금은 재단채권으로서($\frac{법\ 제473조}{제10호·제11호}$) 파산채권에 대한 면책결정의 효력이 미치지 아니하므로 이 규정은 확인적 의미밖에 없다고 할 것이다.[34]

---

34) 입법연혁을 보면, 1962년 제정 파산법은 최후 6개월분의 급료를 비면책채권으로 하였는데(구 파산법 제349조 제4호) 이를 그대로 둔 상태에서 2000. 1. 12. 파산법 개정 시 급료·퇴직금 및

6) 채무자가 악의로 채권자목록에 기재하지 아니한 청구권($\frac{7}{5}$)

여기서 채권자목록이란 채무자가 면책신청을 하면서 제출하는 것($\frac{법~제556조}{제6항}$)을 의미한다. 채권자목록에 기재하지 아니한 청구권을 면책대상에서 제외한 이유는, 채권자목록에 기재되지 아니한 채권자가 있을 경우 그 채권자로서는 면책절차 내에서 면책신청에 대한 이의 등을 신청할 기회를 박탈당하게 될 뿐만 아니라 그에 따라 위 법 제564조에서 정한 면책불허가사유에 대한 객관적 검증도 없이 면책이 허가, 확정되면 원칙적으로 채무자가 채무를 변제할 책임에서 벗어나게 되므로, 위와 같은 절차 참여의 기회를 갖지 못한 채 불이익을 받게 되는 채권자를 보호하기 위한 것이다.[35] 따라서 채권자목록에 기재되지 않은 채권자가 파산선고 사실을 안 경우는 제외된다($\frac{7호}{단서}$).[36]

여기서 채무자가 '악의'로 채권자목록에 기재하지 아니한 청구권이라 함은 채무자가 면책결정 이전에 '채권의 존재 사실을 알면서도' 이를 채권자목록에 기재하지 않은 경우를 뜻하므로 채권자목록에 기재하지 않은 데에 과실이 있는지 여부를 불문하고 채무자가 채권의 존재 사실을 알지 못한 때에는 이에 해당하지 아니한다.[37] 즉, 채무자가 채권의 존재 사실을 알면서도 채권자목록에 기재하지 아니하고, 채권자가 채무자의 파산선고 사실을 몰랐을 경우에만 이 규정에 해당한다. 채무자의 악의와 관련하여 대법원 2010. 10. 14. 선고 2010다49083 판결은 "누락된 채권의 내역과 채무자와의 견련성, 그 채권자와 채무자의 관계, 누락의 경위에 관한 채무자의 소명과 객관적 자료와의 부합 여부 등 여러 사정을 종합하여 그 채권의 누락에 관한 채무자의 악의 여부를 판단하여야 하고, 단순히 채무자가 제출한 자료만으로는 면책불허가사유가 보이지 않는다는 등의 점만을 들어 채무자의 선의를 쉽게 인정하여서는 아니 된다."고 하였다.

또한 채무자가 채권의 존재 사실을 알면서 과실로 채권자목록에 기재하지 아니한 경우에도 이 규정에 해당한다. 이와 관련하여 대법원 2010. 10. 14. 선고 2010다49083 판결은 "법 제566조 제7호에서 말하는 '채무자가 악의로 채권자목

재해보상금을 재단채권으로 신설함으로써(구 파산법 제38조 제10호) 급료 전체가 재단채권이 되어 면책의 효력이 미치지 않게 되었다.

35) 대법원 2010. 7. 15. 선고 2010다30478 판결.

36) 대법원 2019. 11. 15. 선고 2019다256167, 256174 판결(채권자가 파산선고 및 면책신청에 대한 이의신청기간을 지정하는 결정을 송달받음으로써 채무자에 대한 파산선고가 있음을 알고 있었다고 볼 수 있고, 이 경우 채권자목록에 기재한 채권뿐만 아니라 채권자목록에 기재하지 않은 채권 또한 면책채권에 해당하는데도, 이와 달리 본 원심판결을 파기, 환송한 사안임).

37) 대법원 2007. 1. 11. 선고 2005다76500 판결.

록에 기재하지 아니한 청구권'이라고 함은 채무자가 면책결정 이전에 파산채권자에 대한 채무의 존재 사실을 알면서도 이를 채권자목록에 기재하지 않은 경우를 뜻하므로, 채무자가 채무의 존재 사실을 알지 못한 때에는 비록 그와 같이 알지 못한 데에 과실이 있더라도 위 법조항에 정한 비면책채권에 해당하지 아니하지만, 이와 달리 채무자가 채무의 존재를 알고 있었다면 과실로 채권자목록에 이를 기재하지 못하였다고 하더라도 위 법조항에서 정하는 비면책채권에 해당한다."고 하였다.

그러나 "채무자가 채무의 존재를 알고 있었다면 '과실로' 채권자목록에 기재하지 못하였다 하더라도 비면책채권에 해당한다"는 위 2010다49083 판결에 대하여는 아래와 같은 이유로 비판하는 견해가 있다. 채권자목록의 누락이 문제되는 채권들은 대체로 개인인 채무자가 법리적으로 파악하기 어려운 경우(예컨대 구상권을 가지는 보증기관 채권자의 채권을 누락한 경우) 또는 부실채권으로 수차례 양도되면서 최초 금융기관의 전산을 통해서도 확인이 어려워 특정하지 못하고 누락한 경우 등이다. 경제적으로 열악하고 법적 도움을 받기 어려운 채무자 입장에서 채무의 존재를 대충 알고 있음에도 '과실로' 채권자목록에 그 기재를 누락하는 경우가 발생할 수 있다. 따라서 제7호의 '채무자가 악의로 채권자목록에 기재하지 아니한 청구권'은 엄격하게 해석하여 '채무자가 채권의 존재사실을 알면서도 악의로 기재하지 아니한 청구권'으로 한정하여 해석하는 것이 채무자에게 가혹한 결과를 방지할 수 있다. 실무상 개인파산을 신청하여 모든 절차를 마무리하고 면책허가결정이 확정된 채무자를 상대로 '채권자목록에 누락된 비면책채권'의 지급을 구하는 민사소송이 제기되어 채무자를 당혹스럽게 하는 사례가 적지 않기 때문이다.[38]

한편 대법원 2016. 4. 29. 선고 2015다71177 판결은 "채무자가 면책신청의 채권자목록에 파산채권자 및 파산채권의 원본내역을 기재하여 제출하면 채권자는 면책절차에 참여할 수 있는 기회가 보장되므로, 채무자가 채권자목록에 원본 채권만을 기재하고 이자 등 그에 부수하는 채권을 따로 기재하지 않았더라도, 부수채권은 채무자가 악의로 채권자목록에 기재하지 아니한 비면책채권에 해당하지 아니한다."고 하였다.

---

38) 채권자목록에서 누락된 채권으로 채무자가 겪게 되는 실무상 문제점에 관하여는 윤덕주, "채권자목록에서 누락된 채권의 취급," 회생법학 22호(2021. 6.), 한국채무자회생법학회, 81면 이하 참조.

7) 양육비 또는 부양료($\frac{8}{호}$)

채무자가 양육자 또는 부양의무자로서 부담하여야 하는 비용을 비면책채권으로 규정하고 있다. 부부간의 부양의무($\frac{민법 제826조}{제1항}$), 이혼에 따른 자의 양육책임($\frac{민법}{제837조}$), 직계혈족 및 그 배우자 간의 부양의무($\frac{민법 제974조}{제1호}$), 생계를 같이하는 친족 간의 부양의무($\frac{같은 조}{제3호}$) 등이 이 규정에 해당한다. 이 친족법상의 채권은 보호할 필요성이 크기 때문에 현행법은 이를 비면책채권으로 추가하였다.

다만 채무자 및 그 부양을 받는 자의 부양료는 재단채권이므로($\frac{법 제473조}{제9호}$), 비면책채권으로 규정하지 않아도 당연히 면책의 효력이 미치지 않는다.

라. 비면책채권인지 여부에 다툼이 있는 경우

어떠한 채권이 면책대상채권인지, 비면책채권인지의 여부는 면책결정이 있은 이후에 그 채권에 기한 이행청구 또는 강제집행의 절차에서 문제가 됨은 별론으로 하고 채무자에게 면책결정을 할 것인지 여부와는 관계가 없다.[39] 즉, 면책절차에서는 당해 채권이 비면책채권에 해당하는가를 판단, 결정할 수 없고, 당해 채권자가 별도로 제기한 소송에서 채무자가 면책허가결정의 확정을 본안전 항변으로 주장하면 채권자는 법 제566조 단서 소정의 비면책채권임을 주장하여 다투는 방법으로 비면책채권의 여부가 심리, 확정된다.[40] 반대로 채무자가 채권자를 상대로 면책허가결정의 확정을 이유로 청구이의의 소나 면책확인의 소 등을 제기한 경우에도 비면책채권의 여부가 심리, 확정될 것이다.

마. 비면책채권자의 이의신청 및 즉시항고 인정 여부[41]

법 제562조 제1항은 "면책의 효력을 받을 파산채권자는 면책신청에 관하여 법원에 이의를 신청할 수 있다"라고 규정하여 면책신청에 관한 이의신청은 '면책의 효력을 받을 파산채권자'에 한정하고 있고, 법 제564조 제4항은 "면책 여부에 관한 결정에 대하여는 즉시항고를 할 수 있다"라고 규정하고 그 주체에 관한 언급이 없는바, 비면책채권자도 면책신청에 관한 이의 또는 면책허가결정에 대한 즉시항고를 할 수 있는지 여부가 문제된다.

부정하는 견해는 면책신청에 대한 이의권자는 '면책의 효력을 받을 파산채

---

39) 대법원 2009. 7. 9.자 2009카기122 결정.
40) 파산법원이 비면책채권자인지 여부를 판단하는 것은 당해 채권의 실체적 효력에 관한 판단이므로 비송절차를 기본으로 하는 파산절차와 부합되지 아니하는 점을 그 근거로 한다.
41) 이하는 황정수, "비면책채권자의 면책취소신청권", 회생과파산(2012. 2.) 참조.

권자'로 한정되어 있고(^{법 제562조}_{제1항}), 면책결정에 대한 즉시항고권자는 '재판에 대하여 이해관계를 가진 자'로 한정되어 있어(^{법 제564조 제4항,}_{제13조 제1항}),[42] 비면책채권자는 면책의 효력을 받지 아니하거나 면책에 대하여 이해관계가 없다는 점을 주된 논거로 하고, 긍정하는 견해는 면책절차에서 비면책채권의 해당 여부를 판단하거나 결정할 수 없고, 비면책채권자도 파산절차에서 배당받을 기회가 부여되어야 하는 등 파산절차에 대하여 이해관계가 있으며, 면책절차는 파산절차의 한 부분에 불과하므로 면책을 포함한 파산절차 전체에 대하여 이해관계가 있는지 여부로 판단하여야 한다는 점을 논거로 한다.

　　앞서 본 바와 같이 면책절차에서는 당해 채권이 비면책채권에 해당하는가를 판단하거나 결정할 수 없고, 대부분의 경우 비면책채권인지 여부가 명확하지 아니한 점, 비면책채권자도 파산채권자로서 파산절차에서 배당권, 이의권, 부인권행사 요구 등의 권리를 가지고 있으므로 면책에 대한 이해관계를 가지고 있는 점, 실제로 면책의 효력을 받지 않을 것으로 보이는 파산채권자가 면책불허가사유를 주장하면서 이의신청을 하는 경우에 면책불허가사유가 법원의 직권조사사항인 이상 이를 조사하여야 하는 점 등에 비추어 보면 비면책채권자도 면책신청에 관하여 이의를 제기하거나, 면책허가결정에 대하여 즉시항고를 할 수 있다고 볼 것이다.[43]

바. 비면책채권의 변제자대위[44]

　　보험자가 채무자의 고의로 인한 불법행위에 기한 손해배상채권을 피해자에게 대위변제한 후 채무자를 상대로 피해자가 가지는 채권을 대위행사하는 경우에 있어서 채무자의 면책항변이 받아들여질 수 있는지, 이와 마찬가지로 채무자가 근로자의 임금을 체불하여 근로복지공단이 체당금을 지급한 다음 근로복지공단이 채무자를 상대로 체당금의 지급을 구하는 경우 채무자의 면책항변이 받아들여질 수 있는지가 문제된다.

　　전자에 대하여 대법원은 "상법 제682조에 의하면 손해가 제3자의 행위로

---

42) 법 제13조 제1항은 "이 법의 재판에 대하여 이해관계를 가진 자는 이 법에 따로 규정이 있는 때에 한하여 즉시항고를 할 수 있다."고 규정하고 있다.

43) 앞서 본 바와 같이 면책의 효력을 받지 않을 것으로 보이는 파산채권자가 이의를 한다 하더라도 법원이 이의에 대하여 조사하여야 한다면 사실상 이의신청권을 제한할 실익도 없으므로, 법 제562조 제1항의 '면책의 효력을 받을' 부분은 입법적으로 삭제할 필요가 있다.

44) 이하는 김형두, "파산자가 악의로 가한 불법행위로 인한 손해배상청구권을 보험회사가 대위변제한 경우 파산자에 대한 구상금채권의 법적 성격", 민사판례연구(2010. 2.) 참조.

인하여 생긴 경우에 보험금액을 지급한 보험자는 그 지급한 금액의 한도에서 그 제3자에 대한 보험계약자 또는 피보험자의 권리를 취득한다고 규정하고 있고, 이 경우 피보험자 등의 제3자에 대한 권리는 동일성을 잃지 않고 그대로 보험자에게 이전되는 것이므로, 보험자가 취득하는 채권이 구 파산법 제349조 단서 제3호 소정의 비면책채권에 해당하는지 여부는 피보험자 등이 제3자에 대하여 가지는 채권 자체를 기준으로 판단하여야 한다"고 판시하였다.[45)46)] 후자에 대하여도 대법원은 "타인의 채무를 변제하고 채권자를 대위하는 대위변제의 경우 채권자의 채권은 동일성을 유지한 채 법률상 당연히 변제자에게 이전하고, 이러한 법리는 채권이 근로기준법상의 임금채권이라 하더라도 그대로 적용된다"라고 하고 있는바,[47)] 결국 위 각 경우에 있어 채무자의 면책항변은 받아들여지지 않게 된다.

또한 대법원은 "납세보증보험은 보험금액의 한도 안에서 보험계약자가 보증대상 납세의무를 납기 내에 이행하지 아니함으로써 피보험자가 입게 되는 손해를 담보하는 보증보험으로서 보증에 갈음하는 기능을 가지고 있어, 보험자의 보상책임을 보증책임과 동일하게 볼 수 있으므로, 납세보증보험의 보험자가 그 보증성에 터잡아 보험금을 지급한 경우에는 변제자대위에 관한 민법 제481조를 유추적용하여 피보험자인 세무서가 보험계약자인 납세의무자에 대하여 가지는 채권을 대위행사할 수 있다고 봄이 상당하다"고 판시하였다.[48)49)]

---

45) 대법원 2009. 5. 28. 선고 2009다3470 판결(보증보험회사인 원고가 ○○회사와 사이에 피보험자 ○○회사, 피보증인 피고로 하여 신원보증보험을 체결하였는데, 피고가 ○○회사의 직원으로 근무하면서 공금을 횡령하는 보험사고를 일으켰고, 원고가 보증보험계약에 따른 보험금을 지급하고 나서 피고에게 이를 청구한 사안에서 ○○회사의 피고에 대한 손해배상청구권은 파산자인 피고가 악의로 가한 불법행위로 인한 것으로서 구 파산법 제349조 단서 제3호에서 정하고 있는 비면책채권에 해당한다고 할 것이고, 한편 보험자대위의 법리에 따라 피보험자인 ○○회사의 피고에 대한 권리는 동일성을 잃지 않고 그대로 보험자인 원고에게 이전되는 것이므로, 원고의 피고에 대한 권리 또한 비면책채권에 해당한다고 한 사안임).

46) 한편 대상판결의 원심(서울중앙지방법원 2008. 12. 5. 선고 2008나30108 판결)은 구 파산법 제349조 제3호는 가해자에게 손해배상의무의 이행을 강제하여 피해자로 하여금 현실의 변제를 받게 함으로써 피해자를 두텁게 보호하기 위한 규정인 점, 이 사건에서 불법행위의 피해자는 보험자로부터 보험금을 지급받음으로써 그 범위 내에서는 이미 피해를 전보받은 점, 비면책채권에 해당하는지 여부는 실체법상 보험자대위라는 이론만으로 결정할 것이 아니라 파산법의 입법목적 및 취지에 따라 결정하여야 할 것인 점, 특히 보험자의 경우에는 위와 같은 위험을 고려하는 것이 가능할 것으로 보이는 점 등을 이유로 하여 비면책채권에 해당하지 않는다고 보았다.

47) 대법원 1996. 2. 23. 선고 94다21160 판결.

48) 대법원 2009. 2. 26. 선고 2005다32418 판결(보증보험회사인 원고가 ○○회사에 부과된 교통세를 대위변제함으로써 ○○세무서장이 가지고 있던 교통세에 대한 종전의 권리가 동일성을 유지한 채 원고에게 이전되었다고 본 원심 판단은 정당하다고 한 사안임).

49) 참고로, 대법원 2005. 8. 19. 선고 2003다36904 판결은 제2차 납세의무자가 납세의무를 이행한

3. 채무자에 대한 효력

면책허가결정이 확정되면 채무자는 당연히 복권되어($\frac{별\ 제574조}{제1항\ 제\ 1호}$) 공·사법상의 신분상의 제한이 소멸된다. 자연인이 파산선고를 받고 면책을 받으면 한국신용정보원이 관리하는 신용관리정보 중 기존의 신용불량정보에 해당하는 연체기록정보가 해제되나 파산 후 면책받은 사실이 공공 정보에 5년간 등록되어[50] 개별 금융기관으로부터 대출제한 등 금융거래상의 불이익을 받게 된다. 이는 파산에 따른 법률상의 효과가 아니므로 면책결정이 확정된다고 해서 당연히 면할 수 있게 되는 것은 아니다.[51]

4. 채무자의 보증인 등에 대한 효력

가. 보증인의 보증채무 및 물상보증인의 책임

채무자의 면책은 그 보증인, 기타 채무자와 공동으로 채무를 부담하는 공동채무자, 중첩적 채무인수인 등의 변제책임과 물상보증인이 제공한 담보에 아무런 영향을 미치지 않는다($\frac{별}{제567조}$). 일반적으로 인적·물적 담보가 제 기능을 발휘하는 것은 주채무자가 무자력인 경우이므로 면책의 효과가 보증채무에는 미치지 않는 것이 당연하다.[52] 또 면책결정의 확정으로 파산채권은 자연채무로 남게 되

후 본래의 납세의무자에 대하여 가지게 되는 구상권은 구 파산법 제38조 제2호의 재단채권(국세징수법 또는 국세징수의 예에 의하여 징수할 수 있는 청구권)은 아니지만, 같은 조 제5호의 재단채권(부당이득으로 인하여 파산재단에 대하여 생긴 청구권)에 해당한다고 판시하였는바, 이러한 법리는 현행법하에서도 적용될 수 있을 것이다.

50) 한국신용정보원의 일반신용정보관리규약 별표 1.

51) 대법원 2013. 3. 28. 선고 2011다56613, 56620(병합) 판결은 "구 신용정보의 이용 및 보호에 관한 법률 및 그 시행령, 구 신용정보업감독규정에서 전국은행연합회 등은 채무불이행 정보를 그 해제사유가 발생한 날부터 최장 1년까지 보관하고 그 이후에는 이를 삭제하도록 하고 있는데, 면책결정 정보도 채무불이행 정보와 마찬가지로 보아 면책결정일로부터 최장 1년까지 보관할 수 있고 그 이후에는 이를 삭제하여야 하는지 여부에 관하여 '면책결정정보는 채무불이행 정보와 구별되는 별개의 신용정보이고, 그 자체로서 독자적인 신용정보에 해당한다'는 이유로 구 신용정보업 감독규정에서 정한 채무불이행 정보에 해당하지 아니하고, 면책결정 정보를 7년간 관리한 후 삭제하도록 한 구 신용정보관리규약이 구 신용정보의 이용 및 보호에 관한 법률 및 그 시행령에 위반되지 않는다"고 하였다.

52) 다만 채무자의 친족이나 친구가 보증인이 되는 경우가 많으므로 이들에게 면책의 효과가 미치지 않는 것이 채무자에 대한 간접적 압력이 되어 채무자의 갱생이라는 면책제도의 본래의 목적을 달성하기 어렵게 되는 경우가 있고, 보증인이 있는 채무자는 파산신청을 주저하거나 단념하는 경우도 있다. 면책의 실효성을 확보하기 위하여 보증인 등 지위에 관한 정비가 필요하다는 견해가 있다. 장수태, "파산면책에 관한 연구", 대전대학교 박사학위논문, 100면; 허경옥, "우

고, 당해 채권의 책임재산이 파산재단에 한정되는 데 불과하므로, 보증채무 또는
담보권의 부종성에 반하는 것도 아니다. 실무상 이와 같은 규정을 알지 못하고
보증인도 함께 면책되는 것을 목적으로 파산신청을 하는 예가 있으므로, 파산사
건의 채무자 심문시에 면책의 효과가 보증채무에는 미치지 않는다는 점을 알려
주고 있다.

나. 보증인 등의 구상권에 대한 영향

보증인이 주채무자에 대한 면책결정 확정 후 채권자에게 보증채무를 이행
하고 채무자에 대한 구상채권을 취득하더라도 이는 면책 후에 새로이 취득한 채
권이 아니라 이미 채무자에 대한 장래의 구상권(법 제427조 제2항)으로 취득한 파산채권이
현실화된 것일 뿐이므로 당연히 면책의 효력을 받는다. 따라서 보증인은 채무자
에 대하여 구상권을 행사할 수 없다. 보증인은 파산절차에서 일정한 요건 하에
파산절차에 참가하여 배당받을 수 있는 권리가 보장되어 있다(법 제430조). 보증인 등
의 구상권에 면책의 효력이 미치는 점을 고려하여 파산 및 면책절차에서의 채권
자목록에 채무자를 위하여 보증을 한 보증인을 기재하도록 하고, 이들에게도 절
차 참여의 기회를 부여하고 있다.

다. 보증인의 주채무 소멸시효 원용 가부

면책결정의 효력을 받는 채권은 채권자가 이행청구의 소를 제기하여 강제
적으로 실현할 수 없으므로 소멸시효의 기산점이 되는 '권리를 행사할 수 있는
때'라는 관념이 있을 수 없다. 따라서 채무자가 면책결정을 받은 경우 채권자가
그 보증인에 대해 보증책임의 이행을 구하는 경우에는 주채무의 소멸시효를 원
용할 수 없다는 것이 다수의 견해이다.[53)54)]

이에 대하여 소멸시효제도의 존재이유 전반적인 흐름, 채권자와 보증인 간
의 이익 균형 등을 이유로 하여 보증인이 주채무의 시효소멸을 원용할 수 있어

리나라 소비자파산제도의 효과적 운영방안에 관한 고찰", 소비자학연구 제10권 제3호, 16면.

53) 最高裁判所 平成 11. 11. 9. 平成 9年(オ) 第426号 判決, 判例時報 1695号 66면.

54) 서울고등법원 2012. 9. 13. 선고 2012나11534 판결(상고 없이 확정됨). 위 판결은 "법인이 파산
종결 결정을 받아 법인격이 소멸하는 경우 주채무도 소멸하는 것이어서 채권자로서는 이후 주
채무의 소멸시효 진행을 중단시킬 여지가 없으며, 따라서 이 경우에도 소멸시효제도가 적용될
여지가 없다. 위와 같이 주채무가 소멸하게 되면 보증채무는 부종성을 잃고 독립적인 채무로
된다고 할 것이고, 보증인은 보증채무 자체의 소멸시효 완성 여부만을 주장할 수 있을 뿐이다."
라고 하였다.

야 한다는 주장도 있다.[55]

5. 관련 문제

가. 면책된 채무의 지급 약속

파산선고 후 면책허가결정 확정 전에 채무자가 채권자와 사이에 파산채권의 지급을 약속한 경우[56] 재정적 어려움으로 인하여 파탄에 직면해 있는 채무자의 효율적인 회생을 도모하고자 하는 면책제도의 취지에 비추어 채무자가 지급을 약속한 그 새로운 채무에도 당연히 면책의 효과가 미친다고 보아야 한다.[57] 또한 면책규정은 면책에 의한 채무자의 경제적 갱생을 용이하게 하기 위한 것으로서 채무자가 새로운 이익획득을 위해 종전 채무도 함께 처리한다는 사정도 없이 채권자의 지급요구에 대해 단순히 종전 채무의 지급약속을 하고 지급의무를 지는 것은 채무자의 경제적 갱생을 지연시킬 뿐 채무자에게 아무런 이익도 없으므로, 이러한 약정은 법 제566조에 위배되어 무효이다.[58]

나. 별제권 행사 후 잔여채무에 대한 면책 여부

파산을 선고받은 채무자의 재산에 대한 유치권·질권·저당권·「동산·채권 등의 담보에 관한 법률」에 따른 담보권 또는 전세권을 가진 채권자는 별제권자로 면책결정 후에도 그 재산에 대해 별제권을 행사할 수 있다(법 제411조, 제412조).[59]

---

55) 이무룡, "주채무자의 도산과 보증인의 주채무 소멸시효 항변," 사법 53호(2020. 9.), 353면 이하 참조.

56) 미국 연방 파산법 제524조 (c)항은 채무자에게 면책 등에 대한 충분한 정보가 제공된 상태에서 면책결정 전에 채무자가 면책대상인 채무에 대하여 면책을 받을 수 있는 권리를 포기하고 채무부담을 하기로 재확인하는 채무자와 채권자 사이의 합의를 파산법원이 승인해 주는 채무재확인제도(reaffirmation agreement)를 인정하고 있다. 자세한 사항은 *Norton Bankruptcy Law and Practice* 2d, 3 Norton Bankr. L.&Prac. 2d §48 : 7~§48 : 11 참조.

57) 전주지방법원 2013. 7. 16. 선고 2013나3470 판결(설령 채무자가 그 면책결정 확정 전에 채권자에 대해 대여금 채무를 변제하겠다고 약속하였다 하더라도 채무자에 대한 면책결정의 확정으로 위 약속에 따른 대여금 채무 역시 면책되었다고 본 사안, 대법원 2013다61886호로 상고되었으나 2013. 11. 28. 심리불속행 기각됨).

58) 대전지방법원 2012. 12. 12. 선고 2012나16641 판결(채무자와 채권자간의 채무지급약정은 면책 후 단순한 지급약속으로 위 약정으로 채무자가 어떠한 새로운 이익을 획득하였다고 보기 어려운 점, 채권자가 채무자를 사기죄로 고소하여 채무자가 수사기관의 조사를 받는 과정에서 위 약정이 이루어진 점 등에 비추어 위 약정은 파산자인 채무자에게 아무런 이익도 없는 면책 후의 단순한 지급약속에 해당하여 무효라고 본 사안, 확정됨).

59) 채무자가 면책결정이 확정된 후 자신 소유의 자동차에 관한 저당권자를 상대로 면책결정으로 인하여 피담보채무가 소멸되었음을 이유로 저당권설정등록에 관한 말소등록절차이행을 구한 사

별제권의 행사는 채무자의 재산에 대한 것이므로 별제권의 행사 후 남은 채권은 파산채권으로서 이에 대해서는 면책결정의 효력이 미친다고 할 것이다.[60]

다. 면책채권을 자동채권으로 하는 상계의 가부

소멸시효가 완성된 채권도 그 완성 전에 상계적상에 이른 경우에는 상계가 허용되고(민법제495조), 파산절차에서는 상계권의 행사 시기에 법률상 제한이 없으므로 파산채권자가 채무자에 대하여 채무를 부담하고 있는 경우 면책의 효력을 받는 채권이 면책허가에 의하여 자연채권으로 되기 이전에 상계적상에 이르렀다면 이를 상계의 자동채권으로 하는 것은 가능하다.[61] 다만 면책결정 확정 후에 채무자에 대하여 채무를 부담하게 된 경우에는 면책된 파산채권을 자동채권으로 상계를 허용한다면 이는 채무자의 의사에 반하여 변제를 강제하는 결과가 되어 채무자의 새로운 경제활동에 장애가 되므로 상계할 수 없다.

또한 생명보험계약의 약관에 따른 대출금은 소비대차로서의 법적 성격을 가지는 것이 아니라 보험금 또는 해약환급금의 선급금이므로, 생명보험계약의 해지로 인한 해약환급금과 보험약관대출금 사이에서 상계의 법리가 적용되지 아니한다(제3장 제2절 1. 다. 2) 참조).[62]

라. 채권자취소권 및 채권자대위권 행사 여부

채권자취소권은 채무자에 대한 강제집행의 대상이 되는 책임재산을 보전하기 위한 것으로 채권의 권능 중 하나인 집행력을 그 본질로 한다.[63] 따라서 면

안에서 면책결정 후에도 별제권을 행사할 수 있음을 이유로 이를 기각한 사례로는 서울중앙지방법원 2010. 8. 20. 선고 2010가단33260 판결(확정), 서울남부지방법원 2009. 12. 9. 선고 2009가단58856 판결(확정) 등 참조.

60) 별제권자가 별제권을 행사하지 아니하고 파산채권의 이행을 구한 경우에 대하여 대법원 2011. 11. 10. 선고 2011다27219 판결은 "채무자 회생 및 파산에 관한 법률 제566조는 '면책을 받은 채무자는 파산절차에 의한 배당을 제외하고는 파산채권자에 대한 채무의 전부에 관하여 그 책임이 면제된다. 다만 다음 각 호의 청구권에 대하여는 책임이 면제되지 아니한다.'고 규정하면서 같은 법 제411조의 별제권자가 채무자에 대하여 가지는 파산채권을 면책에서 제외되는 청구권으로 규정하고 있지 아니하므로, 같은 법 제564조에 의한 면책결정의 효력은 별제권자의 파산채권에도 미친다. 따라서 별제권자가 별제권을 행사하지 아니한 상태에서 파산절차가 폐지되었다고 하더라도, 같은 법 제564조에 의한 면책결정이 확정된 이상, 별제권자였던 자로서는 담보권을 실행할 수 있을 뿐 채무자를 상대로 종전 파산채권의 이행을 소구할 수는 없다."고 하였다.

61) 상계를 제한적으로 허용하는 입장 가운데도, 상계적상에 있어야 할 시점을 위와 같이 면책허가를 받기 전의 시점이 아니라 파산선고 전의 시점이어야 한다는 견해도 유력하다. 基本法 コンメンタール 破産法(제2판), 日本評論社, 364면 참조.

62) 대법원 2007. 9. 28. 선고 2005다15598 전원합의체 판결.

63) 민법주해 Ⅷ, 박영사(1992), 19면.

책으로 집행력이 상실된 이상 면책된 파산채권을 피보전권리로 한 채권자취소권의 행사는 그 채권이 법 제566조 단서의 비면책채권에 해당하지 않는 한 허용되지 아니한다.[64] 또한 채권자대위권은 채권자가 자기의 채권을 보전하기 위하여 채무자의 권리를 행사할 수 있는 권리로서 채무자에 대하여 채권을 행사할 수 있음이 전제되어야 할 것이므로, 채무자가 파산절차에서 면책결정을 받은 때에는 파산채권을 피보전채권으로 하여 채권자대위권을 행사하는 것은 그 채권이 법 제566조 단서의 비면책채권에 해당하지 않는 한 허용되지 않는다.[65]

마. 면책확인의 소 허용 여부

파산채무자에 대한 면책결정의 확정에도 불구하고 어떠한 채권이 비면책채권에 해당하는지 여부 등이 다투어지는 경우에 채무자는 면책확인의 소를 제기함으로써 그 권리 또는 법률상 지위에 현존하는 불안·위험을 제거할 수 있다.

그러나 면책된 채무자에 관한 집행권원을 가지고 있는 채권자에 대하여는 채무자가 청구이의의 소를 제기하여 면책의 효력에 기한 집행력의 배제를 구하는 것이 그 법률상 지위에 현존하는 불안·위험을 제거하는 유효적절한 수단이 된다. 따라서 이러한 경우에도 면책확인을 구하는 것은 분쟁의 종국적인 해결방법이 아니므로 확인의 이익이 없어 부적법하다.[66]

바. 면책결정과 강제집행 등

1) 기존의 강제집행 등

채무자의 재산에 대하여 파산채권에 기한 파산선고 전에 이미 행하여지고 있던 강제집행·가압류 또는 가처분은 면책신청으로 중지되고, 면책결정이 확정된 때에는 중지된 강제집행 등은 그 효력을 잃는다(별 제557조).

2) 새로운 강제집행 등

면책결정의 효력으로 채권자는 면책된 채권에 대한 집행권원을 가지고 있을지라도 강제집행을 할 수 없다. 강제집행을 한 경우에는 채무자는 청구이의의 소를 통해 다툴 수 있다.

---

64) 대법원 2008. 6. 26. 선고 2008다25978 판결.
65) 대법원 2009. 6. 23. 선고 2009다13156 판결.
66) 대법원 2017. 10. 12. 선고 2017다17771 판결.

제 3 절 면책의 취소

1. 면책취소사유

면책허가결정이 확정된 경우에도 다음과 같은 사유가 있으면 이를 취소할 수 있다.

가. 사기파산죄

채무자가 법 제650조의 규정에 의한 사기파산으로 유죄의 확정판결을 받은 때에는 면책취소사유가 된다(법 제569조 제1항 전문). 사기파산행위가 있으면 유죄 여부와 상관 없이 면책불허가사유가 되는 것과 달리 면책취소사유가 되기 위해서는 법원의 재판에 의한 유죄판결이 확정되어야 한다. 사기파산은 파산범죄 중 가장 중한 것이므로 이를 면책취소사유로 한 것이다. 따라서 사기파산을 제외한 나머지 파산범죄행위는 독립된 면책취소사유가 되지는 않는다.

나. 부정한 방법으로 면책을 받은 때

채무자가 부정한 방법으로 면책을 받은 경우에도 면책취소사유가 된다(법 제569조 제1항 후문). 부정한 방법이라 함은 파산채권자 또는 파산관재인 등에 대하여 기망, 협박, 뇌물의 교부 등으로 면책을 얻은 경우를 말한다.[67]

허위의 채권자목록 그 밖의 신청 서류를 제출하거나 재산 상태에 관하여 허위의 진술 등을 하였음에도, 그 행위가 면책절차에서 밝혀짐이 없이 면책을 받은 경우에는 허위의 정도, 누락·은닉한 재산의 규모, 경위, 그 밖의 사정 등을 고려하여 면책을 취소할 수 있다.[68]

---

[67] 장수태(주 52), 107면.

[68] 한의사였던 채무자가 파산 및 면책신청을 하면서 재산목록에 시가 200만 원 상당의 승용차 1대만을 기재하고, 수입 및 지출에 관한 목록에도 월 소득이 없다고 기재하였고, 이를 근거로 면책결정을 받아 확정되었으나, 실제로는 위 신청 직후 약 3개월 정도 폐업을 한 기간 외에는 계속하여 한의원을 운영하였고, 국민건강보험공단에 대하여 수천만 원의 요양급여비 채권이 있었던 점, 위 신청 전부터 자녀 명의의 예금계좌를 이용하여 금융거래를 해 왔던 점 등이 드러난 사안에서 이는 재산상태에 관하여 허위의 진술을 하여 면책결정을 받은 것이어서 '부정한 방법'으로 면책을 받은 경우에 해당한다고 본 사례로는 서울중앙지방법원 2017. 1. 26.자 2017라62 결정(확정).

2. 절   차

가. 신청 등

채무자가 법 제650조의 규정에 의한 사기파산으로 유죄의 확정판결을 받은 때에는 법원은 파산채권자의 신청에 의하거나 직권으로 면책취소의 결정을 할 수 있다. 채무자가 부정한 방법으로 면책을 받은 경우 파산채권자가 면책 후 1년 이내에 면책의 취소를 신청한 때에도 또한 같다.

사기파산으로 유죄의 확정판결을 받은 경우에 법원은 직권취소를 할 수 있으나 부정한 방법으로 면책을 받은 경우에는 법원은 직권취소를 할 수 없다. 직권취소가 인정되더라도 형사재판을 담당한 법원 또는 검사가 파산법원에 이를 통지하기 전에는 파산법원이 그 사실을 알기 어려운 문제점이 있다. 부정한 방법을 이유로 한 면책취소신청은 면책 후 1년 이내에 해야 한다. 이는 불안정한 권리관계를 되도록 빨리 확정시키려는 취지에서 신청기간을 제한한 것이다. 여기에서 말하는 '면책 후 1년'은 면책효력발생시기인 면책결정 확정일부터 1년을 말한다. 따라서 면책확정일부터 1년이 지난 면책취소신청은 위법하므로 각하한다([양식 45] 참조).[69]

신청서에는 1,000원의 인지[70]를 첨부하고, 5회분의 송달료[71] 26,000원(=5,200원×5)을 은행에 납부한 후 받은 송달료 납부서를 붙여야 한다. 면책취소사건에는 '하기' 번호를 부여하고, 그 신청서를 파산기록에 합철한다.

한편 법 제569조 제1항에 의하면 면책의 취소 신청권자를 단순히 '파산채권자'라고만 규정하고 있는바, 여기의 파산채권자에 면책을 효력을 받는 파산채권자에 한정할 것인지 아니면 비면책채권자도 포함시킬 것인지에 대하여 실무상 견해의 대립이 있다. 부정하는 견해는 면책신청에 대한 이의권자는 '면책의 효력을 받을 파산채권자'로 한정되어 있고(법 제562조), 면책결정에 대한 즉시항고권자는 '재판에 대하여 이해관계를 가진 자'로 한정되어 있는데(법 제564조 제4항, 제13조 제1항), 비면책채

---

69) 채무자가 부정한 방법으로 면책을 받았다는 이유로 제기한 면책취소 신청이 면책결정 확정 후 1년이 경과한 후에 제기되었음이 역수상 명백하고, 비록 신청인이 채무자의 은닉 재산과 관련된 민사소송의 확정을 기다렸다가 면책취소 신청을 한 사정이 있더라도 신청기간의 제한 규정의 취지 등에 비추어 면책취소 신청을 각하한 1심 결정을 정당하다고 본 사례로는 서울회생법원 2018. 3. 19.자 2018라174 결정(심리불속행 재항고기각).

70) 민사접수서류에 붙일 인지액 및 그 편철방법 등에 관한 예규(재민 91-1).

71) 송달료규칙의 시행에 따른 업무처리요령(재일 87-4).

권자는 면책에 대하여 이해관계가 없어 위 즉시항고권자에 해당하지 않는다는 점을 주된 논거로 하고, 긍정하는 견해는 법문에 신청권자를 '파산채권자'로 규정하고 있을 뿐 그 범위에 제한을 두지 아니하고, 비면책채권자도 파산절차에서 배당받을 기회가 부여되어야 하는 등 파산절차에 대하여 이해관계가 있으며, 면책절차는 파산절차의 한 부분에 불과하므로 이해관계가 없다고 볼 수 없다는 점을 논거로 한다. 부정하는 견해에 의하면 면책취소신청에 있어서 신청권의 존부는 직권조사사항으로 파산법원이 신청인이 비면책채권자인지를 먼저 판단해야 하는바, 이는 적절하지 않으므로 긍정하는 견해가 타당하다(제2절 2. 마. 참조).[72]

나. 의견청취

법원은 면책취소의 재판을 하기 전에 채무자 및 신청인의 의견을 들어야 한다(법제570조). 의견청취의 방법은 면책취소사유의 심리를 위해 심문기일을 지정하여 쌍방으로부터 의견을 듣는 것을 원칙으로 한다.

3. 재   판

가. 면책취소결정

법원은 의견청취결과 면책취소사유가 인정되면 면책취소결정을 할 수 있다(법제569조)([양식 46] 참조). 다만 "할 수 있다"는 조문 해석상 파산법원은 면책취소사유가 면책절차에서 심리되어 재량면책이 된 경우이거나 면책절차에서 밝혀지지 않았을지라도 재량면책사유가 있으면 신청을 기각할 수 있다.[73]

---

[72] 참고로 면책취소 신청권자를 규정한 일본 구 파산법 제366조의15도 우리 법과 동일하게 파산채권자라고만 되어 있었으나, 당시의 통설은 면책의 효력을 받는 자에 한한다고 해석하였고[注解 破産法(下), 831면], 그 후 일본 신 파산법은 면책취소신청권자를 우리와 동일하게 파산채권자로 규정(제254조 제1항)하고 있으나, 면책에 대한 이의신청권자에서 비면책채권자를 제외하면서 이를 면책취소신청에 있어서도 동일하게 적용하도록 규정(제251조 제1항)함으로써, 결국 비면책채권자가 면책취소를 신청할 수 없도록 제한하고 있다. 다만 우리 법은 이러한 명문규정이 없는 이상 일본과 동일하게 비면책채권자의 면책취소신청권을 제한할 필요는 없다.

[73] 서울중앙지방법원 2013. 8. 19.자 2012라1408 결정(채무자가 파산 및 면책을 신청한 2006년 경에 약 8,000만 원의 소득을 올렸음에도 재산목록에 월 수입이 30만 원 정도에 불과하다고 기재하였고, 지급불능 상태에서 위 소득액의 상당액을 입금된 직후에 인출한 사실을 인정한 다음 채무자의 이러한 행위는 면책취소 사유에 해당하나, 채무자는 파산 및 면책신청 당시 건강이상으로 정상적인 연예활동이 불투명하였던 것으로 보이는 점, 파산신청 당시 소득을 일부 기재하지 않았으나, 이는 대부분 파산신청 이전의 연예활동으로 벌어들인 수입이고, 파산신청 이후 면책결정까지 새로운 연예활동을 한 것은 없는 점, 현재 안정적인 소득활동을 하고 있는 것으로 보이나, 파산 및 면책신청 당시에는 이를 예견하기 어려웠던 점, 채무자가 미기재한 소득금액이 상당하나, 그 사용처를 모두 정확히 소명하기 쉽지 않아 보이고, 채무자가 지출한 병원비, 변제

면책취소신청에 대한 결정에 대해서는 즉시항고를 할 수 있다(법 제569조, 제2항).

나. 효   력

1) 효력발생시기

면책취소결정은 면책결정의 효력발생시기와 마찬가지로 확정된 후부터 그 효력이 발생한다(법 제571조). 면책취소결정이 확정되면 법원사무관 등은 파산채권자 표가 있는 경우에는 파산채권자표에 면책취소의 결정이 확정된 뜻을 기재하여야 한다(법 제573조). 면책취소결정의 확정에 의해 면책의 효력을 받는 모든 파산채권자 의 권리는 면책 전의 상태로 회복되고 채무자의 책임이 부활한다.

2) 새로운 채권자의 구제

면책취소결정의 확정으로 파산채권자의 권리는 면책 이전의 상태로 회복되 지만 면책 후 취소에 이르기까지의 사이에 생긴 원인으로 채권을 가지게 된 자 는 다른 채권자에 우선하여 변제를 받을 권리를 가진다(법 제572조). 다른 채권자에 우선한다는 것은 면책의 효력을 받는 채권자보다 면책 후 취소에 이르기까지의 사이에 생긴 원인으로 생긴 채권자가 채무자의 총재산으로부터 우선하여 변제를 받는다는 것이다. 따라서 면책취소 전후를 불문하고 질권, 저당권, 유치권과 같 은 물권보다 우선하는 것은 아니다.[74]

3) 채무자의 신분에 미치는 효과

면책취소결정이 확정되면 복권은 장래에 향하여 효력을 잃게 되므로(법 제574조 제2항), 취소되기 전 면책으로 당연복권되었던 기간의 신분상의 효과에는 아무런 영향이 없다. 이는 복권되었던 기간 중에 발생한 신분상의 법률관계에 영향을 미치지 않도록 하기 위함이다.

4. 면책취소결정 확정 후의 절차

가. 등록기준지 통보

채무자의 등록기준지에 파산선고 확정사실을 통보한다(개인파산 및 면책신청사건의 처리에 관한 예규 제6조). 면책확정통보가 된 경우라면 면책취소결정등본을 첨부하여 통보함이 상당하지만

금 등을 감안할 때 사적인 용도로 지출하였다고 단정하기 어려운 점 등을 이유로 1심법원의 채 무자에 대한 재량면책결정이 정당하다고 본 사례, 대법원 2013마1638호로 재항고되었으나 2013. 12. 13. 심리불속행 기각됨).

74) 백창훈(주 32), 425면.

면책확정통보가 안 된 경우라면 결정등본을 첨부함이 없이 파산선고 확정사실만 통보하는 것으로 족하다.

나. 한국신용정보원의 장 통보

면책이 취소되어 확정된 때에는, 법원은 한국신용정보원의 장에게 사건번호, 채무자의 성명, 주민등록번호, 면책취소 결정일과 확정일을 기재한 서면을 통보한다(개인파산 및 의 처리에 관한 면책신청사건 예규 제5조).

위 통보대상이 기재된 서면의 송달로 충분하고, 여기에 면책취소결정등본을 첨부할 필요는 없다.

제 9 장 복 권

1. 제도의 취지

　　채무자 회생 및 파산에 관한 법률은 비징계주의를 채택하여 법 자체에 파산을 선고받은 채무자의 자격 또는 권리를 제한하고 있지는 않지만 민법 등 각종 법률에서 파산을 선고받은 자의 자격이나 권리에 제한을 두고 있는 경우가 많은데 그 제한이 파산절차의 종료로 당연히 소멸되지는 않는다. 복권은 채무자가 파산선고로 인하여 받고 있는 이러한 여러 가지 공적 또는 사적인 자격·권리에 대한 제한을 소멸시켜 그 본래의 법적 지위를 회복시키는 것을 말한다.[1] 파산절차는 채권·채무를 청산하는 절차이고, 파산을 선고받은 채무자의 인격적 또는 신분상의 비난을 포함하지 않으므로 파산선고로 인한 제한을 영구적으로 가하는 것은 타당하지 아니하다. 복권에는 일정한 사유가 생기면 특별한 절차 없이 자동적으로 복권되는 당연복권(법제574조)과 채무자의 신청으로 재판을 거쳐 복권되는 신청복권(법제575조)이 있다.

2. 당연복권

　　파산선고를 받은 채무자에게 다음과 같은 사유가 있으면 파산선고로 인한 각종 공·사법상의 제한은 별도의 재판 없이 당연복권된다(법제574조).

가. 면책의 결정이 확정된 때(1호)

　　법 제564조 제1항·제2항에 의해 전부면책을 받은 경우를 말한다.

---

1) 전병서, 도산법(제4판), 박영사(2019), 465면.

나. 동의폐지결정이 확정된 때($\frac{2}{호}$)

채권신고기간 내에 신고한 파산채권자 전원의 동의를 얻거나 채권자 전원의 동의가 없는 때에는 동의하지 않은 채권자에 대하여 다른 채권자의 동의를 얻어 파산재단에서 담보를 제공하는 것을 요건으로 하는 파산폐지결정($_{제538조}^{법}$)이 확정된 때에는 당연복권된다. 동의폐지는 채무자 재건을 허용하는 제도이기 때문에 당연복권사유로 삼은 것이다. 이 경우에 복권되는 것은 채무자에 대한 파산선고로 인한 공·사법상의 신분상의 제한이므로 잔존채무에 대해서는 여전히 채무자에게 변제책임이 있다.

다. 파산선고 후 10년이 경과한 때($\frac{3}{호}$)

파산선고를 받은 채무자가 파산선고 후 법 제650조의 규정에 의한 사기파산으로 유죄의 확정판결을 받음이 없이 10년이 경과한 때는 특별한 절차 없이 당연복권된다. 이 경우, 채무자의 공적 또는 사적인 자격·권리에 대한 제한이 소멸되어 본래의 법적 지위가 회복되는 것일 뿐 면책이 되는 것은 아니다.

3. 신청복권

가. 요   건

변제 그 밖의 방법으로, 파산채권자에 대한 채무의 전부에 관하여 그 책임을 면할 것이 필요하다($_{제1항}^{법 제575조}$). 그 밖의 방법에는 대물변제, 공탁, 상계, 경개, 면제, 혼동, 소멸시효 등이 있다. 실무상 채무자가 전체 파산채권자와 사이에 전체 채무 중 일부를 변제하고 나머지 채무는 탕감하기로 협의한 다음 조정된 채무를 변제하고 복권을 신청하는 경우가 자주 있는데, 이는 채무의 전부에 관하여 책임을 면한 경우이므로 복권의 결정을 하고 있다. 채무자 자신의 변제에 한하지 않고, 제3자에 의한 대물변제로도 좋다고 해석되고 있다. 또 여기에서 말하는 파산채권자란 신고를 하지 않아 배당절차에 참가하지 못한 채권자도 포함된다고 해석된다.

나. 절　차

1) 신　청

복권을 얻으려고 하는 채무자는 파산법원에 대하여 복권의 신청을 하고 (법 제575조 제1항), 파산채권의 전부에 관하여 책임을 면한 것을 증명하는 서면을 제출하여야 한다(같은조 제2항)([양식 47] 참조).

복권사건의 관할은 파산법원인데(법 제575조 제1항), 여기서 파산법원이란 파산선고를 한 법원을 말한다. 따라서 파산선고 후 주소지가 변경되었다고 하더라도 파산법원에 복권신청을 하여야 한다.

신청인은 복권신청서에 1,000원의 인지를 첨부하고,[2] 10회분의 기본송달료 52,000원과 채권자들에 대한 3회분 송달료를 은행에 납부한 후 받은 송달료 납부서를 붙여야 한다.[3]

2) 기록조제 및 접수 후의 처리

복권신청사건에 대해서는 '하기' 번호를 부여하여 신청서를 파산기록에 합철한다. 파산법원은 법 제575조에서 규정한 형식적 요건의 구비를 심사하고, 흠결이 있으면 그 보정을 명한다. 때로는 심문기일을 지정하여 신청인 또는 파산채권자를 소환하여 복권제도의 취지와 그 요건에 관하여 설명하고, 실제로 책임을 면하였는지 확인하여야 할 경우도 있다. 신청이 적법하다고 인정되면 복권의 신청이 있었다는 뜻을 공고하고([양식 48] 참조), 이해관계인의 열람에 공하기 위하여 신청의 관계서류를 법원에 비치한다(법 제576조).

3) 이의신청

파산채권자는 공고일부터 3월 이내에 이의신청을 할 수 있다(법 제577조 제1항). 복권의 실질적 요건은 파산채권자에 대한 채무의 전부에 관하여 책임을 면하였는가 여부에 있으므로, 복권의 신청에 이해관계를 가지는 것은 파산채권자뿐이고, 기타의 자는 이의신청의 적격이 없다. 이 경우 파산채권자에는 신고를 하지 않은 채권자도 포함한다.

이의신청이 있으면 채무자 및 이의신청인의 의견을 들어야 한다(법 제577조 제2항). 그 방법은 실무상 서면을 제출시키는 것으로도 충분하지만, 직권으로 필요한 조사를 할 수 있으므로 심문기일을 열어서 이의신청인과 채무자를 심문할 수도 있다.

---

2) 민사접수서류에 붙일 인지액 및 그 편철방법 등에 관한 예규(재민 91-1).
3) 송달료규칙의 시행에 따른 업무처리요령(재일 87-4).

다. 결   정

심리 결과 채무가 잔존하는 사실이 소명되는 등 이의신청이 이유 있다고 인정되면 복권을 허가하지 아니하는 결정을 한다([양식 49] 참조). 이에 대하여 채무자는 즉시항고를 할 수 있다(법 제575조 제3항).

이의신청을 이유 없다고 인정하거나 공고가 있은 날부터 3월의 기간 내에 이의신청이 없는 때에는 복권허가의 결정을 한다(법 제575조 제1항)([양식 50][양식 51] 참조). 이 결정에 대하여 파산채권자는 즉시항고를 할 수 있다(법 제575조 제3항).

즉시항고에 의하여 결정이 취소되면 그때까지 생긴 법률관계의 취급에 문제가 생길 가능성이 있으므로 복권의 효력은 복권결정이 확정되어야 비로소 생기는 것으로 하였다(법 제578조).

복권결정이 확정되면 법원사무관 등은 채무자의 등록기준지 시·구·읍·면장에게 그 취지를 통지하여 신원증명사항에서 복권자에 대한 파산선고사실을 삭제하도록 한다([양식 52] 참조).[4]

---

4) 개인파산 및 면책신청사건의 처리에 관한 예규(재민 2005-1) 제6조 제1항 제3호.

제10장 개인파산절차와 집행절차

제 1 절 파산절차와 집행절차

1. 파산선고로 인한 강제집행 등의 제한[1]

가. 관련규정 및 의의

제348조(강제집행 및 보전처분에 대한 효력)

① 파산채권에 기하여 파산재단에 속하는 재산에 대하여 행하여진 강제집행·가압류 또는 가처분은 파산재단에 대하여는 그 효력을 잃는다. 다만 파산관재인은 파산재단을 위하여 강제집행절차를 속행할 수 있다.

② 제1항 단서의 규정에 의하여 파산관재인이 강제집행의 절차를 속행하는 때의 비용은 재단채권으로 하고, 강제집행에 대한 제3자의 이의의 소에서는 파산관재인을 피고로 한다.

제349조(체납처분에 대한 효력)

① 파산선고 전에 파산재단에 속하는 재산에 대하여 「국세징수법」 또는 「지방세법징수법」에 의하여 징수할 수 있는 청구권(국세징수의 예에 의하여 징수할 수 있는 청구권으로서 그 징수우선순위가 일반파산채권보다 우선하는 것을 포함한다)에 기한 체납처분을 한 때에는 파산선고는 그 처분의 속행을 방해하지 아니한다.

② 파산선고 후에는 파산재단에 속하는 재산에 대하여 「국세징수법」 또는 「지방세법징수법」에 의하여 징수할 수 있는 청구권(국세징수의 예에 의하여 징수할 수 있는 청구권을 포함한다)에 기한 체납처분을 할 수 없다.

포괄적인 강제집행절차인 파산절차로 인하여 개별 채권자의 채권만족을 목적으로 하는 강제집행 등은 제한을 받게 된다. 파산선고가 집행절차에 미치는 영향은 크게 새롭게 개시되는 강제집행 등에 미치는 영향과 기존에 계속 중이던

---

1) 개인파산절차와 강제집행에 관한 자세한 내용은 서울중앙지방법원 파산부 실무연구회, 도산절차와 소송 및 집행절차, 박영사(2011), 제3장 참조.

강제집행 등에 미치는 영향으로 나눌 수 있다.[2]

1) 파산선고 후 새로운 강제집행·보전처분의 금지

파산선고 후에는 파산재단에 대하여 파산채권이나 재단채권에 기한 새로운 강제집행·보전처분은 허용되지 아니한다. 파산절차는 파산선고를 받은 채무자에 대한 포괄적인 강제집행절차로서 이와 별도의 강제집행절차는 원칙적으로 필요하지 않는 것인바, 법도 이러한 취지에서 채무자가 파산선고 당시에 가진 모든 재산은 파산재단을 구성하고(법 제382조), 파산재단에 속하는 재산에 대한 채무자의 관리·처분권능을 박탈하여 파산관재인에게 이를 부여하며(법 제384조), 파산채권자는 파산선고에 의하여 개별적 권리행사가 금지되어 파산절차에 참가하여서만 만족을 얻을 수 있고(법 제424조), 이미 개시되어 있는 강제집행이나 보전처분은 실효된다고 규정하고 있으므로(법 제348조 제1항), 결국 법에 강제집행을 허용하는 특별한 규정이 있거나 법의 해석상 강제집행을 허용하여야 할 특별한 사정이 있다고 인정되지 아니하는 한 파산재단에 속하는 재산에 대한 개별적인 강제집행은 허용되지 않는다.[3]

또한 파산선고 후에는 파산재단에 대하여 조세채권에 기한 새로운 체납처분도 허용되지 아니한다(법 제349조 제2항).

2) 파산선고 전 기존의 강제집행·보전처분의 실효

법은 "파산채권에 기하여 파산재단에 속하는 재산에 대하여 행하여진 강제집행·가압류 또는 가처분은 파산재단에 대하여는 그 효력을 잃는다(법 제348조 제1항)"고 규정함으로써, 파산선고가 있게 되면 파산채권에 기하여 기존에 계속 중이던 강제집행 등은 실효된다는 취지를 명백히 하고 있다. 회생절차의 경우, 회생절차개시결정으로 채무자의 재산에 대하여 이미 행한 회생채권 또는 회생담보권에 기한 강제집행 등은 중지되었다가(법 제58조 제2항), 회생계획안 인가결정에 의하여 비로소 중지한 강제집행 등이 효력을 잃는 것(법 제256조 제1항)과 달리, 파산절차에서는 파산선고만으로(파산선고의 확정도 요하지 아니한다) 기존에 행하여진 강제집행 등은 효력을 잃는다고 규정하고 있다.

또한 재단채권의 경우에도 파산선고 전에 재단채권에 기하여 이루어진 강

---

[2] 저당권자 등 별제권자는 파산절차에 의하지 아니하고 자신의 별제권을 행사할 수 있으므로 (법 제412조) 파산선고 전 계속 중이던 담보권 실행 등을 위한 경매는 아무런 영향을 받지 아니하고 그대로 속행되며, 별제권자는 파산선고 후에도 새롭게 담보권 실행 등을 위한 경매를 개시할 수 있다.

[3] 대법원 2007. 7. 12.자 2006마1277 결정 참조.

제집행은 파산선고로 인하여 그 효력을 잃는다.[4)]

그리고 파산폐지의 결정에는 소급효가 없으므로, 파산선고로 효력을 잃은 강제집행 등은 사후적으로 파산폐지결정이 확정되더라도 그 효력이 부활하지 아니한다.[5)]

다만 법은 조세채권과 관련하여 "파산선고 전에 파산재단에 속하는 재산에 대하여 「국세징수법」 또는 「지방세징수법」에 의하여 징수할 수 있는 청구권(국세징수의 예에 의하여 징수할 수 있는 청구권으로서 그 징수우선순위가 일반 파산채권보다 우선하는 것을 포함한다[6)])에 기한 체납처분을 한 때에는 파산선고는 그 처분의 속행을 방해하지 아니한다(법 제349조 제1항)"고 규정하고 있다.

나. 파산재단에 대한 강제집행

법 제348조는 '파산재단에 속하는 재산'에 대한 강제집행 등이 파산선고로 인하여 그 효력을 잃는다는 것이므로, 파산선고와 동시에 파산절차가 폐지되는 경우에는 처음부터 파산재단 자체가 성립하지 않으므로 법 제348조가 적용되지 않는다.

다만 개인파산사건의 경우 면책신청[7)]이 있고, 파산폐지결정의 확정 또는 파산종결결정이 있는 때에는 면책신청에 관한 재판이 확정될 때까지 채무자의 재산에 대하여 파산채권에 기한 강제집행·가압류 또는 가처분을 할 수 없고, 채무자의 재산에 대하여 파산선고 전에 이미 행하여지고 있던 강제집행·가압류 또는 가처분은 중지된다(법 제557조 제1항). 면책결정이 확정된 때에는 제1항의 규정에 의하여 중지한 절차는 그 효력을 잃는다(법 제557조 제2항).

다. 파산채권과 강제집행

파산선고가 있게 되면 파산채권에 기하여 파산재단에 대하여 기존에 계속 중이던 강제집행 등은 효력을 잃게 되고, 파산채권에 기한 새로운 강제집행도 허용되지 아니한다.[8)]

---

4) 대법원 2008. 6. 27.자 2006마260 결정.

5) 대법원 2014. 12. 11. 선고 2014다210159 판결.

6) 이하 편의상 '조세 등 청구권'이라 한다.

7) 법 제556조 제1항은 "개인인 채무자는 파산신청일부터 파산선고가 확정된 날 이후 1월 이내에 법원에 면책신청을 할 수 있다"고 규정하고 있고, 같은 조 제3항은 "채무자가 파산신청을 한 경우에는 채무자가 반대의 의사표시를 한 경우를 제외하고, 당해 신청과 동시에 면책신청을 한 것으로 본다"고 규정하고 있다.

법 제348조는 '파산채권'에 기하여 파산재단에 대하여 행하여진 강제집행 등이 파산선고로 인하여 그 효력을 잃는다는 것이므로, 파산채권에 기하지 않은 강제집행·보전처분, 예컨대 소유권[9])에 기한 인도청구권의 집행 또는 그 보전을 위한 가처분 등은 파산선고로 인하여 효력을 잃지 않으므로 파산재단에 속하는 재산을 대상으로 하는 강제집행의 경우 파산관재인에 대한 승계집행문을 부여받아 파산관재인을 상대방으로 하여 속행된다.

라. 재단채권과 강제집행

법은 파산선고로 파산채권에 기하여 기존에 계속 중이던 강제집행은 실효된다(법 제348조제1항)고 규정하는 한편 조세 등 청구권에 기한 체납처분이 있는 때에는 파산선고는 그 속행을 방해하지 아니한다(법 제349조제1항)고만 규정하고 있을 뿐, 체납처분 있는 조세 등 청구권을 제외한 재단채권에 기하여 파산선고 전에 이루어진 강제집행 등의 효력에 대하여는 명문의 규정을 두지 않고 있다. 명문의 규정이 있는 조세 등 청구권을 제외한 재단채권에 기하여 행하여진 강제집행 등도 파산선고로 인하여 실효되지 않는 것인지 의문의 여지가 있다. 이에 대하여 판례[10])는 임금채권 등 재단채권에 기하여 파산선고 전에 이루어진 강제집행은 파산선고로 그 효력을 잃는다고 판시함으로써 속행을 허용하지 않는 입장을 취하고 있다.[11]) 따라서 명문규정이 있는 조세 등 청구권을 제외한 다른 재단채권에 기한 기존의 강제집행 등도 파산선고로 인하여 그 효력을 잃는다고 해석된다.

또한 재단채권의 경우에도, 파산선고 후에는 파산재단에 속한 재산에 대해 새로운 강제집행을 할 수 없다는 것이 판례이다.[12])

---

8) 파산신청 자체만으로 강제집행이나 보전처분의 집행을 저지하는 효력은 없다. 이는 미국에서의 파산신청이 채무자의 재산에 관한 담보권의 실행 등을 저지하는 자동정지(automatic stay)의 효력을 가지는 것과 다르다. 한편 별제권(저당권의 실행 등)에 기한 강제집행은 파산선고 당시에 착수되어 있던 경우라도 파산선고에 의하여 실효되지 아니한다.

9) 파산선고는 채무자에 속하지 아니하는 재산을 파산재단으로부터 환취하는 권리에 영향을 미치지 아니한다(법 제407조).

10) 대법원 2008. 6. 27.자 2006마260 결정: 임금채권자가 확정된 지급명령 정본에 기하여 채무자 회사의 제3채무자에 대한 콘도회원권을 압류하는 명령을 받은 후 환가절차가 진행되던 중 채무자에 대한 파산이 선고되자, 집행법원이 채무자 파산관재인의 집행취소신청에 따라 위 콘도회원권에 대하여 실시한 압류의 집행을 취소한 결정이 정당하다고 본 사례.

11) 일본의 신 파산법은 제42조 제2항에서, 파산절차 개시결정이 있는 경우에는 파산채권 또는 재단채권에 기하여 파산재단에 속하는 재산에 대하여 이미 행해진 강제집행, 가압류, 가처분 등은 그 효력을 잃는다고 명문으로 규정하고 있다.

마. 파산재단 이외의 채무자의 재산에 대한 강제집행

1) 면제재산에 대한 강제집행의 문제

법원은 개인채무자의 신청에 의하여(파산선고 후 14일 이내에) 결정으로 채무자가 가진 주거용 건물에 관한 임차보증금반환청구권 중 일부와 채무자 및 그 피부양자의 생활에 필요한 6개월간의 생계비에 사용할 특정한 재산으로서 대통령령이 정하는 금액을 초과하지 아니하는 부분을 파산재단에서 면제할 수 있다 (_{법 제383조
제2항 · 제3항}).

이러한 면제재산은 파산재단에 속하지 아니하므로 파산재단에 속하는 재산에 대한 강제집행의 실효를 규정한 법 제348조와는 별도로 강제집행 제한 규정이 필요하다.

법은, 법원은 파산선고 전에 면제신청이 있는 경우에 채무자의 신청 또는 직권으로 파산선고가 있을 때까지 면제재산에 대하여 파산채권에 기한 강제집행, 가압류 또는 가처분의 중지 또는 금지를 명할 수 있으며, 면제결정이 확정된 때에는 위와 같이 중지한 절차는 그 효력을 잃고(_{법 제383조
제8항 · 제9항}). 이러한 면제재산에 대하여는 면책을 신청할 수 있는 기한까지는[13] 파산채권에 기한 강제집행, 가압류 또는 가처분을 할 수 없다(_{법 제383조
제10항})고 규정하여, 면제재산에 대하여도 강제집행 등의 제한규정을 두고 있다.

2) 개인의 신득재산에 대한 강제집행

가) 파산재단에 속하지 않는 채무자의 재산에 대한 강제집행의 제한 파산선고 후에 취득한 신득재산은 파산재단에 속하지 아니하므로(_{법 제382조
제1항}), 신득재산에 대하여는 파산재단에 대한 강제집행 등의 제한에 관한 논의가 적용되지 않는다. 그러므로 개인채무자가 파산선고 후에 취득한 재산에 대하여 새로운 강제집

---

12) 대법원 2007. 7. 12.자 2006마1277 결정: 위 결정에서 대법원은 "파산절차는 파산자에 대한 포괄적인 강제집행절차로서 이와 별도의 강제집행절차는 원칙적으로 필요하지 않는 것인바, 구 파산법에 강제집행을 허용하는 특별한 규정이 있다거나 구 파산법의 해석상 강제집행을 허용하여야 할 특별한 사정이 있다고 인정되지 아니하는 한 파산재단에 속하는 재산에 대한 별도의 강제집행은 허용되지 않고, 이는 재단채권에 기한 강제집행에 있어서도 마찬가지로서 재단채권자의 정당한 변제요구에 대하여 파산관재인이 응하지 아니하면 재단채권자는 법원에 대하여 구 파산법 제151조, 제157조에 기한 감독권 발동을 촉구하든지, 파산관재인을 상대로 불법행위 손해배상청구를 하는 등의 별도의 조치를 취할 수는 있을 것이나, 그 채권 만족을 위해 파산재단에 대해 개별적 강제집행에 나아가는 것은 구 파산법상 허용되지 않는다"고 판시하였고, 이러한 취지는 현행법에서도 유지된다고 해석된다.

13) 법 제556조 제1항은 개인인 채무자는 파산신청일부터 파산선고가 확정된 날 이후 1월 이내에 법원에 면책신청을 할 수 있다고 규정하고 있다.

행을 허용할 것인지 여부가 문제되는바, 채무자의 경제적 갱생, 파산선고 후의 새로운 채권자의 보호라는 관점에서 이를 부정하는 것이 타당하다.

법도 "면책신청이 있고, 파산폐지결정의 확정 또는 파산종결결정이 있는 때에는 면책신청에 관한 재판이 확정될 때까지 채무자의 재산에 대하여 파산채권에 기한 강제집행·가압류 또는 가처분을 할 수 없고, 채무자의 재산에 대하여 파산선고 전에 이미 행하여진 강제집행·가압류 또는 가처분은 중지되며, 면책결정이 확정된 때에는 중지한 절차는 효력을 잃는다"고 규정하고 있다(법 제557조).

이는 개인파산사건의 경우 면책신청이 있게 되면,[14] 파산폐지결정의 확정 또는 파산종결결정 이후에는 "채무자의 재산(파산재단에 한정하지 아니한다)"에 대하여 행하여진 강제집행, 보전처분을 금지한다는 취지인바, 이로써 신득재산 등 파산재단에 해당하지 아니하는 재산에 대하여도 파산폐지결정의 확정 또는 파산종결결정 이후에는 강제집행을 제한하는 법적 근거가 마련되었다. 또한 채무자의 경제적 갱생의 취지, 위와 같은 규정 취지 등에 비추어 보면, 신득재산을 포함한 파산재단 이외의 채무자의 재산에 대하여도 파산선고 후 파산폐지결정의 확정 또는 파산종결결정 이전이라도 면책신청에 대한 결정이 있기 이전까지는 새로운 강제집행이 금지된다고 해석함이 상당하다.

나) **채무자의 임금채권**[15]   채무자가 파산선고 후 취득한 신득재산에 대하여 파산선고 전에 이루어진 강제집행의 실효 문제는 발생할 여지가 없음이 원칙이다.

다만 임금채권이 압류된 후에 채무자가 파산선고를 받은 경우, 그 압류의 효력은 압류 후에 받을 급료에 미치게 되므로, 신득재산에 속하는 임금채권 부분에 대하여도 압류의 효력이 미치게 된다. 이 경우 파산재산에 해당하는 부분(파산선고 전일까지의 노동의 대가)에 대한 집행절차는 법 제348조 제1항에 의하여 실효된다고 해석된다. 그러나 파산재단에 해당하지 아니하는 신득재산에 속하는 부분에 대하여는 법 제557조 제1항의 규정에 따라 강제집행 등이 중지된 후 면책결정이 확정되면 같은 조 제2항의 규정에 따라 실효된다고 해석된다.[16]

---

14) 법 제556조 제1항, 제3항은 개인인 채무자가 파산신청일부터 파산선고가 확정된 날 이후 1월 이내에 법원에 면책신청을 할 수 있고, 채무자가 파산신청을 한 경우에는 채무자가 반대의 의사표시를 한 경우를 제외하고, 당해 신청과 동시에 면책신청을 한 것으로 본다고 규정하고 있다.

15) 채무자에게 상당한 고정급여가 있어 개인회생절차 등에 의함이 상당할 경우에는 파산절차의 남용으로 기각될 가능성도 배제할 수 없다. 따라서 실제 개인파산절차에서 임금채권에 대한 강제집행이 문제되는 경우는 많지 않을 것으로 보인다.

16) 다만 면책절차 중 강제집행 등의 금지 또는 중지는 면책신청에 대한 재판이 확정될 때까지이

따라서 임금채권이 압류된 후에 채무자가 파산선고를 받은 경우, 파산재단에 속하는 부분에 대한 집행절차는 법 제348조 제1항에 의하여 실효되므로 파산관재인에게 추심을 허용하고, 신득재산에 속하는 부분에 대한 집행절차는 중지 후 면책결정이 확정된 채무자로 하여금 이를 수령할 수 있도록 함이 상당하다.

2. 파산선고로 실효된 강제집행 또는 보전처분의 처리

가. 개   요

파산이 선고되면(확정을 요하지 아니함) 파산선고 전에 파산채권에 기하여 파산재단 소속의 재산에 대하여 한 강제집행, 보전처분은 파산재단에 대하여 그 효력을 잃게 되므로, 파산관재인은 기존의 강제집행처분을 무시하고 파산재단 소속 재산을 법원의 허가를 얻어 자유로이 관리, 처분할 수 있다. 다만 파산관재인은 집행처분의 외관을 제거하기 위하여 별도의 소송을 제기함이 없이 집행기관에 대하여 파산선고결정등본을 취소원인 서면으로 소명하여 강제집행 · 보전처분의 집행취소신청을 할 수 있다.[17)18]

나. 실효된 강제집행, 보전처분의 처리

부동산에 대한 압류[19] · 가압류 또는 처분금지 가처분 등기는 집행법원의 등기말소촉탁에 의하여 말소할 수 있다. 이미 매각이 종료되었더라도 아직 배당이 이루어지지 아니하였다면, 그 매각으로 인한 소유권취득의 효과는 실효되지 않지만, 별도로 집행절차의 취소를 구할 필요도 없이 파산관재인은 집행기관에

므로, 면책신청의 각하 · 기각결정 또는 면책불허가결정(일부면책결정 포함)이 확정된 때에는 다시 강제집행을 할 수 있고, 중지된 강제집행 등은 속행된다.

17) 사정변경에 의한 가압류취소신청 또는 가압류이의신청을 구할 필요가 없다. 대법원은 "파산관재인이 집행기관에 대하여 파산선고 결정등본을 취소원인 서면으로 소명하여 보전처분의 집행취소신청을 하여 집행처분의 외관을 없앨 수 있으므로, 보전처분에 대한 채무자의 이의신청은 그 이익이 없어 부적법하다"고 판시하였다(대법원 2002. 7. 12. 선고 2000다2351 판결).

18) 집행기관이 집행을 당연무효로 하는 집행요건의 흠결 또는 집행장애사유의 존재를 발견한 때에는 직권으로 집행을 정지하여야 하므로[민사집행(Ⅰ)(2020), 302면], 집행기관은 파산관재인이 파산선고 사실을 소명하지 않더라도 기록상 파산선고가 있은 사실이 밝혀지면 직권으로 집행을 정지하여야 한다.

19) 파산관재인은 매각대금완납시까지는 집행장애사유의 발생을 이유로 경매개시결정에 대한 이의나 매각허가에 대한 이의 또는 매각허가결정에 대한 즉시항고를 할 수 있고, 이에 따라 집행법원은 강제경매개시결정을 취소할 수 있다.

그 대금의 인도를 구할 수 있다. 파산선고를 간과하고 배당이 실시된 경우, 배당의 실시는 무효가 되므로 배당금을 수령한 자는 부당이득으로 그 금원을 파산관재인에게 반환할 의무가 있다.

한편 강제집행과 보전처분은 파산재단에 대한 관계에 있어서만 상대적으로 무효가 되므로, 별제권에 선행하는 가압류가 있는 경우, 별제권자 입장에서는 선행가압류가 실효되지 않는다.[20] 따라서 별제권에 의한 경매가 진행되어 배당이 이루어지면 집행법원은 선행가압류채권자와 별제권자에 안분배당하는 배당표를 작성한 다음 가압류채권자에 대한 배당금을 공탁해야 한다. 이 경우 가압류채권자는 파산절차에 의하지 아니하고는 그 권리를 행사할 수 없으므로 위 공탁금을 수령할 수 없고, 파산관재인은 가압류채권자가 파산채권신고를 하여 확정되었음을 소명할 수 있는 파산채권자표 등본 또는 채권확정재판 등본, 파산선고 결정문, 파산관재인 선임증 등을 집행법원에 제출하여 위 배당금을 수령하게 된다.[21]

다만 가압류채권자가 본안의 승소판결 확정 이후 공탁금을 수령하지 않고 있는 사이에 채무자에 대하여 파산선고가 있는 경우에는 집행법원이 공탁한 배당금은 가압류채권자에게 귀속된다.[22]

유체동산에 대한 압류 및 가압류 또는 집행관 보관 가처분이 이루어져 집행관이 이를 보관하고 있는 경우 파산관재인은 그 인도를 구할 수 있다. 유체동산가압류에 대하여 해방공탁이 된 경우 또는 동산경매 후 집행관이 매각대금을

---

20) 대법원은 "(구) 파산법 제61조 제1항은 '파산채권에 관하여 파산재단에 속하는 재산에 대하여 한 강제집행, 가압류, 가처분은 파산재단에 대하여는 그 효력을 잃는다'고 규정하고 있는바, 그 규정의 취지는 관련 당사자 간의 모든 관계에 있어서 강제집행, 집행보전행위가 절대적으로 무효가 된다는 것이 아니라 파산재단에 대한 관계에 있어서만 상대적으로 무효가 된다는 의미로 해석된다"고 판시하였다(대법원 2000. 12. 22. 선고 2000다39780 판결).

21) 실무상 파산관재인은 별제권에 선행하는 가압류채권자인 파산채권자가 다른 파산채권자에 대하여 실체법상 우선한다고 보기 어렵다는 이유 등으로 파산절차에서 같은 순위로 배당하고 있다.

22) 대법원 2018. 7. 26. 선고 2017다234019 판결. 위 판결은 "배당법원은 부동산에 대한 경매절차에서 배당을 실시할 때 가압류채권자를 위하여 배당금을 공탁하여야 하고, 그 후 채권자 승소의 본안판결이 확정되는 등으로 공탁사유가 소멸한 때에는 가압류채권자에게 그 공탁금을 지급하여야 한다. 본안의 확정판결에서 지급을 명한 가압류채권자의 채권은 특별한 사정이 없는 한 위와 같이 공탁된 배당액으로 충당되는 범위에서 본안판결의 확정 시에 소멸한다. 본안판결 확정 이후 채무자에 대하여 파산이 선고되어 파산재단을 처분하는 권한이 파산관재인에게 속하게 되었더라도 이미 발생한 채권 소멸의 효력은 그대로 유지된다. 따라서 가압류채권자가 본안의 승소판결 확정 이후 공탁금을 수령하지 않고 있는 동안, 채무자의 파산관재인이 채무자에 대하여 파산선고가 있었다는 이유로 공탁금을 출급하였더라도 파산관재인은 본안판결이 확정된 가압류채권자에게 부당이득으로 이를 반환하여야 한다."고 하였다.

영수하고 아직 이를 집행채권자에게 교부하지 아니한 경우, 압류의 경합으로 인하여 배당절차가 개시된 경우, 배당실시 후 매각대금 중 일부가 가압류권자에게 공탁된 경우 집행은 가압류해방공탁금 또는 매각대금 위에 존속한다고 해석되므로 공탁금 또는 그 보관하는 현금은 파산관재인에게 인도하게 된다.

채권가압류의 경우 법원사무관 등은 제3채무자에게 파산선고 사실과 채권가압류가 실효되었다는 취지의 통지를 하게 된다. 채권압류 및 추심명령의 경우 법원사무관 등은 추심채권자와 제3채무자에게 파산선고 사실과 추심채권자는 채권의 추심을 해서는 아니 되고, 제3채무자는 추심채권자에게 지급을 하여서는 아니 된다는 취지의 통지를 하게 된다. 이 경우 제3채무자는 파산관재인에게 변제를 하여야 한다.

압류의 경합 등으로 제3채무자가 공탁한 후 채무자에 대한 파산선고가 있는 경우에는 다른 우선권 있는 채권이 없는 한 배당절차로 진행하지 아니하고, 파산관재인이 압류 또는 가압류가 파산채권에 기한 것임을 소명하여 공탁공무원으로부터 공탁금을 받아오면 될 것이다. 다만 압류의 경합상태에서 파산선고가 된 후 제3채무자가 공탁하면서 공탁사유를 신고한 경우에는, 압류 및 가압류가 파산선고에 의하여 이미 실효되어 집행의 경합이 없는 상태가 되었으므로, 결국 공탁사유가 없는 것으로 되어 제3채무자의 공탁사유신고는 부적법한 신고라고 할 것이므로 집행법원은 이를 수리하지 않는 결정을 하여야 한다. 이 경우 제3채무자는 파산관재인에게 변제를 하여야 한다.

채권압류 및 전부명령이 즉시항고에 의하여 아직 확정되지 아니한 동안에 파산선고가 된 경우에는 항고법원은 채권압류 및 전부명령을 취소하고, 그 신청을 기각하는 결정을 하여야 한다.[23] 다만 전부명령이 확정되면 제3채무자에게 송달된 때 채권 전부의 효력이 생겨 집행이 완료된 것으로 보기 때문에 파산선고 전에 확정된 전부명령에 기하여 파산선고 후에 채권자가 전부금을 변제받는 것은 유효하다.

다. 강제집행절차의 속행

파산관재인은 종전의 강제집행을 속행하는 편이 신속하고 고가로 매각할 수 있다고 판단한 경우에는 그 강제집행절차를 속행할 수 있다(법 제348조 제1항). 파산관재인으로서는 종국적으로 파산재단에 속하는 재산을 환가하여야 하는데, 개별적

---

23) 대법원 2001. 5. 31.자 2000마3784, 3785 결정, 대법원 2010. 7. 28.자 2010마862 결정.

강제집행절차가 상당 정도 진행되어 신속한 환가가 가능한 경우라든가, 파산관재인에 의한 임의매각에 의한 환가보다 종전의 강제집행절차를 이용한 환가가 고가로 매각될 가능성이 있는 등 경제적으로 유리한 경우에는 이를 속행할 수 있도록 한 것이다.

이때 파산관재인은 따로 승계집행문을 부여받을 필요가 없고, 집행기관에 대하여 채무자가 파산선고를 받았고 파산관재인이 선임된 사실을 알리고 소명자료를 첨부하여 강제집행절차를 속행하겠다는 취지의 신청을 하여야 한다.

파산관재인이 강제집행절차를 속행하는 경우에는 이후 당해 강제집행의 집행채권자가 진행하여 온 집행절차를 그 상태대로 인계받게 된다. 속행의 외형만을 보면 단순히 집행채권자의 교체에 불과한 것으로 보이지만, 그 실질적 성격은 종전 강제집행과는 현저히 다른 것으로, 파산관재인에 의한 파산재단의 환가방법의 하나로서 파산재단에 속하는 재산의 환가를 종전에 행하여진 강제집행의 형식을 차용함으로써 행하는 것이다. 따라서 집행기관은 속행 후에는 일반채권자에 의한 배당요구는 무시하고, 배당기일에는 별제권자에게 배당한 다음 집행비용으로 지급될 돈을 포함하여 잔액의 전액을 파산관재인에게 교부하여야 한다 (물론 법 제348조 제2항에 의하여 파산관재인은 집행채권자에게 집행비용을 재단채권으로 변제하여야 한다).[24)25)]

라. 관련문제 — 체납처분

1) 파산선고 전 체납처분

파산선고 당시 기존에 계속 중이던 조세 등 청구권에 기한 체납처분과 관련하여, 법은 「국세징수법」 또는 「지방세기본법」에 의하여 징수할 수 있는 청구권(국세징수의 예에 의하여 징수할 수 있는 청구권으로서 그 징수우선순위가 일반 파산채권보다 우선하는 것을 포함한다)에 기한 체납처분을 한 때에는 파산선고는 그 처분의 속행을 방해하지 아니한다(^{법 제349조}_{제1항})고 규정함으로써, 파산선고 전 체납처분

---

24) 즉 강제집행을 속행한 경우, 집행기관은 '배당할 금액'에서 집행비용을 속행 전 집행채권자에게 지급한 나머지를 '실제 배당할 금액'으로 정하여 별제권자 등에 대한 배당 후 잔금을 파산관재인에게 교부할 것이 아니라, '배당할 금액'을 먼저 별제권자 등에게 배당한 다음 집행비용으로 지급될 돈을 포함한 잔금 전액을 파산관재인에게 교부하여야 한다.

25) 만일 별제권자에 우선하는 재단채권자가 배당요구를 하거나 조세채권이 교부청구된 경우, 파산관재인이 별제권에 우선하는 재단채권, 조세채권에 기하여 배당요구를 한 경우에는 그 배당요구 또는 교부청구에 따른 배당금을 파산관재인에게 교부하여야 할 것이다. 이에 관해서는 서울회생법원 실무연구회, 법인파산실무 제5판, 박영사(2019) 제9장 제3절 1. 다. 참조

의 속행을 인정하고 있다.[26] 이는 국가 또는 지방자치단체 존립의 재정적 기초를 이루는 조세를 능률적으로 확보하기 위한 공익적 필요를 고려하여 파산선고 전에 착수한 것에 한하여 체납처분의 속행을 인정한 것이다.

대법원[27]은 "과세관청이 파산선고 전에 국세징수법 또는 국세징수의 예에 의하여 체납처분으로 부동산을 압류(참가압류를 포함한다)한 경우에는 그 후 체납자가 파산선고를 받더라도 그 체납처분을 속행하여 파산절차에 의하지 아니하고 배당금을 취득할 수 있어 선착수한 체납처분의 우선성이 보장된다는 것으로 해석함이 상당하고, 따라서 별제권(담보물권 등)의 행사로서의 부동산경매절차에서 그 매각대금으로부터 직접 배당받을 수 있고, 이는 파산재단이 재단채권의 총액을 변제하기에 부족한 것이 분명하게 된 때에도 마찬가지라고 할 것이다"라고 판시하여 파산선고 전에 체납처분을 한 조세 등 청구권에 대하여 부동산경매절차의 매각대금에서 바로 우선변제를 받는 것을 허용하고 있다.

2) 국세징수의 예에 의하여 징수할 수 있는 청구권으로서 그 징수우선순위가 일반 파산채권보다 우선하는 것

이에 해당하는 청구권에는 건강보험료(국민건강보험법 제81조 제3항, 제85조), 국민연금보험료(국민연금법 제95조 제4항, 제98조), 고용보험료, 산업재해보상보험료(고용보험 및 산업재해보상보험의 보험료징수 등에 관한 법률 제28조 제1항, 제30조), 장애인 고용부담금(장애인고용촉진 및 직업재활법 제37조 제3항, 제38조) 등이 해당되고, 이에 해당되지 아니하는 것으로는 국유재산법상의 사용료, 대부료, 변상금채권 등이 있다.[28]

3) 파산선고 후 체납처분

법은 파산선고 후에는 조세 등 청구권에 기하여도 새로운 체납처분을 할수 없다(법 제349조 제2항)고 규정하고 있으므로 파산선고 후에는 조세 등 청구권에 기하더라도 새로운 체납처분은 허용되지 않는다.[29] 이 규정에도 불구하고 체납처분이 된 경우 파산관재인은 과세관청이 자발적으로 이를 해제하도록 유도하고, 자발적으로 해제가 되지 않는 경우에는 압류처분 취소소송 등을 제기해

---

26) 여기서 말하는 체납처분은 파산재단에 속하는 재산에 대하여 국세징수법 등의 규정에 따른 체납처분절차에 의한 압류의 효력이 생긴 경우로 제한적으로 해석해야 한다. 서울고등법원 2002. 12. 20. 선고 2002나47558 판결(상고기각 확정)은 압류를 위하여 국세징수법상 질문, 검사, 수색에 착수한 것에 불과하고, 압류통지서의 발송, 압류등기·등록을 촉탁하였으나 아직 채무자에게 송달되거나 등기·등록이 이루어지지 않았다면 체납처분을 한 경우에 해당하지 않는다는 취지로 판시하였다.

27) 대법원 2003. 8. 22. 선고 2003다3768 판결.

28) 자세한 내용은 제5장 제2절 4. 나. 1) 나) 참조.

29) 체납처분과 파산선고가 같은 날에 이루어진 경우에는 법 제330조, 제329조 제2항에 따라 그 체납처분은 파산선고 후에 이루어진 것으로 추정한다.

야 한다.

대법원[30]은 "파산자 소유의 부동산에 대한 별제권(담보물권 등)의 실행으로 인하여 개시된 경매절차에서 과세관청이 교부청구를 하는 경우 그 교부청구에 따른 배당금은 조세채권자인 과세관청에게 직접 교부할 것이 아니라 파산관재인이 파산법 소정의 절차에 따라 각 재단채권자에게 안분 변제할 수 있도록 파산관재인에게 교부하여야 함이 상당하다 할 것이다"라고 판시하였다.

따라서 과세관청은 파산선고 후에도 별제권의 실행에 의한 부동산임의경매절차에서 조세채권에 기한 교부청구를 할 수 있으나, 집행법원은 교부청구에 따른 배당금을 파산관재인이 법 소정의 절차에 따라 각 재단채권자에게 안분 변제할 수 있도록 파산관재인에게 교부하여야 하고 조세채권자인 과세관청에 직접 교부하여서는 안 된다.

마. 관련문제 — 담보권 실행 등을 위한 경매

저당권자 등 별제권자는 파산절차에 의하지 아니하고 자신의 별제권을 행사할 수 있으므로(법제412조), 별제권자는 파산선고 후에도 담보권실행경매를 개시할 수 있다. 또한 파산재단 소속 재산에 관한 저당권 등의 담보권실행경매는 파산선고가 있어도 실효하지 않고, 승계집행문 없이 채무자의 지위가 파산관재인에게로 승계되어 계속 진행된다. 파산관재인은 파산선고 및 파산관재인 선임사실을 소명할 수 있는 자료를 첨부하여 담당 재판부에 신고하여야 한다. 만일 별제권자에 우선하는 재단채권자가 배당요구를 하거나 조세채권이 교부청구된 경우에는 그 배당요구 또는 교부청구에 따른 배당금을 파산관재인에게 교부할 것을 요구하여야 한다.[31]

---

30) 대법원 2003. 6. 24. 선고 2002다70129 판결. 이 사안은 법인인 채무자에 대하여 구 파산법에 따른 파산선고 및 파산관재인 선임 결정이 이루어진 이후 근저당권자가 채무자 소유 부동산에 임의경매신청을 하여 경매절차가 개시되었고, 조세채권자인 대한민국이 경매법원에 교부청구를 하였는데, 경매법원은 먼저 근저당권자에게 배당하고 남은 매각대금을 대한민국이 아닌 채무자의 파산관재인에게 배당한 사안이었다.
31) 이에 관해서는 서울회생법원 실무연구회, 법인파산실무 제5판, 박영사(2019) 제9장 제3절 1. 다. 참조

제 2 절 면책절차와 강제집행

1. 면책절차 중의 강제집행 등의 금지 및 중지(법 제557조 제1항)

> 제557조(강제집행의 정지)
> ① 면책신청이 있고, 파산폐지결정의 확정 또는 파산종결결정이 있는 때에는 면책신청에 관한 재판이 확정될 때까지 채무자의 재산에 대하여 파산채권에 기한 강제집행·가압류 또는 가처분을 할 수 없고, 채무자의 재산에 대하여 파산선고 전에 이미 행하여지고 있던 강제집행·가압류 또는 가처분은 중지된다.
> ② 면책결정이 확정된 때에는 제1항의 규정에 의하여 중지한 절차는 그 효력을 잃는다.

가. 규정신설의 의미

파산 및 면책신청 사건에서 파산폐지결정이 확정되거나 파산종결결정이 있은 후 면책신청에 관한 재판이 확정되기 전까지의 기간에 관하여 구 파산법하에서는 강제집행 금지의 근거규정이 없었으나, 법은 채무자의 갱생을 실질적으로 도모하기 위하여 법 제557조를 신설하였다. 이에 따라 채무자는 별도의 강제집행 정지결정을 받지 않더라도 면책신청이 있고 파산폐지결정의 확정 또는 파산종결결정이 있다는 점을 소명하는 서면을 집행관 등에게 제출함으로써 진행 중인 강제집행을 중단시킬 수 있다.[32]

나. "채무자의 재산"의 범위

법 제557조 제1항에 기하여 강제집행 등이 금지, 중지되는 대상은 "파산재단"에 한정되지 아니하고, "채무자의 재산"으로 확장되었다. 이로써 파산선고 후 채무자가 취득한 재산(신득재산) 등 파산재단에 해당하지 아니하는 재산에 대한 강제집행 금지, 중지의 법적 근거가 마련되었는바, 이는 채무자의 갱생을 실질적으로 도모하고자 하는 취지가 담긴 것이다.

다. 면책신청의 범위

법 제557조 제1항에서 말하는 면책신청에는 명시적인 면책신청뿐만 아니라

---

32) 대법원 2009. 1. 9.자 2008카기181 결정.

법 제556조 제3항에 의한 간주면책신청의 경우도 포함한다. 한편 면책신청을 하는 경우에는 법 제538조에 의한 동의폐지신청을 할 수 없으므로(법 제556조 제4항), 법 제557조에서 말하는 파산폐지결정이라 함은 동시폐지 또는 이시폐지결정에 한한다.[33]

2. 면책결정에 따른 강제집행의 실효(법 제557조 제2항)

면책결정이 확정된 때에는 면책절차 중에 중지된 강제집행·가압류 또는 가처분은 그 효력을 잃는다.

이와 같이 면책절차 중에 중지된 강제집행 등이 효력을 잃게 되는 것은 면책결정이 확정된 때이고, 면책절차 중 강제집행 등이 금지 또는 중지되는 것은 면책신청에 관한 재판이 확정될 때까지이므로, 면책신청의 각하·기각결정 또는 면책불허가결정(일부면책결정 포함)이 확정된 때에는 다시 강제집행 등을 할 수 있고, 중지된 강제집행 등은 속행된다.

다만 집행권원이 있는 채권에 대하여는 면책결정이 확정되더라도 그 집행권원의 효력을 당연히 상실시키는 사유가 되지 아니하고, 청구이의의 소를 통하여 그 집행권원의 집행력을 배제시킬 수 있는 실체상의 사유가 된다.[34]

3. 파산신청에서 면책결정까지 사이의 강제집행

면책신청에 따른 강제집행 등의 금지·중지 규정 신설로 파산신청에서 면책결정 확정까지 이르는 기간 중 파산신청에서 파산선고까지의 사이를 제외한 나머지 기간에는 강제집행이나 보전처분을 할 수 없게 되었다.[35] 따라서 강제집

---

33) 일본 신 파산법 제249조 제1항은 동시폐지결정 및 재단부족에 따른 폐지결정임을 특정하고 있다.

34) 대법원 2013. 9. 16.자 2013마1438 결정(파산채권자가 면책결정 확정 후 집행력 있는 지급명령 정본에 기하여 채권압류 및 추심명령을 신청하여 이를 발령받은 경우, 면책결정의 확정으로 위 집행채권에 관한 책임이 면제되었다고 하더라도 면책결정의 확정은 면책된 채무에 관한 집행력 있는 정본에 기하여 그 확정 후 비로소 개시된 강제집행의 집행장애사유가 되지 아니하므로, 위 지급명령 정본에 기하여 면책결정 후 비로소 신청되어 발령된 위 채권압류 및 추심명령에 대한 적법한 항고이유가 되지 못한다고 한 사안).

35) 파산선고 전이라도 면제재산신청절차를 통해 강제집행 등이 중지, 금지될 수 있다는 점 및 파산절차가 진행 중인 때에는 파산채권에 관하여 파산재단에 속하는 재산에 대하여 행하여진 강제집행 및 보전처분이 효력을 잃게 되고 새로운 강제집행 및 보전처분을 할 수 없게 된다는 점은 앞서 본 바와 같다.

행 등이 금지되었음에도 채무자가 파산선고 후 취득한 재산에 대한 강제집행으로써 채권자가 자신의 채권을 회수하여 이득을 얻은 경우에는 이는 법률상 원인 없이 이루어진 것으로서 채무자에 대한 부당이득이 성립되어 채무자는 집행채권자를 상대로 그 반환을 청구할 수 있다. 그러나 파산선고로 중단된 파산재단 소속 재산에 대한 강제집행 등을 속행하여 채권자가 이득을 얻은 경우 그로 인하여 손해를 입은 자는 채무자가 아니라[36] 다른 파산채권자이므로, 파산채권자는 파산절차에서 위 재산이 환가, 배당되었더라면 받을 수 있는 배당액을 한도로 집행채권자를 상대로 그 반환을 청구할 수 있다.

---

[36] 채무자가 그 소유의 재산에 대하여 강제집행절차가 진행 중임을 알면서도 파산신청 당시 그 재산을 재산목록에 기재하지 않아, 파산재단의 존재 여부를 알지 못한 법원이 동시폐지결정을 하거나, 파산관재인을 선임하였으나 이시폐지결정 혹은 파산종결함으로써 발생하는 경우로서, 채무자가 법원에 사실대로 알렸다고 하더라도, 면제재산 결정이 내려진 경우가 아닌 한 파산관재인을 통해 다른 채권자에게 환가, 배당되었을 것이므로 집행채권자의 강제집행에 의하여 채무자가 손해를 입었다고 보기 어렵다.

個人破産 · 回生實務

제 2 편

. . .

개인회생실무

제1장   개인회생절차 개관

제1절   전체적인 흐름

1. 제도의 개요

개인회생절차는 파산의 원인인 사실이 있거나 그러한 사실이 생길 염려가 있는 개인으로서 총 채무액이 무담보채무의 경우에는 10억 원, 담보부채무의 경우에는 15억 원 이하인 급여소득자 또는 영업소득자가, 원칙적으로 3년을 초과하지 않는 기간 동안 그 수입에서 생계에 필요하다고 인정되는 비용을 제외한 나머지 금액을 변제하면, 채무 잔액을 면책 받을 수 있는 재판상 절차이다. 개인회생절차의 이용자격은 다음과 같다.

① 개인채무자만 이용가능하다. 따라서 주식회사나 유한회사, 사단법인과 재단법인 등 법인은 이용할 수 없다.

② 급여소득자 또는 영업소득자가 이용할 수 있다. 즉 매월 급여나 연금 또는 이와 유사한 정기적이고 확실한 수입을 얻을 가능성이 있는 사람(법에서는 "급여소득자"라고 한다) 또는 부동산임대소득·사업소득·농업소득·임업소득 그 밖에 이와 유사한 수입을 장래에 계속적으로 또는 반복하여 얻을 가능성이 있는 사람(법에서는 "영업소득자"라고 한다)이 이용할 수 있다.

③ 채무총액이 무담보채무의 경우에는 10억 원, 담보부채무의 경우에는 15억 원을 넘으면 이용할 수 없다. 이자 발생 또는 담보물의 가액 등과 관련하여 이 요건의 충족 여부가 문제될 수 있는데, 이에 관하여 자세한 점은 제2장 제1절 참조.

2. 입법례와 제도의 도입 배경

가. 입 법 례

1) 미 국

초기의 파산제도는 공정한 채권추심을 주목적으로 하였고, 채무자의 갱생을 주목적으로 한 것이 아니었으나, 1705년 제정된 영국 파산법(Statute of 4 Anne)에서 세계 최초로 채무자의 면책제도가 도입되었고 1841년 제정된 미국 제2차 연방파산법에서 역시 최초로 채무자 스스로 신청하는 자기파산제도가 도입되었다. 1898년 제정된 미국 제4차 연방파산법에서는 채권자의 동의 없이도 면책을 얻을 수 있도록 하는 규정이 만들어졌다.[1]

개인회생제도는 대공황 이후 미국 제4차 연방파산법이 1938년 거의 전면 개정되면서[소위 챈들러법(The Chandler Act[2])] 개인파산제도에 부수하여 급여생활자의 재건절차인 제13장 절차로 최초로 만들어졌다. 제13장 절차는 장래의 수입에서 채무를 변제하는 방식을 채택한 것으로 채무자에게 파산이라는 불이익을 주지 않고 채권자들의 채권을 일률적으로 감면할 수 있도록 하는 것이다. 이후 1978년 미국 연방파산법이 개정되면서 제13장의 적용대상자를 정기적 수입이 있는 개인으로 확대하여 급여소득자뿐만 아니라 영업소득자까지 제13장 절차를 이용할 수 있도록 하였다.

제13장 절차는 채무자의 자발적 신청에 의하여만 개시되고, 채무자는 언제든지 제7장 절차인 파산절차로 전환할 수 있으며, 아예 신청을 취하할 수도 있다. 신청서 제출 당시에 확정된 채무가 일정 규모[3] 이하인 채무자만 제13장 절차를 신청할 수 있다. 채무자의 신청이 있으면 법원의 구제명령 없이도 절차가 당연히 개시되고, 관재인(trustee)이 선임된다. 채무자는 절차 신청 후 변제계획안을 법원에 제출하여야 하는데, 변제기간은 3년 또는 5년 이내이다.

변제계획안의 인가와 관련하여 채권자의 동의는 필요하지 아니하나, 법원은 인가와 관련하여 심문기일을 열고, 이해관계인은 인가에 관하여 이의를 제기할 수 있다. 이의가 제기된 경우 채무자는 처분 가능한 소득 전부를 변제에 투입하

---

1) 영미 파산법의 연혁에 대하여는 Charles J. Tabb, *Bankruptcy Anthology*, Anderson Publishing Co. (2002), 11~49면 참조.

2) 1936년에 제출된 개정안의 제안자인 Walter Chandler 의원의 이름에서 유래된 것으로 일본과 우리나라 파산제도의 모델이 되었다.

3) 2019. 4. 1. 이후 무담보채무가 419,275달러이고, 담보부채무가 1,257,850달러이다.

여야 한다(한편 채권자는 제13장 절차를 신청할 수 없고, 채무자는 언제든지 파산절차로 전환하거나 취하하는 것이 가능하므로, 채권자들의 무분별한 이의제기를 방지할 수 있다고 보인다). 이후 법원이 변제계획을 인가하면, 법원의 특별한 명령이 없는 한 관재인이 채무자로부터 변제금을 받아 채권자들에 대하여 변제를 실시한다. 채무자가 이와 같은 변제계획의 수행을 마치면 법원이 면책결정을 하게 된다.

이후 경제 호황에도 불구하고 소비자파산사건 수가 계속하여 증가하자 미국 연방파산법이 소비자의 도덕적 해이를 초래하는 원인 중 하나라는 비판을 받았고, 이러한 비판에 기초하여 2005년 연방파산법이 개정[4]되면서 제7장 절차인 파산절차를 신청한 채무자에 대하여 채무자의 재산과 소득에 대한 심사(means test)를 도입하여 파산절차의 남용에 해당하는 경우 신청을 기각하거나 제13장 절차로 전환할 수 있도록 하였고, 면책을 위한 사전 재무관리교육과정을 도입하였으며, 제13장 절차의 변제기간이 주 중위수소득[채무자가 살고 있는 주의 가구 구성원 수가 같거나 적은 가구 소득 중앙값(median income)]을 기준으로 조정되었다.[5]

2) 일   본

일본에서는 장기간의 불황으로 도산사건이 급증함에 따라 종전의 화의법을 대신하여 재건형 도산절차의 기본법으로서 "민사재생법"을 제정하고, 2000. 4. 1.부터 이를 시행하였다. 다만 이와 같이 최초로 제정된 민사재생법은 주로 중소기업을 대상으로 한 재생절차의 창설에 주안점을 둔 것이어서 개인채무자 재생절차에 대하여는 규정하지 않고 있었다. 그렇지만 1990년대 들어 거품경제가 붕괴하면서 개인파산사건이 급증하는 등으로 종래의 파산제도만으로는 도산사건을 적절히 해결할 수 없다는 문제의식에서 출발하여 개인채무자의 재건형 도산절차 정비에 나섰고, 그 결과 민사재생법을 개정하여 제13장에 "소규모개인재생 및 급여소득자 등 재생에 관한 특칙"이라는 제하에 개인재생절차를 신설하고, 2001. 4. 1.부터 이를 시행하게 되었다. 이와 같은 민사재생법 제13장은 기본적으로 미국 연방파산법 제13장 절차를 계수한 것이다.

한편 제13장 이외에도 제10장으로 "주택자금대부채권에 관한 특칙"을 신설하였는데, 이는 기본적으로 주택자금을 대출받은 후 경제적 파탄상태에 빠진 개인채무자가 주택을 보유하면서 재생할 수 있도록 하는 것이다. 주요 내용은, 주

---

4) 구체적인 개정경위에 대하여는 제1편 제2절 3. 사. 참조.
5) 그러나 회생절차를 남용하는 사례는 극히 일부에 지나지 않아 일부 남용 사례를 방지하기 위하여 전체 사건에 대하여 고비용의 절차를 도입하는 것은 과다하고, 회생절차 남용방지를 위하여 도입된 절차들이 실제 효과가 있다는 증거가 없다는 비판이 있다.

택자금대부채권을 담보하는 저당권 실행절차에 대하여 중지명령을 할 수 있도록
하고, 재생계획에 재생채권자가 갖는 주택자금대부채권의 전부 또는 일부를 변
경하는 내용의 주택자금특별조항을 정할 수 있도록 하며(주택자금특별조항의 유형
은 기한의 이익 회복형, 리스케줄링형, 원본유예기간병용형, 동의형으로 나뉜다), 통상의
재생절차와 달리 주택자금특별조항을 정한 재생계획의 효력이 저당권에도 미치
도록 하여 변제기의 유예 등 효력에 의하여 주택자금특별조항에 의하여 변제를
계속하고 있는 한 저당권을 실행할 수 없도록 하는 것 등이다.[6]

　　위와 같은 개인재생절차는 채권조사절차나 재생계획안의 인가절차 등의 통
상의 재생절차보다 간소화·합리화되어 있다는 점이 특징이다. 즉, ① 통상의 재
생절차와 같은 감독위원이나 조사위원 제도를 두지 않고, 적정한 재생계획의 작
성 권고 등의 직무권한이 부여된 개인재생위원을 선임할 수 있도록 하고 있으
며, ② 채권조사절차에서 법원이 개인재생위원의 조사결과를 바탕으로 이의가
제기된 재생채권의 존부와 액수 또는 담보부족액에 대하여 간이한 평가결정을
내림으로써 간이·신속한 채권조사절차를 진행하고, ③ 재생계획의 인가절차에
서 소규모개인재생의 경우 서면결의에 부쳐 부동의 재생채권자가 의결권자 총수
의 2분의 1 미만, 의결권 총액의 2분의 1 이하이면 가결된 것으로 보고 재생계
획을 인가하고, 급여소득자재생의 경우는 결의제도가 없고, 법원이 채권자의 의
견을 청취한 후 재생계획의 인부를 결정하는 점 등이 특징이다.[7]

　　이후 2005년의 개정법에서는 ① 신청요건, 최저변제액요건의 정비, ② 급여
소득자재생에서의 신청제한기간의 단축, ③ 비면책채권제도의 창설 등이 이루어
졌다.

나. 우리나라의 제도 도입배경

　　1997년 금융위기 이후 신용불량자가 증가하고 실업과 카드채무로 인한 개인
파산의 급증 및 그로 인한 사회문제가 점차 심각해지자, 정부는 신용불량자 문제
를 해결하기 위하여 2002년 신용회복위원회를 출범시켰고, 2003년 개인회생절차가
포함된 통합도산법인 '채무자 회생 및 파산에 관한 법률(안)'을 국회에 상정하였다.

　　그러나 통합도산법안은 회사정리법·화의법·파산법을 1개의 법률로 통합

---

6) 한편 서울회생법원은 신용회복위원회와의 업무협약을 통하여 주택담보대출채권 채무재조정
　프로그램을 도입하여 시행하고 있다. 자세한 내용은 제6장 제3절 6. 참조.

7) 개인재생절차의 특징에 대하여는 全國倒産處理弁護士ネットワーク 編集, 新注釋民事再生法
　(下)(第2版), 396면 이하 참조.

하고, 개인회생절차·국제도산절차를 새로 도입하는 내용의 방대한 법안으로 국회에서의 심의가 순조롭게 진행되지 못하였다. 이처럼 국회의 심의가 지연되자 통합도산법안 중 개인회생절차만 분리하여 별도의 독립법으로 만들자는 여론이 형성되어 2003. 11.경 개인채무자회생법안이 국회에 제출되었고, 2004. 3. 2. 국회를 통과하여 2004. 9. 23.부터 개인채무자회생법이 시행되게 되었다.

개인채무자회생법은 미국 연방파산법 제13장 절차를 계수한 것인데, 파산선고에 따른 불이익 없이 장래 일정한 기간 동안의 수입으로 채무의 일부를 변제하고, 나머지 채무에 대해서는 면책결정을 받을 수 있다는 점에서 계속적으로 또는 반복하여 수입을 얻을 가능성이 있는 많은 개인채무자가 이 제도를 이용하게 되었다. 개인회생제도의 도입은 과다한 채무를 지고 있는 개인채무자의 구제에 있어서 청산형 절차인 파산절차와 대응되는 재건형 절차로서의 새로운 도산법률체계의 구축이라는 의미를 가진다.

마침내 채무자 회생 및 파산에 관한 법률이 2005. 3. 2. 국회를 통과하여 2006. 4. 1.부터 시행됨에 따라 개인채무자회생법은 폐지되었다. 신법은 제2편에 회생절차, 제3편에 파산절차, 제4편에 개인회생절차를 규정하여 개인채무자는 각 절차에 따른 장단점을 고려하여 회생절차나 파산절차, 개인회생절차 중 하나를 선택할 수 있게 되었다. 또한 그동안 개인채무자회생법에 따른 개인회생절차의 운용경험을 바탕으로 채무자가 개인회생절차를 용이하게 이용할 수 있도록 하기 위하여 개인회생절차 기각 또는 폐지 후 재신청 허용, 면책결정을 받은 후 재신청 금지기간의 단축, 최장변제기간의 단축(8년에서 5년으로), 최저변제액 제도의 신설, 전부명령에 대한 특칙의 신설, 면책채권에 대한 추심행위의 처벌규정 신설 등 많은 점이 변경되었다.

개인회생절차는 주로 소득에서 생계비로 인정되는 비용을 제외한 나머지 금액의 전부 또는 일부를 변제기간 동안 투입하는 내용의 전형적인 변제계획을 수행하게 된다. 따라서 생계비로 인정되는 비용이 현실적이지 않게 너무 적거나 너무 긴 변제기간이 사실상 강제되는 경우에는 파산의 위기에 있는 채무자라고 할지라도 개인회생절차를 신청하지 않거나, 신청하였다고 하더라도 변제수행이 어려워 결국 면책을 받지 못한다. 이와 같은 경우 개인회생절차의 목적을 달성하지 못할 뿐 아니라 사회적으로도 시간과 비용이 낭비된다.

폐지된 개인채무자회생법은 변제기간을 8년을 초과하지 못하도록 하였으나, 채무자 회생 및 파산에 관한 법률은 채무자에게 지나치게 가혹하다는 이유로 이를 합리적으로 단축하여(제정이유 제4편 가항 참조) 변제기간을 5년을 초과하지 못하도록 하였고, 이후 2017. 12. 12. 개정되고 2018. 6. 13. 시행된 채무자 회생 및 파산에 관한 법률은 개인회생제도의 도입 취지에 맞게 회생 가능한 채무자들을 조속히 적극적인 생산활동에 복귀할 수 있도록 하기 위하여 미국이나 일본과 같이 개인회생절차의 변제기간은 원칙적으로 3년을 초과하지 못하도록 하였다.

3. 절차흐름도

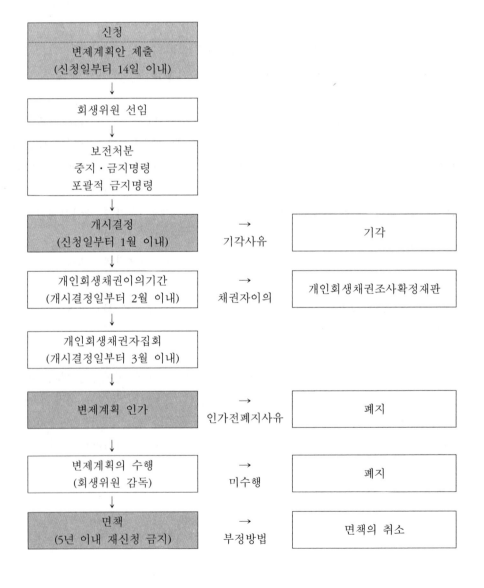

4. 절차의 단계별 설명

가. 신청서의 제출

개인회생절차를 이용하기 위해서는 우선 개인회생절차개시신청서를 제출하여야 한다(^법_{제589조}). 신청서는 채무자의 주소지 등을 관할하는 지방법원 본원에 제출한다(^{법 제3조 제1항,}_{민사소송법 제3조}).[8] 주소지란 생활의 근거되는 곳(^{민법}_{제18조})을 말하는 것이므로 반드시 주민등록상의 주소지에 한정되는 것은 아니지만, 주민등록상의 주소지는 그러한 생활근거지로 대개 추정된다.

주소지 관할법원이 아니더라도, 채무가 밀접히 관련되어 있는 경우에는 관련된 법인 또는 사람에 대한 사건을 한 법원에서 처리하는 것이 바람직하다. 따라서 법인에 대한 회생사건 또는 파산사건이 계속되어 있는 경우 그 법인의 대표자는 법인에 대한 회생사건 또는 파산사건이 계속되어 있는 법원에 개인회생사건을 신청할 수 있고, 주채무자와 보증인 사이, 채무자 및 그와 함께 동일한 채무를 부담하는 자 사이, 그리고 부부 사이에서는 어느 한 쪽이 먼저 회생사건·파산사건 또는 개인회생사건을 신청한 경우 다른 쪽은 먼저 신청된 사건을 담당하고 있는 법원의 관할 내에 자기의 주소지가 없더라도, 그곳에 개인회생사건을 신청할 수 있도록 규정하고 있다(^{법 제3조 제3항}_{제2, 3호}).

나. 신청서의 기재사항, 첨부서류

신청서에는 ① 채무자의 성명·주민등록번호 및 주소, ② 신청의 취지 및 원인, ③ 채무자의 재산 및 채무를 기재하여야 한다(^{법 제589조}_{제1항}).

또한 첨부서류로서는 다음의 서류들을 준비하여 제출하여야 한다(^{법 제589조}_{제2항}). ① 개인회생채권자목록, ② 재산목록, ③ 채무자의 수입 및 지출에 관한 목록, ④ 급여소득자 또는 영업소득자임을 증명하는 자료, ⑤ 진술서, ⑥ 신청일 전 10년 이내에 회생사건·화의사건·파산사건 또는 개인회생사건을 신청한 사실이 있는 때에는 그 관련서류, ⑦ 그 밖에 대법원규칙이 정하는 서류.

변제계획안은 법률상 개시신청서의 첨부서류에 포함되어 있지는 않으나, 절차의 신속한 진행을 위하여 변제계획안을 개시신청서 제출 시에 함께 제출하는 것이 바람직하다.

---

8) 관할에 관한 자세한 내용은 제2장 제2절 참조.

다. 신청서에 대한 법원의 심리

신청서를 접수한 법원은, 그 신청이 법 제595조가 정한 기각사유에 해당하는지를 검토한다. 법 제595조의 기각사유는 다음과 같다. ① 채무자가 신청권자의 자격을 갖추지 아니한 때, ② 채무자가 제589조 제2항 각 호의 어느 하나에 해당하는 서류를 제출하지 아니하거나, 허위로 작성하여 제출하거나 또는 법원이 정한 제출기한을 준수하지 아니한 때, ③ 채무자가 절차의 비용을 납부하지 아니한 때, ④ 채무자가 변제계획안의 제출기한을 준수하지 아니한 때, ⑤ 채무자가 신청일 전 5년 이내에 면책(파산절차에 의한 면책을 포함한다)을 받은 사실이 있는 때, ⑥ 개인회생절차에 의함이 채권자 일반의 이익에 적합하지 아니한 때, ⑦ 그 밖에 신청이 성실하지 아니하거나 상당한 이유 없이 절차를 지연시키는 때.

라. 변제계획안의 제출 및 변제의 개시

채무자는 변제계획안을 스스로 작성하여 법원에 제출하여야 한다. 법률상의 제출시한은 개시신청일부터 14일 이내로 정해져 있으나(법 제610조 제1항), 절차의 신속한 진행을 위하여 변제계획안을 개시신청서 제출 시에 함께 제출하는 것이 바람직하다. 법원은 개인회생채권자목록상의 각 개인회생채권자 등에게 개시결정 및 개인회생채권자목록을 송달하면서 변제계획안도 함께 송달하여야 한다(법 제597조 제2항).

채무자는 변제계획안에 변제계획인가일부터 1월 이내에 변제를 개시하여 정기적으로 변제하는 내용을 포함시켜야 하는데(법 제611조 제4항), 변제계획안 제출일부터 60일 후 90일 내의 일정한 날을 제1회로 하여 매월의 지정일에 그 변제계획안상의 매월 변제액을 회생위원에게 임치할 뜻을 기재할 수 있다(개인회생예규 제7조 제3항). 실무상으로는 채무자가 변제계획안을 제출할 때 그 제출일로부터 60일 후 90일 내의 어느 날을 매월의 지정일로 정하고, 개시결정에서 지정되는 회생위원의 은행계좌로 그 변제계획상의 매월 변제액을 지정일에 입금하도록 하고 있다[다만 급여가 가압류 또는 압류되어 (가)압류적립금이 있는 경우에는 제1회 변제일을 변제계획인가 후 1월 이내로 정하여 변제계획안을 작성하는 것을 허용한다]. 이와 같이 채무자는 변제계획 인가결정 이전에 변제액을 적립함으로써 자신의 변제계획안이 수행가능함을 소명할 수 있고, 법원도 이를 변제계획 인가요건, 특히 변제계획안의 수행가능성 여부의 판단자료로 삼을 수 있다.

이와 같이 초기부터 입금되는 변제액은 변제계획인가결정이 내려질 때까지는 회생위원의 계좌에 적립되고, 인가결정 후에 개인회생채권자들에게 지급된다.

마. 회생위원의 선임

개인회생절차에 있어서, 법원은 회생위원을 선임할 수 있다($^{법}_{제1항}^{제601조}$). 법률상으로는 회생위원의 선임이 임의적이나, 실무상 개시신청 직후 모든 사건에서 회생위원을 선임하고 있다.

회생위원의 업무는 변제계획 인가 전에는 주로 채무자의 재산 및 소득을 조사하고, 변제계획 인가 후에는 변제계획에 따라 채무자가 납입한 변제액을 개인회생채권자들에게 분배하는 일 등이다. 자세한 것은 제2장 제7절 4. 참조.

바. 법원의 개시결정

기각사유가 없다고 판단되면 법원은 원칙적으로 신청일부터 1월 이내에 개인회생절차의 개시를 결정한다($^{법}_{제1항}^{제596조}$). 결정을 하는 때에는 결정서에 결정의 연·월·일·시를 기재하여야 하고, 이 결정의 효력은 그 결정시부터 발생한다($^{같은 조}_{제4항·제5항}$).

법원은 개인회생절차개시결정과 동시에, ① 개인회생채권에 관한 이의기간(이 기간은 개인회생절차개시결정일부터 2주 이상 2월 이하로 한다) 및 ② 개인회생채권자집회의 기일(이 기일과 위 이의기간의 말일 사이에는 2주 이상 1월 이하의 기간이 있어야 한다)을 정하여야 한다($^{같은 조}_{제2항}$).

사. 개인회생채권의 확정

개시신청 시에 제출된 개인회생채권자목록을 법원으로부터 송달받은 개인회생채권자 중에서 그 목록상의 기재, 특히 채권액 등에 잘못이 있다고 생각하는 개인회생채권자는 개시결정에서 정한 이의기간 내에 서면으로 이의를 신청할 수 있다($^{법}_{제1항}^{제604조}$).[9]

채무자가 이의내용을 인정하는 때에는 법원의 허가를 받아 개인회생채권자목록을 변경할 수 있다. 이 경우 법원은 조사확정재판신청에 대한 결정을 하지 아니할 수 있다($^{같은 조}_{제1항}$).

개인회생절차개시 당시 이미 소송이 계속 중인 권리에 대하여 이의가 있는

---

[9] 이의신청과 개인회생채권조사확정재판의 신청의 관계에 관하여는 제5장 제4절 3. 개인회생채권조사확정재판 부분 참조

경우에는 별도로 조사확정재판을 신청할 수 없고 이미 계속 중인 소송의 내용을 개인회생채권조사확정의 소로 변경하여야 한다($^{같은조}_{제2항}$).

개인회생채권자가 자신의 개인회생채권의 내용에 관하여 개인회생채권조사확정재판을 신청하는 경우에는 채무자를 상대방으로 하고, 다른 개인회생채권자의 채권내용에 관하여 개인회생채권조사확정재판을 신청하는 경우에는 채무자와 다른 개인회생채권자를 상대방으로 하여야 한다($^{같은조}_{제3항}$). 법원은 이해관계인을 심문한 후 개인회생채권조사확정재판을 하여야 하며, 이 결정에서 이의가 있는 개인회생채권의 존부 또는 그 내용을 정한다($^{같은조}_{제5항}$).

개인회생채권자목록에 기재된 채권자가 이의기간 안에 개인회생채권조사확정재판을 신청하지 아니하거나 개인회생채권조사확정재판신청이 각하된 경우에는 개인회생채권자목록의 기재대로 채권이 확정된다($^{법 제603조}_{제1항}$).

아. 변제계획안의 수정

변제계획안에는 ① 채무변제에 제공되는 재산 및 소득에 관한 사항, ② 개인회생재단채권 및 일반의 우선권 있는 개인회생채권(이들 채권에 관한 자세한 것은 제4장 제2절, 제5장 제3절을 참조)의 전액의 변제에 관한 사항, ③ 개인회생채권자목록에 기재된 개인회생채권의 전부 또는 일부의 변제에 관한 사항을 기재하여야 한다($^{법 제611조}_{제1항}$).

채무자는 변제계획안이 인가되기 전에는 변제계획안을 수정할 수 있으며, 법원도 이해관계인의 신청에 의하거나 직권으로 채무자에 대하여 변제계획안을 수정할 것을 명할 수 있다.

채무자가 제출한 변제계획안은 회생위원의 검토 등을 거쳐서 최종안으로 정해지고, 이에 대하여 법원이 인가 여부를 판단하게 된다. 원칙적으로는 개시신청 시에 제출된 변제계획안이 인가결정 여부의 대상이 되어야 하나, 미비한 점이 발견되는 경우에는 채무자로 하여금 이를 수정하게 하는 과정이 뒤따른다.

자. 개인회생채권자집회

개인회생절차의 개인회생채권자집회는 어떤 결의를 하는 집회가 아니고, 채무자가 변제계획안에 대한 설명을 하고 개인회생채권자가 그에 대한 이의 여부를 진술하는 집회이다($^{법 제613조}_{제2항·제5항}$). 법원은 개인회생절차개시결정을 한 때에 채무자·개인회생채권자 등에게 개인회생채권자집회의 기일 등이 기재된 서면(통지서)과 변제계획안 등을 송달하여야 하고, 통상 이와 같이 예정된 개인회생채권자집회기일에서 위 변제계획안에 대한 이의진술 등의 절차가 진행된다.

법률상 개인회생채권에 관한 이의기간 말일과 개인회생채권자집회기일 사이에는 2주 이상 1월 이내의 기간이 있어야 한다. 이와 관련하여 이의기간 중에 개인회생채권자로부터 이의가 있는 경우에는 채무자가 그 이의내용을 인정하거나, 다툼이 있는 금액에 대한 변제액을 유보하는 등으로 변제계획안을 수정하는 일이 종종 있게 되는데, 이때 변제계획안 수정 및 송달업무에 소요되는 기간을 고려하면, 이의기간의 말일과 개인회생채권자집회기일 사이의 기간이 촉박하게 될 수 있다. 서울회생법원의 실무는, 이러한 경우에 변제계획안의 수정과 송달업무의 처리를 위하여 개인회생채권자집회기일을 변경하고 있다.

그리고 위 이의기간 후에도 변제계획인가결정 전까지 채무자가 법원의 허가를 얻어 개인회생채권자목록을 수정하거나(규칙 제81조 참조), 변제계획안을 수정할 수 있고(법 제610조 제2항), 법원이 변제계획안의 수정을 명할 수도 있으므로, 이러한 경우에도 수정된 변제계획안을 송달하여야 하고, 사안에 따라 채권자집회기일을 변경한다.

개인회생채권자집회는 법원이 지휘하되, 회생위원이 선임되어 있는 때에는 법원은 회생위원으로 하여금 개인회생채권자집회를 진행하게 할 수 있다(법 제613조 제3항·제4항).

차. 변제계획안의 인가와 그 효력

개인회생채권자집회에서 개인회생채권자 또는 회생위원이 이의를 진술하지 않은 경우에는, 법 제614조 제1항이 정하는 4가지 요건, 즉 ① 변제계획이 법률의 규정에 적합할 것, ② 변제계획이 공정하고 형평에 맞으며, 수행가능할 것, ③ 변제계획 인가 전에 납부되어야 할 비용·수수료 그 밖의 금액이 납부되었을 것, ④ 변제계획의 인가결정일을 기준일로 하여 평가한 개인회생채권에 대한 총변제액이 채무자가 파산하는 때에 배당받을 총액보다 적지 아니할 것이라는 요건이 충족되면, 법원은 필수적으로 변제계획인가결정을 하여야 한다.

그리고 개인회생채권자집회에서 개인회생채권자 또는 회생위원이 이의를 진술한 경우에는, 위의 4가지 요건 외에 추가로, ⑤ 변제계획의 인가결정일을 기준일로 하여 평가한 이의를 진술하는 개인회생채권자에 대한 총변제액이 채무자가 파산하는 때에 배당받을 총액보다 적지 아니할 것, ⑥ 채무자가 최초의 변제일부터 변제계획에서 정한 변제기간 동안 수령할 수 있는 가용소득의 전부가 변제계획에 따른 변제에 제공될 것, ⑦ 변제계획의 인가결정일을 기준으로 하여 평가한 개인회생채권에 대한 총변제액이 3천만 원을 초과하지 아니하는 범위 내에서 아래 각 목의 금액, 즉 (i) 변제계획의 인가결정일을 기준일로 하여 평가한 개인회생채권의 총금액이 5천만 원 미만인 경우에는 위 총금액에 100분의 5를 곱한 금액, (ii) 변제계획의 인가결정일을 기준일로 하여 평가한 개인회생채권의 총금액이 5천만 원 이상인 경우에는 위 총금액에 100분의 3을 곱한 금액에 1백만 원을 더한 금액보다 적지 아니할 것이라는 요건이 충족되는 경우에 변제계획 인가결정을 할 수 있다(법 제614조 제2항).

법원이 변제계획인가결정을 선고할 때에는, 그 주문, 이유의 요지와 변제계획의 요지를 공고하여야 하며(같은 조 제3항), 위 변제계획은 인가결정이 있는 때부터 효력이 생긴다. 다만 변제계획에 의하여 개인회생채권이 변경되는 것은 인가결정이 있는 때가 아니라 변제계획 수행 후 면책결정이 확정된 때이다(법 제615조).

카. 절차의 수행과 면책

채무자는 인가된 변제계획에 따라 개인회생채권자에게 변제할 금원을 회생위원에게 임치하여야 하고, 개인회생채권자는 그와 같이 임치된 금원을 변제계획에 따라 회생위원으로부터 지급받아야 한다. 개인회생채권자가 지급받지 않는 경우에는 회생위원은 개인회생채권자를 위하여 공탁할 수 있다(법 제617조 제1항·제2항). 실무상 변제할 금원의 임치는 지정된 예금계좌에 입금하는 방식으로 이루어진다.

정해진 변제기간 동안 채무자가 변제계획에 따른 변제를 완료한 때에는, 법원은 당사자의 신청에 의하거나 직권으로 면책의 결정을 하여야 한다(법 제624조 제1항). 법원의 면책결정이 내려지면, 변제계획에 따른 변제액 외의 나머지 개인회생채무 전액에 관하여 그 책임이 면제된다. 다만 벌금이라든지, 채무자가 고의로 가한 불법행위로 인한 손해배상 등 일부 채무는 면책되지 않는다(법 제625조 제2항).

면책불허가결정이 확정된 때, 채무자가 인가된 변제계획을 이행할 수 없음이 명백하거나, 채무자가 재산 및 소득의 은닉 그 밖의 부정한 방법으로 인가된 변제계획을 수행하지 아니하는 때에는 이해관계인의 신청에 의하거나 직권으로 개인회생절차폐지의 결정을 하여야 한다(법 제621조 제1항).

제 2 절 유사절차와의 비교

1. 개   요

　파산, 회생, 개인회생, 개인워크아웃 등의 각 절차는, 채무자가 지급불능의 상태에 이르거나 이에 이를 염려가 있을 때에 그 채무를 조정하기 위하여 만들어진 제도이다.

　그중 파산절차는 파산선고 당시의 채무자의 재산을 기초로 하여 이를 각 채권자에게 배분하기 위한 제도이고, 나머지 절차들은 채무자가 장래에 벌어들일 소득을 기초로 하여 이를 채권자들에게 분배하는 동시에 변제기와 채무액을 조정하려는 제도이다. 이하에서는 개인회생절차와 나머지 각 절차들을 하나씩 비교하여 본다.

2. 개인회생절차와 개인파산절차의 비교

　채권자에 대한 변제재원이 파산절차에 있어서는 채무자가 파산선고 당시 보유하고 있는 재산임에 반하여 개인회생절차에 있어서는 원칙적으로 장래 채무자가 얻는 소득이라는 점에 가장 큰 차이가 있다.

　또한 개인회생절차는 변제기간 동안의 총변제액이 채무자의 재산을 현재 청산하였을 때의 청산가치보다 높을 경우에 이용할 수 있으므로(채권자가 동의하면 그렇지 않더라도 개인회생절차를 이용할 수 있으나, 그런 동의의 가능성은 거의 없다), 청산가치가 장래의 총변제액보다 많을 경우에는 현재 재산의 일부를 변제계획에 투입함으로써 총변제액을 청산가치보다 크게 하는 경우에만 이용할 수 있다.

　개인파산절차에서 파산관재인이 선임되는 경우에는 법원에서 선임한 파산관재인이 파산재단에 대한 관리처분권을 행사한다. 이에 반하여, 개인회생절차에서는 채무자가 개인회생재단에 대한 관리처분권을 행사한다는 점이 큰 차이점이다. 다만 개인회생절차에서는 법원에서 선임한 회생위원이 채무자의 재산 및 소득에 대한 조사 등을 함으로써 관여하기는 한다.

　채무자는 개인회생절차를 이용함으로써 파산신청을 하는 경우에 비하여 파산선고에 따르는 사회적 불명예를 피할 수 있고, 개인회생절차에서는 파산절차에서와 달리 과다한 낭비·도박이 면책불허가사유로 되어 있지 않는 등 면책요건상 더 유리한 점이 있으므로 이에 따른 이득을 얻을 수 있다.

다만 개인회생절차는 급여소득자 또는 영업소득자만이 이용할 수 있고, 정기적인 수입을 통하여 생계비 이상의 소득(가용소득)이 인정되어야 하므로, 정기적인 수입을 인정받기 어렵거나 수입이 근소하여 가용소득이 확보되지 않는 채무자는 개인파산절차를 이용함이 바람직하다.

한편 법은 개인회생절차가 개시되면 진행 중이던 개인파산절차는 중지되도록 하여 개인회생절차가 개인파산절차에 우선하도록 하고 있다(법 제600조 제1항 제1호).

개인파산과 개인회생제도의 이용비율은 개인파산 및 개인회생 심리 기준의 엄격성 정도, 경제상황, 실업률 등에 의하여 영향을 받게 되는데, 최근 개인파산에 비하여 개인회생신청사건이 늘고 있는 추세이고, 서울중앙지방법원 및 서울회생법원에도 2012년 이후로는 개인회생사건이 개인파산사건보다 많이 접수되고 있다.

[개인파산 및 개인회생의 신청건수]

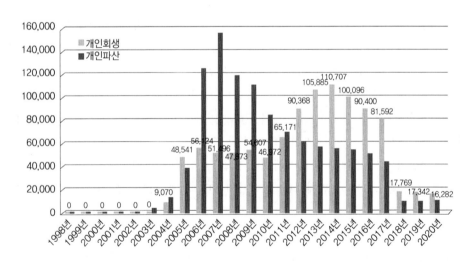

3. 개인회생절차와 회생절차의 비교

회사정리법, 화의법 및 파산법이 하나의 법률로 통합되면서 기존의 화의절차가 폐지됨과 아울러 회사정리절차가 개선되어 회생절차로 일원화되었고, 회생절차의 적용대상은 개인·법인의 구분 없이 모든 채무자를 대상으로 하고 있다.

개인회생절차는 담보채무가 최대 15억 원, 무담보채무가 최대 10억 원으로 채무한도에 제한이 있으므로, 이러한 채무액을 초과하는 대규모 영업자는 회생절차를 이용하여야 한다.

개인회생절차는 채권자들의 결의절차가 생략된 간이·신속한 절차임에 반하여, 회생절차는 회생절차의 기관으로 관리인과 조사위원을 선임할 수 있고 회생계획안에 대하여 채권자집회 또는 서면에 의한 결의를 거치는 등 다소 복잡한 절차이다. 개인회생절차에서는 담보권이 별제권으로 취급되어 인가결정 시까지만 담보권의 실행을 제한할 수 있지만, 회생절차에서는 담보권자도 회생계획에 의하여 권리변경을 가할 수 있으며 회생절차가 진행되는 동안 담보권의 행사를 제한할 수 있다. 또한 인가결정의 효력에 있어서도, 개인회생절차에서는 인가결정 후 채무자가 변제계획에 따른 변제를 완료하고, 면책결정이 확정된 때 권리변경의 효력이 발생하지만, 회생절차에서는 회생계획의 인가결정에 의하여 권리변경의 효력이 발생한다.

채무액이 한도 내이어서 개인회생절차를 이용할 수 있는 개인채무자라면 영업에 필수적인 재산에 담보권이 설정되어 있어서 담보권의 실행을 저지하기 위해서는 회생절차를 이용할 수밖에 없는 등의 특수한 사정이 있는 경우를 제외하고는 회생절차보다는 간이하고 신속한 개인회생절차를 이용하는 것이 편리하다.

개인회생절차와 회생절차가 상호 배타적인 관계에 있는 것은 아니지만 법은 개인회생절차가 개시되면 회생절차는 중지되도록 하여 개인회생절차가 회생절차에 우선하도록 하고 있다(법 제600조 제1항 제1호).

2014. 12. 30. 법이 개정되면서 회생채권 및 회생담보권의 총액이 50억 원 이하의 범위에서 대통령령[10]으로 정하는 금액 이하인 채무를 부담하는 영업소득자에 대한 간이회생절차(법 제2편 제9장)가 신설되었다. 간이회생절차는 원칙적으로 관리인을 선임하지 아니하고, 간이조사위원이 선임된 경우 간이한 방법으로 조사위원의 업무를 수행할 수 있으며, 회생계획안의 가결 요건에 관하여 특례를 두

---

10) 2020. 6. 2. 이후 50억 원이다(시행령 제15조의3).

고 있다.

4. 개인회생절차와 개인워크아웃절차의 비교

개인워크아웃이란 법원이 아닌 '신용회복위원회'[11]에서 「서민의 금융생활 지원에 관한 법률」 및 채권금융회사와 체결한 신용회복지원협약에 기초하여 개인채무자의 금융채무를 조정하여 주는 절차를 말한다.

개인워크아웃은 신용회복위원회와 신용회복지원협약을 체결한 채권금융회사에 대한 대출, 신용카드 등의 채무에 대하여만 조정이 가능한 제도임에 반하여, 개인회생절차는 금융기관 채무를 포함하여 모든 채무에 대하여 조정이 가능하다는 점에서 큰 차이가 있다. 채무조정 범위에 있어서도 개인워크아웃절차는 무담보채무의 경우 이자와 연체이자는 전액 감면하지만 원금은 최대 70%까지만 감면할 수 있고, 최장 8년 이내에 분할 상환하는 등 개인회생절차와 비교하여 채무조정의 한계가 있고 최장변제기간이 장기이다. 그 외 개인워크아웃절차는 채무조정의 방법으로서 상환유예를 할 수 있고, 사회취약계층 등에 대한 특례, 담보권 실행유예, 담보주택 매매지원, 주택담보대출에 대한 특례를 두고 있다.

개인워크아웃절차는 개인회생절차와 비교하여 채무조정 절차에 있어서도 차이가 있는데, 개인워크아웃은 채무자가 신용회복위원회에 채무조정을 신청하면(신청), 신용회복위원회는 채권금융회사에 이를 통지하고(접수통지), 채권금융회사로부터 채권신고를 받는다(채권신고). 심의위원회에서 채무조정안을 심의·의결하고(심의), 채무조정안을 채권금융회사에 통지하여 과반수 동의를 받아 채무조정안을 확정한 후(동의) 채권금융회사 및 채무자가 그 채무조정안을 수락하는 과정을 거쳐 채무조정합의가 성립되는 과정을 거친다(합의). 이렇듯 개인워크아웃제도는 기본적으로 채권자와 채무자의 합의를 통한 채무조정절차이고, 채권확정절차를 두고 있지 않아 채권에 분쟁이 있는 경우 이용할 수 없다.

또한 중요한 차이점으로 개인회생절차에서는 채권자가 채무자의 보증인 등 채무자와 각각 전부의 채무를 이행할 의무를 부담하는 자에 대하여 개인회생절차와 관계없이 청구할 수 있으나, 개인워크아웃에서 채권금융회사는 주채무자가

---

11) 신용회복위원회는 2002년 금융기관들의 신용회복지원협약에 기초하여 설립되고, 2016년 제정·시행된 「서민의 금융생활 지원에 관한 법률」에 근거하여 재출범한 법인으로서 개인워크아웃, 프리워크아웃을 통한 채무조정 외에 개인회생·파산면책 신청지원, 서민금융지원, 올바른 신용문화 육성 등을 주요 업무로 하고 있다.

워크아웃을 신청한 경우 보증인 등에 대하여 추심 등 채권행사를 할 수 없고, 채무조정합의의 효력이 보증인에 대하여도 미친다.

요컨대, 위와 같은 차이는 개인회생절차가 법률상의 채무조정제도이고, 개인워크아웃이 사적 합의를 통한 채무조정제도라는 점에서 생기는 것이다.

실무상으로 개인워크아웃을 진행하다가 워크아웃에서 정한 월변제액을 입금하지 못하여 워크아웃이 실효됨에 따라 개인회생절차를 신청하는 사례들이 있다.[12] 워크아웃 절차를 밟고 있는 사람이 법원의 개인회생제도의 이용신청을 할 수 있는지에 관해서는 제2장 제1절의 6.을 참조.

---

12) 서울중앙지방법원은 신용회복위원회 및 대한법률구조공단과 연계하여 2013. 5. 15.부터 "신용회복위원회 상담제도 활용을 통한 Fast Track"을 시범실시하였고, 2017. 6. 23.부터 전국법원에서 이를 시행하고 있다. 이와 같은 Fast Track의 개요는, ① 신용회복위원회는 신용상담을 받은 채무자(신용회복지원 부적격자 또는 신용회복지원이 실효된 채무자)에게 채무자의 '소득 및 재산정보'와 신용회복지원협약에 가입한 채권자들의 채권신고를 받아 작성한 '채무정보(개인회생신청서의 채권자목록과 유사한 형태로 작성됨)' 등이 담긴 신용상담보고서를 발급하여 주고, ② 대한법률구조공단은 채무자로부터 위 신용상담보고서 등을 제출받아 채무자를 무료로 대리하여 개인회생절차개시신청서를 작성하여 법원에 제출하며, ③ 법원은 이와 같이 접수된 개인회생 및 개인파산사건에 대하여, 회생위원 또는 파산관재인이 위 상담보고서를 참고하여 재산 및 소득에 대한 조사의 정도를 감면하고, 위 '채무정보'의 제출로써 해당 채권자들에 대한 부채증명서의 제출에 갈음하는 것 등이다. 위와 같은 Fast Track은 지금까지 상호 무관하게 별개로 진행되어 왔던 공적 채무조정제도와 사적 채무조정제도의 연계를 추구하는 것으로서, 개인회생 또는 개인파산신청에 소요되는 채무자의 시간과 비용절감, 신속한 절차의 진행 등을 기대할 수 있다.

제 2 장   개시신청부터 개시결정 전까지

제 1 절   개인회생절차의 신청자격

1. 개인채무자

개인회생절차는 개인채무자만 신청할 수 있다(법 제588조 참조). 개인회생절차는 개인채무자가 장래의 수입으로 변제를 계속하는 절차이므로 자발적인 의사에 기하지 않으면 변제를 계속하는 것이 곤란하다. 따라서 법은 개인채무자만이 개인회생절차를 신청할 수 있도록 하고, 채권자는 신청할 수 없도록 하였다.[1]

채권자가 채무자에 대하여 파산을 신청하여 파산절차가 진행 중일 때 채무자가 개인회생절차를 신청하여 개시결정이 내려지는 경우에는 종전의 파산절차는 중지되고(법 제600조 제1항), 개인회생절차가 진행된다.

또한 개인회생절차는 개인만이 이용 가능한 제도이기 때문에 조합이나 1인 주주의 주식회사, 재단법인 등은 신청할 자격이 없다.

2. 급여소득자 또는 영업소득자

가. 개   요

법은 '개인채무자'가 개인회생절차를 이용할 수 있다고 정하고 있는데, 두 종류의 개인채무자를 예정하고 있다. '급여소득자'와 '영업소득자'가 그 두 종류인데, 급여소득자라 함은 급여·연금 그 밖에 이와 유사한 정기적이고 확실한 수입을 얻을 가능성이 있는 개인을 말하고, 영업소득자라 함은 부동산임대소

---

1) 한편 실무적으로 법무사가 비송사건인 개인회생 사건을 수임한 후 신청서 등 관련 서류를 작성하여 법원에 제출하는 등의 방법으로 회생신청 업무를 포괄적으로 위임받아 취급하는 것에 관하여 변호사법이 금지하는 대리에 해당하는지 여부가 문제되었으나, 2020. 2. 4. 법무사법이 개정되어 법무사에게 개인회생의 신청대리를 허용하였다.

득·사업소득·농업소득·임업소득 그 밖에 이와 유사한 수입을 장래에 계속적으로 또는 반복하여 얻을 가능성이 있는 개인을 말한다(법 제579조 제2호·제3호).

급여소득자 또는 영업소득자라는 요건을 충족하기만 한다면 직업 자체에 관한 제한은 없고, 원칙적으로 그 수입의 원천이 어디 있는지는 문제 삼지 않는다.

계속적 수입이 있다는 점만으로 바로 개인회생절차 신청자격이 생기는 것은 아니다. 생계비 이상의 수입이 있어서 생계비를 공제하더라도 채권자에게 변제재원으로 제공할 '가용소득'이 있어야만 하고, 이 가용소득은 일정한 경우 그 전부를 채무변제에 제공하여야 한다.

나. "정기적이고 확실한"(급여소득자의 경우) 및 "계속적으로 또는 반복하여"(영업소득자의 경우) 수입을 얻을 가능성

1) 의   의

개인회생절차는 개인의 장래 수입을 주된 변제재원으로 하여 원칙적으로 3년[2]의 변제기간 동안 정기적으로 개인회생채권자 등에게 변제를 해가는 절차이기 때문에, 개인의 장래 수입 발생이 확실하여야 한다. 그렇지 않으면 절차수행이 불가능한 사람이 개인회생절차를 신청하였다가 도중에 절차가 폐지되는 경우가 많아져 오히려 그 개인에게 불이익한 결과를 초래할 뿐만 아니라, 개인회생절차의 운영 자체도 현저히 비효율적으로 되기 때문이다.

장래 수입이 계속적 또는 반복적으로 발생될 것인지의 주된 판단 기준은 결국 개인채무자가 개인회생절차에서 변제계획안에 따라 정기적으로 채무변제를 할 수 있을 정도로 안정적이고 정기적인 수입을 얻을 수 있느냐이다. 이에 관한 구체적인 사례는 아래의 다.항(급여소득자) 및 라.항(영업소득자)에서 살펴본다.

한편 실제 사례에서 종종 문제될 수 있는 것은, "언제" 개인채무자가 정기적인 수입을 얻고 있어야 하는가 하는 점이다. 원칙적으로 ① 채무자가 개인회생절차를 신청할 당시부터 정기적인 수입을 얻고 있다고 인정될 만한 요건을 갖추어야 할 뿐만 아니라, ② 그 후 변제계획안이 인가될 당시에도 이러한 요건을 계속 갖추었다는 점이 모두 인정되어야 할 것이다. 따라서 수년간 직장생활을 하다가 개인회생절차개시신청 1, 2개월 전에 실직한 무직자는 물론이고, 신청 당시까지는 직업을 보유하고 있었으나 인가 당시 실직한 사람은 이러한 요건을 갖

---

2) 다만, 청산가치보장을 위하여 필요한 경우 등 특별한 사정이 있는 때에는 변제개시일부터 5년을 초과하지 않는 범위 내에서 변제기간을 정할 수 있다(법 제611조 제5항 단서).

추지 못하고 있기 때문에 신청자격이 있다고 할 수 없다. 이들이 작성·제출한 변제계획안은 수행가능성이 희박할 수밖에 없기 때문이다. 이는 개인채무자의 신청적격과 변제계획안의 수행가능성이 밀접하게 맞물려 있음을 의미한다.

2) "수입"의 의미

"수입"이라 함은 반드시 근로의 대가일 필요는 없고 계속적 또는 반복적으로 얻을 가능성이 있으면 족하다.[3] 예컨대, 연금수급자의 경우에는 정기적으로 연금을 수령할 수 있는 한 그것이 비록 임금이 아니더라도 "수입"이 있는 것으로 인정될 수 있다(법 제579조 제2호). 다만 국민기초생활보장법상의 급여를 받는 생활보호 수급자의 경우에는 형식적으로는 계속적 또는 반복적으로 수입이 있다 할 수 있으나, 제도의 취지가 최저생활에 필요한 비용을 국가가 지급하여 최저한도의 생활을 보장하기 위한 것이기 때문에 이는 개인회생절차에서 채무 변제재원으로 쓰려는 소득에 해당된다고 보기 어렵다. 생활보호급여에서 최저생계비를 공제하고 나면 가용소득으로 남을 부분이 전무하거나 거의 없을 것이라는 점을 고려하면 더욱 그러하다.

다. 급여소득자

'급여소득자'라 함은 급여·연금 그 밖에 이와 유사한 정기적이고 확실한 수입을 얻을 가능성이 있는 개인을 말한다(법 제579조 제2호). 구체적인 예를 살펴보면 다음과 같다.

1) 회사원 또는 공무원

근로계약 또는 고용계약에 기하여 급여를 얻고 있는 사람은 여기에 해당된다. 또한 급여체제가 성과급제인 경우에도 과거의 실적 등을 볼 때 매월 일정액의 수입이 있는 것과 같이 볼 수 있는 때에는 개인회생절차를 이용할 수 있다. 따라서 기본급으로 매월 100만 원을 받는 이외에 성과급으로 평균 50만 원 정도를 더 받는 것과 같은 경우에는 개인회생절차 이용이 가능하다. 그 대표적인 예로 법인택시 운전사를 들 수 있다.

그러나 불법적인 영업[4]을 통하여 소득을 얻고 있는 회사에 고용되어 있는

---

3) 증여받은 소득이나 보험금소득 등 예외적인 소득을 수입으로 인정할 것인지가 문제되는데, 마찬가지로 계속적·반복적인 것인지 여부에 달려있다. 일정한 계약관계에 기하여 매달 또는 정기적으로 지급되는 보험금과 같은 경우에는 계속적·반복적 수입으로 인정할 수 있을 것이므로 법에서 말하는 수입에 포함될 수 있다.

4) 전형적인 예로, 마약제조 및 판매업, 무허가 인터넷 도박사이트 운영업을 영위하는 회사를 들 수 있다.

회사원의 경우라면, 소득의 원천이 국가의 형벌권 또는 행정적 제재에 복종하여 중지 및 금지되어야 할 대상이므로 이러한 불법적인 영업이 장래에도 계속적으로 또는 반복하여 영위될 가능성이 있다고 인정하기는 어렵다. 따라서 이러한 회사에 고용되어 있는 개인의 경우 정기적이고 확실한 소득을 얻을 가능성이 있다고 볼 수 없다.

2) 아르바이트·파트타임 종사자, 비정규직·일용직 근로자

아르바이트·파트타임 종사자, 비정규직·일용직 근로자 등도 그 고용형태와 소득신고의 유무에 불구하고 정기적이고 확실한 수입을 얻을 가능성이 있다고 인정되는 이상 법 제579조 제2호의 '급여소득자'에 해당한다.[5]

아르바이트나 파트타임 종사자 등도 동일한 근무처에서 장기간 일하면서 수입을 얻는 경우 등에는 급여소득자에 해당한다고 볼 수 있다. 이와 같이 아르바이트·파트타임 종사자 등은 지금까지 얼마나 직장을 옮겼는지, 같은 업종에서 일을 해 온 총기간이 얼마나 되는지, 일을 매일 하고 있는지와 하루 근무시간 등을 종합하여 그 수입이 정기적이고 확실하다는 점을 인정할 수 있으면 신청자격을 인정하는 것이 타당하다.

일용직 근로자의 경우 일정한 작업현장에서 정기적인 고용계약을 맺고 있어 그것이 향후에도 지속될 가능성이 확실한 경우에는 개인회생절차를 이용할 수 있을 것이다. 그러나 이와 달리 부정기적으로 불특정한 작업 장소에서 매일 일당을 받고 일하고 있어서 그 월별 작업 일수를 미리 특정하기 어려운 경우에는 정기적이고 확실한 수입을 얻을 수 있는 가능성이 있다고 하기 어려울 수 있으나, 구체적인 판단은 여러 사정을 종합해서 하여야 한다.

3) 회사의 임원

회사의 임원이 정기적으로 임원보수 등을 받고 있다면 개인회생절차를 이용할 수 있다. 단, 임원이라 하여도 임원보수 및 임금을 전혀 받고 있지 않거나, 또는 임원보수가 있어도 정기적이지 아니한 경우에는 정기적이고 확실한 수입을 얻을 가능성이 있다고 하기 어렵기 때문에 개인회생절차를 신청하기 어렵다.

4) 연금수령자

공무원이나 회사원 등이 직장을 퇴직하고 매월 정기적으로 연금을 받고 있다면 이들도 개인회생절차를 신청할 자격이 있다. 특히 공무원연금법·군인연금

---

5) 대법원 2011. 10. 24.자 2011마1719 결정. 참고로 개인회생예규 제7조의2 제1항도 같은 취지로 규정하고 있다.

법·사립학교교직원연금법상의 연금은 압류할 수 없는 재산으로서 원칙적으로 개인회생재단에 속하지 아니할 것이나, 법 제580조 제3항이 위와 같은 압류금지 재산에 관한 규정인 법 제383조를 개인회생재단에 관한 규정인 제580조 제1항 중 제1호에만 준용함으로써 공무원 등이 장래 받을 연금을 위 제2호의 "개인회 생절차 진행 중에 채무자가 취득한 재산 및 소득"으로 보고, 이를 개인회생재단 에 편입하여 채권자에 대한 변제에 제공할 수 있도록 한 것으로 이해된다.

5) 정년이 임박한 급여소득자

예를 들어 정년이 65세인 직장에서 근무하고 있는 63세의 급여소득자도 개 인회생절차를 신청할 자격이 있는가의 문제이다. 이러한 경우에는 향후 변제기 간 동안에 정기적이고 확실한 수입을 얻을 가능성이 없으므로 개인회생절차의 이용이 곤란하다고 볼 수도 있겠지만, 구체적 사정에 따라 변제기간 중 상당한 기간 동안은 월급으로 변제하고 정년 후의 나머지 기간은 퇴직금 또는 퇴직연금 으로 변제할 수 있다고 인정되는 경우에는, 신청자격을 인정할 수 있을 것이다.

6) 배우자의 사업장에서 일하는 경우

채무자가 실제로 근로자로서 일하여 급여소득을 얻고 있다면, 사업장의 운 영자가 배우자라 하더라도 '급여소득자'에 해당할 수 있다. 다만 채무자가 실제 로 근로를 하였다고 하더라도, 사업체의 규모 및 형태 등을 고려할 때 가족으로 서 배우자의 영업을 도와 보조적으로 영업소득 증가에 도움을 주는 것일 뿐 독 립적으로 급여소득을 얻는다고 볼 수는 없는 경우도 있다.[6]

라. 영업소득자

'영업소득자'라 함은 부동산임대소득·사업소득·농업소득·임업소득 그 밖 에 이와 유사한 수입을 장래에 계속적으로 또는 반복하여 얻을 가능성이 있는 개인을 말한다(법 제579조 제3호). 구체적으로 문제가 될 수 있는 사례를 살펴보면 다음과 같다.

1) 자영업자

의사, 변호사, 회계사 등 전문직 종사자가 일정 급여를 얻고 있는 경우에는 위에서 말한 급여소득자에 해당할 것이나, 이들이 스스로 사업자등록을 마치고

---

[6] 근로소득원천징수영수증과 같이 근로소득임을 인정할 만한 과세 및 납세 자료 등 다른 객관 적인 자료가 없을 경우에도, 사용자(배우자)가 작성한 재직증명서 및 소득증명서·배우자로부터 금원을 지급받은 통장거래내역만을 근거로 급여소득자에 해당한다고 선뜻 인정하기는 어려울 것이다.

영업자의 지위에서 수입을 얻고 있는 경우에는 영업소득자에 해당하여 개인회생절차를 신청할 수 있다.

개인이 식당이나 세탁소를 경영하는 등 소규모 자영업자인 경우에도 그 영업에 의하여 매월 일정 정도의 이익이 생기는 경우에는 개인회생절차를 신청할 수 있다. 그러나 실제로 이익이 생기지 않는다거나 적자가 생기는 달이 대부분인 경우에는 장래 계속적·반복적으로 수입을 얻을 가능성은 없다고 볼 수 있다. 그러나 자영업을 하면서 수입에 어느 정도 적자가 나는 기간이 있다 하여도 2, 3개월 단위로 볼 때 안정적인 수입을 얻고 있다고 평가할 수 있는 경우에는 개인회생절차를 신청할 수 있다.

한편 가족구성원 특히 배우자와 함께 영업을 하여 소득을 얻고 있다고 주장하며 부부가 각각 영업소득 중 일부를 소득으로 하여 개인회생절차를 신청하는 경우에, 그 부부 중 사업자등록명의자만이 영업소득자인지, 아니면 부부가 각 영업소득자로서 함께 개인회생절차를 신청할 수 있는 것인지가 문제된다. 이 경우 사업자등록 명의를 기준으로 하고, 사업자등록이 되어있지 않은 배우자는 계속적 소득이 없는 자로 보아서 신청자격이 없는 것으로 봄이 상당하지만, 영업형태 등에 비추어 실질적으로 부부가 공동으로 영업을 영위함이 명백한 경우에는 각자를 영업소득자로 인정하여야 할 경우도 있을 것이다.

2) 농림업 종사자

농업종사자는 1년 내내 계속적인 수입을 얻기 보다는 농산물의 수확기에 집중적으로 수입을 얻고, 그 이외의 시기에는 계속적인 수입을 얻을 가능성이 없는 경우가 많다. 그러나 1년간이라는 단위를 생각하면 역시 계속적·반복적으로 수입을 얻을 가능성이 있고, 실제로도 연단위로 수입을 생활비에 충당하여 생활을 하고 있을 뿐이기 때문에, 연 단위의 수입에서 생활비를 뺀 가용소득으로 일정한 기간마다 변제를 하는 내용의 변제계획을 세우는 것이 가능하다.

개인회생예규 제8조 제5항에서도 농업소득자, 임업소득자 등 소득이 매월 발생하지 않는 채무자는 채무를 매월 변제하지 아니하고 수개월 간격으로 변제하는 것으로 변제계획안의 내용을 정할 수 있다고 규정하고 있다. 다만 농업종사자가 보유하고 있는 농지에 담보권이 설정되어 있고, 담보채무의 연체로 그 농지가 경매될 처지에 이르는 등의 경우에는, 특별한 사정이 없는 한 수입의 기반이 되는 농지가 상실되어 장차 계속적·반복적 수입을 얻을 가능성이 있다고 보기 어려운 경우가 많을 것이다. 어업종사자의 경우에도 마찬가지로 취급하면 된다.

3) 부동산 임대업자

부동산을 보유하면서 임대료 수입으로 생활하고 있는 경우에도 임대료 수입이 계속적·반복적으로 들어올 가능성이 있다면 개인회생절차를 신청할 수 있다. 다만 임대부동산을 보유하고 있는 경우에는 청산가치 보장의 원칙상 (법 제614조 제1항·제2항) 임대부동산을 처분하지 않는 한 청산가치 이상을 변제하는 변제계획안을 수립하는 것이 곤란할 수 있고, 이렇게 되면 당해 임대부동산을 처분할 수밖에 없는 관계로, 결국 임대부동산을 보유하여 계속적으로 임대료 수입을 얻는 것을 전제로 하는 변제계획안의 수립은 불가능하게 될 것이다. 나아가 보유 임대부동산 등에 담보권이 설정되어 있고, 담보채무의 연체로 당해 임대부동산이 경매될 처지에 이르는 등의 경우에는, 특별한 사정이 없는 한 수입의 기반이 되는 임대부동산이 상실되어 장차 계속적·반복적 수입을 얻을 가능성이 있다고 보기 어려운 경우가 많을 것이다.

4) 불법적인 영업소득자 또는 무허가 영업소득자

개인회생절차를 신청할 채무자의 신청자격과 관련하여 원칙적으로 소득의 원천이 어디인지는 문제되지 않는다. 그러나 소득이 명백히 불법적인 영업소득이라면 소득의 원천인 영업은 국가의 형벌권 또는 행정적 제재에 복종하여 중지 및 금지되어야 할 대상이고, 따라서 이러한 불법적인 영업이 장래에도 계속적으로 또는 반복하여 영위될 가능성이 있다고 인정하기는 어렵다.

전형적인 예로 마약제조 및 판매업, 무허가 주류판매점이나 무허가총포상 등을 운영하여 영업소득을 얻는 경우를 들 수 있다. 즉, 국가의 형벌권을 벗어나 변제기간 동안 영업을 계속할 것이라고 상정하기 어려운 불법적인 영업소득은 개인회생절차에서 전제로 하고 있는 영업소득이라고 하기 어렵다. 마찬가지로 회계사 또는 세무사 등 전문직 종사자라고 하더라도 실질적으로 위와 같은 불법 영업에 조력하며 수입을 얻고 있는 경우라면, 장래에 계속적으로 또는 반복하여 얻을 가능성이 있다고 인정하기 어려울 것이다.

따라서 영업소득자의 경우 자신의 영업소득이 계속적·반복적이라는 것을 인정받기 위해서는 소명자료의 하나로 사업자등록증을 제출하는 것이 원칙적으로 필요하다. 그러나 영업소득자 중에서 농업종사자 등 통상적으로 사업자등록이 되어 있지 않은 직종의 경우에는 사업자등록증 제출이 필수적이라고 볼 수는 없다.

마. 이중소득자

채무자가 급여소득을 얻고 있으면서 소규모의 자영업을 영위하고 있고 그 자영업이 계속적·반복적으로 정기적인 수입을 내고 있는 경우, 혹은 채무자가 수 개의 자영업을 영위하고 있고 수개의 자영업이 모두 계속적·반복적인 수입을 내고 있는 경우에는, 채무자는 수입 전부를 소득으로 계산하여 개인회생절차를 신청할 수 있다.

3. 국   적

외국인도 개인회생절차를 신청할 수 있는지와 관련하여 법 제2조는 외국인은 이 법의 적용에 있어서 대한민국 국민과 동일한 지위를 가진다고 정하고 있다. 이처럼 우리 법이 상호주의의 제한 없는 보편주의를 채택하고 있는 이상 외국인이라도 이 절차를 이용할 수 있다. 규칙 제79조는 개인회생절차개시신청서에 첨부할 서류를 나열하면서, "1. 채무자의 주소·주민등록번호(주민등록번호가 없는 사람의 경우에는 여권번호 또는 등록번호를 말한다), 그 밖에 채무자의 인적 사항에 관한 자료"라고 규정하여 외국인인 경우의 첨부서류를 명확히 밝히고 있다.

4. 채무액의 한도

가. 채무액의 한도 설정 이유

개인회생절차는 상대적으로 소액의 채무를 부담하고 있는 개인채무자에 대하여 복잡하고 비용이 많이 드는 회생절차를 바로 적용할 때 발생할 수 있는 불합리를 피하기 위하여 절차를 간소화함으로써 합리성을 도모하고 있다. 한편 개인회생절차에서 개인채무자의 채무액이 많은 경우에는 면책결정에 따라 면책되는 채무액도 많을 수밖에 없는데, 이때 채권자가 받는 불이익도 커지게 된다. 이와 같이 개인채무자가 다액의 채무를 부담하고 있는 경우에까지 간소화된 개인회생절차를 이용하도록 하는 것은 제도의 취지에 비추어 볼 때 적절하지 않기 때문에 개인회생절차에서는 채무액에 한도를 설정하고 있다.[7]

---

7) 東京地裁個人再生實務硏究会, "個人再生の手引", 判例タイムズ社(2011), 75면 등 참조.

나. 채무액의 한도 기준

1) 법 제579조 제1호는 채권의 종류를 두 가지로 나누어서, "유치권·질권·저당권·양도담보권·가등기담보권·'동산, 채권 등의 담보에 관한 법률'에 따른 담보권·전세권 또는 우선특권으로 담보된 개인회생채권"(이하 담보부채권이라고 한다)은 15억 원 이하, 위와 같은 담보가 설정되지 않은 일반 개인회생채권(이하 무담보채권이라고 한다)은 10억 원 이하의 채무를 부담하는 채무자를 신청권자로 규정한다.

이에 따라 예컨대, 담보부채무 11억 원, 무담보채무 6억 원, 합계 17억 원의 빚을 지고 있는 채무자는 개인회생절차를 신청할 수 있지만, 담보부채무는 없고 무담보채무를 12억 원 지고 있는 채무자는 신청할 수 없다.

2) 참고로 위 담보부채권 15억 원, 무담보채권 10억 원이라는 기준은 법 제579조 제1호가 2021. 4. 20. 법률 제18084호로 개정되면서 종전보다 상향된 것이다.[8]

개정 전에는 2004년 개인채무자회생법이 제정되어 개인회생절차가 도입되면서 규정했던 담보부채권 10억 원, 무담보채권 5억 원이 15년이 넘는 기간 동안 한도 기준 금액이었다. 시간이 경과함에 따라 기존 한도액이 물가상승으로 인한 화폐가치 하락 등을 반영하지 못하고 있다는 등의 이유로, 한도액 기준을 상향하여 이를 현실화할 필요성이 있다는 문제제기가 있었고, 이를 반영하여 위와 같이 개정되었다.[9]

다. 채무액 한도기준의 적용시점

개인회생절차의 신청기준이 되는 채무액에는 채무의 원본 뿐 아니라 이자, 지연손해금도 포함된다. 위 채무액은 시간의 경과에 따라 변동할 수 있으므로, 채무액 한도기준의 충족여부가 적용시점에 따라 다른 경우가 발생할 수 있다. 가령, 채무자가 부담하는 채무액이 신청시에는 위 한도기준 이내였으나 이후 이

---

8) 한도액을 증액한 법 제579조 제1호는 2021. 4. 20.부터 시행되는데(부칙 제1조) 개정규정은 법 시행 이후 법 제588조에 따라 개인회생절차의 개시를 신청하는 개인채무자부터 적용한다(부칙 제2조).

9) 한편, 미국 연방파산법은 제109조 (e)항에서 우리나라의 개인회생절차와 유사한 제13장 절차를 신청할 수 있는 채무액의 상한기준액을 규정하고 있는데, 제104조 (a)항에서 3년마다 위 상한기준액을 소비자물가지수를 고려하여 조절하도록 규정하고 있다. 연방사법회의(the Judicial Conference of the U.S.)가 연방관보(federal register)에 그 금액을 발표한다. 2019. 4. 1.부터 적용되는 상한기준액은 무담보채무 419,275달러, 담보부채무가 1,257,850달러이다. 향후 우리 입법론으로도 위와 같은 조절 조항의 도입을 검토할 수 있을 것이다.

자 또는 지연손해금이 증가하여 개시결정시에는 위 한도기준을 초과하거나, 개시결정시까지는 위 한도기준 이내였으나 인가결정시에는 위 한도기준을 초과하는 경우가 있을 수 있다.

법 제579조 제1호가 2020. 6. 9. 개정·시행되어 "개인회생절차개시의 신청 당시"를 한도기준의 적용시점으로 명시하고 있으므로, 채무자의 신청시 채무액이 위 한도기준을 충족하는지 여부에 따라 판단하면 된다.[10]

라. '담보부'의 의미

일반적으로 도산절차에서 담보부채권이라 함은 담보물의 실질적 가치로 담보되는 채권을 의미하므로, 개인회생절차에 있어서도 담보부채권이 되려면 담보권설정계약 등에서 피담보채권이라고 기재되었다는 것만으로는 부족하다.[11]

예를 들어 "무담보채권액이 9억 원, 담보부채권액이 3억 원이라고 하면서 담보물의 예상환가액을 1억 원"으로 하여 개인회생절차를 신청한 채무자가 신청자격이 있는지 여부가 문제된다. 이 경우 형식상으로는 3억 원이 담보부채권이나 실질적으로는 그 중 2억 원이 무담보채권이므로 무담보채권액의 합계가 11억 원이 되어 신청자격이 없다.

그런데 담보물의 예상환가액에 관하여 채무자가 신청 당시 적어낸 금액과 후에 평가된 예상환가액이 다를 수 있으므로 채무액 상한요건의 충족 여부를 판단하는 방법이 문제된다. 실무상으로는 일단 개시신청서의 기재에 따라 요건 충족 여부를 판단하되, 회생위원 등에 의한 담보물 평가가 이루어진 이후에는 그 평가결과를 근거로 피담보채권액을 판단하여 개시결정이나 인가 전 폐지 여부 등 절차의 계속 진행 여부를 판단하여야 한다.

---

10) 참고로 위와 같이 법 제579조 제1호가 개정되기 전에는 채무액 한도기준의 적용시점에 관한 명시적인 규정이 없었는데, 법 제581조에서 '개인회생절차개시결정 전의 원인으로 생긴 재산상의 청구권'을 개인회생채권으로 정의하고 있는 점 등을 근거로 개시결정시를 기준으로 하는 것이 일반적인 실무였다.

11) 실무상 개인회생채권자목록 상단의 "채권현재액 총합계", "담보부 회생채권액의 합계"와 "무담보 회생채권액의 합계"란을 기재할 때 그중 "담보부 회생채권액의 합계"란에는 담보물 시가 평균액의 70% 상당액을 기재하고 있다(다만, 피담보채권액이 담보물 시가 평균액의 70% 상당액보다 적은 액수인 경우, 그 피담보채권액을 기재하여야 할 것이다). 이는 실무상 변제계획안의 수행가능성을 높이기 위한 것이므로 그 금액을 바로 담보부채권액으로 인정할 것은 아니다. 그러므로 채무액의 한도가 문제되는 경우에는 채권자목록에 기재된 담보부 또는 무담보 회생채권액의 합계액만을 보고 바로 판단할 것이 아니라, 실질적인 담보가치(시가)를 기준으로 재산정하여 판단하여야 한다. 자세한 내용은 제2장 제6절 4. 다. 참조.

5. 파산절차의 면책불허가 사유가 있는 경우

파산절차에서는 채무자가 과다한 낭비·도박 그 밖의 사행행위를 하여 현저히 재산을 감소시키거나, 과대한 채무를 부담한 사실이 있는 때에는 면책을 허가하지 않을 수 있다고 규정하고 있어서(법 제564조 제1항 제6호), 파산선고를 받더라도 면책을 받지 못할 가능성이 있다.

그러나 개인회생절차에서는 이러한 제한을 두고 있지 않으므로 과다한 낭비 때문에 파산의 염려가 생긴 사람이라도 개인회생절차를 신청할 자격이 있다. 즉 개인회생절차에서 규정하고 있는 '개시신청 기각사유'로는 ① 채무자가 신청권자의 자격을 갖추지 아니한 때, ② 채무자가 신청서에 첨부하여야 할 일정한 서류를 제출하지 아니하거나, 허위로 작성하여 제출하거나 또는 법원이 정한 제출기한을 준수하지 아니한 때, ③ 채무자가 절차비용을 납부하지 아니한 때, ④ 채무자가 변제계획안의 제출기한을 준수하지 아니한 때, ⑤ 채무자가 신청일 전 5년 이내에 면책(파산절차에 의한 면책을 포함한다)을 받은 사실이 있는 때, ⑥ 개인회생절차에 의함이 채권자 일반의 이익에 적합하지 아니한 때, ⑦ 그 밖에 신청이 성실하지 아니하거나 상당한 이유 없이 절차를 지연시키는 때의 7가지가 있고(법 제595조), '면책불허가사유'로는 ① 면책결정 당시까지 채무자에 의하여 악의로 개인회생채권자목록에 기재되지 아니한 개인회생채권이 있는 경우와 ② 채무자가 이 법에 정한 채무자의 의무를 이행하지 아니한 경우의 2가지가 있을 뿐이므로(법 제624조 제3항), 도박, 과소비 등으로 파산상태에 이른 경우에도 원칙적으로 면책결정을 받을 수 있도록 되어 있다.

6. 다른 채무조정절차를 밟은 자의 신청자격 존부

예를 들어 신용회복위원회에서 원리금을 재조정받아 변제 중에 있는 경우, 또는 파산선고를 받고 파산절차가 진행 중인 경우, 또는 채무자에 대한 회생절차가 진행 중인 경우에 그 채무자가 개인회생절차를 신청할 수 있는지의 문제이다.

개인회생절차는 신용회복위원회의 지원절차를 이용 중인 채무자도 이용할 수 있고, 회생절차나 파산절차가 진행 중인 사람도 신청할 수 있는 절차이다. 개인회생절차에 대한 개시결정이 내려지면, 개인워크아웃에 의한 채무조정결과에 따라 채무를 변제하고 있던 채무자에 대하여서도 개별적인 변제가 금지되므로 개인워크아웃절차의 수행은 중단되지 않을 수 없다. 개인회생절차가 개시되면 채무자에 대하여 진행 중이던 회생절차 또는 파산절차는 중지되고 새로 이러한 절차를 신청하는 것도 금지된다(법 제600조 제1항).

그러나 파산선고를 받은 후 면책결정을 받은 적이 있는 사람은 5년 동안 개인회생절차를 신청할 수 없다(법 제595조 제5호). 단기간 내에 면책제도를 반복적으로 이용함으로써 발생하는 도덕적 해이를 방지하기 위하여 위와 같은 제한을 둔 것이다.

제 2 절 관   할

1. 토지관할

가. 원칙 : 채무자의 보통재판적 또는 주된 영업소나 근무지 기준

토지관할은 개인회생절차를 신청하려는 채무자가 어느 법원에 신청을 하여야 하는지와 관련된 것이다. 개인회생사건은 원칙적으로 채무자의 보통재판적이 있는 곳이나, 채무자의 주된 사무소나 영업소가 있는 곳 또는 채무자가 계속하여 근무하는 사무소나 영업소가 있는 곳을 관할하는 회생법원의 관할에 전속한다(법 제3조 제1항 제1호, 제2호).[12] 따라서 서울의 개인회생사건은 모두 서울회생법원의 관할에 전속한다. 다만, 서울 이외 지역의 경우에는 회생법원이 설치될 때까지 관할 지방법원 또는 지방법원 본원을 회생법원으로 본다.[13]

사람의 보통재판적 소재지는 주소지를 가리키는 것이 원칙이다(민사소송법 제3조). 통상 주소지는 주민등록등본에 기재된 곳을 의미하지만 그곳이 현재 생활의 근거지가 아닌 경우에는 객관적으로 보아 채무자가 주로 생활하는 것으로 판단되는 장소를 의미한다. 따라서 채무자가 채권자들의 추심에서 벗어나기 위하여 주민등록상의 주소지를 떠나서 현재 다른 곳에서 생활하고 있고, 주민등록상 주소에 주소로서의 실체가 남아 있지 않은 경우에는 주민등록상 주소지가 아닌 실제 거주지를 관할하는 회생법원에 관할이 있다.

개인회생사건은 채무자의 주소지를 관할하는 회생법원에 신청하여야 하므

---

12) 개인(자연인)인 채무자가 직장인이거나 자영업자인 경우, 그 편의를 위하여 채무자의 근무지나 사무소 등을 관할하는 회생법원에도 개인회생절차를 신청할 수 있는바, 구체적으로는 해당 근무지나 사무소 등에서의 근무기간, 근무형태 등 여러 사정을 종합하여 판단하여야 할 것이다.

13) 법 부칙(법률 제14472호, 2016. 12. 27.) 제2조 참조.

로 회생법원이 아닌 지방법원 지원에는 신청할 수 없다는 점을 유의하여야 한다. 예를 들어 부천시에 거주하고 있는 채무자는 인천지방법원 부천지원이 아니라 회생법원으로 보는 인천지방법원에 신청하여야 한다. 한편, 법 제579조 제1호에 따른 개인채무자의 보통재판적 소재지가 강릉시·동해시·삼척시·속초시·양양군·고성군인 경우에는 개인회생절차개시의 신청을 춘천지방법원 강릉지원에도 할 수 있다(법 제3조 제10항).

나. 예 외

1) 법 제3조 제1항 제1호 또는 제2호에 해당하는 곳이 없는 경우에는 채무자 재산의 소재지(채권의 경우에는 재판상의 청구를 할 수 있는 곳)를 관할하는 회생법원에 신청하여야 한다(법 제3조 제1항 제3호).

2) 한편 두 사람의 채무가 밀접히 관련되어 있는 경우에는 두 사람에 대한 도산사건을 한 법원에서 처리하는 것이 절차의 효율성 측면에서 바람직할 수 있다. 이와 같은 취지에서 법은 ① 주채무자 및 보증인, ② 채무자 및 그와 함께 동일한 채무를 부담하는 사람(연대채무자, 부진정연대채무자, 불가분채무자), ③ 부부 중 어느 하나에 해당하는 사람에 대한 회생사건·파산사건 또는 개인회생사건이 계속되어 있는 때에는 다른 사람도 자신의 회생절차개시·파산선고 또는 개인회생절차개시의 신청을 그 회생사건·파산사건 또는 개인회생사건이 계속되어 있는 회생법원에도 할 수 있도록 규정함으로써 같은 종류의 도산처리절차가 계속된 경우뿐만 아니라, 개인회생사건과 종류가 다른 회생사건·파산사건이 계속 중인 경우에 대해서도 관할을 인정하고 있다(법 제3조 제3항 제3호). 따라서 한 채무자에 대한 회생사건·파산사건 또는 개인회생사건을 처리하고 있는 회생법원에 다른 사람도 개인회생사건을 신청할 수 있다. 주채무자 및 보증인 등이 동시에 신청하는 경우에도 둘 중의 하나에 대하여 관할이 있는 법원은 다른 사람에 대하여도 관할을 가진다고 본다. ④ 또한 법인에 대한 회생사건 또는 파산사건이 계속되어 있는 경우 그 법인의 대표자에 대한 개인회생사건을 그 법인에 대한 회생사건 또는 파산사건이 계속되어 있는 회생법원에 신청할 수도 있다(법 제3조 제3항 제2호).

2. 사물관할

개인이 아닌 채무자에 대한 회생사건 및 파산사건이 회생법원 합의부의 관할에 전속하는 데 비하여 개인회생사건은 단독판사 사물관할에 속한다($^{법 제3조}_{제5항}$).

3. 관할 인정의 기준시점

개인회생사건의 관할은 신청시를 기준으로 정한다($^{법 제33조, 민사}_{소송법 제33조}$). 따라서 개인회생절차개시신청 후에 채무자의 주소가 변동되어도 영향이 없다.

4. 이   송

가. 관할위반의 경우

개인회생사건의 토지관할은 전속관할이고 합의관할·변론관할이 생길 여지가 없기 때문에 조사결과 관할이 없다고 판단되면 직권으로 사건을 관할법원으로 이송하여야 한다($^{법 제33조, 민사}_{소송법 제34조 제1항}$).

나. 손해나 지연을 피하기 위한 이송

법원은 관할권이 있는 경우에도 현저한 손해 또는 지연을 피하기 위하여 필요하다고 인정하는 때에는 직권으로, ① 채무자의 다른 영업소 또는 사무소나 채무자 재산의 소재지를 관할하는 회생법원, ② 채무자의 주소 또는 거소를 관할하는 회생법원, ③ 법 제3조 제2항 또는 제3항에 따른 회생법원, ④ 법 제3조 제2항 또는 법 제3조 제3항에 따라 해당 회생법원에 개인회생사건이 계속되어 있는 때에는 제3조 제1항에 따른 회생법원으로 이송할 수 있다($^{법}_{제4조}$).

다. 이송의 효과

이송결정에 대하여는 즉시항고할 수 없다($^{법 제13조}_{제1항}$).

소송을 이송받은 법원은 이송결정에 따라야 하므로, 관할위반을 이유로 이송받은 법원으로서는 관할위반을 이유로 다시 이송할 수 없다($^{법 제33조, 민사}_{소송법 제38조}$). 다만, 관할위반을 이유로 이송받은 법원이 법 제4조에 의하여 이송하는 것은 위와 같은 기속력을 위반하는 것이 아니므로 가능하다.

이송하더라도 이송결정 전에 이루어진 보전처분, 중지명령, 금지명령 등의 효력은 유지된다. 이송받은 법원은 필요하다고 판단할 경우 그 보전처분 등을 변경 또는 취소할 수 있다.

제 3 절 개시신청서의 작성

1. 개시신청서에 기재할 사항

개인회생절차개시신청서는 서면으로 작성하는데, 그 서면에는 ① 채무자의 성명·주민등록번호 및 주소, ② 신청의 취지 및 원인,[14] ③ 채무자의 재산 및 채무를 기재하여야 한다(법 제589조 제1항). 주민등록번호가 없는 외국인이 신청하는 경우에는, 여권번호 또는 등록번호를 기재한다(규칙 제79조 제1항 제1호).

개인회생절차개시신청서에는 채무자에게 연락할 수 있는 전화번호(집, 직장 및 휴대전화의 번호)를 기재하여야 한다(규칙 제79조 제2항). 주간에 연락 가능한 전화번호가 주거지의 것인지, 직장의 것인지를 명시하여야 하므로, 개시신청서 [양식 4]의 괄호 내의 "집·직장" 중 해당되는 것에 표시를 한다.

재산내역과 채무내역은 신청서 첨부서류인 "재산목록" 및 "개인회생채권자목록"에서 자세한 내용이 기재되므로, 신청서 본문에는 "첨부한 개인회생채권자목록 기재와 같은 채무를 부담하고 있고, 재산이 별지 재산목록에 기재된 바와 같다"는 식으로 간단히 인용하여 쓰는 것으로 족하다. 물론 개인회생채권자목록에 기재되지 않는 개인회생재단채권이 별도로 있는 경우에는 그것을 밝혀 적어야 할 것이다.

한편 법이 정한 개인회생절차개시신청서의 필수적 기재사항은 아니지만, 채무자는 과입금된 적립금, 면책시의 잉여금이나 변제계획안의 불인가 또는 절차의 폐지로 인하여 반환될 적립금 등을 반환받을 경우에 대비하여 적립금을 반환받을 본인 명의의 예금계좌를 신고하여야 한다. 채무자가 이와 같은 환급계좌를 전산에 입력하지 않으면 개시결정문이 출력되지 않고, 환급을 하지 못하여 적립금이 남아 있을 경우에는 폐지결정 또는 면책결정 등에 의하여 사건이 종국되어도 기록 보존이 불가능하게 되는 문제가 발생하여 왔다. 개정법에서는 이러한 문제점을 해결하기 위하여 채무자에게 임치된 적립금 등을 공탁할 수 있는 명시적 근거규정을 마련하였다.[15] 위 규정에 따르면, 회생위원은 채무자가 적립금 등의 수령을 거부하거나 채무자의 소재불명 등으로 반환할 수 없는 경우 공탁할

---

14) 신청취지와 신청원인의 기재례는 [양식 4]를 참조.
15) 2018. 3. 13.부터 시행된 개정법(법률 제15158호) 제617조의2.

수 있다.

2. 부본의 제출

　　개인회생절차개시의 신청을 하는 경우에는 개시신청서 부본 1부 및 알고 있는 개인회생채권자 수에 2를 더한 숫자만큼의 개인회생채권자목록 부본을 함께 제출하여야 한다(^{규칙 제85조}_{제1항}). 변제계획안 또는 변제계획의 변경안을 제출하는 경우에도 개인회생채권자목록상 개인회생채권자의 수에 1을 더한 숫자만큼의 부본을 함께 제출하여야 한다(^{같은 조}_{제2항}).

　　개인회생채권자목록 및 변제계획안의 부본 수에 "개인회생채권자 수만큼"이 추가되는 것은 이들 서류를 각 개인회생채권자에게 송달하여야 하기 때문이다. 그 외에 개시신청서·개인회생채권자목록·변제계획안의 각 부본 1부는 회생위원용이고, 추가되는 개인회생채권자목록 부본 1부는 법원 내에 열람을 위하여 비치되는 것이다(^{규칙 제86조}_{참조}).

제 4 절　개시신청서의 첨부서류

1. 법률상 요구되는 서류

　　개인회생절차개시신청이 있으면, 법원은 우선 채무자가 지급불능의 염려가 있는 상태인지 여부를 조사하고, 다음으로 채무자의 재산상태를 상세히 조사한다. 따라서 채무자는, 개인회생절차개시신청서에 기재된 사실에 관하여 그것이 틀림없는지를 증명하는 자료를 신청서에 첨부하여 법원에 제출하여야 한다.[16]

　　첨부서류로서 법률상 요구되는 것은 다음과 같다(^{법 제589조 제2항}_{제1호 내지 제6호}).

---

16) 이와 관련하여 신속한 채무조정절차에 대한 사회적 요청 및 2020. 1. 20. 시행된 개인파산 신청서류 간소화와 균형을 맞출 필요성 등을 고려하여, 서울회생법원에서는 "개인회생제도개혁 TF"를 구성하여 개인회생신청 제출서류 간소화 방안을 논의해 왔는바, 입법론적으로는 제출 서류의 구체적인 내용 및 범위를 통일적으로 정비하고, 채무자가 개인회생 신청 시 제출하여야 할 자료의 내용을 쉽게 파악할 수 있도록 개인파산예규에 규정되어 있는 "자료제출목록" 양식을 개인회생 사건에서도 적용하는 안을 검토해 볼 수 있을 것이다.

가. 개인회생채권자목록

개인회생채권자목록은 개인회생채권자의 성명 및 주소와 채권의 원인 및 금액이 기재된 것을 말하며, 채무자는 개인회생절차개시결정시까지 개인회생채권자목록에 기재된 사항을 변경 또는 정정할 수 있다. 이에 관한 상세한 설명은 아래 제6절을 참조.

나. 재산목록

그 기재방식은 [양식 4-2]를 참조. 양식 뒤에 작성시의 유의사항이 상세히 설명되어 있다. 특히 유의할 점은 그 재산이 개인회생채권의 담보목적물이 된 경우의 평가방법인데, 이에 관하여 자세한 것은 제6장 제2절 2. 가.를 참조.

다. 채무자의 수입 및 지출에 관한 목록

[양식 4-3]에 의하면, 현재의 수입목록, 변제계획 수행시의 예상지출목록의 두 부분으로 구성하여 기재하도록 되어 있고, 여기에다가 예상지출목록의 타당성을 뒷받침하기 위하여 채무자의 가족상황을 덧붙여 기재하도록 되어 있다. [양식 4-3] 뒤에 작성시의 유의사항이 상세히 설명되어 있다. 이 목록에 기초하여 변제계획안의 '가용소득'이 결정되는 것이므로 이를 정확히 기재할 필요가 있다.

여기에서 "현재의 수입목록"에 기재하여야 하는 금액은 세전 수입을 가리키는 것이 아니라, 세후 수입을 가리킨다는 점을 유의하여야 한다. 채무자가 영업에 종사하는 경우에는 그 영업의 경영, 보존 및 계속을 위하여 필요한 비용까지 공제한 금액을 기재하여야 한다. 왜냐하면, 법 제579조 제4호에 의하면 가용소득을 산정할 때에는 채무자의 총소득에서 같은 호 나목 소정의 제세 및 같은 호 다목의 생계비를 공제하도록 정하고 있고, 아울러 채무자가 영업에 종사하는 경우에는 같은 호 라목의 영업비용을 공제하도록 정하고 있는데, 현재의 개시신청서 및 변제계획안 양식에서는 "현재의 수입목록"에서 "변제계획 수행시의 예상지출목록"을 공제한 금액이 가용소득이 되도록 구성하고 있기 때문에, "현재의 수입목록"에는 채무자의 총소득에서 같은 호 나목 소정의 제세액과 채무자가 영업소득자인 경우에는 같은 호 라목 소정의 영업비용을 공제한 금액을 적어야 하는 것이다.

라. 급여소득자 또는 영업소득자임을 증명하는 자료

1) 급여소득자

근로소득원천징수영수증을 제출하는 것이 원칙이다. 이에 더하여 재직증명서, 근로계약서, 급여명세서, 급여 입금 사실에 관한 금융거래내역서, 그 밖에 급여소득을 소명할 수 있는 자료를 제출할 수 있다. 근로소득원천징수영수증을 제출할 수 없는 경우 그 사유를 설명하고, 나머지 제출 가능한 자료들을 제출한다.

2) 영업소득자

사업자등록증과 영업소득에 관한 과세 및 납세자료(예: 사업소득 원천징수영수증, 부가가치세과세표준증명) 등을 제출한다. 영업소득임을 소명할 수 있는 경우 그에 관한 금융거래내역서도 제출할 수 있다.

마. 진 술 서

채무자는 법원에서 정하는 양식에 따른 진술서를 제출하여야 한다. 학력과 경력, 주거 상황, 부채 상황, 개인회생절차에 이르게 된 사정 등을 기재한다. 진술서의 양식은 [양식 4-4] 참조.

바. 신청일 전 10년 이내에 회생사건·파산사건 또는 개인회생사건을 신청한 사실이 있는 때에는 그 관련서류

'신청'한 사실이 있으면 모두 해당하므로, 취하한 경우를 포함하여 사건 결과에 관계 없이 모두 그 관련서류 제출대상이 된다. 여기서 '회생사건'이라 함은, 법 제2편의 회생사건을 가리키는 것이다. 한편 "채무자가 신청일 전 5년 이내에 면책(파산절차에 의한 면책을 포함한다)을 받은 사실이 있는 때"에는 개인회생절차 개시신청의 기각사유에 해당한다(법 제595조 제5호).

2. 대법원규칙이 요구하는 서류

법 제589조 제2항 제7호는 첨부서류로서 "그 밖에 대법원규칙이 정하는 서류"를 정하고 있고, 이에 따라 대법원규칙 제79조 제1항은 아래의 서류를 첨부하도록 하고 있다. 이 서류들은 특별한 사정이 없는 한 신청일로부터 2개월 내에 발급받은 것이어야 한다(개인회생예규 제4조).

① 채무자의 주소·주민등록번호(주민등록번호가 없는 사람의 경우에는 여권번호 또는 등록번호를 말한다), 그 밖에 채무자의 인적사항에 관한 자료: 내국인의 경우에는 대개 주민등록표 등본 1통을 제출하면 될 것이다. 신청인의 동일성 확인을 위해서 뿐만 아니라, 개인회생사건의 관할이 전속관할이므로 그 여부의 확인을 위해서도 필요하다.

② 채무자가 수령하는 근로소득·연금소득·부동산임대소득·사업소득·농업소득·임업소득 기타 합리적으로 예상되는 모든 종류의 소득의 합계 금액(별 제579조 제4호 가목)에 관한 자료(제2장 제1절 참조).

③ 소득세·주민세·건강보험료, 그 밖에 이에 준하는 것으로서 대통령령이 정하는 금액(별 제4호 나목 제579조)에 관한 자료: 가용소득 산정시 공제되는 세금 등을 증명하는 자료로서 급여명세서 등을 제출하여야 한다. "대통령령이 정하는 금액"으로는 국민연금보험료, 고용보험료, 산업재해보상보험료가 있다(시행령 제17조).

④ 채무자 및 그 피부양자의 인간다운 생활을 유지하기 위하여 필요한 생계비로서, 국민기초생활 보장법 제6조의 규정에 따라 공표된 최저생계비, 채무자 및 그 피부양자의 연령, 피부양자의 수, 거주지역, 물가상황, 그 밖에 필요한 사항을 종합적으로 고려하여 법원이 정하는 금액(별 제4호 다목 제579조)의 결정을 위하여 필요한 사항에 관한 자료(제6장 제3절 참조): 예컨대 가족의 질병으로 의료비의 지속적 지출이 있는 경우 그러한 자료가 이에 해당할 수 있다.

⑤ 채무자가 영업에 종사하는 경우에 그 영업의 경영, 보존 및 계속을 위하여 필요한 비용(별 제4호 라목 제579조)에 관한 자료.

⑥ 재산목록에 기재된 재산가액을 증명하기 위한 자료: 제2장 제10절 참조.

⑦ 저당권 등으로 담보된 개인회생채권이 있는 때에는 저당권 등의 담보채권액 및 피담보재산의 가액의 평가에 필요한 자료.

⑧ 채무자의 재산에 속하는 권리로서 등기 또는 등록이 된 것에 관한 등기부등본·초본 또는 등록원부등본.

⑨ 채무자가 법원 이외의 기관을 통하여 사적인 채무조정을 시도한 사실이 있는 경우에 이를 확인할 수 있는 자료.

3. 그 외의 서류

그 외의 서류로는 변제계획안이 있다. 채무자가 변제계획안을 법원에 제출하여야 하는 시한이 법률상으로는 개시신청일부터 14일 이내로 정해져 있으나(^{법 제610조 제1항}), 실무상으로는 개인회생절차개시신청 당시에 함께 제출하는 것을 권장하고 있다.

채무자는 이와 같이 변제계획안을 제출하면서 그 제출일로부터 60일 후 90일 내의 어느 날을 제1회로 하여 매월의 지정일에 변제계획상의 매월 변제액을 회생위원에게 임치할 뜻을 기재할 수 있고, 그 경우 개시결정에서 지정되는 은행계좌로 매월 변제액을 입금하여야 한다(^{개인회생예규 제7조 제3항 참조}).

한편, 채무자는 금융결제원에서 운영하는 계좌정보통합관리서비스(www.payinfo.or.kr)를 이용하면 계좌정보 등 금융재산에 관하여 비교적 손쉽게 확인할 수 있는바, 재산목록과 관련하여 '채무자에 대한 계좌정보통합관리서비스상의 계좌통합조회 결과'도 제출할 필요가 있다.

제 5 절 비용의 예납

1. 인 지 액

개인회생절차개시의 신청을 하는 때에는 절차의 비용으로 대법원규칙이 정하는 금액을 미리 납부하여야 한다(^{법 제590조}).

개인회생절차개시의 신청서에는 30,000원의 인지를 붙여야 하는데(^{민사소송등인지법 제9조 제1항 제3호}), 전자사건으로 접수하는 경우에는 27,000원이다(^{민사소송등인지법 제16조 제1항}).

2. 절차비용

가. 총 설

법 제590조의 규정에 따라 신청인이 미리 납부하여야 하는 절차비용은 ① 송달료, ② 공고비용, ③ 회생위원의 보수, ④ 그 밖에 절차진행을 위하여 필요한 비용이고(^{규칙 제87조 제1항}), 위 각 비용은 개인회생채권자의 수, 재산 및 부채상황, 회생위원의 선임 여부 및 필요한 보수액, 그 밖에 여러 사정을 고려하여 정한다(^{규칙 제87조 제2항}).

나. 송 달 료

납부하여야 하는 송달료는(송달료 10회분 + 채권자수 × 8회분[17])이고, 송달료 1회분은 5,200원[18])이다(송달료규칙의 시행에 따른 업무처리요령, 재일 87-4 별표 1 참조). 참고로, 법률이나 규칙상 채권자에 대한 송달이 필요한 경우는 ① 개인회생재단면제신청에 대한 결정시($^{법 제580조 제3항,}_{제383조 제5항}$), ② 개인회생절차개시결정시($^{법 제597조}_{제2항}$), ③ 개인회생절차개시결정 후 법원의 허가를 받아 개인회생채권자목록에 기재된 사항을 수정하고, 수정된 사항에 관한 이의기간을 정한 때($^{규칙 제81조}_{제2항}$), ④ 변제계획안에 변경이 생긴 경우($^{법 제597조}_{제3항·제2항}$), ⑤ 개인회생절차개시결정취소결정 확정시($^{법}_{제599조}$), ⑥ 개인회생채권자집회 개최시($^{법}_{제613조}$)(다만 제1회 개인회생채권자집회는 개시결정에 의하여 통지되므로, 제613조는 제2회 이후의 개인회생채권자집회에 관한 규정으로 보아야 하며, 대개의 개인회생채권자집회는 제1회로 종료된다), ⑦ 포괄적 금지명령이나 이를 변경 또는 취소하는 결정이 있는 때($^{법 제593조 제5항,}_{제46조 제1항}$)이다.

금지명령·중지명령을 신청하는 경우에는, 채권자 수에 상응하는 송달료를 그 신청 시에 추가로 예납하여야 한다.

다. 공고비용

공고비용은 공고방법에 따라 다른데, 개인회생절차에서의 공고는 전자통신매체를 이용한 공고로써 하므로($^{규칙 제6조 제1항,}_{개인회생예규 제6조 제1항}$) 실무상 공고비용은 소요되지 않는다. 전자통신매체를 이용한 공고는 공고사항을 인터넷 대한민국 법원 홈페이지(www.scourt.go.kr) 법원 공고 란에 게시하는 방법으로 이루어지며($^{개인회생예규}_{제6조 제2항}$), 서울회생법원의 홈페이지(slb.scourt.go.kr)의 일반공고란에도 위 공고사항을 게시하고 있다.

법률상 공고를 하는 경우는 ① 개인회생절차개시결정시($^{법 제597조}_{제1항}$), ② 이의기간 및 개인회생채권자집회의 기일에 변경이 생긴 경우($^{법 제597조}_{제3항·제1항}$), ③ 변제계획인부결정시($^{법 제614조}_{제3항}$), ④ 인가 후의 변제계획변경시($^{법 제619조 제2항,}_{제614조 제3항}$), ⑤ 개인회생절

---

17) 개인회생절차는 개인회생채권자목록의 수정 등으로 채권자들에게 송달을 하여야 하는 일이 잦다. 따라서 절차 진행 중 송달료가 부족하게 되어 채무자의 추가 예납이 필요한 경우가 자주 발생하고, 그 경우 추가 예납이 늦어져 절차진행이 지체되는 경우가 많다. 이와 같은 사정을 감안하여 송달료규칙의 시행에 따른 업무처리요령(재일 87-4)이 개정되어 종래의 '채권자수×5회'가 '채권자수×8회'로 되었다.

18) 과학기술정보통신부 고시 제2021-52호에 의하여 2021. 9. 1.자로 우편요금이 인상됨에 따라 법원송달료가 인상되었다.

차폐지결정시($\frac{법}{제622조}$), ⑥ 개인회생절차개시결정취소결정 확정시($\frac{법}{제599조}$), ⑦ 송달에 갈음하는 공고시($\frac{법}{제10조}$), ⑧ 면책결정시($\frac{법 제624조}{제4항}$), ⑨ 포괄적 금지명령이나 이를 변경 또는 취소하는 결정이 있는 때($\frac{법 제593조 제5항,}{제46조 제1항}$)이다.

그리고 규칙상 공고를 하는 경우는 ⑩ 개인회생절차개시결정 후 채무자가 법원의 허가를 받아 개인회생채권자목록을 수정하는 경우에 수정된 사항에 대한 이의기간을 공고할 때($\frac{규칙}{제81조}$)와 ⑪ 면책취소결정시($\frac{규칙}{제95조}$)이다.

라. 회생위원 보수

종래 우리나라에서는 개인회생절차의 조기정착을 위하여 법원공무원을 회생위원으로 선임하여 왔으므로 회생위원은 별도의 보수를 받지 않았고, 따라서 회생위원 보수를 예납할 필요가 없었다. 그러나 법원행정처장은 법원사무관등이 아닌 자를 회생위원 업무를 담당하거나 전임하여 담당하도록 위촉할 수 있는데 ($\frac{개인회생예규}{제9조의2 제1항}$), 외부회생위원이 선임된 경우에 채무자는 인가결정 이전 업무에 대한 보수기준액(15만 원) 상당 금액을 예납하여야 한다($\frac{개인회생예규}{제10조 제4항}$). 외부회생위원 선임에 관한 자세한 설명은 제2장 제7절 2. 참조.

3. 추가 납부

예납비용이 부족하게 된 경우에는 법원은 신청인에게 추가예납을 하도록 할 수 있다($\frac{규칙 제87조}{제3항}$). 비용을 추가로 예납해야 하는 경우는 부동산에 대한 감정 평가가 필요할 경우 등이다(실무상으로는 채무자가 부동산을 가지고 있는 경우라도 대개는 회생위원에 의한 간이평가로 갈음하고 있다. 간이평가를 위하여 채무자가 제출하여야 하는 소명자료에 관해서는 제7절의 4. 나. 참조).

실무상 개인회생사건에서는 개인회생채권자목록의 수정 등으로 인한 송달이 잦아서 예납된 송달료로는 부족한 경우가 적지 않은데, 그 경우에도 추가로 예납을 명하게 된다.

4. 비용을 납부하지 아니한 경우의 효과

채무자가 절차의 비용을 납부하지 아니하는 경우 법원은 개인회생절차개시의 신청을 기각할 수 있다(법 제595조).

또한 법원은 변제계획 인가 전에 납부되어야 할 비용·수수료 그 밖의 금액이 납부되어야 변제계획인가결정을 할 수 있고(법 제614조 제1항 제3호), 따라서 변제계획 인가 전에 채무자가 납부하여야 할 비용을 납부하지 아니한 경우 채무자가 제출한 변제계획안을 인가할 수 없는 때에 해당하므로 법원은 직권으로 개인회생절차폐지결정을 하여야 한다(법 제620조 제1항 제2호).

5. 소송구조

가. 의   의

소송구조는 소송비용을 지출할 능력이 부족한 당사자에 대하여 법원이 당사자의 신청 또는 직권으로 소송비용의 납입을 유예하여 주는 등 구조조치를 취하는 제도이다. 민사소송법 제1편 제3장 제3절(민사소송법 제128조 내지 제133조)에 규정된 소송구조제도는 개인회생사건에서도 그대로 적용된다고 할 것인데(별 제33조), 특히 개인회생사건의 소송구조에는 '소송구조제도의 운영에 관한 예규(재일 2002-2)'에 규정된 특칙이 우선하여 적용된다(위 예규 제21조 참조).

나. 대   상

현행 소송구조제도의 운영에 관한 예규(재일 2002-2)[19]는 제22조 제1항에서 ① 국민기초생활 보장법에 따른 수급자, ② 국민기초생활 보장법에서 정한 기준 중위소득의 100분의 60 이하 소득자임을 소명하는 자, ③ 한부모가족지원법에 따른 지원대상자, ④ 60세 이상인 자, ⑤ 장애인복지법에 따른 장애인, ⑥ 국가유공자 등 예우 및 지원에 관한 법률 및 보훈보상대상자 지원에 관한 법률에 따른 상이등급 판정자, 고엽제후유의증 등 환자지원 및 단체설립에 관한 법률에 따른 장애등급 판정자, 5·18민주유공자 예우에 관한 법률에 따른 장해등급 판정자를 소송구조의 대상자로 정하고 있다.[20]

---

19) 위 예규가 2005. 11. 14. 개정되면서 제5장에 개인파산·개인회생사건에 대한 특칙(위 예규 제21조 내지 제25조)이 신설되었다.

20) 다만, 이에 해당하지 않는 경우라도 '민사소송법'에 근거한 소송구조 신청은 가능할 수 있다. 민사소송법 제128조 제1항은 소송구조 대상에 관하여 '소송비용을 지출할 자금능력이 부족한 사람'이라고 규정하고 있고, 위 요건은 반드시 국민기초생활 보장법에 의한 수급권자나 이에 준하는 빈곤자 등에 한정되는 것이 아니라 신청인의 자금능력과 예상되는 소송비용액과의 상관관계에 따라 판단되는 소송구조제도상의 고유한 개념이기 때문이다.

다. 범 위

앞서 본 소송구조제도의 운영에 관한 예규 제22조 제1항 각 호에 따른 소송구조 대상자에 대하여는 '변호사비용'과 '송달료'에 한하여 소송구조를 할 수 있다.[21]

라. 절 차

법원은 소송구조 대상자의 신청에 따라 또는 직권으로 소송구조를 할 수 있다. 변호사비용에 대한 소송구조신청은 소송구조 지정변호사를 통해서 하여야 한다. 변호사비용을 제외한 재판비용에 대하여 소송구조를 신청할 경우에는 소송구조 지정변호사를 통하지 않고 직접 신청할 수 있다.

마. 지정변호사의 업무 및 보수

소송구조 지정변호사는 소송구조 신청 전 상담, 소송구조 신청서 작성제출, 개인회생신청서 작성제출(첨부서류를 검토하였다는 확인서를 붙여야 함), 재판기일 및 절차, 면책의 효과 등에 관한 안내, 법원의 보정사항에 대한 보정, 그 밖에 절차상 필요한 업무를 행한다.

소송구조제도의 운영에 관한 예규에 따르면, 소송구조 지정변호사의 기본보수액은 42만 원이고, 지급시기는 변제계획 인가 여부 결정시이다(위 예규 제25조 제1항 제2호 참조). 소송구조 지정변호사가 들인 노력의 정도, 소송구조결정의 취소나 사임의 사유 및 그 밖의 사정에 비추어 기본 보수액을 증액하거나 감액할 필요가 있다고 인정되는 때에는 재판장의 허가로 기본보수액의 2분의 1 범위에서 이를 증액 또는 감액할 수 있다(위 예규 제25조 제2항, 제11조의2 참조).

---

21) 다만, 민사소송법 제128조 제1항에 따라 소송구조결정을 하는 경우에는 인지, 예납비용, 공고료 등 재판비용도 소송구조의 범위에 포함된다고 할 것이다(민사소송법 제129조 제1항 제1호 참조).

제 6 절 개인회생채권자목록의 작성

1. 개인회생채권자목록의 중요성 및 그 제출효과

법 제589조 제2항 제1호에 의하면 개인회생채권자목록은 개인회생절차개시 신청서에 반드시 첨부되어야 할 문서 중의 하나이다. 개인회생채권자목록은 채무자가 부담하고 있는 개인회생채권의 내용, 규모를 파악하여 변제계획안 작성의 기초를 마련하는 것을 제1차적인 목적으로 하고 있으므로 개인회생채권자목록과 관련하여 개시신청에서부터 면책여부의 결정에 이르기까지 개인회생절차의 각 단계에서 목록의 제출 여부나, 개별 개인회생채권자의 채권의 기재 여부, 개인회생채권액의 합계 여하 등에 일정한 법적인 효과가 부여되어 있다.

즉, 개인회생채권자목록의 제출에는 시효중단의 효력이 있고(법 제32조 제3호),[22] 개인회생채권자목록에 기재된 채권은 변제계획에 의하지 아니하고는 이를 소멸하게 하는 행위(면제를 제외한다)를 하지 못하며(법 제582조), 개인회생채권자목록이 제출되지 아니한 것은 개인회생절차개시신청의 기각사유가 되고(법 제595조 제2호), 개인회생절차의 개시로 인하여 개별적 집행이 중지되는 채권은 개인회생채권자목록에 기재된 채권에 한하며(법 제600조 제1항 단서), 개인회생채권자목록에 기재된 채권에 대하여 이의기간 내에 개인회생채권조사확정재판이 신청되지 않은 경우, 해당 채권은 목록에 기재된 바와 같이 확정되고(법 제603조 제1항 제1호),[23] 면책결정 당시까지 채무자에 의하여 악의로 개인회생채권자목록에 기재되지 아니한 개인회생채권이 있는 경우에는 법원은

---

22) 반면, 소멸시효기간이 경과된 이후 채무자가 개인회생채권자목록을 제출한 경우 이를 시효이익의 포기로 볼 수 있는지에 대하여, 대법원은 "시효완성 후 시효이익의 포기가 인정되려면 시효이익을 받는 채무자가 시효의 완성으로 인한 법적인 이익을 받지 않겠다는 효과의사가 필요하기 때문에 시효완성 후 소멸시효 중단사유에 해당하는 채무의 승인이 있었다 하더라도 그것만으로는 곧바로 소멸시효 이익의 포기라는 의사표시가 있었다고 단정할 수 없다."는 전제하에 "개인회생신청을 하면서 채권자목록에 소멸시효기간이 완성된 근저당권부 채권을 기재하였다고 하여 그 시효이익을 포기하려는 효과의사까지 있었다고 보기는 어렵다."고 판시한 바 있다(대법원 2017. 7. 11. 선고 2014다32458 판결 참조).

23) 법 제603조 제1항, 제3항은 개인회생채권자목록에 기재된 채권자가 법 제596조 제2항 제1호에 정한 이의기간 안에 개인회생채권조사확정재판을 신청하지 아니하여 개인회생채권자목록의 기재대로 채권이 확정되고, 그 확정된 개인회생채권이 개인회생채권자표에 기재된 경우 그 기재는 개인회생채권자 전원에 대하여 확정판결과 동일한 효력이 있다고 규정하고 있는바, 개인회생채권자목록에 기재된 채권과 소송물을 달리하는 것으로서 목록에 기재되지 않은 채권에 대하여는 개인회생절차나 그에 따른 채권확정의 효력이 미치지 아니한다(대법원 2012. 11. 29. 선고 2012다51394 판결).

면책불허가결정을 할 수 있으며(법 제624조 제3항 제1호), 면책결정이 확정되는 경우에도 개인 회생채권자목록에 기재되지 아니한 개인회생채권에 대하여는 면책의 효력이 인 정되지 아니한다(법 제625조).

따라서 개인회생채권자목록에는 기재를 정확하게 하여야 하는바, 채무자는 개인회생채권자목록의 작성 및 수정에 참고하기 위하여 필요한 경우에는 개인회 생채권자에 대하여 개인회생채권의 존부 및 액수, 담보채권액 및 피담보재산의 가액 평가, 담보부족전망액에 관한 자료의 송부를 청구할 수가 있고(규칙 제82조 제1항), 개 인회생채권자는 이러한 자료송부요구가 있는 경우에는 신속하게 이에 응하여야 한다(같은조 제2항). 또한 법원은, 개인회생채권자목록의 부본을 추가로 제출받아서 이를 개인회생채권에 관한 이의기간의 말일까지 법원 내 일정한 장소에 비치하여야 한다(규칙 제86조).

이하에서는 개인회생채권자목록을 작성하는 방법을 양식 기재 요령을 중심 으로 하여 설시하기로 한다.

2. 개인회생채권

가. 개인회생채권의 의의, 요건

법 제581조 제1항은 "채무자에 대하여 개인회생절차개시결정 전의 원인으 로 생긴 재산상의 청구권은 개인회생채권으로 한다."고 규정하고 있다. 어떤 채 권이 개인회생채권에 해당하는지에 관한 자세한 설명은, 제5장 제1절 참조.

나. 개인회생채권의 종류

개인회생절차는 개인회생채권을 ① 일반의 우선권 있는 개인회생채권, ② 일반 개인회생채권, ③ 후순위 개인회생채권으로 구분하고 있다.

어떤 개인회생채권에 우선권이 있거나 어떤 개인회생채권이 후순위로 되는 지에 관하여 자세한 것은 제5장 제3절 참조.

3. 개인회생채권자목록 작성에 있어서 유의사항

가. 채권의 누락주의

개인회생채권자목록의 작성 시에는 채권을 누락하여서는 안 된다. 채무자가 어떤 개인회생채권을 개인회생채권자목록에 기재하지 않았다면, 그 채권자는 개인회생절차의 진행에 영향을 받지 않고 강제집행을 비롯한 채권의 행사를 할 수 있게 되고, 이 경우 개인회생채권자목록에 기재된 채권자들만을 대상으로 가용소득을 전부 투입하는 것을 원칙으로 작성된 변제계획의 수행가능성은 현저히 낮아지기 때문이다.

개인회생채권자목록에 누락된 채권은 면책의 대상이 되지 않고(법 제625조, 제2항 제1호), 만약 채무자가 채권을 악의로 누락한 경우 면책을 불허가 할 수 있다(법 제624조, 제3항 제1호).

나. 비면책채권을 보유한 채권자의 개인회생채권자목록에의 기재 가부

채무자가 고의로 가한 불법행위로 인한 손해배상청구권, 채무자가 중대한 과실로 타인의 생명 또는 신체를 침해한 불법행위로 인하여 발생한 손해배상 청구권 등은 개인회생채권자목록에 기재가 되어 있고, 변제계획이 인가 되어 변제계획에 따른 변제가 완료되더라도 면책되지 않는다(법 제625조, 제2항 제4, 5호). 이러한 비면책 채권을 보유한 채권자를 개인회생채권자목록에 기재할 수 있는지 여부에 관하여 논의가 있다.

서울회생법원은 실무상 개인회생절차개시신청만으로 바로 그 채권이 비면책채권에 해당하는지 여부를 판단할 수 없는 경우가 많다는 점, 채권자로서는 개인회생절차를 통하여 변제계획에 따른 변제를 받음과 별개로 비면책채권임을 주장할 수 있다는 점, 비면책채권을 보유한 채권자를 개인회생채권자목록에 기재할 수 없다고 한다면 사실상 위와 같은 채무를 부담하는 채무자는 개인회생절차를 이용할 수 없게 된다는 점 등에 비추어 비면책채권을 보유한 채권자를 개인회생채권자목록에 기재하는 것을 허용하고 있다.[24]

다. 보증인의 기재여부

채무자의 채무를 보증한 보증인을 개인회생채권자목록에 기재하여야 하는지에 관하여는 견해의 대립이 있다. ① 현재 채무자에 대하여 채권을 가지고 있지 않더라도, 장래의 구상권을 가질 수 있으므로 구상채권자로서 역시 기재하여야 한다는 견해와, ② 장래의 구상권을 가질 수 있다고 하여도 채권자의 채권이 개인회생채권자목록에 기재되어 있는 이상 장래의 구상권자로서의 권리를 행사

---

24) 이에 대하여 고의로 가한 불법행위로 인한 손해배상청구권을 보유하는 채권자의 경우, 법문상 위 채권이 비면책채권에 해당하고, 위와 같은 불법행위를 가한 채무자의 개인회생절차를 위해서 피해자인 채권자의 권리행사를 제한함은 타당하지 않다는 이유로 위 채권자의 동의가 없는 이상 개인회생채권자목록에 기재하게 하여서는 안 된다는 반대 견해도 있다.

할 수 없고($\substack{법, 제581조 \\ 제2항, 제430조}$), 향후 대위변제함으로써 개인회생채권자목록에 기재된 채권자의 권리를 승계취득하여 행사하는 것에 불과하므로 장래의 구상권자인 보증인을 개인회생채권자목록에 기재할 필요가 없고, 이처럼 보증인의 장래의 구상권을 기재하지 않더라도 이는 법 제625조 제2항 제1호의 비면책채권인 "개인회생채권자목록에 기재되지 아니한 청구권"에 해당하지 않는다는 견해이다.

어느 견해에 의하더라도 변제계획상으로는 구상채권자가 변제대상에서 제외된다. 서울회생법원은 보증인이 변제계획의 구속을 받는다는 점을 명확히 하고 면책여부에 관한 법률상의 다툼을 예방하기 위하여 보증인도 구상채권자로서 개인회생채권자목록에 기재하도록 하고 있다.

라. 채무액의 정확한 기재

채무액은 가급적 정확하게 기재하여야 한다. 채권의 액수 등이 부정확하게 기재되면 개인회생채권자들이 개인회생채권조사확정재판을 신청하게 되고, 이로 인하여 미확정채권의 액수가 전체 채권액에 비추어 큰 비중을 차지하게 되는 경우에는 변제계획이 불인가될 수도 있다($\substack{법, 제614조 \\ 제1항 제2호}$). 따라서 채무자는 자신이 보관하고 있는 차용증서, 영수증 등의 자료를 면밀하게 검토하는 것은 물론, 신청에 앞서 채권자들과 미리 접촉하여 볼 필요가 있다.

실제에 있어서는 금융기관 등 채권자들이 이러한 채무액수 확인에 비협조적인 경우가 많으므로 채무자들이 개인회생신청을 위하여 부채확인서 등을 입수하는 과정에서 상당한 애로를 겪게 된다.[25] 따라서 법원은 개인회생절차를 신청하고자 하는 채무자가 개인회생채권자 발행의 부채확인서 등 채무 내역을 소명할 자료를 입수하려고 노력하였으나 입수하여 제출하기 곤란한 경우에는 규칙 제82조의 규정에 따라 개인회생채권자에 대하여 개인회생채권의 발생일, 원금, 원금 잔액, 이자 잔액, 이자율 등에 관한 자료의 송부를 청구한 다음 그 청구서 사본을 첨부하는 방법으로 소명자료에 갈음할 수 있도록 하였다. 그 후 개인회생채권자가 채무액에 관한 자료를 송부하여 온 경우에 채무자는 지체 없이 그 사본을 법원에 제출하여야 하며, 송부해 온 자료를 검토한 후 필요한 경우에는 개인회생채권자목록의 기재를 수정하여 다시 제출하여야 한다($\substack{개인회생예규 제4조 \\ 제2항·제3항}$).

---

25) 이러한 문제점을 개선하기 위하여 서울회생법원은 신용회복위원회 및 대한법률구조공단과 연계하여 "신용회복위원회 상담제도 활용을 통한 Fast Track"제도를 실시하고 있다. 자세한 내용은 제1장 제2절 4. 참조.

4. 양식을 이용한 개인회생채권자목록 작성 요령

가. 개인회생채권자목록에 기재되어야 할 사항

법 제589조 제2항 제1호 및 규칙 제80조 제1항은, 개인회생채권자의 성명 및 주소와 개인회생채권의 원인 및 금액이 개인회생채권자목록에 반드시 기재되어야 할 사항이라고 규정하고 있다. 한편 개인회생채권자목록은 채무액 상한요건의 판단, 변제계획안 작성 등의 근거자료가 되므로, 이를 위해서는 담보부채권의 경우 담보권의 행사로 변제가 예상되는 금액, 개인회생채권 중 일반의 우선권이 있는 부분, 후순위인 부분 및 다툼이 예상되는 채권의 유무 및 범위 등도 기재될 필요성이 있다. 개인회생채권자목록의 양식은 법률상의 기재사항과 아울러 위와 같은 점을 고려하여 작성되어 있으므로 신청인은 위 양식의 각 난을 빠짐없이 충실히 기재하여야 한다.

그러나 위와 같이 법률적 판단이 필요한 사항들을 제대로 기재하기 어려운 경우 채무자는 (우선권 있는 채권, 후순위 채권 등의) 법률상 복잡한 기재를 생략한 채 일단 간이양식([양식 6])을 이용하여 개인회생채권자목록을 작성하여 제출할 수 있다.

나. 채권액 산정의 기준시

개인회생절차개시결정 전의 원인으로 생긴 재산상의 청구권은 개인회생채권에 해당한다. 그러나 신청 당시에는 개시결정시를 정확히 예측하기 어려운 점, 앞서 본 바와 같이 법 제579조 제1호가 "개인회생절차개시의 신청 당시"를 개인회생절차 채무액 한도기준의 적용시점으로 정하고 있는 점 등을 고려할 때, 채무자가 신청 당시 개인회생채권목록을 작성하면서 기재하는 채권액은 일단 신청일 또는 신청예정일을 기준으로 하여 산정하면 된다. 채무자는 위 기준일을 [양식 4-1]의 상단에 있는 "채권현재액 산정기준일"란에 기재한다.

다. 양식의 기재 요령([양식 4-1 및 그 부속서류 1 내지 4] 관련)

1) 채권의 기재순서 및 채권자 이름·주소·연락처

비록 명칭은 "개인회생채권자목록"이지만, 그 목록은 "개인회생채권자"별로 기재하는 것이 아니라 독립한 소송물이 되는 개인회생채권별로 기재하여야 한다. [양식 4-1]에는 개인회생채권별로 차례로 번호를 부여하여 기재하게 되어 있는데, 우선권이 있는 개인회생채권, 담보부 개인회생채권(유치권·질권·저당

권·양도담보권·가등기담보권·「동산·채권 등의 담보에 관한 법률」에 따른 담보권·전
세권 또는 우선특권으로 담보된 개인회생채권), 무담보 일반개인회생채권, 후순위 개
인회생채권의 순서로 기재한다. 발생일자에 따라 오래된 것부터 먼저 기재하되
여러 채권을 가진 동일한 채권자는 연속하여 기재한다.

　　개인회생채권 중에 보증인이 있는 경우에도 실무상 개인회생채권자목록
에 기재하고 있다. 다만 개인회생채권자목록에 주채권이 기재된 때에는 장래
의 구상권자는 개인회생절차에서 변제받는 등으로 권리를 행사할 수 없는 점
(법 제581조 제2항,
제430조 제1항 단서)을 감안하여 주채권의 번호에 부기하는 식으로(예: 본래 채권이 3번
이면 3-1번으로) 번호를 붙이고 주채권의 바로 아래에 기재한다. 채무자를 위한
물상보증인이 있는 경우 역시 보증인과 같은 양식으로 개인회생채권자목록에 기
재하고, 부속서류 4에 그 취지를 적는다.[26]

　　[양식 4-1]의 "채권자"란에는 자연인인지, 법인인지 여부가 명확히 드러나
도록 개인회생채권자 이름을 기재하고, 법인의 경우는 등기부 등에 기재된 정식
명칭을 기재한다. 자연인이 개인사업자이고, 거래상 통상 사용되는 명칭이 있는
경우에는 자연인의 성명 다음에 괄호를 이용하여 병기한다.

　　또한 개시결정 및 개인회생채권자목록 등이 개인회생채권자에게 송달되어
야 하므로, 개인회생채권자목록에는 개인회생채권자의 주소, 전화번호 등 연락처
를 정확하게 기재하여야 한다.

　2) 채권의 원인

　　개인회생채권의 발생당시를 기준으로 차용금, 매매대금 등의 개인회생채권
의 발생원인, 시기 또는 기간 등을 간략히 기재하되 대여금 등의 경우 최초의
원금을 같이 기재한다(예: 2020. 1. 1.자 대여금 10,000,000원).[27]

---

26) 반면, 채무자가 제3자를 위하여 물상보증을 한 경우에는 채무자의 채무가 아니므로 개인회생
　　채권자목록에 채권자로 기재하지 않고, 재산목록에서 채무자의 재산에서 제3자 채무의 현재액
　　을 공제한다(단, 제3자의 채무변제 가능성에 따라 공제액을 평가할 필요가 있다). 다만, 채무자
　　가 제3자를 위하여 물상보증을 하면서 연대보증까지 한 경우에는 법 제581조 제2항, 제429조에
　　따라 개인회생채권자목록에 기재한다(후술하는 기타[양식 4-1 부속서류4]의 '채무자가 보증인인
　　경우'에 해당함).

27) 위와 같이 발생원인, 시기 또는 기간 등으로 채권의 원인을 특정하여야 함에도 불구하고, 실
　　무상 단순히 '차용금', '물품대금' 등으로만 기재된 개인회생채권자목록이 간혹 제출되는 경우가
　　있다. 개인회생채권자목록에 기재된 채권에 대하여만 확정의 효력이 발생한다는 점(법 제603조
　　제1항 제1호) 등에 비추어 볼 때, 보정명령을 통하여 채권의 원인에 대하여 구체적으로 특정하
　　도록 안내하여야 할 것이다. 대법원은 채무자가 채권자 A에 대한 채권의 원인을 '2006. 12. 29.
　　자 대여금'이라고 기재하여 개인회생채권자목록을 제출하였다가 개시결정을 받고 그대로 이의
　　기간이 경과하여 확정되었는데 이후 A가 채무자를 상대로 '2007. 2. 10.자 대여금'의 존재를 주
　　장하며 대여금 청구의 소를 제기한 사안에서, 양자는 서로 소송물을 달리하므로 A가 주장하는

개인회생채권자목록

20○○ 개회 채무자:

채권현재액 산정기준일: 20○○. ○.○. 목록작성일: 20○○. ○.○.

채권현재액 총합계	71,388,200원	담보부 회생 채권액의 합계		무담보 회생 채권액의 합계	71,388,200원

※ 개시후이자 등: 아래 각 채권의 개시결정일 이후의 이자 · 지연손해금 등은 채무자 회생 및 파산에 관한 법률 제581조 제2항, 제446조 제1항 제1호 · 제2호의 후순위채권입니다.

채권번호	채권자	채권의 원인	주소 및 연락	
		채권의 내용		부속서류 유무
		채권현재액(원금)	채권현재액(원금) 산정근거	
		채권현재액(이자)	채권현재액(이자) 산정근거	
1	A 은행 (주)	2018. 9. 4. 마이너스 통장개설	(주소) 서울 ○○구 ○○로 ○○○ (전화) 02-000-1234　　(팩스) 02-000-1235	
		원금잔액 14,988,200원		□ 부속서류 (1, 2, 3, 4)
		14,988,200원	부채증명서 참조(산정기준일 20○○. ○.○.)	
		0원	부채증명서 참조	
2	B 상호 저축 은행	2019. 9. 19. 신용대출금 2,500만 원	(주소) 서울 ○○구 ○○로 ○○○ (전화) 02-000-1236　　(팩스) 02-000-1237	
		원금잔액 20,000,000원 및 이에 대한 2021. 4. 1.부터 2021. 7. 31.까지 연 12%, 그 다음날부터 완제일까지 연 20%의 비율에 의한 금원		□ 부속서류 (1, 2, 3, 4)
		20,000,000원	2021. 4. 1. 500만 원 변제	
		4,000,000원	부채잔액증명서 참조(산정기준일 20○○. ○.○.)	
3	(주) C 크레 디트	2020. 3. 21. 신용대출금 3,000만 원	(주소) 서울 ○○구 ○○로 ○○○ (전화) 02-000-1238　　(팩스) 02-000-1239	
		원금잔액 27,000,000원 및 이에 대한 2021. 4. 1.부터 완 제일까지 연 20%의 비율에 의한 금원		☑ 부속서류 (1, ②, 3, 4)
		27,000,000원	2021. 4. 1. 300만 원 변제	
		5,400,000원	부채증명원 참조(산정기준일 20○○. ○.○.)	
			(주소) (전화)　　　　(팩스)	
				□ 부속서류 (1, 2, 3, 4)

2007. 2. 10.자 대여금 채권에 대하여는 개인회생채권자목록의 확정 효력이 미치지 않는다고 판시한 바 있다(대법원 2012. 11. 29. 선고 2012다51394 판결 참조).

3) 채권의 내용

잔존채권의 내용, 즉 산정기준일에 따른 원금잔액과 기존에 발생하였거나 앞으로 발생할 이자(지연손해금) 등을 이자율 등에 따른 기간으로 구분하여 기재한다. 즉, "금 _____원 및 그 중 _____원에 대한 _____부터 _____까지 연 __%의 비율에 의한 금원"의 방식으로 기재한다. 한편 신용카드 대출수수료는 이자로 보지 아니하고 원금에 포함시킨다.

4) 채권현재액

후순위 아닌 일반 개인회생채권의 액수를 명확히 드러내기 위한 항목이다. 신청일을 기준으로 작성하여야 하겠지만, 신청일 당일에 모든 개인회생채권의 현재액을 확인하는 것이 곤란할 것이므로 신청예정일 부근의 날을 기준으로 삼아서 계산한 현재액을 기재하는 한편 그 날짜를 양식 상단의 "채권현재액 산정기준일"란에 기재한다. 원금과 이자·지연손해금을 구분하여 기재하여야 하지만, 일반의 우선권이 있는 개인회생채권과 후순위 개인회생채권의 경우에는 이자가 발생하는 경우를 상정하기 어려우므로 채권현재액을 원금과 이자로 구분하지 않는다. 신청예정일 부근의 일정한 날이 기준이므로 개시결정 후의 이자 등은, 신청시에 개인회생채권자목록에 기재하는 채권현재액에는 당연히 포함되지 아니한다. 다만 [양식 4-1]의 상단에는 개시결정 후 이자에 관해서는 후순위 채권이라는 취지가 기재되어 있다.

변제기 미도래 등의 원인으로 명목가치와 현재가치가 차이나는 채권에 관해서는 채권현재액으로 채권의 명목가치를 그대로 기재한다. 즉, 법 제581조 제2항, 제446조 제1항 제5 내지 7호의 후순위 채권은 명목가치와 현재가치의 차이가 예상되는 경우의 조정을 위한 것인데, 채권현재액은 위 조항에 의한 조정을 행하기 이전의 금액 즉 명목가치가 된다.

아래에서는 법이 채권현재액에 관하여 특별한 규정을 두고 있는 경우를 설명한다(파산절차에 관한 규정을 준용하고 있다).

가) 비금전채권 등　　　채권의 목적이 금전이 아니거나 그 액이 불확정한 때나 외국의 통화로 정하여진 때, 정기금채권의 금액 또는 존속기간이 확정되지 아니한 때에는 신청예정일 현재의 평가액을 기재한다. 법 제581조 제2항, 제426조는 개시결정시를 기준으로 평가하도록 하고 있으나, 앞에서 본 바와 같은 현실을 고려해 볼 때 신청예정일을 기준으로 평가하면 족하다고 본다. 만약 신청예정일과 실제의 개시결정일과의 사이에 그 평가에 현저한 차이를 발생하게 할

사유가 있는 경우라면 새로운 평가가 필요할 것이다.

나) 조건부 채권　　　조건부 채권은 법 제581조 제2항, 제427조에 따르면 그 전액을 개인회생채권으로 기재할 수 있고, 제581조 제2항, 제426조 제1항에 따른 평가액을 개인회생채권으로 기재할 수도 있다. 전자를 선택한 경우 반드시 비고란을 이용하여 조건부 채권인데 전액을 기재하였음을 표시하여야 한다. 전액을 기재함으로써 채무액 한도요건을 갖추지 못하게 되는 경우도 있게 됨을 유의하여야 할 것이다.

다) 현존액주의　　　여럿의 채무자가 각각 전부의 채무를 이행하여야 하는 경우 그 채무자의 전원 또는 일부가 개인회생절차개시결정을 받은 때에는 채권자는 개인회생절차개시결정시에 가진 채권의 전액에 관하여 각 개인회생재단에 대하여 개인회생채권자로서 권리를 행사할 수 있다($^{법~제581조}_{제2항,~제428조}$). 이는 도산절차에서 통상 적용되는 현존액주의가 개인회생절차에서도 적용됨을 밝힌 조문이다.

라) 채무자가 보증인인 경우　　　법 제581조 제2항, 제429조는 보증인이 개인회생절차개시결정을 받은 때에는 채권자는 개인회생절차개시결정시에 가진 채권의 전액에 관하여 개인회생채권자로서 그 권리를 행사할 수 있다고 규정하고 있다. 민법상의 보충성의 원칙의 예외를 규정한 것이다.

마) 장래의 구상권자　　　여럿의 채무자가 각각 전부의 채무를 이행하여야 하는 경우 그 채무자의 전원 또는 일부가 개인회생절차개시결정을 받은 때에는 그 채무자에 대하여 장래의 구상권을 가진 자는 그 전액에 관하여 각 개인회생재단에 대하여 개인회생채권자로서 그 권리를 행사할 수 있다. 다만 채권자가 그 채권의 전액에 관하여 개인회생채권자로서 그 권리를 행사한 때에는 예외로 한다($^{법~제581조~제2항,}_{제430조~제1항}$).

또한 유의할 점은, 개인회생채권자목록에서는 이러한 장래의 구상권자를 기재하는 경우에도 본래 개인회생채권자를 변제대상자로 하여 변제계획안을 작성하는 이상 변제계획안에서는 이러한 장래의 구상권자를 기재하여서는 아니 된다는 점이다($^{법~제581조~제2항,}_{제430조~제1항~참조}$).

바) 무한책임사원, 유한책임사원에 대하여 개인회생절차가 개시된 경우

법인의 채무에 관하여 무한책임을 지는 사원이 개인회생절차개시결정을 받은 때에는 법인의 채권자는 개인회생절차개시결정시에 가진 채권의 전액에 관하여 그 개인회생재단에 대하여 개인회생채권자로서 그 권리를 행사할 수 있다($^{법~제581조,}_{제2항,~제432조}$). 이에 반하여 법인의 채무에 관하여 유한책임을 지는 사원이 개인회

생절차개시결정을 받은 때에는 법인의 채권자는 유한책임을 지는 사원에 대하여 그 권리를 행사할 수 없다(^{법 제581조 제2항,}_{제433조 본문}). 다만 법인은 출자청구권을 개인회생채권으로서 행사할 수 있다(^{같은조}).

5) 별제권부채권 및 이에 준하는 채권의 내역 [양식 4-1 부속서류 1]

가) 개요

어떤 개인회생채권에 담보가 붙어 있는 경우에는 그 채권액 중에서 담보부채권액과 무담보채권액을 구분하는 것이 채무액 한도요건의 판단, 변제계획안의 작성에 있어서 필요하다. 특히 담보물의 예상환가액이 피담보채권액보다 적은 경우에는 매월의 변제액 중 얼마만큼을 그 차액확정시를 위하여 유보하여 둘 것인지를 미리 정하여야 하기 때문에, 그 담보물의 평가가 중시된다. 규칙 제80조 제2항도, 별제권자가 있는 때에는 같은 조 제1항에 규정한 사항 외에 별제권의 목적과 그 행사에 의하여 변제받을 수 없는 채권액을 기재하여야 한다고 정하고 있다.

이와 같이 별제권 행사에 의하여 변제받을 수 없는 채권액, 이른바 예정부족액에 관해서는, 다른 미확정 개인회생채권에서와 같이, 그에 해당되는 몫의 변제액을 별도의 예금계좌 등에 적립하여 유보하였다가 추후 별제권 실행에 따라 그 별제권 부족액이 확정되는 경우, 그 확정비율에 따라 유보액을 변제하고, 그 후에는 위 확정된 채권액의 비율에 따라 다른 개인회생채권과 동일한 비율로 변제를 해 나가는 식의 변제계획 조항을 두는 것이 무난한 방법이다. 만일 위와 같은 변제액 유보를 미리 해 놓지 아니하였다가 뒤에 가서 별제권 부족액이 현실화되어 버리면, 이를 따로 변제할 가용소득이나 기타 변제재원을 갑자기 마련하기는 어려울 것이고, 이렇게 되면 변제계획은 수행이 불가능하여 결국 개인회생절차가 폐지될 수밖에 없게 될 것이기 때문이다.

따라서 개인회생절차 수행의 안정성을 확보하기 위해서는, 별제권 실행으로 환가·분배될 수 있는 담보물의 가치를 가급적 낮게 평가하여 별제권 부족액의 현실화 가능성을 높게 예정함으로써 채무자가 후일 변제계획의 수행이 불가능하게 되는 사태를 미연에 방지하는 것이 바람직하다.

"별제권부채권 및 이에 준하는 채권"의 내역의 상세한 기재방법은 [양식 4-1 부속서류 1] 뒤의 "기재요령"에 상세히 설명되어 있다.

나) 개인회생채권자목록에의 기재

별제권부 채권 및 이에 준하는 채권의 경우 일단 개인회생채권자목록 상채권현재액에는 담보부채권액과 무담보채권액을 구분하지 않고 전액을 기재한다. 그리고 [양식 4-1 부속서류 1] 중 "별제권행사 등으로 변제가 예상되는 채권액", "별제권행사 등으로도 변제받을 수 없을 채권액"란에 담보부채권액과 무담보채권액을 기재한다. 위에 기재되는 액수가 변제계획안 중 "별제권부 채권 및 이에 준하는 채권의 처리" 항목에 그대로 옮겨져서 구체적인 변제액수가 정해지게 되므로 이 부속서류 1의 기재 단계에서부터 위와 같은 담보물의 저평가 작업을 거쳐야 한다. 이러한 취지에서 서울회생법원의 현재 실무는 예정부족액의 평가에 있어서 담보물인 부동산의 실질적 처분가치(일반적으로 회생위원이 채무자가 제출한 시가소명자료 등을 이용하여 간이평가한 시가)의 70%를 부동산의 가치평가액으로 보고 있다.[28]

위와 같은 담보물은 대개 채무자의 재산으로서 개시신청서 첨부서류 중 하나인 재산목록에도 기재되는 것이 보통이다. 그런데 이와 같이 담보물의 평가가 개인회생채권자목록 및 변제계획안과 재산목록의 작성시 함께 이루어지는 과정에서 현재의 실무는 담보물의 평가방법을 양자 간에 달리하고 있다.

즉, 재산목록에서는 청산가치보장의 원칙이 개인회생채권자들의 최소한의 이익을 보장하여 주기 위한 것으로서 청산가치의 기초인 재산을 저평가하게 되면 채권자들의 이익을 해할 수 있다는 점에 주안점을 두고, 담보물의 처분가치를 평가함에 있어 부동산의 실질적 처분가치(일반적으로 회생위원이 채무자가 제출한 시가소명자료 등을 이용하여 간이평가한 시가)를 담보물의 평가가치로 하고 있다.

다른 한편 개인회생채권자목록 및 변제계획안의 작성에서는 부동산의 평가액을 시가의 70%로 낮추어 별제권 행사 등으로 변제가 예상되는 채권액을 낮추고, 이로써 결과적으로 예정부족액을 높여 향후 담보물이 저가에 처분되더라도 그 확정채권액에 대비하여 예정부족액이 부족하게 되는 것을 방지하고 있다.[29]

---

28) 반면 자동차의 경우, 실질적 처분가치 평가에 있어서는 감가의 속도가 상대적으로 훨씬 빠르다는 점, 채무자가 실제로 점유하고 있는지 여부에 따라서 환가의 가능성이 달라진다는 점 등에 관한 세밀한 검토가 필요하다.

29) 이와 같은 실무에 대하여 다음과 같은 이유를 들어 반대하는 견해가 있다. 즉, 재산목록과 변제계획안에서 각각 부동산의 가치평가를 달리하는 경우에는 경우에 따라 채무자에게 가혹할 수 있다는 점, 즉 채무자의 가용소득이 커서 변제예정액의 현재가치가 청산가치를 대폭 상회하는 경우에는 별다른 문제가 발생하지 않지만, 양자가 거의 비슷한 경우에는 채무자는 가용소득을 높이기 위하여 그렇지 않아도 많지 않은 생계비를 더 줄임으로써 청산가치보장원칙을 충족시켜야 할 수밖에 없는 경우가 많다는 점과 청산가치보장의 원칙에서 청산가치라는 용어 자체는 파산적 청산을 통하여 개별재산을 분리하여 처분할 때를 가정한 처분금액으로 이해되는데, 청산가치를 평가하면서 파산적 청산이 아닌 통상시의 평가가치라 할 수 있는 시가를 기준으로 하는 것은 개념상 모순이라는 것이다. 이와 같은 전제에서 기존의 실무와 달리 재산목록과 변제계획

한편 채무자의 신청자격 유무를 판단함에 있어서는 예정부족액의 산정을 위한 담보물평가액이 아니라 원래 부동산의 처분가치를 기준으로 하여 피담보채권액을 산정하여야 할 것이다.

채무자가 개시신청서 및 변제계획안을 작성함에 있어서도, 위와 같은 점을 염두에 두고 재산목록상의 금액과 담보물평가액은 달리 취급하여야 한다. 채무자는 신청서에, 저당권 등의 담보채권액 및 피담보재산의 가액의 평가에 필요한 자료를 첨부하여 제출하여야 한다(법 제589조 제2항 제7호, 규칙 제79조 제1항 제7호).

다만 위와 같은 방식에 의해 계산된 "별제권행사 등으로도 변제받을 수 없을 채권액"이 채권현재액의 원금을 초과할 경우에는 원칙적으로 원금의 액수를 기준으로 안분한 금액을 변제받는 다른 일반채권자와 달리 별제권자에게 원금을 초과하여 이자까지 합산한 금액을 기준으로 배분하도록 할 이유가 없으므로, 원금만을 기준으로 변제유보액을 산정하면 된다는 점에 유의하여야 한다.

다) 별제권부 채권에 준하는 채권의 경우

주택임대차보호법이나 상가건물임대차보호법에 따른 대항요건(주택의 경우 전입신고＋주택인도, 상가건물의 경우 사업자등록 신청＋건물인도)과 확정일자를 갖추어 우선변제권이 있는 임차보증금 반환채권, 대항요건을 갖추어 최우선변제권이 있는 소액임차인의 임차보증금 반환채권 등 별제권에 준하는 채권도 [양식 4-1 부속서류 1]에 기재한다. 이들 채권은 비록 경매신청권은 없으나 우선변제권이 있어서 별제권과 유사하고 이 때문에 변제계획안에서도 같은 변제방식의 적용을 받게 되기 때문이다. 그러나 대항요건은 갖추었으나 확정일자를 갖추지 않아 우선변제권이 없는 임차인 및 대항요건을 갖추지 못한 임차인 등은 개인회생채권자목록에만 기재하고, 부속서류 1에는 기재하지 않는다.

6) 다툼이 있거나 예상되는 채권의 내역 [양식 4-1 부속서류 2]

개인회생채권자들과의 접촉 과정에서 채권액 등에 관하여 다툼이 있었거나 앞으로 예상되는 경우에는 이를 개인회생채권자목록에 기재함으로써 회생위원과 법원에 그 사실을 미리 알려두는 것이 절차진행을 위하여 바람직하다. 또한 다툼이 있는 채권에 관하여 소송이 제기되어 있는 경우에는 별도로 채권조사확정재판을 신청할 수 없고 이미 계속 중인 소송의 내용을 개인회생채권조사확정의

안에서의 각 평가 기준을 동일하게 "시가의 70%" 등으로 하거나, 재산목록에서의 부동산 평가를 해당 지역의 부동산 낙찰가율 등으로 정할 필요가 있다고 한다. 자세한 것은 오병희, "2013년 개인회생절차의 새로운 운영방안 검토", 도산법실무연구(재판자료 제127집, 2013년), 493면 이하 참조.

소로 변경하여야 하므로 이러한 사항도 [양식 4-1 부속서류 2]에 기재한다.

개인회생채권에 관하여 개인회생절차개시신청 당시에 소송이 계속하는 때에는 규칙 제80조 제1항에 규정한 사항 외에 그 법원·당사자·사건명 및 사건번호를 기재하여야 한다(규칙 제80조 제3항).

이러한 다툼 있는 채권에 관해서는 개인회생채권자가 주장하는 채권액이 아니라 채무자가 인정하는 채권액만을[30] [양식 4-1]에 기재한 다음 "부속서류 2"란을 체크하고, 부속서류 2에서 '채권자목록상 채권현재액,' '채권자 주장 채권현재액,' '다툼이 없는 부분,' '차이나는 부분,' '다툼의 원인' 및 '소송제기 여부 및 진행경과'를 차례로 기재한다. 항목별 구체적인 기재요령은 [양식 4-1]의 각 기재요령을 참조.

다툼이 예상되는 채권이 있는 경우 채무액 상한요건은 개시단계에서는 채무자가 인정하는 채무액만을 기준으로 하여 판단한다. 그러나 인가단계에서는 법원이 사안을 개별적, 실질적으로 평가하여 그 결과에 따라서 처리하여야 한다(다만 그 기준시점은 신청시이다). 즉, 개인회생채권자가 실제 개인회생채권조사확정재판을 신청한 경우, 만약 법원이 그 이의가 의미 있는 것으로 판단하는 경우에는 개인회생채권조사확정절차의 결과를 기다려서 절차를 진행하고, 그렇지 않은 경우에는 개인회생채권조사확정절차의 진행과 무관하게 절차를 진행한다(이는 법원이 그 이의가 무의미하다고 판단하는 경우이므로 통상적으로는 개인회생채권조사확정재판신청에 대하여는 채무자의 인정액을 그대로 확정하는 결정을 내리고, 그 상태에서 이의의 소의 제기나 그 결과는 기다리지 아니한 채 절차를 진행하는 것이 일반적일 것이다).

7) 전부명령의 내역 [양식 4-1 부속서류 3]

채무자의 장래 소득에 대하여 이미 유효한 전부명령이 발하여져 확정된 경우에는 그 전부채권자가 채무자의 장래 소득을 이전받음으로 인하여 개인회생절차의 진행에 곤란을 초래할 수 있다. 이러한 문제점을 해결하기 위하여 법 제616조는 전부명령에 대한 특칙을 규정하고 있다.[31] 즉, 변제계획인가결정이 있는 때에는 채무자의 급료·연금·봉급·상여금, 그 밖에 이와 비슷한 성질을 가진 급여채권에 관하여 개인회생절차개시 전에 확정된 전부명령은 변제계획인가

---

30) 이에 관하여 채무자는 인정하지 않는 채권에 관하여 그 채권자를 개인회생채권자목록에 채권액을 '0원'으로 하여 기재할 수 있는지 여부에 관하여는 논의가 있다.

31) 전부명령과 관련된 개인채무자회생법상의 문제점에 대한 논의는 임치용, 파산법연구, 박영사(2004), 110~114면 참조.

결정 후에 제공한 노무로 인한 부분에 대하여는 그 효력이 상실되고(^{법 제616조}), 변제계획인가결정으로 인하여 전부채권자가 변제받지 못하게 되는 채권액은 개인회생채권으로 한다(^{같은 조}).

그러나 채무자로서는 변제계획이 인가되기 전까지는 전부채권자의 채권 중 개인회생채권으로 될 금액이 얼마인지 산정할 방법이 없으므로 개인회생채권자목록에는 채권의 원인과 내용만을 기재하고 채권현재액은 산정기준일 현재의 금액을 산정하여 기재할 수밖에 없다. 이 경우 채권의 내용에는 '원금 및 이자 채권 잔액 000,000원에서 200 . . .부터 인가일까지 전부명령에 기하여 변제충당된 금원을 공제한 잔액'으로 기재하면 될 것이다.

또한 개인회생채권에 관하여 개인회생절차개시 신청 당시에 전부명령이 있는 때에는 전부명령의 내역을 개인회생채권자목록에 기재하여야 하므로 [양식 4-1]의 "부속서류 3"란을 체크하고 그 내용을 부속서류 3에 기재한다. 부속서류 3 중 "전부명령의 내역"란에는 전부명령을 내린 법원·당사자·사건명 및 사건번호, 전부명령의 대상이 되는 채권의 범위, 제3채무자에 대한 송달일, 전부명령의 확정여부를 기재하여야 한다(^{규칙 제80조}).

8) 기타 [양식 4-1 부속서류 4]

채무자가 보증인인 경우 주채무의 내용(주채무자, 금액, 관계 등), 채무자 이외의 제3자가 물상보증을 제공한 경우 등 [양식 4-1]의 부속서류 1 내지 3에 기재하기 어려운 유형의 채권이 있는 경우 부속서류 4에 기재한다. [양식 4-1]의 "부속서류 4"란을 체크하고, 그 내용을 부속서류 4에 기재하면 된다.

제 7 절   회생위원

1. 의   의

회생위원은 법원의 감독을 받아 변제계획 인가 전에는 채무자의 재산 및 소득에 대한 조사를 통해 채무자가 제출한 변제계획안의 적정성에 관한 의견을 진술하고 변제계획 인가 후에는 채무자가 납입한 변제액을 개인회생채권자들에게 분배하고 인가된 변제계획의 수행을 감독하는 등의 업무수행을 통해 개인회생절차가 적정하고 원활하게 진행될 수 있게 한다.

개인회생절차에서 개인회생재단의 관리·처분권은 채무자가 행사하고(법 제580조, 제2항), 회생위원은 채무자의 재산 및 소득에 대한 조사와 변제계획의 수행을 감독하는 등의 업무만을 수행하므로, 회생절차에서 채무자의 업무를 수행하고 그 재산을 전속적으로 관리·처분할 권한과 의무를 가지는 관리인과 다르고, 파산절차에서 파산재단의 관리·처분권을 가지는 파산관재인과 다르다.

2. 선임, 해임 등

가. 선임시기

회생위원의 선임시기에 관하여는 아무런 제한이 없다. 개인회생절차개시신청이 있을 때부터 개인회생절차가 종료할 때까지 선임할 수 있다. 따라서 개인회생절차의 개시 전에는 물론이고 개시 후에도 회생위원을 선임할 수 있다.

개인회생절차의 원활한 진행을 위해서는 개인회생절차개시의 신청이 있으면 지체없이 회생위원을 선임하는 것이 바람직하므로, 실무는 신청 직후 곧바로 회생위원을 선임한다.

나. 임의적 선임

법원은 필요하다고 인정하는 때에 이해관계인의 신청에 의하거나 직권으로 회생위원을 선임할 수 있다. 회생위원의 선임은 원칙적으로 법원의 재량에 속하므로 법원이 반드시 회생위원을 선임하여야 하는 것은 아니지만,. 실무는 채무자의 재산 및 소득에 대한 조사와 인가 후의 변제액 분배 등 절차의 원활한 진행을 위해 예외 없이 회생위원을 선임하고 있다.

다. 피선임자격

법원은 ① 관리위원회의 관리위원, ② 법원서기관·법원사무관·법원주사 또는 법원주사보(이하 '법원사무관등' 이라 한다), ③ 변호사·공인회계사 또는 법무사의 자격이 있는 자, ④ 법원주사보·검찰주사보 이상의 직에 근무한 경력이 있는 자, ⑤ 은행법에 의한 금융기관에서 근무한 경력이 있는 사람으로서 회생위원의 직무수행에 적합한 자, ⑥ 채무자를 상대로 신용관리교육·상담 및 신용회복을 위한 채무조정업무 등을 수행하는 기관 또는 단체에 근무 중이거나 근무한 경력이 있는 사람으로서 회생위원의 직무수행에 적합한 자, ⑦ 위 ①~⑥에 준하는 자로서 회생위원의 직무수행에 적합한 자 중에서 회생위원을 선임할 수 있다(법 제601조 제1항).

종래 법원은 회생위원 업무를 위한 교육의 편의, 제도의 조기 정착 필요 등을 고려하여 법원사무관 직급을 가진 법원공무원[32]을 위주로 하여 회생위원을 선임해 왔다.

그런데 개인회생 제도가 시행된 지 상당기간이 경과함에 따라 법에서 규정한 대로 회생위원을 선임할 필요가 있고, 법원의 재판기능과 회생위원 업무의 분리,[33] 내부회생위원의 업무경감 등 여러 측면을 고려하여 법원은 2012년 2월부터 법원사무관등이 아닌 회생위원[34] 제도를 도입하였다.

외부회생위원이 위촉되어 있는 회생법원에서 외부회생위원을 선임할 사건의 기준에 관하여 개인회생예규는 다음과 같이 규정한다. ① 영업소득자인 채무자의 개인회생절차 개시신청 사건에 대해서는 외부회생위원을 선임한다. 다만, 접수 사건수의 추이, 위촉된 회생위원의 수 등 여러 사정을 고려하여 외부회생위원을 선임하는 것이 적당하지 않다고 판단되는 경우에는 그러하지 아니하다. ② 급여소득자인 채무자의 개인회생절차 개시신청 사건의 경우에도 부인권 대상 행위의 존부, 접수 사건수의 추이 등 여러 사정을 참작하여 외부회생위원을 선임할 수 있다(개인회생예규 제9조의6).[35]

서울회생법원에서는 원칙적으로 ① 법 제579조에서 정한 영업소득자인 채무자, ② 법 제579조에서 정한 급여소득자인 채무자 중 채무액 총합계(담보부 회생채권액 포함) 1억 5천만 원을 초과하는 채무자, ③ 법 제579조에서 정한 급여소득자 중 보험설계사, 영업사원 및 방문판매사원, 법인의 대표자, 지입차주 및 그 밖에 영업활동에 따른 성과급을 지급받는 직업에 종사하는 채무자[36] [37](다만, 채무자

---

32) 법원사무관등인 회생위원을 실무상 '내부회생위원'이라고 부른다. 이하 편의상 법원사무관등인 회생위원을 '내부회생위원'이라고 표현한다.

33) 법원공무원인 법원사무관이 회생위원이어서 법원의 재판기능과 분리되지 않는다는 비판과 채권자가 적극적으로 참여할 수 있는 대심구조를 강화할 필요가 있고 그 일환으로 채권자의 이익을 위해 활동할 별도의 주체가 필요하다는 지적 등이 있었다.

34) 법원사무관등이 아닌 회생위원을 실무상 '외부회생위원'이라고 부른다. 이하 편의상 법원사무관등이 아닌 회생위원을 '외부회생위원'이라고 표현한다.

35) 2015. 11. 9. 개정되기 전 개인회생사건 처리지침은 채무액 총합계 1억 원을 초과하는 사건은 원칙적으로 외부회생위원을 선임하고, 그렇지 아니한 사건의 경우 부인권 대상 행위의 존부, 접수 사건수의 추이 등 여러 사정을 참작하여 외부회생위원을 선임할 수 있다고 규정하였다.

36) 예컨대 회원(카드, 정수기) 모집인, 학습지 교사, 자동차영업사원, 부동산분양영업사원, 브랜드 의류·화장품 판매·편의점 등 체인사업자, 화물운송영업자, 대리운전기사, 영업용택시기사, 프리랜서, 인터넷 쇼핑몰 영업자, 노점상, 공인중개사 등이 이에 해당할 수 있다.

가 영업활동에 따른 성과급을 지급받지 않는 경우에는 내부회생위원을 선임할 수 있다)의 개인회생절차 개시신청 사건에 대해서 외부회생위원을 선임한다(서울회생법원 실무준칙 제401호 제2조 제2항).[38] 그리고 위에 해당하지 않는 채무자의 개인회생절차 개시신청 사건에 대해서도 부인권 대상 행위의 존부, 접수 사건수의 추이 등 여러 사정을 참작하여 외부회생위원을 선임하기도 한다(서울회생법원 실무준칙 제401호 제2조 제3항).[39]

라. 선임절차

지방법원장 및 회생법원장은 소속 법원사무관 중에서 회생위원의 업무를 담당할 자를 선정해야 한다.[40] 또한 법원행정처장은 법원사무관등이 아닌 자를 회생위원 업무를 담당하거나 전임하여 담당하도록 위촉할 수 있다(개인회생예규 제9조의2 제1항).[41] 전임외부회생위원 후보자 선발에는 법원행정처에 설치된 회생·파산 위원회의 심의를 거친다(회생·파산위원회 설치 및 운영에 관한 규칙 제2조 제3호).

회생위원의 전문성을 확보하기 위하여 내부회생위원은 보직기간을 원칙적으로 3년 이상으로 하고,[42] 외부회생위원은 위촉기간을 2년으로 하되, 재위촉이

---

37) 이에 해당하는 채무자가 본인 명의로 사업자등록이 되어 있는 경우에는 서울회생법원 실무준칙 제401호 제2조 제2항 제1호에 따른 영업소득자인 채무자에 해당하여 (재)배당할 수 있다.

38) 신청서 등 기재에 비추어 채무자의 개인회생절차 개시신청 당시에는 내부회생위원을 선임하였는데, 채무자의 재산 및 소득에 대한 조사를 하는 과정에서 채무자가 영업소득자로 판명되거나 채무액 총합계가 1억 5천만 원을 초과하는 등 외부회생위원 선임 사건에 해당함이 밝혀지는 경우가 있다.

　서울회생법원 실무는 개시결정 전에는 사건을 외부회생위원 선임사건 전담 재판부에 재배당하고, 재배당 받은 판사는 기존에 선임된 내부회생위원을 해임하고 외부회생위원을 선임한 후 채무자에게 회생위원 보수를 위한 예납금 납부 명령을 한다.

　그러나 개시결정 후 채무액 총합계가 1억 5천만 원을 초과하는 채권자목록이 제출된 경우 등과 같이 개시결정 후에는 원칙적으로 재배당하지 않는다. 이 경우 추가된 채권액 및 채권 추가사유에 비추어 채권자목록의 수정을 허가하지 않거나 폐지결정을 하고[개시결정 후에는 법원의 허가 없이 채권자목록을 수정하지 못하고(규칙 제81조 제1항), 허위의 채권자목록 제출은 폐지사유에 해당한다(법 제620조 제2항 제1호)], 아니면 내부회생위원을 선임한 상태로 사건을 진행한다.

39) 예컨대 채무자의 배우자 명의로 되어 있는 부동산이 채무자가 실질적으로 그 대가를 부담한 명의신탁재산으로 의심되는 경우, 채무자가 배우자에게 부동산을 처분한 행위가 부인권 대상 행위로 의심되는 경우, 채무자 명의 부동산이 있는데 채무자가 이를 명의신탁재산이라 주장하는 경우, 채무자 명의 부동산을 처분한 행위가 부인권 대상 행위로 의심되는 경우에는 외부회생위원 선임을 고려한다.

40) 회생위원인사업무처리지침(행정예규 제1106호) 제2조, 제3조.

41) 개인회생예규는 외부회생위원이 ① 품위를 잃은 행위를 한 경우, ② 법원에 대한 보고의무를 다하지 아니하는 등 회생위원 업무 처리가 불성실한 경우, ③ 그 밖에 회생위원으로서 계속 활동하기 어렵다고 인정할 상당한 이유가 있는 때 법원행정처장은 외부회생위원을 해촉할 수 있다고 정하고 있다(개인회생예규 제9조의2 제2항). 또한 개인회생사건을 관할하는 회생법원은 매년 1회 이상 정기적으로 외부회생위원이 수행한 업무의 적정성을 평가하여야 하고, 이 경우 관리위원회의 의견을 들어야 한다(개인회생예규 제9조의2 제7항).

가능하도록 하였으며(개인회생예규 제9조의2 제3항), 전임외부회생위원은 법원행정처장의 허가 없이 영리를 목적으로 하는 다른 직무를 겸할 수 없게 하였고(개인회생예규 제9조의2 제5항), 법원행정처장은 전임외부회생위원의 효율적인 사건처리를 위하여 필요하다고 판단하는 때에는 개인회생사건을 관할하는 회생법원의 법원장으로 하여금 전임외부회생위원에게 그 업무 수행에 필요한 사무실 등 물적 시설을 제공하게 할 수 있다(개인회생예규 제9조의2 제6항).[43]

개인회생예규는 회생위원에 대한 관리의 편의를 위하여 하나의 회생법원 내에 회생위원 업무를 담당할 인원이 여러 명 있는 경우에는 법원장이 그 사람들에게 번호를 부여하여야 하고(개인회생예규 제9조 제2항), 법원은 회생위원의 선임시에 위 번호를 부여하여야 한다고 정하고 있다(개인회생예규 제9조 제3항).

서울회생법원은 업무의 편의를 위해 재판부별로 1인의 회생위원 업무담당자(내부회생위원) 또는 외부회생위원을 배정하여, 사건접수 직후 재판부에 소속된 회생위원 업무담당자(내부회생위원) 또는 외부회생위원을 개별사건의 회생위원으로 선임하고 있다.

마. 사임과 해임 등

회생위원은 법원의 허가를 받아야 사임할 수 있으며, 회생위원이 사임을 원하는 경우 법원은 미리 후임 회생위원을 물색하여 둠으로써 업무수행에 공백이 없도록 하여야 한다(개인회생예규 제9조 제4항).

법원은 개별사건에서 상당한 이유가 있는 때에는 이해관계인의 신청에 의하거나 직권으로 회생위원을 해임할 수 있다(법 제601조 제2항). 법원은 회생위원의 업무수행의 적정성에 관한 감독 및 평가 업무를 행하고 있는 관리위원회에 회생위원의 해임에 대한 의견의 제시를 요구할 수 있다(법 제17조 제1항 제2, 7호, 규칙 제22조 제2호 참조). '상당한 이유'는 수뢰, 배임, 횡령 등 범죄행위, 허위보고, 질병 등이 될 수 있을 것이다.

회생위원은 그 임무가 종료된 때에 법원에 대한 업무수행 및 계산의 보고를 하여야 하는데(규칙 제88조 제1항 제6호), 임무종료시 채무자의 재산 및 소득에 대한 조사나 변제계획의 수행을 감독하고 있는 사건이 다수이므로 개개 사건별 업무수행 및 계산보고를 하기보다는 전체 사건을 종합한 업무수행 및 계산보고로써 족하다고

---

42) 회생위원인사업무처리지침(행정예규 제1106호) 제4조.

43) 서울회생법원은 외부회생위원에게 ① 신규위촉 후 직무교육의 실시, ② 매년 6월과 12월에 업무의 적정성에 대한 평가 등을 하도록 하여 외부회생위원의 업무수행을 감독하고 있다. 자세한 내용은 '외부회생위원 제도 운영에 관한 준칙'(서울회생법원 실무준칙 제491호) 참조.

보아야 한다.

회생위원이 사임하거나 해임된 경우에는 새로운 회생위원을 선임하여야 한다.

바. 회생위원 대리

회생위원은 필요한 때에는 그 직무를 행하기 위하여 자기의 책임으로 1인 또는 여럿의 회생위원 대리를 선임할 수 있으며, 그 선임에 있어서는 법원의 허가를 받아야 한다(법 제601조 제3항·제4항).[44] 회생위원 대리는 회생위원에 갈음하여 재판상 또는 재판외의 모든 행위를 할 수 있다(법 제601조 제5항).

3. 회생위원의 보수 등

가. 보 수

1) 보수기준액 등

회생위원은 법원이 정한 보수를 받을 수 있고, 그 보수는 직무와 책임에 상응한 것이어야 한다(법 제30조 제1항·제2항). 회생위원의 보수에 관한 법원의 결정에 대하여는 즉시항고를 할 수 있다(법 제30조 제3항).

종래 법원공무원인 회생위원 업무담당자(내부회생위원)가 회생위원으로 선임되어서 위와 같은 보수가 문제되지 않았으나, 2012년 2월 외부회생위원 제도가 도입되면서 외부회생위원의 보수기준액 등이 필요하게 되었다.

개인회생예규에 의하면, 내부회생위원은 보수를 지급하지 아니하는 것을 원칙으로 하고 있고(개인회생예규 제10조 제1항), 외부회생위원의 보수는 별표의 보수기준액[45]으로 정하되, 변제액, 사안의 난이, 회생위원이 수행한 직무의 내용 등을 참작하여 적절히 증감할 수 있도록 하고, 다만 특별한 사정이 없는 한 별표의 보수상한액을 넘을 수 없도록 규정하고 있다(개인회생예규 제10조 제3항).

---

44) 서울회생법원은 2018. 2.경 외부회생위원 평가위원회에서 전임외부회생위원 중 1인에 대하여 회생위원 대리 2인의 선임을 허가한 바 있다.

45) [개인회생예규 별표의 외부회생위원 보수기준표]

항목	보수기준액	보수상한액
인가결정 이전 업무에 대한 보수	15만 원	30만 원
인가결정 이후 업무에 대한 보수	인가된 변제계획안에 따라 채무자가 실제 임치한 금액의 1%	인가된 변제계획안에 따라 채무자가 실제 임치한 금액의 5%

이에 따라 외부회생위원을 선임하는 개인회생사건의 채무자는 규칙 제87조에 따라 별표 중 인가결정 이전 업무에 대한 보수기준액 상당 금액을 예납하여야 한다(개인회생예규 제10조 제4항). 서울회생법원 실무는 외부회생위원을 선임하는 개인회생사건에서는 신청 직후 인가결정 이전 업무에 대한 보수기준액인 15만 원을 예납하도록 명하고 있다.

위와 같이 외부회생위원에게 보수지급이 필요하게 됨에 따라 변제계획안 표준양식이 변경되었는바, 이에 관하여는 별지 [양식 5-3, 5-5] 참조.

2) 보수결정의 요부 및 지급방법

가) 보수결정의 요부

외부회생위원이 선임된 개인회생사건에 대하여 인가결정을 할 경우 외부회생위원의 보수는 개인회생재단채권으로서 변제계획안에 그 변제에 관한 사항이 반영되어 인가되므로, 인가된 변제계획에 따라 보수를 지급하는 문제만 남게 된다. 따라서 별도의 보수결정 없이 보수를 지급하게 된다. 다만 인가결정 이전에 이송, 취하, 기각, 폐지 등으로 사건이 종결된 경우에는 외부회생위원 보수지급의 근거가 되는 보수결정을 하여야 한다.[46]

나) 인가 전 보수의 지급방법

인가결정 이전에 이송, 취하 등으로 사건이 종결되고 법원에서 외부회생위원의 업무수행 정도를 알 수 없을 때에는 외부회생위원에게 보수산정의 근거자료를 제출하도록 하여 그 업무수행에 상응하는 보수액을 정하고 있다.[47]

외부회생위원의 인가 전 보수는 채무자의 예납금이 변제재원이고, 이는 보관금 형태로 납부·관리되므로, 인가결정 또는 보수결정 후 판사의 출급명령에 따라 지급하게 된다.[48]

---

46) 서울회생법원 실무준칙 제491호에 의하면, ① 개인회생절차 개시신청 기각결정이 있는 경우, ② 개인회생절차 개시신청이 취하된 경우, ③ 변제계획인가결정이 있기 전에 개인회생절차의 폐지결정이 있는 경우, ④ 이송결정이 있는 경우에 외부회생위원의 인가결정 이전 업무에 대하여 별도의 보수결정을 한다고 정하고 있다(제2조 제2항).

47) 서울회생법원 실무는 개시결정 이후 폐지 또는 인가결정을 한 경우에는 인가결정 이전 업무에 대한 보수기준액인 15만 원 전액을 지급하고, 개시결정 이전에 이송, 취하, 기각 등으로 사건이 종결된 경우에는 업무수행의 정도에 따라 감액하여 지급하고 있다. 보수산정의 근거자료 제출을 요청하는 업무협조문은 [양식 10-1] 참조.

48) ① 인가결정이 선고된 경우: 인가결정 → 실무관 출급명령 출력 → 판사 결재 → 지출계로 출급명령서 송부 → 인가 전 보수 지급, ② 인가결정 이전에 종국된 경우: 판사의 보수결정 → 실무관 출급명령 출력 → 판사 결재 → 지출계로 출급명령서 송부 → 인가 전 보수 지급. 보수결정은 [양식 21-1] 참조.

다) 인가 후 보수의 지급방법

외부회생위원의 인가 후 보수는 그 변제에 관한 사항이 변제계획안에 반영되고 이에 대한 판사의 인가결정이 있었으므로, 별도의 보수결정 없이 보수를 지급하게 된다.

나. 특별보상금 및 비용

회생위원이 업무수행 중에 채무자가 은닉한 재산을 찾아내어 개인회생재단의 증식에 기여하는 등 그 공로가 인정되는 경우에는 법원은 직권으로 회생위원에게 특별보상금을 지급할 수 있다(법 제30조 제1항). 회생위원의 특별보상금은 보수와 마찬가지로 그 직무와 책임에 상응한 것이어야 한다(법 제30조 제2항). 회생위원의 특별보상금에 관한 법원의 결정 역시 즉시항고를 할 수 있다(법 제30조 제3항).

그 밖에 회생위원은 업무수행을 위하여 지출할 필요가 있는 비용을 미리 받을 수 있다. 비용의 지출이 예상되는 경우에는 채무자로부터 이를 미리 예납받은 후에 회생위원에게 보수와는 별도로 지급하여야 한다.

다. 개인회생재단채권

회생위원의 보수 및 비용의 청구권은 개인회생재단채권이므로(법 제583조 제1항 제1호), 개인회생절차에 의하지 아니하고 개인회생채권보다 먼저 수시로 변제받을 수 있다(법 제583조 제2항, 제475조, 제476조).

4. 회생위원의 업무

가. 회생위원 업무의 개요

회생위원은 법원의 감독을 받아 ① 채무자의 재산 및 소득에 대한 조사, ② 부인권 행사명령의 신청 및 그 절차 참가, ③ 개인회생채권자집회의 진행, ④ 그 밖에 법령 또는 법원이 정하는 업무를 수행한다(법 제602조 제1항 각호).

그리고 위 ④호에 따른 업무로는 (i) 법 제602조 제1항의 규정에 정해진 업무수행의 결과보고, (ii) 저당권등으로 담보된 개인회생채권이 있는 경우 그 담보목적물의 평가, (iii) 변제계획에 따른 변제가 지체되고 그 지체액이 3개월분 변제액에 달한 경우 법원에 대한 보고, (iv) 변제계획에 따른 변제가 완료된 경우 법원에 대한 보고, (v) 회생위원의 임무가 종료된 때에 법원에 대한 업무수행 및 계산의 보고, (vi) 변제계획안에 대한 이의가 있었는지 여부와 이의의 내용에 관한 보고 등이 있다(규칙 제88조 제1항).

나. 채무자의 재산 및 소득에 대한 조사(법 제602조 제1항 제1호)

회생위원은 채무자의 재산 및 소득을 신속하게 조사하여 부인권 행사의 대상인 행위의 유무, 변제계획안의 적정성 및 수행가능성 여부 등을 판단하기 위한 자료를 수집하고 이를 기초로 하여 필요한 업무를 수행하게 된다.

회생위원은 채무자의 재산 및 소득을 조사하기 위하여 언제든지 채무자에게 금전의 수입과 지출 그 밖에 채무자의 재산상의 업무에 관하여 보고를 요구할 수 있고, 필요하다고 인정하는 경우에는 재산상황의 조사, 시정의 요구 기타 적절한 조치를 취할 수 있다(법 제591조). 회생위원은 채무자가 거주하는 집이나 직장을 방문하여 채무자의 사정을 청취하는 등의 업무를 수행할 수도 있을 것이다. 회생위원은 채무자의 재산을 조사하기 위하여 필요한 경우 법원에 채무자의 재산 및 신용에 관한 전산망을 관리하는 공공기관·금융기관·단체 등에 채무자 명의의 재산에 관하여 조회할 것을 신청할 수 있다(법 제29조 제1항).[49]

채무자는 회생위원의 요청이 있는 경우에는 재산 및 소득, 변제계획 그 밖의 필요한 사항에 관하여 설명을 하여야 한다(법 제602조 제2항).

재산 및 소득의 조사에 관하여 가장 중요한 사항 중의 하나가 채무자 소유 부동산의 가격평가이다(규칙 제88조 제1항 제3호 참조). 부동산의 평가가 필요한 이유는 ① 청산가치 보장원칙이 지켜지는지를 파악하기 위하여 부동산의 처분가치를 알아야 하고, ② 그 부동산에 담보가 설정되어 있는 경우 그 피담보채권 중 그 부동산의 환가액에서 변제받지 못할 금액, 이른바 예정부족액이 얼마인지를 파악해야 변제계획안을 작성할 수 있기 때문이다. 이 두 가지 평가의 목적이 서로 다르므로 그 평가방법도 달라야 한다는 점에 관하여는 제2장 제6절 4. 다. 5) 나)를 참조.

부동산의 평가를 엄격하게 하려면 감정평가사 등에 의뢰하여 공식적인 평가절차를 거쳐야겠지만, 청산가치 보장원칙의 준수 여부가 애매하여 그러한 공식적 평가를 의뢰하여야 한다고 법원이 판단하는 경우를 제외하고, 대개의 경우 채무자가 제출한 시가소명자료 등을 근거로 한 회생위원의 간이평가로 충분하다고 보는 것이 서울회생법원 실무이다.

---

49) 법 제29조 제1항은 채무자의 재산 등에 관한 조회의 신청인으로 회생위원을 들고 있지는 않지만, 그 밖의 이해관계인에 회생위원이 당연히 포함된다.

회생위원이 행하는 간이평가란, 예컨대 아파트 같은 경우에는 2개 이상 인터넷사이트[50]의 시가를 평균한 금액으로 평가에 갈음하는 것을 가리킨다.[51] 서울회생법원에서는 담보물 예정부족액을 산정하기 위한 평가에 있어서는 위 금액에 다시 70%를 곱하고 있다.

그 외에도 회생위원은 채무자의 재산 중 임차보증금, 자동차 등의 존부 및 그에 대한 담보권 설정 여부 등에 관한 조사를 할 필요가 있다.

다. 부인권 행사명령의 신청 및 그 절차 참가(법 제602조
제1항 제2호)

부인권이란 채무자가 자기의 재산에 관하여 개인회생절차개시 전에 한 개인회생채권자를 해하는 행위의 효력을 개인회생절차에 대한 관계에 있어서 부인하고 그 행위로 인하여 일탈한 재산을 개인회생재단에 회복하기 위하여 채무자가 행사하는 개인회생절차상의 권리이다.

부인권 행사의 주체는 채무자이나(법 제584조
제2항), 부인권의 대상인 행위를 행한 채무자가 스스로 적정한 부인권을 행사할 것이라고 기대하기는 어렵다. 회생위원은 채무자가 부인권을 적정하게 행사하지 아니할 경우 법원에 채무자에게 부인권의 행사를 명할 것을 신청할 수 있고, 부인권의 행사에 참가할 수 있다(법 제584조 제3항·제4항,
제602조 제1항 제2호).

조속한 법률관계의 확정을 통한 거래안전을 확보하기 위하여, 부인권은 개인회생절차개시결정이 있은 날부터 1년이 경과하거나 부인의 대상이 되는 행위를 한 날부터 5년이 경과하면 행사할 수 없다(법 제584조
제5항). 따라서 회생위원은 채무자의 재산 및 소득에 대하여 조사하면서 부인권 행사의 대상이 되는 행위가 있는지 여부에 관하여 철저히 검토하여 만약 부인권 행사가 필요할 경우 부인권 행사가 불가능하게 되기 전에 부인권 행사를 통하여 일탈된 재산을 회복시켜 이를 포함한 총재산의 청산가치 이상을 변제하도록 부인권 행사명령 신청 또는 변제계획안 수정명령 신청 등을 해야 한다.[52]

---

50) 예를 들면 국민은행 홈페이지의 부동산시세확인(kbland.kr) 또는 국토교통부 홈페이지의 실거래가공개시스템(rt.molit.go.kr)

51) 공인중개사로부터 받은 시가확인서는 단순히 당해 부동산의 시가를 확인받는 내용에 그쳐야 함을 주의하여야 한다. 만일 그 부동산의 입지 및 위치, 주변 환경, 구조 및 연식, 유사 물건의 거래사례 등을 들며 부동산의 시가를 판단하는 내용의 시가확인서가 작성·제출되면, 이는 감정평가업자가 아닌 공인중개사가 감정평가업을 한 경우에 해당하여 형사처벌의 대상이 될 수 있기 때문이다(감정평가 및 감정평가사에 관한 법률 제49조 제2호 참조).

52) 개인회생절차에서의 부인권은 채무자가 개인회생절차개시 전에 자신의 일반재산에 관하여 채권자들을 해하는 행위를 한 경우 그 효력을 부인하여 일탈된 재산을 개인회생재단으로 회복시키기 위한 제도로서, 부인권의 행사는 개인회생재단에 속하는 채무자의 재산을 원상으로 회복

라. 개인회생채권자집회의 진행(법 제602조
제1항 제3호)

개인회생채권자집회는 원래 법원이 지휘하는 것이나, 회생위원이 선임되어 있는 때에는 법원은 회생위원으로 하여금 개인회생채권자집회를 진행하게 할 수 있고(법 제613조
제4항), 이 경우 회생위원은 법원의 감독을 받아 절차진행 업무를 직접 담당하게 된다.

종래에는 대부분의 사건에서 회생위원이 개인회생채권자집회를 진행하였으나, 2011. 3. 28. 채무자 회생 및 파산에 관한 규칙의 개정으로 회생위원의 집회 진행을 전제로 한 조항[53]이 삭제됨에 따라, 현행 실무는 법원이 대부분의 사건에서 직접 개인회생채권자집회를 진행한다(개인회생예규
제8조의2 제1항). 법원이 직접 개인회생채권자집회를 진행하는 경우에는 회생위원은 개인회생채권자집회의 기일 전에 규칙 제88조 제1항 제1호 및 제7호의 사항을 기재한 보고서를 법원에 제출하여야 한다(개인회생예규
제8조의2 제2항). 이에 관한 자세한 설명은 제3장 제3절 5. 나. 참조.

마. 그 밖에 법령이 정하는 업무(법 제602조
제1항 제4호)

회생위원은 법원에 변제계획안에 관하여 이의를 진술할 수 있고(법 제614조
제1항·제2항), 법원에 변제계획안 수정명령을 신청할 수 있으며(법 제610조
제3항), 법원사무관등에게 개인회생채권조사확정재판의 결과 등을 개인회생채권자표에 기재하도록 신청할 수 있다(법
제606조). 또한 회생위원은 채무자가 인가된 변제계획의 내용에 따라 변제금원을 임치하는 경우 개인회생채권자에게 이를 지급해야 하고(법 제617조
제1항·제2항), 변제계획에 따른 변제가 완료되기 전에 인가된 변제계획의 변경안을 제출할 수 있다(법 제619조
제1항).

그 밖에 회생위원은 ① 법 제602조 제1항의 규정에 정해진 업무수행의 결과보고, ② 저당권등으로 담보된 개인회생채권이 있는 경우 그 담보목적물의 평

시키므로(법 제584조 제1항, 제397조 제1항), 부인권 행사요건이 인정될 경우 법원은 채권자 또는 회생위원의 신청에 의하거나 직권으로 채무자에게 부인권 행사를 명할 수 있을 뿐 아니라 (법 제584조 제3항) 변제계획안 수정명령(법 제610조 제3항)을 통하여 부인권 행사로 원상회복될 재산 또는 이를 포함한 총재산의 청산가치 이상을 변제에 투입하도록 할 수도 있다(대법원 2010. 11. 30.자 2010마1179 결정 등 참조).

53) 구 채무자 회생 및 파산에 관한 규칙(2011. 3. 28. 대법원규칙 제2334호로 개정되기 전의 것) 제88조 제2항은 "회생위원이 직접 개인회생채권자집회를 진행한 경우에는 그 채권자집회일로부터 2주 내에, ① 채권자집회에서 이의가 있었는지 여부와 이의의 내용, ② 이의가 있은 경우 법 제614조의 규정에 따른 변제계획 인가요건을 충족하였는지 여부에 관한 의견, ③ 법 제602조 제1항의 규정에 정해진 업무수행의 결과를 기재한 보고서를 법원에 제출하여야 한다."고 규정하였다. 만약 회생위원이 직접 개인회생채권자집회를 진행하는 경우에는 과거의 실무에 따라 채권자집회 후 법원에 보고서를 제출하면 될 것이다.

가, ③ 변제계획에 따른 변제가 지체되고 그 지체액이 3개월분 변제액에 달한 경우 법원에 대한 보고, ④ 변제계획에 따른 변제가 완료된 경우 법원에 대한 보고, ⑤ 회생위원의 임무가 종료된 때에 법원에 대한 업무수행 및 계산의 보고, ⑥ 변제계획안에 대한 이의가 있었는지 여부와 이의의 내용에 관한 보고 등을 하여야 한다(규칙 제88조, 제1항).

먼저 ①에 관하여 살펴본다. 과거의 실무는 회생위원이 면담 및 보정 등의 절차를 거쳐 개시결정에 별 문제가 없다고 판단한 사건에 대해서 '개시결정전 보고서'를 작성하여 기록과 함께 판사에게 인계하고, 판사는 기록 검토 후 개시 여부를 결정하는 방식이었다. 그러나 2011. 3. 28. 개정된 채무자 회생 및 파산에 관한 규칙(대법원규칙 제2334호)에서 규칙 제88조 제1항 제1호가 '개인회생절차의 개시 여부의 재판에 관한 의견제시'에서 '법 제602조 제1항의 규정에 정해진 업무수행의 결과 보고'로 개정됨에 따라, 서울회생법원은 회생위원이 개시결정 전에 '개시결정전 보고서' 대신 채무자의 재산 및 소득에 대한 조사결과 등을 기재한 '회생위원의 개시결정 전 업무수행결과보고 [양식 19-1, 19-2]'[54]를 제출하고 있다.[55]

위 ②에 관해서는 위 나.항에서 설명한 것과 같다.

위 ③에 관해서는 회생위원은 변제계획에 따른 변제가 지체되고 그 지체액이 3개월분 변제액에 달한 경우에 변제계획 불수행 보고서를 작성하여 법원에 보고하여야 한다(개인회생예규 제11조의3). 자세한 설명은 제7장 제1절 2. 가. 참조.

위 ④에 관해서는 제7장 제3절 1. 가. 참조.

위 ⑤에 관하여 부연하자면, 회생위원은 그 임무가 종료된 때에는 바로 법원에 업무수행 및 계산에 관한 보고를 하여야 하고, 그 보고의 내용은 수입·지출 계산서, 회생위원의 업무 전반을 파악할 수 있는 내용 및 회생위원의 사무 인계에 필요한 중요한 사항 등이다. 그러나 현실적으로 회생위원이 관리하게 될 다수의 사건에 대하여 개별적으로 업무수행 및 계산보고를 한다는 것은 무리이므로, 전체 사건을 종합한 업무수행 및 계산보고를 제출하는 것으로 갈음하고

---

54) 회생위원의 개시결정 전 업무수행결과보고에는 ① 채무자가 개인회생신청에 이르게 된 경위, ② 개인회생채권자목록의 적정성, ③ 저당권 등으로 담보된 개인회생채권이 있는 경우 그 담보 목적물에 대한 평가, ④ 채무자의 재산, ⑤ 채무자의 소득, ⑥ 부인권 행사대상의 존부, ⑦ 중점관리대상 유형, ⑧ 법 제595조에서 정한 개시신청 기각사유의 존부만이 포함되어 있고, 개시결정전 보고서에 있었던 변제계획안에 대한 조사, 희망이의기간 및 채권자집회 희망기일은 제외되었다(서울회생법원 실무준칙 제411호 참조).

55) 서울회생법원 실무는 판사가 개시결정 전에 회생위원의 개시결정 전 업무수행결과 보고와 함께 인계된 기록을 검토하여 개시결정을 할지 여부를 정하고 개시결정을 할 경우에는 개인회생채권에 관한 이의기간과 채권자집회기일 등을 스스로 정하고 있다.

있다. 관리위원회는 회생위원이 제출하는 업무수행 및 계산보고서의 적정성에 관하여 평가하고 법원에 의견을 제시할 수 있다(규칙 제22조 제2호 참조).

위 ⑥에 관해서는 위 라.항에서 설명한 것과 같다.

바. 법원이 정하는 업무(법 제602조 제1항 제4호)

회생위원은 법령에 규정된 업무 이외에도 법원이 정하는 업무를 수행하여야 한다.

개인회생예규는 회생위원이 변제계획안의 기재사항에 오류나 누락이 있는 경우 채무자에게 보정을 권고할 수 있다고 정하고 있다(개인회생예규 제5조 제3항).

그 밖에 서울회생법원은 '채무자에 대한 면담 및 심문절차'(서울회생법원 실무준칙 제404호)와 '변제계획 불수행 사건의 처리'(서울회생법원 실무준칙 제441호)를 제정, 시행하여 ① 회생위원의 보정권고 방법, ② 회생위원의 개시결정 전 업무수행결과보고서 제출기한, ③ 변제계획 불수행 사건에 관한 처리방법 등을 정하고 있다. 자세한 내용은 별첨 서울회생법원 실무준칙 제404호와 제441호 참조.

제8절 개시신청에 따른 법원사무관등과 회생위원의 업무

1. 접수사무관등의 업무

가. 접수서류의 심사 및 안내

1) 개인회생사건 담당법원에서는 정형화된 신청서와 신청에 필요한 각종 양식 등을 준비하여 신청인들에게 배포하고, 이에 의한 신청을 하도록 유도한다. 개인회생예규 제2조에 의하면, 개인회생사건을 관할하는 회생법원은 다음 각 호의 양식을 작성, 비치하여야 한다.

　　　① 개인회생절차개시신청서
　　　② 재산목록
　　　③ 채무자의 수입 및 지출에 관한 목록
　　　④ 진술서
　　　⑤ 개인회생채권자목록
　　　⑥ 재산조회신청서

⑦ 개인회생재단에 속하지 않는 재산목록 제출서

⑧ 면제재산결정신청서

⑨ 개인회생채권조사확정재판 신청서

⑩ 변제계획안

⑪ 변제계획안 간이양식

⑫ 개시신청용 간이양식 모음   간이양식에 의한 개인회생절차 신청
서류 작성요령, 개인회생절차개시신청서, 재산목록 간이양식, 개인회생채권자목
록 간이양식, 수입 및 지출에 관한 목록 간이양식, 진술서, 변제계획안 간이양식

⑬ 소득증명서

⑭ 소득진술서 및 확인서

⑮ 자료송부청구서 및 자료송부서

⑯ 채권자 계좌번호 신고서

2) 채무자는 위 ⑫ 기재의 간이양식을 사용하여 개인회생절차의 개시신청을
할 수 있다. 간이양식을 사용한 개시신청서가 접수되면 접수담당 법원사무관등
은 개인회생절차개시신청서에 법률과 규칙상 첨부하여야 하는 서류가 첨부되어
있는지 여부를 확인한 다음 제대로 첨부하도록 안내를 하여야 하고, 제출할 필
요가 있는 정식양식이 있는 경우에는 그 양식을 교부하고 작성요령을 안내하여
야 한다(개인회생예규 제3조 제2항·제3항).56)

개인회생사건의 경우 신청인이 채무자 개인인 경우가 많으므로 신청서 및
첨부서류의 내용이 정확히 기재되지 않은 채 접수되는 경우가 종종 있다. 예컨
대, 개인회생채권자의 성명을 기재하지 않고 '○○상사'라는 식으로 상호를 기재
하거나, 개인회생채권자의 주소를 제대로 적지 않고 '○○은행 ○○지점' 등으로
기재하는 경우가 그 예이다. 이런 경우 법원이 보정명령을 별도로 발하는 방식
으로 처리하면 그만큼 절차가 지연되고 비용이 증가하는 문제점이 있다. 따라서
신청서 접수 직후에 접수사무관등은 위와 같은 내용을 정확히 보완하도록 안내
를 하여야 한다.57)

---

56) 간이양식은 일반의 우선권 있는 개인회생채권, 담보부 개인회생채권, 미확정채권이 존재하지
않는 채무자의 경우 간이·신속하게 신청서와 첨부서류를 작성할 수 있도록 마련된 것이므로
그렇지 않은 경우에는 간이양식으로 접수하였더라도 추후에 정식의 양식을 이용하여 보완을 하
여야 한다.

57) 국세를 '○○세무서' 등으로 표기하는 경우가 많으나, 조세 등 채권의 권리주체는 대한민국이
므로, '대한민국(○○세무서)'이라고 표기하는 것이 바람직하다. 특히 개인회생채권조사확정재판
을 신청하는 경우에 권리주체가 될 수 없는 세무서 등은 개인회생채권조사확정재판의 당사자가

또한 접수 후 법 제589조 및 규칙 제79조에서 정한 첨부서류 및 소명자료가 빠짐없이 제출되어 있는지 확인하여야 한다. 예컨대 재산목록에 기재된 재산가액을 증명하기 위한 자료, 자동차가 있는 경우 자동차등록원부, 보험환급금이 있는 경우 보험회사 작성의 증명서 등이 함께 제출되어 있는지 살펴보아야 한다.

3) 개인회생절차는 1인이 한 건의 신청을 하는 것을 전제로 하고 있으므로 복수의 채무자가 공동신청을 하는 경우에는 채무자별로 신청서를 다시 제출하도록 창구지도를 하여야 한다. 우리 법제도가 개인을 독립된 권리의무의 주체로 보는 이상, 자산·부채의 상태는 개개 채무자별로 다를 수밖에 없고, 따라서 채무자별로 독립적인 채무조정 및 갱생의 계획을 세워야 하기 때문이다.[58]

나. 인지첩부 및 송달료 등 확인

신청수수료로 30,000원의 수입인지가 첨부되고(민사소송등인지법 제9조 제1항 제3호), 송달료(채권자 수 × 8 × 5,200원 + 52,000원)[송달료규칙의 시행에 따른 업무처리요령(재일 87-4) 제7조 제1항, 〔별표1〕] 등이 제대로 납부되었는지 여부를 확인한다.

개시신청과 함께 보전처분 신청이나 중지·금지명령 신청이 있는 경우에는, 인지를 따로 첨부하여야 하는데 그 인지액은 2,000원이다(규칙 제4조 제9호, 제10호).[59]

다. 사건부 등재 및 사건부호의 부여

신청서가 접수되면 전산사건부에 등록하고 사건부호 및 번호를 부여하는데, 그 사물관할은 단독판사에 속하고, 사건부호로는 '개회'가 부여된다.[60]

2. 참여사무관등의 업무

가. 개인회생기록 조제

사건이 배당되면 담당재판부의 참여보조는 먼저 개인회생기록을 조제한다.

될 수 없으므로, 개인회생채권자목록에 개인회생채권자의 표기를 명확히 할 필요가 있다.

58) 미국 연방 파산법은 부부가 공동으로 제13장 절차를 신청할 수 있도록 하고 있는데 이 경우 부부 중 어느 한쪽만이 신청적격을 갖추면 족하고 채무액 한도도 1인인 경우와 동일하게 취급하고 있다. 상세한 논의는 Charles J. Tabb, *Law of Bankruptcy(4th ed.)*, West Academic (2016), 122~123 참조.

59) 개인회생절차 개시신청을 전자문서로 제출하거나 개인회생절차 개시신청과 함께 보전처분, 중지·금지명령신청을 전자문서로 제출하는 경우에는 종이사건 인지액의 9/10에 해당하는 인지를 붙인다(민사소송 등 인지법 제16조, 제9조 제1항 제3호, 제4항 제5호).

60) 사건별 부호문자의 부여에 관한 예규(재일 2003-1) 별표 참조.

개인회생기록표지 양식은 [양식 1]과 같다.

개인회생기록을 조제할 때에는 제출받은 부본[61]을 이용하여 회생위원용 개인회생기록도 함께 조제하여 이를 회생위원에게 송부하여야 한다. 회생위원용 개인회생기록의 표지양식은 [양식 2]와 같다.

나. 참여사무관의 심사

담당재판부의 참여사무를 담당하는 사무관 또는 주사(보)(이하 '참여사무관')는 접수사무관이 심사한 신청서의 필요적 기재사항, 첨부서류의 구비여부, 인지 첨부 및 송달료 납부 여부, 관할의 유무 등을 재확인하여 흠결이 있으면 보정권고를 하거나 재판장의 결재를 받아 보정명령을 하여야 한다.

다. 보전처분, 중지·금지명령에 따른 업무

보전처분, 중지·금지명령은 개인회생절차 내에서 행해지는 결정에 불과하므로 별도의 사건부호나 사건번호를 부여하지 않고, 기록 편철에 있어서도 가철한다.[62] 보전처분신청서와 중지·금지명령신청서에는 각 2,000원의 인지를 붙여야 한다(규칙 제4조 제9호·제10호).

법원은 보전처분 또는 중지·금지명령의 신청이 있는 경우에는 특별한 사정이 없는 한 지체 없이 그에 관한 결정을 하여야 한다(개인회생예규 제4조의2 제1항).

참여보조는 보전처분, 중지·금지명령 또는 그 취소·변경결정이 있는 경우이를 송달하여야 하고, 참여사무관은 채무자의 재산에 속하는 권리로서 등기 또는 등록된 것에 대하여 개인회생절차에 의한 보전처분 및 그 취소 또는 변경이 있는 때에는 직권으로 지체 없이 촉탁서에 결정서의 등본 또는 초본을 첨부하여그 처분의 등기를 촉탁하여야 한다(법 제24조 제6항, 제27조).

등기소는 이러한 등기의 촉탁을 받은 때에는 지체 없이 그 등기를 하여야하는데, 이 등기에 관하여는 등록세를 부과하지 아니한다(법 제25조 제1항·제4항).

---

61) 개인회생절차개시의 신청을 하는 경우에는 신청서 부본 1부 및 알고 있는 개인회생채권자 수에 2를 더한 만큼의 개인회생채권자목록 부본을 함께 제출하여야 하고, 변제계획안 또는 변제계획의 변경안을 제출하는 경우에는 알고 있는 개인회생채권자 수에 1을 더한 만큼의 부본을 함께 제출하여야 한다(규칙 제85조 제1항·제2항).

62) 민사접수서류에 붙일 인지액 및 그 편철방법 등에 관한 예규(재민 91-1) 별표 참조.

라. 예납명령에 따른 업무

외부회생위원을 선임하는 개인회생사건의 채무자는 인가결정 이전 업무에 대한 보수기준액(15만 원) 상당 금액을 예납하여야 한다(개인회생예규). 서울회생법원 은 외부회생위원을 선임한 사건에 대하여 개인회생신청 직후 채무자에게 위 보 수기준액인 15만 원의 예납을 명하는 예납명령([양식 14] 참조)을 하고 있고, 참여 보조는 채무자에게 위 예납명령을 송달한다. 이후 채무자로부터 예납명령을 납 부했다는 보정서가 제출되면 기록표지에 '예납 필' 날인을 하고 있다.[63)]

3. 회생위원의 업무

가. 회생위원의 선임

서울회생법원은 업무의 편의를 위해 재판부별로 1인 또는 다수의 회생위원 업무담당자(내부회생위원) 또는 외부회생위원을 배정하여, 사건접수 직후 재판부 에 소속된 회생위원 업무담당자(내부회생위원) 또는 외부회생위원을 개별사건의 회생위원으로 선임하고 있다.

나. 회생위원 선임결정 직후의 업무

회생위원은 선임결정 직후 기록검토 및 채무자와의 면담, 보정권고 등을 통 해 채무자의 재산 및 소득에 대한 조사 업무를 수행한다.[64)65)]

서울회생법원 실무준칙 제411호는 회생위원이 면담, 보정권고 등을 통하여 채무자의 재산 및 소득에 대한 조사 등을 마친 사건은 조사가 완료된 때로부터 2주 이내에, 조사가 완료되지 않은 경우라도 개인회생사건 접수일로부터 3개월 이 경과한 사건에 대하여는 규칙 제88조 제1항 제1호에 따라 업무수행결과보고 서를 작성하여 판사에게 제출하도록 정하고 있다.

회생위원 선임결정 직후 회생위원이 수행하는 업무는 대체로 아래와 같다.[66)]

---

63) 개인회생신청 직후 예납명령 전에 예납금이 납부된 경우 기록표지에 '예납 필' 날인만을 하고 별도의 예납명령을 하지 않는다.

64) 회생위원의 업무에 관한 자세한 내용은 제2장 제7절 참조.

65) 채무자와는 전화를 이용하여 항상 연락이 가능하도록 정확한 연락 전화번호를 확보할 필요가 있다.

66) 한편 뒤에서 보는 바와 같이 2020. 9. 1.부터 개인회생절차 사건을 개인파산절차로 전환하는 실무운용 방안이 시행됨에 따라, 회생위원은 채무자에게 절차 전환을 권유할 사유가 있는지 여

1) 개시결정 전 기록을 조사하여 보정권고

　가) 개인회생채권자목록 관련: 채권자 명칭 오류 수정, 별제권부 채권의 정확한 기재, 누락된 보증인 추가 기재, 개인채권자 채권발생 원인서류 제출, 최근 채무 사용처에 관한 금융자료 제출 등

　나) 재산목록 관련: 종전 주소지 등기부등본, 임대차계약서 등 주거에 관한 자료 제출, 배우자 명의 재산에 관한 채무자의 몫 평가, 누락한 재산(주로 자동차, 보험) 추가 기재, 압류금지재산·면제재산의 기재 오류 수정, 최근 처분한 재산 매각대금의 사용처에 관한 자료 제출(부인권 행사 관련), 지방세 과세증명원 제출 등

　다) 수입 및 지출 목록 관련: 소득 산정 오류 수정, 소득 증빙 자료(급여소득자는 최근 1년간 근로소득원천징수영수증, 급여명세서, 급여입금통장내역 등. 영업소득자는 사업자등록증, 부가가치세과세표준증명, 월별 매입·매출 현황, 신용카드 매출전표 발행금액 등 집계표, 손익계산서 등) 제출,[67] 부양가족의 인정여부나 추가 생계비 산정상의 잘못 정정 등

　라) 변제계획안 관련: 개인회생재단채권, 우선권 있는 채권, 별제권부 채권 관련 기재 오류 수정권고, 선행가압류·압류적립금·공무원연금대부금 등의 처리에 관한 특기사항 기재 추가 수정권고, 청산가치 보장원칙에 위반된 변제계획안의 적정 여부 지적 등

2) 채무자와의 면담과 보정결과를 통한 조사: 채권자목록의 적정성 검토,[68] 채무자의 재산과 소득 조사를 통한 변제계획안의 적정성 검토 등

3) 추가(재) 보정권고

　가) 단순 확인형

① 유형: 이미 제출된 첨부서류, 보정서에 의하여 파악된 사실관계 중 다소 미심

부를 검토하고, 해당 사유가 있는 사건에 대하여는 특별한 사정이 없는 한 절차 전환에 대한 보고서를 작성하게 된다. 절차 전환에 대한 자세한 사항은 제2장 제12절 참조.

67) 개인회생예규 제7조 ① 법 제579조 제4호 가목의 소득의 합계금액은 다음과 같이 산정하되 특별한 사정이 있는 경우에는 증감할 수 있다.
　1. 최근 1년간 직장의 변동이 없는 경우에는 1년간의 실제 소득액을 평균한 월평균 소득을 기초로 하여 산정하고, 직장의 변동이 있는 경우에는 직장 변동 이후의 실제 소득액을 평균한 월평균 소득을 기초로 하여 산정한다.
　2. 영업소득자가 그 소득에 관한 소명자료가 없는 경우에는 임금구조기본통계조사보고서 등의 통계소득을 기초로 하여 산정할 수 있다.

68) 회생위원이 변제계획안에 대한 적정성 검토를 함에 있어서 적정한 개인회생채권자목록의 작성이 전제되어야 하므로 채무액 확인, 적정한 채권자목록의 작성 권고 등의 업무를 할 수 있다고 해석된다. 특히 회생위원은 변제계획에 대한 이의권한을 가지고 있고, 적정한 개인회생채권자목록에 기초하지 않은 변제계획은 수행의 완전성, 공정·형평성의 관점에서 이의의 대상이 될 것이므로, 일정 수준의 변제계획안 수정 권고, 이를 위한 채권자목록의 정정요구는 회생위원이 할 수 있는 것으로 보아야 한다.

쩍은 부분에 관해 확실히 해두기 위해 일부 확인이 필요한 간단한 사항 등을 추가로 보정권고 하는 경우

② 보정권고 내용: 대출금 사용내역에 관한 금융자료 제출, 거주지 관련 명의자의 금융 및 소득자료 제출, 개시신청 이후 급여소득 입금 통장내역의 제출 등

나) 추가 조사형

① 유형: 면담 전 보정권고와 면담을 통하여 채무자의 재산과 소득에 대한 조사를 마쳤으나 불충분한 보정(재산과 소득 등 쟁점에 대한 미보정)을 한 경우, 채무자(대리인)의 불성실한 신청으로 말미암아 재산과 소득에 대한 신청서류 기재와 면담에서의 본인 진술이 전혀 달라 새로 조사를 할 필요가 있어서 추가로 보정을 권고하는 경우

② 보정권고 내용 : 근무지 현황 사진 제출, 소득파악이 곤란한 자영업자의 재산과 소득에 관한 추가자료 제출, 객관적인 소득 자료를 제출하지 못하여 소득에 의심이 가는 채무자에 대하여 하는 수입상황 보고서의 제출 등 채무자의 청산가치와 가용소득의 조사와 밀접한 관련이 있는 내용에 대한 자료 제출요구

4) 업무수행결과보고서 작성: 특별한 문제가 없으면 재산, 소득 등에 관하여 적정하다는 의견을 표시하고, 법 제595조 각 호에 규정된 기각 사유가 의심되는 사정이 발견되는 등 특이사항이 있을 때에는 기타사항에 그 사실관계를 기재하고 있음[69]

4. 개인회생절차개시신청이 취하되는 경우의 업무

가. 개시신청 취하의 시한

개인회생절차개시신청을 한 채무자는 개인회생절차의 개시결정이 있기 전에는 신청을 취하할 수 있다(법 제594조 본문). 개시결정 후에는 채무자가 개시신청의 취하를 할 수 없다.[70] 개시신청에 관하여 치유가 곤란한 흠결이 있음을 발견한 채무자가 개시 여부의 결정이 내려지기 전에 신청을 취하하는 경우가 많다. 다만 개인회생절차에서 신청을 취하하거나 변제계획이 인가되지 않고 절차가 폐지되더라도 그 채무자는 아무런 제한 없이 다시 개인회생절차를 신청할 수 있다. 마

---

69) 예를 들어, "채무자는 면담기일에도 불출석하고 보정권고에도 장기간 불응하고 있음", "채무자의 청산가치는 00원이나 변제계획안에 기재된 채무자의 가용소득에 의한 총변제예정액의 현재가치는 00원이어서 총변제예정액의 현재가치가 청산가치에 미치지 못함"이라고 기재하고 있음.

70) 실무는 개시결정 후 인가결정 전에 채무자의 취하신청서가 제출되면, 채무자가 변제계획을 수행할 의사가 없어서 채무자가 제출한 변제계획안을 인가할 수 없는 때(법 제620조 제1항 제2호)에 해당된다고 보아 개인회생절차 폐지결정을 한다. 변제계획 인가 후 채무자의 취하신청서가 제출된 경우 '인가된 변제계획을 이행할 수 없음이 명백할 때'(법 제621조 제1항 제2호)에 해당된다고 보아 개인회생절차 폐지결정을 한다.

찬가지로 개인회생절차개시신청 기각결정이 내려지더라도 그 채무자는 아무런 제한 없이 다시 개인회생절차를 신청할 수 있다.

개인회생절차개시신청의 취하서가 제출된 경우, 개인회생채권자 등 이해관계인에 대한 송달을 요하지 않은 채로 절차는 바로 종결되어 확정되므로, 법원사무관등은 취하서를 담당 법관에게 확인받은 후 사건을 즉시 종국처리하면 된다.

나. 개시결정 전의 취하의 제한

개시결정 전이라도 채무자가 제592조의 규정에 의한 보전처분, 제593조의 규정에 의한 중지·금지명령을 받은 후에는 법원의 허가를 받아야만 신청을 취하할 수 있다(법 제594조). 법원은 채무자가 개인회생절차개시신청 취하에 이르게 된 경위, 이해관계인에게 미치는 영향 등을 고려하여 허가 여부를 결정하게 된다. 법원에서 취하허가결정을 할 경우 결정문 기재례는 [양식 10]과 같다. 법원의 취하허가가 있는 경우에는 채권자들이 강제집행절차 등을 계속할 수 있도록 채권자들에게 취하허가결정을 송달할 필요가 있다.

다. 개시신청 취하의 경우 보전처분 등의 효력 등

일단 내려진 보전처분, 중지·금지명령, 포괄적 금지명령은 개시신청 취하허가결정의 확정으로 말미암아 모두 그 효력을 잃게 되고 중지된 절차는 다시 진행된다. 개인회생절차개시신청과 동시에 중지·금지명령 신청을 하였으나 개인회생절차개시신청을 취하한 경우에는 절차가 바로 종결되므로 중지·금지명령 신청에 대하여 별도로 판단할 필요가 없다.

제 9 절 보전처분과 중지·금지명령, 포괄적 금지명령

1. 보전처분

가. 의   의

법원은 개인회생절차개시의 신청일부터 1월 이내에 개인회생절차의 개시 여부를 결정하도록 되어 있으나(법 제596조 제1항), 개시 여부를 심리하고 있는 단계에서 채무자가 모든 채권자들을 위한 담보이자 회생의 기초인 재산을 은닉 또는 처분하거나, 이해관계인의 권리행사가 쇄도하는 등 혼란이 생기고 이해관계인 간에 불공평이 발생하여 영업의 계속이 곤란하고 회생의 목적을 달성할 수 없는 상황이 발생할 수가 있다. 이러한 사태를 방지하기 위하여 법 제592조 제1항은 "법원은 개인회생절차개시결정 전에 이해관계인의 신청에 의하거나 직권으로 채무자의 재산에 관하여 가압류, 가처분 그 밖의 필요한 보전처분을 할 수 있다."고 규정하고 있다.

나. 신청권자

법 제592조 제1항은 보전처분의 신청권자를 '이해관계인'이라고 표현하고 있어서,[71] 보전처분의 신청권자에 채무자가 포함되는지에 관하여 의문이 있을 수 있다.

그러나 보전처분신청은 법원의 직권발동을 촉구하는 성격이 강한 점, 이해관계인의 권리행사가 쇄도하는 상황에서는 채무자도 변제금지 등의 보전처분을 받음으로써 원활한 개인회생절차 진행을 도모할 수 있는 점 등을 고려하면 위 이해관계인에는 채무자가 포함된다고 해석된다.

다. 보전처분의 시기

보전처분은 개인회생절차개시결정 전에 한하여 발할 수 있다. 개인회생절차가 개시되면 보전처분의 효력은 소멸하는 것으로 해석되기 때문이다.

법원은 보전처분의 신청이 있는 경우에는 특별한 사정이 없는 한 지체 없이 그에 관한 결정을 하여야 한다(개인회생예규
제4조의2).

라. 내 용

1) 보전처분의 대상

보전처분은 개인회생절차가 개시된다면 개인회생재단에 속하게 될 일체의 재산을 그 대상으로 하고 채무자 이외의 제3자의 재산은 그 대상이 될 수 없다. 현재 제3자 명의의 재산인 이상 향후 부인권 행사를 통하여 채무자 명의로 회복될 수 있는 재산이라고 하여도 장래 부인권 행사의 결과를 전제로 한 보전처

---

71) 법 제29조(채무자의 재산 등에 관한 조회 신청권자), 법 제610조 제3항(변제계획안의 수정명령 신청권자), 법 제624조 제2항(특별면책의 의견조회 대상자), 법 제626조 제1항 본문(면책취소 신청권자, 다만 법 제626조 제1항 단서의 '이해관계인'에는 채무자가 포함되는 것으로 해석해야 한다)은 '이해관계인'에 채무자가 제외되는 것을 전제로 하고 있다.

분신청을 할 수는 없다.

2) 보전처분의 내용

보전처분의 내용은 '가압류, 가처분 그밖에 필요한 보전처분'이다. 그 예로
는 유체동산·부동산, 채권 등에 대한 가압류·가처분, 상업장부의 열람, 보관의
가처분이나 처분금지, 차재금지, 변제금지 등 채무자에게 일반적 부작위를 명하
는 가처분 등을 들 수 있으나 법원이 보전의 필요성에 따라 그 내용을 정할 수
있다. 보전처분 결정문 기재례는 [양식 11, 11-1]과 같다.

마. 보전처분의 효력

채무자가 보전처분에 반하는 행위를 한 경우 상대방이 악의인 경우에는 개
인회생절차와의 관계에서 그 행위는 무효이다. 처분금지의 보전처분이 등기·등
록에 의하여 공시된 이후에는 개인회생절차에서 양수인이 그 재산의 취득으로
대항할 수 없다.

보전처분의 내용에 반하는 행위라도 법원의 허가를 받았을 때에는 이를 할
수 있다. 이러한 행위에 대한 허가신청이 있는 경우 그 허가 여부는 법원의 재
량에 속하는데, 채무자가 하고자 하는 행위의 내용이 재산의 산일 방지, 회생의
도모, 모든 이해관계인 간의 공평이라는 보전처분제도의 목적에 배치되는지 여
부, 그 행위가 불가피한 정도, 회생에 미치는 영향, 새롭게 이해관계를 맺게 되
는 자의 손해발생 여부 등의 제반 사정을 고려하여 그 허가 여부를 신중하게
결정하여야 한다.

채무자가 보전처분에 위반한 경우에는 신청이 성실하지 아니한 때(^{법 제595조}
^{제7호})
에 해당하는 것으로 보아 개인회생절차개시신청의 기각사유가 될 수 있다.

채무자는 개인회생절차의 개시결정이 있기 전에는 자유롭게 신청을 취하할
수 있으나, 보전처분을 받은 후에는 법원의 허가를 받아야 신청을 취하할 수 있
다(^{법 제594조}
^{단서}).

보전처분의 효력이 언제까지 존속하는지에 관해서는 견해가 갈린다. 개인회
생절차가 개시되더라도 인가된 변제계획에서 다르게 정하지 않는 한 채무자는
개인회생재단을 관리하고 처분할 권한을 가지게 되므로, 재산의 산일 방지, 회생
의 도모, 모든 이해관계인간의 공평이라는 보전처분제도의 목적을 충분히 달성
하기 위해서는 변제계획의 인가 여부에 관한 결정 시까지 보전처분의 효력이 존
속하는 것으로 해석하는 견해도 있다. 그러나 법 제592조 제1항에서 보전처분을

할 수 있는 시기를 개인회생절차개시결정 전으로 제한하고 있고, 법 제580조 제
2항에서 개인회생절차개시결정에 의하여 형성되는 개인회생재단의 관리, 처분권
은 채무자에게 귀속하는 것을 원칙으로 하고 있으며, 법 제598조 제2항에서 보
전처분에 관한 규정은 개인회생절차개시신청을 기각하는 결정에 대하여 즉시항
고가 있는 경우에 준용한다고 규정하고 있으므로, 보전처분은 개인회생절차개시
신청에 관한 결정이 있을 때까지만 그 효력이 존속하는 것으로 봄이 상당하다.

바. 보전처분의 취소, 변경, 실효

보전처분 이후에 사정변경에 의하여 보전처분을 그대로 존속시키는 것이
부적당하다고 인정하는 때에는 법원은 언제라도 그 결정을 변경하거나 취소할
수 있다(법 제592조 제2항).

채무자의 개인회생절차개시신청의 취하허가결정 또는 기각결정으로 보전처
분의 효력도 실효되지만, 채무자의 재산에 기입된 보전처분의 등기, 등록의 말소
를 위하여 따로 보전처분의 취소결정을 하고 법 제24조 제6항에 따라 법원사무
관등이 촉탁서에 그 결정서의 등본을 첨부하여 그 처분의 등기를 촉탁하도록 함
이 상당하다.[72] 이 경우 보전처분 취소 결정문의 기재례는 [양식 11-2]와 같다.

사. 송달, 등기, 등록

보전처분과 이에 대한 변경·취소의 결정은 당사자에게 송달하여야 한다.
법원사무관등은 채무자의 재산에 속하는 권리로서 등기 또는 등록된 것에 대하
여 개인회생절차에 의한 보전처분 및 그 취소 또는 변경이 있는 때에는 직권으
로 지체 없이 촉탁서에 결정서의 등본 또는 초본을 첨부하여 그 처분의 등기를
촉탁하여야 한다(법 제24조 제6항, 제27조). 등기(등록)촉탁서의 기재례는 [양식 11-3]과 같다.

아. 즉시항고

보전처분과 이에 대한 변경·취소의 결정에 대하여는 즉시항고를 할 수 있
다. 즉시항고에는 집행정지의 효력이 없다(법 제592조 제3항·제4항). 개인회생절차개시의 신청
이 기각되면 보전처분은 당연히 효력을 상실하므로, 이를 저지하기 위하여는 신
청기각 결정에 대하여 즉시항고를 하고 다시 보전처분을 받아야 한다(법 제598조 제2항).

---

72) 개인회생절차에 의한 보전처분 등의 등기촉탁에 관하여 정하고 있는 법 제24조 제6항에는 법
제24조 제1항 단서와 같이 효력을 상실한 때 등기를 촉탁할 수 있는 내용이 없다.

2. 중지·금지명령

가. 의 의

개인회생절차개시의 신청이 있는 경우에 필요하다고 인정하는 때에는 법원은 이해관계인의 신청에 의하거나 직권으로 개인회생절차의 개시신청에 대한 결정 시까지 ① 채무자에 대한 회생절차 또는 파산절차, ② 개인회생채권에 기하여 채무자의 업무 및 재산에 대하여 한 강제집행, 가압류 또는 가처분, ③ 채무자의 업무 및 재산에 대한 담보권의 설정 또는 담보권의 실행 등을 위한 경매, ④ 개인회생채권을 변제받거나 변제를 요구하는 일체의 행위(소송행위는 제외), ⑤ 국세징수법 또는 지방세징수법에 의한 체납처분, 국세징수의 예(국세 또는 지방세 체납처분의 예를 포함)에 의한 체납처분 또는 조세채무담보를 위하여 제공된 물건의 처분에 대하여 중지 또는 금지를 명할 수 있다(^{법 제593조}_{제1항}).

중지·금지명령은 보전처분과 함께 개인회생절차개시결정 전에 강제적인 권리실현행위 등을 금지함으로써 재산의 산일을 방지함을 목적으로 하는 제도인데, 전자가 이미 행하여지고 있는 개별적인 절차나 행위를 그 대상으로 한다면, 후자는 장래에 행하여질 가능성이 있는 절차나 행위를 그 대상으로 한다는 점 등에서 차이가 있다.

실무상 보전처분 신청은 그다지 이용되지 않고 있으나, 중지·금지명령 신청은 활발히 이용되고 있다.

법원은 보전처분 또는 중지·금지명령의 신청이 있는 경우에는 특별한 사정이 없는 한 지체 없이 그에 관한 결정을 하여야 한다(^{개인회생예규}_{제4조의2}).[73]

나. 신청권자

법 제593조 제1항은 중지·금지명령의 신청권자를 '이해관계인'이라고만 표현하고 있어서, 그 신청권자에 채무자가 포함되는지에 관하여 의문이 있을 수 있다.

그러나 보전처분에서 설명한 바와 같이, 중지·금지명령에 있어서도 '이해관계인'에는 채무자가 포함된다고 해석하여야 한다.

---

73) 서울회생법원은 채무자의 개인회생절차개시신청과 함께 금지명령 신청이 있는 경우 특별한 사정이 없는 한 회생위원 선임결정과 함께 채무자의 유체동산이나 급여에 대한 강제집행 등을 금지하는 금지명령을 발령하고 있다.

중지명령 신청서의 기재례는 [양식 12], 금지명령 신청서의 기재례는 [양식 13] 참조.

다. 요   건

법원은 개인회생절차개시의 신청이 있는 경우 '필요하다고 인정하는 때'에 중지명령 또는 금지명령을 발령한다. '필요하다고 인정하는 때'란 그 절차의 개시를 허용하거나 절차의 진행을 그대로 두면 개인회생절차개시신청 당시부터 개인회생절차개시결정까지 사이에 채무자의 재산이 처분되거나 또는 채권자 간에 불공평한 결과가 발생하여 채무자의 회생에 장애가 될 가능성이 높은 경우를 말한다.[74]

라. 중지 또는 금지할 수 있는 절차 또는 행위

1) 회생절차 또는 파산절차(법 제593조 제1항 제1호)

회생절차는 개인회생절차와 양립할 수 없는 관계에 있고, 파산절차는 개인회생절차와 대조적인 목적을 가지고 있으므로 중지 또는 금지할 수 있도록 한 것이다. 파산절차에 대한 중지명령의 기재례는 [양식 12-2]와 같다.

2) 강제집행, 가압류, 가처분, 담보권의 설정 또는 담보권의 실행 등을 위한 경매절차(법 제593조 제1항 제2호·제3호)

개인회생절차가 개시된다면 개인회생채권으로 될 채권[75]에 기하여 채무자의 업무 및 재산에 대하여 행하여지거나 행하여질 강제집행, 가압류, 가처분과 채무자의 업무 및 재산에 대한 담보권의 설정 또는 담보권실행 등을 위한 경매절차를 중지 또는 금지할 수 있다.[76] 환취권에 기한 것이거나 개인회생재단채권이 될 채권에 기한 절차는 중지 또는 금지할 수 없다.

---

74) 다만 오로지 중지·금지명령을 받아 강제집행을 회피하기 위하여 개인회생신청을 반복하는 것이 분명하게 의심되는 경우에는, 예전 신청이 기각 또는 폐지된 이후 소득 수준 등 사정변경이 있는지 여부를 종합적으로 고려하여 중지·금지명령의 발령 여부를 심사할 필요가 있을 것이다(서울회생법원 실무준칙 제403호 제2조 제2항에서는, 채무자가 과거 개인회생을 신청한 적이 있는 경우로서 신청횟수, 과거 절차 종료일, 종국 사유 등을 고려하여 중지명령 등의 신청이 개인회생절차의 남용에 해당한다고 볼 객관적인 사정이 있는 때를 제외하고는 원칙적으로 중지명령 등을 발령하는 것으로 규정하고 있다).

75) 따라서 채권자목록에 기재되지 않은 채권에 기한 절차 또는 행위의 중지·금지를 신청할 경우 보정명령 등을 통해 요건 구비 여부를 확인할 필요가 있다.

76) 가압류 또는 가처분 사건에 대해서는 중지명령을 하지 않는 것이 실무례인데, 가압류 또는 가처분 사건의 경우 이미 집행이 완료된 경우가 대부분이고, 이는 중지의 대상이 되지 않기 때문이다.

개인회생절차의 특성상 주로 중지·금지명령의 대상이 되는 절차는 채무자의 장래 급여채권에 대한 압류 및 추심명령 또는 압류 및 전부명령이다. 그런데, 중지·금지명령이 있기 전에 채무자의 장래 급여채권에 대하여 이미 유효한 전부명령이 발하여져 확정된 경우[77]에는 그 전부채권자가 채무자의 장래 급여채권을 이전받음으로 인하여 개인회생절차의 진행에 어려움이 발생할 수 있다. 이러한 문제를 해결하기 위하여 법 제616조는 전부명령에 대한 특칙을 규정하고 있다. 즉, 변제계획인가결정이 있는 때에는 채무자의 급료·연금·봉급·상여금, 그 밖에 이와 비슷한 성질을 가진 급여채권에 관하여 개인회생절차개시 전에 확정된 전부명령은 변제계획인가결정 후에 제공한 노무로 인한 부분에 대하여는 그 효력이 상실되고($^{법\ 제616조}_{제1항}$), 변제계획인가결정으로 인하여 전부채권자가 변제받지 못하게 되는 채권액은 개인회생채권으로 한다($^{법\ 제616조}_{제2항}$).

개인회생절차에서 담보권자의 권리행사는 제약을 받지 않는 것이 원칙이나, 담보권의 실행에 의하여 생활의 기반이 되는 자산이나 영업의 계속에 필수적인 자산이 환가된다면 개인회생절차의 진행에 지장을 초래하고 채무자의 회생이 곤란하게 될 수 있으므로, 법원은 채무자의 업무 및 재산에 대한 담보권실행 등을 위한 경매절차도 중지 또는 금지할 수 있다. 이는 채무자가 담보권자와의 사이에 변제방법, 담보물건의 처분시기나 방법 등에 관하여 협상할 기회를 주고 채무자가 효과적으로 회생하기 위한 토대를 마련하기 위해서 필요하다.

3) 변제 또는 변제요구행위($^{법\ 제593조}_{제1항\ 제4호}$)

개인회생절차가 개시된다면 개인회생채권으로 될 채권을 변제받거나 변제를 요구하는 일체의 행위를 중지 또는 금지할 수 있다. 다만 소송행위는 중지 또는 금지할 수 없다.

---

77) 중지명령 등에 의해 압류 및 전부명령이 확정되지 않은 상태에서 변제계획이 인가되면 압류 및 전부명령은 효력이 발생하지 않게 되거나 그 효력이 상실된다. 채권자목록에 기재된 개인회생채권에 기하여 개인회생재단에 속하는 재산에 대하여 이미 계속 중인 강제집행, 가압류 또는 가처분절차는 개인회생절차가 개시되면 일시적으로 중지되었다가, 변제계획이 인가되면 변제계획 또는 변제계획인가결정에서 다르게 정하지 아니하는 한 그 효력을 잃는다. 따라서 채권자목록에 기재된 개인회생채권에 기하여 개인회생재단에 속하는 채권에 대하여 내려진 압류 및 전부명령이 아직 확정되지 않은 상태에서 채무자에 대하여 개인회생절차가 개시되고 이를 이유로 위 압류 및 전부명령에 대하여 즉시항고가 제기되었다면, 항고법원은 다른 이유로 압류 및 전부명령을 취소하는 경우를 제외하고는 항고에 관한 재판을 정지하였다가 변제계획이 인가된 경우 압류 및 전부명령이 효력이 발생하지 않게 되었거나 그 효력이 상실되었음을 이유로 압류 및 전부명령을 취소하고 압류 및 전부명령신청을 기각하여야 한다(대법원 2008. 1. 31.자 2007마1679 결정, 대법원 2009. 9. 24.자 2009마1300 결정, 대법원 2010. 12. 13.자. 2010마428 결정, 대법원 2015. 5. 28.자 2013마301 결정 등 참조).

다중채무를 부담하고 있는 개인채무자는 채권자로부터 심한 변제요구를 받는 것을 제일 두려워하고, 변제계획에 따라 모든 채권자에게 공평하게 변제하기 위한 전제로서 일부 채권자의 변제요구를 차단할 필요가 있으므로, 채권자에 대하여 변제를 요구하는 일체의 행위를 중지 또는 금지시킬 수 있도록 한 것이다.

4) 국세징수법 또는 지방세징수법에 의한 체납처분, 국세징수의 예(국세 또는 지방세 체납처분의 예를 포함)에 의한 체납처분 또는 조세채무담보를 위하여 제공된 물건의 처분(법 제593조 제1항 제5호)

위 절차에 대한 중지·금지명령을 하기 위해서는 징수의 권한을 가진 자의 의견을 들어야 한다. 위 의견조회 기재례는 [양식 12-1]과 같다. 다만 의견을 듣는 것으로 족하고 그 동의를 얻어야 하는 것은 아니므로 징수권자가 반대하더라도 법원이 필요하다고 인정하면 중지·금지명령을 내릴 수 있다. 의견을 진술할 기회를 주었음에도 불구하고 징수권자가 의견을 진술하지 아니한 경우에도 중지·금지명령을 내릴 수 있다. 위 규정에 위배하여 징수권자의 의견을 듣지 아니하고 중지·금지명령이 발하여진 경우 그 명령의 효력에 관하여 무효설과 유효설이 있을 수 있으나, 위 규정이 효력규정이 아니라고 본다면 유효설이 타당하다.

5) 중지·금지명령의 대상

중지명령은 이미 행하여지고 있는 개별적인 절차나 행위를 그 대상으로 한다. 중지명령의 대상인 강제집행 등이 개인회생절차개시신청 전에 행하여졌는지 그 후에 행하여졌는지를 불문한다. 강제집행 중지명령의 기재례는 [양식 12-3]과 같다.

금지명령은 채무자의 특정 재산에 대하여 장래에 행하여질 가능성이 있는 절차나 행위를 그 대상으로 한다. 실무상 금지명령은 주로 채무자 소유의 유체동산과 채무자의 급여 및 퇴직금에 대하여 하는 강제집행·가압류 또는 가처분, 개인회생채권을 변제받거나 변제를 요구하는 행위를 대상으로 한다. 금지명령의 기재례는 [양식 13-1] 참조.

마. 중지·금지명령의 재판

1) 중지·금지명령 신청이 이유 있을 경우, 결정으로 중지·금지명령을 발령한다.

2) 중지·금지명령 신청이 이유 없을 경우, 기각결정을 할 수도 있으나, 별

도의 기각결정 없이 신청을 불허하는 것이 다수의 실무례이다.

3) 중지·금지명령이나 중지·금지명령 신청에 대한 기각결정에 대하여 즉시항고로 불복할 수 없다. 다만 법원은 상당한 이유가 있는 때에는 이해관계인의 신청에 의하거나 직권으로 중지 또는 금지명령을 취소하거나 변경할 수 있고, 이 경우 법원은 담보를 제공하게 할 수 있다(법 제593조 제4항).

바. 중지·금지명령의 효력

1) 효력 일반

중지·금지금지명령에 의하여 명령의 대상인 절차 또는 행위의 '중지' 또는 '금지'를 명할 수 있다.

'중지'를 명한 경우에는 명령의 대상인 절차는 현재의 상태에서 중단되고 그 이상 진행할 수 없게 된다. '중지'는 구체적인 절차가 계속하여 진행되는 것을 중단시키는 효력밖에 없으므로 새롭게 동종 절차를 신청하는 것은 상관없다. 그 절차를 중지하려면 새로운 중지명령을 얻어야 한다.

이에 반하여 '금지'를 명한 경우에는 금지명령의 대상인 절차를 새롭게 신청하는 것이 금지된다.

중지·금지명령에 반하여 진행된 절차는 무효이다.[78]

'중지'를 명한 경우에는 당해 절차를 더 이상 진행시키지 않는 효력이 있을 뿐이므로, 이미 진행된 절차의 효력을 소급하여 무효로 만드는 것은 아니다. 따라서 기왕에 집행된 압류 등의 효력은 그대로 유지된다.

중지명령의 결정은 민사집행법 제49조 제2호가 정한 '강제집행의 일시정지를 명한 취지를 적은 재판의 정본'에 해당하므로 결정서 정본을 집행법원에 제출해야만 강제집행이 정지된다. 금지명령의 결정은 민사집행법 제49조 제1호가 정한 '강제집행의 정지를 명하는 취지를 적은 집행력 있는 재판의 정본'에 해당한다고 보아야 한다.

그런데 금지명령은 그 대상인 강제집행절차 등을 새롭게 신청하거나 변제요구 등 특정한 행위를 하는 것이 금지되므로 '금지명령'의 효력발생시기가 문제된다.

이에 관하여는 채무자에게 금지명령의 결정서가 송달된 때부터 효력을 발

---

78) 중지·금지명령에 반하여 진행된 집행행위의 외형을 제거하기 위하여 집행에 관한 이의신청, 즉시항고 등을 제기해야 할 경우도 있다.

생한다는 견해도 있을 수 있지만, 포괄적 금지명령이 채무자에게 결정서가 송달된 때부터 효력을 발생한다고 규정(법 제46조, 제2항)하고 있는 것과 달리 금지명령에 대하여는 그 효력발생시기에 관한 아무런 규정이 없는 점, 결정과 명령은 고지에 의하여 효력을 발생하는 것이 원칙인 점(법 제33조, 민사소송법 제221조 제1항) 등에 비추어보면, 금지명령은 개인회생채권자에게 송달된 때에 당해 개인회생채권자에 대하여 효력이 발생한다고 봄이 상당하다. 따라서 개인회생채권자에 대한 송달시기가 달라질 경우 강제집행 등의 금지의 효력발생시기가 각 개인회생채권자별로 다르게 된다.

금지명령의 효력발생 이후 특정 개인회생채권자에 의하여 강제집행이 새로 개시된 경우에는 채무자는 금지명령 정본과 함께 그 개인회생채권자에 대한 금지명령의 송달증명원을 집행법원에 제출하여 그 집행처분의 취소를 구할 수 있다.[79]

개인회생채권자가 금지명령에 반하여 채무자에게 변제를 요구하는 행위를 한 경우에 개인회생채권자를 제재할 수 있는 특별한 규정이 없다. 다만 일반적인 불법행위의 법리에 따라 금지명령을 위반한 개인회생채권자는 채무자에게 손해배상책임을 부담할 수 있다.

채무자는 개인회생절차의 개시결정이 있기 전에는 자유롭게 신청을 취하할 수 있으나, 중지·금지명령을 받은 후에는 법원의 허가를 받아야 신청을 취하할 수 있다(법 제594조 단서).

2) 존속기간

중지·금지명령이 효력을 가지는 것은 개인회생절차개시의 신청에 관한 결정이 있을 때까지이다. 개인회생절차개시결정이 있으면 강제집행 등의 절차는 당연히 중지 또는 금지된다. 개인회생절차개시의 신청이 기각되면 중지·금지명령은 당연히 실효되고 중지된 절차는 다시 진행을 하게 된다(법 제593조 제3항). 이를 저지하기 위해서는 신청을 기각하는 결정에 대하여 즉시항고를 하고 다시 중지·금지명령을 받아야 한다(법 제598조 제2항). 개인회생절차개시신청의 취하에 대한 법원의 허가가 있는 경우에도 중지·금지명령은 실효된다.

3) 시효의 부진행

중지명령이 있어도 당해 절차에 관하여 그때까지 행하여진 행위를 소급하여 무효로 하는 것은 아니므로 회생절차 참가, 파산절차 참가, 강제집행, 경매

---

79) 대법원도 "금지명령은 법 제593조 제1항을 적용하여 이루어진 것으로서 채무자 소유의 유체동산 및 급여 채권 등 특정 재산에 대하여 장래에 행하여질 강제집행을 금지한 것이므로, 포괄적 금지명령과 달리 그 송달에 의하여 바로 개시된 강제집행(채권압류 및 전부명령)이 중지된다고 할 수 없다."고 판시하였다(대법원 2017. 11. 29. 선고 2017다201538 판결).

등에 의하여 이미 발생한 시효중단의 효력은 중지명령 후에도 계속된다. 법 제
593조 제2항은 같은 조 제1항 제5호의 중지기간 중에는 시효가 진행되지 않는
다고 규정하고 있으나, 이는 조세채권 담보를 위하여 제공된 물건의 처분에도
시효중단의 효력이 있음을 확인하는 데 의미가 있을 뿐 체납처분에 관하여는 주
의적 규정이다.

강제집행 등에 의한 시효중단의 효력이 발생하기 전에 금지를 내용으로 하
는 금지명령이 발하여진 경우 시효중단의 효력이 있다고 볼 것인지가 문제이나,
법 제600조 제4항을 유추적용하여 금지된 기간 중에는 시효가 진행하지 않는다
고 봄이 상당하다.

한편 포괄적 금지명령이 있는 때에는 그 명령이 효력을 상실한 날의 다음
날부터 2월이 경과하는 날까지 개인회생채권에 대한 시효는 완성되지 아니한다
는 시효의 정지규정이 있는바(^{법 제593조 제5항}_{제45조 제8항}), 입법론적으로는 시효에 관한 규정을
통일적으로 정비하는 것이 필요하다.

사. 중지·금지명령의 취소, 변경

중지 또는 금지명령에 대하여는 즉시항고가 인정되지 않는다(^{법 제13조}_{제1항}). 다만
법원은 상당한 이유가 있는 때에는 이해관계인의 신청에 의하거나 직권으로 중
지 또는 금지명령을 취소하거나 변경할 수 있다. 이 경우 법원은 담보를 제공하
게 할 수 있다(^{법 제593조}_{제4항}).

아. 중지·금지명령의 송달

중지명령 또는 금지명령은 채무자뿐만 아니라 개인회생채권자들에게도 송
달하여야 한다. 다만 제3채무자에게는 송달할 필요가 없다.

강제집행 등에 대한 중지명령의 경우에는 신청인이 그 강제집행 등을 신청
한 개인회생채권자를 상대방으로 표시하여 중지 대상 강제집행 절차를 특정하여
야 하므로, 법원은 상대방으로 기재된 개인회생채권자에게 송달하면 되고, 금지
명령의 경우에는 신청인이 특정한 개인회생채권자에 대하여만 금지명령을 구해
야 할 특별한 사정이 없는 한 상대방인 개인회생채권자를 특정할 필요가 없으므
로, 법원은 개인회생채권자목록에 기재된 모든 개인회생채권자들에게 송달을 실
시한다.

3. 포괄적 금지명령

가. 의   의

법 제593조 제5항은 회생절차편의 포괄적 금지명령에 관한 규정인 법 제45조 내지 제47조를 개인회생절차에도 준용하고 있다. 따라서 법원은 개인회생절차 개시의 신청이 있는 경우 법 제593조 제1항의 규정에 의한 중지·금지명령만으로는 개인회생절차의 목적을 충분히 달성하지 못할 우려가 있다고 인정할 만한 특별한 사정이 있는 때에는 이해관계인의 신청에 의하거나 직권으로 개인회생절차개시의 신청에 대한 결정이 있을 때까지 모든 개인회생채권자에 대하여 개인회생채권에 기한 강제집행, 가압류, 가처분 또는 담보권실행을 위한 경매절차(이하 '개인회생채권에 기한 강제집행 등'이라 한다)의 금지를 명할 수 있다(법 제593조 제5항, 제45조 제1항).

이러한 포괄적 금지명령을 할 수 있는 경우는 채무자의 주요한 재산에 관하여 법 제592조 제1항의 규정에 의한 보전처분이 이미 행하여졌거나 포괄적 금지명령과 동시에 위 보전처분을 행하는 경우에 한한다(법 제593조 제5항, 제45조 제2항,).

실무상 개인회생절차에서 보전처분을 명하는 예가 거의 없고, 중지·금지명령에 의하여 개인회생절차의 목적을 충분히 달성할 수 있으므로 포괄적 금지명령을 발령하는 사례가 많지 않다.

포괄적 금지명령이 있는 때에는 채무자의 재산에 대하여 이미 행하여진 개인회생채권에 기한 강제집행 등은 중지된다(법 제593조 제5항, 제45조 제3항,).

포괄적 금지명령은 법 제593조에 의한 개별적 중지·금지명령으로는 개인회생절차의 목적을 충분히 달성하지 못할 특별한 사정이 있는 경우에 법원이 하나의 결정으로 모든 개인회생채권자에 대하여 채무자의 재산에 대한 강제집행 등의 금지를 명할 수 있도록 함으로써 개인회생절차를 효율적으로 진행하고 채권자 간의 형평성을 도모하려는 것이다.

나. 신청권자

법 제45조 제1항은 포괄적 금지명령의 신청권자를 '이해관계인'이라고만 하고 있으나, '이해관계인'에는 채무자가 포함된다고 해석하여야 한다.

다. 요   건

다음 두 가지의 요건 모두가 만족된 경우에 한하여 인정될 수 있다.

1) 채무자의 주요한 재산에 관하여 보전처분이 이미 행하여졌거나 포괄적 금지명령과 동시에 보전처분을 행하는 경우

포괄적 금지명령이 발령되면 절차개시를 기다리지 않고 전체 채권자의 권리행사에 제약을 가하게 되는데, 채무자가 재산의 관리처분권을 그대로 가지고 있다면 재산은닉 등으로 채무자의 재산이 산일될 위험성이 있으므로 포괄적 금지명령을 하기 전에 또는 동시에 보전처분이 행해질 것을 요건으로 하고 있다.

2) 중지·금지명령만으로는 개인회생절차의 목적을 충분히 달성하지 못할 우려가 있다고 인정할 만한 특별한 사정이 있는 때

위와 같은 '특별한 사정'이란 예를 들면 다수의 자산이 서로 다른 법원의 관할지역에 산재해 있고, 채권자가 어떠한 자산에 대하여 어떠한 권리행사를 할 것인지 알 수 없는데다가 집행권원을 가진 채권자도 상당수 존재한다는 사정 등이 있을 때 인정될 수 있을 것이다.[80]

라. 대　　상

포괄적 금지명령의 대상은 개인회생채권에 기한 강제집행 등이다(법 제45조 제1항, 제44조 제1항 제2호). 개인회생채권이 될 채권에 기하여 채무자의 재산에 대하여 행할 강제집행, 가압류, 가처분, 담보권실행을 위한 경매절차에 한하여 금지할 수 있다. 환취권에 기한 것이거나 개인회생재단채권이 될 채권에 기한 절차는 금지할 수 없다.

포괄적 금지명령의 기재례는 [양식 14] 참조.

국세징수법 또는 지방세징수법에 의한 체납처분 등은 그 대상에 포함되어 있지 않다. 따라서 개별적 중지명령(법 제593조 제1항 제5호)에 의하여 체납처분 등을 중지할 수밖에 없다. 그러나 개별적 중지명령에 의하여 회생절차의 목적을 충분히 달성하지 못할 우려가 있는 경우에 채무자의 재산에 대한 권리행사를 일률적으로 억제할 필요성은 체납처분 등의 경우에도 예외일 수 없으므로 체납처분 등을 포괄적 금지명령의 대상에서 제외한 것은 입법론상 의문이다.

마. 포괄적 금지명령의 효력

1) 효력의 발생시기

포괄적 금지명령은 채무자에게 결정서가 송달된 때부터 효력을 발생한다(법 제46조 제2항). 포괄적 금지명령의 상대방은 채권자이므로, 채권자에게 송달되었을 때

---

80) 園尾隆司·小林秀之, 条解 民事再生法(제3판), 弘文堂(2013), 132면.

효력을 발생한다는 견해도 있을 수 있지만, 개인회생절차개시결정 전에는 모든 채권자가 알려져 있다고 할 수 없고, 또한 알려져 있는 채권자에 대한 송달시기가 다르면 강제집행 등의 금지·중지의 효력의 발생시기가 개별적으로 나뉘어져 바람직하지 않으므로 위와 같이 정한 것이다.

2) 효　　과

개인회생채권자는 채무자의 모든 재산에 대하여 개인회생채권에 기한 강제집행 등을 할 수 없고(법 제45조 제1항), 또한 이미 행한 경우에는 중지된다(법 제45조 제3항).

3) 취소명령

법원은 채무자의 사업의 계속을 위하여 특히 필요하다고 인정될 때는 채무자의 신청에 의하여 개인회생채권에 기한 강제집행 등의 중지에서 나아가 중지된 개인회생채권에 기한 강제집행 등의 취소를 명할 수 있다. 이 경우에는 개인회생채권자의 권리가 침해될 위험이 중지의 경우보다 한층 크게 되므로 법원은 채무자에게 담보를 제공하게 할 수 있다(법 제45조 제5항).

4) 시효의 정지

포괄적 금지명령이 있는 때에는 그 명령이 효력을 상실한 날의 다음 날부터 2월이 경과하는 날까지 개인회생채권에 대한 시효는 완성되지 아니 한다(법 제45조 제8항).

바. 포괄적 금지명령의 취소, 변경

법원은 포괄적 금지명령을 변경하거나 취소할 수 있다(법 제45조 제4항).

사. 공고 및 송달

포괄적 금지명령이나 이를 변경 또는 취소하는 결정이 있는 때에는 법원은 이를 공고하고 그 결정서를 채무자 및 신청인에게 송달하여야 하며, 그 결정의 주문을 기재한 서면을 법원이 알고 있는 개인회생채권자에게 송달하여야 한다(법 제46조 제1항). 포괄적 금지명령 및 이를 변경 또는 취소하는 결정은 채무자에게 결정서가 송달된 때부터 효력을 발생한다(법 제46조 제2항). 포괄적 금지명령 공고문은 [양식 14-1], 포괄적 금지명령 통지서는 [양식 14-2] 참조.

중지된 개인회생채권에 기한 강제집행 등의 취소명령과 법 제45조 제6항의 즉시항고에 대한 재판(포괄적 금지명령을 변경 또는 취소하는 결정을 제외한다)이 있는 때에는 법원은 그 결정서를 당사자에게 송달하여야 한다(법 제46조 제3항). 이 경우 법 제10조 및 제11조의 규정은 적용하지 아니한다. 따라서 송달하여야 하는 장소를 알기 어렵거나 대법원규칙이 정하는 사유가 있는 때에도 공고로써 송달을 갈음할 수 없고, 우편송달 대신 발송송달을 할 수 없으며, 공고에 송달의 효력이 인정되지 아니한다. 위 취소명령 및 즉시항고에 대한 재판은 채무자, 개인회생채권자 등에 대한 영향이 크기 때문에 총칙 편에서 정한 간이한 고지방법에 대한 예외를 정한 것이다.

아. 포괄적 금지명령 등에 대한 불복

포괄적 금지명령, 이를 변경하거나 취소하는 결정, 중지된 개인회생채권에 기한 강제집행 등의 취소명령에 대하여는 즉시항고를 할 수 있다(법 제45조 제6항). 위 즉시항고에는 집행정지의 효력이 없다(법 제45조 제7항). 포괄적 금지명령, 이를 변경하거나 취소하는 결정에 대한 즉시항고기간은 공고가 있은 날부터 14일 이내이며(법 제13조 제2항), 중지된 개인회생채권에 기한 강제집행 등의 취소명령은 공고를 요하지 아니하므로 해당 개인회생채권자에게 재판이 고지된 날부터 1주 이내가 즉시항고기간이다(법 제33조, 민사 소송법 제444조).

자. 포괄적 금지명령의 적용 배제

법원은 포괄적 금지명령이 있는 경우 개인회생채권에 기한 강제집행 등의 신청인인 개인회생채권자에게 부당한 손해를 끼칠 우려가 있다고 인정하는 때에는 그 개인회생채권자의 신청에 의하여 그 개인회생채권자에 대하여 결정으로 포괄적 금지명령의 적용을 배제할 수 있다. 이 경우 그 개인회생채권자는 채무자의 재산에 대하여 개인회생채권에 기한 강제집행 등을 할 수 있으며, 포괄적 금지명령이 있기 전에 그 개인회생채권자가 행한 개인회생채권에 기한 강제집행 등의 절차는 속행된다(법 제47조 제1항). 포괄적 금지명령 적용배제결정의 기재례는 [양식 14-3] 참조.

포괄적 금지명령은 채권자의 권리행사에 대한 큰 제약이므로 그 구제수단으로서 포괄적 금지명령의 적용배제에 관한 규정을 둔 것이다. 위 규정에 의한 '부당한 손해'란 강제집행을 할 수 없는 것으로부터 생기는 개개 채권자의 불이익을 의미한다 할 것이고, 각각의 사정이 다를 것이므로 일률적으로 그 내용을 논하기는 어렵다.

포괄적 금지명령의 적용배제결정을 받은 자에 대하여 시효의 정지에 관한 법 제45조 제8항의 규정을 적용하는 때에는 법 제45조 제8항 중 '그 명령이 효력을 상실한 날'은 포괄적 금지명령의 적용배제결정이 있은 날로 한다($_{제2항}^{법 제47조}$). 따라서 포괄적 금지명령의 적용배제결정을 얻은 채권자는 그 결정일로부터 2월 이 경과하는 날까지만 시효가 정지된다.

포괄적 금지명령의 적용배제신청에 관한 재판에 대하여는 즉시항고를 할 수 있다($_{제3항}^{법 제47조}$). 다만 즉시항고는 집행정지의 효력이 없다($_{제4항}^{법 제47조}$). 포괄적 금지명령의 적용배제결정과 이에 대한 즉시항고의 재판이 있는 때에는 법원은 그 결정서를 당사자에게 송달하여야 한다. 이 경우 법 제10조의 규정은 적용하지 아니한다($_{제5항}^{법 제47조}$). 따라서 송달하여야 하는 장소를 알기 어렵거나 대법원규칙이 정하는 사유가 있는 때에도 공고로써 송달을 갈음할 수 없다.

제10절   채무자의 재산과 소득에 대한 조사

1. 채무자의 재산과 소득에 대한 조사의 필요성

개인회생절차가 개시되기 위해서는 파산의 원인인 사실이 있거나 그러한 사실이 생길 염려가 있어야 하므로($_{제579조 제1호}^{법 제588조,}$) 법원은 개시요건을 판단하기 위하여 신청채무자가 위와 같은 상태에 있는지 여부를 심리하여야 하고, 그 심리를 위해서는 채무자의 재산과 소득에 대한 조사가 필수적이다.

또한 채무자가 제출한 변제계획안이 인가받기 위해서는 그 총변제액이 채무자가 파산할 경우 채권자들이 배당받을 총액(청산가치) 이상이 되어야 하고($_{제1항 제4호}^{법 제614조}$), 개인회생채권자나 회생위원이 이의를 진술할 때에는 가용소득 전부가 변제에 제공되어야 하므로($_{제2항 제2호}^{법 제614조}$), 채무자의 재산과 소득에 대한 조사는 변제계획안의 인가 여부를 판단하기 위하여도 반드시 필요하다.

채무자가 제출한 변제계획안은 채무변제에 제공되는 소득 등을 기초로 하여 작성되기 때문에, 정기적이고 확실한 수입(급여소득자의 경우)이나 계속적·반복적인 수입(영업소득자의 경우)을 얻을 가능성이 있는지 여부와 채무변제의 기초가 되는 장래의 수입이 정확한 것인지를 파악하는 것이 매우 중요하다.

2. 조사의 담당자

채무자의 재산과 소득에 대한 조사의 궁극적인 권한은 법원에 있다. 다만 실무상으로는 회생위원이 법원의 감독을 받아 채무자의 재산과 소득에 대한 조사를 주된 업무로 수행하고 있다(법 제602조 제1항 제1호). 회생위원의 선임과 업무 등에 관해서는 제2장 제7절 참조.

3. 신청서 및 첨부서류의 심사

가. 채무자가 제출하는 서류

채무자는 개인회생절차개시신청서의 첨부서류로 재산목록과 자신의 수입과 지출에 관한 목록, 급여소득자 또는 영업소득자임을 증명하는 자료 등을 제출하여야 한다(법 제589조 제2항 제2호·제3호·제4호). 규칙은 그 밖에도 채무자의 재산 및 소득에 관한 서류로서 '소득금액에 관한 자료', '재산목록에 기재된 재산가액에 관한 자료' 혹은 '저당권 등으로 담보된 개인회생채권이 있는 때에는 저당권 등의 담보채권액 및 피담보재산의 가액의 평가에 필요한 자료', '채무자의 재산에 속하는 권리로서 등기 또는 등록이 된 것에 관한 등기사항증명서 또는 등록원부등본' 등을 첨부서류로 정하고 있다(규칙 제79조 제1항 제2호·제3호· 제6호·제7호·제8호).

다만 법과 규칙에서는 구체적인 서류 등을 특정하지 않고 있으므로, 채무자는 자신의 소득과 재산을 밝히기 위해 구체적인 증빙자료를 제출하는 것이 필요하다.

서울회생법원은 준칙 제402호에서 개인회생 사건 신청서에 첨부할 구체적인 서류를 정하고 있는데, 그중 재산목록, 수입 및 지출에 관한 목록 등에 관한 서류는 아래와 같다(제2조 제2, 3호).

1) 재산목록

① 부동산등기사항전부증명서, ② 가입된 보험의 예상 해약환급금확인서, ③ 채무자 본인 명의의 지적전산자료조회결과서, 지방세세목별과세증명서, ④ 채무자 본인 소유 부동산에 대한 국민은행 홈페이지 부동산 시세확인 또는 국토교통부 홈페이지의 아파트실거래정보, ⑤ 자동차등록원부와 시가 증명자료(자동차 전문 중고거래 사이트 등의 인터넷 시가 자료), ⑥ 채무자 본인 명의의 임대차계약서 사본

2) 채무자의 수입 및 지출에 관한 목록

① 급여소득자: 원칙적으로 근로소득원천징수영수증, 불가피한 경우에는

사용자의 기명날인이나 서명이 있는 급여명세서 또는 소득증명서, 최근 6개월간 급여를 지급받은 통장거래내역

　　② 영업소득자: 부가가치세과세표준증명, 세무서 발행의 소득금액증명서, 매출처・매입처별 세금계산서 합계표, 신용카드 매출전표 발행금액 등 집계표, 손익계산서 또는 총매출액, 필요비 실질소득을 월별로 산정한 신청일 직전 1년 간의 수입상황보고서[81]

　　③ 국민건강보험자격득실확인서, 국민연금산정용가입내역확인서

　3) 급여소득자 또는 영업소득자임을 증명하는 서류

　　① 급여소득자: 재직증명서, 사업자등록증이 첨부된 사업주의 확인서 또 는 이에 준하는 서류

　　② 영업소득자: 사업등록증 또는 이에 준하는 서류

나. 심사사항 및 심사방법

위와 같은 자료가 제출되면 법원은 그 내용에 허위나 오류가 있는지 여부 와 필요한 사항이 빠짐없이 기재되어 있는지를 심사하여야 한다. 다만 서울회생 법원 실무는 개시신청 직후 회생위원을 선임하여 회생위원으로 하여금 채무자의 재산 및 소득에 대한 조사를 하도록 하고, 법원은 회생위원이 채무자의 재산 및 소득에 대하여 조사한 결과를 바탕으로 보충적으로 심사하고 있다.[82]

이미 제출된 자료에 덧붙여 설명이나 보완이 필요하다고 인정되는 경우 법 원은 언제든지 채무자에게 금전의 수입과 지출 그 밖에 채무자의 재산상의 업무 에 관하여 보고를 요구할 수 있고, 필요하다고 인정하는 경우에는 재산상황의 조사, 시정의 요구 기타 적절한 조치를 취할 수 있다(법제591조).

법원은 그 외에도 채무자를 심문하여 재산상황 등에 대한 조사를 수행할 수 있으나, 이러한 심문은 회생위원의 조사결과 등을 확인하는 보충적 의미를 가지는 경우가 대부분이다. 서울회생법원 실무준칙 제404호는, ① 회생위원이 업 무수행결과를 보고하면서 채무자의 재산 및 소득 등에 관하여 특이사항이 있다 는 의견을 진술한 경우, ② 규칙 제88조 제2항[83]에 따라 법원에 심문을 신청한

---

81) 필요한 경우에는 고용노동부 발행의 임금구조기본통계조사보고서(직종별, 근무기간별로 세분 된 것) 중의 해당 항목 사본을 제출해야 하는 경우도 있다. 개인회생예규 제7조 제1항 제2호는 "영업소득자가 그 소득에 관한 소명자료가 없는 경우에는 임금구조기본통계조사보고서 등의 통 계소득을 기초로 하여 산정할 수 있다"고 정하고 있다.

82) 자세한 설명은 제2장 제7절 4. 및 제2장 제8절 3. 참조.

경우, ③ 그 밖에 법원이 심문이 필요하다고 인정한 경우, 법원은 채무자에 대한 심문절차를 진행할 수 있고, 심문절차에 회생위원, 법원이 알고 있는 개인회생채권자, 개인회생절차가 개시된 채무자의 재산을 소지하고 있거나 그에게 채무를 부담하는 자를 참여시켜 의견을 진술하게 할 수 있다고 정하고 있다(규칙 제4조 제1항, 제2항).

채무자가 제589조 제2항 각 호의 어느 하나에 해당하는 서류를 제출하지 아니하거나, 허위로 작성하여 제출하거나 또는 법원이 정한 제출기한을 준수하지 아니한 때에는 법원은 개인회생절차개시신청을 기각할 수 있고(법 제595조 제2호), 개시결정 후 변제계획인가 전에 위 사유에 해당될 경우 법원은 개인회생절차폐지의 결정을 할 수 있다(법 제620조 제2항 제1호).

4. 회생위원에 의한 조사

가. 회생위원의 조사권한과 채무자의 의무

회생위원은 언제든지 채무자에게 금전의 수입과 지출 그 밖에 채무자의 재산상의 업무에 관하여 보고를 요구할 수 있고, 필요하다고 인정하는 경우에는 재산상황의 조사, 시정의 요구 기타 적절한 조치를 취할 수 있다(법 제591조). 정당한 사유 없이 이러한 보고 등을 거부하거나 허위보고를 한 자는 1년 이하의 징역 또는 1천만 원 이하의 벌금의 형으로 처벌될 수 있다(법 제649조 제5호). 수입상황 보고요구서 및 수입상황 보고서에 대해서는 [양식 16] 참조.

채무자는 진실에 부합되고 상세한 재산목록과 수입지출목록을 제출하여야 하고, 만약 그 내용이 부실하거나 누락된 사실이 밝혀진 경우에는 회생위원의 조사나 보고요구 등에 따라 성실히 보고하여야 한다. 회생위원은 채무자의 생활환경을 파악하기 위하여 채무자가 거주하는 집이나 직장을 방문하여 채무자의 사정을 청취하는 등의 업무를 수행할 수도 있을 것이다.

회생위원은 채무자의 보고, 설명 및 제출된 자료를 검사하는 등의 방법으로 채무자가 보유한 재산과 수입의 상황을 조사한 결과를 법원이 정한 일정 기한 내[84]에 제출, 보고하여야 한다. 이러한 보고에 의하여 법원은 채무자의 재산과 소득에 관한 상황을 파악할 수 있다.

---

83) 채무자는 법 제591조에 따른 보고, 시정 등의 요구 또는 법 제602조 제2항의 요청을 받은 경우 법원에 대하여 심문을 신청할 수 있다(규칙 제88조 제2항). 심문신청서 기재례는 [양식 17]과 같다.

84) '회생위원의 개시결정 전 업무수행결과보고'(서울회생법원 실무준칙 제411호) 제2조, 제3조 참조. 자세한 설명은 제8절 3. 나. 참조.

나. 채무자의 소득에 대한 조사

'가용소득'은 채무자가 수령하는 근로소득·연금소득·부동산임대소득·사업소득·농업소득·임업소득 기타 합리적으로 예상되는 모든 종류의 소득의 합계 금액에서 생계비 및 소득세·주민세·건강보험료, 그 밖에 이에 준하는 것으로서 대통령령이 정하는 금액(국민연금보험료, 고용보험료, 산업재해보상보험료가 이에 해당한다), 채무자가 영업에 종사하는 경우에 그 영업의 경영, 보존 및 계속을 위하여 필요한 비용을 공제한 나머지 금액으로서(^{법 제579조} 제4호) 이른바 '처분가능소득'을 뜻한다고 할 수 있다. '가용소득'에 관한 자세한 설명은 제6장 제3절 참조.

개인회생절차에서의 '가용소득'은 장래에도 정기적이고 확실한 수입(급여소득자)이거나 계속적 또는 반복적인 수입(영업소득자)을 전제로 한다. 장래 수입이 정기적이거나 또는 계속·반복적으로 발생할 것인지에 관한 주된 판단기준은 결국 개인채무자가 개인회생절차에 들어와서 변제계획안에 따라 정기적으로 채무변제를 할 수 있을 정도로 안정적이고 정기적인 수입을 얻을 수 있느냐의 문제이다. 따라서 예를 들어 급여소득자의 경우에는 원칙적으로 개인회생절차개시신청 이전부터 상당한 기간 동안 근로계약 또는 고용계약이 지속적으로 유지되어 그로부터 일정한 정기급여를 수령하여 왔다는 사정이 조사되어야 한다.

회생위원 등은 소득에 대한 조사결과에서 인정된 장래 수입을 바탕으로 변제계획안의 변제기간 동안에 발생하는 채무자의 장래 소득 중 생계비 등을 공제한 가용소득의 총액을 산출한 다음, 그것을 인가예정일을 기준으로 일정한 할인율에 따라 현가로 계산한 결과인 가용소득의 현재가치를 산정하여야 한다. 위 할인율은 시장이자율에 위험프리미엄을 가산하는 방법으로 정할 수 있으나, 실무상으로 민법상 연 5%의 비율에 의한 복리할인법(이른바 라이프니쯔식 현가 산정 방식 계산법)을 적용하여 산출하고 있다.[85]

다. 채무자의 재산에 대한 조사

1) 회생위원 등은 개인회생재단에 속하는 채무자의 재산 및 면제재산 등을 조사하여야 한다.

특히 청산가치와 가용소득의 현재가치의 비교는 변제계획안 인가를 위해 필수적이므로, 청산가치 산정의 기초가 되는 채무자의 재산에 대한 조사가 중요하다.

---

[85] 인가예정일의 산정과 구체적인 현가 계산방법에 대하여는 제6장 제2절 2. 가. 3) 참조.

청산가치의 산정은 채무자가 파산선고를 받는다면 파산재단에 속하게 될 재산을 기준으로 산정하여야 한다. 이와 관련하여 법 제382조는 채무자가 파산선고 당시에 가진 모든 재산과 채무자가 파산선고 전에 생긴 원인으로 장래에 행사할 청구권은 파산재단에 속한다고 하고 있고, 법 제383조는 압류금지재산 등을 파산재단에서 제외하고 있다.

파산절차에 관한 법 제383조가 법 제580조 제3항에 의하여 개인회생재단에 관하여 준용되어 위 규정에 의하여 개인회생재단에 속하지 않거나 법원의 결정에 의하여 개인회생재단에서 면제된 재산은 파산재단에도 속하지 않게 된다고 할 것이므로 청산가치 산정에도 포함되지 않는다.[86]

'청산가치 보장 원칙'에 관한 자세한 설명은 제6장 제2절 참조.

2) 채무자의 재산조사를 위해서는 재산조회를 실시할 수 있고,[87] 적정한 가액산정 여부가 중요한 경우에는 감정평가법인에 의뢰하는 등의 방법으로 재산에 관한 조사를 시행할 수 있다.

채무자의 배우자 명의 재산(예 : 부동산, 자동차, 임차보증금반환채권 등)은 원칙적으로 채무자의 청산가치 산정에 고려하지 않는다. 다만, ① 제출된 자료 등에 비추어 채무자가 당해 재산을 실질적으로 소유하기 위하여 그 대가를 부담한 명의신탁재산으로 인정되는 경우, ② 채무자가 배우자에게 당해 재산을 처분한 행위에 관하여 부인권 성립 및 행사의 요건이 충족되는 등의 경우에는 이를 채무자의 청산가치 산정에 반영하고, 법원은 위와 같은 경우에 해당한다고 의심할 만한 사정이 있는 때에는 채무자에게 그에 관한 조사를 위하여 필요한 자료를

---

86) 채무자가 주거용 건물의 임대차보증금반환청구권 3,000만 원 중 민사집행법 제246조 제1항 제6호에 따른 압류금지재산을 초과한 500만 원에 대하여 면제재산결정 신청을 하였으나 이를 기각한 결정에 대해서, 주택임대차보호법에서 정한 소액임차인의 경우 임대차보증금에서 압류금지 대상금액을 제외한 나머지 부분 중 면제재산 범위 내의 재산을 개인회생재단에서 면제할 수 있다고 본다면, 주택임대차보호법에서 정한 소액임차인이 아닌 경우와 비교하여 상당히 불평등한 결과를 초래하고, 면제재산결정은 재량으로 결정할 사항이어서 제1심의 기각결정이 정당하다고 본 사례는 서울중앙지방법원 2013. 8. 19.자 2012라1158 결정(확정). 이와 마찬가지로 주거용 건물의 임대차보증금 중 압류금지의 범위를 초과하는 금액에 대해서 면제재산결정을 하지 않고 청산가치로 산정하여, 채무자가 제출한 변제계획안이 청산가치를 보장하지 못하게 된 사안에서, 채무자의 개인회생절차개시신청은 법 제595조 제6호에서 정한 '개인회생절차에 의함이 채권자 일반의 이익에 적합하지 아니한 때'에 해당한다고 본 사례는 서울중앙지방법원 2013. 8. 20.자 2013라1227 결정(대법원에 재항고되었으나 심리불속행 기각 결정으로 확정되었다). 한편 주거용 건물의 임대차보증금 중 근질권자에게 담보된 부분을 공제한 금액이 12,387,230원인 경우 항고인의 실질적인 재산이 압류할 수 없는 재산이거나 적어도 개인회생재단에서 면제될 수 있는 재산으로 보아야 하므로, 청산가치를 산정하면서 위 임대차보증금반환채권은 고려하지 아니함이 상당하다고 한 사례는 서울중앙지방법원 2011. 8. 16.자 2011라231 결정(확정).

87) 재산조회의 방법과 절차에 관하여는 아래 5.항 참조.

제출하도록 요구할 수 있다.[88]

3) 채무자의 재산조사를 거쳐 산출된 각종 재산의 가치는 청산가치 산정의 기초가 된다. 즉 위와 같이 산출된 재산 가치는 원칙적으로 청산가치로 인정되고, 변제계획안에서 정한 변제액의 현재가치가 이러한 청산가치를 상회하도록 변제계획안이 작성되어야 한다. 만약 장래의 수입 등에 의한 변제액의 현재가치가 채무자가 보유한 재산 등에 의한 청산가치에 미달할 경우에는 보유재산의 처분대금으로 채무변제를 하는 내용이 포함된 변제계획안이 작성되어야 한다.[89]

5. 채무자의 재산 및 신용의 조회

가. 재산조회제도

법원은 필요한 경우 회생위원 그 밖의 이해관계인의 신청에 의하거나 직권으로 채무자의 재산 및 신용에 관한 전산망을 관리하는 공공기관·금융기관·단체 등에 채무자명의의 재산에 관하여 조회할 수 있다(법 제29조 제1항).[90] 면책의 효력을 받을 이해관계인이 제1항의 규정에 의한 신청을 하는 때에는 조회할 공공기관, 금융기관 또는 단체를 특정하여야 한다. 이 경우 법원은 조회에 드는 비용을 미리 내도록 명하여야 한다(법 제29조 제2항). 재산조회의 대상은 주로 등기, 등록의 대상이 되는 부동산, 자동차, 특허권 기타 산업재산권은 물론 계좌별 50만 원 이상의 각종 금융자산과 보험해약환급금 등이다(규칙 [별표 3] 참조).

채무자는 원칙적으로 자신의 가용소득을 변제재원으로 투입하여 변제계획안을 작성하면 되고, 개시결정 당시 보유하고 있는 재산 전부를 변제재원으로 삼지 않아도 무방하다. 그러나 장래 가용소득에 의한 변제액의 현재가치가 현재

---

88) 과거에는 채무자가 배우자 명의 재산의 형성경위를 충분히 소명하지 못할 경우 곧바로 그 재산을 채무자의 청산가치 산정에 반영(가령, 가액의 1/2을 청산가치에 산입)하는 경우가 많았으나, 현재 서울회생법원 실무는 이와 같이 명의신탁재산 또는 부인권 성립 및 행사의 요건이 인정되는 경우에 비로소 채무자의 청산가치 산정에 고려한다['배우자 명의의 재산'(서울회생법원 실무준칙 제406호) 참조].

89) 법 제614조에 의하면, 법원은 변제계획의 인가결정일을 기준일로 하여 평가한 개인회생채권에 대한 총변제액이 채무자가 파산하는 때에 배당받을 총액보다 적지 아니할 것 등의 요건을 모두 갖춘 때에는 변제계획인가결정을 하여야 하는바, 인가요건이 갖추어진 변제계획안에 대한 법원의 인가는 재량이 아니라 의무적인 것이고, 법 제611조 제1항 제1호에 의하면 채무자는 장래에 얻게 될 소득뿐만 아니라 기존에 갖고 있던 재산을 처분하여 채무를 변제할 수도 있다(대법원 2009. 4. 9.자 2008마1311 결정).

90) 법 제29조 제1항은 신청권자로 회생위원을 명시하고 있지는 않지만, 이해관계인의 범위에 회생위원도 포함된다고 해석된다.

보유한 재산에 대한 청산가치에 미달될 경우에는 청산가치 이상의 변제가 이루어질 수 있도록 재산의 매각 등이 반영된 변제계획안을 작성하여야 한다.

결국 회생위원은 청산가치 산정을 위하여 채무자의 재산[91]을 조사하여야 하고, 장래 가용소득의 산정과 변제계획의 수행가능성에 대한 이의진술 여부를 판단하기 위하여도 채무자의 수입 등에 대하여 면밀하게 조사하여야 한다. 대부분의 경우에는 채무자의 재산이 많지 않을 것이므로, 재산조회를 거치지 아니하고 간이평가[92]를 통하여 청산가치보장 원칙의 준수 여부를 검토할 수 있다.

나. 재산조회의 신청방식과 비용

회생위원이 채무자의 재산조회를 신청하는 때에는, ① 채무자의 표시, ② 신청취지와 신청사유, ③ 과거의 재산보유내역에 대한 조회를 요구하는 때에는 그 취지와 조회기간 등을 기재한 서면으로 신청하여야 한다(규칙 제45조 제1항).

면책의 효력을 받을 이해관계인이 채무자의 재산조회를 신청하는 때에는, ① 채무자, 신청인과 그 대리인의 표시, ② 신청취지와 신청사유, ③ 조회할 공공기관·금융기관 또는 단체, ④ 조회할 재산의 종류, ⑤ 과거의 재산보유내역에 대한 조회를 요구하는 때에는 그 취지와 조회기간 등을 기재한 서면으로 신청하여야 한다(규칙 제45조 제2항).

면책의 효력을 받을 이해관계인이 채무자의 재산조회를 신청하는 때에는 조회비용을 예납하여야 하는데, 법원행정처에 대한 조회사항인 토지, 건물의 소유권에 관한 조회비용은 2만 원(소급조회비용도 2만 원임), 특허청에 대한 조회사항인 특허권 등 산업재산권에 관한 조회비용은 2만 원, 한국교통안전공단에 대한 자동차, 건설기계의 소유권에 관한 조회비용은 5천 원, 은행, 상호저축은행, 새마을금고, 보험회사 등에 대한 조회비용도 기관별 5천 원으로 정해져 있다(규칙 제45조 제3항, [별표 3]).

한편 회생위원의 신청에 의하거나 법원이 직권으로 재산조회를 하는 경우에는 법원은 채무자에게 위 해당 조회비용을 예납하도록 명하여야 한다(규칙 제45조 제4항). 다만 채무자의 재산 중 토지·건물에 대한 조회는, 회생위원의 신청에 의하거나 법원이 직권으로 하는 경우에는, 법원행정처에 사실조회를 하는 방식을 취하면 재산조회 비용의 예납 없이도 가능하다. 이 경우에는 그 조회가 공익적 성격을

---

91) 개시결정일 현재의 보유재산이 일반적이나, 부인권 행사여부 등을 판단하기 위해서는 과거의 재산보유내역도 조사할 필요가 있다.

92) 그 방법에 대해서는 제7절 4. 나. 참조.

가지고 있는 점을 참작하여 법원행정처에서 비용을 받지 않기로 실무를 운영하고 있기 때문이다.

재산조회신청의 양식은 [양식 18]과 같다.

다. 재산 등의 조회절차

재산조회는 조회할 기관 또는 단체의 장에게 그 기관 또는 단체가 전산망으로 관리하는 채무자 명의의 재산에 관하여 실시한다(규칙 제46조 제1항). 현재의 보유재산뿐 아니라 개인회생절차의 신청이 있기 전 2년 안에 채무자가 보유한 재산내역도 조회할 수 있다(규칙 제46조 제2항).

특히 금융기관이 회원사, 가맹사 등으로 되어 있는 중앙회·연합회·협회 등이 개인의 재산 및 신용에 관한 전산망을 관리하고 있는 경우에는 그 협회 등의 장에게 채무자 명의의 재산에 관하여 조회할 수 있다(규칙 제46조 제3항).[93]

법원은 ① 채무자의 인적사항(성명, 주소, 주민등록번호), ② 조회할 재산의 종류, ③ 조회에 대한 회답기한, ④ 과거의 재산보유내역에 대한 조회를 요구하는 때에는 그 취지와 조회기간, ⑤ 법원이 채무자의 인적 사항을 적은 문서에 의하여 해당 기관·단체의 장에게 채무자의 재산 및 신용에 관하여 그 기관·단체가 보유하고 있는 자료를 한꺼번에 모아 제출하도록 요구하는 때에는 그 취지, ⑥ 금융기관에 대하여 재산조회를 하는 경우에 관련 법령에 따른 재산 및 신용에 관한 정보등의 제공사실 통보의 유예를 요청하는 때에는 그 취지와 통보를 유예할 기간 등을 명시하여 재산조회를 실시한다(규칙 제47조 제1항).

법원으로부터 재산조회를 받은 기관, 단체의 장은 그 회답기한 내에 채무자의 재산보유내역에 관한 조회회보서를 작성, 제출하여야 한다(규칙 제47조 제3항). 재산조회를 받은 기관·단체의 장은 제3항에 규정된 조회회보서나 자료의 제출을 위하여 필요한 때에는 소속 기관·단체, 회원사, 가맹사, 그 밖에 이에 준하는 기관·단체에게 자료 또는 정보의 제공·제출을 요청할 수 있다(규칙 제47조 제5항).

법원은 제출된 조회회보서나 자료에 흠이 있거나 불명확한 점이 있는 때에는 다시 조회하거나 자료를 다시 제출하도록 요구할 수 있다(규칙 제47조 제6항).

---

93) 보험신용정보는 한국신용정보원(신용정보의 이용 및 보호에 관한 법률에 따른 종합신용정보 집중기관)에 조회한다.

제11절 개시결정시까지의 법원의 심리내용

1. 개 요

법원은 채무자가 개인회생절차의 개시신청을 하면서 제출한 자료에 기하여 개인회생절차를 개시하기 위한 요건이 갖추어져 있는지를 심리한다. 즉, 신청인에게 신청권이 있는지 여부, 관할의 유무, 개시결정 전에 보전처분 또는 금지·중지명령을 할 필요가 있는지 여부, 개시요건의 존부 등에 관하여 심리하게 된다.

개인회생절차의 신청에 따른 일반적인 심리의 흐름은 다음과 같다.

채무자의 신청서 제출이 있으면, 법원의 접수직원은 이를 접수한 후 그 신청서류를 검토하여 미비한 점이나 누락된 서류가 있으면 이를 설명하고 보완을 권고한다. 사건이 배당되면 법원은 관할의 유무, 개시결정 전에 금지명령 또는 중지명령[94]을 할 필요가 있는지 여부를 심리한다. 이와 동시에 회생위원 선임결정을 하고, 외부회생위원 선임사건은 인가 전 보수기준액의 예납을 명한다.

서울회생법원은 모든 사건에서 회생위원이 선임되므로, 회생위원이 신청 직후 채무자의 재산 및 소득에 대하여 조사 등을 하게 된다.

법원은 회생위원의 조사가 마무리되면 그 자료를 기초로 하여 개인회생절차를 개시하기 위한 요건을 심리하게 된다. 그 과정에서 필요한 경우 변론을 열 수 있고 (임의적 변론, 법 제12조 제1항), 직권으로 채무자를 심문하는 등 필요한 조사를 할 수도 있다(법 제12조 제2항). 실무상 변론을 여는 경우는 없고 간혹 채무자 심문을 심리의 방식으로 활용하는데, 채무자 심문이 필요한 때에 관한 자세한 내용은 제2장 제10절 3. 나. 참조.

법원은 위와 같이 심리를 진행하여 개인회생절차를 개시하기 위한 요건이 갖추어져 있다고 판단되면 개인회생절차개시의 결정을 하게 된다.

2. 심리의 대상

가. 관할 유무, 보전처분 및 중지·금지명령의 필요 여부, 회생위원 선임

법원은 당해 법원에 관할이 있는지 여부를 확인하고, 개시결정 전에 재산이 산일되는 것을 방지하고 개인회생절차를 진행하는 데 장애가 되는 상황을 막기

---

94) 실무상 보전처분은 활용되지 않고 있다.

위하여 보전처분 및 중지·금지명령을 할 필요가 있는지에 관해 심리, 판단한다. 서울회생법원 실무준칙 제403호는 중지·금지명령의 신청이 있는 경우에는 특별한 사정이 없는 한 신청서 접수일부터 3일 이내에 중지·금지명령 등의 발령 여부를 결정하도록 정하고 있다($\frac{제2}{조}$).

또한 법원은 신청서나 제출서류 등을 검토하여 회생위원을 선임할 필요가 있는지에 관하여도 심리, 판단하게 되는데, 원칙적으로 모든 사건에 회생위원을 선임하는 것이 서울회생법원 실무다.

나. 신청권 유무

개인회생절차는 개인채무자만이 신청할 수 있는데, 개인채무자라 함은, 파산의 원인인 사실이 있거나 그러한 사실이 생길 염려가 있는 자로서 개인회생절차개시의 신청 당시 유치권·질권·저당권·양도담보권·가등기담보권·「동산·채권 등의 담보에 관한 법률」에 따른 담보권·전세권 또는 우선특권으로 담보된 개인회생채권은 15억 원, 그 이외의 개인회생채권은 10억 원 이하의 채무를 부담하는 급여소득자 또는 영업소득자를 말한다($\frac{법 제588조,}{제579조 제1호}$). '급여소득자'와 '영업소득자'의 개념 등 신청권 유무에 관하여는 제1절 2. 참조.

다. 절차개시요건에 대한 판단

1) 개시원인의 존부

개인회생절차의 개시 여부를 결정하기 위하여 법원은 개인회생절차를 개시하기 위한 요건이 갖추어져 있는지를 심리하게 된다.

채무가 있다고 해서 모든 채무자가 개인회생절차를 이용할 수 있는 것은 아니다. 개인회생절차를 이용하기 위해서는 개인회생절차개시의 요건인 파산의 원인인 사실, 즉 지급불능의 상태에 빠져 있거나 지급불능이 생길 염려가 있어야 한다($\frac{법 제579조}{제1호 참조}$). 개인파산신청의 기각사유 중 하나로 '채무자에게 파산원인이 존재하지 아니한 때'가 규정되어 있는 것($\frac{법 제309조}{제1항 제3호}$)과 대비하면 개인회생절차의 개시요건이 개인파산절차보다 완화되어 있다.

지급불능이란 변제능력이 부족하여 변제기가 도래한 채무를 일반적, 계속적으로 변제할 수 없는 객관적 상태를 말한다. 즉, 채무자에게 자력이 없다고 하기 위해서는 어느 특정채무만이 아니라 채무 전체에 관하여 약정대로 변제할 수 없는 상태에 있고 이러한 상태가 이후에도 계속되어 회복될 가능성이 없는 것을 말한다. 재산이 없더라도 신용이 있어서 금원 차입에 의한 변제가 가능하면 지급불능으로 보기 어렵고, 부동산 등 재산이 있더라도 이를 환가할 수 없는 때에는 지급불능으로 볼 수 있다.

채무자의 효율적인 회생을 꾀한다는 개인회생절차의 목적을 실효성 있게 하기 위하여 채무자가 현재는 지급불능의 상태에 빠지지 않았다고 하더라도 지급불능에 빠질 것이 객관적으로 예견되는 경우에는 지급불능의 상태가 생길 염려가 있다고 보아 개인회생절차를 개시할 수 있다.

지급불능의 상태 혹은 그러한 염려가 있는지 여부는 채무자의 재산 및 수입, 신용, 채무총액, 변제기간 및 이율, 가계의 상황 등을 종합적으로 고려하여 판단하여야 하고, 어느 정도의 채무가 있어야 그 절차를 이용할 수 있는가를 일률적으로 결정할 수는 없다.

2) 개시기각사유($\frac{법}{제595조}$)의 존부

법 제595조는 아래 ①∼⑦의 사유가 있는 경우에는 개인회생절차개시신청을 기각할 수 있다고 규정하고 있다. 이는 임의적 기각사유이므로 이에 해당하는 사유가 있다고 하여 반드시 신청을 기각하여야 하는 것은 아니다. 그러나 개인회생절차의 개시결정 당시 법 제595조 제1호와 제5호에 해당한 사실이 명백히 밝혀진 때에는 필요적으로 개인회생절차폐지결정을 하여야 하는 점($\frac{법 제620조}{제1항}$)에 비추어보면, 법원이 법 제595조 제1호·제5호에 해당한다고 인정하는 때에는 개인회생절차개시결정을 할 것이 아니라 신청을 필요적으로 기각하는 것이 타당하다.[95]

① 채무자가 신청권자의 자격을 갖추지 아니한 때($\frac{1}{호}$)

② 채무자가 제589조 제2항 각 호의 어느 하나에 해당하는 서류를 제출하지 아니하거나, 허위로 작성하여 제출하거나 또는 법원이 정한 제출기한을 준수하지 아니한 때($\frac{2}{호}$)

③ 채무자가 절차의 비용을 납부하지 아니한 때($\frac{3}{호}$)

④ 채무자가 변제계획안의 제출기한을 준수하지 아니한 때($\frac{4}{호}$)

⑤ 채무자가 신청일 전 5년 이내에 면책(파산절차에 의한 면책을 포함한다)을 받은 사실이 있는 때($\frac{5}{호}$)

⑥ 개인회생절차에 의함이 채권자 일반의 이익에 적합하지 아니한 때($\frac{6}{호}$)

⑦ 그 밖에 신청이 성실하지 아니하거나 상당한 이유 없이 절차를 지연

---

95) 입법론적인 검토가 필요하다.

시키는 때($\frac{7}{호}$)

3) 개시기각사유에 대한 개별적인 검토

가) 채무자가 신청권자의 자격을 갖추지 아니한 때(법 제595조 제1호)   '채무자가 신청권자의 자격을 갖추지 아니한 때'란 파산의 원인인 사실이 있거나 그러한 사실이 생길 염려가 있는 개인채무자가 부담하는 채무 한도액이 법 제579조 제1호에서 정한 채무액(담보부채무 15억 원, 무담보채무 10억 원)을 초과하거나,[96] 법 제579조 제2호의 '급여소득자' 또는 제3호의 '영업소득자'로서 그 수입에서 생계비 등을 공제하면 채권자에게 변제재원으로 제공할 가용소득이 없는 경우를 말한다.[97]

법원은 개인채무자가 위와 같은 신청권자의 자격을 갖추지 못하였을 경우 개인회생절차개시신청을 기각하여야 한다.[98]

신청권자의 자격에 관한 자세한 설명은 제2장 제1절 참조.

나) 채무자가 제589조 제2항 각 호의 어느 하나에 해당하는 서류를 제출하지 아니하거나, 허위로 작성하여 제출하거나 또는 법원이 정한 제출기한을 준수하지 아니한 때(법 제595조 제2호)   채무자는 개인회생절차개시의 신청을 하면서 신청서의 첨부서류로 개인회생채권자목록, 재산목록, 채무자의 수입 및 지출에 관한 목록 등 법 제589조 제2항 각 호에 규정된 서류를 제출하여야 한다. 채무자가 법 제589조 제2항 각 호에서 정한 서류를 첨부하지 아니할 때에는, 법원은 일정한 제출기한을 정하여 위 서류의 제출을 명하고, 채무자는 법원이 정한 제출기한 안에 그 서류를 제출하여야 한다.

법원이 개인회생절차의 개시요건이나 채무자가 제출한 변제계획의 인가 여부를 판단하기 위하여 채무자의 재산 및 소득에 대한 조사가 필수적인데, 법 제589조 제2항 각 호에서 정한 서류는 법원의 위와 같은 심리를 위해 매우 중요한 자료이므로 법은 위 서류를 제출하지 아니하거나 허위로 작성하여 제출한 경우에 개인회생절차개시신청을 기각할 수 있도록 하였다.[99]

---

96) '담보부 개인회생채권'이란 개인채무자 소유의 재산으로 담보된 개인회생채권을 말하는 것으로, 채무자 아닌 제3자가 제공한 재산으로 담보된 개인회생채권은 무담보 개인회생채권으로 보아야 한다는 사례는 서울중앙지방법원 2012. 2. 20.자 2011라1811 결정(확정).

97) 대법원 2011. 10. 24.자 2011마1719 결정. 위 대법원 결정은 "아르바이트, 파트타임 종사자, 비정규직, 일용직 근로자 등도 그 고용형태와 소득신고의 유무에 불구하고 정기적이고 확실한 수입을 얻을 가능성이 있다고 인정되는 이상 법 제579조 제2호의 '급여소득자'에 해당한다."고 하였다.

98) 개인회생절차개시결정 후 채무자가 신청권자의 자격을 갖추지 못한 것이 발견될 경우 개인회생절차가 폐지된다(법 제620조 제1항 제1호).

99) 이와 마찬가지로 개시결정 후 변제계획인가 전에 위 사유에 해당될 경우 개인회생절차폐지의

실무상 금융기관 채무가 아닌 사채(私債)를 개인회생채권자목록에 기재하지 않은 경우,[100] 채무자가 보유하고 있는 부동산,[101] 보험해약환급금,[102] 예금,[103] 매출채권,[104] 임대차보증금반환채권[105] 등을 재산목록에 기재하지 않거나 허위로 기재한 경우, 수입 및 지출에 관한 목록에 소득이나 부양가족에 관한 내용을 허위로 기재한 경우[106]에 법 제595조 제2호의 사유로 개인회생절차개시신청을 기각한 사례가 있다.

다) 채무자가 절차의 비용을 납부하지 아니한 때(법 제595조 제3호)　개인회생절차개시의 신청을 하는 때에는 절차의 비용으로 규칙이 정하는 금액을 미리 납부하여

결정을 할 수 있다(법 제620조 제2항 제1호).

100) 채무자가 개인회생절차개시신청 후 개인연금해약금 등으로 개인회생채권자목록에 기재하지 않은 개인채권자들에 대한 채무를 변제하는 데 사용한 것이 개인회생채권자목록을 허위로 작성하여 제출한 것에 해당한다고 본 사례는 서울중앙지방법원 2013. 9. 3.자 2013라1094 결정(확정).

101) 채무자가 명의신탁된 재산이라고 주장하면서 보유 부동산을 재산목록에 기재하지 않았으나 사실상 채무자 소유의 재산으로 보인다는 이유로 채무자가 허위의 재산목록을 작성하여 제출한 것에 해당한다고 본 사례는 서울중앙지방법원 2013. 5. 24.자 2011라1372 결정(확정). 채무자가 처 명의로 아파트를 취득하기까지 채무자와 처의 경제활동 내역, 거주지 변동 현황 등을 고려할 때 위 아파트가 처의 수입만으로 구입한 것이 아니라 그 매매대금 중 4억 6,000만 원 상당은 채무자가 마련한 것이라고 할 것임에도 불구하고, 채무자가 제1심에서는 위 아파트의 시가에서 피담보채무액을 공제한 나머지 6억 원 중 1억 5,000만 원만을 채무자의 재산으로 평가하고, 항고심에서는 위 아파트가 매도되었다는 이유로 청산가치를 산정함에 있어서 이를 전혀 반영하지 않은 것이 허위의 재산목록을 작성하여 제출한 것에 해당한다고 본 사례로는 서울중앙지방법원 2010. 10. 14.자 2010라309 결정(확정).

102) 채무자가 제출한 통장거래내역에 의하면 수개의 보험회사 앞으로 보험료 자동이체 내역이 기재되어 있음에도 불구하고 개인회생절차개시신청 당시 재산목록에는 이에 관하여 아무런 언급을 하지 않은 것이 허위의 재산목록을 작성하여 제출한 것에 해당한다고 본 사례로는 서울중앙지방법원 2010. 10. 15.자 2010라399 결정(확정).

103) 채무자가 개인회생절차개시신청 2년 전에 그 소유의 아파트를 매도하고 그 매매대금 중 약 2,000만 원을 주식투자로 사용하였음에도 불구하고, 재산목록에 주식과 관련한 아무런 기재를 하지 않았고, 항고심의 보정명령에 따라 제출한 통장거래내역에 의하면 주식투자계좌 외에도 총 4개 금융기관의 예금통장을 보유하고 있었고 개인회생절차개시신청 당시 예금 잔액이 합계 1,030만 원이었음에도 불구하고 재산목록에 이를 기재하지 않은 것이 허위의 재산목록을 작성하여 제출한 것에 해당한다고 본 사례로는 서울중앙지방법원 2010. 10. 29.자 2010라769 결정(확정).

104) 채무자가 거래업체에 대하여 4,000만 원 상당의 미회수 매출채권을 보유하고 있고, 채무자 명의로 개설한 3개의 예금통장을 이용하여 금전거래를 계속해왔으며, 개인회생절차개시신청 당시 100만 원 상당의 예금을 보유하고 있었음에도 불구하고, 개인회생절차개시신청 당시 재산목록에 위와 같은 사항에 대하여 아무런 기재를 하지 않은 것이 허위의 재산목록을 작성하여 제출한 것에 해당한다고 본 사례로는 서울중앙지방법원 2010. 10. 7.자 2010라611 결정(확정).

105) 보증금 2,000만 원에 월 차임 91만 원의 조건으로 임대차계약을 체결하여 음식점을 영업하고 있음에도 보증금 700만 원에 월 차임 32만 원의 조건으로 임차한 것처럼 허위의 임대차계약서를 제출한 경우 허위의 재산목록을 작성하여 제출한 것에 해당한다고 본 사례는 서울중앙지방법원 2013. 8. 16.자 2012라1308 결정(확정).

106) 채무자의 부친은 형이 근무하는 회사의 직장피부양자로 등록되어 있어 채무자가 부양할 필요가 없음에도 부친을 부양가족에 포함시킨 것이 수입 및 지출에 관한 목록을 허위로 작성하여 제출한 것에 해당한다고 본 사례는 서울중앙지방법원 2011. 8. 9.자 2010라1117 결정(확정).

야 한다(_{법
제590조}). 법 제590조의 규정에 따라 신청인이 미리 납부하여야 하는 절차 비용은 ① 송달료, ② 공고비용, ③ 회생위원의 보수, ④ 그 밖에 절차진행을 위하여 필요한 비용이다(_{규칙 제87조
제1항}). 신청인(채무자)이 위와 같은 절차의 비용을 납부하지 아니한 경우에는 법원은 개인회생절차개시신청을 기각할 수 있다.

또한 법원은 예납된 비용이 부족하게 된 때에는 신청인(채무자)에게 추가 예납을 하도록 할 수 있고(_{규칙 제87조
제3항}), 신청인(채무자)이 추가 예납을 명한 절차의 비용을 납부하지 아니한 경우에도 법원은 개인회생절차개시신청을 기각할 수 있다.

비용의 예납에 관한 자세한 설명은 제5절 참조.

라) 채무자가 변제계획안의 제출기한을 준수하지 아니한 때(_{법 제595조
제4호})　　채무자는 개인회생절차개시의 신청일부터 14일 이내에 변제계획안을 제출하여야 한다(_{법 제610조
제1항 본문}). 다만 법원은 상당한 이유가 있다고 인정하는 때에는 그 기간을 늘일 수 있다(_{법 제610조
제1항 단서}).

채무자가 위 제출기한이 지나도록 변제계획안을 제출하지 않으면 법원은 개인회생절차개시신청을 기각할 수 있다. 그러나 실무는 채무자가 개인회생절차개시신청을 하면서 변제계획안을 함께 제출하고 있으므로 위 사유로 기각하는 예는 거의 없다.

마) 채무자가 신청일 전 5년 이내에 면책(파산절차에 의한 면책을 포함한다)을 받은 사실이 있는 때(_{법 제595조
제5호})　　채무자가 신청일 전 5년 이내에 면책을 받을 사실이 있는 때에는 개인회생절차개시신청을 기각하여야 한다. 단기간에 여러 차례의 면책을 허용하게 되면 채무자가 면책제도 등을 악용할 위험이 있고 무책임한 경제활동을 추인하는 것이 될 수 있어 이를 억제하기 위한 정책적인 고려 때문이다.

여기의 '면책을 받은 사실'에는 전부면책을 받은 경우뿐만 아니라 일부면책을 받은 경우도 포함한다고 보는 것이 타당하다.[107] 한편, 채무자가 회생절차를 통해 '회생계획인가결정'을 받은 것으로는 여기에 해당한다고 할 수 없다.[108]

'면책받은 사실이 있는 때'는 면책결정이 확정된 날을 의미한다.[109]

---

107) 개인회생 신청일 전 5년 이내에 일부면책을 받은 채무자가 개인회생절차개시결정을 받은 사안에서, 법 제620조 제1항 제1호, 제595조 제5호에서 개인회생절차의 폐지 사유로 정한 '면책을 받은 사실'에는 전부면책결정뿐 아니라 일부면책결정을 받은 경우를 포함한다고 해석하여, 개인회생절차폐지결정을 한 원심의 판단이 정당하다고 결정한 사례는 서울중앙지방법원 2006. 12. 26.자 2006라604 결정(이 결정은 대법원에 재항고 되었으나 심리불속행 기각 결정으로 확정되었다).

108) 주석 채무자회생법(Ⅵ)(제1판), 한국사법행정학회(2020), 549면(권민재)

개인회생절차개시결정 후 채무자가 신청일 전 5년 이내에 면책을 받은 사실이 발견된 때에는 개인회생절차가 폐지된다(법 제620조 제1항 제1호).

바) 개인회생절차에 의함이 채권자 일반의 이익에 적합하지 아니한 때(법 제595조 제6호) 법은 개인회생절차를 다른 집단적 채무처리절차(파산절차와 회생절차)보다 우선하여 진행하도록 규정하고 있다(법 제600조 제1항 제1호). 그러나 회생절차나 파산절차에 의하는 것이 채권자에게 유리한 경우 개인회생절차를 개시하기보다는 그 절차에 의하게 하는 것이 타당하다는 뜻에서 '개인회생절차에 의함이 채권자 일반의 이익에 적합하지 아니한 때'를 개인회생절차개시신청의 기각사유로 규정하고 있다.

'개인회생절차에 의함이 채권자 일반의 이익에 적합하지 아니한 때'란 개인회생절차에 의하여 변제되는 채무액의 현재가치가 채무자 재산의 청산가치에 미치지 못하는 등과 같이 변제기, 변제율, 이행의 확보 등에서 개인회생절차에 의하는 것이 전체 채권자의 일반의 이익에 적합하지 아니한 것을 의미한다.[110] 즉, 채권자의 이익은 변제기, 변제율, 이행의 확보 등을 종합적으로 고려해야 하고, 채권자의 일반의 이익은 특정의 채권자가 아니고 채권자 전체에게 이익이 되는 것을 말한다.[111]

대법원은, 채무자에게 일반의 우선권이 있는 채권에 대한 변제기간을 전체 변제기간의 1/2 미만으로 한 변제계획안을 제출하도록 보정명령을 하였음에도, 채무자가 가용소득을 증대하지 않고 전체 개인회생채권의 44% 정도에 해당하는 일반의 우선권이 있는 채권의 변제기간이 전체 변제기간의 2/3 이상을 차지하는 변제계획안을 제출한 것은 법 제595조 제6호에서 정한 개인회생절차에 의함이 채권자 일반의 이익에 적합하지 아니한 때에 해당한다는 이유 등으로 개인회생절차개시신청을 기각한 사안에서, 법 제611조 제1항 제2호에서 채무자는 변제계획안에 일반의 우선권 있는 개인회생채권 전액의 변제에 관한 사항을 정하도록 규정하고 있는데, 일반의 우선권 있는 개인회생채권을 변제하는 기간은 전체 개인회생채권에서 일반의 우선권 있는 개인회생채권이 차지하는 비율에 따라 달라질 수 있고, 일반의 우선권 있는 개인회생채권을 전체 변제기간의 1/2 이상의

---

109) 면책의 결정은 확정된 후가 아니면 그 효력이 생기지 아니하기 때문이다(법 제625조 제1항). 서울회생법원 2017. 12. 14.자 2017개회85883 결정(확정)도 이와 같은 취지이다.

110) 대법원 2011. 9. 21.자 2011마1530 결정 등 참조.

111) '개인워크아웃'과 같이 사적 도산절차에 의함이 채권자 일반에게 유리한 경우도 기각사유에 해당하는지 문제이나, 사적 도산절차는 기본적으로 금융기관 등의 채권자가 주도하여 주로 특정한 채권자들의 이익을 꾀하는 제도로서 진정한 의미의 도산절차로서의 성질을 갖고 있지 아니하여 그것이 채권자 전체의 일반의 이익에 적합한지는 의문이 있으므로, 이는 기각사유에 해당하지 아니한다고 보아야 한다.

변제기로 나누어 변제하더라도 이는 법이 정한 우선순위에 따른 것이므로, 일반의 우선권 있는 개인회생채권의 변제기간이 전체 변제기간의 1/2 이내가 되어야만 전체 채권자들 일반의 이익에 적합하다고 볼 아무런 근거가 없다는 이유로 원심결정을 파기하였다.[112]

　　실무상은 채무자가 청산가치를 보장하지 못하는 변제계획안을 작성하여 제출한 경우에 법 제595조 제6호에 의하여 개인회생절차개시신청을 기각한 사례가 많다. 그 밖에도 채무자의 월 평균 가용소득으로는 법 제611조 제1항 제2호에 따라 일반의 우선권 있는 개인회생채권의 전액의 변제에 관한 사항을 포함하는 변제계획안을 제출할 수 없는 경우 법 제595조 제6호에서 정한 사유에 해당한다고 본 사례가 있다.[113]

　　한편 실무상 채무자가 개인회생절차개시신청 전에 특정 채권자에 대한 편파적인 변제나 담보제공 행위를 하여 다른 채권자들을 해하는 결과를 초래하였고, 채무자의 가용소득이나 보유하는 재산의 처분만으로는 부인권 행사로 증가될 청산가치만큼을 변제하지 못하는 변제계획안을 제출하는 경우가 많이 있다. 이 경우 법 제595조 제6호에서 정한 기각사유로 볼 수 있는지 문제된다.

　　이에 대해 대법원은 "개인회생절차는 급여소득자 또는 영업소득자가 …… 그 수입 중에서 생계에 필요하다고 인정되는 비용을 제외한 나머지 금액을 변제에 투입하여 그 총변제액이 채무자가 파산하는 때에 배당받을 총액보다 적지 아니한 경우에 이용할 수 있는 제도로서(법 제579조, 제614조 제1항 제4호), 개인회생절차가 개시되면 채무자에 대한 파산절차 등은 중지·금지되고(법 제600조 제1항), 채무자가 장래 얻게 될 소득이 채권자에 대한 변제재원이 되며, 만약 채무자가 보유한 재산의 청산가치

---

112) 대법원 2017. 2. 17.자 2016마1324 결정: 원심은, 채무자가 일반의 우선권이 있는 채권에 대한 변제기간을 전체 변제기간의 1/2 미만으로 한 변제계획안을 제출하라는 보정명령에 따르지 아니한 것이 법 제595조 제7호에서 정한 '상당한 이유 없이 응하지 아니하여 절차를 지연시키는 때'에 해당하고 이것도 기각사유의 하나로 들고 있었다. 그러나 대법원은 이 결정에서 채무자의 실제 가용소득이 변제계획안에 기재된 그것보다 많고 실제 가용소득에 의하면 일반의 우선권이 있는 개인회생채권의 변제기간을 보정명령에 따라 단축할 수 있음이 확인된 경우는 별론으로 하고, 그와 같은 사정이 확인되지 않은 상태에서 보정명령에 따른 변제계획안을 제출하도록 하는 것이 수행할 수 없는 변제계획안을 작성하도록 요구하는 결과가 되는 경우에는 비록 채무자가 일반의 우선권이 있는 개인회생채권의 변제기간을 전체 변제기간의 1/2 미만으로 하는 변제계획안을 제출하지 않았다고 하더라도 그와 같은 사정만으로 채무자가 상당한 이유 없이 법원의 보정명령에 불응한 것으로 볼 수 없다고 판시하였다.

113) 서울중앙지방법원 2013. 8. 14.자 2013라929 결정(확정). 이에 대해 법 제595조 제6 호를 적용하는 것에 의문을 제기하는 견해도 있다. 우리나라와 달리 일본 민사재생법 제25조 제3 호는 '재생계획의 인가의 가망이 없는 것이 명백한 때' 등을 별도의 기각사유로 정하고 있다[자세한 설명은 園尾隆司·小林秀之, 条解 民事再生法(제3판), 弘文堂(2013), 120면 참조].

가 위와 같은 방법에 의한 총변제액의 현재가치보다 많을 경우에는 재산의 일부를 변제계획에 투입해야 하는 점 등에서 파산절차와 구별되는 것이다. 개인회생절차에서의 부인권은 채무자가 개인회생절차개시 전에 자신의 일반재산에 관하여 채권자들을 해하는 행위를 한 경우 그 효력을 부인하여 일탈된 재산을 개인회생재단으로 회복시키기 위한 제도로서, 부인권의 행사는 개인회생재단에 속하는 채무자의 재산을 원상으로 회복시키므로(법 제584조 제1항, 제397조 제1항), 부인권 행사요건이 인정될 경우 법원은 채권자 또는 회생위원의 신청에 의하거나 직권으로 채무자에게 부인권 행사를 명할 수 있을 뿐 아니라(법 제584조 제3항) 변제계획안 수정명령(법 제610조 제3항)을 통하여 부인권 행사로 원상회복될 재산 또는 이를 포함한 총재산의 청산가치 이상을 변제에 투입하도록 할 수도 있다. 이때 채무자가 수정명령 등에 불응하면 변제계획이 불인가되거나 개인회생절차가 폐지될 수 있고, 부인권 행사의 상대방이 그 받은 이익 등을 반환하여 채권이 부활하게 되면 변제계획 인가 이후에도 변제가 완료되기 전까지는 이를 반영한 변제계획변경안이 제출될 수 있다. 이와 같이 개인회생절차는 파산절차가 예정하고 있는 청산가치의 배분 이상의 변제가 이루어질 것을 전제로 하고 있는 제도라는 점, 개인회생채무자가 그 개시신청 전에 부인권 대상행위를 한 경우에도 법은 부인권 행사를 통하여 일탈된 재산을 회복시켜 이를 포함한 총재산의 청산가치 이상을 변제하도록 하는 절차를 마련해 두고 있는 점, 그 밖에 개인회생절차를 파산절차에 우선하도록 한 제도의 취지와 기능 등을 종합하면, 설령 채무자가 개인회생절차개시신청 전에 특정 채권자에 대한 편파적인 변제나 담보제공 행위를 하여 다른 채권자들을 해하는 결과를 초래하였다고 하더라도, 다른 특별한 사정이 없는 한, 단지 그러한 사정만으로 개인회생절차에 의하는 것이 채권자 일반의 이익에 적합하지 않다고 단정할 수는 없다고 할 것이다."라고 판시하였다.[114]

---

114) 대법원 2010. 11. 30.자 2010마1179 결정. 위 결정에 대하여 하급심 실무와 부인권행사의 문제점, 개인회생에 있어서의 청산가치 보장 등을 소개한 글로는 정문경, "개인회생사건에서 부인권 행사에 관한 실무상 몇 가지 문제점", 민사재판의 제문제 제22권(2013. 12.), 한국사법행정학회; 김병진, "편파행위와 개인회생에 있어서의 청산가치 보장", 재판과 판례 제20집(2011. 12.), 대구판례연구회.

　　또한, 대법원은 채무자가 개인회생절차개시신청 직전에 특정 채권자에게 자신이 소유한 부동산에 관한 근저당권을 설정해 주었던 사안에서, "위 근저당권 설정계약이 부인권 대상 행위로 보이고 위 근저당권 설정계약으로 일탈된 부분을 반영하면 부동산의 청산가치가 변제계획안에 기재된 총 변제예정액 현재가치보다 많은 사정이 있다고 하더라도, 법원이 채무자에 대한 개인회생절차에서 채무자에게 부인권 행사를 명하는 등으로 위 근저당권 설정계약으로 말미암아 일탈된 재산을 회복시킨 다음 이를 포함한 총 청산가치 이상의 변제가 이루어지도록 조치할 수 있을 것이므로 위와 같이 부인권 대상 행위가 있다는 사유만으로 개인회생절차에 의하는 것이 따라서 위와 같은 경우 법원은 개인회생절차개시신청을 기각할 것이 아니라 개시결정을 한 후 채무자에게 부인권행사명령 또는 변제계획안 수정명령 등을 하는 것이 바람직하다.

사) 그 밖에 신청이 성실하지 아니하거나 상당한 이유 없이 절차를 지연시키는 때(법 제595조 제7호) 법은 제595조 제1호 내지 제6호의 사유에 해당하지 않더라도 개인회생절차개시신청이 성실하지 아니하거나, 상당한 이유 없이 절차를 지연시키는 때에 법원이 개인회생절차개시신청을 기각할 수 있다고 정하고 있다.

법원에서 법 제595조 제7호에서 정한 '그 밖에 신청이 성실하지 아니한 때'에 해당한다는 이유로 채무자의 개인회생절차개시신청을 기각하려면 채무자에게 법 제595조 제1호 내지 제5호에 준하는 절차적인 잘못이 있거나, 채무자가 개인회생절차의 진행에 따른 효과만을 목적으로 하는 등 부당한 목적으로 개인회생절차개시신청을 하였다는 사정이 인정되어야 한다.[115] 법은 파산신청의 기각사유와 달리[116] '개인회생절차의 남용'을 개인회생절차개시신청의 기각사유로 따로 규정하지 않고 있으나, 법 제595조 제7호의 '신청불성실'은 '개인회생절차의 남용'도 포함하는 개념으로 해석된다.[117)118]

채권자 일반의 이익에 적합하지 않다고 단정하여 개인회생절차 개시신청 자체를 기각해서는 아니 된다."고 판시하였다(대법원 2016. 5. 31.자 2016마212 결정).

115) 대법원 2011. 6. 10.자 2011마201 결정(채무자가 세 번에 걸쳐 개인회생절차개시신청을 하였으나 개인회생절차를 남용하여 채권자의 권리행사를 방해하였다는 등의 사유로 신청이 기각되었는데, 이후 특별한 사정변경이 없음에도 또다시 개인회생절차개시신청을 한 것 자체로 '신청이 성실하지 아니한 때'에 해당된다는 이유로 개인회생절차개시신청을 기각한 사안에서, 대법원은 통상 개인회생채무자는 개인회생절차개시신청 기각결정에 대한 항고로 다투기보다는 재신청을 택하는 경우가 많고 채무자 회생 및 파산에 관한 법률에 의하여 재신청이 명시적으로 금지되어 있지 않은 점, 위 법은 도산절차에 있어서 채권자의 이익과 채무자의 실질적 갱생을 위하여 청산형의 파산절차보다는 갱생형의 개인회생절차를 우선에 두고 있는 점, 위 개인회생절차개시신청에 사정변경이 있다고 볼 여지도 있는 점을 고려하면 위 개인회생절차개시신청이 성실하지 아니한 경우에 해당한다고 단정하기 어려움에도, 채무자가 부당한 목적으로 개인회생제도를 이용하였다는 등 신청불성실 사유가 있는지에 대하여 심리를 하지 않은 채 채무자의 과거 경력만을 문제 삼아 위 개인회생절차개시신청을 기각한 원심결정을 파기하였다). 위 대법원 결정은 그 밖에 "개인회생절차의 요건을 충족하고 있는지 여부는 개시신청 당시를 기준으로 하여 판단하는 것이 원칙이나, 개시신청에 관한 재판에 대하여 즉시항고가 제기된 경우에는 항고심의 속심적 성격에 비추어 항고심 결정 시를 기준으로 판단하여야 한다."고 판시하고 있다.

116) 법 제309조 제1항 제5호는 '그 밖에 신청이 성실하지 아니한 때'를 포괄적으로 파산신청의 기각사유로 규정하고 있고, 별도로 법 제309조 제2항에서 '파산절차의 남용'을 기각사유로 규정하고 있다.

117) 호제훈, "과거에 개인회생신청을 하였다가 폐지되었거나 기각당한 사실이 있다는 사정만으로 개인회생신청이 불성실한 신청에 해당하는 것으로 볼 수 있는지 여부", 대법원판례해설 제87호 (2011 상반기), 법원도서관.

118) 일본에서는 채무자가 재생절차를 진행할 의사가 없이 보전처분이나 중지명령 등을 얻어 일시적으로 채권자의 권리행사를 피한 후 자산을 은닉하기 위한 목적으로 재생신청을 한 경우를 재

채무자가 부당한 목적으로 개인회생절차개시신청을 하였는지는 그 신청에 이르게 된 경위, 채무의 규모, 발생 시기 및 사용 내역, 강제집행 대상 재산의 유무, 변제계획안의 내용 등 제반사정을 종합하여 판단하여야 한다.[119] 실무상 '신청이 성실하지 아니한 때'로 문제되는 사례로 개인회생절차개시신청 직전에 정당한 이유 없이 채무가 크게 증가한 경우 등을 들 수 있는바, 이 경우에도 앞서 살펴본 여러 사정들이 고려되어야 할 것이다.[120]

한편 실무는 채무자가 개인회생절차개시신청 후 회생위원의 보정권고나 법원의 보정명령을 받고도 장기간 보정에 불응한 경우에는 '상당한 이유 없이 절차를 지연시키는 때'에 해당하는 것으로 보아 개시신청을 기각하는 경우가 많다.[121]

생절차개시신청의 기각사유인 '신청불성실'의 전형적인 예로 보고 있다. 園尾隆司·小林秀之, 条解 民事再生法(第3版), 弘文堂(2013), 121면.

119) 대법원 2012. 1. 31.자 2011마2392 결정[원심이, 채무자가 적지 않은 수입이 꾸준히 있었으면서도 다액의 현금서비스를 받고 대부업체로부터 금원을 대출받아 사용해 온 사실, 채무자의 채무 대부분은 낭비성 지출 및 현금서비스로 인하여 발생한 신용카드대금과 대출금 채무이며 그와 같은 채무가 이 사건 신청 직전까지도 계속하여 발생한 사실 등을 인정한 다음, 채무자가 수입을 벗어난 과도한 소비생활 등으로 인하여 다액의 채무를 발생시킨 후 개인회생절차개시신청을 한 것으로 이는 개인회생절차를 남용한 것으로 봄이 타당하여, 법 제595조 제7호 소정의 '신청이 성실하지 아니한 때'에 해당한다고 판단한 것에 대하여, 대법원은, 채무자가 수입을 벗어난 지출로 채무가 발생하고, 대출금 등으로 그 채무를 변제하면서 채무가 증대되어 개인회생절차개시신청에 이른 점을 알 수 있으나, 기록상 나타난 채무자의 직업, 소득, 신용카드 사용내역에 비추어 채무자가 사회통념을 벗어나는 낭비를 하였다고 보기 어려운 한편 채무자의 최초 채무는 학자금 대출채무로 채무자에게 파산의 원인 사실이 생기게 된 하나의 이유가 되었고, 2010. 5. 7.부터 2011. 1. 5.까지 사이에 생긴 대출채무(채무의 52%에 해당)는 채무자의 기존 채무를 변제하는 데 사용된 것으로 보일 뿐 아니라, 채무자에게 강제집행 또는 보전처분 중인 적극재산이 없는 데다 채무자는 신청일 무렵 기준 채무 원리금 전액을 변제하겠다는 변제계획안을 작성한 사정 또한 알 수 있고, 여기에다 개인회생절차에서는 채무자가 변제계획에 따른 변제를 완료한 때에 신청 또는 직권으로 면책의 결정을 하여야 하고(법 제624조 제1항), 이 경우 개인파산·면책 절차와 달리 '과다한 낭비로 인한 과대한 채무 부담'이 면책불허가 사유에 해당하지 않는 점(법 제624조 제3항) 등을 더해보면, 채무자가 개인회생절차 진행에 따른 효과만을 목적으로 하는 등 부당한 목적으로 개인회생절차개시신청을 하였다고 단정하기 어렵다고 판단하였다].

120) 채무자가 개인회생절차개시신청 전 약 1년 동안 발생시킨 대출금채무가 전체 개인회생채무 중 약 80%에 해당한 사안에서, 대출금 중 상당 부분이 기존 채무의 상환에 사용되고, 나머지도 채무자의 생활비, 범칙금 납부 등에 사용된 점 등에 비추어 개인회생절차개시신청에 근접하여 발생한 채무액이 전체 채무액에서 차지하는 비중이 높다는 사정만으로 개인회생절차에 의함이 채권자 일반의 이익에 적합하지 않거나 채무자가 부정한 목적으로 개인회생절차개시신청을 하였다고 단정하기 어렵다고 한 결정으로는 대법원 2013. 3. 15.자 2013마101 결정. 한편 채무자가 개인회생신청일부터 1년 전 이내에 총 채무액의 50%에 상당하는 대출을 받아 그 중 대부분을 주식매수자금으로 사용하였고, 보정명령에도 불구하고 각 대출금의 사용처를 밝히지 않은 점 등이 '신청이 성실하지 아니한 때'에 해당한다고 본 사례는 서울중앙지방법원 2010. 10. 7.자 2010라315 결정(확정).

121) 채무자가 회생위원의 두 차례에 걸친 보정권고에도 불구하고 보정기간이 상당히 경과하도록 보정을 하지 않았고, 항고심의 보정명령을 받고서도 종전과 현거주지의 거주 자금 마련경위를 소명할 자료를 제출하지 않은 것이 이에 해당한다고 본 사례는 서울중앙지방법원 2009. 7. 10.

그런데 법원 또는 회생위원은 채무자가 제출한 자료에 보완이 필요한 경우 언제든지 채무자에게 금전의 수입과 지출 그 밖에 채무자의 재산상의 업무에 관하여 보고를 요구할 수 있고, 필요하다고 인정하는 경우에는 재산상황의 조사, 시정의 요구 그 밖의 적절한 조치를 취할 수 있으므로, 만약 채무자가 법원의 보정 요구에 일단 응한 경우에는 그 내용이 법원의 요구사항을 충족시키지 못하였다 하더라도 법원이 추가적인 보정 요구나 심문 등을 통하여 이를 시정할 기회를 제공하지 아니한 채 곧바로 그 신청을 기각하는 것은 허용되지 않는다.[122)123)]

3. 신속한 개시결정의 필요성

개인회생절차의 신청 시부터 장기간 동안 개시결정이 내려지지 않으면 채권자가 채무자의 유일한 재산이나 급여를 압류하는 등으로 인하여 채무자의 회생이 현저하게 곤란하게 될 위험이 있다. 이에 대하여 개인회생절차의 개시결정이 내려지면 개인회생채권에 기한 강제집행절차는 당연히 중지되고 회생을 위하여 필요하다면 채무자의 신청 혹은 직권으로 중지된 강제집행절차를 취소할 수도 있으므로 위와 같은 채무자의 회생에 대한 장애를 제거할 수 있게 된다.

개시결정 전에 금지명령이나 중지명령이 발령된 경우, 채권자 입장에서는 금지명령 때문에 채무자의 급여 등에 장기간 강제집행을 할 수 없고 채무 변제가 지연될 수 있다.

그리고 신청 후 개시결정 전에 많은 시간이 지날 경우, 채무자의 채무나 수입, 재산 등이 개시결정 여부에 영향을 미칠 수 있을 정도로 변동하는 경우도 발생할 수 있다. 이를 다시 파악하고 반영하기 위하여 절차가 더 지연되거나, 위와 같은 변동이 정확히 반영되지 않은 채 개시 여부에 대한 결정이 이루어질

자 2009라46 결정(확정). 항고인이 제1심 법원의 보정명령을 불이행하여 신청이 성실하지 아니함을 이유로 개인회생절차개시신청 기각결정을 받고 항고하였음에도 불구하고 항고심에서 아무런 보정을 이행하지 않았을 뿐만 아니라 3회에 걸친 심문기일에도 모두 불출석한 것이 이에 해당한다고 한 사례는 서울중앙지방법원 2010. 8. 20.자 2010라546 결정(확정). 채무자가 회생위원 면담기일에 불출석하였고, 항고심의 심문기일에도 불출석한 것이 이에 해당한다고 한 사례는 서울중앙지방법원 2012. 12. 5.자 2012라643 결정(확정).

122) 대법원 2011. 6. 21.자 2011마825 결정, 대법원 2011. 7. 25.자 2011마976 결정, 대법원 2015. 9. 1.자 2015마657 결정 등 참조.

123) 채무자가 자신이 주장하는 수입을 신뢰할 만한 자료를 충분히 제출하지 못하고 있고 항고심에서도 최근 1년간 수입을 확인할 수 있는 객관적인 자료를 제출하라는 보정명령을 받았음에도 이를 이행하지 않은 경우 '그 밖에 신청이 성실하지 아니하거나 상당한 이유 없이 절차를 지연시키는 때'에 해당한다고 한 사례는 서울중앙지방법원 2013. 10. 21.자 2012라1583 결정(확정).

수도 있다.

이를 고려하여 법 제596조 제1항은 "법원은 신청일부터 1월 이내에 개인회
생절차의 개시 여부를 결정하여야 한다."고 규정하고 있다. 재산은닉이 의심되는
등 추가조사가 필요한 사정이 있는 경우를 제외하고는 가능하면 신속하게 개시
결정을 하는 것이 바람직하다.

제12절 개인회생절차 사건의 개인파산절차로의 전환

1. 개   요

개인파산절차 및 개인회생절차는 개인도산의 영역에서 각자의 역할을 분담
하여 수행할 것이 예정되어 있다. 개인회생절차는 생계비 등을 초과하는 수입이
정기적으로 발생하는 채무자로 하여금 경제적 재건을 도모할 수 있도록 하기 위
한 것이다. 개인파산절차는 지급불능 상태에 빠진 채무자의 재산을 공정하게 환
가 및 배당하고 잔여 채권에 대하여는 원칙적으로 채무자의 책임을 면제함으로
써 경제적 재기의 기회를 부여하기 위한 것이다.

그런데 개인회생제도의 실무 운용 과정에서, 사실상 생계비를 초과하는 소
득이 없거나 정기적 소득이 없어 개인파산을 신청하여야 할 채무자가 개인회생
제도를 이용하고자 하는 사례가 흔히 있었고, 이러한 경우 결국 채무자는 개인
회생절차는 제대로 진행하지 못한 채 다시 개인파산절차를 신청하게 된다. 따라
서 위와 같은 채무자가 개인회생절차개시를 신청한 경우에는 개인회생절차를 계
속 진행하는 대신 개인파산절차를 진행하도록 함으로써 비효율을 방지하고 채무
자의 경제현장 복귀를 앞당길 수 있다.[124]

이에 서울회생법원에서는 개인파산절차를 진행하여야 할 상황에 있는 채무
자가 개인회생을 신청한 경우에 개인회생의 취하 및 개인파산의 신청을 권유하
는 방식으로 절차를 실무운용상 전환(이하 '절차 전환'이라 한다)할 수 있게 하고
있다. 2020. 9. 1.부터 절차전환을 시범적으로 실시하였고, 이를 바탕으로 2020.
11. 24. '개인파산절차로의 실무 운용상 전환'(서울회생법원 실무준칙 제407호)을 제정

---

124) 서경환, "파산면책의 정당화 근거 및 개인도산제도 활성화를 위한 개선방안", 법조 68권 5호
    (2019. 10.) 266-268면.

및 시행하고 있다.[125)]

2. 절차 흐름도

개인회생절차개시신청서 제출	회생위원 심사

↓

절차 전환에 대한 보고서(적정 또는 부적정)	· 절차 전환 시도는 개인회생절 차개시결정 전까지 가능 · 부적정 의견인 경우에는 개인 회생절차 속행 · 회생위원 보고서[양식 19-3]

↓

(적정 의견 시 또는 직권으로) 보정명령 발령	· 보정명령 양식[양식 19-4]

↓

절차 전환에 응하는 경우	절차 전환에 응하지 않는 경우	· 파산 및 면책신청서(전환용) [양식 19-4 첨부 1] · 문서송부촉탁신청서 [양식 19-4 첨부 2]
개인파산 및 면책신청	개인회생절차 속행	

↓

개인파산절차 진행	· 파산선고가 이루어지면 개인 회생사건의 취하 또는 기각 등 절차 진행

↓

개인회생절차 종료

---

125) 미국 연방파산법 제13장 §1307(a)은 채무자는 언제든지 제13장 절차를 제7장 절차로 전환
(conversion)할 수 있는 것으로 규정하고, 이와 같이 사건을 전환할 수 있는 권한을 포기하기로
하는 약정을 하였더라도, 그러한 약정을 강제로 집행할 수는 없도록 규정하고 있다. 현행법상으
로는 법원이 개인회생 사건을 개인파산 사건으로 곧바로 전환할 수는 없고, 회생 사건과 달리
개인회생 사건에 관하여는 법이 신청기각 또는 절차폐지 등에 따른 견련파산을 규정하고 있지
도 않다. 입법론으로 개인회생 사건을 개인파산 사건으로 전환할 수 있는 제도의 도입을 검토
할 필요가 있다.

3. 절차 전환의 가능시기

실무운용상 절차 전환은 개인회생절차개시결정 전까지 시도할 수 있다. 이는 채무자가 개인회생절차의 개시결정이 있기 전에 신청을 취하할 수 있다는 점을 고려한 것이다(법 제594조).

4. 대상사건

개인회생사건 중 ① 채무자의 수입이 국민기초생활 보장법 제6조의 규정에 따라 공표된 개인회생절차개시신청 당시의 기준 중위소득에 100분의 60을 곱한 금액에 미치지 못하는 것으로 보이는 사건 또는 ② 채무자가 수입을 장래에 계속적·반복적으로 얻을 가능성이 있다고 보기 어려운 사건은 원칙적으로 절차 전환의 대상이 된다(서울회생법원 실무준칙 제407호 제2조 제1항 참조).

다만 위 ① 또는 ②에 해당하는 사건이라고 하더라도 개인파산절차의 면책 불허가 사유가 있는 것으로 보이는 경우 또는 개인회생절차에서는 면책될 수 있으나 개인파산절차에서는 면책될 수 없는 채무를 많이 부담하고 있는 것으로 보이는 경우에는 그러한 사정을 절차 전환 여부에 관한 부정적 요소로 고려할 수 있다(같은 조 제2항 참조).

5. 실무상 처리절차

절차 전환은 일반적으로 '개인회생절차개시신청서 조사 → 회생위원의 절차 전환에 대한 보고서 작성 → (적정 의견 시 또는 직권으로) 판사의 보정명령 발령 → (채무자가 절차 전환에 응하는 경우) 개인파산 신청 및 파산절차 진행 → 개인회생절차 종료'로 처리절차가 이루어진다.

회생위원은 개인회생사건을 조사한 결과, 채무자에게 절차 전환을 권유할 사유가 있는 사건에 대하여는 특별한 사정이 없는 한 절차 전환에 대한 보고서를 작성하여 판사에게 제출하여야 한다. 이 경우 개인파산절차의 면책불허가 사유가 있거나 개인파산절차에서의 비면책채권이 다액이라는 등의 사정은 절차 전환에 대한 보고서의 '기타사항'란에 기재한다. 보고서 양식은 [양식 19-3]과 같다.

판사는 회생위원이 절차 전환에 대한 보고서를 작성한 사건에 대하여 당해 사건에서 채무자의 수입이 국민기초생활 보장법 제6조의 규정에 따라 공표된 개인회생절차개시신청 당시의 기준 중위소득에 100분의 60을 곱한 금액에 미치지 못하는 때 또는 채무자가 수입을 장래에 계속적·반복적으로 얻을 가능성이 있다고 보기 어려운 때에 해당하는지 여부, 개인파산절차의 면책불허가 사유가 있는 것으로 보이는 경우 또는 개인회생절차에서는 면책될 수 있으나 개인파산절차에서는 면책될 수 없는 채무를 많이 부담하고 있는 것으로 보이는 경우에 해당하는지 여부 등을 종합적으로 고려하여 개인회생절차개시결정 전까지 절차 전환에 관한 보정명령을 할 수 있다. 또한 회생위원이 절차 전환에 관한 보고서를 작성하지 아니한 채 개시결정 전 업무수행결과보고서를 작성한 사건이라고 하더라도, 위와 같은 제반 사정을 고려하여 절차 전환에 관한 보정명령을 함이 상당하다고 보이는 사건에 관하여는 회생위원으로 하여금 절차 전환에 대한 보고서를 작성하게 할 수 있고, 특별한 사정이 있는 때에는 회생위원으로 하여금 절차 전환에 대한 보고서를 작성하게 하지 아니하고 개인회생절차개시결정 전까지 절차 전환에 관한 보정명령을 할 수 있다(서울회생법원 실무준칙 제407호 제3조). 보정명령 기재례는 [양식 19-4]와 같다.

채무자가 절차 전환에 응하여 개인파산신청을 하고 파산선고가 이루어진 때에는 개인회생절차개시신청을 취하함으로써 개인회생절차는 종료하게 되며, 채무자가 절차 전환에 응하지 아니하는 경우에는 개인회생절차가 그대로 속행한다.

절차 전환된 개인파산사건에서 파산선고가 이루어졌으나 채무자가 파산선고 후 1월 이내에 개인회생사건을 취하하지 아니하는 경우 회생위원은 채무자에게 절차 전환된 개인파산사건이 파산선고가 이루어졌음을 고지하면서 개인회생사건의 취하를 권유하고, 채무자가 이에 응하지 아니하는 경우에는 서울회생법원 실무준칙 제411호(회생위원의 개시결정 전 업무수행결과보고) 제2조에 따라 업무수행결과보고서를 작성하여 판사에게 제출하면서 법 제595조 제1호에서 정하고 있는 개시신청 기각사유가 있다고 보이면 그와 같은 취지의 의견을 기재할 수 있다. 판사는 법 제595조 제1호에 정한 개시신청 기각사유가 있다고 판단된 경우에 개인회생절차 개시신청에 대한 기각결정을 할 수 있다(서울회생법원 실무준칙 제407호 제4조).

제 3 장 개시결정

제 1 절 개시결정의 의의 · 방식 · 효과

1. 개시결정의 내용 및 유의점

가. 개시결정에 수반하여 결정할 사항

법원은 개인회생절차개시신청일로부터 1개월 이내에 개인회생절차의 개시 여부를 결정하여야 하는데(법 제596조 제1항), 제2장 제11절의 2.에서 설명한 기각사유가 없으면 원칙적으로 신속히 개시결정을 하여야 하는 것으로 해석된다.[1]

개시결정을 함과 동시에 법원은, ① 개시결정일부터 2주 이상 2월 이하의 기간 범위 내에서 개인회생채권에 관한 이의기간을 정하고, ② 이의기간 말일부터 2주 이상 1월 이하의 기간 범위 내에서 개인회생채권자집회의 기일을 정하여야 한다(법 제596조 제2항)(다만 같은 조 제3항에 따라 위 각 기간은 특별한 사정이 있는 경우에는 늦추거나 늘일 수 있다).

개인회생절차는 채권신고제도를 두지 않고, 그 대신 채무자가 제출한 개인회생채권자목록에 대하여 개시결정과 함께 이의기간을 설정하여 이의가 없으면 개인회생채권이 확정되도록 하였는바, 이의기간 제도는 개인회생채권자의 절차 참여권을 보장하는 매우 중요한 절차이다.[2] 개인회생채권자집회는 개인회생채권자가 채무자의 변제계획안에 대하여 이의를 진술하거나 필요한 경우 채무자에게 설명을 요구할 수 있는 기일이므로(법 제613조), 개인회생채권자에 대한 기일 통지 및 변제계획안 송달 등이 미리 이루어져야 한다. 서울회생법원의 실무에서는, 개인회생채권에 관한 이의기간은 개시결정일부터 1월에서 2월 이내, 개인회생채권자

---

1) 법은 1개월 이내에 결정하도록 규정하고 있으나, 이는 훈시규정으로 해석되고 위 기간을 도과하여도 위법하다고 할 수 없다. 실제로 채무자에 대한 보다 정밀한 재산조사의 필요성, 보정명령 송달이나 보정의 이행 지체 등으로 인해 1개월이 도과하는 경우가 종종 발생한다.
2) 이의기간의 성격과 연장에 대해서는 제5장 제4절 2. 참조

집회기일은 위 이의기간 말일부터 3주에서 1월 이내 정도로 정하는데, 변제계획안 수정 및 송달업무의 처리기간 때문에 이의기간의 말일과 개인회생채권자집회기일 사이의 기간이 지나치게 급박하게 되어 개인회생채권자들이 수정된 변제계획안을 제때 받아보기 어려운 상황이라고 판단되는 경우 등에는 그 처리를 위하여 법원은 결정으로 개인회생채권자집회기일을 변경하고 있다.

나. 개시결정의 내용

개시결정의 이유에 반드시 포함되어야 할 사항에 관하여는 법률이 특별히 정하고 있지 않다. 따라서 업무의 효율성과 절차의 신속성을 고려하여 특별한 사안을 제외하고는 실무상 정형적 문구로 간략히 기재하고 있다. 유의하여야 할 점은, 이 개시결정이 채무자 및 이해관계인 등의 법률관계에 중대한 영향을 미치므로, 그 개시결정에는 연월일뿐만 아니라 그 시(時)도 명확히 기재하여야 한다는 점이다. 개시결정은 그 결정시부터 효력이 발생하기 때문이다(법 제596조 제4, 5항).

개시결정의 기재례는 [양식 20]과 같다.

2. 개시결정의 효과

가. 채무자의 지위

개인회생절차개시결정이 내려져도 파산절차와 달리 채무자는 여전히 개인회생재단을 관리하고 처분할 권한을 가진다(법 제580조 제2항 본문). 다만 인가된 변제계획에서 다르게 정한 때에는 그러하지 아니하다(법 제580조 제2항 단서). 채무자가 개인회생재단의 관리처분권을 보유하므로, 쌍방미이행 쌍무계약의 이행선택권에 관한 조항(법 제121조, 제335조 등)은 준용되지 않고, 계약의 해제 또는 해지 여부는 민법의 일반이론에 의하여 해결된다. 또한 이러한 채무자의 법적 지위에 따라 개시결정이 있더라도 소송행위는 중지·금지되지 않는다(법 제600조 제1항 제3호 단서).

나. 다른 도산절차의 중지·금지

개인회생절차개시결정이 있는 때에는 채무자에 대하여 이미 속행 중인 회생절차 또는 파산절차는 중지되고, 새로이 회생절차 또는 파산절차를 개시하는 것도 금지된다(법 제600조 제1항 제1호). 이는 개인회생절차의 간이·신속성, 저렴한 절차비용 등을 고려하여, 다른 도산절차보다 절차적 우위에 둔다는 의미이다. 이후 변제계

획인가결정이 있는 때에는 중지된 회생절차 또는 파산절차는 그 효력을 잃는다
($\binom{법 제615조}{제3항 본문}$).

다. 강제집행·가압류·가처분의 중지·금지

개인회생절차개시결정이 있는 때에는 개인회생채권자목록에 기재된 개인회
생채권에 기하여 개인회생재단에 속하는 재산에 대하여 이미 절차가 진행 중인
강제집행·가압류 또는 가처분은 중지되고, 새로이 강제집행·가압류 또는 가처
분을 하는 것은 금지된다($\binom{법 제600조}{제1항 제2호}$).

1) 중지·금지의 대상

중지·금지되는 절차는 개인회생채권, 즉 채무자에 대하여 개인회생절차개
시결정 전의 원인으로 생긴 재산상의 청구권($\binom{법 제581조}{제1항}$)에 기한 것에 한한다. 따라
서 개인회생채권이 아닌 개인회생재단채권($\binom{법}{제583조}$), 환취권($\binom{법}{제585조}$)에 기한 강제집
행·가압류 또는 가처분은 허용된다.

또한 개인회생채권 중에서도 '개인회생채권자목록에 기재된 개인회생채권'
에 기한 절차만이 중지·금지되는 것이므로($\binom{법 제600조}{제1항 단서}$), 채무자가 개인회생채권자
목록에 기재하지 않은 채권자는 개인회생채권의 경우에는 당해 채권자가 개시결
정 후에도 자유롭게 강제집행 등을 행할 수 있다.

문제는 개시결정 당시에는 개인회생채권자목록에 기재되지 않았는데 개시
결정 이후 개인회생채권이 추가된 경우이다($\binom{법 제589조의2}{제2항}$). 개시결정 이후에도 개인
회생채권자목록을 추가할 수 있는 이상, 중지·금지의 효력이 미친다고 봄이 타
당하다.[3] 다만 그 효력이 발생하는 시점에 대해서는 개시결정 당시로 소급적으
로 효력을 인정하는 것은 부당하며, 수정된 개인회생채권자목록에 대하여 공고
와 송달을 모두 하여야 하는 점을 고려하여($\binom{법 제589조의2}{제4항}$), 공고가 된 때 중지·금지
의 효력이 발생한다고 보는 견해가 있다.[4]

그리고 '개인회생재단에 속하는 재산'에 대하여 행하는 강제집행 등만 중
지·금지되는 것이므로, 연대채무자, 보증인, 물상보증인 등 제3자의 재산에 대
하여 진행되는 강제집행 등은 중지·금지되지 않는다.[5]

---

3) 주석 채무자회생법(Ⅵ)(제1판), 한국사법행정학회(2020), 322면(유철희)
4) 주석 채무자회생법(Ⅵ)(제1판), 한국사법행정학회(2020), 323면(유철희)
5) 미국 연방파산법 제13장(Chapter 13) §1301(a)은 일정한 요건하에서 보증인 등(codebtor)에 대
   하여 자동중지(automatic stay)가 적용될 수 있음을 규정하고 있다. 동 조항의 입법의도는 보통
   보증인과 채무자 간의 인적 관계 때문에 채무자가 보증인이 추심당하지 않도록 하기 위해 상당

면제재산의 경우는 개인회생재단에서 제외되므로(법 제580조 제3항, 법 제383조), 개인회생절차의 폐지결정 또는 면책결정이 확정될 때까지 개인회생채권(개인회생채권자목록에 기재된 것으로 국한되지 않는다)에 기한 강제집행·가압류 또는 가처분을 할 수 없다(법 제580조 제4항)(이견 있음. 제4장 제1절 3. 참조).

2) 중지·금지의 효과

절차의 중지라 함은 진행되던 강제집행 등 절차가 그 시점에서 동결되고 그 속행이 허용되지 아니함을 뜻하고 그 이상의 효력은 없다. 소급적 효력이 없으므로 이미 행하여진 절차가 소급하여 무효로 되거나 취소되는 것은 아니다. 따라서 가압류·가처분 등 보전처분이 발령된 경우, 이에 기하여 본집행으로 이전하는 것은 허용되지 아니하나, 보전처분 자체가 실효되는 것은 아니다.

개인회생절차의 개시는 집행장애사유에 해당하고 집행장애사유의 존재는 집행기관의 직권조사사항이므로, 집행기관은 채무자에 대하여 개인회생절차개시결정이 있은 사실을 발견한 때에는 그 개시결정 정본의 제출 등을 기다릴 필요 없이 직권으로 이미 집행되고 있는 집행절차를 정지하여야 한다.[6]

변제계획인가결정이 있으면 비로소 중지된 강제집행·가압류 또는 가처분이 효력을 상실하게 된다(법 제615조 제3항 본문). 다만 인가된 변제계획 또는 변제계획인가결정에서 다르게 정한 때에는 그러하지 아니하다(법 제615조 제3항 단서).

한편, 전부명령의 경우 확정됨으로써 제3채무자에게 송달된 때에 피전부채권이 권면액 범위 내에서 압류채권자(전부권자)에게 이전하고 집행채권이 소멸되며, 그것으로 현금화절차가 완결되므로(민사집행법 제229조 제7항, 제231조), 전부명령이 확정된 이후 개시결정이 있다 하더라도 이미 전부명령의 효력이 발생된 이상, 그 효력이 변경되지는 않는다. 다만, 피전부채권 중 채무자의 장래 급여채권에 관하여 개인회생절차개시 전에 확정된 전부명령은 변제계획인가결정이 있는 때에 변제계획인가결정 후에 제공한 노무로 인한 부분에 대하여는 그 효력이 상실된다(법 제616조 제1항).

그리고 새로이 강제집행 등 절차를 신청하는 것은 금지되므로, 이러한 절차가 새로이 신청된 경우에는 집행의 신청을 각하 또는 기각하여야 하고, 집행장

한 압박감을 느낄 수 있고 그로 인한 무리한 변제 시도가 채무자의 정상적인 재건 절차를 해칠 수 있으므로 이를 방지하기 위한 것이라고 하면서, 다만 이 조항도 보증인 등에게 일시적으로 자동중지의 효력을 부여할 뿐 보증인으로서의 변제의무에서 완전히 벗어나게 하는 것은 아니라는 설명에 관해서는 Jeffrey T. Ferriell 외 1인, Understanding bankruptcy (third edition), LexisNexis, 245~246면 참조.

[6] 서울중앙지방법원 파산부 실무연구회, 도산절차와 소송 및 집행절차, 박영사(2011), 142면. 임의경매절차도 동일하다.

애사유가 존재함에도 간과하고 집행절차를 개시한 다음 이를 발견한 때에는 이미 한 집행절차를 직권으로 취소하여야 한다.[7] 집행정지사유가 있음에도 불구하고 집행기관이 집행을 정지하지 아니하고 집행처분을 한 경우에는 이해관계인은 집행에 관한 이의신청・즉시항고 또는 가압류, 가처분 결정에 대한 이의신청을 하여 그 취소를 구할 수 있다.[8]

개인회생절차의 특성상 채무자의 봉급 등 소득에 대한 가압류가 되어 있는 경우가 많은데, 위에서 설명했듯이 개시결정 이전에 이미 가압류가 되어 있는 경우, 개시결정만으로 가압류 자체가 실효되는 것은 아니므로 가압류가 해제 또는 취소되는 것은 아니다. 다만 변제계획인가결정 전에 미리 가압류를 취소시켜야 할 상당한 이유가 있는 때에는 법 제600조 제3항에 따라 법원에 가압류의 취소명령을 신청할 수는 있을 것이다.

3) 중지・금지의 효력의 존속기간

개시결정에 의하여 중지된 강제집행・가압류 또는 가처분에 대한 중지 효과는, 변제계획이 인가되는 때 또는 변제계획불인가결정이나 인가 전 개인회생절차 폐지결정이 확정되는 때 중 먼저 도래하는 시점까지 존속한다. 변제계획인가결정이 있는 경우, 중지되었던 강제집행 등은 변제계획 또는 변제계획인가결정에서 다르게 정하지 않는 한 그 효력을 상실하고(법 제615조 제3항), 변제계획불인가결정이나 인가 전 개인회생절차 폐지결정이 확정되는 경우에는 중지된 강제집행 등을 속행할 수 있다(한편 인가 후 개인회생절차 폐지결정의 경우에는 변제계획인가결정에 따라 중지되었던 강제집행 등 절차가 이미 실효되었다면, 실효된 절차가 부활하지는 않는다).

개시결정에 의하여 강제집행・가압류 또는 가처분을 금지하는 효과는 개인회생절차의 종료시까지 존속한다고 보아야 한다. 여기서 종료시란 면책결정 또는 개인회생절차 폐지결정의 확정 등으로 개인회생절차가 종국적으로 마쳐지는 것을 의미한다. 개인회생절차는, 각 개인회생채권이 변제계획에 의해서만 변제받

---

7) 대법원 2000. 10. 2.자 2000마5221 결정, 대법원 2016. 9. 28. 선고 2016다205915 판결. 실무상 집행법원 등이 채무자에 대한 개시결정이 있음을 미리 알기는 어려우므로, 집행행위가 개시결정이 있었음을 간과하고 이루어졌음이 밝혀졌다면, 그 집행행위를 취소하여 무효인 해당 집행행위의 외관을 제거할 필요가 있다. 다만 '개인회생채권자목록에 기재된' 개인회생채권에 기한 강제집행 등 절차가 중지・금지되는 것이므로, 집행법원 등으로서는 채무자에게 개시결정문과 개인회생채권자목록을 함께 제출하라는 보정명령을 할 필요가 있다(담보권 실행을 위한 경매절차의 중지・금지와 구별 필요).

8) 서울중앙지방법원 파산부 실무연구회, 도산절차와 소송 및 집행절차, 박영사(2011), 142면.

는 것을 전제로 한 절차이기 때문이다.

라. 변제의 금지

1) 변제 또는 변제요구 행위의 금지

개인회생절차개시결정이 있는 때에는 개인회생채권자목록에 기재된 개인회생채권을 변제받거나 변제를 요구하는 일체의 행위가 금지된다(법 제600조 제1항 제3호 본문). 중지·금지는 채무자에 대한 관계에 한정된다고 해석된다. 따라서 제3자가 채권자에게 변제를 하거나 채권자가 제3자에 대하여 변제요구행위를 하는 경우는 법 제600조 제1항 제3호 위반행위는 아니나, 실질적으로 변제재원을 채무자가 출연하는 등에 해당하는 때에는 위 조항 위반이라고 볼 수 있고, 법 제612조의 '채무자가 제3자의 명의로 변제계획에 의하지 아니하고 일부 개인회생채권자에게 특별한 이익을 주는 행위'에 해당한다고 보아 무효라고 본다.

개인회생채권자목록에 기재된 개인회생채권에 관하여는 변제계획에 의하지 아니하고는 변제하거나 변제받는 등 이를 소멸하게 하는 행위(면제를 제외한다)를 하지 못하므로(법 제582조), 개인회생채권자목록에 기재된 개인회생채권자들은 개인회생절차가 개시되면 개별적인 채권실행을 할 수 없고, 개인회생절차 내에서 변제계획에 의하여만 채권을 변제받아야 한다.

법 제582조의 문언에 '개인회생절차개시 후'라는 표현은 없지만, 법 제593조 제1항 제4호에서 개시신청에 대한 결정시까지 변제금지를 위하여는 중지명령을 받도록 하고 있고, 법 제600조 제1항 제3호에서 개시결정의 효과로서 변제금지를 규정하고 있는 점에 비추어 볼 때, 법 제582조 역시 개시결정 후의 경우를 규정한 것이라고 해석된다.

앞에서 본 바와 마찬가지로, 변제금지의 대상이 되는 것은 '개인회생채권자목록에 기재된 개인회생채권'에 한하며, 개인회생재단채권은 개인회생절차에 의하지 아니하고 수시로 변제한다(법 제583조 제2항, 제475조).

따라서 조세 중에서 개인회생절차개시 당시 아직 납부기한이 도래하지 아니한 법 제583조 제1항 제2호 소정의 조세는 개인회생재단채권이 되어 수시로 납부하여야 하나, 이에 해당하지 아니하는 조세, 즉 절차개시 당시 이미 납부기한이 도래하였거나 법 제583조 제1항 제2호에 열거되지 아니한 조세는 개인회생채권자목록에 기재되어 있는 경우 위와 같은 변제금지의 효력이 미치므로, 개인회생절차 외에서 수시로 납부하여서는 아니 되고, 변제계획에 포함시켜 납부하여야 한다. 다만 이는 일반 우선권 있는 개인회생채권에 해당하므로 그 전액을 변제하는 내용으로 변제계획을 정하여야 한다(법 제611조 제1항 제2호).

2) 소송행위

가) 위에서 본 바와 같이 개인회생절차개시결정이 있는 때에는 개인회생채권의 변제를 요구하는 일체의 행위가 중지·금지되지만, 소송행위는 중지·금지 대상에서 제외된다(법 제600조 제1항 제3호 단서).

그런데 개인회생절차에서는 개인회생채권조사확정재판제도를 두어 이의기간 안에 개인회생채권조사확정재판을 신청하지 아니한 경우 개인회생채권자목록의 기재대로 채권이 확정되도록 규정하고 있으면서, 동시에 소송행위는 위와 같이 중지·금지 대상에서 제외하고 있어서, 개인회생절차에서 채권을 확정하기 위하여 별도로 소송을 제기하는 것이 가능한지 여부가 문제된다.

이에 관해 대법원 판례[9]는 "… 이러한 규정 내용과 집단적 채무처리절차인 개인회생절차의 성격, 개인회생채권조사확정재판 제도의 취지 등에 비추어 보면, 법 제600조 제1항 제3호 단서가 개인회생절차개시의 결정에 따라 중지 또는 금지되는 행위에서 소송행위를 제외하고 있다고 하여도 이는 개인회생절차개시의 결정 당시 개인회생채권자목록에 기재된 개인회생채권에 관한 소가 이미 제기되어 있는 경우에는 그에 관한 소송행위를 할 수 있다는 취지로 보아야 하고 개인회생절차개시의 결정이 내려진 후에 새로이 개인회생채권자목록에 기재된 개인회생채권에 기하여 이행의 소를 제기하는 것은 허용되지 아니한다."라고 하여 개인회생채권자목록에 기재된 개인회생채권으로 개인회생절차개시결정 후에 별도로 이행의 소를 제기할 수 없음을 명백히 하고, 이를 위반하여 제기된 소가 부적법하다고 각하한 원심 판결[10]을 지지하였다.[11]

즉, 이미 소송이 계속 중인 경우가 아니라면, 권리의 확정은 개인회생채권조사확정재판에 의하여야 할 것이고, 소송물이론에 따라 동일한 발생원인에 기한 채권인 한 개인회생채권조사확정재판과 별도로 새로운 이행소송 또는 확인소

---

9) 대법원 2013. 9. 12. 선고 2013다42878 판결.

10) 서울고등법원 2013. 5. 14. 선고 2012나11459 판결.

11) 위 2013다42878 판결에서는 추가적으로 "한편 법 제32조 제3호, 제589조 제2항은 개인회생채권자목록의 제출에 대하여 시효중단의 효력이 있다고 규정하고 있고 그에 따른 시효중단의 효력은 특별한 사정이 없는 한 개인회생절차가 진행되는 동안에는 그대로 유지되므로, 개인회생채권자목록에 기재된 개인회생채권에 대하여는 그 소멸시효의 중단을 위한 소송행위를 허용하는 예외를 인정할 필요가 있다고 할 수도 없다. 이러한 법리는 개인회생채권자목록에 기재된 개인회생채권에 관하여 개인회생절차개시의 결정 전에 이미 확정판결이 있는 경우에도 마찬가지로 적용된다."고 판시하였다.

송을 제기하지는 못한다고 본다(제5장 제4절 3. 참조). 다른 도산절차의 경우와 마찬가지로 채권을 확정하는 절차를 도산절차 내로 단일화하여 집중하기 위함이다.

나) 개인회생채권자목록에 기재된 개인회생채권에 관한 소송계속 중 개인회생절차개시결정이 있은 경우, 소송절차는 중단되지 않고 소송수계절차도 필요하지 않다. 다만 ① 채무자가 제출한 개인회생채권자목록에 대하여 채권자의 이의기간 내 이의가 없다면, 동일한 소송물에 속하는 채권에 대하여 이미 계속 중인 소송은 소의 이익이 없게 된다고 본다.[12] ② 한편, 채권자의 이의기간 내 이의가 있는 경우와 관련하여 법 제604조 제1항은 개인회생채권자목록에 대하여 이의가 있는 개인회생채권자는 이의기간 안에 이의를 신청할 수 있다고 하고 있고, 같은 조 제2항은 개인회생절차개시 당시 이미 소송이 계속 중인 권리에 대하여 이의가 있는 경우에는 별도로 개인회생채권조사확정재판을 신청할 수 없고 이미 계속 중인 소송의 내용을 개인회생채권조사확정의 소로 변경하여야 한다고 정하고 있으며, 법 제606조 제3호는 개인회생채권자표에 개인회생채권조사확정재판 및 이에 대한 이의의 소의 결과 이외의 개인회생채권의 확정에 관한 소송의 결과를 기재하도록 하고 있는바, 위와 같은 조항에 따르면 이미 소송이 계속 중인 경우에는 기존 소송의 청구취지를 개인회생채권의 존부나 내용의 확정을 구하는 형태로[13] 변경하여 판결을 받아, 그 결과를 개인회생채권자표에 기재하는 방식으로 처리해야 할 것이다.

마. 체납처분 등의 중지·금지

개인회생절차개시결정이 있는 때에는 개인회생채권자목록에 기재된 개인회생채권에 의한 국세징수법 또는 지방세징수법에 의한 체납처분, 국세징수의 예(국세 또는 지방세체납처분의 예를 포함한다. 이하 같다)에 의한 체납처분 또는 조세채무담보를 위하여 제공된 물건의 처분은 중지되고, 새로이 체납처분을 하는 것은 금지된다(법제600조 제1항 제4호). 중지되거나 금지되는 처분은 개인회생채권자목록에 기재된 일반 우선권 있는 개인회생채권인 조세 등의 청구권에 기한 것이므로 개인회생채권자목록에 기재되지 않은 조세 등이나 개인회생재단채권인 조세 등의 청구권에 기한 처분은 중지, 금지의 대상이 아니다.

---

12) 주석 채무자회생법(VI)(제1판), 한국사법행정학회(2020), 341면(유철희)
13) "원고의 피고에 대한 개인회생채권은 OO원임을 확정한다." 등의 형태.

한편, 법 제600조 제1항 제4호는 같은 항 제2호와 달리 체납처분 등의 목적물을 '개인회생재단에 속하는 재산'으로 한정하고 있지 않으므로, 개인회생재단의 범위에 속하지 않는 법 제580조 제3항, 제383조에 따른 면제재산에 관한 체납처분 등에 대하여도 개시결정에 따른 중지ㆍ금지 효력이 미친다.

바. 담보권설정ㆍ담보권실행경매의 중지ㆍ금지

개인회생절차개시결정이 있는 때에는 변제계획의 인가결정일 또는 개인회생절차폐지결정의 확정일 중 먼저 도래하는 날까지 개인회생재단에 속하는 재산에 대한 담보권의 설정 또는 담보권의 실행 등을 위한 경매는 중지 또는 금지된다(법 제600조 제2항). 피담보채권이 개인회생채권자목록에 기재되어 있는지를 묻지 않고, 개인회생채권에 해당하지 않아도 마찬가지이다. 다만 물상보증인과 같은 제3자의 재산에 대한 담보권 설정이나 임의경매는 중지ㆍ금지되지 않는다.

개인회생절차에서 담보권은 별제권으로 인정되기 때문에 담보권은 개인회생절차에 의하지 아니하고 행사할 수 있다(법 제586조, 제412조). 담보권의 실행으로 채무자의 영업이나 생계를 위하여 필수적인 재산이 상실될 수 있으므로, 적어도 개인회생절차 진행 중에는 이를 중지시키겠다는 것이 그 입법취지라고 이해된다. 그러나 인가여부를 결정할 시점에서 채무자가 계속적ㆍ반복적으로 수입을 얻어 변제계획을 수행할 능력이 있는지 판단할 필요가 있는 경우에는 법 제600조 제3항에 따라 법원이 이해관계인의 신청에 의하거나 직권으로 중지된 절차 또는 처분의 속행 또는 취소를 명할 수 있다.

사. 중지된 절차 또는 처분의 속행 또는 취소

법원은 상당한 이유가 있는 때에는 이해관계인의 신청에 의하거나 직권으로 법 제600조 제1항 또는 제2항의 규정에 의하여 중지된 절차 또는 처분(강제집행ㆍ가압류ㆍ가처분, 체납처분ㆍ조세채무담보제공물건의 처분, 담보권설정ㆍ담보권실행경매)의 속행 또는 취소를 명할 수 있다. 다만 처분의 취소의 경우에는 담보를 제공하게 할 수 있다(법 제600조 제3항)(취소결정의 기재례는 [양식 20-1]과 같다). 이해관계인의 신청이 이유 없을 경우, 위 신청은 직권발동을 촉구하는 성격이므로 별도로 기각결정을 할 필요는 없다고 해석된다.

속행 또는 취소결정은 채무자 및 관련된 개인회생채권자들에게 송달하여야 하나, 모든 개인회생채권자들에게 송달할 필요는 없다. 중지된 절차에 대한 속행 또는 취소의 효력 발생 시기는 집행기관에 결정문 정본이 제출된 때라고 할 것이다.

속행 또는 취소결정에 대하여는 즉시항고를 할 수 있다는 규정이 없으므로 특별항고로 불복할 수 있을 뿐이다(민사소송법 제449조 법 제33조).

회생절차·파산절차에 관하여는 비록 법 제600조 제1항 제1호에 의하여 개인회생절차개시결정으로 중지 또는 금지되었다 하더라도 같은 조 제3항에 의하여 속행 또는 취소의 대상에 포함되는 것으로 해석될 여지가 있으나 성질상 속행 또는 취소를 명할 수 없다고 보아야 한다(법 제58조 제5항 단서 참조).

아. 기타 효과

1) 법 제600조 제1항 또는 제2항의 규정에 의하여 처분을 할 수 없거나 중지된 기간 중에는 시효는 진행되지 아니한다(법 제600조 제4항). 한편 법 제32조 제3호, 제589조 제2항은 개인회생채권자목록의 제출에 대하여 시효중단의 효력이 있다고 규정하고 있어 개인회생절차개시결정의 효과로서 시효 중단효를 규정한 법 제600조 제4항이 어느 경우에 적용되는 것인지 문제된다. 개인회생절차개시신청서를 제출하면서 첨부하는 목록에 애초부터 기재된 개인회생채권의 경우에는 제589조 제2항, 제32조 제3호에 의하여 시간적으로 개인회생절차개시결정보다 우선하는 위 개시신청서 제출시에 시효중단 효력이 발생하고 그 효력은 특별한 사정이 없는 한 개인회생절차가 진행되는 동안에는 그대로 유지되며[14] 개인회생절차개시결정 이후에 법 제589조의2 제2항에 기재된 사유로 목록에 개인회생채권이 추가 기재되는 경우에는 법 제32조 제3호에 따라 그 수정된 목록을 제출하는 시점에 비로소 시효중단의 효력이 생긴다고 보아야 할 것이다. 따라서 법 제600조 제4항은 '개인회생채권자목록에 기재되지 않았으면서 이미 시효중단의 효력도 발생하지 않았지만 개시결정에 따른 중지의 효력이 미치는 경우, 즉 담보권 등 별제권이 있는 개인회생채권자에 대하여 채무자가 이를 개인회생채권자목록에 기재하지 않았으나 개시결정으로 인하여 위 담보권자에 의한 임의경매절차가 중지된 경우'에 한하여 적용될 수 있다.[15]

2) 채무자는 개인회생절차개시결정이 있은 후에는 개시신청을 취하할 수 없다(법 제594조). 다만 개인회생절차개시결정이 있은 후 변제계획이 인가되지 않고 절차

---

14) 대법원 2013. 9. 12. 선고 2013다42878 판결 참조.

15) 주석 채무자회생법(Ⅵ)(제1판), 한국사법행정학회(2020), 337면(유철희).

가 폐지되더라도 채무자는 아무런 제한 없이 다시 개인회생절차를 신청할 수 있다.

3) 또한 소송행위는 법 제600조 제1항 제3호 단서에 의하여 개인회생절차개시결정이 있다고 하여도 중지되지 않는 것은 앞서 언급한 바와 같은데, 법 제584조 제1항, 제406조 제1항에 의하면 개인회생채권자가 제기한 채권자취소소송이 개인회생절차개시결정 당시 법원에 계속되어 있는 때에는 그 소송절차는 수계 또는 개인회생절차의 종료에 이르기까지 중단된다. 만약 이 경우 법원이 그 개인회생절차개시결정 사실을 알고도 채무자의 소송수계가 이루어지지 아니한 상태 그대로 소송절차를 진행하여 판결을 선고하였다면, 그 판결은 채무자의 개인회생절차개시결정으로 소송절차를 수계할 채무자가 법률상 소송행위를 할 수 없는 상태에서 심리되어 선고된 것이므로 여기에는 마치 대리인에 의하여 적법하게 대리되지 아니하였던 경우와 마찬가지의 위법이 있다.[16]

3. 개시기각결정 및 그 효과

가. 개시기각결정

법원은 제2장 제11절 2.에서 설명한 바와 같이 법 제595조에서 정한 개시기각사유가 있으면 개인회생절차의 개시신청을 기각할 수 있다. 개시기각결정의 기재례는 [양식 21]과 같다.

나. 개시기각결정의 효과

개인회생절차의 개시신청이 기각되는 경우에는 채무자와 이해관계인 사이의 법률관계에 직접적인 효력이 발생하지는 않는다. 또한 개시기각결정이 내려지더라도 채무자는 아무런 제한 없이 다시 개인회생절차를 신청할 수 있다.

개인회생절차개시신청의 기각으로 법원이 이미 내린 법 제592조의 보전처분이나 제593조의 금지·중지명령이 바로 효력을 상실하는가에 관해, 중지·금지명령의 경우 법 제593조 제3항에 개인회생절차개시의 신청이 기각되면 중지·금지된 절차가 속행된다고 명시하고 있으므로 의문이 없다. 그러나 법 제592조의 보전처분의 경우 단순히 '개인회생절차개시결정 전에' 필요한 보전처분을 할 수 있다고만 규정하고 있어 개시신청의 기각과 동시에 효력이 상실하는지 의문이 있을 수 있다. 법 제598조 제2항이 개인회생절차개시신청 기각결정에 대

---

16) 대법원 2013. 6. 13. 선고 2012다33976 판결 등 참조.

하여 법 제592조 보전처분 규정을 준용하도록 하고 있지만, 이는 즉시항고 기간 중에 새로이 보전처분을 발령할 필요가 있을 때를 규정한 것이고, 위 규정의 존재로 개시신청 기각결정 전에 이미 내려진 보전처분이 당연히 효력을 상실한다고 보기는 어렵기 때문이다.

회생절차의 보전처분 규정인 법 제43조 제1항에서 가압류・가처분 그 밖에 필요한 보전처분을 '회생절차개시신청에 대한 결정이 있을 때까지' 할 수 있다고 되어 있어 그 보전처분이 개시결정이나 개시신청의 각하・기각결정시에 효력을 상실하는 것으로 실무상 해석하는 것과 균형을 이루는 것이 바람직한 점, 제592조의 보전처분은 개인회생절차의 개시결정 전까지 재산의 산일을 방지하려는 목적에서 이루어지는 것인데 결정이 기각되는 경우에도 그 효력을 존속하는 것으로 보는 것은 부자연스러우며, 법 제598조 제3항에서 즉시항고의 집행정지 효력을 배제하는 취지와도 맞지 않는 점 등을 고려하면 개인회생절차기각결정과 동시에 효력을 상실한다고 해석하는 것이 타당하다.

제 2 절   개시신청에 관한 결정에 대한 불복방법

1. 불복의 형식과 불복할 수 있는 사람의 범위

개인회생절차개시신청에 관한 재판에 대하여는 즉시항고를 할 수 있다 (법 제598조 제1항). 즉시항고를 할 수 있는 자는 그 재판에 이해관계를 가진 자(법 제13조 제1항)로, 개인회생절차개시결정의 경우에는 개인회생채권자목록에 기재된 개인회생채권자와 담보권실행을 위한 경매의 중지・금지 효력을 받는 별제권자 등이 될 것이나, 개시신청 기각결정의 경우에는 신청인인 채무자만이 이해관계를 가진다 할 것이므로 채무자만이 즉시항고를 할 수 있다. 대리인은 상소의 제기에 대하여는 특별한 권한을 따로 받아야 하므로(법 제33조, 민사소송법 제90조 제2항 제3호), 즉시항고의 제기에 관하여 특별수권을 받지 아니한 채무자 등의 원심 대리인이 제기한 즉시항고는 무권대리인에 의하여 제기된 것이어서 위법하다.

2. 즉시항고의 기간

즉시항고는 재판의 공고가 있는 때에는 그 공고가 있은 날부터 14일 이내에 하여야 하고(법 제13조 제2항), 공고는 관보게재일, 법원이 지정하는 일간신문 게재일 또는 전자통신매체를 이용한 공고가 있은 날의 다음날에 그 효력이 발생하는 바(법 제9조 제2항 규칙 제6조 제1항), 개인회생절차개시결정을 할 경우에는 공고를 하여야 하므로 (법 제597조 제1항), 개시결정에 대한 즉시항고기간은 실제로 공고가 있은 날[17][18]의 다음날부터 기산하여 14일이다. 실무에서는 위 기간을 불변기간으로 보므로, 즉시항고인이 책임질 수 없는 사유로 말미암아 위 기간을 지킬 수 없었던 경우에는 그 사유가 없어진 날부터 2주 이내에 추후보완 즉시항고를 할 수 있다. 그러나 개시결정의 공고가 있은 때에는 특별한 사정[19]이 없는 한 당사자가 책임질 수 없는 사유로 말미암아 불변기간을 지킬 수 없었던 경우에 해당한다고 보기 어려울 것이다.[20]

개시신청 기각결정의 경우에는 공고되지 아니하므로 민사소송법이 준용되어 즉시항고기간은 신청인에게 결정이 송달된 날부터 1주일이다(법 제8조 제1항, 제33조, 민사소송법 제444조 제1항). 민사소송법상 즉시항고기간은 불변기간이므로, 즉시항고인이 책임질 수 없는 사유로 말미암아 위 기간을 지킬 수 없었던 경우에는 그 사유가 없어진 날부터 2주 이내에 추후보완 즉시항고를 할 수 있다(법 제33조, 민사소송법 제444조 제2항, 제173조 제1항).[21]

즉시항고기간을 넘긴 후 제출된 항고장에 대하여는 원심 재판장이 명령으로 항고장을 각하하여야 한다(법 제33조, 민사소송법 제443조, 제399조 제2항)(그 기재례에 대하여는 [양식 25] 참조).

---

17) 개시결정일과 공고가 있은 날이 동일하지 않을 수 있는데, 즉시항고기간은 공고일을 기준으로 기산한다. 채무자 및 이해관계인은 각 법원 홈페이지의 '법원공고란', '나의 사건검색'에서 사건번호를 입력하여 개시결정의 공고 여부 및 일자를 확인할 수 있다.

18) 만약 실무상 전산처리의 오류 등으로 공고가 이루어지지 않았다면, 즉시항고기간은 진행하지 않는다고 볼 것이다.

19) 법원에 절차진행과 관련한 잘못이 있어 법원이 어떠한 재판을 할 것을 당사자가 예상하기 어려운 사정이 있었다면 이는 당사자가 책임질 수 없는 사유에 해당한다고 볼 여지가 있다(대법원 2012. 12. 27.자 2012마1247 결정).

20) 대법원 2012. 12. 27.자 2012마1247 결정, 대법원 2012. 7. 25.자 2014마980 결정 참조.

21) 당사자가 즉시항고를 제기하면서 추후보완이라는 취지의 문언을 기재하지 아니하였다 하더라도 그 전체적인 취지에 비추어 그러한 주장이 있는 것으로 볼 수 있는 경우에는 당연히 그 사유에 대하여 심리·판단하여야 하고, 증거에 의하여 그 기간의 경과가 그의 책임질 수 없는 사유로 말미암은 것으로 인정되는 이상 그 즉시항고는 처음부터 소송행위의 추후보완에 의하여 제기된 것으로 보아야 한다(대법원 2014. 7. 25.자 2014마980 결정).

3. 즉시항고의 효력 등

개인회생절차개시결정에 대한 즉시항고는 집행정지의 효력이 없다(법 제598조 제3항). 따라서 원칙적으로는 개시결정에서 정한 이의기간, 개인회생채권자집회기일 등을 그대로 진행할 수 있다.[22]

개시신청 기각결정에 대한 즉시항고가 있는 경우에는 항고법원은 신청인의 신청에 의하거나, 직권으로 법 제592조에 의한 보전처분 및 법 제593조에 의한 중지·금지명령, 포괄적 금지명령을 발할 수 있다(법 제598조 제2항). 본 규정은 즉시항고에 대한 재판이 있을 때까지 상당한 시간이 소요되므로, 그 사이에 개인회생재단에 속하는 재산이 채무자의 임의변제, 채권자들의 개별적 강제집행 등으로 산일되면 장래 기각결정이 번복되어 개인회생절차가 개시되어도 그 목적을 달성할 수 없게 될 가능성이 있음을 고려한 것이다.

개인회생절차개시신청의 기각결정에 대한 즉시항고인(논리상 채무자만이 가능하다)이 중지명령의 실효로 속행되는 강제집행 등 절차를 저지하기 위하여는 개시신청 기각결정에 대하여 즉시항고를 하면서 항고법원에서 다시 법 제593조의 중지명령을 신청하거나, 법원이 직권으로 중지명령을 발령할 수 있다(법 제598조 제2항). 이때 항고법원은 '항고심 결정 시까지' 잠정적으로 보전처분, 중지·금지명령, 포괄적 금지명령을 발령하게 되는데, 즉시항고를 인용하여 제1심 결정을 취소하고 환송하는 결정을 하게 되는 경우, 항고심의 결정과 동시에 항고심에서 한 보전처분 등의 효력이 상실되므로, 채무자나 이해관계인의 신청 또는 직권에 의하여 제1심 법원은 다시 별도의 보전처분 등을 하여야 할 것이다.

한편 채무자가 즉시항고시에 법 제592조에 의한 보전처분을 직접 신청하는 경우는 사실상 상정하기 어렵고, 채무자 이외의 이해관계인, 즉 개인회생채권자의 신청이나 법원의 직권으로 보전처분이 발령되는 경우가 있을 것이다.

4. 원재판의 경정

원심법원이 즉시항고에 정당한 이유가 있다고 인정하는 때에는 그 재판을 경정하여야 한다(법 제33조, 민사소송법 제446조, 재도의 고안). 즉시항고기간이 경과된 이후 즉시항고가 제기

---

22) 실무례에 따라서는 개시결정에 대한 즉시항고가 있는 경우 개인회생절차집회기일을 변경하거나 추후지정하는 등으로 사실상 제1심 법원의 절차를 중지시키는 경우가 있다.

된 경우에도 개인회생절차에서 재도의 고안이 가지는 불복절차의 간이·신속성을 고려하여 추후보완의 취지로 즉시항고가 제기되고 항고이유가 적당하다면 재도의 고안을 허용하는 실무례가 있다.

즉시항고가 이유 없다고 인정하면 사건을 항고법원에 송부한다.

법원이 개인회생절차개시신청을 기각하였다가 재도의 고안으로 원 기각결정을 취소하는 경우 기존에 이루어졌던 보전처분이나 중지·금지명령의 효력이 부활하는지에 대해 명시적인 규정이 없어 실무상 문제된다. 재판의 경정으로 인해 원래의 기각결정이 소급적으로 효력을 상실하므로 원래의 결정을 전제로 효력을 상실하였던 보전처분이나 중지·금지명령도 효력이 부활된다는 견해, 절차가 중지되었다가 개시신청 기각으로 다시 속행되는 강제집행 등의 절차가 재판의 경정이 있다고 해서 또다시 중지되는 것은 법적 안정성을 지나치게 해치므로 일단 소멸된 효력은 부활하지 않고 별도로 다시 중지명령 등이 발령되어야 한다는 견해 등이 존재한다. 전자의 견해에 의하면, 중지되었던 절차가 속행되어 이미 상당히 진행된 경우 진행된 절차의 법적 상태에 혼란을 가져올 수 있으므로 후자의 견해가 타당하다고 본다.

5. 항고법원의 판단 및 그 후속조치

항고법원은 즉시항고의 절차가 법률에 위반되거나 즉시항고가 이유 없다고 인정하는 때에는 결정으로 즉시항고를 각하 또는 기각하여야 하고, 즉시항고가 이유 있다고 인정하는 때에는 원래의 결정을 취소하고 사건을 원심법원에 환송하여야 한다(법 제598조 제4항·제5항). 개인회생절차개시의 요건 충족 여부 판단 기준 시기는 항고심의 속심적 성격에 비추어 항고심 결정 시를 기준으로 하나[23] 개인회생신청을 할 수 있는 채무액 한도에 대하여 법 제579조 제1호가 2020. 6. 9. 법률 제17364호로 개정되어 '개인회생절차개시의 신청 당시'를 기준으로 삼고 있으므로, 위 개정법 시행 이후 제1심 결정에 대한 항고심에서 법 제579조 제1호가 정한 총채무액 준수 여부를 판단함에 있어서 그 계산 기준시점은 '개인회생절차개시 신청 당시'라고 할 것이다.

항고법원이 심문기일 통지 및 보정명령 등을 송달할 경우, 채무자가 즉시항고장에 송달장소 및 송달영수인을 기재하지 않았거나 별도로 항고심에서 그 신

23) 대법원 2011. 6. 10.자 2011마201 결정.

고를 하지 않았다면, 제1심에서의 송달장소 및 송달영수인에게 송달하여서는 안 된다. 송달장소 및 송달영수인 신고는 당해 심급에서만 효력이 있기 때문이다.[24]

법원은 개인회생절차개시결정을 취소하는 결정이 확정된 때에는 즉시 그 주문을 공고하고, 채무자, 알고 있는 개인회생채권자, 개인회생절차가 개시된 채무자의 재산을 소지하고 있거나 그에게 채무를 부담하는 자에게 그 결정의 취지를 송달하여야 한다(법 제599조)(공고문 및 통지서 기재례는 [양식 26-1, 26-2] 참조). 개시결정을 취소하는 결정이 내려지는 경우는 원심법원이 재도의 고안으로 스스로 취소결정을 하는 경우와 항고법원이 취소결정을 하는 경우가 있는데, 위 공고 등 후속조치는 취소결정이 확정된 심급단계의 법원이 지체 없이 하여야 할 것이다.

항고법원의 결정에 대하여는 재판에 영향을 미친 헌법, 법률, 명령 또는 규칙의 위반이 있음을 이유로 하는 경우에 한하여 대법원에 재항고를 할 수 있다(법 제33조, 민사소송법 제442조).

제 3 절 개시결정 후 변제계획 인가 전까지의 법원사무관등과 회생위원의 업무

1. 개시결정, 개시기각결정과 관련한 법원사무관등의 업무

가. 개   관

개인회생절차개시신청 사건이 접수되면, 법원은 법 제595조 각 호에 정한 사유가 없는 한 그 신청일부터 1개월 이내에 개인회생절차의 개시결정을 하여야 하고(법 제596조 제1항), 개시결정을 함과 동시에 ① 개시결정일부터 2주 이상 2월 이하의 기간 범위 내에서 개인회생채권에 대한 이의 기간을 정하고, ② 이의기간 말일부터 2주 이상 1월 이하의 기간 범위 내에서 개인회생채권자집회의 기일을 정하여야 한다(법 제596조 제2항)(다만 같은 조 제3항에 따라 위 각 기간은 특별한 사정이 있는 경우에는 늦추거나 늘일 수 있다).

---

24) 대법원 2017. 9. 12. 선고 2017다234569 판결.

나. 개시결정에 수반하여 처리할 사항

1) 공　고

법 제597조 제1항에 의하면, 개인회생절차의 개시결정을 한 경우에는 ① 개인회생절차개시결정의 주문, ② 이의기간, ③ 개인회생채권자가 이의기간 안에 자신 또는 다른 개인회생채권자의 채권 내용에 관하여 개인회생채권조사확정재판을 신청할 수 있다는 뜻, ④ 개인회생채권자집회의 기일을 공고하여야 한다. 그중 ② 이의기간과 ④ 개인회생채권자집회기일이 변경된 경우에도 같다(법 제597조). 공고문 양식은 [양식 22]와 같다.

개인회생절차에서의 공고는 '관보에의 게재' 또는 대법원규칙이 정하는 방법에 의하여 행하는데(법 제9조), 대법원규칙에 의하면, '법원이 지정하는 일간신문에 게재'와 '전자통신매체를 이용한 공고'가 그 방법으로 규정되어 있으므로 (규칙 제6조), 현행 법령상 공고의 방법은 ① 관보 게재, ② 일간신문 게재, ③ 전자통신매체를 이용한 공고 등 세 가지임을 알 수 있다. 개인회생예규는 전자통신매체를 이용한 방법에 의한 공고를 원칙으로 하고 있고, 공고사항을 대한민국법원 홈페이지(www.scourt.go.kr) 법원공고란에 게시하는 방법으로 하고 있으며 (개인회생예규 제6조), 서울회생법원은 서울회생법원의 홈페이지(slb.scourt.go.kr)의 일반공고란에도 위 공고사항을 게시하고 있다.

현재 기록상으로는 공고사실 또는 공고시작일 등을 알 수 없고,[25] 전산(각 법원 홈페이지의 '나의 사건검색')을 통하여 확인할 수 있다.

2) 송　달

법 제597조 제2항에 의하면, 법원사무관등은 ① 채무자, ② 알고 있는 개인회생채권자, ③ 개인회생절차가 개시된 채무자의 재산을 소지하고 있거나 그에게 채무를 부담하는 자에게 법 제597조 제1항에서 공고하도록 하고 있는 사항을 기재한 서면과 개인회생채권자목록 및 변제계획안을 송달하여야 한다. 그러나 송달물 중에서 개인회생채권자목록 및 변제계획안은 채무자가 제출한 것이므로, 이를 채무자에게 그대로 다시 송달할 필요는 없다. 이의기간 및 개인회생채권자집회의 기일 또는 변제계획안이 변경된 경우에도 해당 서류를 송달하여야

---

25) 구 개인회생예규(2017. 5. 12. 재판예규 제1653호로 개정되기 전의 것) 제6조 제3항은 전자통신매체를 이용하여 공고를 한 경우 별도로 공고문을 출력하여 기록에 편철하도록 규정하고 있었으나, 현재 위 조항은 삭제되었다.

한다(법 제597조 제3항). 송달할 통지서 양식은 [양식 22-1]과 같다.

다만 법 제613조 제1항에 의하면 채무자, 개인회생채권자 외에 회생위원에게도 개인회생채권자집회기일을 통지하여야 한다(채무자, 개인회생채권자와 달리 통지로 충분).

개인회생절차에서는 개인회생채권자가 채권신고를 하는 절차가 별도로 마련되어 있지 않고, 채무자가 작성하여 제출하는 개인회생채권자목록에 의존하여 개인회생채권자 및 그 채권에 관한 사항을 파악할 수밖에 없다. 따라서 부정확한 개인회생채권자목록의 작성을 방지하기 위해서는 개인회생채권자들에게 최대한 정확하게 송달이 이루어질 필요가 있다.

그러나 다른 한편으로, 개인회생절차는 신속하고 간이하게 처리하여야 하므로 송달의 완료를 고집하여 절차의 신속성을 저해하여서도 아니 된다. 이러한 신속성의 필요 때문에 법 제10조 제1항은 송달을 하여야 하는 경우에 송달할 장소를 알기 어렵거나 그 밖에 대법원규칙으로 정한 사유가 있는 때에는 공고로써 송달에 갈음할 수 있다고 규정하고 있고, 대법원규칙은 개인회생절차의 진행이 현저하게 지연될 우려가 있는 때에는 공고로써 송달에 갈음할 수 있는 것으로 규정하고 있다(규칙 제7조 제1호).

서울회생법원의 실무는, 개인회생채권자들에 대한 최초의 송달인 개시결정의 송달은 발송송달에 의하지 아니하고 통상송달에 의하고 있다. 개인회생절차 개시결정은 공고와 송달을 같이 해야 하는 사항이므로(법 제597조 제1항·제2항) 법 제11조 제1항에 따라 송달은 발송송달의 방법으로 할 수 있으나, 한편 개인회생채권자목록과 변제계획안은 공고는 하지 않고 송달로만 실시해야 하는 서류로서(법 제597조 제2항) 보통 개시결정과 함께 송달하게 되므로 개시결정도 우선은 통상송달의 방법으로 송달을 시도하는 경우가 대부분이다.

송달이 불능되는 경우에 발송송달의 요건이 갖추어진 때에는 발송송달을 할 것이지만, 그렇지 않다면 법원사무관등이 개시신청서에 기재된 전화번호 등을 통하여 즉시 채무자에게 주소보정을 권고하거나 법원이 주소보정명령을 발령한다. 그러나 채무자에게 송달불능된 일부 개인회생채권자의 주소를 보정할 수 없는 사정이 있는 경우에는 개인회생절차 진행의 지연을 방지하기 위하여 개시결정과 개인회생채권자목록 및 변제계획안의 송달은 공고로써 갈음하는 것이 합리적일 것이다. 개인회생채권자목록 및 변제계획안 등의 송달에 갈음하는 공고의 결정 기재례는 [양식 23], 송달에 갈음하는 개인회생채권자목록 등 공고의 기재례는 [양식 23-1], 개인회생절차개시결정 후 법원의 허가를 받아 개인회생채권자목록에 기재된 사항이 수정되거나, 이의기간, 개인회생채권자집회의 기일, 변제계획안에 변경이 생긴 경우에 변경(수정)된 개인회생채권자목록 등의 송달에 갈음하는 공고의 결정 기재례는 [양식 23-2], 변경(수정)된 개인회생채권자목록 등의 송달에 갈음하는 공고의 기재례는 [양식 23-3] 참조.

다. 개시기각결정에 수반하여 처리할 사항

법 제595조는 ① 채무자가 신청권자로서의 자격을 갖추지 아니한 때, ② 채무자가 개인회생신청서에 첨부하여 제출하여야 할 서류를 제출하지 아니하거나 허위로 작성하여 제출하거나 법원이 정한 제출기한을 준수하지 아니한 때, ③ 채무자가 절차의 비용을 납부하지 아니한 때, ④ 채무자가 변제계획안 제출 기한을 준수하지 아니한 때, ⑤ 채무자가 신청일 전 5년 이내에 면책(파산절차에 의한 면책을 포함한다)을 받은 사실이 있는 때, ⑥ 개인회생절차에 의함이 채권자 일반의 이익에 적합하지 아니한 때, ⑦ 그 밖에 신청이 성실하지 아니하거나 상당한 이유 없이 절차를 지연시키는 때에는 개시신청을 기각할 수 있다고 규정하고 있다.

법원이 위와 같은 사유로 개시신청을 기각하면 법원사무관등은 직권으로 채무자에게 그 기각결정을 송달하여야 한다(법 제8조 제1항).

2. 불복신청에 수반하는 업무

가. 즉시항고

개인회생절차의 개시결정이 있거나 개시신청 기각결정이 있는 때에는 즉시항고가 제기될 수 있다는 점(법 제598조 제1항·제2항), 그리고 이 경우 원심법원은 즉시항고의 취지를 받아들여 재도고안(再度考案)의 방법으로 이미 내려진 결정을 취소할 수도 있다는 점은 위 제2절 4.에서 본 바와 같다.

나. 개시결정에 대하여 즉시항고가 이루어진 경우

채무자가 신청한 개인회생절차개시신청에 따라 개인회생절차개시결정이 되었고 이에 대하여 이해관계인이 즉시항고를 하였는데, 그 즉시항고가 각하 또는 기각되는 경우에는 개인회생절차가 계속 진행되게 된다. 이러한 경우에는 법원사무관등은 즉시항고인에게 즉시항고에 대한 결정을 송달하여야 한다.

한편, 개시결정에 대하여 이해관계인이 즉시항고를 하여 항고심이 이를 심리하여 받아들이는 경우에는 제1심 결정을 취소하고 환송을 명하게 된다. 이 경우 항고법원의 법원사무관등은 즉시항고인과 채무자에게 그 결정을 송달하여야 하고, 채무자의 재항고 포기 등으로 항고법원이 내린 개인회생절차개시결정의 취소결정이 확정되는 경우에는 법원사무관등은 즉시 그 주문을 공고하고(그 공고문 기재례는 [양식 26-1] 참조), 개시결정의 주문 등을 송달받을 자, 즉 ① 채무자, ② 알고 있는 개인회생채권자, ③ 개인회생절차가 개시된 채무자의 재산을 소지하고 있거나 그에게 채무를 부담하는 자에게 그 결정의 취지를 송달하여야 한다(법 제599조)([양식 26-2]). 이는 공고와 송달을 모두 하여야 하는 경우로서 법 제11조 제1항에 의해 그 송달은 서류를 우편으로 발송하는 방법으로 할 수 있다(법 제11조 제1항). 그리고 이 경우의 공고는 모든 이해관계인에 대하여 송달의 효력이 있다(법 제11조 제2항).

다. 개시기각결정에 대하여 즉시항고가 이루어진 경우

개시기각결정에 대하여 채무자가 즉시항고하였으나, 그 즉시항고가 각하 또는 기각되는 경우 항고법원의 법원사무관등은 채무자에게 결정을 송달하면 된다.

한편 개시기각결정에 대한 채무자의 즉시항고가 항고심의 심리 결과 받아들여진다면 항고법원은 원심결정을 취소함과 아울러 사건을 제1심 법원으로 환송하고, 제1심 법원은 환송된 사건의 절차를 진행하게 된다. 이 경우에는 항고법원의 법원사무관등은 채무자에게 취소결정을 송달하면 된다.

라. 즉시항고와 보전처분

채무자가 개인회생절차개시신청 기각결정에 대하여 즉시항고를 하면서 법 제598조 제2항에 의하여 보전처분을 신청하면, 법원사무관등은 그 보전처분의 재판을 직권으로 당사자에게 송달하여야 하고(법 제8조 제1항), 보전처분이 내려지면 채무자의 재산에 속하는 재산으로서 등기·등록된 재산에 대하여 직권으로 그 처분의 등기·등록을 촉탁하여야 한다(법 제24조 제6항, 제27조).

3. 개인회생채권의 확정절차와 관련하여 처리할 업무

가. 개인회생채권자표의 작성

개인회생채권자목록에 기재된 개인회생채권자가 정해진 이의기간 안에 개인회생채권조사확정재판을 신청하지 아니하거나 그 신청이 각하된 때에는, 개인회생채권자목록에 기재된 대로 채권이 확정된다($^{법\ 제603조}_{제1항}$).

자기 또는 다른 개인회생채권자의 채권에 이의가 있는 개인회생채권자는 이의기간 내에 서면으로 이의를 신청할 수 있고, 이때 개인회생채권자가 자신의 개인회생채권의 내용에 관하여 개인회생채권조사확정재판을 신청하는 경우에는 채무자를 상대방으로 하고, 다른 개인회생채권자의 채권내용에 관하여 개인회생채권조사확정재판을 신청하는 경우에는 채무자와 다른 개인회생채권자를 상대방으로 하여야 한다($^{법\ 제604조}_{제1항·제3항}$). 법원은 이해관계인을 심문한 후 이의가 있는 개인회생채권의 존부 및 그 내용을 정하는 결정을 하게 된다($^{법\ 제604조}_{제5항}$). 이 결정이 내려지면, 법원사무관등은 결정서를 개인회생채권조사확정재판의 당사자에게 송달하여야 한다($^{법\ 제604조}_{제6항}$).

개인회생채권조사확정재판의 결정에 대하여 불복이 있는 자는 결정서를 송달받은 날로부터 1월 이내에 이의의 소를 제기하여야 하고, 이의의 소를 제기하지 아니하면 조사확정재판의 결정은 그대로 확정된다($^{법\ 제607조\ 제2항,}_{제605조\ 제1항}$)

법원사무관등은 위와 같이 ① 이의기간 내에 개인회생채권조사확정재판을 신청하지 아니하는 등의 사유로 확정된 개인회생채권, ② 개인회생채권조사확정재판에 따라 확정된 개인회생채권, ③ 개인회생채권조사확정재판에 대한 이의의 소의 판결 결과에 따라 확정된 개인회생채권, ④ 그 밖에 개인회생채권 확정에 관한 소송의 결과 등을 기재한 개인회생채권자표를 작성하여야 한다($^{법\ 제603조,}_{제2항,\ 제606조}$). 이와 같이 확정된 개인회생채권은 개인회생채권자 전원에 대하여 효력이 있다($^{법}_{제607조}$).

그런데 개인회생채권자표는 한 번 작성되면 그 내용이 그대로 고정되는 것이 아니라, 위 ① 내지 ④와 같이 순차로 개개 채권이 확정될 때마다 그 내용이 추가되어야 하는 문서이므로, 사건기록편철의 대원칙인 시간순서 편철원칙의 예외로서 최초 개인회생채권자표 작성 후에 여러 번 그 표에 추가기재를 할 필요가 있다. 따라서 개인회생채권자표는 최초 작성시에 개인회생채권자목록 사본의 앞에 그중 확정채권과 미확정채권을 구별하여 기재한 표지를 덧붙여 만들되(그 기재례는 [양식 49] 참조), 이를 색지(色紙)에 작성하고 개인회생절차개시신청서 바로 앞에 편철하여 추후 기록에서 쉽게 찾을 수 있도록 하여야 한다.

나. 개인회생채권자목록의 수정

1) 일반적 수정 가능성

채무자는 개인회생절차개시결정시까지 개인회생채권자목록에 기재된 사항을 수정할 수 있다(법 제589조의2 제1항). 이 경우 법원의 허가를 요하지 아니한다. 그런데 채무자가 개인회생채권자목록에 기재하지 아니한 채권은 변제계획에 의하지 아니하고서도 변제를 받고 나아가 강제집행 등을 할 수 있는 권리를 계속 보유할 뿐만 아니라(법 제582조), 면책결정의 효력도 미치지 않기 때문에(법 제625조 제2항 제1호) 채무자로서는 개인회생채권자목록에 개인회생채권자를 빠짐없이 정확히 기재하는 것이 중요하다. 따라서 개인회생절차개시 후라도 개인회생채권자목록에 누락하거나 잘못 기재한 사항을 발견한 때에는 일정한 요건 하에 이를 수정할 수 있도록 할 필요가 있다. 이를 반영하여 법 제589조의2 제2항은 채무자가 그 책임을 질 수 없는 사유로 인하여 개인회생채권자목록에 누락하거나 잘못 기재한 사항을 발견한 때에는 개인회생절차개시결정 후라도 변제계획인가결정이 있기 전까지는 법원의 허가를 받아 개인회생채권자목록에 기재된 사항을 수정할 수 있다고 정하고 있다. 법원이 불허하는 경우 법 제620조 제2항 제1호에 따라 개인회생절차 폐지결정을 할 수 있다.

개인회생절차개시결정 후 개인회생채권자목록에 기재된 사항이 수정된 때에는 그 수정된 사항에 관한 이의기간을 정하여 공고하고, 채무자 및 알고 있는 개인회생채권자에게 이의기간이 기재된 서면과 수정된 개인회생채권자목록을 송달하여야 한다(법 제589조의2 제4항 본문). 수정된 사항에 관하여 개인회생채권자들에게 이의할 기회를 부여하여야 하기 때문이다. 다만 수정으로 인하여 불리한 영향을 받는 개인회생채권자가 없는 경우 또는 불리한 영향을 받는 개인회생채권자의 의사에 반하지 아니한다고 볼만한 상당한 이유가 있는 경우에는 그러하지 아니하다(법 제589조의2 제4항 단서).[26]

개시결정 이후 개인회생채권자목록의 수정으로 인하여 변제계획안의 기재 내용에도 수정할 부분이 발생하면 이를 반영하여 수정된 변제계획안을 제출하여야 한다(법 제589조의2 제3항,).

---

26) 2014. 5. 20. 법률 제12595호로 개정되면서 제589조의2(개인회생채권자목록의 수정)가 신설되어 규정되었는데, 그 내용은 기존 규칙 제81조 제1항과 제2항을 거의 그대로 수용한 것이다.

2) 수정에 관한 구체적 실무처리

가) 개인회생채권자목록이 수정되는 경우,[27] 이에 수반하여 ① 수정된 개인회생채권자목록의 송달 문제, ② 이의기간을 새롭게 지정할지 여부와 이의기간이 기재된 서면의 공고·송달 문제, ③ 채권자집회기일을 연기 또는 변경할지 여부의 문제, ④ 수정된 변제계획안[28]의 송달 문제가 발생한다.

나) 이에 대하여 서울회생법원은, 앞서 본 '수정된 개인회생채권자목록'과 '이의기간이 기재된 서면'에 대하여 마련된 일반적인 공고 또는 송달의 예외규정($\frac{법 제589조의2}{제4항, 단서}$)을 토대로, 인가 직전까지 개인회생채권자목록이 법원의 허가를 받아 빈번하게 수정되는 현실을 고려하여 다음과 같이 실무준칙을 마련하고 있다. 이의기간 지정 및 채권자집회기일 변경과 관련된 결정, 통지서, 공고 양식은 [양식 24, 24-1, 24-2] 참조.

(1) '이의기간의 부여'(실무준칙 제421호)

실무준칙 제421호는 개인회생절차 개시결정 후 개인회생채권자목록이 수정된 경우 수정된 사항에 관한 이의기간 부여의 기준을 각 유형별로 명확히 정하고 있다($\frac{제}{조}$).

(가) 누락된 개인회생채권 추가($\frac{제3}{조}$).[29]

① 법원은 누락된 개인회생채권을 추가하는 내용으로 개인회생채권자목록 수정을 허가할 경우 새로운 이의기간을 지정한다. 이 때 이의기간의 새로운 지정으로 인하여 이의기간과 이미 공고된 채권자집회기일 사이의 기간이 2주 이하로 된 경우, 채권자집회기일을 변경한다($\frac{제2}{항}$).

② 추가된 개인회생채권이 보증채권인 경우, 제2항의 기재에도 불구하고 법원은 별도의 이의기간을 지정하지 않고,[30] 추가된 개인회생채권자에게 개시결정 통지서와 수정된 개인회생채권자목록 및 변제계획안을 송달한다($\frac{제3}{항}$).

---

27) 단, 주소의 정정이나 채권자명의 오기 정정 등과 같이 내용에 영향을 미치는 수정사항이 아닌 경우에는 임의로 수정이 가능하고 이의기간의 지정도 필요 없다고 본다.

28) 개시결정 이후 개인회생채권자목록의 수정으로 인하여 변제계획안의 기재내용에도 수정할 부분이 발생하면, 채무자는 이를 반영하여 수정된 변제계획안을 제출하여야 한다(법 제589조의2 제3항).

29) 단, 누락된 개인개인회생채권을 추가하는 내용으로 개인회생채권자목록의 수정허가를 신청한 경우, 채무자는 법원에 해당 채권을 뒤늦게 추가한 사유를 소명하여야 한다. 법원은 추가된 채권액이 다액이고 채무자가 해당 채권을 고의로 누락하였다고 판단하는 경우 법 제620조 제2항 제1호, 제595조 제2호에 해당한다고 보아 인가 전 폐지결정을 할 수 있다(제1항).

30) 보증인이 추가된 경우에는 보증인은 대위변제 전까지는 이의권한 등 절차참여권이 없기 때문이다.

(나) 개인회생채권금액의 변경($\frac{\text{제}}{\text{조}}$).

개인회생채권자가 이의기간 내에 개인회생채권자목록에 기재된 자신의 개인회생채권금액에 대하여 이의를 제기한 경우, 채무자는 그 이의내용을 인정하여 개인회생채권자목록의 수정허가를 신청할 수 있다($\frac{\text{제}}{\text{항}}$).

① 법원은 제1항의 신청에 따라 개인회생채권금액을 변경(증액)[31]하는 내용의 개인회생채권자목록수정을 허가할 경우, 새로운 이의기간을 지정한다.[32] 이때 이의기간의 새로운 지정으로 인하여 이의기간과 이미 공고된 채권자집회기일 사이의 기간이 2주 이하로 된 경우, 채권자집회기일을 변경한다($\frac{\text{제}}{\text{항}}$).

② 제2항에도 불구하고 다음 각 호의 1에 해당하는 경우, 법원은 이의기간의 연장이나 집회기일의 변경을 하지 않을 수 있다.

1. 채권금액이 감액 변경된 경우[33]
2. 개인회생채권자목록 수정으로 인하여 불리한 영향을 받는 개인회생채권자가 없는 경우[34]
3. 증액된 금액이 총 채권액의 5% 미만의 소액으로서 다른 채권자에게 미치는 불리한 영향이 미미한 경우

---

31) 실무준칙 제421호 제4조 제3항 제1호의 규정 내용(채권금액이 감액 변경된 경우, 법원은 이의기간의 연장이나 집회기일의 변경을 하지 않을 수 있다)에 비추어, 위 변경은 '증액'을 의미한다고 해석된다.

32) 채무자가 이의기간 도과로 확정된 개인회생채권에 대하여 채권 금액을 증가시키고자 하는 경우에는, 법원은 개인회생채권자목록 수정을 허가할 수 없고 수정채권자표에 변동사항을 기재하고 변제예정액표를 수정하는 등의 방식으로도 처리할 수 없다. 다만 법 제589조의2 제2항이 "채무자는 그가 책임을 질 수 없는 사유로 개인회생채권자목록에 누락하거나 잘못 기재한 사항을 발견한 경우에는 개인회생절차개시결정 후라도 법원의 허가를 받아 개인회생채권자목록에 기재된 사항을 수정할 수 있다."라고 규정하고 있고, 다른 개인회생채권자들이 특별히 이의를 제기하지 아니할 경우 실체에 부합하는 채권자목록을 작성할 필요가 있다는 이유로 이의기간 도과후 인가 전까지 들어온 개인회생채권자의 이의를 받아들여 개인회생채권자목록을 수정하는 것도 허용된다는 견해도 있다.

33) 개인회생채권자의 개인회생채권금액이 상계권의 행사 등으로 감소되었고 이에 대하여 채권자가 부채확인서를 발급하는 등으로 그 내용에 다툼이 없다면 절차의 효율성을 위해 개인회생채권이 확정된 후라도 개인회생채권자목록과 변제계획안을 수정하도록 허가하는 방식으로 처리하는 것이 다수의 실무례이다. 이러한 경우 개인회생채권자목록을 수정할 것이 아니라 개인회생채권의 확정에 따라 법원사무관등이 작성하는 개인회생채권자표의 변동사항 기재란에 변동사항을 기재하고 이에 따라 변제예정액표를 수정한 변제계획안을 제출받는 방식으로 업무를 처리하는 것이 바람직하다는 의견이 있지만, 실무상 인가 직전까지 개인회생채권자목록이 법원의 허가를 받아 빈번하게 수정되기 때문에 현실적으로 개인회생채권자표를 인가결정 이후에 작성하고 있어서 위와 같이 개인회생채권의 확정 후라도 개인회생채권자목록을 수정하는 방식의 실무는 어느 정도 불가피하다.

34) 예컨대, 이미 개인회생채권자목록에 기재된 채권금액을 이자만 증액하는 경우에는 개인회생채권의 이자의 전부 또는 일부를 변제하는 변제계획안을 작성한다는 등의 특별한 사정이 없는 한 다른 개인회생채권자가 목록 수정으로 인하여 불리한 영향을 받는다고 볼 수 없다.

(다) 채권양도, 대위변제($^{제5}_{조}$).[35]

① 채무자가 개인회생절차 개시결정 전에 채권양도나 대위변제가 있었음을 이유로 개인회생채권자와 개인회생채권금액을 변경하는 내용의 개인회생채권자목록의 수정허가를 신청한 경우, 법원은 개인회생채권자목록의 수정을 허가하고, 새로운 이의기간을 지정한다.[36] 이 때 이의기간의 새로운 지정으로 인하여 이의기간과 이미 공고된 채권자집회기일 사이의 기간이 2주 이하로 된 경우, 채권자집회기일을 변경한다($^{제}_{항}$).

② 채무자가 개인회생절차 개시결정 후에 채권양도나 대위변제가 있었음을 이유로 개인회생채권자와 개인회생채권금액을 변경하는 내용의 개인회생채권자목록의 수정허가를 신청한 경우, 법원은 개인회생채권자목록의 수정을 허가할 수 있다.[37][38][39] 다만 이 경우 법원은 별도의 이의기간을 지정하지 아니하고, 변경 전 및 변경 후 개인회생채권자에게 수정된 개인회생채권자목록 및 변제계획안을 송달한다($^{제}_{항}$).

---

35) 장래의 구상권자가 채무를 일부 변제하더라도 개인회생채권자가 개인회생채권의 전액을 받기까지는 개인회생채권자를 대신하여 개인회생절차에 참가할 수 없다(법 제581조 제2항, 제430조 제1항 단서). 다만, 보증인의 보증 범위가 개인회생채권자의 채권의 일부에 제한되는 경우라면 법 제581조 제2항, 제431조에 의하여 보증하는 부분의 전부에 대하여 대위변제함으로써 그 보증한도 부분에 대하여는 개인회생채권자의 권리를 대위하여 행사할 수 있으므로 전액을 대위변제한 경우와 동일하게 처리하면 된다.

36) 개인회생절차개시결정 전에 채권양도나 대위변제가 있었음을 이유로 개인회생채권자나 개인회생채권금액을 변경하는 경우도 개인회생절차개시결정 후 누락된 개인회생채권을 추가하는 것과 다를 바 없다.

37) 개인회생절차개시결정 후에 채권양도나 대위변제 등으로 개인회생채권자가 변동된 경우 채무자가 개인회생채권자목록을 수정할 의무는 없으나, 변동된 채권자 등의 요청에 의하여 채무자가 스스로 개인회생채권자목록을 수정하는 것은 무방하다. 이 경우 양수인이나 대위변제한 자는 구채권자의 권리를 대위하여 행사하는 것에 불과하고, 다른 채권자들은 이해관계가 없다.

38) 채무자가 비록 개인회생채권자목록을 수정하지 않더라도 개인회생채권의 동일성은 유지되기 때문에 개인회생절차개시결정 후에 개인회생채권을 양수받은 자나 대위변제한 자에게도 개인회생절차개시결정의 효력이나 변제계획 인가의 효력이 미치는 것은 당연하다. 따라서 개시결정 이후 대위변제를 한 채권자에 대하여 채권자목록 수정을 하는 경우에도 개시결정 후에 발생한 이자 등을 포함하여 증액된 금액을 새로운 원금으로 기재하여 수정할 수는 없다.

39) 실무상으로 개인회생절차개시결정 후에 채권양도나 대위변제가 이루어졌다는 이유로 채권양수인이나 대위변제자로부터 명의변경신고가 빈번하게 들어오고 있다. 이 점을 반영하여 법 제609조의2 제1항은 개인회생채권자목록에 기재된 채권을 취득한 자는 채권자 명의변경을 신청할 수 있다고 규정하고 있다. 법원사무관 등은 위와 같은 신고가 있는 때에는 그 신고내용을 개인회생채권자표에 기재하여야 한다(규칙 제83조 제2항, 제76조 제3항, 제73조 제2항, 제75조 제2항). 단, 법 제609조의2는 확정된 개인회생채권을 채권양도 또는 대위변제로 취득한 경우 채권자가 법원에 명의변경 신청을 하는 경우 적용되고, 아직 개인회생채권이 확정되지 않은 상태에서 채권자 명의가 변경된 경우에는 채권자 명의변경 등 주장을 수용한 채무자가 법 제589의2에 따라 개인회생채권자목록을 제출하고 법원으로부터 수정허가를 받아야 할 것이다.

(2) '채권자집회기일의 진행'(실무준칙 제423호)

실무준칙 제423호는 개인회생채권자집회의 효율적이고 통일적인 운영을 위하여 기일 진행 방식, 조서 작성 등 채권자집회의 진행과 관련하여 필요한 사항을 정하는데(제1조), 채권자집회기일의 연기 또는 변경 필요 사유와 불필요 사유를 나누어 규정하고 있다(제5조).

① 법원은 다음 각 호의 사유가 있는 경우 채권자집회기일을 연기 또는 변경하여야 한다(제5조 제1항).

1. 누락된 개인회생채권을 추가한 경우
2. 월 변제액의 감소·채무액의 증가 등으로 개인회생채권자가 불리한 영향을 받을 수 있는 경우
3. 개인회생절차 개시결정 전에 개인회생채권에 대하여 채권양도나 대위변제가 있었음을 이유로 개인회생채권자와 개인회생채권금액이 변경된 경우 등 새로운 이의기간을 부여할 필요가 있는 경우
4. 채권자목록 및 변제계획안이 송달되지 않은 개인회생채권자가 있고 그 개인회생채권자에 대한 송달을 공고로 갈음할 수 없는 경우

② 개인회생절차 개시결정 당시와 비교하여 개인회생채권자나 개인회생채권액이 변경되었더라도 다음의 경우에는 채권자집회기일을 연기 또는 변경할 필요가 없다(제5조 제2항).

1. 개인회생채권액이 감소한 경우
2. 개인회생채권액이 증가하였더라도 증가한 금액이 전체 개인회생채권액과 비교하여 소액이어서 개인회생채권자들의 이의가 없을 것으로 보이는 경우
3. 개인회생절차 개시결정 후에 개인회생채권에 대하여 채권양도나 대위변제가 있었음을 이유로 개인회생채권자와 개인회생채권금액이 변경된 경우

③ 채권조사확정재판이나 이에 불복한 이의의 소가 진행 중이더라도 특별한 사정이 없는 한 채권자집회기일을 진행한다. 다만, 위 재판이 조기에 종결될 것으로 예상되고 그 결과를 변제계획안에 반영하는 것이 바람직한 경우에는 채권자집회기일을 변경, 연기 또는 속행할 수 있다(제6조).

다) 위 각 실무준칙의 내용을 유형별로 묶어 정리하면 다음 표와 같다.

실무준칙 제421호	실무준칙 제423호	법원의 조치
누락된 개인회생채권의 추가 (제3조 2항)	누락된 개인회생채권의 추가 (제5조 제1항 제1호)	① 새로운 이의기간 지정 ② 채권자집회기일 연기 또는 변경40) (단, 추가된 채권액이 다액이고, 채무자가 해당 채권 고의 누락한 경우: 인가 전 폐지 가능41))
추가된 개인회생채권이 보증채권인 경우 (제3조 제3항)	-	① 별도의 이의기간 미지정 ② 추가된 개인회생채권자에게 개시결정통지서와 수정된 개인회생채권자목록 및 변제계획안 송달
(개인회생채권자의 이의기간 내 이의를 인정한 채무자의 수정에 따른) 개인회생채권금액의 변경(증액) (제4조 제2항)	채무액의 증가 등으로 개인회생채권자가 불리한 영향을 받을 수 있는 경우 (제5조 제1항 제2호)	① 새로운 이의기간 지정 ② 채권자집회기일 연기 또는 변경42)
-	월 변제액의 감소 등으로 개인회생채권자가 불리한 영향을 받을 수 있는 경우 (제5조 제1항 제2호)	채권자집회기일 연기 또는 변경
(개인회생채권자의 이의기간 내 이의를 인정한 채무자의 수정에 따른) 채권금액의 감액 변경 (제4조 제3항 제1호)	개인회생채권액의 감소 (제5조 제2항 제1호)	이의기간 연장이나 채권자집회기일 연기 또는 변경하지 않을 수 있음

---

40) 이의기간의 새로운 지정으로 인하여 이의기간과 이미 공고된 채권자집회기일 사이의 기간이 2주 이하로 된 경우.

41) 실무준칙 제421호 제3조 제1항, 법 제620조 제2항 제1호, 제595조 제2호.

42) 이의기간의 새로운 지정으로 인하여 이의기간과 이미 공고된 채권자집회기일 사이의 기간이 2주 이하로 된 경우.

(개인회생채권자의 이의기간 내 이의를 인정한 채무자의 수정에 따른) 개인회생채권자목록 수정으로 인하여 불리한 영향을 받는 개인회생채권자가 없는 경우 (제4조 제3항 제2호)	개인회생채권액이 증가하였더라도 증가한 금액이 전체 개인회생채권액과 비교하여 소액이어서 개인회생채권자들의 이의가 없을 것으로 보이는 경우 (제5조 제2항 제2호)	
(개인회생채권자의 이의기간 내 이의를 인정한 채무자의 수정에 따른) 증액된 금액이 총 채권액의 5% 미만의 소액으로서 다른 채권자에게 미치는 불리한 영향이 미미한 경우 (제4조 제3항 제3호)		
개시결정 전에 채권양도나 대위변제가 있었음을 이유로 한 개인회생채권자와 개인회생채권금액의 변경 (제5조 제1항)	개시결정 전에 채권양도나 대위변제가 있었음을 이유로 한 개인회생채권자와 개인회생채권금액의 변경 등 새로운 이의기간을 부여할 필요가 있는 경우 (제5조 제1항 제3호)	① 새로운 이의기간 지정 ② 채권자집회기일 연기 또는 변경[43]
개시결정 후에 채권양도나 대위변제가 있었음을 이유로 한 개인회생채권자와 개인회생채권금액의 변경 (제5조 제2항)	개시결정 후에 채권양도나 대위변제가 있었음을 이유로 한 개인회생채권자와 개인회생채권금액의 변경 (제5조 제2항 제3호)	① 별도의 이의기간 미지정 ② 변경 전 및 변경 후 개인회생채권자에게 수정된 개인회생채권자목록 및 변제계획안 송달 ③ 채권자집회기일 연기 또는 변경하지 않을 수 있음
-	채권자목록 및 변제계획안이 송달되지 않은 개인회생채권자가 있고, 그 개인회생채권자에 대한 송달을 공고로 갈음할 수 없는 경우[44] (제5조 제1항 제4호)	채권자집회기일 연기 또는 변경

4. 변제계획안의 수정에 수반하여 처리할 업무

채무자는 법원으로부터 제출기한 연장결정을 받지 아니하는 한, 개시 신청 일로부터 14일 이내에 변제계획안을 제출하여야 한다(법 제610조 제1항). 그러나 변제계획 안 인가 전까지는 채무자 스스로 이미 제출한 변제계획안을 수정할 수 있을 뿐 아니라, 법원이 이해관계인의 신청 또는 직권으로 채무자에 대하여 제출된 변제 계획안의 수정을 명할 수도 있으며, 법원의 수정명령이 있으면 채무자는 변제계 획안을 수정하여야 한다(법 제610조 제2, 3, 4항). 변제계획 수정안을 제출하는 경우의 제출서의 기재례는 [양식 8] 참조.

이 경우 법원사무관등은 ① 채무자, ② 알고 있는 개인회생채권자, ③ 개인 회생절차가 개시된 채무자의 재산을 소지하고 있거나 그에게 채무를 부담하는 자에게 변경된 변제계획안을 송달하여야 한다(법 제610조 제5항, 제597조 제2항). 개시결정의 경우 채 무자에게 변제계획안을 송달할 필요가 없는 것과 마찬가지로, 변경된 변제계획 안 역시 이를 제출한 채무자에게 송달할 필요는 없다.

그런데 위와 같이 변제계획안의 변경이 있는 경우 중에는, 가용소득의 액수 에 변동이 생기는 경우가 있을 수 있고, 이런 경우에는 개시결정에 따라 채무자 가 입금해 오던 매월의 입금액과 인가결정을 받게 될 최종적인 변제계획안상의 입금액 사이에 차이가 생기게 된다. 입금액이 줄어드는 경우에는 그동안의 초과 입금액만큼 인가 후의 첫 입금액을 감액하여 주면 될 것이다. 입금액이 늘어나 는 경우에는, 개인회생채권자집회에 부치는 최종 변제계획안 작성 무렵에, 회생 위원이 구두로 채무자에게 추가입금을 통지하고, 그에 불응하는 경우에는 회생 위원이 '회생위원 채권자집회 전 보고서'에서 그러한 사정을 기재함으로써 판사 가 인가 여부를 결정할 때 변제계획의 수행가능성을 판단하는 요인의 하나로 참 작할 수 있도록 하면 될 것이다.

---

43) 이의기간의 새로운 지정으로 인하여 이의기간과 이미 공고된 채권자집회기일 사이의 기간이 2주 이하로 된 경우.

44) 실무준칙 제431호 제3조 제1항 제1호 및 제3호 참조[회생위원은 개인회생 채권집회기일을 마 친 사건 중 채무자나 개인회생채권자에게 개시결정, 채권자목록, 변제계획안이 송달되지 않은 사건(제1호), 채권자들에게 최종적으로 송달된 채권자목록, 변제계획안과 다른 내용의 채권자목 록, 변제계획안이 제출된 사건(제3호)에 관하여는 변제계획을 즉시 인가할 수 없는 사정 및 이 후의 절차에 관한 의견을 판사에게 보고한다.]

5. 개인회생채권자집회와 관련한 회생위원 및 법원사무관등의 업무

가. 개   요

법원사무관등은 개인회생채권자집회의 기일과 변제계획의 요지를 채무자, 개인회생채권자 및 회생위원에게 통지하여야 한다(법 제613조 제1항).

개인회생채권자집회는 법원의 지휘 아래 개최되는 것이 원칙이지만(법 제613조 제3항), 회생위원이 선임된 경우에는 회생위원으로 하여금 집회를 진행하도록 할 수도 있다(같은조 제4항). 그러나 현재는 특별한 사정이 없는 한 법원이 직접 진행하여야 한다(개인회생예규 제8조의2 제1항).

개인회생절차에서는 조서를 작성하지 않는 것이 원칙이지만(규칙 제5조), 개인회생채권자집회에서 채무자가 불출석하였거나 채권자가 출석하여 변제계획에 관한 이의를 진술한 경우 등의 사정이 있는 경우[45]에는 재판장이 조서의 작성을 명하고 법원사무관등은 개인회생채권자집회에 관한 조서를 작성하여야 할 것이다(규칙 제5조 제3호).

나. 회생위원의 업무

종래에는 구 규칙(2011. 3. 28. 제2334호로 개정되기 이전의 것) 제88조 제2항에서 회생위원이 채권자집회를 진행한 경우 그 채권자집회일로부터 2주 내에, ① 개인회생채권자집회에서 이의가 있었는지 여부, ② 이의가 있은 경우 법 제614조의 규정에 따른 변제계획 인가요건을 충족하였는지 여부, ③ 법 제602조 제1항의 규정에 정해진 업무수행의 결과를 각 기재한 보고서를 법원에 제출하도록 하였으나, 개정된 규칙에서는 회생위원이 채권자집회를 진행하는 것을 특별한 사정이 없는 한 허용하지 않는다는 취지에서 위 조항을 삭제하였다. 이에 따라 2012. 1. 1.부터 시행된 개인회생예규 제8조의2 제2항은 법원이 직접 개인회생채권자집회를 진행하는 경우에는 회생위원은 개인회생채권자집회의 기일 전에 규칙 제88조 제1항 제1호 및 제7호의 사항을 기재한 보고서, 이른바 '회생위원 채권자집회 전 보고서'[46]를 법원에 제출하여야 한다고 규정하고 있다(보고서 기재례

---

45) 채권자집회기일의 진행에 관한 준칙(서울회생법원 실무준칙 제423호) 제8조 제1항 단서.

46) 회생위원의 채권자집회 전 및 집회 후 보고서 제출에 관한 준칙(서울회생법원 실무준칙 제422호) 제2조 참조. 다만 위 준칙 제3조 제1항은 '회생위원은 개인회생채권자가 채권자집회기일에서 출석하여 이의를 제기한 사건 중 추가조사를 진행한 사건에 관하여, 추가조사가 완료된 후 2주 이내에 채권자집회 후 보고서를 작성하여 판사에게 제출하여야 한다'고 규정하고 있다.

는 [양식 31] 참조).

다. 법원사무관등의 업무

법원이 개인회생채권자집회를 진행한 경우에 채권자가 집회에 출석하여 실질적으로 이의를 진술한 경우에는 원칙적으로 조서를 작성해야 함은 앞서 언급한 바와 같다. 이때 조서에 기재될 주된 내용은 채무자가 작성·제출한 변제계획안의 진술, 회생위원과 개인회생채권자들의 이의진술 등이다. 만약 회생위원이 예외적으로 개인회생채권자집회를 진행하고 채권자가 집회에서 출석하여 이의를 진술한 경우에는 그 이의 내용의 중요도에 따라 법원이 개인회생채권자집회를 다시 열고 법원사무관등이 당해 집회에 관한 조서를 작성하여야 할 경우도 있을 것이다.

개인회생절차의 개인회생채권자집회에서는 회생절차나 파산절차에서와 달리, 채권자들의 결의 절차가 존재하지 아니한다는 점을 유의하여야 한다.

제 4 장   개인회생재단의 구성과 확정

제 1 절   개인회생재단

1. 개   요

　개인회생절차개시결정 당시 채무자가 가진 모든 재산, 채무자가 개인회생절차개시결정 전에 생긴 원인으로 장래에 행사할 청구권, 개인회생절차진행 중에 채무자가 취득한 재산 및 소득은 개인회생재단에 속한다(^{법 제580조}^{제1항}). 다만 개인회생절차개시결정 당시 채무자가 가진 모든 재산 중 ① 압류할 수 없는 재산은 개인회생재단에 속하지 않고, ② 채무자의 신청에 의하여 법원이 면제재산으로 결정한, (i) 주거용 건물에 관한 임차보증금반환청구권 중 일정액 및 (ii) 6개월간의 생계비에 사용할 특정한 재산은 개인회생재단에서 면제된다(^{법 제580조 제3항,}^{제383조 제1항·제2항}).

　파산절차가 파산 당시 채무자가 보유한 재산을 환가하여 채권자들에게 변제하는 것과는 달리, 개인회생절차는 채무자가 장래에 벌어들이는 수입을 주요 재원으로 삼아 채권자들에게 변제하는 것이기 때문에 개인회생재단에는 개시결정 당시 채무자가 가진 모든 재산은 물론 개인회생절차진행 중에 채무자가 취득한 재산 및 소득도 포함된다. 즉, 파산재단은 법 제382조에 의하여 채무자가 파산선고 당시에 가진 모든 재산으로 구성되고 다만 법 제383조 제1항에 의하여 압류할 수 없는 재산을 파산재단에서 제외하고 있음에 비하여, 개인회생재단에서는 개인회생절차개시 후 개인회생절차진행 중에 생긴 원인으로 채무자가 취득한 재산 및 소득에 대하여는 압류할 수 없는 재산인 경우라도 법 제383조의 적용을 배제하여 장래의 급여채권 등을 개인회생재단에 포함시키고 있다(^{법 제580조}^{제3항}).

　따라서 개시결정 이후 개인회생절차에 따른 변제기간 동안 채무자가 이미 취득하였거나 취득할 것으로 확실히 예정되어 있는 장래 수입이나 재산도 개인회생재단에 속하게 되고, 이러한 장래 수입과 재산을 포함하여 채무 변제의 기초로 삼게 된다.

장래 소득과 재산을 기초로 변제계획이 작성되더라도, 그 변제액의 현재가치가 채무자에 대한 파산적 청산절차를 통하여 채권자가 배분받게 될 청산가치를 초과하여야만 인가를 받을 수 있다. 이처럼 개인회생제도의 취지는, 채권자는 개인회생절차를 통하여 파산절차에서의 배당을 넘는 채권의 만족을 도모하고, 채무자는 파산으로 인한 여러 제약에서 벗어나 경제활동을 지속할 수 있도록 하자는 데 있다.

개인회생재단에 속하는 수입과 재산의 구체적 내역과 평가는 회생위원 등의 조사를 통하여 파악된다. 한편 개인회생재단에 속하지 않는 재산에는 법 제383조 제1항의 재단제외재산과 법 제383조 제2항과 같이 채무자가 신청하여 법원의 결정에 따라 정해지는 면제재산이 있고, 이러한 재산은 변제계획에서 변제재원으로 삼지 않아도 무방하기 때문에 그 범위를 명확히 확정하여야 한다.

구 파산법에서는 개인회생재단과는 달리 법 제383조 제2항의 면제재산은 물론 법 제383조 제1항의 재단제외재산 중 민사집행법 제246조 제1항 소정의 압류금지채권 및 민사집행법 제195조 제4호 내지 제6호 소정의 압류금지물건을 파산법상 파산재단에 속하는 재산으로 보았기 때문에 구 개인채무자회생법상 청산가치를 산정함에 있어 이를 포함하는 것으로 해석할 수밖에 없었다. 따라서 개인채무자회생법상 면제재산이라고 하더라도 이를 포함한 청산가치에 변제예정액이 미달하는 경우에는 미달하는 액수만큼 면제재산을 처분하여 변제에 제공하여야 하므로 개인채무자회생법의 면제재산 규정은 아무런 실익이 없었다. 그러나 구 파산법 제6조 제3항 단서조항의 규정에 따라 파산재단에 속하였던 민사집행법 제246조 제1항 소정의 압류금지채권 및 민사집행법 제195조 제4호 내지 제6호 소정의 압류금지물건에 대하여는, 법 제383조 제1항에서 위 단서조항을 삭제하여 파산재단에서 제외하였고, 법 제383조 제2항에 면제재산을 신설하여 위 규정들을 개인회생재단의 범위에 준용하도록 하였다. 그 결과 개인회생절차에서도 법 제614조에 의한 청산가치의 산정에 있어 법 제383조 제1항의 재단제외재산은 당연히 제외되고, 법 제383조 제2항의 면제재산에 대하여는 채무자의 신청에 따른 면제재산결정이 있는 경우 일응 제외되는 것으로 보아야 하므로 채무자로서는 면제재산신청을 할 실익이 있게 되었다.

도산절차가 개시되면, 채무자가 도산절차개시 당시 가지고 있는 모든 재산을 채무자로부터 분리하여 여러 법률문제를 취급하여야 하므로, 법은 파산재단 및 개인회생재단 등의 개념을 두고 있다. 그러나 개인회생절차는 이러한 재단의 개념을 설정하면서도, 재단이 법적으로 권리의무의 주체가 될 수 있는지에 관하여 별다른 규정을 두고 있지 않고, 동시에 개인회생채권자목록에 기재되지 않은 채권자는 개인회생절차개시 후에도 여전히 "개인회생재단"에 속하는 재산에 대하여 보전처분·강제집행 등을 속행하거나 개시할 수 있도록 규정하고 있어서 (법제600조), 재단의 개념을 둘러싼 해석상 어려운 점이 있으며(이에 관하여 자세한 점은 제6장 제5절 2. 마. 참조), 다른 한편으로 재산에 대한 채무자의 관리처분권에 원칙적으로 통제를 가하지 않고 있어서 재단 개념이 현재의 개인회생절차상으로는 파산절차의 그것에 비해 큰 유용성을 가지고 있지는 않다.

2. 법 제383조 제1항의 재단제외재산

가. 개   관

개인회생절차개시결정 당시 채무자가 가진 모든 재산과 채무자가 개인회생절차개시결정 전에 생긴 원인으로 장래에 행사할 청구권 중 압류할 수 없는 재산은 개인회생재단에 속하지 않는다. 압류가 금지되는 재산에는 민사집행법 제246조 제1항 및 기타 법률에 의하여 압류가 금지되는 채권과 민사집행법 제195조 소정의 압류가 금지되는 물건으로 대별할 수 있다.

나. 압류가 금지되는 채권

1) 민사집행법상의 압류금지채권(민사집행법 제246조 제1항)

가) 법령에 규정된 부양료 및 유족부조료(遺族扶助料)(1호)   민법 제974조 등 법령의 규정에 의하여 발생하는 부양료청구권과 공무원연금법 그 밖의 법령에 의하여 발생하는 유족연금, 유족보상금 등의 청구권이 이에 속한다.

나) 채무자가 구호사업이나 또는 제3자의 도움으로 계속 받는 수입(2호)

다) 병사의 급료(3호)

라) 급료·연금·봉급·상여금·퇴직연금,[1] 그 밖에 이와 비슷한 성질을 가

---

1) 퇴직연금 지급채권에 대해 이와 같이 그 지급액의 2분의 1에 대하여만 압류금지채권으로 규정한 민사집행법의 규정과 별도로 근로자퇴직급여 보장법 제7조 제1항에서는 '퇴직연금제도의 급여를 받을 권리는 양도하거나 담보로 제공할 수 없다.'고 규정하고 있는바, 양자의 관계에 대해 판결(대법원 2014. 1. 23. 선고 2013다71180)은 "채무자의 제3채무자에 대한 금전채권이 법률의 규정에 의하여 양도가 금지된 경우에는 특별한 사정이 없는 한 이를 압류하더라도 현금화할 수 없으므로 피압류 적격이 없다."고 하고 나아가 "한편 민사집행법은 제246조 제1항 제4호에서

진 급여채권의 2분의 1에 해당하는 금액. 다만 그 금액이 국민기초생활 보장법에 의한 최저생계비를 감안하여 대통령령이 정하는 금액에 미치지 못하는 경우 또는 표준적인 가구의 생계비를 감안하여 대통령령이 정하는 금액을 초과하는 경우에는 각각 당해 대통령령이 정하는 금액으로 한다($\frac{4}{호}$).[2]

마) 퇴직금 그 밖에 이와 비슷한 성질을 가진 급여채권의 2분의 1에 해당하는 금액($\frac{5}{호}$)

바) 「주택임대차보호법」 제8조, 같은 법 시행령의 규정에 따라 우선변제를 받을 수 있는 금액($\frac{6}{호}$)[3]

퇴직연금 그 밖에 이와 비슷한 성질을 가진 급여채권은 그 1/2에 해당하는 금액만 압류하지 못하는 것으로 규정하고 있으나, 이는 위 퇴직급여법 상의 양도금지 규정과의 사이에서 일반법과 특별법의 관계에 있으므로, 근로자퇴직급여 보장법상의 퇴직연금채권은 그 전액에 관하여 압류가 금지된다고 보아야 한다."고 판시하였다.

2) 민사집행법 시행령 제3조(압류금지 최저금액) 법 제246조 제1항 제4호 단서에서 "「국민기초생활 보장법」에 의한 최저생계비를 감안하여 대통령령이 정하는 금액"이란 월 185만원을 말한다. <개정 2011. 7. 1 , 2019. 3. 5.>
제4조(압류금지 최고금액) 법 제246조 제1항 제4호 단서에서 "표준적인 가구의 생계비를 감안하여 대통령령이 정하는 금액"이란 제1호에 규정된 금액 이상으로서 제1호와 제2호의 금액을 합산한 금액을 말한다. <개정 2011. 7. 1.>
1. 월 300만원
2. 법 제246조 제1항 제4호 본문에 따른 압류금지금액(월액으로 계산한 금액을 말한다)에서 제1호의 금액을 뺀 금액의 2분의 1

3) 주택임대차보호법 시행령 제10조(보증금 중 일정액의 범위 등)
① 법 제8조에 따라 우선변제를 받을 보증금 중 일정액의 범위는 다음 각 호의 구분에 의한 금액 이하로 한다. <개정 2010. 7. 21, 2013. 12. 30, 2016. 3. 31. 2018. 9. 18., 2021. 5. 11.>
1. 서울특별시: 5천만원
2. 「수도권정비계획법」에 따른 과밀억제권역(서울특별시는 제외한다), 세종특별자치시, 용인시, 화성시 및 김포시: 4천300만원
3. 광역시(「수도권정비계획법」에 따른 과밀억제권역에 포함된 지역과 군지역은 제외한다), 안산시, 광주시, 파주시, 이천시 및 평택시: 2천300만원
4. 그 밖의 지역: 2천만원
② 임차인의 보증금 중 일정액이 주택가액의 2분의 1을 초과하는 경우에는 주택가액의 2분의 1에 해당하는 금액까지만 우선변제권이 있다.
③ 하나의 주택에 임차인이 2명 이상이고, 그 각 보증금 중 일정액을 모두 합한 금액이 주택가액의 2분의 1을 초과하는 경우에는 그 각 보증금 중 일정액을 모두 합한 금액에 대한 각 임차인의 보증금 중 일정액의 비율로 그 주택가액의 2분의 1에 해당하는 금액을 분할한 금액을 각 임차인의 보증금 중 일정액으로 본다.
④ 하나의 주택에 임차인이 2명 이상이고 이들이 그 주택에서 가정공동생활을 하는 경우에는 이들을 1명의 임차인으로 보아 이들의 각 보증금을 합산한다.
제11조(우선변제를 받을 임차인의 범위) 법 제8조에 따라 우선변제를 받을 임차인은 보증금이 다음 각 호의 구분에 의한 금액 이하인 임차인으로 한다. <개정 2010. 7. 21, 2013. 12. 30, 2016. 3. 31. 2018. 9. 18, 2021. 5. 11.>
1. 서울특별시: 1억5천만원
2. 「수도권정비계획법」에 따른 과밀억제권역(서울특별시는 제외한다), 세종특별자치시, 용인시, 화성시 및 김포시: 1억3천만원
3. 광역시(「수도권정비계획법」에 따른 과밀억제권역에 포함된 지역과 군지역은 제외한다), 안산

사) 생명, 상해, 질병, 사고 등을 원인으로 채무자가 지급받는 보장성보험의 보험금(해약환급 및 만기환급금을 포함한다). 다만 압류금지의 범위는 생계유지, 치료 및 장애 회복에 소요될 것으로 예상되는 비용 등을 고려하여 대통령령으로 정한다($\frac{7}{호}$).[4]

아) 채무자의 1월간 생계유지에 필요한 예금(적금·부금·예탁금과 우편대체를 포함한다). 다만 그 금액은 「국민기초생활 보장법」에 따른 최저생계비, 제195조 제3호에서 정한 금액 등을 고려하여 대통령령으로 정한다($\frac{8}{호}$).[5]

2) 특별법상의 압류금지채권

공무원연금법 제39조, 군인연금법 제18조, 사립학교교직원 연금법 제40조, 근로자퇴직급여 보장법 제7조[6] 등의 개별 법률에서는 급여, 퇴직연금 등을 받을 권리에 대해 양도 또는 압류할 수 없는 권리라고 규정하고 있으므로, 이 부분도 역시 법 제580조 제3항, 제383조에 의해 개인회생재단에서 제외된다.

3) 재단제외재산의 해석상 주의할 점

첫째, 위에서 민사집행법이나 특별법에서 압류금지채권으로 규정하고 있는 급료, 연금, 상여금 등은 그 전부 또는 일부가 개인회생재단에서 제외된다는 점을 설명한 바 있는데, 한편으로는 위와 같이 급여 등을 받을 권리는 기본적으로

시, 광주시, 파주시, 이천시 및 평택시: 7천만원
4. 그 밖의 지역: 6천만원
4) 민사집행법 시행령 제6조(압류금지 보장성 보험금 등의 범위)
① 법 제246조 제1항 제7호에 따라 다음 각 호에 해당하는 보장성보험의 보험금, 해약환급금 및 만기환급금에 관한 채권은 압류하지 못한다.
1. 사망보험금 중 1천만원 이하의 보험금
2. 상해·질병·사고 등을 원인으로 채무자가 지급받는 보장성보험의 보험금 중 다음 각 목에 해당하는 보험금
가. 진료비, 치료비, 수술비, 입원비, 약제비 등 치료 및 장애 회복을 위하여 실제 지출되는 비용을 보장하기 위한 보험금
나. 치료 및 장애 회복을 위한 보험금 중 가목에 해당하는 보험금을 제외한 보험금의 2분의 1에 해당하는 금액
3. 보장성보험의 해약환급금 중 다음 각 목에 해당하는 환급금
가. 「민법」 제404조에 따라 채권자가 채무자의 보험계약 해지권을 대위행사하거나 추심명령(推尋命令) 또는 전부명령(轉付命令)을 받은 채권자가 해지권을 행사하여 발생하는 해약환급금
나. 가목에서 규정한 해약사유 외의 사유로 발생하는 해약환급금 중 150만원 이하의 금액
4. 보장성보험의 만기환급금 중 150만원 이하의 금액
5) 민사집행법 시행령 제7조(압류금지 예금등의 범위) 법 제246조 제1항 제8호에 따라 압류하지 못하는 예금등의 금액은 개인별 잔액이 185만원 이하인 예금등으로 한다. 다만 법 제195조 제3호에 따라 압류하지 못한 금전이 있으면 185만원에서 그 금액을 뺀 금액으로 한다. <개정 2019. 3. 5.>
6) 본 조항과 민사집행법 제246조 제1항 제4호의 관계에 대해서는 앞의 (주 1) 참조.

법 제580조 제1항 제2호에 의하여 '개인회생절차진행 중에 채무자가 취득한 재산 및 소득'의 성질을 갖게 되어 채무자가 추후 변제계획에 따라 개인회생채권의 변제에 투입해야 하는 개인회생재단의 범위에 포함되므로 양자의 관계를 명확히 할 필요가 있다. 이에 관해 법 제580조 제3항은 법 제383조의 재단제외재산 규정을 준용하면서 그 준용대상에 제580조 제1항 제1호의 재산만 포함시키고, 같은 항 제2호의 '개인회생절차진행 중에 채무자가 취득한 재산 및 소득'은 제외하였다. 따라서 위 제2호에 해당하는 재산 및 소득은 비록 압류금지재산에는 해당한다 하더라도 파산절차와는 달리 재단제외재산에는 포함되지 않아 결국 개인회생재단에 속하는 것으로서 인가되는 변제계획에 따라 채무자가 개인회생채권의 변제에 투입해야 하는 재산임을 유의해야 한다.

　　나아가 퇴직금의 경우 구 파산법에서는 민사집행법 제246조 제1항 제5호의 "퇴직금 그 밖에 이와 비슷한 성질을 가진 급여채권의 2분의 1에 해당하는 금액"도 파산재단에 포함되고, 개인회생절차에서도 청산가치 산정시 파산을 전제로 하여 산정하므로 개시결정 당시까지 발생한 퇴직금이 모두 청산가치 산정에 포함되는 것으로 해석되었다. 그러나 구 파산법의 규정[7]과 달리 법 제383조는 민사집행법 제246조 제1항 제5호의 압류금지채권인 '퇴직금 그 밖에 이와 비슷한 성질을 가진 급여채권의 2분의 1에 해당하는 금액'을 파산재단에서 제외하였다. 따라서 이를 준용하는 개인회생절차에서 청산가치를 산정함에 있어서는 법 제383조의 취지에 따라 개인회생절차개시결정 당시 발생한 퇴직금 중 2분의 1만이 청산가치 산정에 포함되는 것이 타당하다. 그러나 위에서 언급한 바와 같이 압류금지재산이라도 개인회생재단에 속하는 범위의 퇴직금 지급청구권이 존재하므로 이 부분은 청산가치와 별개로 변제계획안의 변제 재원으로 투입해야 할 것이다.

　　둘째, 개정 민사집행법 제246조 제1항 제6호의 "「주택임대차보호법」 제8조, 같은 법 시행령의 규정에 따라 우선변제를 받을 수 있는 금액"의 의미와 관련하여 주택임대차보호법 시행령에서 정한 소액임차인의 우선변제권 요건을 갖춘 경우에 한하여 압류금지대상채권으로 인정하는 것으로 해석할 수 있는지에 관하여는 해석상 다툼이 있을 수 있으나, 개정 민사집행법에 따른 민사집행의 실무가

---

7) 구 파산법 제6조 제3항은 '압류할 수 없는 재산은 파산재단에 속하지 아니한다. 단, 민사집행법 제195조 제4호 내지 제6호 및 제246조 제1항의 각호에 열기한 물건 및 채권은 예외로 한다.'라고 규정하고 있었다.

소액임차인 요건 필요설을 따르고 있고, 주택임대차보호법의 요건과 다르게 해석해야 할 입법의도나 취지가 있다고 특별히 보이지 않는 이상 소액임차인 요건 필요설에 따라 주택임대차보호법 시행령 소정의 소액임차인 요건을 충족하게 되는 경우에는 법 제383조 제1항에 의하여 재단제외재산으로 봄이 타당하다.

다. 압류가 금지되는 물건

1) 민사집행법 제195조 소정의 압류가 금지되는 물건

채무자 및 그와 같이 사는 친족(사실상 관계에 따른 친족을 포함한다. 이하 "채무자등"이라고 한다)의 생활에 필요한 의복·침구·가구·부엌기구, 그 밖의 생활필수품($\frac{1}{2}$), 채무자등의 생활에 필요한 2월간의 식료품·연료 및 조명재료($\frac{2}{2}$), 채무자등의 생활에 필요한 1월간의 생계비로서 대통령령이 정하는 액수의 금전[8] ($\frac{3}{2}$) 등은 압류가 금지되는 물건으로 개인회생재단에서 제외된다.

2) 다른 법령에 의하여 압류가 금지된 물건

국민기초생활 보장법에 따라 수급자에게 지급된 수급품($\frac{같은법}{제35조}$), 아동복지법에 따라 지급된 금품($\frac{같은법}{제64조}$), 한부모가족지원법에 따라 지급된 복지급여($\frac{같은법}{제27조}$), 장애인복지법에 따라 장애인에게 지급되는 금품($\frac{같은법}{제82조}$) 등은 각 특별법에 의하여 압류가 금지된 물건으로 개인회생재단에서 제외된다.

라. 재산목록의 제출

개인회생재단에 속하지 않는 재산인 압류금지재산이 있는 경우에는 개인회생절차 신청과 동시에 또는 지체 없이 그 재산목록을 작성하여 제출하여야 하는데, 그 기재례는 [양식 27] 참조.

3. 법 제383조 제2항의 면제재산

가. 개 관

개인회생절차에서는 채무자가 면제재산 결정 여부와 상관없이 재산을 보유할 수 있지만, 인가요건인 청산가치 보장원칙을 충족시키기 위해서는 개인회생채권에 대한 총변제액이 채무자가 파산하는 때에 배당받을 총액보다 많아야 하

---

8) 185만 원을 말한다. 다만, 법 제246조 제1항 제8호에 따라 압류하지 못한 예금이 있으면 185만 원에서 그 예금등의 금액을 뺀 금액으로 한다(민사집행법 시행령 제2조).

므로, 면제재산 결정 여부에 따라 인가에 필요한 변제액이 달라진다. 즉, 개인회생절차에서 면제재산 제도는 채무자의 투입하여야 하는 변제액을 낮추는 기능을 한다는 점, 또한 개인회생절차의 폐지결정 또는 면책결정이 확정될 때까지 개인회생채권을 근거로 한 강제집행·가압류 또는 가처분을 할 수 없다는 점(법 제580조)에서 그 실익이 있다.

법 제383조 제2항은 ① 채무자 또는 그 피부양자의 주거용으로 사용되고 있는 건물에 관한 임차보증금반환청구권으로서 주택임대차보호법 제8조의 규정에 의하여 우선변제를 받을 수 있는 금액의 범위 안에서 대통령령이 정하는 금액을 초과하지 아니하는 부분(같은 항 1호)과 ② 채무자 및 그 피부양자의 생활에 필요한 6월간의 생계비에 사용할 특정한 재산으로서 대통령령이 정하는 금액을 초과하지 아니하는 부분(같은 항 2호)에 대하여는 채무자의 신청에 의하여 법원이 면제재산으로 결정할 수 있는 것으로 규정하고 있다.

법은 면제재산에 대하여는 개인회생절차의 폐지결정 또는 면책결정이 확정될 때까지 개인회생채권에 기한 강제집행·가압류 또는 가처분을 할 수 없도록 하여 면제재산은 강제집행의 대상에서 제외됨을 명시하였다(법 제580조 제4항). 다만 개인회생절차개시결정이 있으면 개인회생채권자목록에 기재된 채권에 한하여 개인회생재단에 속하는 재산에 대한 강제집행이 금지되는 반면에, 면제재산에 대하여는 개인회생채권자목록에 기재된 채권에 한하지 않고 모든 개인회생채권에 기한 강제집행을 금지하고 있어서 개인회생채권자목록에 기재되지 않아서 개인회생절차의 구속을 받지 않는 개인회생채권까지도 개인회생절차에서 인정되는 면제재산에 대한 강제집행을 못하도록 하는 것은 부당하다는 비판이 있다.[9]

한편, 우리 면제재산 규정의 모태가 되는 미국 연방파산법은 면제재산 (exempt property)에 대한 집행 금지의 예외로 조세, 가족부양료, 담보권 등은 면제재산에 대하여도 집행할 수 있다고 규정하고 있다[§522(c)]. 다만, 생활필수품에 대한 담보권 행사 등에 대해서는 부인권을 행사할 수 있다고 규정하여 채무자 보호를 위한 면제재도의 취지를 살리고 있다.[10]

---

9) David G. Epstein, *Bankruptcy and Related Law in a Nutshell*, 7th ed., Thomson/West (2005), 181~183면 참조.

10) Charles Jordan Tabb, LAW OF BANKRUPCY(4th ed.), West Academic(2016), 890면, 914면.

나. 주택임차보증금에 관한 면제재산(법 제383조 제2항 제1호)

채무자 또는 그 피부양자의 주거용으로 사용되고 있는 건물에 관한 임차보증금반환청구권을 대상으로 한다. 따라서 영업소득자의 경우 영업장소로 사용하고 있는 상가건물에 대한 임차보증금은 그 주된 용도가 주거용이라고 볼 수 없는 한 법 제383조 제2항의 면제재산의 대상이 될 수 없다.

앞서 살펴본 바와 같이 주택임대차보호법 및 그 시행령에 따른 소액임차인의 자격을 갖춘 경우 임차보증금 중 우선변제를 받을 수 있는 금액 상당액은 법 제383조 제1항에 의하여 재단제외재산이 된다.[11] 그런데 법 제383조 제2항의 면제재산이 되기 위해서도 주택임대차보호법상 소액임차인 우선변제권의 요건을 구비하여야 하는지가 문제될 수 있다. 주택임대차보호법 제8조에 따르면 경매개시결정 등기 전에 주택의 인도와 주민등록을 갖춘 경우 그 보증금 중 일정액에 대하여 우선변제권을 갖게 된다고 규정하고 있고, 나아가 주택임대차보호법 시행령 제10조에서는 우선변제를 받을 수 있는 임차인의 보증금 한도를 다시 규정하고 있기 때문이다.

그러나 법 제383조 제2항은 단순히 "주택임대차보호법 제8조의 규정에 의하여 우선변제를 받을 수 있는 금액의 범위 안에서 대통령령이 정하는 금액을 초과하지 아니하는 부분"으로 규정하고 있고, 개인회생채무자의 주거안정을 도모하기 위하여 일정한 금액을 면제재산으로 인정해주려는 제도의 취지에 비추어 보아 반드시 주택임대차보호법상의 소액임차인의 우선변제권 요건을 구비할 필요는 없고, 단지 금액의 기준 한도를 규정한 것으로 법 제383조 제2항 제1호를 해석하는 것이 타당하다. 예를 들어 서울특별시에 거주하는 채무자의 임차보증금 액수가 1억 5천만 원을 넘는 경우에도 그 보증금 중 시행령 제16조 제1항에서 정한 상한액 범위 내의 일정액은 법 제383조 제2항의 면제재산으로 결정할 수 있다고 보아야 할 것이다.

시행령 제16조 제1항은 면제할 수 있는 임차보증금반환청구권의 상한액을 「주택임대차보호법 시행령」 제10조 제1항에서 정한 금액으로 하되, 그 금액이 주택가격의 1/2을 초과하는 경우에는 주택가격의 1/2로 한다고 규정하고 있다.

배우자 등과 공동명의의 임차보증금반환청구권에 대하여 면제재산 신청을

---

11) 이처럼 재단제외재산이 되는 경우 면제재산 결정신청이 있다면, 기각하여야 할 것이나, 실무적으로 강제집행의 대상에서 제외된다는 것을 확인한다는 의미로 인용하기도 한다.

한 경우 임차보증금 중에서 먼저 일정액을 면제재산으로 결정하고 나머지 임차보증금의 1/2을 신청인의 청산가치로 보아야 한다는 견해와 임차보증금을 1/2로 나눈 금액 중 일정액에 대하여 면제재산 결정을 하여 신청인의 청산가치를 산정하여야 한다는 견해가 있을 수 있다. 서울회생법원의 실무례는 면제재산 결정은 본인 명의 임차보증금반환청구권에 대하여 이루어져야 한다는 점을 근거로 하여 임차보증금을 먼저 1/2로 나눈 후 면제재산 부분을 공제하여 신청인의 청산가치로 산정하고 있다. 다만 부부가 모두 개인회생절차개시신청을 한 경우에는 면제재산 결정이 두 번 이루어지는 불합리가 발생할 수 있으므로, 임차보증금 중 먼저 일정액을 면제재산으로 결정하고 나머지 임차보증금의 1/2씩을 각 신청인의 청산가치로 산정하고 있다.

한편, '개인회생 사건 신청서에 첨부할 서류'(서울회생법원 실무준칙 제402호)는 개인회생사건의 적정한 심리와 원활한 진행을 위하여 배우자 명의의 임대차계약서 사본을 개인회생절차 개시신청 시가 아닌 법원이 추가로 제출을 명할 때 비로소 제출하도록 하고 있음은 앞에서 본 바와 같다.

다. 6개월간의 생계비 사용재산에 관한 면제재산(법 제383조 제2항 제2호)

법은 채무자 및 그 피부양자의 생활에 필요한 6월간의 생계비에 사용할 특정한 재산으로서 대통령령이 정하는 금액을 초과하지 아니하는 부분을 신청에 의한 면제재산대상으로 하고 있다.

이 규정에 의한 면제재산은 압류금지재산인 1개월 간의 생계비(민사집행법 제246조 제1항 제8호)와 2개월 간의 식료품, 연료 등(민사집행법 제195조 제2호)과는 구별되어야 한다. 만약 채무자가 법 제383조 제1항 소정의 재단제외재산으로 제출한 후 다시 6개월 간의 생계비 사용 특정재산을 추가로 신청한 경우에도 이론적으로 위 재단제외재산과는 별도로 현행 시행령 제16조 제2항에 의한 1,110만 원 범위 내에서 면재재산 결정이 가능하다고 본다. 그러나 실제로 채무자가 개인회생채권의 변제에 투입할 가용소득을 산정할 때 피부양자를 포함하여 최저생계비의 150%까지 공제되기 때문에 이 조항에 의한 면제재산 결정은 거의 내려지지 않는 것이 실무이다.

라. 면제재산결정의 신청 및 목록의 제출

채무자가 법 제383조 제2항에 따라 면제재산 결정을 구하는 경우에는 그 신청서를 제출하여야 하고, 그 대상 재산이 여럿인 경우에는 재산목록도 작성하여야 한다. 면제재산결정신청서와 면제재산결정서의 기재례는 [양식 28, 29]와 같다.

　채무자는 개인회생절차개시 신청일부터 개시결정 후 14일 이내까지의 기간 동안에 이와 같은 재산을 면제재산으로 결정해 줄 것을 신청할 수 있고 (법 제383조 제3항), 법원은 그 신청이 개시결정 전에 있는 경우에는 개인회생절차개시결 정과 동시에, 그 결정 이후에 신청이 있는 경우에는 면제재산결정 신청일부터 14일 이내에 면제여부 및 범위를 결정하여야 한다(법 제383조 제4항).

　면제재산결정이 있으면 법원은 채무자, 알고 있는 채권자에게 그 결정서를 송달하여야 하고(법 제383조 제5항), 이러한 결정에 대하여는 즉시항고를 할 수 있으나 (같은조 제6항), 이 즉시항고에는 집행정지의 효력이 없다(같은조 제7항). 개인회생절차개시결정 전에 위 신청이 있는 경우에 법원은 채무자의 신청 또는 직권으로 개인회생절차 개시결정이 있을 때까지 법 제383조 제2항의 면제재산에 대하여 개인회생채권 에 기한 강제집행, 가압류 또는 가처분의 중지 또는 금지를 명할 수 있다(같은조 제8항). 개인회생절차 개시결정은 개인회생채권자목록에 기재된 채권에 한하여 개인회생 재단에 속하는 재산에 대한 강제집행이 금지되지만, 면제재산의 경우에는 개인 회생채권자목록에 기재된 채권에 한정되지 않고 모든 개인회생채권에 기한 강제 집행을 금지한다는 점에서 차이가 있다.[12] 이후 면제결정이 확정된 때에는 그 중지한 절차는 그 효력을 잃는다(같은조 제9항). 면제되는 재산에 대하여는 개인회생절 차의 폐지결정 또는 면책결정이 확정될 때까지[13] 개인회생채권에 기한 강제집 행·가압류 또는 가처분을 할 수 없다는 점은 앞에서 본 바와 같다(법 제580조 제4항).

제 2 절　개인회생재단채권

1. 개인회생재단채권의 의의

　개인회생재단채권이란 개인회생절차의 수행에 필요한 비용을 지출하기 위

---

12) 개인회생채권자목록에 기재되지 않은 개인회생채권자에게도 면제재산에 대하여 강제집행을 하지 못하게 하는 것은 부당하다는 비판적 견해도 있다.
13) 이와 같은 점에서 "법 제556조 제1항의 규정에 따라 면책신청을 할 수 있는 기한"까지 파산 채권에 기한 강제집행, 가압류 또는 가처분을 할 수 없는 파산절차와 차이가 있다(법 제383조 제10항).

하여 인정된 채무자에 대한 청구권으로서 법 제583조에 의하여 인정되는 채권을 말한다. 개인회생재단채권은 개인회생절차를 위한 공익적 성격에서 지출된 비용으로서 주로 개인회생절차개시 후의 원인에 기하여 생긴 청구권이다. 그러나 경우에 따라서는 개인회생절차개시 전의 원인으로 생긴 청구권이라 하더라도 형평의 관념이나 사회정책적인 이유 등으로 법이 개인회생재단채권으로 규정한 것이 있다.

2. 개인회생재단채권의 범위

가. 회생위원의 보수 및 비용의 청구권

법원에 의하여 선임된 회생위원에게 지급할 보수와 회생위원이 지출한 비용에 대한 청구권을 말한다(법 제583조 제1항 제1호). 내부회생위원(법원사무관등)에 대해서는 보수를 지급하지 않음이 원칙이므로(개인회생예규 제10조 제1항) 위 조항은 외부회생위원이 담당하는 개인회생사건에서 적용된다.[14]

나. 원천징수할 국세 등

개인회생절차개시 당시 아직 납부기한이 도래하지 아니한, 원천징수하는 조세, 부가가치세·개별소비세 및 주세, 특별징수의무자가 징수하여 납부하여야 하는 지방세, 본세의 부과·징수의 예에 따라 부과·징수하는 교육세 및 농어촌특별세를 개인회생재단채권으로 한다(법 제583조 제1항 제2호). 이러한 세금들은 실질적인 납세의무자가 따로 존재하는 것이고, 원천징수의무자 또는 특별징수의무자가 납부할 세금은 본래 이들이 이른바 징수기관으로서 실질적인 납세의무자로부터 징수하고 국가나 지방자치단체를 위하여 보관하는 금전으로 보아야 하기 때문에 이를 개인회생채권으로 하지 않고 개인회생재단채권으로 분류하고 있다.

다. 채무자의 근로자의 임금·퇴직금 및 재해보상금 등

채무자가 고용한 근로자의 임금·퇴직금 및 재해보상금, 개인회생절차개시 결정 전의 원인으로 생긴 채무자의 근로자의 임치금과 신원보증금의 반환청구권

---

14) 보수기준은 개인회생예규 제10조 제3항, [별표 1]에 따르면, 다음과 같다. 즉, 인가결정 이전 업무에 대한 보수는 보수기준액 15만 원, 보수상한액 30만 원이고, 인가결정 이후 업무에 대한 보수는 보수기준액 '인가된 변제계획안에 따라 채무자가 실제 임치한 금액의 1%', 보수상한액 '인가된 변제계획안에 따라 채무자가 실제 임치한 금액의 5%'이다.

은 개인회생재단채권이다(법 제583조 제1항).[15]
제3호·제4호

라. 개시신청 후의 차입금 등

채무자가 개인회생절차개시신청 후 그 개시결정 전에 법원의 허가를 받아 행한 자금의 차입, 자재의 구입 그 밖에 채무자의 사업을 계속하는 데 불가결한 행위를 함으로 인하여 생긴 청구권은 개인회생재단채권이다(법 제583조 제1항 제5호). 개인회생절차개시신청 후 법원은 이해관계인의 신청에 의하거나 직권으로 보전처분을 할 수 있고(법 제592조), 특히 영업소득자의 경우에는 보전처분시 법원의 허가를 받아 행하여야 할 행위를 결정할 필요가 있다. 따라서 보전처분이 있기 전까지는 법원의 허가가 특별히 필요하지는 않을 것이나, 보전처분 후 영업소득자가 법원의 허가를 받아 행하는 대부분의 법률행위(거래처와의 새로운 계약 체결, 원재료의 구입, 자산의 매각 등)로 인하여 생기는 채권은, 비록 그것이 개인회생절차개시결정 전의 원인으로 인하여 발생하였다고 하더라도 개인회생재단채권이 된다.[16]

마. 기 타

그 밖에 채무자를 위하여 지출하여야 하는 부득이한 비용은 개인회생재단채권이다(법 제583조 제1항 제6호). 법 제583조 제1항 제1호 내지 제5호의 사유에 직접 해당하지는 않지만, 채무자의 이익을 위하여 개인회생채권보다 먼저 수시 변제하는 것이 부득이한 비용의 청구권을 가리킨다.

여기서 개시신청서류의 작성 및 제출비용(변호사·법무사의 보수나 비용 등) 등을 개인회생채권으로 보아야 하는지 아니면 개인회생재단채권에 포함되는 것으로 보아야 하는지 문제가 된다. 채무자가 변제계획인가결정을 받기까지 법률상의 조력을 받는 것은 채무자가 개인회생절차의 진행을 위하여 지출하여야 하는 부득이한 비용이므로 상당하다고 인정되는 범위 내에서는 개인회생재단채권으로 볼 수도 있을 것이다.

---

15) 근로복지공단이 근로자에게 체당금을 지급한 후 채무자인 고용주에게 청구하는 구상채권도 개인회생재단채권으로 봄이 타당하다.

16) 그러나 실무상 개인회생절차에서 '보전처분'은 거의 이루어지고 있지 않다.

3. 개인회생재단채권의 성질

개인회생채권이 원칙적으로 변제계획에 의하지 아니하고는 변제할 수 없는
데 반하여(면제를 제외한다)($_{제582조}^{법}$), 개인회생재단채권은 개인회생절차에 의하지 아
니하고 채무자가 수시로 변제할 수 있다($_{제2항, 제475조}^{법, 제583조}$). 따라서 채무자는 개인회생
재단채권에 대하여 본래의 변제기에 따라 그때그때 변제하여야 하며, 채무자가
변제를 해태하는 경우에는 강제집행을 당할 수 있고, 이로 인하여 변제계획의
수행이 불가능하게 되어 개인회생절차가 폐지될 수도 있다($_{제1항}^{법, 제621조}$).

개인회생재단채권은 개인회생채권보다 먼저 변제한다($_{제2항, 제476조}^{법, 제583조}$). 그 의미는
별제권에 의하여 담보된 재산을 제외한 채무자의 일반 재산으로부터 개인회생채
권보다 우선하여 변제를 받는다는 취지이다. 이러한 점에서 개인회생재단채권은
별제권과 비슷하나, 개인회생재단채권이 채무자의 일반 재산으로부터 우선변제
를 받는 데 반하여, 별제권은 담보된 특정한 재산으로부터 우선변제를 받는다는
점에서 차이가 있다.

변제계획에는 개인회생재단채권의 전액의 변제에 관한 사항을 정하여야 한
다($_{제1항 제2호}^{법, 제611조}$). 즉 개인회생재단채권의 변제에 관한 사항은 필요적 기재사항의 하
나이다. 따라서 회생위원의 보수 및 비용의 청구권, 근로자의 임금·퇴직금, 개
시신청 후의 차입금 등과 같이 변제계획안 작성 당시 금액을 알 수 있는 개인
회생재단채권은 재단채권자와 분할변제에 대한 합의 등이 이루어지지 않는 이상
개인회생채권에 대한 변제개시일 전에 그 전액을 변제하는 내용이 변제계획안에
정해져야 한다. 그 실제 취급의 문제는 아래에서 서술한다.

4. 개인회생재단채권의 실무상 처리

가. 개인회생재단채권이 발생하는 경우

위 2.에서 본 채권 가운데 ① 회생위원의 보수 및 비용의 청구권에 관해서
는, 법원사무관이 회생위원으로 선임되는 경우에는 회생위원 보수가 따로 발생
하지 않아 별로 문제될 여지가 없다($_{제10조\ 제1항}^{개인회생예규}$). 그러나 서울회생법원 및 일부 지
방법원은 2012년 상반기부터 채무액 등 일정한 기준에 따라 법원사무관등이 아
닌 외부회생위원을 선임하여 사건을 배당하고 있는데,[17] 이 경우 일정한 보수를

---

17) '사건배당의 기준'(서울회생법원 실무준칙 제401호)는 법원사무관등이 아닌 회생위원을 선임할

지급하도록 되어 있으므로 이 부분은 개인회생재단채권이 된다.[18] 한편 ② 원천
징수할 국세, ③ 채무자의 근로자의 임금·퇴직금·재해보상금 및 ④ 개시신청
후의 차입금 등 채무자가 사업을 계속하는 데에서 불가피하게 생기는 청구권은
채무자가 영업소득자인 경우에 주로 있을 수 있다. 이 경우 채무자의 영업이 정
상적으로 수행된다면 ②, ③, ④ 채권은, 대개 통상적인 영업수입의 범위 내에서
발생하는 채권이므로 대부분 그 수입으로써 수시로 변제될 것이고 영업총수입
중 이러한 채권을 공제한 금액이 영업순수입으로 산정되고 그 영업순수입 중에
서 최저생계비를 공제한 금액이 비로소 가용소득으로서 개인회생채권의 변제에
투입되는 것이다.

나. 개인회생재단채권과 변제계획안

법은, 위에서 말한 개인회생재단채권들을 개인회생절차에 의하지 아니하고 채
무자가 수시로 변제하여야 하는 것으로 정하였을 뿐만 아니라(법, 제583조 제2항, 제475조) 개인회
생채권보다 먼저 변제하여야 하는 것으로 정하였다(법, 제583조 제2항, 제476조). 그러므로 변제개
시 전에 개인회생재단채권이 있는 경우에는 이를 변제하지 아니하고는 개인회생
채권의 변제를 개시할 수 없게 되고, 따라서 이를 변제한 후로 변제개시일을 정
해야 할 것인데, 이 경우 변제계획안에는 이미 발생한 재단채권의 구체적인 변
제방법과 시기 등을 기재하면 될 것이다. 이때 법 제611조 제4항 본문의 '인가일
로부터 1월 이내에 변제를 개시하여'라는 규정에 반하는 경우가 있을 수 있으나

사건을 규정하고 있는데, 구체적인 기준은 아래와 같다.

> 제2조 (법원사무관등이 아닌 회생위원을 선임할 사건)
> ② 법원은 다음 각 호에서 정한 채무자의 개인회생절차 개시신청 사건은 외부 회생위원 전
> 담재판부에 배당하고, 외부 회생위원을 선임한다.
> 1. 법 제579조에서 정한 영업소득자인 채무자(채무자 명의로 사업자등록이 되어 있는지 여
>   부와 무관하게 채무자가 실질적으로 영업소득을 얻는 경우를 의미한다)
> 2. 법 제579조에서 정한 급여소득자인 채무자 중 채무액 총합계(담보부 채무액을 포함한다)
>   가 1억 5,000만원을 초과하는 채무자
> 3. 법 제579조에서 정한 급여소득자인 채무자 중 다음 각 목에서 정한 직업에 종사하는 채
>   무자. 다만, 채무자가 영업활동에 따른 성과급을 지급받지 않는 경우에는 외부 회생위원
>   전담재판부에 배당하지 않을 수 있다.
>   가. 보험설계사
>   나. 영업사원 및 방문판매사원
>   다. 법인의 대표자
>   라. 지입차주
>   마. 그 밖에 영업활동에 따른 성과급을 지급받는 직업

[18] 개인회생예규 제10조 참조.

법원의 허가를 받아 1월 후에 변제하는 것으로 변제계획을 세울 수 있다 (법 제611조 제4항 단서). 그러나 전혀 예상하지 못하였고 통상적인 영업수입으로써 변제가 불가능한 정도로 큰 금액의 개인회생재단채권이 발생한다면, 채무자로서는 이 재단채권을 실제로 변제할 방법은 없다. 다만 재단채권액이 많다고 하더라도 채무자가 재단채권자와의 협의에 의하여 변제를 유예받는 등의 방법으로 이를 당장 변제하지 않을 수 있게 된 경우에는 1월 이내에 변제개시를 할 수 있다.

그런데 다른 한편으로, 재단채권자는 채무자가 변제를 해태하는 경우에는 개인회생절차상의 변제계획과 무관하게 강제집행을 실시할 수 있으므로, 만일 이로 인하여 변제계획의 수행이 불가능하게 된다면 결국 개인회생절차가 폐지될 것이다(법 제621조 제1항).

따라서 특히 영업소득자에 대한 변제계획안 작성시에는, 추후에 예상하지 못하였던 재단채권이 발생하는 일이 없도록 예측가능한 모든 채권을 빠짐없이 밝혀내는 노력이 필요하다.

제 3 절 부인권과 환취권

1. 부 인 권

가. 개   념

부인권이란 개인회생절차개시 전에 채무자가 자신의 재산에 관하여 개인회생채권자를 해하는 행위를 한 경우 그 행위의 효력을 개인회생재단에 대한 관계에 있어서 부인하고 일탈한 재산을 개인회생재단에 회복시키기 위하여 행사하는 권리이다(법 제584조). 부인권은 절차 개시 전에 일탈된 재산을 원상 회복하여 개인회생재단의 충실을 기하기 위한 도산법 특유의 제도이다.

개인회생절차에서의 부인권은 파산절차의 부인권을 대부분 준용하고 있다 (법 제584조 제1항). 다만 채무자만 부인권을 행사할 수 있고(법 제584조 제2항, 제3항), 부인권의 제척기간이 개인회생절차개시결정 후 1년(파산절차에서는 파산선고 후 2년), 부인권 대상인 원인행위를 한 날로부터 5년(파산절차상으로는 10년)으로 단축된다(법 제584조 제5항).

회생절차에서는 관리인이, 파산절차에서는 파산관재인이 부인권을 행사하지만, 개인회생절차에서의 부인권은 채무자가 행사하는 점에서 차이가 있다.

나. 개인회생절차에서의 부인권 행사

실무상 개인회생절차에서 부인권 행사가 주로 문제되는 경우는, ① 개인회생신청 직전에 부동산을 매각, 담보제공, 대물변제한 경우, ② 형식적 위기시기에 변제기가 도래한 채권을 변제하는 본지 변제행위가 있은 경우, ③ 제3의 금융기관으로부터 자금을 차입하여 특정채권자에게 변제한 후 개인회생신청을 한 경우, ④ 위기시기에 이혼을 하면서 배우자에게 재산분할 명목으로 부동산 등을 증여하거나 염가매각한 경우, ⑤ 위기시기에 상속재산의 협의분할, 상속포기 등을 한 경우이다.[19]

종전에는 개인회생신청 이후 개시 여부를 심리할 때에 위와 같이 부인권 행사가 문제되면 채무자가 스스로 부인권을 행사하는 것을 기대하기 어려운 사정이 있으므로, 개인회생절차에 의함이 채권자 일반의 이익에 적합하지 않거나 (법 제595조 제6호) 신청이 성실하지 않다는 이유로 개인회생절차 개시신청을 기각하는 실무례가 있었으나, 대법원은 그런 경우에도 신청을 기각할 것이 아니라 우선적으로 부인권 행사를 고려하여야 한다고 판단하였다.[20]

다만, 개인회생절차에서의 부인권 행사는 개인회생재단을 부인의 대상이 되는 행위 이전의 상태로 원상회복하기 위한 것이지 채무자에게 부당한 이익을 얻게 하는 것이 아니고, 부인권 행사에 따라 회수된 재산이 있다 하더라도 채무자의 가용소득만으로 청산가치 보장에 문제가 없다면 채권자들에 대한 변제에 제공되지 않는 것이 원칙이다.[21] 따라서 개인회생절차에서는 채무자의 변제계획안이 부인권 행사에 의해 회복될 예정인 재산을 감안하더라도 청산가치 보장에 문제가 없는 경우라면, 부인권을 행사할 실익이 없다고 할 수 있다.

나아가 부인권 행사로 재산이 회수된 경우에는 그 부분만큼 청산가치가 증가되므로 이를 보장하기 위하여 변제계획안을 수정할 필요가 있다. 이때 채무자는 스스로 또는 법원의 보정명령(권고)에 따라 생계비 감축 등으로 가용소득을 증가시켜 변제액을 증액하거나 복귀된 재산을 처분하여 변제에 추가로 투입하는 방식으로 변제계획안을 다시 작성하게 된다.[22]

---

19) 서울회생법원, 회생위원 직무편람, 사법발전재단(2020), 82~83면.
20) 대법원 2010. 11. 30.자 2010마1179 결정, 대법원 2013. 3. 11.자 2012마1744 결정.
21) 이와 달리 파산절차에서는 파산관재인이 부인권을 행사하여 일탈된 재산을 파산재단으로 원상회복시키고, 회복된 재산을 환가하여 채권자들에 대한 변제 또는 배당의 재원으로 사용한다.
22) 서울회생법원, 회생위원 직무편람, 사법발전재단(2020), 87~88면.

다. 파산절차의 부인권 준용

개인회생절차에서 준용되는 파산절차의 부인권은 행위의 태양, 시기, 내용 등을 기준으로 부인대상 행위를 유형화하고 있다. 부인의 유형은 ① 채무자가 채권자를 해할 것을 알면서 한 행위를 부인하는 고의부인(^{법 제391조}_{제1호}), ② 채무자가 지급의 정지 등 경제적 파탄이 표면화된 시기에 한 행위를 부인하는 위기부인 [위기부인은 다시 ㉠ 채무자의 의무에 속한 본지행위 부인(^{법 제391조}_{제2호})과 ㉡ 채무자의 의무에 속하지 않은 행위를 부인하는 비본지행위 부인(^{법 제391조}_{제3호})으로 나뉜다], ③ 채무자가 한 무상행위 내지 이와 동일시할 수 있는 유상행위를 부인하는 무상부인(^{법 제391조}_{제4호})으로 나눌 수 있다. 또한 채무자와 특수관계에 있는 자들을 상대로 한 특칙(^법_{제392조})이 있고, 특수한 부인으로 권리변동의 성립요건·대항요건의 부인(^법_{제394조}), 집행행위 부인(^법_{제395조}), 전득자에 대한 부인(^법_{제403조})이 있다.

부인대상 행위의 각 유형마다의 특유한 성립요건이 있지만, 공통되는 일반적 성립요건으로 ① 채무자의 행위와 ② 행위의 유해성 및 ③ 행위의 비상당성이 요구된다. 즉, 행위주체와 관련하여 ① 법 제391조의 각 호는 "채무자가 … 한 행위"라고 규정하고 있으므로, 부인권의 대상이 되는 행위는 개인회생채무자의 행위 또는 이와 동일시되는 행위일 것을 요한다. 또한 적극적 요건으로 ② 부인의 대상이 되는 행위는 개인회생채권자에게 해를 끼치는 행위이어야 한다. 여기에는 채무자의 일반재산을 절대적으로 감소시키는 '사해행위'는 물론 채권자간의 평등을 저해하는 '편파행위'도 포함된다(통설). 마지막으로 소극적 요건으로 ③ 행위 당시의 개별적·구체적 사정에 따라 당해 행위가 사회적으로 필요하고 상당하였거나 불가피하였다고 인정되어 개인회생채권자가 채무자 책임재산의 감소나 불공평을 감수하여야 한다고 보이는 경우에는 부인의 대상이 되지 아니한다.[23]

개별적인 부인권의 성립요건 등 구체적인 내용은 제1편 개인파산실무 제5장 제4절 부인권 부분을 참조.

라. 개인회생 특유의 부인권 행사요건

1) 부인권 행사의 주체

개인회생절차의 부인권은 채무자가 행사한다(^{법 제584조}_{제2항}). 개인회생절차가 개시

---

23) 대법원 2011. 10. 13. 선고 2011다56637, 56644 판결, 대법원 2005. 11. 10. 선고 2003다2345 판결.

되더라도 개인회생재단의 관리처분권은 여전히 채무자에게 있으므로, 부인권도 채무자가 행사하는 것이다. 개인회생채권자가 채무자를 대위해서 부인권을 행사할 수 있는 지에 관하여 견해대립이 있을 수 있으나, 실무는 부정적이다.[24] 이에 의하면 개인회생채권자는 법원에 대하여 채무자에게 부인권의 행사를 명하도록 신청할 수 있을 뿐이다(법 제584조 제3항).

한편 개인회생절차에서의 부인권 행사는 채무자가 자신의 행위를 스스로 부인해야 하는 상황이므로 소극적인 태도를 보일 가능성이 많다. 그 경우 법원은 채권자 또는 회생위원의 신청에 의하거나 직권으로 채무자에게 부인권의 행사를 명할 수 있다(법 제584조 제3항). 그러나 채무자가 부인권행사명령에 불응하는 경우에도 이를 강제할 수단이 없어 법원의 부인권행사명령은 실효성이 높지 않다.[25] 이 때문에 실무는 부인권행사명령을 발령하는 대신 채무자를 심문하여 부인대상행위의 경위를 심사하여 청산가치 추가 및 이에 따른 변제계획안 수정가능성을 검토하는 방식을 취하기도 한다.

2) 채권자취소소송의 수계 문제

개인회생채권자가 수익자를 상대로 채무자의 사해행위를 취소한다는 채권자취소소송이 계속된 경우, 채무자에 대한 개인회생절차가 개시되면 채권자취소소송은 수계 또는 개인회생절차의 종료에 이르기까지 중단된다(법 제584조 제1항, 제406조 제1항).[26] 중단된 소송은 채무자 또는 상대방이 수계할 수 있는데(법 제584조 제1항, 제406조 제2항, 제347조), 수계되면 채무자가 부인의 소로 청구를 변경하여야 한다.[27] 한편 채무자에 대한 개인회생절차가 개시되면 채권자목록에 기재된 개인회생채권의 채권자는 새로이 채권자취소소송을 제기할 수 없다.[28]

이에 따라 개인회생채권자는 채무자가 부인권 행사에 소극적이어서 중단된 소송을 적극적으로 수계 또는 수행하지 않거나 소송을 취하하는 등 오히려 반대행위를 한 경우에도 이를 제지할 수 없는 문제가 있을 수 있다. 개인회생채권자

---

24) 서울회생법원, 회생위원 직무편람, 사법발전재단(2020), 86면.

25) 이 때문에 개인회생절차의 부인권 행사주체를 '채무자'에 한정하는 현행법에 관하여는 개선입법이 필요하다는 의견이 많다. 개정안으로는 미국 연방파산법 제13장 절차에서와 같이 '회생위원'을 채무자와 함께 또는 단독으로 부인권 행사주체로 규정하는 안과 채무자가 부인권 행사와 관련된 소송행위를 하는 경우 '법원의 허가'를 받도록 하는 안 등이 논의되고 있다.

26) 대법원 2013. 6. 13. 선고 2012다33976 판결(수계절차 없이 판결이 선고되면 대리인에 의하여 적법하게 대리되지 아니하였던 경우와 마찬가지의 위법이 있다).

27) 채무자가 계속하여 소송을 수계하지 아니하는 경우, 법원은 속행명령(민소법 제244조)을 통하여 중단된 소송을 수계시켜 재판을 진행하기도 한다.

28) 대법원 2010. 9. 9. 선고 2010다37141 판결.

로서는 앞서 본 부인권행사명령의 발동을 촉구하거나 수계된 소송에 보조참가하여 의견을 제시할 수밖에 없다. 따라서 개인회생절차의 개시 전 단계에서부터 부동산등기사항증명서에 처분금지 가처분 등이 기재되어 있는 경우, 소송의 진행단계에 따라 개시결정을 늦추거나 개시결정 직후부터 채무자에게 채권자취소소송의 적극적인 수행을 주문할 필요가 있다.

3) 부인권 행사기간

개인회생절차의 부인권은 개인회생절차개시결정 후 1년이 경과하거나, 부인권 대상인 원인행위를 한 날로부터 5년이 경과하면 행사할 수 없다(법 제584조 제5항). 이는 파산절차에서 파산선고 후 2년, 원인행위를 한 날로부터 10년으로 정한 행사기간(법 제405조)에 비해 절반으로 단축된 것으로 개인회생절차의 신속한 진행 및 조속한 법률관계의 확정을 위한 것이다. 위 행사기간은 제척기간이므로 소멸시효기간과는 달리 중단되지 아니한다.

2. 환 취 권

가. 개   념

법 제585조는 '개인회생절차개시결정은 채무자에 속하지 아니하는 재산을 개인회생재단으로부터 환취하는 권리에 영향을 미치지 아니한다'고 규정하고, 파산절차에서의 환취권 규정들을 준용하고 있다(법 제585조, 제407조). 즉, 개인회생절차개시결정이 이루어지면, 개인회생채무자가 외형상 점유하고 있거나 자신의 명의로 등기·등록하고 있는 재산을 일응 개인회생재단에 포함시켜 점유·관리하게 되는데 이러한 재산 중에는 채무자 아닌 타인의 재산이 있을 수 있고 그 재산의 귀속에 관하여 다툼이 있을 수도 있다. 이때 정당한 재산상의 권리자가 개인회생절차에서 채무자의 점유·관리 권한을 배제하고 그 반환을 청구할 수 있는 권능을 환취권이라고 정의할 수 있다.[29)

환취권은 파산절차나 개인회생절차에서 새롭게 인정된 권리는 아니며 본래 실체법상 채무자의 재산이 아닌 제3자에 속하는 재산이 어떠한 사정에 의해 채무자의 재산 속에 섞여 있을 때, 채무자에 대해 파산선고나 개인회생절차개시결정이 있다고 하더라도, 그 제3자가 애초부터 자신의 재산에 대하여 주장할 수

---

29) 윤남근, 일반환취권과 관리인·파산관재인의 제3자적 지위, 회생과 파산(Vol. 1), 사법발전재단 (2012), 4면.

있는 실체법상의 권리나 지위를 도산절차에서도 그대로 행사할 수 있다는 점을 표현한 것에 불과하다고 볼 수 있다.[30]

나. 환취권의 대상 및 내용

환취권은 개인회생재단으로부터 개별적으로 분별해 낼 수 있는 특정재산을 대상으로 하는 것이기 때문에, 일정한 가치나 금액을 대상으로 할 수는 없다.

환취권의 기초가 되는 대표적인 권리는 소유권이지만, 소유권 이외의 용익물권이나 점유권도 환취권의 기초가 될 수 있다.[31] 임대인 또는 전대인이나 임치자는 소유자가 아니라도 계약상의 반환청구권에 기하여 환취권자가 될 수 있으나, 매매계약상의 매수인은 환취권자가 될 수 없고, 단순히 개인회생채권자에 불과하다.

매도인이 매매의 목적인 물건을 매수인에게 발송하였으나 매수인이 그 대금의 전액을 변제하지 아니하고, 도달지에서 그 물건을 수령하지 아니한 상태에서 매수인이 개인회생절차개시결정을 받은 때에는 매도인은 그 물건을 환취할 수 있다. 다만 채무자[32]가 대금전액을 지급하고 그 물건의 인도를 청구한 때에는 환취권을 행사할 수 없다(법 제585조, 제408조 제1항). 물품매수의 위탁을 받은 위탁매매인이 그 물품을 위탁자에게 발송한 경우에도 마찬가지이다(법 제409조).

채무자가 개인회생절차개시결정 전에 환취권의 목적인 재산을 양도한 때에는 환취권자는 반대급부의 이행청구권의 이전을 청구할 수 있다. 이 경우 채무자가 반대급부의 이행을 받은 때에는 환취권자는 채무자가 반대급부로 받은 재산의 반환을 청구할 수 있다(법 제410조, 제1항·제2항).[33]

---

30) 전병서, 도산법(제4판), 박영사(2019), 317면 참고.

31) 사해행위취소권도 환취권의 기초가 될 수 있다. 사해행위취소권은 사해행위로 이루어진 채무자의 재산처분행위를 취소하고 사해행위에 의해 일탈된 채무자의 책임재산을 수익자 또는 전득자로부터 채무자에게 복귀시키기 위한 것이기 때문이다(대법원 2014. 9. 4. 선고 2014다36771 판결). 반면에, 동산 소유권유보부매매의 경우에 매도인이 유보한 소유권은 담보권의 실질을 가지고 있으므로 매도인은 매매목적물인 동산에 대하여 환취권을 행사할 수 없다(대법원 2014. 4. 10. 선고 2013다61190 판결).

32) 법 제585조는 파산절차에서의 환취권에 관한 조문인 제407조부터 제410조까지 준용하도록 하면서 각 조문에서 언급되는 파산관재인을 다른 개념으로 간주 정의하지 않고 있으나, 개인회생재단에 대한 관리·처분권을 개인회생절차에서는 채무자가 그대로 보유하는 점으로 볼 때 이를 채무자로 간주하면 될 것이다.

33) 위탁매매인이 위탁자로부터 받은 물건 또는 유가증권이나 위탁매매로 인하여 취득한 물건, 유가증권 또는 채권은 위탁자와 위탁매매인 또는 위탁매매인의 채권자 간의 관계에서는 이를 위탁자의 소유 또는 채권으로 보므로(상법 제103조), 위탁매매인이 위탁자로부터 물건 또는 유가증권을 받은 후 파산한 경우에는 위탁자는 구 파산법(2005. 3. 31. 법률 제7428호 채무자 회생

구 파산법 제80조는 "파산선고 전에 파산자에게 재산을 양도한 자는 담보의 목적으로 한 것을 이유로 그 재산을 환취할 수 없다"고 하여 양도담보권자에 대하여 개인회생절차가 개시된 경우 양도담보설정자의 양도담보물에 대한 환취권을 제한하고 있었으나, 채무자 회생 및 파산에 관한 법률이 제정되면서 동 조항은 채택되지 않았다. 따라서 개인회생절차개시결정 전에 개인회생채무자에게 담보목적으로 재산을 양도한 자는 환취권에 관한 일반적 조항에 따라 개시결정 이후에 환취권을 행사할 수 있다.[34]

반대로 양도담보설정자에 대해 개인회생절차가 개시된 경우에는 법 제411조에의 별제권 대상에 포함되어 있지는 않지만 법 제141조 제1항에 회생담보권의 한 종류로서 명시적으로 포함되어 있는 점 등을 고려하여 양도담보권의 담보권으로서의 성격을 부정할 이유는 없다. 따라서 개인회생절차에서도 양도담보권은 별제권으로 취급되어야 하고 환취권의 대상은 아니라고 볼 것이다.

다. 환취권의 행사

환취권은 개인회생재단에 대하여 관리처분권을 갖는 채무자에 대하여 재판상 또는 재판외의 방법에 의하여 행사한다. 소송 또는 항변에 의하여도 주장할 수 있다.[35]

및 파산에 관한 법률 부칙 제2조로 폐지) 제79조에 의하여 위 물건 또는 유가증권을 환취할 권리가 있고, 위탁매매의 반대급부로 위탁매매인이 취득한 물건, 유가증권 또는 채권에 대하여는 구 파산법 제83조 제1항에 의하여 대상적 환취권(대체적 환취권)으로 그 이전을 구할 수 있다 (대법원 2008. 5. 29. 선고 2005다6297 판결).

34) 전병서, 도산법(제4판), 박영사(2019), 322~323면 참고.
　이 글에서는 구 파산법 제80조가 현행 채무자 회생 및 파산에 관한 법률에서 채택되지 않은 이유에 관해, 오늘날 양도담보를 거래형태의 하나로 승인하고 담보권으로서 이론 구성하는 것에 비추어 양도담보권자가 파산하였다는 이유만으로 양도담보설정자의 소유자로서의 이익이 침해되는 것은 부당하다는 비판에 따른 것이라고 한다.

35) 환취권과 제3자 이의의 소(민사집행법 제48조)는 특정 재산이 채무자의 책임재산이 아니라는 것을 주장한다는 점에서 공통되나, 제3자의 재산에 대한 압류의 효력을 다투는 제3자 이의의 소와 권리가 제3자에게 귀속되는지 여부가 문제되는 환취권은 다르고, 제3자 이의의 소는 반드시 소를 제기하여야 하나, 환취권은 반드시 소에 의할 필요가 없다는 점에서도 다르다.

제 4 절 별 제 권

1. 파산절차상 별제권 규정의 준용

파산절차상 파산재단에 속하는 재산상에 설정되어 있는 유치권, 질권, 저당권, 「동산·채권 등의 담보에 관한 법률」에 따른 담보권 또는 전세권을 별제권이라고 한다(법제411조). 파산절차상 별제권자는 파산절차에 의하지 아니하고 별제권을 행사하여 자신의 채권의 만족을 받을 수 있고(법제412조), 그러한 별제권의 행사에 의하여 변제를 받을 수 없는 채권액에 관하여서만 파산채권자로서 그 권리를 행사할 수 있다(법제413조).

이러한 파산절차의 별제권 규정들은 개인회생절차에 준용된다(법제586조). 따라서 개인회생절차를 신청한 채무자의 개인회생재단에 속하는 재산상에 유치권, 질권, 저당권, 「동산·채권 등의 담보에 관한 법률」에 따른 담보권 또는 전세권을 설정받아 가지고 있는 채권자는, 개인회생절차의 변제계획에 의하지 아니하고 그 권리를 행사하여 자신의 채권의 만족을 받을 수 있고, 그러한 권리행사에 의하여 변제를 받을 수 없는 채권액에 관해서만 개인회생채권자로서 그 권리를 행사할 수 있다.

법에는 양도담보권에 관한 규정이 없으나, 별제권으로 취급하는 것이 타당하다고 할 것이다. 대법원도 "화의법 제44조는 파산의 경우에 별제권을 행사할 수 있는 권리를 가지는 자를 별제권자로 보고, 파산법 제84조는 유치권, 질권, 저당권 또는 전세권을 가진 자는 그 목적인 재산에 관하여 별제권을 가진다고 규정하고 있는바, 양도담보권자는 위 각 규정에서 별제권을 가지는 자로 되어 있지는 않지만 특정 재산에 대한 담보권을 가진다는 점에서 별제권을 가지는 것으로 열거된 유치권자 등과 다름이 없으므로 그들과 마찬가지로 화의법상 별제권을 행사할 수 있는 권리를 가지는 자로 봄이 상당하다."고 판시하였고,[36] "구 파산법(2005. 3. 31. 법률 제7428호 채무자 회생 및 파산에 관한 법률 부칙 제2조로 폐지) 제84조는 유치권, 질권, 저당권 또는 전세권을 가진 자는 그 목적인 재산에 관하여 별제권을 가진다고 규정하고 있는바, 어음의 양도담보권자는 채무자의 어음 발행인에 대한 어음상 청구권에 대하여 담보권을 갖는다는 점에서 별제권

---

36) 대법원 2002. 4. 23. 선고 2000두8752 판결 참조.

을 가지는 것으로 열거된 유치권자나 질권자 등과 다름이 없으므로 파산법상 별
제권을 행사할 수 있는 권리를 가지는 자로 봄이 상당하고, 그 어음 발행인을
채무자와 함께 채무를 부담하는 자로 볼 수는 없다."고 판시하였다.[37]

한편 개인회생재단에 속하지 않는 채무자의 재산에 대하여 질권·저당권 또
는 「동산·채권 등의 담보에 관한 법률」에 따른 담보권을 가진 자는 별제권자
는 아니나, 부족액의 권리행사에 있어 별제권자와 마찬가지로 취급되므로 '준별
제권자'라 한다(법 제586조, 제414조). 일정한 요건을 갖춘 주택임차인의 임대차보증금반환채
권(아래 3.항 참조)도 별제권의 기초가 된다고 볼 것이다. 다만 파산절차에서 별
제권으로 인정되는 근로자의 최종 3개월분의 임금채권 등(별 제415조의2)은 개인회생절
차에서 준용되지 않는다.

개인회생절차는 재건형 도산처리절차이므로 담보권자에게 도산절차 밖에서
채무자의 특정 재산에 대한 우선변제권을 보장하는 것은 재건을 방해하는 요소
로 작용될 수 있으나, 개인회생절차는 채무자가 장래 벌어들일 수입(가용소득)을
주요 변제재원으로 하여 채권자들에게 변제하는 절차이므로, 담보권을 별제권으
로 보아도 무리가 없으므로 이와 같이 규정된 것으로 해석된다.

2. 담보권 실행의 중지·금지

이와 같이 담보권은 별제권으로서 절차상의 제약을 받지 않고 자유로이 행
사하는 것이 가능하지만, 담보권 실행에 관하여 일체의 제약이 없다고 하면, 개
인회생절차의 진행이 방해받거나 개인회생채권자 일반의 이익에 반하는 경우가
생길 수 있다. 따라서 법은 일정한 경우에 담보권 실행을 중지·금지시키는 규
정을 두고 있다.

가. 법원의 중지명령 등에 기한 중지·금지

법원은 개인회생절차개시의 신청이 있는 경우 필요하다고 인정하는 때에는
이해관계인의 신청에 의하거나 직권으로, 개인회생절차의 개시신청에 대한 결정
시까지, 채무자의 업무 및 재산에 대한 담보권의 실행 등을 위한 경매의 중지
또는 금지를 명할 수 있다(법 제593조 제1항). 그러나 개인회생절차개시의 신청이 기각되면
위와 같이 하여 중지된 절차는 속행된다(같은 조 제3항).

---

37) 대법원 2010. 1. 14. 선고 2006다17201 판결 참조.

중지명령에 관하여 자세한 설명은 제2장 제9절 참조.

한편 위와 같은 중지·금지명령에 의해서는 개인회생절차의 목적을 충분히 달성하지 못할 우려가 있다고 인정할 만한 특별한 사정이 있는 때에는 이해관계인의 신청에 의하거나 직권으로 개인회생절차개시의 신청에 대한 결정이 있을 때까지 포괄적 금지명령을 할 수 있다(법 제593조 제5항, 제45조 제1항·제3항). 포괄적 금지명령이 있으면 모든 개인회생채권자에 대하여 개인회생채권에 기한 강제집행 등이 금지되므로 담보권의 실행을 위한 경매절차가 금지되고, 이미 행하여진 경매절차는 중지된다.

나. 개시결정에 따른 중지·금지

위 중지명령 등은 개별적·예외적으로 발하는 것이지만, 개인회생절차의 개시결정이 있으면 자동적으로 일정기간 담보권 실행이 중지·금지된다. 즉, 개인회생절차개시의 결정이 있는 때에는 변제계획의 인가결정일 또는 개인회생절차폐지결정의 확정일 중 먼저 도래하는 날까지 개인회생재단에 속하는 재산에 대한 담보권의 설정 또는 담보권의 실행 등을 위한 경매는 중지 또는 금지된다(법 제600조 제2항). 법원은 상당한 이유가 있는 때에는 이해관계인의 신청에 의하거나 직권으로 위와 같이 하여 중지된 절차 또는 처분의 속행 또는 취소를 명할 수 있다. 다만 처분의 취소의 경우에는 담보를 제공하게 할 수 있다(같은조 제3항). 그리고 이와 같이 담보권 실행을 할 수 없는 기간 중에는 시효는 진행하지 아니한다(같은조 제4항).

그러나 위 중지·금지는 "변제계획의 인가결정일 또는 개인회생절차폐지결정의 확정일 중 먼저 도래하는 날까지"만 적용된다. 즉 개인회생절차에서 담보권은 별제권으로 인정되기 때문에 담보권은 개인회생절차에 의하지 아니하고 행사할 수 있다(법 제586조, 제412조). 입법자는 담보권을 별제권으로 인정해 주어 담보권자의 권리를 해하지 않으면서도, 일정 기간 담보권 실행을 중단시켜 채무자가 자신의 변제계획을 합리적으로 설계할 수 있는 시간적 여유를 부여하기 위해 위와 같은 타협을 시도한 것이라고 보인다. 그러나 변제계획인가 여부를 결정할 시점에서 개인회생채무자의 변제계획 수행가능성을 판단하기 위해 필요한 경우 등에는 중지된 담보권 실행절차를 속행하도록 법원이 명해야 할 경우도 있을 것이다(법 제600조 제3항).

3. 개인회생채무자에 대하여 임차보증금 반환채권을 가진 채권자의 경우

우리 법제상 종종 저당권자와 유사하게 취급되는 주택 및 상가건물의 임차인이 갖는 임차보증금 반환채권에 관하여 법 제586조는 파산절차를 준용하도록 하고 있다.

가. 우선변제권의 보장

먼저 주택 및 상가건물의 임차인이 일정한 요건을 갖춘 경우에는 채무자에 대하여 일반채권자보다 우선하여 자신의 임차보증금채권을 변제받을 수 있음은 법문상 명백하다.

즉 법 제586조, 제415조 제1항에 의하면, 주택임대차보호법 제3조 제1항의 규정에 의한 대항요건(주택의 인도와 주민등록)을 갖추고 임대차계약증서상의 확정일자를 받은 임차인은 개인회생재단에 속하는 주택(대지 포함)의 환가대금에서 후순위권리자 및 그 밖의 채권자보다 우선하여 보증금을 변제받을 권리가 있다. 그리고 주택임대차보호법 제8조(소액보증금 중 일정액의 보호)의 규정에 의한 임차인은 같은 조의 규정에 의한 보증금을 개인회생재단에 속하는 주택(대지를 포함한다)의 환가대금에서 다른 담보물권자보다 우선하여 변제받을 권리가 있다. 이 경우 임차인은 개인회생절차개시의 신청일까지 주택임대차보호법 제3조(대항력 등) 제1항의 규정에 의한 대항요건을 갖추어야 한다(법 제415조,).[38]

그리고 주택임대차보호법에 관한 위 규정들은, 상가건물임대차보호법에 기하여 대항요건을 갖추고 확정일자를 받은 임차인과 같은 법의 소액보증금 보호 규정에서 정해진 임차인에게도 준용된다(같은 조).

이러한 임차보증금 반환채권은 다른 일반의 개인회생채권보다는 우월적 지위를 가지기는 하지만, 이 채권은 임대차목적물의 환가액의 한도 내에서만 우선권을 가지는 것이어서, 우선적 개인회생채권으로 취급되기보다는 별제권부 채권과 유사한 성격을 가지는 것이므로, 별제권에 준하여 취급되어야 한다.

한편 임대인에 대한 개인회생절차 진행 중에 임차주택의 환가가 이루어지지 않아 주택임차인이 환가대금에서 임대차보증금반환채권을 변제받지 못한 채

---

38) 파산(개인회생절차개시)의 신청만으로는 채권자들에게 미치는 효과가 없고 파산선고(개인회생절차개시결정)가 있어야만 채권자들의 개별적인 권리행사가 금지된다는 점에서 파산신청일(개인회생절차개시신청일)까지 대항요건을 갖추도록 하는 것은 부당하다는 비판이 있다.

임대인에 대한 면책결정이 확정되어 개인회생절차가 종료된 경우, 주택임차인의 임대차보증금반환채권에 관하여 면책결정의 효력이 미치는 범위에 관하여, 대법원 2017. 1. 12. 선고 2014다32014 판결은 "(주택임차인의 임대차보증금반환채권 전액이 개인회생채무자인 임대인이 제출한 개인회생채권자목록에 기재되었다고 하더라도) 특별한 사정이 없는 한 주택임차인의 임대차보증금반환채권 중 구 개인채무자회생법 제46조 제1항에 의하여 인정된 우선변제권의 한도 내에서는 같은 법 제84조 제2항 단서 제1호에 따라 면책이 되지 않는 '개인회생채권자목록에 기재되지 아니한 청구권'에 해당하여 면책결정의 효력이 미치지 않는다."고 판시하였다.

나. 경매신청권이 있는지 여부

법 제415조의 해석에 의하면, 임차보증금 반환채권에 관하여 그 임차인이 그 주택 및 상가건물에 대하여 담보권실행을 위한 경매를 신청할 권한이 있다고 해석되지는 않는다.

또한 임차인이 임차보증금 반환채권에 관하여 판결 등 집행권원을 따로 획득하더라도 이 채권은 여전히 개인회생채권에 속하는 것이고, 따라서 채무자에 대하여 개인회생절차개시결정이 내려졌다면, 그 집행권원에 기한 강제집행이 법 제600조 제1항 제2호에 따라 금지되므로, 임차인은 강제집행을 할 수 없다.

4. 별제권 행사로 만족받지 못할 채권액을 정하는 방법

별제권의 피담보채권이 개인회생채권으로서 요건을 충족할 때, ① 채무자가 물상보증인인 경우, 담보권자는 별제권 행사 이외에 개인회생채권을 행사할 여지가 없으나, ② 채무자가 담보권자에 대한 채무자인 경우, 담보권자는 별제권의 행사로 채권전액의 만족을 얻을 수 없을 때에 한하여 개인회생채권자로서 그 권리를 행사할 수 있다(법 제586조, 제413조 본문)(부족액 책임주의).

실무상 문제되는 점은, 변제계획 작성 및 인가시까지 별제권이 행사되지 않고 있는 경우에는(별제권자는 자신이 담보를 설정받은 부동산의 시가상승을 기다리면서 별제권을 실행하지 않고 있는 경우가 종종 있다), 추후에 그 담보부동산의 환가액이 얼마가 될지를 변제계획 작성 당시에는 알 수가 없으므로, 그 환가액으로 변제되지 못하고 변제계획상 개인회생채권으로서 변제대상이 되어야 할 채권액(흔히 '예정부족액'이라고 부른다)을 확정할 수 없다는 점이다.

파산의 경우에는, 채무자의 파산선고시에 근저당권의 피담보채무의 범위가
확정되고, 또한 담보채권자가 예정부족액의 변제를 받으려면 중간배당시에는 부
족채권액의 소명(법 제512조)을, 최후배당시에는 부족채권액의 증명(법 제525조)을 하여야
하므로, 별제권의 행사가 간접적으로 강제된다. 그러나 개인회생절차에서는 이러
한 배당절차에서의 간접적 강제가 없으므로, 채무자가 개인회생채권자목록에서
담보물 가액을 얼마로 적어야 하는지, 그리고 변제계획에서 담보부 채권의 예정
부족액을 얼마로 적어야 하고 그 변제방법을 어떻게 정해야 하는지가 어려운 문
제이다.[39] 자세한 점은, 제6장 제2절 참조.

제 5 절 상 계 권

1. 개인회생채권자의 상계권 행사

가. 상계권 행사의 방법

개인회생채권자는 개인회생절차개시결정 당시 채무자에 대하여 채무를 부
담하는 때에는 개인회생절차에 의하지 아니하고 상계할 수 있다(법 제587조,제416조). 개인
회생절차에서 개인회생채권자가 갖는 상계권에 대하여 법 제587조는 파산절차의
규정을 준용하도록 하고 있다. 상계는 채권자로 하여금 자기가 가진 자동채권을
수동채권의 한도에서 실질적으로 회수할 수 있도록 담보하고, 채권자가 수동채
권은 전액에 대하여 채무를 이행하여야 하는 반면에 자동채권은 개인회생절차
내에서 변제계획에 따라 변제받아야 하는 불공평을 피할 수 있게 한다.

실무상으로는 금융기관이 채무자에 대하여 부담하는 예금 등의 반환채무와
채무자에 대하여 갖는 대출금채권을 상계하는 경우, 보험회사에서 보험약관대출
에 기하여 대출한 경우 개인회생채권인 약관대출금과 보험의 해약에 따른 해약
환급금 반환채무와 상계하는 경우[40]가 종종 발생하고 있다.

---

39) 한편, 개인회생절차에서 별제권자는 변제계획인가 후 자신의 담보권을 실행하여 채권최고액
  범위 내에서 변제에 충당한 후에도 변제받지 못하는 채권이 존재하는 경우 채권확정신고를
  통해 그 권리를 행사할 수 있는데, '변제계획의 수정처리'(서울회생법원 실무준칙 제443호)는 채
  권확정신고에 관한 구체적인 절차를 규정하고 있다. 참고로 개인회생예규 제11조의6은 미확정
  개인회생채권에 관한 채권확정신고가 지연되지 않도록 하기 위해, 회생위원으로 하여금 변제계
  획 인가일부터 1년 6월이 지날 때까지 그 확정 여부가 판명되지 아니한 경우에 적절한 방법으
  로 채권확정 신고를 촉구하도록 하고 있다.

상계권의 행사는 개인회생절차가 진행 중인 동안에도 가능하고 채무자에 대하여 재판상 또는 재판 외에서의 의사표시로 할 수 있다. 이 경우 민법 기타 실체법상의 상계요건이 개인회생절차와의 관계에서 완화되거나(법 제417조 내지 제420조) 개인회생채권자 사이의 공평의 관점에서 강화되기도 한다(법 제422조).

나. 자동채권

개인회생절차개시결정 당시 기한미도래의 기한부채권, 해제조건부 채권, 비금전채권, 금액이 불확정한 금전채권, 외국통화로 된 금전채권, 금액 또는 존속기간이 불확정한 정기금 채권 등도 모두 자동채권이 될 수 있다(법 제417조 전문, 제426조). 민법 제492조의 규정에 의한 상계의 일반원칙은 첫째, 동일 당사자 사이에 채권의 대립이 있어야 하고, 둘째, 자동채권과 수동채권의 목적이 동종이어야 하며, 셋째, 양 채권의 변제기가 도래하고 있어야 한다. 그러나 개인회생절차는 위와 같은 요건을 완화하여 기한미도래의 채권이라도 현재화에 의하여 개인회생절차개시결정시에 기한이 도래한 것으로 보고, 비금전채권이라도 금전화하여 비록 민법상의 상계요건을 충족하지 못한 경우라도 개인회생절차내에서는 상계가 가능하도록 그 범위를 확장하고 있다.

해제조건부채권을 자동채권으로 하여 상계하는 경우, 절차 중 조건이 성취되어 채권이 없어질 가능성이 있으므로, 상계액에 대하여 담보를 제공하거나 임치를 하여야 한다(법 제587조, 제419조). 정지조건부채권을 자동채권으로 하여 상계할 수는 없으나, 장래조건이 성취된 때에는 상계할 수 있으므로, 자기의 채무(수동채권)을 변제한 경우 후일 상계에 대비하여 변제액의 임치를 청구할 수 있다(법 제587조, 제418조).

자동채권이 이자없는 채권 또는 정기금채권인 경우 개인회생채권 중 후순

---

40) 보험약관대출의 법적 성격에 관하여는 소비대차설, 보험금 또는 해약환급금의 일부 선급설, 절충설 등의 대립이 있다[김형두, "생명보험약관에 기한 보험약관대출의 법적 성격", 사법 2호 (2007년 12월), 207면 이하 참조]. 대법원은, 선급설의 입장에서, 생명보험계약의 약관에 따른 대출계약은 비록 '대출'이라는 용어를 사용하고 있더라도 소비대차로서의 법적 성격을 가지는 것은 아니며, 보험금이나 해약환급금에서 대출 원리금을 공제하고 지급한다는 것은 보험금이나 해약환급금의 선급금의 성격을 가지는 대출 원리금을 제외한 나머지 금액만을 지급한다는 의미이므로 민법상의 상계와는 성격이 다르다고 한 후, 생명보험계약의 해지로 인한 해약환급금과 보험약관대출금 사이에서는 상계의 법리가 적용되지 아니하고 회사정리법 제162조 제1항의 상계제한 규정도 적용될 여지가 없다고 판시한 바 있다(대법원 2007. 9. 28. 선고 2005다15598 전원합의체 판결). 이 판례에 따르면, 종래 보험회사에서 주장한 약관대출금과 해약환급금 반환채무의 상계는 하나의 계약관계에서 발생한 채권·채무 관계를 상호 가감하여 정산하는 것으로서 상계가 아닌 공제에 해당하고, 보험약관에 따른 대출금은 단순히 선급금의 성격을 가지게 되므로 대출을 실행한 보험회사는 개인회생채권자로 인정될 수 없다.

위 취급을 받는 부분($\frac{법}{제5호}\frac{제446조}{내지}\frac{제1항}{제7호}$)을 공제한 액의 한도 안에서 상계할 수 있다 ($\frac{법}{제420조}\frac{제587조,}{}$).

다. 수동채권

개인회생재단에 속하는 채권인 수동채권에 대하여는 자동채권인 개인회생 채권과는 달리 금전화의 규정이 없으므로 민법의 원칙에 따라 금전채권이거나 자동채권과 동종 목적의 채권이어야 한다. 그러나 수동채권이 기한부채권, 조건 부채권, 또는 장래의 청구권인 경우에는 개인회생채권자는 스스로 기한의 이익 또는 조건성부의 기회를 포기하여 이를 현재화시켜 상계할 수 있다($\frac{법}{후문}\frac{제417조}{}$). 이 러한 수동채권에 있어서는 채무자인 개인회생채권자가 스스로 기한의 이익을 포 기하거나 청구권의 현실화를 승인한 뒤에 나아가 상계를 하고자 한다면 막을 이 유는 없기 때문이다.

임대인에 대하여 개인회생절차개시결정이 내려진 경우, 개인회생채권자인 임차인이 차임채무를 수동채권으로 하여 제한 없이 상계를 하게 되면 개인회생 재단에 편입될 재원이 줄어들게 되므로 법은 특칙을 두어 임차인이 개인회생절 차개시결정시의 당기 및 차기의 차임에 관하여만 상계를 할 수 있도록 하여 임 차인의 수동채권의 범위를 제한하였다($\frac{법}{제421조}\frac{제587조,}{제1항}$전문). 다만 보증금이 있는 경우 에는 차기 이후의 차임에 관하여도 상계(실질적으로는 공제에 해당한다)를 허용하 고 있다($\frac{법}{제1항}\frac{제421조}{후문}$).

2. 상계권 행사의 제한

가. 상계권 행사를 제한하는 이유

개인회생절차는 채권자들이 변제계획에 따라 공평하게 채무자로부터 변제 를 받는 것인데, 상계에 대한 기대권만을 앞세워 상계를 무조건적으로 인정하게 되면 특정한 채권자에게만 우선적인 만족을 주게 되어 개인회생절차의 구속을 받는 채권자들에게 상당한 불공평을 가져올 우려가 있다. 따라서 법적으로 채권 자평등의 원칙에 현저히 반하거나 개인회생재단의 감소를 가져와 채권자들의 이 익을 해할 우려가 있는 상계에 대하여는 일부 제한을 가하고 있다.

첫째, 상계권의 대상이 되는 자동채권과 수동채권은 법 제416조에 따라 개 인회생절차개시결정시를 기준으로 정해진다. 따라서 그 후에 자동채권 또는 수동채권을 취득하여 이를 기초로 상계를 하는 것은 채권자평등의 원칙에 반하는 것이 되어 인정되지 않는다(법 제422조 제1호·제3호).

둘째, 개인회생절차개시 당시에는 상계권을 취득하고 있으나, 그 취득이 채무자가 위기시기에 빠진 것을 이용하여 이루어진 경우에는 채권자평등의 이념에 반하는 것이 되어 상계가 제한되는 경우가 있다(법 제422조 제2호·제4호).

이러한 상계의 제한규정은 강행법규이므로 이에 위반하는 상계는 무효로 된다. 같은 취지에서 공제에 관한 합의도 효력이 없다.[41] 다만 파산재단을 구성하는 채권을 적극적으로 회수하여 환가·배당하는 파산절차와는 달리, 개인회생절차는 위와 같이 상계를 제한함으로써 개인회생재단을 구성하는 채권을 적극적으로 회수하더라도 청산가치 보장이 문제되어 채무자 재산의 전부 또는 일부를 변제에 투입하도록 변제계획에서 정한 경우가 아니라면 회수된 채권이 직접적으로 변제의 재원이 되는 것은 아니므로 상계를 제한하더라도 개인회생재단의 유지를 위한 것으로서의 의미는 퇴색되어 있다. 오히려 상계를 제한함으로써 채무자는 채권을 회수하여 임의로 소비할 수 있고 채권자는 개인회생절차를 통하여 변제를 받게 되므로 비록 채권자평등의 이념은 달성될 수 있더라도 결과적으로 다른 채권자들에게 돌아갈 분배의 몫이 적어지는 경우가 생길 수도 있다는 점에 주의할 필요가 있다. 그것은 실무상 개인회생절차 자체가 청산가치 보장원칙, 최저변제액의 제공 등 법률이 정한 요건을 충족하기만 한다면 일정한 금액으로 산출되는 채무자의 가용소득만을 변제의 재원으로 삼고 있는 것을 허용하는 데서 기인한다.

나. 상계권 행사의 구체적인 제한사유

1) 개인회생채권자가 개인회생절차개시결정 후에 개인회생재단에 대하여 채무를 부담한 때(법 제422조 제1호)

개인회생채권자가 개인회생절차개시결정 후에 개인회생재단에 속하는 물건을 구입하여 부담하는 매매대금채무, 채무자의 재산을 임차한 경우의 차임채무, 채무자에 대하여 개인회생절차의 개시결정이 있은 후에 채무자의 거래처로부터 개인회생채권자인 금융기관의 채무자계좌에 입금된 금원의 예금반환채무 등을 들 수 있다. 개인회생절차에서 개인회생채권자에게 상계권을 인정한 것은 개인회생절차개시결정 시점에서 개인회생채권자의 상계에 의한 채권회수의 기대권을

---

41) 대법원 2017. 11. 9. 선고 2016다223456 판결 참조.

보호하려고 하는 것인데 위와 같은 경우에는 그러한 기대가 없으므로 이를 보호할 필요가 없고 또한 개인회생절차개시결정 후에 발생하는 개인회생재단에 대한 채무는 모두 개인회생재단에 대하여 현실로 이행되어야 그 의미가 있는 것이기 때문이다.

2) 개인회생채권자가 지급정지 또는 개인회생절차의 개시신청이 있었음을 알고 채무자에 대하여 채무를 부담한 때(법 제422조 제2호)

채무자가 개인회생절차의 개시신청을 한 후 채권자가 채무자로부터 물품을 매수한 경우 그 물품대금의 지급의무, 금융기관이 채무자의 지급정지 후 채무자의 거래처로부터 채무자의 계좌로 입금된 금원에 대하여 부담하는 예금반환채무 등을 들 수 있는데, 채무자의 지급정지 또는 개인회생절차의 개시신청이 있는 경우에는 채무자에 대하여 갖는 개인회생채권은 회수가능성에 대한 불확실성 등으로 그 가치가 현저히 하락되어 있음에도 불구하고 개인회생채권자가 채무자에 대하여 부담하는 실질적인 채무를 개인회생채권의 액면가액과 대등하게 상계하는 것은 개인회생재단의 충실성을 해하기 때문이다.

다만 채무의 부담원인이 상속이나 합병 등 법정의 원인에 기한 때, 개인회생채권자가 지급정지나 개인회생절차의 개시신청이 있었음을 알기 전에 생긴 원인에 의한 때, 개인회생절차의 개시결정이 있은 날로부터 1년 전에 생긴 원인에 의한 때는 상계의 제한을 받지 않는다(법 제422조 제2호 각목).

3) 개인회생절차개시결정을 받은 채무자에 대하여 채무를 부담하는 자가 개인회생절차개시결정 후에 타인으로부터 개인회생채권을 취득한 때(법 제422조 제3호)

개인회생절차의 상계는 개인회생절차의 개시결정시가 그 기준시가 되므로 그 후에 타인으로부터 취득한 개인회생채권을 자동채권으로 하여 상계하는 것은 허용되지 않는다. 개인회생재단에 대하여 채무를 부담하는 자가 가치가 하락한 개인회생채권을 취득하여 상계에 의하여 개인회생재단에 대한 채무를 면하도록 하는 것은 부당하기 때문이다.

이와 관련하여 채무자의 보증인이 개인회생절차개시결정 후 개인회생채권자에 대하여 보증채무를 이행함으로써 채무자에 대하여 구상권을 취득한 경우가 문제 될 수 있다. 대법원은 '보증채무를 전부 이행함으로써 구상권을 취득한 경우에는 이를 자동채권으로 하여 채무자에 대한 채무와 상계할 수 있지만, 보증채무를 일부 변제한 경우에는 상계할 수 없다'는 취지로 판시하였다.[42)]

---

42) 대법원 2008. 8. 21. 선고 2007다37752 판결 참조.

4) 개인회생절차개시결정을 받은 채무자에 대하여 채무를 부담하는 자가 지급정지 또는 개인회생절차의 개시신청이 있었음을 알고 개인회생채권을 취득한 때(법 제422조 제4호)

지급정지 또는 개인회생절차의 개시신청이 있는 경우에는 개인회생채권의 가치가 하락하고 있을 것이기 때문에 이를 취득하여 개인회생재단에 대한 자신의 채무이행을 면하고자 하는 것을 제한하는 것이다. 전호와 달리 타인의 채권을 취득한 경우에 한하지 않으므로 위기시에 악의로 채무자에게 금전을 대여하는 등으로 자기의 채권을 취득한 경우도 마찬가지다.

다만 채무의 부담원인이 상속이나 합병 등 법정의 원인에 기한 때, 개인회생채권자가 지급정지나 개인회생절차의 개시신청이 있었음을 알기 전에 생긴 원인에 의한 때, 개인회생절차의 개시결정이 있은 날로부터 1년 전에 생긴 원인에 의한 때는 상계의 제한을 받지 않는다.

3. 상계권 행사가 있는 경우의 처리

가. 상계권 행사의 방법, 시기

개인회생채권자는 개인회생절차에 의하지 않고 상계를 할 수 있으므로(법 제416조) 채무자에 대하여 재판상 또는 재판외에서 일방적 의사표시에 의하여 상계를 할 수 있다. 상계권을 행사하는 시기에 대하여도 일정한 제한을 두는 회생절차와 달리(법 제144조 제1항 참조) 아무런 제한이 없으므로 개인회생절차가 계속되는 동안 언제라도 상계권을 행사할 수 있다.

나. 상계권 행사가 있는 경우의 처리

개인회생채권자가 채무자에 대하여 상계의 의사표시를 하는 경우에는 우선 상계가 적법한지 여부를 검토하여야 한다. 다만 위에서 언급한 바와 같이 상계가 제한되는 경우라도 개인회생재단에 편입되는 채권이 변제계획에서 재산의 처분으로 변제에 제공되는 경우는 거의 없고, 변제재원은 채무자의 가용소득에 기초한 일정한 금액으로 제한되어 있으므로 상계요건을 지나치게 엄격하게 해석하는 것은 공평의 관점에서 적절하지 않을 수 있다는 점을 주의하여야 한다.

실무상으로 적법한 상계가 이루어진 경우에는 채무자로 하여금 상계를 반영하여 개인회생채권자목록을 수정하도록 하여야 할 것이고 변제계획안도 수정된 채권을 기준으로 다시 작성하여야 할 것이다. 다만 개인회생채권에 대한 이의기간이 도과되어 채권이 확정된 후에 상계가 되어 개인회생채권이 감소한 경우가 문제인데, 개인회생절차에서는 채권자의 신고제도가 없으므로 채권자의 신고변경을 기대할 수 없고 채권이 확정된 후에는 채무자가 개인회생채권자목록을 수정할 수도 없으므로, 결국 채무자로부터 상계 후 부채확인서 등 소명자료와 함께 변제예정액표를 수정한 변제계획안을 제출받아 개인회생채권자표의 변동사항 기재란에 기재하여야 할 것이다.

또한 인가 후에 상계가 이루어진 경우에도 개인회생채권자목록의 수정을 할 수 없으므로 채무자로 하여금 상계 후 부채확인서 등 소명자료와 상계를 반영한 변제예정액표를 제출하도록 한 후 개인회생채권자표에 반영하고, 회생위원은 이를 검토하여 변제예정액표 수정에 관한 보고([양식 55] 참조)를 하고 이에 따라 채권자들에 대한 변제예정액을 수정하여야 할 것이다.

제 5 장   개인회생채권

제 1 절   개인회생채권의 의의

1. 법률상의 정의

개인회생채권은 채무자에 대하여 개인회생절차개시결정 전의 원인으로 생긴 재산상의 청구권을 말한다(법 제581조). 다만 개인회생절차개시결정 후의 이자 등과 같이 개인회생절차개시 후에 생긴 채권이라 하더라도 법이 예외적으로 이를 개인회생채권으로 하고 있는 것이 있다(법 제581조 제2항, 제439조, 제446조). 개인회생절차에서의 개인회생채권의 산정 및 평가 등에 관하여 법 제581조 제2항은 파산절차를 준용하도록 하고 있다.

2. 개인회생채권의 요건

개인회생채권이 되기 위해서는 원칙적으로 다음과 같은 요건이 충족되어야 한다.

① 개인회생절차개시결정 전의 원인으로 생긴 것이어야 한다. 따라서 개인회생절차개시 후의 원인으로 생긴 청구권은 예외적인 경우를 제외하고는 개인회생채권에 해당하지 않는다. 그렇다고 하여 개인회생절차개시결정 전에 현실적으로 발생한 채권만이 개인회생채권이 되는 것은 아니고, 원칙적으로 의사표시 등 채권의 성립에 필요한 발생원인의 주된 부분, 즉 청구권 발생의 기본적 요건사실이 개인회생절차개시결정 전에 갖추어져 있으면 된다.[1] 이와 같은 채권인 한 기한부채권, 불확정 기한부 채권, 해제조건부 채권, 정지조건부 채권은 물론 장래의 구상권과 같은 장래의 청구권이라도 관계없다.

---

1) 회생절차에 관한 대법원 2016. 11. 25. 선고 2014다82439 판결 참조.

② 채무자에 대한 인적 청구권이어야 한다. 따라서 채무자가 물상보증인인 경우와 같이 특정재산을 가지고 물적 책임을 지는 담보물권 자체는 개인회생채권이 되지 않는다. 또한 소유권에 기한 물권적 청구권, 특허권 기타의 무체재산권에 기한 물권적 청구권 유사의 청구권 등은 개인회생채권에 해당하지 아니하고 법 제585조의 환취권의 대상이 된다. 다만 이들 물권 기타의 절대권의 침해를 이유로 하는 손해배상청구권, 부당이득반환청구권은 개인회생채권에 해당한다.

한편 별제권부 채권과 같이 담보물권과 채권적 청구권을 동시에 갖고 있는 경우에는 별제권의 행사에 의하여 변제받을 수 없는 잔여 채권액(부족액)에 한하여서만 개인회생절차에서 권리를 행사할 수 있다. 따라서 변제계획안 작성 당시 아직 별제권이 행사되지 아니함으로써 잔여채권이 확정되지 않은 경우에는 별제권의 목적물의 평가액을 초과하는 피담보채권액(예정부족액)을 일응의 개인회생채권액으로 보고 이를 기초로 변제계획안을 작성하게 된다. 회생위원은 변제계획이 인가된 후 별제권자가 별제권의 행사에 의하여 변제받을 수 없는 잔여채권액이 확정될 때까지 채무자가 임치한 금원 중 별제권 예정부족액에 상응하는 변제금액의 지급을 유보하여 두어야 한다.

③ 채무자에 대한 재산적 청구권이어야 한다. 개인회생채권은 채무자의 일반재산으로부터 만족을 얻을 수 있는 청구권으로 금전채권 또는 금전으로 평가할 수 있는 채권이어야 한다(법 제581조 제2항, 제426조). 따라서 이혼청구권이나 파양청구권 등과 같은 순수한 친족법상의 청구권, 사용자의 근로제공청구권, 비대체적 작위 및 부작위청구권 등은 이에 해당되지 아니한다. 다만 그러한 권리에 의하여 개인회생절차개시결정 전에 채무자에게 재산적 급부를 요구할 수 있는 권리로 구체화된 것은 개인회생채권이 된다.

④ 집행가능한 청구권이어야 한다. 개인회생절차는 집단적 강제집행절차의 일종이라고 할 것이므로, 재판상 주장할 수 없는 청구권 또는 강제집행으로 실현할 수 없는 청구권 등은 개인회생채권이 될 수 없다.

개인회생채권의 전형적인 예로는, 개인회생절차개시결정 전에 채무자가 생활비를 마련하기 위하여 금융기관 등으로부터 금원을 차용한 경우 금융기관 등이 채무자에 대하여 갖는 대여금채권, 개인회생절차개시결정 전에 채무자가 신용카드회사로부터 신용카드를 발급받아 물건을 구입하거나 식대 등에 사용한 경우에 신용카드회사가 채무자에 대하여 갖는 신용카드 이용대금채권, 개인회생절차개시신청 전에 영업소득자인 채무자가 거래처로부터 원자재를 구입하고 아직 지급하지 아니한 물품대금채무 등을 들 수 있다. 한편 쌍방미이행 쌍무계약의 경우에 개인회생절차는 회생절차에서의 법 제119조 제1항과 같은 채무자의 선택권을 인정하는 조항을 두고 있지 않다. 따라서 쌍무계약에 관하여 개인회생절차개시 당시에 채무자와 상대방이 아직 그 이행을 완료하지 않은 경우에 있어서, 계약의 해제 또는 해지 여부는 민법의 일반이론에 의하여 해결할 수밖에 없을 것이다.

3. 개인회생절차개시 후에 생기는 개인회생채권

개인회생절차개시 후에 생긴 채권이라 하더라도 예외적으로 개인회생채권인 것이 있다. 개인회생채권에 관하여 준용되는 법 제446조에 열거된 채권으로 개인회생절차개시결정 후의 이자, 개인회생절차개시결정 후의 불이행으로 인한 손해배상액 및 위약금, 개인회생절차참가비용, 벌금, 과료, 형사소송비용, 추징금 및 과태료 등이 이에 해당하고, 모두 후순위 개인회생채권이다. 다만 개인회생절차개시 후에 생기는 개인회생채권은 법 제579조의 신청권자의 자격요건을 판단하는 채무액의 범위에는 포함되지 아니한다.

4. 문제가 되는 경우

가. 약관대출

대법원 전원합의체 판결[2]에 의하면 보험약관대출금의 경제적 실질은 보험회사가 장차 지급하여야 할 보험금이나 해약환급금을 미리 지급하는 선급금과 같은 성격이므로, 약관에서 비록 '대출'이라는 용어를 사용하고 있더라도 일반적인 대출과는 달리 소비대차로서의 법적 성격을 가지는 것은 아니다. 따라서 약관대출은 개인회생채권이 아니므로, 채무자가 약관대출을 개인회생채권자목록에 포함시켰다면 보정권고나 보정명령을 통하여 채무자로 하여금 개인회생채권자목록에서 삭제토록 하여야 한다.

---

2) 대법원 2007. 9. 28. 선고 2005다15598 전원합의체 판결(제4장 제5절 1. 가. 참조).

나. 보험설계사의 환수금 채무

보험설계사가 보험계약을 성사시키면 보험회사가 이에 따른 수수료를 보험설계사에게 미리 지급하는 대신, 차후에 계약자가 보험계약을 해지하거나 보험료 미납으로 계약이 실효되는 경우에는 이미 지급한 수수료를 환수하는 것이 업계의 관행이다. 개인회생절차개시결정 당시 이미 발생한 환수금 청구권을 개인회생채권자목록에 기재하는 것은 별문제가 없을 것이나, 장래 발생 가능한 환수금 청구권을 개인회생채권자목록에 기재할 것인지가 문제 된다. 다만 이러한 논의는 채무자가 보험설계사이었던 경우 혹은 이전 보험회사에서 해촉되고 현재 다른 보험회사에 위촉되어 영업을 하고 있는 경우에 한하여 발생하는 것이며, 보험회사의 이동 없이 지속적으로 보험설계사로서 영업을 하고 있는 경우에는 수수료에서 공제하는 식으로 처리될 것이므로 문제가 되지 않을 것이다.

환수금채권의 발생이 계약자의 계약해지 등의 조건에 좌우되므로 조건부채권으로 보아 그 전액을 개인회생채권으로 기재하고(법 제581조 제2항, 제427조 제1항,) 미확정채권으로 처리하면 될 것이다.[3]

다. 비면책채권만을 개인회생채권으로 하는 개인회생절차개시신청

채무자가 고의로 가한 불법행위로 인한 손해배상청구권, 채무자가 중대한 과실로 타인의 생명 또는 신체를 침해한 불법행위로 인하여 발생한 손해배상청구권 등의 비면책채권만을 개인회생채권으로 하여 개인회생절차개시신청을 한 경우에, 변제계획에 따른 변제를 완료하더라도 면책을 받을 수 없기 때문에 (법 제625조 제2항) 개인회생절차를 이용할 실익이 없다는 이유로 개인회생절차를 진행하지 말아야 한다는 견해가 있을 수도 있으나, 개인회생절차개시신청만으로 바로 비면책채권인지 여부를 판단할 수는 없고, 채권자로서는 개인회생절차를 통해 변제계획에 따른 변제를 받은 후 비면책채권임을 다시 주장할 수 있어 손해가 없으며, 채무자 입장에서는 개인회생절차가 진행되는 동안만이라도 생활의 안정을 기할 수 있는 이익이 있으므로, 개인회생절차를 진행하는 데는 아무런 문제

---

3) 이러한 경우 변제계획안 '10. 기타사항'란에 변제기간 종료 시까지 조건이 성취되지 않을 경우에는 다른 개인회생채권자들에게 안분 배당한다는 취지를 반드시 기재하도록 한다. 이 경우 미확정채권액으로 유보할 금액은 개인회생절차개시결정 당시 평가한 계약자별로 발생 가능한 환수금의 총액이라고 할 것이다. 한편 통상 보험회사의 환수금 채권을 담보하기 위하여 보증보험회사 등이 보증 한도를 정하여 보증을 서고 있는데, 이 경우 보증한도금액을 미확정채권액으로 기재하지 않도록 주의한다.

가 없다고 할 것이다.

라. 개인회생절차개시결정 전에 발생한 조세 등의 청구권에 대하여 개인 회생절차개시결정 이후 발생한 납부지연가산세[4]

개인회생개시결정 전에 발생한 조세 등의 청구권과 당해 조세 등의 청구권에 대한 납부지연가산세는 우선권 있는 개인회생채권에 해당한다. 여기서 개인회생개시결정 이후 발생한 납부지연가산세가 우선권 있는 개인회생채권에 해당하는지 문제 된다.

서울회생법원 실무는 개인회생절차개시결정일까지 발생한 납부지연가산세만을 개인회생채권자목록에 기재하는 것을 원칙으로 하고 있다.[5]

마. 건강보험료 중 기타징수금

건강보험료 중 기타징수금이란 국민건강보험공단이 건강보험료 외에 보험급여와 관련하여 국민건강보험법, 민법 등 관련 법률에 따라 징수하는 금원을 총칭하는 것으로 실무상 사용하는 용어이다.

기타징수금의 종류에는 국민건강보험법 제57조에 따른 부당이득징수금과 같은 법 제58조에 따른 구상금, 그 밖에 보험급여와 관련하여 민법 제741조(부당이득반환청구권), 제750조(불법행위에 따른 손해배상청구권) 등에 따라 징수하는 금원이 있다.

이 중 국민건강보험법 제57조에 따른 부당이득징수금은 체납 시 국세체납처분의 예에 따라 징수하게 되며(국민건강보험법 제81조), 국세, 지방세 및 동 징수금 납부기한 전에 설정된 담보권을 제외한 일반 채권에 대하여 우선징수권이 인정되므로(국민건강보험법 제85조), 우선권 있는 개인회생채권으로 보아야 한다.

그러나 국민건강보험법 제58조에 따른 구상금 및 민사상 부당이득 또는 손해배상청구권에 따른 징수금은 우선징수권이 인정되지 않고 민사절차에 따라 징

---

4) 납부불성실가산세와 가산금은 납부지연가산세로 통합되었다(국세기본법 제47조의4 제1항, 제47조의4 제7항부터 제9항까지 신설). 비슷한 제도를 중첩적으로 운영하여 발생하는 납세자의 혼란을 완화하기 위하여 납세자가 세법에 따른 납부기한까지 세금을 완납하지 아니한 경우에, 납부고지 전에 적용되는 국세기본법에 따른 납부불성실가산세와 납부고지 후에 적용되는 국세징수법의 가산금을 일원화하여 국세기본법에 따른 납부지연가산세로 규정되었다.

5) 한편, 대법원은 파산선고 전의 원인으로 인한 국세나 지방세에 기하여 파산선고 후에 발생한 가산금·중가산금은 후순위파산채권인 채무자회생법 제446조 제1항 제2호의 파산선고 후의 불이행으로 인한 손해배상액에 해당한다고 판단하였다(대법원 2017. 11. 29. 선고 2015다216444 판결 참조).

수되므로 일반의 개인회생채권으로 보아야 한다.[6]

5. 개인회생채권의 취급

가. 개인회생채권의 개별적 행사 및 변제 등의 금지

개인회생채권에 대하여는 원칙적으로 개인회생절차에 의하지 않고서는 변제 등 채무소멸행위를 하는 것이 금지되고, 개인회생절차개시결정 후 인가시까지 강제집행 및 가압류, 가처분 등의 보전처분이 중지 또는 금지된다. 개인회생절차 중에 있는 개인회생채권의 개별적 행사를 인정하면 채무자의 회생을 도모하기 곤란하기 때문에 개인회생절차가 개시된 경우에 개인회생채권자는 개인회생절차에 의하지 않고서는 채권을 회수할 수 없고, 채무자의 경제적 회생을 위하여 채권의 회수 작업과 채권 회수를 위한 보전조치가 일시적으로 정지된다.

이를 구체적으로 살펴보면 다음과 같다.

① 개인회생절차개시결정이 있으면 동일한 채무자에 대한 회생절차 또는 파산절차를 신청할 수 없고, 이미 진행 중인 회생절차 또는 파산절차는 중지된다(법 제600조 제1항 제1호).

② 개인회생절차개시결정이 있으면 개인회생채권자목록에 기재된 개인회생채권에 기하여 개인회생재단에 속하는 재산에 대한 강제집행, 가압류, 가처분, 국세징수법 또는 지방세징수법에 의한 체납처분 등을 새로이 신청할 수 없고 개인회생채권에 기하여 이미 행한 강제집행, 가압류, 가처분, 체납처분 등은 중지된다(법 제600조 제1항 제2호·제4호).

③ 개인회생절차개시결정이 있으면 개인회생채권자목록에 기재된 개인회생채권에 대하여 변제, 변제의 수령 기타 채권을 소멸시키는 행위(면제를 제외한다)를 할 수 없다(법 제600조 제1항 제3호, 제582조).

나. 면책과의 관계

개인회생채권은 면책결정이 확정되면 원칙적으로 면책된다. 그 의미는 채무는 존재하지만 책임이 소멸함으로써 자연채무화한다는 것이다. 따라서 통상의

---

6) 국민건강보험공단은 우선징수권이 인정되는 기타징수금은 별도 코드로 관리하고 있고, 우선징수권이 인정되는 기타징수금(국민건강보험법 제57조에 따른 부당이득징수금)과 그 밖의 기타징수금 미납내역서를 구분하여 발급하고 있다.

채권이 가지는 소 제기의 권능과 집행력을 상실하고, 단순히 임의의 변제를 청구할 수 있는 권능 및 변제에 의한 급부를 보유할 수 있는 권능만이 남게 된다. 채무자가 면책결정을 받았다고 하더라도 그 후 임의의 변제는 유효한 변제로서 채권자의 부당이득의 문제는 생기지 않는다.

절차적으로는, 채무자가 변제계획에 따른 변제를 완료한 때에는 법원은 당사자의 신청에 의하거나 직권으로 채무자에 대하여 면책의 결정을 하여야 하고(법 제624조 제1항), 변제계획에 따른 변제를 완료하지 못한 경우에도 채무자가 책임질 수 없는 사유로 인한 것이고 개인회생채권자가 면책결정일까지 변제받은 금액이 파산절차에서 배당받을 금액보다 적지 아니하며 변제계획의 변경이 불가능한 때에는 법원은 이해관계인의 의견을 들은 후 면책결정을 할 수 있다(법 제624조 제2항).

다만 법은 개인회생채권자의 채권신고절차를 예정하지 않고 있으므로 개인회생채권자목록에 기재되지 않은 개인회생채권에 대하여도 면책결정의 효력이 미친다고 하면 그 개인회생채권자에게는 지나치게 가혹한 결과가 되기 때문에 개인회생채권자목록에 기재되지 아니한 청구권은 비면책채권으로 하여 면책에서 제외하고 있다(법 제625조 제2항 제1호). 그러나 하나의 소송물인 채권의 일부에 대하여 개인회생채권자목록에 기재가 있었다면, 기재되지 않은 나머지 부분에 대하여도 면책의 효력이 미친다고 보아야 함을 유의해야 한다.

다. 소액의 개인회생채권의 취급

법은 원칙적으로 변제계획은 변제계획 인가일부터 1월 이내에 변제를 개시하여 정기적으로 변제하는 내용을 포함하여야 하고(법 제611조 제4항) 변제기간은 특별한 사정이 있는 때를 제외하고 변제개시일부터 3년을 초과하여서는 아니된다고 규정하고 있지만(법 제611조 제5항), 형식적인 평등을 이유로 같은 조로 분류된 개인회생채권자들에 대하여 일률적으로 똑같이 취급한다면 불합리한 결과를 초래할 수 있다. 예컨대, 소액의 개인회생채권자들에 대해서까지 예외 없이 3년의 변제기간 동안 변제하는 내용의 변제계획안을 제출하도록 하는 것은 채무자에게는 상당히 번거로운 일이 되고, 소액의 개인회생채권자가 다른 개인회생채권자들보다 조기에 변제를 받음으로써 얻는 이익은 무시해도 좋은 정도이므로, 소액의 개인회생채권에 대하여는 예외적으로 단기간에 변제하는 내용의 변제계획도 가능하다(법 제611조 제3항). 이 경우 어느 범위의 채권이 소액의 개인회생채권에 해당하는가는 구체적으로 액수를 특정하기는 곤란하고 결국 개개의 사안에서 개별적으로 판단하

여야 할 것이다.[7]

한편으로, 채무자가 개인회생절차개시결정 후 변제계획인가결정 전까지 사이에 개인회생절차개시결정 전의 원인으로 생긴 소액의 개인회생채권에 대하여 법원의 허가를 받아 변제할 수 있는지 여부가 문제된다.

채무자가 급여소득자인 경우에는 변제를 금지하여도 별 문제가 없을 것이지만, 채무자가 영업소득자인 경우에는 주된 거래상대방에게 소액의 개인회생채권을 변제하지 않고서는 채무자의 영업의 계속이나 회생에 현저한 지장을 초래할 우려가 있어 변제계획 인가 전이라도 전부 또는 일부의 변제를 허가할 필요성이 생긴다.

그러나 법에 이를 허용하는 명문의 규정이 없고,[8] 변제계획 인가 전의 변제허가는 개인회생재단을 감소시킬 뿐만 아니라 개인회생채권자들 사이의 공평을 해하는 결과를 가져오므로 부정적으로 해석하여야 할 것이다(법 제582조).

제 2 절 기한미도래채권 · 조건부채권 등의 평가

1. 기한미도래채권의 평가

기한부채권은 개인회생절차개시결정시에 변제기에 이른 것으로 본다[9](법 제581조 제2항, 제425조). 규정의 취지는 개인회생채권자 사이의 공평과 절차의 신속을 도모하려는 데에 있다. 즉 변제기가 도래하지 않은 개인회생채권을 제외하고 개인회생절차를 진행하게 되면 공평에 반하고, 기한부채권의 변제기가 도래할 때까지 기다린다면 개인회생절차가 너무 장기화되는 것을 피할 수 없기 때문이다.

여기서의 기한부채권은 확정기한부채권과 불확정기한부채권을 모두 포함하나, 채무의 이행이 장래 도래할 것이 확실한 채권만을 의미한다. 또한 채무의 이

---

7) 다만 현재 서울회생법원 실무상 소액의 개인회생채권의 변제기를 달리 정하는 경우는 드물다. 실무상 10만 원 미만의 소액의 경우 개인회생채권자 목록에서 제외시켜 별도로 변제하게 하는 사례는 간혹 있으나 이 경우에도 법 제624조 제3항 1호의 면책불허가사유에 해당하므로 신중하여야 할 것이다.

8) 법원이 개인회생절차에서 채무자의 변제를 허가할 수 있는 경우는 법 제592조의 보전처분을 하면서 그 내용으로 변제금지를 명한 경우가 사실상 유일하다. 그러나 보전처분은 개시결정이 있을 때까지만 효력이 존속되므로 이와 같은 보전처분 관련 규정이 개인회생절차개시결정 후 변제계획인가결정 전까지 사이의 변제허가에 대한 근거가 될 수 없음은 물론이다.

9) 이하 이 절에서 준용규정인 법 제581조 제2항 인용 생략.

행이 기한부인 경우뿐만 아니라 채권발생 그 자체가 기한부인 경우도 포함된다.

변제기가 도래하지 않은 기한부채권은 그 금액이 개인회생채권의 금액이 된다. 다만 개인회생절차개시결정시에 이미 변제기가 도래한 개인회생채권과 동일하게 취급한다면 개인회생채권자들 사이의 공평을 해하게 되므로 이자 있는 기한부 채권의 경우에는 개인회생절차개시결정 후의 이자나 지연손해금을, 무이자채권에서는 변제기까지의 중간이자 부분을 각각 후순위 개인회생채권으로 하여 조화를 꾀하고 있다(법 제446조 제1항
제1호·제2호·제5호).

2. 비금전채권, 외국통화채권, 조건부채권 등의 평가

개인회생절차에서 채무자는 인가된 변제계획에 따라 개인회생채권자들에게 변제할 금원을 회생위원에게 내국통화로 임치하여야 하므로 비금전채권, 채권액이 불확정한 채권, 외국통화채권 등을 정액의 금전으로 평가할 필요가 있다.

가. 비금전채권

비금전채권이란 금전으로 표시되지 않은 채권 중에 재산상의 청구권으로서 개인회생채권으로 될 수 있는 것을 말한다. 물건의 인도청구권 등이 이에 해당한다. 이러한 비금전채권의 평가액은 개인회생절차개시결정시의 평가액이다(법 제426조
제1항). 비대체적 작위 및 부작위청구권 등 금전으로 평가될 수 없는 것은 개인회생채권이 되지 않는다.

나. 채권액이 불확정한 채권

금전채권으로 금액이 불확정한 채권이다. 금전채권 자체는 성립하고 있지만 그 금액이 객관적으로 보아 개인회생절차개시결정시에 확정되어 있지 않은 경우이다. 예를 들면 장래의 일정시기에 있어서 수익의 분배청구권 등을 말한다. 채권액이 불확정한 채권도 개인회생절차개시결정시의 평가액이 개인회생채권의 금액이 된다(법 제426조
제1항).

다. 외국통화채권

외국통화채권은 개인회생절차개시결정 당시의 외환시세에 따라 내국통화로 환산한 액이 개인회생채권액이 된다(법 제426조
제1항). 이 경우 민법 제378조[10]와의 관계에서 개인회생채권자와 채무자 중 어느 쪽 주소지의 외환시세를 기준으로 하느냐가 문제되는데, 개인회생사건은 원칙적으로 채무자의 보통재판적 소재지, 주된 사무소나 영업소 소재지 또는 채무자의 근무지를 관할하는 회생법원의 관할에 전속하고(법 제3조 제1항), 개인회생채권자는 회생위원으로부터 변제액을 지급받아야 하므로(법 제617조 제2항) 개인회생절차가 개시된 곳인 우리나라의 외환시세에 따라야 한다.

라. 정기금채권

채권액 및 존속기간이 확정된 정기금채권의 경우 정기금의 합계액이 개인회생채권액이 된다. 다만 중간이자에 해당하는 부분은 후순위 개인회생채권이 되고(법 제446조 제1항 제7호), 채권액 또는 존속기간이 확정되어 있지 않은 경우에는 개인회생절차개시결정시의 평가액이 개인회생채권액이 된다(법 제426조 제2항·제1항).

마. 조건부채권 및 장래의 청구권

조건부채권은 정지조건인지 해제조건인지를 묻지 않고 그 금액의 산정에 있어서는 조건이 없는 채권과 동일하게 취급한다(법 제427조 제1항). 장래의 청구권도 마찬가지이다(법 제427조 제2항·제1항).

3. 다른 채무자와 관련된 채권

가. 채무자가 다른 자와 함께 전부의무를 부담한 경우

여럿의 채무자가 각각 전부의 채무를 이행하여야 하는 경우 그 채무자의 1인 내지 전원이 개인회생절차개시결정을 받은 때에는 채권자는 개인회생절차개시결정시에 가진 채권의 전액에 관하여 각 개인회생재단에 대하여 개인회생채권자로서 권리를 행사할 수 있다(법 제428조). 이는 수인이 동일한 급부의 내용에 관하여 이행의무를 부담하는 경우를 말하는 것으로서, 구체적으로는 수인이 불가분채무, 연대채무, 부진정연대채무, 연대보증채무, 어음 또는 수표의 소지인에 대한 발행인·인수인·배서인 등이 지는 합동채무 등을 가리킨다.

채권자는 당해 개인회생절차가 개시될 때를 기준으로 하여 그 때에 채무자에 대하여 주장할 수 있는 채권액을 가지고 개인회생채권자로서 권리를 행사할

---

10) 민법 제378조(외화채권) 채권액이 다른 나라 통화로 지정된 때에는 채무자는 지급할 때에 있어서의 이행지의 환금시가에 의하여 우리나라 통화로 변제할 수 있다.

수 있다. 이는 개인회생절차에 있어서 어느 채권자의 개인회생채권액은 개시결정시를 기준으로 고정되고(이를 '개시결정시 현존액주의'라고 부르는데, '파산선고시 현존액주의'에 대응하는 개념이다), 그 후에 다른 전부의무자가 일부 변제를 한 경우에도 개인회생채권액에는 아무런 영향을 주지 않는다는 데 의미가 있다. 따라서 개인회생절차개시 전에 채권소멸사유가 있으면 당초의 채권액으로부터 소멸된 부분을 제외한 잔액이 개인회생채권액이 되고, 개인회생절차개시 후에 전부의무자 중 그 일부의 자의 변제 기타의 행위에 의하여 채권자가 만족을 얻거나 또는 일부의 자에 대한 개인회생절차에서 채권자가 만족을 얻었을 경우라고 하더라도 채권의 완전한 만족이 없는 한 당해 절차에 있어서의 개인회생채권액에는 아무런 영향을 미치지 않는다.

한편 전부의무자가 아닌 제3자가 일부 변제를 한 경우에는 전부의무관계의 문제가 아니기 때문에 본조의 적용대상이 되지 않는다. 그리고 채무자와 함께 전부의무를 부담하는 다른 자와 채권자 사이에 개인회생절차 밖에서 일부 경개나 일부 면제가 이루어지고 그 효력이 일반 민사법의 원칙에 따라 다른 전부의무를 부담하는 자에게도 미치게 되어 있는 경우에는 그 효력이 개인회생절차를 밟고 있는 채무자에게도 미친다고 볼 것이므로 그 한도에서 개인회생채권액이 감소한다.

나. 채무자가 보증채무를 부담한 경우

보증채무는 주된 채무와 동일한 급부를 목적으로 하는 것을 원칙으로 하므로 원래 주채무자와 보증인과의 관계도 법 제428조의 "여럿의 채무자가 각각 전부의 채무를 이행하여야 하는 경우"에 해당한다. 그러나 보증채무의 보충성으로 인하여 보증인은 최고·검색의 항변권($\frac{민법}{제437조}$)을 가지므로 보증인에 대하여 단독으로 또는 주채무자와 동시에 개인회생절차가 개시된 경우에 채권자는 보증인에 대한 개인회생절차에서 바로 채권 전액을 가지고 개인회생채권자로서 권리를 행사할 수 있을 것인지 아니면 주채무자에 대한 강제집행 또는 개인회생절차의 참가에 의하여 채권 전액의 만족을 얻을 수 없음을 정지조건으로 하여 그 권리를 행사할 수 있는지에 관하여 의문이 생길 수 있다. 이에 법 제429조는 "보증인이 개인회생절차개시결정을 받은 때에는 채권자는 개인회생절차개시결정시에 가진 채권의 전액에 관하여 개인회생채권자로서 그 권리를 행사할 수 있다."고 규정하여 보증인에 관하여 개인회생절차가 개시된 때에는 주채무자에 관하여 개인회생절차가 개시되고 있는지의 여부를 묻지 않고, 보증인으로서 가지는 최고·검색의 항변권에 예외를 인정하여 채권자는 개인회생절차개시 당시의 채권액을 가지고 개인회생절차에 참가할 수 있게 하고 있다.[11] 주채무 또는 보증채무의 변제기 도래 여부는 묻지 않는다.

다. 장래의 구상권

　다수의 전부의무자 중 일부에 대하여 개인회생절차가 개시된 경우 개인회생채권자는 개인회생절차에서 채권 전액의 만족을 기대할 수 없으므로 전부의무자 중 다른 자에게 청구를 하게 되고, 이러한 경우 청구를 받은 자가 나중에 채권자에게 변제를 한 후 구상을 하려고 할 때에 이미 채무자가 변제계획에 따른 변제를 완료하고 면책결정이 확정된 다음에는 구상권 행사가 불가능하게 될 염려가 있다. 이에 법은 사전구상을 인정하지 않는 민법의 원칙($^{민법}_{제442조}$)을 수정하여 개인회생절차가 개시된 때에는 장래의 구상권자가 그 권리를 행사할 수 있도록 하고 있다($^{법}_{제430조}$).

　여럿의 채무자가 각각 전부의 채무를 이행하여야 하는 경우 그 채무자의 1인 내지 전원이 개인회생절차개시결정을 받은 때에는 그 채무자에 대하여 장래의 구상권을 가진 자는 그 전액에 관하여 각 개인회생재단에 대하여 개인회생채권자로서 그 권리를 행사할 수 있다($^{법 제430조}_{제1항 본문}$). 다만 채권자가 그 채권의 전액에 관하여 개인회생채권자로서 그 권리를 행사한 때에는 예외를 인정하여 장래의 구상권자는 권리를 행사할 수 없도록 하고 있다($^{법 제430조}_{제1항 단서}$). 따라서 채권자가 채권의 일부에 관하여만 권리를 행사한 때에 한하여, 장래의 구상권자는 잔액의 범위 내에서 권리를 행사할 수 있다.[12] 이는 채권자의 권리와 구상권자의 권리 중 채권자의 권리의 우월성을 인정함과 아울러 동일한 채무에 대하여 이중의 권리

---

11) 이와 관련하여 변제계획을 작성할 때 개인회생채무가 보증채무이거나, 연대보증채무인 경우, 확정된 일반 개인회생채권과 차별 없이 취급하여야 한다. 채권자가 장래 주채무자로부터 변제받을 가능성이 있다는 이유로 마치 미확정채권의 변제방식과 같이 주채무자로부터 변제받지 못하게 될 금액이 확정될 때까지 변제를 유보하는 방안을 고려할 수도 있으나, 이는 채권자의 이익을 근본적으로 침해하는 것으로서 법 제428조, 제429조의 취지에 반하게 된다. 따라서 일반 개인회생채권과 같이 월 변제예정액을 산정한 후 유보 없이 변제를 실시하는 것이 타당하다.

12) 이와 관련하여 변제계획안을 작성할 때도 장래구상권자에 대하여 법 제430조에 따라 처리하면 된다. 구체적으로 보면, 장래의 구상권자는 개인회생채권자목록에 개인회생채권으로 기재되는 반면 변제계획안(변제예정액표)에는 기재되지 않게 된다. 이와 같이 변제계획안에 아무런 기재가 없게 되면 그 처리가 누락된 것과 같은 인상을 줄 수 있으므로 변제계획안 제10항의 '기타사항'란에 "채권번호 ○-○번 채권은 채무자 회생에 관한 법률 제581조 제2항, 제430조의 규정에 의하여 처리한다." 정도로 기재한다.

행사가 이루어지지 않도록 하기 위한 데 그 취지가 있다.

한편 채권자가 채권 전액에 대하여 개인회생절차에 참가하여 장래의 구상권이 배제되는 경우에도, 채권자가 구상권자로부터 채권 전액의 대위변제를 받은 경우에는, 구상권자는 구상권의 액의 비율에 따라 채권자의 권리를 취득한다. 그러나 전부의무자가 채권의 일부에 대하여만 대위변제를 한 때에는, 채권자만이 개인회생절차개시 당시 가진 채권의 전액에 관하여 개인회생채권자로서 권리를 행사할 수 있을 뿐, 채권의 일부에 대하여 대위변제를 한 구상권자는 자신이 변제한 가액에 비례하여 채권자와 함께 개인회생채권자로서 권리를 행사할 수 없다.[13] 따라서 법 제430조 제2항에서 말하는 "변제의 비율"이라 함은 2인 이상의 구상권자가 일부씩 변제하고 그 변제액을 합산하면 개인회생채권 전액을 변제하는 것으로 되는 경우에 각 구상권자 사이에 있어서 각자가 변제한 비율에 따라서 대위를 인정하는 것으로 해석하여야 한다.[14]

채무자를 위하여 자기 소유물 위에 담보권을 설정한 물상보증인의 장래의 구상권에 대하여도 위에서 살펴 본 법 제430조 제1항 및 제2항의 법리가 동일하게 적용된다(법 제430조 제3항).

여기서 주의할 것은 보증인이 주채무자의 채무 중 일부분만을 한정하여 보증하는 내용의 일부보증을 하고 일부보증에 해당하는 금액 전액을 대위변제한 경우 그 보증인은 채권자의 채권이 전액 소멸하지 않아도 개인회생절차에서 대위변제에 따른 권리행사를 할 수 있다는 점이다(법 제581조, 제431조). 주로 신용보증기금 등 보증기관이 주채무자의 채무 중 85%나 90% 등 일정한 비율에 한하여 일부보증하는 사례가 있고 이 경우 신용보증기금이 일부보증에 따른 대위변제를 하게 되면 그 비율에 해당하는 부분만큼 채권자로서 개인회생절차에 참가하여 권리를 행사할 수 있게 되는 것이다.[15]

---

13) 대법원 2001. 6. 29. 선고 2001다24938 판결, 대법원 2021. 4. 15. 선고 2019다280573 판결 참조.
14) 제430조 제2항과 동일하게 규정되어 있던 구 회사정리법 제110조 제2항과 관련한 대법원 2009. 9. 24. 선고 2008다64942 판결 참조.
15) 이 경우 법원사무관 등은 개인회생채권자표에 변동내역을 기재하고, 회생위원은 법원에 변제예정액표 수정보고를 하여야 할 것이다.

제 3 절 우선권 있는 채권과 후순위채권

1. 개인회생채권의 종류

개인회생절차는 원칙적으로 모든 개인회생채권자들을 절차에 참가시켜 변제계획에 따라 변제한 후 채무자를 면책시키는 것을 예정하고 있고, 여기에 참가하는 모든 개인회생채권은 평등한 것이 원칙이다. 그러나 법은 채권의 성질이나 다른 채권자와의 형평성을 고려하여 변제에 있어서 일반 개인회생채권보다 우선하는 지위를 갖는 우선적 개인회생채권과 일반 개인회생채권보다 열후한 지위에 있는 후순위 개인회생채권을 인정하고 있다.

2. 우선권 있는 개인회생채권

가. 우선권 있는 개인회생채권에 속하는 것

1) 국세징수법이나 지방세징수법 또는 국세징수의 예에 의하여 징수할 수 있는 청구권[국세, 지방세 등 지방자치단체의 징수금, 관세($^{관세법}_{제3조}$) 및 가산세($^{관세법}_{제4조}$), 건강보험료($^{국민건강보험}_{법 제81조}$), 산업재해보상보험료($^{산업재해보상보험법 제4조, 고용보험 및 산업재해}_{보상보험의 보험료징수 등에 관한 법률 제28조}$) 등], 즉 조세 등의 청구권(이하 조세채권이라 한다)은 징수권자가 국세징수법 또는 국세징수의 예에 의한 체납처분으로 채무자의 재산을 압류한 후 그 압류한 재산의 환가대금에서 우선변제 받을 수 있다는 점에서 일반적으로 우월성이 인정되고 있으므로 일반의 우선권 있는 개인회생채권이다. 다만 개인회생절차개시결정 전에 조세채권이 성립되었을 것을 요한다.

파산절차에서 파산선고 전의 원인에 기하여 생긴 조세채권에 대하여 파산채권자들의 공동의 이익을 위한 것이라고 볼 수 없음에도 불구하고 이를 재단채권으로 규정하여 파산절차에 의하지 아니하고 수시로 변제받을 수 있도록 한 것은($^{법 제473조}_{제2호, 제475조}$) 지나친 조세우월주의라는 비판이 있다. 즉 국가의 재정기반 확립이라는 공익상의 요청에 기인한 것이라고 할지라도 그로 인하여 파산채권자에 대한 배당이 감소하고 본래 파산채권자에 대한 배당을 높이기 위한 파산관재인의 노력이 조세채권만을 위하여 일한 결과가 될 수도 있으므로 부당하다는 것이다. 이에 비하여 개인회생절차에서는 이러한 조세채권을 개인회생재단채권으로 규정하지 아니하고 개인회생채권으로 남겨 두었다는 점에서 의미가 있다. 다만 법 제583조 제1항 제2호 소정의, 개인회생절차개시 당시 아직 납부기한이 도래하지 아니한 원천징수할 조세 등은 개인회생재단채권임을 유의하여야 한다.

  2) 우선변제권이 있는 임차보증금 반환채권이 개인회생절차상의 우선권 있는 채권에 해당한다고 보는 견해가 있을 수 있다. 이러한 견해는 법 제586조, 제415조 제1항의 규정, 즉 주택임대차보호법 제3조 제1항의 규정에 의한 대항요건(주택의 인도와 주민등록)을 갖추고 임대차계약증서상의 확정일자를 받은 임차인은 개인회생재단에 속하는 주택(대지 포함)의 환가대금에서 후순위권리자 그 밖의 채권자보다 우선하여 보증금을 변제받을 권리가 있다는 규정 등을 근거로 한다. 위 대항요건과 확정일자를 갖춘 임차인 외에, 주택임대차보호법 제8조(소액보증금 중 일정액의 보호)의 규정에 의한 임차인은 같은 조의 규정에 의한 보증금을 개인회생재단에 속하는 주택(대지를 포함한다)의 환가대금에서 다른 담보물권자보다 우선하여 변제받을 권리가 있으므로, 이러한 소액임차인도 개인회생절차상의 우선권 있는 채권인지 여부가 문제될 수 있다.

  그러나 이러한 임차보증금 반환채권은 다른 일반의 개인회생채권보다 우월적 지위를 가지기는 하지만, 이 채권은 임대차목적물의 환가액의 한도 내에서만 우선권을 가지는 것이어서 별제권부 채권과 유사한 성격을 가지는 것이므로 우선권 있는 개인회생채권으로 취급되기보다는 별제권에 준하여 취급되어야 할 것이다.

  그리고 주택임대차보호법에 관한 위 규정들은, 상가건물임대차보호법에 기하여 대항요건을 갖추고 확정일자를 받은 임차인과 같은 법의 소액보증금 보호 규정에서 정해진 임차인에게도 준용되는데(법 제586조, 제415조 제3항), 그 임차보증금 반환채권도 동일하게 취급되어야 할 것이다.

  3) 법에 따라서는 환경개선부담금, 식품위생법상 과징금, 국유재산대부료 등과 같이 국세 또는 지방세 체납처분의 예에 따라 징수할 수 있다고 규정한 것들이 있다. 그러나 이러한 규정은 "국세 및 지방세를 제외한 기타의 채권에 우선하여 징수한다"와 같은 징수순위에 관한 규정이 아니라 체납처분의 절차에 따라 징수할 수 있다는 자력집행권이 있음을 규정한 것에 불과하며,[16] 위 채권들에 관하여 일반 채권에 비하여 징수의 우선순위를 정하고 있는 규정도 없으므로 위 채권들을 일반의 우선권 있는 채권으로 인정하기는 어렵다.

---

16) 대법원 1990. 3. 9. 선고 89다카17898 판결 참조.

나. 우선권 있는 개인회생채권의 취급

우선권 있는 개인회생채권도 개인회생채권의 일종이므로 개인회생절차개시 결정으로 인하여 강제집행이 중지 또는 금지되고(법 제600조 제1항), 원칙적으로 변제계획에 의하여서만 변제가 허용된다(법 제581조 제1항, 제582조). 국세징수법 또는 국세징수의 예에 의한 '체납처분'도 예외가 아니다(법 제600조 제1항 제4호).

한편 법은 우선권 있는 개인회생채권에 대하여 특별한 취급을 하고 있다. 즉, 변제계획에는 우선권 있는 개인회생채권의 전액의 변제에 관한 사항을 정하여야 하고(법 제611조 제1항 제2호), 일정한 기간 안의 채권액에 관하여 우선권이 있는 경우 그 기간은 개인회생절차개시결정시부터 소급하여 계산하도록 하고 있다(법 제581조 제2항, 제442조).

3. 후순위 개인회생채권

가. 후순위 개인회생채권에 속하는 것(법 제581조 법 제446조)

1) 개인회생절차개시결정 후의 이자(법 제446조 제1항 제1호)

개인회생절차개시결정 후에 생긴 이자는 개인회생절차개시결정 전에 발생 원인이 있었기 때문에 원래는 일반 개인회생채권이 되어야 할 것이지만 무이자 채권과의 균형상 후순위 개인회생채권으로 규정한 것으로 보인다. 개시결정일 당일의 이자도 후순위 개인회생채권으로 취급된다. 개인회생절차개시결정 전에 이행기가 도래한 경우 원금 및 개인회생절차개시결정일 전일까지의 이자·지연 손해금은 일반 개인회생채권이 되고, 개시결정일 이후의 지연손해금은 후순위 개인회생채권이 된다.

2) 개인회생절차개시결정 후의 불이행으로 인한 손해배상액 및 위약금(법 제446조 제1항 제2호)

개인회생절차개시 전부터 채무자가 재산상의 의무를 이행하지 않음으로써 상대방에 대하여 손해배상액 또는 위약금을 정기적으로 지급하여야 하는 관계에 있을 경우 그 계속으로 개인회생절차개시 후에 발생하는 손해배상액과 위약금은 후순위 개인회생채권이다.[17]

3) 개인회생절차참가비용(법 제446조 제1항 제3호)

채권자의 이의진술서 작성비용 및 제출비용(규칙 제90조 제1항), 개인회생채권자집회에

---

17) 대법원 2004. 11. 12. 선고 2002다53865 판결 참조.

출석하기 위한 비용 등을 말한다. 채권조사확정재판의 비용이 여기에 해당되는 지에 관해서는 논란이 있을 수 있는바, 제3의 채권자가 채권조사확정재판을 신청하여 그 결과 채무자의 재산이 이익을 얻은 때에 그 소송비용이 재단채권이 된다는 점은 법 제608조에 의하여 분명하지만, 다른 경우의 채권조사확정재판의 비용이 법 제608조에 준하여 재단채권이 되는지 또는 법 제446조 제1항 제3호에 기하여 후순위채권이 되는지 견해가 갈린다.

4) 벌금, 과료, 형사소송비용, 추징금 및 과태료(법 제446조 제1항 제4호)

채무자에 대하여 징벌적 성격을 가지고 있을 뿐 아니라 이를 일반 개인회생채권으로 하면 결국은 다른 채권자의 부담이 되기 때문에 이를 후순위 개인회생채권으로 하고 그 대신 면책이 되지 않는 것으로 하고 있다(법 제625조 제2항 제3호). 이 호에서 열거된 채권들은 개시결정 전에 발생한 것을 가리킨다.

5) 무이자채권의 개인회생절차개시결정시로부터 기한까지의 중간이자(법 제446조 제1항 제5호)

이자부채권에 있어서 개인회생절차개시결정 이후의 이자는 후순위가 되는 것에 대응하여 무이자채권에 있어서는 개인회생절차개시결정시부터 변제기에 이르기까지의 법정이율에 의한 원리의 합계액을 채권액으로 보고 그 이자에 상당하는 부분이 후순위 개인회생채권이 된다.

6) 불확정기한부 무이자채권의 채권액과 평가액과의 차액(법 제446조 제1항 제6호)

기한이 불확정한 때에는 중간이자를 산정할 수 없기 때문에 그 채권액과 개인회생절차개시결정 당시의 평가액과의 차액에 상당하는 부분이 후순위 개인회생채권이 된다.

7) 채권액 및 존속기간이 확정된 정기금채권인 경우 각 정기금에 관하여 개인회생절차개시결정시부터 각 정기금의 변제기에 이르기까지의 중간이자의 합계액에 상당하는 부분(법 제446조 제1항 제7호)

정기금채권의 경우 각 정기금을 개별적으로 보면 각각 무이자채권에 해당하기 때문에 각 정기금에 대하여 기한부 무이자채권으로서의 중간이자를 산정하여 합한 금액에 상당하는 부분을 후순위채권으로 하였다.

8) 채무자가 채권자와 개인회생절차에서 다른 채권보다 후순위로 하기로 정한 채권은 그 정한 바에 따라 다른 채권보다 후순위로 한다(법 제446조 제2항).

나. 후순위 개인회생채권의 취급

후순위 개인회생채권은, 우선권 있는 개인회생채권 및 일반의 개인회생채권이 모두 변제되고 난 후에 비로소 변제계획상 변제될 수 있는 것이다. 실무상 일반의 개인회생채권도 그 전액이 변제되는 변제계획은 많지 않기 때문에 후순위 개인회생채권을 변제하는 내용의 변제계획은 많지 않다.

제 4 절　개인회생채권의 확정문제

1. 개인회생채권의 확정방법

　채무자가 개인회생절차를 통해 변제계획안을 인가받아 면책되기 위해서는 그 전제로서 변제대상인 개인회생채권이 먼저 확정되어야 한다. 법에 의하면, 개인회생채권이 확정되는 경로는 4가지인데, 첫째 개인회생채권자목록에 기재된 채권에 대하여 채권자의 이의가 없어서 목록기재대로 확정되는 경우, 둘째 이의가 제기되고 채권조사확정재판을 통하여(그에 대한 불복이 없어서) 확정재판의 결과대로 확정되는 경우, 셋째 채권조사확정재판에 대한 불복이 있어서 그 이의의 소에서 확정되는 경우, 넷째 개시결정 당시 이미 별소가 제기되어 있어서 그 별개의 소송결과대로 확정되는 경우이다. 개인회생절차는 회생절차나 파산절차와 달리 채권신고 및 시부인 절차가 생략되어 보다 간이한 채권확정을 도모하고 있다.

[현행 도산절차상 채권신고제도 등의 비교]

	회생절차	파산	개인회생절차
채권신고제도	○	○	×
시부인절차 (조사절차)	○	○	× (목록기재)
실권제도	○	△ (배당에서 제척)	×
확정판결과 동일한 효력	○	○	○
채권확정소송	○	○	○
권리변경효력의 발생시기	인가(확정)시	없음	면책결정확정시

　다만, 현행법상으로는 개인회생절차 내에서의 채권금액이 확정되지 않더라

도 그대로 변제계획안 작성 등의 절차를 진행시켜 나갈 수밖에 없어서 이에 따른 여러 가지 곤란한 문제들이 생기고 있다.[18] 입법적으로 재검토되어야 할 부분이라고 할 수 있다.

2. 이의기간 도과 등에 따른 개인회생채권의 확정

가. 개인회생채권자목록의 사전제출 및 이의기간 지정 등

1) 채무자가 개인회생절차개시신청을 함에 있어서는 개인회생채권자목록을 사전에 함께 첨부하여 제출하여야 하고(법 제589조 제2항 제1호), 개인회생절차개시 결정이 있을 때까지 개인회생채권자목록에 기재된 사항을 수정할 수 있다(법 제589조의2 제1항). 법원은 개시결정과 동시에 결정일부터 2주 이상 2개월 이하의 기간을 개인회생채권에 관한 이의기간으로 정하여야 한다(법 제596조 제2항 제1호), 또한 법원은 개인회생절차개시결정 후 지체 없이 이의기간을 공고하고(법 제597조 제1항), 알고 있는 개인회생채권자에게 개인회생채권자목록 및 변제계획안을 송달하여야 한다(법 제597조 제2항). 송달과 관련된 실무처리는 제3장 제3절 1. 참조.

2) 이의기간은 재정기간(裁定期間)으로서 그 기간을 늘일 수 있다(법 제596조 제3항, 민사소송법 제172조 제1항). 다만 기간을 늘이는 결정은 당초에 정한 이의기간이 도과하기 전에 하여야 하는 것이 원칙이다. 위 이의기간은 법정기간이므로 불변기간에 적용되는 추후보완은 허용되지 않는다고 해석된다.

3) 개인회생채권의 확정에 관하여 이의기간이 부여되는 경우는 ① 위와 같이 법원이 개인회생절차개시결정시에 정하는 개시결정일부터 2주 이상 2개월 이하의 기간(법 제596조 제2항 제1호), ② 개시결정 이후 개인회생채권자목록이 수정허가되어 새로이 이의기간으로 부여된 기간(법 제589조의2 제4항), ③ 개인회생채권자의 서면 이의신청(조사확정재판신청) 후 채무자가 이의내용을 인정하여 제출한 개인회생채권자목록이 변경허가되어 새로이 이의기간으로 부여된 기간(법 제604조 제1항)이 있다. 법원은 위 세 가지 이의기간이 지정되고 변경되는 경우 지체 없이 공고하여야 하고, 변경된 개인회생채권자목록을 알고 있는 개인회생채권자 등에게 송달하여야 한다

---

18) 일본의 소규모 개인재생절차와 급여소득자 재생절차에서는 이의가 있는 경우 간이한 평가의 재판절차를 통하여 일응의 변제대상금액을 정하도록 하고 있다(민사재생법 제227조). 평가의 재판은 의결권액이나 최저변제액 산정에 있어서 기초가 될 뿐이고 권리를 실체적으로 확정하는 것이 아니다. 따라서 기판력은 물론이고 집행력도 인정되지 않으므로 평가의 재판에 불복하는 경우에는 일반의 민사소송절차에 의하면 된다. 이와 관련된 논의는 園尾隆司・小林秀之, 条解民事再生法(第3版), 弘文堂(2013), 1170면 이하 참조.

(법 제597조 제3항).
(규칙 제81조 제2항).

나. 개인회생채권자목록의 수정 및 변경

1) 채무자가 개시결정에 따른 강제집행 등의 중지·금지 효과를 얻기 위하여는 무엇보다 개인회생채권자목록에 개인회생채권자를 빠짐없이 기재하는 것이 중요하다. 개인회생채권자목록에 기재된 개인회생채권에 의한 강제집행 등에 대하여만 개시결정의 효력이 미치기 때문이다(법 제600조 제1항 제2호·제3호). 다만 채무자는 개시결정 전까지 개인회생채권자목록에 기재된 사항을 수정할 수 있고(법 제589조의2 제1항), 책임질 수 없는 사유로 인하여 개인회생채권자목록에 누락하거나 잘못 기재한 사항을 발견한 때에는 개시결정 후라도 변제계획인가결정이 있기 전까지는 법원의 허가를 받아 목록에 기재된 사항을 수정할 수 있다(법 제589조의2 제2항). 또한 채무자는 개인회생채권자가 서면으로 이의신청(조사확정재판신청)을 하는 경우, 채권자의 이의를 받아들여 법원의 허가를 받아 개인회생채권목록을 변경할 수 있다(법 제604조 제1항 후단). 개인회생채권자목록의 수정허가 신청서의 기재례는 [양식 9] 참조. 개인회생채권자목록의 수정과 관련한 실무처리는 제3장 제3절 3. 참조.

2) 한편 채무자는 일정한 경우 개인회생절차개시결정이 있은 후 이의기간이 도과하더라도 변제계획인가결정이 있기 전까지 개인회생채권자목록에 기재된 사항을 수정할 수 있는 반면(법 제589조의2 제2항), 채권자는 위와 같이 이의기간이 도과되면 이의를 추후보완할 수 없으므로 채권자 보호에 소홀하다는 비판이 있다. 따라서 채권자의 보호를 위하여 이의기간이 도과한 후에도 채권자가 책임질 수 없는 사유로 말미암아 이의기간을 준수할 수 없었던 경우에는 추후보완에 준하여 법원의 허가를 받아 채권자가 이의하는 것도 허용할 필요가 있다는 견해가 있고, 실무상 허가한 사례도 있다.[19] 이에 따르면 채권자가 이의기간 도과 후에 이의한 경우에도 채무자에게 채권자목록의 수정여부를 밝히게 하고, 거부하는 경우 채권조사확정재판신청에 준하여 처리하게 된다.

3) 개인회생채권자목록에 기재된 개인회생채권을 취득한 자는 채권자목록상의 채권자 명의변경을 신청할 수 있다(법 제609조의2 제1항). 개인회생채권자목록의 채권자

---

19) 재정기간에 관한 것은 아니나 일본에서는 통상기간으로 해석되는 상고이유서 제출기간과 관련하여 기간 경과 후에 한 추후보완신청에 대하여 법원이 기간 경과 후에 기간을 연장하는 것으로 해석하는 견해가 있다. 즉, 추후보완이 허용되지 않는 상고이유서 제출기한 경과 후에 한 추완 상고이유서 제출에 대하여 채권자에게 그가 책임질 수 없는 사유로 이의를 할 수 없는 사정이 있었을 경우에는 이를 기간 경과 후에 한 기간의 연장으로 해석할 수 있다고 한다는 견해이다[秋山幹男 외 5인, コメンタール民事訴訟法Ⅱ(제2판), 323면].

명의변경은 개인회생절차개시결정에 정한 이의기간 도과 후는 물론 인가결정 이후에도 가능하다. 이러한 명의변경 신청의 경우에는 첨부서류(법 제609조의2 제2항)를 통해 정당한 권리취득자임이 인정된다면 새로이 이의기간을 부여하지 아니하고 곧바로 개인회생채권자표에 명의변경 내용을 반영하면 된다.

다. 이의기간 도과에 의한 개인회생채권의 확정

1) 채무자가 제출한 개인회생채권자목록에 기재된 채권자가 이의기간 내에 개인회생채권조사확정재판을 신청하지 아니하거나, 개인회생채권조사확정재판 신청이 각하된 경우에 개인회생채권은 그 목록에 기재된 대로 확정된다(법 제603조 제1항). 한편 명문의 규정은 없으나 조사확정재판을 신청하여 이의를 진술한 채권자가 이의를 철회하거나 조사확정재판신청을 취하한 경우에도 개인회생채권자목록의 기재대로 확정된다고 해석하여야 할 것이다.

2) 한편 법 제603조 제1항은 회생절차(법 제166조)나 파산절차(법 제458조)와는 달리 그 확정의 대상이 무엇인지를 명확히 규정하지 않은 채 '개인회생채권자목록의 기재대로'라고만 규정하고 있으나, 회생절차 등의 규정에 비추어 "개인회생채권의 액수, 우선권·후순위채권 해당여부" 등이 그 확정대상이라고 해석하여야 할 것이다.

3. 개인회생채권조사확정재판

가. 개 요

1) 개인회생채권조사확정재판은 개인회생채권자목록의 내용에 관하여 이의가 있는 개인회생채권자가 이의기간 안에 서면으로 이의를 신청한 경우에 법원이 이의가 있는 개인회생채권의 존부 또는 그 내용을 정하는 절차이다(법 제604조). 회생절차나 파산절차 모두 채권자의 신고를 받은 후 시·부인이나 이의절차를 진행하고, 그와 같이 이의가 제기된 채권의 보유자가 이의자 전원을 상대방으로 하여 조사확정재판을 신청하게 한다. 그러나 개인회생절차에서는 절차의 간이·신속성을 도모하기 위하여 채무자에게 사전에 개인회생채권자목록을 제출하게 하고, 그 내용에 대하여 이의를 신청하는 채권자가 곧바로 자신 또는 다른 채권자의 개인회생채권에 대하여 서면으로 조사확정재판을 신청하도록 하고 있다.

2) 개인회생채권자가 자신의 개인회생채권의 내용에 관하여 개인회생채권조

사확정재판을 신청하는 경우에는 채무자를 상대방으로 하고, 다른 개인회생채권자의 채권내용에 관하여 개인회생채권조사확정재판을 신청하는 경우에는 채무자와 다른 개인회생채권자를 상대방으로 하여야 한다(법 제604조 제3항).

위와 같이 개인회생절차에서는 회생절차와 달리 채무자를 조사확정재판의 상대방에 모두 포함시키고 있다. 이는 위와 같이 개인회생절차가 채권신고제도 없이 채무자가 작성한 채권자목록에 따라 진행되고 있고, 채무자가 자신이 주도적으로 작성한 채권자목록에 대하여 스스로 이의를 하는 경우를 예상할 수 없기 때문에 법에서도 채무자를 조사확정재판의 신청인으로 인정하고 있지 않으나, 개인회생채권의 확정에 관한 소송에 대한 판결은 개인회생채권자 전원에 대하여 효력이 있어(법 제607조 제1항) 채무자 자신도 그 이해관계가 큰 점, 채무자가 허위 채권을 기재하는 등으로 진정한 채권자들을 해하는 경우도 있어 채무자와 이의 채권자가 반드시 동일한 이해관계를 가지고 있다고 볼 수 없는 점 등을 고려하여 채무자를 조사확정재판의 상대방으로 편입함으로써 분쟁을 합일 확정하도록 한 것으로 보인다.[20]

3) 채권자가 이의기간 안에 개인회생채권자목록의 내용에 관하여 서면으로 이의를 신청한 경우에는 그 채권은 채무자의 이의 인정여부를 기다리는 미확정 상태가 된다. 이와 관련하여 개인회생채권자목록에 누락된 채권자도 이의(채권자목록 추가신청 또는 조사확정재판신청)를 할 수 있는지가 문제되나, 그 채권자는 법률상 강제집행 중지·금지 등의 제한도 받지 않고, 면책의 효력도 인정되지 아니하므로 이의를 허용할 필요가 없다고 해석된다. 실무는 누락된 채권자의 이의서면도 채무자에게 송달함으로써 채무자에 의한 개인회생채권자목록 수정여부를 검토할 수 있게 하고 있다.

나. 신청방식 및 절차

1) 개인회생채권자목록의 내용에 관하여 이의가 있는 채권자는 이의기간 안에 서면으로 개인회생채권조사확정재판을 신청할 수 있다(법 제604조 제1항 전단). 여기서의 이의기간은, 법원이 개인회생절차개시결정시에 정하는 개시결정일부터 2주 이상 2개월 이하의 기간(법 제596조 제2항 제1호) 또는 개시결정 이후 개인회생채권자목록이 수정허가되어 새로이 이의기간으로 부여된 기간(법 제589조의2 제4항) 또는 개인회생채권자의 서면

20) 서울고등법원 2008. 10. 23. 선고 2007나101877 판결(대법원 2008다91586호로 상고기각 확정) 참조.

이의신청(조사확정재판신청) 후 채무자가 이의내용을 인정하여 제출한 개인회생 채권자목록이 수정허가되어 새로이 이의기간으로 부여된 기간(법 제604조 제1항 후단)을 말한다.

2) 개인회생채권자는 자신의 개인회생채권의 내용에 관하여 이의가 있는 경우에는 채무자를 상대로 개인회생채권조사확정재판을 신청하여야 하고, 다른 개인회생채권자의 채권내용에 관하여 이의하는 경우에는 채무자와 다른 개인회생채권자를 상대방으로 하여야 한다(법 제604조 제3항). 이때 동일한 채권에 관하여 개인회생채권자와 다른 개인회생채권자의 이의신청(조사확정재판신청)이 각자 접수되고 채무자가 이의내용을 인정하지 아니한 경우에는 복수의 개인회생채권조사확정재판이 신청된 것이 되나 합일확정을 위하여 1개의 기록으로 조제할 필요가 있고 가급적 심리 및 결정도 함께 하는 것이 바람직하다(다만, 사건번호는 각 신청별로 부여할 수밖에 없을 것이다). 한편 그 경우 채무자가 이의내용을 인정하여 개인회생채권자목록을 수정하여 법원의 허가신청을 하면, 법원은 해당 개인회생채권의 성립여부 등을 고려하여 허가여부를 결정할 필요가 있고, 수정이 허가되면 여전히 이의가 남게 되는 개인회생채권자의 이의신청만을 개인회생채권조사확정재판으로 접수하여 처리하면 될 것이다.

3) 조사확정재판 신청서의 기재례는 [양식 33, 34]와 같다. 신청서의 제출과 함께 신청인은 송달료 및 인지대(인지대 1,000원)를 미리 납부하여 그 납입증명서를 제출하여야 한다. 법원은 비용을 미리 납부하지 아니하면 신청을 각하하여야 한다(법 제604조 제4항).

그런데 법은 개인회생채권조사확정재판의 신청을 '서면으로' 하라고 되어 있을 뿐이지 일정한 양식의 신청서로 할 것으로 요구하지 않고 있다. 따라서 통상 개인회생채권자가 '이의신청서'의 형태로 제출하는 서면을 개인회생채권조사확정재판의 신청서로 볼 수 있는지가 문제된다. 실무는 이의신청서도 내용상 채권자목록의 내용에 관한 이의라고 보이면 일단 개인회생채권조사확정재판의 신청서로 보되,[21] 채무자가 이의내용을 인정하여 법원의 허가를 받아 개인회생채권자목록을 변경하는지 여부를 기다린 후 그에 따라 처리하고 있다. 즉 채무자가 이의내용대로 개인회생채권자목록을 변경하면 새로이 이의기간을 정해 공고하고 그 목록을 이의한 개인회생채권자 등에게 송달한 후 개인회생채권조사확정재판의 신청에 대한 결정을 하지 아니한다(법 제604조 제1항 후단). 반대로 채무자가 이의내용을

---

21) 개인회생채권자가 제출한 서면에 의한 이의신청에 개인회생채권 조사확정재판신청이 포함되어 있다고 보아야 한다는 견해도 있다. 그 경우에도 실무상 처리방법은 사실상 같다.

인정하지 아니하면 이의신청한 개인회생채권자에게 절차비용을 미리 납부하고 신청취지를 보정하라는 명령을 한 후 보정이 완료되면 사건번호(2021개확100000)를 부여하고 심문 및 결정을 한다.[22]

다. 심리 및 결정 등

1) 법원은 필요적으로 이해관계인을 심문한 후 개인회생채권조사확정재판을 하여야 한다(법 제604조 제5항 전단). 심문은 기일을 지정하거나 심문서 등의 서면을 통해 할 수 있고, 이의기간 도과 후에 제기된 신청 등 부적법한 신청을 각하하는 경우에는 이해관계인을 심문할 필요가 없다. 이해관계인은 주로 신청인과 상대방이 될 것이나, 필요한 경우 채권양도인 등 제3자를 심문하는 것도 가능할 것이다. 심문조서는 재판장이 작성을 명한 경우를 제외하고는 작성할 필요가 없다(규칙 제5조).

2) 개인회생채권조사확정재판의 결정 대상은 해당 개인회생채권의 존부 또는 그 내용이지 신청의 당부가 아니다(법 제604조 제5항 후단). 따라서 심리 결과 개인회생채권의 존재가 인정되지 아니할 경우에는 그 결정 주문에서 조사확정재판을 기각한다고 할 것이 아니라, 이의 있는 개인회생채권이 존재하지 아니한다고 하여야 한다.[23] 또한 개인회생채권의 일부분은 이의기간 도과로 확정되고 일부분만 인정되는 경우에는 결정 주문에서 신청의 이익이 없는 확정된 부분을 각하하고, 인정되는 채권의 존부 또는 내용에 관한 판단의 결과를 기재하면 된다. 결정은 결론을 뒷받침할 수 있을 정도로 이유의 요지만을 기재할 수 있다(규칙 제89조, 제66조 제1항).

법원은 개인회생채권조사확정재판의 결정서를 당사자에게 송달하여야 한다(법 제604조 제6항). 또한 법원은 채권조사확정재판절차에서 화해를 권유하거나 조정에 회부하는 결정을 할 수 있고, 조정에 회부하는 경우 민사조정법 및 민사조정규칙을 준용한다(규칙 제89조, 제66조 제2항).

3) 한편 개인회생채권조사확정재판의 신청이 있어 사건번호를 부여한 경우에도 심리 과정에서 채무자가 이의내용을 인정하여 법원의 허가를 받아 개인회생채권자목록을 변경할 수도 있을 것이다. 그 경우에는 신청에 대한 결정을 하지 아니하고 개인회생채권조사확정재판을 종료할 수 있고, 종국사유로 "2021. ○. ○. 개인회생채권자목록의 변경허가로 인하여 종료"라고 기재하게 된다.

---

22) 서울회생법원, 회생위원 직무편람, 208면.

23) 실무상 심판대상인 개인회생채권이 일부만 인정되더라도 '나머지 신청을 기각한다'는 주문을 기재하지 않고 있다. 또한 실무는 신청비용도 각자 부담하는 것을 원칙으로 한다.

4) 개인회생채권조사확정재판에 대한 불복방법은 조사확정재판의 결정서를 송달받은 날부터 1월 이내에 이의의 소를 제기하는 것이다(법 제605조 제1항).[24] 이 기간 안에 이의의 소가 제기되지 않거나 각하된 때에는 개인회생채권조사확정재판은 개인회생채권자 전원에 대하여 확정판결과 동일한 효력이 있다(법 제607조 제2항). 다만 '확정판결과 동일한 효력'은 기판력이 아닌 절차 내에서의 불가쟁력이라 할 것이다.[25]

라. 개인회생절차 진행과의 관계

1) 개인회생채권에 대한 이의기간 말일부터 개인회생채권자집회기일 사이에는 원칙적으로 2주 이상 1개월 이하의 기간밖에 없고(실무상으로는 2주 이상 3주 이내의 기간을 두고 있음은 제6장 제4절 참조), 이해관계인에 대하여는 필요적으로 심문을 거쳐 조사확정재판에 대한 결정을 하여야 하므로(법 제604조 제5항), 그 재판의 결과를 기다렸다가 채권자집회를 개최하기는 어렵고, 절차의 신속에도 반하는 문제가 있다. 따라서 채권조사확정재판의 결과를 기다리지 않고 개인회생절차는 원래 예정대로 진행하는 것이 보통이다. 다만 그 이의액수가 채무자의 신청자격(담보권부 개인회생채권 15억원, 무담보 개인회생채권 10억 원)을 좌우할 정도에 이른다거나 변제계획 자체가 새로이 검토되어야 할 정도에 이를 때에는 채권자집회가 연기되거나 변경되어야 하는 경우도 있을 것이다.

2) 한편 개인회생채권조사확정재판이 계속된 상태에서 개인회생절차개시결정이 취소되면(법 제598조 제5항) 개인회생채권을 조사할 실익이 없으므로 채권조사확정재판은 종료된다.[26] 개인회생절차가 인가결정 전 폐지되어 확정되는 경우에도 마찬가지이다. 다만 인가결정 이후에는 미확정채권에 관한 변제유보액 또는 공탁액이 있을 수 있고, 채권자가 개인회생채권자표에 기하여 강제집행을 할 수도 있으므로(법 제603조 제4항), 인가 후 폐지결정이 확정된 경우에는 기존의 개인회생채권조사확정재판을 진행하여 결정할 필요가 있다.

---

24) 이의의 소의 제기가 아닌 즉시항고로 불복하는 것은 부적법하다.

25) 대법원 2017. 6. 19. 선고 2017다204131 판결 참조. 위 판결은 확정된 종국판결뿐만 아니라 결정·명령재판에도 실체관계를 종국적으로 판단하는 내용의 것인 경우에는 기판력이 있으나, 민사소송법은 실체관계의 종국적 판단을 내용으로 하는 결정에 대해서 준재심을 허용함으로써 그 소송절차 등에 중대한 흠이 있는 것이 판명된 경우 예외적으로 기판력으로부터 해방시켜 그 재판을 시정할 기회를 부여하고 있으나, 개인회생채권조사확정재판에 따른 결정이 확정된 경우 준재심을 허용하는 규정을 두지 않고 있다는 점 등을 들어 조사확정재판에 기판력이 인정되지 않는다고 판시하였다.

26) 실무상 기타 종국으로 전산입력 후 종국처리하고 있다.

마. 조사확정재판 신청 이외의 별도 소송 가능성

1) 파산절차나 회생절차 등 통상의 도산절차는 채권을 확정하는 절차를 도산절차 내로 집중하여 원칙적으로 별개의 소송이 불가능하도록 하고 있다. 그러나 법 제600조 제1항 제3호는 개시결정으로 중지되거나 금지되는 행위에서 "개인회생채권에 관한 소송행위"를 제외하고 있고, 법 제606조 제3호는 "조사확정재판이나 이의소송 이외의 채권의 확정에 관한 소송의 결과"를 채권자표에 기재하도록 규정하고 있어 개인회생절차에서는 채권의 조사확정을 하나의 절차로 집중시키지 않고, 별도의 이행소송이 가능하도록 규정하고 있는 것인지 하는 의문이 있다.

2) 우선 "채무자가 개인회생절차에 의하지 아니하고, 수시로 개인회생채권보다 먼저 변제하는 개인회생재단채권(법 제583조 제2항, 제475조, 제476조)에 관한 소송행위", "개인회생채권자목록에 기재되지 아니한 개인회생채권에 관한 소송행위"와 "개시결정 당시 이미 소송이 계속되어 있는 개인회생채권에 관한 소송행위"는 중지, 금지되지 않는 것으로 해석된다. 따라서 개인회생재단채권과 개인회생채권자목록에 누락된 채권은 별개의 소송 및 강제집행이 가능하고, 면책의 효과도 미칠 수 없다는 점은 명백하다.

3) 그러나 개인회생절차에서도 개인회생채권자목록에 기재된 채권 전부에 관하여는 간이한 방식이나마 채권확정절차를 거치도록 하고 있는 점에 비추어 개인회생채권자목록에 기재된 개인회생채권과 동일한 소송물에 관하여는 별도의 소송을 제기할 수 없다고 보아야 한다. 대법원도, 법 제600조 제1항 제3호 본문, 제603조, 제604조의 내용과 집단적 채무처리절차인 개인회생절차의 성격, 개인회생채권조사확정재판 제도의 취지 등에 비추어 볼 때, 제600조 제1항 제3호 단서가 개인회생절차개시의 결정에 따라 중지 또는 금지되는 행위에서 소송행위를 제외하고 있다고 하여도 이는 개인회생절차개시의 결정 당시 개인회생채권자목록에 기재된 개인회생채권에 관한 소가 이미 제기되어 있는 경우에는 그에 관한 소송행위를 할 수 있다는 취지로 보아야 하고, 개인회생절차개시의 결정이 내려진 후에 새로이 개인회생채권자목록에 기재된 개인회생채권에 기하여 이행의 소를 제기하는 것은 허용되지 아니한다고 판시하였다.[27]

---

27) 대법원 2013. 9. 12. 선고 2013다42878 판결.

4. 개인회생채권조사확정재판에 대한 이의의 소

개인회생채권조사확정재판에 대하여 불복을 하는 자는 그 결정서를 송달받은 날부터 1개월 이내에 이의의 소를 제기할 수 있다(법 제605조 제1항).

가. 당사자적격 및 소제기 절차

이의의 소는 개인회생채권조사확정재판 결정에 불복하는 자로서, 그 당사자였던 개인회생채권자나 채무자[28]가 제기할 수 있다. 그 외에 조사확정재판의 당사자가 아니었던 다른 채권자도 원고적격이 있는지 문제될 수 있으나, 조사확정재판의 결정은 그 당사자에게만 송달되고(법 제604조 제6항), 다른 채권자에 대해서도 원고적격을 인정하는 경우에 당사자 관계가 지나치게 복잡해질 수 있으며 이들에게는 보조참가로서 참가할 기회가 있다는 점 등을 참작하여, 실무는 소극적인 입장이다.

이의의 소의 원고가 이의채권을 보유한 개인회생채권자인 경우(개인회생채권이 부존재하거나 감축되어 확정된 경우)에는 조사확정재판의 당사자였던 채무자를 피고로 삼아야 하고, 다른 채권자가 채무자와 이의채권을 보유한 개인회생채권자를 상대로 개인회생채권조사확정재판을 신청한 경우이면 채무자와 다른 채권자를 공동피고로 삼아야 한다. 그 경우 채무자를 공동피고로 삼지 아니한 채 이의를 제기한 개인회생채권자만을 상대로 이의의 소를 제기한 것은 당사자적격을 갖추지 못하여 부적법하다.[29] 이의의 소의 원고가 이의한 다른 개인회생채권자(조사확정재판 신청인)인 경우(개인회생채권이 존재하는 것으로 확정된 경우)에도 이의채권을 보유한 개인회생채권자와 채무자를 공동피고로 삼아 소를 제기하여야 할 것이다. 나아가 같은 상황에서 이의의 소의 원고가 채무자인 경우에도 마찬가지로 해석해야 할 것이다.[30]

---

28) 법 제604조에서는 채무자에 대하여 조사확정재판을 신청할 자격을 인정하고 있지 않으므로 이의의 소에서도 채무자가 원고적격이 없다고 해석될 여지가 있으나, 법 제605조 제1항이 "개인회생채권조사확정재판에 불복하는 자는 … 이의의 소를 제기할 수 있다"고 규정하고 있는 점에 비추어 조사확정재판의 당사자였던 채무자는 당연히 원고적격을 가진다고 볼 것이다.

29) 대법원 2009. 4. 9. 선고 2008다91586 판결. 이에 대하여는 채무자와 이의채권 보유자는 유사필수적 공동소송관계에 있다고 보아 각자 이의제기한 다른 채권자만을 상대로 이의의 소를 제기할 수 있다고 보는 견해도 있다[박승완, "개인회생채권조사확정절차의 개선방안에 대한 연구", 법조 제68권 제5호(2019), 233면].

30) 이에 관하여는 ① 이의의 상대방에 해당하는 이의제기한 다른 채권자 또는 이의채권 보유자만을 피고로 하면 된다는 견해[온주(로앤비), 채무자회생법 제605조 부분], ② 이의제기한 다른

이의의 소는 개인회생계속법원의 관할에 전속한다(법 제605조). 여기서의 개인회생계속법원은 개인회생사건이 계속 중인 재판부를 포함하는 조직법상의 회생법원[31]을 가리키는 것으로 일반 민사소송과 같이 민사사건 번호가 부여되어 민사재판부에서 처리하고 있다.

이의의 소는 개인회생채권조사확정재판의 결정서를 송달받은 날부터 1개월 이내에 제기하여야 한다. 이 제소기간도 불변기간이 아니다. 이의의 소가 제소기간 내에 제기되지 아니한 경우 소는 부적법하다.

이의의 소를 제기하는 경우의 소장 기재례는 [양식 42~45] 참조.

나. 변론 및 판결 등

1) 이의의 소는 민사소송의 일종으로 그 절차에 처분권주의와 변론주의가 적용되고 채권조사확정재판의 속심절차가 아니다. 따라서 이의의 소의 당사자는 이의채권에 관한 주장·증명책임에 따라 새롭게 필요한 주장과 증거를 제출하여야 한다. 채권조사확정재판 결정의 내용에 의해 개인회생채권의 존재 또는 부존재에 관하여 추정력이 생기거나 주장·증명책임이 전환되는 것이 아니다.

2) 이의의 소의 변론은 채권조사확정재판의 결정서를 송달받은 날부터 1월을 경과한 후가 아니면 개시할 수 없으며, 동일한 채권에 관하여 여러 개의 소가 계속되어 있는 때에는 법원은 변론을 병합할 수 있다(법 제605조 제2항). 하나의 채권에 대하여 계류 중인 이의의 소에서 각자 다른 내용의 판결을 하는 것은 부당하므로 복잡한 다면소송의 문제만 생기지 않는다면 병합하여 진행하는 것이 바람직하다.

3) 이의의 소에 대한 판결은 소를 부적법한 것으로 각하하는 경우를 제외하고는 채권조사확정재판을 인가하거나 변경하는 형식을 취한다(법 제605조 제3항). 먼저 채권조사확정재판에서 정한 채권의 존부와 내용이 맞다면 채권조사확정재판을 인가하여야 한다. 반면 채권조사확정재판에서 정한 채권의 존부와 내용과 달리 판단되면, 채권조사확정재판을 변경하여 채권조사확정재판 신청의 적법여부, 이의채권의 존재 및 그 내용에 관한 구체적인 판단을 명확히 표시해 주어야 한다.

채권자와 이의채권 보유자를 모두 피고로 삼아야 한다는 견해[심태규, 채권조사확정재판에 대한 이의의 소에 관한 실무상 문제점, 법원도서관(2018), 424면], ③ 이의제기한 다른 채권자만을 피고로 하고, 이의채권 보유자를 피고로 하여 소를 제기할 수는 없다는 견해[박재완, "개인회생채권조사확정절차의 개선방안에 대한 연구", 법조 제68권 제5호(2019), 233면]가 있다.

31) 회생법원이 설치되지 아니한 지역은 회생법원이 설치될 때까지 관할 지방법원 또는 지방법원 본원을 회생법원으로 본다(법 부칙 <제14472호, 2016. 12. 27.> 제2조 참조).

이의의 소 판결의 주문기재례는 [양식 46, 47] 참조.

4) 항소심 판결 역시 조사확정재판의 변경 또는 인가를 선고하여야 할 것이나, 제1심에서 이미 변경 또는 인가주문이 선고되었으므로 항소심에서는 약간 표현을 달리하여, "원심판결 중 아래에서 변경하는 조사확정재판에 해당하는 원고(항소인) 패소부분을 취소한다. 원고와 피고 사이의 서울회생법원 2021. ○. ○.자 2021개확100001호 채권조사확정재판을 변경하여, 원고의 피고에 대한 개인회생채권은 …임을 확정한다."라는 정도로 기재하면 된다.

다. 개인회생절차 종료와의 관계

이의의 소가 계속된 상태에서 개인회생절차 개시결정이 취소되거나^(법 제598조 제5항) 폐지결정이 확정된 경우에는, 이의의 소 당사자는 개인회생채권의 존부를 주장하는 이행소송이나 확인소송으로 청구를 변경해야 한다. 다만, 다른 개인회생채권자가 채무자 및 이의채권 보유자를 상대로 이의의 소를 제기한 경우에는 계속하여 개인회생채권의 확정을 구할 실익(소의 이익)이 없으므로, 부적법하다고 보아야 할 것이다. 반면 이의의 소 계속 중에 채무자가 인가된 변제계획안을 제대로 수행하여 면책됨으로써 개인회생절차가 종료된 경우에는 변제계획안에 미확정 채권의 처리방법이 예정되어 있을 것이므로, 계속하여 개인회생채권의 확정 여부를 판단해주어야 한다.

5. 이미 소송이 계속 중인 경우의 처리

가. 개인회생채권조사확정의 소로 변경

1) 개인회생절차개시 당시 이미 소송이 계속 중인 개인회생채권에 관하여 이의가 있는 경우에는 별도로 개인회생채권조사확정재판을 신청할 수 없고, 이미 계속 중인 소송의 내용을 개인회생채권조사확정의 소로 변경하여야 한다^(법 제604조 제2항).³²⁾ 개인회생절차에서는 파산관재인이나 관리인과 같이 채무자가 아닌 관리처분권자를 별도로 두지 않고, 채무자로 하여금 관리처분권을 계속 보유하도록 하고 있기 때문에 이미 계속 중인 소송의 중단이 있을 수 없고, 소송수계

---

32) 소 변경의 시기는 아무런 제한이 없으나, 다른 채권자들에 대한 이해관계나 변제계획 인가여부 판단시점 등을 고려하면 가급적 조기에 변경하여 소송을 진행함이 바람직하다[주석 채무자회생법(Ⅴ)(제1판), 한국사법행정학회(2020), 400면(전경훈)].

도 불필요하다. 따라서 개인회생채권에 관하여 이미 이행소송이 계속 중인 경우
에는 원고인 채권자가 그 청구취지 및 청구원인을 개인회생채권의 존부와 내용
의 확정을 구하는 형태로 변경하여야 하고, 채무부존재 확인소송이 계속 중인
경우에는 원고인 채무자가 개인회생채권이 부존재하는 내용의 확정을 구하는 형
태로 변경할 필요가 있다.[33]

2) 한편 개인회생절차개시 당시 채무자를 상대로 한 이행소송과 수익자를
상대로 한 채권자취소소송이 함께 계속 중인 경우에는, 채무자가 원고인 채권자
의 지위를 수계하여 수익자에 대한 소를 부인의 소로 변경하면, 부인의 소만 이
행소송과 분리하여 개인회생계속법원으로 이송하여야 한다. 이행소송은 개인회생
채권조사확정의 소로 변경되어 이미 계속 중인 법원에서 계속 진행하게 된다.[34]

나. 소송 중인 개인회생채권자의 이의신청 필요 여부

1) 개인회생채권에 관하여 이미 소송이 계속 중인 경우, 소송의 당사자인
개인회생채권자가 채무자에 대한 개인회생절차에서 법 제604조의 서면에 의한
이의신청(채권조사확정재판 신청)을 형식적으로라도 해야 하는지가 문제될 수 있
다. 채무자가 제출한 개인회생채권자목록의 내용에 관하여 서면 이의신청이 없
으면 법 제603조 제1항에 의해 개인회생채권이 그대로 확정되기 때문이다. 이에
관하여는 이미 소송이 계속 중인 개인회생채권이더라도 '이의가 있는' 경우여야
소의 변경이 가능하고 개인회생채권자가 채무자의 기재내용에 관하여 이의할 것
인지를 다시 정할 수도 있으므로 별도로 서면에 의한 이의신청이 필요하다는 견
해가 있다.[35] 실무는 이미 소송이 계속 중인 권리에 대하여는 개인회생채권자가
별도로 개인회생채권조사확정재판을 신청할 수 없음에 주목하여 법 제603조 제1
항의 규정에 불구하고 서면에 의한 이의신청이 없더라도 개인회생채권자목록 중
다툼이 있는 부분에 대해서는 확정력을 부여하지 않는 것으로 해석하고 있다.
따라서 별도의 서면에 의한 이의신청이 없더라도 채무자가 소송 중인 권리에 대
하여 채권자가 주장하는 금액을 전액 인정하는 내용으로 개인회생채권자목록을
제출하여 이의기간이 도과한 경우에는 그대로 확정된다(이때 계속 중인 소송은 권
리보호의 이익이 없어 부적법하게 될 것이다). 반대로 채무자가 계속하여 채권의 존

---

33) 채무부존재 확인소송의 피고인 채권자가 반소를 청구하여야 한다는 견해도 있을 수 있다.

34) 주석 채무자회생법(Ⅴ)(제1판), 한국사법행정학회(2020), 401면(전경훈)

35) 오세용, 개인회생절차에서 개인회생채권의 확정 문제, 민사소송(제21권 1호), 한국사법행정학
회, 431면.

재나 금액을 다투는 내용으로 개인회생채권자목록을 제출한 경우에는 다툼 있는 채권을 미확정 채권으로 보고, 개인회생채권조사확정의 소의 결론에 따라 개인회생채권자표 및 변제계획에 반영한다.

2) 한편 이러한 경우에는 개인회생채권자목록의 부속서류 2(다툼이 있거나 예상되는 채권의 내역)에 채무자가 인정하는 채권액(채권자목록상 채권현재액), 채권자 주장 채권현재액, 다툼이 없는 부분 등을 기재하고, 변제계획안에도 이와 같은 채권자목록의 기재 내용을 반영하여야 한다. 또한 회생위원은 부속서류 2에 소송이 제기된 법원, 사건번호, 당사자, 판결선고일, 판결 결과, 상소 여부, 확정 여부, 현재까지의 소송 진행경과 등을 기재하도록 하고 있다(규칙 제80조 제3항).[36]

다. 집행력 있는 집행권원이나 종국판결 있는 개인회생채권의 이의

1) 채권자에게 이미 집행력 있는 집행권원이나 종국판결이 있는 경우 회생절차나 파산절차에서는 이의가 있는 자가 채무자가 할 수 있는 소송절차에 의하여만 이의를 주장할 수 있는 반면에(법 제174조 제1항, 제466조 제1항), 개인회생절차에서는 법문상 아무런 제한이 없으므로 채권자에게 이미 집행권원이나 종국판결이 있더라도 이의가 있는 자는 개인회생채권조사확정재판을 신청할 수 있는지가 문제된다.

조문의 규정형식이나 실무상의 필요로 볼 때 집행권원이나 종국판결이 있는 경우라도 개인회생채권조사확정재판을 신청할 수 있다고 보는 견해[37]도 있으나, 채권자가 이미 집행권원이나 종국판결을 받았음에도 그 채권에 대하여 제3채권자나 채무자가 조사확정재판으로 다투도록 하는 것은 부당하므로 회생절차나 파산절차의 규정을 유추적용하여 집행권원이나 확정된 종국판결이 있는 경우에는 채무자가 다툴 수 있는 절차인 청구이의의 소나 재심의 소 등으로만 다툴 수 있다고 해석하는 것이 민사소송절차와의 체계에 비추어 합리적이다.[38]

2) 한편 종국판결이 있지만 항소심에 계속 중인 경우에는 그 소송의 내용을 앞서 언급한 바와 같이 개인회생채권조사확정의 소로 변경하여 다투어야 할 것이다. 결국 이는 앞으로 입법에 의하여 명확하게 규정하여야 할 부분이다.

---

36) 서울회생법원, 회생위원 직무편람, 사법발전재단(2020), 65면.
37) 심태규, 채권조사확정재판에 대한 이의의 소에 관한 실무상 문제점, 법원도서관(2018), 414면.
38) 전대규, 채무자회생법(제5판), 법문사(2021), 1222면.

6. 개인회생채권 확정의 후속 절차

가. 개인회생채권자표의 작성 및 강제집행

1) 법원사무관 등은 개인회생채권자목록에 기재된 채권자가 이의기간 안에 개인회생채권조사확정재판을 신청하지 아니하거나, 신청이 각하된 경우에 '채권자의 성명 및 주소, 채권의 내용 및 원인'을 내용으로 하는 개인회생채권자표를 작성하여야 한다(법 제603조 제2항). 그 기재례는 [양식 49] 참조.

또한 법원사무관 등은 채무자·회생위원 또는 개인회생채권자의 신청에 의하여 '개인회생채권조사확정재판의 결과, 개인회생채권조사확정재판에 대한 이의의 소의 결과, 그 이외의 개인회생채권의 확정에 관한 소송의 결과[39]'를 기재한 개인회생채권자표를 작성하여야 한다(법 제606조).

2) 개인회생채권자는 개인회생절차폐지결정이 확정된 때에는 채무자에 대하여 개인회생채권자표에 기하여 강제집행을 할 수 있다(법 제603조 제4항). 구 개인채무자회생법에서는 집행력에 대하여 별도의 규정을 두지 않아 집행력이 없는 것으로 해석되었으나, 법은 이를 명시적으로 도입하였다. 개인회생채권자표에 기한 강제집행에 있어 집행문 부여의 소, 청구이의의 소, 집행문 부여에 대한 이의의 소는 회생계속법원의 관할에 전속한다(법 제603조 제5항, 제255조 제3항).

나. 개인회생채권의 확정에 관한 재판 등의 효력

1) 확정된 개인회생채권을 개인회생채권자표에 기재한 경우의 그 기재내용, 개인회생채권조사확정재판이 확정된 경우의 그 재판내용은 개인회생채권자 전원에 대하여 확정판결과 동일한 효력이 있다(법 제603조 제3항, 제607조 제2항).

'확정판결과 동일한 효력'의 의미는 개인회생채권자 전원과의 관계에서 기판력이 아닌 확인적 효력을 가지고, 절차 내 불가쟁의 효력을 갖는다는 의미로 해석된다.[40] 즉 확정된 내용과 같이 채권자표에 기재되고 변제계획에 반영되어 변제를 받을 적격을 갖게 되고, 개인회생채권자목록에 기재된 채권자는 적어도 그 확정된 채권과 동일한 소송물에 속하는 채권인 한 그 채권의 존부나 수액에 다툼이 있다 하더라도 더 이상 별개의 이행소송이나 확인소송을 제기할 수 없

---

39) 개인회생조사확정재판과 이의의 소 외의 개인회생채권의 확정에 관한 소송은 이미 소송이 계속되어 개인회생채권조사확정의 소로 변경된 것을 의미하는 것으로 보인다(제3의 마.항에서 검토한 바와 같이 별도로 소송을 제기할 수는 없다).

40) 대법원 2017. 6. 19. 선고 2017다204131 판결.

다. 이런 면에서 이의기간 도과로 일단 개인회생채권이 확정되면 개인회생채권자목록을 다시 수정할 수 없는 것이 원칙이다. 단지 처음부터 누락된 채권자이거나 새로운 원인관계에 기한 채권인 경우에만 그 수정과 추가가 가능하다고 해석된다. 그러나 실무에서는 채무자에게 스스로 책임질 수 없는 사유가 있다고 인정되는 때에는 추후보완의 일환으로서 법 제589조의2 제2항에 의한 개인회생채권자목록의 수정을 대체로 허용하고 있다.

2) 또한 개인회생채권의 확정에 관한 소송에 대한 판결은 개인회생채권자 전원에 대하여 그 효력이 있다(법 제607조 제1항). 여기서의 '판결의 개인회생채권자 전원에 대한 효력'은 앞서 본 확정판결과 동일한 효력과 달리 기판력을 의미한다고 해석된다.[41] 즉 소송의 당사자가 아닌 개인회생채권자 전원에게 판결의 효력인 기판력이 확장되는 효과가 있다.

다. 소송비용의 상환 및 소송목적의 값

채무자의 재산이 개인회생채권의 확정에 관한 소송으로 이익을 받은 때에는 소를 제기한 개인회생채권자는 받은 이익의 한도 안에서 개인회생재단채권자로서 소송비용의 상환을 청구할 수 있다(법 제608조).

개인회생채권의 확정에 관한 소송의 목적의 가액은 변제계획으로 얻을 이익의 예정액을 표준으로 하여 개인회생계속법원이 정한다(법 제609조). 이와 같이 개인회생계속법원이 소가를 결정하도록 한 것은 소가결정의 기준이 되는 변제계획으로 얻을 이익의 예정액을 개인회생계속법원이 아니면 알기 어렵기 때문이다. 소가는 변제계획에서 채권자가 변제받게 될 채권액의 현재가치를 기준으로 정하여야 할 것인데, 구체적으로는 미확정 개인회생채권이 확정될 경우 변제받는 조건에 따라 산출된 변제금액의 현가를 표준으로 정하여야 할 것이다. 소가 결정은 즉시항고로 불복할 수 없고, 특별항고는 가능하다.

소가 결정의 양식은 [양식 48] 참조.

---

41) 주석 채무자회생법(Ⅴ)(제1판), 한국사법행정학회(2020), 414면(전경훈).

제 6 장   변제계획안의 작성과 그 인부결정

제 1 절   변제계획안

1. 변제계획안의 의의·제출자·제출기한 및 방법

변제계획안은, 개인회생절차를 신청한 채무자가, 자신의 가용소득을 투입하여 얼마동안 어떤 방법으로, 개인회생채권자들에게 채무금액을 변제하여 나가겠다는 내용을 기재한 계획이다.[1]

변제계획안은 채무자만이 제출할 수 있고, 채권자 등 이해관계인은 변제계획안을 제출할 수 없다. 개인회생절차의 변제계획안은 채무자의 장래의 가용소득으로 일정기간 변제를 하는 내용으로 되어 있는데 채무자 이외의 자가 장래의 가용소득을 정확히 산정하기 어려울 뿐만 아니라 개인회생절차의 경우 변제계획안의 인가에 있어서 채권자들의 결의절차를 배제하고 있으므로, 굳이 채권자 등 다른 이해관계인에게 변제계획안의 제출권한을 인정할 필요가 없기 때문이다.[2]

채무자는 개인회생절차개시의 신청일부터 14일 이내에 변제계획안을 제출하여야 한다(법 제610조 제1항). 채무자가 위와 같이 신청일부터 14일 내에 변제계획안을 작성·제출하기 위해서는 개인회생절차 신청 전에 자신의 부채 및 재산상태, 수입의 정도에 관하여 자료를 수집하는 등 미리 준비를 할 필요가 있다. 실무상으로는 절차의 신속한 진행을 위하여 개시신청서 제출시에 변제계획안을 함께 제

---

1) 개인회생절차에서는 개인회생채권자들의 개별적인 채권실행을 금지하고 각 개인회생채권이 변제계획에 의해서만 변제되는 것을 전제로 한다. 따라서 채무자가 자신 또는 제3자의 명의로 변제계획에 의하지 아니하고 일부 개인회생채권자에게 특별한 이익을 주는 행위는 무효이다(법 제612조). 한편 법에서는 '변제계획'과 '변제계획안'을 명확하게 구분하여 사용하고 있지는 않다.

2) 주석 채무자회생법(Ⅵ)(제1판), 한국사법행정학회(2020), 431면(김범준). 다만 채권자를 비롯한 이해관계인으로서는 인가결정 이전까지 변제계획안의 수정명령을 신청하는 방법으로 채무자가 제출한 변제계획안의 수정을 시도할 수 있고(법 제610조 제3항), 채권자 및 회생위원은 인가결정 이후 변제가 완료되기 이전까지 인가된 변제계획의 변경안을 제출할 수도 있다(법 제619조 제1항). 한편 회생절차는 채권자, 주주·지분권자 등 이해관계인에게도 회생계획의 제출권한을 인정하고 있다(법 제221조).

출하도록 하고 있다. 변제계획안 기재례는 [양식 5, 5-1~5-5]를 참조하고, 그 작성방법은 [양식 5-6]을 참조.

다만 법원은 상당한 이유가 있다고 인정하는 때에는 변제계획안의 제출기간을 늘일 수 있다(법 제610조 제1항 단서).

변제계획안은 개인회생채권자 등 이해관계인에게 송달하여야 하므로, 채무자는 이를 제출할 때에 개인회생채권자 수에 1을 더한 숫자만큼의 부본을 함께 제출하여야 한다(규칙 제85조 제2항).

2. 변제계획안의 수정

채무자는 위와 같이 일단 변제계획안을 제출한 이후 변제계획안이 인가되기 전에는 변제계획안을 수정할 수 있다(법 제610조 제2항). 변제계획안이 제출된 이후에도 변제계획 인가 전에 개인회생채권자가 추가로 발견되어 새로운 개인회생채권자목록이 제출된 경우에는 변제계획안을 다시 작성하여야 한다거나(규칙 제81조), 변제계획안 작성시 채무자가 산정한 가용소득이나 생계비 등에 관하여 법원으로부터 적법하다는 인정을 받지 못하거나 기타 사유로 변제제획안이 인가요건에 맞지 않아 이를 수정 또는 변경하여야 하는 등의 사정이 있을 수 있기 때문이다. 변제계획 수정안 제출서의 기재례는 [양식 8]을, 개인회생채권자목록 수정허가신청서의 기재례는 [양식 9]를 각 참조.

한편 법원은 이해관계인의 신청에 의하거나 직권으로 채무자에 대하여 변제계획안을 수정할 것을 명할 수 있다(법 제610조 제3항). 법원의 수정명령이 있는 때에는 채무자는 법원이 정하는 기한 안에 변제계획안을 수정하여야 한다(법 제610조 제4항). 채무자가 제출한 변제계획안이 인가요건을 구비하지 못하여 법원이 수정명령을 하였음에도 채무자가 수정명령에 불응할 경우 변제계획을 불인가하거나 개인회생절차를 폐지해야 하고(법 제614조 제4항 단서, 제620조 제1항 제2호), 법원이 이를 직접 수정할 수는 없다.

변제계획안의 수정이 있는 경우에는 법원은 채무자, 알고 있는 개인회생채권자, 개인회생절차가 개시된 채무자의 재산을 소지하고 있거나 그에게 채무를 부담하는 자에게 수정된 변제계획안을 송달하여야 한다(법 제610조 제5항, 제597조 제2항).

3. 법률상의 기재사항

가. 필요적 기재사항

변제계획안에는 다음과 같은 사항을 정하여야 한다(법 제611조 제1항). 이들 필요적 기재사항은 인가요건을 충족하여 작성되어야 하기 때문에 인가요건과 결부되어 사전 검토가 이루어져야 한다.

① 채무변제에 제공되는 재산 및 소득에 관한 사항

② 개인회생재단채권 및 일반의 우선권 있는 개인회생채권의 전액의 변제에 관한 사항

③ 개인회생채권자목록에 기재된 개인회생채권의 전부 또는 일부의 변제에 관한 사항

나. 임의적 기재사항

변제계획안에는 위에서 정한 필요적 기재사항 이외에도 다음과 같은 사항을 정할 수 있다(법 제611조 제2항).

① 개인회생채권의 조의 분류

② 변제계획에서 예상한 액을 넘는 재산의 용도

③ 변제계획인가 후의 개인회생재단에 속하는 재산의 관리 및 처분권의 제한에 관한 사항

④ 그 밖에 채무자의 채무조정을 위하여 필요한 사항

4. 변제개시일 및 변제기간

가. 변제개시일

변제계획은 변제계획 인가일부터 1월 이내에 변제를 개시하여 정기적으로 변제를 하는 내용을 포함하여야 한다(법 제611조 제4항). 그러나 법원의 허가를 받은 경우에는 예외적으로 변제계획 인가일부터 1개월 후에 변제를 하는 내용으로 변제계획을 작성할 수 있다. 위와 같은 예외적인 경우에 해당하는 사유로는, 영업소득자 중 1개월이 지난 후에야 처음으로 계속적이거나 반복적인 수입을 채무자가 얻을 수 있는 경우 또는 변제개시 전에 미리 변제하여야 할 재단채권이 있는 경우[3]를 들 수 있다. 한편, 변제계획은 '정기적으로 변제'를 하는 내용이어야 하

는데, 통상 '매월' 변제하는 내용의 변제계획안이 작성되나, 소득이 매월 발생하
지는 않으나 일정기간에 걸쳐 계속적·반복적 소득이 발생한다는 점에 대하여
충분히 소명된 경우에는 법원의 허가를 얻어 매월 변제가 아닌 수개월 간격으로
변제하는 내용의 변제계획을 작성할 수도 있다(개인회생예규
제8조 제5항).

위 "인가일부터 1월 이내"는 채무자가 변제를 개시하는 시점의 가장 늦은
한도를 정한 것으로 해석할 수 있다.[4] 따라서 개인회생예규 제7조 제3항은 "채
무자는 법 제610조 제1항에 규정된 변제계획안을 제출하면서 변제계획안의 인
가 이전이라도 변제계획안의 제출일로부터 60일 후 90일 내의 일정한 날을 제1
회로 하여 매월 일정한 날에 그 변제계획안상의 매월 변제액을 회생위원에게 임
치할 뜻을 기재함으로써, 그 변제계획안이 수행가능함을 소명할 수 있다"라고
규정하고 있다.

다만 급여에 대하여 압류·추심명령이 있는 경우에는 개인회생절차개시결
정이 있더라도 압류의 효력이 소멸하는 것은 아니므로 채무자가 초기부터 변제
를 하는 것은 불가능하다. 이러한 경우에는 인가결정을 받아 압류명령이 실효된
후부터 변제를 개시할 수 있게 되므로 변제계획안에서도 인가결정이 있은 후 처
음 변제일이 도래하는 달부터 변제를 개시하는 내용으로 작성하여야 한다.

변제일이 공휴일에 해당하는 경우에는 일반원칙에 따라 공휴일 다음 날이
변제일로 된다.

나. 변제기간

1) 변제기간에 관하여, 과거 법은 '5년'을 초과하지 못하도록 규정하고 있었
으나, 현행 법(2017. 12. 12. 법률 제15158호로
개정된 것, 2018. 6. 13. 시행)은 이를 단축하여 원칙적으로 '3년'을 초과하
지 못하되 다만 '법 제614조 제1항 제4호(이른바 '청산가치
보장'의 원칙)의 요건을 충족하기 위하여
필요한 경우 등 특별한 사정이 있는 때'에는 '5년'의 범위 내에서 변제기간을 정
할 수 있도록 규정하였다(법 제611조
제5항).

당초 개인회생절차의 전신이라 할 수 있는 개인채무자회생법은 변제기간의

---

3) 재단채권은 다른 개인회생채권보다 '먼저' 변제되어야 하므로(법 제475, 476조), 재단채권이 있
   는 경우 개인회생채권에 대한 변제개시일이 인가일로부터 1개월 이후가 될 가능성이 높다. 다
   만, 그러한 경우라도 변제개시일이 지나치게 늦어지면 변제계획의 수행가능성에 의문이 제기될
   수 있음을 유념할 필요가 있다.

4) 미국 연방파산법 제13장 절차에서도 제1326조 (a)항은 채무자가 변제계획안을 제출한 때로부
   터 30일 이내에는 변제를 개시하도록 규정하고 있다.

상한을 '8년'으로 정하고 있었고(개인채무자회생법), 위 개인채무자회생법이 폐지되고
통합도산법이 2006. 4. 1. 최초 시행될 당시 변제기간을 '5년'으로 단축한 바 있
는데, 개인회생제도의 도입 취지 및 미국과 일본 등 다른 나라의 입법례 등을
고려해 보더라도 여전히 변제기간이 장기간이라는 비판이 꾸준히 제기되어 왔
다. 이에 따라 채무자들의 조속한 경제적 재건 및 생산활동 복귀를 도모하기 위
하여 원칙적 변제기간을 단축하는 취지로 법을 개정하기에 이르렀다.

  2) 변제기간의 상한은 원칙적으로 '3년'이지만, '특별한 사정'이 있는 경우에
는 '5년'의 범위 내에서 변제기간을 정할 수 있다(법제611조). 예컨대, 변제계획에서
개인회생채권자에게 최소한 청산가치 이상의 변제를 보장해 주어야 하는 것
(법 제614조)이 기본원칙이므로, 3년의 기간 동안 가용소득 전부를 변제에 투입하
더라도 청산가치를 보장하지 못하는 경우에는 5년을 넘지 않는 한도 내에서 그
변제기간을 청산가치 이상이 되는 때까지로 정하여야 한다.

  나아가 위 규정상 '법 제614조 제1항 제4호의 요건을 충족하기 위하여 필요
한 경우'는 예시적 기재에 불과하므로, 3년을 넘는 변제기간이 가능한 '특별한
사정'을 위와 같이 청산가치 보장원칙의 준수를 위한 경우만으로 한정하여 해석
할 필요는 없다. 예컨대, 3년의 변제기간만으로는 우선권 있는 개인회생채권의
전액을 변제하기 부족한 경우, 법 제614조 제2항 제3호에 따른 최저변제액 제공
의 원칙을 준수하기 위한 경우[5] 등에도 5년의 한도 내에서 3년을 넘는 변제기
간 설정이 가능하다고 할 것이다.

  3) 변제기간이 '원칙적 3년, 예외적 5년'을 초과할 수 없도록 하여 최장기간
에 대해서는 규정이 있으나, 그 외에 변제기간을 정하는 것에 관한 다른 법률상
의 규정은 없다. 그런데 채무자가 임의로 변제기간을 지나치게 짧게 하는 것은
채권자의 이의 제기시 변제기간 동안 수령할 수 있는 가용소득의 전부를 변제에
제공하도록 하고 있는 법 제614조 제2항과 관련하여 문제가 될 수 있고, 그렇다
고 하여 항상 3년의 변제기간을 채무자에게 강제하는 것도 부적절하다.

  개정 법률의 시행에 즈음하여 개정된 개인회생예규 제8조 제2항은, 바람직
한 변제기간과 관련하여, "1. 변제기간 동안 그 가용소득의 전부를 투입하여 우
선 원금을 변제하고 잔여금으로 이자를 변제한다.", "2. 채무자가 5년 이내의 변

---

5) 최저변제액 제공의 원칙을 규정한 법 제614조 제2항 제3호는 변제계획안에 대하여 개인회생
  채권자 또는 회생위원이 이의를 진술한 경우에 적용되는 조항이기는 하나, 채무자가 스스로 위
  원칙의 준수를 위하여 3년이 넘는 변제기간을 설정하는 것은 무방하다.

제기간 동안 제1호의 방법에 따른 변제로써 제1항 단서의 규정을 충족할 수 있는 때에는 그때까지를 변제기간으로 한다.”고 규정하고 있다(개인회생예규 제8조 제2항 참조).

한편 서울회생법원은 2021. 7. 23. ‘변제계획의 변제기간’(서울회생법원 실무준칙 제424호)을 제정하여, 채무자가 3년 미만의 변제기간 동안 원금의 전부를 변제할 수 있는 때에는 이자의 변제 여부에 불구하고 원금의 전부를 변제할 수 있는 때까지를 변제기간으로 하고, 채무자가 ① 65세 이상의 노인, ② 장애인복지법 제2조에 따른 장애인 중 장애의 정도가 심한 장애인, ③ 30세 미만인 청년, ④ 3명 이상의 미성년 자녀를 양육하는 자, ⑤ 한부모가족지원법에 따른 한부모가족의 부 또는 모의 어느 하나에 해당하는 경우에는 3년 미만의 변제기간 동안 원금의 전부를 변제할 수 없는 때에도 그 변제기간을 3년 미만의 기간으로 할 수 있다는 규정을 마련하였다.

위 각 규정을 종합하여 보면, ① 3년 미만의 변제기간 동안 원금 전부를 변제할 수 있는 경우 또는 채무자가 위 실무준칙 제424조에서 정하는 고령자, 장애인, 다자녀가구, 청년 등 사회적 보호가 필요한 계층인 경우에는 3년 미만의 변제기간으로, ② 법 제611조 제5항 단서에 해당하는 경우에는 3년 이상 5년 이내의 변제기간으로, ③ 위 ①과 ②에 해당하지 아니하는 경우에는 특별한 사정이 없는 한 3년을 변제기간으로 설정하는 것이 바람직하다.

4) 변제기간 기산시점이 이와 같이 변제개시일부터라는 점은, 가용소득이 개인회생재단에 귀속되는 시점이 개인회생절차개시결정일부터인 것(법 제580조 제1항)과 대비된다. 즉, 변제계획 인가일 후부터 변제를 개시하게 한다면 가용소득이 개인회생재단에 귀속되는 시점과 변제개시일과의 차이가 클 수 있다. 그러나 개인회생예규 제7조 제3항과 서울회생법원의 실무는, 앞서 본 바와 같이 법 제611조 제4항이 정한 변제개시일이 ‘늦어도’ 인가일부터 1월 이내까지는 개시되어야 한다는 의미로 해석하여, 변제계획안 제출일로부터 60일 이상 90일 이내에 변제를 개시하도록 하고 있으므로, 이런 실무운영 하에서는 가용소득의 재단귀속시점과 변제기간 기산시점과의 차이는 크게 문제되지 않는다. 이와 같이 채무자가 변제계획안의 인가 전부터 매월 변제액을 회생위원에게 임치한 경우[6]에는 그 임치한 기간을 총 변제기간에 산입한다(개인회생예규 제8조 제4항).

---

[6] 실무상으로는, 위와 같이 변제계획 인가결정 전 회생위원에게 임치하는 매월 변제액을 ‘적립금’, 인가결정 이후 변제계획에 따른 매월 변제액을 ‘변제금’으로 구별하여 부르기도 한다.

제 2 절 변제계획의 인가요건

1. 변제계획의 인가요건

가. 이의가 없는 경우

법원은 제610조 제3항에 정한 변제계획안 수정명령에 불응한 경우를 제외하고, 개인회생채권자 또는 회생위원이 이의를 진술하지 아니하고 다음 각 요건이 모두 충족된 때에는 변제계획인가결정을 하여야 한다(법 제614조 제1항).[7]

① 변제계획이 법률의 규정에 적합할 것[8]

② 변제계획이 공정하고 형평에 맞으며, 수행 가능할 것

③ 변제계획인가전에 납부되어야 할 비용·수수료 그 밖의 금액이 납부되었을 것[9]

---

[7] 법 제614조에 의하면, 법원은 변제계획의 인가결정일을 기준일로 하여 평가한 개인회생채권에 대한 총변제액이 채무자가 파산하는 때에 배당받을 총액보다 적지 아니할 것 등의 요건을 모두 갖춘 때에는 변제계획인가결정을 하여야 하는바, 인가요건이 갖추어진 변제계획안에 대한 법원의 인가는 재량이 아니라 의무적인 것임이 명백하다(대법원 2009. 4. 9.자 2008마1311 결정, 대법원 2015. 6. 26.자 2015마95 결정).

[8] 대법원 2019. 3. 19.자 2018마6364 결정은 2017. 12. 12. 개정되어 2018. 6. 13. 시행된 법 제611조 제5항으로 변제기간의 상한이 5년에서 3년으로 단축된 사정을 이유로 위 개정규정 시행 이전에 개인회생사건을 신청한 채무자가 인가된 변제계획의 변제기간을 단축하는 내용의 변제계획변경안을 제출한 사안에서, 위와 같이 법이 개정되어 변제기간의 상한이 단축되었다는 사정만으로 위 개정규정 시행 전에 신청한 개인회생사건의 채무자에게 인가된 변제계획의 변제기간을 변경할 사유가 발생하였다고 볼 수 없고, 개인회생절차에서 법 제619조 제1항에 규정된 인가 후의 변제계획 변경은 채무자의 소득이나 재산의 변동 등 인가된 변제계획의 변경이 필요한 사유가 인가 후에 발생한 경우에 한하여 가능하므로, 심리 결과 인가된 변제계획에서 정한 변제기간을 변경할 사유가 발생하였다고 인정되지 않는다면 법 제614조 제1항 제1호에서 정한 '변제계획이 법률의 규정에 적합할 것'이라는 변제계획인가요건을 충족하지 못한 것으로 보아 변제계획을 불인가해야 한다고 판시하였다.

[9] 채무자가 절차의 비용을 납부하지 아니하면 개인회생신청을 기각할 수 있으므로(법 제595조 제3호), 여기에서 말하는 비용·수수료 그 밖의 금액은 개시결정 이후 납부의 필요성이 생긴 부분이 대부분이다. 즉 법 제590조의 규정에 따라 신청인이 미리 납부하여야 하는 절차비용인 ① 송달료, ② 공고비용, ③ 회생위원의 보수, ④ 그 밖에 절차진행을 위하여 필요한 비용(규칙 제87조 제1항)이 부족하게 되면 신청인은 이를 추가로 납부하여야 인가결정을 할 수 있게 된다.
한편 변제계획에서 인가결정일 이전에 변제액을 임치할 것을 정한 경우, 그러한 변제액의 임치는 변제계획안의 수행가능성을 소명하기 위한 것이므로 변제액이 임치되지 않았을 경우에는 변제계획안의 인가가 어렵게 되고 일정 기간 동안 계속하여 임치하지 못할 경우에는 수행이 불가능한 변제계획안으로 보고 불인가하는 것이 실무례이다. 대법원은, 채무자가 인가결정일 이전의 변제액을 임치하지 아니한 경우 '법 제614조 제1항 제3호' 위반으로 불인가를 할 수 있는지에 대하여, "법 제614조 제1항 제3호의 납부의무에는 법 제615조 제1항, 제617조 제1항에 의하여 법원의 인가결정이 있는 때에 효력이 생기는 변제계획에 따라 채무자가 부담하게 되는 변제

④ 변제계획의 인가결정일을 기준일로 하여 평가한 개인회생채권에 대한 총변제액이 채무자가 파산하는 때에 배당받을 총액보다 적지 아니할 것. 다만 채권자가 동의한 경우에는 그러하지 아니하다.

나. 이의가 있는 경우

법원은 개인회생채권자 또는 회생위원이 이의를 진술하는 때에는 위에서 정한 요건 이외에 다음 각 요건을 구비하고 있는 때에 한하여 변제계획인가결정을 할 수 있다(법 제614조 제2항).

① 변제계획의 인가결정일을 기준일로 하여 평가한 이의를 진술하는 개인회생채권자에 대한 총변제액이 채무자가 파산하는 때에 배당받을 총액보다 적지 아니할 것

② 채무자가 최초의 변제일부터 변제계획에서 정한 변제기간 동안 수령할 수 있는 가용소득의 전부가 변제계획에 따른 변제에 제공될 것

③ 변제계획의 인가결정일을 기준일로 하여 평가한 개인회생채권[10]에 대한 총변제액이 3천만 원을 초과하지 아니하는 범위 내에서 아래 각 목의 금액보다 적지 아니할 것

(i) 변제계획의 인가결정일을 기준일로 하여 평가한 개인회생채권의 총금액이 5천만 원 미만인 경우에는 위 총금액에 100분의 5를 곱한 금액

(ii) 변제계획의 인가결정일을 기준일로 하여 평가한 개인회생채권의 총금액이 5천만 원 이상인 경우에는 위 총금액에 100분의 3을 곱한 금액에 1백만 원을 더한 금액

2. 인가요건과 관련된 변제계획 작성 원칙

법 제614조에서 보는 바와 같이, 우리 법률상의 가장 중요한 변제계획 인가요건은 청산가치 보장원칙과 가용소득 전부투입의 원칙이라고 할 수 있다.

또한 개인채무자회생법은 최저변제액에 대한 규정을 두고 있지 않았으나,

금 납부의무는 이에 해당하지 아니한다"고 판시하면서, 다만 이러한 경우 변제계획을 제대로 수행할 가능성이 없다고까지 판단될 경우라면 '법 제614조 제1항 제2호'에 근거하여 변제계획을 불인가할 수는 있을 것이라고 결정한 바 있다(대법원 2009. 7. 6.자 2009마772 결정).

10) 기준이 되는 개인회생채권의 범위에 관하여는 후술하는 다. 1) 참조(변제계획에 따라 가용소득을 분배하는 경우와 달리, 최저변제액의 제공 원칙을 준수하였는지 판단하기 위한 기준이 되는 개인회생채권에는 원금뿐만 아니라 이자도 포함된다).

법은 개인회생절차에서 최저변제액의 규정을 신설하여 채권자들의 변제계획안에 대한 의결절차가 없는 대신에 최소한의 변제액은 받을 수 있도록 하고 있다.[11] 최저변제액의 기준을 만족시키기도 어려운 가용소득밖에 제공할 수 없는 채무자는 개시결정을 하더라도 인가요건을 충족시키는 변제계획안을 제출하기 어려우므로 개인회생절차보다는 파산절차를 이용하도록 권유하는 것이 바람직할 수 있다.

가. 청산가치 보장원칙(The Best Interest of Creditors Test)

1) 청산가치 보장원칙(淸算價値 保障原則)의 의의

개인회생채권자가 채무자에 대한 파산절차에서 배당받을 수 있는 가치를 청산가치라고 하고, 개인회생절차에서 최소한 청산가치 이상의 변제를 보장해 주어야 한다는 원칙을 청산가치 보장의 원칙이라고 한다.

개인회생채권에 대하여 청산가치를 보장해 주었는지 여부를 판단함에 있어서는 개인회생채권에 대하여 변제기간 동안 분배되는 변제액의 명목상의 합계액과 파산시 개인회생채권에 대하여 배당될 수 있는 청산가치를 단순 비교해서는 아니 된다. 청산가치는 인가시를 기준으로 산정되는 반면에 변제계획에 따른 변제액은 장래에 분할하여 변제되므로 그 기준 시점이 다르기 때문이다. 따라서 청산가치를 보장받고 있는지 여부를 판단함에 있어서는 개인회생채권에 대하여 변제기간 동안 분배되는 각 변제액을 변제계획 인가일 현재의 현재가치로 할인한 금액의 합계액과 파산시에 배당받을 수 있는 청산가치를 비교하여 판단해야 한다.

청산가치 보장의 원칙이 지켜졌느냐 여부는 주로 채무자가 가용소득 이외에 별도의 재산 예컨대 토지나 건물 등 가치가 있는 재산을 가지고 있는 경우에 문제가 된다. 따라서 채무자가 가용소득 이외에 별다른 재산을 가지고 있지 않는 경우에는 당해 변제기간 동안 가용소득으로 변제되는 변제액의 현재가치 할인액이 변제계획 인가일 당시의 청산가치를 손쉽게 상회하기 때문에, 청산가

---

11) 일본의 소규모재생절차에서는, 채무자가 영업소득자인 경우 원칙적으로 3년간 최저변제액 이상을 변제하도록 하되 채권자들의 의결을 거치도록 하고 있고, 급여소득자의 경우에는 채권자들의 의결절차가 없는 대신에 2년분의 가처분 소득(최저변제액 이상이어야 한다)을 3년간 변제하도록 하고 있다. 이는 영업소득자의 경우 소득의 파악이 어려우므로 최저변제액 이상만을 변제하는 대신에 채권자들의 의결을 거치도록 함으로써 채권자들의 권리를 보장하고, 급여소득자의 경우는 소득의 파악이 용이하므로 최저변제액 이상을 변제하도록 하되 채권자들의 의결절차 대신에 2년분의 가처분 소득을 변제하도록 하고 있는 것이다. 이와 관련된 내용은 園尾隆司·小林秀之, 条解 民事再生法, 弘文堂(2013), 1188-1192면, 1231-1236면 참조.

치 보장의 원칙이 별다른 문제가 되지 않는다.

한편 채권자가 동의하는 경우에는 청산가치를 보장하지 않는 변제계획안의 작성이 가능하지만(법 제614조 제1항), 실무상 그러한 예를 찾아보기 어렵다.

2) 청산가치의 산정

회생절차 등에서의 청산가치는 대개 당해 목적물을 감정평가하여 산출된 시가에다가 경매시의 평균 매각가율을 곱하여 산정하므로, 정확한 청산가치의 산정을 위해서는 먼저 목적물을 감정평가하여야 한다고 볼 수도 있다. 그러나 개인회생절차는 그 성격상 보다 간이하게 진행될 필요가 있고, 청산가치와 총변제금액의 현재가치를 비교하여 후자가 더 크기만 하면 청산가치보장원칙은 충족되는 것이므로, 실무상 청산가치 산정을 위하여 별도의 감정을 하는 경우는 드물다.

예를 들어 부동산의 경우 당해 부동산 매매계약서, 국토교통부의 실거래가 정보(http://rt.molit.go.kr/), 당해 부동산에 대한 중개업소의 시가확인서 및 인터넷상의 인근 시가에 관한 자료, 당해 부동산에 대하여 설정된 근저당권 채권최고액 및 실제 근저당채무 잔액 확인서 등을 종합, 검토하여, 당해 부동산을 경매하여 실제 근저당채무를 변제하고 남은 잔액이 있을 것인지를 추정해 본 다음, 그 추정치와 총변제금액의 현재가치 할인액을 비교하여 가용소득의 현가가 높다고 인정되는 경우에는, 청산가치 보장의 원칙이 지켜졌다고 손쉽게 인정할 수 있으므로, 이러한 경우에는 절차의 신속 및 비용절감을 위하여 굳이 청산가치 산정을 위한 별도의 감정절차를 거칠 필요가 없다. 회생위원이 행하는 위와 같은 간이한 평가방법에 관하여 자세한 것은 제2장 제7절 4. 나.를 참조.

3) 총 변제금액의 현재가치 할인액 산정

최장 5년의 변제기간에 걸쳐 변제가 이루어지는 경우, 그 총 변제금액의 현재가치를 얼마로 보느냐 하는 점은, 그 명목상 변제금을 어떤 할인율로 그리고 어떤 할인방법으로 할인하느냐에 따라서 달라진다.

현재 실무상으로는 현재가치할인율로서 민법상의 연 5%의 비율을 적용하고 복리할인법(이른바 라이프니쯔식 현가 산정방식)을 적용하여 현재가치를 산정하고 있다.

개월 수별로 나타낸 라이프니쯔 수치는 아래 표와 같다.

한편 변제계획을 최초로 작성하여 제출하는 시점은 개시신청시인데 변제계획상 종종 변제투입액의 현재가치와 청산가치를 앞으로의 인가일을 기준으로 하여 비교하여야 하므로, 언제를 인가일로 예정할 것이냐 하는 점이 문제가 된다. 실무상 변제계획안 제출일부터 60일 내지 90일 사이에 최초의 입금을 하게 되는데, 법률이 예정하는 변제계획 인가여부 결정일은 개시신청시부터 5~6개월 정도이므로, 통상적으로 인가일 무렵에는 3개월 정도의 입금액이 적립되어 있을 것이라고 볼 수 있다. 따라서 36개월의 변제기간에 대하여 일응 적용할 현가계산 방법은 월 변제액에 33.7719[＝3＋30.7719(33개월분에 해당하는 라이프니쯔 복리연금현가율)]를 곱하는 것으로 하면 될 것이다.

월	라이프니쯔 수치	월	라이프니쯔 수치	월	라이프니쯔 수치
1	0.9958 5062	21	20.0674 9359	41	37.6172 9033
2	1.9875 6908	22	20.9800 7661	42	38.4570 5261
3	2.9751 7253	23	21.8888 7297	43	39.2933 3040
4	3.9586 7804	24	22.7938 9839	44	40.1261 3816
5	4.9381 0261	25	23.6951 6853	45	40.9554 9028
6	5.9134 6318	26	24.5926 9895	46	41.7814 0111
7	6.8847 7661	27	25.4865 0517	47	42.6038 8492
8	7.8520 5970	28	26.3766 0266	48	43.4229 5594
9	8.8153 2916	29	27.2630 0680	49	44.2386 2832
10	9.7746 0165	30	28.1457 3291	50	45.0509 1617
11	10.7298 9376	31	29.0247 9626	51	45.8598 3353
12	11.6812 2200	32	29.9002 1205	52	46.6653 9439
13	12.6286 0283	33	30.7719 9540	53	47.4676 1267
14	13.5720 5261	34	31.6401 6139	54	48.2665 0224
15	14.5115 8766	35	32.5047 2504	55	49.0620 7692
16	15.4472 2422	36	33.3657 0128	56	49.8543 5046
17	16.3789 7848	37	34.2231 0501	57	50.6433 3656
18	17.3068 6654	38	35.0769 5105	58	51.4290 4885
19	18.2309 0443	39	35.9272 5416	59	52.2115 0093
20	19.1511 0815	40	36.7740 2904	60	52.9907 0632

4) 청산가치 보장의 원칙과 인가요건

청산가치 보장의 원칙은 인가요건과 관련하여 두 가지 다른 모습을 띠고 적용됨을 유의하여야 한다.

먼저, 변제계획안에 대하여 개인회생채권자로부터 이의가 없을 경우에는,

청산가치 보장의 원칙은 개별 개인회생채권자의 파산시 청산배당액과 변제계획에서의 변제액의 현재가치를 비교하는 것이 아니라, 총 개인회생채권자 전체의 파산시 청산배당액과 총 개인회생채권자 전체의 변제계획에서의 변제액의 현재가치를 비교하여, 후자가 전자보다 적지 않아야 함을 의미한다(법 제614조 제1항 제4호).

만일 변제계획안에 대하여 개인회생채권자로부터 이의가 있는 경우에는, 청산가치 보장의 원칙은 위에서 정한 요건 이외에도 이의를 제기한 당해 개인회생채권자에 대한 변제액의 현재가치가 당해 개인회생채권자에 대한 파산시 청산배당액보다 적지 않아야 함을 의미한다(법 제614조 제2항 제1호).

개인회생절차가 위와 같이 이의의 유무에 따라 청산가치 보장의 원칙을 차별적으로 적용하고 있는 이유는, 청산가치 산정을 둘러싼 절차의 지연을 방지하고 이의가 없는 경우에는 인가요건을 완화하여 신속하게 절차를 진행하려는 데 있다.[12]

5) 청산가치 보장을 위한 재산의 처분

가용소득 합계의 현가만으로는 청산가치보다 금액이 적어서 채무자의 재산 일부를 처분하여야 하는 경우에, 그 재산의 환가액 전부를 변제재원으로 투입하여야 하는지, 아니면 그 환가액 중 청산가치와 가용소득 합계액의 현재가치 사이의 차액(즉 청산가치 보장을 위한 부족액)만을 투입하면 되는 것인지가 문제될 수 있다. 그러나 개인회생절차에 있어서의 변제재원은 원칙적으로 장래수입 즉 가용소득이어야 하는 것이고 재산투입이 요구되는 것은 청산가치 보장이 필요한 경우뿐이므로, 환가액 전액이 아니라 부족액만을 변제재원으로 투입하면 된다고 보아야 한다.

한편 재산투입이 필요한 변제계획에 있어서, 극단적으로는 어느 재산을 처분할지도 정하지 않고 다만 부족액을 재산처분을 통하여 투입한다는 내용만을 기재한 변제계획도 위법하지 않다고 볼 수도 있다. 그러나 서울회생법원은 실무상 자금조달의 예측가능성을 확보하기 위하여, 변제계획상 처분할 채무자의 재산을 특정하고 또한 그 처분시한도 변제계획 인가일부터 1년 또는 2년으로 특정하고 있다. 다만 그 처분시한을 두는 것은 당장 환가가 곤란하다는 점을 감안하여 주는 데 불과한 것이므로, 2년이 넘는 처분시한은 허용하지 않고 있다.

또한 그 처분예정 재산의 산일을 방지하기 위하여, 경우에 따라서는 법 제615조 제3항 단서에 따라, 강제집행·가압류·가처분의 효력이 상실되는 규정(위 같은 항 본문)의 적용을 처분대상재산에 한하여 변제계획에서 배제시킬 필요도 있을 것이다. 다만 그러한 적용배제는 이를 대외적으로 공시할 방법이 없어, 채무자가 변제계획인가결정문만을 가지고 가압류·가처분 등의 집행취소신청을 할 가능성이 있으므로 이를 차단하기 위하여 인가결정문에 단서조항으로 명시하는 것이 필요할 수도 있다. 즉, 변제계획에서는 "처분대상 재산에 대하여 개인회생채권에 기한 강제집행, 가압류 또는 가처분이 있는 경우에는 채무자 회생 및 파산에 관한 법률 제615조 제3항에 불구하고 처분대상 재산의 처분에 대한 법원의 허가가 있은 때 그 효력을 잃는다"라는 규정을 두고, 인가결정문에는 "별지목록 기재 부동산에 대하여 개인회생채권에 기하여 한 강제집행, 가압류 또는 가처분은 채무자 회생 및 파산에 관한 법률 제615조 제3항에 불구하고 변제계획에서 정한 바에 따라 그 효력을 잃는다"라고 기재하여 두는 것이다. 이러한 조치는, 채무자의 임의적 처분을 예방하는 동시에, 목록에서 누락된 채권자가 강제집행 등으로부터 해방된 채무자의 재산에 대하여 임의로 집행함으로써 독점적인 만족을 얻는 일을 방지하여 채권자 간의 평등을 기하기 위한 목적도 있다. 위 인가결정문 기재의 사례는 [양식 52] 참조.

6) 청산가치와 가용소득의 현가와의 비교 방법

가) 사례 1

> 8,000만 원의 개인회생채무를 부담하고 있는 채무자가 면제재산을 제외한 나머지 재산으로 임차보증금반환채권 2,000만 원(청산가치는 이와 같다고 가정함)을 보유하고 있는데, 월 70만 원의 가용소득을 전부 투입하여 3년간 변제하는 내용(명목 변제액 합계 25,200,000원 =70만 원×36개월)의 변제계획을 제출하였으며, 변제계획 인가일 현재 채무자로부터 3개월간 위 70만 원씩의 적립이 있고, 개인회생채권자들로부터 이의가 없는 경우.

① 개인회생채권자들로부터 이의가 없으므로, 총 개인회생채권자 전체의 파산시 청산배당액과 총 개인회생채권자 전체의 변제계획에서의 변제액의 현재가치를 단순 비교한다.

② 먼저 현가를 산정하기 위하여 향후 남은 변제기간 33개월의 라이프니쯔 수치를 찾는다(라이프니쯔 수치는 소수점 이하 4자리까지의 숫자로 계산한다).

☞ 33개월의 라이프니쯔 수치가 30.7719이므로 현가 수치는 3+30.7719=33.7719

③ 월 가용소득 70만 원에다 위 현가 수치를 곱하여 가용소득 분배액의 현재가치를 산정한다.

☞ 월 70만 원×33.7719＝23,640,330원

④ 청산가치 2,000만 원과 위 가용소득 분배액의 현재가치를 비교한다.

☞ 청산가치 20,000,000원 ＜ 가용소득의 현가 23,640,330원

⑤ 따라서 위 변제계획안은 가용소득 분배액의 현재가치가 청산가치보다 높으므로 청산가치 보장원칙을 충족한 것으로 인정된다.

나) 사례 2

> 8,000만 원의 개인회생채무를 부담하고 있는 채무자가 면제재산을 제외한 나머지 재산으로 임차보증금반환채권 2,000만 원(청산가치는 이와 같다고 가정함)을 보유하고 있는데, 월 70만 원의 가용소득을 전부 투입하여 3년간 변제하는 내용(명목 변제액 합계 25,200,000원＝70만 원×36개월)의 변제계획을 제출하였으며, 변제계획 인가일 현재 채무자로부터 3개월간 위 70만 원씩의 적립이 있고, 개인회생채권자 중 2,000만 원의 개인회생채권을 보유한 금융기관 채권자 1인이 이의를 제기하였음.

① 일부 채권자로부터 이의가 제기된 경우 청산가치 보장의 원칙과 관련하여 다음 두 가지를 모두 검토하여야 한다. 하나는 총 채권자의 채권액과 대비하여 청산가치가 보장되었는지 여부이고, 다른 하나는 이의를 한 개별 채권자의 청산가치가 보장되었는지 여부이다.

② 먼저 총 채권자의 채권액과 대비하여 청산가치가 보장되었는지 여부에 관해서는 채권자로부터 이의가 없는 경우와 마찬가지이다. 즉 사례 1에서와 같이 총 개인회생채권자 전체의 파산시 청산배당액과 총 개인회생채권자 전체의 변제계획에서의 변제액 현재가치를 단순비교하게 되는데, 사례 2에서의 결과는 아래와 같이 사례 1에서의 결과와 같다.

☞ 청산가치 20,000,000원 ＜ 가용소득의 현가 23,640,330원

③ 위 비교에 의하면, 청산가치 보장의 원칙 중 위 첫 번째 원칙은 충족되었다. 나아가서, 이의를 한 개별 개인회생채권자와 관련하여 청산가치가 보장되었는지를 검토한다.

④ 먼저, 위 이의를 제기한 일반 개인회생채권자의 파산시 배당액을 산출한다.

☞ 청산가치 2,000만 원×(2,000만 원/8,000만 원)＝5,000,000원

⑤ 다음, 위 이의를 제기한 개인회생채권자에 대한 변제액의 현재가치를 산출한다.

먼저 위 이의제기 채권자의 매월 분배액을 산출한다.

☞ 월 분배액 : 가용소득 70만 원×(채권액 2,000만 원/8,000만 원)=175,000원

다음, 변제기간 동안 위 분배액의 현재가치를 산정한다(원 미만 버림).

☞ 월 분배액 175,000원×33.7719≒현가 합산액 5,910,082원

⑥ 이에 의하면 이의를 제기한 개별 채권자에 대하여도 청산가치가 보장되었다.

☞ 청산가치 5,000,000원 < 변제계획에 의한 분배액의 현가 5,910,082원

⑦ 따라서 위 변제계획안은 청산가치 보장의 원칙에 관한 한 인가요건을 충족한 것으로 인정된다.

나. 가용소득 제공의 원칙(The Disposable Income Test)

1) 가용소득 제공원칙의 의의

가용소득은 채무자가 변제기간 동안 계속적이고 반복적으로 수령할 수 있는 소득에서 각종 제세공과금, 채무자 및 피부양자의 생활에 필요한 생계비, 채무자가 영업에 종사하는 경우에 그 영업의 경영, 보존 및 계속을 위하여 필요한 비용을 공제한 나머지 소득을 의미한다(법 제579조 제4호 참조). 개인회생절차에서는 변제계획의 인가를 받음에 있어서 채권자들의 동의를 요하지 아니한다. 따라서 개인회생채권자들의 이의에도 불구하고 변제계획안이 인가되고 면책이 이루어질 수 있는 제도 하에서 가용소득 제공원칙은 최저변제액 규정과 더불어 채권자들이 변제받을 수 있는 최저 한도를 설정해 주는 기능을 수행하게 된다.

이의가 있는 경우에는 가용소득의 전부가 변제에 제공되는 변제계획이라야 인가요건을 충족한다는 원칙(법 제614조 제2항 참조)의 의미는, 가용소득 그 자체가 투입되어야 한다는 것이다. 즉 가용소득을 일부만 투입하고 그 대신 그에 상당한 액수만큼을 채무자의 현재 재산을 변제재원으로 투입함으로써 보충하는 방식의 변제계획은 허용되지 않는다.[13] 그러나 개인회생채권자의 이의 진술이 없는 경우에는, 가용소득 중에 일부만을 변제에 제공하는 대신 그 차액을 재산의 처분가액으로써 보충하는 형태의 변제계획도 가능한 것은 물론이다.

2) 가용소득 제공원칙의 적용

위와 같은 가용소득 제공의 원칙도 개인회생채권자 또는 회생위원으로부터 변제계획안에 대하여 이의가 있었는지 여부에 따라 두 가지 다른 원칙이 적용

---

13) 예외적으로 압류적립금이 있는 경우 실무상 압류적립금을 일시에 변제에 투입하는 대신에 그에 해당하는 부분만큼 장래 가용소득으로 투입할 금액을 줄이는 변제계획이 용인된다는 점에 대하여는 다. 3)에서 후술한다.

된다.

첫째, 개인회생채권자 또는 회생위원으로부터 변제계획안에 대하여 아무런 이의가 없는 경우에는, 가용소득이 변제기간 동안 전부 제공되지 아니하여도 인가요건을 충족할 수 있다. 다만 이때에도 개인회생채권에 대하여 가용소득으로 변제되는 금액의 현재가치가 변제계획안 인가당시의 청산시 배당금액보다 적지 않아야 함은 물론이다. 그러나 가용소득이 전부 제공되지 아니한다면 개인회생채권자 등으로부터 이의가 제기될 가능성이 많고, 또한 가용소득 전부를 제공하지 아니하였다가 개인회생채권자 등으로부터 이의가 제기된다면 또다시 변제계획안을 작성하고 인가요건을 검토받아야 하는 등 절차의 지연을 초래하게 되기 때문에, 실무상으로는 특별한 사정이 없는 한 처음부터 가용소득 전부를 변제에 제공하는 내용의 변제계획안을 작성하는 경우가 대부분이다.

둘째, 개인회생채권자 또는 회생위원으로부터 변제계획안에 대하여 이의가 제기된 경우에는, 변제기간 동안 가용소득의 전액이 변제계획에 따른 채권의 변제에 모두 제공되어야만 인가요건이 충족된다(법 제614조 제2항 제2호). 따라서 이러한 경우에는 가용소득을 어떻게 산정하는지가 중요한 의미를 갖게 된다(가용소득의 산정방법 등에 관하여 자세한 것은 제6장 제3절 참조).

여기서 변제계획에 따른 채권의 변제라 함은, 우선권 있는 개인회생채권의 변제 및 일반 개인회생채권의 변제를 모두 다 포함하는 개념이지만 개인회생재단채권이나 별제권으로 담보되어 있는 피담보채권의 변제까지 포함하는 개념은 아니다. 따라서 변제기간 동안의 가용소득으로 우선권 있는 개인회생채권 및 일반 개인회생채권 외에 개인회생재단채권이나 별제권으로 담보되어 있는 피담보채권을 변제하는 내용의 변제계획안은 위 인가요건을 구비하지 못한 것이 된다.[14] 개인회생재단채권은 개인회생절차 외에서 우선적으로 변제하도록 되어 있어 변제계획에 의한 변제가 이루어지기 전에 미리 변제하여야 하고, 변제계획에 따른 변제기간 동안에 변제되어야 할 대상은 아니다. 또한 별제권으로 담보되어 있는 피담보채권은 변제계획에서 변제할 대상이 아닐 뿐만 아니라, 이들 별제권으로 담보되어 있는 피담보채권은, 법상 담보목적물을 처분 또는 경매 실행하여 당해 채권을 변제할 것이 예정되어 있기 때문이다(법 제586조, 제611조 제1항 참조). 다만 담보목적물을 환가하여도 받지 못한 잔존 별제권 부족액은 위 가용소득으로 변제할 대상이 됨은 물론이다.

---

14) 주석 채무자회생법(VI)(제1판), 한국사법행정학회(2020), 503면(김범준).

다. 최저변제액의 제공

개인회생채권자 또는 회생위원이 이의를 진술할 경우 채무자는 변제계획의 인가결정일을 기준일로 하여 평가한 개인회생채권의 총금액이 5천만 원 미만인 경우에는 위 총금액에 100분의 5를 곱한 금액, 개인회생채권의 총금액이 5천만 원 이상인 경우에는 위 총금액에 100분의 3을 곱한 금액에 1백만 원을 더한 금액을 변제에 제공하여야 한다.

채무자가 제출한 변제계획안에 대하여 개인회생채권자들은 개인회생채권자집회에서 이의를 제기할 수 있을 뿐이고 개인회생채권자들의 의결절차 없이 일정한 인가요건을 갖추면 법원은 인가를 하게 된다. 그러나 파산에 비하여 면책불허가 사유가 상당히 축소되어 있고 파산선고라는 불이익도 없는 개인회생절차에서 개인회생채권자들의 동의나 의결절차도 없이 변제계획에 대한 인가를 하려면 최소한 개인회생채권자들에게 일정한 금액 이상을 변제하게 함으로써 개인회생절차의 정당성을 강화할 필요가 있다. 그런 의미에서 최저변제액 규정은 청산가치 보장원칙과 더불어 채권자들의 권리를 일정 부분 보호하는 역할을 한다.

1) 최저변제액의 산정을 위한 기준채권의 범위

문제가 되는 것은 인가결정일을 기준일로 하여 평가한 개인회생채권(이하 기준채권이라 한다)에 포함되는 개인회생채권의 범위이다. 문리적으로는 별제권의 행사에 의하여 변제받을 수 있는 개인회생채권까지도 포함하는 것으로 보이지만, 별제권의 행사에 의하여 변제받을 수 있는 개인회생채권은 개인회생절차 외에서 변제를 받게 되므로 이를 기준채권에 포함시켜 변제금액을 산정하는 것은 타당하지 않다. 따라서 기준채권 속에는 일반의 우선권이 있는 개인회생채권, 일반개인회생채권, 후순위개인회생채권까지만 포함시켜 산정하는 것이 적절하다.[15] 다만 변제계획에 의하여 전액 변제를 받는 일반의 우선권이 있는 개인회생채권이나 변제를 받지 못하는 후순위개인회생채권을 기준채권에 포함시키는 것이 타당한지는 입법론적으로 검토할 필요성이 있다.

미확정채권의 경우에 대하여는 이를 변제계획의 인가결정일을 기준일로 하여 적절히 평가한 금액으로 최저변제액을 산정하여야 한다는 견해도 있을 수 있으나, 미확정채권에 대하여 평가하는 것이 쉽지 않고 미확정채권 전액을 기준으로 하여 변제액을 산정·유보하는 이상 최저변제액의 비율을 산정하는 데 있어

---

15) 기준채권에 포함되는 이상 원금뿐만 아니라 이자도 포함된다.

서 미확정채권은 전액을 포함하여 산정함이 적절하다.

2) 변제금액의 산정

기준채권을 일반의 우선권이 있는 개인회생채권, 일반개인회생채권, 후순위 개인회생채권으로 본다면 이에 대하여 변제계획안에서 제공하는 총변제액이 변제금액이 된다. 만일 기준채권액이 5천만 원 미만인 경우에는 기준채권 금액의 5% 이상을 변제에 제공하여야 하고 5천만 원 이상인 경우에는 3%에 1백만 원을 더한 금액 이상을 변제에 제공하여야 한다. 1백만 원을 더하는 이유는 기준채권이 5천만 원 이상일 경우의 최저변제액을 3%로만 하게 되면 5천만 원 미만인 경우보다 5천만 원 이상일 때 최저변제액이 더 적어지는 사례가 생기는 것을 막기 위한 것이다.

다만 법은 최저변제액의 최고한도를 3,000만 원으로 정하고 있는데, 최근 법 개정(2021. 4. 20. 법률 제18084호, 공포한 날부터 시행) 전까지는 개인회생절차를 이용할 수 있는 채무자의 무담보채무액 한도기준이 5억 원 이하였으므로 법상 산정될 수 있는 최저변제액의 최고금액은 1,600만 원(5억 원×3/100+1백만 원)에 지나지 않았다. 그러나 법 개정으로 개인회생절차를 이용할 수 있는 채무자의 무담보채무액 한도기준이 10억 원 이하로 증액되었으므로, 법상 산정될 수 있는 최저변제액의 최고금액도 3,100만 원(10억 원×3/100+1백만 원)이 됨에 따라 최저변제액의 최고한도를 제한하는 위 규정이 적용되는 경우가 발생할 수 있게 되었다.

3) 가용소득 제공의 원칙과의 관계

개인회생채권자들이 이의를 제기할 경우 채무자는 최초의 변제일부터 변제계획에서 정한 변제기간 동안 수령할 수 있는 가용소득의 전부를 변제계획에 따른 변제에 제공할 필요가 있다. 제공되는 가용소득이 위에서 정한 최저변제액을 초과하더라도 최저변제액만을 변제하는 것이 아니라 가용소득 전부를 변제에 제공하여야 한다. 따라서 최저변제액의 규정은 가용소득의 전부를 변제계획에 따른 변제에 제공하고 있음에도 최저변제액에 미달하는 경우 최소한 최저변제액 이상을 변제에 제공하여야 한다는 점에서 의미가 있다. 다만 그 경우 가용소득이 너무 낮아서 최저변제액 이상을 변제에 제공함으로써 생계에 지장을 초래할 정도가 된다면 변제계획은 수행가능성이 없어 인가를 받을 수 없게 된다.

라. 변제계획의 공정·형평의 원칙

1) 변제계획의 공정·형평의 원칙의 의의

개인회생채권의 종류에 따라 우선권이 있는 채권은 우선적으로 변제하고 후순위 채권은 후순위로 변제하며, 동등한 채권은 동일하게 취급하여 권리의 우선순위에 맞게 변제계획을 작성해야 한다는 원칙을 의미한다(법 제614조 제1항 제2호).[16]

대법원은 법 제614조 제1항 제2호에서 규정한 '공정·형평의 원칙'이란 권리의 우선순위에 따른 변제의 원칙을 의미하는 것으로서, 변제율의 감소나 생계비 산정의 오류 등의 사정은 공정·형평의 원칙에 반하는 사유라고 보기 어렵다고 판시하였다.[17]

2) 개인회생재단채권의 수시 변제, 우선변제의 원칙

개인회생재단채권(개인회생재단채권의 개념에 관하여는 제4장 제2절 참조)은 개인회생절차에 구애를 받지 아니하고 수시로 변제할 뿐만 아니라 개인회생채권보다 우선 변제하여야 한다(법 제583조 제2항, 제475조, 제476조). 따라서 개인회생절차개시결정시까지 발생한 개인회생재단채권은 변제계획에 기재하여야 하지만 변제기간 동안의 가용소득으로 변제할 것이 아니라 미리 변제하여야 한다.

변제계획안에는 반드시 개인회생재단채권의 전액의 변제에 관한 사항을 정하여야 한다.[18] 실무에서는 ① 개인회생절차 외에서 개인회생재단채권을 변제하는 것을 전제로 개인회생재단채권자로부터 변제확인서를 받아 제출하도록 하는 내용만을 변제계획안에 기재하는 방법[19] 또는 ② 변제계획안에서 이미 발생한 개인회생재단채권의 구체적인 변제방법과 시기 등을 기재하고 개인회생재단채권을 모두 변제한 후 개인회생채권을 변제하는 내용의 변제계획안을 별도로 작성하는 방법이 이용되고 있다.

---

16) 주석 채무자회생법(Ⅵ)(제1판), 한국사법행정학회(2020), 486면(김범준).

17) 대법원 2015. 6. 26.자 2015마95 결정.

18) 채무자가 개인회생재단채권을 변제계획안에 기재하지 아니한 채 변제기간인 60개월 동안 안분하여 생계비에서 변제하겠다고 주장한 사안에서, 이 사건 변제계획안의 변제예정액표에는 재단채권 변제의 방법과 시기 등이 구체적으로 포함되어 있지 않아 그 변제에 관한 사항을 정하였다고 할 수 없고, 개인회생채권보다 재단채권을 우선 변제하여야 한다는 법 제583조 제2항 및 제476조에도 부합하지 않으므로, 개인회생절차개시신청은 개인회생절차에 의함이 채권자 일반의 이익에 적합하지 아니한다는 이유로 기각사유에 해당한다고 본 사례로는 의정부지방법원 2019. 12. 10.자 2018라132 결정.

19) 회생위원 직무편람, 법원도서관(2020), 42면. 이러한 내용의 변제계획안이 인가된 이후에 채무자가 정해진 기한 내에 변제확인서를 법원에 제출하지 못할 경우에는 위 개인회생절차를 폐지할 수 있을 것이다.

②의 방법에 따라 변제계획안을 작성하는 경우에는 변제계획안의 '개인회생 재단채권에 대한 변제'란에 채권자, 채권현재액, 채권발생원인, 변제기 및 변제방 법 등을 기재한다. 이 경우 변제계획안의 변제개시일을 개인회생재단채권의 변 제를 완료한 이후로 조정할 필요가 있는데, 법 제611조 제4항 단서에 따라 법원 의 허가를 받는다면 변제개시일을 인가일로부터 1월 이후로 정할 수 있다고 볼 것이다.[20)

3) 일반의 우선권 있는 개인회생채권의 전액변제의 원칙

가) 의의

일반의 우선권 있는 개인회생채권(일반의 우선권 있는 개인회생채권의 개념에 관하여는 제5장 제3절 참조)은 그 채권액 전액을 변제하여야 한다(법 제611조). 일반의 우선권 있는 개인회생채권의 대표적인 예로는, 국세·지방세 기타 국세징수법 또는 지방세징수법에 의하여 징수할 수 있는 청구권(그 징수우선순위가 일반 개인 회생채권보다 우선하는 것) 등으로서 개인회생재단채권에 속하지 아니하는 것[국 세, 지방세 등 지방자치단체의 징수금, 관세(관세법 제3조) 및 가산세(관세법 제4조), 건강보험료 (국민건강보험법 제81조), 산업재해보상보험료(산업재해보상보험법 제4조, 고용보험 및 산업재해 보상보험의 보험료징수 등에 관한 법률 제28조) 등]을 들 수 있다.

나) 전액변제의 의미

여기서 전액이라 함은 변제기간 동안 변제액의 현재가치가 변제계획 인가 당시 채권액과 동액이 되어야 할 것을 요구하는 것이 아니라, 단지 변제기간 동 안 명목상 변제액의 단순 합계액이 변제계획인가 당시 채권액과 동액이면 족한 것으로 해석하는 것이 실무 및 다수 견해이다.

법 제611조 제1항 제2호는 제3호와 달리 개인회생채권자목록에 기재된 채 권으로 한정되지 않으므로, 일반의 우선권 있는 개인회생채권은 채무자가 이를 채권자목록에 기재하였는지에 따라 변제계획에 포함시킬지 여부를 결정할 수 없 고 반드시 그 전액을 모두 변제계획에 포함시켜야 한다.[21)

다) 변제기간

일반의 우선권 있는 개인회생채권은 개인회생재단채권과 달리 개인회생채 권으로서 변제계획안에 따라 변제되어야 하므로, 일반의 우선권 있는 개인회생 채권의 액수가 클수록 통상의 개인회생채권에 대한 변제예정액이 줄어들 수밖에

---

20) 다만, 변제개시일이 지나치게 늦어지면 변제계획의 수행가능성에 의문이 있을 수 있음은 앞서 서술한 바와 같다(제1절 4. 가. 참조).
21) 주석 채무자회생법(VI)(제1판), 한국사법행정학회(2020), 441면(김범준).

없다.

우선 일반의 우선권 있는 개인회생채권의 변제기간이 일반 개인회생채권의 변제기간보다 장기인 변제계획안에 관하여 본다. 대법원은 채무자가 총 60개월의 변제기간 중 일반의 우선권 있는 개인회생채권의 변제기간을 전체 변제기간의 1/2 미만으로 단축하라는 보정명령에 불응한 경우에 법 제596조 제6호의 '개인회생절차에 의함이 채권자 일반의 이익에 적합하지 아니한 때'에 해당하여 개인회생절차개시신청을 기각할 사유에 해당하는지 문제된 사안에서, "법 제611조 제1항 제2호에서 채무자는 변제계획안에 일반의 우선권 있는 개인회생채권 전액의 변제에 관한 사항을 정하도록 규정하고 있는데, 일반의 우선권 있는 개인회생채권을 변제하는 기간은 전체 개인회생채권에서 일반의 우선권 있는 개인회생채권이 차지하는 비율에 따라 달라질 수 있고, 일반의 우선권 있는 개인회생채권을 30개월 이상의 변제기로 나누어 변제하더라도 이는 법이 정한 우선순위에 따른 것이므로, 일반의 우선권 있는 개인회생채권의 변제기간이 전체 변제기간 60개월의 1/2 이내가 되어야만 전체 채권자들 일반의 이익에 적합하다고 볼 아무런 근거가 없다"고 판시한 바 있다.[22] 위 대법원 판례의 취지를 감안할 때 일반의 우선권 있는 개인회생채권 전액의 변제기간이 일반 개인회생채권의 변제기간보다 장기라는 사정만으로 당해 변제계획안이 법 제614조 제1항 제2호에서 정한 공정·형평의 원칙에 위반된다고 볼 수는 없을 것이다.[23]

다음으로 변제기간 내내 일반 개인회생채권을 전혀 변제하지 않은 채 일반의 우선권 있는 개인회생채권만을 변제하는 내용의 변제계획안에 관하여 본다. 이와 관련하여 법 제611조 제1항 제3호의 해석상 적어도 일반 개인회생채권 일부의 변제에 관한 사항이 변제계획안에 포함되어 있어야 하므로 3년의 변제기간 동안 일반의 우선권 있는 개인회생채권만을 변제하고 일반 개인회생채권은 변제하지 않는 변제계획안은 허용될 수 없다는 견해[24]가 있다. 위 견해에 따르면 이러한 경우 채무자로서는 3년의 변제기간 내에 일반 개인회생채권을 일부만이라도 변제하는 내용으로 변제계획안을 작성하거나, 이와 같은 경우가 법 제611조 제5항 단서에 규정된 '특별한 사정이 있는 때'에 해당한다고 보아 일반의 우선권 있는 개인회생채권의 변제를 완료하고 일반 개인회생채권의 전부 또는 일부의

---

22) 대법원 2017. 2. 17.자 2016마1324 결정.

23) 주석 채무자회생법(Ⅵ)(제1판), 한국사법행정학회(2020), 443면(김범준).

24) 전대규, 채무자회생법[제5판], 법문사(2021), 1551, 1552면.

변제를 할 수 있도록 5년의 한도 내에서 3년이 넘는 변제기간을 정하여야 할 것이다.[25]

4) 일반 개인회생채권의 취급

가) 원칙

일반 개인회생채권끼리는 서로 동등하게 취급되어야 하므로, 특별한 사정이 없는 한 일반 개인회생채권은 동일한 조에 속하여 동일한 내용의 변제방법과 변제율이 적용되어야 한다.

나) 예외

일반 개인회생채권의 조 분류를 하여 이를 변제계획에 기재할 경우에는 서로 다른 조로 분류된 일반 개인회생채권을 서로 다르게 취급할 수 있다. 또한, 개인회생채권자가 동의한 경우와 소액의 개인회생채권의 경우에는 같은 조로 분류된 일반 개인회생채권끼리도 서로 다르게 취급할 수 있다(법 제611조 제3항).

그러나 파산시 동일한 청산배당을 받을 것이 분명한 개인회생채권자들에 대하여 어떠한 이유로 조분류를 달리하여 다른 취급을 할 수 있는지에 관하여는 논란이 있을 수 있으므로, 이렇게 조분류를 달리하여 다른 변제조건을 제공하기 위해서는 합리적인 사유가 있어야 할 것이다. 차별에 대한 합리적인 사유의 판정기준으로는 "그러한 차별 없이는 변제계획안의 수행이 불가능한지 여부, 차별이 선의로 이루어졌는지 여부, 차별의 정도와 차별의 근거 사이에 직접적인 연관이 있는지 여부" 등이 될 수 있다.

예를 들면, 영업소득자가 상거래 채권자에게 밀린 대금을 우선하여 변제하지 아니하면 정상적인 거래가 어려워져 변제계획의 수행이 곤란해진다는 등의 사유는 그 차별의 합리성이 인정될 수 있을 것이다.[26]

---

25) 실무상 대부분의 경우 회생위원의 보정권고 등을 통하여 위와 같은 내용으로 변제계획안을 수정하도록 할 것이므로 3년의 변제기간 동안 일반의 우선권 있는 개인회생채권만 변제하는 내용의 변제계획안이 인가요건을 충족하는지가 문제되는 경우는 드물 것이다. 그런데 만약 변제기간을 5년으로 정하여 가용소득을 모두 투입하였음에도 우선권 있는 개인회생채권의 총액에도 미달하는 경우에는 법 제611조 제1항 제3호의 '일반 개인회생채권의 전부 또는 일부에 관한 사항'이 포함되어 있지 않을 뿐 아니라 제2호의 '일반의 우선권 있는 개인회생채권의 전액의 변제에 관한 사항'이 포함되어 있지 않은 변제계획안이 되므로, 법 제614조 제1항 제1호(변제계획이 법률의 규정에 적합할 것) 또는 제614조 제1항 제2호(공정·형평의 원칙)에 위반되어 인가요건을 충족할 수 없다. 주석 채무자회생법(VI)(제1판), 한국사법행정학회(2020), 444면(김범준).

26) 다만, 실무에서는 개인회생채권 간에 권리의 성질이나 이해관계가 다른 경우나 개인회생채권 사이에 달리 취급하여야 할 합리적 사유가 있는 경우가 드물기 때문에 조를 달리 분류하는 경우를 찾아보기 어렵다. 주석 채무자회생법(VI)(제1판), 한국사법행정학회(2020), 462면(김범준).

5) 후순위 개인회생채권의 후순위 변제 원칙

법 제446조 제1항에서 정한 "법정 후순위 채권"과 제2항에서 정한 "합의에 의한 후순위 채권"은, 일반 개인회생채권의 변제보다 후순위로 밀려난다(후순위 개인회생채권의 개념에 관하여는 제5장 제3절 참조). 따라서 일반 개인회생채권이 전부 변제를 받지 못하는 한 후순위 개인회생채권을 일부라도 먼저 변제하는 것은 특별한 사정이 없는 한 공정·형평의 원칙에 반하게 된다.

마. 수행가능성의 원칙

변제계획안은 수행 가능한 것이어야 한다(법 제614조 제1항 제2호). 채무자가 자신의 가용소득을 근거 없이 높게 추정하거나 막연하게 미래에 재산을 증여받을 것을 전제로 하는 것과 같은 변제계획안은 그 이행이 불가능할 확률이 높아 수행가능성이 없으므로 인가될 수 없다. 또한 미리 변제하여야 할 재단채권이 상당히 다액이어서 개인회생채권에 대한 변제개시일이 인가일로부터 지나치게 멀어지게 된다면 그와 같은 변제계획안은 수행가능성이 없다고 보아야 할 것이다(제1절 4. 가. 참조).

개인회생예규 제7조 제3항은 변제계획안의 인가 이전에 변제계획안의 매월 변제액을 회생위원에게 임치하는 방법으로 그 변제계획안의 수행가능성을 소명할 수 있다고 규정하고 있다. 이에 따라 서울회생법원에서는 채무자가 3개월분 이상의 변제액을 납부하지 않은 경우 판사가 채무자의 여러 사정을 고려하여 법 제620조 제1항 제2호에서 정한 폐지사유인 '채무자가 제출한 변제계획안을 인가할 수 없는 때'에 해당하는지 여부를 판단한다.[27]

3. 변제계획안 작성 요령

가. 개 요

채무자가 가용소득만을 변제재원으로 제공하여 변제계획안을 작성하는 경우도 있고, 가용소득과 재산처분대가의 두 가지 변제재원을 제공하는 변제계획안을 작성하는 경우도 있다. 전자의 경우의 기재례는 [양식 5, 5-1～5-3]을, 후자의 경우의 기재례는 [양식 5-4, 5-5]를 각 참조.

후자의 경우, 변제계획안에서 재산처분에 의한 변제방법을 상세히 설명하여

---

27) '변제계획 인가 전 폐지결정'(서울회생법원 실무준칙 제432호) 제2조 제2항.

야 하고, 청산가치 보장원칙의 준수 여부를 변제계획안에서 확인할 수 있도록 기재하여야 한다.

나. 항목별 기재요령

1) 변제기간

앞에서 설명한 바와 같이 원칙적으로 매월 일정액을 변제하는 것으로 하는데, 여기서는 개시일과 최종일 및 총 개월 수를 표시한다.

2) 변제에 제공되는 소득 또는 재산

가용소득에 관해서는, 개시신청서의 "수입 및 지출에 관한 목록" 중 "현재의 수입목록"의 월 평균 수입을 이 항목 중 "① 월 평균 수입"에 옮겨서 기재하고, "변제계획 수행시의 예상지출목록"의 월 평균 생계비를 이 항목 중 "② 월 평균 생계비"에 옮겨서 기재한 후, 월 평균 가용소득(①-②)을 산출하고, 여기에 변제 개월 수를 곱하여 총 가용소득을 계산하여 기재한다.

재산처분액을 변제에 투입하는 경우에는, 개시신청서의 "재산목록" 중 변제재원으로 제공할 재산을 옮겨 적는 한편 언제까지 그 재산을 처분하여 변제재원으로 투입하겠다는 것을 명시한다. 서울회생법원에서는 "변제계획 인가일로부터 1년 내"를 원칙적인 투입기한으로 정하되, 경우에 따라서는 "변제계획 인가일로부터 2년 내"의 투입기한도 허용하고 있다. 또한 재산처분에 의한 변제투입예정액을 정할 때 현재가치의 할인율 문제와 청산가치산정을 둘러싼 분쟁을 방지하기 위하여 재산처분을 통한 변제투입예정액은 '청산가치'와 '가용소득의 현재가치'의 차액에 재산처분예정일이 1년 이내일 경우 1.3배를, 2년 이내일 경우 1.5배를 각 곱한 금원으로 정하게 하고 있다.[28]

외부회생위원이 선임되었을 경우에는 ① 월 평균 수입에서 ② 월 평균 생계비를 뺀 후 다시 회생위원 보수를 추가로 공제하여 월 평균 실제 가용소득을 산출해야 하고, 재산처분액에 대해서도 마찬가지로 회생위원 보수를 공제하고 변제투입예정액을 산출하여야 한다.

---

28) 회생위원 직무편람(제4판), 사법발전재단(2020), 161면. 예컨대 재산의 청산가치가 2,000만 원인데 3년간 가용소득의 인가일 기준 현재가치가 1,500만 원에 불과하다면 최소한 인가일 기준으로 500만 원 이상에 해당하는 금액이 재산처분을 통해 조달되어 변제에 투입되어야 한다. 즉 재산처분 예정일이 인가일로부터 1년 이내일 경우는 650만 원을, 2년 이내일 경우에는 750만 원을 투입하여야 한다.

3) 개인회생재단채권에 대한 변제

회생위원이 법원사무관등인 경우에는 보수를 지급하지 않음을 원칙으로 하고 있으므로, 그 경우에는 "해당 없음"란에 체크를 하고 더 이상의 기재가 필요 없다.

만약 외부회생위원이 선임되었을 경우에는 일정한 보수를 지급하게 되므로, 외부회생위원이 선임되었거나 그 외에 개인회생재단채권이 있는 경우에는 "해당 있음"란에 체크하고, 그 채권자, 채권현재액, 채권발생원인 및 변제기를 양식에 따라 기재한 후, 변제방법을 적게 된다.

외부회생위원에 대해서는 통상 인가결정 이전 업무에 대한 보수로 15만 원, 인가결정 이후 업무에 대한 보수로 인가된 변제계획안에 따라 채무자가 실제 임치한 금액의 5%의 범위 내에서 지급하게 된다(개인회생예규 제10조 제3항).

4) 일반의 우선권 있는 개인회생채권에 대한 변제

이러한 채권이 존재하는 경우에는 위 3)항과 유사한 방식으로 기재한다.

5) 별제권부 채권 및 이에 준하는 채권의 처리

이 부분 채권의 내용에는 개인회생채권자목록 [양식 4-1]의 부속서류 1의 기재내용을 옮겨 적는다. 즉 부속서류 1로부터 채권현재액, 별제권행사 등으로 변제가 예상되는 채권액, 별제권행사 등으로도 변제받을 수 없을 채권액, 별제권 등의 내용 및 목적물을 옮겨서 기재한다.

그 변제방법에 관해서는 담보권에 관련한 복잡한 법률문제들을 모두 검토하여 기재하여야 하는데, 현재 [양식 5, 5-1∼5-5]에는 표준적인 변제방법의 기재례가 적혀 있다. 이에 관해서는 아래 4.항의 설명을 참조.

6) 일반 개인회생채권에 대한 변제

이 부분이 변제계획안 중 가장 핵심적인 부분이다. 여기서는 각 일반 개인회생채권의 원금 액수를 기준으로 위 2)의 월 평균가용소득을 안분하여 산출한 금액을 각 개인회생채권자들에게 변제하는 방식을 취하게 된다. 여기서는 표를 사용하여야 일목요연하게 변제계획을 설명할 수 있게 되므로, [양식 5, 5-1∼5-5]에서는 별지로 "개인회생채권 변제예정액 표"를 작성하도록 하였다. 그 표의 작성요령은 [양식 5-6]의 Ⅱ. 참조.

재산처분에 의한 변제가 있는 경우에는, 그에 관해서도 이 항목 내에서 설명되어야 한다. 구체적인 내용은 [양식 5-4, 5-5]의 6. 나.항 참조.

7) 미확정 개인회생채권에 대한 조치

이 부분에 관해서는 아래 4.항의 설명을 참조.

8) 변제금원의 회생위원에 대한 임치 및 지급

채무자는 개인회생채권자들에게 변제하여야 할 금액을 개시결정시 통지되는 회생위원의 예금계좌에 매월 임치하고, 개인회생채권자는 법원에 예금계좌를 신고하여 회생위원으로부터 변제액을 송금받는 방법으로 지급받는다는 점을 기재한다. 그러나 채무자가 최초로 변제계획안을 작성하여 제출할 때에는, 위 기재내용 중 회생위원이 관리하는 계좌번호는 알 수 없는 사항이므로 이를 공란으로 한 채로 위와 같은 내용의 기재를 하면 된다.

계좌번호를 신고하지 않은 개인회생채권자에 대하여는 변제액을 적립하였다가 변제계획이 정하는 바에 따라 공탁할 수 있으므로(^{법 제617조 제2항 후문,}_{규칙 제84조 제2항}), 변제계획에서 구체적인 공탁방법도 정하여야 하는데, 서울회생법원에서는 업무의 번잡을 피하기 위하여 위 적립금을 변제계획인가일부터 1년이 지날 때마다 연 1회 공탁하는 것을 표준으로 하고 있다. 또한 변제장소도 변제방법의 한 부분이므로 이를 변제계획에서 정할 수 있는 것으로 보아서, 그 공탁을 각 개인회생채권자의 주소지 관할법원마다 일일이 따로 하기보다는, 그 개인회생사건이 계속되어 있는 회생법원에 공탁하여 지급할 수 있는 것으로 변제계획상 정하고 있다.

다. 구체적인 문제점들

1) 가용소득의 배분 기준

개인회생절차의 개시결정을 기준으로 하여 발생한 개인회생채권은 원금이나 이자 모두 등질화되므로 원리금을 기준으로 배분하여야 한다고 볼 수도 있으나, 원금과 이에 대한 이자는 그 성질에 차이가 있고, 계산의 편의성 등을 고려하여 실무에서는 원금을 기준으로 가용소득을 배분하고 있다. 다만 일반 개인회생채권 중 이자 채권의 크기가 원금보다 크거나, 이자채권만이 존재하는 개인회생채권자가 있고, 채무자에게 재산이 있어 법 제614조 제2항 제1호와 같이 채권자가 이의를 제기하여 개별청산가치가 문제되는 사안의 경우에는 원리금 기준으로 안분하는 것이 형평에 맞을 것이다.

이와 관련하여 별제권의 경우 간혹 '별제권행사 등으로도 변제받을 수 없을 채권액(예정부족액)'이 채권현재액 원금을 상회하는 경우가 있다. 이러한 경우 별제권으로 변제받지 못하는 부분에 해당하는 채권은 채권현재액 원금과 이자로 구성될 것이기 때문에 변제유보액 산정에 있어서 다른 일반 개인회생채권자들과 달리 취급할 이유가 없다. 따라서 별제권행사 등으로도 변제받을 수 없을 채권액이 원금을 초과할 경우에는 원금만을 기준으로 변제유보액을 산정하면 족하다.

2) 변제기간에 따른 배분비율과 단수처리방법

원금 전부 및 이자 일부를 변제하는 변제계획에서는 원금 외에도 개시전 이자의 일부가 변제되는데, 이때 각 채권별 개시전 이자에 대하여 변제액을 배분하는 방법이 문제된다. 즉 원금 비율대로(이 경우 새로 계산을 하지 않고 기존의 변제예정액 표상의 금액비율을 그대로 활용할 수 있다) 채권별 안분을 하자는 견해, 각 채권의 개시전 이자액을 산정한 다음 그 전체 이자액수에서 각 채권의 이자액이 차지하는 비율을 계산하여 그 비율대로 채권별 안분을 하자는 견해, 원리금 합계액의 비율대로 하자는 견해 등이 있을 수 있다. 원금 비율과 개시전 이자액의 비율이 일치하지 않을 수 있으므로, 채권자별로 개시전 이자액을 계산하여 그 비율에 따라 안분하는 방법이 적절하다([양식 5-6] 참조).

원금 전부만을 변제하는 변제계획을 작성하는 경우에는, 마지막 달에 채무자로 하여금 월변제액 전액을 임치하도록 하면, 각 채권별로 원금에 배분하여 입금한 후 대개 잔액이 남게 된다. 그 잔액으로 소액의 이자변제를 하기 위하여 채권자별로 개시전 이자의 액수 및 그 비율을 계산하여 별도의 변제계획을 세우는 것은 그로 인하여 얻을 수 있는 이익과 비교할 때 실익이 크지 않고, 원금의 전부를 변제할 수 있는 때까지를 바람직한 변제기간으로 보고 있는 개인회생예규의 취지상, 최종월에는 남은 원금만을 채무자로 하여금 입금하게 하는 변제계획을 세우는 것이 현행 실무례이다([양식 5-6] 참조).

3) 압류적립금의 처리

개인회생절차개시결정만으로는 급여에 대한 가압류나 압류는 중지될 뿐이고 채무자는 변제계획인가시까지는 이를 수령할 수 없다. 그런데 채무자에 따라서는 가압류나 압류로 인한 적립금이 월변제예정액의 1~2년치에 이르는 등 다액인 경우가 있다. 이러한 적립금은 원칙적으로 변제계획인가시에 채무자가 수령하게 될 금액이므로 재산목록에 포함된다. 그러나 이 경우 가용소득의 현재가치가 청산가치를 초과한다고 하여 변제계획인가시 채무자에게 적립금을 그대로 귀속시키면, 인가 후 변제계획 수행이 불가능하여 개인회생절차가 폐지되는 경우에 채무자가 위 적립금을 모두 소비하여 버리거나 개인회생채권자목록에 기재되지 않은 채권자가 강제집행을 하는 등으로 개인회생채권자들에게 피해를 입힐 수 있다. 따라서 압류적립금 등이 상당 기간의 월변제예정액에 이르는 경우에는 이를 1회의 변제기일에 일시에 투입하고 그 대신에 위 투입액만큼 이후 변제기간 동안의 월 변제예정액을 감액하는 방식으로 변제계획안을 작성할 필요가 있다. 위 압류적립금 투입은 청산가치의 보장 등 인가요건과는 무관하고, 위와 같이 감액을 허용할 경우 채무자의 향후 변제계획 수행가능성을 높일 수 있기 때문이다.[29]

이 경우의 변제계획안의 가용소득란 작성방법은 다음과 같다.

가) 채무자의 가용소득란　　　일단 압류적립금을 고려하지 않고 먼저 월 평균 가용소득과 총 가용소득을 계산하여 기재한 후(본래의 가용소득), 압류적립금을 투입하였을 경우 수정된 가용소득 즉 수정된 총 가용소득(가용소득에서 압류적립금을 공제한 액수)과 수정된 월 평균 가용소득(수정된 총 가용소득을 나머지 변제 횟수로 나눈 액수)을 추가로 기재한다. 이 경우 변제 기간은 변제계획 인가후 일정 시점에서 시작된다.

나) 일반 개인회생채권에 대한 변제란　　　"각 일반 개인회생채권의 원금의 액수를 기준으로 월 변제예정액을 안분하여 산출한 금액을 각 일반개인회생채권자에게 변제한다. 월변제예정액은 급여 압류적립금액의 규모 등을 감안하여 제1회 변제시는 000원, 제2회 내지 제36회 변제시는 000원으로 하고, 총 변제예정액은 000원이다. 구체적 산정 내역은 별지 개인회생채권 변제예정액표 참조"와 같이 압류적립금을 투여하여 변제한다는 취지를 추가하여 기재한다.

다) 기타사항　　　가용소득에 대한 가압류 또는 압류는 인가결정이 있을 경우 강제집행이 실효되므로 이에 관한 조치를 취할 필요가 있다. 따라서 기타사항에 "압류적립금이 개인회생재단에 속하고, 위 개인회생재단을 관리하고 처분할 권한은 회생위원이 갖는다."는 취지의 기재를 실무상 추가하고 있다.

4) 공무원 연금 대부금 등의 처리

공무원연금법, 사립학교교직원연금법, 군인연금법 등에 따라 공무원 등이 대부를 받을 경우 미상환대부금 등에 대하여는 퇴직급여 등으로부터 우선적으로 공제하여 회수함으로써 공무원 연기금의 재정적 안정을 도모하고 있다. 이러한 미상환대부금의 성격에 대하여 별제권에 준하여 보는 견해, 우선채권으로 보는 견해, 일반채권으로 보는 견해 등 다양한 견해가 있다. 그러나 법률에 명확한 규정이 없는 이상 별제권으로 인정하는 것은 무리가 있으므로 서울회생법원에서는

---

29) 주석 채무자회생법(VI)(제1판), 한국사법행정학회(2020), 447면(김범준).

일반개인회생채권으로 취급하되 변제계획의 기타사항란에 법에 따른 우선공제가
가능하다는 것을 기재하는 것으로 처리하고 있다. 이 경우 변제계획에는 기타사
항으로 "공무원·군인·사립학교 교직원이 공무원연금관리공단 또는 사립학교교
직원연금관리공단에 대하여 부담하는 채무로서 공무원연금법 제38조, 군인연금
법 제15조의2, 사립학교교직원연금법 제39조의2의 규정에 따라 퇴직급여 등에서
우선 공제되는 채무는 채무자에 대한 면책결정이 확정된 경우라 하더라도 위 규
정에 따라 우선 공제하기로 한다"와 같은 조항을 둔다.

　주의할 것은 연금관리공단의 알선으로 일반금융기관이 공무원에게 대출을
하는 형태가 있는데 이러한 경우는 통상의 일반개인회생채권과 다를 바 없다는
점이다.

5) 양육비채권의 처리[30]

　회생절차개시신청 전에 이미 발생한 양육비채권은 일반 개인회생채권과 동
일하게 취급되나, 장래 양육비채권의 취급에 관하여는 법률상 명확한 근거 규정
이 없어 개인회생절차에서 이를 어떻게 고려할지 문제된다. 이에 대하여 종래의
실무는 장래 양육비채권을 생계비 산정에 고려하여 양육비를 지급하도록 하는
간접적인 처리방안[31]을 취하고 있었으나, 서울회생법원은 양육비의 이행 확보를
위한 다양한 논의를 거쳐 2018. 1. 1.부터 장래 양육비채권을 개인회생재단채권
으로 취급하는 변제계획안을 작성하여 이를 통해 지급하는 방안[32]을 시행하고
있다.[33]

---

30) 자세한 내용은 회생위원 직무편람(제4판), 사법발전재단(2020), 177-182면 참조.

31) 이 방안에 따르면 채무자의 가용소득은 아래와 같이 산정되는데, 양육비를 고려한 추가 생계
비는 항상 양육비 전액이 인정되는 것은 아니었고 재판부별로 인정금액도 달랐다. 양육비의 지
급방식과 관련하여 채무자는 회생위원을 통하지 않고 자율적으로 양육비 채권자에게 양육비를
지급하였으므로, 실제로 양육비가 지급되는 사례가 많지 않아 분쟁이 발생하여 변제계획 수행
에 지장을 주는 일이 많았다.

　　┌───┐
　　│ 월 평균수입 - 중위소득 60% - 양육비부담 고려 추가 생계비 = 가용소득 │
　　└───┘

32) 이 방안에 따르면 개인회생재단채권인 장래 양육비채권은 채권자목록에는 기재할 필요가 없
고, 단지 변제계획안 '3. 개인회생재단채권에 대한 변제'란에 기재하며, 양육비는 자녀가 성년이
되기 전까지 매월 발생하므로 변제기간 동안 매월 양육비 상당액을 정기적으로 납부하는 내용
으로 변제계획안을 작성한다. 법원은 채무자가 소명한 양육비를 전액 개인회생재단채권으로 인
정하되, 가정법원의 양육비 기준표에 비추어 과다할 경우 감액심판을 통해 일부를 보정한다. 채
무자는 회생위원을 통하여 양육비를 지급하고, 양육비 채권자는 개인회생재단채권자로서 변제
계획, 재산목록 등을 열람하여 변제계획의 수행 상황 또는 채무자의 재산상태를 살펴볼 수 있
게 되었다.

33) 현행법상 장래 양육비채권의 취급을 다루는 명시적인 규정은 없으나, 일응 개인회생재단채권
의 범위에 관한 법 제583조 제1항 제6호의 '채무자를 위하여 지출하여야 하는 부득이한 비용'에
포함되는 것으로 해석할 수 있다. 한편 개인회생절차 진행중 양육비의 안정적인 지급을 확보하

4. 미확정 개인회생채권에 관한 변제계획안의 기재방법

가. 변제계획상 미확정 개인회생채권의 처리방법

1) 개   요

채무자가 개인회생채권자목록에 기재한 채권 자체에 관하여 다툼이 있어 최종 변제계획안 작성시까지 아직 확정되지 아니한 경우, 별제권자가 담보목적물에 별제권을 행사하여 피담보채권 중 얼마를 변제받고 얼마가 별제권 부족액으로 남아 개인회생채권으로 인정될지 여부가 불확실한 경우, 임차보증금 반환채권 특히 그 중 우선변제권으로써 확보되는 금액 외의 채권액이 임대차기간만료시에 얼마로 정해질지 불확실한 경우, 변제계획이 인가될 경우 실효되는 전부명령의 전부채권자가 인가결정으로 채권의 일부를 변제받지 못하는 경우 등의 처리방법에 관하여 개인회생절차에서는 명문의 규정을 두고 있지 아니하다.

그러나 이러한 개인회생채권에 대하여도 변제계획안에서 규율을 하여야만 채무자가 후일 그 변제계획에 따라 변제를 하고 해당 개인회생채권에 대하여 면책을 받을 수 있기 때문에, 반드시 미확정 개인회생채권에 대한 변제방법 등을 변제계획안에 규정하여야 한다.

위와 같이 미확정 개인회생채권이나 별제권 부족액의 개인회생채권에 대하여는, 일반적으로 그에 해당되는 몫의 변제액을 별도의 예금계좌 등에 적립하여 유보하였다가, 추후 그 개인회생채권액이 확정되거나 별제권 부족액이 확정되었을 경우, 그 확정비율에 따라 유보액을 변제하고, 그 후에는 위 확정된 채권액의 비율에 따라 다른 개인회생채권과 동일한 비율로 변제를 해 나가는 식의 변제계획 조항을 두는 것이 무난한 방법이다.

만일 위와 같은 변제액 유보를 미리 해 놓지 아니하였다가 뒤에 가서 위와 같은 미확정 개인회생채권이 확정되거나 별제권 부족액이 현실화되어 버리면, 이를 따로 변제할 가용소득이나 기타 변제재원을 갑자기 마련하기는 어려울 것이고, 이렇게 되면 변제계획은 수행이 불가능하여 결국 개인회생절차가 폐지될 수밖에 없게 될 것이기 때문이다.

따라서 개인회생절차 수행의 안정성을 확보하기 위해서는 미확정 개인회생

기 위한 취지에서 법 제583조 제1항 제6호에 "채무자가 부담하여야 하는 「양육비 이행확보 및 지원에 관한 법률」에 따른 양육비 채무(개인회생절차개시 당시 아직 이행기가 도래하지 아니한 것에 한정한다)"는 조항을 신설하는 내용의 채무자 회생 및 파산에 관한 법률 일부개정법률안(소병철 의원 대표발의)이 2021. 8. 10. 발의되었다.

채권의 확정가능성을 높게 평가하고, 별제권 실행으로 환가·분배될 수 있는 담보물의 가치를 가급적 낮게 평가하여 별제권 부족액의 현실화 가능성을 높게 예정함으로써, 채무자가 후일 변제계획의 수행이 불가능하게 되는 사태를 미연에 방지하는 것이 바람직하다.

2) 일반적인 미확정 채권확정 후 구체적인 처리방법

미확정 개인회생채권의 전액에 관하여 그대로 채권의 존재가 확정된 경우 그 확정 직후 이미 분할 변제기가 도래한 부분, 즉 그 동안의 유보액에 대하여 곧바로 일시 변제하고, 그 이후에는 유보비율을 변제비율로 적용하여 매월의 변제기에 그 해당금액을 변제한다.

미확정 개인회생채권이 전부 또는 일부 부존재하는 것으로 확정된 경우에는, 그 확정 직후에 존재하는 것으로 확정된 원금의 인용 비율에 그동안의 유보금액을 곱하여 산출된 금액을 당해 개인회생채권자에게 일시에 변제한다. 유보금액 중, 미확정 개인회생채권의 일부가 존재하지 않는 것으로 됨에 따라 그 개인회생채권자에게 변제할 필요가 없게 된 나머지 유보금액은, 그 채권액 확정 직후 당해 채권자를 포함한 전체의 일반 개인회생채권자들에게 각 원금의 액수를 기준으로 안분하여 변제한다. 향후의 매월 입금액을 분배하는 기준이 될 변제비율은 위 확정 원금들 사이의 비율에 따라 새로 계산하여 정한다.

변제기간 종료시까지 미확정 개인회생채권이 미확정상태로 남는 경우도 생각해 볼 수 있는데, 이 때에는 최종변제기에 유보한 금액 전부를 당해 채권자를 제외한 일반개인회생채권자들에게 각 원금의 액수를 기준으로 안분하여 변제하면 될 것이다.

이러한 미확정채권의 확정에 따른 조치들은 변제계획에 미리 기재하여 둘 것이므로, 위와 같이 채권의 확정에 따라 변제예정액표가 달라지는 경우는 변제계획의 수정이 아니라 원래 예정하고 있던 변제계획을 그대로 수행하여 가는 것이지만, 그와 같은 내용으로 매월의 채권자별 배분액이 달라졌다는 점을 법원에 알리는 절차는 필요할 것이고, 따라서 회생위원은 [양식 55]에 따라서 변제예정액표 수정에 관한 보고를 하여야 한다.

한편 변제계획 인가 후 1년 6개월이 경과한 사건 중 미확정채권이 있을 경우에는 채권확정이 되었을 때 그 확정채권신고를 하도록 촉구하고, 변제기간 종료시까지 미확정상태인 경우 다른 확정 채권자에게 안분 변제할 예정이라는 점을 통지하기 위하여 회생위원은 해당 채권자에게 통지서를 발송하거나 전화, 팩시밀리 등으로 채권확정 신고를 하도록 하여야 한다(개인회생예규).

나. 별제권부 채권 중 미확정채권액 처리방법

1) 변제계획안의 기재방법

담보권자는 별제권자로서 우선변제권뿐만 아니라 경매신청권도 가지고 있으므로, 별제권자 자신 또는 제3자가 신청한 경매절차에서 우선변제를 받을 수 있다.

별제권자가 변제계획안의 작성 및 인가 이전에 별제권을 행사한 결과 별제권의 행사로 받을 수 없는 채권액이 이미 확정된 경우에는 일반적인 개인회생채권으로 보아 변제계획안에 기재하면 된다.

변제계획안의 작성 및 인가 시까지 별제권이 행사되지 않고 있는 경우에는 추후에 그 담보목적물의 환가액이 얼마가 될지를 변제계획안 작성 당시에 알 수 없으므로, 그 환가액으로 변제되지 못하고 변제계획상 개인회생채권으로서 변제대상이 되어야 할 채권액(흔히 '예정부족액'이라고 부른다)을 확정할 수 없다. 이 경우 담보목적물의 환가예상액(선순위 담보권이 있는 경우에는 그 환가예상액에서 선순위 담보채권액을 공제한 금액)이 별제권의 피담보채권액(또는 채권최고액)보다 적어 별제권의 예정부족액이 발생할 것으로 예상되는 경우에는 위 예정부족액에 해당하는 채권 부분을 미확정 개인회생채권의 기재방법에 따라 변제계획안에 기재할 필요가 있다. 반면, 담보목적물의 환가예상액이 별제권의 피담보채권액을 초과하는 경우에는 미확정채권으로서 변제액 중 일부를 할당하여 유보해 둘 필요는 없다.

그러나 환가예상액이라는 것은 어디까지나 예상액일 뿐이고 실제 환가시의 금액을 알 수는 없으므로, 위에서 본 바와 같이 별제권의 예정부족액의 현실화 가능성을 높게 예정함으로써 후일 변제계획의 수행이 불가능하게 되는 사태를 미연에 방지하는 것이 바람직하다. 따라서 서울회생법원에서는 예정부족액의 산정을 위한 담보물의 평가에 있어 담보물의 처분가치인 시가평균액의 70%를 적용하고 피담보채권액과 채권최고액의 금액을 고려하는 방법으로 되도록 별제권 예정부족액을 크게 산정하도록 하고 있다(제2장 제6절 4. 다. 5) 참조).[34]

34) 실무에서는 연식이 오래된 자동차나 환가가능성이 낮은 기계 등에 대하여는 '별제권 행사 등으로 변제가 예상되는 채권액'을 산정함에 있어서 시가의 50% 이하로 반영하거나, 전혀 반영하지 않기도 한다. 주석 채무자회생법(VI)(제1판), 한국사법행정학회(2020), 452면 각주 50(김범준).

즉 별제권 예정부족액은 원칙적으로 담보물이 경매절차 등을 거쳐서 환가될 경우를 대비하는 것이므로 담보물의 매각가율을 70%로 가정하고 채권최고액과 피담보채권액 중 큰 금액에서 가정된 매각가율에 의하여 산정된 매각가를 공제하여 기재한다. 피담보채권액만큼을 공제하여 기재하는 것이 원칙적이기는 하나, 피담보채권액이 채권최고액보다 적더라도 향후 지연이자 등의 발생으로 채권최고액만큼은 우선해서 배당받을 수 있다는 점에서 채권최고액이 피담보채권액보다 현저히 크게 차이가 나지 않는다면 채권최고액을 공제하여 기재하도록 하고 있다.[35)

2) 채권확정 후 처리 방법

변제계획인가 이후 별제권자가 자신의 담보권을 실행하여 채권최고액 범위 내에서 변제에 충당한 후 변제받지 못하는 채권액이 존재하는 경우, 별제권자인 개인회생채권자는 법원에 채권확정신고를 하여 그 권리를 행사할 수 있다.[36) 서울회생법원 실무준칙에서는 개인회생채권자가 위 채권확정신고를 할 때 부동산등기사항증명서(담보물이 자동차인 경우에는 자동차등록원부), 배당표 및 확정채권액계산서를 첨부하도록 규정하고 있다.[37)

이와 같이 하여, 예정부족액을 유보하였다가 후에 별제권 실행 등으로 미확정 부분이 확정되는 경우의 처리방법은, 위 4.의 가.에서 본 일반적인 미확정채권 확정시의 처리방법에 따르면 된다. 다만 일반적인 미확정채권의 경우와 달리 별제권 행사의 결과 변제받을 수 없게 된 채권액이 미리 유보해 둔 금액을 초과하는 것으로 확정된 경우 그 초과부분을 변제계획안의 변경 절차를 통하여 변

---

35) 예를 들면 다음과 같다.
① 채권액 5천만 원, 채권최고액 6천만 원, 환가예상액 1억 원인 경우, 예상되는 매각가 7천만 원(1억 원×0.7)이 채권최고액 6천만 원보다 크므로 예정부족액은 0원이다(6천만 원-7천만 원).
② 채권액 5천만 원, 채권최고액 6천만 원, 환가예상액 8천만 원인 경우, 예상되는 매각가 5천6백만 원(8천만 원×0.7)이 현재의 채권액 5천만 원을 초과하지만, 향후 지연이자 등의 발생으로 채권최고액까지는 우선 배당받을 수 있고 그 차이도 크지 않으므로, 예상되는 매각가 5천6백만 원과 채권최고액 6천만 원의 차액인 4백만 원(6천만 원-5천6백만 원)을 예정부족액으로 본다.
③ 채권액 7천만 원, 채권최고액 6천만 원, 환가예상액 1억 원인 경우, 예상되는 매각가가 7천만 원(1억 원×0.7)이나 채권최고액 범위 내에서만 우선 배당될 것이므로, 채권액 7천만 원에서 채권최고액 6천만 원을 공제한 차액인 1천만 원(7천만 원-6천만 원)을 예정부족액으로 본다.
④ 채권액 7천만 원, 채권최고액 6천만 원, 환가예상액 8천만 원인 경우, 예상되는 매각가 5천6백만 원(8천만 원×0.7)은 채권최고액 6천만 원에 미치지 못하고, 또 채권액은 이미 채권최고액을 초과하였으므로, 채권액 7천만 원에서 예상되는 매각가 5천6백만 원을 공제한 1천4백만 원(7천만 원-5천6백만 원)을 예정부족액으로 본다.
36) '변제계획의 수정처리'(서울회생법원 실무준칙 제443호) 제2조 제1항.
37) '변제계획의 수정처리'(서울회생법원 실무준칙 제443호) 제2조 제2항.

제받을 수 있다. 그런데 예정된 변제기간 종료가 임박한 상황에서 미확정채권액을 초과한 금액으로 확정채권신고가 될 경우에는 그 초과부분에 관하여 이미 다른 채권자들에게 변제된 부분을 반환받아 뒤늦게 확정채권신고를 한 별제권부 채권자에게 지급하는 내용으로 변제계획 변경절차를 진행하여야 하는 현실적인 어려움이 존재한다. 이와 관련하여 1회 변제기부터 소급하여 변제계획 변경절차를 진행하여야 한다는 견해, 담보권 실행을 게을리한 점을 고려하여 미확정 개인회생채권액을 그대로 확정채권액으로 보아야 한다는 견해, 확정채권 신고를 한 시점을 기준으로 그 이후의 변제기간 동안에 대하여만 신고한 확정채권액을 반영한 변제계획 수정결정을 하여야 한다는 견해가 있을 수 있다. 원칙적으로 초과신고된 부분을 반영하는 변제계획 변경절차를 거쳐야 할 것이고, 이러한 현실적인 어려움을 차단하기 위하여 서울회생법원에서는 연식이 오래된 자동차 등에 대하여는 '별제권 행사 등으로 변제가 예상되는 채권액'을 산정함에 있어 환가예상액의 50% 이하를 반영하거나 전혀 반영하지 않는 등의 방법을 실무상 고려하고 있다.

다. 임차보증금반환채권에 있어서의 미확정채권액 처리방법

1) 개   요

임차보증금 반환채권은 그 종료시에 공제될 월차임이 있거나 상계될 손해배상채권이 있는 경우가 흔히 있어서, 미확정채권의 하나로 취급하여야 하는데, 이 채권 중에는 대항요건 및 확정일자를 모두 갖추고 선순위 담보권이 없는 채권(경매시에도 대항력이 있으며, 우선변제권도 있음)이 있는가 하면, 대항요건 및 확정일자를 갖추었으나 선순위담보권이 있는 채권(제3자에게 임의매각될 때에는 대항력이 있으나 경매로 환가될 경우에는 대항력이 없음. 우선변제권은 있음), 대항요건은 갖추었으나 확정일자는 없는 채권(선순위담보권 유무 및 임의매각인지 경매인지에 따라 대항력 유무는 달라지며, 우선변제권은 없음), 대항요건도 갖추지 못한 채권 등의 다양한 종류가 있다.

2) 대항요건을 갖추지 못한 임차보증금 반환채권

서울회생법원에서는, 임차보증금 반환채권 중 대항요건조차 갖추지 못한 경우는 일반의 미확정 개인회생채권과 달리 취급하지 않고 있다. 즉 경매나 제3자에 대한 임의매각의 경우에 대항력이나 우선변제권이 없으므로 전액을 변제받지 못하는 것은 물론이고, 인가 후 그 임대차목적물이 제3자에게 재임대되는 경우에도 신임차인이 채무자에게 지급하는 임차보증금으로부터 우선하여 변제를 받지 못하는 것으로 본다. 다만 채무자의 임차보증금 반환의무와 임차인의 명도의무가 동시이행관계에 있고, 면책결정이 내려질 때까지 권리변경의 효력이 없으므로, 임차인이 권리변경의 효력이 생기기 전까지는 전액의 반환을 주장하면서 명도를 하지 않는 문제는 있을 수 있다.

3) 대항요건을 갖춘 임차보증금 반환채권

가) 목적물이 경매되는 경우

① 대항요건과 확정일자를 갖추고 선순위 담보권이 없는 임차인의 임차보증금 반환채권은 배당절차에서 전액변제되거나 임대차관계가 매수인에게 승계되어 채무자와의 관계에서 소멸될 것이므로(임차인이 배당절차에 참가하지 않고 대항력을 행사하거나 일부 금액을 변제받지 못하는 경우), 이러한 경우에 대해서는 가용소득 및 재산처분에 의한 변제의 대상에서 제외하고 별제권자와 마찬가지로 취급하는 것이 가능하다.

② 대항요건과 확정일자를 갖추었으나 선순위 담보권이 있는 임차인은 순위에 따라 변제받게 될 것이고, 변제받지 못한 부분은 매수인에게 대항할 수 없으므로 채무자에 대한 관계에서 일반 개인회생채권으로 참가하게 되고, 이 경우에는 별제권에 관한 예정부족액의 처리방법과 마찬가지로 처리하면 된다.

③ 대항요건을 갖추었으나 확정일자는 없고 선순위 담보권이 없는 임차보증금 반환채권 역시, 매수인에게 대항하여 임대차관계가 매수인에게 승계되고 채무자와의 관계에서 임차보증금 반환채권은 소멸되므로, 가용소득 및 재산처분에 의한 변제의 대상에서 제외하면 된다.

④ 대항요건을 갖추었으나 확정일자는 없고 선순위 담보권이 있는 임차보증금 반환채권은 소액임차보증금 중 일정 금액 외의 부분은 대항요건을 갖추지 못한 경우와 동일하게 취급될 것이다.

나) 목적물이 제3자에게 임의매각되는 경우

대항요건을 갖춘 임대차의 목적물이 제3자에게 임의매각의 방법으로 처분되는 경우에는, 확정일자를 갖추었느냐와 상관없이 임차인이 매수인에게 대항할 수 있기 때문에, 임대차관계가 매수인에게 승계되고 채무자의 보증금반환채무는 소멸될 것이므로(실제로는 임차보증금만큼 매도대금에서 공제되어 처리될 것임), 이러한 처분의 경우에 대해서는 가용소득 및 재산처분에 의한 변제의 대상에서 제외하고, 별제권 행사로 전액을 변제받을 수 있는 별제권자와 마찬가지로 취급하면 된다.

다) 목적물이 제3자에게 재임대되는 경우   대항요건을 갖춘 임대차에 있
어서, 새로 임차하는 제3자에게도(이 제3자의 대항요건·확정일자 구비 등으로 인하
여) 일정한 우선변제가 예상되어 제3자에 대한 재임대가 이루어질 수 있는 경우
에, 이때 재임대로 받게 되는 새로운 임차보증금으로써 개인회생채권자인 종전
임차인에게 전액 변제를 할 수 있는지는 특히 문제이다. 새로운 임차보증금은
채무자가 새로 취득한 재산으로서 전체 개인회생채권자에게 균등분배하여야 한
다고 보는 견해도 있을 수 있다. 그러나 대항요건을 갖추고 있는 임차인의 경우
에는 민사실체법 및 집행법의 절차상 그 임대차목적물의 교환가치의 일정부분을
파악하고 있다고 관념되어서 일정한 보호를 받는 것이 통상적인데다가, 채무자
가 새로운 재원을 마련하여야 하는 것이 아니라 신임차인으로부터 받는 임차보
증금으로써 종전의 임차인에게 지급을 하는 것이어서 변제계획의 수행에 아무런
지장을 초래하지 않으므로, 이런 경우에 재임대로 받는 임차보증금으로써 채무
자인 임차인의 보증금반환채권을 변제한다는 내용의 변제계획 조항을 기재하는
것은 무방하다고 볼 것이다.

4) 개인회생채권자목록 및 변제계획에서의 구체적 기재방법

대항요건과 확정일자를 갖춘 임차보증금 반환채권, 대항요건을 갖춘 소액임
차보증금 중 일정 금액은 우선변제권이 있으므로, 위에서 본 바와 같이 별제권
에 준하여 취급하는 것이 가능하다.[38] 따라서 이러한 채권은 개인회생채권자목
록 [양식 4-1]의 부속서류 1에 기재하고, 변제계획안에서도 "별제권부 채권 및
이에 준하는 채권의 처리" 항목에서 함께 변제방법을 적어주는 것이 바람직할
것이다.

대항요건을 갖추었으나 확정일자가 없는 임차보증금 반환채권에 관해서는,
현재의 변제계획안 양식 내에 그에 해당하는 항목이 만들어져 있지 않으므로,
변제계획안의 끝에 별도 항목으로 기재하여 두어야 할 것인데, 전액을 유보하는
방식으로 변제계획을 작성하여야 할 것이다(선순위 담보권이 없는 경우이더라도, 목

---

38) 대법원 2017. 1. 12. 선고 2014다32014 판결도 "주택임대차보호법상 대항요건 및 확정일자를
갖춘 주택임차인은 임차주택이 경매될 경우 그 환가대금에 대하여 우선변제권을 행사할 수 있
고, 이와 같은 우선변제권은 이른바 법정담보물권의 성격을 갖는 것으로서 임대차 성립 시의
임차 목적물인 임차주택의 가액을 기초로 주택임차인을 보호하고자 인정되는 것이다. 이에 상
응하여 구 개인채무자회생법 제46조 제1항(현행 법 제586조, 제415조 제1항)은 '주택임대차보호
법 제3조(대항력 등) 제1항의 규정에 의한 대항요건을 갖추고 임대차계약증서상의 확정일자를
받은 임차인은 개인회생재단에 속하는 주택(대지를 포함한다)의 환가대금에서 후순위권리자 그
밖의 채권자보다 우선하여 보증금을 변제받을 권리가 있다.'라고 규정함으로써 우선변제권 있는
주택임차인을 개인회생절차에서 별제권자에 준하여 보호하고 있다."고 판시한 바 있다.

적물이 변제계획기간 동안 처분되지 않는 경우에는 변제계획기간 만료 후의 처리를 위하여 전액이 유보되어야 할 것이다).

대항요건조차 갖추지 못한 임차보증금 반환채권은 현재의 변제계획안 양식 중 미확정채권에 대한 변제방법의 기재례로써 해결될 수 있다. 즉 미확정채권이므로 전액을 계좌에 유보하여 두되, 그 변제비율은 일반 회생채권과 같이 취급하면 될 것이다. 다만 임차보증금의 반환은 명도와 동시이행관계에 있으므로, [양식 5, 5-1~5-5]의 기재례와 같이 "미확정채권이 임차보증금 반환채권인 경우에는 임차보증금 반환액수가 확정되고 임차인이 임차목적물을 인도함과 동시에 변제한다"라는 조항을 두면 될 것이다.

라. 급여채권에 관한 전부명령이 있는 경우의 처리

1) 전부명령에 대한 규정

법 제616조는 전부명령에 대하여, 변제계획인가결정이 있는 때에는 채무자의 급료·연금·봉급·상여금, 그 밖에 이와 비슷한 성질을 가진 급여채권에 관하여 개인회생절차개시 전에 확정된 전부명령은 변제계획인가결정 후에 제공한 노무로 인한 부분에 대하여는 그 효력이 상실되고, 변제계획인가결정으로 인하여 전부채권자가 변제받지 못하게 되는 채권액은 개인회생채권으로 한다고 규정하여 전부명령의 효력을 제한하고 있다. 이는 채무자가 인가결정 이후로는 자신의 급여 전부를 수령하여 변제재원이 되는 가용소득을 확보할 수 있도록 함으로써 변제계획의 수행가능성을 높이기 위한 것이다.[39]

위 규정이 적용되기 위해서는 ① 피전부채권이 장래의 채무자의 급료·연금·봉급·상여금, 그 밖에 이와 비슷한 성질을 가진 급여채권이고, ② 유효한 전부명령이 개인회생절차개시 전에 확정되었을 것을 요한다.[40] 채권압류 및 전부명령이 확정되지 않은 상태에서 개인회생절차가 개시되고 변제계획이 인가된 경우에는 압류 및 전부명령이 효력이 발생하지 않게 되거나 그 효력이 상실되는데, 이는 법 제600조 제1항 및 제615조 제3항이 적용된 결과일 뿐 본조가 적용되어 실효되는 것이 아니다.[41]

---

39) 주석 채무자회생법(VI)(제1판), 한국사법행정학회(2020), 426면(김범준).

40) 채무자의 장래의 급여채권에 관하여 압류 및 전부명령이 확정된 이후에 다른 채권자의 위 급여채권에 대한 압류 및 전부명령이 다시 발하여져 확정된 경우에는 압류의 경합이 생기지 않고 각 전부명령은 모두 유효하므로(대법원 2004. 9. 23. 선고 2004다29354 판결 참조), 각 전부채권자가 아직 자신의 채권의 만족을 얻지 못한 상태에서 인가결정이 내려진다면 각 전부명령은 모두 실효된다.

2) 변제계획안의 기재방법

가) 가용소득

개인회생절차개시결정 전에 채무자의 장래 급여채권에 대하여 이미 유효한 전부명령이 발하여져 확정된 경우에는 전부명령의 대상이 된 부분을 제외한 나머지 급여채권이 아니라, 전부명령이 실효되는 것을 전제로 급여채권 전부가 가용소득 산정의 기준이 되어야 한다.[42]

나) 전부채권자의 채권

전부명령이 있을 경우 채무자로서는 변제계획이 인가되기 전까지는 전부채권자의 채권 중 개인회생채권으로 될 금액이 얼마인지 산정할 방법이 없다. 따라서 변제계획안에 전부채권자의 채권금액은 전부명령이 실효되는 것을 전제로 하여 개시신청 당시를 기준으로 한 금액을 미확정채권으로 기재하고 이를 기준으로 변제액을 산정하여 유보하되 변제계획안의 인가결정이 있으면, 확정된 금액을 산정하여 앞에서 본 미확정채권과 같이 변제하는 방법으로 변제계획안에 반영하면 될 것이다. 이 경우 미확정채권의 확정은 전부채권자가 전부된 금액을 수령한 내역을 법원에 신고하거나 채무자가 그 내역이 산출된 자료를 제출함으로써 이루어질 것이다. 실무에서 사용되는 정형화된 변제계획안 양식의 경우 미확정채권의 조속한 확정을 위하여 변제계획안 중 '기타사항'란에 전부채권자의 채권액을 확인할 수 있는 자료 및 수정된 변제예정액표를 채무자가 제출해야 한다는 취지를 기재하고 있다.[43]

채무자의 제3 채무자에 대한 급료채권에 관하여 내려진 전부명령이 확정이 되지 아니하여 아직 효력이 없는 상태에서, 채무자에 대하여 개인회생절차가 개시되고 이를 이유로 위 전부명령에 대하여 즉시항고가 제기되었다면, 항고법원은 다른 이유로 전부명령을 취소하는 경우를 제외하고는 항고에 관한 재판을 정

---

41) 주석 채무자회생법(Ⅵ)(제1판), 한국사법행정학회(2020), 523, 524면(김범준).

42) 주석 채무자회생법(Ⅵ)(제1판), 한국사법행정학회(2020), 523, 459면(김범준).

43) 일반적으로 '기타사항'란에 다음과 같이 기재한다[회생위원 직무 편람(제4판), 사법발전재단 (2020), 160면].

[전부명령의 실효] ① 제2번 채권자의 ○○법원 2020타채○○○ 채권압류 및 전부명령은 변제계획인가결정이 있는 때 효력을 상실한다. 위 채권의 금액은 개시신청 당시를 기준으로 한 금액으로 변제액을 산정하여 미확정채권으로 유보하되 변제계획안의 인가결정이 있으면, 확정된 금액을 산정하여 제7항(미확정 개인회생채권에 대한 조치) 나. (2) 기재와 같은 방법으로 변제한다. ② 채무자는 인가결정 후 지체 없이 법원에 개시신청 당시를 기준으로 한 전부채권자의 채권액에서, 인가결정 시까지 전부명령에 기하여 변제충당된 금원을 공제한 잔액을 산정한 전부채권자의 개인회생채권 계산서와 함께 확정액을 토대로 산정한 변제예정액표를 제출한다.

지하였다가($^{민사집행법 \ 제229조}_{제8항 \ 참조}$) 변제계획이 인가된 경우 전부명령의 효력이 발생하지 않게 되었음을 이유로 전부명령을 취소하고 전부명령신청을 기각하면 된다.[44]

　　다) 변제기간

　　전부명령이 확정된 경우에는 채무자의 급여가 채무자가 아닌 전부채권자에게 지급되기 때문에 변제개시일을 인가결정 이후의 날짜로 기재하여야 한다.

마. 주채무자 소유물에 근저당권이 설정되어 있는 경우 보증채무의 처리

　　개인회생채무가 보증채무 내지 연대보증채무라도 확정된 일반 개인회생채무와 동일하게 취급하여야 한다($^{법 \ 제581조,}_{제428조, \ 제429조}$). 다만 주채무자의 채무를 담보하기 위하여 주채무자의 소유물에 근저당권이 설정되어 있고 채무자가 그 채무를 연대보증하는 경우, 채권전액을 기준으로 변제예정액을 산출하되, 유보 없이 변제액을 지급하기보다는 담보권실행절차에서의 배당시까지 변제를 유보하여 둘 필요가 있다. 배당이 이루어지는 시점에서 그때까지 유보된 변제예정액이 담보권실행절차에서의 변제 부족액에 미달하는지, 초과하는지 여부를 살펴 미달할 경우 유보액 전부를 지급하고 초과할 경우 유보액 중 변제 부족액 상당액만을 지급하는 것이 절차 진행의 편의상 더 바람직하기 때문이다. 따라서 이러한 경우 채권 전액을 미확정채권으로 기재하고, 월 변제예정액을 회생위원의 계좌에 적립해 나가되 변제는 담보권실행절차에서의 배당 시까지 유보해 두는 것으로 하고, 이후에 채권자가 담보권의 행사로써 채권의 일부에 대하여 변제 받지 못한 금액을 확정채권으로 신고하면, 그 유보액을 일시에 변제하고 남은 금액을 다른 채권자들에게 안분 변제하는 것으로 변제계획안을 작성하여야 할 것이다.

제 3 절　가용소득 · 변제금액의 결정

1. 채무자의 변제재원

　　개인회생절차의 변제절차는 개인회생재단이라고 불리는 변제재원을 가지고 이루어진다. 개인회생재단은 ① "개인회생절차개시결정 당시 채무자가 가진 모

---

44) 대법원 2008. 1. 31.자 2007마1679 결정, 대법원 2014. 1. 17.자 2013마2252 결정, 대법원 2017. 10. 12.자 2016마999 결정 등 참조.

든 재산과 채무자가 개인회생절차개시결정 전에 생긴 원인으로 장래에 행사할 청구권" 및 ② "개인회생절차 진행 중에 채무자가 취득한 재산 및 소득"으로 구성된다(^{법 제580조、}^{제1항}).

개인회생절차가 파산절차와 크게 대비되는 점 중의 하나가 바로 위 ②항의 재산 및 소득도 변제재원으로 삼을 수 있다는 점인데, 대부분의 개인회생절차는 그 중에서 "채무자가 장래에 취득하는 소득"이 주요 변제재원이 된다.

즉, 개인회생절차에서는 채무자가 장래에 버는 급여소득 및 영업소득에서 각종 제세공과금과 채무자 및 피부양자의 생계비, 채무자가 영업에 종사하는 경우에 그 영업의 경영, 보존 및 계속을 위하여 필요한 비용을 공제한 금액, 즉 가용소득이 결국 채무자가 개인회생채권자들에게 제공하는 변제금액의 최대한이 되는 것이다. 채무자가 위와 같이 가용소득의 전부를 제공하는 한 채무자는 인가요건의 거의 대부분을 충족시키게 된다.

다만 채무자가 변제계획안 인가 당시 일정 규모의 재산을 가지고 있고, 그 재산이 경매되어 채권자에게 분배될 금액 즉 청산가치가, 채무자가 장래에 변제에 제공하기로 한 위 가용소득보다 큰 경우에는, 채무자는 당해 재산도 일부를 변제에 제공하여야 한다. 왜냐하면, 개인회생채권자들의 입장에서는 채무자를 파산시켜 파산절차에서 받을 수 있는 변제금액보다 개인회생절차에서 변제받는 금액이 적다면, 개인회생절차를 유지시킬 이익이 없기 때문이다. 따라서 위와 같은 경우 채무자로서는 청산가치를 상회하는 변제금액을 개인회생채권자에게 보장하기 위하여 재산의 전부 또는 일부를 변제에 제공하여야 한다.

2. 가용소득의 산정의 일반론

가. 가용소득의 의의

가용소득은 채무자가 변제기간 동안 계속적이고 반복적으로 수령할 수 있는 소득에서 각종 제세공과금과 채무자 및 피부양자의 생활에 필요한 생계비, 채무자가 영업에 종사하는 경우에 그 영업의 경영, 보존 및 계속을 위하여 필요한 비용을 공제한 나머지 소득을 뜻한다. 채무자는 변제기간 동안 버는 소득으로 각종 제세공과금을 납부하고 채무자 및 피부양자를 위하여 일정한 비용을 지출할 수밖에 없는데, 개인회생절차에서는 바로 위와 같은 각종 제세공과금, 생계비 및 영업비용을 공제한 나머지 소득을 "가용소득"이라고 지칭하면서 이를 가지고 개인회생채권자 등을 위한 채무의 변제에 사용하도록 하고 있다.

나. 가용소득이 수행하는 기능

1) 개인회생채권자의 채권만족 보장

변제계획에 대하여 개인회생채권자 또는 회생위원이 이의를 제기할 경우에는 채무자는 변제기간 동안 수령할 수 있는 가용소득의 전부를 변제계획에 따른 변제에 제공하지 아니하면 인가요건을 충족시킬 수 없으므로(법 제614조 제2항 제2호), 가용소득은 결국 개인회생채권자들의 채권만족을 보장하는 중요한 기능을 수행하게 된다.

2) 채무자의 갱생보장

한편 채무자의 입장에서는 가용소득의 전부를 투입하면 개인회생채권자들의 동의 없이도 변제계획을 인가받을 수 있게 되므로, 개인회생채권자들의 무리한 요구에 응할 필요 없이 자신의 능력 한도 내에서 변제를 해나가는 한편 정상적인 생계를 유지해 나갈 수 있다는 측면에서 채무자를 위한 갱생보장적 의미도 갖고 있다.

다. 가용소득 산정시 고려 요소

법 제579조 제4호는 가용소득을 다음 ①호의 금액에서 ② 내지 ④호의 금액을 공제한 나머지 금액으로 정의하고 있다.

① 채무자가 수령하는 근로소득·연금소득·부동산임대소득·사업소득·농업소득·임업소득, 그 밖에 합리적으로 예상되는 모든 종류의 소득의 합계 금액

② 소득세·주민세 균등분·개인지방소득세·건강보험료, 그 밖에 이에 준하는 것으로서 대통령령이 정하는 금액

③ 채무자 및 그 피부양자의 인간다운 생활을 유지하기 위하여 필요한 생계비로서, 국민기초생활보장법 제6조의 규정에 따라 공표된 최저생계비, 채무자 및 그 피부양자의 연령, 피부양자의 수, 거주지역, 물가상황, 그 밖에 필요한 사항을 종합적으로 고려하여 법원이 정하는 금액

④ 채무자가 영업에 종사하는 경우에 그 영업의 경영, 보존 및 계속을 위하여 필요한 비용

3. 총소득의 산정

가용소득을 산정함에 있어서는 먼저 채무자의 소득이 확정되어야 한다. 채무자의 소득을 어떻게 산정하느냐의 문제는 개별 사건 및 채무자에 따라 달라질 수밖에 없어 이를 일률적으로 단정하기는 어려우나, 개인회생절차의 간이·신속을 위하여 일응의 소득 산정기준을 제시하면 다음과 같다.

가. 급여소득자의 경우

1) 1년간 평균소득

원칙적으로 소득은 최근 1년간 소득을 평균하여 결정한다. 이를 위해서는 그 소명자료로서 최근 1년간 근로소득세 원천징수영수증을 제출하여야 한다. 다만 근로소득원천징수영수증은 전년도의 것을 발급받게 되므로, 당해 연도의 소득을 소명하기 위해서는 사업주가 발급하는 근로소득원천징수확인서를 제출하여야 한다.

2) 소득 변경의 경우

최근 1년간 직장의 변동이 있는 경우에는 직장 변동 이후의 실제 소득액을 평균한 월평균 소득을 기초로 하여 소득을 산정한다(개인회생예규 제7조 제1항). 중간에 무직기간이 있는 경우도 마찬가지이다.

3) 영업소득자에서 급여소득자로 전업한 경우

최근 1년 사이에 영업소득자에서 급여소득자로 전업한 경우에는 원칙적으로 영업을 영위하여 벌었던 소득은 급여소득 산정시 반영하지 아니한다. 이 경우 재직기간이 1년에 미달하여도 무방하다.

나. 영업소득자의 경우

1) 최근 1년간 소득신고서 및 사업자등록증의 제출

영업소득자의 경우에는 사업자등록증을 제출하여야 한다. 소규모 농업종사자 등 통상적으로 사업자등록을 하지 않는 직종에 종사하는 사람의 경우에는 예외이다. 그리고 소득을 증명하는 자료로는 부가가치세 과세표준증명, 매출처(매입처)별세금계산서 합계표, 신용카드 매출전표 발행금액 등 집계표, 손익계산서 등을 제출하여야 한다.

2) 기타 자료에 의한 비교 산정

원칙적으로 채무자가 제출한 위 1)에서 본 자료 또는 영업장부 등을 기준으로 평균소득을 산정할 것이나, 그 내용이 부실하거나 소명자료가 불충분한 경우에는 고용형태별근로실태조사 보고서상의 통계소득, 동일 직종의 다른 사례의 경우 영업소득, 채무자가 제출한 소득진술서, 인우보증서 등을 참고로 하여 판단하여야 할 것이다.

3) 급여소득자에서 영업소득자로 전업한 경우

최근 1년 사이에 급여소득자에서 영업소득자로 전업한 경우에는 원칙적으로 급여소득은 영업소득 산정시 반영하지 않는다.

다. 장래 소득의 증가를 반영할 것인지 여부

장차 소득이 증가할 것을 전제로 하여 일정 폭의 소득증가를 반영하여 변제계획을 작성하여야 하는가에 관하여 의견의 대립이 있을 수 있으나, 원칙적으로 장래의 소득 증가를 고려할 필요가 없다. 장래 소득 증가액의 정확한 추정이 어려울 뿐만 아니라, 장래 소득의 증가를 고려하면 각종 물가인상률과 생계비의 증가비율 등도 함께 추정하여야 하는 문제가 발생하는바, 이는 사실상 불가능한 것을 요구하는 것에 다름 아니고, 위와 같이 불확실한 추정치를 가지고 변제계획을 작성한다면 변제계획의 실패로 귀착될 확률이 많을 것이기 때문이다. 결국 "장래소득의 증가"는 "각종 물가인상률 및 생계비 증가율"과 상쇄된다고 보고 이는 원칙적으로 고려대상에 넣지 않는다.

다만 변제계획 기간 동안 원래 소득의 규모에 비하여 현저한 소득증가가 현실화되어 나타나고 그것이 변제계획에 전제되었던 기본 틀을 흔들 만큼 큰 경우에는, 변제계획의 변경절차를 통하여 현저한 소득증가를 반영할 길은 열려 있다(소득증가로 인한 계획변경에 관하여는 제7장 제1절 3. 참조).

라. 기타 문제되는 경우

1) 소득에 대한 자료가 부실한 경우

회생위원이 면담시에 채무자가 객관적인 소득 자료를 제출하지 못하고 있고 채무자가 제출한 수입 및 지출에 관한 목록의 수입의 신빙성에 상당한 의심이 가는 경우에 대하여는, 채무자로 하여금 수입상황보고서를 제출하도록 하되 그 보고서에 허위의 내용을 기재할 경우 보고와 검사 거절의 죄(^{법 제649조}_{제5호})로 처벌받을 수 있음을 경고하는 등으로 소득의 진실성을 담보하기 위한 노력을 기울일 필요가 있다.

2) 수증소득이나 보험금소득

수증소득(受贈所得)이나 보험금소득(保險金所得) 등 예외적인 소득이 있는 경우에, 이것을 소득으로 인정할 것인지 여부가 문제될 수 있는데, 이는 계속적·반복적 소득인지 여부에 따라 달라진다. 일정한 계약관계에 기하여 매달 또는 정기적으로 지급되는 보험금과 같은 경우에는 계속적·반복적 소득으로 인정할 수 있을 것이므로, 법에서 말하는 "소득"에 포함될 수 있다.

4. 영업소득자의 영업비용

가. 영업비용의 공제

채무자가 영업에 종사하는 경우에 가용소득을 산정하려면 영업소득에서 제세공과금, 채무자 및 피부양자의 생계비뿐만 아니라 그 영업의 경영, 보존 및 계속을 위하여 필요한 비용을 공제하여야 한다. 영업의 경영, 보존 및 계속을 위하여 필요한 비용이라 함은 영업소득자인 채무자가 그 영업을 유지하기 위하여 필요불가결하게 지출하여야 하는 인건비, 영업비, 판매관리비 등을 말한다. 다만 차입금에 대한 이자와 같은 금융비용은 개인회생채권이 되어 개인회생절차에 의하여 변제하여야 하므로 영업비용으로 인정하여 공제하여서는 안 된다.

나. 배우자와 대체인건비 공제 문제

배우자와 함께 영업소득을 얻고 있는 경우에는(가령 소규모 점포를 함께 운영하는 사례), 소득의 액수를 산정함에 있어서, 채무자의 영업소득에서 배우자의 대체인건비 등을 공제한 후 산정하여야 하는지에 관하여 의문이 있을 수 있다.

소규모 점포와 같은 경우에는 특별한 사정이 없는 한 배우자에 대한 대체인건비 공제는 인정하지 아니한다. 채무자의 과다 부채를 재조정하여 갱생을 도모하는 개인회생절차에서 채무자의 갱생은 곧 전체 가정의 갱생으로 이어져 채무자의 배우자도 그 수혜자가 될 뿐만 아니라, 배우자의 생계비 자체도 채무자의 가용소득을 산정할 때 공제되는 항목에 포함되므로 배우자의 대체인건비를 영업비용으로 공제하여 소득을 산정하는 것은 부당하기 때문이다.

그러나 배우자가 별도의 수입이 있다는 이유로 그에 관한 생계비를 인정하지 않을 경우에는 배우자의 대체인건비를 영업비용으로 공제하는 것이 적절하다.

5. 생계비의 산정

가. 일반적 고려 원칙

산정된 소득에서 각종 제세공과금과 채무자 및 그 피부양자의 생계비, 영업비용을 공제하게 되면, 개인회생절차의 변제재원이 되는 가용소득이 된다. 생계비를 어떠한 방식으로 얼마만큼을 공제하는가 여부에 따라, 한편으로는 개인회생채권자들에게 돌아가는 분배의 몫이 달라지는 것은 물론이고, 또 한편으로는 채무자 및 그 피부양자의 생활수준이 크게 달라진다.

따라서 생계비의 규모를 산정함에 있어서는 항상 위 두 가지 측면을 모두 염두에 두고 산정하여야 할 것이다. 특히 법에 의하면, 변제계획기간은 변제개시일부터 최장 3년 내지 5년의 기간에 달하므로(법 제611조 제5항), 지나치게 생계비를 과소하게 산정하면 채무자의 기본 생활유지가 어렵게 될 것이다. 뿐만 아니라 우리나라의 경제상황에 비추어보면 매년 일정 비율의 물가상승이 불가피한데, 변제계획안 작성 당시의 생계비만을 가지고 장기간 내핍생활을 하도록 하는 것은 거의 불가능하기 때문에, 생계비 산정은 매우 어려운 문제가 될 수밖에 없고, 이점에 있어서 생계비 산정의 문제는 넓게는 변제기간을 얼마의 기간으로 할 것인지와도 깊은 관련이 있다.

나. 구체적 고려사항

생계비를 산정함에 있어서 채무자 및 그 피부양자의 인간다운 생활을 유지하기 위하여 필요한 생계비로서, 법은 국민기초생활 보장법 제6조의 규정에 따라 공표된 최저생계비, 채무자 및 그 피부양자의 연령, 피부양자의 수, 거주지역, 물가상황, 그 밖에 필요한 사항을 종합적으로 고려하도록 규정하고 있다(법 제579조 제4호).

그런데 국민기초생활 보장법은 기초생활보장제도의 효율성을 제고하고 맞춤형 빈곤정책으로의 전환에 따른 지원대상 확대를 위하여, 2014. 12. 30. 법률 제12933호 개정을 통하여 최저생계비 대신 '기준 중위소득'[45]의 개념을 도입하였

---

45) '기준 중위소득'이란 국민 총 가구의 소득을 조사하여 배열한 다음 그 '중위값'을 선정하여 산

는데,[46] 이에 따라 현재 개인회생절차에서도 중위소득을 기준으로 원칙적인 생계비를 산정하고 있다. 법 제579조 제4호 다목의 금액에 관하여 개인회생예규 제7조 제2항도 "국민기초생활 보장법 제6조의 규정에 따라 공표된 개인회생절차 개시신청 당시의 '기준 중위소득'에 100분의 60을 곱한 금액으로 산정하는 것을 원칙으로 하되, 특별한 사정이 있는 경우에는 적절히 증감할 수 있다."고 규정하고 있다.

따라서, 현재 법 제579조 제4호 다목에는 여전히 '국민기초생활 보장법 제6조의 규정에 따라 공표된 최저생계비'라고 규정되어 있으나, 이는 개정된 국민기초생활 보장법을 아직 반영하지 않은 것으로 보인다. 물론 그 금액에 있어 '최저생계비의 1.5배'와 '기준 중위소득의 60%'가 거의 동일하므로, 현행 법과 개인회생예규는 사실상 동일한 기준을 채택하고 있다고 보아도 무방하기는 하나, 다만 용어 사용이 일치되지 못하는 불편함이 있으므로 조속한 시일 내에 법 개정이 필요하다.

이하에서는 위 법 제579조 제4호 각목을 개별적으로 살핀다.

1) 국민기초생활보장법 제6조의 규정에 따라 공표된 기준 중위소득의 60%

가) 기본 취지   개인회생절차에서 인정되는 생계비는, 채무자가 과거에 자신의 수입한도를 초과하면서 누렸던 생활수준을 유지하기 위하여 필요한 비용을 말하는 것이 아니다. 개인회생절차에 들어온 채무자는 자신이 그동안에 유지하였던 소비수준을 억제하여 보다 검소한 생활을 할 필요가 있다. 법 제579조 제4호에서 생계비 산정의 기준으로, 국민기초생활보장법 제6조의 규정에 따라 공표된 최저생계비(개인회생예규에 따르면 '기준 중위소득의 60%')를 적시한 것도 위와 같은 취지인 것이다.

나) 공표시기 및 최근 액수   국민기초생활보장법 제6조의 '기준 중위소득'은 보건복지부장관이 결정하는데, 매년 8월 1일까지 중앙생활보장위원회의 심의·의결을 거쳐 다음 연도의 기준 중위소득을 공표한다. 그 수치는 보건복지부 홈페이지(http://www.mohw.go.kr)에 공표되어 있으므로, 변경되는 수치도 여기서 확인할

출하는데, 이는 중앙생활보장위원회의 심의·의결을 거쳐 고시된다(국민기초생활 보장법 제2조 제11호, 제6조의2 참조).

46) 국민기초생활 보장법은 2014. 12. 30. 법률 제12933호로 개정되기 전에 제2조 제6호에서 "최저생계비"를 '제6조에 따라 보건복지부장관이 공표하는 금액'으로 규정하고 있었으나, 개정된 국민기초생활 보장법에는 제2조 제7호에서 "최저생계비"를 제6조에 따라 공표하는 것이 아니라 '제20조의2 제4항에 따라 보건복지부장관이 계측하는 금액'으로 규정하고 있고, 제6조에 따라 공표하는 것은 "급여의 종류별 수급자 선정기준 및 최저보장수준"(기준 중위소득)이다.

수 있다. 참고로 2022년 기준 중위소득 및 그 60% 금액은 아래 표와 같다.[47]

[2022년 기준중위소득 및 그 60%]

구 분	1인가구	2인가구	3인가구	4인가구	5인가구	6인가구	7인가구
금액(원/월)	1,944,812	3,260,085	4,194,701	5,121,080	6,024,515	6,907,004	7,780,592
60%(원/월)	1,166,887	1,956,051	2,516,821	3,072,648	3,614,709	4,144,202	4,668,355

2) 피부양자의 연령 및 수

가) 피부양자 산정의 기준　　　국민기초생활보장법상의 기준 중위소득 및 이에 기초한 개인회생절차에서의 생계비는 피부양자의 연령 및 수에 따라 달라지므로, 피부양자의 수를 어떻게 산정할 것인지는 생계비 산정에 있어서 중요한 요소이다.

피부양자 판정에 관하여, 서울회생법원이 채택하고 있던 종래의 기준은 아래와 같다. ① 부양가족의 범위는 직계존속(배우자의 직계존속도 포함), 직계비속, 형제자매로 하되, 이들은 원칙적으로 주민등록상 상당기간 동거하면서 생계를 같이 하여야 한다. 다만 직계 존비속의 경우 별거하더라도 채무자가 부양하고 있다고 주장하고, 그에 대한 입증을 하면 받아들일 수 있는데, 그 입증의 정도는 개별 재판부의 판단사항이다. ② 위 범위 내에서도 부양가족이 되려면, 19세 미만(즉 미성년자), 60세 이상(일용노동의 가동연한[48] 기준)이어야 한다. 다만 자력으로 생계유지가 불가능한 장애인의 경우는 연령의 제한이 없다. ③ 가족구성원 중 1인 기준 중위소득의 60% 이상의 수입이 있는 사람은 부양가족 수에서 제외한다.

위와 같은 기준에 따라 기존 실무는 배우자를 부양가족으로 인정하는 것에 소극적이었으나, 서울회생법원은 2020. 11. 23. '생계비의 산정 기준'(서울회생법원 실무준칙 제405호)을 제정하여, 생계비를 산정함에 있어 경제활동이 가능한 연령대인 채무자의 배우자도 제반 사정을 고려하여 상당하다고 인정되면 채무자의 부양가족으로 볼 수 있다고 정하였다. 그리고 이에 관한 구체적인 기준과 추가 생계비로 인정할 주거비, 의료비 및 미성년 자녀에 대한 교육비의 합리적인 범위를 정하기 위하여 서울회생법원에 생계비 검토 위원회[49]를 두고 매년 1회 정

---

47) 8인 이상 가구의 기준 중위소득: 1인 증가시마다 873,588원씩 증가(8인 가구: 8,654,180원).

48) 다만 최근 고령화 등으로 일용노동의 가동연한 증가에 대한 논의가 있으므로 향후 위 기준에 대하여도 검토가 필요할 것이다.

49) 위원장을 포함하여 6인 이상 9인 이하의 위원으로 구성되되, 위원에는 개인회생 담당 판사, 개인회생과장, 회생위원, 법원외부인으로서 개인도산절차에 관하여 학식 또는 경험을 갖춘 사람이 포함되어야 한다['생계비의 산정 기준'(서울회생법원 실무준칙 제405호) 제4조 참조]. 이에 따

기회의를 소집하여 의결 내용을 서울회생법원 홈페이지에 게시하는 방법으로 공표하도록 하였다. 이에 따라 구성된 생계비 검토 위원회는 2021. 1. 25. 정기회의를 개최하여 아래와 같이 의결하였다.

"채무자의 배우자가 경제활동이 가능한 연령대라고 하더라도, 다음 ①과 ②의 요건을 모두 충족하는 경우와 같이 실제로 채무자가 배우자를 부양하여 왔다고 볼 수 있다면 해당 배우자를 부양가족으로 인정할 수 있다. ① 미성년인 자녀 또는 장애인 등 보살핌이 필요한 다른 부양가족이 있는 때, ② 과거 1년간 배우자의 소득이 없거나 소득금액의 합계액이 100만 원 이하(근로소득만 있는 경우에는 총급여액 500만 원 이하)인 때."[50]

나) 동거가족 중 독립수입을 가진 자가 있는 경우   독립수입[51]을 가진 동거가족이 있을 때 나머지 가족구성원 전원이 모두 신청채무자의 피부양자인지는 문제인데, 가령 신청채무자의 동거가족으로 처와 미성년 자녀 2인이 있고, 처는 독립수입을 가지고 있는 경우, 자녀 2인이 모두 피부양자인지, 즉 이 가족의 생계비는 3인 가족을 기준으로 하여 산정하여야 하는지의 문제이다. 서울회생법원에서는 이러한 경우에, 신청채무자의 소득액과 다른 수입원의 소득액을 비교하여 어느 쪽이 가족의 주수입원인지를 고려하여 판단하기로 하면서, 다른 가족구성원의 소득이(또는 소득합계가) 신청채무자 소득의 70~130% 범위 내에 있으면 주수입원과 부수입원의 구별이 곤란하다고 보아서 균등분담시키고 있다. 즉 "신청채무자의 소득액(a)"과 "그 외 소득 있는 가족구성원의 소득합계액(b)"을 비교하여, (b)가 (a)의 70% 미만이면 소득 없는 나머지 가족구성원들을 신청채무자의 피부양자로 보고, (b)가 (a)의 70%~130%이면 소득 없는 나머지 가족구성원 중 절반을 신청채무자의 피부양자라고 보며[다만 소득 없는 나머지 가족구성원의 수가 홀수이면, 가령 1인이면 신청채무자에게 공제할 생계비는 (본인 포함하여) 1인 가족 생계비와 2인 가족 생계비의 중간값으로, 3인이면 신청채무자에게 공제할 생계비는 (본인 포함하여) 2인 가족 생계비와 3인 가족 생계비의 중간값으로 계산함], (b)가 (a)의 130%를 넘으면 소득 없는 나머지 가족구성원들을 신

라 2021년 구성된 생계비 검토 위원회에는 법무부 사무관 1인, 변호사 1인, 한국금융연구원 연구위원 1인이 법원외부인 위원으로 위촉되었다.

50) 소득세법 제50조 제1항 제2호의 배우자에 관한 기본공제 기준을 참조하였다. 한편 위와 같은 기준은 2021. 2. 15.부터 적용되고, 위 일자 전에 인가된 변제계획의 효력을 비롯하여 이미 발생한 효력에는 영향을 미치지 않는다.

51) 독립수입은 최소한 법원이 정한 1인 생계비 이상의 금액이어야 한다.

청채무자 외의 소득 있는 가족구성원 쪽의 피부양자로 본다. 이와 달리, 생계비를 다른 가족구성원 소득액과 비율적으로 분담시키는 방안도 생각해 볼 수 있으나, 이는 그만큼 다른 가족구성원의 소득까지도 엄밀하게 입증시켜야 하는 점 등의 문제가 있어서 적용하기 어렵다.

한편 배우자 쌍방이 개인회생절차를 신청하는 경우 부부 모두 독립수입이 있음을 전제로 하므로, 생계비 산정에 있어 부부라는 이유만으로 양자를 하나의 생계로 취급하여서는 아니 되고, 각자를 별개의 채무자로 보아 생계비를 산정하여야 할 것이다.[52]

3) 거주지역, 물가상황

생계비의 구성 내역 중 특히 주거비 및 물가는 대도시, 중소도시, 농촌 등에 따라 달라질 수 있다.

4) 기타 필요한 사항

채무자는 위에서 정한 사유 이외에 그 밖에 필요한 사항이 있으면 이를 생계비 산정에 반영해 달라고 요구할 수 있을 것이다.[53] 실무상 이러한 경우의 대표적인 경우로, 의료비의 지속적 지출이 필요한 경우, 교육비의 지출이 필요한 경우 등이 그 대표적인 예에 해당될 것이고, 최근과 같이 주거비용이 앙등한 경제 상황하에서 일부 차임 등 임차비용을 생계비 산정에 반영해 달라는 사례도 많이 발견된다. 다만, 어느 경우에든지 그와 같은 생계비가 필요하다는 구체적인 소명이 있어야 할 것이다.

이와 관련하여 서울회생법원은 앞서 본 '생계비의 산정 기준'(서울회생법원 실무준칙 제405호)을 제정하여 채무자가 지속적으로 지출할 필요가 있는 주거비, 교육비 및 의료비를 생계비로 인정할 수 있는 근거를 마련하였고, 이에 따라 구성된 생계비 검토 위원회는 2021. 11. 29. 정기회의에서 아래와 같은 사항을 의결하여 2022년도 주거비, 교육비 및 의료비의 생계비 인정에 관한 구체적인 기준을 마련하였다.[54] [55]

---

52) 부부를 별개의 채무자로 볼 경우 각자 1인 생계비를 인정받게 되어 부부 전체를 하나의 생계로 볼 때보다 상대적으로 많은 생계비를 인정받게 된다. 이는 부부공동신청이 허용되지 않는 현행법 하에서 불가피한 결과이다.

53) 실무상 '추가 생계비'로서 생계비에 반영해 줄 것을 요청하는 사례가 많다.

54) 위 의결사항은 2022. 1. 1.부터 적용되고, 위 일자 전에 인가된 변제계획의 효력을 비롯하여 이미 발생한 효력에는 영향을 미치지 않는다.

55) 한편 법원은 구체적인 사건에서 그 필요성이 소명되는 경우 제반 사정을 종합하여 '생계비의 산정 기준'(서울회생법원 실무준칙 제405호) 또는 생계비 검토 위원회의 의결로 정한 인정범위를 초과하는 생계비를 인정할 수도 있다.

가) 주거비

(1) 인정사유: 아래 ① 또는 ②에 해당하는 등의 사정이 있어 채무자가 실제로 주거비를 지속적으로 지출할 것으로 보이는 경우

　　① 주택담보대출채권의 원리금을 상환하여야 한다는 점을 대출계약서·부채증명서와 같이 이를 뒷받침할 수 있는 자료를 제출함으로써 소명하는 때

　　② 월 차임을 지급하여야 한다는 점을 임대차계약서·월 차임 지급 사실을 알 수 있는 예금거래내역과 같이 이를 뒷받침할 수 있는 자료를 제출함으로써 소명하는 때

(2) 인정범위: 주거비는 아래의 각 표(단위: 원) 중 '추가 주거비 인정 한도' 부분에 기재된 금액의 한도 내에서 추가 생계비로 인정 가능하다.

　　① 서울특별시의 경우

	추가 주거비 인정 한도	기준 중위소득 100분의 60에 포함된 것으로 볼 수 있는 주거비	주거비의 총 인정 한도
1인 가구	372,758	207,706	580,464
2인 가구	672,453	348,177	1,020,630
3인 가구	938,937	447,994	1,386,931
4인 가구	1,114,915	546,931	1,661,846

　　②「수도권정비계획법」에 따른 과밀억제권역(서울특별시는 제외),[56] 세종특별자치시, 용인시 및 화성시의 경우

	추가 주거비 인정 한도	기준 중위소득 100분의 60에 포함된 것으로 볼 수 있는 주거비	주거비의 총 인정 한도
1인 가구	268,386	207,706	476,092
2인 가구	484,166	348,177	832,343
3인 가구	676,034	447,994	1,124,028
4인 가구	802,740	546,931	1,349,671

---

56) 인천광역시[강화군, 옹진군, 서구 대곡동·불로동·마전동·금곡동·오류동·왕길동·당하동·원당동, 인천경제자유구역(경제자유구역에서 해제된 지역을 포함한다) 및 남동 국가산업단지는 제외한다], 의정부시, 구리시, 남양주시(호평동, 평내동, 금곡동, 일패동, 이패동, 삼패동, 가운동, 수석동, 지금동 및 도농동만 해당한다), 하남시, 고양시, 수원시, 성남시, 안양시, 부천시, 광명시, 과천시, 의왕시, 군포시, 시흥시[반월특수지역(반월특수지역에서 해제된 지역을 포함한다)은 제외한다]

③ 광역시(「수도권정비계획법」에 따른 과밀억제권역에 포함된 지역과 군 지역은 제외한다), 안산시, 김포시, 광주시 및 파주시의 경우

	추가 주거비 인정 한도	기준 중위소득 100분의 60에 포함된 것으로 볼 수 있는 주거비	주거비의 총 인정 한도
1인 가구	141,648	207,706	349,354
2인 가구	255,532	348,177	603,709
3인 가구	356,796	447,994	804,790
4인 가구	423,668	546,931	970,599

④ 그 밖의 지역인 경우

	추가 주거비 인정 한도	기준 중위소득 100분의 60에 포함된 것으로 볼 수 있는 주거비	주거비의 총 인정 한도
1인 가구	93,190	207,706	300,896
2인 가구	168,114	348,177	516,291
3인 가구	234,734	447,994	682,728
4인 가구	278,729	546,931	825,660

나) 교육비

(1) 인정사유: 아래 ① 또는 ②에 해당하는 경우

① 채무자가 미성년 자녀에 대한 공교육비로서 합리적이고 필요한 비용을 지속적으로 지출하여야 한다는 점을 납부고지서·납입증명서와 같이 이를 뒷받침할 수 있는 자료를 제출함으로써 소명하는 때

② 채무자가 자녀의 신체적 내지 정신적 장애 등으로 특수한 교육이 필요하여 지속적으로 비용을 지출하여야 한다는 점을 장애인증명서·진단서·납입증명서와 같이 이를 뒷받침할 수 있는 자료를 제출함으로써 소명하는 때

(2) 인정범위: 교육비는 아래의 각 표(단위: 원) 중 '추가 교육비 인정 한도' 부분에 기재된 금액의 한도 내에서 추가 생계비로 인정 가능하다.

(가) 위 ①과 같은 공교육비를 지출하여야 하는 경우

	추가 교육비 인정 한도	기준 중위소득 100분의 60에 포함된 것으로 볼 수 있는 교육비57)	교육비의 총 인정 한도
자녀 1인 기준	150,000	70,671	220,671

(나) 위 ②와 같은 특수교육비를 지출하여야 하는 경우

	추가 교육비 인정 한도	기준 중위소득 100분의 60에 포함된 것으로 볼 수 있는 교육비	교육비의 총 인정 한도
자녀 1인 기준	500,000	70,671	570,671

다만, 위 ②와 같은 특수교육비를 지출하여야 하는 경우에 특별한 사정이 있는 때에는 500,000원을 초과하는 금액을 추가 교육비로 인정 가능하다.

다) 의료비

(1) 인정사유: 채무자가 본인 또는 그 부양가족을 위하여 합리적이고 필요한 의료비를 지속적으로 지출하여야 한다는 점을 진단서·영수증과 같이 이를 뒷받침할 수 있는 자료를 제출함으로써 소명하는 경우

(2) 인정범위: 추가 생계비로 인정 가능한 의료비는 아래의 표(단위: 원)에 기재된 액수를 초과하는 의료비 지출이다.

	기준 중위소득 100분의 60에 포함되어 있는 것으로 볼 수 있는 의료비
1인 가구	49,009
2인 가구	82,154
3인 가구	105,706
4인 가구	129,051

---

57) 2013년도 보건복지부 공표 4인 가구(미성년자 2인) 최저생계비 중 교육비가 차지하는 비율 4.6%를 참고하여, 4인 가구의 2022년도 기준 중위소득 100분의 60에 포함된 것으로 볼 수 있는 교육비 141,342원(= 3,072,648원 × 4.6%)을 산출하였고, 이에 따라 자녀 1인에 관하여는 70,671원(= 141,342원 ÷ 2)이 기준 중위소득 100분의 60에 포함된 것으로 보았다.

6. 주택담보대출채권 채무재조정 프로그램의 도입

가. 개관

서울회생법원은 2019. 1. 17. 신용회복위원회와 사이에 '주택담보대출채권 채무재조정 프로그램(이하 '채무재조정 프로그램'이라 한다) 시범실시를 위한 업무협약'을 체결하고, 위 협약에 따라 2019년 말까지 시범실시를 거친 다음 채무재조정 프로그램을 본격적으로 시행하고 있다. 그 내용은, 금융기관에 대하여 주택담보대출채무를 부담하는 채무자가 서울회생법원에 개인회생절차개시신청을 할 경우 절차 초기에 신용회복위원회를 통하여 채권자와 채무자 사이에 주택담보대출채권에 관한 협의를 할 수 있는 장을 마련하고, 그에 따라 당사자 사이에 이루어진 합의 내용을 변제계획안에 적극적으로 반영함으로써 개인회생절차 내에서 주택담보대출에 관한 채무조정이 이루어질 수 있는 기회를 부여하는 것이다.

나. 도입배경

주택담보대출 채무자가 개인회생절차개시신청을 하는 경우에도 통상적으로 채무자의 신청에 따라 중지·금지명령이 발령된다. 위 명령 이후로는 주택담보대출채권에 대한 원리금 변제가 금지되어 채무자는 이행지체 상태에 빠질 수밖에 없으므로, 채권자는 담보목적물인 주택에 대한 강제집행절차(예를 들어, 경매절차 등)에 돌입하게 된다. 한편, 채무자가 개인회생절차개시신청을 할 당시 이미 주택에 대한 강제집행절차가 진행 중인 경우 위 중지·금지명령에 따라 강제집행절차가 일시적으로 중단되기는 하나, 이후 변제계획인가결정이 있게 되면 별제권에 기한 강제집행이 다시 진행되기 때문에 마찬가지로 채무자는 주택에 대한 소유권을 결국 상실하게 된다. 나아가 법 제581조 제2항 및 제446조 제1항 제1호에 따라 개인회생절차개시결정 이후에 발생한 이자는 후순위 개인회생채권으로 취급되므로, 채권자인 금융기관에서도 추후 문제의 소지가 될 수 있는 개시 후 연체이자 등에 대한 수령을 거부하고 있는 실정이다. 뿐만 아니라, 변제계획안을 작성할 때에 담보물의 청산가치를 초과하는 담보채권액은 일반 개인회생채권(미확정채권)으로 취급하고 있는데, 법원의 변제계획인가결정 이후 변제기간이 만료될 때까지 담보권 실행을 통하여 잔존채권의 확정신고가 이루어지지 않을 경우 위 채권에 대하여 유보된 변제금을 일반채권자에게 안분변제하고 있다. 따라서 담보채권자로서는 손해를 피하기 위하여 변제기간 내에 담보권을 실행할 수밖에 없고, 법원에서도 담보채권자가 미확정채권액에 대한 확정신고를 하지 않은 경우 그 담보권을 실행하여 채권확정신고를 하도록 통지하고 있다($\scriptstyle{개인회생예규 \atop 제11조의 6}$). 이와 같이 현 제도하에서는 주택담보대출채무를 부담하는 채무자가 개인회생절차를 신청할 경우 자신 소유의 주택에 대한 소유권을 상실할 수밖에 없으므로, 개인회생절차 내에서 채무자가 주택을 소유하면서 변제계획을 수행할 수 있는 방안을 모색할 필요성이 대두되었다.[58]

다. 지원대상 및 요건[59]

채무재조정 프로그램을 신청하려는 채무자는 다음의 요건을 모두 충족하여야 한다.

① 주택담보대출 연체기간이 30일을 초과하는 자[60]

② 1주택[61] 소유자로서 담보주택 가격이 6억 원 이하이면서 당해 주택에 실거주 중인 자

③ 부부합산 연소득[62]이 7천만 원 이하인 자

한편 채무재조정 프로그램을 시범실시할 당시에는 제1금융권의 금융기관(은행)에 대하여 주택담보대출을 부담하는 채무자로서 위 금융기관이 해당 주택의 유일한 담보채권자인 경우에만 지원대상이었다. 그러나 대부분의 채무자들에게 다수의 담보채권자가 존재하였고, 담보채권자들이 제1금융권이 아닌 경우가 대다수인 관계로 채무재조정 프로그램의 실효성이 감소할 우려가 있었다. 이에 서울회생법원은 금융위원회 및 신용회복위원회와 협력하여 2020. 1. 17.부터 채무재조정 대상 담보채권자의 범위를 '제1금융권'에서 '신용회복위원회와 협약을 체결한 금융기관 전체'[63]로 확대하고, 다수의 담보채권자가 있는 경우에도 지원하

---

58) 주택담보대출채무를 부담하는 채무자로서는 개인회생절차가 아니라 회생절차를 이용하여 담보대출채무에 대하여 권리변경을 받을 수 있으나, 회생절차는 회생계획의 인가를 위해 채권자들의 결의가 필요하고, 개인회생절차에 비하여 시간과 비용이 많이 든다는 점에서 한계가 있다. 추후 개인회생절차에서도 주택담보대출채무의 조정이 가능하도록 입법적 보완이 필요하다.

59) 자세한 내용은 신용회복위원회가 정한 신용회복지원협약 참조.

60) 연체기간이 30일을 초과한 주택담보대출만 지원 대상이며, 담보채무의 연체기간이 30일 이하이거나 정상적으로 상환 중인 경우에는 지원이 불가능하다. 채무자가 2개 이상의 주택담보대출 채무를 부담하고 있는 경우 1개 이상의 주택담보대출 연체기간이 30일을 초과하면 위 요건을 충족한 것으로 본다.

61) 채무자가 1주택을 소유한 경우에 한하며, 공유지분을 소유하고 있는 경우에는 지원이 불가능하다.

62) 세전 소득에서 소득세, 주민세, 국민연금보험료, 국민건강보험료 등을 제외한 실수령액 기준.

63) 현재 국내 대부분의 금융기관이 위 협약을 체결한 상태이다.

기로 하였다.

라. 절차

1) 절차흐름도

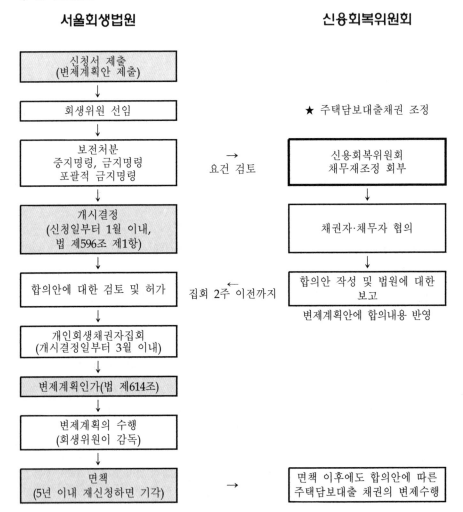

서울회생법원   **신용회복위원회**

- 신청서 제출
  (변제계획안 제출)
- 회생위원 선임   ★ 주택담보대출채권 조정
- 보전처분
  중지명령, 금지명령
  포괄적 금지명령   → 요건 검토   신용회복위원회
  채무재조정 회부
- 개시결정
  (신청일부터 1월 이내,
  법 제596조 제1항)   채권자·채무자 협의
- 합의안에 대한 검토 및 허가   집회 2주 이전까지   합의안 작성 및 법원에 대한 보고
  변제계획안에 합의내용 반영
- 개인회생채권자집회
  (개시결정일부터 3월 이내)
- 변제계획인가(법 제614조)
- 변제계획의 수행
  (회생위원이 감독)
- 면책
  (5년 이내 재신청하면 기각) →   면책 이후에도 합의안에 따른
  주택담보대출 채권의 변제수행

2) 절차의 구체적 내용

회생위원은 개인회생절차개시신청을 한 채무자가 법원에 채무재조정 프로그램 신청서[양식 14-4]를 제출하면 지원대상에 해당하는지를 검토하여[64] 주심

─────────────
64) 채무재조정 프로그램의 지원을 받기 위해서는 신용회복지원협약에서 정한 요건을 모두 충족

판사에게 해당 사건을 채무재조정 프로그램에 회부할 것인지 여부에 관하여 보고하고, 주심판사는 위 보고를 토대로 결정으로 위 사건을 채무재조정 프로그램에 회부한다.[65] 채무자는 신용회복위원회를 직접 방문하여 조정에 필요한 서류 등을 제출하고, 신용회복위원회는 채권자와 채무자 사이의 주택담보대출채권에 관한 조정을 주재하는 등 채무재조정 절차를 진행한다. 주택담보대출채권의 조정에 관하여 법원이 정한 채무재조정기간[66] 내에 채권자와 채무자 사이에 합의가 이루어진 경우, 그 기간이 도과하기 전에 합의가 이루어지지 않은 채로 채무재조정이 종결된 경우, 합의가 이루어지지 못하고 그 기간이 도과한 경우 신용회복위원회는 법원에 조정결과보고서를 제출한다. 법원은 합의가 이루어진 경우 그 내용을 개인회생절차의 변제계획에 반영할 수 있고,[67] 합의가 이루어지지 않은 경우에는 기존의 방식대로 개인회생절차를 진행한다.

마. 내용

1) 채무재조정의 합의

채무재조정 프로그램에 따라 이루어질 수 있는 채무재조정의 내용은 다음과 같다.[68]

① 연체이자 감면

② 상환유예(거치기간[69]의 부여) 및 상환기간 연장

③ 이자율 인하

2) 합의결과의 변제계획안 반영

채무자와 채권자 사이에 채무재조정에 관한 합의가 이루어지면 법원은 추

하여야 하나, 법원은 절차의 신속을 위하여 일부 요건(주로 1주택 소유자로서 담보주택 가격이 6억 원 이하일 것 또는 배우자와 합산한 소득이 연 7,000만 원 이하일 것)만을 검토한 후 신용회복위원회에 조정업무를 촉탁하고, 나머지 요건의 충족 여부는 신용회복위원회에서 검토하게 된다. 다만 채무재조정 프로그램에 회부한 이후 합의가 이루어지기 전까지 요건 불충족 사실이 발견되면 법원은 채무재조정 기간 도과 전이라도 채무재조정 절차를 중단하고 합의가 성립되지 않은 것으로 보아 기존의 개인회생절차를 진행할 수 있을 것이다.

65) 필요시 주심판사의 직권으로도 결정이 가능하다.

66) 신용회복위원회가 서울회생법원으로부터 조정업무촉탁을 받은 날부터 8주간. 법원은 필요한 경우 4주의 기간 내에서 조정기간을 연장할 수 있다.

67) 다만, 합의 내용이 법에 정한 사항을 충족하지 못하는 경우에는 그러하지 아니하다.

68) 구체적인 내용에 관하여는 신용회복지원협약 참조. 다만, 사안에 따라 위 ① 내지 ③이 전부 또는 일부만 적용될 수 있다.

69) 원칙적으로는 법에 정한 변제기간인 3년으로 하되, 변제기간이 3년을 초과하여 연장되는 경우 그 변제기간과 동일한 기간이 될 것이다.

가 생계비(주거비)의 인정 한도 내에서 위 합의로 조정된 거치기간 동안의 이자 상환액을 변제계획표상의 생계비에 반영하여 거치기간 동안 채무자가 주택담보대출채권에 대한 이자를 변제할 수 있도록 한다.

구체적으로는, 채무재조정 프로그램에 따른 합의내용을 변제계획상 '별제권부 채권의 처리' 부분에 기재하고, 신용회복위원회에 납부하여야 하는 이자비용 등은 변제계획상 '기타'란 내지 '생계비'에 관한 항목에 기재한다. 위와 같은 변제계획에 따라 채무자가 위 이자를 신용회복위원회에 납부하는 방식으로 주택담보대출채권에 대한 이자의 지급이 이루어진다. 채무자가 합의에 따른 이행을 하는 동안에는 별제권에 기한 강제집행이 이루어지지 않으므로 채무자는 주택의 소유권을 보유할 수 있게 된다.

채무재조정 프로그램은 담보권의 실행을 유예한 상태에서 담보대출채무 원리금 상환이 완료됨을 전제로 고안된 것이므로, 원칙적으로 변제계획안에 반영되는 담보채권자의 미확정채권은 '0원'으로 설정한다. 다만, 채무자가 채무재조정 프로그램에 따라 매월 상환하여야 할 이자금액을 일정기간 이상 연체한 경우에는 기존과 마찬가지로 담보채권자가 주택에 대한 강제집행을 진행할 수 있다. 변제기간(담보채권자 입장에서는 거치기간) 중간에 이자 납부의 지체로 담보주택에 대하여 강제집행이 이루어졌음에도 변제받지 못한 원리금이 존재할 경우, 변제계획변경절차를 통하여 변제받지 못한 원리금을 일반채권에 반영함으로써 담보채권자를 보호할 수 있을 것이다.[70]

채무자가 변제기간 3년 동안 생계비에 반영된 이자액 및 일반채권자에 대한 변제액을 전액 납부하여 면책결정을 받았다고 하더라도, 담보채권자는 아직 변제를 받지 못한 원리금 채권에 기하여 담보권을 실행하여 그 담보물의 가액범위 내에서 만족을 구할 수 있으므로,[71] 채무자로서는 면책결정 이후에도 담보권(근저당권설정등기 등)을 말소시키기 위해서 원리금을 전액 변제하여야 한다.

한편, 채무재조정 프로그램을 통하여 변제기간 동안 담보채권자에게 지급할

---

70) 현행 실무에 따라 작성하는 변제계획안에도 "별제권부 채권 및 이에 준하는 채권의 처리"란에 통상적으로 '별제권 행사 등으로도 변제받을 수 없는 채권액이 미확정채권신고액(변제예정부족액)을 초과하는 것으로 확정되는 경우에는, 채권자가 그 초과부분을 변제계획안의 변경절차를 통하여 변제받을 수 있다'는 취지로 기재되고 있다.

71) 위 면책결정에서의 면책은 채무에 관하여 '책임이 면제된다'는 것을 의미할 뿐 채무는 존재하는 것이다(이른바, '자연채무'). 즉, 채무의 이행을 구하기 위한 소송 제기나, 채무자의 재산에 대한 강제집행은 불가능하게 되지만, 채무자가 이를 임의로 이행한다면 유효한 채무의 변제가 되고, 또 채권자가 상계의 자동채권으로 하거나, 경개 또는 준소비대차의 기초로 삼을 수 있으며, 보증이나 담보도 유효한 것으로 본다. 이에 관하여 자세한 내용은 제7장 제3절 1. 나. 1) 참조.

이자액을 생계비에 반영하게 되면 결과적으로 일반채권자에 대한 변제금액이 줄어들 수 있다. 따라서 서울회생법원은 이와 같은 사정을 법 제611조 제5항에 규정된 '특별한 사정'으로 해석하여, 일반채권자에 대한 변제기간을 연장함으로써 일반채권자에 대한 변제액이 채무재조정 프로그램을 거치기 이전보다 부당히 줄어드는 일이 없도록 이 제도를 운용하고 있다.[72]

제 4 절 개인회생채권자집회

1. 개인회생채권자집회의 의의

개인회생채권자집회는 채무자가 제출한 변제계획안에 대하여 개인회생채권자들이 직접 채무자로부터 설명을 듣고 결의에 부치지 아니한 채 변제계획안에 대한 이의진술의 기회만을 부여한 다음 집회를 종료함으로써 변제계획안의 인가 여부를 간이·신속하게 결정하기 위하여 마련된 제도이다.

개인회생절차는 개인회생채권자집회에서 개인회생채권자들의 결의를 요건으로 하지 않는 것을 특징으로 하고 있다. 즉 회생절차와는 달리 개인회생절차의 개인회생채권자집회는 개인회생채권자들에 의한 결의를 거치기 위한 절차가 아니라 단지 채무자가 제출한 변제계획안에 대하여 법 제614조에 정한 인가요건을 충족하였다는 점에 대한 이의 유무를 확인하는 절차에 불과하다(규칙 제90조 제3항).

개인회생채권자 또는 회생위원의 이의진술이 없는 경우에는 법원은 변제계획안이 법 제614조 제1항 각 호의 인가요건을 구비하고 있는지 심리하여 인가요건을 구비하였다고 판단되는 때에는 변제계획인가결정을 하여야 한다. 그러나 개인회생채권자 또는 회생위원의 이의진술이 있는 때에는 법원은 위 각 요건에 더하여 법 제614조 제2항 각 호의 인가요건까지 구비하였다고 판단되는 때에 한하여 변제계획인가결정을 할 수 있다.

---

[72] 한편 2019. 1. 17. 채무재조정 프로그램 시범실시 이후 2021. 7.까지 서울회생법원에 접수된 지원 신청은 총 36건이고, 그 중 채무재조정에 관한 합의가 완결된 사건은 24건이다.

2. 개인회생채권자집회 기일의 지정, 송달

최초의 개인회생채권자집회의 기일은 개인회생절차개시결정과 동시에 법원이 정한다. 법원은 개인회생절차개시결정일로부터 2주 이상 2월 이하의 기간 내에서 개인회생채권에 대한 이의기간을 정하여야 하고, 이의기간 말일로부터 2주이상 1월 이하의 기간 내에서 개인회생채권자집회의 기일을 정하여야 하며, 이를 공고하여야 한다(법 제596조 제2항 제1호, 제2호, 제597조 제1항 제4호)(개인회생채권자집회 기일을 지정하는 개시결정문, 그 공고문, 통지서의 각 기재례는 [양식 20, 22, 22-1] 참조).

서울회생법원의 실무에서는 신속한 절차진행을 위하여 이의기간 말일로부터 2주 이상 3주 이내의 날을 개인회생채권자집회기일로 정하는 것으로 하되 기일이 촉박한 경우에는 개인회생채권자집회기일을 변경하는 방식으로 운영하고 있다.

법 제613조 제1항에 의하면 채무자, 개인회생채권자 외에 회생위원에게도 개인회생채권자집회기일을 통지하여야 한다.

3. 기일의 진행

개인회생채권자집회는 법원이 지휘한다(법 제613조 제3항). 회생위원이 선임되어 있는 때에는 법원은 회생위원으로 하여금 이를 진행하게 할 수 있으나(법 제613조 제4항), 특별한 사정이 없는 한 법원이 개인회생채권자집회를 진행하여야 하고 법원이 직접 개인회생채권자집회를 진행하는 경우 회생위원은 개인회생채권자집회의 기일 전에 규칙 제88조 제1항 제1호 및 제7호의 사항을 기재한 보고서를 법원에 제출하여야 한다(개인회생예규 제8조의2).

채무자는 개인회생채권자집회에 출석하여 개인회생채권자의 요구가 있는 경우 변제계획에 관하여 필요한 설명을 하여야 한다(법 제613조 제2항, 제619조 제2항). 개인회생채권자는 개인회생채권자집회에 출석하여 채무자가 제출한 변제계획안에 관하여 채무자로부터 직접 설명을 듣고, 변제계획에 대하여 이의를 진술하는 방법으로 의견을 진술할 수 있는데(법 제613조 제5항), 이의진술은 변제계획이 법 제614조에서 정하고 있는 인가요건을 충족하지 못하고 있음을 그 내용으로 하여야 하고, 그 이유를 구체적으로 나타내야 한다(규칙 제90조 제3항). 개인회생채권자가 개인회생채권자집회기일에 출석하여 말로 이의를 진술한 때에는 그 내용을 조서에 기재하여야 한다

(규칙 제90조 제2항).⁷³⁾ 다만 개인회생채권자는 개인회생채권자집회기일의 종료시까지 이의 진술서를 법원에 제출하는 방식으로 갈음할 수 있다(규칙 제90조 제1항).

법원은 개인회생채권자 또는 회생위원의 이의진술 여부를 확인한 후 이를 토대로 변제계획안이 법 제614조의 인가요건을 구비하고 있는지 여부를 심리하여 그 인가결정을 선고한다(법 제614조 제3항). 다만 법이 따로 선고기일을 지정하여 선고하여야 한다고 규정하고 있지 아니한 이상 반드시 선고기일을 지정하여 법정에서 선고할 필요는 없다.

법원이 개인회생채권자집회를 진행하는 경우에는 법정에서 곧바로 인가결정 또는 불인가결정을 선고하고 집회를 종료하는 것도 가능하다. 다만 하나의 집회기일에 다수의 사건이 병행하여 진행되는 경우가 대부분이고, 사안에 따라서 인가요건에 대한 추가적인 심리를 요하거나 채권자목록 및 변제계획안의 정리 혹은 담당실무관의 전산입력처리 등이 필요한 경우가 있으므로, 서울회생법원은 채무자들에게 공통된 유의사항⁷⁴⁾을 알려준 후 실무상 가까운 시일 내에 법원에서 인가요건을 검토한 후 결정을 하겠다고 고지한 후 집회를 종료하는 방식으로 기일을 진행하고 있다(법원이 지휘하는 경우의 조서의 기재례는 [양식 50] 참조).

한편 회생위원이 개인회생채권자집회를 진행하는 경우에는 인가요건에 대한 심리와 인부결정 등은 법원의 권한에 속하는 것이므로 회생위원은 변제계획안 인가 여부에 대하여는 가까운 시일 내에 법원에서 인가요건을 검토한 후 결정할 것이라는 취지를 설명하고 집회를 종료한다.

---

73) 개인회생채권자집회의 조서 작성에 관하여는 제3장 제3절 5. 참조.

74) ① 특별한 사정이 없는 한 채권자집회 종료 후 일정 기간이 지나면 변제계획안 인가 여부의 결정이 있을 것이라는 점, ② 인가결정문은 송달하지 않으므로 대한민국 법원 홈페이지의 공고란 및 나의 사건검색으로 확인할 수 있다는 점, ③ 채권자목록은 채무자가 책임질 수 없는 사유로 누락하거나 잘못 기재한 채권에 한하여 법원의 허가를 받아 수정할 수 있는데, 그 기한이 인가결정 시까지라는 점, ④ 변제계획에 따라 충실히 변제를 수행하여야 하는 점, ⑤ 인가결정이 있은 후 변제 지체액이 3개월분에 달한 경우 그로부터 14일 이내에 지체내역, 지체사유, 변제계획변경 등에 의한 절차의 수행가능성에 관하여 보고하고 관련된 소명자료를 제출할 것과 개인회생절차가 폐지될 수 있다는 점 및 폐지의 효과, ⑥ 급여에 압류가 되어 있는 채무자는 변제계획인가를 받은 다음 해당 사건 압류 해제 후 제3채무자(급여담당자)가 회생위원의 계좌에 입금하여야 한다는 점, ⑦ 주소나 연락처가 변경된 경우 서면으로 신고를 하여야 한다는 점, ⑧ 변제계획에 따라 변제를 완료한 경우 면책결정을 받을 수 있다는 점 및 면책결정의 효과 등, ⑨ 채권자의 이의진술에 대하여 답변서를 제출해야 한다는 점 등이 있다. 회생위원 직무편람(제4판), 사법발전재단(2020), 222, 223면.

4. 기일의 변경·연기·속행 등[75]

가. 기일 변경·연기·속행의 사유

1) 채무자가 불출석한 경우

채무자가 정당한 사유 없이 개인회생채권자집회에 출석하지 아니한 경우 법원은 개인회생절차폐지의 결정을 할 수 있다(법 제620조 제2항). 그러나 위 규정의 문언 및 1회 불출석만으로 집회를 종료하고 개인회생절차를 폐지하는 것은 채무자에게 지나치게 가혹할 수 있는 점 등을 고려하여, 서울회생법원에서는 채무자가 첫 번째 채권자집회기일에 불출석한 경우 특별한 사정이 없는 한 새로운 채권자집회기일을 지정하여 채무자에게 채권자집회기일에 출석할 수 있는 기회를 주고,[76] ① 채무자가 정당한 사유 없이 2회 이상 불출석하는 경우, ② 채무자가 1회 불출석하였고 변제계획에 따른 적립금을 3개월 이상 미납한 상황인 경우에는 개인회생절차폐지결정을 하는 것으로 실무를 운용하고 있다.[77]

개인회생채권자집회에 채무자 대신 그 대리인만이 출석할 수 있는지에 관하여, 일반 재판절차와 마찬가지로 채무자 없이 대리인이 출석하여도 개인회생채권자집회를 진행할 수 있다는 견해가 있다. 그러나 개인회생채권자집회에 개인회생채권자가 출석하여 요구하는 경우 채무자는 변제계획에 관하여 필요한 설명을 하여야 하고, 법원 및 개인회생채권자에 대하여 자신이 제출한 변제계획을 수행할 의지 및 수행능력이 있음을 보여야 한다는 점에서 채무자 본인이 직접 출석해야 한다고 보는 것이 타당하다. 서울회생법원에서는 실무상 채무자 대신 그 대리인만이 출석하는 것을 허용하지 않고 있다.

2) 개인회생채권자의 이의에 대한 추가 조사가 필요한 경우

법원은 개인회생채권자의 이의에 대한 추가 조사를 위해 필요한 경우에 채권자집회를 속행할 수 있다.[78]

3) 채권조사확정재판 등이 진행 중인 경우

개인회생채권자목록에 기재된 개인회생채권자가 개인회생절차개시결정 후

---

75) 이하는 주석 채무자회생법(VI)(제1판), 한국사법행정학회(2020), 480, 481면(김범준).

76) '채권자집회기일의 진행'(서울회생법원 실무준칙 제423호) 제2조 제2항.

77) 반면 개인회생채권자가 불출석하더라도 개인회생채권자집회를 진행하고 종료하는 데 아무런 지장이 없다. 변제계획안이 인가된다고 하더라도 권리변경의 효력이 생기는 것도 아니고, 개인회생채권자집회에서 개인회생채권자들의 결의가 필요한 것도 아니므로 실제로는 개인회생채권자들은 개인회생채권자집회기일에 출석하지 않는 경우가 대부분이다.

78) '채권자집회기일의 진행'(서울회생법원 실무준칙 제423호) 제4조 제2항.

법 제596조 제2항 제1호 소정의 이의기간 내에 이의를 하여 채권조사확정재판이 진행 중이거나 채권조사확정재판에 불복하여 이의의 소가 진행 중인 경우에 개인회생채권자집회기일을 변경, 연기 또는 속행할 것인지 여부가 문제된다.

채권조사확정재판이나 이에 대한 이의의 소가 확정될 때까지 기다리는 것은 개인회생제도의 취지에 반하므로 원칙적으로 당해 채권의 확정을 기다릴 필요 없이 예정대로 개인회생채권자집회기일을 진행하는 것이 바람직하다. 다만 법원은 채권조사확정재판이 조기에 이루어질 것으로 예상되고 그 결과를 변제계획안에 반영하는 것이 바람직하다고 판단되는 경우에는 개인회생채권자집회의 기일을 변경, 연기 또는 속행할 수 있다.

4) 그 밖의 경우

그 밖에 집회기일을 연기 또는 변경할 사유로는 ① 누락된 개인회생채권을 추가한 경우, ② 월 변제액의 감소·채무액의 증가 등으로 개인회생채권자가 불리한 영향을 받을 수 있는 경우, ③ 개인회생절차개시결정 전에 개인회생채권에 대하여 채권양도나 대위변제가 있었음을 이유로 개인회생채권자와 개인회생채권금액이 변경된 경우 등 새로운 이의기간을 부여할 필요가 있는 경우, ④ 채권자목록 및 변제계획안이 송달되지 않은 개인회생채권자가 있고 그 개인회생채권자에 대한 송달을 공고로 갈음할 수 없는 경우 등이 있을 수 있다.[79] 다만, 개인회생채권자나 개인회생채권액이 개인회생절차개시결정 당시와 비교하여 변경되었더라도 ① 개인회생채권액이 감소한 경우, ② 개인회생채권액이 증가하였더라도 증가한 금액이 전체 개인회생채권액과 비교하여 소액이어서 개인회생채권자들의 이의가 없을 것으로 보이는 경우, ③ 개인회생절차개시결정 후에 개인회생채권에 대하여 채권양도나 대위변제가 있었음을 이유로 개인회생채권자와 개인회생채권금액이 변경된 경우에는 채권자집회기일을 연기 또는 변경할 필요가 없다.[80]

나. 기일 변경·연기·속행의 절차

개인회생채권자집회의 기일을 속행하거나 채무자의 불출석으로 기일을 연기하는 경우에는 일단 개인회생채권자집회를 열어 연기하고 법정에서 다음 집회기일을 지정한 후 다음 집회기일을 공고하고 채무자, 불출석한 개인회생채권자

79) '채권자집회기일의 진행'(서울회생법원 실무준칙 제423호) 제5조 제1항.
80) '채권자집회기일의 진행'(서울회생법원 실무준칙 제423호) 제5조 제2항.

들에게 통지한다(법 제597조 제3항, 제1항 제4호,).[81]
        제2항, 제613조 제1항

    개인회생채권자집회기일을 변경하는 경우에 법원은 변경된 기일을 공고하
고, 채무자, 개인회생채권자 등 이해관계인에게 이를 통지하여야 하고, 이때에도
채무자와 개인회생채권자에 대한 집회기일 등 통지는 송달의 방식으로 실시되어
야 한다.

제 5 절   변제계획인부결정의 절차 및 그 효력

1. 변제계획인부결정의 시기와 절차 및 요건

가. 인부결정의 시기

    개인회생채권자집회가 개최되어 채무자가 변제계획에 관하여 필요한 설명
을 하고 이에 대하여 개인회생채권자가 이의를 진술하고 나면(과반수의 채권자가
이의진술을 하더라도 결의가 변제계획 인가의 요건으로 되어 있지 않으므로 법 제614조
의 요건을 충족하는 한 인가에는 문제가 없다), 법원은 제출된 변제계획의 인가여부
를 결정하여야 한다.

나. 기일의 지정 여부

    법 제614조 제3항은 "법원은 변제계획인부결정을 선고하고 그 주문, 이유의
요지와 변제계획의 요지를 공고하여야 한다. 이 경우 송달은 하지 아니할 수 있
다"라고 정하고 있는데, 여기서의 '선고'를 반드시 미리 정한 기일에 법정에서
하여야 하는가 하는 문제가 있다. 민사소송법에 의하더라도 판결선고와 같이 기
일이 필수적인 경우에는 같은 법 제207조에서처럼 선고기일의 지정에 관한 규
정을 별도로 두고 있는 점, '선고'라는 용어 자체에 기일의 개념을 포함하고 있
지는 않은 것으로 해석된다는 점 등을 볼 때, 개인회생절차상의 변제계획인부결
정도 기일 외에서 선고하고 공고의 방법으로(법 제614조) 이를 알릴 수 있다고 해석
                            제3항 참조
한다. 인가결정은 [양식 52], 인가결정공고는 [양식 53], 불인가결정은 [양식 57],

---

81) 그러나 위와 같이 공고와 송달을 반복하는 것은 소송 경제상 바람직하지 않기 때문에, 입법론
    으로는 법 제185조 제2항이나 법 제368조 제2항과 같이 "개인회생채권자집회의 연기 또는 속행
    에 관하여 선고가 있은 때에는 송달 또는 공고를 요하지 아니한다."는 규정을 두는 것이 타당하
    다는 견해도 있다.

불인가결정공고는 [양식 57-1]을 참조.

다. 변제계획인가의 요건

인가요건에 관해서는 법 제614조가 정하고 있다. 이에 관해서 자세한 설명은 제6장 제2절 1. 및 2. 참조.

2. 변제계획인가의 효력

가. 인가결정의 확정

변제계획에 대한 인부결정은 즉시항고기간 도과, 즉시항고에 대한 항고심의 각하·기각 결정의 확정, 또는 재항고기간의 도과나 재항고 기각결정에 의하여 확정된다. 인부결정에 대한 즉시항고기간은 인부결정의 공고가 있은 날부터 14일이다(법 제13조 제2항).[82]

변제계획인가결정이 확정되면 그 후로는 누구도 인가결정의 흠결을 주장할 수 없게 되므로, 인가결정시에 발생한 효력이 확정적으로 유지된다.

변제계획이 인가요건을 갖추지 아니한 것으로 인정되면 개인회생절차는 변제계획에 대한 불인가결정 및 개인회생절차폐지결정의 확정으로 종료된다.

나. 변제계획의 효력발생시기

변제계획은 인가결정이 있는 때부터 효력이 생긴다(법 제615조). 인가결정은 선고하여야 하나, 반드시 기일을 미리 정하여 법정에서 선고할 필요가 없음은 위에서 본 바와 같고, 따라서 선고를 공고한 때가 효력발생시점이라고 볼 것이다. 일반적인 소송절차에서는 결정이 확정되어야 효력이 발생하지만, 변제계획은 기본적으로 채무자의 갱생을 위한 계획이기 때문에 인부결정의 확정을 기다리다가 시기를 놓치면 그 목적을 달성할 수 없는 경우가 발생할 수 있을 뿐 아니라, 인가결정 당시 법원에서 그 인가요건을 심사하기 때문에 뒤에 인가결정이 취소되는 사례가 매우 적기 때문이다. 실무상 재판부의 실무관은 인가결정이 있으면 즉일 바로 공고처리를 하고 있다.

---

82) 법 규정에 의한 공고는 '관보에 게재된 날의 다음 날' 또는 대법원규칙이 정하는 방법에 의한 '공고가 있은 날의 다음 날'에 효력이 생기고(법 제9조 제2항), 법 제33조, 민사소송법 제170조, 민법 제157조에 따라 초일을 산입하여 14일이다. 결국 공고 다음날부터 기산하여 14일이 즉시항고기간이 된다.

다만 변제계획을 그대로 수행하게 되면 항고인에게 회복할 수 없는 손해가 발생할 우려가 있는 경우에는 소정의 요건에 따라 수행을 정지시키거나 그 밖에 필요한 처분(가처분)을 할 수 있는 방안이 있다(법 제618조 제2항,).
제247조 제3항

만약 법원이 변제계획을 불인가하고 개인회생절차를 폐지하였는데, 항고심이 원심을 취소하고 변제계획을 인가하였다면 그 인가결정시에 변제계획의 효력이 발생한다. 법 제615조 제1항에서 말하는 "인가의 결정이 있는 때"라 함은 변제계획의 효력을 받을 자 전원에 대하여 인가결정을 고지한 때를 가리키므로, 항고심에 있어서도 그 인가결정을 공고한 때에 변제계획의 효력이 발생한다.

다. 권리변경 및 실권과 관련된 문제

1) 권리변경 효력의 불발생

변제계획인가결정이 있고, 그 변제계획에서 개인회생채권의 일부에 관하여만 변제하기로 하는 내용이 포함되어 있다 하더라도, 변제계획 인가의 효력에 의하여 그 변제계획에서 정하여진 변제방법 및 변제 예정액의 범위 내로 이행기가 유예되거나 권리감면의 효력이 생기는 것은 아니다. 법 제615조 제1항 단서는 "변제계획에 의한 권리의 변경은 면책결정이 확정되기까지는 생기지 아니한다"고 규정하여 이를 명백히 하고 있다. 따라서 이 점에서 회생계획의 인가에 의하여 "일반적인 권리변경의 효력"이 발생하는 회생절차와는 명백히 구별된다고 할 것이다.

따라서 개인회생절차의 변제계획은 그 자체로 권리변경의 효력을 발생시키는 "형성적 효력"을 갖는 것이 아니라, 단지 변제계획에서 정하여진 변제기간 동안 정해진 변제율과 변제방법에 따라 변제를 완료하면 추후 면책신청절차를 통하여 면책결정을 받아 나머지 채무를 모두 면책받을 수 있다는 취지를 개인회생채권자들에게 명백히 알리는 "예고"로서의 성격을 갖는 것으로 보아야 할 것이다.[83]

위와 같이 변제계획이 인가되더라도 그 변제계획에서 정한 내용대로 권리변경의 효력이 발생하지 않기 때문에, 법원사무관 등은 변제계획조항을 개인회생채권자표에 기재할 필요가 없다. 이는 회생절차에서 인가의 효력에 의하여 권

---

83) 대법원 2019. 8. 30. 선고 2019다235528 판결은 "개인회생절차에서 개인회생채권자목록이 제출되거나 그 밖에 개인회생채권자가 개인회생절차에 참가한 경우에는 시효중단의 효력이 있고(법 제32조 제3호, 제589조 제2항), 시효중단의 효력은 특별한 사정이 없는 한 개인회생절차가 진행되는 동안에는 그대로 유지된다. 개인회생절차에서 변제계획인가결정이 있더라도 변제계획에 따른 권리의 변경은 면책결정이 확정되기까지는 생기지 않으므로(법 제615조 제1항), 변제계획인가결정만으로는 시효중단의 효력에 영향이 없다."고 판시하였다.

리변경의 효력이 발생하기 때문에, 회생계획인가결정이 확정된 때에 법원사무관 등이 회생계획의 조항을 회생채권자표 등에 기재하도록 하고 있는 것(법 제249조 참조)과 명백히 대비된다.

2) 실권의 효력 불발생

개인회생절차에서는 개인회생채권자들에게 신고의무를 부여하고 있지 않기 때문에 개인회생채권자에게 신고의무가 있음을 전제로 하는 실권제도가 존재하지 아니한다. 오히려 채무자는 개인회생절차를 신청할 당시 채권자의 성명 및 주소와 채권의 원인 및 금액이 기재된 개인회생채권자목록을 제출하여야 할 의무가 있고(법 제589조 제2항 제1호), 채무자가 위 개인회생채권자목록에 기재하지 아니하는 채권은 변제계획에 의하지 아니하고서도 변제를 받고 나아가 강제집행 등을 할 수 있는 권리를 계속 보유할 뿐만 아니라(법 제582조), 면책결정의 효력도 미치지 않기 때문에(법 제625조 제2항 제1호), 오히려 개인회생채권자목록에 기재된 개인회생채권자들보다 더욱 강력한 지위를 보유하게 된다.

위와 같은 점은 회생절차에서 채무자에 대한 권리자들에게 신고의무가 있음을 전제로 하여 관리인이 제출한 회생채권자등 목록에 기재되지 아니하고 신고의무도 게을리함으로써 회생계획의 규정에서 존속하는 것으로 정해지지 아니한 권리가 모두 실권되는 점과 뚜렷이 대조된다.

라. 변제계획인가의 효력이 미치는 주관적 범위

개인회생절차에서 변제계획인가의 효력은 채무자 및 목록에 기재된 개인회생채권자에게 미친다. 다만 전술한 바와 같이 권리변경의 효력은 발생하지 아니하는바, 변제계획의 인가와 관련하여 면책결정의 제3자에 대한 효력 규정(법 제625조 제3항)과 같은 규정을 별도로 두지 아니한 것은 이러한 점에 기인한다.

1) 채무자

변제계획이 인가되면 채무자에게 개인회생재단에 속하는 모든 재산이 다시 귀속되고, 채무자는 이를 변제재원으로 하여 인가된 변제계획에 따라 변제를 수행할 의무를 지게 된다(법 제617조 제1항).

2) 개인회생채권자

변제계획이 인가되면 채권자목록에 기재된 개인회생채권자에게는 채권자집회에서 이의를 하였는지 여부와 관계없이 변제계획의 구속력이 미치게 된다.[84]

---

84) 노영보, 도산법 강의, 박영사(2018), 622면.

반면에 채권자목록에 기재되지 아니한 채권자는 변제계획인가결정의 효력과 무관하므로 인가된 변제계획에 따른 변제를 받을 수는 없으나, 변제계획에 의하지 아니하고서도 변제를 받을 수 있고 강제집행 등을 할 수 있는 권리를 계속 보유할 뿐 아니라(_{법 제582조}), 면책결정의 효력도 받지 않는다(_{법 제625조 제2항 제1호}).

마. 개인회생재단에 속하는 재산 및 소득의 귀속주체

1) 개인회생재단의 성격

법 제615조 제2항은 "변제계획인가결정이 있는 때에는 개인회생재단에 속하는 모든 재산은 채무자에게 귀속된다. 다만 변제계획 또는 변제계획인가결정에서 다르게 정한 때에는 그러하지 아니하다"라고 규정하고 있다.

도산절차가 개시되면, 채무자가 도산절차개시 당시 갖고 있는 재산은 채무자로부터 분리된 재단에 속하게 되고 이 재단을 관리, 처분하는 별개의 주체가 선정되어 위 재단을 관리, 처분, 환가하여 채권자들에게 분배하는 절차를 진행하게 된다.

개인회생절차도 도산절차의 일종이기 때문에, 개인회생절차가 개시되면 개시 당시 채무자가 보유하고 있던 모든 재산은 원칙적으로 채무자의 손을 떠나 전부 개인회생재단에 속하게 된다. 개인회생재단 자체의 법적 성질을 이해하기 위해서는 채무자 본인과 별개의 "파산재단"이라는 개념을 사용하고 있는 파산절차를 먼저 살펴볼 필요가 있다. 파산재단의 법적 성질과 관련해서 "파산재단 자체에 법인격을 인정하는 학설"과 "관리기구로서의 파산관재인에게 귀속하는 관리처분권의 객체로 되는 재산의 집합체로 보는 학설"의 대립이 있다.[85]

이에 비추어 보면, "개인회생재단"의 법적 성질도 채무자와는 별개의 독립적 법인격체로 보는 견해와 단순한 재산의 집합체에 불과하다는 견해가 대립될 수 있다. 전자의 견해에 의하면, 법 제580조 제2항이 개인회생절차가 개시된 경우 채무자가 개인회생재단에 대하여 소유권이 아닌 관리·처분권을 가진다고만 규정하고 있는 것은 독립된 소유권 주체로서의 개인회생재단을 전제하는 것으로, 채권자들은 특별한 사정이 없는 한 채무자에 대한 집행권원에 기하여 "개인회생재단"이 소유하는 재산에 대하여 강제집행 등을 개시하거나 속행할 수 없게 되므로 개시결정의 효력을 규정하는 법 제600조 제1항 제2호의 규정은 주의적 규정에 지나지 않는 것이 된다. 또한 인가결정과 관련해서도 법 제615조 제2항

---

85) 상세한 내용은 전병서, 도산법(제4판), 박영사(2019), 122면 참조.

본문이 "변제계획인가결정이 있는 때에는 개인회생재단에 속하는 모든 재산은 채무자에게 귀속된다"라고 규정하고 있는 것에 비추어 위와 같이 개인회생절차 개시 당시부터 변제계획인가 전까지는 개인회생재단에 속하는 모든 재산은 독립 된 법인격체인 "개인회생재단"에 귀속하고, 변제계획인가와 동시에 "채무자"에게 다시 환원되는 것이라고 해석하게 된다.

그러나 민법상 법인격은 법률의 규정에 의하지 아니하면 성립할 수 없는데 (_{제31조}^{민법}) 개인회생재단에 대하여 법인격을 인정하는 명문의 규정이 없는 점, 개인 회생절차개시결정 후라도 개인회생채권자목록에 기재되지 않은 채권은 개인회생 재단에 속하는 재산에 대하여도 집행이 가능한 점 등에 비추어 개인회생재단을 독립된 법인격체로 보지 아니하고 재산의 집합체로 보는 견해도 설득력이 있다. 이 견해에 의하면, 제580조 제2항이 채무자에게 개인회생재단에 대한 관리·처 분권을 인정한 것은 여전히 채무자가 개인회생재단에 대한 소유권을 보유함을 전제하는 것이고, 따라서 개인회생절차가 개시되면 개인회생재단에 속하는 재산 에 대하여는 법 제600조 제1항 제2호의 규정에 의하여 비로소 채권자의 강제집 행 등이 중지 또는 금지되는 것이며, 인가결정과 관련된 법 제615조 제2항의 규 정은 개인회생재단에 속하는 재산에 대한 소유권의 귀속주체가 채무자임을 주의 적으로 규정한 것이 된다.[86][87]

2) "변제계획 또는 변제계획인가결정에서 다르게 정한 때"의 의미

법 제615조 제2항 단서는 변제계획인가결정이 있는 때에는 개인회생재단에 속하는 모든 재산은 채무자에게 귀속된다는 원칙을 "변제계획 또는 변제계획인 가결정에서 다르게 정할 수 있음"을 규정하고 있다.

이 규정은 필요한 경우 변제계획이나 변제계획인가결정에 의하여 개인회생 재단에 속하는 재산을 채무자로부터 분리하여 다른 권리주체에게 귀속시키는 것 도 가능하도록 하고 있는 것이다. 예를 들면, 변제계획 인가 후 채무자가 악의를 품고 그 소유의 재산을 마음대로 처분하여 은닉, 산일시키고 나서 변제계획을 수행하지 않을 경우 개인회생채권자는 당초 개인회생절차에 들어가지 않고 파산

---

86) 미국 연방 파산법의 제13장 절차에서는 개인회생재단에 별도의 법인격을 부여하고 있다. 그러 나 개인회생재단의 소멸시기에 대하여는 상당한 논란이 있다. 이와 관련한 상세한 논의는 Brian A. Blum, *Bankruptcy and Debtor/Creditor*, 3rd ed., Aspen Publishers(2004), 436면; Lawrence P. King, *Collier Bankruptcy Manual*, 3rd ed., LexisNexis(2003), 1327-11면 참조.

87) 실무상 개인회생재단의 성격을 둘러싼 논쟁은 실익이 없다. 다만 입법론으로는 개인회생재단 의 성격을 명확히 규정하여 개인회생절차가 체계적인 정합성을 가질 수 있도록 정비할 필요가 있다.

절차로 갔을 때보다 훨씬 더 불리한 처지에 놓이게 되므로, 이를 방지하기 위하여 채무자로부터 소유권을 박탈할 수 있을 것이다. 법 제615조 제2항 단서에 의하여 변제계획에서 소유권을 채무자에게 귀속시키지 않는 것으로 규정하면서, 채무자에게 관리·처분권만을 귀속시킬 수는 없으므로 법 제580조 제2항 단서에 따라 관리·처분권의 귀속까지 명시적으로 함께 제한하는 것이 바람직할 것이다.

예컨대, 채무자의 재산은닉 행위 등이 강하게 의심된다면 이해관계인은 법원에 변제계획안 수정명령 신청을 함으로써 채무자의 소유권 및 관리처분권을 모두 제한할 것을 요청할 수 있을 것이고(법 제610조 제3항, 제580조 제2항 단서), 법원도 경우에 따라서 직권으로 같은 내용의 변제계획안에 대한 수정명령을 발할 수 있을 것이다(법 제610조 제3항).

나아가 법 제615조 제2항 단서는 위와 같이 소유권의 귀속을 달리 정할 수 있는 방법으로 "변제계획에 달리 정하는 것" 이외에 "변제계획인가결정"에서 달리 정할 수 있는 것으로 규정하고 있다.

그러나 위와 같이 변제계획 또는 변제계획인가결정에 채무자의 소유권 및 관리·처분권한을 제한하는 조항을 둘 경우에는 위 조항을 대외적으로 공시할 방법이 없어 제3자의 보호문제를 생각하지 아니할 수 없다. 변제계획 등에 의하여 채무자로부터 특정 재산 혹은 전체 재산에 대한 관리·처분권을 박탈한 상황 하에서 채무자가 자신의 명의로 부동산 등기가 남아 있음을 기화로 제3자에게 부동산을 처분하였을 경우, 민법의 일반원칙인 무권리자의 처분행위에 해당하여 제3자는 부동산의 소유권을 취득할 수 없는 결과가 되어 거래의 안전을 해하기 때문이다. 특히 개인회생절차개시나 인가 등의 사항을 부동산 등기부에 촉탁하지 않도록 하고 있는 체제 하에서 법률이 선의의 제3자의 보호에 대하여 아무런 규정을 두고 있지 않는 것은 입법론상 문제가 있다고 할 수 있다.

실무상으로는 상당한 금액의 압류적립금이 있는 채무자가 변제계획에서 압류적립금을 1회의 변제기일에 변제에 제공하기로 하였음에도 변제계획인가결정을 토대로 집행취소를 받은 후 회수한 압류적립금을 회생위원에게 임치하지 않고 임의소비할 우려가 있는 경우 변제계획에서 압류적립금에 대하여 회생위원에게 관리·처분권을 부여하는 것으로 정하고 있다. 이 경우 회생위원은 변제계획인가결정 후 바로 압류적립금을 보관하는 제3채무자 등에게 통지서를 보내어 인가결정에 따른 집행취소가 되더라도 적립금을 채무자에게 지급해서는 안 되고 회생위원에게 지급하도록 알려 주어야 한다($\binom{개인회생예규}{제11조의4}$).

바. 중지 중인 절차의 실효

1) 실효의 대상

변제계획인가결정이 있으면 법 제600조의 규정에 의하여 중지된 파산절차 및 회생절차, 개인회생채권에 기한 강제집행·가압류·가처분은 변제계획 또는 변제계획인가결정에서 다르게 정한 경우를 제외하고는 그 효력을 잃는다($\binom{법 제615조}{제3항 본문}$).

그러나 담보권실행을 위한 경매절차는 인가결정에 의하여 효력이 상실되는 것이 아니라, 오히려 변제계획 인가의 효력에 의하여 속행할 수 있게 된다. 이는 법 제600조 제2항에서 "개인회생절차개시의 결정이 있는 때에는 변제계획의 인가결정일 또는 개인회생절차폐지결정일의 확정일 중 먼저 도래하는 날까지 개인회생재단에 속하는 재산에 대한 담보권의 설정 또는 담보권의 실행 등을 위한 경매는 중지 또는 금지된다"고 규정하고 있기 때문이다.

또한 개인회생절차개시결정으로 중지된 국세징수법 또는 지방세징수법에 의한 체납처분, 국세징수의 예(국세 또는 지방세 체납처분의 예를 포함)에 의한 체납처분 또는 조세채무담보를 위하여 제공된 물건의 처분은 인가결정이 있더라도 실효되지 않는다. 채무자가 이러한 처분의 근거가 되는 조세채무를 변제계획에 따라 변제하지 않을 경우에는 개인회생절차가 폐지될 것이고 그 결과로 위 처분의 속행이 가능하게 된다.

채권압류 및 전부명령의 경우 ① 개인회생절차개시 전에 채권압류 및 전부명령이 확정되지 않은 상태에서 변제계획이 인가되면 위 채권압류 및 전부명령은 효력이 발생하지 않게 되는 데 반하여, ② 개인회생절차개시 전에 이미 채권압류 및 전부명령이 확정된 경우에는 압류 및 전부명령의 대상이 채무자의 장래의 급여채권 등인 경우에 한하여 변제계획인가결정 이후에 제공된 노무로 인한 부분에 대하여 그 효력을 상실하게 될 뿐이다($\binom{법}{제616조}$).[88]

2) 실효의 효과

절차가 그 효력을 잃는다는 의미는 앞으로의 속행을 허용하지 않는다는 뜻이 아니라, 소급하여 그 절차가 효력을 잃는다는 것이다. 따라서 원칙적으로 위와 같은 절차는 법원의 별도의 재판이 없이도 그 효력을 잃는다.

---

88) 주석 채무자회생법(Ⅵ)(제1판), 한국사법행정학회(2020), 517면(김범준).

다만 강제집행, 가압류, 가처분 등은 이미 진행되어 있는 절차의 외형을 제거하기 위한 형식적인 절차가 필요하다. 그러나 이러한 절차에 관하여 법률은 별도의 규정을 두고 있지 아니할 뿐만 아니라, 회생법원으로서는 어느 재산에 관하여 어느 법원에서 어떤 절차가 진행되고 있는지 직접 확인하기 곤란하고, 그 절차의 기록도 보관하고 있지 않으므로, 채무자가 해당 집행법원에 말소등기촉탁신청서와 함께 인가결정등본 및 말소촉탁의 대상이 되는 재산의 목록을 첨부하여 신청을 하여야 할 것이다.

위와 같은 절차의 실효의 효과는 인가결정과 동시에 발생하는데(^{법 제615조,})^{제3항}, 만약 그 인가결정이 뒤에 취소되는 경우에 종전에 소멸하였던 절차가 다시 회복되는지 여부의 문제가 있다. 이러한 경우 파산절차는 인가결정취소의 소급효에 의하여 당연히 그 효력을 회복하지만, 다른 절차는 그 효력이 회복되지는 않고 채권자가 다시 새로운 신청을 하여야 한다고 해석된다.[89] 이는 파산절차의 경우 시간적 간격 없이 절차를 진행할 필요성이 인정됨에 반하여 다른 절차는 집행대상 재산이 존재하는 한 집행착수의 시기가 크게 문제되지 아니하고 오히려 집행의 착수를 개개의 채권자의 판단에 맡기는 것이 타당한 점, 집단적 채무처리절차 사이의 속행은 용이하게 인정될 수 있으나 일단 실효된 개개의 집행절차를 다시 회복시킬 경우 법률관계를 복잡하게 만들 우려가 있는 점 등을 근거로 한다.[90] 다만 회생계획인가 취소의 등기를 할 경우 회생계획인가등기시 말소된 파산등기를 회복하도록 하는 법 제25조 제3항과 같은 규정이 개인회생절차에서는 존재하지 않는다는 점을 들어 파산절차도 다른 절차와 마찬가지로 효력이 회복되지 않는다고 하는 반대설이 있다.

3) "변제계획 또는 변제계획인가결정에서 다르게 정한 때"의 의미

위와 같이 변제계획인가결정이 있으면 법 제600조 제1항의 규정에 의하여 중지된 파산절차, 강제집행, 가압류, 가처분 등은 그 효력을 상실하는 것이 원칙이라 할 것이지만, 이를 "변제계획"에서 다르게 정할 수도 있다.

---

89) 대법원 2006. 10. 12. 선고 2005다45995 판결[구 화의법(2005. 3. 31. 법률 제7428호 채무자 회생 및 파산에 관한 법률 부칙 제2조로 폐지) 제40조 제2항, 제62조의 규정에 따라, 화의개시결정 전에 개시된 화의채권에 기한 강제집행, 가압류·가처분 중 화의개시결정 당시까지 종료하지 않은 것은 화의절차가 종료할 때까지 그 절차의 속행이 금지되고, 그 후 화의인가결정의 확정으로 법률상 당연히 소급하여 그 절차가 취소되어 당해 절차가 종료하며, 이와 같이 화의인가결정의 확정으로 실효된 가압류 등은 같은 법 제68조 제2항에 의한 화의취소결정이 확정되더라도 부활하지 않는다].

90) 三ヶ月章 등, 条解 會社更生法(下), 弘文堂, 1999, 793면.

변제계획에서 다르게 정할 경우로는 ① 채무자가 당해 가압류, 가처분이 이루어진 재산을 변제에 제공하지 않는 내용의 변제계획안을 제출하고 있고, 채무자의 성실성이 의심되는 전후 사정에 비추어 강제집행, 가압류, 가처분을 실효시킨다면 채무자가 향후 이를 임의 처분한 후 변제계획까지 이행하지 아니함으로써 개인회생채권자들에게 손해를 입힐 우려가 있는 경우, ② 변제에 제공되지 않는 채무자의 재산에 대하여 순차로 가압류 등기와 담보권 설정등기가 마쳐져 있는데 채무자가 변제계획을 정상적으로 수행할 것이 의심되는 사정이 있어 인가결정 이후 채무자의 변제계획 불수행 등으로 개인회생절차 폐지 시 가압류권자가 강제집행절차에서 위 담보권보다 후순위로 취급되어 원래 배당받을 수 있었던 금액을 받지 못하게 되는 손해를 입을 우려가 있는 경우[91] 등을 들 수 있다. 이 경우 변제계획에서는 당해 재산의 강제집행, 가압류, 가처분을 변제계획 기간 중의 일정시점이나 혹은 변제계획 기간 종료시까지 계속 중지, 존속시키거나 혹은 속행한다는 내용의 규정을 두게 될 것이다.[92]

3. 변제계획의 불인가의 효력

변제계획이 인가요건을 갖추지 못하여 불인가결정 및 개인회생절차폐지결정이 확정되면 개인회생절차는 종료된다. 불인가결정 및 개인회생절차폐지결정이 있다 하더라도 개인회생절차 중에 생긴 법률효과는 소급하여 무효로 되지 않고 원칙적으로 유효하다.

변제계획의 불인가결정 및 개인회생절차폐지결정이 확정되면, 개인회생채권자는 더 이상 개인회생절차의 제약을 받지 아니하고 채권을 추심하고 강제집행, 가압류, 가처분을 할 수 있게 된다.

---

[91] 주석 채무자회생법(VI)(제1판), 한국사법행정학회(2020), 519면(김범준).

[92] 실무상으로는 변제계획안에 "(대상 부동산에 대하여) 개인회생채권에 기한 강제집행, 가압류 또는 가처분이 있는 경우에는 법 제615조 제3항에 불구하고, 채무자가 변제기간 동안 회생위원의 예금계좌로 총 변제예정(유보)액의 임치를 완료한 시점에서 그 효력을 잃는다."는 기재를 해 두는 방법이 통상적으로 활용되고 있다.

제 6 절 변제계획안 및 그 인부결정에 대한 불복방법

변제계획인부결정이 내려지기 전에 개인회생채권자가 채무자가 제출한 변제계획안에 대하여 불복할 수 있는 방법은 수정명령 신청과 변제계획안에 대한 이의의 제기가 있다. 변제계획인가결정 후에는 그 결정에 대한 즉시항고를 할 수 있다.

1. 변제계획인부결정 전의 불복방법

가. 수정명령의 신청

1) 수정명령의 의의

법원은 이해관계인의 신청에 의하거나 직권으로 채무자에게 기한을 정하여 변제계획안의 수정을 명할 수 있고(법 제610조 제3항), 이 명령을 받은 채무자는 그 기한 내에 계획안을 수정하여야 한다(법 제610조 제4항).[93]

수정명령을 신청할 수 있는 이해관계인이라 함은 개인회생절차에 의한 제약을 받는 개인회생채권자목록에 기재된 개인회생채권자를 뜻한다.[94] 변제계획안의 작성권한이 없는 이들에게 독점적 작성권한을 가진 채무자가 작성한 변제계획안에 대하여 수정명령을 신청할 권한을 줌으로써 절차 참여권을 보장하기 위한 조항으로 해석된다.

2) 수정명령을 할 수 있는 시기

변제계획안이 인가되기 전까지는 변제계획안을 수정할 수 있는 이상(법 제610조 제2항) 수정명령을 신청하거나 수정명령을 발할 수 있는 시기는 변제계획안 인가 전까지로 해석된다.

3) 수정명령신청에 대한 재판

수정명령을 신청함에 있어서는 수정 내용과 수정 이유를 제시하여야 하는데, 법원이 이 신청에 구속되는 것은 아니다.

---

93) 실무적으로는 변제계획안에 인가하기 어려운 내용상 문제가 있을 경우 법원이 직접 수정을 명하는 경우는 거의 없고, 회생위원이 채무자에게 변제계획을 수정하도록 권고하면 그에 따라 수정이 이루어지고 있다. 만약 회생위원의 권고에도 응하지 않는 경우 회생위원의 신청에 의해 법원이 수정명령을 하는 등 변제계획안 수정명령을 활용할 필요성이 있다. 회생위원 직무편람 (제4판), 사법발전재단(2020), 152면.

94) 해석상 여기의 '이해관계인'에는 채무자가 제외된다(제2장 제9절 1. 나. 참조).

수정명령신청이 있을 경우 법원은 이를 받아들여 수정명령을 하든지 아니면 기각을 하든지 어떠한 형태로든 응답을 하지 않으면 아니 된다. 이러한 법원의 결정에 대해서는 불복을 신청할 수 없다(법 제13조 제1항).

4) 수정명령의 내용과 한계

수정명령을 함에 있어서는 채무자에게 일정한 기한을 정하여야 하고, 변제계획안 중 어느 부분을 어떻게 수정하여야 하는지를 명시하여야 한다.

수정의 내용에 관하여 법상 제한이 없으므로 경우를 나누어 살핀다.

먼저, 현재 제출된 변제계획안 자체에 오류나 모순이 있는 경우 이를 바로잡는 내용의 수정명령은 당연히 허용된다.

다음으로, 현재 제출된 변제계획안이 인가요건을 갖추지 못한 경우에는 이를 갖추도록 하는 내용의 수정명령도 허용된다.[95] 따라서 청산가치 보장원칙 또는 가용소득 제공원칙을 준수하기 위해 수정명령을 활용하는 것[96]은 허용된다. 한편 부인권 행사요건이 인정될 경우 채무자에게 부인권을 행사하도록 명하면서 이를 반영하여 변제계획안을 수정하도록 명하거나, 수정명령만으로 해당 재산가액을 청산가치에 반영하도록 할 수도 있다.[97]

마지막으로, 실무상으로는 현재 제출된 변제계획안이 인가요건을 갖춘 경우에도 생계비를 줄여 가용소득을 늘리라는 등의 수정명령을 하는 경우가 종종 있다. 이러한 수정명령이 가능한지에 관하여 보면, 법 제614조 제1항 단서는 변제계획안이 인가요건을 갖춘 경우에도 수정명령에 불응한 경우에는 인가결정을 하지 않을 수도 있다는 취지를 규정하고 있고, 개인회생예규 제8조 제3항은 변제기간만의 수정명령을 할 수 있도록 규정하고 있으므로, 현재 제출된 변제계획안이 인가요건을 갖추었다고 하여 수정명령이 반드시 불가능한 것은 아니라고 본다. 다만, 이러한 경우 법원이 수정명령을 할 때에는, 법원에 변제계획안의 작성권한이 인정되고 있지 않은 점, 인가요건을 갖춘 변제계획안에 대한 인가는 재량이 아니라 의무적인 것인 점[98] 등을 고려하여 특별한 사정이 없는 한 수정

---

95) 이러한 한도 내에서는 본래의 변제계획안과 다른 내용의 수정명령을 발할 수 있다고 해석된다.

96) 다만 실무상으로는 채권자의 이의 여부와 관계없이 가용소득 제공원칙을 준수한 변제계획안이 제출되고 있으므로, 이러한 내용의 수정명령을 하는 경우는 많지 않을 것이다.

97) 대법원도 청산가치 보장원칙을 준수하기 위하여 부인권 행사명령과 수정명령을 활용할 수 있다고 하고 있다. 즉, 부인권 행사명령과 수정명령을 통해 일탈된 재산을 원상으로 회복시키고, 실질적인 청산가치 이상의 변제가 이루어지도록 한다거나(대법원 2013. 3. 11.자 2012마1744 결정 참조), 부인권 행사로 원상회복될 재산 또는 이를 포함한 총재산의 청산가치 이상을 변제에 투입하도록 할 수 있다고 하였다(대법원 2010. 11. 30.자 2010마1179 결정 참조).

98) 법 제614조 제1항 본문 및 대법원 2009. 4. 9.자 2008마1311 결정 등 참조.

명령의 발령을 자제하여야 한다. 구체적으로는, 개별 사건에서 현재 제출된 변제계획안을 그대로 인가하는 것이 정의관념에 현저히 반하여 이를 해소하기 위해 수정명령을 할 수밖에 없는 특별한 사정이 있고, 이러한 수정명령에 응하지 않으면 개인회생절차를 폐지하는 것이 타당한 경우에 한하여 수정명령을 할 수 있다고 보아야 하며, 그러한 경우에도 본래의 변제계획안과 본질적으로 다른 내용으로는 수정명령을 할 수 없다고 할 것이다.[99]

한편 개인회생예규 제8조 제3항은, 채무자가 같은 조 제2항 제1호, 제2호의 규정에 정한 '바람직한 변제기간'보다 단기간을 변제기간으로 작성하여 제출한 경우에는 법원은 위 각 호의 '바람직한 변제기간'으로 수정할 것을 명할 수 있고, 법 제614조의 변제계획 인가요건, 채무자의 수입 등 제반 사정을 종합적으로 고려하여, 변제기간을 달리하여 수정을 명할 수 있다고 규정하고 있다.

5) 수정명령 후의 절차

법원으로부터 수정명령을 받은 채무자는 정해진 기한 내에 명령의 내용대로 변제계획안을 수정하여 제출하여야 한다(법 제610조 제4항). 채무자로부터 수정된 변제계획안이 제출된 경우에는 법원은 법 제597조 제2항에 의하여 수정된 변제계획안을 개인회생채권자 및 개인회생절차가 개시된 채무자의 재산을 소지하고 있거나 그에게 채무를 부담한 자 등에게 송달하여야 한다(법 제610조 제5항).

만일 채무자가 법원의 수정명령을 지키지 아니하였을 경우에는 법원은 당해 변제계획안을 인가하지 아니할 수 있다(법 제614조 제1항 단서).

나. 변제계획안에 대한 이의

1) 변제계획안에 대한 이의의 의의

개인회생절차는 변제계획안의 제출, 인가, 이행, 면책이라는 절차를 거쳐 종국적으로 개인회생채권자의 권리를 감축시키는 것을 내용으로 하는 절차이다. 그러나 법은 이러한 절차의 진행에 관하여 개인회생채권자의 동의나 결의를 거칠 것을 요하지 아니하는 것으로 하고 있다. 다만 개인회생채권자에게 개인회생

---

99) 한편 생계비의 1/3을 감액하라는 취지의 법원의 수정명령을 채무자가 이행하지 않았다는 이유로 제1심법원이 변제계획 불인가결정을 한 사안에서, 위 수정명령은 특별한 사정없이 생계비의 1/3을 감액하라는 취지로서 이에 따라 가용소득을 정하는 경우 위 변제계획은 수행가능성이 없게 되는바, 법원의 수정명령에 의하여 변제계획의 인가요건을 충족하지 못하는 경우에는 그 수정명령 자체가 위법하게 되어 채무자가 그 수정명령을 이행하지 않았다고 하더라도 그 불이행을 이유로 변제계획을 불인가할 수 없다는 사례로는 전주지방법원 2009. 10. 26.자 2008라142 결정(확정).

채권자집회에서 또는 그 집회 종료시까지 서면 또는 구술로 변제계획안에 대하여 이의를 제기할 권리만을 주고 있을 뿐이다.

2) 이의를 할 수 있는 자

변제계획안에 대하여 이의를 할 수 있는 사람은 개인회생채권자 및 회생위원이다(법 제613조 제5항, 제614조). 채권조사확정재판이 계속 중인 등 미확정 상태에 있는 개인회생채권자도 이의를 할 권리가 있다고 보아야 할 것이다. 이들 미확정 채권을 보유한 개인회생채권자도 변제계획안에 의하여 불이익을 당할 우려가 있기 때문이다.

3) 이의를 제기하는 방식

개인회생채권자는 개인회생채권자집회에서 진술하거나(법 제613조 제5항), 개인회생채권자집회기일의 종료시까지 이의진술서를 법원에 제출하는 방식으로 이에 갈음할 수 있다(규칙 제90조 제1항). 개인회생채권자가 이의 진술을 개인회생채권자집회기일에서 말로 한 때에는, 법관이 직접 지휘하는 채권자집회였다면 법원사무관등이 이를 조서에 기재하고, 회생위원이 진행하는 채권자집회였다면 회생위원이 이를 보고서에 기재한다(같은조 제2항).

회생위원도 이의를 제기할 수 있는데, 회생위원이 진행하는 채권자집회에서 회생위원이 이의를 제기하는 경우에는, 채권자집회에서 이의내용을 진술한 후 규칙 제90조 제2항에 따른 보고서에 그 이의의 요지를 기재하여 법원에 제출하여야 한다.

개인회생채권자가 하는 이의의 진술은 변제계획이 법 제614조에서 정하고 있는 인가요건을 충족하지 못하고 있음을 그 내용으로 하여야 하고, 그 이유를 구체적으로 나타내야 한다(규칙 제90조 제3항).

4) 이의제기의 효과

개인회생채권자의 1인 혹은 다수가 변제계획안에 대하여 이의를 제기하더라도 당해 계획안이 인가요건을 갖추고 있는 한 변제계획의 인가를 저지하는 효력은 없다. 그러나 변제계획안에 대한 이의가 제기되면, 채무자의 변제계획안은 다음과 같은 요건을 충족하지 아니하면 법원으로부터 인가를 받을 수 없다.

첫째, 변제계획의 인가결정일을 기준일로 하여 평가한 이의를 진술하는 개인회생채권자에 대한 총변제액이 채무자가 파산하는 때에 배당받을 총액보다 적지 아니하여야 하고, 둘째, 채무자가 최초의 변제일부터 변제계획에서 정한 변제기간 동안 수령할 수 있는 가용소득의 전부가 변제계획에 따른 변제에 제공되어

야 하며, 셋째, 변제계획의 인가결정일을 기준일로 하여 기준채권에 대한 총변제
액이 일정한 금액(최저변제액) 이상이어야 한다(최저변제액의 제공에 관한 상세한 설
명은 제2절 제2항의 2. 다. 참조).

따라서, 당초 채무자가 제출한 변제계획안이 위와 같은 요건을 갖추고 있지
아니하다면 채무자는 다시 위와 같은 요건을 충족하는 새로운 내용의 변제계획
안을 작성하여야만 법원으로부터 인가를 받을 수 있게 된다.

2. 변제계획의 인부결정에 대한 불복방법

가. 즉시항고권자

변제계획인부결정에 대하여 즉시항고를 할 수 있는 자는 그 재판에 대하여
법률상의 이해관계를 가지고 있는 자라야 한다(법제13조). 즉 변제계획의 효력을 받
는 지위에 있는 자로서 변제계획의 효력발생 여부에 따라 자기의 이익이 침해되
는 자이다. 구체적으로 살펴보면 다음과 같다.

1) 개인회생채권자

법 제600조, 제625조 제2항 제1호의 반대 해석상 개인회생채권자목록에 기
재된 개인회생채권자에 한하여 항고할 수 있다. 개인회생채권자목록에 기재된
채권자인 이상 현실적으로 집회에 참석하거나 참석하여 이의를 제기하였는지 여
부는 묻지 않는다.

개인회생채권자 목록에 기재된 개인회생채권자인 이상 그 권리가 미확정된
경우에도 즉시항고를 할 수 있다. 그러나 채권조사확정절차나 그에 관한 이의의
소에서 그 권리가 부존재함이 확정되는 등의 사유로 개인회생절차에 참가할 자
격을 확정적으로 상실한 자는 항고할 수 없다.

2) 개인회생재단채권자

개인회생재단채권자에 대하여는 변제계획에 의하여 감면 기타 그 권리에
영향을 미치는 규정을 할 수도 없고 면책결정에 의하여 이를 면책시킬 수도 없
으므로 착오로 그러한 규정이 있다 하여도 효력이 생기지 않는다고 할 것이고,
따라서 이해관계가 없으므로 항고권자라고 할 수 없다.

3) 별제권자

별제권자도 변제계획인가결정에 따라 개인회생절차의 제약을 받는 불이익
이 없으므로 별제권자의 지위에서 변제계획인가결정에 대하여 항고를 제기할 이

익은 없다고 할 것이다. 다만 별제권 부족액에 대하여 개인회생채권자의 지위에서 항고를 제기할 권한이 있음은 물론이다.

4) 채 무 자

채무자는 변제계획의 불인가결정에 대하여 물론 항고할 권한이 있다고 할 것이다. 변제계획의 인가결정에 대하여 항고할 권한이 있느냐에 대하여는 자신이 인가해 달라고 작성, 제출한 변제계획안이 그대로 인가된 이상은 항고권을 부정하여야 할 것이다.

나. 즉시항고의 절차

1) 항고제기의 방식

변제계획인부결정에 대한 항고는 법원에 항고장을 제출함으로써 한다(_법_{제33조,}_{민사소송법}_{제445조}). 항고장의 기재 내용은 일반 민사소송법과 다르지 않으며, 2,000원의 인지를 붙여야 한다(_{민사소송등인지법}_{제11조 제2항}).

2) 항고기간

변제계획인부결정에 대한 즉시항고는, 공고가 있는 경우이므로 공고가 있은 날부터 14일 이내에 하여야 한다(_법_{제13조}). 기산일은 공고가 효력을 발생한 날이고 이 기간은 불변기간이므로 소송행위의 추후보완이 허용된다(_{법 제9조, 민사}_{소송법 제173조}).

3) 항고장의 심사 및 보증금 공탁명령

가) 항고장의 심사   즉시항고가 제기된 경우 원심법원은 항고장을 심사하여 소정의 인지가 붙여져 있는지, 즉시항고 기간 안에 제기되었는지 검토하여야 하며, 만약 항고인이 인지보정명령을 이행하지 않거나 항고가 항고기간을 넘겼음이 명백한 경우 재판장은 명령으로 항고장을 각하해야 한다(_{법 제33조, 민사소송법}_{제443조, 제399조 제2항}). 일반 민사소송절차와 마찬가지로 법원은 항고가 이유 있다고 인정되는 경우 재도의 고안으로서 원결정을 경정할 수 있다(_{법 제33조, 민사}_{소송법 제446조}). 항고가 이유 없다고 판단되면 항고기록을 송부하여야 한다(_{법 제33조, 민사}_{소송법 제400조}).

나) 불인가결정과 보증금 공탁명령   불인가결정에 대한 항고보증금 공탁제도는 채무자가 항고권을 남용하여 채권자의 권리행사를 지연시켜 손해를 입히는 것을 방지하기 위한 데에서 그 취지를 찾아볼 수 있다. 법원은 변제계획불인가결정에 대한 항고가 있은 때 기간을 정하여 항고인에게 보증으로 대법원규칙이 정하는 범위 안에서 금전 또는 법원이 인정하는 유가증권을 공탁하게 할 수

있다(법 제618조 제2항, 제247조 제4항). 따라서 원심법원 또는 항고법원은 항고장이 접수되면 즉시 항고장을 심사함과 아울러 공탁을 명할지 여부를 1주일 이내에 결정해야 한다(규칙 제93조, 제71조 제1항)(항고보증금 공탁명령의 기재례는 [양식 60] 참조). 다만 서울회생법원의 실무는 항고보증금공탁명령시 보증보험증권에 의한 공탁은 허용하지 않는 것으로 정하고 있다. 이를 허용할 경우 추후 보증보험회사의 구상금채권이 발생하게 되는 문제가 있기 때문이다.

항고인에게 보증으로 공탁하게 할 금액은 확정된 개인회생채권 총액의 20분의 1 범위 안에서 정하되(규칙 제71조 제2항), ① 채무자의 자산·부채의 규모 및 재산상태, ② 항고인의 지위 및 항고에 이르게 된 경위, ③ 향후 사정변경의 가능성, ④ 절차의 진행경과 및 그 밖의 여러 사정을 고려하여야 한다(같은 조 제3항). 법원이 공탁명령을 할 당시 이미 확정된 채권 중 일부가 변제된 경우에는 잔존하는 채권액을 기준으로 정해야 한다. 다만 보증금을 과다하게 설정하면 항고권의 행사를 원천적으로 봉쇄하는 결과를 초래할 수 있으므로 주의하여야 한다.

만약 항고인이 법원이 정하는 기간 내에 보증을 제공하지 아니하는 때에는 법원은 결정으로 항고를 각하하여야 한다(법 제618조 제2항, 제247조 제5항). 본 항의 법문상 "항고를 각하"하는 것으로 되어 있으나 여기서의 "항고"는 "항고장"을 의미한다고 해석함이 타당하므로, 항고인이 정해진 기간 내에 보증을 제공하지 아니한 때에는 법원이 결정으로 "항고장"을 각하하여야 한다(규칙 제71조 제4항)(항고장 각하결정의 기재례는 [양식 61] 참조).

원심법원이 기간을 정하여 항고인에게 보증으로 공탁할 것을 명한 경우에, 항고기록의 송부는 보증 미제공으로 항고장이 각하되지 아니하는 한 그 보증이 제공된 날부터 1주일 안에 하여야 한다(규칙 제71조 제5항).

항고인이 보증으로 제공한 위 금전 또는 유가증권은, 불인가결정에 대한 즉시항고가 기각되고 채무자에 대하여 파산절차가 속행되는 때에는, 이를 파산재단에 귀속시킨다(법 제618조 제2항, 제247조 제6항). 반면 항고가 인용된 경우 또는 항고가 기각되고 채무자에 대하여 파산선고가 없으며 파산절차가 속행되지 않는 경우에는, 보증을 제공한 항고인이 공탁서와 항고 인용의 재판이 확정되었음을 증명하는 서면 또는 채무자에 대하여 파산선고가 없으며 파산절차가 속행되지 않음을 증명하는 서면(개인회생사건 담당 재판부의 법원사무관등이 발급한 것에 한한다)을 첨부하여 공탁물 회수청구를 할 수 있다(개인회생예규 제19조 제2호).

다. 즉시항고와 변제계획의 수행

1) 즉시항고와 집행정지의 효력

변제계획인가결정에 대한 즉시항고는 변제계획의 수행에 영향을 미치지 아니하여 항고법원 또는 개인회생계속법원이 변제계획의 전부나 일부의 수행을 정지하는 등의 처분을 하지 아니하는 한 집행정지의 효력이 없다(법 제618조 제2항, 제247조 제3항).[100] 이로써 일반 민사소송법상의 즉시항고와는 달리 집행정지의 효력을 인정하지 않음으로써 인가결정의 확정을 기다리지 않고 바로 변제계획의 효력을 발생하도록 한 법 제615조 제1항의 취지를 보장할 수 있게 된다. 나아가 변제계획인가결정에 대하여 즉시항고가 이루어져 항고심이나 재항고심에 계속 중이더라도 채무자가 인가된 변제계획에 따른 변제를 완료하면, 법원은 면책결정을 하여야 하고, 면책결정이 확정되면 개인회생절차는 종료하므로(법 제624조 제1항, 규칙 제96조), 항고인이나 재항고인으로서는 변제계획인가결정에 대하여 더 이상 즉시항고나 재항고로 불복할 이익이 없고, 그 즉시항고나 재항고는 부적법하게 된다.[101]

2) 수행정지 등의 가처분

가) 취 지   인가결정에 대한 즉시항고는 위와 같이 집행정지의 효력이 없는 것이 원칙이므로 경우에 따라서는 항고심에서 항고가 인용되더라도 항고인에게 회복할 수 없는 손해를 입힐 수 있다. 그렇다면 결국 인가결정에 대한 불복신청을 허용하는 것이 무의미하게 되므로 법 제618조 제2항, 제247조 제3항 단서는 엄격한 요건 아래 수행정지 등의 가처분제도를 두고 있다.

나) 관할법원   이 가처분은 항고법원 또는 개인회생 계속법원이 발할 수 있다(법 제618조 제2항, 제247조 제3항 단서). 개인회생법원이 이 가처분을 발할 수 있는 것은 항고기록을 항고법원에 송부하기 전 또는 항고법원으로부터 기록이 송부된 경우에 한하여 가능하다.

다) 가처분의 요건   항고가 이유 있다고 인정되고, 변제계획의 수행으로 생길 회복할 수 없는 손해를 예방하기 위하여 긴급한 필요가 있음이 소명되어야 하며, 신청이 있어야 한다(법 제618조 제2항, 제247조 제3항 단서).

라) 가처분의 내용·효력   법원이 할 수 있는 가처분은 변제계획의 전부 또는 일부에 대한 수행을 정지하거나 그 밖에 필요한 처분이다(이 수행정지 처분

---

100) 대법원 2019. 7. 25.자 2018마6313 결정.
101) 대법원 2019. 7. 25.자 2018마6313 결정.

의 기재례는 [양식 54] 참조). 이 가처분은 항고인에게 담보를 제공하게 하거나 담보를 제공하게 하지 아니하고 명할 수 있다. 담보를 제공하게 한 경우 그 담보는 변제계획의 수행을 정지함으로써 생긴 손해를 담보하는 것이므로 본래 손해를 입은 이해관계인이 이에 대한 권리를 취득해야 하나, 계획수행의 책임자인 채무자가 각 이해관계인을 대표하여 권리를 행사하도록 하여야 할 것이다.

라. 항고심의 결정

항고심은 항고인이 주장하는 항고사유에 대하여 판단하여야 하는데, 개인회생절차를 진행하는 제1심에 대한 속심이므로 그 심리의 대상에 있어서 제한을 받지는 아니한다.

항고심이 항고를 각하하거나 제1심의 판단을 수긍하여 항고기각 결정을 하는 경우에는 별다른 문제가 없다. 문제는 항고심이 제1심의 결정을 취소하는 경우에 인가·불인가 결정을 직접 할 것인지 여부이다. 이는 경우를 나누어 보는 것이 타당하다.

먼저, 제1심의 변제계획인가결정이 부당하다고 판단하는 경우에는 제1심 결정을 취소하고 이와 동시에 불인가결정을 선고하여야 한다고 해석함이 타당하다. 이 경우에는 항고심 재판부에서 그 결정문을 송달하여야 한다.

한편 제1심의 변제계획불인가결정이 부당하다고 판단하는 경우에는, 인가결정 후의 변제계획 수행의 감독 등 법상 절차의 지휘를 항고심에서 하는 것이 곤란할 것이므로, 항고심은 제1심 결정을 취소하기만 하고 인가결정은 하지 않은 채 환송하여야 한다.

변제계획 인부결정에 대한 즉시항고가 이유 있어 항고법원이 그 결정을 취소하는 결정을 한 경우, 항고법원은 그 주문, 이유의 요지 등을 공고하여야 하고 (법 제614조 제3항의 유추적용), 이 경우 송달은 하지 아니할 수 있다.

마. 재항고 가부의 문제

법 제618조 제2항, 제247조 제7항, 제290조에 따라 개인회생절차에서도 변제계획인가결정에 대한 항고심의 판단 및 변제계획불인가결정에 대한 항고심의 항고기각결정에 대하여 다시 불복하여 재항고를 제기할 수 있다.

제 7 장   개인회생절차의 폐지와 변제계획 인가 후 절차

제 1 절   변제계획의 수행과 감독 및 변제계획 변경

1. 변제계획의 수행

변제계획이 인가되면, 채무자는 인가된 변제계획을 수행하여야 한다. 채무자는 통상 매월 채권자들에게 변제를 해야 하는데 구체적인 변제계획의 수행방법은 법 제617조에 정해져 있다.

가. 회생위원이 선임되어 있는 경우

채무자는 인가된 변제계획의 내용에 따라 개인회생채권자에게 변제하여야할 금원을 회생위원에게 임치(任置)하여야 하고(법 제617조 제1항), 개인회생채권자는 임치된 금원을 변제계획에 따라 회생위원으로부터 지급받아야 한다(법 제617조 제2항).[1]

따라서 회생위원이 선임되어 있는 경우에는 채무자는 직접 개인회생채권자에게 변제할 것이 아니라 회생위원에게 변제할 채무금액을 임치하여야 한다.

채무자가 회생위원에게 금원을 임치하는 방법은 채무자가 회생위원이 관리하는 예금계좌(법원코드, 회생위원번호, 사건번호로 계좌번호가 구성된다)(개인회생예규 제11조 제1항 참조)에 송금을 하는 것으로 되어 있다(개인회생예규 제11조 제3항). 개인회생채권자들이 회생위원으로부터 변제액을 지급받는 방법은, 임치된 위 예금계좌로부터 미리 신고한 개인회생채권자들의 금융기관 계좌로 송금받는 방법으로 하는 것을 원칙으로 한다(개인회생예규 제11조 제4항).

이를 위하여 개인회생채권자들은 미리 계좌번호를 신고하여야 하므로, 규칙

---

[1] 미국 연방파산법 13장(Chapter 13) §1326는 관재인(trustee)이 매월 채무자들로부터 금원을 수령하여 채권자들에게 분배하도록 규정하고 있다.

제84조 제1항은 "개인회생채권자는 법 제613조의 규정에 따른 개인회생채권자집회의 기일 종료시까지 변제계획에 따른 변제액을 송금받기 위한 금융기관(은행법에 의한 금융기관을 말한다) 계좌번호를 회생위원에게 신고하여야 한다."라고 정하였다. 개인회생채권자는 원칙적으로 자신이 예금주인 금융기관 계좌번호를 신고하여야 하고,[2] 자신이 예금주가 아닌 경우에는 인감증명서를 첨부하는 등으로 계좌번호 신고서가 자신의 의사에 따라 작성된 것임을 소명하여야 한다(개인회생예규 제11조의2 제4항). 한편 개인회생예규 제11조의2는 이메일, 팩스 또는 우편의 방법으로 금융기관 계좌번호의 신고를 할 수 있도록 하고, 개인회생채권자가 이메일의 방법으로 위 신고를 하는 경우에는 채권자계좌번호신고서를 작성하여 이메일에 첨부하는 방법에 의하도록 하고 있다. 만약 위와 같은 계좌번호의 신고를 하지 아니한 개인회생채권자에 대하여 지급할 변제액은 변제계획에서 정하는 바에 따라 공탁할 수 있다(법 제617조 제2항).[3] 한편, 회생위원은 개인회생절차폐지의 결정 또는 면책의 결정이 확정된 후에도 임치된 금원(이자를 포함한다)이 존재하는 경우 이를 채무자에게 반환하여야 한다. 채무자가 수령을 거부하거나 채무자의 소재 불명 등으로 반환할 수 없는 경우에는 채무자를 위하여 공탁할 수 있다(법 제617조의2).

나. 회생위원이 선임되어 있지 않거나, 변제계획 또는 변제계획인가결정에서 다르게 정한 경우

그런데 위와 같은 방법은 회생위원이 선임되어 있는 경우에만 적용되는 것이고, 만일 회생위원이 선임되어 있지 않은 경우이거나 또는 회생위원이 선임되어 있다 하더라도 변제계획이나 변제계획인가결정에서 다르게 정한 경우에는 위의 방법이 적용되지 않는다(법 제617조 제3항).

1) 회생위원이 선임되지 않은 경우

법은 모든 개인회생사건에서 회생위원을 반드시 선임하는 것으로 정하고 있지 않으므로(법 제601조), 만일 회생위원이 선임되지 않은 경우에는 채무자는 인가된 변제계획의 내용에 따라 개인회생채권자에게 변제하여야 할 금원을 스스로 직접 개인회생채권자에게 지급하여야 한다(개인회생예규 제13조 제1항). 직접 개인회생채권자를 찾아가

---

2) 채권자의 계좌번호 신고서의 기재례는 [양식 22-2] 참조.

3) 개인회생예규 제11조의5 제1항은 "회생위원은 변제액을 송금받기 위한 금융기관 계좌번호를 신고하지 아니한 채권자(신고한 계좌번호에 오류가 있는 채권자도 포함한다)에 대하여는 규칙 제84조 제2항 및 변제계획에 따라 연 1회(변제계획인가일부터 1년이 지날 때마다 1회) 변제액을 공탁할 수 있다."고 정하고 있다.

지급할 수도 있고, 개인회생채권자가 알려준 금융계좌로 송금할 수도 있을 것이다. 현금이나 은행 발행의 자기앞수표로는 지급할 수 있겠지만, 어음이나 당좌·가계수표로는 채권자가 동의하지 않는 한 지급할 수 없다고 본다.

유의할 점은, 채무자는 매번 금원 지급시마다 반드시 그 지급사실을 증명할 영수증을 개인회생채권자로부터 교부받아두거나, 금융기관을 통하여 송금하였다면 개인회생채권자의 계좌로 금원이 송금되었다는 점을 입증할 자료를 확보해두어야 한다. 개인회생예규 제13조 제2항은 "채무자는 변제액의 지급시마다 그 지급사실을 증명할 수 있는 서면(영수증 또는 입금확인서 등)을 받아 법원에 제출하여야 하고, 법원사무관등은 이를 기록에 철하여 두어야 한다."고 정하고 있다. 나중에라도 그 지급 여부에 관한 다툼이 생길 경우에 대비하여야 하기 때문이다. 만일 지급 여부에 관하여 다툼이 생겨 개인회생채권자가 변제받을 금원을 받지 못하였다고 주장하게 된다면, 그 지급사실은 채무자가 입증하여야 할 것이고 입증자료가 없다면 지급한 사실을 인정받지 못할 수가 있게 된다.

그러나 실무상 회생위원이 선임되지 않는 경우는 거의 없으므로, 위와 같은 경우는 좀처럼 발생하지 않을 것이다.

2) 회생위원이 선임되었더라도 변제계획이나 변제계획인가결정에서 다르게 정한 경우

회생위원이 선임된 때에는 특별한 사정이 없는 한 위 가.의 방법대로 변제계획을 수행하면 될 것이나, 그 경우에도 만일 변제계획이나 변제계획인가결정에서 다른 방법을 정하였다면, 그 정해진 방법에 따라 변제계획을 수행하여야 한다(법 제617조 제3항).

다만 서울회생법원 실무는 회생위원이 선임된 경우 변제계획이나 변제계획인가결정에서 변제계획 수행에 관해 회생위원에게 임치하는 방법과는 다른 방법을 정하지 않고 있다. 다른 방법을 정할 경우 변제계획 수행에 대한 확인·감독이 어려워지기 때문이다.

2. 변제계획 수행에 대한 감독

가. 회생위원이 선임되어 있는 경우

법 제602조는 제1항 제4호에 "그 밖에 법령 또는 법원이 정하는 업무"를 회생위원의 업무로 정하고 있고, 규칙 제88조 제1항 제4호는 "변제계획에 따른 변

제가 지체되고 그 지체액이 3개월분 변제액에 달한 경우 법원에 대한 보고"를 회생위원의 업무로 규정하고 있으므로, 회생위원이 선임되어 있는 경우 채무자가 변제계획을 제대로 수행하는지 여부에 대한 감독업무의 주된 담당자는 회생위원이다. 따라서 회생위원은 변제계획에 따른 변제가 지체되고 그 지체액이 3개월분 변제액에 달한 경우에 변제계획불수행 보고서를 작성하여[4] 법원에 보고하여야 한다(개인회생예규 제11조의3 제1항). 위 연체 기준은, 특별한 사정이 없는 한, 개인회생절차 폐지결정의 기준이 될 수 있을 것이다.[5] 한편 회생위원은 채무자가 인가된 변제계획을 수행하지 아니하는 때에는 전화, 전자우편, 팩시밀리 등 적절한 방법으로 그 사유를 파악하고 변제수행을 독려하여야 한다. 다만 채무자가 인가된 변제계획을 이행할 수 없음이 명백한 때에는 그러하지 아니하다(개인회생예규 제11조의3 제2항). 서울회생법원은 2017. 9. 1.부터 '변제계획 불수행 사건의 처리'(서울회생법원 실무준칙 제441호)를 시행함으로써 법원이 인가된 변제계획에 따른 변제가 지체되고 있는 사건을 신속하게 파악하고, 채무자의 변제계획 이행가능성, 변제계획변경의 필요성 등을 종합적으로 고려하여 신속히 개인회생절차의 폐지, 변제계획변경 등의 조치를 취할 수 있도록 변제가 지체되고 있는 사건에 관한 통일적인 기준을 정립하였다.

나. 회생위원이 선임되어 있지 않은 경우

이 경우 채무자는 인가된 변제계획의 내용에 따라 개인회생채권자에게 변제하여야 할 금원을 개인회생채권자에게 지급한다(개인회생예규 제13조 제1항). 채무자는 변제액의 지급시마다 그 지급사실을 증명할 수 있는 서면(영수증 또는 입금확인서 등)을 받아 법원에 제출하여야 하고, 법원사무관등은 이를 기록에 철하여 두어야 한다(개인회생예규 제13조 제2항).

한편 변제계획이 제대로 수행되지 않을 경우 변제를 받지 못한 개인회생채권자는 법원에 개인회생절차의 폐지를 신청할 수 있고(법 제621조 제1항 제2호), 또한 법원이 채무자에 대한 면책여부를 결정할 때 면책에 반대하는 의견을 개진할 수 있으며(법 제624조 제2항), 채무자가 부정한 방법으로 면책을 받아냈다면 면책의 취소를 신청할 수 있으므로(법 제626조), 이와 같은 규정에 의해 채무자의 변제계획의 성실한 수행이 간접적으로 강제되고 있다.

---

4) 채무자의 변제계획 불수행에 관한 회생위원의 보고서 기재례는 [양식 64] 참조.
5) 개인회생 폐지결정의 기준에 관해서는 제7장 제2절 3. 참조.

3. 변제계획의 변경

가. 인가 후 변제계획변경의 의의

변제계획의 변경이라 함은 변제계획인가결정 후 변제계획에 따른 변제가 완료되기 전에 변제계획에서 정한 사항을 변경하는 것을 말한다. 예컨대 변제계획에서 정하는 변제기간은 원칙적으로 최장 3년까지로 되어 있기 때문에, 인가된 변제계획을 수행하는 도중에 채무자의 소득이 줄어들거나 늘어나는 경우에 변제계획의 변경이 필요할 수 있다. 또한 별제권행사 등으로 확정된 채권액이 애초에 예상하였던 미확정 개인회생채권액보다 큰 경우에는 변제계획의 변경이 필요하다.

나. 변제계획변경의 사유

법은 인가 후 변제계획변경이 가능한 것으로 정하면서, 회생절차와 달리 (법 제282조) 변제계획변경의 사유를 제한하고 있지 아니하여,[6] 인가요건 외에 별도의 변경사유가 필요한지 여부에 관하여 견해가 나뉘어 있었다.

대법원은 "인가된 변제계획의 변경은 인가 후에 변제계획에서 정한 사항의 변경이 필요한 사유가 발생하였음을 당연한 전제로 하는 것으로서, 위 규정이, 변제계획 인가 후에 채무자의 소득이나 재산의 변동 등 인가된 변제계획에서 정한 사항의 변경이 필요한 사유가 발생하지 아니한 경우에도 아무런 제한 없이 변제계획을 변경할 수 있도록 허용하고 있는 것으로 볼 수는 없다. 이와 달리 위와 같은 변경사유의 발생 없이도 인가된 변제계획의 변경이 가능하다고 보게 되면 안정적인 변제계획의 수행이 매우 곤란해질 뿐만 아니라 변제계획 인가절차 자체가 무의미해져, 변제계획 인가 전에 채무자회생법 제610조 제2항에 따라 변제계획안을 수정하는 것과 별다른 차이가 없게 되기 때문이다. 따라서 변제계획 인가 후에 채무자의 소득이나 재산의 변동 등 인가된 변제계획의 변경이 필요한 사유가 발생한 경우에 한하여 변제계획의 변경이 가능하다고 봄이 타당하

---

6) 회생절차에서의 회생계획 변경에 관한 법 제282조 제1항은 "회생계획인가의 결정이 있은 후 부득이한 사유로 회생계획에 정한 사항을 변경할 필요가 생긴 때에는 법원은 회생절차 종결 전까지 관리인, 채무자 또는 목록에 기재되어 있거나 신고한 회생채권자·회생담보권자·주주·지분권자의 신청에 의하여 회생계획을 변경할 수 있다"고 규정하고 있다. 이에 반하여 개인회생절차에서의 변제계획 변경에 관한 법 제619조 제1항은 "채무자·회생위원 또는 개인회생채권자는 변제계획에 따른 변제가 완료되기 전에는 인가된 변제계획의 변경안을 제출할 수 있다"고만 규정하고 있을 뿐 변제계획 변경안 제출 사유에 대하여는 아무런 제한을 두고 있지 않다.

다."라고 판시하였다.[7]

나아가 구체적인 변경사유 해당 여부에 관하여는 사정변경이 발생하게 된 경위, 가용소득이나 재산의 변동 폭, 채권자의 이의 여부, 잔존 변제기간, 변제율 등을 종합적으로 고려하여 사안별로 판단할 수밖에 없을 것이나, 적어도 채무자 가 사정변경이 발생하였음을 이유로 변경안을 제출한 경우[8] 변경의 필요성을 가급적 넓게 인정하는 것이 서울회생법원의 다수 실무례이다.

다. 인가 후 변제계획변경이 문제되는 경우

1) 가용소득의 변동

가) 채무자의 소득이 줄어드는 경우

인가된 변제계획을 수행하는 도중에 실직이나 급여의 감소 등으로 소득 자 체가 감소하는 경우가 있을 수 있고, 본인이나 가족들의 질병, 부상 등으로 인한 의료비지출, 출산이나 부모의 실직 등에 의한 피부양자의 증가 기타의 사유로 가용소득이 감소하는 경우가 발생할 수 있다. 그러한 사유가 채무자의 책임질 수 없는 사유로 인한 것이고, 그로 인하여 도저히 변제계획의 수행이 곤란해 변 제계획의 변경 자체가 불가능할 경우에는 법 제624조 제2항의 규정에 의한 면 책을 할 것이냐 여부가 문제될 것이지만, 변제계획변경을 통해 변제계획의 수행 이 가능할 경우에는 채무자에게 유리하게 변제계획을 변경하는 것이 바람직하다.

나) 채무자의 소득이 늘어나는 경우 등

변제계획상의 변제기간 중 채무자의 소득수준이 다소 향상되는 경우도 있 을 수 있다. 그 정도가 인가된 변제계획 작성 당시 합리적으로 예상할 수 있었 던 범위 내(예컨대 채무자가 정기 승급에 따라 급여가 인상되는 경우)라면 변제에 투

---

7) 대법원 2019. 3. 19.자 2018마6364 결정 등 참조. 변제기간과 관련하여 원칙적으로 최장 3년을 초과하지 못하도록 법이 개정되자, 서울회생법원은 2018. 1. 8. 위와 같은 현행 법 개정의 취지 에 따라 현행 법의 시행 전에 채무자가 개인회생개시절차를 신청한 사건에 대하여도 변제기간 의 단축을 내용으로 하는 변제계획의 변경을 허용하기 위해 '개인회생 변제기간 단축에 관한 개정법률 시행 이전의 경과사건 처리를 위한 업무지침'을 제정하여 시행하였고, 현행 법의 시행 이전에 변제기간을 5년으로 인가결정을 받은 채무자로부터 변제기간만을 단축한 변제계획변경 안을 제출받아 이를 인가하였다. 대법원은 위 결정을 포함하여 서울회생법원의 위와 같은 변제 계획변경안에 대한 인가결정에 불복한 채권자들의 재항고 사건에서 '법개정이 있었다는 이유만 으로는 인가된 변제계획에서 정한 변제기간을 변경할 사유가 발생하였다고 볼 수 없고, 변제계 획 인가 후에 채무자의 소득이나 재산 등의 변동으로 인가된 변제계획에서 정한 변제기간이 상 당하지 아니하게 되는 등 변경사유가 발생하였다고 인정되는 경우에 변제기간의 변경이 가능하 다'고 보아, 법개정 사유를 변제계획의 변경사유로 보고 채권자들의 즉시항고를 기각한 원심결 정을 파기하였다.
8) 실무상 채권자가 변경안을 제출하는 경우는 매우 드물다.

입할 가용소득이 늘었다는 이유로 매번 그러한 사유발생시마다 변제계획을 개인회생채권자에게 유리하게 계속 변경하여야 한다고 볼 수는 없다. 그러나 소득향상이 예상을 뛰어넘는 정도의 수준(예컨대 파격적인 승진이나 전직 등으로 급여가 크게 상승한 경우 등)이라면 개인회생채권자들과의 형평상 원래의 변제계획보다 변제금액을 늘리는 변제계획변경의 필요성이 있다.

실무상 경매절차가 진행 중인 채무자의 부동산에 관하여 평가가액보다 근저당채무가 초과하고 있어 채무자에게 배당가능성이 없다고 보아 변제계획을 인가하였으나 경매절차가 진행된 결과 예상외로 높은 가격으로 낙찰되어 채무자에게 상당한 금액이 배당되는 경우가 있다. 채무자에게 배당된 금액으로 인하여 청산가치 보장의 원칙이 지켜지지 않게 되면 변제계획의 변경이 필요할 것이다.[9]

2) 재산의 변동[10]

인가된 변제계획에서 채무자의 재산을 처분하여 변제에 투입할 것을 예정하였는데, 변제계획 인가 후 그 재산이 멸실되거나 그 가격이 급격하게 하락한 경우, 채무자는 인가된 변제계획을 그대로 수행하기 어렵게 된다. 반대로 채무자가 처분하기로 한 재산의 가격이 변제계획 인가 당시 예정하였던 가격보다 크게 높아지거나 채무자의 재산이 상속, 복권 당첨 등으로 크게 증가하였는데, 채무자로 하여금 이러한 사정을 반영하지 않은 변제계획만을 계속 수행하도록 한다면, 채권자들에게 지나치게 불이익한 결과가 될 것이다.[11] 이러한 경우에는 변제계획변경을 통해 개인회생절차를 적정하게 유지하여 나갈 필요가 있다.

다만, 개인회생절차에서 채무자는 채권자들이 파산절차에서 배당받을 수 있는 금액, 즉 청산가치보다 적지 않은 금액을 개인회생채권자들에게 변제하는 한, 굳이 자신의 재산을 변제에 사용할 의무가 없다. 따라서 채무자의 재산이 증가하였더라도 그와 같이 증가한 재산을 포함한 청산가치가 인가된 변제계획에서

---

9) 이 경우에 변제계획인가 당시에 산정한 청산가치와의 차액, 변제율, 개인회생채권자의 이의 유무 등을 종합적으로 고려하여 변제계획의 변경 여부를 판단하여야 할 것이다. 서울회생법원 실무는 당초의 총 변제예정액이 경매잉여금을 포함한 청산가치에 미치지 못하는 경우로서, 변제율이 10-20% 이내이고, 총 변제예정액 대비 경매잉여금의 비율이 10% 이상에 이르는 경우에는 변제계획변경이 필요하다고 보고 채무자에게 변제계획변경안의 제출을 권고하거나 회생위원이 직접 변제계획변경안을 제출하는 것으로 기준을 정하였다. 채무자가 이미 경매잉여금을 출급하여 모두 소비하였으나 그 사용처에 관한 납득할 만한 소명(당초 변제계획 인가 당시 예상하지 못한 추가 생계비의 지출 등)을 하지 못하는 경우에도 마찬가지로 변제계획변경의 필요성을 인정하고 있다.

10) 이하는 주석 채무자회생법(VI)(제1판), 한국사법행정학회(2020), 540, 541면(김현범).

11) 온주(로앤비), 채무자회생법, 제619조(2015/김용철)

정한 총변제액의 가치보다 크지 않다면, 변제계획변경의 필요성은 부정하여야
할 것이다.

라. 변제계획변경안의 제출

원변제계획은 채무자가 이를 제출하도록 되어 있고($^{법 제610조}_{제1항}$), 이해관계인은
독자적인 변제계획안 제출권이 없어서 법원에 채무자가 제출한 변제계획안의 수
정명령을 신청할 수 있도록 되어 있으나($^{법 제610조}_{제3항}$), 변제계획변경안은 채무자 외에
회생위원이나 개인회생채권자도 제출할 수 있다($^{법 제619조}_{제1항}$).[12]

인가된 변제계획의 변경안을 제출할 수 있는 기한은 변제계획에 따른 변제
가 완료되기 전까지이다($^{법 제619조}_{제1항}$). 다만, 서울회생법원은 특별한 사정이 없는 한 변
제완료일 3개월 전까지 변제계획 변경안을 제출하도록 하고 있다($^{서울회생법원 실무준칙}_{제442호 제2조 제1항}$).

이러한 변제계획의 변경안을 제출하는 때에는 ① 사건의 표시, ② 채무자,
제출인과 그 대리인의 표시, ③ 변제계획의 변경안을 제출하는 취지 및 그 사유
를 기재한 서면을 함께 법원에 제출하여야 한다($^{규칙}_{제91조}$). 채무자가 제출하는 변제
계획변경안 제출서의 기재례는 [양식 56] 참조.

개인회생채권자가 변제계획변경안을 제출하는 경우에, 송달료 등 비용을 누
가 부담하는지 그리고 절차비용 예납명령에 응하지 않는 경우의 처리방법에 관
해서 현재 아무런 규정이 없다. 입법적으로 검토되어야 하는 부분이다.

마. 변제계획변경의 절차

법원은 변제계획변경안이 제출되면 1차적으로 회생위원으로 하여금 변제계
획의 변경사유가 있는지 여부 등을 조사하도록 한다. 변제계획변경안의 내용은
법 제611조에 의하여 변제계획의 내용으로 포함되어야 하거나 지켜져야 할 사
항들이 똑같이 요구되므로, 회생위원은 위와 같은 조사과정에서 변제계획변경안
의 기재사항에 오류나 누락이 있는 경우 보정을 권고할 수 있다.[13] 변제계획변
경안의 기재사항에 관하여는 제6장 제1절 3. 참조. 회생위원은 위와 같은 업무수

---

[12] 한편 채무자의 재산변동, 특히 변제기간 중 채무자 명의의 재산 취득, 인가 당시의 채무자 소
유 부동산 가격상승 등을 이유로 개인회생채권자가 변제계획 변경요청서를 제출하는 경우가 있
는데, 이는 법에서 예정하고 있는 변제계획 변경안의 제출로 볼 수 없으며, 법원의 직권 발동을
촉구하는 의미로서의 요청서에 불과하다고 볼 것이다. 법원의 조사 및 판단 결과 그 타당성이
인정될 경우 회생위원은 채무자에게 변제계획 변경안 제출을 권유한다. 회생위원 직무편람(제4
판), 사법발전재단(2020), 271면.

[13] 다만 회생위원이 변제계획변경안을 제출할 경우에는 위와 같은 조사는 불필요할 것이다.

행이 끝났을 경우 법원에 업무수행결과보고의 형식으로 채무자나 개인회생채권자가 제출한 변제계획변경안에 관한 의견을 제시한다.

법원은 변제계획변경안이 제출되면 채무자, 알고 있는 개인회생채권자, 채무자의 재산을 소지하고 있거나 그에게 채무를 부담하는 자에게 송달하여야 하고(법 제619조 제2항, 제597조 제2항), 개인회생채권자집회의 기일과 변제계획변경안의 요지를 채무자·개인회생채권자 및 회생위원에게 통지하여야 한다(법 제619조 제2항, 제613조 제1항). 다만, 법 제619조에서 법 597조 제1항을 준용하고 있지 않으므로 공고는 하지 아니한다. 또한 법원은 변제계획변경안이 제출되면 개인회생채권자집회의 기일을 열고 제출자로 하여금 변제계획변경안에 관해 설명하게 하고 다른 이해관계인에게 이의를 진술할 기회를 준다. 개인회생채권자집회에 관한 상세한 설명은 제6장 제4 절 참조.

법원은 변제계획변경안이 법 제614조에 정해진 요건을 갖춘 경우에는 인가결정을 하게 된다. 이 경우 변제계획의 변경안에 대한 법원의 인가는 재량이 아니라 의무적인 것이다.[14] 인가결정은 확정을 기다리지 않고 바로 효력이 생긴다.

변제계획변경안에 대한 인가결정·불인가결정에 관하여는 법 제619조 제2항이 법 제618조를 준용대상규정에서 제외하고 있어 항고가 허용되지 않는 것인가 하는 논란이 있을 수 있으나, 서울회생법원 실무는 법 제618조 제1항의 해석상 즉시항고 대상에 변제계획에 대한 인가결정·불인가결정만이 아니라 변제계획변경안에 대한 인가결정·불인가결정도 포함되는 것으로 해석하여 즉시항고가 인정되는 것으로 보고 있다.[15]

바. 일시변제신청의 업무처리

변제기간 중에 있는 채무자가 정년퇴직에 따른 퇴직금 수령 또는 친인척 등에 의한 자금차입 등을 이유로 일시변제에 따른 변제계획변경안을 제출하는 경우가 있다. 이는 변제기간 동안의 변제를 앞당겨 변제하는 것에 불과하여 재산과 소득의 변경에 따른 변제계획의 변경과는 다른 문제이므로 변제계획변경절차를 거칠 필요는 없다.

---

14) 대법원 2015. 6. 26.자 2015마95 결정 등 참조.

15) 대법원도 변제계획 변경안의 인가결정에 대하여 개인회생채권자가 재항고한 2018마6364호 사건에서 재항고인의 주장을 받아들여 원심결정을 파기하는 결정을 한 바 있는데, 이는 변제계획변경안의 인가결정도 즉시항고의 대상이라는 전제에 서 있는 것으로 이해할 수 있다. 주석 채무자회생법(VI)(제1판), 한국사법행정학회(2020), 542, 543면(김현범) 참조.

다만 서울회생법원은 채권자들의 신뢰를 바탕으로 채무자가 신속히 면책결정을 받을 수 있도록 하기 위하여 실무준칙 제444호로 채무자가 일시변제를 신청한 경우 업무처리방법을 구체적으로 정하고 있는데, 이에 따르면 채무자로 하여금 일시변제 신청서에 일시변제를 하게 된 사유를 소명함과 아울러 변제자금의 출처에 관한 금융거래자료, 재산목록에 기재된 재산내역에 변동이 있는 경우 그에 관한 소명자료, 채무자의 진술서 및 일시변제에 따른 변제계획수정안[16]을 첨부하도록 하여, 변제자금의 출처가 명확하고 개인회생 신청 당시 밝힌 수입이나 재산목록이 진실하다고 판단되면 채권자들에 대한 의견청취절차를 거친 다음 일시변제에 따른 변제계획안 수정을 허용하고 있다.

4. 변제계획 인가 후의 변동사항

가. 개인회생채권자목록의 수정 여부

개인회생채권자목록의 수정은 변제계획 인가 후에는 불가능하다. 따라서 개인회생채권자목록에 누락된 채권이 있는 경우는 물론이고 대위변제나 채권양도가 있는 경우라도 채권자목록을 수정할 수 없다. 다만 채권자목록의 채권자명이 잘못 기재된 경우나 채권금액에 명백한 오류가 있는 것이 발견된 경우에는 개인회생채권자표의 작성자가 개인회생채권자표를 정정하는 방식으로 처리하면 된다.

나. 변제계획에 잘못된 계산이나 기재 등이 있는 경우

실무상으로 변제계획 변제예정액표의 계산이 잘못된 경우나 합계금액이 잘못 기재되는 등 변제계획에 오류가 있는 경우가 있다. 이러한 경우는 변제계획을 변경할 사유에는 해당하지 않으므로 인가결정에 대한 경정으로 처리한다. 이 경우 주문은 "채무자에 대한 위 회생사건에 관하여 이 법원이 2021. ○. ○. 고지한 변제계획인가결정의 변제계획 중 변제예정액표를 별지 변제예정액표로 경정한다."가 된다. 그 밖에 변제계획에 잘못된 기재가 있는 경우에도 인가결정에 대한 경정으로 처리하면 된다.

---

16) 채무자는 특별한 사정이 없는 한 이미 수행한 변제계획은 그대로 유지하고 마지막 회차에 개인회생채권자들에게 일시변제금을 안분하는 내용의 변제계획안을 작성하여야 한다.

다. 변제예정액표 수정에 관한 보고

실무상 개인회생채권의 양도나 보증인의 전부 대위변제가 빈번하게 발생한다. 이 경우 실무는 회생위원이 변제예정액표 수정에 관한 보고 없이 전산 입력 등을 통해 변동사항을 반영하고 있다.[17] 변제계획인가결정 후 미확정채권이 확정되거나 상계 등의 사유로 인하여 채권금액이 감소된 경우는 회생위원이 위와 같은 사유를 반영한 변제예정액표를 작성하여 첨부한 후 법원에 변제예정액표 수정에 관한 보고를 하여야 한다. 또한 일부 보증한 보증인이 대위변제한 경우에도 회생위원이 법원에 변제예정액표 수정에 관한 보고를 한 후 보증인의 계좌번호를 신고받아 채권자와 보증인의 계좌로 나누어 변제를 수행하게 된다.[18] 다만 별제권행사 등으로 확정된 채권액이 애초에 예상하였던 미확정 개인회생채권액보다 큰 경우에는 변제계획의 변경이 필요하다. 변제계획인가결정 후 미확정 개인회생채권이 확정되는 경우의 구체적인 처리에 관하여는 제6장 제2절 4. 가. 2)이하 참조.

제 2 절 개인회생절차의 폐지

1. 개인회생절차폐지의 의의

개인회생절차의 폐지는 개인회생절차개시 후 그 개인회생절차가 목적을 달성하지 못하고 법원이 그 절차를 중도에 종료시키는 것을 말한다.

개인회생절차의 폐지는 변제계획인가 전의 폐지와 변제계획인가 후의 폐지로 나눌 수 있고,[19] 각각 그 요건과 절차를 달리하고 있다.

---

17) '변제계획의 수정처리'(서울회생법원 실무준칙 제443호) 제5조 제2항에서도 법원은 채권양도신고서가 제출된 경우, 전산시스템의 변제예정표상 채권자명을 "채권양수인(채권양도인)"의 형태로 수정하고, 채권양도신고서의 사본을 회생위원에게 송부한다고 규정하고 있다.

18) 이와 마찬가지로 법원사무관등은 채권양도나 대위변제가 이루어졌다는 신고명의변경 신고가 있는 때에 그 신고내용을 개인회생채권자표에 기재하여야 한다(규칙 제83조 제2항 참조). 자세한 내용은 제3장 제3절 3. 나. 참조.

19) 이외에도 이해관계인의 신청 유무에 따라 신청에 의한 폐지와 법원의 직권에 의한 폐지로 구분되고, 폐지가 필수적인지 여부에 따라 필수적 폐지와 임의적 폐지로 구분된다. 주석 채무자회생법(VI)(제1판), 한국사법행정학회(2020), 544면(권민재) 참조.

2. 변제계획인가 전 개인회생절차폐지

가. 요   건

법원은 다음의 경우 변제계획인가가 있기 전 개인회생절차를 폐지하게 된다.

1) 개인회생절차의 개시결정 당시 법 제595조 제1호·제5호에 해당한 사실이 명백히 밝혀진 때(법 제620조
제1항 제1호)

개인회생절차의 신청 당시 채무자가 신청권자의 자격을 갖추지 아니한 때(법 제595조
제1호)나 채무자가 신청일 전 5년 이내에 면책(파산절차에 의한 면책을 포함한다)을 받은 사실이 있는 때(법 제595조
제5호)는 개인회생절차의 개시신청을 기각할 수 있는 사유에 해당한다. 그러나 채무자가 그러한 사유를 밝히지 않아 개시결정이 내려졌다가 뒤늦게 그러한 사유가 밝혀진 경우라면 사후에라도 개인회생절차를 폐지하는 것이 마땅하므로 이를 폐지사유로 규정한 것이다. 위 사유에 관한 자세한 설명은 제2장 제11절 참조. 이 경우의 결정 기재례는 [양식 58-1] 참조.

2) 채무자가 제출한 변제계획안을 인가할 수 없을 때(법 제620조
제1항 제2호)

변제계획안을 인가할 수 없을 때에는 법 제620조에 의하여 개인회생절차폐지를 하여야 할 것이나, 실무는 법 제618조에서 변제계획불인가결정에 대한 항고의 절차를 정하고 있어, 변제계획을 인가하지 않을 경우에는 변제계획불인가결정을 하고 그 확정을 기다렸다가 다시 개인회생절차폐지결정을 하고 있다.

번거로움을 피하기 위하여 개인회생절차폐지결정을 변제계획불인가결정과 하나의 결정으로 하거나, 개인회생절차폐지결정을 따로 하더라도 변제계획불인가결정의 확정을 기다릴 것 없이 변제계획불인가결정과 근접하여 또는 동시에 하는 것을 생각해 볼 수 있으나, 두 결정에 대해 각각 따로 불복이 가능하여 변제계획불인가결정이 확정되기 전에 개인회생절차폐지결정이 확정되는 것과 같이 수습이 곤란한 경우가 생길 수 있는 점 등을 감안하면,[20] 변제계획불인가결정의 확정을 기다린 후에 개인회생절차폐지결정을 할 수밖에 없다. 추후 입법을 통해 보완이 필요한 부분이라고 생각된다.[21] 이 경우 개인회생절차폐지결정 기재례는

---

[20] 채무자가 폐지결정의 기초가 된 변제계획불인가결정을 송달받지 못하였고, 채무자가 불인가결정과 폐지결정 모두를 항고대상으로 삼은 점 등을 종합하여, 불인가결정에 대한 추후보완 항고가 적법함을 전제로 변제계획불인가결정과 개인회생절차폐지결정 모두를 심판대상으로 본 취지의 결정으로는 대법원 2010. 4. 19.자 2009마2038 결정 참조. 한편 폐지결정의 항고만 하였어도 그 주장 안에 불인가결정에 대하여도 다투는 취지가 포함된 것으로 보인다면 불인가결정에 대한 추완항고로서 적법한지 판단하여야 한다고 본 취지의 결정으로는 대법원 2014. 7. 25.자 2014마980 결정 참조.

[양식 58] 참조.

한편 채무자가 개인회생절차개시 후 인가 전에 변제계획의 이행이 곤란하거나 보증인에 대한 추심 때문에 개인회생절차를 이용할 의사가 없어져 스스로 폐지신청을 하는 사례가 있다. 이 경우는 변제계획불인가결정을 하더라도 채무자가 항고하지 않을 것이 명백하므로 변제계획불인가결정을 하지 않고 바로 폐지결정을 하는 것이 실무이다.[22)]

> 3) 채무자가 개인회생절차개시신청시 첨부하여야 할 서류($^{법 제589조}_{제2항}$)의 어느 하나에 해당하는 서류를 제출하지 아니하거나, 허위로 작성하여 제출하거나 또는 법원이 정한 제출기한을 준수하지 아니한 때($^{법 제620조}_{제2항 제1호}$)

채무자는 개인회생절차개시신청시 개인회생채권자목록, 재산목록, 채무자의 수입 및 지출에 관한 목록, 급여소득자 또는 영업소득자임을 증명하는 자료, 진술서, 신청일 전 10년 이내에 회생사건·화의사건·파산사건 또는 개인회생사건을 신청한 사실이 있는 때에는 그 관련서류, 그 밖에 대법원규칙이 정하는 서류를 제출하여야 한다. 그럼에도 불구하고 채무자가 이를 제출하지 않거나 법원이 정한 제출기한을 준수하지 아니하여 개인회생절차를 지연시키거나, 허위로 작성하여 제출함으로써 개인회생절차를 악용하는 경우에는 그 위반 정도의 경중을 고려하여 법원이 개인회생절차의 폐지결정을 할 수 있도록 하였다. 위 사유에 관한 자세한 설명은 제2장 제11절 참조. 이 경우의 결정 기재례는 [양식 59] 참조.

> 4) 채무자가 정당한 사유 없이 제613조 제2항의 규정에 의한 출석 또는 설명을 하지 아니하거나 허위의 설명을 한 때($^{법 제620조}_{제2항 제2호}$)

채무자는 개인회생채권자집회에 출석할 의무가 있고 개인회생채권자의 요구가 있는 경우 변제계획에 관하여 필요한 설명을 하여야 한다. 그러나 채무자가 정당한 사유 없이 출석을 거부하거나 출석하더라도 설명을 거부하여 개인회생절차를 지연시키는 경우 또는 허위의 설명을 함으로써 개인회생절차를 악용하

---

21) 변제계획안을 인가하지 않는 경우에는 '변제계획불인가결정 — 항고 — 항고보증금공탁명령 — 항고장각하 — 개인회생절차폐지결정 — 항고 — 항고보증금공탁명령 — 항고장각하'의 순으로 2중의 불복단계를 거치게 되는 셈이다. 개인회생절차와 달리 회생절차는 회생계획의 불인가결정으로 그 절차가 종료된다(법 제6조 제2항, 제248조 등 참조).

22) 다만 '변제계획 인가 전 폐지결정'(서울회생법원 실무준칙 제432호) 제2조에서는 회생위원이 채권자집회기일을 마친 후 1개월이 지나도록 3개월분 이상의 적립금을 미납한 사건을 취합하여 판사에게 보고하도록 하고(제1항), 판사는 채무자가 3개월분 이상의 적립금을 납부하지 않은 경우 채무자의 여러 사정을 고려하여 법 제620조 제1항 제2호에서 정한 폐지사유인 '채무자가 제출한 변제계획안을 인가할 수 없는 때'에 해당하는지 여부를 판단한다(제2항)고 정하고 있다. 위 준칙에 따라 위와 같은 경우에도 변제계획불인가결정을 하지 않고 바로 폐지결정을 하는 것이 서울회생법원의 다수 실무례이다.

는 경우에는 그 위반 정도의 경중을 고려하여 법원이 개인회생절차의 폐지결정을 할 수 있도록 한 것이다.[23] 이 경우의 결정 기재례는 [양식 59] 참조.

나. 절　　차

1) 법 제620조 제1항에 정하여진 폐지사유가 있으면 법원은 이해관계인의 신청에 의하거나 직권으로 폐지결정을 하여야 한다. 이해관계인이 개인회생절차의 폐지를 신청하는 경우로는, 채무자가 채무한도를 초과하여 신청권자로서의 자격이 없거나 신청일 전 5년 이내에 면책을 받은 사실이 있다는 것이 뒤늦게 밝혀진 경우 등이 있을 수 있다.

법 제620조 제1항은 '폐지의 결정을 하여야 한다'라고 규정하고 있으므로, 법원은 법 제620조 제1항에 해당하는 사유가 있을 때에는 반드시 개인회생절차 폐지결정을 하여야 한다. 법 제620조 제1항에 해당하는 사유는 경중을 따질 수 없는 사유들로 위와 같은 사유에 해당할 경우 개인회생절차를 계속하는 것이 부적절하므로 법원이 필요적으로 폐지하도록 정한 것이다.

2) 법 제620조 제2항에 해당하는 사유에 대하여는 법원은 직권으로 개인회생절차폐지의 결정을 할 수 있다. 법은 '폐지의 결정을 할 수 있다'라고 규정하고 있으므로, 법원은 채무자가 첨부서류를 제출하지 않거나 허위로 작성하여 제출한 경우 등 법 제620조 제2항 각 호에 해당하는 사유가 있더라도 여러 가지 사정을 종합하여 절차폐지가 상당하지 않다고 판단되면 폐지결정을 하지 않을 수도 있다.

3) 법원은 결정의 주문과 이유의 요지를 공고하여야 한다.[24] 이 경우 송달은 하지 않을 수 있다(제622조).

---

23) '변제계획 인가 전 폐지결정'(서울회생법원 실무준칙 제432호) 제3조에서는 채무자가 개인회생 채권자집회기일에 1회 불출석한 경우 특별한 사정이 없는 한 새로운 채권자집회기일을 지정하여 채무자에게 채권자집회기일에 출석할 수 있는 기회를 주고(제1항), 채무자가 개인회생 채권자집회기일에 2회 불출석한 경우(제2항 제1호), 채무자가 개인회생채권자 집회기일에 1회 불출석하였고, 변제계획에 따른 적립금을 3개월분 이상 미납한 경우(제2항 제2호)에는 채권자집회기일에 출석할 수 없었거나, 적립금을 납부할 수 없었던 정당한 사유를 소명하는 등 특별한 사정이 없는 한 개인회생절차폐지의 결정을 한다.

24) 공고문의 기재례는 [양식 63] 참조.

3. 변제계획인가 후 개인회생절차폐지

가. 요   건

변제계획이 인가되어 변제계획의 수행단계로 접어든 후, 다음 중 하나에 해당하는 때에는 법원은 이해관계인의 신청에 의하거나 직권으로 개인회생절차폐지의 결정을 하여야 한다(법 제621조 제1항).

　　① 면책불허가결정이 확정된 때(1호)

　　② 채무자가 인가된 변제계획을 이행할 수 없음이 명백할 때. 다만 채무자가 제624조 제2항의 규정에 의한 면책결정을 받은 때를 제외함(2호)

　　③ 채무자가 재산 및 소득의 은닉 그 밖의 부정한 방법으로 인가된 변제계획을 수행하지 아니하는 때(3호)

위 각 사유 가운데 ③의 사유, 즉 채무자가 재산 및 소득의 은닉 그 밖의 부정한 방법으로 인가된 변제계획을 수행하지 아니하는 때에 개인회생절차가 폐지되는 것에 대해서는 별다른 설명이 필요 없을 것으로 보인다.

문제는 위와 같은 부정한 방법이 아닌 다른 사유로 변제계획을 불이행한 경우이다. 이때는 위 ②의 사유에 해당하는지를 따져보아야 한다. 일단 변제계획을 이행하지 못하였다고 해서 모든 경우에 개인회생절차를 폐지하는 것은 아니고, 채무자가 인가된 변제계획을 이행할 수 없음이 명백하게 된 경우에 한하여 개인회생절차를 폐지하게 된다.[25]

대법원은 "법원이 채무자가 인가된 변제계획을 이행할 수 없음이 명백한지 여부를 판단함에 있어서는, 인가된 변제계획의 내용, 당시까지 변제계획이 이행된 정도, 채무자가 변제계획을 이행하지 못하게 된 이유, 변제계획의 이행에 대한 채무자의 성실성의 정도, 채무자의 재정 상태나 수입 및 지출의 현황, 당초 개인회생절차개시 시점에서의 채무자의 재정상태 등과 비교하여 그 사이에 사정변경이 있었는지 여부 및 채권자들의 의사 등 여러 사정을 종합적으로 고려할 것이나, 단순히 변제계획에 따른 이행 가능성이 확고하지 못하다거나 다소 유동적이라는 정도의 사정만으로는 '이행할 수 없음이 명백한 때'에 해당한다고 할 것은 아니다."라고 하고 있다.[26] 규칙 제88조 제1항 제4호는 "변제계획에 따른 변제가 지체되고 그 지체액이 3개월분 변제액에 달한 경우 법원에 대한 보고"를

---

25) 채무자가 사망한 경우는 위 ②의 절차폐지사유에 해당한다고 본다.

26) 대법원 2017. 7. 25.자 2017마280 결정 등.

회생위원의 업무로 규정하고 있으므로, 위 연체 기준은, 특별한 사정이 없는 한, 회생절차폐지결정의 기준이 될 수 있을 것이나, 이때도 위와 같이 대법원 결정에서 판시한 여러 요건을 종합적으로 고려해야 할 것이다.[27]

한편 채무자가 인가된 변제계획을 이행할 수 없음이 명백하게 된 경우라도, 채무자가 법 제624조 제2항의 규정에 의한 면책결정을 받은 때에는 개인회생절차를 폐지하지 않는다.[28]

채무자가 인가된 변제계획을 수행하고 있지만 인가 전에 재산 및 소득에 관하여 허위의 진술을 한 사실이 인가 후에 밝혀진 경우에 개인회생절차를 폐지할 수 있는지 문제된다. 개인회생절차는 면책을 최종 목표로 하여 진행되는 절차로서 면책불허가사유가 존재하는 상황에서 변제계획을 수행하는 것은 무의미하므로, 채무자가 소득을 허위로 보고하는 등 면책불허가사유가 존재함이 명백한 경우에는 법 제621조 제1항 제2호에 의하여 채무자가 '(변제계획이 완전히 수행된 경우에는 당연히 면책을 받을 수 있음을 전제로 하여) 인가된 변제계획을 (그 목적이 달성될 수 있도록, 즉 면책을 받을 수 있도록) 이행할 수 없음이 명백한 때'에 해당하는 것으로 보아 폐지결정을 한 사례가 있다.[29] 그러나 이 경우에 법원이 면책불허가결정을 할 수 있음은 별론으로 하고, 법 제624조 제1항 제2호 또는 제3호의 사유에 해당하는 것으로 볼 수 없다는 반대 견해도 있다.

채무자가 변제계획에 따른 변제를 완료한 때에는 면책결정을 하여야 하나 (법 제624조 제1항), 면책결정 전에 면책불허가 사유가 발견된 경우라면 법원은 면책불허가결정을 할 수 있으므로[30] 이 경우 개인회생절차폐지사유가 된다.

변제계획인가 후 개인회생절차폐지결정의 기재례는 [양식 62] 참조.

---

27) 앞서 본 '변제계획 불수행 사건의 처리'(서울회생법원 실무준칙 제441호)에서 그 기준을 정하고 있다. 특히 서울회생법원은 2020. 4. 27. 위 준칙을 개정하여 '천재지변, 감염병 확산, 전쟁, 테러, 소요사태 등으로 인하여 재정적 어려움을 겪은 기간 동안의 변제계획 불수행'에 관하여는 개인회생절차를 진행함에 있어 부정적인 요소 내지 변제계획의 수행가능성이 없다고 판단하는 기준으로 삼지 않기로 정하였다. 이로써 코로나19로 인하여 일시적으로 변제수행에 어려움을 겪고 있는 채무자를 지원할 수 있는 제도가 마련되었고, 향후 이와 유사한 사태가 발생하는 경우에도 개인회생절차를 탄력적으로 운영할 수 있게 되었다.

28) 채무자가 어떤 경우에 변제계획의 이행을 못하더라도 법 제624조 제2항의 규정에 의하여 면책을 받게 되는지에 관하여는 제7 장 제3 절에서 설명한다.

29) 서울중앙지방법원 2008. 10. 23.자 2008라554 결정(확정).

30) 반대견해가 있으나, 법 제624조 제3항에서 '제1항 및 제2항에도 불구하고'라는 문언을 둔 이상 채무자가 변제계획에 따른 변제를 완료한 때에도 면책불허가결정을 할 수 있다고 보는 것이 법 문언에 충실한 해석으로 보인다. 주석 채무자회생법(VI)(제1판), 한국사법행정학회(2020), 557면 (권민재) 참조.

나. 절　　차

이때에는 이해관계인이 개인회생절차폐지의 신청을 하는 것이 보통일 것이나, 법원이 직권으로 폐지결정을 할 수도 있다. 이해관계인이 신청을 하는 경우에는 ① 사건의 표시, ② 채무자, 신청인과 그 대리인의 표시, ③ 개인회생절차의 폐지를 신청한 취지 및 그 사유를 각 기재한 서면을 법원에 제출하여야 한다(규칙 제92조).

개인회생절차폐지여부의 판단을 위하여, 법원은 필요하다면 회생위원에게 폐지사유의 유무를 조사시킬 수 있고,[31] 채무자나 이해관계인에게 자료의 제출을 요구하거나 채무자를 심문할 수도 있다. 이 경우 채무자 심문은 법에 정하여져 있지는 않으나, 개인회생절차의 폐지사유가 "채무자가 인가된 변제계획을 이행할 수 없음이 명백한 때", "채무자가 재산 및 소득의 은닉 그 밖의 부정한 방법으로 인가된 변제계획을 수행하지 아니하는 때"로 정해져 있는 이상 그러한 사실을 인정하기 위하여 채무자의 심문이 필요한 경우에는 법원이 채무자를 심문할 수 있음은 당연하다.

법 제621조 제1항은 '개인회생절차폐지의 결정을 할 수 있다'가 아니라 '결정을 하여야 한다'고 규정하고 있으므로, 위 가.에서 열거한 개인회생절차폐지사유가 인정되는 때에는 법원은 반드시 개인회생절차폐지의 결정을 하여야 한다.

공고에 관해서는 변제계획인가 전 개인회생절차폐지의 경우와 같다.

4. 개인회생절차폐지의 효력

가. 절차의 종료

개인회생절차의 폐지결정이 확정되면 개인회생절차가 종료하게 되고,[32] 개

---

31) '변제계획 불수행사건의 처리'(서울회생법원 실무준칙 제441호) 제4조에서는 회생위원의 보고를 규정하고 있다.

32) 법 제621조 제1항은 개인회생절차에서 변제계획인가 후 채무자가 인가된 변제계획을 이행할 수 없음이 명백한 때 등의 사유가 있는 때에는 법원은 개인회생절차를 폐지하여야 한다고 규정하고 있다. 개인회생절차에서 개인회생채권자는 변제계획에 의하지 아니하고는 변제하거나 변제받는 등 이를 소멸하게 하는 행위를 하지 못하는데(법 제582조), 개인회생채권자는 개인회생절차폐지결정이 확정된 때에는 채무자에 대하여 개인회생채권자표에 기하여 강제집행을 할 수 있어(법 제603조 제4항) 개인회생채권자가 개인회생절차폐지결정의 확정으로 절차적 구속에서 벗어나는 점 등에 비추어 보면, 개인회생절차폐지결정이 확정된 경우에 개인회생절차는 종료한다고 봄이 타당하다. 규칙 제96조가 "법 제624조의 면책결정이 확정되면 개인회생절차는 종료한다."고 규정하고 있으나 이는 면책결정이 확정된 경우 개인회생절차의 종료사유에 관한 것이므

인회생채권은 절차의 구속에서 해방되어, 변제계획에 의하지 아니하고는 변제나 변제의 수령 등 채권소멸행위를 하지 못하도록 한 금지(별 제582조)가 풀리게 된다.

회생절차와 달리 변제계획의 인가에는 권리변경의 효력이 없기 때문에, 변제계획에서 정한 개인회생채권의 변제기간, 변제방법, 변제액수는 개인회생절차 폐지가 확정되면 효력을 잃게 되고, 채권자는 원래 채권의 내용대로 채권을 행사하고 집행할 수 있게 된다. 이 경우 별도의 집행권원이 없더라도 개인회생채권자는 채무자에 대하여 개인회생채권자표에 기하여 강제집행을 할 수 있다(법 제603조 제4항).

나. 인가 전 개인회생절차폐지의 효력

개인회생절차개시결정으로 인하여 중지 또는 금지되었던 개인회생재단에 속한 재산에 대한 담보권의 설정 또는 담보권 실행을 위한 경매는 속행되거나 실행이 가능하게 된다(법 제600조 제2항의 반대해석).

개인회생절차개시결정으로 인하여 중지 또는 금지되었던 채무자에 대한 회생절차 또는 파산절차, 개인회생채권자목록에 기재된 개인회생채권에 기하여 개인회생재단에 속하는 재산에 대하여 한 강제집행·가압류 또는 가처분, 개인회생채권자목록에 기재된 개인회생채권을 변제받거나 변제를 요구하는 일체의 행위, 국세징수법 또는 지방세징수법에 의한 체납처분 등도 속행되거나 가능하게 된다.

법은 인가 전 개인회생절차폐지의 경우에는 법 제621조 제2항과 같은 규정을 두고 있지 않으나, 개인회생채권자목록 제출에 따른 시효중단의 효력(법 제32조 제3호)은 인가 전 개인회생절차폐지의 경우에도 인정된다고 본다.

다. 인가 후 개인회생절차폐지의 효력

변제계획이 인가된 후 변제계획에 따라 이미 변제를 행한 경우에는 개인회생절차가 폐지되더라도 그 변제한 만큼의 채무를 소멸시킨 효과가 부인되는 것은 아니다(법 제621조 제2항).[33] 그런데, 변제계획인가에 의해 개인회생채권자의 채권의 내용에 변경이 생기는 것은 아니므로, 개인회생절차가 폐지되면 이미 행한 변제

로 개인회생절차폐지결정이 확정된 경우에도 개인회생절차가 종료한다고 판단하는 데 장애사유 가 되지 아니한다(대법원 2012. 7. 12.자 2012마811 결정).

33) 따라서 채무자가 변제계획인가 후 폐지결정 전에 변제계획에 따라 채권자에게 변제한 부분은 비채변제가 아니므로 반환을 구할 수 없다. 회생위원 직무편람, 법원도서관(2015), 279면.

부분은 당초의 채권의 원금, 이자, 지연손해금 등에 어떻게 충당되는지에 관한 매우 복잡한 문제가 발생하게 된다. 법은 이와 같은 충당문제에 대비한 규정을 두고 있지 않으므로, 민법의 규정에 따른 법정충당의 방법으로 처리할 수밖에 없다.

또한 법 제621조 제2항은 변제계획인가 후 개인회생절차의 폐지는 개인회생절차의 규정에 의하여 생긴 효력에는 영향을 미치지 않는다고 정하고 있다. 따라서 예컨대 개인회생채권자목록의 제출 또는 개인회생절차참가에 대하여 부여되는 시효중단의 효력(법 제32조 제3호)은 그대로 유지되고, 변제계획인가결정에 의한 회생절차·파산절차, 강제집행절차, 가압류·가처분 등의 실효(법 제615조 제3항), 변제계획인가결정에 의한 채무자의 급여 등에 대한 전부명령의 실효(법 제616조 제1항)도 번복되지 않는다.

개인회생채권자목록의 제출 또는 개인회생절차참가에 의하여 중단된 시효는 폐지시부터 새로(즉 남은 시효기간만 진행되면 되는 것이 아니라 처음부터 다시) 진행된다.

5. 개인회생절차폐지결정에 대한 불복[34]

개인회생절차폐지결정에 대하여는 즉시항고를 할 수 있다(법 제623조 제1항). 개인회생절차폐지의 결정은 공고를 하여야 하므로(법 제622조) 그에 대한 즉시항고는 결정의 공고가 있은 날부터 14일 이내에 하여야 한다.

위 기간은 불변기간이므로 당사자가 책임질 수 없는 사유로 말미암아 불변기간을 지킬 수 없었던 경우에는 그 사유가 없어진 날부터 2주 이내에 게을리한 소송행위를 보완할 수 있으나, 공고가 있은 재판을 송달받지 못하여 즉시항고기간을 지킬 수 없었다는 취지의 주장은 특별한 사정이 없는 한 당사자가 책임질 수 없는 사유로 말미암아 불변기간을 지킬 수 없었던 경우에 해당한다고 보기 어려울 것이다. 다만, 법원에 절차진행과 관련한 잘못이 있어 법원이 어떠한 재판을 할 것을 당사자가 예상하기 어려운 사정이 있었다면 이는 당사자가 책임질 수 없는 사유에 해당한다고 볼 여지가 있다.[35]

실무는 개인회생절차폐지의 결정을 하는 경우에 공고를 할 뿐만 아니라 채무자에게 폐지결정의 송달도 하고 있다. 위와 같이 재판의 공고도 있고 송달도

---

34) 이하는, 주석 채무자회생법(Ⅵ)(제1판), 한국사법행정학회(2020), 567~570면(권민재) 참조.
35) 대법원 2012. 12. 27.자 2012마1247 결정.

하는 경우 즉시항고의 기산점이 문제된다. 대법원은 공고를 기준으로 항고기간의 도과 여부를 판단하고 있다.[36] 따라서 재판이 송달된 날부터 1주가 지나 즉시항고를 하였더라도 재판의 공고가 있은 날부터 14일 이내에 한 것이라면 적법한 기간 내에 제기한 것으로 보아야 하고, 재판이 송달된 날부터 1주 이내에 즉시항고를 하였더라도 재판의 공고가 있은 날부터 14일이 지나 한 것이라면 적법한 기간 내에 제기한 것으로 볼 수 없다.

개인회생절차폐지결정을 공고하지 않고 송달만 하는 경우에 즉시항고의 기산점이 어떻게 되는가 하는 문제도 발생할 수 있다. 대법원은 법원이 법의 규정에 따라 재판을 공고하여야 하는데도 공고를 하지 아니한 경우, 그 공고가 있기 전에 즉시항고를 하는 것이 허용된다고 한다.[37]

즉시항고가 제기된 경우 법원은 항고제기일부터 1주일 이내에 기간을 정하여 항고인에게 보증으로 대법원규칙이 정하는 범위 안에서 금전[38] 또는 법원이 인정하는 유가증권을 공탁하게 할 수 있고, 항고인이 그 기간 안에 보증을 제공하지 아니하는 때에는 법원은 결정으로 항고장을 각하하게 되며, 항고가 기각되고 채무자에 대하여 파산절차가 속행[39]되는 때에는 보증으로 제공된 금전 또는 유가증권은 파산재단에 속하게 된다(법 제623조 제2항, 제247조 제4항 내지 제6항, 규칙 제93조, 제71조 제1항 내지 제6항).

다만 서울회생법원 실무는 보증보험증권에 의한 항고보증금 공탁은 허용하지 않고 있다. 이를 허용할 경우 추후 보증보험회사의 구상금채권이 발생하게 되는 문제가 있기 때문이다.

항고법원의 심리범위는 항고이유에 의하여 제한되지 않고 항고법원은 불복신청의 한도 안에서 기록에 나타난 자료에 의하여 제1심 재판의 당부를 심리·판단하여야 한다.[40] 따라서 개인회생절차폐지결정의 당부를 판단하는 항고법원은 항고인이 항고이유로 주장한 사유만이 아니라 원칙적으로 모든 폐지요건의 존부에 관하여 심리·판단하여야 한다. 한편, 항고심으로서는 그 속심적 성격에 비추어 항고심 결정시를 기준으로 당시까지 발생한 사정까지 고려하여 판단하여야 하고, 필요한 경우에는 변론을 열거나 당사자와 이해관계인, 그 밖의 참고인을

---

36) 대법원 2011. 9. 29.자 2011마1015 결정.
37) 대법원 2016. 7. 1.자 2015재마94 결정.
38) 규칙 제93조, 제71조 제2항은 확정된 개인회생채권액의 총액의 20분의 1에 해당하는 금액 범위 내에서 정하도록 규정하고 있다.
39) 다만 파산절차는 변제계획인가로 실효하므로 이는 변제계획인가 전에 폐지되는 경우에만 해당한다.
40) 대법원 2010. 3. 3.자 2009마876 결정.

심문한 다음 항고의 당부를 판단할 수도 있다.[41]

　항고법원은 개인회생절차폐지결정에 대한 즉시항고가 이유 없다고 인정하는 때에는 항고를 기각하는 결정을 한다. 그런데 즉시항고가 이유 있다고 인정하는 때에는 제1심결정을 취소하는 외에 제1심법원으로 환송하는 결정을 해야 하는지가 문제된다. 실무는 제1심결정을 취소만 하는 경우[42]와 제1심결정의 취소 외에 환송결정을 하는 경우[43]도 있는 등 통일되어 있지 아니하다. 개인회생절차폐지결정의 취소의 경우에는 개인회생절차개시재판에 대한 취소의 경우(법 제598조 제5항)와 달리 환송에 대한 명문의 규정이 없는 점, 개인회생절차의 폐지결정은 확정되어야 효력이 있고, 확정되기 전에는 절차가 중지 또는 중단되어 있는 것에 불과하므로 폐지결정이 항고법원에서 취소되어 확정되는 경우 중지되었던 개인회생절차는 다시 진행되는 점 등 제반 사정을 종합하면 항고법원으로서는 제1심결정을 취소하는 외에 별도로 환송결정을 할 필요는 없다고 본다.[44]

　한편 민사소송법 제442조의 재항고에 관한 규정이 개인회생절차폐지결정에 대한 즉시항고에 준용되므로(법 제623조 제2항, 제247조 제7항), 즉시항고에 대한 재판이 재판에 영향을 미친 헌법·법률·명령 또는 규칙의 위반을 이유로 드는 때에만 재항고할 수 있다.[45]

6. 견련파산

　개인회생절차의 폐지가 확정되면 개인회생절차가 종료되고 개인회생채권은 절차의 구속에서 해방될 뿐, 현행법상 필요적 또는 임의적으로 파산선고를 하여야 하는 것은 아니다.

　변제계획인가 전에 개인회생절차가 폐지된 경우 개인회생절차개시결정으로 인하여 중지 또는 금지되었던 채무자에 대한 파산절차는 그 중지 또는 금지에서 풀려 속행되거나 가능하게 된다. 변제계획인가결정으로 파산절차가 효력을 잃은 후 개인회생절차폐지결정이 확정된 경우 파산절차의 실효가 번복되지 않으므로(법 제621조 제2항) 파산절차를 밟기 위해서는 채무자 등이 파산신청을 다시 하여야 한다.

---

41) 대법원 2017. 1. 25.자 2016마1765 결정, 대법원 2011. 10. 6.자 2011마1459 결정.

42) 서울회생법원 2020. 4. 10.자 2018라360 결정 등.

43) 전주지방법원 2020. 3. 23.자 2020라69 결정 등.

44) 동지(同旨), 전대규, 채무자회생법(제5판), 법문사(2021), 1576면.

45) 온주(로앤비), 채무자회생법, 제623조(2015/김용하).

그러나 재건형 도산절차가 그 목적을 달성하지 못한 경우에는 경우에 따라 파산절차에 의하여 채무자의 재산을 청산할 필요가 있고, 이는 회생절차에서뿐만 아니라 개인회생절차에서도 마찬가지이다. 일본의 민사재생법 역시 재생절차개시신청 기각, 재생절차 폐지 등에 의해 재생절차가 그 목적을 달성하지 못하고 종료한 경우 파산원인인 사실이 인정되는 때에는 법원이 직권으로 파산을 선고할 수 있고(민사재생법 제250조 제1항), 파산선고 후의 재생채무자에 관하여 재생계획인가결정의 확정에 의하여 파산선고가 실효된 후 재생절차 폐지결정이 확정된 경우에도 법원이 직권으로 파산을 선고할 의무가 있다(민사재생법 제250조 제2항 본문)고 규정하고 있다. 이와 같은 점을 감안하면 개인회생절차종료 후 법원에 의한 직권파산의 근거 규정을 신설하는 방향으로 법 개정이 이루어지는 것이 바람직하다.

한편 개인파산절차를 진행해야 할 사건에 대하여 개인회생절차개시신청이 있는 경우 비효율을 방지하고 채무자의 조속한 사회복귀를 돕기 위하여 개인회생절차를 개인파산절차로 실무운용상 전환하는 절차에 관하여는 제2장 제12절 참조.

제 3 절   면책과 면책의 취소

1. 개인회생채권의 면책

채무자가 변제계획에 따른 변제를 완료하면 면책을 받게 된다. 그런데, 변제계획에 따른 변제를 완료하지 못하게 된 경우에도 일정한 요건이 갖추어진 때에는 면책을 받을 수 있는 경우가 있다. 이하에서 면책의 요건, 절차, 범위 등에 관하여 설명한다.

가. 면책의 요건과 절차

1) 채무자가 변제계획에 따른 변제를 완료한 때

가) 법원은 채무자가 변제계획에 따른 변제를 완료한 때에는 당사자의 신청에 의하거나 직권으로 면책의 결정을 하여야 한다(법 제624조 제1항). 신청할 당사자는 채무자를 의미하는 것이고, 개인회생채권자나 회생위원을 의미하는 것은 아니다. 직권으로도 면책결정을 할 수 있는데, 법원이 회생위원의 보고 등을 통하여 변

제계획에 따른 변제가 완료되었음을 알게 되었는데도 채무자가 면책신청을 하지 않고 있는 경우가 이에 해당된다.[46] 변제계획완료에 관한 회생위원의 보고는 [양식 65], 변제완료시의 면책결정 기재례는 [양식 66] 참조.

나) 법 제624조 제1항의 규정에 따라 면책의 신청을 하는 당사자는 ① 사건의 표시, ② 채무자, 신청인과 그 대리인의 표시, ③ 면책을 신청한 취지, ④ 채무자가 변제계획에 따른 변제를 완료한 내용을 기재한 서면을 법원에 제출하여야 한다(규칙 제94조 제1항). 인지는 따로 첨부하지 않는다(민사접수서류에 붙일 인지액 및 그 편철방법 등에 관한 예규 별표 참조).

다) 면책결정은, 면책신청서에 첨부된 자료에 기하여 또는 직권판단의 경우 회생위원의 보고 등 기록상의 다른 자료에 기하여 변제계획의 수행이 완료된 사실이 인정된다면, 심문 없이 할 수 있다. 그러나 변제계획의 수행이 완료되었는지 여부가 의심스럽다거나 다투어지고 있는 경우에는, 법원은 판단을 위해 채무자에게 필요한 자료를 제출하게 하거나, 이해관계인의 의견을 청취하거나, 경우에 따라 필요하다면 채무자를 심문할 수 있다. 법은 채무자가 변제계획에 따른 변제를 완료하지 못한 경우의 면책(법 제624조 제2항)에는 이해관계인에 대한 의견청취절차를 두고 있고, 변제계획에 따른 변제를 완료한 경우의 면책에 대해서는 그러한 절차를 구체적으로 두고 있지는 않으나, 변제계획을 완전히 수행한 사실이 인정되어야만 법 제624조 제1항에 따른 면책결정을 할 수 있는 것이므로, 변제계획을 완전히 수행하였는지 여부가 불투명한 경우에는 그 인정을 위한 판단자료의 수집을 위하여 자료의 제출요구나 이해관계인에 대한 의견청취, 채무자에 대한 심문 등을 거칠 수 있음은 당연하다.

2) 채무자가 변제계획에 따른 변제를 완료하지 못한 경우

법원은 채무자가 변제계획에 따른 변제를 완료하지 못한 경우에도 일정한 경우에는 이해관계인의 의견을 들은 후 면책의 결정을 할 수 있다(법 제624조 제2항, 이하 이에 따른 면책을 '특별면책'이라 한다). 변제미완료시의 면책결정 기재례는 [양식 67] 참조.

가) 다음의 요건이 모두 충족된 경우에 한해 변제계획을 완전히 수행하지 못했을 경우에도 면책의 결정을 할 수 있다.

---

46) '면책허부의 결정'(서울회생법원 실무준칙 제451호)에 의하면 회생위원은 채무자가 변제계획안에 따른 변제를 완료하였음에도 6개월 이내에 면책신청을 하지 않은 경우 채무자가 변제계획안에 따른 변제를 완료하였는지 여부와 채무자에게 면책불허가 사유가 존재하는지 여부에 관한 보고를 판사에게 하여야 하고(제3조 제1항), 판사는 회생위원으로부터 보고를 받은 후 특별한 사정이 없는 한 1주 이내에 채무자에 대한 면책허가여부에 관한 결정을 하도록 하고 있다.

① 채무자가 책임질 수 없는 사유로 인하여 변제를 완료하지 못하였을 것

② 개인회생채권자가 면책결정일까지 변제받은 금액이 채무자가 파산절차를 신청한 경우 파산절차에서 배당받을 금액보다 적지 아니할 것

③ 변제계획의 변경이 불가능할 것

채무자가 책임질 수 없는 사유란, 예컨대 비자발적 실직으로 인한 장기간의 소득 상실(서울회생법원 실무준칙 제451호 제4조 제1항 제1호)이나 급여의 감소 등으로 소득 자체가 감소하는 경우, 본인이나 가족들의 질병, 부상 등으로 인한 의료비 지출, 출산이나 부모의 실직 등에 의한 피부양자의 증가 기타의 사유로 가용소득이 감소하는 경우 등을 들 수 있다. 이러한 경우, 변제계획을 변경하여 수행케 하는 것이 가능하다면 모르되, 생계비를 초과하는 수입을 계속적으로 얻을 수 있다고 보기 어려운 경우(서울회생법원 실무준칙 제451호 제4조 제1항 제3호) 등과 같이 변제계획의 변경도 불가능한 정도의 상황이라면, 수행이 불가능한 변제계획의 수행을 계속 강요한다는 것은 무의미할 뿐만 아니라 채무자에 대하여 가혹한 처사가 되기 때문이다.

다만 특별면책은, 법 제624조 제1항의 면책결정이 필수적인 것과는 달리 임의적인 것이기 때문에, 채무자는 위에서 열거한 요건들이 모두 충족되었다 하더라도 반드시 면책결정을 받을 수 있는 것은 아니다. 법원은 위 요건들이 모두 충족되었다 하더라도 변제계획이 이행된 정도를 비롯한 제반 사정을 종합적으로 판단하여, 면책을 하는 것이 합당하다고 판단될 경우에 비로소 면책결정을 하게 된다.

그동안 실무상으로 특별면책의 요건을 상당히 엄격하게 해석하여 온 결과 그 활용이 저조하였다. 그러나 코로나19로 경기침체 상황이 계속되는 가운데 대법원 산하 회생·파산위원회는 2020. 6. 25. 채무자의 효율적인 회생을 위해 특별면책의 활성화 등을 권고하였고, 이에 따라 서울회생법원은 2020. 7. 22. '면책허부의 결정'(서울회생법원 실무준칙 제451호) 제4조와 '변제계획 불수행 사건의 처리'(서울회생법원 실무준칙 제441호) 제3조를 개정(2020. 7. 23. 시행)하여 특별면책의 요건에 관한 예시를 명시하는 한편, 인가된 변제계획에서 정한 변제를 지체한 채무자에게 변제계획변경에 관한 안내문을 보내는 기회에 특별면책에 관한 법률규정도 함께 안내할 수 있도록 함으로써 특별면책을 기존보다 넓게 인정할 수 있는 토대를 마련하였다.

실무준칙 개정 이후 특별면책이 인정된 대표적인 사례로는 사고나 질병으로 근로능력이 상실되거나 감소한 경우, 코로나19 등 외부적 요인으로 실직하거

나 폐업하여 재취업을 위한 노력에도 불구하고 단기간에 재취업이 어려운 경우, 가족의 질병, 부상 등으로 필수적 의료비 지출이 증가된 경우, 출산이나 부모의 실직 등으로 피부양자가 증가한 경우 등이 있다.

나) 특별면책의 신청을 하는 자는 ① 사건의 표시, ② 채무자, 신청인과 그 대리인의 표시, ③ 면책을 신청한 취지, ④ 법 제624조 제2항 각호의 규정에서 정한 요건을 갖춘 내용을 각 기재한 서면을 법원에 제출하여야 한다(규칙 제94조 제2항). 또한 특별면책은 개인회생절차가 계속 진행하고 있음을 전제로 하고 개인회생절차가 종료하기 전까지만 신청이 가능하다.[47]

이 경우 면책결정을 하기 위해서는 법원은 결정에 앞서 이해관계인의 의견을 청취하여야 한다. 법원은 이를 위하여 이해관계인들(특별한 사정이 없는 한 개인회생채권자들이 될 것임)에 대하여 일정한 양식의 의견청취서를 발송하여 그 의견을 취합하는 방식으로 의견청취를 실시한다. 의견청취서의 기재례는 [양식 69] 참조.

3) 2018. 6. 13. 전에 변제계획인가결정을 받은 채무자가 2018. 6. 13. 당시 변제계획안에 따라 3년 이상 변제계획을 수행한 경우

법 제611조 제5항[48]의 개정규정은 2018. 6. 13.부터 시행하되, 개정규정 시행 후 최초로 신청하는 개인회생사건부터 적용한다. 다만, 개정규정 시행(2018. 6. 13.) 전에 변제계획인가결정을 받은 채무자가 개정규정 시행일(2018. 6. 13.)에

---

47) 대법원은 "법 제624조 제2항은, 채무자가 변제계획에 따른 변제를 완료하지 못한 경우에도 채무자가 책임질 수 없는 사유로 인하여 변제계획에 따른 변제를 완료하지 못하였을 것(제1호), 개인회생채권자가 면책결정일까지 변제받은 금액이 채무자가 파산절차를 신청한 경우 파산절차에서 배당받을 금액보다 적지 아니할 것(제2호), 변제계획의 변경이 불가능할 것(제3호)의 요건을 모두 충족한 때에는, 법원은 이해관계인의 의견을 들은 후 면책결정을 할 수 있다고 규정하고 있다. 그런데 개인회생절차가 종료한 이후 채무자에게 파산원인이 있는 경우 채무자는 파산절차를 이용할 수 있는 점, 개인회생절차가 종료한 이후에도 채무자가 개인회생절차에 따른 면책신청을 할 수 있다면 개인회생절차로 말미암은 권리행사의 제한에서 벗어난 개인회생채권자의 지위가 불안정하게 되는 점, 면책결정이나 개인회생절차폐지결정이 확정되면 개인회생절차가 종료하는 점, 면책불허가결정이 확정된 때에는 개인회생절차를 폐지하여야 하는데(법 제621조 제1항 제1호), 개인회생절차폐지결정이 확정된 후에 채무자가 면책신청을 하여 법원이 면책결정 또는 면책불허가결정을 하여야 한다면, 이미 종료한 절차가 다시 종료하거나 폐지결정을 다시 하여야 하는 모순이 발생하여 법체계에 맞지 않는 점 등에 비추어 보면, 법 제624조 제2항에 따른 면책은 개인회생절차가 계속 진행하고 있음을 전제로 한 것으로 개인회생절차가 종료하기 전까지만 신청이 가능하다고 봄이 타당하다."고 하였다(대법원 2012. 7. 12.자 2012마811 결정). 따라서 개인회생절차가 그 폐지결정 확정으로 종료한 후에는 특별면책 신청은 부적법하다.

48) 변제계획에서 정하는 변제기간은 변제개시일부터 3년을 초과하여서는 아니된다. 다만, 법 제614조 제1항 제4호의 요건을 충족하기 위하여 필요한 경우 등 특별한 사정이 있는 때에는 변제개시일부터 5년을 초과하지 아니하는 범위에서 변제기간을 정할 수 있다.

이미 변제계획안에 따라 3년 이상 변제계획을 수행한 경우에는 당사자의 신청 또는 직권으로 이해관계인의 의견을 들은 후 면책의 결정을 할 수 있다 [부칙 제2조 제1항(2020. 3. 24. 법률 제17088호로 개정된 것. 공포한 날부터 시행), 이하 위 부칙에 의한 면책을 부칙면책이라 한다].

가) '변제계획의 수행'은 채무자가 변제액을 납부하고, 채권자가 지급(계좌입금)받은 때까지를 의미한다. 2018. 6. 13. 당시 36회분의 변제일이 도래하여야 하는지와 관련하여 다수 견해는 2018. 6. 13. 당시 36회분 변제일이 도래하고 36회분 변제수행을 완료해야 부칙면책 요건을 충족하였다고 본다. 즉 다수 견해는 2018. 6. 13. 당시 선납으로 36회분 이상의 변제액이 입금된 경우에는 부칙면책의 요건을 충족하지 못했다고 보는 것이다.[49] 한편, 변제계획의 수행이 완료되었는지 여부는 면책결정 단계에서는 원칙적으로 2018. 6. 13.까지 채무자의 입금횟수를 기준으로 판단하되, 면책결정에 대하여 채권자의 즉시항고가 있는 경우에는 출금횟수 및 입금횟수와의 차이가 발생한 이유 등을 고려하여 개별적으로 변제계획의 수행 완료 여부를 판단할 수 있을 것이다.[50]

부칙면책의 경우에도 청산가치 보장원칙의 충족 여부를 심사하여야 한다. 청산가치 보장 여부는 '인가결정 당시의 청산가치'와 '부칙면책결정 시까지 변제액의 인가결정 당시 현재가치'를 비교하여 판단한다. 인가결정 이후 소득의 변동을 조사하여 가용소득 전부투입 여부를 재심사하여야 하는지와 관련하여, 소득의 변동 여부를 부칙면책의 요건으로 하고 있지 아니하므로 이러한 심사는 원칙적으로 불필요하다.[51]

나) 부칙면책의 신청을 하는 당사자는 [양식 65-1]의 신청서를 법원에 제출

---

49) 개정된 부칙은 '변제계획안에 따라' 3년 이상의 변제계획을 수행한 경우를 요건으로 하고 있음을 근거로 한다. 다만, 실무상 변제예정액을 일시에 변제하고 면책을 받는 것도 가능한 점을 들어 2018. 6. 13. 당시 36회분 이상의 변제액이 입금된 경우를 부칙면책의 대상으로 보는 반대 견해가 있다. 이에 대하여 다수의견은 입법과정에서 부칙면책의 내용이 소급입법에 해당하고 개인회생채권자의 신뢰이익과 재산권을 침해할 가능성이 있음이 지적된 점에 비추어 확대적용을 최대한 지양하여야 하므로 2018. 6. 13. 당시 36회분 변제일이 도래하지 않은 채무자는 부칙면책의 대상이 아니라고 반박한다.

50) 채무자가 2018. 6. 13.까지 36회분의 변제액을 입금하였는데, 회생위원의 수동이체 시기가 늦어진 등의 이유로 2018. 6. 13.까지 채권자들에게 지급된 액수가 36회분에 미치지 못하는 경우, 엄격히 보면 '3년 이상의 변제계획을 수행'이라는 요건에 해당하지 않는 것으로 볼 수 있으나, 법원의 업무처리 시기에 따라 부칙면책의 가부가 달라지는 것은 불합리한 점, 부칙면책 제도의 입법 취지 등을 고려하면 위와 같은 경우에도 '3년 이상 변제계획을 수행'이라는 요건을 충족한 것으로 볼 여지가 있기 때문이다.

51) 다만, 채권자가 채권자 의견서 등을 통해 채무자 소득의 대폭적인 '증가' 등을 이유로 적극적으로 이의하는 경우에는 재산과 소득에 관한 조사를 할 수 있을 것으로 보이나, 조사를 통해 재산이나 소득의 현저한 증가가 인정된 경우에 부칙면책의 인정 여부에 관하여는 견해의 대립이 있다.

하여야 한다. 특별면책의 경우와 같이 법원은 결정에 앞서 이해관계인의 의견을
청취하여야 한다.[52) 의견청취서의 기재례는 [양식 69-1] 참조.

다) 부칙면책을 신청하였으나 요건을 충족하지 아니하여 이를 받아들이지
아니하는 경우 법원이 어떻게 처리하여야 하는지에 관하여 법은 명시적으로 정
하고 있지 않다. 서울회생법원은 면책신청에 대하여 기각결정을 하는 방법으로
실무를 운용하고 있다.[53)

4) 면책불허가 사유

앞서 본 면책의 요건이 충족된 경우에도, 다음 중 어느 하나에 해당하는 경
우에는 법원은 면책을 불허하는 결정을 할 수 있다(법 제624조). 개인회생절차는 개
인파산절차에 비하여 면책불허가 사유가 상대적으로 제한되어 있는데, 이는 개
인회생절차의 경우 채무자가 채권자에게 일정한 소득으로 청산가치 이상을 변제
하여 개인파산절차에 비하여 채권자에게 유리하므로 채무자에게 개인회생절차를
이용하도록 인센티브를 제공하기 위한 것이라고 한다.[54) 실무상 면책불허가결정
을 하는 경우는 극히 드물다.[55) 면책불허가결정의 기재례는 [양식 70] 참조.

① 면책결정 당시까지 채무자에 의하여 악의로 개인회생채권자 목록에
기재되지 아니한 개인회생채권이 있는 경우($\frac{1}{2}$)

② 채무자가 개인회생절차에 정해진 채무자의 여러 가지 의무를 이행하
지 아니한 경우($\frac{2}{2}$)

위 ①의 경우 '악의로'라는 것은 '알면서도'라는 뜻이다. 즉 모르고 기재하지
아니한 개인회생채권이 있는 것은 문제가 되지 않으며, 알면서도 기재하지 아니

---

52) 다만, 부칙면책의 요건(① 채무자가 2018. 6. 13. 전 변제계획인가결정을 받았을 것, ② 2018.
6. 13. 당시 이미 3년 이상의 변제계획을 수행하였을 것, ③ 청산가치 보장원칙을 충족할 것)을
미충족하여 부칙면책의 신청을 받아들이지 않는 경우에는 이해관계인에 대한 의견청취를 생략
할 수 있다.

53) 법은 면책신청에 대하여 기각결정을 할 수 있다는 명시적인 규정을 두고 있지는 않으나, 개인
회생절차폐지결정이나 면책불허가결정과는 달리 면책신청 기각결정을 하는 경우에는 개인회생
절차가 종료되지 않은 상태에서 채무자에게 변제계획변경신청의 기회가 부여되는 등 개인회생
제도의 취지에 부합하는 면이 있음을 고려한 것이다. 한편 부칙면책의 요건을 충족하지 못한
경우에도 면책불허가 사유가 발견되면 면책불허가결정을 할 수 있다. 그러나 요건 미충족을 이
유로 채권자에 대한 의견청취를 생략하는 경우에는 의견청취를 진행하는 경우에 비하여 면책불
허가 사유가 새롭게 발견될 가능성은 낮을 것이다. 부칙면책 신청이 받아들여지지 아니하고 면
책불허가결정도 없는 경우 채무자는 변제계획에 따른 변제의 수행을 계속하여야 하고, 만약 변
제계획에 따른 변제가 지체되는 경우에는 법 제621조에 따라 변제계획인가 후 개인회생절차폐
지결정을 할 수 있다.

54) 남효순/김재형, 통합도산법, 법문사(2006), 569면.

55) 주석 채무자회생법(Ⅵ)(제1판), 한국사법행정학회(2020), 578면(권민재).

한 개인회생채권이 있는 경우가 면책불허가 사유가 된다. 따라서 채무자가 채무의 존재 사실을 알지 못한 때에는 비록 그와 같이 알지 못한 데에 과실이 있더라도 면책불허가 사유에 해당하지 아니하지만, 이와 달리 채무자가 채무의 존재를 알고 있었다면 과실로 개인회생채권자목록에 이를 기재하지 못하였다고 하더라도 이는 면책불허가 사유에 해당한다고 할 것이다.[56] 법원은 위 사유에 해당하는지를 판단함에 있어 누락된 채권의 내역과 채무자와의 견련성, 그 채권자와 채무자와의 관계, 누락의 경위에 관한 채무자의 소명과 객관적 자료와의 부합 여부 등 여러 사정을 종합하여 판단하여야 한다.[57] 이는 채권신고 및 미신고채권의 실권절차를 정하지 않고 채무자의 자발적 신고에 의해서 변제할 채권을 확정하도록 정함으로써 되도록 간이하고 신속한 절차의 진행을 도모한 대신, 채무자로 하여금 자신이 알고 있는 채권은 모두 개인회생채권자목록에 기재하여 채권자간 형평을 기할 수 있도록 하기 위한 것이다.

위 ②의 경우 채무자가 의무를 이행하지 아니하면 법원은 개인회생절차개시결정, 변제계획인가결정 단계에서 채무자에게 불이익을 줄 수도 있지만, 면책결정 단계에서 다시 한 번 채무자가 이러한 의무를 다 하였는지에 관하여 심사하여 면책불허가결정을 할 수도 있다.[58] 이에 대하여 위에서 정한 채무자의 의무라 함은 인가결정일 이후의 채무자의 의무를 의미한다고 해석함이 타당하고, 인가일 이후의 채무자의 의무는 변제계획에 의한 변제의무를 의미하며, 변제계획에 의한 변제의무를 이행하지 아니할 경우에는 어차피 면책이 되지 아니하기 때문에 위 요건이 적용되는 사례는 많지 않을 것이라는 견해[59]도 있다.[60]

한편, 개인파산절차에서의 면책과 달리 '과다한 낭비로 인한 과대한 채무부담'은 면책불허가 사유에 해당하지 않는다.

그리고 위와 같은 면책불허가 사유가 있는 경우 법원이 반드시 면책불허가결정을 해야 하는 것은 아니다. 법 제624조 제3항이 '불허하는 결정을 하여야 한

---

56) 대법원 2007. 1. 11. 선고 2005다76500 판결, 대법원 2010. 10. 14. 선고 2010다49083 판결 등 참조(다만, 위 판결은 파산절차에서 법 제566조 제7호에 규정된 비면책채권인 '채무자가 악의로 채권자목록에 기재하지 아니한 청구권'에 해당하는지 여부가 쟁점이 된 사건이나, 개인회생절차에서의 면책불허가 사유에서도 동일하게 해석되어야 할 것이다). 주석 채무자회생법(VI)(제1판), 한국사법행정학회(2020), 579면(권민재) 참조.

57) 대법원 2010. 10. 14. 선고 2010다49083 판결.

58) 온주(로앤비), 채무자회생법, 제624조(2015/김용하).

59) 채무자 회생 및 파산에 관한 법률 해설, 법무부(2006), 190, 191면.

60) 주석 채무자회생법(VI)(제1판), 한국사법행정학회(2020), 580면(권민재) 참조.

다'가 아닌 '불허하는 결정을 할 수 있다'라고 정하고 있기 때문이다. 따라서 위와 같은 면책불허가 사유가 있는 경우라 하더라도, 법원은 여러 가지 제반사정을 종합적으로 고려하여 면책을 하는 것이 타당하다고 판단될 경우에는 면책결정을 할 수도 있다.

5) 면책결정의 공고 및 송달

면책결정은 그 주문과 이유의 요지를 공고하여야 한다(법 제624조 제4항). 법은 변제계획인가결정, 개인회생절차폐지결정과 마찬가지로 면책결정에 대하여도 공고를 하여야 하고 송달은 하지 않을 수 있다고 규정하고 있다.[61] 이와 달리 면책불허가결정은 공고하지 않고 송달만 한다.

6) 면책 여부의 결정에 대한 불복방법

면책결정이나 면책불허가결정에 대하여는 즉시항고를 할 수 있다(법 제627조). 부칙면책을 받아들이지 않는 취지의 결정에 대하여도 법 제627조에 따라 즉시항고로 불복할 수 있다.[62] 면책결정에 대하여는 이에 반대하는 이해관계인이,[63] 면책불허가결정에 대하여는 채무자가 즉시항고를 할 것이다.

면책결정의 경우 그에 대한 즉시항고는 송달일과 관계없이 공고 다음날부터 14일 이내(법 제13조 제2항)에 하여야 하고, 반면 면책불허가결정은 공고를 하지 아니하므로 그에 대한 즉시항고는 결정이 송달된 날부터 1주 이내에 하여야 한다.

항고법원의 심리범위는 항고이유에 의하여 제한되지 않고 불복신청의 한도 안에서 기록에 나타난 자료에 의하여 제1심 재판의 당부를 심리·판단하여야 한다.[64] 따라서 면책결정 및 면책취소결정의 당부를 판단하는 항고법원은 항고인이 항고이유로 주장한 사유만이 아니라 원칙적으로 모든 면책불허가 및 면책취소 사유의 존부에 관하여 심리·판단하여야 한다. 다만, 개인회생채권자는 확정된 변제계획에 따른 변제가 완료된 이상 그 후의 면책재판에서 이미 확정된 변제계획인가결정의 위법성에 관하여는 더 이상 다툴 수 없다.[65]

한편 민사소송법의 재항고에 관한 규정이 면책결정, 면책불허가결정, 면책

61) 면책결정 공고문의 기재례는 [양식 68] 참조.
62) 대법원 2020. 9. 25.자 2020그731 결정 참조.
63) 개인회생채권자목록에 기재되지 아니한 청구권에 관하여는 책임이 면제되지 않으므로, 여기서 이해관계인은 개인회생채권자목록에 기재된 개인회생채권자에 한정된다. 주석 채무자회생법(VI)(제1판), 한국사법행정학회(2020), 598면(권민재) 참조.
64) 대법원 2010. 3. 3.자 2009마876 결정.
65) 대법원 2019. 8. 20.자 2018마7459 결정.

취소의 결정에 대한 즉시항고에 준용되므로(법 제33조, 민사소송법 제442조), 즉시항고에 대한 재판이 재판에 영향을 미친 헌법·법률·명령 또는 규칙의 위반을 이유로 드는 때에만 재항고할 수 있다.[66]

나. 면책의 효력

1) 면책의 의미

면책이란, 채무에 관하여 '책임이 면제된다'는 것을 의미한다(법 제625조 제2항). '책임의 면제'는 '채무의 소멸'과는 다른 개념이다. 채무가 소멸된다는 것은 그 채무가 없어진다는 것인 데 반하여, 책임이 면제된다는 것은 채무가 없어지지는 않지만 그 채무를 갚으라고 추궁할 수 없게 되는 것을 말한다. 즉, 채무의 이행을 구하는 소송을 제기하는 것이나, 채무의 이행을 확보하기 위하여 채무자의 재산에 가압류를 하는 것, 채무를 강제로 실현하기 위하여 채무자의 재산에 대하여 강제집행을 실시하는 것 등이 불가능하게 되지만, 채무 자체가 없어지는 것은 아니다.[67] 이와 같은 경우를 '자연채무'라고 하는데, 그 효력은 채무자가 이를 임의로 이행한다면 이는 유효한 채무의 변제가 되어 부당이득으로 반환을 구할 수 없게 되고, 또 상계의 자동채권으로 하거나, 경개 또는 준소비대차의 기초로 삼을 수 있으며, 보증이나 담보도 유효한 것으로 본다.

2) 면책결정의 효력발생 시점

면책의 결정은 확정된 후가 아니면 그 효력이 생기지 아니한다(법 제625조 제1항). 아무런 항고가 제기되지 않고 즉시항고기간이 도과하거나, 항고가 제기되었다면 항고가 최종적으로 기각되는 때에 면책결정이 확정된다.

3) 보증이나 담보에 미치는 효력

면책은 개인회생채권자가 채무자의 보증인 그 밖에 채무자와 더불어 채무를 부담하는 자에 대하여 가지는 권리와 개인회생채권자를 위하여 제공한 담보에 영향을 미치지 아니한다(법 제625조 제3항).[68]

---

66) 주석 채무자회생법(VI)(제1판), 한국사법행정학회(2020), 599면(권민재).

67) 대법원 2019. 7. 25.자 2018마6313 결정은 "법 제625조 제2항 본문의 면책이란 채무 자체는 존속하지만 채무자에 대하여 이행을 강제할 수 없다는 의미이므로 면책된 개인회생채권은 통상의 채권이 가지는 소 제기 권능을 상실하게 된다"고 판시하였다.

68) 개인회생절차에 있어서 면책결정의 효력이 개인회생채권자가 채무자의 보증인에 대하여 가지는 권리에 영향을 미치지 않도록 규정한 구 개인채무자회생법(2004. 3. 22. 법률 제7198호로 제정되고, 2005. 3. 31. 법률 제7428호 '채무자 회생 및 파산에 관한 법률' 부칙 제2조로 폐지되기 전의 것) 제84조 제3항 중 보증인에 관한 부분이 보증인의 재산권을 침해하거나 평등원칙에 위배된다고 볼 수 없다는 것에는 헌법재판소 2012. 4. 24. 선고 2011헌바76 전원재판부 결정.

위 1)에서 설명한 바와 같이 면책이란 채무 자체를 소멸시키는 것이 아니라 책임을 면제한다는 것, 즉 채무의 이행을 법적으로 강요할 수 없다는 것이다. 그리하여 채권자는 채무자의 재산에 대하여 강제집행을 할 수 없게 되지만, 여전히 채무는 존재한다. 만일 채무의 이행을 확보하기 위한 수단으로 따로 제공된 보증(인적 책임)이나 담보(물적 책임)가 있다면, 이러한 보증이나 담보는 면책의 영향을 받지 않게 되는데, 법 제625조 제3항은 이 점을 분명히 하기 위한 조항이다. 따라서 채권자는 채무자에 대한 면책결정에도 불구하고 보증인이나 연대채무자에 대하여 그 채무의 이행을 요구할 수 있고, 제3자가 제공한 담보물이 있을 경우에는 그 물건에 대한 담보권을 행사할 수 있다.[69]

채무자가 제공한 담보물이 있을 경우 그 물건에 대한 담보권을 행사할 수 있음은 법 제625조 제3항과 관계없이 별제권의 법리상 당연하다.

4) 개인회생절차의 종료

면책결정이 확정되면, 개인회생절차는 종료한다(규칙제96조). 개인회생절차에서는 회생절차와 같은 종결결정이 없어 절차가 언제 종료하는지 불명확하기 때문에 규칙에 명문의 규정을 두었다.[70]

2. 면책에서 제외되는 채권

가. 면책의 효력 범위

면책의 효력은 개인회생채권자에 대한 채무에 관하여 원칙적으로 효력이 미친다. 개인회생채권자목록에 기재되고 이에 대한 개인회생채권조사확정재판 없이 이의기간을 경과하여 확정된 개인회생채권, 개인회생채권조사확정재판을 통하여 확정되었거나 개인회생채권조사확정재판에 대한 이의의 소를 거쳐 확정된 채권 중 변제되지 않고 남은 부분이 모두 면책된다.

---

69) 다만 채권자가 중소기업진흥공단(중소기업진흥에 관한 법률 제66조 제5항에 따라 대출 방식으로 이루어지는 사업에 한정함), 신용보증기금, 기술신용보증기금의 경우에는 법 제625조 제3항의 예외에도 불구하고 중소기업의 주채무가 면책될 경우 연대보증채무도 동일한 비율로 면제된다(중소기업진흥에 관한 법률 제74조의2, 신용보증기금법 제30조의3, 기술신용보증기금법 제37조의3 참조).

70) 직권 면책취소에 시한이 없는 이상 언제까지 사건을 기록보존하지 않은 채 계속 중인 사건으로 관리할 것인지 알 수 없기 때문이다.

나. 면책제외채권

다음의 각 청구권은 면책의 효력을 받는 대상에서 제외된다(법 제625조 제2항).

① 개인회생채권자목록에 기재되지 아니한 청구권($\frac{1}{호}$)

② 법 제583조 제1항 제2호의 규정에 의한 조세 등의 청구권($\frac{2}{호}$)

③ 벌금·과료·형사소송비용·추징금 및 과태료($\frac{3}{호}$)

④ 채무자가 고의로 가한 불법행위로 인한 손해배상($\frac{4}{호}$)[71]

⑤ 채무자가 중대한 과실로 타인의 생명 또는 신체를 침해한 불법행위로 인하여 발생한 손해배상($\frac{5}{호}$)

⑥ 채무자의 근로자의 임금·퇴직금 및 재해보상금($\frac{6}{호}$)

⑦ 채무자의 근로자의 임치금 및 신원보증금($\frac{7}{호}$)

⑧ 채무자가 양육자 또는 부양의무자로서 부담하여야 할 비용($\frac{8}{호}$)

주의할 점은 위 ①과 같이 개인회생채권자목록에 기재되지 않은 청구권은 면책에서 제외된다는 점이다. 그 결과 개인회생채권자목록에 기재되지 않은 청구권을 가진 채권자는 다른 개인회생채권자보다 유리한 입장이 되고, 이는 채권자 간 형평성을 해치는 요인이 될 수 있다. 이 때문에 앞에서 설명한 바와 같이 법은 '채무자에 의하여 악의로 개인회생채권자목록에 기재되지 아니한 개인회생채권이 있는 경우'를 면책불허가 사유로 정하고 있다(법 제624조 제3항 제1호).

한편 별제권은 법 제625조 제2항에 열거되어 있지 않으나, 면책의 효력이 미치지 않음은 별제권의 법리상 당연하다. 또한, 주택임차인의 임대차보증금반환채권 중 법 제586조, 법 제415조 제1항에 의하여 인정된 우선변제권의 한도 내 금액에도 면책의 효력이 미치지 않는다.[72]

3. 면책의 취소

채무자가 면책을 받았다고 하더라도, 법원은 채무자가 기망 그 밖의 부정한 방법으로 면책을 받은 것일 때에는 이해관계인의 신청에 의하거나 직권으로 면책을 취소할 수 있다(법 제626조).

---

71) '고의로 가한 불법행위로 인한 손해배상청구권'을 면책대상에서 제외하는 법 제625조 제2항 제4호가 명확성의 원칙에 위배되지 아니하고, 채무자의 재산권을 침해하거나 평등원칙에도 위배되지 아니한다는 것에는 헌법재판소 2011. 10. 25. 선고 2009헌바234 전원재판부 결정.

72) 대법원 2017. 1. 12. 선고 2014다32014 판결.

가. 면책취소의 사유

채무자가 기망 그 밖의 부정한 방법으로 면책을 받은 사실이 면책취소 사유가 된다.

나. 면책취소의 절차

1) 신   청

면책에 반대되는 입장을 가진 이해관계인이 면책의 취소를 신청하는 것이 보통일 것이나, 법원이 직권으로 면책을 취소할 수도 있다. 이해관계인이 면책의 취소를 신청할 경우 면책취소신청서에는 1,000원의 인지를 첨부하여야 하고(민사접수서류에 붙일 인지액 및 그 편철방법 등에 관한 예규 별표 참조) 신청인은 4회분의 송달료를 납부하여야 한다. 사건부호는 '개기'이고 개인회생사건기록에 합철한다.

면책취소의 신청은 면책결정의 확정일부터 1년 이내에 제기하여야 한다(법 제626조 제2항). 만일 이해관계인이 면책결정의 확정일부터 1년이 경과한 후에 면책취소의 신청을 하였다면, 법원은 신청기간의 경과를 이유로 면책취소신청을 각하할 수 있다. 면책취소신청 각하결정의 기재례는 [양식 74] 참조.

그러나 법원은 이해관계인의 신청에 의하지 아니하고 직권으로 면책을 취소할 수도 있고, 직권에 의한 면책취소에는 따로 시한이 정하여져 있지 않기 때문에, 만일 위와 같이 이해관계인의 면책취소신청이 면책결정의 확정일부터 1년이 경과한 후에 제기되었으나 면책취소사유가 인정된다고 판단되는 경우라면, 법원은 직권으로 면책을 취소할 수도 있다. 이런 경우에는 시한을 경과하여 제기된 이해관계인의 면책취소신청은 법원의 직권발동을 촉구하는 의미의 신청으로 받아들여야 할 것이다.

2) 심   리

법원은 면책취소 여부를 심리하기 위하여 이해관계인을 심문하여야 한다(법 제626조 제1항 단서). 이해관계인 심문기일지정결정 및 심문기일 조서의 기재례는 [양식 71, 72] 참조.

이해관계인의 심문은 필요한 경우 법원의 판단에 따라서 할 수 있는 것이 아니라, 반드시 해야 한다. 그런데, 이해관계인이 면책의 취소를 신청한 때에는 그 이해관계인을 심문하면 될 것이나, 법원이 직권으로 면책을 취소하려 할 때에는 누구를 심문하여야 하는 것인지 해석상 분명치 않다. 모든 이해관계인을 심문할 수는 없을 것이고, 법원이 무작위로 추출하여 한 두 명만 심문하면 된다고 볼 수 있을지도 의문이다. 결국 필요적 심문을 정한 이 조항은 이해관계인이 면책의 취소를 신청한 경우에만 적용되고 법원이 직권으로 면책을 취소하려고 할 때에는 적용되지 않는 것으로 해석하는 것이 타당하다.

또한 법원은 이해관계인의 신청에 의하거나 또는 직권으로 면책취소 여부를 판단함에 있어, 채무자를 심문하여야 한다(^{개인회생예규}_{제15조}). 면책취소시의 채무자 심문은 법에 정하여져 있지는 않으나, 면책취소사유가 '채무자가 기망 그 밖의 부정한 방법으로 면책을 받았을 것'인 이상 그러한 사실을 심리하기 위하여 법원이 채무자를 심문할 수 있으므로, 개인회생예규 제15조에서 이와 같이 정하였다.

3) 재 판

법 제626조 제1항은 '면책을 취소할 수 있다'고 규정하고 있으므로, 법원은 면책취소사유가 인정되는 경우에도 반드시 면책을 취소하여야 하는 것은 아니다. 따라서 면책취소 사유가 있는 경우에도 법원은 여러 가지 제반사정을 종합적으로 고려하여 면책결정을 그대로 유지하는 것이 합당하다고 판단될 경우에는 면책취소신청을 기각할 수 있다.

면책취소의 결정은 공고하여야 한다(^{규칙}_{제95조}). 또한 송달을 하지 않을 수 있도록 정한 규정이 없으므로, 공고와 아울러 송달을 하여야 한다. 면책취소결정, 공고의 기재례는 [양식 73, 75] 참조.

다. 면책취소의 결정의 효력

개인파산절차에서는 "면책취소의 결정은 확정된 후부터 효력이 발생한다."(^법_{제571조})라고 명시적으로 규정하고 있는 것과 달리 개인회생절차에서는 면책취소결정의 효력과 관련하여 명시적인 규정은 없다. 개인회생절차에서도 개인파산절차와 마찬가지로 면책취소결정이 확정된 후부터 효력이 발생한다고 봄이 상당하다. 따라서 면책취소결정이 확정된 후 면책으로 소멸된 채무자의 책임은 부활한다고 할 것이다.[73]

라. 면책취소의 결정에 대한 불복방법

면책취소의 결정에 대하여는 즉시항고를 할 수 있다(^법_{제627조}). 반면, 면책취소신청 기각결정에 대해서는 즉시항고를 할 수 없다.[74]

---

73) 주석 채무자회생법(VI)(제1판), 한국사법행정학회(2020), 596면(권민재).

제 4 절 개인회생절차의 폐지시와 변제계획인가 후의 법원사무관등의 업무

1. 인가여부결정에 수반하여 처리될 사항

가. 인가결정시

변제계획인가결정은 선고하도록 되어 있으나($^{법\ 제614조}_{제3항\ 전문}$), 이때의 '선고'는 미리 지정된 기일에 법정에서 하여야 하는 것으로 보지는 않는다(제6장 제5절 1. 나. 참조). 따라서 선고조서의 작성은 필요하지 않다.

변제계획인가결정은 그 주문, 이유의 요지와 변제계획의 요지를 공고하여야 한다. 이 경우 송달은 하지 아니할 수 있다($^{법\ 제614조}_{제3항\ 후문}$). 공고의 기재례는 [양식 53] 참조. 법원사무관등은 공고한 날짜와 방법을 기록에 표시하여야 한다($^{규칙\ 제6조}_{제3항}$). 실무상으로는 '기일등 진행상황표[양식 3]'에 공고한 날짜와 방법을 기록하게 된다.

변제계획인가결정에 대하여 즉시항고가 접수될 수 있다($^{법\ 제618조}_{제1항}$). 이 경우 법원은 담보제공명령이나 변제계획 수행정지결정을 할 수 있다($^{법\ 제618조\ 제2항,}_{제247조\ 제3항}$). 변제계획 수행정지결정의 기재례는 [양식 54] 참조. 법원사무관등은 항고장의 접수, 각 결정의 송달, 항고법원에의 기록송부 등 업무를 처리한다. 항고심의 심리 결과 즉시항고가 기각되면 법원사무관등은 즉시항고인에게 항고심결정을 송달하여야 하고, 즉시항고가 받아들여져 원심결정이 취소되고 사건을 1심 법원으로 환송할 경우에는 채무자와 즉시항고인에게 항고심결정을 송달하여야 한다.

나. 불인가결정시

법원은 변제계획불인가결정에 관하여도 선고하고 그 주문, 이유의 요지를 공고하여야 한다. 이 경우 송달은 하지 아니할 수 있으나 채무자에 대한 즉시항고권의 실질적 보장을 위하여 채무자에게 결정문을 송달하여 주는 것이 바람직하다. 불인가하는 경우 변제계획의 요지를 공고하는 것은 무의미하므로 변제계획의 요지는 공고 대상에서 제외된다고 봄이 상당하다. 불인가결정의 공고는

---

74) 즉시항고는 허용되지 않고 특별항고만 가능하다는 대법원 2016. 4. 18.자 2015마2115 결정, 면책취소신청 기각결정에 즉시항고를 허용하지 않는 것이 헌법에 위반되지 않는다는 헌법재판소 2017. 7. 27. 선고 2016헌바212 결정이 있다.

[양식 57-1] 참조.

채무자가 변제계획안의 인가 이전에 금원을 임치하였으나 변제계획안이 인가되지 못하고 개인회생절차가 종료된 경우에는 회생위원은 임치된 금원을 채무자에게 반환하여야 하는데, 이때는 채무자가 미리 신고한 금융기관의 예금계좌에 송금하는 방법으로 반환하는 것을 원칙으로 한다(개인회생예규 제12조 제1항).

변제계획불인가결정에 대하여는, 채무자가 즉시항고를 할 수 있다(법 제618조 제1항). 이 경우 법원은 항고보증금 공탁명령을 할 수 있고(법 제618조 제2항, 제247조 제4항), 보증의 제공이 없으면 항고장각하결정을 하게 된다(법 제618조 제2항, 제247조 제5항). 법원사무관등은 항고장의 접수, 항고보증금 공탁명령의 송달, 항고법원에의 기록송부 등 업무를 처리한다. 항고심의 심리 결과 즉시항고가 기각되면 법원사무관등은 즉시항고인에게 항고심결정을 송달하여야 하고, 즉시항고가 받아들여져 원심결정이 취소되고 사건을 1심 법원으로 환송할 경우에는 채무자와 즉시항고인에게 항고심결정을 송달하여야 한다. 항고보증금 공탁명령에 관한 기재례는 [양식 60]을, 항고장 각하결정의 기재례는 [양식 61]을 각 참조.

다. 인가 전 개인회생절차폐지결정시

법 제620조 제1항 제1호에 해당하는 사유가 있거나, 법 제620조 제1항 제2호에 해당하는 경우라도 채무자가 개인회생절차폐지신청을 하는 경우에는 법원은 개인회생절차폐지결정을 하게 되고, 법원의 심리결과 채무자가 제출한 변제계획안을 인가할 수 없을 때(법 제620조 제1항 제2호)에 해당하는 경우에는 변제계획불인가결정이 확정되면 법원은 개인회생절차폐지결정을 하게 된다(법 제620조 제1항). 또한 변제계획의 인가여부의 결정 전에 법 제620조 제2항 각호에 해당하는 사유가 인정되는 경우 법원은 개인회생절차폐지결정을 할 수 있다(법 제620조 제2항).

위와 같은 경우 폐지결정은 그 주문과 이유의 요지를 공고하여야 한다(법 제622조). 이 경우 송달은 하지 아니할 수 있으나 채무자에 대한 즉시항고권의 실질적 보장을 위하여 채무자에게 결정문을 송달하여 주는 것이 바람직하다.

인가 전 개인회생절차폐지결정에 대해서는 즉시항고가 접수될 수 있다(법 제623조 제1항). 이 경우 법원은 항고보증금 공탁명령을 할 수 있고(법 제623조 제2항, 제247조 제4항), 보증의 제공이 없으면 항고장각하결정을 하게 된다(법 제623조 제2항, 제247조 제5항). 법원사무관등은 항고장의 접수, 항고보증금 공탁명령의 송달, 항고법원에의 기록송부 등 업무를 처리한다.

2. 인가 후 변제계획의 수행기간 동안

인가 후에는 변제계획의 수행이 수년간에 걸쳐 이루어지게 되는데, 인가가 된 것만으로는 사건이 종국처리되지 않으므로, 기록은 보존처리하지 않고 계속 진행 중인 사건으로 보관하여야 한다. 법원사무관등은 인가 후 채권양도 등 각종 변동사항에 관한 처리 등의 업무를 한다.

3. 변제계획의 수행이 완료되는 경우

가. 면책신청

변제계획의 수행이 완료된다면, 당사자로부터 면책신청이 접수되고(법 제624조 제1항), 법원은 이에 대하여 면책결정 또는 면책불허가결정을 하게 된다. 면책신청이 없더라도 재판부의 직권에 의하여 면책결정 또는 면책불허가결정을 할 수 있다. 이에 따라 법원사무관등은 면책신청서의 접수, 결정의 송달 등 업무를 처리한다.

면책신청서의 접수에 있어서 접수담당자는 변제의 완료를 증명하는 서류 등 규칙 제94조 소정의 서류가 제대로 첨부되어 있는지를 확인하여야 한다.

면책신청에 대해서는 별도의 사건번호가 부여되지 않으므로 개인회생사건기록과 별도로 기록을 조제하지 않고 면책신청서, 면책여부에 관한 결정서 등은 사건기록에 가철하게 된다. 법원사무관등은 '기일등 진행상황표[양식 3]'에 면책의견청취기한, 면책결정일, 면책확정일 등을 표시하여야 한다.

법 제624조 제1항에 의한 면책에 있어서는 법 제624조 제2항에 의한 면책의 경우와는 달리 이해관계인의 의견을 듣는 필요적 절차가 없으므로 면책신청서를 이해관계인들에게 송달할 필요는 없다. 면책신청서에 첨부된 자료나 또는 회생위원의 보고 등 기록상 나타난 사정만으로는 변제완료여부의 인정이 어렵다고 보이는 경우에는 법원이 채무자에게 필요한 자료를 제출케 하거나, 이해관계인의 의견을 청취하거나, 때로는 채무자를 심문할 수도 있다. 이때는 법원사무관등은 채무자에 대한 보정명령(자료제출요구등), 이해관계인들에 대한 의견청취서, 채무자에 대한 심문기일지정결정 등을 송달하여야 하고, 심문조서를 작성하여야 한다. 의견청취서 기재례는 [양식 69] 참조.

면책결정은 공고하여야 한다(법 제624조 제4항). 다만 송달은 하지 않을 수 있다. 면책결정 공고문의 기재례는 [양식 68] 참조. 면책불허가결정은 공고하지 않고 송달한다. 면책불허가결정의 송달은 채무자에게 하면 족하다.

면책여부의 결정에 대하여도 즉시항고가 접수될 수 있다(법제627조). 법원사무관 등은 항고장의 접수 등 업무를 처리하여야 한다.

면책결정이 확정되면 개인회생절차는 종결되므로(규칙제96조), 법원사무관등은 사 건을 종국처리하고 기록을 보존하여야 한다.

나. 면책취소신청

면책이 된 후에도 이해관계인이 면책의 취소를 신청할 수 있고(법제626조제1항) 법 원은 이해관계인과 채무자를 심문한 후,[75] 면책취소여부에 관한 결정을 하게 된 다. 법률은 이해관계인만을 심문대상으로 정하고 있으나 개인회생예규 제15조는 채무자의 심문을 규정하고 있다. 면책취소신청이 없더라도 재판부의 직권에 의 하여 면책취소 여부에 관한 심리가 이루어질 수도 있다. 법원사무관등은 신청서 의 접수 및 송달, 심문조서의 작성, 결정의 송달 등 업무를 처리하여야 한다. 심 문조서의 기재례는 [양식 72]를, 면책취소결정의 예는 [양식 73]을, 면책취소신청 에 대한 각하결정의 예는 [양식 74]를 각 참조.

면책취소신청 역시 별도로 기록을 조제하지 않고 사건기록에 합철한다. 다 만 법원사무관등은 '개인회생사건 진행표[양식 3]'에 면책취소결정일을 표시하여 야 한다.

면책취소신청서는 채무자에게 송달하여야 할 것이고, 면책취소의 결정은 채 무자와 모든 채권자에게, 면책취소신청의 기각결정은 신청인과 채무자에게 송달 하여야 한다. 면책취소결정은 송달과 별도로 공고하여야 한다(규칙제95조). 면책취소결 정 공고문의 기재례는 [양식 75] 참조.

면책취소의 결정에 대하여도 즉시항고가 접수될 수 있다(법제627조).

4. 변제계획이 제대로 이행되지 않을 경우

가. 절차폐지신청이 접수되는 경우

변제계획이 제대로 이행되지 않을 때에는 개인회생절차가 폐지되는 경우가 있게 된다. 이해관계인으로부터 폐지신청서가 접수되고(법제621조) 폐지여부에 대한 결정이 내려지게 된다. 신청이 없더라도 재판부의 직권으로 폐지결정을 할 수도

---

75) 그 심문기일 지정결정의 예는 [양식 71] 참조.

있다.

절차폐지신청서는 채무자에게 송달하여야 한다.

개인회생절차폐지의 결정은 공고하여야 한다(법제622조). 이 경우 송달은 하지 아니할 수 있으나 채무자에 대한 즉시항고권의 실질적 보장을 위하여 채무자에게 결정문을 송달하여 주는 것이 바람직하다. 폐지신청 기각결정은 신청인과 채무자에게 송달한다.

폐지결정에 대하여도 즉시항고가 접수될 수 있는데(법제623조제1항), 이 경우는 인가 전 개인회생절차폐지결정의 경우와 같다.

나. 면책신청이 접수되는 경우

변제계획이 제대로 이행되지 않을 때에도 경우에 따라서는 법 제624조 제2항에 따른 면책결정을 하는 수가 있다. 법원은 이해관계인의 의견청취를 거쳐 면책여부의 결정을 하게 된다(법제624조제2항). 법원사무관등은 이 경우 면책신청서의 접수, 이해관계인들에 대한 의견청취서의 송달, 면책결정의 송달 등을 하여야 한다.

다. 변제계획변경안이 제출되는 경우

변제계획에 따른 변제가 완료되기 전에는 채무자·회생위원 또는 개인회생채권자가 변제계획변경안을 제출할 수 있다(법제619조제1항).

이 경우 법원은 변제계획변경안을 송달하고, 개인회생채권자집회기일을 열어 인가요건이 충족되면 변제계획변경안에 대한 인가결정을 하게 될 것이므로(법제619조제2항), 법원사무관등은 변제계획변경안의 송달, 개인회생채권자집회조서의 작성, 인가결정의 공고 등 업무를 처리하여야 한다.

변제계획변경안은 채무자, 채권자들, 채무자의 재산을 소지하고 있거나 채무자에게 채무를 부담하는 자에게 송달하여야 한다(법제619조제2항, 제597조제2항).

변제계획변경안에 대한 인가여부결정은 공고하도록 되어 있고, 이 경우 송달은 하지 아니할 수 있다(법제619조제2항, 제614조제3항).

서울회생법원은 법 제618조 제1항의 해석상 즉시항고 대상에 변제계획에 대한 인가결정·불인가결정만이 아니라 변제계획변경안에 인가결정·불인가결정도 포함되는 것으로 해석하여 변제계획변경안에 대한 인가결정·불인가결정도 즉시항고가 인정되는 것으로 실무를 운영하고 있다. 이 경우 법원직원이 처리하여야 할 업무는 변제계획인가결정·불인가결정에 대한 즉시항고가 제기된 경우와 같다(제618조법).

제 5 절 채무자를 위한 공탁 등[76]

1. 의 의

개인회생절차가 종료된 후 임치된 금원(이자를 포함한다)이 존재하는 경우 회생위원은 이를 채무자에게 반환하여야 한다. 그런데 구 법(2017. 12. 12. 법률 제 15158호로 개정되기 전의 것)은 개인회생채권자를 위한 공탁만을 규정하고 채무자를 위한 공탁에 관하여는 명시적인 규정을 두지 아니하여, 채무자가 반환을 거부하거나 채무자의 소재불명 등으로 반환할 수 없는 경우 법원은 사건을 종국처리하지 못하는 등의 어려움을 겪고 있었다. 이를 해결하기 위하여 2017. 12. 12. 법을 개정하면서 제617조의2를 신설하여 채무자를 위한 공탁의 근거를 마련하였다.

2. 채무자에 대한 임치금의 반환

채무자가 변제계획의 인가 전에 금원을 임치하였으나 변제계획이 인가되지 못하고 개인회생절차가 종료된 경우, 회생위원은 임치된 금원을 채무자에게 반환하여야 하고, 이 때에는 채무자가 미리 신고한 금융기관의 예금계좌에 송금하는 방법으로 반환하는 것을 원칙으로 한다(개인회생예규제12조 제1항). 또한 개인회생절차 폐지결정이나 채무자에 대한 면책결정이 확정되어 개인회생절차가 종료한 경우에도 적립금의 과입금, 미확정채권의 유보금 처리 등으로 인하여 임치된 금원이 남아 있는 사례가 종종 발생하는데, 이러한 때에도 회생위원은 그 금원을 채무자에게 반환하여야 한다.

이를 위하여 실무는 개인회생절차개시신청시 채무자로 하여금 신청서에 적립금을 반환받을 금융기관 예금계좌를 기재하도록 하고 있다(개인회생예규 제2조제1항 제1호 양식). 회생위원이 임치금의 반환을 위하여 임치된 금원을 출금하려 하는 때에는 미리 법

---

76) 이하는, 주석 채무자회생법(Ⅵ)(제1판), 한국사법행정학회(2020), 531, 532면(권민재).

원의 허가를 받아야 한다(^{개인회생예규 제12조}_{제2항, 제5항}).

3. 채무자를 위한 공탁의 절차

채무자가 신고한 금융기관 계좌번호에 오류가 있고, 채무자의 소재불명 등으로 채무자와 연락이 되지 않는 경우, 회생위원은 법 제617조의2에 따라 임치된 금원을 공탁할 수 있는데, 이 경우 사전에 채무자에게 공탁예정통지서를 발송할 수 있다(^{개인회생예규}_{제11조의 5}). 회생위원이 공탁을 위하여 임치된 금원을 출금하려 하는 때에도 미리 법원의 허가를 받아야 한다(^{개인회생예규 제12조}_{제2항, 제5항}).

채무자가 공탁금을 출급받으려 할 경우, 회생위원은 공탁관에게 지급위탁서를 보내고, 지급받을 채무자에게 그 자격에 관한 증명서를 주어야 하며(^{개인회생예규}_{제11조의5 제7항}), 채무자가 공탁금을 지급받고자 하는 때에는 위 증명서를 첨부하여 공탁관에게 출급회수청구를 하여야 한다(^{공탁규칙}_{제42조 제2항}).

제8장 기 타

제1절 기록의 열람 등

1. 개 관

　개인회생채권파산의 원인인 사실이 있거나 그러한 사실이 생길 염려가 있는 채무자가 법에서 정하는 내용이 기재된 신청서와 신청서에 첨부된 개인회생채권자목록, 재산목록 및 채무자의 수입 및 지출에 관한 목록 등을 제출하면 법원은 특별한 사정이 없는 한 신청일로부터 1개월 이내에 개시 여부를 결정하게 된다. 개인회생채권자 등 이해관계인은 개인회생절차개시결정이 있은 뒤에야 비로소 개인회생채권자목록, 변제계획안 등을 송달받게 되나, 이러한 서류만으로는 구체적인 채무자의 개인회생사건에 관한 정보를 자세히 알 방법이 없다는 점에서 법은 이해관계인의 열람·복사 등 청구권을 마련하고 있다.

　따라서 이해관계인은 법 제28조에 따라 법원에 사건기록에 편철되어 있는 문서 그 밖의 물건의 열람·복사를 청구할 수 있고, 녹음테이프 등의 경우에는 복제 신청을 할 수 있다. 또한 이해관계인은 개인회생절차에서 이루어진 채무자 보유 재산 등에 대한 조회결과에 관하여도 열람·복사·복제 청구를 할 수 있다(규칙 제48조).

　이와 같은 개인회생사건의 열람·복사에 관하여는 법 제28조에 규정된 사항 이외에는 재판기록 열람·복사 규칙과 재판기록 열람·복사 예규(재일 2012-3) 및 비밀보호를 위한 열람 등의 제한 예규(재일 2004-2)를 준용한다(개인회생예규 제17조).

2. 신 청 인

　개인회생기록의 열람·복사 등을 청구할 수 있는 사람은 당해 개인회생절차에 이해관계를 가지고 있는 자로 한정된다. 개인회생기록 가운데에는 채무자 자신에게 파산의 원인이 되는 사실이 있거나 그런 사실이 생길 염려가 있다는 내용을 명시한 신청서가 포함되어 있고, 그 밖에 채무자가 자신의 재산 및 채무 내역을 기술한 첨부서류가 포함되어 있으므로 채무자의 사생활을 보호하기 위한 것이다.

여기서 이해관계는 법률상 이해관계를 말한다. 이해관계가 있다는 점은 신청인이 신청 당시에 소명하여야 한다.

3. 사건기록의 열람·복사 청구

가. 열람·복사 청구의 대상

법 제28조 제1항에 따라 열람·복사 등 청구의 대상이 되는 것은 사건기록에 편철된 문서 그 밖의 물건이다. 여기에는 채무자가 작성하여 제출한 신청서를 비롯한 각종 문서는 물론이고 법원이 개인회생절차에서 작성한 각종 결정 등의 문서도 포함된다. 그리고 다른 개인회생채권자가 작성하여 제출한 변제계획 변경안 등의 문서도 포함되고, 회생위원이 작성하여 제출하는 업무수행결과보고서 등도 여기에 포함된다. 개인회생절차에서 실시된 채무자의 재산에 대한 조회 결과가 사건기록에 문서 그 밖의 물건의 형태로 편철되어 있다면 본조의 열람·복사 청구의 대상이 된다.

나. 열람·복사 등 청구의 절차 및 비용

사건기록 중의 서류 또는 물건의 열람·복사 신청은 신청인의 자격을 소명하는 서면으로 하여야 하고, 구술로는 할 수 없다. 신청인은 신청서 1건당 500원의 수입인지를 붙여야 한다(재판기록 열람·복사 예규 제5조). 이 경우 사건의 당사자 및 그 법정대리인, 소송대리인 등이 사건의 계속 중에 열람하는 때에는 수수료를 납부하지 아니한다(재판기록 열람·복사 규칙 제4조 제5항).

신청인이 열람 후 복사를 원하는 경우에는 복사담당자로부터 신청서를 교부받아 복사할 부분을 특정하여야 하고, 법원 복사기를 이용하여 복사하는 경우에는 복사할 기록 1장당 50원의 수입인지를 붙여야 한다(100원 단위 미만은 계산하지 아니함)(재판기록 열람·복사 규칙 제6조 제2항, 제4조 제4항).

4. 재판서·조서의 정본·등본이나 초본의 교부 등

가. 교부 청구의 대상

이해관계인은 사건기록 중 재판서·조서의 정본·등본이나 초본의 교부 또는 사건에 관한 증명서의 교부를 청구할 수 있다. 청구의 대상이 되는 재판서는 중지명령, 개인회생절차개시결정, 인가결정 등을 들 수 있고 사건에 관한 증명의 대상은 인가결정의 확정증명을 들 수 있다.

나. 교부 청구 절차 및 비용

교부 청구는 신청인이 신청인의 이해관계를 소명하는 서면으로 하여야 한다. 재판기록 열람·복사 규칙에 따라 재판서 등본의 경우에는 1,000원, 확정 증명원의 경우 500원의 수수료를 납부하여야 한다(재판기록 열람·복사 규칙 제4조 제1항 제2호, 제3호).

5. 녹음테이프 등의 복제 청구

가. 복제 청구의 대상

개인회생기록에 포함되어 있는 녹음테이프 또는 비디오테이프 기타 이에 준하는 방법에 의하여 일정한 사항을 기록한 물건은 복제 청구의 대상이 된다. 영화필름, 슬라이드, 마이크로필름, 전산처리된 자료가 담겨있는 컴퓨터용 자기디스크, 광디스크 등도 여기에 포함된다.

이러한 물건들은 변개가 용이할 뿐 아니라 성질상 열람하거나 복사할 수 없는 것이어서 법 제28조 제1항의 규정은 적용되지 아니하고 단지 복제만이 가능할 뿐이다. 다만 이러한 물건에 대하여 서류 등을 열람시키는 것에 대응하여 당해 물건에 적합한 재생장치를 이용하여 재생하여 이를 시청하게 하는 방법을 생각할 수 있지만, 법에서는 이러한 방법에 대하여는 규정하고 있지 않으므로 허용되지 아니한다고 본다.

나. 복제 청구 절차 및 비용

녹음테이프 등의 복제 청구도 신청인의 이해관계를 소명하는 서면으로 하여야 한다. 신청인은 복제에 필요한 비용으로 재판기록 열람·복사 규칙 제5조 소정의 수수료를 납부하여야 한다.

6. 열람·복사 등의 제한

가. 규정 취지

법 제28조 제4항은 열람·복사 청구의 예외로서 채무자의 사업유지 또는 회생에 현저한 지장을 초래할 우려가 있거나 채무자의 재산에 현저한 손해를 줄 우려가 있는 때에는 앞에서 설명한 개인회생기록 등에 대한 열람·복사, 정본·등본이나 초본의 교부 또는 녹음테이프 등의 복제를 허가하지 아니할 수 있는 것으로 규정하고 있다. 개인회생기록의 열람·복사 등의 제도의 기본 목적이 개인회생절차의 투명성 확보라는 점에 있기 때문에 이를 관철한다면 개인회생기록의 열람·복사 등으로 영업소득자가 영위하고 있는 사업상 비밀에 해당하는 자료, 기타 채무자의 재산에 현저한 손해를 줄 우려가 있는 정보가 유출될 수 있다.

개인회생절차는 채무자의 재산, 영업소득자의 장래의 영업소득 등을 그 변제재원으로 삼기 때문에 이러한 정보가 유출되어 채무자가 현저한 손해를 입게 된다면, 인가된 변제계획의 원활한 수행은 기대하기 어렵게 되므로, 위와 같은 경우에 개인회생기록의 열람·복사 등을 제한할 수 있도록 규정하고 있다.

나. 제한의 사유 및 절차

개인회생기록에 대한 열람·복사 등이 제한되는 사유는 ① 채무자의 사업유지 또는 회생에 현저한 지장을 초래할 우려가 있는 경우, ② 채무자의 재산에 현저한 손해를 줄 우려가 있는 경우이다.

사건기록 중 열람·복사가 제한될 수 있는 것으로는 영업소득자인 채무자가 영위하는 사업의 내용과 실적 등이 기재된 신청서 및 그 첨부서류, 회생위원이 수행한 채무자의 재산 및 소득에 관한 조사결과가 기재된 업무수행결과보고서 등을 들 수 있다. 이러한 문서 등에 해당한다고 하여 곧바로 열람·복사가 제한되는 것이 아니라, 그러한 문서 등의 열람·복사 등으로 인하여 채무자의 사업유지 등에 현저한 지장을 초래할 우려가 있거나 그 소유 재산에 현저한 손해를 줄 우려가 있다는 점이 소명되어야 한다. 그러나 법원이나 회생위원이 작성한 문서에 대한 열람·복사 등을 허용할 것인지 여부를 검토함에 있어서는 그로 인한 채무자의 사업 유지, 회생에 미치는 영향과 그 소유 재산에 미치는 영향을 신중히 고려하여야 한다.

위와 같은 제한 사유가 있다고 판단되는 경우 법원은 결정으로 열람·복사 등을 불허가하여야 한다.

개인회생기록 중의 문서 그 밖의 물건에 법 제28조 제4항에서 정하는 열람·복사 등의 제한사유가 있는 부분이 일부 포함되어 있는 경우가 있을 수 있다. 이런 경우에는 열람·복사 청구 전체를 불허가할 것은 아니고, 그 내용을 검토하여 제한 사유가 있는 부분을 제외한 나머지 부분에 대한 열람·복사 등이 가능하다면 제한 사유가 없는 부분에 대하여는 열람·복사 등을 허용하여야 한다.

다. 불복방법

사건기록의 열람·복사 등을 청구한 이해관계인은 위와 같은 법원의 불허가결정에 대하여 즉시항고할 수 있다(법 제28조). 이해관계인이 즉시항고를 하면서 열람·복사 등의 청구 부분에 제한사유가 존재하지 아니하거나 소멸하였음을 소명하는 경우에는 법원은 재도고안(再度考案)으로 그 불허가 결정을 취소하고 열람·복사 등을 허용할 수 있다.

7. 재산조회결과의 열람·복사 등의 청구

이해관계인이 재산조회결과에 대하여도 열람·복사 청구를 할 수 있음(규칙 제48조)은 위에서 설명한 바와 같다. 재산조회결과에 대한 열람·복사 청구에 관해서는 사건기록의 열람·복사 등에 관한 법 제28조가 준용된다. 따라서 재산조회결과에 대한 열람·복사 청구에도 제한사유가 있다면 이를 불허가할 수 있고, 그 불허가결정에 대하여 즉시항고를 제기할 수도 있다.

다만 규칙 제47조 제7항의 규정에 따라 전자통신매체를 이용하는 방법으로 재산조회를 한 경우의 열람·복사절차는 재산조회규칙으로 정하는 것으로 규정되어 있다(규칙 제48조). 재산조회규칙은 전자통신매체에 대한 열람·출력절차에 관하여 규정하고 있고(재산조회규칙 제13조 내지 제15조), 이 경우에는 전자통신매체를 이용한 재산조회결과는 컴퓨터의 모니터를 보게 하는 방법으로 열람하게 하고, 조회결과를 출력하여 교부하는 방법으로 복사에 갈음한다.

제 2 절   개인회생절차의 벌칙

1. 개   관

개인회생절차는, 채무자가 개인회생재단을 구성하게 되는 재산에 관한 관리처분권을 그대로 보유한 채 자신의 소득 가운데 법 제579조 제4호에 따라 정해지는 가용소득을 변제재원으로 하여 원칙적으로 최장 3년 범위 내에서 인가 당시를 기준으로 하여 파산을 하였을 때에 채권자들에게 배당되는 금액 이상으로 변제한다는 내용으로 작성, 인가된 변제계획에 따라 회생위원을 통하여 개인회생채권자들에 대하여 변제를 완료하면 나머지 채무에 대하여 그 책임을 면하게 되는 절차이다.

따라서 개인회생절차가 공정하고 투명하게 운영되면서 면책결정의 실효성을 확보하기 위해서는, 채무자로서는 ① 자신의 재산을 충실하게 변제계획에 반영하여야 하고, ② 법원 또는 회생위원의 요구에 따른 금전의 수입 및 지출 그 밖에 채무자의 재산상의 업무에 관한 보고를 성실히 이행하여야 하며, 법원 또는 회생위원이 행하는 재산상황의 조사, 시정의 요구 기타 적절한 조치에 순응하여야 한다. 그리고 ③ 채무자의 재산 및 소득에 대한 조사 등의 업무를 담당하는 회생위원과 그 대리 및 이들을 감독하는 관리위원의 업무수행의 공정성이 담보되어야 하고, ④ 법원, 회생위원 및 이해관계인들의 채무자 소유 재산에 대한 조회가 충실히 이루어져야 한다. 한편, ⑤ 채무자에 대한 면책결정이 확정되었음에도 채권자가 면책된 채권에 기한 추심행위를 하는 것은 금지된다.

법은 위 ①에 위배되는 행위를 한 채무자를 사기회생죄로, 위 ②에 위배되는 행위를 한 채무자를 보고와 검사거절의 죄로 처벌하는 규정을 두고 있다. 또한 위 ③에서 요구되는 바와 같은 회생위원, 그 대리 및 관리위원의 직무수행과 관련한 금품수수 등을 회생수뢰죄로, 그러한 금품을 제공하는 상대방을 회생증뢰죄로 각각 처벌하는 규정을 두고 있으며, 위 ④에 위배하여 법원의 재산조회 요구를 거부하거나 허위의 조회결과를 회보하는 공공기관 등의 장 및 ⑤에 위배하여 추심행위를 한 채권자를 각 행정벌의 일종인 과태료로 처벌하는 규정을 두고 있다.

2. 사기회생죄

가. 규정과 입법취지

1) 규   정

채무자가 자기 또는 타인의 이익을 도모하거나 채권자를 해할 목적으로 다음 각 호의 어느 하나에 해당하는 행위를 하고, 채무자에 대하여 개인회생절차 개시의 결정이 확정된 때에는 5년 이하의 징역 또는 5천만 원 이하의 벌금에 처한다(법 제643조 제3항).

① 재산을 은닉 또는 손괴하거나 채권자에게 불이익하게 처분하는 행위($\frac{1}{2}$)

② 허위로 부담을 증가시키는 행위($\frac{2}{2}$)

2) 입법취지

채무자가 개인회생절차개시결정 당시 가지고 있는 모든 재산 및 채무자가 개인회생절차개시결정 전에 생긴 원인으로 장래에 행사할 청구권과 개인회생절차진행 중에 취득한 재산 및 소득은 개인회생재단에 속하는 재산이 되고(법 제580조 제1항 제1호·제2호), 채무자가 작성하여 제출하는 변제계획안에는 채무변제에 제공되는 재산 및 소득에 관한 사항이 포함되어 있을 뿐 아니라(법 제611조 제1항 제1호), 그 변제계획안은 인가결정일을 기준으로 하여 평가한 개인회생채권에 대한 총변제액이 채무자가 파산하는 때에 배당받을 총액보다 적어서는 인가되지 못한다(법 제614조 제1항 제4호). 따라서 채무자가 보유하고 있는 재산은 개인회생절차에서 매우 중요한 기능을 한다. 이러한 재산을 은닉, 손괴하거나 채권자에게 불이익하게 처분한다면 개인회생채권자에 대한 변제재원이 되는 개인회생재단에 속하는 재산이 감소되어 개인회생채권자를 해하게 된다. 그리고 채무자가 제3자와 통모하여 제3자에 대하여 허위의 채무를 부담하여 이를 개인회생채권으로 신고를 하고 변제계획을 작성한다면 총채권자에 대한 배당가능성을 부당하게 저하시킬 우려가 있다.

따라서 위 조항은 채무자가 자기 소유의 재산을 은닉, 손괴하거나 채권자에게 불이익하게 처분하는 행위 및 허위로 부담을 증가시키는 행위를 방지하여 개인회생채권자들의 이익을 보호하기 위한 규정이다.

나. 객관적 구성요건

1) 행위의 유형

가) 재산의 은닉·손괴·채권자에게 불이익하게 처분하는 행위   '은닉'이란

채권자 또는 회생위원에 대하여 재산의 발견을 불가능 또는 곤란하게 하는 것을 말한다. 여기에는 단순히 재산을 장소적으로 이동시켜 그 소재를 불명하게 하는 행위뿐 아니라, 재산의 소유관계를 불명하게 하는 것도 해당하며, 강제집행면탈죄의 허위양도도 포함한다. 다만 채무자가 법원에 개인회생절차개시신청을 하면서 단순히 소극적으로 자신의 재산 및 수입 상황을 제대로 기재하지 아니한 재산목록 등을 제출하는 행위는 위 죄에서 말하는 '재산의 은닉'에 해당한다고 할 수 없다.[1]

'개인회생채권자에게 불이익하게 처분하는 행위'란 은닉, 손괴와의 균형상 염가매각, 증여와 같이 채권자에게 절대적으로 불이익을 미치는 처분행위를 말한다. 따라서 특정채권자에 대한 본지 변제는 반대급부와의 균형을 현저히 상실하는 경우와 같은 특별한 사정이 없는 이상 불이익한 처분에는 해당하지 않는다.

나) 허위로 부담을 증가시키는 행위   '허위로 부담을 증가시키는 행위'는 개인회생재단의 부담을 허위로 증가시키는 것, 개인회생재단에 속하는 재산에 저당권이나 질권 등의 담보권을 설정하는 것 등이 전형적인 경우이다. 허위의 채무를 부담하여 개인회생채권을 증가시키는 행위는 민법 제108조에 따라 통정허위표시로서 무효이므로, 이러한 행위가 '허위로 부담을 증가시키는 행위'에 해당되는지 논란의 여지가 있을 수 있으나, 이에 해당한다고 보는 것이 옳을 것이다.

다) 행위의 시기   행위의 시기는 개인회생절차개시결정의 전후를 묻지 않는다. 다만 사기회생죄는 총채권자의 이익을 보호하기 위한 규정이므로 이를 인정하기 위하여는 행위 당시에 총채권자의 이익을 해할 수 있는 객관적인 상황, 즉 개인회생절차의 개시요건인 파산의 원인이 있거나 파산의 원인이 생길 염려가 있어야 한다.

2) 개인회생절차개시결정의 확정

법은 개인회생절차개시결정이 확정될 것을 요구하고 있으므로, 채무자가 개인회생재단에 속하는 재산을 감소하는 행위를 하거나 허위로 채무를 부담하였고 그 상태에서 개시결정이 있었다고 하더라도, 나중에 개시결정에 대한 즉시항고가 제기되어 개시결정이 취소되는 경우에는 본조 위반으로 처벌할 수 없다.

다. 주관적 구성요건

법 제643조 제3항의 사기회생죄에 해당하기 위해서는 주관적 구성요건으로

---

[1] 대법원 2009. 1. 30. 선고 2008도6950 판결 등.

서 해당 행위에 대한 인식이 있어야 하고, 개인회생절차개시에 대한 인식이 있어야 한다. 여기서 인식은 개인회생절차개시원인을 이루는 구체적인 사실에 대한 것으로 족하고, 그것이 개인회생절차개시원인을 구성하는가에 관한 판단까지 필요한 것은 아니다.

그리고 고의 이외에 자기 또는 타인의 이익을 도모하거나 채권자를 해할 목적이라는 주관적 요소를 구성요건으로 한다. 여기서 채권자란 특정 채권자를 말하는 것이 아니라 총채권자를 말한다. 따라서 채무자를 법 제643조 제3항의 사기회생죄로 처벌하기 위하여는 채무자가 자기의 행위로 인한 결과를 인식하였다는 것만으로는 부족하고, 더 나아가 확정적인 인식 또는 적극적인 의욕을 필요로 한다. 다만 그러한 목적이 실제로 달성될 필요는 없다.

3. 보고와 검사거절의 죄

가. 채무자의 재산 상태 보고의무 등

개인회생절차에서 법원과 회생위원은 채무자의 재산 상태에 관한 정확한 자료를 파악하여야 한다. 그런데, 법원이 특별히 정하지 아니하는 한 개인회생재단에 속하는 재산의 관리처분권은 채무자에게 그대로 남아 있어 채무자가 자신의 재산을 지배하게 되므로, 채무자의 재산 상태에 관한 자료는 채무자의 협조가 없이는 파악하는 것이 곤란하다. 따라서 법원 또는 회생위원은 언제든지 채무자에게 금전의 수입과 지출 그 밖에 채무자의 재산상의 업무에 관하여 보고를 요구할 수 있고, 필요하다고 인정하는 경우에는 재산상황의 조사, 시정의 요구 기타 적절한 조치를 취할 수 있다(법 제591조).

나. 보고와 검사거절의 죄

채무자가 법원 또는 회생위원으로부터 금전의 수입과 지출 그 밖에 재산상의 업무에 관하여 보고를 요구받고도 이를 거부하거나 허위의 보고를 하는 행위, 그리고 법원 또는 회생위원이 필요하다고 판단하여 재산상황을 조사하는 것을 거부하는 행위와 시정 요구를 거부하는 행위를 한 경우에는 그 채무자를 1년 이하의 징역 또는 1천만 원 이하의 벌금에 처한다(법 제649조 제5호).

4. 회생증수뢰죄

가. 회생수뢰죄

1) 입법취지

회생위원 및 그 대리는 채무자의 재산 및 소득에 대한 조사를 하고 그 결과 부인의 대상이 되는 행위가 있는 경우에는 부인권 행사명령신청 및 그 절차 참가를 하는 등 중요한 절차상의 업무를 담당할 뿐 아니라, 채무자로부터 가용소득을 임치받아 이를 개인회생채권자에게 지급하는 등 변제계획을 수행하는 업무를 담당하여야 하며, 관리위원은 이러한 회생위원을 감독한다. 따라서 회생위원과 그 대리 및 관리위원의 직무수행에 있어서의 공정성을 담보하기 위하여 이들이 직무수행과 관련하여 수뢰를 하는 것을 처벌하는 것이다.

2) 구성요건 및 형벌

관리위원·회생위원 또는 그 대리가 자기의 직무에 관하여 뇌물을 수수하는 경우는 물론 아직 그 수수에 이르지는 아니하였더라도 이를 요구 또는 상대방과 약속하는 행위가 처벌의 대상이 된다. 관리위원·회생위원 또는 그 대리가 처벌받는 것은 직무수행과 관련하여 뇌물을 수수하는 것이기 때문에 자기가 담당한 개인회생사건에 관하여 뇌물을 수수하여야 한다.

관리위원·회생위원 또는 그 대리가 이러한 행위를 하였을 경우에는 5년 이하의 징역 또는 5천만 원 이하의 벌금에 처한다(법 제645조 제1항).

3) 필요적 몰수

관리위원·회생위원 또는 그 대리가 직무수행과 관련하여 수수한 뇌물은 필요적 몰수의 대상이 된다. 몰수가 불가능할 때에는 그 가액을 필수적으로 추징하여야 한다(법 제645조 제3항).

나. 회생증뢰죄

관리위원·회생위원 또는 그 대리가 회생수뢰죄를 범한 경우에 처벌하는 것에 대응하여 그 상대방이 관리위원·회생위원 또는 그 대리에 대하여 직무수행과 관련하여 뇌물을 약속, 공여 또는 공여의 의사표시를 한 경우에도 5년 이하의 징역 또는 5천만 원 이하의 벌금에 처한다(법 제645조 제2항).

5. 재산조회결과의 목적외 사용죄

가. 재산조회제도 및 조회결과의 열람 등

개인회생절차상 채무자는 개인회생채권자에게 변제할 금액이 인가결정일 당시를 기준으로 파산선고를 받았을 때 채권자에 대한 총배당액을 초과하도록 변제계획안을 작성하여야 하고, 변제계획에 따른 변제금액이 청산가치에 미달하는 경우에는 그 변제계획은 인가될 수 없다.

따라서 법은 제29조에서 법원이 직권으로 또는 이해관계인의 신청에 의하여 채무자 명의의 재산 내역을 조회할 수 있는 절차를 규정하고 있다.

그리고 이해관계인이라면 누구나 재산조회결과에 대하여는 법 제28조에서 규정하고 있는 개인회생기록 및 녹음테이프 등의 열람 · 복사 · 복제 청구 절차에 따라 열람 · 복사 · 복제를 청구할 수 있다.

나. 입법취지

그런데 개인회생절차에서 채무자가 금융기관별로 보유하고 있는 재산의 내역 전부를 조회할 수 있고, 특히 부동산의 경우에는 지난 2년간 그 보유내역을 모두 조회할 수 있어 그 조회결과가 개인회생절차 이외의 목적으로 사용된다면 채무자의 사생활은 심각하게 훼손될 우려가 있다.

이런 이유로 채무자 명의의 재산조회 업무를 담당하는 전담관리자, 조회대상 기관의 장 및 담당자는 관련법령에서 정해진 경우가 아니면 재산조회업무처리과정에서 얻은 자료나 정보를 다른 사람에게 제공하거나 누설하여서는 아니 된다.

그리고 재산조회결과에 대하여 열람 · 복사 · 복제 청구를 할 수 있기 위해서는 자신이 이해관계인이라는 점을 소명하여야 하지만, 그러한 제한이 있다 하여도 조회된 결과가 남용될 경우에는 채무자 개인의 사생활이 침해될 소지가 있으므로 채무자의 사생활 침해를 방지하기 위한 것이 본조의 입법취지이다.

다. 구성요건 및 처벌

개인회생절차에서 재산조회결과를 입수하게 된 사람이 본래의 목적인 채무자의 재산상황의 조사 이외의 목적으로 이를 사용하면 2년 이하의 징역 또는 2천만 원 이하의 벌금에 처하게 된다(벌 제657조).

본조의 주체는 한정되어 있지 않다. 재산조회업무처리과정에서 채무자의 재산에 관한 정보를 알게 된 사람은 물론 재산조회결과에 대한 열람·복사 청구 등을 통하여 그 자료를 입수하게 된 사람도 본조의 주체가 된다.

6. 재산조회 불응 및 허위 자료 제출에 대한 과태료

가. 입법취지

채무자의 재산에 대한 조회제도가 개인회생절차상 법원, 회생위원이나 개인 회생채권자에게 반드시 필요한 제도임은 앞에서 본 바와 같다. 따라서 법은 위 제도의 신속·원활한 운영을 위하여 법원으로부터 재산조회를 요구받은 공공기 관·금융기관·기타 단체 등은 정당한 사유 없이 조회를 거부하지 못한다고 규 정하고 있고(법 제29조 제3항, 민사
집행법 제74조 제4항 준용), 이에 위반한 경우에는 행정벌의 일종인 500만 원 이하의 과태료를 부과하도록 하고 있다(법 제660조
제1항).

나. 구성요건

1) 행   위

공공기관·금융기관·기타 단체가 법원으로부터 재산조회요구를 받고서 회 보 자체를 명시적으로 거부하거나 정해진 기간 내에 그 회보를 하지 아니하는 경우, 그리고 정해진 기간 내에 회보를 하였으나 허위의 내용을 회보하면 본조 에 따라 과태료를 부과받게 된다.

2) 주   체

공공기관·금융기관·기타 단체가 법원의 재산조회요구를 거부하는 등 본 조에 해당하는 행위를 하면 그 기관의 장 개인이 과태료부과처분을 받게 된다.

3) 정당한 사유가 없을 것

공공기관 등이 재산조회요구에 따른 자료의 제출을 거부하거나 허위의 자료 를 제출하였다 하더라도 정당한 사유가 있는 경우에는 벌하지 아니한다. 정당한 사유는 과태료 부과 대상이 되는 공공기관의 장이 적극적으로 소명하여야 한다.

7. 면책된 채권에 기한 추심행위에 대한 과태료

가. 입법취지

면책의 결정이 확정되면 면책을 받은 채무자는 변제계획에 따라 변제한 것을 제외하고 개인회생채권자에 대한 채무에 관하여 그 책임이 면제된다(법 제625조 제2항). 그럼에도 불구하고 면책된 채권에 기하여 채권자가 강제집행 등을 함으로써 채무자에 대한 추심행위를 하게 되면 면책제도를 둔 취지에 반하게 된다. 따라서 이에 위반한 경우에는 행정벌의 일종인 500만 원 이하의 과태료를 부과하도록 하고 있다(법 제660조 제3항).

나. 구성요건

1) 대   상

면책을 받은 채무자에 대한 추심행위에 한한다. 따라서 채무자의 보증인 그 밖에 채무자와 더불어 채무를 부담하는 자에 대한 추심행위는 이에 해당하지 않는다(법 제625조 제3항 참조).

2) 면책된 사실을 알면서 한 면책된 채권에 기한 추심행위

채권자가 자신이 가진 채권에 대하여 면책결정이 확정되어 책임이 면제된 사실을 알면서도 그 채권에 기하여 추심행위를 한 경우에 한한다. 채권자가 개인회생절차의 진행사실에 대한 송달을 받지 못하여 면책결정이 확정된 사실을 알지 못한 경우에는 과태료에 처할 수 없다.

3) 추심행위의 내용

추심행위의 내용은 면책된 채권에 기하여 한 강제집행·가압류 또는 가처분에 한하고 있다. 따라서 면책된 채권에 기하여 이행의 소를 제기하는 행위나 변제를 요구하는 행위 등은 처벌대상에서 제외된다.

제 1 편

·

·

·

양식

- 개인파산실무 -

[양식 1] 파산 및 면책 동시신청서

파산 및 면책 신청서

인지
2000원

신 청 인(채 무 자)   (주민등록번호 :   -   )
주 소 :   (우편번호 :   )
거 소 :   (우편번호 :   )
송달장소 :   송달영수인 :   (우편번호 :   )
등록기준지 :
연락처 : 휴대전화(   ), 집전화(   ), e-mail(   )

신 청 취 지
1. 신청인에 대하여 파산을 선고한다.
2. 채무자를 면책한다. 라는 결정을 구합니다.

신 청 이 유
1. 신청인에게는 별첨한 진술서 기재와 같이 지급하여야 할 채무가 존재합니다.
2. 그런데 위 진술서 기재와 같은 신청인의 현재 자산, 수입의 상황 하에서는 채무를 지급할 수 없는 상태에 있습니다.
3. 따라서 신청인에 대하여 파산을 선고하며, 채무자를 면책한다. 라는 결정을 구합니다.

첨 부 서 류
1. 가족관계증명서(상세증명서), 혼인관계증명서(상세증명서) 각 1부
2. 주민등록초본[주소변동내역(과거 주소 전체) 및 개명, 주민등록번호 변동사항 포함] 및 주민등록등본 각 1부
   ※ 가족관계증명서, 혼인관계증명서, 주민등록등본은 신청인 외 제3자의 주민등록번호 뒷자리가 표기되지 아니한 것을 제출(신청인 본인의 주민등록번호는 전체 표기)
3. 진술서(채권자목록, 재산목록, 현재의 생활 상황, 수입 및 지출에 관한 목록 포함) 1부
4. 자료제출목록 1부

휴대전화를 통한 정보수신 신청서

위 사건에 관한 파산선고결정, 면책결정 등 정보를 예납의무자가 납부한 송달료 잔액 범위 내에서 휴대전화를 통하여 알려주실 것을 신청합니다.
■ 휴대전화 번호 :
　　　　　신청인 채무자　　　　　　　(날인 또는 서명)

※ 파산선고 및 이의기간지정 결정(또는 면책심문기일 결정), 면책결정이 있으면 신속하게 위 휴대전화로 문자메시지가 발송됩니다. 문자메시지 서비스 이용금액은 메시지 1건당 17원씩 납부된 송달료에서 지급됩니다(송달료가 부족하면 문자메시지가 발송되지 않습니다). 추후 서비스 대상 정보, 이용금액 등이 변동될 수 있습니다.

법원외 타기관을 통한 개인파산 신청에 대한 지원 여부(해당사항 있을시 기재)

1. 지원기관 (1.　　　　2.　　　　) (예)신용회복위원회, 서울시복지재단, 법률구조공단 등
2. 지원내역과 지원금액(1.
　　　　　　　　　　2.　　　　　　　　　　　　　　　　　　　　　　　)
　(예) 신청서 작성 지원, 변호사 수임료 지원, 송달료 지원, 파산관재인 보수 지원 등
　　　서울시복지재단 - 파산관재인 보수 지원(30만원)

20 .   .   .
신 청 인   ㉑

파산사건번호	
면책사건번호	
배당순위번호	
재 판 부	제 단독

○○회생(지방)법원 귀중

[양식 1-1] 진술서

진 술 서

○○회생(지방)법원   귀중

신 청 인   (인)

신청인은 다음과 같은 내용을 <u>사실대로</u> 진술합니다.

또 본인의 현재의 채무, 자산, 생활의 상황 및 수입·지출 등은, 별지 「채권자목록」, 「재산목록」, 「현재의 생활상황」, 「수입 및 지출에 관한 목록」의 각 기재와 같습니다.

<u>위 각 서류에 사실과 다른 내용이 있을 경우 면책불허가될 수 있음을 잘 알고 있습니다.</u>

1. 본인의 과거 경력은 다음과 같습니다.

   (1) 최종 학력

        년   월   일   학교 (졸업, 중퇴)

   (2) 과거 경력(최근의 것부터 기재하여 주십시오)

        년   월   일부터   년   월   일까지(자영, 근무)

   업종_____ 직장명_____ 직위_____

        년   월   일부터   년   월   일까지(자영, 근무)

   업종_____ 직장명_____ 직위_____

2. 동시에 개인파산을 신청한 가족이 있는지 여부

   (1) 배우자(성명 :   )와 동시에 개인파산을 신청하는 것이 (맞음, 아님)

   (2) 배우자 외의 다른 가족과 동시에 개인파산을 신청하는 것이 (맞음, 아님)

        (배우자 외의 다른 가족과 동시에 개인파산을 신청하는 경우 성명 및 신청인과의   관계를 기재하여 주십시오)

   _____

3. 본인의 현재까지의 생활상황 등은 다음과 같습니다.

   (1) 사기죄, 사기파산죄, 과태파산죄, 도박죄로 고소되거나 형사재판을 받은 경험

        (있음, 없음)

   _____

   (2)㉮ 과거에 파산신청을 하였다가 취하하거나 기각당한 경험 (있음, 없음)

        년   월   일 (   )회생(지방)법원에 파산신청을 하였는데 (취하함, 기각당함)

      ㉯ 과거에 파산선고를 받은 경험 (있음, 없음)

        년   월   일 (   )회생(지방)법원에서 파산선고를 받음

(다) 그 파산선고에 이어서 면책을 받은 경험 (있음, 없음)

년 월 일 ( )회생(지방)법원에서 면책결정을 받았고, 년 월 일 위 결정이 확정됨

(3)(가) 개인회생절차를 이용한 경험 (있음, 없음)(개인회생절차 중이면 기각될 수 있음)

년 월 일 ( )회생(지방)법원에서 인가결정을 받음(사건번호:)

년 월 일 ( )회생(지방)법원에서 폐지결정을 받음

(폐지사유:)

(나) 그 개인회생절차에서 면책을 받은 경험 (있음, 없음)

년 월 일 ( )회생(지방)법원에서 면책결정을 받았고, 년 월 일 위 결정이 확정됨

(4) 과거 1년간 물건을 할부나 월부로 구입하고 대금을 전부 지급하지 않은 상태에서 처분(매각, 입질 등)을 한 경험 (있음, 없음) (물건의 품명, 구입시기, 가격, 처분 시기 및 방법을 전부 기재하여 주십시오)

_____

_____

(5) 이번 항목은 개인 영업을 경영한 경험이 있는 분만 기재하여 주십시오.

▷ 영업 중 상업장부의 기재

□ 정확히 기장하였다. □ 부정확하게 기장하였다. □ 기장하지 아니하였다.

▷ 영업 중에 도산을 면하기 위하여 상품을 부당하게 염가로 매각한 사실 (있음, 없음)
(언제 무엇을 매입원가의 몇 %로 할인판매를 하였는지를 기재하여 주십시오)

_____

☆ 개인 영업을 경영한 경험이 있는 분은 아래 8종류의 사실증명(현재로부터 과거 3년까지 의 기간에 관한 것)에 대하여 발급신청을 하고, 그에 따라 세무공무원이 교부하여 주는 서류를 제출하여 주시기 바랍니다. 8종류의 사실증명 : ① 사업자등록증명, ② 휴업사실 증명, ③ 폐업사실증명, ④ 납세 및 체납사실증명, ⑤ 소득금액증명, ⑥ 부가가치세과세 표준증명, ⑦ 부가가치세면세사업자수입금액증명, ⑧ 표준재무제표증명(개인, 법인)

4. 채권자와의 상황은 다음과 같습니다.

(1) 채권자와 채무지급방법에 관하여 교섭한 경험 (있음, 없음)

▷ 그 결과 합의가 성립된 채권자수 ( )명

▷ 합의에 기하여 지급한 기간 (년 월 일부터 년 월 일까지)

▷ 매월 지급한 총액 1개월 평균 ( )원 정도

▷ 지급 내역 (누구에게 얼마를 지급하였는지를 기재하여 주십시오)

_____

(2) 소송·지급명령·압류·가압류 등을 받은 경험 (있음, 없음)

▷ ( )지방법원 ( )지원 사건번호 (호) 상대방( )

▷ ( )지방법원 ( )지원 사건번호 (호) 상대방( )

5. 파산신청에 이르게 된 사정(채무 증대의 경위 및 지급이 불가능하게 된 사정)

(□안에 √ 표시)

(1) 많은 채무(연대보증에 의한 채무나 신용카드 이용에 의한 채무를 포함한다)를 지게 된 이유는 다음과 같습니다(두 가지 이상 선택 가능).

□ 생활비 부족 (부양가족수 :   ), (부족한 생활비 : 주거비, 의료비, 교육비, 기타   )

□ 주택구입자금 차용 (주택 구입 시기 :   ), (주택 처분 시기 :   )

   구입한 주택의 명세 :   )

□ 낭비 등(음식 · 음주, 투자 · 투기, 상품 구입, 도박 등)

□ 사업의 경영 파탄 (다단계 사업 포함) (사업 시기 :   년 월 일부터   년 월 일까지)

   (사업 종류 :   )

□ 타인(친족, 지인, 회사 등)의 채무 보증

□ 사기 피해를 당함 (기망을 한 사람 및 채무자와의 관계 :   ,   ) (피해액수 :   원)

□ 그 밖의 사유 :

(2) 지급이 불가능하게 된 계기는 다음과 같습니다(두 가지 이상 선택 가능)

□ 변제해야 할 원리금이 불어나 수입을 초과하게 됨

□ 실직함

□ 경영 사정 악화로 사업 폐업함

□ 급여 또는 사업 소득이 감소됨

□ 병에 걸려 입원함

□ 그 밖의 사유 :

(3) 지급이 불가능하게 된 시점 :   년   월   일

(4) 구체적 사정

시기(연월일)	채권자, 차용(보증) 액수, 차용한 돈의 사용처, 지급이 불가능하게 된 사정 등

(언제, 어떠한 사정 하에 누구로부터 얼마를 차용하여 어디에 사용하였는지, 언제 어떠한 사정 하에 무엇을 구입하였는지, 어떠한 사정 하에 지급이 불가능하게 되었는지를 오래된 것부터 시간 순서에 따라 기재하여 주십시오. 별지를 사용하여도 됩니다.)

6. 지급이 불가능하게 된 시점 <u>이후에</u> 차용하거나 채무가 발생한 사실 (있음, 없음)

시기(연월일)	차용(채무 발생) 원인, 금액, 조건 등

(있다면 차용 또는 채무발생의 시기, 원인, 금액, 조건 등을 기재하여 주십시오. 별지를 사용하여도 됩니다.)

7. 채무의 지급이 불가능하게 된 시점 이후에 일부 채권자에게만 변제한 경험 (있음, 없음) (변제한 채권자의 성명, 변제시기, 금액을 전부 기재하여 주십시오)

_____

_____

[양식 1-2] 채권자목록

채권자 목록

1. 채권내역

순번	채권자명	차용 또는 구입일자	발생원인	최초 채권액	사용처	보증인	잔존 채권액	
							잔존 원금	잔존 이자·지연손해금
※채권의 '발생원인'란에는 아래 해당번호를 기재함 ①금원차용(은행대출, 사채 포함), ②물품구입(신용카드에 의한 구입 포함), ③보증(피보증인 기재), ④기타					합계		잔존 원금	잔존 이자·지연손해금

채권자목록 기재요령

※양식※

순번	채권자명	차용 또는 구입일자	발생 원인	최초 채권액	사용처	보증인	잔존 채권액	
							잔존 원금	잔존 이자·지연손해금
1	○○카드 (주)	01.1.7 - 05.1.31	②	6,000,000	생활비	김이순	5,234,567	789,456
1-1	김 이 순	02.5.8	③	6,000,000			미정	미정
2	○○은행 (주)	02.5.8	①	10,000,000	창업자금		10,000,000	2,456,789
9	최 ○○	03.6.9	①	5,000,000	병원 치료비		5,000,000	1,150,000

※채권의 '발생원인'란에는 아래 해당번호를 기재함 　①금원차용(은행대출, 사채 포함), ②물품구입(신용카드에 의한 　구입 포함), ③보증(피보증인 기재), ④기타	합계	잔존 원금	잔존 이자·지연손해금
	24,630,812	20,234,567	4,396,245

※ 기재요령 ※

채권자목록에 기재하여야 할 사항을 한 가지라도 기재하지 아니하거나 허위 또는 부정확하게 기재하는 경우에는 파산·면책절차가 진행되지 아니하거나 면책절차에서 불리하게 작용할 수 있으니 주의하시기 바랍니다.

1. 채권자목록은 채무별로 순번을 달리하여 기재하십시오. 다만 같은 채권자에 대한 여러 개의 채무는 연이어 기재하되, 발생원인이 오래된 것부터 날짜 순서에 따라 기재하십시오.

2. 「채권자명」란에는 법인과 개인을 구분하여 채권자의 성명이나 법인명을 정확히 기재하십시오.

   채권자의 성명은 가족관계증명서 또는 주민등록등본이나 법인등기부등본의 주소와 일치하여야 하며, 법인의 경우에는 대표자까지 기재하여야 합니다(※잘못된 기재례 : 순이 엄마, 영주댁, ○○상사).

3. 채무자를 위하여 보증을 해 준 사람이 있으면 그 보증인도 「보증인」란에 정확하게 기재하여야 합니다. 보증으로 인한 구상채무는 보증인이 보증한 채무의 바로 다음에 기재하되, 「순번」란에는 보증한 채권의 순번에 가지번호를 붙여 표시하고, 「잔존채권액·잔존원금 / 잔존 이자·지연손해금」란에는 '미정'이라고 기재하십시오.

4. 「차용 또는 구입일자」란에는 <u>원래 차용 또는 구입일자를</u> 기재하고 채권양도시 양도일자를 그 옆에 ( )를 표시하여 추가하며, 「발생원인」란에는 표 하단에 기재된 발생원인의 해당번호를, 「최초 채권액」란에는 채무발생 당시의 금액을, 「사용처」란에는 구체적 사용용도 또는 구입물품을 각 기재하십시오.

5. 「잔존 채권액·잔존원금 / 잔존 이자·지연손해금」란에는 <u>파산신청(면책신청) 당시까지</u> 채무자(채무자)가 갚지 못하고 있는 채무의 원금과 이자·지연손해금을 각 채권자별로 구분하여 기재하고, 하단의 「합계」란에는 채무의 총액을 기재하며, 「잔존원금」, 「잔존 이자·지연손해금」란에는 각각의 합계액을 반드시 기재하십시오.

[양식 1-3] 채권자 주소

채권자의 주소

1. 채권자의 주소는 신청일 당시의 주소로 번지까지 정확하게 기재하고, **채무자를 위하여 보증을 해 준 사람이 있**
   으면 그 보증인의 주소까지 정확히 기재하여야 합니다.
2. 채권자가 금융기관이나 기타 법인인 경우에는 본점 소재지 또는 거래지점의 소재지를 정확하게 기재하여야 합
   니다.

순번	채권자명	주소	전화번호	팩스	비고 (우편번호)

※ '신청서'를 제출한 경우, 법원 홈페이지 '나의 사건검색'에서 본 채권자목록의 반영
여부를 확인할 수 있습니다.

[양식 1-4] 재산목록

재 산 목 록

※ 먼저, 다음 재산목록 요약표에 해당재산이 있는지 √하고, 「□ 있음」에 √한 경우에는 아래 해당
항목에서 자세히 기재바랍니다. <u>이 양식을 파일형태로 이용할 경우 아래 표 중에 「□ 있음」에</u>
<u>√한 부분만 출력하여 제출하여도 됩니다. 따라서 모두 「□ 없음」에 √한 경우에는 아래 표 다</u>
<u>음 부분을 생략할 수 있습니다</u>(실제로는 재산 처분이 있었음에도 불구하고 '지급불가능 시점의 1
년 이전부터 현재까지 재산 처분 여부'의 '없음'에 √해 놓고는 부동산등기부사항증명서 등 소명
자료를 뒷부분에 편철해놓는 경우가 있는데, 이와 같이 재산목록 요약표와 소명자료 또는 진술
서의 기재내용이 서로 불일치한 경우에는 허위진술 내지 불성실한 신청으로 간주되어 불이익한
처분을 받을 수 있습니다).

재산목록 요약표

1. 현금	□있음 □없음	6. 매출금	□있음 □없음	11. 지급불가능 시점의 1년 이전부터 현재까지 재산 처분 여부	□있음 □없음
2. 예금	□있음 □없음	7. 퇴직금	□있음 □없음	12. 최근 2년간 받은 임차보증금	□있음 □없음
3. 보험	□있음 □없음	8. 부동산	□있음 □없음	13. 이혼재산분할	□있음 □없음
4. 임차보증금	□있음 □없음	9. 자동차오토바이	□있음 □없음		
5. 대여금	□있음 □없음	10. 기타 재산(주식, 특허권, 귀금속 등)	□있음 □없음	14. 상속재산	□있음 □없음

1. 현금 : 금액 (원)

2. 예금

    금융기관명(   ) 계좌번호(   )   잔고 (원)

    금융기관명(   ) 계좌번호(   )   잔고 (원)

  ☆ 은행 이외의 금융기관에 대한 것도 포함합니다.

  ☆ 예금잔고가 소액이라도 반드시 기재하고 파산신청시의 잔고(정기예금분을 포함)와 최종 금융거래일로부터
    과거 1년간의 입출금이 기재된 통장 사본 또는 예금거래내역서를 첨부하여 주십시오(공과금, 통신료, 카드
    사용, 급여이체 등이 기재된 통장 사본 또는 예금거래내역서를 제출, 가족명의의 계좌로 거래하였다면 그
    계좌에 관한 통장 사본 또는 예금거래내역서를 제출).

3. 보험(생명보험 등)

    보험회사명(   ) 증권번호(   ) 해약환급금 (원)

    보험회사명(   ) 증권번호(   ) 해약환급금 (원)

    보험회사명(   ) 증권번호(   ) 해약환급금 (원)

☆ 파산신청 당시에 가입하고 있는 보험은 해약환급금이 없는 경우에도 반드시 전부 기재하여 주십시오.

☆ 생명보험협회에서 발급받은 채무자에 대한 생존자 보험가입내역조회를 첨부하여 주시고, 그러한 보험가입내역조회에 기재된 생명보험(손해보험, 자동차보험, 운전자보험, 여행자·단체보험, 주말휴일상해보험은 제외)의 해지·실효·유지 여부 및 예상해약환급금 내역을 기재한 각 보험회사 작성의 증명서도 첨부하여 주십시오.

4. 임차보증금

임차물건(   ), 임차보증금 (원), 반환예상금 (원)

☆ 반환예상금란에는 채무자가 파산신청일을 기준으로 임대인에게 임차물건을 명도할 경우 임대인으로부터 반환받을 수 있는 임차보증금의 예상액을 기재하여 주십시오.

☆ 임대차계약서의 사본 등 임차보증금 중 반환예상액을 알 수 있는 자료를 첨부하여 주십시오.

☆ 상가 임대차의 경우에는 권리금이 있으면 반드시 권리금 액수를 기재해 주시기 바랍니다.

5. 대여금·구상금·손해배상금·계금 등

채무자명(   ) 채권금액 (원) 회수가능금액 (원)

채무자명(   ) 채권금액 (원) 회수가능금액 (원)

☆ 회수가 어렵다고 하더라도 반드시 기재하시고, 대여금뿐만 아니라 구상금, 손해배상금, 계금 등 어떠한 명목으로라도 제3자로부터 받아야 할 돈이 있으면 기재하시기 바랍니다.

6. 매출금(개인사업을 경영한 사실이 있는 분은 현재까지 회수하지 못한 매출금 채권)

채무자명(   ) 채권금액 (원) 회수가능금액 (원)

채무자명(   ) 채권금액 (원) 회수가능금액 (원)

7. 퇴직금

근무처명(   )   퇴직금예상액 (원)

☆ 파산신청시에 퇴직하는 경우에 지급받을 수 있는 퇴직금예상액(퇴직금이 없는 경우에는 그 취지)을 기재한 사용자를 기재하여 주십시오. 만일 퇴직금채권을 담보로 하여 돈을 차용하였기 때문에 취업규칙상의 퇴직금보다 적은 액수를 지급받게 되는 경우에는 그러한 취지를 기재하여 주시기 바랍니다.

8. 부동산(토지와 건물)

종류(토지·건물)   소재지 (   )

시가(원) 등기된 담보권의 피담보채권 잔액(원)

종류(토지·건물)   소재지 (   )

시가(원) 등기된 담보권의 피담보채권 잔액(원)

☆ 부동산을 소유하고 있는 경우 부동산등기사항전부증명서를 첨부하여 주십시오.

☆ 저당권 등 등기된 담보권에 대하여는 은행 등 담보권자가 작성한 피담보채권의 잔액증명서 등의 증명자료를 첨부하여 주십시오(가압류나 압류는 등기된 담보권이 아니므로 그 가액을 표시할 때는 가압류나 압류임을 명시하여 주시기 바랍니다).

☆ 경매진행 중일 경우에는 경매절차의 진행상태를 알 수 있는 자료를 제출하여 주십시오.

9. 자동차(오토바이를 포함)

　　차종 및 연식(　　　　　　) 등록번호(　　　　) 시가 (　　　　　　원)

　　등록된 담보권의 피담보채권 잔액(　　　　　　　　　원)

　　☆ 자동차등록원부와 시가 증명자료를 첨부하여 주십시오.

10. 기타 재산적 가치가 있는 중요 재산권(주식, 회원권, 특허권, 귀금속, 미술품 등)

　　품목명(　　　　　　　　　)　　　　시가 (　　　　　원)

　　품목명(　　　　　　　　　)　　　　시가 (　　　　　원)

11. 진술서 4.(3) 기재 지급 불가능 시점의 1년 이전부터 현재까지 사이에 처분한 <u>1,000만 원 이상의 재산</u>
　　(다만, 여러 재산을 처분한 경우 그 합계액이 1,000만 원 이상이면 모두 기재하여야 하고, 부동산은
　　1,000만 원 미만이라도 기재하여야 한다)

　　_____

　　☆ 처분의 시기, 대가 및 대가의 사용처를 상세히 기재하여 주시기 바랍니다. 그리고 여기서 말하는 재산의 처
　　　분에는 보험의 해약, 정기예금 등의 해약, 퇴직에 따른 퇴직금수령 등도 포함합니다. 주거이전에 따른 임차
　　　보증금의 수령에 관하여는 다음의 12항에 기재하여 주시기 바랍니다.
　　☆ 특히 부동산이나 하나의 재산의 가액이 1,000만 원 이상의 재산을 처분한 경우에는 처분시기와 대가를 증
　　　명할 수 있는 부동산등기사항전부증명서, 계약서사본, 영수증사본 등을 첨부하시기 바랍니다(경매로 처분된
　　　경우에는 배당표 및 사건별수불내역서를 제출하여 주십시오).

12. 최근 2년 이내에 주거이전에 따른 임차보증금을 수령한 사실

　　_____

　　☆ 임차물건, 임대차계약상 임차보증금의 액수와 실제로 수령한 임차보증금의 액수, 수령한 임차보증금의 사용처
　　　를 기재하여 주시기 바랍니다.

13. 최근 2년 이내에 이혼에 따라 재산분할한 사실

_____

_____

☆ 분할한 재산과 그 시기를 기재하여 주십시오.
☆ 최근 2년 이내에 이혼을 한 경우에는 그러한 이혼에 관한 재판서(조정·화해가 성립된 경우에는 그에
  대한 조서) 또는 협의이혼의사확인서의 등본을 제출하여 주시기 바랍니다.

14. 친족의 사망에 따라 상속한 사실

　　　　　년　　월　　일 부·모　　　　　　　　의 사망에 의한 상속
상속상황
　　㉠ 상속재산이 전혀 없었음
　　㉡ 신청인의 상속포기 또는 상속재산 분할에 의하여 다른 상속인이 모두 취득하였음
　　㉢ 신청인이 전부 또는 일부를 상속하였음
　　　주된 상속재산과 그 처분의 경과

_____

_____

☆ ㉡ 또는 ㉢항을 선택한 분은 주된 상속재산을 기재하여 주시기 바랍니다.
☆ ㉡항을 선택한 분은 다른 상속인이 주된 상속재산을 취득하게 된 경위를 기재하여 주십시오.

[양식 1-5] 현재의 생활상황

현재의 생활상황

1. 현재의 직업 【 자영, 고용, 무직 】

　　업종 또는 직업(　　　　　　　)　　　직장 또는 회사명 (　　　　)

　　지위(　　　　　　　　　)　　　취직시기 (　　년　　월)

2. 수입의 상황(이 사건 신청일이 속한 달의 직전 달인　　년　월 기준으로 신청인의 월수입 합계
　　　원)

　　자영수입(　　　　원)　→　종합소득세 확정신고서(최근 2년분)를 첨부하여 주십시오.

　　월 급 여(　　　　원)　→　급여증명서(최근 2년분)와 근로소득세 원천징수영수증의
　　　　　　　　　　　　　　　사본을 첨부하여 주십시오.

　　연　금(　　　　원)　→　수급증명서를 첨부하여 주십시오.

　　생활보호(　　　　원)　→　수급증명서를 첨부하여 주십시오.

　　기　타(　　　　원)　→　구체적으로 기재하고 수입원을 나타내는 자료를 첨부하여
　　　　　　　　　　　　　　　주십시오.

3. 동거하는 가족의 상황(월수입 부분은 이 사건 신청일이 속한 달의 직전 달인　　년　월 기준)

성명	신청인과의 관계	연령	직업	월수입
		세		원
		세		원
		세		원
		세		원
		세		원
		세		원

4. 주거의 상황

　　거주를 시작한 시점 (　　　년　　월　　일)

　　거주관계 : 아래 ㉠ － ㉫ 중 선택 (　　　　　)

　　　㉠ 임대 주택(신청인 이외의 자가 임차한 경우 포함)

　　　㉡ 사택 또는 기숙사

　　　㉢ 신청인 소유의 주택

  ㉣ 친족 소유의 주택에 무상으로 거주

  ㉤ 친족 이외의 자 소유의 주택에 무상으로 거주

  ㉥ 기타 (   )

㉠, ㉡항을 선택한 분에 대하여,

 월 차임 (원) 임대보증금 (원)

 연체액   (원)

 신청인 이외의 자가 임차인인 경우 임차인 성명 (   ) 신청인과의 관계 ( )

㉢, ㉤항을 선택한 분에 대하여,

 소유자 성명 (   ) 신청인과의 관계 (   )

신청인 이외의 자가 소유자이거나 임차인인데 함께 거주하지 않는 경우 그 경위를 기재하십시오.

(   )

☆ ㉠ 또는 ㉡항을 선택한 분은 임대차계약서 또는 사용허가서 사본을 첨부하여 주시기 바랍니다.

☆ ㉢항을 선택한 분은 부동산등기사항전부증명서를 첨부하여 주십시오.

☆ ㉣ 또는 ㉤항을 선택한 분은 소유자 작성의 거주 증명서를 첨부하여 주십시오.

5. 조세 등 공과금의 납부 상황(체납 조세가 있는 경우 세목 및 미납액을 기재하십시오)

 소득세 미납분 (없음 / 있음 — 미납액   원)

 주민세 미납분 (없음 / 있음 — 미납액   원)

 재산세 미납분 (없음 / 있음 — 미납액   원)

 의료보험료 미납분 (없음 / 있음 — 미납액   원)

 국민연금 미납분 (없음 / 있음 — 미납액   원)

 자동차세 미납분 (없음 / 있음 — 미납액   원)

 기타 세금 미납분 (없음 / 있음 — 미납액   원)

[양식 1-6] 수입 및 지출에 관한 목록

수입 및 지출에 관한 목록

1. 가계수지표(20   년   월분)(신청일이 속한 달의 직전 달 기준)

수입		금 액	지출	금 액
급여 또는 자영 수입	신청인	원	주거비(임대료, 관리비 등)	원
	배우자	원	식비(외식비 포함)	원
	기타( )	원	교육비	원
연금	신청인	원	전기 · 가스 · 수도료	원
	배우자	원	교통비(차량유지비 포함)	원
	기타( )	원	통신료	원
생활보호		원	의료비	원
			보험료	원
기타		원	기타	원
수입합계		원	지출합계	원

2. 채무자의 가용소득(개인회생절차를 신청할 경우 소득에서 생계비를 뺀 나머지 소득)

	구분	금액(단위 : 원)					
1	채무자의 월 평균 소득[1]						
2	생계비(기준 중위소득의 100분의 60)[2]	1인	2인	3인	4인	5인	6인
	부양가족의 이름, 연령, 채무자와의 관계						
3	채무자의 가용소득 (1 - 2)						

---

1) 최근 1년 동안의 모든 소득을 평균하여 기재하십시오.

2) 본인을 포함한 부양가족(스스로 기준 중위소득의 40% 이상의 소득을 올리는 사람은 부양가족이 아닙니다)의 수에 해당하는 곳에 ○ 표 하십시오. 한편, 각 가구별 생계비로 기재될 금액은 국민기초생활보장법 제6조의 규정에 따라 공표된 해당 연도의 기준 중위소득에 100분의 60을 곱한 금액으로서 매년 변경됩니다. 위 규정에 따라 올바르게 계산된 금액을 가구별 생계비로 기재하여 주시기 바랍니다.

[양식 1-7] 자료제출목록

자료제출목록

채무자_____(인)

채무자는 아래와 같은 자료들을 제출합니다.

※ 아래표의 해당 □ 란에 V 표시하고 뒷면에 제출하는 서류를 순서대로 첨부하여 제출합니다.

※ 가족관계증명서, 혼인관계증명서, 주민등록등본은 신청인 외 제3자의 주민등록번호 뒷자리가 표기되지 아니한 것을 제출합니다(다만, 신청인 본인의 주민등록번호는 전체를 표기하여야 합니다).

순번	제출하여야 하는 자료	제출 여부	제출 못하거나 일부만 제출한 이유	발급기관
1	채무자의 가족관계증명서 (상세증명서)	□ 제출하였음		구청 등
2	채무자의 혼인관계증명서 (상세증명서)	□ 제출하였음		
3	채무자의 주민등록초본 [주소변동내역(과거 주소 전체) 및 개명, 주민등록번호 변동사항 포함]	□ 제출하였음		
4	채무자의 주민등록등본	□ 제출하였음		
5	채무자에 대한 지방세 세목별 과세증명서 (현재로부터 과거 5년까지의 기간에 관한 것. 모든 세목이 포함되도록 표시하여 발급하고, 전국 단위로 발급)	□ 제출하였음		
6	채무자 소유 자동차에 관한 자동차등록원부(갑, 을구 모두 포함) 및 시가 증명자료	□ 제출하였음	□ 해당사항 없음(차량소유 없음)	
7	채무자 소유 부동산에 관한 부동산등기사항전부증명서	□ 제출하였음	□ 해당사항 없음(부동산소유 없음)	구청·등기소 등

8	채무자의 생존자 보험가입내역조회	☐ 제출하였음		생명 보험 협회3)
	보험가입내역조회에 기재된 생명보험의 해지·실효·유지 및 예상해약환급금 내역 **(손해/자동차/운전자/여행자·단체/주말휴일상해 제외)**	☐ 제출하였음		각 보험 회사
9	채무자가 개인 영업을 하였던 경우, 채무자의 사실증명 (현재부터 과거 3년까지의 기간에 관한 것) **※ 아래 8종류의 사실증명에 대하여 발급신청을 하고, 그에 따라 세무공무원이 교부해주는 서류를 제출** ①사업자등록증명 ②휴업사실증명 ③폐업사실증명 ④납세 및 체납사실증명 ⑤소득금액증명 ⑥부가가치세과세표준증명 ⑦부가가치세면세사업자수입금액증명 ⑧표준재무제표증명(개인,법인)	☐ 제출하였음		세무서 4)
10	과거 1년부터 현재까지의 채무자의 은행통장거래내역 (공과금, 통신료, 카드사용, 급여이체 등이 기재된 통장 사본 또는 예금거래내역서를 제출, 가족명의의 계좌로 거래하였다면 그 계좌에 관한 통장 사본 또는 예금거래내역서를 제출)	☐ 전부 제출하였음 ☐ 일부만 제출하였음	☐해당사항 없음(은행거래 없음) ☐협조거부 ( ) ☐기타 ( )	은행, 농협, 수협, 축협, 신협, 증권사, 우체국, 마을 금고 등

---

3) 생명보험협회의 인터넷 홈페이지 주소는 https://www.klia.or.kr이고, 전화번호는 02-2262-6600입니다.

4) 각종 증명서 조회 및 발급 등이 가능한 국세청 홈텍스의 홈페이지 주소는 https://www.hometax.go.kr이고, 국세상담센터의 상담전화번호는 국번 없이 126번입니다.

11	지급 불가능 시점의 1년 이전부터 신청 시까지 사이에 부동산이나 하나의 재산의 가액이 1,000만 원 이상의 재산을 처분한 경우, 처분시기와 대가를 증명할 수 있는 부동산등기사항전부증명서, 계약서사본, 영수증사본 (경매로 처분된 경우에는 배당표 및 사건별수불내역서)	□ 전부 제출하였음 □ 일부만 제출하였음	□해당사항 없음 (지급 불가능 시점의 1년 이전부터 신청 시까지 사이에 부동산이나 하나의 재산의 가액이 1,000만 원 이상의 재산을 처분한 일이 없음) □협조거부 ( ) □기타 ( )	채무자 보유 자료 (경매 법원)
12	임대차계약서의 사본 등 임차보증금 중 반환예상액을 알 수 있는 자료	□ 제출하였음	□해당사항 없음 (임차한 물건이 없음) □협조거부 ( ) □기타 ( )	채무자 보유 자료
13	최근 2년 이내에 이혼을 한 경우, 이혼에 관한 재판서(조정·화해가 성립된 경우에는 그에 대한 조서) 또는 협의이혼의사확인서의 등본	□ 제출하였음	□해당사항 없음 (최근 2년 이내 이혼 사실 없음)	법원
14	수입에 관한 자료 [자영수입이 있는 경우에는 종합소득세 확정신고서(최근 2년분)/급여수입이 있는 경우에는 급여증명서(최근 2년분)와 근로소득세 원천징수영수증의 사본/연금을 받는 경우에는 수급증명서/생활보호대상자인 경우에는 수급증명서/기타의 경우에는 수입원을 나타내는 자료]	□ 제출하였음		채무자 보유 자료, 세무서, 국민연금공단, 구청 등

[양식 2] 별도로 면책신청을 할 경우의 파산신청서

파 산 신 청 서

신 청 인(채 무 자)   (주민등록번호 :   )
주   소 :   (우편번호 :   —   )
거   소 :   (우편번호 :   —   )
송달장소 :   송달영수인 :   (우편번호 :   —   )
등록기준지 :
연락처 : 휴대전화(   ), 집전화(   ), e-mail(   )

신 청 취 지

1. 신청인에 대하여 파산을 선고한다.
2. 이 사건 파산절차를 폐지한다.

신 청 이 유

1. 신청인에게는 별첨한 진술서 기재와 같이 지급하여야 할 채무가 존재합니다.
2. 그런데 위 진술서 기재와 같은 신청인의 현재 자산, 수입의 상황 하에서는 채무를 지급할 수 없는 상태에 있습니다.(또한 파산재단을 구성할 만한 재산이 거의 없어 파산절차비용에 충당하기에 부족합니다.)
3. <u>이 사건 파산신청에 면책신청의 효과가 법률상 부여되는 것을 원하지 않습니다. 면책신청은 추후 별도로 하겠습니다.</u>

첨 부 서 류

1. 가족관계증명서(상세증명서), 혼인관계증명서(상세증명서) 각 1부
2. 주민등록초본[주소변동내역(과거 주소 전체) 및 개명, 주민등록번호 변동사항 포함] 및 주민등록등본 각 1부
   ※ 가족관계증명서, 혼인관계증명서, 주민등록등본은 신청인 외 제3자의 주민등록번호 뒷자리가 표기되지 아니한 것을 제출(신청인 본인의 주민등록번호는 전체 표기)
3. 진술서(채권자목록, 재산목록, 현재의 생활 상황, 수입 및 지출에 관한 목록 포함) 1부
4. 자료제출목록 1부

휴대전화를 통한 정보수신 신청서

위 사건에 관한 파산선고결정 정보를 예납의무자가 납부한 송달료 잔액 범위 내에서 휴대전화를 통하여 알려주실 것을 신청합니다.
■ **휴대전화 번호 :**
     신청인 채무자   (날인 또는 서명)
※ 파산선고결정이 있으면 신속하게 위 휴대전화로 문자메시지가 발송됩니다.
※ 문자메시지 서비스 이용금액은 메시지 1건당 17원씩 납부된 송달료에서 지급됩니다(송달료가 부족하면 문자메시지가 발송되지 않습니다). 추후 서비스 대상 정보, 이용금액 등이 변동될 수 있습니다.

법원외 타기관을 통한 개인파산 신청에 대한 지원 여부(해당사항 있을시 기재)

1. 지원기관 (1.   2.   ) (예)신용회복위원회, 서울시복지재단, 법률구조공단 등
2. 지원내역과 지원금액(1.   2.   )
   (예) 신청서 작성 지원, 변호사 수임료 지원, 송달료 지원, 파산관재인 보수 지원 등
     서울시복지재단 – 파산관재인 보수 지원(30만원)

20   .   .   .

신 청 인   ㉑

파산사건번호	
배당순위번호	
재 판 부	제 단독

○○회생(지방)법원   귀중

※ 주의 : 본 신청서를 이용한 경우에는 파산선고 확정일부터 1개월 내에 면책신청을 별도로 제기하여야 면책절차가 진행
　　　　됨을 유의하여야 합니다.

[양식 2-1] 채권자가 신청을 할 경우의 파산신청서

파 산 신 청 서

인지
30,000원

신청인(채권자)

성 명 :

주 소 :   (우편번호 :   -   )

송달장소 :   송달영수인 :   (우편번호 :   -   )

연락처 :   휴대전화(   ),   집전화(   ),   e-mail(   )

채 무 자

성 명 :   (주민등록번호 :   -   )

주 소 :   (우편번호 :   -   )

등록기준지 :

신 청 취 지

1. 채무자에 대하여 파산을 선고한다.

신 청 이 유

1. 신청인은 채무자에 대해 별첨 소명자료와 같은 금 ○○원의 채권이 있습니다.
2. 이하 채무자의 지급불능 상태에 대한 자세한 진술을 기재하기 바랍니다.

첨 부 서 류

1. 채무자의 주민등록등본 및 주민등록초본, 가족관계증명서(상세증명서), 혼인관계증명서(상세증명서) 각 1부

   ※ 가족관계증명서, 혼인관계증명서, 주민등록등본은 채무자 외 제3자의 주민등록번호 뒷자리가 표기되지 아니한 것을 제출

2. 채무자에 대한 채권 소명자료
3. 채무자의 지급불능상태 소명자료(재산명시조서 등)

휴대전화를 통한 정보수신 신청서

위 사건에 관한 파산선고결정 정보를 예납의무자가 납부한 송달료 잔액 범위 내에서 휴대전화를 통하여 알려주실 것을 신청합니다.

■ **휴대전화 번호 :**

　　　　신청인 채권자   (날인 또는 서명)

※ 파산선고결정이 있으면 신속하게 위 휴대전화로 문자메시지가 발송됩니다.

※ 문자메시지 서비스 이용금액은 메시지 1건당 17원씩 납부된 송달료에서 지급됩니다(송달료가 부족하면 문자   메시지가 발송되지 않습니다). 추후 서비스 대상 정보, 이용금액 등이 변동될 수 있습니다.

20○○.　　　　.　　　.

　　　　신청인　　　　　　　　　㊞

파산사건번호	
배당순위번호	
재 판 부	제 단독

○○회생(지방)법원　　　귀중

[양식 3] 이송결정

서 울 회 생 법 원
결   정

사   건   2021하단○○   파산선고
신청인 겸   ○○○
채 무 자   서울 ○○구 ○○로 ○○

주   문
이 사건을 ○○지방법원으로 이송한다.

이   유
이 사건은 채무자의 보통재판적의 소재지를 관할하는 법원인 ○○지방법원의 관할에 전속하므로, 채무자 회생 및 파산에 관한 법률 제33조, 민사소송법 제34조 제1항에 의하여 주문과 같이 결정한다.

2021. ○. ○.

판 사   ○○○

[양식 4] 보정명령(1)

서 울 회 생 법 원
보 정 명 령

사　　건: 2021하단○○　　　파산선고
수　　산: 신청인(채무자)　　　○ ○ ○

　　신청인(채무자)은 2021. ○. ○.까지 다음 자료를 법원에 제출하시기 바랍니다. 이 명령에 응하지 아니할 경우 절차가 진행되지 아니하거나 지연될 수 있습니다.

다　　　음

1. 혼인관계증명서(이혼사실이 기재된 것)
2. 신청인 소유 아파트의 부동산등기사항증명서, 시가 증명 자료
3. 신청인 소유 자동차의 자동차등록증 사본, 시가 증명 자료
4. 신청인이 수령한 퇴직금의 액수를 알 수 있는 자료(사용자 작성의 증명서)
5. 가계수지표(법원 양식)
6. 재직증명서
7. 신청인의 2017년부터 2021년까지의 소득을 증명할 수 있는 자료(근로소득세 원천징수 영수증)

2021. ○. ○.

판 사　　　○ ○ ○

문의처 : 서울회생법원 제○단독 (530－○ ○ ○ ○, 담당 ○ ○ ○ 참여관)

[양식 5] 보정명령(2)

서 울 회 생 법 원
보 정 명 령

사   건   2021하단○○○○   파산선고
신 청 인   박○○

신청인은 다음 사항을 2021. ○. ○.까지 보정하기 바랍니다. 보정에 응하지 아니하거나 허위의 진술 또는 자료제출이 있는 경우 파산 및 면책단계에서 불이익한 처분을 받을 수 있습니다.

다   음

1. 2016년부터 2021년까지 각 연도별 월평균 수입·지출, 수입·지출총액, 매년말의 채무총액, 각 연도별로 매월 지급하여야 할 이자 및 이자로 지불한 총액은 얼마였는지 밝히십시오.

	월평균수입	연수입총액	월평균지출	연지출총액	년도말채무총액	월평균이자지불액	년이자지불총액	비고
2016								
2017								
2018								
2019								
2020								
2021								

- 위 표를 이용하십시오.
- 채무변제에 필요한 금원은 지출에서 제외하여야 합니다.
- 만약 월평균 수입과 지출 또는 이자지불액이 어느 연도의 중간에 급격히 변화된 경우에는 기간을 적절히 구분하여 표시하고, 비고란에 필요한 설명을 하십시오.
- 2021년의 월평균 수입, 월평균 지출, 월평균 이자지불액은 신청일 현재까지의 평균을 기재하시고, 2021년의 연수입 총액, 연지출 총액, 년도말 채무총액, 년이자 지불총액은 신청일 현재의 또는 신청일까지의 수치를 기재하십시오.

2. 신청인의 수입으로 부채의 이자 및 월카드결제대금 조차 갚지 못하게 된 시점을 밝히고, 그때 당시의 경제상태(총채무금액, 월이자불입액, 월수입액, 월카드결제대금 등)를 구체적으로 밝히십시오.
3. 현재 자신의 명의 또는 타인의 명의로 소유하고 있는 부동산 등 자산이 있으면 이를 기재하십시오.
4. 신청일부터 3년 안에 자기 명의 또는 타인의 명의로 소유한 적이 있는 부동산 등 자산의 내역을 기재하고, 그 자산 중 부채 때문에 제3자에게 처분하거나 또는 경매로 낙찰되어버린 것이 있는 경우, 이를 명기하십시오.
5. 카드할인(카드깡)을 하거나 카드대납업자를 이용한 사실이 있는 경우 그 내역을 일자순으로 기재하고, 그와 아울러 그 대강에 관하여 다음 표의 해당란에 기재하십시오.

카드할인을 행한 기간		월 평 균 액 수	총 합 계 액	비고
시기	종기			
부터	까지	약 만 원	합계 만 원	

6. 사채(은행, 카드회사 외의 상호저축은행, 각종 크레디트 등의 명칭을 사용하는 대부회사와 개인사
채업자 등으로부터 차용금)를 사용한 내역을 다음 표에 따라서 기재하십시오(칸이 부족한 경우
추가로 표를 작성하여 기재하시고, 일수로 빌린 경우나 선이자 등을 지급한 경우는 비고란에 표
시하고, 이자율은 환산하여 기재하십시오).

일시	대여자	금액	기간	이자율(월 몇 %)	비고
합계					

7. 신청일부터 3개월 전부터 신청일까지 사이에 현금서비스를 사용한 내역을 다음 표에 따라서 기
재 하고, 증빙자료(카드사용내역서 등을 신청서에 제출하였더라도 별도로 제출하고 해당부분을
형광펜으로 명기)를 제출하십시오(칸이 부족한 경우 추가로 표를 작성하여 기재).

일시	카드회사	금액	사용처	비고
합계				

8. 주민등록 초본을 제출하고, 신청일부터 3년 전부터 신청일까지 사이에 주소가 변경된 경우 거주한
순서에 따라 다음 표에 주거상황을 밝히십시오. 또한 증빙자료로서 관련 임대차계약서 및 임대차보
증금이 임차명의인으로부터 지급되었음을 인정할 수 있는 금융자료(통장사본 등)를 첨부하십시오(해
당 부분을 형광펜으로 명기).

주소	살기 시작한 시점	자기 소유, 임차, 무상거주의 구분	거주 주택, 방의 소유자 및 관계(본인, 친척, 무관계 등 표시)	임차인(임대차계약서의 명의자) 및 임대차 보증금액
		□소유, □임차, □ 무상		
		□소유, □임차, □ 무상		
		□소유, □임차, □ 무상		
		□소유, □임차, □ 무상		
		□소유, □임차, □ 무상		

2021. ○. ○.

판 사   ○   ○   ○

[양식 6] 파산심문기일 결정

서 울 회 생 법 원

결   정

사   건   2021하단○○○   파산선고

신청인 겸 채무자   ○   ○   ○ (주민등록번호)

주소 서울 ○○구 ○○로 ○○○

등록기준지 남양주시 ○○면 ○○리 ○○○

위 사건에 관하여 다음과 같이 채무자 심문을 시행한다.

다   음

1. 심문일시 : 2021. ○. ○. 14:00
2. 심문장소 : 서울법원종합청사 4별관 제6호 법정 (313호)

2021. ○. ○.

판 사 ○   ○   ○

[양식 6-1] 전화소환보고서

서 울 회 생 법 원

판 사
(인)

수 신   제○단독 판사
제 목   전화소환보고

- 채무자 심문기일 : 2021.   .   .
- 통화일시 : 2021.   .   .
- 통화상대방 : 채무자 (   ), 기타 (   )
- 통화방법 : 전화 (   )
           휴대폰 (   )
- 통화내용
  - 채무자 심문기일에 출석할 것을 통지 (   )
  - 결번 (   )
  - 전화받지 않음(   )
  - 기타

2021.   .   .

서울회생법원 제○단독 참여관

[양식 7] 채권자 의견청취서

서 울 회 생 법 원
의 견 청 취 서

사   건   2021하단○○○   파산선고
채 무 자   ○ ○ ○ (주민등록번호)
수   신   수신처 참조

1. 위 채무자가 파산신청을 하여 이 법원은 채무자의 자산 및 부채 관계 등을 조사하고 있습니다.

2. 이 법원은 채권자인 귀하의 의견을 들어 심리자료로 삼고자 하오니 별지 <채권자 의견> 사항에 관하여 알고 있는 범위 안에서 기재하여 2021. ○. ○. 까지 서면 또는 팩시밀리(팩시밀리번호 : 02-530-○○○○) 전송의 방법으로 제출하여 주십시오.

3. 참고로 2021. ○. ○. 14:00 서울법원종합청사 4별관 제6호 법정 (313호)에서 채무자에 대한 파산원인사실의 유무를 심리할 예정임을 알려드립니다.

2021. ○. ○.

판 사   ○   ○   ○

참   고 : 우편물을 보내실 곳 (우편물을 보내실 때에는 사건번호를 명시하여 주시기 바랍니다.)
            서울 서초구 서초중앙로 157 서울회생법원 ○단독 담당자 앞
            (우편번호 137-737)
수신처 : 신청인 제출 채권자목록 참조.

채권자의견(2021하단○○○ 채무자 ○○○)

1. 귀하의 채권
   - ● 채권의 내용
     - □ 대여금 □ 물품대금 □ 기타 :
   - ● 채권이 발생한 연월일:
   - ● 채권잔액(.   .   . 현재) : 원금   원, 이자   원

2. 채무자에게는, 자산이
   - □ 없다.   □ 있는지 여부를 잘 모른다.
   - □ 있다(자산의 종류, 수량, 평가액, 소재장소 등을 아래 채권자기입란에 기재 바람)

3. 채무자의 파산원인에 대하여
   - □ 모른다.   □ 알고 있다(알고 있는 파산원인을 아래 채권자기입란에 기재 바람)

4. 동시파산폐지(채무자 회생 및 파산에 관한 법률 제317조에 의하여 채무자의 자산이 부족하여 파산절차비용에 충당할 수 없기 때문에 파산선고와 동시에 파산절차를 종료시키는 것)를
   - □ 하여도 좋다.   □ 하지 않고 파산절차를 진행하기를 바란다.

5. 파산절차를 진행하는 경우 절차비용이 부족하면 그 비용을
   - □ 채권자로서 예납한다.   □ 예납하고 싶지 않다.

6. 이 서면을 수령하기 6개월 이내에 또는 수령한 이후에 채무자로부터 변제를 받거나 기타 자산을 양도받은 사실이
   - □ 없다.   □ 있다(있다면 그 연월일을 아래 채권자기입란에 기재 바람)

7. 채무자가 사기적 행위, 낭비(채무자의 사회적 지위, 자산 등에 비추어 매우 부적합한 비용을 지출하는 행위), 도박 및 이에 유사한 행위 또는 다른 채권자에 대한 불공평한 변제가 있었는지 여부, 기타 의견이 있으면 아래 채권자기입란에 기재하여 주십시오.

2021.   .   .

채권자   ㉑

주소 및 전화번호:

채권자기입란:

[양식 8] 채무자 파산심문기일 조서

서 울 회 생 법 원

채무자심문조서

1차

사 건	2021하단○○○ 파산선고 일시 : 2021. ○. ○. 14:00
판 사	○ ○ ○ 장 소 : 4별관 제6호 법정
	공개여부 : 비공개

법원사무관   ○   ○   ○

사건과 당사자를 부름

신청인 겸 채무자 ○   ○   ○   출 석

판   사

　　채무자 ○○○에 대한 심문을 시작하겠다고 선언

　　채무자에게 파산신청에 이르게 된 경위, 자산 및 부채의 상황에 대하여
　　심문

채 무 자

　　2021. ○. ○.자 파산신청서 및 별첨 진술서 기재와 같으며, 현재 채무
　　자 소유였던 ○○군 ○○리 100-10 부동산에 대한 경매절차가 2021.
　　○. ○. 종결되었으며 그 외에 다른 부동산은 없다고 진술

심문종결

　　　　　　　　　　법원사무관   ○   ○   ○

　　　　　　　　　　판   사   ○   ○   ○

[양식 8-1] 부인청구에 대한 결정

서 울 회 생 법 원

결 정

사　　　건　　2021하기○○ 부인의 청구

청　구　인　　채무자 ○○○의 파산관재인 ○○○

상　대　방　　○○○ (주민등록번호)

　　　　　　　서울 ○○구 ○○로 ○○

주　문

1. 상대방은 청구인에게 서울 ○○구 ○○로 ○○에 관하여 서울중앙지방법원 ○○등기소 2020. ○. ○. 접수 제11700호로 마친 소유권이전등기의 부인등기 절차를 이행하라.
2. 신청비용은 상대방의 부담으로 한다.

신 청 취 지

주문과 같다.

이　유

1. 이 사건 기록 및 심문결과에 의하면 다음과 같은 사실이 인정된다.

　가. 채무자는 2001.부터 ○○라는 상호로 음식점을 영위하던 중 사업자금 용도로 상대방으로부터 2002. 1.부터 2016. 11.까지 6회에 걸쳐 총 1억 원을, 채권자 B로부터 2005. 3.부터 2011. 5.까지 총 9,500만원을 각 차용하였으나, 계속되는 영업부진으로 위 채권자들에게 이자조차 지급하지 못하였다.

　나. 채무자는 위와 같이 다액의 채무를 부담한 채 제대로 채무변제를 하지 못하는 상황이었고, 채무자의 재산으로는 서울 ○○구 ○○로 ○○(이하 '이 사건 부동산'이라 한다)를 제외하고는 위 음식점의 임대보증금 3천만 원 밖에 없었다.

　다. 채무자는 위 음식점의 임료조차 제대로 지급하지 못할 정도로 사업수지가 계속 악화되면서 결국 2020. 1. 사업운영을 중단하였고, 그 후 이 사건 부동산에 관하여 상대방에게 서울중앙지방법원 ○○ 등기소 2020. ○. ○. 접수 제11700호로 소유권이전등기를 경료해 주었다.

　라. 채무자는 2021. ○. ○. 이 법원에 채무총액 350,000,000원의 채권자일람표를 제출하면서 파산 및 면책신청을 하여 2021. ○. ○. 10:00 파산을 선고받았고, 파산관재인으로 청구인이 선임되었다.

2. 판단

　위 인정사실과 같이, 채무자가 계속되는 영업부진으로 수 명의 채권자들에 대하여 다액의 채무를 지고 이를 변제하지 못하는 상태에서, 채권자 중 1인인 상대방에게 채무자가 보유한 거의 유일한 재산인 이 사건 부동산에 관하여 소유권을 이전해 준 행위는 다른 파산채권자를 해하는 행위에 해당하고, 채무자의 사해의사도 충분히 추인할 수 있다. 한편 이 사건 상대방의 선의를 인정할 아무런 증거가 없다.

　따라서 채무자의 상대방에 대한 소유권이전행위는 채무자 회생 및 파산에 관한 법률 제391조 제1항 제1호 소정의 부인권의 행사대상으로서, 파산관재인의 부인의 의사표시가 담긴 이 사건 신청서 부본이 2021. ○. ○. 상대방에게 도달함으로써 부인되어 그 효력을 상실하였으므로, 상대방은 청구인에게 이 사건 부동산에 관하여 서울중앙지방법원 ○○등기소 2020. ○. ○. 접수 제11700호로 마친 소유권이전등기의 부인등기절차를 이행할 의무가 있다.

　그렇다면, 청구인의 이 사건 청구는 이유 있으므로 주문과 같이 결정한다.

2021.　○.　○.

판사　　　○ ○ ○

[양식 8-2] 파산절차 속행명령

서 울 회 생 법 원
결   정

사   건   2021하단○○○   파산선고

채 무 자   망 ○○○(주민등록번호)의 상속재산

서울 서초구 ○○로 ○○○

주   문
 망 ○○○의 상속인들에게 이 결정을 송달받은 날로부터 7일 이내에 이 사건 파산절차를 속행할 것을 명한다.

이   유
 망 ○○○이 이 사건 파산신청 후 사망하였으므로, 채무자 회생 및 파산에 관한 법률 제308조, 제33조, 민사소송법 제233조 제1항, 제244조에 의하여 주문과 같이 결정한다.

2021. .   .

판사   ○○○

[양식 9] 면제재산결정신청서

면제재산 결정신청서

사   건   2021하단○○   파산선고
신청인(채무자)   ○   ○   ○

신청인은 채무자 회생 및 파산에 관한 법률 제383조 제2항에 따라 아래의 재산을 면제재산
으로 정한다는 결정을 구합니다.

※ 신청대상 재산에 √표시를 하고, 양식에 따라 해당사항을 기재한 후 소명자료를 첨부하시
   기 바랍니다.

□ 1.   주거용 건물 임차보증금반환청구권에 대한 면제재산결정 신청 (법 제383조 제2항 제1호)

면제재산결정 신청금액	금 원
주택임대차계약의 내용	① 임대차계약일자 ( ) ② 임대차기간 (부터 까지) ③ 임차목적물의 소재지 ( ) ④ 임차보증금 (원) ⑤ 임료의 액수 및 연체기간 (월 원, 개월간 연체) ⑥ 임대인의 성명 ( ) ⑦ 주민등록일자 ( ) ⑧ 확정일자 (. . 확정일 받음, 확정일자 무)

※ 소명자료 : □ 임대차계약서 사본--1부; □ 주민등록등본--1통; □ 기타 (   )-- 통

□ 2.   6개월간의 생계비에 사용할 특정재산에 대한 면제재산결정 신청 (법 제383조 제2항 제2호)

순번	특정재산의 내용 (구체적으로 기재)	소재지	추정시가	면제재산결정의 사유
1	결혼반지 2개	채무자 주소지	50만 원	매각하여 생계비 조달예정

※ 소명자료 : □ 금반지 보증서---1통; □ 사진---1장; □ 기타 (   )--- 통

2021.   .   .

신청인(채무자) _____ ㉑

서울회생법원 귀중

[양식 10] 면제대상 재산에 대한 중지명령

서 울 회 생 법 원
결   정

사   건   2021하단○○   파산선고
채   무   자   ○○○ (주민등록번호)
               서울 서초구 ○○로 ○○○

주   문
 채무자에 대한 파산선고가 있을 때까지 채무자 소유의 별지 목록 기재 재산에 대하여 서울중앙지방법원 집행관이 한 2021본○○○호 유체동산 강제집행절차를 중지한다.

이   유
 이 사건 신청은 이유 있으므로 채무자 회생 및 파산에 관한 법률 제383조 제8항을 적용하여 주문과 같이 결정한다.

2021. ○. ○.

판사   ○○○

[양식 11] 면제대상 재산에 대한 금지명령

서 울 회 생 법 원
결   정

사   건   2021하단○○   파산선고

채 무 자   ○○○ (주민등록번호)

　　　　　　 서울 서초구 ○○로 ○○○

주   문

　채무자에 대한 파산선고가 있을 때까지 채무자 소유의 별지 목록 기재 재산에 대하여 파산채권에 기한 강제집행, 가압류 또는 가처분 행위를 금지한다.

이   유

　이 사건 신청은 이유 있으므로, 채무자 회생 및 파산에 관한 법률 제383조 제8항을 적용하여 주문과 같이 결정한다.

2021. ○. ○.

판사   ○○○

[양식 12] 파산선고 후 면제재산결정

서 울 회 생 법 원
결   정

사   건   2021하단○○   파산선고
채 무 자   ○○○ (주민등록번호)
             서울 서초구 ○○로 ○○○

주   문
채무자 소유의 별지 목록 기재 재산을 파산재단에서 면제한다.5)

이   유
이 사건 신청은 이유 있으므로, 채무자 회생 및 파산에 관한 법률 제383조 제2항을 적용하여 주문과 같이 결정한다.

2021. ○. ○.

판사   ○ ○ ○

---

5) 파산선고 전에 면제재산 결정신청이 있는 때에는 파산선고결정에 위 주문을 표시하여 파산선고와 동시에 결정한다.

[양식 12-1] 면제재산결정신청 기각

서 울 회 생 법 원
결   정

사   건   2021하단○○   파산선고
채 무 자   ○○○ (주민등록번호)
　　　　　　　서울 서초구 ○○로 ○○○

주   문

채무자의 별지 목록 기재 재산에 대한 면제재산 결정신청을 기각한다.

이   유

　채무자 소유의 별지 목록 기재 재산은 그 성질상 생계유지에 반드시 필요한 물건으로 보기 어려울 뿐만 아니라 그 소재지도 채무자가 주장하는 채무자의 거소지와 달라 직접 생계비에 사용할 특정한 재산으로 볼 수 없어 채무자 회생 및 파산에 관한 법률 제383조 제2항 소정의 면제재산으로 보기 어렵고 달리 이를 소명할 자료가 없으므로, 채무자의 이 사건 면제재산신청을 기각하기로 하여 주문과 같이 결정한다.

2021. ○. ○.

판사   ○ ○ ○

[양식 12-2] 면제재산결정신청 각하

서 울 회 생 법 원
결   정

사   건   2021하단○○   파산선고
채   무   자   ○○○ (주민등록번호)
              서울 서초구 ○○로 ○○○

주   문
채무자의 별지 목록 기재 재산에 대한 면제재산 결정신청을 각하한다.

이   유
　채무자가 파산재단에서의 면제를 신청한 별지 목록 기재 재산은 민사집행법 제246조에 의한 압류금지재산으로서 당연히 파산재단에 속하지 아니하므로 별도로 면제재산결정을 구할 이익이 없다. 따라서 이 사건 신청은 부적법하므로 이를 각하하기로 하여 주문과 같이 결정한다.

2021.　○.　○.

판사　　○　○　○

[양식 13] 파산신청 기각결정

서 울 회 생 법 원
결   정

사   건   2021하단○○   파산선고
신청인 겸 채무자   ○○○(주민등록번호)
                    서울 ○○구 ○○로 ○○○

주   문
이 사건 신청을 기각한다.

이   유
 이 사건 기록 및 이 법원의 심문 결과에 의하면, 신청인의 채무합계액은 이 결정일 현재 157억 원 가량으로 신청인의 자산상태나 소득 등에 비추어 신청인에게 파산의 원인이 있는 사실이 소명된다.
 그러나 소명자료에 의하면 다음과 같은 사정이 인정된다.
 ① 신청인은 ○○○○.생으로 ○○대학교 의과대학을 졸업하고 ○○○○. ○. 부터 서울 ○○구 소재 ○○의원을 개원하여 운영하고 있는 숙련된 의사이다.
 ② 신청인의 소득과 관련하여, ○○ 세무서장 작성의 소득금액증명서상 종합소득세 과세대상급여액은 ○○○○. 4억 5,000만 원, ○○○○. 6억 원, ○○○○. 6억 원이고, 부가가치세면세사업자수입금액증명서상 수입금액은 ○○○○. 15억 원, ○○○○. 19억 원, ○○○○. 20억 원, ○○○○. 18억 원으로 신청인의 파산원인은 의료영업의 부진에 있는 것이 아니라 후술하는 부동산 취득에 있다.
 ③ 신청인은 병원 개원 등으로 기존의 채무가 있는 상황에서 무리하게 대출을 받아 ○○○○.경 서울 ○○구 ○○로 소재 토지 및 지상 건물을 매수하여 취득하였고, 그 과정에서 채무가 증대한 것이 주된 파산원인이 되었다. 위 부동산의 취득은 병원 운영 등의 목적보다는 신청인의 부동산 투자가 주된 목적인 것으로 보이고, 그 과정에서 투자에 따른 수익률이나 위험 요소 등에 대하여 합리적으로 검토하였다는 주장이나 자료도 찾아볼 수 없다.

④ 위와 같이 사려 깊지 못한 경제활동으로 재정적 파탄상태에 이른 결과 신청인은 금융기관 등을 제외하고도 개인 채권자들만 100명가량에 이르는 것으로 보이고, 그 중 일부는 신청인이 앞으로 병원운영을 통하여 얻게 될 수입으로 일부라도 변제받기를 원하고 있다.

⑤ 신청인은 주요 채권자의 반대로 일반회생절차를 이용할 수 없다고 주장하나 이를 인정할 자료도 없다.

⑥ 신청인은 현재 부동산을 소유하고 있는데 신청인의 주장에 의하여도 위 부동산의 가액 합계는 46억 원가량을 상회하는 것으로 보이고, 한편 신청인이 일반회생절차를 이용할 경우 신청인의 부양가족은 전업 주부인 배우자와 미성년자인 자녀 1명으로, 앞서 본 소득자료에 의하면 신청인은 회생기간 동안 상당한 금액을 변제자원으로 사용할 수 있을 것으로 보인다.

위와 같은 사정들을 종합하면, 신청인의 채무액이 다소 많기는 하나 숙련된 전문직 종사자로서 앞으로 상당한 소득이 예상되는 신청인이 회생절차에서 자산의 매각 및 병원 영업의 구조조정을 통하여 채무의 조정 및 변제를 시도함이 없이 바로 청산 및 면책을 목적으로 이 사건 파산신청을 한 것은 파산절차의 남용에 해당된다고 판단된다.

따라서 채무자 회생 및 파산에 관한 법률 제309조 제2항에 의하여 주문과 같이 결정한다.

2021. ○. ○.

판 사   ○○○

[양식 14] 동시신청에 대한 결정(면책심문기일 지정시)

서 울 회 생 법 원
결   정

사   건   2021하단○○○○   파산선고
                   2021하면○○○○   면책
신청인 겸 채무자   ○   ○   ○ (주민등록번호)
                   주소 서울 ○○구 ○○로 ○○○
                   등록기준지 충북 ○○군 ○○면 ○○리 281

주   문

1. 채무자에 대하여 파산을 선고한다.

2. 이 사건 파산을 폐지한다.

3. 채무자에 대한 면책심문기일 및 장소를 2021. ○. ○. 11:00 서울법원종합청
   사 4별관 제2호 법정으로 한다.

4. 송달하여야 하는 장소를 알기 어려운 파산채권자에 대한 송달은 공고로써 갈
   음한다.

이   유

   이 사건 기록에 의하면 채무자는 지급불능 상태에 있고, 또한 파산재단으로
파산절차의 비용을 충당하기에 부족하다. 그렇다면, 이 사건 파산신청은 이유 있
으므로 채무자 회생 및 파산에 관한 법률 제305조, 제317조 제1항, 제558조 제1
항 및 제10조에 의하여 주문과 같이 결정한다.

                   2021. ○. ○. 10:00

               판 사   ○   ○   ○

[양식 15] 동시신청에 대한 결정(면책이의신청기간 지정시)

서 울 회 생 법 원
결 정

<pre>
사   건   2021하단○○○○   파산선고
                 2021하면○○○○   면책
신청인 겸 채무자   ○   ○   ○ (주민등록번호   )
                 주소 서울 ○○구 ○○로 ○○○
                 등록기준지 충북 ○○군 ○○면 ○○리 281
</pre>

주 문

1. 채무자에 대하여 파산을 선고한다.
2. 이 사건 파산을 폐지한다.
3. 위 면책사건에 관하여 면책신청에 대한 이의신청기간을 2021. ○. ○.까지로 한다.
4. 송달하여야 하는 장소를 알기 어려운 파산채권자에 대한 송달은 공고로써 갈음한다.

이 유

이 사건 기록에 의하면 채무자는 지급불능 상태에 있고, 또한 파산재단으로 파산절차의 비용을 충당하기에 부족하다. 그렇다면, 채무자의 이 사건 파산신청은 이유 있으므로 채무자 회생 및 파산에 관한 법률 제305조, 제317조 제1항, 제562조 제1항 및 제10조에 의하여 주문과 같이 결정한다.

2021. ○. ○. 10:00

판 사   ○   ○   ○

[양식 16] 파산선고결정 등 공고 1(구 파산법이 적용되는 사건)

파산선고 및 파산폐지결정 공고

사   건   2021하단○○○○   파산선고

신청인 겸 채무자   ○   ○   ○ (주민등록번호   )

　　　　　　　　　주소   서울 ○○구 ○○로 ○○○

1. 결정연월일시

   2021. ○. ○. 10:00

2. 파산선고·파산폐지결정 주문

   채무자에 대하여 파산을 선고한다.

   이 사건 파산을 폐지한다.

3. 이유의 요지

   채무자가 지급불능상태에 있고, 파산재단으로 파산절차비용을 충당하기에 부

   족하다.

　　　　　　　　　　　　　2021. ○. ○.

　　　　　　　　　　　서 울 회 생 법 원

　　　　　　　　　　　판 사 ○   ○   ○

[양식 17] 파산선고결정 등 공고 2(면책 심문시)

파산선고 · 파산폐지결정 및 면책심문기일 공고

사   건   2021하단○○○○   파산선고
                  2021하면○○○○   면책
신청인 겸 채무자   ○   ○   ○ (주민등록번호   )
                  주소 서울 ○○구 ○○로 ○○○

1. 결정연월일시
   2021. ○. ○. 10:00
2. 파산선고 · 파산폐지결정 주문
   채무자에 대하여 파산을 선고한다.
   이 사건 파산을 폐지한다.
3. 이유의 요지
   채무자가 지급불능상태에 있고, 파산재단으로 파산절차비용을 충당하기에 부족하다.
4. 면책심문기일
   심문일시 : 2021. ○. ○. 11:00
   심문장소 : 서울법원종합청사 4별관 제2호 법정

2021. ○. ○.

서 울 회 생 법 원

판 사 ○   ○   ○

[양식 18] 파산선고결정 등 공고 3(면책 불심문시)

파산선고 · 파산폐지결정 및 이의신청기간 공고

사   건   2021하단○○○○   파산선고

             2021하면○○○○   면책

신청인 겸 채무자   ○   ○   ○ (주민등록번호   )

              주소 서울 강남구 ○○로 ○○○

1. 결정연월일시

  2021. ○. ○. 10:00

2. 파산선고 · 파산폐지결정 주문

  채무자에 대하여 파산을 선고한다.

  이 사건 파산을 폐지한다.

3. 이유의 요지

  채무자가 지급불능상태에 있고, 파산재단으로 파산절차비용을 충당하기에 부족하다.

4. 면책신청에 대한 파산채권자의 이의신청기간 및 방법

  가. 이의신청기간 : 2021. ○. ○.까지

  나. 이의신청방법

    면책신청에 대하여 이의를 제기하려는 파산채권자는 위 이의신청기간까지 면책불허가사유에 대한 구체적 주장을 기재하고, 이에 대한 소명자료를 첨부한 원본 및 부본 각 1부를 서울중앙지방법원 파산○단독에 제출바랍니다.

2021. ○. ○.

서 울 회 생 법 원

판 사 ○ ○ ○

[양식 19] 채무자에 대한 면책신청 안내문

면책신청에 대한 안내문

채무자의 신청으로 파산선고를 받더라도 채무가 당연히 소멸되는 것은 아니고 변제책임을 면하기 위하여는 반드시 면책신청을 하고, 면책절차를 통해 면책결정을 받아야 합니다. 특히 면책신청은 제한기간이 있으므로 신청기간을 명심하십시오.

1. 면책절차

   면책절차는 채무자의 채무에 관하여 그 변제책임을 면제시킴으로써 채무자의 경제적 갱생을 도모하는 절차입니다.

2. 면책신청을 할 수 있는 시기(신청기간)

   파산신청일부터 파산선고가 확정된 날(공고된 날부터 2주 경과일) 이후 1개월 이내

3. 면책신청의 방법

   법원에 비치되어 있는 면책신청서 또는 대한민국 법원 홈페이지(http://www.scourt.go.kr)에서 양식을 다운받아 작성하여 신청서에 정부수입인지 1,000원과 은행에 송달료[(기본송달료 48,000원 + (채권자수 × 4,800 × 3)]를 납부한 후 받은 송달료 납부서를 함께 붙여 제출하면 됩니다.

4. 면책신청 후의 절차

   법원이 채무자를 심문하거나 이의신청기간을 지정하여 채권자에게 통지하고, 이의신청이 있을 경우 채무자와 이의신청인의 의견을 듣습니다.

5. 면책의 효력

   ① 면책허가결정이 확정되면 파산채권자에 대한 채무의 전부에 대하여 그 변제책임이 면제됩니다.

   ② 그러나 다음 채무는 면책되지 않습니다.

   　　㉮ 조세

   　　㉯ 벌금, 과료, 형사소송비용, 추징금, 과태료

   　　㉰ 채무자가 고의로 가한 불법행위로 인한 손해배상채무

   　　㉱ 채무자가 중대한 과실로 타인의 생명 또는 신체를 침해한 불법행위로 인하여 발생한 손해배상채무

   　　㉲ 채무자의 근로자의 임금·퇴직금 및 재해보상금

   　　㉳ 채무자의 근로자의 임치금 및 신원보증금

   　　㉴ 채무자가 악의로 채권자목록에 기재하지 아니한 청구권

   　　㉵ 채무자가 양육자 또는 부양의무자로서 부담하여야 하는 비용

   ③ 면책허가결정은 채무자의 채무에 대하여 보증을 하거나 담보를 제공한 사람에게는 아무런 영향을 미치지 않습니다. 따라서 채무자의 보증인 또는 물상보증인은 그 책임을 이행하여야 합니다.

6. 면책결정의 취소

   면책허가결정을 받은 후에도 사기파산죄로 유죄의 판결이 확정되거나, 부정한 방법으로 면책을 얻은 경우에는 직권 또는 파산채권자의 신청에 의하여 면책이 취소될 수 있습니다.

무료법률상담: 대한법률구조공단(532-0132), 서울지방변호사회(3476-6000), 서울중앙지방법무사회(537-1390)
담당재판부: ○단독(530-○○○○, 서울 서초구 서초중앙로 157 서울회생법원 파산과)

서울회생법원 ○단독

[양식 20] 채권자에게 보내는 면책절차 안내문

《면책절차와 관련한 채권자 안내문》

　　채권자 여러분에게 빚을 지고 있는 채무자가 이 법원에 파산 및 면책절차를 신청하여 이 법원은 파산선고결정을 하고 면책절차를 심리하고자 합니다. 법률상, 채무자가 향후 이 법원으로부터 면책을 허가받게 되면 채무자는 채권자에게 지고 있는 빚을 갚지 않아도 되게 됩니다. 채무자의 면책신청에 이의가 있는 채권자는 지정된 면책심문기일 30일 이내 또는 면책이의신청기간 내(필요한 경우 이의신청기간 연장신청을 할 수 있습니다)에 채무자 회생 및 파산에 관한 법률에 정해진 아래의 면책불허가사유를 구체적으로 기재하고 그와 관련된 소명자료를 첨부한 이의신청서 원본 및 부본 각 1부를 이 법원에 제출하여 주시기 바랍니다.

1. 법에 정해진 면책 불허가 사유

① 채무자가 자기 재산을 숨기거나 다른 사람 명의로 바꾸거나 헐값에 팔아버린 행위
② 채무자가 채무를 허위로 증가시키는 행위
③ 채무자가 과다한 낭비 또는 도박 등을 하여 현저히 재산을 감소시키거나 과대한 채무를 부담하는 행위
④ 채무자가 신용거래로 구입한 상품을 현저히 불리한 조건으로 처분하는 행위
⑤ 채무자가 채무자의 의무에 속하지 않거나 그 방법 또는 시기가 채무자의 의무에 속하지 않는데도 일부 채권자에게만 변제하거나 담보를 제공하는 행위(아직 변제기가 도래하지 않은 일부 채권자에게만 변제하거나 원래 대물변제 약정이 없는데도 일부 채권자에게만 대물변제를 한 행위를 포함)
⑥ 채무자가 허위의 채권자목록을 제출하거나 법원에 대하여 그 재산상태에 관하여 허위의 진술을 하는 행위

2. 기타 재판에 참고가 될 사항

① 채무자와 사이에 채무의 변제에 관하여 협상한 사실이 있는지 여부
② 채무자가 파산에 이르게 된 경위, 채무자의 재산 상태에 관하여 알고 있는 사항
③ 채무자가 보증인인 경우 주채무자의 성명, 주채무의 내용(금액 및 변제기), 주채무자의 자력 등에 관하여 알고 있는 사항

```
문의 : 서울회생법원 ○단독  전화 530-○○○○,  팩스 530-○○○○
```

※ 면책신청에 관한 재판이 확정될 때까지 채무자의 재산에 대하여 파산채권에 기한 강제집행, 가압류 또는 가처분은 금지 또는 중지되고(법 제557조 제1항), 면책결정이 확정된 이후 파산채권자가 면책된 사실을 알면서 채무자의 재산에 대하여 강제집행, 가압류 또는 가처분을 한 경우에는 채권자를 금 500만 원 이하의 과태료에 처할 수 있습니다(법 제660조).

[양식 21] 검사에 대한 통지

서 울 회 생 법 원

통   지   서

수   신   서울중앙지방검찰청 검사장

사   건   2021하단○○   파산선고

채 무 자   ○○○ (주민등록번호)

　　　　　　　 주소 서울 ○○구 ○○로 ○○

　　　　　　　 등록기준지 인천 ○○구 ○○로 ○○

　　위 채무자에 대하여 2021. ○. ○. 10:00 파산이 선고되고 동시에 파산폐지 결정이 내려졌음을 통지합니다.

2021. ○. ○.

판 사   ○   ○   ○

[양식 21-1] 검사에 대한 파산 및 면책불허가 통지

서 울 회 생 법 원
통 지 서

수   신   서울중앙지방검찰청 검사장
사   건   2021하단○○ 면책
          2021하면○○ 파산선고
채 무 자   ○   ○   ○ (주민등록번호)
          서울 ○○구 ○○로 ○○

  이 법원은 파산범죄 등에 대한 수사의 단서 제공 등의 사유로 검사에 대한 통지가 필요하다고 인정하였으므로 채무자 회생 및 파산에 관한 법률 제315조에 의하여 다음과 같은 사실을 통지합니다.

다   음

1. 위 채무자에 대하여 파산이 선고되어 2021. ○. ○. 확정되었습니다.
2. 이 법원은 2021. ○. ○. 위 채무자에 대하여 채무자 회생 및 파산에 관한 법률 제650조 제1항 제1호, 제651조 제1항 제2호가 정하는 사기파산죄 내지 과태파산죄에 해당하는 사유가 있음을 이유로 위 법 제564조 제1항 제1호에 따라 면책불허가 결정을 하였습니다.

첨 부 서 류

1. 파산선고결정 등본 1부
2. 면책불허가결정 등본 1부

2021. ○. ○.

판사   ○ ○ ○

[양식 22] 등록기준지 통지

서 울 회 생 법 원

파산결정확정통지

○○구청장 귀하

사　　　　건　　2021하단○○ 파산선고

채　무　자　　○○○ (주민등록번호)

　　　　　　　주소 서울 ○○구 ○○로 ○○

　　　　　　　등록기준지 서울 ○○구 ○○로 ○○

　위 채무자에 대하여 2021. ○. ○. 10:00 파산결정이 선고되고 그 결정이 2021. ○. ○. 확정되었음을 통지합니다.

2021. ○. ○.

법 원 사 무 관　　　　○　　○　　○

참조 : 결격사유조회 업무처리요령(2012. 1. 31. 국무총리승인)

[양식 23] 주무관청 통지

서 울 회 생 법 원
통 지 서

수　　신　　관세청장
사　　건　　2021하단○○　　파산선고
채 무 자　　○○○ (주민등록번호)
　　　　　　　주소 서울 ○○구 ○○로 ○○
　　　　　　　등록기준지 인천 ○○구 ○○로 ○○

　관세사인 위 ○○○에 대하여 2021. ○. ○. 10:00 파산선고 결정이 내려지고 위 결정이 2021. ○. ○. 확정되었음을 통지합니다(관세사법 제8조 제1항 제1호에 의하여 파산신고를 받은 채무자로서 복권되지 아니한 자에 대하여는 관세청장이 그 등록을 취소하여야 함).

　　　　　　　　　　　　　2021. ○. ○.

　　　　　　　　　판 사　　○　　○　　○

[양식 24] 비용예납명령

서 울 회 생 법 원
결 정

사 건 2021하단○○ 파산선고

신 청 인 ○○○

서울 ○○구 ○○로 ○○

대리인 변호사 ○○○

주 문

신청인은 이 결정을 송달받은 날로부터 7일 이내에 ○○만 원을 예납하여야 한다.

이 유

채무자 회생 및 파산에 관한 법률 제303조를 적용하여 주문과 같이 결정한다.

2021. ○. ○.

판 사 ○ ○ ○

[양식 24-1] 절차비용 미납으로 인한 파산신청기각결정

서 울 회 생 법 원
결   정

사   건   2021하단○○○   파산선고
신 청 인   ○○○
            서울 ○○구 ○○로 ○○

주   문

이 사건 신청을 기각한다.

이   유

 신청인은 이 법원이 정한 기간 내에 파산절차비용 금 ○○만 원을 예납하지 아니하였으므로 채무자 회생 및 파산에 관한 법률 제309조 제1항 제1호를 적용하여 주문과 같이 결정한다.

2021. ○. ○.

판 사   ○○○

[양식 24-2-1] 재도의 고안(원결정만 취소하는 경우)

서 울 회 생 법 원
결   정

사   건   2021하단○○○○ 파산선고

채 무 자   ○○○ (주민등록번호)

(신 청 인)   주소 서울 ○○구 ○○로 ○○

                등록기준지 충남 ○○군 ○○면 ○○리 ○○

주   문

위 사건에 관하여 이 법원이 2021. ○. ○.에 한 ○○결정을 취소한다.

이   유

  채무자의 즉시항고에 정당한 이유가 있다고 인정되므로, 채무자 회생 및 파산에 관한 법률 제33조, 민사소송법 제446조에 따라 주문과 같이 결정한다.

2021. ○. ○.

판사   ○○○

[양식 24-2-2] 재도의 고안(원결정을 취소하면서 파산선고를 하는 경우)

서 울 회 생 법 원
결   정

사   건   2021하단○○○○ 파산선고
신 청 인   ○○○ (주민등록번호)
(채 무 자)   주소 서울 ○○구 ○○로 ○○
                등록기준지 충남 ○○군 ○○면 ○○리 ○○
선 고 일 시   2021. ○. ○. 10:00
원 결 정 일 자   2021. ○. ○.

주   문

1. 원결정을 취소한다.
2. 채무자에 대하여 파산을 선고한다.
3. ○○○(생년월일, 서울 ○○구 ○○로 ○○)을 파산관재인으로 선임한다.
4. 채권신고기간을 2021. ○. ○.까지로 한다.
5. 제1회 채권자집회와 채권조사의 기일 및 장소를 2021. ○. ○. 14:00 서울법원
   종합청사 4별관 제○호 법정으로 한다.
6. 이 사건 파산을 간이파산으로 한다.
7. 송달하여야 하는 장소를 알기 어려운 파산채권자에 대한 송달은 공고로써 갈
   음한다.

이   유

 채무자가 이 법원의 예납명령에 응하지 않아 이 법원이 2021. ○. ○. 파산신
청 기각의 결정(이하 원결정이라 한다)을 하였으나, 이 사건 기록 및 항고이유
서에 의하면 위 예납명령에 불응한 데 대하여 참작할만한 사유가 있고, 채무자
가 미납한 절차비용을 납부하였으며, 한편 채무자는 지급불능 상태에 있고, 또한
파산재단으로써 그 파산절차의 비용을 충당하기에 부족한 사실이 인정된다.
 따라서 채무자 회생 및 파산에 관한 법률 제305조, 제10조, 제33조, 민사소송
법 제446조에 의하여 원결정을 취소하고 채무자의 파산신청을 받아들여 주문과
같이 결정한다.

판사   ○○○

[양식 24-3] 관리위원회 의견조회

서 울 회 생 법 원
제○단독

우)137-737 서울 서초구 서초중앙로 157 /전화 530-○○○○ /팩스 596-○○○○ /주무: ○○○실무관

시행 일자   2021. ○. ○.
수   신   서울회생법원 관리위원회
참   조   관리위원 ○○○
제   목   파산관재인선임 의견조회

1. 별지 목록 각 사건 채무자들에 대한 파산선고 신청사건과 관련된 내용입니다.
2. 채무자 회생 및 파산에 관한 법률 제355조 제1항에 의하여 다음 사항에 대한 의견을 조회하니, 2021. ○. ○.까지 회신하여 주시기 바랍니다(아래 □에 표시하여 주시고, 기타 의견이 있으시면 기재하여 주십시오).

◇ 다   음 ◇

위 채무자의 파산관재인으로 변호사 ○○○을 선임함에 관한 의견
※ 첨부 : 이력서 1통. 끝.

판 사   ○   ○   ○

의 견 서

서울회생법원 제○단독 귀중

의 견:

□ 위 채무자들의 파산관재인으로 변호사 ○○○을 선임함은 적정한 것으로 사료됩니다.
□ 위 채무자들의 파산관재인으로 변호사 ○○○을 선임함은 적정하지 않은 것으로 사료됩니다.
    ※ 기타의견:

2021. ○. ○.

서울회생법원 관리위원회 위원장 ○ ○ ○

[양식 24-4] 파산선고결정 — 신고기간 및 조사기일의 지정 사건

서 울 회 생 법 원
결   정

사   건   2021하단○○ 파산선고

신 청 인   ○○○ (주민등록번호)

(채 무 자)   주소 서울 ○○구 ○○로 ○○

등록기준지 대전 ○○구 ○○로 ○○

선고   일시   2021. ○. ○. 10:00

주   문

1. 채무자에 대하여 파산을 선고한다.
2. 변호사 ○○○(생년월일, 서울 ○○구 ○○로 ○○)을 파산관재인으로 선임한다.
3. 채권신고기간을 2021. ○. ○.까지로 한다.
4. 제1회 채권자집회와 채권조사의 기일 및 장소를 2021. ○. ○. 11:00 서울법원 종합청사 4별관 제○호 법정으로 한다.
5. 이 사건 파산을 간이파산으로 한다.
6. 송달하여야 하는 장소를 알기 어려운 파산채권자에 대한 송달은 공고로써 갈음한다.

이   유

이 사건 기록에 첨부된 소명자료와 채무자에 대한 심문결과를 종합하면, 채무자는 지급불능 상태에 있고, 그 파산재단에 속하는 재산가액 합계가 금 5억 원 미만인 사실이 소명되므로, 채무자 회생 및 파산에 관한 법률 제305조, 제549조 제1항을 적용하여 채무자에 대하여 파산을 선고함과 동시에 간이파산의 결정을 하기로 하고, 같은 법 제355조에 의하여 변호사 ○○○을 파산관재인으로 선임하기로 하며, 같은 법 제312조, 제313조 제2항, 제10조를 적용하여 주문과 같이 결정한다.

판사 ○○○

[양식 24-4-1] 파산선고결정 — 신고기간 및 조사기일의 추후지정 사건

서 울 회 생 법 원
결   정

사 건	2021하단○○ 파산선고
신 청 인	○○○ (주민등록번호)
(채 무 자)	주소 서울 ○○구 ○○로 ○○
	등록기준지 대전 ○○구 ○○로 ○○
선고 일시	2021. ○. ○. 10:00

주   문

1. 채무자 ○○○에 대하여 파산을 선고한다.

2. 변호사 △△△(생년월일, 서울 ○○구 ○○로 ○○)을 파산관재인으로 선임한다.

3. 채권신고기간 및 채권조사기일은 추후 지정한다.

4. 위 면책사건에 관하여 면책신청에 대한 이의신청기간을 2021. ○○. ○○.까지
   로 정한다.

5. 제1회 채권자집회·파산폐지에 관한 의견청취집회·파산관재인의 임무종료에
   따른 계산보고·채무자에 대한 의견청취의 각 기일 및 장소를 2021. ○. ○.
   14:00 서울법원종합청사 4별관 제○호 법정으로 한다.

6. 이 사건 파산을 간이파산으로 한다.

7. 파산관재인은 위 면책신청사건에 대하여 채무자에 대한 면책불허가사유 유무
   를 조사하여 2021. ○○. ○○.까지 조사보고서를 제출하고, 제5항의 의견청취
   기일에 출석하여 그 결과를 보고하여야 한다.

8. 송달하여야 하는 장소를 알기 어려운 파산채권자에 대한 송달은 공고로써 갈
   음한다.

이   유

채무자 회생 및 파산에 관한 법률 제305조, 제355조, 제312조, 제365조, 제367
조, 제545조, 제563조, 제549조, 제560조, 제562조, 제10조를 각 적용하여 주문과
같이 결정한다.

판사   ○○○

[양식 24-5] 파산선고를 받은 채무자에 대한 주의사항

파산선고를 받은 채무자에 대한 주의사항

1. 채무자는 파산절차 종료시까지, 파산선고시에 가지는 모든 재산(파산재단)의 관리처분권을 상실하고, 위 권리는 파산관재인에게 전속합니다(제384조). 파산선고 후에 채무자가 재단소속 재산에 관하여 행하는 법률행위는 파산채권자에게 대항할 수 없습니다(제329조 제1항). 다만 파산선고 후 새로 취득한 재산 및 압류금지재산에 대한 관리처분은 가능합니다.

2. 채무자는 채무자 회생 및 파산에 관한 법률에 의하여 복권될 때까지

   1) 사법상 후견인(민법 제937조 제3호), 유언집행자(민법 제1098조), 수탁자(신탁법 제10조)가 될 수 없습니다. 다만 권리능력, 행위능력 및 소송능력은 제한받지 아니합니다.

   2) 공법상 공무원(국가공무원법 제33조 제2호, 지방공무원법 제31조 제2호, 군인사법 제10조 제2항 제3호), 변호사(변호사법 제5조 제9호), 공인회계사(공인회계사법 제4조 제5호), 변리사(변리사법 제4조 제4호), 공증인(공증인법 제13조 제2호), 사립학교교원(사립학교법 제52조) 등이 될 수 없습니다. 다만 대통령, 국회의원, 지방의회의원, 지방자치단체장의 선거권 및 피선거권은 계속 보유합니다.

   3) 상법상 합명회사·합자회사 사원의 퇴사 원인이 되고, 주식회사·유한회사와 위임관계에 있는 이사의 경우 그 위임관계가 파산선고로 종료되어 당연퇴임하게 됩니다.

3. 채무자 또는 이에 준하는 자(법정대리인, 채무자의 대표자, 이사, 지배인)는,

   1) 파산관재인, 채권자집회의 요청이 있으면 파산에 관하여 필요한 설명을 할 의무가 있습니다(제321조). 이유 없이 설명을 하지 아니하거나 허위의 설명을 하는 때에는 형사처벌의 대상이 되고(제658조), 면책불허가사유에 해당됩니다(제564조 제1항 제1호).

   2) 파산관재인에 대한 설명에 응하지 않거나, 법원의 심문을 위한 소환에 응하지 않는 경우에는 구인될 수 있고(제319조, 제320조), 위반하면 형사처벌의 대상이 되며(제653조), 면책불허가사유에 해당됩니다(제564조 제1항 제1호).

3) 파산재단에 속하는 재산을 은닉, 손괴 또는 채권자에게 불이익하게 처분하거나, 파산재단의 부담을 허위로 증가시키는 행위를 하거나, 상업장부를 작성하지 아니하거나 부실한 기재를 하는 경우에는 사기파산죄로 처벌을 받게 됩니다(제650조, 제652조).

[양식 24-6] 파산선고 결정공고

파산선고 결정공고 및 면책이의신청기간 공고

사   건   2021하단○○ 파산선고
                        2021하면○○ 면책
채 무 자   ○○○ (주민등록번호)
                        주소 서울 ○○구 ○○로 ○○
                        등록기준지 대전 ○○구 ○○로 ○○

  위 사건에 관하여 이 법원은 2021. ○. ○. 10:00 파산선고를 하였으므로, 채무
자 회생 및 파산에 관한 법률 제313조 제1항, 제365조, 제367조, 제368조, 제545
조, 제549조에 의하여 다음과 같이 공고합니다.

다   음

1. 파산결정의 주문
   채무자에 대하여 파산을 선고한다.
2. 파산관재인의 성명 및 사무실 소재지
   변호사 ○○○(생년월일), 서울 ○○구 ○○로 ○○
3. 채권신고기간·채권조사 기일·면책에 대한 이의신청기간·채권자집회기일·면책이의에 대
   한 의견청취기일
   ① 채권신고기간 및 장소, 채권조사의 기일 및 장소: 각 추후지정
   ② 면책에 대한 이의신청기간 : 2021. ○. ○.까지
   ③ 채권자집회·파산폐지에 관한 의견청취·파산관재인의 임무종료에 따른
      계산보고의 각 기일 및 장소: 2021. ○. ○. 11:00 서울법원종합청사 4별관
      제○호 법정
   ④ 채권자집회는 고가품의 보관방법에 관하여 결의를 할 수 있음
4. 간이파산의 결정
   이 사건 파산을 간이파산으로 한다.
5. 유의사항
   ① 파산선고를 받은 채무자에게 채무를 부담하는 자와 파산재단에 속하는 재

산의 소유자는 파산선고를 받은 자에게 채무를 변제하거나 그 재산을 교부하여서는 아니 되며, 채무를 부담하고 있다는 사실 및 그 재산을 소지하고 있다는 사실, 소지자가 별제권을 가지고 있는 경우에는 그 채권을 가지고 있다는 사실을 2021. ○. ○.까지 파산관재인에게 신고하여야 합니다.

② 이의신청한 채권자 및 채무자는 의견청취기일에 출석하여 의견을 진술하여 주시기 바랍니다.

③ **이의신청서**를 제출하는 경우 부본 **포함 총3부**를 제출하여 주시기 바랍니다.

2021. ○. ○.

서울회생법원 판사 ○○○

[양식 24-7] 파산선고에 따른 통지서

파산선고 및 면책이의에 관한 의견청취기일 지정에 따른 통지서

채무자 ○○○에 대한 이 법원 2021하단○○ 파산선고 사건에 관하여, 이 법원은 2021. ○. ○. 10:00 파산선고를 하였으므로, 채무자 회생 및 파산에 관한 법률 제313조 제2항, 제365조, 제367조, 제545조, 제549조에 의하여 다음과 같은 사항을 통지합니다.

다   음

1. 파산결정의 주문

   채무자 ○○○ (주민등록번호)에 대하여 파산을 선고한다.

2. 파산관재인의 성명 및 사무실 소재지

   변호사 ○○○(생년월일), 서울 ○○구 ○○로 ○○

3. 채권신고기간·채권조사 기일·면책에 대한 이의신청기간·채권자집회기일·면책이의에 대한 의견청취기일

   ① 채권신고기간 및 장소, 채권조사의 기일 및 장소: 각 추후지정

   ② 면책에 대한 이의신청기간 : 2021. ○. ○.까지

   ③ 채권자집회·파산폐지에 관한 의견청취·파산관재인의 임무종료에 따른 계산보고의 각 기일 및 장소: 2021. ○. ○. 11:00 서울법원종합청사 4별관 제○호 법정

   ④ 채권자집회는 고가품의 보관방법에 관하여 결의를 할 수 있음.

4. 간이파산의 결정

   이 사건 파산을 간이파산으로 한다.

5. 유의사항

   ① 파산선고를 받은 채무자에게 채무를 부담하는 자와 파산재단에 속하는 재산의 소유자는 파산선고를 받은 자에게 채무를 변제하거나 그 재산을 교부하여서는 아니되며, 채무를 부담하고 있다는 사실 및 그 재산을 소지하고 있다는 사실, 소지자가 별제권을 가지고 있는 경우에는 그 채권을 가지고 있다는 사실을 2021. ○. ○.까지 파산관재인에게 신고하여야 합니다.

② 이의신청한 채권자 및 채무자는 의견청취기일에 출석하여 의견을 진술하여 주시기 바랍니다.

③ **이의신청서**를 제출하는 경우 부본 **포함 총3부**를 제출하여 주시기 바랍니다.

2021. ○. ○.

서 울 회 생 법 원

판사 　　　○○○

[양식 24-8] 촉탁서

서 울 회 생 법 원
촉   탁   서

○○우체국장 귀하

사   건   2021하단○○ 파산선고

채   무   자   ○○○ (주민등록번호)

                 주소   서울 ○○구 ○○로 ○○

                 등록기준지   대전 ○○구 ○○로 ○○

   위 사건에 관하여 채무자 회생 및 파산에 관한 법률 제484조에 의하여 다음과 같이 촉탁합니다.

다   음

   파산선고를 받은 ○○○에게 보내는 우편물 또는 전보는 이 법원 및 파산관재인이 발송한 것을 제외하고 파산관재인 변호사 ○○○(생년월일, 서울 ○○구 ○○로 ○○)에게 배달하여 주시기 바랍니다. - 끝 -

덧 붙 임   1. 파산선고결정 등본   1통

                     2. 촉탁서 부본   1통

2021. ○. ○.

판사   ○○○

[양식 24-9] 선임증

2021하단○○ 파산선고

선 임 증

성 명   ○ ○ ○ (생년월일)
사 무 소   서울 ○○구 ○○로 ○○

위 사람은 파산선고 받은 채무자 ○○○의 파
산관재인으로 선임되었음을 증명함.

2021. ○. ○.

서 울 회 생 법 원

[양식 24-10] 파산선고 기입등기촉탁

서 울 회 생 법 원
제○단독
등기(등록)촉탁서

수 신	수신처 참조	
사 건	2021하단○○	파산선고
채 무 자	○○○(주민등록번호)	
	서울 ○○구 ○○로 ○○	

위 사건에 관하여 다음과 같이 파산선고 기입등기(등록)을 촉탁합니다.

부동산의 표시   별지와 같음
등기원인과 그 연월일   2021. ○. ○. 10:00 파산선고 결정

등 기 목 적   파산선고결정 기입등기
등록세, 교육세 및   채무자 회생 및 파산에 관한 법률 제25조 제4항
등기촉탁수수료   등기사항증명서 등 수수료 규칙 제5조의2 제2항 제3
                호에 의하여 면제

붙임   1. 파산선고결정 등본 1통
                2. 촉탁서 부본 1통

2021. ○. ○.

법 원 주 사 ○ ○ ○

수신처 : ○○지방법원 ○○등기소, ○○지방법원 ○○등기소

[양식 24-11] 고가품 보관장소 지정결정

서 울 회 생 법 원
결   정

사   건   2021하단○○ 파산선고

채 무 자   ○○○ (주민등록번호)

　　　　　　　주소 서울 ○○구 ○○로 ○○

　　　　　　　등록기준지 대전 ○○구 ○○로 ○○

파 산 관 재 인   변호사 ○○○

주   문
이 사건 파산재단에 속하는 현금 등 고가품을 ○○은행 ○○지점에 보관한다.

이   유
채무자 회생 및 파산에 관한 법률 제487조를 적용하여 주문과 같이 결정한다.

2021. ○. ○.

판사   ○○○

[양식 24-12] 고가품 보관장소에 대한 의뢰서

서 울 회 생 법 원
의 뢰 서

수 　 신 　 ○○은행 ○○지점
사 　 건 　 2021하단○○ 파산선고
채 무 자 　 ○○○ (주민등록번호)
　 　 　 　 주소 서울 ○○구 ○○로 ○○
　 　 　 　 등록기준지 대전 ○○구 ○○로 ○○
파산 관재인 　 변호사 ○○○

　위 사건에 관하여 이 법원은 채무자 회생 및 파산에 관한 법률 제487조에 의하여 파산재단에 속하는 현금 등 고가품의 보관장소를 귀 지점의 파산관재인 명의 예금계좌로 지정하였는바, 파산관재인 명의 예금의 지급절차 등에 관하여 다음과 같은 사항을 의뢰합니다.

다 　 음

1. 파산관재인으로부터 그 명의 예금의 지급·해약청구, 타 계좌로의 이체의뢰, 자동계좌이체의뢰 등이 있는 때에는, **이 법원의 임치금반환허가 허가서등본(또는 채권자집회의 결의가 있음을 증명하는 서면)**의 제시를 요구하고, 이를 확인한 다음 지급 등에 응하여 주십시오.
2. 위 예금계좌에 관하여는 **현금카드**가 발행되지 않도록 하여 주십시오.
3. 파산관재인이 위 예금을 담보로 융자를 신청하는 경우에는 이 법원의 차재허가 허가서등본 또는 채권자집회의 결의가 있음을 증명하는 서면의 제시를 요구하고 이를 확인한 다음 응하시기 바랍니다. 끝.

2021. ○. ○.

판사 　 ○○○

[양식 24-13] 파산관재인보수 우선지급결정

서 울 회 생 법 원
결   정

사   건   2021하단○○   파산선고

채 무 자   ○○○

                서울 ○○구 ○○로 ○○

파산관재인   변호사 ○○○

주   문

파산관재인의 우선지급 보수를 ○○○만 원(부가가치세 포함)으로 정한다.

이   유

채무자 회생 및 파산에 관한 법률 제30조를 적용하여 주문과 같이 결정한다.

2021. ○. ○.

판 사   ○○○

[양식 24-14] 파산채권신고에 관한 주의사항

파산채권신고에 관한 주의사항

채권신고용지 및 채권목록용지를 보내드리니, 다음 주의사항을 잘 읽어보시고 정확하게 기재한 다음, 필요 제출서류와 함께 신고기간 내에 이 재판부에 제출 또는 우송하여 주십시오.

(우송하는 경우에는 봉투 표면에 "채무자 ○○○의 채권신고서 재중"이라고 적어주십시오)

서울 서초구 서초중앙로 157 (우 06594)

서울회생법원 제○단독(☎ 530－1742)

채권신고시 제출서류

① 채권신고서 · 채권목록　　　　　　　　② 증거서류

③ 파산채권이 집행력 있는 집행권원 또는 종국 판결이 있는 것일 때에는 그 사본

④ 채권자의 주민등록표 등본 또는 법인등기사항증명서 ⑤ [대리인 신고] 위임장(인감증명첨부)

채권신고시 유의사항

1. 위 제출서류는 그 부본 2통도 함께 제출하여야 합니다.

2. 채권신고를 하지 아니한 파산채권자는 채권자집회에 출석할 수 없고 배당청구권을 상실합니다.

3. 허위채권을 신고하면 형사처벌의 대상이 될 수 있습니다.

4. 어음수표금 신고시에는 반드시 증거서류로 어음 · 수표의 앞, 뒷면 모두 사본하여 제출하여야 합니다.

채권신고서 · 채권목록 작성요령

1. 신고할 채권이 2개 이상인 경우(예: 약속어음 여러 장에 의한 신고 등)에도 반드시 1개의 채권신고서로 신고하여야 한다. 이 경우에는 여러 채권의 합계금액을 채권신고서 <채권액>란에 기재한다.

2. 이자약정이 있는 경우, 또는 어음의 지급제시를 하여 만기 후 법정이자를 청구하는 경우 등에는 파산선고 전일까지 발생한 이자를 "이자채권"으로서 <채권목록>에 기재한다.

3. 법률에 의하여 일반적으로 우선변제권이 인정되어 있는 채권의 경우에는 <우선권이 있는 경우 그 권리>란에 그 내용 · 금액을 기재한다.

4. 별제권자(저당권, 질권, 양도담보 등의 담보권자)는 채권신고를 할 필요가 없다(파산선고 후에도 개별적으로 담보권실행 가능함). 그러나 예컨대 피담보채권(대여금채권)은 2억 원인데 담보가치는 1억 5000만 원인 경우 <별제권…>란에 담보목적물을 특정하여 기재하고, 부족채권액으로 5000만 원을 기재한다.

5. 채권목록 기재례

<어음수표금 채권용 채권목록>

순번	채권액(원)	채권의 종류	발행일	액 면(원)	만 기	발행지	지급지	지급장소	발행인	배서인	소지인
1	10,000,000	약속어음	08.3.3.	10,000,000	2018.6.3.	서울	서울	국민은행 성동지점	채무자	甲乙	신고인

<기타 채권용 채권목록>

순번	채권액(원)	채권의 종류	채권의 내용 및 원인
1	10,000,000	대여금채권	2018. 5. 30.에 금 10,000,000원, 변제기 7.30, 이자 월2%로 한 금전소비대차계약에 기한 원금
2	2,300,000	이자채권	위 제1항에 대한 5.30.부터 파산선고전일까지 0개월 0일간의 이자
3	30,000,000	매매대금채권	2018. 6. 20.부터 8. 20.까지 상품00(단가 100만원, 수량 50개)의 납입대금 5000만원 중 잔대금(금 2000만원은 이미 수령함)

[양식 24-15] 파산채권자표

(A면)…채권자는 기재하지 마십시오.

파 산 채 권 자 표

채권자표 번호	

사건번호, 채무자의 성명, 신고연월일, 채권자의 성명 및 주소, 채권액 및 원인, 우선권 또는 후순위 파산채권의 유무 및 내용, 별제권의 목적 및 별제권 행사에 의하여 변제받을 수 없는 예정부족채권액은 **뒷면의 채권신고서 기재**와 같음.

①채권신고접수일 작성 　서울회생법원 법원사무관 등 　　　　　　　　　㉑

②(채권조사전의 변동) 20 ． ． ． 금 _____ 원 취하
　　　　　　　신고액 금 _____ 원 으로 변동
　　　　　　　법원사무관 등 　　　　　　　　　㉑

<채권조사의 결과>	
③조사기일 20 ． ． ． 　　　　법원사무관 등 　　　　㉑	
④관재인 인부	전액 시인 ( ) 　　　전액 이의 ( ) 일부 이의 (이의금액 　　　　　　　　　　　　원) * 구체적 인부의 내용은 별지 채권인부표 기재와 같음
	별제권 행사로 변제받지 못할 채권액 시인액 (금 　　　원)
⑤채권자 이의	
⑥채무자 이의	
⑦이의철회	일시 　． ． ． 　　법원사무관 등 　　　　　㉑ (일부철회인 경우 금액 　　　　　　　원)
⑦신고취하	일시 　． ． ． 　　법원사무관 등 　　　　　㉑ (일부취하인 경우 취하금액 　　　　　원)
⑧채권확정 소송 결과	법원사무관 등 　　　㉑
⑨채권자명의 변경	있음( ). 내역은 아래와 같음(상세는 별지 명의변경신고서 기재와 같음)
⑩확정 파산채권액	금 　　　　　　　원 (₩ 　　　　　　　)	법원사무관 등 　　㉑

⑪<배당의 결과>				
배당횟수	배당일시	배당금액	배당후잔존채권액	관재인 기명날인
1	20 ． ． ．	원	원	
2	20 ． ． ．	원	원	
3	20 ． ． ．	원	원	
4	20 ． ． ．	원	원	
⑫면책결정 확정일				

[양식 24-15-1] 파산채권자표 작성기준

파산채권자표 작성기준

※ 일반적 기준

- 파산채권자표의 작성은 법원사무관 등의 고유한 권한으로서의 공증행위이므로 기명날인, 정정인 등을 하는 점은 조서 작성의 경우와 동일하다.
- 채무자 회생 및 파산에 관한 법률이 적용되는 경우 파산채권자표 표지는 작성하지 아니한다.
- 채권신고서가 접수되는 즉시 파산채권자표의 '채권신고접수일 작성'란에 기명날인한다.
- 채권조사기일에서 한 채권조사결과를 기재하고 '조사기일'란에 기명날인한다.
- 파산관재인의 이의철회나 채권자의 신고취하, 명의변경이 있는 경우 및 파산채권의 확정에 관한 소송의 결과에 관한 기재신청이 있는 경우 즉시 채권자표에 기재하고 각 해당란에 기명날인한다.
- 파산절차 종료(폐지, 종결)시 누락된 사항이 없는지 확인한 후 별도 영구보존한다.

※ 구체적 작성요령

① 채권신고서가 접수되는 즉시 법원사무관 등은 채권신고서 이면에 있는 파산채권자표의 '채권신고접수일 작성'란에 기명날인한다.

② 채권자가 채권신고 후 채권조사기일 이전에 채권신고를 취하하거나 채권금액변경 신청을 한 경우 이를 기재하고 기명날인한다.

③ 채권조사기일 일시를 기재하고 기명날인한다.

④ 채권조사기일 직후 파산관재인으로부터 채권인부표를 제출받아 파산채권자표철 맨 앞에 편철한 다음 이를 기준으로 하여 채권조사결과를 기재한다. 만약 '별제권으로 인한 부인'이 된 경우 '부인'으로 기재한다.[6]

⑤ 채권조사기일에서 채권자의 다른 채권자에 대한 이의가 있어 재판장이 인정한 경우 그 내용을 기재한다.

⑥ 채무자가 이의한 경우 그 내용을 기재한다.

---

[6] 별제권으로 인한 부인대상은 해당 채권자가 배당종결 전에 우선적으로 별제권 행사가 가능하므로 일단 부인되고, 채권자의 별제권 행사(경매배당 등) 후 별제권 행사로도 변제받지 못한 채권액이 최종파산채권액이 됨.

⑦ 파산관재인의 이의철회나 채권자의 신고취하가 있는 경우 기재하고 기명날인한다. 이 때 일부 철회나 일부 취하의 경우는 그 금액까지 기재한다.

⑧ 채권조사확정재판(하확) 등 파산채권 확정에 관한 소송의 결과에 관하여 파산관재인 또는 파산채권자의 신청이 있는 경우 그 결과를 기재하고 기명날인한다.

⑨ 채권양도, 대위변제 등 채권자 명의변경이 있는 경우 '있음'란에 표기하고 그 내역을 기재한다. 이 때 명의변경신고서는 파산채권자표 뒤에 편철한다. 다만 각 명의변경시 마다 기재하지 않고 추후 일괄 기재하여도 무방하다. 이때는 일괄 기재 당시의 법원 사무관 등의 명의로 기명날인한다.

⑩ 확정된 파산채권액을 기재하고 기명날인한다.
  - 전액 시인된 경우 : 채권조사시 즉시 확정된다. 이 경우 조사기일란에는 따로 날인 하지 않을 수 있다.
  - 일부 이의, 전액 이의된 경우 : 파산관재인의 이의철회 또는 이의된 부분에 대한 채권자의 신고 취하나 채권조사확정재판 등의 소송 결과에 따라 확정 파산채권액 이 정해지는 경우에는 최종 확정 파산채권액을 기재한다. 당해 이의철회나 신고취 하, 채권조사확정재판 등에 따라 파산채권이 확정되는 경우라면 당해 이의철회나 신고취하, 채권확정소송결과란에는 따로 날인하지 않을 수 있다.

⑪ 배당 후 즉시 파산관재인으로 하여금 그 결과를 채권자표에 기재하고 기명날인하도록 한다.

⑫ 면책결정이 확정된 경우 그 면책확정일을 기재한다. 만약 그 후 면책취소의 결정이 확정되면 그 내역 및 확정일을 우측에 기재한다.

[양식 24-16] 파산채권신고서

(B면)···채권자가 기재하십시오.

파 산 채 권 신 고 서

신고연월일   2021년   월   일

채무자   ○○○에 대한 2021하단○○호 파산사건에 관하여 다음과 같이 채권을 신고합니다(증거서류 첨부).

　채권자　성명(상호,대표자) _____ ㊞

　　　　　주소 _____

　　　　　통지·송달받을 장소 _____ □□□-□□□

　　　　　전화번호　　　　　　　　팩시밀리

　　　　　전자우편주소 _____

　대리인　성명(상호,대표자) _____ ㊞

　　　　　주소 _____ □□□-□□□

서울회생법원 제○단독 귀중

채 권 액	원 금	₩	채권의종류	별지 채권목록과 같음
	이 자 손 해 금	₩		
	합 계	₩		
채권의 내용 및 원인	별지 채권목록과 같음			
우선권이 있는 경우 그 권리				
후순위 파산채권을 포함하는 경우 그 구분				
별제권의 목적 및 별제권 행사로 변제받을 수 없는 부족채권액	(목적의 표시) 별지 목록과 같음 (부족채권액) ₩			
채권에 관하여 계속중인 소송 (법원/당사자/사건명/ 사건번호)				
집행력 있는 집행권원 또는 종국판결이 있는 경우 그 내용				

(주의) 채권신고시 아래 서류 및 그 부본 2통을 함께 제출하여야 합니다.
 ① 채권신고서·채권목록　　　　　② 증거서류
 ③ 파산채권이 집행력 있는 집행권원 또는 종국 판결이 있는 것일 때에는 그 사본
 ④ 채권자의 주민등록등본 또는 법인등기부등본 ⑤ [대리인 신고] 위임장(인감증명첨부)

(별지)

채 권 목 록

<어음금·수표금 채권용>

순번	채권액 (원)	채권의 종류	발행일	액면(원)	만기	발행지	지급지	지급 장소	발행인	배서인	소지인

<대여금, 매매대금, 기타 채권용>

순번	채권액(원)	채권의 종류	채권의 내용 및 원인

[양식 24-17] 파산채권자표 표지[7]

파산채권자표

사   건   2021하단○○

채 무 자

이 파산채권자표는 각 채권자별 파산채권자표와 일체를 이루는 것입니다.

서울회생법원 제○단독

법원주사   작성

채권조사에 관한 사항				
조사기일	사무관 날인	재판장 확인	조사대상의 파산채권자표 번호	채권조사의 결과
20 . . .				각 채권자별 파산채권자표 및 채권인부표(별첨) 기재와 같음
20 . . .				
20 . . .				
20 . . .				

파산채권의 확정에 관한 소송의 결과				
파산채권자표 번호	신고채권액	확 정 액	사무관날인	재판장확인

---

7) 구 파산법과 달리 법은 채권조사결과와 파산채권의 확정에 관한 소송의 결과의 기재 주체를 법원사무관 등으로 하고 있으므로 현행법 하에서는 재판장 확인을 위한 파산채권자표 표지의 작성을 생략할 수 있을 것이다.

[양식 24-18] 채권신고접수증

파산채권신고접수증			
사 건 번 호	2021하단○○파산선고 채무자 ○○○	접수번호	
채권자 성명			
위 대리인			

※ 이 접수증은 법원에 출석할 때 항상 지참하셔야 합니다.

2021년   월   일

서울회생법원 제○단독

[양식 24-19] 채권조사 기준

파산채권 시부인 기준

1. 공통사항

　가. 신고채권 중 증빙자료 미비로 채무자의 채무임을 확인할 수 없는 신고채권은 이의함

　나. 제출된 자료로 신고채권자가 진정한 채권자임을 확인할 수 없는 신고채권은 이의함

　다. 첨부된 증빙자료의 내용과 일치하지 않는 신고채권은 이의함

　라. 채권자가 일방적으로 조건을 변경한 신고채권은 이의함

　마. 계약의 하자 또는 불공정이 인정되는 신고채권은 이의함

　바. 이자에 대한 기간의 계산은 초일불산입, 말일산입을 기준으로 함

2. 특정사항

　가. 이자채권

　　⑴ 이자의 약정이 있는 경우에는 그 약정에 의하고, 약정이 없는 경우에는 민사 또는 상사법정이율(연 5% 또는 6%) 초과부분은 이의함

　　⑵ 사채의 이자채권의 경우 이표(또는 이권)에 의한 이자계산 방식에 의하여 이표약정에 따라 그 지급일까지의 약정금리를 적용하고 그 이후의 이자는 이의함. 다만 대부업의 등록 및 금융이용자 보호에 관한 법률 제8조, 이자제한법 제2조에 의한 제한이율을 넘는 이자약정은 제한이율 초과부분이 무효이고 초과하는 이자를 임의로 지급한 경우에 그 금액은 원본에 충당되므로, 위 제한이율 초과부분 및 원본충당부분도 이의함

　　⑶ 이자에 대한 연체이자는 이의함

　나. 외화표시채권

　　원화 환산에 있어서는 파산선고일 현재의 매매기준율(1USD=000원)을 적용함

　다. 변제기 미도래 채권

　　파산선고일 현재 변제기가 도래하지 아니한 채권은 채무자 회생 및 파산에 관한 법률 제446조에 의하여 파산선고일로부터 만기일까지의 중간이자를 공제함

[양식 24-20] 파산관재인 보고서

재판장	**제1회 채권자집회 보고서** **채무자 가나다의 파산관재인 사무소** 서울 서초구 ○○로 ○○○ 가나다빌딩 ○○○호 ☎ 500-0000 / 팩스 000-0000 / abcde@hanmail.net	**서울회생법원** **제201단독 귀중** 관재인 _____ ㊞ 변호사 ○ ○ ○

2021하단0000 파산선고 2021. 00. 00.   파산선고   **채무자 가나다**
2021하면0000 면책   2021. 00. 00. 00:00 제1회채권자집회 (○○○○○○-○○○○○○○)

파산절차			환가포기 신청		면책절차		불허사유				채권자 이의	
폐지 신청	㊞	고가물 보관 신청	㊞	부 동 산	㊞	면책 의견	㊞	1호㊞ □650조 □651조 □653조 □656조 □658조		4호㊞	있음	㊞
속행 신청	㊞	속행 희망 기일	· · · : :	동 산	㊞	재량 면책	㊞	2호㊞		5호㊞	없음	㊞
채권 조사 기일 신청	㊞	법원 환가 포기 허가	20 · · · 판사도산인	기 타	㊞	면책 불허 의견 보류	㊞ ㊞	3호㊞		6호㊞	이의자 (명) 3회 집회 후 이의자 (명)	

채무자 제출자료에 대한 의견		보정명령 외 추가제출자료
미제출 자료	□ 없음 □ 있음	
미제출 자료 내역		
자료 미제출 관련 의견	□ 설명의무 위반에 해당 □ 미제출에 정당한 이유 있음 (이유기재)	

	연 도		주거지	자가 · 임차 · 무상거주		
최근	년~	년				
	년~	년				
주거	년~	년				
이력	년~	년				
	현 재					
최종 학력						
	연 도		자영업 · 직장 등		직 위	월수입(만원)
직업	년~	년				
이력	년~	년				
	현 재					
파탄 시기 및 원인						

과거 신청 경험		이혼	이혼시기		
			이혼방법	□협의이혼 □재판상이혼 □재산분할있음 □재산분할없음	

	성 명	관계	나이	학력	직 업	월수입(만원)	부양여부	동거여부
배우자								
부모								
자녀								
동거 친족								

	총액수 (만원)	채권자수	명	주요부채내역	채권자	차용연도	액수(만원)	사용처
파산채권								
재단채권	총액수 (원)	조사불요	□환가재산없음	내역				

	목 록	시가(만원)	구입시기	구입대금의 출처
현 채무 자 명의 재산				

	목 록	매각시기	매각 상대방	액수 (만원)	사용처
과거 5년 채무 자 명의 재산					

	목 록	명의자	시가(만원)	구입시기	구입대금의 출처
전현 배우 자 재산					

	목 록	명의자	시가(만원)	구입시기	구입대금의 출처
부모 재산					

	목 록	명의자	시가(만원)	구입시기	구입대금의 출처
자녀 재산					

	목 록	시가(만원)	환가포기 이유
환가 포기 재산			

■ 파산·면책절차 종료 또는 속행에 대한 의견

관재인의 조사결과 및 의견
□ 파산폐지신청시 계산보고 (계산보고할 경우 ☑ 표시)   총수입액: 원, 총지출액: 원, 잔액: 원

■ 면책 허부에 대한 의견

구분	관재인의 조사결과 및 의견
면책 허부 관련 의견	
이의 채권 자 및 이의 요지	

[양식 24-21] 채권조사결과표

○ 파산채권 시·부인 집계표

구분	건수	신고금액	시인액	이의액
파산채권	7	184,711,350	165,905,936	18,805,414

○ 파산채권인부표

접수번호	채권자명	채권의 종류	신고채권액	시인액			이의액	비고
				우선채권	일반채권	후순위채권		
1	홍길동	임금	500,000				500,000	재단채권이므로 이의
2	㈜길동실업	매매대금	1,500,000		1,450,000	50,000		파산선고 후의 이자는 후순위채권으로 시인
3	㈜○○	어음	10,000,000				10,000,000	채권없음
4	㈜○○은행	대여금	5,000,000				5,000,000	별제권 예정부족액 소명없음
5	한○○	어음	10,000,000				10,000,000	어음요건불비
6	㈜종로상호신용금고	대여금	5,000,000				5,000,000	증거불충분
7	이○○	어음	10,000,000				10,000,000	상계예정
합계								

[양식 24-22] 출석상황 및 의결표

출석상황 및 의결표

접수번호	채권자명	채권신고액	시인액			부인액	출석현황				의결내용		
			우선	일반	후순위		본인	날인	대리인	날인	1안	2안	3안

[양식 24-23] 제1회 채권자집회 및 조사기일 조서

서 울 회 생 법 원
제1회 채권자집회 및 채권조사기일 조서

2021하단○○　　파산선고

판사　　　　○　○　○

법원 사무관　　　　○　○　○

기 일 : 2021. ○. ○. 10:00

장 소 : 서울법원종합청사

4별관 제6호 법정

공개여부 : 비공개

사건과 당사자를 부름

파산관재인　　　변호사 ○ ○ ○　　　　　　　　　　　　　　출석

채무자　○○○　　　　　　　　　　　　　　　　　　　　　　출석

파산채권자의 출석상황은 **[별첨 1 채권자 출석상황 및 의결권표]** 기재와 같음

판사
1. 지금부터 2021하단○○ 채무자 ○○○에 대한 제1회 채권자집회 및 채권조사기일을 병합하여 개최하겠다고 선언
2. 먼저 제1회 채권자집회기일을 개최한다고 선언. 이 채권자집회는 2021. ○. ○. 파산선고된 채무자 ○○○의 재산상황 등에 관한 정보를 파산채권자들에게 제공하고, 채무자 회생 및 파산에 관한 법률이 정한 사항을 결의하기 위한 집회라고 설명
3. 채무자의 파산관재인으로 선임된 변호사 ○○○은 채무자 ○○○나 그 채권자와 아무런 이해관계가 없는 자로서 법원이 파산선고와 동시에 직권으로 선임한 자라고 설명
4. 먼저 파산관재인은 채무자 회생 및 파산에 관한 법률 제488조에 의하여
   (1)파산에 이르게 된 사정
   (2)파산재단의 현상 및 부채의 상황
   (3)파산재단에 속하는 재산의 환가상황 및 소송의 계속상황
   (4)파산절차의 전망(소요기간 및 배당예상)에 대하여 보고할 것을 명함

파산관재인

[별첨 2 파산관재인 보고서]에 의하여 보고

판사

신고한 파산채권자(또는 그 대리인)들 중 (1)파산관재인의 보고사항과 관련한 의문사항, (2)파산관재인의 업무수행과 관련한 건의사항 기타 의견 또는 질문이 있으면 진술하여 달라고 요구

파산채권자

　　의견을 진술하지 아니하다

판사

　　1. (더 이상) 의견이 없으면 채권조사기일을 개최하겠다고 선언

　　2. 파산관재인 및 출석한 파산채권자들에 대하여 채권신고기간 마감 후 신고된 파산채권
　　　을 이 조사기일에 함께 조사함에 관하여 이의가 있는지 여부를 묻다(제453조 제2항).

　　[만일 이의가 있으면 추완신고된 파산채권은 추후에 특별기일을 열어 조사하겠다고 고지]

파산관재인 및 파산채권자들

　　이의를 하지 아니하다

판사

　　1. 이의가 없으면 채권신고기간 마감 후 추완신고된 파산채권도 이 조사기일에서 함께 조
　　　사한다고 선언

　　2. 이 조사기일에서 이의가 진술되지 아니하였거나, 이 조사기일에서 이의가 진술되었으나
　　　추후에 그 이의가 철회되면 신고된 파산채권의 내용이 확정되고, 이를 파산채권자표에
　　　기재함으로써 확정판결과 동일한 효력이 인정된다고 설명(제458조, 제460조)

　　3. 먼저 파산관재인에 대하여 신고된 파산채권에 대한 조사결과 및 시·부인내용을 진술할
　　　것을 명

파산관재인

　　[별첨 3 파산채권 시부인기준 및 파산채권시부인표]에 의하여 조사결과 진술

판사

　　출석한 채권자들은 파산관재인의 위 조사결과에 관하여 의문이 있으면 의견을 진술할 것
　　요구

파산채권자 신고번호　번

판사

　　파산관재인에게 답변할 것을 지시하다

파산관재인

나머지 파산채권자들

　　의견을 진술하지 아니하다

판사

　　신고한 파산채권자 또는 그 대리인 중에서 다른 파산채권에 대하여 이의가 있으면 의견을
　　진술할 것 요구

파산채권자

　　이의를 진술하지 아니하다

판사

　　1. 신고된 파산채권에 관하여 파산관재인 또는 다른 파산채권자로부터 이의가 진술된 경
　　　우에는 채무자 회생 및 파산에 관한 법률 제462조가 정한 바에 따라 본 기일로부터 1
　　　월 이내에 이의자 전원을 상대로 이 법원에 채권조사확정재판을 제기하여 채권확정을
　　　받지 아니하면 배당에서 제외된다고 설명. 다만 이의가 철회된 경우에는 신고한 내용대

로 확정된다고 설명

2. 이상으로 채권조사기일을 종료하고, 다음으로 제1회 채권자집회를 속행하여 파산관재인 또는 파산채권자들 중 채권자집회에서 결의할 사항에 대한 제안이 있는지 여부를 묻다

(제안이 없는 경우)

파산관재인은 환가절차를 신속하게 수행하여 줄 것을 당부하고, 채권자들은 파산관   재인의 관리 및 환가 업무에 적극적으로 협력하여 하루빨리 배당이 이루어질 수   있도록 노력하여 줄 것을 요청

제1회 채권자집회기일을 종료한다고 선언

집회종료

(제안이 있는 경우)

파산관재인 또는 파산채권자 (신고번호   번)

(임의적 결의사항인 감사위원 설치여부, 영업의 폐지 또는 계속, 또는 고가품의 보관방법에 관하여)[8] 별첨 제안서와 같이 제안하다

판사

위 제안에 대하여 심리, 의결하겠으니 이에 관하여 의견이 있으면 진술할 것 요구

파산관재인 또는 파산채권자들

의견을 진술

판사

1. 위 안건에 대한 심리를 마치고 결의에 들어가겠다고 고지

2. 원칙적으로 오늘 조사기일에서 확정된 파산채권액(후순위 파산채권 제외)만큼 의결권을 부여하되, 채무자 회생 및 파산에 관한 법률 제373조 제2항에서 규정하는 미확정채권 등에 대하여는 파산관재인 또는 파산채권자의 이의가 있는 경우 행사할 의결권을 법원 이 정하겠다고 설명

3. 파산관재인 또는 파산채권자들에게 미확정채권 등의 의결권에 대하여 이의가 있는가를 묻다

파산관재인

조사결과 부인한 부분은 현재 미확정상태이므로 파산채권자로서의 의결권에 관하여 이의 를 제기한다고 진술

판사

파산관재인으로부터 이의를 제기당한 파산채권자들에게 의견이 있는가를 묻다

이의를 제기당한 파산채권자

의견을 진술하지 아니하다

판사

---

8) 구 파산법 제184조는 이와 같은 사항들을 필요적 결의사항으로 정하고 있었으나 법 제489조 는 이를 임의적 결의사항으로 변경하였으므로 이미 법원의 허가나 결정을 받은 경우 굳이 같은 내용의 결의를 할 필요는 없을 것이다. 따라서 이러한 경우 파산관재인은 법원의 허가나 결정 을 받아 위 각 사항을 시행한 결과를 보고만 하고, 이에 이의가 있는 채권자의 다른 제안이 있 으면 이에 대하여 결의하고 이의가 없으면 별도의 결의절차는 거치지 않는 방법으로 집회를 진 행하는 것이 간명할 것이다.

1. 파산관재인이 진술한 의결권에 관한 이의를 받아들여 의결권이 이의된 파산채권에 대하여 의결권을 주지 아니하기로 한다는 결정 고지
2. 그러면 파산관재인이(또는 파산채권자 ○○○가) 제안한 내용에 따라 위 제안에 관한 찬부를 묻겠다고 고지. 결의에는 의결권을 행사할 수 있는 출석 파산채권자의 총채권액의 2분의 1을 초과하는 채권을 가진 자의 동의가 있어야 한다고 설명
3. 위 제안에 대하여 찬성하는 출석채권자는 기립할 것 지시

<휴정 및 집계>
판사

1. 집계 결과,
   위 안건에 관하여,
   의결권을 행사할 수 있는 출석 파산채권자의 총채권액은 000원인데,
   동의한 출석 파산채권자의 채권액은 합계 000원이다
2. 따라서 위 제안에 대한 결의는 채무자 회생 및 파산에 관한 법률 제370조 제1항 소정의 요건을 구비하였으므로 가결되었음을 선언
3. 파산관재인은 환가절차를 신속하게 수행하여 줄 것을 당부하고, 채권자들은 파산관재인의 관리 및 환가 업무에 적극적으로 협력하여 하루빨리 배당이 이루어질 수 있도록 노력하여 줄 것을 요청
4. 제1회 채권자집회기일을 종료한다고 선언

집회종료

법원사무관   ○   ○   ○

판   사   ○   ○   ○

[양식 24-23-1] 제1회 채권자집회, 이시폐지 의견청취 및 계산보고 집회 및 의견청취 기일
조서

서 울 회 생 법 원

제1회 채권자집회 및 의견청취기일 조서

2021하단○○ 파 산 선 고   기 일 : 2021. ○. ○. 11:00

2021하면○○ 면책   장 소 : 서울법원종합청사 4별관

판   사   ○ ○ ○   제○호 법정

법원 사무관   ○ ○ ○   공개여부 : 비공개

사건과 당사자를 부름

파산관재인   변호사 ○○○   출석

채무자   ○○○   출석

파산채권자의 출석상황은 **[별첨 1 채권자 출석상황 및 의결권표]** 기재와 같음

판사
1. 지금부터 2021하단○○ 채무자 ○○○에 대한 제1회 채권자집회, 이시폐지 의견청취 및 계산보고를 위한 집회, 의견청취기일을 병합하여 개최하겠다고 선언
2. 먼저 제1회 채권자집회기일을 개최한다고 선언. 이 채권자집회는 2021. ○. ○. 파산 선고된 채무자 ○○○의 재산상황 등에 관한 정보를 파산채권자들에게 제공하기 위한 집회라고 설명
3. 채무자의 파산관재인으로 선임된 변호사 ○○○은 채무자 ○○○나 그 채권자와 아무 런 이해관계가 없는 자로서 법원이 파산선고와 동시에 직권으로 선임한 자라고 설명
4. 먼저 파산관재인은 채무자 회생 및 파산에 관한 법률 제488조에 의하여
   (1) 파산에 이르게 된 사정
   (2) 파산재단의 현상 및 부채의 상황
   (3) 파산재단에 속하는 재산의 환가상황 및 소송의 계속상황
   (4) 파산절차의 진행경과에 대하여 보고할 것을 명함

파산관재인

    [별첨 2 파산관재인 보고서]에 의하여 보고

판사

    신고한 파산채권자(또는 그 대리인)들 중 (1)파산관재인의 보고사항과 관련한 의문사항, (2)파산관재인의 업무수행과 관련한 건의사항 기타 의견 또는 질문이 있으면 진술하여 달라고 요구

파산채권자

    의견을 진술하지 아니하다

제1회 채권자집회기일을 종료한다고 선언

판사

    1. 다음은 파산폐지를 위한 의견청취 및 계산보고를 위한 집회를 개최하겠다고 선언

    2. 이 집회는 파산관재인이 2021. ○. ○. 파산선고 후에 파산재단으로써 파산절차의 비용을 충당하기에 부족하다는 이유로 파산폐지의 신청을 한 데 대하여 채권자의 의견을 듣고, 특별한 의견이 없으면 파산관재인의 임무종료를 위한 계산보고를 받고 이를 승인하기 위한 집회라고 설명

    3. 파산관재인은 파산폐지 신청의 사유를 설명하라고 명

파산관재인

    [별첨 3 파산폐지 신청서]에 의하여 파산폐지 신청에 이르게 된 사정을 진술

판사

    채무자·파산채권자(또는 그 대리인)들 중 파산폐지에 관하여 의견이 있는지 묻다

파산채권자·채무자

    의견을 진술하지 아니하다

판사

    1. 파산폐지에 관한 의견청취를 위한 채권자집회를 종료한다고 선언

    2. 파산관재인은 채무자 회생 및 파산에 관한 법률 제365조에 의하여 파산관재인의 임무종료에 따른 계산보고를 할 것을 명

파산관재인

    [별첨 4 파산관재인 보고서]에 의하여 임무종료에 따른 계산보고를 진술

판사

    채무자, 파산채권자(또는 그 대리인)들 중 파산관재의 계산보고에 대하여 이의가 있는지 여부를 묻다

파산채권자 등

    이의를 진술하지 아니하다

판사

    1. 채무자, 파산채권자 등의 이의가 없으므로 채무자 회생 및 파산에 관한 법률 제365조 제2항에 의하여 파산관재인의 임무종료에 따른 계산을 승인한 것으로 본다고 선언

    2. 파산관재인의 임무종료에 따른 계산보고를 위한 채권자집회를 종료한다고 선언

    3. 별지 결정서에 의하여 이 사건 파산에 관하여 파산폐지 결정을 하였음을 고지

    4. 의견청취기일을 진행하겠다고 선언

    5. 먼저, 파산관재인에게 면책불허가사유 조사에 대한 보고를 할 것을 명

파산관재인

    [별첨 5 파산관재인 보고서]에 의하여 면책불허가사유 조사에 대한 보고를 진술

판사

    채권자에게 채무자의 면책신청에 대한 의견진술 기회 부여

파산채권자 등

    별다른 의견을 진술하지 아니하다

판사

    제1회 채권자집회 및 의견청취기일을 마치겠다고 선언

＜집회종료＞

                             법원 사무관　ㅇ　ㅇ　ㅇ

                             판　　사　ㅇ　ㅇ　ㅇ

[양식 24-24] 이의통지서

서 울 회 생 법 원
제○단독
이의통지서

사 건	2021하단○○ 파산선고
채 무 자	○○○ (주민등록번호)
	서울 ○○구 ○○로 ○○
파산관재인	변호사 ○○○
파산채권신고인	○○○
	서울 ○○구 ○○로 ○○

위 사건에 관하여 2021. ○. ○. 11:00 개최된 채권조사기일에서 귀하가 신고한 권리에 관하여 다음과 같은 이의가 있었으므로 채무자 회생 및 파산에 관한 법률 제461조에 의하여 이를 통지합니다.

위 채권조사기일로부터 1월 이내에 이의자 전원을 상대방으로 하여 이 법원에 채권조사확정재판을 신청하여 채권의 확정을 받지 아니하면 이의가 있었던 부분에 관하여는 채무자 회생 및 파산에 관한 법률상의 배당절차에 참가할 수 없게 됨을 유의하시기 바랍니다.

다   음

1. 이의자 : 파산관재인 변호사 ○ ○ ○ (또는 파산채권자 ○ ○ ○)
2. 이의 있는 채권

신고번호	채권의 내용	신고채권액	이의액	이의사유
	합 계			

2021. ○. ○.

판 사 ○ ○ ○

[양식 24-24-1] 채권특별조사를 위한 비용예납명령

서 울 회 생 법 원

결   정

사 건	2021하단○○ 파산선고
채 무 자	○○○
	서울 ○○구 ○○로 ○○
파산관재인	변호사 ○○○
채권신고인	○○○
	서울 ○○구 ○○로 ○○

주   문

 채권신고인은 이 결정을 송달받은 날로부터 5일 이내에 ○○원을 예납하여야
한다.

이   유

 채권조사의 특별기일에 관한 비용으로서 채무자 회생 및 파산에 관한 법률 제
455조, 제453조 제2항에 의하여 주문과 같이 결정한다.

2021. ○. ○.

판사   ○ ○ ○

[양식 24-24-2] 채권신고 각하 결정

서 울 회 생 법 원

결   정

사 건	2021하단○○ 파산선고
채 무 자	○○○
	서울 ○○구 ○○로 ○○
파산관재인	변호사 ○○○
채권신고인	○○○
	서울 ○○구 ○○로 ○○

주   문
이 사건 파산채권 신고(2021. ○. ○.자 접수)를 각하한다.

이   유
이 사건에 관하여 채권신고인은 이 법원이 정한 기간 내에 채권조사의 특별기일에 관한 비용을 예납하지 아니하였으므로 주문과 같이 결정한다.

2021. ○. ○.

판사 ○ ○ ○

[양식 24-24-3] 채권조사확정재판 각하 결정

서 울 회 생 법 원

결   정

사   건   2021하확○○ 파산채권조사확정
             (2021하단○○ 파산선고)

신 청 인   ○○○
             서울 ○○구 ○○로 ○○

상 대 방   채무자 ○○○의 파산관재인 ○○○

주   문

1. 이 사건 신청을 각하한다.
2. 신청비용은 각자 부담한다.

이   유

 파산채권조사확정재판의 신청은 채권일반조사기일로부터 1월 이내에 하여야
하는데, 신청인은 채권일반조사기일인 2021. ○. ○.로부터 1월이 지난 후인
2021. ○. ○.에 이 사건 신청을 하였다.
 따라서 이 사건 신청은 부적법하므로 이를 각하하기로 하여, 주문과 같이 결
정한다.

2021. ○. ○.

판사 ○ ○ ○

[양식 24-25] 파산채권조사확정재판 결정례

서 울 회 생 법 원

결   정

사 건	2021하확○○ 파산채권조사확정
신 청 인	주식회사 △△△
	서울 ○○구 ○○로 ○○
	대표이사 △△△
상 대 방	채무자 ○○○ 의 파산관재인 ○○○

주   문

1. 신청인의 채무자 ○○○에 대한 파산채권은 5,000,000원임을 확정한다.

2. 신청비용 각자 부담한다.

신 청 취 지

신청인의 채무자 ○○○에 대한 파산채권은 10,000,000원임을 확정한다.

이   유

1. 신고한 파산채권

   2012. 1. 5.자 대여금 30,000,000원

2. 이의채권의 범위

   신고한 파산채권 중 10,000,000원

3. 이의사유

   채무자 ○○○가 2013. 7. 4.에 한 10,000,000원의 변제

4. 이 법원의 판단.

   채무자 ○○○가 2013. 7. 4. 신청인에게 5,000,000원을 변제한 사실은 인정되나, 나아가 5,000,000원을 변제한 사실은 소명되지 아니한다.

5. 결론

   따라서, 신청인의 채무자 ○○○에 대한 파산채권은 5,000,000원이므로, 주문과 같이 결정한다.

2021. ○. ○.

판사   ○○○

[양식 24-26] 배당표

배당표

사   건   2021하단○○ 파산선고

채 무 자   ○○○ (주민등록번호)

　　　　　　　서울 ○○구 ○○로 ○○

　　위 사건의 배당에 관하여 파산관재인은 별지와 같이 배당표를 작성하여 제출합니다.

2021. ○. ○.

파산관재인 ○○○

<별지>

일반채권

순번	채권표번호	배당에 참가시킬 채권자		배당에 참가시킬 채권액(원)	배당할 수 있는 금액(원)	비고
		성명	주소			
1	1	○○○		10,082,200	1,512,330	
2	2	○○○		21,966,027	3,294,904	
3	4	○○○		20,000,000	3,000,000	
합계				114,568,215	17,185,234	

[양식 24-26-1] 최후배당허가신청 등 양식

재판장	**채무자 가나다의 파산관재인 변호사 홍길동 사무소**	법원용

채무자 가나다의 파산관재인 변호사 홍길동 사무소 | 법원용 |

재단채권승인 · 임치금반환허가 · 최후배당 허가신청
배당공고 · 배당제외기간결정 · 계산보고집회지정 신청

서울 서초구 ○○로 ○○
가나다빌딩 000호 ☎ 500-0000   2021. 00. 00.
팩스 000-0000 abcde@hanmail.net   관재인 변호사 홍길동 ㉕

서울회생법원   2021하단00000 파산선고   채무자 가나다
제○○단독   2021하면00000 면책   (○○○○○○-○○○○○○)

재단채권 승인 허가신청		
재단채권자	채권내용	채권액수(원)
없음		

재단채권 승인을 위한 소명자료 목록
없음

재단채권 변제를 위한 임치금 반환 허가신청	
반환 사유	재단채권 변제 예정
예금주	채무자 가나다의 파산관재인
예금주의 주민등록번호	○○○○○○-○○○○○○○
계좌번호	○○은행 ○○지점 (○○○-○○○-○○○○○○)
출급금액	통장잔고 중 000,000,000원

배당재원 산정을 위한 수지계산 (단위, 원)		
파산선고 당시 현금자산		
총수입액	파산재단의 환가	
	법원예납금	
	배당기일까지의 예상이자	
총지출액	절차비용	
	관재인보수	
	그 밖의 재단채권	
합계(파산채권자에 대한 배당재원)		

최후배당표						
구분	순번	배당에 참가시킬 채권자	배당에 참가시킬 채권액	일반채권배당액		공탁여부
				배당률(%)	배당지급액(원)	
일반채권시인액	1					
		이하 없음				
합계						

채권자의 주소		
순번	채권자	채권자의 주소
	이하 없음	

최후배당 희망일정과 기일지정 신청	
최후배당허가 등 신청	
최후배당허가, 배당공고, 배당제외기간 결정	
배당제외기간 종료	
배당표에 대한 이의기간 종료	
배당액(배당율 포함)·임치금반환·계좌해지 허가신청	
배당액 통지, 배당실시	
파산채권자표에 배당실시 기재	
계산보고서 제출	
임무종료에 따른 계산보고를 위한 집회	2021. . .

재단채권승인, 재단채권변제를 위한 임치금반환, 최후배당을 허가합니다.

2021.   .   .

서울회생법원 제○단독

판사   ○   ○   ○ ㉑

[양식 24-27] 배당공고

배당공고

사   건   2021하단○○ 파산선고
채 무 자   ○○○ (생년월일)
                      서울 ○○구 ○○로 ○○

  위 사건의 배당에 관하여 다음과 같이 공고합니다. 이 공고 내용은 추후 변경될 수 있습니다.

  1. 배당에 참가시킬 채권의 총액
     일반채권 금 114,568,215원
  2. 배당할 수 있는 금액
     일반채권 금 17,185,234원

2021. ○. ○.

파산관재인 ○○○

[양식 24-28] 최후배당의 제외기간 결정

서 울 회 생 법 원
결   정

사   건   2021하단○○ 파산선고

채   무   자   ○○○ (주민등록번호)

　　　　　　　　서울 ○○구 ○○로 ○○

파산관재인   변호사 ○○○

주   문
최후배당에 관한 배당제외기간을 2021. ○. ○.까지로 정한다.

이   유
채무자 회생 및 파산에 관한 법률 제521조를 적용하여 주문과 같이 결정한다.

2021. ○. ○.

판 사   ○○○

[양식 24-29] 최후배당 제외기간 공고

채무자 ○○○ 최후배당 제외기간 공고

사   건   2021하단○○ 파산선고
채 무 자   ○○○ (생년월일)
               서울 ○○구 ○○로 ○○
파산관재인   변호사 ○○○

  채무자 회생 및 파산에 관한 법률 제8조 제1항, 제10조 제1항에 의하여 다음
과 같이 공고합니다.

다   음

최후배당에 관한 배당제외기간을 2021. ○. ○.까지로 정한다.

2021. ○. ○.

서 울 회 생 법 원

판 사   ○   ○   ○

[양식 24-30] 송달에 갈음하는 공고결정

서 울 회 생 법 원
결   정

사   건   2021하단○○   파산선고

채 무 자   ○○○ (주민등록번호)

                서울 ○○구 ○○로 ○○

파산관재인   변호사 ○○○

주   문

  채무자, 파산채권자에 대한 채무자 회생 및 파산에 관한 법률 제521조에 의한 송달은 공고로써 갈음한다.

이   유

  채무자 회생 및 파산에 관한 법률 제10조 제1항을 적용하여 주문과 같이 결정한다.

2021. ○. ○.

판 사   ○○○

[양식 24-30-1] 배당표 경정결정

서 울 회 생 법 원
결   정

사   건   2021하단○○ 파산선고

              2021하면○○ 면책

채 무 자   ○○○

              서울 ○○구 ○○로 ○○

파산관재인   변호사 ○○○

이의신청인   ○○○

              서울 ○○구 ○○로 ○○

주   문

　파산관재인은 이 사건에 관하여 2021. ○. ○. 작성한 배당표 중 파산채권자 ○○○의 배당에 참가시킬 채권액 금 20,000,000원을 금 25,000,000원으로 경정하여야 한다.

이   유

　이 사건 이의신청은 이유 있으므로 채무자 회생 및 파산에 관한 법률 제514조를 적용하여 주문과 같이 결정한다.

2021. ○. ○.

판 사   ○ ○ ○

[양식 24-30-2] 배당표에 대한 이의신청 기각결정

서 울 회 생 법 원
결   정

사   건   2021하단○○ 파산선고
              2021하면○○ 면책

채 무 자   ○○○
              서울 ○○구 ○○로 ○○

파산관재인   변호사 ○○○

이의신청인   ○○○
              서울 ○○구 ○○로 ○○

주   문

이 사건 이의신청을 기각한다.

이   유

이의신청인은 최후배당제외기간 경과 후 배당참가에 필요한 증명을 하였다고 주장하며, 채무자의 파산관재인 ○○○이 이의신청인을 배당에 참가시킬 채권자에서 제외한 채 작성, 제출한 채무자의 최후배당에 관한 배당표에 대하여 이의신청을 하였으나, 이의신청인이 주장하는 사유는 배당표에 대한 이의로써 다툴 사항이 아니므로 채무자 회생 및 파산에 관한 법률 제514조를 적용하여 주문과 같이 결정한다.

2021. ○. ○.

판 사   ○ ○ ○

[양식 24-31] 배당통지서

사 건	2021하단○○ 파산선고
수 신	채권자 주식회사 ○○은행

최후배당 실시 및 배당액 통지

위 파산사건에 관하여 최후배당을 다음과 같이 실시하게 되었음을 알려드립니다.

1. 배당률 : 12%(일반채권자)
2. 귀 채권자에 대한 배당금액 : 금＿＿＿＿＿＿＿＿＿＿＿원
3. 배당금 수령 일시 : 2021. ○. ○. 오전 10시부터 오후 4시까지
4. 배당금 수령 장소 : 파산관재인 사무실(서울 ○○구 ○○로 ○○)
5. 주의할 점
    가. 배당금을 은행 계좌로 수령하기를 원하는 분은 동봉한 송금의뢰서와 영수증의 빈 칸을 기재한 후 채권증서(어음, 수표금 채권의 경우에는 그 원본)와 함께 파산관재인 사무실로 보내 주시면 배당일에 송금수수료를 공제한 잔액을 입금하여 드립니다.
    나. 배당금을 직접 수령하고자 원하는 분은 채권증서, 인감도장(채권신고서 또는 채권신고 위임장의 인감과 동일한 것), 이 통지서에 동봉한 영수증을 지참하시고 위 일시에 파산관재인 사무실로 오시기 바랍니다(별지 약도 참조).
    다. 우송 또는 지참하신 서류에 미비한 점이 있으면 배당금을 수령할 수 없으니 주의하시기 바랍니다.
    라. 문의하실 사항이 있으면 파산관재인 사무실(전화 500-○○○○, 팩스 500-○○○○)로 연락해 주시기 바랍니다.

2021. ○. ○.

채 무 자   ○○○

파산관재인 변호사 ○ ○ ○

[양식 24-31-1] 임치금반환 · 계좌해지 허가신청

| 재판장 | **채무자 ○○○의 파산관재인 변호사 홍길동 사무소** | 법원용 |

임치금반환 · 계좌해지 허가신청

서울 서초구 ○○로 ○○
가나다빌딩 000호 ☎ 500-0000
팩스 000-0000 abcde@hanmail.net

2021. 00. 00.

관재인 변호사 홍길동 ⑰

서울회생법원 　2021하단00000　파산선고　채무자 ○　○　○
제○○단독 　2021하면00000　면책　　（○○○○○○-○○○○○○○）

			최후배당표			
구분	순번	배당에 참가시킬 채권자	배당에 참가시킬 채권액	일반채권배당액		배당지급액(원)
				배당률(%)	배당금액(원)	
일반 채권 시인 액	1					
		이하 없음				
합계						

	임치금 반환 및 계좌해지 허가신청
반환 및 해지사유	최후배당의 실시 및 파산절차 종료 예정
예금주	채무자 ○○○의 파산관재인 ○○○
예금주의 주민등록번호	○○○○○○-○○○○○○○
계좌번호	○○은행 ○○지점 (○○○-○○○-○○○○○○)
출급금액	통장잔고 전액 000,000,000원 및 추가로 발생할 이자포함

위 각 허가신청에 관한 소명자료 목록
통장사본 1통 첨부

임치금반환과 계좌해지를 허가합니다.

2021.　　.　　.

서울회생법원 제○○단독

판사 ○　○　○ ⑰

[양식 24-31-2] 배당실시보고 등

재판장	**채무자 가나다의 파산관재인 변호사 홍길동 사무소**

배당실시보고·통장해지보고
임무종료에 따른 계산보고

서울 서초구 ○○로 ○○
가나다빌딩 000호 ☎ 500-0000   2021. 00. 00.
팩스 000-0000 abcde@hanmail.net   관재인 변호사 홍길동 ㊞

서울회생법원	2021하단00000	파산선고	채무자 가나다
제○○단독	2021하면00000	면책	(000000-0000000)

파산관재인은 귀원에 허가받은 아래 배당표에 따라 최후배당을 실시하고 임치금 계좌에 대한 해지절차를 완료하였습니다.

최후배당표

구분	순번	배당에 참가시킬 채권자	배당에 참가시킬 채권액	일반채권배당액		배당지급액 (원)	비고
				배당률(%)	배당금액(원)		
일반채권시인액	1						
		이하 없음					
합계							

임무종료에 따른 계산보고 (단위, 원)

	파산선고 당시 현금자산		
총수입액	파산재단의 환가		
	법원예납금		
	임치금 이자		
총지출액	절차비용		
	재단채권	관재인보수(재단운영비)	
		재단채권변제	
	채권자에 대한 배당액		
	잔 액		

소명자료 목록

타행송금영수증 0통, 채권수령영수증 01통, 통장사본 0통 첨부.

[양식 24-32] 계산보고집회소집 및 의견청취기일 결정

서 울 회 생 법 원
결   정

사   건   2021하단○○   파산선고

2021하면○○   면책

채 무 자   ○○○ (주민등록번호)

서울 ○○구 ○○로 ○○

파 산 관 재 인   변호사 ○○○

주   문

1. 파산관재인의 임무종료에 따른 계산보고를 위한 채권자집회와 의견청취기일 및 장소를 2021. ○. ○. 14:00 서울법원종합청사 4별관 제5호 법정으로 한다.

2. 파산관재인은 위 면책신청사건에 대하여 채무자에 대한 면책불허가사유 유무를 조사하여 2021. ○. ○.까지 조사보고서를 제출하고 2021. ○. ○. 14:00 서울법원종합청사 4별관 제5호 법정에 출석하여 그 결과를 보고하여야 한다.

3. 송달하여야 하는 장소를 알기 어려운 파산채권자에 대한 송달은 공고로써 갈음한다.

이   유

채무자 회생 및 파산에 관한 법률 제365조, 제367조, 제563조, 제560조, 제10조에 의하여 주문과 같이 결정한다.

2021. ○. ○.

판 사   ○○○

[양식 24-33] 계산보고집회소집 및 의견청취기일 공고

채무자 ○○○ 채권자집회소집 및 의견청취기일 공고

사　　　건　　　2021하단○○　파산선고
　　　　　　　　2021하면○○　면책
채　무　자　　　○○○ (주민등록번호)
　　　　　　　　서울 ○○구 ○○로 ○○
파산관재인　　　변호사 ○○○

　채무자 회생 및 파산에 관한 법률 제365조, 제367조, 제368조, 제558조에 의하여 다음과 같이 공고합니다.

다　　　　　음

1. 채권자집회와 의견청취·면책심문기일 및 장소
　2021. ○. ○. 14:00 서울법원종합청사 4별관 제5호 법정
2. 채권자집회 회의 목적사항
　파산관재인의 임무종료에 의한 계산보고

2021. ○. ○.

서 울 회 생 법 원

판 사　　○　　○　　○

[양식 24-34] 계산보고를 위한 채권자집회 및 의견청취기일 조서

서 울 회 생 법 원
제○회 채권자집회 및 의견청취기일 조서

2021하단○○ 파산선고　　　　　기 일 : 2021. ○. ○. 14:00
2021하면○○ 면책　　　　　　　장 소 : 서울법원종합청사
판 　 사　　　 ○　○　○　　　　　　　4별관 제5호 법정
법원 사무관　　○　○　○　　　　　　　공개여부 : 비공개

사건과 당사자를 부름

파산관재인　　　변호사 ○○○　　　　　　　　　　　　　출석
채무자　○○○　　　　　　　　　　　　　　　　　　　　출석
파산채권자의 출석상황은 **[별첨 1 채권자 출석상황 및 의결권표]** 기재와 같음

판사

1. 지금부터 2021하단○○, 2021하면○○ 채무자 ○○○에 대한 제○회 채권자집회 및 의견청취기일을 개최하겠다고 선언
2. 먼저, 파산관재인은 채무자 회생 및 파산에 관한 법률 제365조에 의하여 파산관재인의 임무종료에 따른 계산보고를 할 것을 명

파산관재인

[별첨 2 파산관재인 보고서]에 의하여 임무종료에 따른 계산보고를 진술

판사

채무자, 파산채권자(또는 그 대리인)들 중 파산관재인의 계산보고에 대하여 이의가 있는지 여부를 묻다

파산채권자 등

이의를 진술하지 아니하다

판사

1. 채무자, 파산채권자 등의 이의가 없으므로 채무자 회생 및 파산에 관한 법률 제365조 제2항에 의하여 파산관재인의 임무종료에 따른 계산을 승인한 것으로 본다고 선언
2. 파산관재인의 임무종료에 따른 계산보고를 위한 채권자집회를 종료한다고 선언

3. 별지 결정서에 의하여 이 사건 파산에 관하여 파산종결 결정을 하였음을 고지

4. 채무자에 대하여 의견청취기일을 진행하겠다고 선언

5. 먼저, 파산관재인에게 면책불허가사유 조사에 대한 보고를 할 것을 명

파산관재인

　[별첨 3 면책불허가사유 조사보고서]에 의하여 면책불허가사유 조사에 대한 보고를 진술

판사

　채권자에게 채무자의 면책신청에 대한 의견진술 기회 부여

파산채권자 등

　별다른 의견을 진술하지 아니하다

판사

　제○회 채권자집회 및 의견청취기일을 마치겠다고 선언

＜집회종료＞

　　　　　　　　　　　　　　　　법원 사무관　　ㅇ　ㅇ　ㅇ

　　　　　　　　　　　　　　　　판　　　　사　　ㅇ　ㅇ　ㅇ

[양식 24-35] 파산종결결정

서 울 회 생 법 원
결   정

사   건   2021하단○○ 파산선고

　　　　　　 2021하면○○ 면책

채 무 자   ○○○ (주민등록번호)

　　　　　　 서울 ○○구 ○○로 ○○

파산관재인   변호사 ○○○

주   문

  이 사건 파산을 종결한다.

이   유

  이 사건 파산절차에 관하여 최후배당이 종료되었고, 파산관재인의 임무종료에
따른 계산보고를 위하여 2021. ○. ○. 소집된 채권자집회에서 파산관재인의 계
산을 승인하고 채권자집회가 종결되었으므로, 채무자 회생 및 파산에 관한 법률
제530조를 적용하여 주문과 같이 결정한다.

2021. ○. ○.

판 사　　　○○○

[양식 24-36] 파산종결 공고

채무자 ○○○ 파산종결 공고

사   건   2021하단○○   파산선고

                   2021하면○○   면책

채 무 자   ○○○ (생년월일)

                   서울 ○○구 ○○로 ○○

파산관재인   변호사 ○ ○ ○

 채무자 회생 및 파산에 관한 법률 제530조에 의하여 다음과 같이 공고합니다.

다   음

1. 주문 : 이 사건 파산을 종결한다.

2. 이유의 요지 : 최후배당이 종료되었고, 채권자집회에서 파산관재인의 임무종료에
   따른 계산을 승인하고 종결되었다.

2021.   ○.   ○.

서 울 회 생 법 원

판 사   ○   ○   ○

[양식 24-37] 파산종결에 따른 배달촉탁 취소

서 울 회 생 법 원
촉탁취소서

○○우체국장 귀하

사 건	2021하단○○	파산선고
	2021하면○○	면책
채 무 자	○○○ (주민등록번호)	
	서울 ○○구 ○○로 ○○	

위 사건에 관하여 채무자 회생 및 파산에 관한 법률 제485조 제2항에 의하여 채무자 ○○○에게 보내는 우편물 또는 전보를 파산관재인 ○○○(사무실 소재지 : 서울 서초구 ○○로 ○○)에게 배달하는 내용의 촉탁을 취소합니다.

붙임	1. 파산종결결정 등본	1통
	2. 촉탁서 부본	1통

2021.   ○.   ○.

판 사   ○ ○ ○

[양식 24-38] 이시폐지의 의견청취를 위한 채권자집회소집 및 의견청취기일결정

서 울 회 생 법 원
결   정

사   건   2021하단○○   파산선고

              2021하면○○   면책

채 무 자   ○○○ (주민등록번호)

              서울 ○○구 ○○로 ○○

주   문

1. 이 사건에 관하여 파산폐지에 관한 의견을 청취하고, 파산관재인의 임무종료에 따른 계산보고를 위한 채권자집회와 의견청취기일 및 장소를 2021. ○. ○. 11:00 서울법원종합청사 4별관 제5호 법정으로 한다.

2. 파산관재인은 위 면책신청사건에 대하여 채무자에 대한 면책불허가사유 유무를 조사하여 2021. ○. ○.까지 조사보고서를 제출하고 2021. ○. ○. 11:00 서울법원종합청사 4별관 제5호 법정에 출석하여 그 결과를 보고하여야 한다.

3. 송달하여야 하는 장소를 알기 어려운 파산채권자에 대한 송달은 공고로써 갈음한다.

이   유

채무자 회생 및 파산에 관한 법률 제545조 제1항, 제365조, 제367조, 제563조, 제560조, 제10조에 의하여 주문과 같이 결정한다.

2021. ○. ○.

판 사   ○ ○ ○

[양식 24-39] 이시폐지의 의견청취를 위한 채권자집회소집 및 의견청취기일공고

채무자 ○○○ 채권자집회소집 및 의견청취기일공고

사   건   2021하단○○   파산선고
               2021하면○○   면책
채 무 자   ○○○ (생년월일)
               서울 ○○구 ○○로 ○○
파산관재인   변호사 ○○○

  채무자 회생 및 파산에 관한 법률 제545조, 제365조, 제367조, 제368조, 제558
조에 의하여 다음과 같이 공고합니다.

다   음

1. 채권자집회와 의견청취기일 및 장소
   2021. ○. ○. 11:00 서울법원종합청사 4별관 제5호 법정
2. 채권자집회 회의 목적사항
   가. 파산폐지에 관한 의견청취
   나. 파산관재인의 임무종료에 의한 계산보고

2021. ○. ○.

서 울 회 생 법 원

판사   ○○○

[양식 24-40] 이시폐지 의견청취집회, 계산보고집회, 의견청취기일 조서

서 울 회 생 법 원
제○회 채권자집회 및 의견청취기일 조서

2021하단○○	파 산 선 고	기 일 : 2021. ○. ○. 11:00	
2021하면○○	면책	장 소 : 서울법원종합청사 4별관 제5호 법정	
판 사	○ ○ ○	공개여부 : 비공개	
법원 사무관	○ ○ ○		

사건과 당사자를 부름

파산관재인   변호사 ○○○   출석

채무자 ○○○   출석

파산채권자의 출석상황은 **[별첨 1 채권자 출석상황 및 의결권표]** 기재와 같음

판사

    1. 지금부터 2021하단○○, 2021하면○○ 채무자 ○○○에 대한 제○회 채권자집회 및 의견청취기일을 개최하겠다고 선언

    2. 먼저, 제○회 채권자집회를 개최하겠다고 선언

    3. 이 집회는 파산관재인이 2021. ○. ○. 파산선고 후에 파산재단으로써 파산절차의 비용을 충당하기에 부족하다는 이유로 파산폐지의 신청을 한 데 대하여 채권자의 의견을 듣고, 특별한 의견이 없으면 파산관재인의 임무종료를 위한 계산보고를 받고 이를 승인하기 위한 집회라고 설명

    4. 파산관재인은 파산폐지 신청의 사유를 설명하라고 명

파산관재인

    [별첨 2 파산폐지 신청서]에 의하여 파산폐지 신청에 이르게 된 사정을 진술

판사

    채무자 · 파산채권자(또는 그 대리인)들 중 파산폐지에 관하여 의견이 있는지 묻다

파산채권자 · 채무자

    의견을 진술하지 아니하다

판사

    1. 파산폐지에 관한 의견청취를 위한 채권자집회를 종료한다고 선언

2. 파산관재인은 채무자 회생 및 파산에 관한 법률 제365조에 의하여 파산관재인의 임무 종료에 따른 계산보고를 할 것을 명

파산관재인

[별첨 3 파산관재인 보고서]에 의하여 임무종료에 따른 계산보고를 진술

판사

채무자, 파산채권자(또는 그 대리인)들 중 파산관재의 계산보고에 대하여 이의가 있는지 여부를 묻다

파산채권자 등

이의를 진술하지 아니하다

판사

1. 채무자, 파산채권자 등의 이의가 없으므로 채무자 회생 및 파산에 관한 법률 제365조 제2항에 의하여 파산관재인의 임무종료에 따른 계산을 승인한 것으로 본다고 선언

2. 파산관재인의 임무종료에 따른 계산보고를 위한 채권자집회를 종료한다고 선언

3. 별지 결정서에 의하여 이 사건 파산에 관하여 파산폐지 결정을 하였음을 고지

4. 채무자에 대하여 의견청취기일을 진행하겠다고 선언

5. 먼저, 파산관재인에게 면책불허가사유 조사에 대한 보고를 할 것을 명

파산관재인

[별첨 4 파산관재인 보고서]에 의하여 면책불허가사유 조사에 대한 보고를 진술

판사

채권자에게 채무자의 면책신청에 대한 의견진술 기회 부여

파산채권자 등

별다른 의견을 진술하지 아니하다

판사

제○회 채권자집회 및 의견청취기일을 마치겠다고 선언

<집회종료>

법원 사무관   ○   ○   ○

판   사   ○   ○   ○

[양식 24-41] 이시폐지 결정

서 울 회 생 법 원
결   정

사   건   2021하단○○   파산선고

채 무 자   ○○○ (주민등록번호)

                서울 ○○구 ○○로 ○○

파산관재인   변호사 ○○○

주   문

1. 이 사건 파산을 폐지한다.
2. 채무자 및 파산관재인 이외의 자들에 대한 파산폐지 결정의 송달은 공고로
   써 갈음한다.

이   유

  파산재단으로써 파산절차의 비용을 충당하기에도 부족하다고 인정되므로, 채
무자 회생 및 파산에 관한 법률 제545조 제1항, 제10조 제1항을 적용하여 주문
과 같이 결정한다.

2021. ○. ○.

판 사   ○ ○ ○

[양식 24-42] 이시폐지 공고

파산폐지 공고

사 건   2021하단○○ 파산선고

채 무 자   ○○○ (생년월일)

            서울 ○○구 ○○로 ○○

  채무자 회생 및 파산에 관한 법률 제546조, 제545조에 의하여 다음과 같이 공고한다.

다   음

1. 주문 : 이 사건 파산을 폐지한다.

2. 이유의 요지 : 파산재단으로써 파산절차의 비용을 충당하기에 부족하다.

2021.   ○.   ○.

서 울 회 생 법 원

판사   ○○○

[양식 24-43] 배달촉탁취소

서 울 회 생 법 원
촉탁취소서

○○우체국장 귀하

사　　　건　　　2021하단○○　　　　파산선고

채　무　자　　　○○○ (주민등록번호)

　　　　　　　서울 ○○구 ○○로 ○○○

　위 사건에 관하여 채무자 회생 및 파산에 관한 법률 제485조 제2항에 의하여 채무자 ○○○에게 보내는 우편물 또는 전보를 파산관재인 ○○○에게 배달하는 내용의 촉탁을 취소합니다.

붙임　　　　　1. 파산종결결정 등본　　　　　1통
　　　　　　　2. 촉탁서 부본　　　　　　　　1통

2021.　○.　○.

판　사　　○　○　○

[양식 24-44] 파산관재인보수 최후지급결정

서 울 회 생 법 원
결   정

사   건   2021하단○○   파산선고

채 무 자   ○○○

            서울 ○○구 ○○로 ○○

파산관재인   변호사 ○○○

주   문
파산관재인의 최후지급 보수를 ○○○만 원(부가가치세 포함)으로 정한다.

이   유
채무자 회생 및 파산에 관한 법률 제30조를 적용하여 주문과 같이 결정한다.

2021. ○. ○.

판 사   ○○○

[양식 24-45] 동의폐지신청공고

파산폐지신청 공고

사   건   2021하단○○   파산선고
채 무 자   ○○○
              서울 ○○구 ○○로 ○○
파산관재인   변호사 ○○○

　채무자로부터 채무자 회생 및 파산에 관한 법률 제538조에 의한 파산폐지의 신청이 있었으므로 채무자 회생 및 파산에 관한 법률 제542조에 의하여 다음과 같이 공고한다.

다   음

1. 위 신청에 관한 서류는 이해관계인의 열람에 공하기 위하여 이 법원 파산과에 비치하였다.
2. 파산채권자는 이 공고가 있는 날로부터 2주 내에 파산폐지의 신청에 대하여 이의를 신청할 수 있다.

2021. ○. ○.

서 울 회 생 법 원

판 사　　　○ ○ ○

[양식 24-46] 동의폐지에 대한 의견서 제출요구

서 울 회 생 법 원
의견서제출요구서

수   신   수신처 참조
사   건   2021하단○○   파산선고
채 무 자   ○○○
             서울 ○○구 ○○로 ○○
파산관재인   변호사 ○○○

　위 사건에 관하여 파산폐지의 신청에 관한 이의신청기간이 경과하였으므로 채무자 회생 및 파산에 관한 법률 제544조에 의하여 파산폐지의 결정을 함에 필요한 조건을 구비하였는가 여부에 관하여 이 요구서를 송달받은 날로부터 10일 이내에 의견서를 법원에 제출하여 주시기 바랍니다.

2021. ○. ○.

판 사   ○   ○   ○

수신처 : 채무자, 파산관재인, 이의신청을 한 파산채권자

[양식 24-47] 파산폐지신청 각하결정

서 울 회 생 법 원
결   정

사   건   2021하단○○   파산선고

채 무 자   ○○○

　　　　　　 서울 ○○구 ○○로 ○○

주   문
이 사건 파산폐지 신청을 각하한다.

이   유

　이 사건에 관하여 채무자가 파산폐지의 신청을 하였으나, 파산폐지의 필요조건인 채권신고기간 내에 신고한 총 파산채권자 중 ○○○의 동의가 없으므로(또는 부동의 채권자에 대하여 담보를 제공하지 아니하였으므로) 이 사건 신청은 부적법하여 채무자 회생 및 파산에 관한 법률 제538조에 의하여 주문과 같이 결정한다.

　　　　　　　　　　　　2021. ○. ○.

　　　　　　　　　 판 사　　　 ○ ○ ○

[양식 24-48] 동의에 의한 파산폐지결정

서 울 회 생 법 원
결   정

사   건   2021하단○○   파산선고

채 무 자   ○○○

            서울 ○○구 ○○로 ○○

파산관재인   변호사 ○○○

주   문

이 사건 파산을 폐지한다.

이   유

  이 사건에 관하여 채무자로부터 채무자 회생 및 파산에 관한 법률 제538조 제1항에 의한 파산폐지의 신청이 있었으므로 살피건대, 위 신청은 상당하다고 인정되므로 주문과 같이 결정한다.

2021. ○. ○.

판 사   ○ ○ ○

[양식 24-49] 동의에 의한 파산폐지 공고

파산폐지 공고

사   건   2021하단○○ 파산선고
채 무 자   ○○○
             서울 ○○구 ○○로 ○○

    채무자 회생 및 파산에 관한 법률 제546조, 제538조에 의하여 다음과 같이
공고합니다.

다   음

1. 주문 : 이 사건 파산을 폐지한다.
2. 이유의 요지 : 채무자 회생 및 파산에 관한 법률 제538조 제1항의 신청은 상당하
        다.

                    2021. ○. ○.

                서 울 회 생 법 원
                판 사   ○ ○ ○

[양식 25] 면책신청서

면 책 신 청 서

┌─────────┐
│ 인지   │
│ 1000원 │
└─────────┘

신 청 인(채 무 자)　　　　　　　(주민등록번호 :　　　　 －　　　　)
주　소 :　　　　　　　　　　　　　(우편번호 :　　　 －　　　　　)
거　소 :　　　　　　　　　　　　　(우편번호 :　　　 －　　　　　)
송달장소 :　　　　　　　송달영수인 :　　(우편번호 :　　　 －　　　)
등록기준지 :
연락처 : 휴대전화(　　　　),　집전화(　　　　　　),　e－mail(　　　　　)

신 청 취 지

　채무자를 면책한다.

신 청 이 유

　신청인은 귀원 2021하단○○○호 파산선고 사건에서 20○○. ○. ○. 파산선고결정을 받고 면책결정을 받기 위하여 이 사건 신청에 이르렀습니다.

첨 부 서 류

1. 진술서
2. 채권자목록

┌──┐
│ **휴대전화를 통한 정보수신 신청서**   │
│   │
│ 위 사건에 관한 면책결정 정보를 예납의무자가 납부한 송달료 잔액 범위 내에서 │
│ 휴대전화를 통하여 알려주실 것을 신청합니다.   │
│ ■ **휴대전화 번호** :   │
│ 　　 신청인　채무자　　　　　　　　(날인 또는 서명)   │
│   │
│ ※ 면책결정이 있으면 신속하게 위 휴대전화로 문자메시지가 발송됩니다. │
│ ※ 문자메시지 서비스 이용금액은 메시지 1건당 17원씩 납부된 송달료에서 지급됩니다 │
│ 　(송달료가 부족하면 문자메시지가 발송되지 않습니다). 추후 서비스 대상 정보, 이용 │
│ 　금액 등이 변동될 수 있습니다.   │
└──┘

　　　　　　　20○○.　　.　.

면책사건번호	
배당순위번호	

　　　　신 청 인　　　　　　㉑

재 판 부	제	단독

○○회생(지방)법원　　귀중

진 술 서

○○회생(지방)법원   귀중

신청인(채무자)   (인)

신청인은 귀원 20○○하면○○호 면책사건에 관하여 다음과 같이 사실대로 진술합니다.

(다음 각 항 중 ㉠, ㉡ 중에서 해당하는 항목에 ○표를 하고 필요한 사항을 간략하게 개략적인 기재를 하여 주십시오)

제1 채무를 전부 변제하는 것이 불확실하다고 생각되기 시작한 시기와 그 이유
　　(상세하게 쓰시기 바랍니다. 별지를 사용하여도 됩니다.)

제2 파산선고를 받게 된 사정
　㉠ 파산사건 심리시에 제출한 서류의 기재 및 법원에서의 진술과 같다.
　㉡ 위 서류의 기재 및 진술에 부가 또는 정정할 것이 있다.

제3 파산선고를 받기까지 채무자의 채무변제를 위한 노력 내용
　　(상세하게 쓰시기 바랍니다. 별지를 사용하여도 됩니다.)

제4 파산선고 후의 경과
　(1) 현재의 직업(근무처 및 직종)
　(2) 월수입(   )
　(3) 파산선고 후 채무변제의 유무
　㉠ 있음(누구에게 얼마를 변제하였는지 여부를 구체적으로 기재하시기 바랍니다)
　㉡ 없음

제5 현재까지의 생활 상황 등(가족 포함)
　　(본인은 물론 가족들의 생활 상황을 상세히 기재하여 주십시오. 별지를 사용하여도 됩니다.)

☆ 이 진술서는 채무자 본인(면책신청인)이 직접 기재하고 날인한 후 법원에 제출하여 주시기 바랍니다.

채권자목록

1. 채권내역

순번	채권자명	차용 또는 구입일자	발생 원인	최초 채권액	사용처	보증인	잔존 채권액	
							잔존 원금	잔존 이자·지연손해금
※ 채권의 '발생원인'란에는 아래 해당번호를 기재함 ①금원차용(은행대출, 사채 포함), ②물품구입(신용카드에 의한 구입 포함), ③보증(피보증인 기재), ④기타					합계		잔존 원금	잔존 이자·지연손해금

채권자목록 기재요령

※양식※

순번	채권자명	차용 또는 구입일자	발생 원인	최초 채권액	사용처	보증인	잔존 채권액	
							잔존 원금	잔존 이자·지연손해금
1	○○카드(주)	2013.1.7 – 2017.1.31	②	6,000,000	생활비	김이순	5,234,567	789,456
1-1	김이순	2014.5.8	①	6,000,000			미정	미정
2	○○은행(주)	2014.5.8	①	10,000,000	창업자금		10,000,000	2,456,789
9	최○○	2015.6.9	①	5,000,000	병원치료비		5,000,000	1,150,000

※채권의 '발생원인'란에는 아래 해당번호를 기재함 ①금원차용(은행대출, 사채 포함), ②물품구입(신용카드에 의한 구입 포함), ③보증(피보증인 기재), ④기타	합계	잔존 원금	잔존 이자·지연손해금
	24,630,812	20,234,567	4,396,245

※ 기재요령 ※

채권자목록에 기재하여야 할 사항을 한 가지라도 기재하지 아니하거나 허위 또는 부정확하게 기재하는 경우에는 파산·면책절차가 진행되지 아니하거나 면책절차에서 불리하게 작용할 수 있으니 주의하시기 바랍니다.

1. 채권자목록은 채무별로 순번을 달리하여 기재하십시오. 다만 같은 채권자에 대한 여러 개의 채무는 연이어 기재하되, 발생 원인이 오래된 것부터 날짜 순서에 따라 기재하십시오.

2. 「채권자명」란에는 법인과 개인을 구분하여 채권자의 성명이나 법인명칭을 정확히 기재하십시오.

채권자의 성명은 가족관계등록부 또는 주민등록등본이나 법인등기부등본상 주소와 일치하여야 하며, 법인의 경우에는 대표자까지 기재하여야 합니다(※잘못된 양식 : 순이 엄마, 영주댁, ○○상사).

3. 채무자를 위하여 보증을 해 준 사람이 있으면 그 보증인도 「보증인」란에 정확하게 기재하여야 합니다. 보증으로 인한 구상채무는 보증인이 보증한 채무의 바로 다음에 기재하되, 「순번」란에는 보증한 채권의 순번에 가지번호를 붙여 표시하고, 「잔존채권액·잔존원금 / 잔존 이자·지연손해금」란에는 '미정'이라고 기재하십시오.

4. 「발생원인」란에는 표 하단에 기재된 발생원인의 해당번호를, 「최초 채권액」란에는 채무발생 당시의 금액을, 「사용처」란에는 구체적 사용용도 또는 구입물품을 각 기재하십시오.

5. 「잔존 채권액·잔존원금 / 잔존 이자·지연손해금」란에는 파산신청(면책신청) 당시까지 채무자가 갚지 못하고 있는 채무의 원금과 이자·지연손해금을 각 채권자별로 구분하여 기재하고, 하단의 「합계」란에는 채무의 총액을 기재하며, 「잔존원금」, 「잔존 이자·지연손해금」란에는 각각의 합계액을 기재하십시오.

2. 채권자 주소

※ 기재요령 ※

1. 채권자의 주소는 신청일 당시의 주소로 번지까지 정확하게 기재하고, **채무자를 위하여 보증을 해 준 사람이 있으면 그 보증인의 주소까지 정확히 기재하여야 합니다.**
2. 채권자가 금융기관이나 기타 법인인 경우에는 본점 소재지 또는 거래지점의 소재지를 정확하게 기재하여야 합니다.

순번	채권자명	주소	전화번호	팩스	비고 (우편번호)

※ '신청서'를 제출한 경우, 법원 홈페이지 '나의 사건검색'에서 본 채권자목록의 반영 여부를 확인할 수 있습니다.

[양식 26] 면책심문기일 결정

서 울 회 생 법 원
결   정

사   건   2021하면○○(2021하단○○)   면책
채 무 자   ○○○ (주민등록번호)
　　　　　　　주소 서울 ○○구 ○○로 ○○

주   문

1. 채무자에 대한 면책심문기일 및 장소를 2021. ○. ○. 14:00 서울법원종합청사 4별관 제6호 법정으로 한다.
2. 송달하여야 하는 장소를 알기 어려운 파산채권자에 대한 송달은 공고로써 갈음한다.

이   유

　채무자 회생 및 파산에 관한 법률 제558조, 제10조를 적용하여 주문과 같이 결정한다.

2021. ○. ○.

판 사   ○○○

[양식 27] 면책심문기일 공고

채무자 면책심문기일 공고

사   건   2021하면○○(2021하단○○)   면책

채 무 자   ○○○(생년월일)

주소 서울 ○○구 ○○로 ○○

1. 심문일시: 2021. ○. ○. 14:00
2. 심문장소: 서울법원종합청사 4별관 제6호 법정

2021. ○. ○.

서 울 회 생 법 원

판 사   ○   ○   ○

[양식 28] 채무자 면책심문기일 조서

서 울 회 생 법 원
면책심문조서

1차

사　　　건	2021하면○○(2021하단○○) 면책	
판　　　사	○　○　○	일　　시 : 2021. ○. ○. 14:00
법원사무관	○　○　○	장　　소 : 4별관 제6호 법정

공개여부 : 비공개

사건과 당사자를 부름

채 무 자 　 ○　○　○ 　　　　　　　　　　　 출 석

판　　사

　채무자 ○○○에 대한 심문을 시작하겠다고 선언

　채무자에게 채무자 회생 및 파산에 관한 법률 제564조 제1항 각 호 소정의 면책불허가 사유가 있는지를 심문

채 무 자

　2021. ○. ○.자 면책신청서 진술.

　파산선고를 받게 된 사정은 파산사건 심리시에 제출한 서류의 기재(및 법원에서의 진술과)9)와 같다.

심문종결

　　　　　　　　　　법원사무관　　　　○　○　○

　　　　　　　　　　판　　　사　　　　○　○　○

---

9) 괄호 안은 파산절차에서 심문한 경우에 추가되는 기재사항.

[양식 29] 채무자에 대한 서면 면책심문서

서 울 회 생 법 원
심 문 서

사　　　　건　　　　2021하면○○○(2021하단○○○) 면책

채　무　자　　　　○○○

　채무자에게는 신병을 이유로 불가피하게 면책심문기일에 출석할 수 없는 사정이 있어 서면심문으로 갈음하니 다음 사항을 진술한 서면을 이 심문서 등본 수령일부터 10일 이내에 이 법원에 제출바랍니다.

심 문 사 항

채무자는 아래와 같은 사유가 있는지에 대해 각 항목별로 답변바랍니다.

1. 자기 재산을 숨기거나 다른 사람 명의로 바꾸거나 헐값에 팔아버린 적이 있는지

2. 채무를 허위로 증가시킨 적이 있는지

3. 과다한 낭비 또는 도박 등을 하여 현저히 재산을 감소시키거나 과대한 채무를 부담한 적이 있는지

4. 신용거래로 구입한 상품을 현저히 불리한 조건으로 처분한 적이 있는지

5. 의무에 속하지 않는데도 일부 채권자에게만 변제하거나 담보를 제공한 적이 있는지 (즉, 변제기가 도래하지 않은 채권을 변제하거나 대물변제 약정이 없는데도 대물변제 한 적이 있는지)

6. 허위의 채권자목록을 제출하거나 법원에 대하여 재산상태에 관하여 허위의 진술을 한 적이 있는지

7. 사술을 써서 신용거래로 인하여 재산을 취득한 적이 있는지

8. 7년 내에 개인파산면책 또는 5년 이내에 개인회생면책을 받은 일이 있는지

2021. ○. ○.

판사　　○　○　○

[양식 30] 이의신청기간 결정

서 울 회 생 법 원
결   정

사   건   2021하면○○(2021하단○○)   면책

채 무 자   ○○○ (주민등록번호)

　　　　　주소 서울 ○○구 ○○로 ○○

주   문

1. 위 면책사건에 대하여 면책신청에 대한 이의신청기간을 2021. ○. ○.까지로 정한다.

2. 송달하여야 하는 장소를 알기 어려운 파산채권자에 대한 송달은 공고로써 갈음한다.

이   유

채무자 회생 및 파산에 관한 법률 제562조, 제10조를 적용하여 주문과 같이 결정한다.

2021. ○. ○.

판 사   ○○○

[양식 31] 이의신청기간 결정 공고

면책신청 이의신청기간 결정 공고

사   건   2021하면○○(2021하단○○)   면책

채 무 자   ○○○(생년월일)

　　　　　　주소 서울 ○○구 ○○로 ○○

　위 면책사건에 관하여 면책신청에 대한 이의신청기간을 2021. ○. ○.까지로 정한다.

　　　　　　　　　　2021. ○. ○.

　　　　　　　　서 울 회 생 법 원

　　　　　　　　판 사　　　○　　○　　○

[양식 32] 이의신청기간 연장결정

서 울 회 생 법 원
결   정

사   건   2021하면○○(2021하단○○)   면책

신   청   인   ○○○

　　　　　　 서울 ○○구 ○○로 ○○

채   무   자   ○○○ (주민등록번호)

　　　　　　 주소 서울 ○○구 ○○로 ○○

주   문
위 면책사건에 관하여 면책신청에 대한 이의신청기간을 2021. ○. ○.까지로 연장한다.

이   유
이 사건 신청은 이유 있으므로 채무자 회생 및 파산에 관한 법률 제562조를 적용하여 주문과 같이 결정한다.

2021. ○. ○.

판 사   ○○○

[양식 33] 면책사건절차 안내문(채무자용)

면책사건절차안내

1. 면책사건의 절차는 다음과 같이 진행됩니다.

가. 면책심문기일이 지정된 경우는 심문을 마친 날부터 30일 이내에, 면책심문기일이 지정되지 아니한 경우에는 법원의 결정으로 채권자들에게 이의신청 기간이 주어집니다.
(채권자들에게 면책결정 여부에 대한 의견진술의 기회를 주어야 하기 때문입니다.)

나. 만일 위 이의신청기간 동안 채권자들 중 아무도 이의신청을 제출하지 않는다면, 법원은 이의신청기간이 지나기를 기다렸다가 기록을 검토한 후 **면책여부(허가 또는 불허가)를 결정합니다.**
이의신청기간이 만료된 날부터 면책여부의 결정(허가 또는 불허가)일 및 그 결정문의 송달까지는 약 4주 정도가 걸립니다.

다. 그러나 위 이의신청기간 동안 채권자가 법원에 이의신청을 제출하게 되면, 법원은 **"채권자의견청취기일"**을 정하여 다시 채무자와 채권자를 법원에 출석시켜 면책여부에 대한 채권자의 의견과 그에 대한 채무자의 입장을 들을 수도 있습니다.
따라서 채무자는 법원으로부터 기일통지서를 받으면 그 통지된 날짜에 법원에 다시 **출석하여야 합니다.**
법원은 채권자의견청취기일에 채무자와 채권자의 의견을 듣고 나서 기록을 검토한 후 면책여부(허가 또는 불허가)를 결정하게 됩니다.
채권자의견청취기일 진행 후 면책여부의 결정(허가 또는 불허가) 및 그 결정문의 송달일까지는 약 4주 정도가 걸립니다.

2. 면책의 효력은 면책결정이 공고되어 2주가 경과됨으로써 확정되어야 생깁니다. 면책신청에 관한 재판이 확정될 때까지 채무자의 재산에 대하여 파산채권에 기한 강제집행, 가압류 또는 가처분은 금지 또는 중지되고(법 제557조 제1항), 면책결정이 확정된 이후 파산채권자가 면책된 사실을 알면서 채무자의 재산에 대하여 강제집행, 가압류 또는 가처분을 한 경우에는 채권자를 금 500만 원 이하의 과태료에 처할 수 있습니다.

제 ○ 단 독

[양식 34] 의견청취기일 결정

서 울 회 생 법 원
결   정

사   건   2021하면○○(2021하단○○)   면책
채 무 자   ○○○
              주소 서울 ○○구 ○○로 ○○

주   문

  채무자에 대한 의견청취기일 및 장소를 2021. ○. ○. 15:00 서울법원종합청사 4별관 제6호 법정으로 한다.

이   유

  채무자 회생 및 파산에 관한 법률 제563조를 적용하여 주문과 같이 결정한다.

2021. ○. ○.

판 사   ○○○

[양식 35] 의견청취기일 통지

<h1 style="text-align:center">서 울 회 생 법 원</h1>

<h1 style="text-align:center">통   지   서</h1>

수 신	수신처 참조	
사 건	2021하면○○(2021하단○○) 면책	
채 무 자	○○○	

　　위 사건에 관하여 채권자로부터 면책신청에 대한 이의신청이 있으므로 이의신청인 및 채무자의 의견을 청취하기 위하여 다음과 같이 의견청취기일을 지정하였으니, 출석하여 의견을 진술하여 주시기 바랍니다.

1. 일   시 　　2021. ○. ○. 15:00
2. 장   소 　　서울법원종합청사 4별관 제2호 법정

2021. ○. ○.

판 사 　　○　○　○

수신처 : 채무자, 이의신청인 주식회사 ○○은행. 끝.

[양식 36] 의견청취기일 조서

서 울 회 생 법 원

의견청취기일조서

○차

사 건	2021하면○○(2021하단○○) 면책	일 시 : 2021. ○. ○. 15:00
판 사	○ ○ ○	장 소 : 4별관 제6호 법정
법원사무관	○ ○ ○	공개여부 : 비공개

사건과 당사자를 부름

채 무 자	○ ○ ○	출 석
채 권 자	㈜○○은행 대리인 ○ ○ ○	출 석

판 사

　채무자 ○○○에 대한 의견청취기일을 시작하겠다고 선언

채권자 대리인

　2021. ○. ○.자 이의신청서 진술 (간주)[10]

채 무 자

　2021. ○. ○.자 답변서 진술하고,

　채무자는 2018. 6. 신용카드를 이용하여 불법할인을 받은 바 있다.

심문종결

법원사무관	○ ○ ○
판 사	○ ○ ○

---

[10] 이의신청인 불출석시.

[양식 37] 면책이의신청에 대한 서면의견청취

서 울 회 생 법 원
의 견 청 취 서

사　　　　건　　　2021하면○○(2021하단○○)　면책
채　무　자　　　○○○

1. 채무자의 면책신청에 대하여 채권자들의 이의신청기간을 2021. ○. ○.까지로 정한 바 있습니다.
2. 파산채권자 중 주식회사 ○○은행이 2021. ○. ○. 면책신청에 대한 이의신청을 하였습니다.
3. 채무자는 본 의견청취서를 송달받은 날부터 2주일 이내에 이의신청에 대한 답변서를 이 법원에 제출하기 바랍니다(면책절차가 지연되지 않도록 위 기간을 반드시 지켜 주시기 바랍니다).

2021. ○. ○.

판사　　○　　　○　　　○

[양식 38] 면책신청 각하결정

서 울 회 생 법 원

결　　정

사　　건　　2021하면○○○(2021하단○○○)　　면책
채 무 자　　○　○　○
　　　　　주소　서울 ○○구 ○○로 ○○

주　　　　문

이 사건 면책신청을 각하한다.

이　　　　유

기록에 의하면 채무자에 대한 파산결정이 2021. ○. ○. 10:00 선고되어, 그 결정이 2021. ○. ○. 확정되었음에도 채무자는 채무자 회생 및 파산에 관한 법률 제556조 제1항 소정의 면책신청 제기기간인 1월이 경과하였음이 역수상 명백한 2021. ○. ○.에서야 이 사건 면책신청을 하였고, 면책신청의 추완사유도 인정되지 아니하여 위 면책신청은 부적법하므로 주문과 같이 결정한다.

2021. ○. ○.

판사　　○　○　○

[양식 39] 면책허가결정

서 울 회 생 법 원
결   정

사   건   2021하면○○(2021하단○○)   면책
채 무 자   ○○○ (주민등록번호)
              주소 서울 ○○구 ○○로 ○○
              등록기준지 인천 ○○구 ○○로 ○○

주   문

채무자를 면책한다.

이   유

이 사건 기록(및 이 법원의 채무자에 대한 심문결과)11)에 의하면, 채무자에게 채무자 회생 및 파산에 관한 법률 제564조 제1항에서 정한 면책불허가사유에 해당하는 사실이 인정되지 아니하므로 주문과 같이 결정한다.

2021. ○. ○.

판 사   ○   ○   ○

---

11) 괄호 기재는 심문한 경우의 추가기재사항.

[양식 40] 면책허가결정 공고

면책결정 공고

사   건   2021하면○○(2021하단○○)   면책
채 무 자   ○○○ (생년월일)

　　　　　　　주소 서울 ○○구 ○○로 ○○
주   문   채무자를 면책한다.
이유의 요지   채무자에게 면책불허가사유에 해당하는 사실이 인정되지 않는다.

2021. ○. ○.

서 울 회 생 법 원

판 사   ○   ○   ○

[양식 41] 면책불허가결정

서 울 회 생 법 원
결   정

사   건   2021하면○○(2021하단○○)   면책
채   무   자   ○○○ (주민등록번호)
              주소 서울 ○○구 ○○로 ○○
              등록기준지 인천 ○○구 ○○로 ○○

주   문
이 사건 면책을 허가하지 아니한다.

이   유
이 사건 기록에 의하면, 채무자는 지급불능상태에서 자신이 소유하던 다세대 주택을 며느리에게 명의를 이전한 사실을 인정할 수 있다.

채무자의 위와 같은 행위는 자기의 이익을 도모할 목적으로 파산재산에 속하는 재산을 은닉하는 경우로서 채무자 회생 및 파산에 관한 법률 제564조 제1항 제1호, 제650조 제1항 제1호 소정의 면책불허가사유에 해당한다. 따라서 이 사건 면책을 허가하지 아니한다.

2021. ○. ○.

판 사 ○   ○   ○

[양식 41-1] 면책불허가결정

서 울 회 생 법 원

결   정

사   건   2021하면○○(2021하단○○)   면책

채 무 자   ○○○ (주민등록번호)

　　　　　　주소 서울 ○○구 ○○로 ○○

　　　　　　등록기준지 인천 ○○구 ○○로 ○○

주   문

이 사건 면책을 허가하지 아니한다.

이   유

1. 인정사실

　이 사건 기록 및 이 법원의 심문결과에 의하면 다음과 같은 사실을 인정할 수 있다.

　가. 채무자는 ○○○○. ○. ○○. □□□과 혼인신고를 하고 혼인생활을 하다가 ○○○○. ○. ○○. 협의이혼을 하였는데, 당시 이혼으로 인한 위자료, 재산분할 등의 약정은 없었다.

　나. 채무자는 위 협의이혼일로부터 약 2달이 지난 ○○○○. ○. ○○. 이 법원에 파산 및 면책신청을 하였다.

　다. 위 □□□은 특별한 직업이 없었는데, 채무자와 혼인기간 중이던 ○○○○. ○. ○○. 서울 ○○구 ○○로 ○○아파트 제○○동 제○층 제○○○호(이하 '이 사건 아파트'라고 한다)를 거래가액 *억 원에 매수하여 소유권이전등기를 □□□ 단독명의로 마쳤다(설정된 근저당권 없음).

　라. 위 협의 이혼 당시 □□□은 이 사건 아파트 외에도 서울 △△구 △△동 △△아파트 제△동 제△△호에 대한 임차보증금을 보유하고 있었는데, 채무자의 비협조로 그 액수는 미상이다.

　마. 한편 채무자는 ○○시 ○○로 ○○콘도미니엄 ○○동 ○○호를 보유하고

있으나, 재산목록에 기재하지 아니하였다.

바. 채무자는 현재에도 위 서울 △△구 △△로 △△아파트 제△동 제△△호에 거주하고 있다.

사. 채무자는 전 배우자인 □□□에 대한 재산관계, 위 ○○콘도미니엄 등의 자료를 일체 제출하지 아니하는 등 파산관재인의 조사 업무에 성실히 협조하지 않고 있다.

2. 판단

위 인정사실에 의하면, 채무자의 위와 같은 행위는 자신의 이익을 도모하거나 채권자를 해할 목적으로 파산재단에 속하는 재산을 은닉하는 행위로서 채무자 회생 및 파산에 관한 법률 제564조 제1항 제1호, 제650조 제1항 제1호 소정의 면책불허가사유에 해당한다. 나아가 채무자가 파산관재인의 채무자에 대한 재산 상태 등 파산관재 업무와 관련된 설명 요구에 대하여 불응한 것은 설명의무 위 반으로 채무자 회생 및 파산에 관한 법률 제564조 제1항 제1호, 제658조 소정의 면책불허가사유에 해당한다.

3. 결론

채무자에게는 위와 같은 면책불허가사유가 존재하고, 그 정도가 경미하다고 할 수 없으며, 그 밖에 이 사건 기록 및 이 법원의 채무자에 대한 심문결과에 나타난 사정을 모두 종합하여 보더라도 재량에 의하여 면책을 허가하는 것은 상 당하지 않다고 판단되므로 채무자에 대하여 면책을 허가하지 않기로 하여 주문 과 같이 결정한다.

2021. ○. ○.

판 사   ○   ○   ○

[양식 42] 면책결정확정통지(한국신용정보원장)

서 울 회 생 법 원

면책결정확정통지

한국신용정보원장 귀하

사 건 2021하면○○(2021하단○○) 면책
채 무 자 ○○○ (주민등록번호)
주소 서울 ○○구 ○○로 ○○

위 채무자에 대하여 2021. ○. ○. 면책허가결정이 선고되어 위 결정이 2021. ○. ○. 확정되었음을 통지합니다.

2021. ○. ○.

법원사무관 ○ ○ ○

[양식 43] 면책불허가결정에 대한 항고장각하명령

서 울 회 생 법 원
명   령

사   건   2021하면○○(2021하단○○) 면책
항 고 인   ○○○
(채 무 자)   서울 ○○구 ○○로 ○○

주   문

이 사건 항고장을 각하한다.

이   유

항고인은 2021. ○. ○. 면책불허가 결정 정본을 송달받았으면서도 적법한 즉시항고 제기기간 1주일이 지난 후인 2021. ○. ○. 이 사건 항고장을 제출하였다. 따라서 채무자 회생 및 파산에 관한 법률 제33조, 민사소송법 제444조 제1항, 제399조 제2항을 적용하여 주문과 같이 명령한다.

2021. ○. ○.

판 사   ○○○

[양식 44] 항고심의 원심파기 재량면책 허가결정

서 울 회 생 법 원
제 81 부
결   정

사   건   2021라○○   면책

항고인(채무자)   ○○○ (주민등록번호)

　　　　　　　　　주소   서울 ○○구 ○○로 ○○

　　　　　　　　　등록기준지   ○○시 ○○로 ○○

원 심 결 정   서울회생법원 2020. ○. ○.자 2020하면○○(2020하단○○) 결정

주   문

1. 원심결정을 취소한다.

2. 항고인(채무자) ○○○를 면책한다.

이   유

1. 면책불허가사유의 존재 여부

　가. 이 사건 기록 등에 의하면 다음 사실을 인정할 수 있다.

　　(1) 항고인은 1989년경 외삼촌의 채무를 보증하면서 채무를 지게 된 이래 1992년경 무주택자로서 서울 ○○구 ○○로 ○○ ○○아파트 19평형 1세대를 분양받고 분양대금의 납입을 위하여 신용카드로 3,600만 원을 대출받으면서 다액의 채무가 발생하였다.

　　(2) 이후 항고인은 영업용택시, 시내버스 등의 운전기사로 일하며 채무의 변제를 시도하였으나, 이자도 해결하지 못하였고 채무가 오히려 지속적으로 증가하였다. 이에 항고인은 다수의 신용카드를 발급받아 신용카드로 물건을 매수함과 동시에 저가로 처분하여 그 대금을 수령하는 방법으로 변제기만 연장하였다.

　　(3) 그 결과 항고인의 채무는 더욱 증가하였고, 항고인이 2020. ○. ○. 이 법원에 파산신청을 할 당시 평택농업협동조합 등 16명의 채권자에 대하여 약 1억 6,000만 원의 채무를 부담하게 되었다.

　나. 위 인정사실에 의하면, 채무자가 신용카드로 물건을 매수함과 동시에 할인하여 처

분한 행위는 면책불허가사유를 규정한 채무자 회생 및 파산에 관한 법률 제564조 제1항 제1호, 제651조 제1항 제1호 소정의 "신용거래로 인하여 상품을 구입하여 현저히 불이익한 조건으로 이를 처분한 행위"에 해당한다고 판단된다.

2. 재량면책의 허가여부

항고인에게 위와 같은 면책불허가사유가 있기는 하나, 이 사건 기록 등에 의하면, 항고인이 채무를 부담하게 된 주된 원인이 외삼촌의 채무를 보증했던 것과 위와 같이 자신의 아파트를 구입하면서 비롯된 것인 점, 대출금의 주된 사용처가 기존의 채무를 변제하는 데 사용된 점, 항고인이 자신 소유의 부동산을 처분하여 채무를 변제하려 하였으나 그 부동산에 관하여 타인과 소송이 생기면서 적기에 처분하지 못하여 채무증가의 한 원인이 된 점, 항고인이 소유하고 있던 위 소형 아파트와 부동산 1필지가 경매로 처분되어 채무 변제에 활용된 점, 항고인이 현재 하반신 마비의 노모와 직업이 없는 처, 학생인 자녀를 책임지는 한 가족의 가장인 점, 그밖에 항고인의 재산 및 수입상태, 생활정도 및 가족관계, 이 사건 기록에 나타난 여러 사정을 참작할 때, 항고인에 대하여 위에서 인정한 면책불허가사유가 있음에도 불구하고 면책을 허가함이 상당하다고 판단된다.

3. 결론

그렇다면 이와 결론을 달리한 원심결정은 부당하므로 취소하고 항고인에 대하여 채무자 회생 및 파산에 관한 법률 제564조 제2항에 의하여 면책을 허가하기로 하여 주문과 같이 결정한다.

2021. ○. ○.

재 판 장　　　판 사　　　○○○

판 사　　　○○○

판 사　　　○○○

[양식 45] 면책취소신청 각하결정

서 울 회 생 법 원

결   정

사   건   2021하기○○   면책취소

신   청   인   ○○○

　　　　　　　서울 ○○구 ○○로 ○○

채   무   자   ○○○

　　　　　　　주소 서울 ○○구 ○○로 ○○

대상면책결정   서울회생법원 2019. ○. ○.자 2020하면○○ 면책 결정

주   문
이 사건 면책취소신청을 각하한다.

이   유

　채무자 회생 및 파산에 관한 법률 제569조에 의하면 채무자가 부정한 방법으로 면책을 받은 경우 파산채권자는 면책 후 1년 이내에 면책취소신청을 하여야 하는바, 기록에 의하면 채무자에 대한 면책결정은 2019. ○. ○. 확정되었으나 신청인은 2021. ○. ○. 이 사건 신청을 한 사실이 인정된다. 그렇다면, 이 사건 신청은 면책확정일부터 1년이 경과한 후에 제기되었음이 역수상 명백하므로 주문과 같이 결정한다.

2021. ○. ○.

판 사 ○ ○ ○

[양식 46] 면책취소결정

서 울 회 생 법 원
결   정

사   건   2021하기○○(2020하면○○) 면책취소신청
신   청   인   주식회사 ○○은행

　　　　　　　　서울 ○○구 ○○로 ○○

　　　　　　　　대표이사 ○○○

　　　　　　　　지배인 ○○○
채   무   자   ○○○(주민등록번호)

　　　　　　　　주소 서울 ○○구 ○○로 ○○

　　　　　　　　등록기준지 울산 ○○구 ○○로 ○○

주   문
서울회생법원 2020하면○○ 면책신청 사건에 관하여 위 법원이 2020. ○. ○. 채무자에 대하여 한 면책을 취소한다.

이   유
1. 이 사건 기록 및 신청인과 채무자에 대한 심문결과에 의하면 다음과 같은 사실이 인정된다.

　가. 채무자는 2020. ○. ○. 이 법원에 파산신청 및 면책신청을 하여 같은 해 ○. ○. 10:00 파산선고와 동시에 파산폐지 결정을 받았고, 위 결정은 그대로 확정되었으며, 이 법원은 2020. ○. ○. 채무자를 면책하는 결정을 선고하여 위 결정이 확정되었다.

　나. 채무자는 위 신청서상 재산목록에 보험해약반환금 200,000원, 자동차 1,400,000원 상당 이외에는 보유하고 있는 재산이 없다고 기재하였고, 또한 신청서상 진술서에 소송·지급명령·압류·가압류 등을 받은 경험이 없다고 기재하였다.

　다. 이 사건 신청인인 채권자 주식회사 ○○은행은 2015. ○. ○. 피보전권리를

대여금 27,000,000원으로 하여 채무자의 제3채무자 주식회사 ○○에 대한 급여청구채권 중 제세공과금을 공제한 2분의 1 등에 대하여 서울중앙지방법원 2015카단○○호 채권가압류 결정을 받았고, 2015. ○. ○. 청구금액을 대여금 등 30,000,000원으로 하여 이 법원 서울중앙지방법원 2015타채○○호 가압류를 본압류로 이전하는 채권압류 및 추심명령을 받았으며, 채무자의 다른 채권자인 ○○캐피탈 주식회사, ○○카드 주식회사에서도 2015. ○.경부터 2015. ○.경 사이에 이 법원으로부터 채권압류 및 추심명령을 받아 채무자의 위 제3채무자에 대한 급여청구채권에 대하여 압류가 경합되었다.

　라. 위 제3채무자는 2017. ○. ○. 이 법원에 채권압류 등으로 인하여 보관하고 있던 채무자에 대한 급여 적립금액 39,000,000원을 민사집행법 제248조 제1항에 의하여 공탁하고, 사유신고를 하였다.

2. 판단

　위 인정사실에 의하면, 채무자는 채권자들로부터 압류·가압류 등을 받은 사실이 있을 뿐 아니라 채권압류 등으로 인하여 지급받지 못하고 있던 주식회사 ○○에 대한 3,000만 원 이상의 급여청구채권이 있음에도 파산신청서에 압류 등을 받은 사실 및 재산이 없다고 기재하는 등 재산상태에 관하여 허위의 진술을 하여 파산폐지결정 및 면책결정을 받았으므로, 이는 부정한 방법으로 면책을 받은 경우에 해당한다. 따라서 채무자 회생 및 파산에 관한 법률 제569조 제1항을 적용하여 주문과 같이 결정한다.

2021. ○. ○.

판사　　○○○

[양식 47] 복권허가신청서

복 권 신 청 서

<table>
<tr><td>인지
1000원</td></tr>
</table>

신 청 인(채 무 자)　　　　　　　　　(주민등록번호 :　　　　　－　　　　)

주 소 :　　　　　　　　　　　　　　　　(우편번호 :　　　－　　　　)

거 소 :　　　　　　　　　　　　　　　　(우편번호 :　　　－　　　　)

송달장소 :　　　　　　　송달영수인 :　　　　　(우편번호 :　　　－　　　　)

등록기준지 :

연락처 :　　　　휴대전화(　　　), 집전화(　　　　), e－mail(　　　　　)

신 청 취 지

'채무자를 복권한다.'라는 결정을 구합니다.

신 청 이 유

1. 신청인은 서울회생법원 2017. ○. ○.자 2017하단○○○○ 결정으로 파산선고를 받고, 같은 법원 2017. ○. ○.자 2017하면○○○○ 결정으로 일부면책(또는 면책불허가)결정을 받았습니다.
2. 신청인은 그 후 파산채권자에 대한 잔존 채무를 모두 변제하였습니다.
3. 따라서 '채무자를 복권한다.'라는 결정을 구합니다.

첨 부 서 류

1. 가족관계증명서 및 주민등록등본 각 1부
2. 파산선고결정등본 및 일부면책(면책불허가)결정등본 각 1부
3. 파산선고 당시 채권자에 대한 채무변제 등으로 변제책임이 소멸되었다는 자료

2021.　　　.　　　.

신 청 인　　　　　　　㊞

<table>
<tr><td>복권사건번호</td><td></td><td></td></tr>
<tr><td>배당순위번호</td><td></td><td></td></tr>
<tr><td>재 판 부</td><td>제　　단독</td><td></td></tr>
</table>

서 울 회 생 법 원　　　귀중

[양식 48] 복권신청공고

복 권 신 청 공 고

사　　　건　　　2021하기○○　복권

신청인 겸　　　○○○ (생년월일)

채 무 자　　　주소 서울 ○○구 ○○로 ○○

　위 사람은 이 법원 2017하단○○ 파산선고 사건에 관하여 2017. ○. ○. 파산선고를 받았으나 2021. ○. ○. 이 법원에 복권신청을 하였으므로 다음과 같이 공고합니다.

다　　　음

1. 위 신청에 관한 서류는 이해관계인에게 열람하게 하기 위하여 이 법원 파산과에 비치하였다.
2. 파산채권자는 이 공고가 있은 날부터 3월 이내에 위 신청에 대하여 법원에 이의를 신청할 수 있다.

2021. ○. ○.

서울회생법원

판 사 　 ○ ○ ○

[양식 49] 복권불허가결정

서 울 회 생 법 원
결   정

사   건   2021하기○○ 복권
신 청 인   ○○○
               서울 ○○구 ○○로 ○○

주   문
 신청인의 복권을 허가하지 아니한다.

이   유
 이 사건 기록에 첨부된 소명자료 및 심문결과에 의하면, 신청인은 채권자 △
△△에 대하여 20,000,000원의 채무를 부담하고 있고 이를 변제하지 않고 있는
사실이 인정되므로 주문과 같이 결정한다.

                    2021. ○. ○.

                  판 사   ○○○

[양식 50] 복권허가결정

서 울 회 생 법 원
결 정

사 건 2021하기○○ 복권

신 청 인 ○○○ (주민등록번호)

 겸 주소 서울 ○○구 ○○로 ○○

채 무 자 등록기준지 인천 ○○구 ○○로 ○○

주 문

1. 채무자를 복권한다.
2. 송달하여야 하는 장소를 알기 어려운 파산채권자에 대한 송달은 공고로써 갈음한다.

이 유

이 사건 기록에 첨부된 소명자료(및 이의신청인의 의견청취결과)에 의하면, 파산을 선고받은 채무자가 각 파산채권자에 대한 채무의 전부에 관하여 그 책임을 면한 사실이 인정되므로 채무자 회생 및 파산에 관한 법률 제575조 제1항, 제10조에 의하여 주문과 같이 결정한다.

2021. ○. ○.

판 사 ○○○

[양식 51] 복권결정 공고

복 권 결 정 공 고

사   건   2021하기○○○   복권

채 무 자   ○○○ (생년월일)

　　　　　　　주소 서울 ○○구 ○○로 ○○

주   문   채무자를 복권한다.

2021. ○. ○.

서울회생법원

판 사   ○   ○   ○

[양식 52] 복권결정확정통지(등록기준지)

서 울 회 생 법 원

복권결정확정통지

○○구청장 귀하

사　　　건　　　2021하기○○　　　복권

채　무　자　　　○○○ (주민등록번호)

　　　　　　　　주소　서울 ○○구 ○○로 ○○

　　　　　　　　등록기준지　인천 ○○구 ○○로 ○○

　위 채무자에 대하여 2021. ○. ○. 복권허가결정이 선고되어 위 결정이 2021. ○. ○. 확정되었음을 통지합니다.

2021. ○. ○.

법원사무관　　○　　○　　○

[양식 53] 파산관재인에 대한 면책불허가사유 조사보고명령

서 울 회 생 법 원
결   정

사   건   2021하면○○(2021하단○○)   면책
채 무 자   ○○○
파산 관재인   ○○○

주   문

파산관재인은 위 면책신청사건에 대하여 채무자에 대한 면책불허가사유 유무를 조사하여 2021. ○. ○.까지 조사보고서를 제출하고, 2021. ○. ○. 11:00 의견청취기일(서울법원종합청사 4별관 제6호 법정)에 출석하여 그 결과를 보고하여야 한다.

이   유

채무자 회생 및 파산에 관한 법률 제560조를 적용하여 주문과 같이 명한다.

2021. ○. ○.

판   사   ○○○

[양식 54] 파산관재인의 면책불허가사유 조사보고서

면책불허가사유 조사보고서

사 건 2021하면○○ 면책
2021하단○○ 파산선고
채 무 자 ○○○

위 면책 사건에 관하여 파산관재인은 다음과 같이 채무자에 대하여 면책불허가사유 조사
보고서를 제출합니다.

1. 면책불허가 사유 유무 　　유■　　　　　무□

2. 면책불허가 사유 해당 여부에 대하여

■ 재산의 은닉·손괴 또는 불이익한 처분행위(법 제564조 제1항 제1호, 제650조 제1항 제1호)
채무자는 이미 채무초과의 상태에 빠져 있음에도 2020. ○. ○○.경 자신 소유의 시가
2억 원 상당의 ○○시 ○○구 ○○아파트 ○○동 ○○호를 처형 ○○○에게 1억 원
상당에 매각함.

□ 파산재단의 부담을 허위로 증가시키는 행위(법 제564조 제1항 제1호, 제650조 제1항 제2호)
해당사항 없음

□ 상업장부의 부작성, 부실기재, 은닉, 손괴 행위 등(법 제564조 제1항 제1호, 제650조
제1항 제3, 4호, 제651조 제3, 4항)
해당사항 없음

□ 신용거래 구입상품의 현저한 불이익 조건 처분(법 제564조 제1항 제1호, 제651조 제1
항 제1호)
해당사항 없음

□ 파산의 원인이 있음을 알면서 한 비본지행위(법 제564조 제1항 제1호, 제651조 제1항 제
2호)
해당사항 없음

□ 구인불응 행위(제564조 제1항 제1호, 제653조)
해당사항 없음

☐ 뇌물약속·공여·공여의사표시(제564조 제1항 제1호, 제656조)

해당사항 없음

☐ 파산관재인에게 파산에 관하여 필요한 설명을 하지 아니한 경우(제564조 제1항 제1호, 제658조)

해당사항 없음

☐ 파산선고 전 1년 내에 파산원인 사실을 속이거나 감추고 한 신용거래 행위(제564조 제1항 제2호)

해당사항 없음

☐ 허위의 채권자목록 등의 제출 또는 재산상태에 관한 허위의 진술행위(제564조 제1항 제3호)

해당사항 없음

☐ 법원에 재산상태 이외의 부분에 대하여 허위진술을 한 경우(제564조 제1항 제5호)

해당사항 없음

☐ 법원의 파산에 이르게 된 경위 및 재산상황 등에 대한 설명 및 자료제출 요구에 응하지 아니한 경우(제564조 제1항 제5호)

해당사항 없음

☐ 심문기일에 정당한 이유 없이 출석하지 아니하거나, 진술을 거부하는 경우(제564조 제1항 제5호)

해당사항 없음

☐ 과다한 낭비·도박 기타 사행행위(제564조 제1항 제6호)

해당사항 없음

3. 재량면책에 대한 의견

해당 사항 없음.

붙임 : 소명자료

2021. ○. ○.

채무자 ○○○의

파산관재인 변호사 ○○○

[양식 55] 상속재산의 파산신청에 대한 결정

서 울 회 생 법 원
결   정

사 건   2021하단○○ 파산선고
신 청 인   1. ○○○ (주민등록번호)

　　　　　　　2. △△△ (주민등록번호)

　　　　　　　신청인들 주소 서울 서초구 ○○로 ○○
채 무 자   피상속인 망 □□□(주민등록번호)의 상속재산

　　　　　　　최후주소 서울 양천구 목동 ○○
선 고 일 시   2021. ○. ○. 10:00

주   문

1. 채무자 피상속인 망 □□□의 상속재산에 대하여 파산을 선고한다.
2. 변호사 ◎◎◎(주민등록번호, 서울 서초구 ○○로 ○○)을 파산관재인으로 선임한다.
3. 채권신고기간을 2021. ○. ○.까지로 한다.
4. 제1회 채권자집회와 채권조사의 기일 및 장소를 2021. ○. ○. 17:00 서울법원 종합청사 4별관 제9호 법정으로 한다.

이   유

1. 인정사실

이 사건 기록 및 신청인들에 대한 심문결과를 종합하면 다음과 같은 사실이 인정된다.

　(1) 피상속인 망 □□□은 2021. ○. ○. 사망하였고, 상속인으로는 처 ◇◇◇ (주민등록번호)와 자 ○○○, △△△(이 사건 신청인들)이 있다.

　망 □□□은 사망 당시 서울 서초구 ○○로 ○○ 등 20개의 부동산을 보유하고 있었고, 그 가액은 공시지가 기준으로 1,354,095,664원 정도인 반면에 망 □□

□의 사망 당시 채무는 약 50억 원이었다.

(2) 신청인들은 서울가정법원 2021느단○○호로 상속한정승인신고를 하여 2021. ○. ○. 한정승인신고가 수리되었으며, 상속채권자에 대한 변제가 종료하지 아니한 동안인 2021. ○. ○. 이 사건 신청을 하였다.

(3) 현재 망 □□□의 상속재산 중 일부는 경매로 처분되거나, 상속인 ◇◇◇에 의해 매매로 처분된 상태이다.

2. 판단

위 인정사실에 의하면 상속재산으로써 상속채권자에 대한 채무를 완제할 수 없으므로, 채무자 회생 및 파산에 관한 법률 제307조를 적용하여 망 □□□의 상속재산에 대하여 채무자로서 파산을 선고하고, 파산관재인의 선임에 관하여는 위 법 제355조, 채권신고기간·제1회 채권자집회 기일 및 채권조사의 기일에 관하여는 위 법 제312조를 각 적용하여 주문과 같이 결정한다.

판사   ○ ○ ○

[양식 56] 상속재산 파산제도 안내문

【상속재산 파산제도 안내】

◎ <u>한정승인심판 청구인은 상속재산 파산제도을 이용하면 유익합니다.</u>

    – 채무초과 상태의 채무자가 사망한 경우, 그 상속인은 상속재산 자체에 대하여 회생법원에 파산신청을 하여 법원이 선임한 파산관재인을 통하여 상속채무를 정리할 수 있습니다. 이것을 '상속재산 파산제도'라고 합니다.

    – 상속재산 파산제도를 이용하면, ① 상속인은 스스로 상속채권자를 파악하고 상속재산의 환가를 통하여 상속채무를 변제하는 등 복잡한 청산절차를 이행하여야 하는 어려움을 해소할 수 있고, ② 상속에 따른 법률관계를 일거에 정리하여 상속채권자들의 개별적인 청구 및 집행에 따른 불안함과 불편을 최소화할 수 있습니다.

    – 이 제도는 망인의 상속재산 및 상속채무를 정리하는 절차이므로, 상속인의 경제적 신용도에는 아무런 영향을 미치지 않습니다.

◎ 한편 **한정승인신고 심판청구가 수리된 상속인**은 상속재산으로 망인의 채권자에 대한 채무를 전부 변제할 수 없는 것을 발견한 경우에는 그 **상속재산에 대하여 지체 없이 회생법원에 파산신청을 하여야 합니다**(채무자 회생 및 파산에 관한 법률 제299조 제2항, 제3조 제6항).

◎ 아울러 **한정승인신고 심판청구가 수리되지 않은 상속인**도 상속포기를 하지 않은 경우라면 망인의 **상속재산에 대하여 회생법원에 파산신청을 할 수 있습니다**(채무자 회생 및 파산에 관한 법률 제299조 제1항).

※ 서울회생법원에 있는 'NEW START 상담센터'에서 상속재산 파산신청에 관해 자세한 사항을 안내받을 수 있습니다.

<서울회생법원 NEW START 상담센터>
- 이용시간: 평일 오전 10시부터 오후 6시까지 (12시 ~ 2시 제외)
- 장소: 서울 서초구 서초중앙로 157 서울법원종합청사 3별관 1층
- 문의전화: 02-530-1114
- 서울회생법원 홈페이지: slb.scourt.go.kr

서 울 가 정 법 원 · 서 울 회 생 법 원

재판예규 제1729호

개인파산 및 면책 신청사건의 처리에 관한 예규(재민 2005-1)

제정 2005. 8. 29.   재판예규 제1019호
개정 2006. 3. 29.   재판예규 제1064호
개정 2008. 1. 14.   재판예규 제1193호
개정 2012. 12. 27.   재판예규 제1412호
개정 2014. 1. 21.   재판예규 제1458호
개정 2015. 12. 22.   재판예규 제1557호
개정 2016. 12. 16.   재판예규 제1628호
개정 2017. 5. 12.   재판예규 제1654호
개정 2019. 12. 24. 재판예규 제1729호

제1조 (목적)

이 예규는 개인파산 및 면책신청사건의 처리에 필요한 사항을 정함을 목적으로 한다.

제1조의2 (개인파산 및 면책신청서의 양식)

개인파산 및 면책신청서와 그 첨부서류 표준양식은 별지 제1호 내지 제10호와 같다.

제2조 (파산·면책 동시신청의 접수 및 처리)

① 개인인 신청인이 파산·면책을 동시에 신청하는 경우에 면책신청시 제출하여야 하는 채권자목록은 파산신청시 제출하는 채권자목록으로 갈음할 수 있다.
② 파산신청사건의 사건부호는 "하단", 면책신청사건의 사건부호는 "하면"으로 하여 접수순서별로 사건번호를 부여한다.
③ 제1항의 면책신청사건은 파산선고 후 진행하고, 파산선고와 면책심문기일 또는 면책신청에 대한 이의기간 지정결정의 공고와 송달은 동시에 할 수 있다.

제2조의2 삭제(2016. 12. 16. 제1628호)

제2조의3 (파산관재인 선임을 희망한 경우 등의 처리)

법원은, 채무자가 파산신청을 하면서 파산관재인 선임을 희망하였거나 채무자에게 면제재산을 초과하는 재산이 있음이 밝혀진 때에는 특별한 사정이 없는 한 바로 파산선고 여부를 결정하여야 한다.

제2조의4 (예납기준)

개인파산사건에서 동시폐지를 하지 아니하는 경우의 예납금은 파산재단의 규모, 부인권 대상 행위의 존부와 수, 파산절차의 예상 소요기간, 재단수집의 난이도, 채권자의 수 등을 고려하여 정할 수 있다. 다만, 특별한 사정이 없는 한 500만 원을 넘을 수 없다.

제2조의5 삭제(2016. 12. 16. 제1628호)

제3조 (처리기간)

① 법원은 특별한 사정이 없는 한 파산신청일부터 30일 이내에 파산선고 여부를 결정하여야 한다.
② 법원은 특별한 사정이 없는 한 면책신청일(파산신청과 동시에 면책신청을 한 경우에는 파산 선고일)부터 60일 이내의 날짜로 면책심문기일 또는 면책신청에 대한 이의기간을 지정하여야 한다.

제4조 (면책신청사건 심리절차)

법원은 법 제562조 제1항의 면책신청에 대한 이의신청기간이 종료되면 다음 각호의 경우를 제외하고 14일 이내에 면책허가 여부를 결정하여야 한다.
1. 면책신청에 대한 이의신청이 있는 때
2. 파산이 취소된 때
3. 채무자가 절차비용을 예납하지 않은 때
4. 채무자에게 법 제564조 제1항 각호의 사유가 있음이 명백한 경우
5. 기타 특별한 사정이 있는 경우

제5조 (한국신용정보원의 장에 대한 통보)

① 법원은 다음 각 호의 경우에는 한국신용정보원의 장에게 통보하여야 한다.
1. 면책결정이 확정된 경우
통보할 사항: 사건번호, 채무자의 성명, 주민등록번호, 면책결정일, 면책결정 확정일
2. 면책취소결정이 확정된 경우
통보할 사항: 사건번호, 채무자의 성명, 주민등록번호, 면책취소결정일, 면책취소결정 확정일
② 제1항의 통보는 전자통신매체를 이용하여 할 수 있다.

제6조 (등록기준지 통보)

① 법원은 개인인 채무자에 대하여 다음 각호의 사유가 있는 때에는 채무자의 신원증명업무 관장자인 등록기준지 시(구가 설치된 시에 있어서는 구)·읍·면의 장에게 그 사실을 통보하여야 한다. 다만 제2호 내지 제4호의 사실은 제1호의 사실이 통보된 채무자에 한하여 통보한다.
1. 파산선고가 확정된 때. 다만 채무자가 법 제556조 제1항에 따른 면책신청을 하거나 동조 제

3항에 따라 면책신청을 한 것으로 보는 경우에는 그 면책신청이 각하·기각되거나 면책불허가
결정이 내려지거나 면책취소의 결정이 확정된 때에 한하여 통보한다.
2. 법 제574조 제1항 제1·2호의 사유가 발생된 때
3. 복권결정이 확정된 때
4. 면책취소의 결정이 확정된 때
② 제1항의 통보는 전자통신매체를 이용하여 할 수 있다.

제7조 (공고의 방법)

① 개인파산 및 면책신청 사건에서의 공고는 전자통신매체를 이용한 방법에 의한 공고를 원칙
으로 한다.
②「채무자 회생 및 파산에 관한 규칙」제6조 제1항 제2호의 규정에 따른 전자통신매체를 이
용한 공고는 공고사항을 법원 홈페이지 법원공고란에 게시하는 방법으로 한다.
③ 삭제(2017. 5. 12. 제1654호)

　　부 칙
제1조(시행일) 이 예규는 2005. 9. 1.부터 시행한다.
제2조(경과규정) 이 예규는 이 예규 시행당시 법원에 계속 중인 사건에도 적용한다.

　　부 칙
제1조(시행일) 이 예규는 2006년 4월 1일부터 시행한다.
제2조(다른 예규의 폐지) 파산선고시 본적지 통지여부에 대한 질의(재민 89-1)는 이를 폐지
한다.
제3조(경과조치) ① 이 예규 시행당시 종전의 「파산법」에 따라 신청한 파산사건 및 면책신청사
건은 종전의 예에 의한다.
② 제6조(본적지 통보)는 이 예규 시행당시 계속중인 파산사건 및 면책신청사건에도 적용한다.
③ 제7조(공고의 방법)는 이 예규 시행일 이후에 접수된 개인파산사건 또는 면책신청사건에 한
하여 적용한다.

　　부 칙(2008.01.21. 제1193호)
제1조(시행일) 이 예규는 2008. 1. 21.부터 시행한다.
제2조(경과규정) 이 예규 시행 당시 계속 중인 개인파산사건 및 면책사건에도 적용한다.

　　부 칙(2012.12.27. 제1412호)
이 예규는 2013년 1월 1일부터 시행한다.

　　부 칙(2014.01.21. 제1458호)
제1조(시행일) 이 예규는 즉시 시행한다.
제2조(경과조치) 이 예규는 이 예규 시행 당시 법원에 계속 중인 사건에도 적용한다.

　　부 칙(2015.12.22. 제1557호)
이 예규는 2016년 1월 1일부터 시행한다.

　　부 칙(2016.12.16. 제1628호)
제1조(시행일) 이 예규는 2017년 1월 1일부터 시행한다.
제2조(경과조치) 이 예규 시행 전에 종전의 규정에 따라 생긴 효력에는 영향을 미치지 아니한다.

 부 칙(2017.5.12. 제1654호)
제1조(시행일) 이 예규는 즉시 시행한다.
제2조(경과조치) 이 예규는 이 예규 시행 당시 법원에 계속 중인 사건에도 적용한다. 다만, 종전의 규정에 따라 생긴 효력에는 영향을 미치지 아니한다.

 부 칙(2019.12.24. 제1729호)
제1조(시행일) 이 예규는 2020년 1월 20일부터 시행한다.
제2조(경과규정) 이 예규 시행 전에 종전의 규정에 따라 생긴 효력에는 영향을 미치지 아니한다.

【별표 1. 개인파산 예납기준표】삭제(2019.12.24 제1729호)

[별지 제1호] 파산 및 면책 신청서   – '[양식 1] 파산 및 면책 동시신청서' 참조

[별지 제2호] 진술서   – '[양식 1-1] 진술서' 참조

[별지 제3호] 채권자 목록   – '[양식 1-2] 채권자목록' 및 '[양식 1-3] 채권자 주소' 참조

[별지 제4호] 재산목록   – '[양식 1-4] 재산목록' 참조

[별지 제5호] 현재의 생활상황   – '[양식 1-5] 현재의 생활상황' 참조

[별지 제6호] 수입 및 지출에 관한 목록   – '[양식 1-6] 수입 및 지출에 관한 목록' 참조

[별지 제7호] 자료제출목록   – '[양식 1-7] 자료제출목록' 참조

[별지 제8호] 파산신청서   – '[양식 2] 별도로 면책신청을 할 경우의 파산신청서' 참조

[별지 제9호] 파산신청서   – '[양식 2-1] 채권자가 신청을 할 경우의 파산신청서' 참조

[별지 제10호] 면책신청서   – '[양식 25] 면책신청서' 참조

재판예규 제1626호

파산관재인 후보자 명단의 작성 및 관리에 관한 예규
(재민 2016-3)

제정 2016. 12. 16.   재판예규 제1626호

제1조 (목적)

이 예규는 채무자 회생 및 파산에 관한 법률 제355조, 회생·파산위원회 설치 및 운영에 관한 규칙 제2조의 규정에 따른 파산관재인 선임과 관련하여 그 후보자 명단 작성 및 관리 등에 관하여 필요한 사항을 정함을 목적으로 한다.

제2조 (파산관재인 후보자 명단의 작성 등)

① 파산사건을 관할하는 법원은 파산관재인 업무를 담당할 파산관재인 후보자 명단을 작성하여야 한다. 이 경우 법원행정처 회생·파산위원회(이하 "위원회"라 한다)의 의견을 들어야 한다.
② 법원은 제1항의 명단에 등재된 후보자 전원에게 균등하게 선임될 기회를 부여하여야 한다.
③ 법원은 제1항의 명단 작성 과정에서 참고한 자료를 위원회에 제출하여야 하고, 위원회는 그 자료를 바탕으로 후보자 명단에 대한 의견을 해당 법원에 통보하여야 한다.

제3조 (파산관재인에 대한 평가)

① 법원은 파산관재인을 선임한 때에는 매년 1회 이상 정기적으로 파산관재인이 수행한 업무의 적정성을 평가하여야 한다. 이 경우 법원은 관리위원회의 의견을 들어야 한다.
② 법원은 제1항의 평가결과를 위원회에 통보하여야 한다.

부 칙

제1조(시행일) 이 예규는 2017년 1월 1일부터 시행한다.

제2조(경과규정) 이 예규는 이 예규 시행 당시 법원에 계속 중인 사건에 대하여도 적용한다. 다만, 이 예규 시행 전에 종전의 규정에 따라 생긴 효력에는 영향을 미치지 아니한다.

[실무준칙 제301호] 파산관재인의 선정 및 평정

2021. 7. 26. 제정

제1조 (목적)

준칙 제301호는 파산관재인 선정 절차, 파산관재인에 대한 평정 기준을 수립함으로써 파산절차가 공정하고 투명하게 진행되도록 하기 위하여 「파산관재인 후보자 명단의 작성 및 관리에 관한 예규」(재민2016-3)에서 정한 내용을 법원에서 시행하기 위하여 필요한 사항을 정함을 목적으로 한다.

제2조 (파산관재인 후보자 명단 관리위원회)

① 법원에 「파산관재인 후보자 명단 관리위원회」(이하 준칙 제301호에서 '위원회'라 한다)를 둔다.
② 위원회는 다음 각 호의 사무를 행한다. 단 제1, 2호의 사무를 행하는 경우 파산관재인 후보자 명단의 작성 및 관리에 관한 예규 제2조 제1항 및 제3항에 따라 회생·파산위원회의 의견을 들어야 한다.
  1. 파산관재인 후보자 명단(이하 준칙 제301호에서 '후보자 명단'이라 한다)에 등재될 후보자의 선정
  2. 후보자 명단에서의 삭제
  3. 그 밖에 후보자 명단의 작성, 관리에 필요한 사무
③ 위원회는 위원장 1명과 10명 이내의 위원으로 구성한다.
④ 위원장은 서울회생법원 수석부장판사로 하고, 위원회의 위원은 다음 각 호에 해당하는 사람 중 각 1명 이상과 서울회생법원 파산과장을 법원장이 지명한다.
  1. 법원 소속 부장판사
  2. 법원 소속 판사
  3. 법원 관리위원회 소속 관리위원
⑤ 위원회의 회의는 위원장이 소집한다.
⑥ 위원회에는 위원장이 법원 소속 판사 또는 직원 중에서 지명한 간사를 둘 수 있다.
⑦ 위원회는 서면으로 심의·의결할 수 있다.

제3조 (후보자 명단의 작성)

① 후보자 명단에 등재될 수 있는 사람은 서울지방변호사회 소속 변호사로서 법조경력 3년 이상인 자로 한다.
② 위원회는 법인 파산관재인과 개인 파산관재인 후보자 명단을 각각 작성하되, 특별한 사정이 없는 한 2년마다 각 후보자 명단을 새로 작성한다.
③ 위원회의 위원장은 2인 이상의 판사와 1인 이상의 관리위원회 소속 관리위원을 심사위원으로 지정한다.
④ 심사위원은 후보자 명단에 등재되기를 지원한 사람에 대하여 지원자의 경력, 파산관재업무와 파산절차 및 파산 관련 소송·집행절차에 대한 이해의 정도, 파산관재업무에 임하고자 하는 자세, 성실성 등을 고려하여 서류심사와 면접을 시행한다. 다만, 기존 후보자 명단에 등재되어 있던 사람에 대하여는 위원회의 의결에 따라 서류심사와 면접 절차를 생략할 수 있다.

⑤ 위원회는 심사위원의 심사 결과에 기초하여 심의를 거쳐 파산관재인 업무를 적정히 수행할 의사와 능력이 있다고 인정되는 자를 후보자 명단에 등재한다.

⑥ 위원회는 후보자 명단을 새로 작성할 때 파산사건의 접수건수, 지원자의 수, 지원자의 후보자 명단 등재기간과 평정 결과 등을 고려하여 기존 후보자 명단에 등재되어 있던 사람 중 일부를 교체 또는 삭제한다.

제4조 (파산관재인 선임의 원칙)

① 법원은 특별한 사정이 없는 한 후보자 명단에 등재된 후보자(이하 준칙 제301호에서 '후보자'라 한다) 전원에게 균등한 선임 기회가 부여되도록 노력한다.

② 법원은 후보자가 수행하고 있는 관재업무의 과중도, 후보자와 해당 파산사건과의 이해관계 유무, 사건의 난이도, 후보자의 업무능력과 성실도, 경험, 전문성, 파산관재인 대리인의 선임 여부 및 대리인의 수, 후보자가 파산관재인으로 선임된 다른 파산 사건의 선임시기, 파산원인, 채무자의 자산과 부채 규모, 법원의 사건 관리·감독의 효율성 등을 고려하여 제1항과 달리 파산관재인을 선임할 수 있다.

③ 법원은 부부, 직계 존·비속, 형제자매, 주채무자와 보증인, 채무자 및 그와 함께 동일한 채무를 부담하는 자에 대하여는 동일한 개인 파산관재인을 선임할 수 있다.

제5조 (후보자에 대한 평가표의 작성)

① 후보자는 매년 3월 말, 9월 말을 기준으로 후보자가 파산관재인으로 선임된 사건에 관한 업무현황보고서를 작성하여 각 다음 달 말일까지 법원에 제출하여야 한다.

② 법인파산 사건 주심판사는 [별지 1 법인 파산관재인 후보자 평가표] 양식에 따라, 개인파산 사건 담당판사는 [별지 2 개인 파산관재인 후보자 평가표] 양식에 따라 1년에 2회 후보자에 대한 평가표를 작성한다.

③ 법원은 후보자가 파산관재인으로 선임된 사건에 대하여, 채무자가 제출한 자료와 파산관재인 보고서 기재 내용의 일치 여부, 환가 및 배당 과정에서 파산재단의 적절한 관리 여부, 그 밖에 필요하다고 인정되는 사항에 관한 조사를 관리위원회에 의뢰할 수 있다.

제6조 (후보자에 대한 평정)

① 위원회는 제5조 제2항의 평가표와 제5조 제3항의 조사결과 등을 기초로 관리위원회의 의견을 들어 매년 1회 이상 후보자가 파산관재인으로서 수행한 업무의 적정성에 관한 평정을 실시한다.

② 법원은 제1항의 평정결과를 회생·파산위원회에 통보한다.

③ 위원회는 제5조 제2항의 평가 또는 제6조 제1항의 평정결과에 따라 업무수행의 적정성이 미흡한 파산관재인에 대하여 후보자 명단에서 삭제할 수 있음을 개별적으로 경고할 수 있다.

④ 위원회는 제3조 제2항에 따라 후보자 명단을 새로 작성하거나 제7조 제1항에 따라 후보자를 후보자 명단에서 삭제할 경우 제1항의 평정 결과를 고려한다.

제7조 (후보자 명단에서의 삭제)

① 위원회는 다음 각 호의 어느 하나에 해당하는 사유가 있는 경우 심의를 거쳐 언제든지 해당 후보자를 후보자 명단에서 삭제할 수 있다.

1. 후보자가 직무를 위반하거나 재판의 공정과 신뢰를 해할 우려가 있는 행위를 한 경우
2. 후보자 또는 그 보조인이 관재업무에 관하여 뇌물을 수수·요구 또는 약속하거나, 파산재단에 속하는 금품을 횡령하는 등으로 파산재단의 형성·관리에 지장을 초래한 경우
3. 후보자가 관재업무를 수행할 의사 또는 능력이 부족하거나 불성실하여 관재업무를 적절히 수행하는 것이 곤란하다고 인정되는 경우
4. 그 밖에 후보자가 파산관재인으로 계속 활동하기 어렵다고 인정할 상당한 이유가 있는 경우
② 후보자가 후보자 명단에서 삭제된 경우(제3조 제2항에 따라 후보자 명단이 새로 작성되면서 기존 후보자가 새로운 후보자 명단에 등재되지 않은 경우를 포함한다) 법원은 파산절차의 공정하고 원활한 진행을 위해 후보자 명단에서 삭제된 경위, 파산절차의 진행 정도 등을 고려하여 그 후보자가 파산관재인으로 선임된 사건의 파산관재인을 변경할 수 있다.

제8조 (청문절차)

위원회는 제6조의 평정의 실시, 제7조의 삭제 여부의 판단에 필요한 경우 후보자 등의 의견을 듣고 관련자료를 조사하는 등의 청문을 실시할 수 있다.

제9조 (손해배상책임의 보장)

법원은 후보자가 파산관재인 업무를 수행함에 있어서 고의 또는 과실로 파산재단에 재산상 손해를 발생하게 한 때에 지게 되는 손해배상책임을 보장하기 위하여 후보자를 보증보험에 가입하게 할 수 있다.

부 칙
이 준칙은 2021. 8. 1.부터 시행한다.

개인파산관재인 평가표

성명	재판부	
	관리위원	

관리위원 평가	
· 보고서의 형식적 완결성	상 ☐ 중 ☐ 하 ☐
평가 의견	(업무수행일지 기재 성실성, 보고서 및 법원 제출서류 작성 충실도, 제출기한 준수 등)

재판부 평가	
· 파산절차 및 관련법령, 법리의 숙지 정도	상 ☐ 중 ☐ 하 ☐
· 재산·부채 조사의 충실도	상 ☐ 중 ☐ 하 ☐
· 절차 진행의 신속성	상 ☐ 중 ☐ 하 ☐
· 환가·배당 업무의 충실도	상 ☐ 중 ☐ 하 ☐
· 사건관리 및 보고의 적시성 및 충실도	상 ☐ 중 ☐ 하 ☐
· 면책허부 조사의견의 적정성	상 ☐ 중 ☐ 하 ☐
· 채권자 이의 사유에 대한 조사 충실도	상 ☐ 중 ☐ 하 ☐
· 보조인 업무수행의 실질적 감독 여부	상 ☐ 중 ☐ 하 ☐
· 보조인 사용의 적정성	상 ☐ 중 ☐ 하 ☐
· 관재업무 개선에 대한 기여도	상 ☐ 중 ☐ 하 ☐
· 이해관계인에 대한 안내의 충실도 (신청인 직접 면담 포함)	상 ☐ 중 ☐ 하 ☐
· 소송수계, 부인권행사 등 소송수행의 신속성 및 적절성	상 ☐ 중 ☐ 하 ☐
종합평가 및 의견	상 ☐ 중 ☐ 하 ☐ (장점, 개선할 점, 재위촉 여부 등)

[실무준칙 제361호] 개인파산 예납금 납부기준

2021. 7. 26. 제정

제1조 (목적)

실무준칙 제361호는 개인 파산관재인(이하 준칙 제361호에서 '파산관재인'이라 한다)의 실질적인 조사업무 수행과 채무자의 예납금에 대한 부담 경감을 고려하여 개인파산 및 면책신청사건의 처리에 관한 예규(재민 2005-1, 이하 준칙 제361호에서 '예규'라 한다) 제2조의4에 정한 예납기준에 관한 사항을 구체적으로 정함을 목적으로 한다.

제2조 (예납금의 기본원칙)

① 개인파산 사건에서 동시폐지를 하지 아니하는 경우의 예납금은 30만 원으로 한다.
② 제1항의 금액은 물가상승률, 파산관재인의 업무 수행 환경 및 개인파산 사건 실무 변경 등 여러 요인을 고려하여 변경할 수 있다.

제3조 (예납금의 증액)

다음 각 호의 경우를 종합적으로 고려하여 예납금을 예규 제2조의 4에서 정한 상한인 500만 원까지 증액할 수 있다.
1. 부채총액이 다액인 경우
2. 부채총액 중 잔존채무 원금이 높은 비율을 차지하는 경우
3. 채권자가 다수인 경우
4. 비금융기관 채권자가 존재하는 경우
5. 파산신청일에 근접하여 지급불능에 이른 경우
6. 파산신청일에 근접하여 채무자 및 직계가족의 재산변동이 있는 경우
7. 파산신청일에 근접하여 발생한 채무가 다액인 경우
8. 파산재단의 규모가 클 것으로 예상되는 경우
9. 부인권 대상 행위가 있는 것으로 예상되는 경우
10. 관련 소송이 존재하는 경우

제4조 (예납금의 감액)

다음 각 호 중 2개 이상의 사유에 해당할 경우 예납금을 감액할 수 있다.
1. 채무자가 생계급여 수급자인 경우
2. 지급불능에 이른 시기가 파산신청 10년 이전인 경우
3. 채무자 및 직계존비속인 부양가족에 대하여 의료비가 지속적으로 지출되어야 하는 불가피한 사정이 있는 경우
4. 채무자에게 질병이 있거나, 재산이나 수입이 전혀 없는 등 예납금의 납입이 곤란한 특별한 사정이 인정되는 경우

부 칙

이 준칙은 2021. 8. 1.부터 시행한다.

[실무준칙 제371호] 개인 파산관재인의 보수

2021. 7. 26. 제정

제1조 (목적)

실무준칙 제371호는 개인 파산관재인(이하 준칙 제371호에서 '파산관재인'이라 한다)에게 적정한 보수가 지급되도록 하기 위하여 파산관재인의 보수산정방법에 관한 사항을 정함을 목적으로 한다.

제2조 (보수의 지급시기)

① 이시폐지로 종료될 것으로 예상되는 사건은 이시폐지 결정 시 최후보수를 한 번 지급함을 원칙으로 하되, 이 경우에도 관재 업무의 복잡성, 환가진행의 정도 등을 고려하여 법원이 우선보수를 지급함이 상당하다고 인정하는 경우에는 우선보수를 지급할 수 있다.
② 환가할 재산이 있어서 배당절차 진행이 예상되는 사건은 특별한 사정이 없는 한 제1회 채권자집회 종료 직후 또는 채권조사기일 종료 직후 우선보수를 지급한다.
③ 파산관재인이 중도에 사임·해임되거나 변경되는 경우 최후보수를 정산한다.

제3조 (우선보수)

파산관재인에게 우선보수를 지급하는 경우, 우선보수금은 절차비용으로 예납된 금액 범위 내에서 파산재단의 규모, 채권조사의 난이도, 소송의 수계 유무, 부인권 행사 유무, 채권자 집회 준비과정에 투입된 노력 등을 고려하여 결정한다.

제4조 (최후보수의 산정)

① 최후보수 배당 시까지 총 수집액에 의하여 [별지 파산관재인 보수산정표]에 따라 기준보수를 산정하고, 아래의 각 호를 고려하여 기준보수의 50%의 범위 안에서 적정한 금액을 가감하여 정한다.
1. 채권의 종류 및 채권자의 수
2. 관재업무의 수행기간
3. 환가업무의 구체적 내용과 업무난이도
4. 파산업무를 위하여 행한 법률적 검토 내용과 횟수
5. 파산관재인 보고서 작성 횟수, 제출 누락 여부, 작성 수준
6. 예상 배당률과 실제 배당률의 차이
7. 기타 관재업무와 관련하여 파산관재인 보수 결정에 필요한 사항
② 파산관재인이 이미 지급받은 보수가 있는 경우는 제1항에 따라 산정한 금액에서 차감하여 결정한다.

제5조 (특별보수)

① 파산관재인이 환가에 이례적인 성과(예: 부동산 위에 설정된 담보권의 피담보채권 총액이 부동산의 시가를 초과함에도 부동산 매각대금의 일부를 파산재단에 유입시키는 협상에 성공한 경우 등)를 거두는 등 파산재단의 재산증식에 특별한 기여를 한 경우 특별보수를 지급할 수 있다.
② 특별환가로 인한 특별보수는 이익금액의 20%의 범위 내에서 제반 사정을 고려하여 정한다.
③ 파산관재인은 특별보수를 지급받을 수 있는 사유가 발생한 경우 즉시 또는 제4조의 보수신청시 소명자료를 첨부하여 특별보수의 지급을 신청한다.

제6조 (중도 선임된 개인파산관재인의 보수)

파산관재인이 중간에 사임 또는 해임되어 새로운 파산관재인이 선임되는 경우 그 기준보수를 정함에 있어 보수산정표 상의 수집액은 당해 파산관재인이 수집한 액을 기준으로 산정한다.

제7조 (재단채권자에 대한 변제만 실시된 경우)

파산재단이 부족하여 파산채권자들에게 전혀 배당하지 못하고 재단채권자에 대한 변제만으로 파산절차가 종료되는 경우에도 특별한 사정이 없는 한 제3조 내지 제6조의 규정을 준용한다.

제8조 (파산재단에 편입할 재산이 없는 경우)

파산관재인의 조사결과, 파산재단에 편입할 재산이 없어서 파산채권자들 및 재단채권자들에게 전혀 배당하지 못하고 이시폐지하는 사건의 경우, 최후보수는 절차비용으로 예납된 금액 범위 내에서 채권자의 수, 업무수행기간, 업무난이도, 보고서 제출 횟수 및 작성 수준, 소송의 수계 유무, 부인권 행사 유무, 면책불허가 사유 조사업무의 난이도 등의 제반 사정을 감안하여 결정한다.

부 칙

이 준칙은 2021. 8. 1.부터 시행한다.

파산관재인 보수산정표

① 최종보수 산정의 기초가 되는 기준보수의 산정은 아래와 같이 한다.

수집액	산정방식
500만 원 이하	30만 원 + 수집액 × 20%
500만 원 초과~ 1,000만 원 이하	130만 원 + (수집액 − 500만 원) × 10%
1,000만 원 초과~ 5,000만 원 이하	180만 원 + (수집액 − 1,000만 원) × 8%
5,000만 원 초과~ 1억 원 이하	500만 원 + (수집액 − 5,000만 원) × 5%
1억 원 초과~ 5억 원 이하	750만 원 + (수집액 − 1억 원) × 2%
5억 원 초과~ 10억 원 이하	1,550만 원 +(수집액 − 5억원) × 1%
10억 원 초과~ 50억 원 이하	2,050만 원 + (수집액 − 10억 원) × 0.2%
50억 원 초과	2,850만 원 + (수집액 − 50억 원) × 0.1%

② 수집액은 파산관재인이 환가하여 금전화한 것을 말하며, 파산선고 당시 이미 현금이나 현금 등가물과 같이 이미 현금화되어 있거나, 즉시 현금화가 가능한 것은 제외한다. 끝.

[실무준칙 제602호] 뉴스타트 상담센터 설치 및 운영

2021. 7. 26. 제정

제1조 (목적)

실무준칙 제602호는 법원에 뉴스타트 상담센터(이하 준칙 제602호에서 '상담센터'라 한다)를 설치하여 회생·파산·개인회생절차(이하 준칙 제602호에서 '도산절차'라 한다)에 대하여 알고자 하는 채무자, 채권자, 이해관계인 등이 전문가로부터 직접 상담을 받을 수 있도록 함으로써 도산절차의 이용을 쉽게 하고 도산절차가 신뢰받을 수 있도록 하는 데 목적이 있다.

제2조 (상담센터의 업무)

상담센터는 아래 각 호의 업무를 수행한다.
1. 도산절차에 관한 일반적인 안내
2. 도산절차 신청방법 등 구체적인 절차 이용 안내
3. 도산절차 이용에 경제적 어려움이 있는 사람에 대한 소송구조 등 관련 지원제도 안내
4. 신용회복위원회, 서울시 금융복지상담센터, 한국가정법률상담소, 한국자산관리공사 등 유관기관의 채무조정제도 안내
5. 기타 도산절차 관련 사항에 관한 상담

제3조 (상담위원)

법원장은 회생위원, 파산관재인, 유관기관 직원 등 도산절차 또는 채무조정 절차에 관하여 지식과 경험이 있는 사람을 상담위원으로 위촉한다.

제4조 (운영지원단)

① 상담센터의 운영지원을 위하여 운영지원단을 둔다.
② 운영지원단은 법원장이 지명한 10명 이내의 법관 및 법원공무원으로 구성한다.
③ 운영지원단은 상담 내역 및 진행 상황을 정기적으로 법원장에게 보고하여야 한다.

제5조 (상담일지)

① 운영지원단은 상담일지를 상담센터 내에 비치하고 관리한다.
② 상담일지에는 상담내용을 기재하되, 개인정보 보호법이 정하는 개인정보, 민감정보 및 고유식별정보 기타 상담신청인의 인적사항을 특정할 수 있는 정보를 기재하지 않음을 원칙으로 한다.

제6조 (홈페이지 게시)

상담센터 운영에 관한 사항은 서울회생법원 홈페이지에 게시한다.

제7조 (간담회)

법원은 상담위원 사이의 업무 편차를 줄이고, 현안을 논의하기 위하여 법관과 상담위원 간의 간담회를 연 1회 이상 개최한다.

제8조 (직무교육)

법원은 유관기관 상담의 객관성, 중립성, 전문성을 제고하고 업무 편차를 줄이기 위하여 유관기관 상담위원에 대한 직무교육을 연 1회 이상 실시한다.

부 칙

이 준칙은 2021. 8. 1.부터 시행한다.

[실무준칙 제603호] 면책 전 신용관리 등 교육 및 상담

2021. 7. 26. 제정

제1조 (목적)

실무준칙 제603호는 채무자가 실질적인 경제적 재기에 성공할 수 있도록 지원하기 위하여 법원이 채무자에 대하여 신용관리, 취업지원 등에 관하여 교육 또는 상담(이하 준칙 제603호에서 '신용관리 등 교육'이라 한다)을 실시하는 데 필요한 사항을 정함을 목적으로 한다.

제2조 (신용관리 등 교육의 내용)

법원이 실시하는 신용관리 등 교육은 개인회생·파산절차를 이용하는 채무자가 법적 도산절차를 성공적으로 수행하고, 면책결정 후에는 경제활동을 온전히 할 수 있도록 하는 데 필요한 사항을 전달하거나 또는 이에 관하여 상담하는 것을 주요내용으로 한다.

제3조 (신용관리 등 교육의 시기)

채무자에 대한 신용관리 등 교육은 개인회생·파산절차 종료 전까지 실시하는 것을 원칙으로 한다.

제4조 (유관기관과의 협약 체결)

법원은 신용관리 등 교육, 그 밖에 채무자의 실질적 재기지원을 위한 업무의 수행을 위하여 필요한 경우 유관기관과 협약을 체결할 수 있다.

부 칙
이 준칙은 2021. 8. 1.부터 시행한다.

제2편

·
·
·

양식
- 개인회생실무 -

[양식 1] 개인회생사건 기록표지

년   질   호

	서울회생법원 **개인회생사건기록**		
사건번호	2021 개회 ○○	재판부	제○회생단독
사 건 명	개인회생		
관련사건			
채 무 자	○○○ **대리인 변호사 ○○○**		
회 생 위 원	제○회생위원		
채권의 확정에 관한 소송	채권조사확정재판		채권조사확정재판에 대한 이의

완결 공람	담임	과장	국장	재판장	원장
			공람 생략	전결	

[양식 2] 회생위원용 개인회생사건 기록표지

<table>
<tr><td colspan="4" align="center">서울회생법원

제   회생위원 개인회생사건기록</td></tr>
<tr><td>사건번호</td><td>**20 개회**</td><td>재판부</td><td>제   회생단독</td></tr>
<tr><td>채 무 자</td><td colspan="3"></td></tr>
<tr><td colspan="4" align="center">기일 등 진행상항</td></tr>
</table>

<table>
<tr><td align="center">내 역</td><td align="center">기 일</td><td align="center">비 고</td></tr>
<tr><td>사 건 접 수 일</td><td align="center">.   .   .</td><td></td></tr>
<tr><td>면담 일시 (1차)</td><td align="center">.   .   .   :</td><td>2차(. . :) 3차(. . :)</td></tr>
<tr><td>보 전 처 분 일</td><td align="center">.   .   .</td><td></td></tr>
<tr><td>개시전 보고서
제출일</td><td align="center">.   .   .</td><td></td></tr>
<tr><td>개 시 결 정 일 시</td><td align="center">.   .   .   :</td><td></td></tr>
<tr><td>이의기간종료일</td><td align="center">.   .   .</td><td>변경기일(. . .)(. . .)</td></tr>
<tr><td>채권자집회기일</td><td align="center">.   .   .</td><td>변경기일(. . .)(. . .)</td></tr>
<tr><td>집회결과 등
보고서 제출일</td><td align="center">.   .   .</td><td></td></tr>
<tr><td>변제계획인가일</td><td align="center">.   .   .</td><td></td></tr>
<tr><td>변제예정액표
수정보고일</td><td align="center">.   .   .</td><td align="center">.   .   .</td></tr>
<tr><td>변제계획변경일</td><td align="center">.   .   .</td><td></td></tr>
<tr><td>변제완료 보고일</td><td align="center">.   .   .</td><td></td></tr>
<tr><td>절 차 폐 지 일</td><td align="center">.   .   .</td><td></td></tr>
<tr><td rowspan="7">채권의 확정에
관한 소송</td><td align="center">채권조사확정재판</td><td align="center">채권조사확정재판에 대한 이의</td></tr>
<tr><td></td><td></td></tr>
<tr><td></td><td></td></tr>
<tr><td></td><td></td></tr>
<tr><td></td><td></td></tr>
<tr><td></td><td></td></tr>
<tr><td></td><td></td></tr>
</table>

[양식 3] 개인회생사건 진행표

2021 개회 ○○ 호   채무자 ○○○

제   회생위원 선임 등 상황표

아래 회생위원의 유고기간 동안에는, 별도의 결정이 없는 한, 사무분담지정부에서 정한 자를 그 업무를 대신하여 수행할 자로 선임한다. 인사이동 등에 의하여 회생위원의 업무를 계속 수행하기 어려운 사정이 있을 경우에는 회생위원 해임 및 선임결정에 의하여 기존 회생위원을 해임하고 새로운 회생위원을 선임하되 결정은 별도로 보관한다.

	회생위원	내용	결정일	판사	내용	결정일	판사
1	○○○	선임	20 . . .	(인)	해임	20 . . .	(인)
2							
3							
4							
5							

기일등 진행상황표

내 역	기 일	비 고
보 전 처 분 일	. . .	
개 시 결 정 일 시	. . . :	대법원 홈페이지에 공고
이의기간종료일	. . .	변경기일 (. . .) (. . .)
채권자집회기일	. . . :	변경기일 (. . .) (. . .)
변제계획인가일	. . .	대법원 홈페이지에 공고
변제예정액표 수정보고일	. . .	. . .
변제계획변경일	. . .	대법원 홈페이지에 공고
변제완료일	. . .	
절 차 폐 지 일	. . .	대법원 홈페이지에 공고
면책의견청취기한	. . .	
면 책 결 정 일	. . .	대법원 홈페이지에 공고
면 책 확 정 일	. . .	
면책취소결정일	. . .	대법원 홈페이지에 공고

[양식 4] 개인회생절차개시신청서

개 인 회 생 절 차 개 시 신 청 서

신청인	성 명		주민등록번호	
	주민등록상 주소			우편번호:
	현 주 소			우편번호:
	전화번호 (집·직장)		전화번호 (휴대전화)	

대리인	성 명			
	사무실 주소			우편번호:
	전화번호 (사무실)			
	이-메일 주소		FAX번호	

주채무자가(또는 보증채무자가, 연대채무자가, 배우자가) 이미 귀 법원에 파산신 청 또는 개인회생절차개시신청을 하였으므로 그 사실을 아래와 같이 기재합니다

성 명		사건번호	

신 청 취 지

"신청인에 대하여 개인회생절차를 개시한다."라는 결정을 구합니다.

신 청 이 유

1. 신청인은, 첨부한 개인회생채권자목록 기재와 같은 채무를 부담하고 있으나, 수입 및 재산이 별지 수입 및 지출에 관한 목록과 재산목록에 기재된 바와 같으므로, 파산의 원인사실이 발생하였습니다(파산의 원인사실이 생길 염려가 있습니다).

   ☑ 신청인은 정기적이고 확실한 수입을 얻을 것으로 예상되고, 또한 채무자 회생 및 파 산에 관한 법률 제595조에 해당하는 개시신청 기각사유는 없습니다(급여소득자의 경우).

□ 신청인은 부동산임대소득·사업소득·농업소득·임업소득 그 밖에 이와 유사한 수입을 장래에 계속적으로 또는 반복하여 얻을 것으로 예상되고, 또한 채무자 회생 및 파산에 관한 법률 제595조에 해당하는 개시신청 기각사유는 없습니다(영업소득자의 경우).

2. 신청인은, 각 회생채권자에 대한 채무 전액의 변제가 곤란하므로, 그 일부를 분할하여 지급할 계획입니다. 즉 현시점에서 계획하고 있는 변제예정액은 __36__ 개월간 월 393,334원씩이고, 이 변제의 준비 및 절차비용지급의 준비를 위하여, 개시결정이 내려지는 경우 2021. 7. 25.을 제1회로 하여, 이후 매월 __25.__에 개시결정시 통지되는 개인회생위원의 은행구좌에 동액의 금전을 입금하겠습니다.

3. 이 사건 개인회생절차에서 변제계획이 불인가될 경우 불인가 결정시까지의 적립금을 반환받을 신청인의 예금계좌는 __○○은행 123-456-789__ 입니다.

첨 부 서 류

1. 개인회생채권자목록 1통
2. 재산목록 1통
3. 수입 및 지출에 관한 목록 1통
4. 진술서 1통
5. 수입인지 1통
6. 예납금영수증 1통
7. 송달료납부서 1통
8. 신청인 본인의 예금계좌 사본 1통(대리인의 예금계좌 사본 아님)
9. 위임장 1통(대리인에 의하여 신청하는 경우)

휴대전화를 통한 정보수신 신청서

위 사건에 관한 개인회생절차 개시결정, 폐지결정, 면책결정, 월 변제액 3개월분 연체의 정보를 예납의무자가 납부한 송달료 잔액 범위 내에서 휴대전화를 통하여 알려주실 것을 신청합니다.

■ 휴대전화번호 :

　　　　신청인 채무자　　　　　　　　(날인 또는 서명)

※ 개인회생절차 개시결정, 폐지결정, 면책결정이 있거나, 변제계획 인가결정 후 월 변제액 3개월분 이상 연체시 위 휴대전화로 문자메시지가 발송됩니다.

> ※ 문자메시지 서비스 이용금액은 메시지 1건당 17원씩 납부된 송달료에서 지급됩니다(송
> 달료가 부족하면 문자메시지가 발송되지 않습니다). 추후 서비스 대상 정보, 이용금액
> 등이 변동될 수 있습니다.

20 .   .   .

신청인   ○   ○   ○   (인)

서울회생법원 귀중

[양식 4-1] 신청서 첨부서류 1. 개인회생채권자목록

[신청서 첨부서류 1]

개 인 회 생 채 권 자 목 록

20　개회　　　　채무자:

채권현재액 산정기준일: 2021. 4. 1.　　　　　　　　　목록작성일: 2021. 4. 5.

채권현재액 총합계	71,388,200원	담보부 회생 채권액의 합계		무담보 회생 채권액의 합계	71,388,200원

※ 개시후이자 등: 아래 각 채권의 개시결정일 이후의 이자·지연손해금 등은 채무자 회생 및 파산에 관한 법률 제581조 제2항, 제446조 제1항 제1호 제2호의 후순위채권입니다.

채권번호	채권자	채권의 원인	주소 및 연락처	
		채권의 내용		부속서류 유무
		채권현재액(원금)	채권현재액(원금) 산정근거	
		채권현재액(이자)	채권현재액(이자) 산정근거	
1	A 은행 (주)	2017. 9. 4. 마이너스 통장개설	(주소) 서울 ○○구 ○○길 ○○ (전화) 02-000-1234　　(팩스) 02-000-1235	
		원금잔액 14,988,200원		□ 부속서류 (1, 2, 3, 4)
		14,988,200원	부채증명서 참조(산정기준일 2021. 4. 1.)	
		0원	부채증명서 참조	
2	B 상호 저축 은행	2018. 9. 19. 신용대출금 2,500만 원	(주소) 서울 ○○구 ○○길 ○○ (전화) 02-000-1236　　(팩스) 02-000-1237	
		원금잔액 20,000,000원 및 이에 대한 20××. ×. ×.부터 20××. ×. ×.까지 연 12%, 그 다음날부터 완제일까지 연 24%의 비율에 의한 금원		□ 부속서류 (1, 2, 3, 4)
		20,000,000원	2019. 4. 1. 500만 원 변제	
		4,000,000원	부채잔액증명서 참조(산정기준일 2021. 4. 1.)	
3	(주) C 크레 디트	2019. 3. 21. 신용대출금 3,000만 원	(주소) 서울 00구 ○○길 ○○ (전화) 02-000-1238　　(팩스) 02-000-1239	
		원금잔액 27,000,000원 및 이에 대한 20××. ×. ×.부터 완제일까지 연 20%의 비율에 의한 금원		☑ 부속서류 (1, ②, 3, 4)
		27,000,000원	2020. 4. 1. 300만 원 변제	
		5,400,000원	부채증명원 참조(산정기준일 2021. 4. 1.)	
			(주소) (전화)　　　　　　　(팩스)	
				□　부속서류 (1, 2, 3, 4)

		(주소)	
		(전화)　　　　(팩스)	
			☐ 부속서류 (1, 2, 3, 4)
		(주소)	
		(전화)　　　　(팩스)	
			☐ 부속서류 (1, 2, 3, 4)
		(주소)	
		(전화)　　　　(팩스)	
			☐ 부속서류 (1, 2, 3, 4)
		(주소)	
		(전화)　　　　(팩스)	
			☐ 부속서류 (1, 2, 3, 4)
		(주소)	
		(전화)　　　　(팩스)	
			☐ 부속서류 (1, 2, 3, 4)
		(주소)	
		(전화)　　　　(팩스)	
			☐ 부속서류 (1, 2, 3, 4)

개인회생채권자목록 작성시 유의사항

1. **채권현재액 산정기준일** : 채권현재액을 산정함에 있어서 기준이 되는 일자로 신청일 또는 신청예정일을 기재합니다.

2. **채권의 기재순서** : 채권의 기재는 우선권이 있는 채권, 담보부 개인회생채권(유치권·질권·저당권·양도담보권·가등기담보권·전세권 또는 우선특권으로 담보된 개인회생채권), 무담보 일반개인회생채권, 후순위 채권의 순서로 기재하고 발생일자에 따라 오래된 것부터 먼저 기재하되 여러 채권을 가진 동일한 채권자는 연속하여 기재합니다.

3. **채권현재액 총합계 등** : 채권자목록에 기재된 채권현재액의 원금과 이자를 모두 합산하여 '채권현재액 총합계' 란에 먼저 기재합니다. 다음으로 부속서류 1의 '⑤ 담보부 회생채권액' 의 합계란의 금액을 '담보부 회생채권액의 합계' 란에 기재합니다. 마지막으로 '채권현재액 총합계' 에서 '담보부 회생채권액의 합계' 를 공제한 금액을 '무담보 회생채권액의 합계' 란에 기재합니다.

4. **채권자** : 법인 등의 경우 법인등기부에 기재된 정식명칭을 기재합니다. 개인영업자의 경우 개인의 이름을 기재하되 실제 영업상 사용되는 명칭을 괄호에 넣어 병기합니다. [예 : 홍길동(○○상사)]

5. **채권의 원인** : 채권의 발생당시를 기준으로 차용금, 매매대금 등의 채권의 발생원인, 시기 또는 기간 등을 간략히 기재하되 대여금 등의 경우 최초의 원금을 같이 기재합니다. (예, 2019. 1. 1.자 대여금 10,000,000원)

6. **채권의 내용** : 잔존채권의 내용, 즉 산정기준일의 원금잔액과 기존에 발생하였거나 앞으로 발생할 이자(지연손해금) 등을 이자율 등에 따른 기간으로 구분하여 기재합니다.

7. **채권현재액** : 채권현재액 산정기준일 현재의 원금과 이자(지연손해금 포함)를 구분하여 기재합니다.

8. **채권현재액 산정근거** : 채권현재액이 어떻게 산정되었는지 상세하게 기재합니다. 산정근거를 기재할 때에는 잔여 원금과 이자 등으로 크게 구분하고, 이자 등의 계산에 있어서 산정 대상 원금, 이자율이 변경되는 경우에는 원금, 이자율이 달라지는 기간별로 나누어 계산한 근거를 기재합니다. 다만 변제계획안이 원금만을 변제하는 것으로 작성된 경우에는 채권현재액의 이자 산정은 월 미만은 버리는 등으로 간이하게 산정하여도 무방하고, 금융기관에서 발급한 원금과 이자등이 구분된 부채확인서 등을 첨부하여 채권현재액의 산정근거에 '부채확인서 등 참조(산정기준일 ○. ○. ○.)' 라고만 기재하여도 됩니다. 금융기관 등 채권자로부터 부채확인서를 발급받기 어려운 경우에는 채권자에 대하여 원금, 이자, 이자율 등에 관한 자료송부를 청구한 다음 그 청구서를 첨부하여 제출하면 됩니다.(추후 채권자로부터 자료가 송부되어온 다음에 그 내용을 검토하여 개인회생채권자목록의 기재를 수정하여 다시 제출하여야 합니다)(채무자 회생 및 파산에 관한 규칙 제82조, 개인회생사건 처리지침 제4조)

9. **보증인** : 채무자의 채무에 대하여 연대보증인 등이 있는 경우에는, 연대보증인 등을 채권자목록에 기재하고, 채권의 원인은 보증의 구체적인 내역을, 채권현재액란에는 '장래의 구상권' 으로, 채권의 내용란에는 '보증채무를 대위변제할 경우 구상금액' 이라고 기재하되, 채권번호는 보증한 채권의 채권번호에 가지번호를 붙여 표시하고 보증한 채권 바로 다음에 기재합니다. (예, 연대보증한 채무의 채권번호가 3일 경우 보증채권은 3-1로 표시)

10. **부속서류 유무** : 별제권부채권 및 이에 준하는 채권의 내역은 부속서류 1에, 다툼이 있거나 예상되는 채권의 내역은 부속서류 2에, 전부명령의 내역은 부속서류 3에, 기타의 경우 부속서류 4에 각 체크하고 상세한 내용은 해당 부속서류에 각 기재합니다.

11. **소명자료 제출** : 채권자목록상의 채권자 및 채권금액에 관한 각 소명자료를 1통씩 제출하십시오.

[양식 4-1 부속서류 1] 별제권부채권 및 이에 준하는 채권의 내역

부속서류 1. 별제권부채권 및 이에 준하는 채권의 내역

(단위 : 원)

채권 번호	채권자	① 채권현재액 (원금) / ② 채권현재액 (이자)	③ 별제권행사 등으로 변제가 예상되는 채권액	④ 별제권행사 등으로도 제받을 수 없을 채권액	⑤ 담보부 회생채권액
		⑥ 별제권 등의 내용 및 목적물			
합 계					

[기재요령]

1. **별제권부 채권 및 이에 준하는 채권:** 개인회생채권에 기하여 채무자의 재산에 유치권, 질권, 저당권 또는 전세권 등이 설정되어 있는 경우 별제권부 채권으로 기재합니다. 주택임대차보호법이나 상가건물임대차보호법에 따른 대항요건(주택의 경우 전입신고 + 주택인도, 상가건물의 경우 사업자등록 신청 + 건물인도)과 확정일자를 갖추어 우선변제권이 있는 임차권자, 대항요건을 갖추어 최우선변제권이 있는 소액임차인의 임대차보증금 반환채권 등 이에 준하는 채권도 기재합니다. 그러나 대항력은 있으나 확정일자를 갖추지 않아 우선변제권이 없는 임차인, 대항요건을 갖추지 못한 임차인 등은 채권자목록에만 기재합니다.

2. **채권번호, 채권자, 채권현재액:** 개인회생채권자목록 양식의 채권번호와 채권자명, 채권현재액을 그대로 기재합니다.

3. **별제권행사 등으로 변제가 예상되는 채권액(③):** 별제권의 경우 [별제권이 담보하는 채권최고액]과 [별제권 목적물의 환가예상액의 70%에서 선순위 담보권의 채권최고액을 공제한 금액] 중 적은 금액을 기재합니다. 위 임차권의 경우는 [임차보증금 현재액(소액임차인의 경우는 최우선변제권이 있는 일정액)]과 [임차목적물의 환가예상액의 70%에서 선순위 담보권의 채권최고액을 공제(소액임차인의 경우에는 선순위 담보권의 채권최고액을 공제하지 않음)한 금액] 중 적은 금액을 기재합니다. 위 금액은 별제권 행사 등으로 목적물의 환가대금에서 변제받을 수 있기 때문에 변제계획의 변제대상에서는 제외합니다.

4. **별제권행사 등으로도 변제받을 수 없을 채권액(④):** 담보부족예상액을 의미하며, [별제권이 담보하는 채권최고액]과 [채권현재액] 중 큰 금액에서 별제권행사 등으로 변제가 예상되는 채권액(③)을 공제한 금액(채권현재액 한도)을 기재합니다. 별제권행사로 모든 채권액의 변제가 가능할 것으로 예상되는 경우라도 예상 밖의 경우를 대비하여 그 별제권자를 채권자목록에 기재하여야 하고 '별제권 행사로도 변제받을 수 없을 채권액'이 음수인 경우는 0원으로 기재합니다. 임차권의 경우에는 임차보증금 현재액에서 별제권행사 등으로 변제가 예상되는 채권액(③)을 제외한 금액을 기재합니다. 위 금액은 별제권 행사 등으로 변제받을 수 없을 것으로 예상되기 때문에 일반 개인회생채권으로 취급합니다. 따라서 변제계획에 있어서도 일반개인회생채권과 같은 방식으로 산정되는 변제액을 미확정채권으로 보아 유보하여 놓았다가 확정이 되면 그 동안 유보한 금액을 일시에 지급하고 부족한 부분은 일반개인회생채권과 같이 안분하여 변제합니다.

5. **담보부 회생채권액(⑤):** [채권현재액의 합계(①+②)]와 [별제권 행사 등으로 변제가 예상되는 채권액(③)] 중 적은 금액을 기재하고 그 합계란의 금액을 개인회생채권자목록의 '담보부 회생채권액의 합계' 란에 기재합니다.

6. **별제권 등의 내용 및 목적물(⑥):** 담보권의 순위, 담보권이 설정된 시기, 채권최고액, 목적물의 내역(부동산인 경우 지번, 지목, 면적 등), 환가예상액(신청일 당시의 시가) 등을 기재합니다. 임차권의 경우 다른 선순위 담보권과의 관계에서 임차권의 순위, 임차기간, 임차목적물의 내역(부동산인 경우 지번, 지목, 면적 등), 환가예상액(신청일 당시의 시가) 등을 기재합니다.

7. **소명자료의 제출:** 별제권부 채권의 경우 담보목적물의 등기사항증명서, 환가예정액의 산정자료, 대출약정서, 현재액의 근거 자료 등을 각 1통씩 제출하십시오. 임차권의 경우 임차목적물의 등기부등본, 환가예정액의 산정자료, 임차인의 주민등록등본, 임대차계약서, 확정일자의 소명자료 등을 각 1통씩 제출하십시오. 대항력은 있으나 확정일자를 갖추지 않아 우선변제권이 없는 임차인의 경우도 위와 같은 소명자료를 제출하십시오.

[양식 4-1 부속서류 2] 다툼이 있거나 예상되는 채권의 내역

부속서류 2. 다툼이 있거나 예상되는 채권의 내역

(단위 : 원)

채권 번호	채권 자	① 채권자목록상 채권현재액		② 채권자 주장 채권현재액	③ 다툼이 없는 부분	④ 차이나는 부분 (② - ①)	⑤ 다툼의 원인
		⑥ 소송제기여부 및 진행경과					
3	(주) C 크레 디트	원금	27,000,000	30,000,000	27,000,000	3,000,000	2018. 4. 1.자 300만 원 변제여부
		이자	5,400,000	6,000,000	5,400,000	600,000	
		2020. 2. 5. 채권자의 소제기(서울중앙지방법원 2020가단○○호 대여금) - 2020. 6. 30. 원고(채권자)승소 판결 - 현재 서울중앙지방법원 2020나○○○호로 항소심 계속 중					
		원금					
		이자					
		원금					
		이자					

[기재요령]

1. **채권번호, 채권자:** 개인회생채권자목록 양식의 채권번호와 채권자명을 그대로 기재합니다.
2. **채권현재액 :** 원금과 이자를 구분하여, 채무자가 인정하는 개인회생채권자목록 기재 채권현재액(①)과 채권자가 주장하는 채권현재액(②)을 각 기재하고, 그 차액을 '④차이나는 부분' 란에, 다툼이 없는 부분을 '③다툼이 없는 부분' 란에 각 기재합니다.
3. **다툼의 원인(⑤):** 채권액에 관한 다툼이 생긴 원인을 간략히 기재합니다.
4. **소송제기여부 및 진행경과(⑥) :** 소송이 제기된 경우 그 소송이 제기된 법원, 사건번호, 당사자, 현재까지의 진행경과 등을, 판결 등이 있은 경우 사건번호, 판결선고일, 판결결과, 상소 여부, 상소심 진행경과, 판결의 확정 여부 등을 각 기재합니다.

[양식 4-1 부속서류 3] 전부명령의 내역

부속서류 3. 전부명령의 내역

(단위 : 원)

채권 번호	채권자	채권의 내용	전부명령의 내역

[기재요령]

1. 채권번호, 채권자: 개인회생채권자목록 양식의 채권번호와 채권자명을 그대로 기재합니다.

2. 채권의 내용: 개인회생채권자목록의 내용을 그대로 기재합니다.

3. 전부명령의 내역: ① 전부명령을 내린 법원, ② 당사자, ③ 사건명 및 사건번호, ④ 전부명령의 대상이 되는 채권의 범위, ⑤ 제3채무자에 대한 송달일, ⑥ 전부명령의 확정여부를 기재하여야 합니다.

[양식 4-1 부속서류 4] 기타

부속서류 4. 기 타

☞ 채무자가 보증인인 경우 주채무의 내용(주채무자, 금액, 관계 등), 채무자 이외의 제3자가 물상보증을 제공한 경우 등 위의 부속서류에 기재하기 어려운 유형의 채권이 있는 경우 아래에 기재합니다.

[양식 4-2] 신청서 첨부서류 2. 재산목록

[신청서 첨부서류 2]

재 산 목 록

명 칭	금액 또는 시가(단위:원)	압류등 유무	비 고			
현금	150,000	무				
예금	650,000	무	금융기관명	(1) ○○은행 ○○지점	(2) ○○은행 ○○ 지점	
			계좌번호	123-4567-89-01	234-567-89-0	
			잔고	200,000원	450,000원	
보험	850,000	무	보험회사명	(1) ○○생명		
			증권번호	23-4567-890-0		
			해약반환금	850,000원		
자동차 (오토바이 포함)	1,100,000	무	2003년 아반떼 1600cc			
임차보증금 (반환받을 금액을 금액란에 적는다)	8,500,000	가압류	임차물건	서울 ○○구 ○○길 ○○, 2층		
			보증금 및 월세	상가임차보증금 10,000,000원, 월세 150,000원		
			차이 나는 사유	10개월 월세 연체로 보증금에서 공제		
부동산 (환가예상액에서 피담보채권을 뺀 금액을 금액란에 적는다)	7,000,000	무	소재지,면적	경기 ○○시 ○○길 ○○ 잡종지 ○○㎡		
			부동산의 종류	토지(0), 건물( ), 집합건물( )		
			권리의 종류	소유권 중 1/2 지분		
			환가예상액	7,000,000원		
			담보권 설정된 경우 그 종류 및 담보액			
사업용 설비, 재고품, 비품 등			품목,개수			
			구입시기			
			평가액			
대여금 채권			상대방 채무자 1:		□ 소명자료 별첨	
			상대방 채무자 2:		□ 소명자료 별첨	
매출금 채권			상대방 채무자 1:		□ 소명자료 별첨	
			상대방 채무자 2:		□ 소명자료 별첨	
예상 퇴직금			근무처: (압류할 수 없는 퇴직금 원 제외)			
기타( )						
합계	18,250,000					
면제재산 결정 신청 금액			면제재산 결정신청 내용:			
청산가치	8,350,000		민사집행법상 압류금지 예금, 보험 및 주택임대차보호법 상 소액보증금 부분 제외			

재산목록 작성시 유의사항

1. 현금
○ 10만 원 이상인 경우에 기재하여 주십시오.

2. 예금
○ 소액이라도 반드시 기재하고, 정기예금·적금·주택부금 등 예금의 종류를 불문하고 모두 기재하십시오. 그리고 개인회생절차 신청 시의 잔고가 기재된 통장 사본을 첨부하십시오.

3. 보험
○ 가입하고 있는 보험은 모두 기재하고, 보험증권사본 및 개인회생절차 신청 시의 해약반환금예상액(없는 경우에는 없다는 사실)을 기재한 보험회사의 증명서를 첨부하여 주십시오.

4. 자동차(오토바이 포함)
○ 자동차등록원부와 시가 증명자료를 첨부하여 주십시오.

5. 임차보증금
○ 반환받을 수 있는 금액을 적어 주시고, 계약상의 보증금과 반환받을 수 있는 금액이 차이 나는 경우에는 '차이 나는 사유'란에 그 사유를 적어 주십시오.
○ 임대차계약서 사본 등 임차보증금 중 반환예상액을 알 수 있는 자료를 첨부하여 주십시오.

6. 부동산
○ 등기사항증명서 등과 재산세과세증명서 등 시가 증명자료를 첨부하여 주십시오.
○ 저당권 등 등기된 담보권에 대하여는 은행 등 담보권자가 작성한 피담보채권의 잔액증명서 등의 증명자료를 첨부하여 주십시오.

7. 사업용 설비, 재고품, 비품 등
○ 영업소득자의 경우에 그 영업에 필요한 설비 등을 기재하여 주십시오.

8. 대여금 채권
○ 계약서의 사본 등 대여금의 현재액을 알 수 있는 자료를 첨부하고, 변제받는 것이 어려운 경우에는 그 사유를 기재한 진술서를 첨부하여 주십시오.

9. 매출금 채권
○ 영업소득자의 경우 영업장부의 사본 등 매출금의 현재액을 알 수 있는 자료를 첨부하고, 변제받는 것이 곤란한 경우에는 그 사유를 기재한 진술서를 첨부하여 주십시오.

10. 예상 퇴직금
○ 현재 퇴직할 경우 지급받을 수 있는 퇴직금 예상액(다만 압류할 수 없는 부분은 기재하지 아니하고, 비고란에 표시)을 기재하고 사용자 작성의 퇴직금 계산서 등 증명서를 첨부하여 주십시오.

11. 면제재산 결정 신청 금액
○ 면제재산 결정을 신청한 재산의 금액과 그 내역을 기재하여 주시고 재산 합계액에서 면제재산 결정 신청금액을 공제한 잔액을 청산가치로 기재하여 주십시오.

12. 압류 및 가압류 유무
○ 재산 항목에 대하여 압류·가압류 등 강제집행이 있는 경우에는 그 유무를 해당란에 표시하고, 그러한 압류·가압류의 결정법원, 사건번호, 상대방 채권자, 압류된 금액 등 상세한 내용은 [신청서 첨부서류 4] 진술서의 해당란에 기재하고 관련 자료를 첨부하여 주십시오.

13. 기재할 사항이 많은 항목은, 그 항목에 "별지 기재와 같음"이라고 적은 후, 별지를 첨부하여 주십시오.

[양식 4-3] 신청서 첨부서류 3. 수입 및 지출에 관한 목록

[신청서 첨부서류 3]

수입 및 지출에 관한 목록

Ⅰ. 현재의 수입목록

(단위 : 원)

수입상황	자영(상호)		고용(직장명)	DEF 기획
	업종		직위	사원
	종사경력	년 개월	근무기간	2020년 2월부터 현재까지
명목	기간구분	금액	연간환산금액	압류, 가압류 등 유무
급여	월간	2,316,020	27,792,240	
상여금	구정과 추석	각 2,000,000	4,000,000	
		연 수입	31,792,240	월 평균 수입 2,649,353

Ⅱ. 변제계획 수행시의 예상지출목록(해당란에 ☑ 표시)

☑ 채무자가 예상하는 생계비가 보건복지부 공표 가구별 기준 중위소득의 60% 이하인
경우

보건복지부 공표 (   )인 가족 가구별 기준 중위소득 (   )원의 약 (   )%
인 (   )원을 지출할 것으로 예상됩니다.

☐ 채무자가 예상하는 생계비가 보건복지부 공표 가구별 기준 중위소득의 60%를 초과
하는 경우

보건복지부 공표 (   )인 가족 가구별 기준 중위소득 (   )원의 약 (   )%
인 (   )원을 지출할 것으로 예상됩니다(뒷면 표에 내역과 사유를 상세히 기재하
십시오).

Ⅲ. 가족관계

관계	성 명	연령	동거여부 및 기간	직 업	월 수입	재산총액	부양유무
배우자	성○○	42	동거(혼인시부터)	회사원	700,000원	30,000,000원	무
자	김○○	12	동거(출생시부터)	학생	없음	없음	유
자	김○○	10	동거(출생시부터)	학생	없음	없음	유

☞ 채무자가 예상하는 생계비가 보건복지부 공표 가구별 기준 중위소득의 60%를 초과하는 경우

1. 생계비의 지출 내역

비 목	지출예상 생계비	추가지출 사유
생계비 ☞생계비에는 식료품비, 광열수도비, 가구집기비, 피복신발비, 교양오락비, 교통통신비, 기타 비용의 합산액을 기재합니다.		
주거비		
의료비		
교육비		
계		추가비율 : %

2. 생계비 추가지출사유에 관한 보충기재사항

수입 및 지출에 관한 목록 작성시 유의사항

1. 현재의 수입목록

○ 급여소득자와 영업소득자를 구분하여 수입상황에 기재합니다. 급여소득자의 경우 급여는, 신청일 현재 매월 받는 금액과 정기상여금·연말성과급 등 매월 받지 않는 금액을 구별하여, "소득세, 주민세, 건강보험료, 국민연금보험료, 고용보험료, 산업재해보상보험료 중 해당하는 금액[채무자회생 및 파산에 관한 법률 제579조 제4호 (나)목 금액]"을 공제한 순수입액을 해당란에 기재하고, 다시 연단위로 환산한 금액과 이를 평균한 월 평균수입(소수점 이하는 올림)을 각 기재합니다. 그리고 근로소득세 원천징수영수증 사본, 급여증명서, 급여확인서, 급여입금통장사본 등 소명자료를 제출하여 주십시오.

○ 연금 등의 일정수입이 있는 경우에는 그 내역을 기재하고 연간수령금액을 환산하여 해당란에 기재합니다. 그리고 이를 소명할 수급증명서 등의 자료를 첨부하여 주십시오.

○ 영업소득자의 경우, 수입 명목을 부동산임대소득·사업소득·농업소득·임대소득 또는 기타소득으로 구분하여 최근 1년간의 소득을 평균한 연간 소득금액에서 소득세등 위 법률 제579조 제4호 (나)목 소정 금액과 같은 호 (라)목 소정의 영업의 경영, 보존 및 계속을 위하여 필요한 비용을 공제한 순소득액을 산출하여 이를 월 평균수입으로 환산(소수점 이하는 올림)하여 기재합니다. 소명자료로는 종합소득세 확정신고서, 사업자 소득금액 증명원, 기타 소득을 확인할 수 있는 자료를 첨부하여 주십시오.

○ 최근 1년 동안 직장이나 직업의 변동이 있었던 경우는 변동 이후의 기간 동안의 소득을 평균한 소득금액을 기준으로 산정하고, 변동 후의 기간에 대한 소명자료를 제출하십시오.

○ 수입에 대하여, 압류나 가압류 등 강제집행이 있는 경우에는 그 유무를 해당란에 표시하고, 그러한 압류·가압류의 결정법원, 사건번호, 상대방 채권자, 압류된 금액 등 상세한 내용은 [신청서 첨부서류 4] 진술서의 해당란에 기재하고 관련서류를 첨부하여 주십시오.

2. 변제계획 수행시의 예상 지출목록

○ 채무자가 신고하는 지출예상 생계비가 보건복지부 공표 가구별 기준 중위소득의 60% 이하인 경우에는 그 금액대로 인정받을 수 있으므로 해당란에 V표를 하고 그 내역만을 기재합니다.

○ 채무자가 신고하는 지출예상 생계비가 보건복지부 공표 가구별 기준 중위소득의 60%를 초과하는 경우에는 해당란에 V표를 하고 뒷면 표에 각 항목별로 나누어 추가로 지출되는 금액과 그 사유를 구체적으로 기재합니다. 이 경우 생계비가 추가 소요되는 근거에 관하여 구체적인 소명자료를 제출하여야 합니다.

3. 가족관계

○ 채무자와 생계를 같이 하는 가족을 기재하고 동거 여부와 채무자의 수입에 의하여 부양되는지 유무를 표시하십시오. 가족 중 수입이 있는 자에 대하여는 급여명세서사본, 종합소득세확정신고서 등을 첨부하여 주십시오.

○ 동거여부 및 동거기간의 소명을 위해 주민등록등본 및 가족관계증명서를 제출하십시오.

4. 기타: 기재할 사항이 많은 항목은, 그 항목에 "별지 기재와 같음"이라고 적은 후, 별지를 첨부하여 주십시오.

[양식 4-4] 신청서 첨부서류 4. 진술서

[신청서 첨부서류 4]

진 술 서

Ⅰ. 경력

1. 최종학력

　　　　　　　년　월　일　　　　　　　　　학교 (졸업, 중퇴)

2. 과거 경력 (최근 경력부터 기재하여 주십시오)

기간		년　월　일부터	현재까지 (자영, 근무)	
업종		직장명		직위
기간		년　월　일부터	년　월　일까지 (자영, 근무)	
업종		직장명		직위
기간		년　월　일부터	년　월　일까지 (자영, 근무)	
업종		직장명		직위

3. 과거 결혼, 이혼 경력

　　　　　　　년　월　일　　　　　　와 (결혼, 이혼)

　　　　　　　년　월　일　　　　　　와 (결혼, 이혼)

　　　　　　　년　월　일　　　　　　와 (결혼, 이혼)

Ⅱ. 현재 주거상황

　　거주를 시작한 시점　(　　　년　월　일)

거주관계(해당란에 표시)	상세한 내역
㉠ 신청인 소유의 주택	
㉡ 사택 또는 기숙사 ㉢ 임차(전·월세) 주택	임대보증금 (　　　　　원) 임대료 (월　　　원), 연체액 (　　　　원) 임차인 성명 (　　　　　)
㉣ 친족 소유 주택에 무상 거주 ㉤ 친족외 소유 주택에 무상 거주	소유자 성명 (　　　　　) 신청인과의 관계 (　　　　　)
㉥ 기타(　　　　　　)	

☆ ㉠ 또는 ㉣항을 선택한 분은 주택의 등기사항증명서를 첨부하여 주십시오.

☆ ㉡ 또는 ㉢항을 선택한 분은 임대차계약서(전·월세 계약서) 또는 사용허가서 사본을 첨부하여 주시기 바랍니다.

☆ ㉣ 또는 ㉤항을 선택한 분은 소유자 작성의 거주 증명서를 첨부하여 주십시오.

Ⅲ. 부채 상황

1. 채권자로부터 소송·지급명령·전부명령·압류·가압류 등을 받은 경험(있음, 없음)

내 역	채권자	관할법원	사건번호

☆ 위 내역란에는 소송, 지급명령, 압류 등으로 그 내용을 기재합니다.

☆ 위 기재사항에 해당하는 소장·지급명령·전부명령·압류 및 가압류결정의 각 사본을 첨부하여 주십시오.

2. 개인회생절차에 이르게 된 사정(여러 항목 중복 선택 가능)

       ( ) 생활비 부족   ( ) 병원비 과다지출

       ( ) 교육비 과다지출   ( ) 음식, 음주, 여행, 도박 또는 취미활동

       ( ) 점포 운영의 실패   ( ) 타인 채무의 보증

       ( ) 주식투자 실패   ( ) 사기 피해

       ( ) 기타 (   )

3. 채무자가 많은 채무를 부담하게 된 사정 및 개인회생절차개시의 신청에 이르게 된 사정에 관하여 구체적으로 기재하여 주십시오(추가 기재시에는 별지를 이용하시면 됩니다).

Ⅳ. 과거 면책절차 등의 이용 상황

절차	법원 또는 기관	신청시기	현재까지 진행상황
□ 파산·면책절차 □ 화의·회생·개인회생절차			
□ 신용회복위원회 워크아웃 □ 배드뱅크			( )회 ( )원 변제

☆ 과거에 면책절차 등을 이용하였다면 해당란에 ☑ 표시 후 기재합니다.

☆ 신청일 전 **10년** 내에 회생사건·파산사건 또는 개인회생사건을 신청한 사실이 있는 때에는 그 관련 서류 1통을 제출하여야 합니다.

[양식 5] 변제계획안 1(가용소득으로 변제에 제공하는 경우 — 내부회생위원 선임)

> 가용소득만으로 변제하는 경우

변제계획안 제출서

사   건   20   개회   개인회생
채 무 자   ○   ○   ○
대 리 인   변호사 ○ ○ ○

채무자는 별지와 같이 변제계획안을 작성하여 제출하니
인가하여 주시기 바랍니다.

20   .   .   .

채무자 ○ ○ ○
대리인 변호사 ○ ○ ○   (인)

서울회생법원 귀중

20   개회   호 채무자: _____

변 제 계 획 (안)

2021. 4. 5. 작성

1. 변제기간

[2021]년 [7]월 [25]일부터 [2024]년 [6]월 [25]일까지 [36]개월간

2. 변제에 제공되는 소득 또는 재산

가. 소득

(1) 수입

☑ 변제기간 동안 [DEF 기획]에서 받는 월 평균 수입 [2,649,353]원

☐ 변제기간 동안 [   ]를 운영하여 얻는 월 평균 수입 [   ]원

(2) 채무자 및 피부양자의 생활에 필요한 생계비

㈎ 채무자 및 피부양자 : 총 [3]명

㈏ 국민기초생활보장법에 의한 가구별 기준 중위소득 : 월 [3,983,950] 원

㈐ 채무자 회생 및 파산에 관한 법률에 따라 조정된 생계비 : 월 [2,390,370]원

(3) 채무자의 가용소득

기간 : [2021]년 [7]월 [25]일부터 [2024]년 [6]월 [25]일까지

① 월 평균 수입	② 월 평균 생계비	③ 월 평균 가용소득 (① - ②)	④ 변제 횟수 (월 단위로 환산)	⑤ 총 가용소득 (③ × ④)
2,649,353원	2,390,370원	254,983원	36회	9,179,388원

나. 재산 : [해당 있음 ☐ / 해당 없음 ☑]

3. 개인회생재단채권에 대한 변제 [해당 있음 ☐ / 해당 없음 ☑]

가. 회생위원의 보수 및 비용 [해당 있음 ☐ / 해당 없음 ☑]

변제계획 인가 후 [   ]원을 지급

나. 기타 개인회생재단채권 [해당 있음 ☐ / 해당 없음 ☑]

(1) 채권의 내용

채권자	채권현재액	채권발생원인	변제기

(2) 변제방법

변제계획 인가일 직후 원리금 전액을 일반 개인회생채권보다 우선하여 변제한다.

4. 일반의 우선권 있는 개인회생채권에 대한 변제 [해당 있음 □ / 해당 없음 ☑]
  (1) 채권의 내용

채권자	채권현재액	채권발생원인(우선권의 근거)	변제기

(2) 변제방법

변제계획 인가일 직후 최초 도래하는 변제기일에 원리금 전액을 우선하여 변제한다. 남은 채권이 있을 경우에는 일반 개인회생채권의 매 변제기일에 우선하여 변제한다.

5. 별제권부 채권 및 이에 준하는 채권의 처리 [해당 있음 □ / 해당 없음 ☑]
  가. 채권의 내용

채권번호	채권자	① 채권현재액(원금) / ② 채권현재액(이자)	③ 별제권행사 등으로 변제가 예상되는 채권액	④ 별제권행사 등으로도 변제받을 수 없을 채권액
		별제권 등의 내용 및 목적물		

☞ 개인회생채권자목록 부속서류 1의 내용을 그대로 옮겨 적습니다.

나. 변제방법

(1) 위 각 채권에 대하여 별제권 행사 등으로 변제가 예상되는 채권액(③)은 별제권 행사 등에 의한 방법으로 변제하고 이 변제계획상의 가용소득이나 재산처분에 의한 변제대상에서 제외한다.

(2) 위 (1)항 기재 각 채권 중 별제권행사 등으로도 변제받을 수 없을 채권액(④)은 미확정채권으로 보아 유보하였다가 아래 7항 기재와 같은 방법으로 변제한다.

(3) 별제권 행사 등으로도 변제받을 수 없을 채권액이 위 가의 ④항 기재 금
    액을 초과하는 것으로 확정된 경우에는, 채권자가 그 초과부분을 변제계획
    안의 변경 절차를 통하여 변제받을 수 있다.

6. 일반 개인회생채권에 대한 변제

 가. 가용소득에 의한 변제

 (1) 월 변제예정(유보)액 및 총 변제예정(유보)액의 산정

    각 일반 개인회생채권의 [원금]의 액수를 기준으로 월 평균가용소득을
    안분하여 산출한 금액을 각 일반 개인회생채권자에게 변제한다. 이를 기
    초로 산정한 월 변제예정(유보)액은 [254,983]원이고 총 변제예정(유보)
    액은 [9,179,388]원이다.

    구체적 산정 내역은 별지 개인회생채권 변제예정액 표 참조.

 (2) 변제방법

    위 (1)항의 변제예정(유보)액은 다음과 같이 분할하여 변제한다.

    ㈎ 기간 및 횟수

       [2021]년 [7]월 [25]일부터 [2024]년 [6]월 [25]일까지 [36]
       개월간 합계 [36]회

    ㈏ 변제월 및 변제일

       ① [2021]년 [7]월 [25]일부터 변제계획인가일 직전 [25]일까
          지 기간

          ☑ 변제계획인가일 직후 최초 도래하는 월의 [25]일에 위 기간
             동안의 변제분을 개인회생절차개시후 변제계획 인가 전에 적립
             된 가용소득으로 일시에 조기 변제

          ☐ 기타 : [   ]

       ② 변제계획인가일 직후 최초 도래하는 월의 [25]일부터 [2024]년
          [6]월 [25]일까지 기간

          ☑ 매월마다 [25]일에 변제

          ☐ 매 [   ]개월마다 [   ]일에 각 변제

          ☐ 기타 : [   ]

 나. 재산의 처분에 의한 변제 [해당 있음 ☐ / 해당 없음 ☑]

7. 미확정 개인회생채권에 대한 조치 [해당 있음 ☑ / 해당 없음 ☐]

　가. 변제금액의 유보

　(1) 미확정 개인회생채권에 대하여는 변제를 유보하고, 별지 개인회생채권 변제예정액표에 기재한 금액을 당해 채권이 확정될 때까지 유보하여 둔다.

　(2) 채무자는 위와 같이 유보한 금액도, 즉시 지급되는 다른 채권에 대한 변제금과 마찬가지로 아래 8항 기재 계좌에 입금한다.

　나. 미확정 개인회생채권에 대한 변제

　(1) 미확정 개인회생채권이 전부 그대로 확정된 경우

　　미확정 개인회생채권의 전액에 관하여 채권의 존재가 확정된 경우에는, 그 확정 직후 유보비율을 변제비율로 적용하여 변제를 개시하고 매월의 변제기에 그 해당금액을 변제하되, 이미 분할 변제기가 도래한 부분 즉 그 동안의 유보액에 대하여는 곧바로 일시 변제한다.

　(2) 미확정 개인회생채권이 전부 또는 일부 부존재 하는 것으로 확정된 경우

　　미확정 개인회생채권이 전부 또는 일부 부존재하는 것으로 확정된 경우에는, 그 확정 직후, 존재하는 것으로 확정된 [원금]의 인용 비율에 위 가항에 의하여 지급을 유보한 금액을 곱하여 산출된 금액을 당해 개인회생채권자에게 일시에 변제한다. 유보금액 중, 미확정 개인회생채권의 일부가 존재하지 않는 것으로 됨에 따라 그 개인회생채권자에게 변제할 필요가 없게 된 나머지 유보금액은, 그 채권액 확정 직후 전체 일반 개인회생채권자들에게 각 [원금]의 액수를 기준으로 안분하여 변제한다. 향후의 매월 입금액을 분배하는 기준이 될 변제비율은 위 확정 원금들 사이의 비율에 따라 새로 계산하여 정하는데, 미확정 개인회생채권의 일부가 존재하지 않는 것으로 확정됨에 따라 향후 당해 개인회생채권자를 위한 유보가 불필요하게 된 변제기 미도래분에 대한 변제 유보예정액은, 향후 변제기 도래시 전체 일반 개인회생채권자들에게 그 각 [원금]의 액수를 기준으로 안분되도록 한다.

　(3) 변제기간 종료시까지 미확정 개인회생채권이 미확정상태로 남는 경우에는 최종변제기에 유보한 금액 전부를 일반개인회생채권자들에게 각 [원금]의 액수를 기준으로 안분하여 변제한다.

　(4) 임대차보증금반환액수가 확정되지 않은 임대차보증금 반환채권은 미확

정채권으로 보아 위 가, 나항에 따라 변제하되 그 액수가 확정되고 임차인이 임차목적물을 명도함과 동시에 변제한다.

8. 변제금원의 회생위원에 대한 임치 및 지급

채무자는 위 [6, 7]항에 의하여 개인회생채권자들에게 변제하여야 할 금액을 개시결정시 통지되는 개인회생위원의 예금계좌 {[   ]은행 계좌번호 [   ]}에 순차 임치하고, 개인회생채권자는 법원에 예금계좌를 신고하여 회생위원으로부터 변제액을 송금받는 방법으로 지급받는다. 회생위원은 계좌번호를 신고하지 않은 개인회생채권자에 대하여는 변제액을 적립하였다가 이를 연 1회 개인회생사건이 계속되어 있는 지방법원에 공탁하여 지급할 수 있다.

   ☞ 개인회생위원의 예금계좌는 신청 당시에는 알 수 없으므로 공란으로 두었다가 추후 보완합니다.

9. 면책의 범위 및 효력발생시기

채무자가 개인회생채권에 대하여 이 변제계획에 따라 변제를 완료하고 면책신청을 하여 면책결정이 확정되었을 경우에는, 이 변제계획에 따라 변제한 것을 제외하고 개인회생채권자에 대한 채무에 관하여 그 책임이 면제된다. 단, 채무자 회생 및 파산에 관한 법률 제625조 제2항 단서 각호 소정의 채무에 관하여는 그러하지 아니하다.

10. 기타사항 [해당 있음 □ / 해당 없음 ☑]

20   개회 호   채무자

개 인 회 생 채 권 변 제 예 정 액 표

1. 기초사항

(단위 : 원)

(A) 월평균 가용소득	254,983	(B)변제횟수	36회	(C) 총 가용소득	9,179,388

2. 채권자별 변제예정액의 산정내역

(단위 : 원)

채권 번호	채권자	(D) 개인회생채권액		(E) 월 변제예정(유보)액		(F) 총 변제예정(유보)액	
		확정채권액 (원금)	미확정채권 (원금)	확정채권액 (원금)	미확정채권액 (원금)	확정채권액 (원금)	미확정채권액 (원금)
1	A은행(주)	14,988,200	0	58,807	0	2,117,051	0
2	B 상호 저축은행	20,000,000	0	78,471	0	2,824,944	0
3	(주) C 크레디트	27,000,000	3,000,000	105,936	11,770	3,813,679	423,714
합 계		61,988,200	3,000,000	243,213	11,770	8,755,674	423,714
총 계		(G)	64,988,200	(H)	254,983	(I)	9,179,388

3. 변제율 : 원금의 [14.1]% 상당액

4. 청산가치와의 비교

(단위 : 원)

(J) 청산 가치	8,350,000	(K)가용소득에 의한 총변제예정(유보)액	9,179,388
		(L) 현재가치	8,611,260

[양식 5-1] 변제계획안 2(가용소득으로 원금 전부 및 이자 일부를 변제하는 경우)

<u>20   개회 호   채무자   </u>

개인회생채권 변제예정액 표

1. 기초사항

(단위 : 원)

(A) 월평균 가용소득	1,450,000	(B)변제횟수	36회	(C) 총 가용소득	52,200,000

2. 채권자별 변제예정액의 산정내역

가. 제1회~제32회분 변제예정액   (단위 : 원)

채권 번호	채권자	(D) 개인회생채권액		(E) 월 변제예정(유보)액		(F) 총 변제예정(유보)액	
		확정채권액 (원금)	미확정채권 (원금)	확정채권액 (원금)	미확정채권액 (원금)	확정채권액 (원금)	미확정채권액 (원금)
1	A은행(주)	3,563,400	0	108,541	0	3,473,312	0
2	B 상호 저축은행	3,223,000	0	98,172	0	3,141,504	0
3	(주) C 크레디트	4,650,000	0	141,639	0	4,532,048	0
4	D 은행	9,365,500	0	285,272	0	9,128,704	0
5	E 은행	5,456,300	0	166,199	0	5,318,368	0
6	F 은행	12,000,000	0	365,519	0	11.696,608	0
7	G 은행	9,345,450	0	284,661	0	9,109,152	0
합 계		47,603,650	0	1,450,003	0	46,400,096	0
총 계		(G)	47,603,650	(H)	1,450,003	(I)	46,400,096

나. 제33회분 변제예정액   (단위 : 원)

채권 번호	채권자	(D) 개인회생채권액		(E) 월 변제예정(유보)액		(F) 총 변제예정(유보)액	
		확정채권액 (원금/이자)	미확정채권 (원금/이자)	확정채권액 (원금/이자)	미확정채권액 (원금/이자)	확정채권액 (원금/이자)	미확정채권액 (원금/이자)
1	A은행(주)	3,563,400 3,400,460	0	90,088 46,606	0	136,694	0
2	B 상호 저축은행	3,223,000 3,230,000	0	81,496 44,270	0	125,766	0
3	(주) C 크레디트	4,650,000 1,230,000	0	117,552 16,859	0	134,411	0
4	D 은행	9,365,500 1,847,489	0	236,796 25,322	0	262,118	0
5	E 은행	5,456,300 3,532,440	0	137,932 48,415	0	186,347	0
6	F 은행	12,000,000 1,540,799	0	303,392 21,118	0	324,510	0
7	G 은행	9,345,450 3,200,000	0	236,298 43,859	0	280,157	0
합 계		47,603,650 17,981,188	0	1,203,554 246,449	0	1,450,003	0
총 계		(G)	65,584,838	(H)	1,450,003	(I)	1,450,003

\# 개인회생채권액란과 월 변제예정액란의 윗부분은 원금, 아랫부분은 이자에 해당함.

\# 원금(선 윗부분)에 대한 월 변제예정액은 원금채권액에서 32회분까지의 월 변제액을 공제한 잔존액이고, 이자(선 아랫부분)에 대한 월 변제예정액은 월평균 가용소득 **1,450,000**원에서 원금에 대한 월 변제예정액 합계 **1,203,544**원을 공제한 나머지 **246,446**원을 이자액 비율로 분배(소수점 이하는 올림)한 것.

다. 제**34**회 ~ 제**36**회분 변제예정액　　　　　　　　　　　　　　　　　　　　(단위 : 원)

채권 번호	채권자	(D) 개인회생채권액		(E) 월 변제예정(유보)액		(F) 총 변제예정(유보)액	
		확정채권액 (이자)	미확정채권 (이자)	확정채권액 (이자)	미확정채권 (이자)	확정채권액 (이자)	미확정채권액 (이자)
1	A은행(주)	3,400,460	0	274,213	0	822,639	0
2	B 상호 저축은행	3,230,000	0	260,467	0	781,401	0
3	(주) C 크레디트	1,230,000	0	99,187	0	297,561	0
4	D 은행	1,847,489	0	148,982	0	446,946	0
5	E 은행	3,532,440	0	284,856	0	854,568	0
6	F 은행	1,540,799	0	124,250	0	372,750	0
7	G 은행	3,200,000	0	258,048	0	774,144	0
합 계		17,981,188	0	1,450,003	0	4,350,009	0
총 계		(G)	17,981,188	(H)	1,450,003	(I)	4,350,009

라. 총 변제예정액 합계　　　　　　　　　　　　　　　　　　　　　　　　　　(단위 : 원)

채권 번호	채권자	(D) 개인회생채권액		(F) 총 변제예정(유보)액	
		확정채권액 (원금/이자)	미확정채권 (원금/이자)	확정채권액 (원금/이자)	미확정채권액 (원금이자)
1	A은행(주)	3,563,400 3,400,460	0	4,432,645	0
2	B 상호 저축은행	3,223,000 3,230,000	0	4,048,671	0
3	(주) C 크레디트	4,650,000 1,230,000	0	4,964,420	0
4	D 은행	9,365,500 1,847,489	0	9,837,768	0
5	E 은행	5,456,300 3,532,440	0	6,359,283	0
6	F 은행	12,000,000 1,540,799	0	12,393,868	0
7	G 은행	9,345,450 3,200,000	0	10,163,453	0
합 계		47,603,650 17,981,188	0	52,200,108	0
총 계		(G)	65,584,838	(I)	52,200,108

3. 청산가치와의 비교

　　　　　　　　　　　　　　　　　　　　　　　　　　　　　　　　　　　　(단위 : 원)

(J)청산가치	27,600,000	(K)가용소득에 의한 총변제예정(유보)액	52,200,108
		(L) 현재가치	

[양식 5-3] 변제계획안 4(가용소득으로 변제에 제공하는 경우 — 외부회생위원 선임)

가용소득만으로 변제하는 경우

변제계획안   제출서

사 건   20   개회   개인회생
채 무 자   ○   ○   ○
대 리 인   변호사 ○ ○ ○

채무자는 별지와 같이 변제계획안을 작성하여 제출하니
인가하여 주시기 바랍니다.

20 . . .

채무자 ○ ○ ○
대리인 변호사 ○ ○ ○ (인)

서울회생법원 귀중

20 개회   호 채무자: _____

변 제 계 획 (안)

2021. 4. 5. 작성

1. 변제기간

[   ]년 [   ]월 [   ]일부터 [   ]년 [   ]월 [   ]일까지 [   ]개월간

2. 변제에 제공되는 소득 또는 재산

가. 소득

(1) 수입

□ 변제기간 동안 [   ]에서 받는 월 평균 수입 [   ]원

□ 변제기간 동안 [   ]를 운영하여 얻는 월 평균 수입 [   ]원

(2) 채무자 및 피부양자의 생활에 필요한 생계비

㈎ 채무자 및 피부양자 : 총 [   ]명

㈏ 국민기초생활보장법에 의한 가구별 기준 중위소득 : 월 [   ]원

㈐ 채무자 회생 및 파산에 관한 법률에 따라 조정된 생계비 : 월 [   ]원

(3) 채무자의 가용소득

기간 : [2021]년 [7]월 [25]일부터 [2024]년 [6]월 [25]일까지

① 월 평균 수입	② 월 평균 생계비	③ 월 평균 가용소득 (① - ②)	④ 월 회생위원 보수)	⑤ 월 실제 가용소득 (③ - ④)	⑥ 변제 횟수 (월 단위로 환산)	⑦ 총 가용소득 (⑤ × ⑥)

나. 재산 : [해당 있음 □ / 해당 없음 ☑]

3. 개인회생재단채권에 대한 변제 [해당 있음 ☑ / 해당 없음 □]

가. 회생위원의 보수 및 비용 [해당 있음 ☑ / 해당 없음 □]

☑ 인가결정 이전 업무에 대한 보수로 변제계획 인가 후 [150,000]원을 지급

☑ 인가결정 이후 업무에 대한 보수로 변제계획 인가 후 [채무자가 인가된 변제계획에 따라 임치한 금원의 □%]를 지급

나. 기타 개인회생재단채권 [해당 있음 □ / 해당 없음 ☑]

(1) 채권의 내용

채권자	채권현재액	채권발생원인	변제기

(2) 변제방법

변제계획 인가일 직후 원리금 전액을 일반 개인회생채권보다 우선하여 변제한다.

4. 일반의 우선권 있는 개인회생채권에 대한 변제 [해당 있음 □ / 해당 없음 ☑]

(1) 채권의 내용

채권자	채권현재액	채권발생원인(우선권의 근거)	변제기

(2) 변제방법

변제계획 인가일 직후 최초 도래하는 변제기일에 원리금 전액을 우선하여 변제한다. 남은 채권이 있을 경우에는 일반 개인회생채권의 매 변제기일에 우선하여 변제한다.

5. 별제권부 채권 및 이에 준하는 채권의 처리 [해당 있음 □ / 해당 없음 ☑]

가. 채권의 내용

채권번호	채권자	① 채권현재액(원금) ② 채권현재액(이자)	③ 별제권행사 등으로 변제가 예상되는 채권액	④ 별제권행사 등으로도 변제받을 수 없을 채권액
		별제권 등의 내용 및 목적물		

☞ 개인회생채권자목록 부속서류 1의 내용을 그대로 옮겨 적습니다.

나. 변제방법

(1) 위 각 채권에 대하여 별제권 행사 등으로 변제가 예상되는 채권액(③)은 별제권 행사 등에 의한 방법으로 변제하고 이 변제계획상의 가용소득이나 재산처분에 의한 변제대상에서 제외한다.

(2) 위 (1)항 기재 각 채권 중 별제권행사 등으로도 변제받을 수 없을 채권액 (④)은 미확정채권으로 보아 유보하였다가 아래 7항 기재와 같은 방법으로 변제한다.

(3) 별제권 행사 등으로도 변제받을 수 없을 채권액이 위 가의 ④항 기재 금액을 초과하는 것으로 확정된 경우에는, 채권자가 그 초과부분을 변제계획안의 변경 절차를 통하여 변제받을 수 있다.

6. 일반 개인회생채권에 대한 변제

가. 가용소득에 의한 변제

(1) 월 변제예정(유보)액 및 총 변제예정(유보)액의 산정

각 일반 개인회생채권의 [원금]의 액수를 기준으로 월 평균가용소득에서 월 회생위원 보수를 참가한 월 실제 가용소득을 안분하여 산출한 금액을 각 일반 개인회생채권자에게 변제한다. 이를 기초로 산정한 월 변제예정(유보)액은 [   ]원이고 총 변제예정(유보)액은 [   ]원이다.

구체적 산정 내역은 별지 개인회생채권 변제예정액 표 참조.

(2) 변제방법

위 (1)항의 변제예정(유보)액은 다음과 같이 분할하여 변제한다.

㈎ 기간 및 횟수

[   ]년 [ ]월 [ ]일부터 [   ]년 [ ]월 [ ]일까지 [   ] 개월간 합계 [   ]회

㈏ 변제월 및 변제일

① [   ]년 [ ]월 [ ]일부터 변제계획인가일 직전 [   ]일까지 기간

☑ 변제계획인가일 직후 최초 도래하는 월의 [   ]일에 위 기간 동안의 변제분을 개인회생절차개시후 변제계획 인가 전에 적립된 가용소득으로 일시에 조기 변제

        □ 기타 : [   ]

        ② 변제계획인가일 직후 최초 도래하는 월의 [   ]일부터 [   ]년

          [   ]월 [   ]일까지 기간

        ☑ 매월마다 [   ]일에 변제

        □ 매 [   ]개월마다 [   ]일에 각 변제

        □ 기타 : [   ]

나. 재산의 처분에 의한 변제 [해당 있음 □ / 해당 없음 ☑]

7. 미확정 개인회생채권에 대한 조치 [해당 있음 ☑ / 해당 없음 □]

가. 변제금액의 유보

(1) 미확정 개인회생채권에 대하여는 변제를 유보하고, 별지 개인회생채권 변제예정액표에 기재한 금액을 당해 채권이 확정될 때까지 유보하여 둔다.

(2) 채무자는 위와 같이 유보한 금액도, 즉시 지급되는 다른 채권에 대한 변제금과 마찬가지로 아래 8항 기재 계좌에 입금한다.

나. 미확정 개인회생채권에 대한 변제

(1) 미확정 개인회생채권이 전부 그대로 확정된 경우

미확정 개인회생채권의 전액에 관하여 채권의 존재가 확정된 경우에는, 그 확정 직후 유보비율을 변제비율로 적용하여 변제를 개시하고 매월의 변제기에 그 해당금액을 변제하되, 이미 분할 변제기가 도래한 부분 즉 그 동안의 유보액에 대하여는 곧바로 일시 변제한다.

(2) 미확정 개인회생채권이 전부 또는 일부 부존재 하는 것으로 확정된 경우

미확정 개인회생채권이 전부 또는 일부 부존재하는 것으로 확정된 경우에는, 그 확정 직후, 존재하는 것으로 확정된 [원금]의 인용 비율에 위 가항에 의하여 지급을 유보한 금액을 곱하여 산출된 금액을 당해 개인회생채권자에게 일시에 변제한다. 유보금액 중, 미확정 개인회생채권의 일부가 존재하지 않는 것으로 됨에 따라 그 개인회생채권자에게 변제할 필요가 없게 된 나머지 유보금액은, 그 채권액 확정 직후 전체 일반 개인회생채권자들에게 각 [원금]의 액수를 기준으로 안분하여 변제한다. 향후의 매월 입금액을 분배하는 기준이 될 변제비율은 위 확정 원금들 사이의 비율에 따라 새로 계산하여 정하는데, 미확정 개인회생채권의 일

부가 존재하지 않는 것으로 확정됨에 따라 향후 당해 개인회생채권자를 위한 유보가 불필요하게 된 변제기 미도래분에 대한 변제 유보예정액은, 향후 변제기 도래시 전체 일반 개인회생채권자들에게 그 각 [원금]의 액수를 기준으로 안분되도록 한다.

(3) 변제기간 종료시까지 미확정 개인회생채권이 미확정상태로 남는 경우에는 최종변제기에 유보한 금액 전부를 일반개인회생채권자들에게 각 [원금]의 액수를 기준으로 안분하여 변제한다.

(4) 임대차보증금반환액수가 확정되지 않은 임대차보증금 반환채권은 미확정채권으로 보아 위 가, 나항에 따라 변제하되 그 액수가 확정되고 임차인이 임차목적물을 명도함과 동시에 변제한다.

8. 변제금원의 회생위원에 대한 임치 및 지급

채무자는 위 [3, 6, 7]항에 의하여 개인회생채권자들에게 변제하여야 할 금액을 개시결정시 통지되는 개인회생위원의 예금계좌 { [   ]은행 계좌번호 [   ] } 에 순차 임치하고, 개인회생채권자는 법원에 예금계좌를 신고하여 회생위원으로부터 변제액을 송금받는 방법으로 지급받는다. 회생위원은 계좌번호를 신고하지 않은 개인회생채권자에 대하여는 변제액을 적립하였다가 이를 연 1회 개인회생사건이 계속되어 있는 지방법원에 공탁하여 지급할 수 있다.

☞ 개인회생위원의 예금계좌는 신청 당시에는 알 수 없으므로 공란으로 두었다가 추후 보완합니다.

9. 면책의 범위 및 효력발생시기

채무자가 개인회생채권에 대하여 이 변제계획에 따라 변제를 완료하고 면책신청을 하여 면책결정이 확정되었을 경우에는, 이 변제계획에 따라 변제한 것을 제외하고 개인회생채권자에 대한 채무에 관하여 그 책임이 면제된다. 단, 채무자 회생 및 파산에 관한 법률 제625조 제2항 단서 각호 소정의 채무에 관하여는 그러하지 아니하다.

10. 기타사항 [해당 있음 □ / 해당 없음 ☑]

20   개회 호   채무자

개인회생채권 변제예정액 표

1. 기초사항

(단위 : 원)

③ 월 평균 가용소득		④ 월 회생위원 보수	
(A) 월실제 가용소득 (③ - ④)		(B) 변제횟수	(C) 총 가용소득

2. 채권자별 변제예정액의 산정내역

(단위 : 원)

채권 번호	채권자	(D) 개인회생채권액		(E) 월 변제예정(유보)액		(F) 총 변제예정(유보)액	
		확정채권액 (원금)	미확정채권 (원금)	확정채권액 (원금)	미확정채권 (원금)	확정채권액 (원금)	미확정채권액 (원금)
1							
2							
3							
합 계							
총 계		(G)		(H)		(I)	

3. 변제율 : 원금의 [   ]% 상당액

4. 청산가치와의 비교

(단위 : 원)

(J) 청산가치		(K) 가용소득에 의한 총변제예정(유보)액	
		(L) 현재가치	

[양식 5-4] 변제계획안 5(가용소득과 재산처분으로 변제에 제공하는 경우 — 내부회생위원 선임)

> 가용소득과 재산처분으로
> 변제하는 경우

변제계획안 제출서

사　　건　　20　 개회　　　개인회생
채 무 자　　○　　○　　○
대 리 인　　변호사 ○　○　○

　　채무자는 별지와 같이 변제계획안을 작성하여 제출하니
　　인가하여 주시기 바랍니다.

20　　.　　.　　.

채무자 ○　○　○
대리인 변호사 ○　○　○　　(인)

서울회생법원 귀중

20 개회   호 채무자:_____

변 제 계 획 (안)

2021. 4. 5. 작성

1. 변제기간

[2021]년 [7]월 [25]일부터 [2024]년 [6]월 [25]일까지 [36]개월간

2. 변제에 제공되는 소득 또는 재산

가. 소득

(1) 수입

☑ 변제기간 동안 [○○ 상사]에서 받는 월 평균 수입 [2,761,574]원

☐ 변제기간 동안 [   ]를 운영하여 얻는 월 평균 수입 [   ]원

(2) 채무자 및 피부양자의 생활에 필요한 생계비

㈎ 채무자 및 피부양자 : 총 [3]명

㈏ 국민기초생활보장법에 의한 가구별 기준 중위소득 : 월 [3,983,950] 원

㈐ 채무자 회생 및 파산에 관한 법률에 따라 조정된 생계비 : 월 [2,390,370]원

(3) 채무자의 가용소득

기간 : [2021]년 [7]월 [25]일부터 [2024]년 [6]월 [25]일까지

① 월 평균 수입	② 월 평균 생계비	③ 월 평균 가용소득 (① - ②)	④ 변제 횟수 (월 단위로 환산)	⑤ 총 가용소득 (③ × ④)
2,761,574원	2,390,370원	371,204원	36회	13,363,344원

나. 재산 : [해당 있음 ☑ / 해당 없음 ☐]

순번	변제에 제공할 처분대상 재산	변제기한	변제투입예정액
1	서울 ○○구 ○○길 ○○ 대 ○○㎡	인가일부터 1년내	17,846,543원
2	○○시 ○○길 ○○ 전 ○○㎡		

3. 개인회생재단채권에 대한 변제 [해당 있음 ☐ / 해당 없음 ☑]

가. 회생위원의 보수 및 비용 [해당 있음 ☐ / 해당 없음 ☑]

변제계획 인가 후 [   ]원을 지급

나. 기타 개인회생재단채권 [해당 있음 ☐ / 해당 없음 ☑]

(1) 채권의 내용

채권자	채권현재액	채권발생원인	변제기

(2) 변제방법

변제계획 인가일 직후 원리금 전액을 일반 개인회생채권보다 우선하여 변제한다.

4. 일반의 우선권 있는 개인회생채권에 대한 변제 [해당 있음 □ / 해당 없음 ☑]

(1) 채권의 내용

채권자	채권현재액	채권발생원인(우선권의 근거)	변제기

(2) 변제방법

변제계획 인가일 직후 최초 도래하는 변제기일에 원리금 전액을 우선하여 변제한다. 남은 채권이 있을 경우에는 일반 개인회생채권의 매 변제기일에 우선하여 변제한다.

5. 별제권부 채권 및 이에 준하는 채권의 처리 [해당 있음 ☑ / 해당 없음 □]

가. 채권의 내용

채권번호	채권자	① 채권현재액(원금) ② 채권현재액(이자)	③ 별제권행사 등으로 변제가 예상되는 채권액	④ 별제권행사 등으로도 변제받을 수 없을 채권액
		별제권 등의 내용 및 목적물		
10	(주)D 은행	12,000,000원 1,500,000원	20,000,000원	0원
		2021. 1. 5. 근저당권 설정, 원금 : 12,000,000원, 이자 : 연10%, 채권최고액 : 20,000,000원, 환가예상액 : 40,000,000원 목적물 : 서울 ○○구 ○○동길 ○○ 대 ○○㎡		

☞ 개인회생채권자목록 부속서류 1의 내용을 그대로 옮겨 적습니다.

나. 변제방법

(1) 위 각 채권에 대하여 별제권 행사 등으로 변제가 예상되는 채권액(③)

은 별제권 행사 등에 의한 방법으로 변제하고 이 변제계획상의 가용소
득이나 재산처분에 의한 변제대상에서 제외한다.

(2) 위 (1)항 기재 각 채권 중 별제권행사 등으로도 변제받을 수 없을 채권액
(④)은 미확정채권으로 보아 유보하였다가 아래 7항 기재와 같은 방법으
로 변제한다.

(3) 별제권 행사 등으로도 변제받을 수 없을 채권액이 위 가의 ④항 기재 금
액을 초과하는 것으로 확정된 경우에는, 채권자가 그 초과부분을 변제계
획안의 변경 절차를 통하여 변제받을 수 있다.

6. 일반 개인회생채권에 대한 변제

가. 가용소득에 의한 변제

(1) 월 변제예정(유보)액 및 총 변제예정(유보)액의 산정

각 일반 개인회생채권의 [원금]의 액수를 기준으로 월 평균가용소득을 안분하
여 산출한 금액을 각 일반 개인회생채권자에게 변제한다. 이를 기초로 산정한
월 변제예정(유보)액은 [371,204]원이고 총 변제예정(유보)액은 [13,363,344]
원이다.

구체적 산정 내역은 별지 개인회생채권 변제예정액 표 참조.

(2) 변제방법

위 (1)항의 변제예정(유보)액은 다음과 같이 분할하여 변제한다.

㈎ 기간 및 횟수

[2021]년 [7]월 [25]일부터 [2024]년 [6]월 [25]일까지 [36]개
월간 합계 [36]회

㈏ 변제월 및 변제일

① [2021]년 [7]월 [25]일부터 변제계획인가일 직전 [25]일까지 기간

☑ 변제계획인가일 직후 최초 도래하는 월의 [25]일에 위 기간 동안의
변제분을 개인회생절차개시후 변제계획 인가 전에 적립된 가용소득으
로 일시에 조기 변제

☐ 기타 : [   ]

② 변제계획인가일 직후 최초 도래하는 월의 [25]일부터 [2024]년 [6]
월 [25]일까지 기간

☑ 매월마다 [25]일에 변제

□ 매 [   ]개월마다 [   ]일에 각 변제

□ 기타 : [   ]

나. 재산의 처분에 의한 변제 [해당 있음 ☑ / 해당 없음 □]

(1) 변제투입예정액 및 총 변제예정(유보)액의 산정

각 일반 개인회생채권의 [원금]의 액수를 기준으로 변제투입예정액을 안분하여 산출한 금액을 각 일반 개인회생채권자에게 변제한다. 이를 기초로 산정한 총변제예정(유보)액은 [17,846,545]원이다.

구체적 산정 내역은 별지 개인회생채권 변제예정액 표 참조.

(2) 변제방법

㈎ 재산의 처분에 의한 변제기한은 [인가일부터 1년내]로 하고, 처분대금 수령일로부터 1주일 이내에 변제한다.

㈏ 위 변제기한까지 재산이 처분되지 않거나 처분대상 재산을 처분하여 수령한 금원이 변제투입예정액에 미달하는 경우, 채무자는 그 밖의 다른 재산을 처분하는 등의 방법으로 금원을 조달하여 변제투입예정액 전액을 변제기한내에 변제하여야 한다.

(3) 강제집행 등의 효력

위 처분대상 재산에 대하여 개인회생채권에 기한 강제집행, 가압류 또는 가처분이 있는 경우에는 채무자 회생 및 파산에 관한 법률 제615조 제3항에 불구하고 처분대상 재산의 처분에 대한 법원의 허가가 있은 때 그 효력을 잃는다.

7. 미확정 개인회생채권에 대한 조치 [해당 있음 □ / 해당 없음 ☑]

가. 변제금액의 유보

(1) 미확정 개인회생채권에 대하여는 변제를 유보하고, 별지 개인회생채권 변제예정액표에 기재한 금액을 당해 채권이 확정될 때까지 유보하여 둔다.

(2) 채무자는 위와 같이 유보한 금액도, 즉시 지급되는 다른 채권에 대한 변제금과 마찬가지로 아래 8항 기재 계좌에 입금한다.

나. 미확정 개인회생채권에 대한 변제

(1) 미확정 개인회생채권이 전부 그대로 확정된 경우

미확정 개인회생채권의 전액에 관하여 채권의 존재가 확정된 경우에는, 그

확정 직후 유보비율을 변제비율로 적용하여 변제를 개시하고 매월의 변제기에 그 해당금액을 변제하되, 이미 분할 변제기가 도래한 부분 즉 그 동안의 유보액에 대하여는 곧바로 일시 변제한다.

(2) 미확정 개인회생채권이 전부 또는 일부 부존재하는 것으로 확정된 경우

미확정 개인회생채권이 전부 또는 일부 부존재하는 것으로 확정된 경우에는, 그 확정 직후, 존재하는 것으로 확정된 [　　]의 인용 비율에 위 가항에 의하여 지급을 유보한 금액을 곱하여 산출된 금액을 당해 개인회생채권자에게 일시에 변제한다. 유보금액 중, 미확정 개인회생채권의 일부가 존재하지 않는 것으로 됨에 따라 그 개인회생채권자에게 변제할 필요가 없게 된 나머지 유보금액은, 그 채권액 확정 직후 전체 일반 개인회생채권자들에게 각 [　　]의 액수를 기준으로 안분하여 변제한다.

향후의 매월 입금액을 분배하는 기준이 될 변제비율은 위 확정 원금들 사이의 비율에 따라 새로 계산하여 정하는데, 미확정 개인회생채권의 일부가 존재하지 않는 것으로 확정됨에 따라 향후 당해 개인회생채권자를 위한 유보가 불필요하게 된 변제기 미도래분에 대한 변제 유보예정액은, 향후 변제기 도래시 전체 일반 개인회생채권자들에게 그 각 [　　]의 액수를 기준으로 안분되도록 한다.

(3) 변제기간 종료시까지 미확정 개인회생채권이 미확정 상태로 남는 경우에는 최종변제기에 유보한 금액 전부를 일반개인회생채권자들에게 각 [　　]의 액수를 기준으로 안분하여 변제한다.

(4) 임대차보증금반환액수가 확정되지 않은 임대차보증금 반환채권은 미확정 채권으로 보아 위 가, 나항에 따라 변제하되 그 액수가 확정되고 임차인이 임차목적물을 명도함과 동시에 변제한다.

8. 변제금원의 회생위원에 대한 임치 및 지급

채무자는 위 [6]항에 의하여 개인회생채권자들에게 변제하여야 할 금액을 개시결정시 통지되는 개인회생위원의 예금계좌 {[　　]은행 계좌번호 [　　]} 에 순차 임치하고, 개인회생채권자는 법원에 예금계좌를 신고하여 회생위원으로부터 변제액을 송금받는 방법으로 지급받는다. 회생위원은 계좌번호를 신고하지 않은 개인회생채권자에 대하여는 변제액을 적립하였다가 이를 연 1회 개인회생 사건이 계속되어 있는 지방법원에 공탁하여 지급할 수 있다.

☞ 개인회생위원의 예금계좌는 신청 당시에는 알 수 없으므로 공란으로 두었다가 추후 보완합니다.

9. 면책의 범위 및 효력발생시기

채무자가 개인회생채권에 대하여 이 변제계획에 따라 변제를 완료하고 면책신청을 하여 면책결정이 확정되었을 경우에는, 이 변제계획에 따라 변제한 것을 제외하고 개인회생채권자에 대한 채무에 관하여 그 책임이 면제된다. 단, 채무자 회생 및 파산에 관한 법률 제625조 제2항 단서 각호 소정의 채무에 관하여는 그러하지 아니하다.

10. 기타사항 [해당 있음 □ / 해당 없음 ☑]

개인회생채권 변제예정액 표

1. 기초사항

(단위 : 원)

가. 가용소득

(A) 월평균 가용소득	371,204	(B) 변제횟수	36회	(C) 총 가용소득	13,363,344

나. 처분대상 재산

순번	변제에 제공할 처분대상 재산	변제기한	변제투입예정액
1	서울 ○○구 ○○길 ○○ 대 ○○㎡	인가일로부터 1년내	17,846,543
2	○○시 ○○길 ○○ 전 ○○㎡		

2. 채권자별 변제예정액의 산정내역

가. 가용소득에 의한 변제내역

별표(1)과 같음

나. 재산처분을 통한 변제의 예상

별표(2)와 같음

3. 변제율

가. 가용소득에 의한 변제: 원금의 [15.6]% 상당액

나. 재산의 처분에 의한 변제: 원금의 [21]% 상당액

4. 청산가치와의 비교

(단위 : 원)

(J) 청산가치	25,000,000	(K) 가용소득에 의한 총변제예정(유보)액	13,363,344	(M) 재산처분에 의한 총변제예정(유보)액	17,846,545
		(L) 현재가치	12,536,264	(N) 현재가치	

별표(1) 가용소득에 의한 변제내역

(단위 : 원)

채권 번호	채권자	(D) 개인회생채권액 확정채권액 (원금)	미확정채권액 (원금)	(E) 월 변제예정(유보)액 확정채권액 (원금)	미확정채권액 (원금)	(F) 총 변제예정(유보)액 확정채권액 (원금)	미확정채권액 (원금)
1	(주) A 은행	19,365,500	0	83,975	0	3,023,091	0
2	(주) B 카드	17,873,000	0	77,503	0	2,790,111	0
3	C 캐피탈 (주)	15,456,300	0	67,023	0	2,412,832	0
4	(주) E 크레디트	13,563,400	0	58,815	0	2,117,338	0
5	F 유동화전문(유)	19,345,450	0	83,888	0	3,019,972	0
합 계		85,603,650	0	371,204	0	13,363,344	0
총 계		(G)	85,603,650	(H)	371,204	(I)	13,363,344

별표(2) 재산처분을 통한 변제의 예상

(단위 : 원)

채권 번호	채권자	(D) 개인회생채권액		(O)변제투입예정액	(P) 총 변제예정(유보)액	
		확정채권액 (원금)	미확정채권액 (원금)		확정채권액 (원금)	미확정채권액 (원금)
1	(주) A 은행	19,365,500	0		4,037,296	0
2	(주) B 카드	17,873,000	0		3,726,141	0
3	C 캐피탈 (주)	15,456,300	0		3,222,311	0
4	(주) E 크레디트	13,563,400	0	17,846,543	2,827,681	0
5	F 유동화전문(유)	19,345,450	0		4,033,116	0
	합　계	85,603,650	0		17,846,545	0
	총　계	(G)	85,603,650		(Q)	17,846,545

[양식 5-5] 변제계획안 6(가용소득과 재산처분으로 변제에 제공하는 경우 ― 외부회생위원
　　　　　 선임)

| 가용소득과 재산처분으로 |
| 변제하는 경우 |

변제계획안 제출서

사　　건　　20　　개회　　　개인회생
채 무 자　　○　　○　　○
대 리 인　　변호사　○　○　○

　채무자는 별지와 같이 변제계획안을 작성하여 제출하니 인가하여 주시기 바
랍니다.

20　　．　．　．

채무자　　○　　○　　○
대리인 변호사　　○　　○　　○ (인)

_____ 법 원 귀 중

20   개회   채무자 _____

변 제 계 획 (안)

20 ． ． ．작성

1. 변제기간

[   ]년 [   ]월 [   ]일부터 [   ]년 [   ]월 [   ]일까지 [   ]개월간

2. 변제에 제공되는 소득 또는 재산

가. 소득

(1) **수입**

□변제기간 동안 [   ]에서 받는 월 평균 수입 [   ]원

□ 변제기간 동안 [   ]를 운영하여 얻는 월 평균 수입 [   ]원

(2) **채무자 및 피부양자의 생활에 필요한 생계비**

(가) 채무자 및 피부양자 : 총 [   ]명

(나) 국민기초생활보장법에 의한 최저생계비 : 월 [   ] 원

(다) 개인채무자회생규칙에 따라 조정된 생계비 : 월 [   ]원

(3) **채무자의 가용소득**

기간 : [   ]년 [   ]월 [   ] 일부터 [   ]년 [   ]월 [   ]일까지

① 월 평균 수입	② 월 평균 생계비	③ 월 평균 가용소득 (①-②)	④ 월 회생위원 보수	⑤ 월 실제 가용소득 (③-④)	⑥ 변제 횟수 (월 단위로 환산)	⑦ 총 실제 가용소득 (⑤×⑥)

나. 재산 : [해당 있음 □ / 해당 없음 □]

순번	변제에 제공할 처분대상 재산	변제 기한	변제투입 예정액	회생위원 보수	실제 변제투입 예정액
1					
2					

3. 개인회생재단채권에 대한 변제 [해당 있음 □ / 해당 없음 □]

가. 회생위원의 보수 및 비용 [해당 있음 □ / 해당 없음 □]

□ 인가결정 이전 업무에 대한 보수로 변제계획 인가 후 [150,000]원을 지급

□ 인가결정 이후 업무에 대한 보수로 변제계획 인가 후 [채무자가 인가된 변제계획에 따라 임치한 금원의 1%]를 지급

나. 기타 개인회생재단채권 [해당 있음 □ / 해당 없음 □]

(1) 채권의 내용

채권자	채권현재액	채권발생원인	변제기

(2) **변제방법**

변제계획 인가일 직후 그 동안 적립된 가용소득으로부터 원리금 전액을 우선하여 변제한다. 남은 채권이 있을 경우에는 일반 개인회생채권의 매 변제기일에 우선하여 변제한다.

4. 일반의 우선권 있는 개인회생채권에 대한 변제 [해당 있음 □ / 해당 없음 □]

(1) 채권의 내용

채권자	채권현재액	채권발생원인(우선권의 근거)	변제기

(2) **변제방법**

변제계획 인가일 직후 최초 도래하는 변제기일에 원리금 전액을 우선하여 변제한다. 남은 채권이 있을 경우에는 일반 개인회생채권의 매 변제기일에 우선하여 변제한다.

5. 별제권부 채권 및 이에 준하는 채권의 처리 [해당 있음 □ / 해당 없음 □]

가. 채권의 내용

채권번호	채권자	①채권현재액(원금) ②채권현재액(이자)	③ 별제권행사 등으로 변제가 예상되는 채권액	④ 별제권행사 등으로도 변제받을 수 없을 채권액(①+②-③)
		⑤ 별제권 등의 내용 및 목적물		
		원 원	원	원

나. 변제방법

(1) 위 각 채권에 대하여 별제권 행사 등으로 변제가 예상되는 채권액(③)은 별제권 행사 등에 의한 방법으로 변제하고 이 변제계획상의 가용소득이나 재산처분에 의한 변제대상에서 제외한다.

(2) 위 (1)항 기재 각 채권 중 별제권행사 등으로도 변제받을 수 없을 채권액(④)은 미확정채권으로 보아 유보하였다가 아래 7항 기재와 같은 방법으로 변제한다.

(3) 별제권 행사 등으로도 변제받을 수 없을 채권액이 위 가. ④항 기재 금액을 초과하는 것으로 확정된 경우에는, 채권자가 그 초과부분을 변제계획안의 변경 절차를 통하여 변제받을 수 있다.

6. 일반 개인회생채권에 대한 변제

가. 가용소득에 의한 변제

(1) 월 변제예정(유보)액 및 총 변제예정(유보)액의 산정

각 일반 개인회생채권의 [   ]의 액수를 기준으로 월 평균가용소득에서 월 회생위원 보수를 차감한 월 실제 가용소득을 안분하여 산출한 금액을 각 일반 개인회생채권자에게 변제한다. 이를 기초로 산정한 월 변제예정(유보)액은 [   ] 원이고 총 변제예정(유보)액은 [   ]원이다.

구체적 산정 내역은 별지 개인회생채권 변제예정액 표 참조.

(2) 변제율

(가) 원금의 [   ] % 상당액

☞ 별지 개인회생채권 변제예정액 표 중 [가용소득에 의한 총변제예정(유보)액을 개인회생채권 합계액으로 나눈 비율]×100을 기재하되 소수점 이하는 반올림합니다.

(나) 개인회생절차개시결정일 전날까지의 이자·손해배상금의 합계액의 [   ] % 상당액

(다) 개인회생절차개시결정일 이후의 이자·손해배상금의 합계액의 [   ] % 상당액

☞ 이 채권은 후순위 개인회생채권임

(3) 변제방법

위 (1)항의 변제예정(유보)액은 다음과 같이 분할하여 변제한다.

(가) 기간 및 횟수

[   ]년 [   ]월 [   ]일부터 [   ]년 [   ]월 [   ]일까지 [   ]개월간 합계 [   ]회

(나) 변제월 및 변제일

① [   ]년 [   ]월 [   ]일부터 변제계획인가일 직전 [   ]일까지 기간

□ 변제계획인가일 직후 최초 도래하는 월의 [   ]일에 위 기간 동안의 변제분을 개인회생절차개시후 변제계획 인가 전에 적립된 가용소득으로 일시에 조기 변제

□ 기타 : [   ]

② 변제계획인가일 직후 최초 도래하는 월의 [   ]일부터 [   ]년 [   ]월 [   ]일까지 기간

□ 매월마다 [   ]일에 변제 (단,   )

□ 매 [   ]개월마다 [   ]일에 각 변제

□ 기타 : [   ]

나. 재산의 처분에 의한 변제 [해당 있음 □ / 해당 없음 □]

(1) 변제투입예정액 및 총 변제예정(유보)액의 산정

각 일반 개인회생채권의 [   ]의 액수를 기준으로 변제투입예정액에서 회생위원 보수를 차감한 실제 변제투입예정액을 안분하여 산출한 금액을 각 일반 개인회생채권자에게 변제한다. 이를 기초로 산정한 총변제예정(유보)액은 [   ]원이다.

구체적 산정 내역은 별지 개인회생채권 변제예정액 표 참조.

(2) 변제율

(가) 원금의 [   ] % 상당액

☞ 별지 개인회생채권 변제예정액 표 중 [재산처분에 의한 총변제예정(유보)액을 개인회생채권 합계액

으로 나눈 비율] x 100 을 기재하되 소수점 이하는 반올림합니다.

(나) 개인회생절차개시결정일 전날까지의 이자·손해배상금의 합계액의 [   ] % 상당액

(다) 개인회생절차개시결정일 이후의 이자·손해배상금의 합계액의 [   ] % 상당액

☞ 이 채권은 후순위 개인회생채권임

(3) 변제방법

(가) 재산의 처분에 의한 변제기한은 [   ]로 하고, 처분대금수령일로부터 1주일 이내에 변제한다.

(나) 위 변제기한까지 재산이 처분되지 않거나 처분대상 재산을 처분하여 수령한 금원이 변제투입예정액에 미달하는 경우, 채무자는 그밖의 다른 재산을 처분하는 등의 방법으로 금원을 조달하여 변제투입예정액 전액을 변제기한내에 변제하여야 한다.

(4) 강제집행 등의 효력

위 처분대상 재산에 대하여 개인회생채권에 기한 강제집행, 가압류 또는 가처분이 있는 경우에는 개인채무자회생법 제75조 제3항에 불구하고 처분대상 재산의 처분에 대한 법원의 허가가 있는 때 그 효력을 잃는다.

7. 미확정 개인회생채권에 대한 조치 [해당 있음 □ / 해당 없음 □]

가. 변제금액의 유보

(1) 미확정 개인회생채권에 대하여는 변제를 유보하고, 별지 개인회생채권 변제예정액표에 기재한 금액을 당해 채권이 확정될 때까지 유보하여 둔다.

(2) 채무자는 위와 같이 유보한 금액도, 즉시 지급되는 다른 채권에 대한 변제금과 마찬가지로 아래 8항 기재 계좌에 입금한다.

나. 미확정 개인회생채권에 대한 변제

(1) 미확정 개인회생채권이 전부 그대로 확정된 경우

미확정 개인회생채권의 전액에 관하여 채권의 존재가 확정된 경우에는, 그 확정 직후 유보비율을 변제비율로 적용하여 변제를 개시하고 매월의 변제기에 그 해당금액을 변제하되, 이미 분할 변제기가 도래한 부분 즉 그동안의 유보액에 대하여는 곧바로 일시 변제한다.

(2) 미확정 개인회생채권이 전부 또는 일부 부존재하는 것으로 확정된 경우

미확정 개인회생채권이 전부 또는 일부 부존재하는 것으로 확정된 경우에는, 그 확정 직후, 존재하는 것으로 확정된 [   ]의 인용 비율에 위 가항에 의하여 지급을 유보한 금액을 곱하여 산출된 금액을 당해 개인회생채권자에게 일시에 변제한다. 유보금액 중, 미확정 개인회생채권의 일부가 존재하지 않는 것으로 됨에 따라 그 개인회생채권자에게 변제할 필요가 없게 된 나머지 유보금액은, 그 채권액 확정 직후 일반 개인회생채권자들에게 각 [   ]의 액수를 기준으로 안분하여 변제한다.

향후의 매월 입금액을 분배하는 기준이 될 변제비율은 위 확정 원금들 사이의 비율에 따라 새로 계산하여 정하는데, 미확정 개인회생채권의 일부가 존재하지 않는 것으로 확정됨에 따라 향후 당해 개인회생채권자를 위한 유보가 불필요하게 된 변제기 미도래분에 대한 변제 유보예정액은, 향후 변제기 도래시 일반 개인회생채권자들에게 그 각 [   ]의 액수를 기준으로 안분되도록 한다.

(3) 변제기간 종료시까지 미확정 개인회생채권이 미확정상태로 남는 경우에는 최종변제기에 유보한 금액 전부를 일반개인회생채권자들에게 각 [   ]의 액수를 기준으로 안분하여 변제한다.

(4) 임대차보증금반환액수가 확정되지 않은 임대차보증금 반환채권은 미확정채권으로 보아 위 가, 나항에 따라 변제하되 그 액수가 확정되고 임차인이 임차목적물을 명도함과 동시에 변제한다.

8. 변제금원의 회생위원에 대한 임치 및 지급

채무자는 위 [   ] 항에 의하여 개인회생채권자들에게 변제하여야 할 금액을 개시결정시 통지되는 개인회생위원의 예금계좌 { [   ]은행 계좌번호 [   ] } 에 순차 임치하고, 회생위원은 이를 즉시 개인회생채권자들이 신고한 예금 계좌에 송금하는 방법으로 지급한다. 계좌번호를 신고하지 않은 개인회생채권자에 대하여는 변제액을 적립하였다가 이를 연 1회 개인회생사건이 계속되어 있는 지방법원에 공탁하여 지급할 수 있다.

☞ 개인회생위원의 예금계좌는 신청 당시에는 알 수 없으므로 공란으로 두었다가 추후 보완합니다.

9. 면책의 범위 및 효력발생시기

채무자가 개인회생채권에 대하여 이 변제계획에 따라 변제를 완료하고 면책신청을 하여 면책결정이 확정되었을 경우에는, 이 변제계획에 따라 변제한 것을 제외하고 개인회생채권자에 대한 채무에 관하여 그 책임이 면제된다. 단, 개인채무자회생법 제84조 제2항 단서 각호 소정의 채무에 관하여는 그러하지 아니하다.

10. 기타사항 [해당 있음 □ / 해당 없음 □]

개인회생채권 변제예정액 표

1. 기초사항

(단위 : 원)

가. 가용소득

③ 월 평균 가용소득		④ 월 회생위원 보수	

(A) 월 실제 가용소득 (③-④)		(B) 변제횟수	회	(C) 총 실제 가용소득	

나. 처분대상 재산

순번	변제에 제공할 처분대상 재산	변제 기한	변제투입 예정액	회생위원 보수	실제 변제투입 예정액
1					
2					

2. 채권자별 변제예정액의 산정내역

가. 가용소득에 의한 변제내역

별표(1)과 같음

나. 재산처분을 통한 변제의 예상

별표(2)와 같음

3. 청산가치와의 비교

(단위 : 원)

(J) 청산가치		(K) 가용소득에 의한 총변제예정(유보)액		(M) 재산처분에 의한 총변제예정(유보)액	
		(L) 현재가치		(N) 현재가치	

별표(1) 가용소득에 의한 변제내역

채권 번호	채권자	(D) 개인회생채권액		(E) 월 변제예정 (유보)액		(F) 총 변제예정 (유보)액	
		확정채권액 (원금)	미확정채권액 (원금)	확정채권액 (원금)	미확정채권액 (원금)	확정채권액 (원금)	미확정채권액 (원금)
1							
2							
3							
4							
5							
	합 계						
	총 계	(G)		(H)		(I)	

별표(2) 재산처분을 통한 변제의 예상

채권 번호	채권자	(D) 개인회생채권액		(O) 실제 변제투입예정액	(P) 총 변제예정(유보)액	
		확정채권액 (원금)	미확정채권액 (원금)		확정채권액 (원금)	미확정채권액 (원금)
1						
2						
3						
4						
5						
	합 계					
	총 계	(G)			(Q)	

[양식 5-6] 변제계획안의 작성요령

변제계획안의 작성요령

〈주의사항〉

○ 변제계획안은 법원의 인가 여부의 대상이 되는 중요한 문서이므로 작성요령을 잘 읽고 반드시 그 내용에 따라 작성하여야 합니다.

○ 변제계획안은 본문 및 별지 '개인회생채권 변제예정액 표'로 구성됩니다. 본문 및 별지는 기재할 내용이 서로 밀접하게 연관되어 있으므로 본문을 작성하다가 필요한 경우 별지 해당 부분을 작성하는 등으로 함께 병행하여 작성하여야 합니다.

변제계획안 양식은 가용소득만으로 변제하는 경우의 양식[전산양식 D5110]과 가용소득과 재산처분으로 변제하는 경우의 양식[전산양식 D5111]이 있습니다.

가용소득에 의하여 변제기간 동안 변제할 수 있는 총액의 현재가치가 현재재산 총액보다 명백히 많다고 생각되면 재산처분이 불필요하므로 가용소득만으로 변제하는 경우인 [전산양식 D5110]을, 그렇지 않거나 잘 모르겠으면 가용소득과 재산처분으로 변제하는 경우인 [전산양식 D5111]을 이용하여 작성하기 바랍니다.

Ⅰ. 변제계획안 본문의 작성요령

1. 변제기간

☞ 변제는 1개월 1회 변제가 원칙입니다. 다만 농업, 어업 등 매월 수입이 없는 직업에 종사하는 경우에는 수개월에 1회 변제하는 방법으로 변제할 수 있습니다.

변제기간은 언제부터 언제까지를 변제기간으로 할 것인지를 기재하여야 합니다. 변제기간은 채권현재액(원금)의 합계를 월 실제 가용소득으로 나누어 산정합니다.

채무자는 변제기간을 변제개시일로부터 원칙적으로 3년(최장 5년)을 초과하지 아니하는 범위 내에서 정할 수 있습니다. 다만 채무자는 변제기간을 다음과 같이 정하는 것이 바람직합니다.

① 변제계획안에서 정하는 변제기간 동안 그 가용소득의 전부를 투입하여 우선 원금을 변제하고 잔여금으로 이자를 변제합니다.

② 3년 이내의 변제기간 동안 원금과 이자를 전부 변제할 수 있는 때에는 그때까지를 변제기간으로 합니다.

③ 위 ②항 이외의 경우에는 변제기간을 3년으로 하되, 만일 청산가치 보장의 원칙 등을 준수하기 위하여 필요한 경우에는 5년의 한도 내에서 3년이 넘는 변제기간을 설정할 수 있습니다.

④ 채무자가 위 ① 내지 ③의 규정에 정한 기간보다 단기간을 변제기간으로 작성하여 제출한 경우에는 법원은 위 각 기간으로 변제기간을 수정하도록 명령할 수 있으며, 채무자는 수정명령에 응하여야만 합니다.

변제를 시작하는 날짜는 원칙적으로 변제계획안 제출일로부터 60일 후 90일 내의 날로 정하면 됩니다. 변제를 마치는 날짜는 위와 같은 원칙에 따라 정한 변제기간의 마지막 날짜를 기재하고, 이어서 변제기간의 총 개월수를 기재하면 됩니다. 예를 들어 2021. 4. 25.부터 변제를 시작하여 3년 동안 원금 또는 원리금의 전부를 변제할 수 없는 경우에는 변제기간을 3년(36개월)으로 정하여 2024. 3. 25. 변제를 마치는 것으로 하고, 개월수는 36개월이라고 기재합니다.

2. 변제에 제공되는 소득 또는 재산

가. 소득

(1) 수입

☞ 개인회생절차개시신청서에 첨부한 '수입 및 지출에 관한 목록'의 'I. 현재의 수입목록'으로부터 월 평균 수입을 옮겨서 기재합니다.

(2) 채무자 및 피부양자의 생활에 필요한 생계비

☞ ㈎에는 '수입 및 지출에 관한 목록'의 'Ⅲ. 가족관계' 항목에 기초하여, 채무자 및 채무자가 부양하고 있는 사람들의 총수를 기재합니다.

☞ ㈏에는 신청 당시의 국민기초생활보장법에 의한 가구별 기준 중위소득을 기재하는데, 수치는 보건복지부 인터넷 홈페이지 등에서 확인할 수 있습니다. 참고로 2021년의 가구별 기준 중위소득은 '1인 가구 1,827,831원', '2인 가구 3,088,079원', '3인 가구 3,983,950원', '4인 가구 4,876,290원', '5인 가구 5,757,373원', '6인 가구 6,628,603원', '7인 가구 7,497,198원'입니다.

☞ (대)에는 '수입 및 지출에 관한 목록'의 'Ⅱ. 변제계획 수행시의 예상지출 목록'으로부터 지출예상 생계비를 옮겨서 기재합니다.

(3) 채무자의 가용소득

☞ 기간란에는 위 1.항의 변제기간과 동일한 기간을 기재합니다.

☞ ① 월 평균 수입란에는 위 가 (1) 기재 수입을, ② 월 평균 생계비란에는 위 (2) (대) 기재 생계비를 각 기재하고, ③ 월 평균 가용소득란에는 ①에서 ②를 뺀 금액을 기재합니다. ④ 월 회생위원 보수란에는 법원사무관이 회생위원으로 선임되는 경우 0원으로 기재(또는 공란으로 둠)하고, 법원사무관이 아닌 회생위원이 선임되는 경우 월 평균 가용소득의 □%(소수점 이하는 반올림처리함)에 해당하는 금액을 기재합니다. ⑤ 월 실제 가용소득란에는 ③에서 ④를 뺀 금액을 기재합니다. ⑥ 변제 횟수에는 개월수에 의한 변제기간을 기재하고, ⑦ 실제 가용소득에는 ⑤과 ⑥을 곱한 금액을 기재합니다.

나. 재산

☆ 실제 가용소득에 의하여 전체 변제기간 동안 변제할 수 있는 총액의 현재가치가 현재 재산 총액보다 명백히 많으면 재산처분이 필요 없을 것이므로, 변제계획안 [전산양식 D5110]을 이용하고, 해당 없음에 체크(√)합니다.

☆ 다음은 재산 처분이 필요한지 여부가 명백하지 않아서 변제계획안 [전산양식 D5111]을 이용하는 경우에만 해당하는 설명입니다.

☞ 재산 처분이 필요한지 여부

○ 재산 처분이 필요한지를 파악해야 합니다. 인가요건상 변제계획의 인가결정일을 기준일로 하여 평가한 개인회생채권에 대한 총변제액이 채무자가 파산하는 때에 채권자들이 배당받을 총액, 즉 청산가치(일반적으로 재산목록의 합계액이 됩니다)보다 작지 않아야 변제계획이 인가될 수 있으므로, 실제 가용소득만으로 변제예상한 개인회생채권에 대한 총변제액이 청산가치보다 작을 때에는 재산을 처분하여 일정한 액수를 변제에 투입하여야 합니다.

○ 뒤에 첨부된 Ⅱ. 개인회생채권 변제예정액 표 작성요령 중 B 부분을 잘 읽고, 먼저 실제 가용소득과 재산처분으로 변제하는 경우의 개인회생채권 변제예정액 표 중 1.의 가. '가용소득'란을 작성하고, 2.의 가. '가용소득에 의한 변제내역'을 작성하여 먼저 개인회생채권에 대한 총변제예정(유보)액(Ⅰ)을 계산합니다. 이어서 위 개인회생채권 변제예정액 표 중 4.의 '청산가치와의 비교'란에 청산가치를 기재하고, '가용소득에 의한 총변제예정(유보)액'과

그 '현재가치'를 계산하여 기재한 다음, 청산가치가 총변제예정(유보)액의 현재가치보다 큰 경우에는 재산을 처분하여 일정한 액수(변제투입예정액)를 변제에 투입하는 내용으로 변제계획안을 작성하여야 합니다. 청산가치가 총변제예정(유보)액의 현재가치보다 작은 경우에는 재산을 처분하여 변제에 투입할 필요가 없습니다.

☞ 위 설명에 따라 재산 처분이 필요하면 해당 있음에 체크(√)하고, 그렇지 않으면 해당 없음에 체크(√)합니다.

☞ <u>해당 있음에 체크(√)한 경우에만 다음과 같이 표의 해당사항을 기재합니다.</u>

☞ 변제에 제공할 처분대상 재산의 명세(예를 들어 부동산인 경우 지번, 지목, 면적 등)를 구체적으로 기재합니다.

☞ 재산의 처분에 의한 변제기한을 기재하되, 원칙적으로 '<u>인가일로부터 1년 내</u>'로 하고 1년 내에 처분하기 곤란한 사정이 있으면 '<u>인가일로부터 2년 내</u>'로 합니다.

☞ 변제투입예정액은 위 <u>개인회생채권 변제예정액 표 작성요령</u>에 따라 산정한 금액을 그대로 기재합니다.

☞ 회생위원 보수는 법원사무관이 회생위원으로 선임되는 경우 0원으로 기재(또는 공란으로 둠)하고, 법원사무관이 아닌 회생위원이 선임되는 경우 변제투입예정액의 1%(소수점 이하는 반올림처리함)에 해당하는 금액을 기재합니다.

☞ 실제 변제투입예정액은 변제투입예정액에서 회생위원 보수를 차감한 금액을 기재합니다.

3. 개인회생재단채권에 대한 변제

☞ 아래 가.항 및 나.항에 대한 설명을 참고하여 개인회생재단채권에 대하여 변제할 내용이 있으면 해당 있음에, 그렇지 않으면 해당 없음에 체크(√)합니다.

가. 회생위원의 보수 및 비용

☞ 해당 여부에 체크(√)하되, 법원사무관이 회생위원으로 선임되는 경우 원칙적으로 보수 및 비용을 지급하지 아니하므로, 회생위원이 선임되기 전 신청서와 변제계획안을 함께 작성하여 제출할 경우에는 일단 해당 없음에

체크(√)하거나 법원 접수창구에서 문의한 후 체크(√)합니다.

나. 기타 개인회생재단채권

☞ 납부기한이 도래하지 아니한, 원천징수하는 조세, 부가가치세·특별소비세·주세 및 교통세, 특별징수의무자가 징수하여 납부하여야 하는 지방세, 위 각 조세의 부과·징수의 예에 따라 부과·징수하는 교육세 및 농어촌특별세, 채무자의 근로자의 임금·퇴직금 및 재해보상금, 개인회생절차개시결정 전의 원인으로 생긴 채무자의 근로자의 임치금 및 신원보증금의 반환청구권 등도 개인회생재단채권입니다. 위와 같은 채권에 대하여 변제할 내용이 있으면 해당 있음에, 그렇지 않으면 해당 없음에 체크(√)합니다.

☞ 해당 있음에 체크(√)한 경우에만 다음과 같이 표의 해당사항을 기재합니다.

(1) 채권의 내용

☞ 채권자의 명칭을 기재합니다.

☞ 채권현재액 산정기준일 현재의 금액을 기재합니다.

☞ 채권발생원인은 채권의 발생 당시를 기준으로 채권의 발생원인(예 : 부가가치세, 임금 등), 시기 또는 기간 등을 간략히 기재합니다.

☞ 변제기가 언제인지를 기재합니다.

(2) 변제방법

☞ 특별한 사정이 없는 경우 변제계획안 양식의 문구를 그대로 사용합니다.

4. 일반의 우선권 있는 개인회생채권에 대한 변제

☞ 국세징수법 또는 국세징수의 예에 의하여 징수할 수 있는 청구권(국세, 지방세 등 지방자치단체의 징수금, 관세 및 가산금, 건강보험료, 산업재해보상보험료 등) 등은 일반의 우선권 있는 개인회생채권입니다. 위와 같은 채권에 대하여 변제할 내용이 있으면 해당 있음에, 그렇지 않으면 해당 없음에 체크(√)합니다.

☞ 해당 있음에 체크(√)한 경우에만 다음과 같이 표의 해당사항을 기재합니다.

(1) 채권의 내용

☞ 신청서에 첨부한 개인회생채권자목록의 채권자명, 채권현재액을 그대로 기재합니다.

☞ 채권발생원인은 채권의 발생 당시를 기준으로 채권의 발생원인, 시기 또는 기간 등을 간략히 기재하고 우선권의 근거를 기재합니다.

☞ 변제기가 언제인지를 기재합니다.

(2) 변제방법

☞ 특별한 사정이 없는 경우 변제계획안 양식의 문구를 그대로 사용합니다.

5. 별제권부 채권 및 이에 준하는 채권의 처리

☞ 신청서에 첨부한 개인회생채권자목록의 부속서류 1. '별제권부 채권 및 이에 준하는 채권의 내역'에 기재한 채권이 있으면 해당 있음에, 그렇지 않으면 해당 없음에 체크(✓)합니다.

가. 채권의 내용

☞ ①부터 ④까지는 '별제권부 채권 및 이에 준하는 채권의 내역'의 ①부터 ④까지 기재한 것을 옮겨서 기재하되, 신청서 제출 이후에 변제계획안을 제출할 경우에는 변제계획안 제출일 또는 제출 예정일 현재의 금액을 기재합니다.

☞ '별제권 등의 내용 및 목적물'에는, '별제권부 채권 및 이에 준하는 채권의 내역'의 ⑥에 기재한 것을 옮겨서 기재합니다.

나. 변제방법

☞ 특별한 사정이 없는 경우 변제계획안 양식의 문구를 그대로 사용합니다.

6. 일반 개인회생채권에 대한 변제

가. 가용소득에 의한 변제

(1) 월 변제예정(유보)액 및 총 변제예정(유보)액의 산정

☞ 원칙적으로 개인회생채권의 원금의 액수를 기준으로 안분하여 변제하므로, 첫 [   ] 안에는 [원금]이라고 기재합니다.

☞ 그 다음 뒤에 첨부된 II. 개인회생채권 변제예정액 표 작성요령을 잘 읽고 개인회생채권 변제예정액 표를 먼저 작성합니다.

☞ 표가 완성되면, 월 변제예정(유보)액란에는 개인회생채권 변제예정액 표 중 2.의 (H)항 금액([전산양식 D5111]의 경우에는 2. 가.의 (H)항 금액)을 기재합니다.

☞ 총 변제예정(유보)액란에는 개인회생채권 변제예정액 표 중 2.의 (I)항

금액([전산양식 D5111]의 경우에는 2. 가.의 (I)항 금액)을 기재합니다.

(2) 변제방법

☞ 위 (1)항의 변제예정(유보)액을 분할하여 변제하는 방법을 기재합니다.

㈎ 기간 및 횟수

☞ 언제부터 언제까지 몇 개월간 합계 몇 회를 변제하는지를 기재합니다.

㈏ 변제월 및 변제일

☞ 매월 동일한 변제일에 변제하는 것을 원칙으로 합니다.

☞ ①항에는 최초 변제일부터 변제계획인가일 직전 변제일까지 적립된 금원의 변제방법을 기재합니다. 통상의 방법과 다른 방법으로 변제할 경우 기타란에 해당 내용을 기재합니다.

☞ ②항에는 변제계획인가일 직후 최초 도래하는 변제일부터 마지막 변제일까지의 변제방법을 기재합니다. 통상과 달리 여러 개월마다 한 번씩 변제할 경우 또는 다른 방법으로 변제할 경우 해당란에 그 내용을 기재합니다. 만약 매월 [31]일에 변제하기로 하는 경우에는 "30일까지 밖에 없는 달의 경우에는 그 달 말일에 변제한다."는 내용의 단서를, 매월 [29]일 또는 [30]일에 변제하기로 하는 경우에는 "2월의 경우에는 그 달 말일에 변제한다."는 내용의 단서를 기재합니다.

나. 재산의 처분에 의한 변제

☞ 재산의 처분에 의한 변제가 있는 경우에는 해당 있음에 체크(√)하고, 그렇지 않은 경우에는 해당 없음에 체크(√)합니다.

☞ 해당 있음에 체크(√)한 경우에만 다음과 같이 해당사항을 기재합니다 ([전산양식 D5111]에만 해당합니다).

(1) 변제투입예정액 및 총 변제예정(유보)액의 산정

☞ 원칙적으로 개인회생채권의 원금의 액수를 기준으로 안분하여 변제하므로, 첫 [   ] 안에는 [원금]이라고 기재합니다.

☞ 총 변제예정(유보)액은 개인회생채권 변제예정액 표 중 2. 나.의 (Q)항 금액을 기재합니다.

(2) 변제방법

☞ ㈎항에 재산의 처분에 의한 변제기한을 기재하되, 원칙적으로 '인가일로부터 1년 내'로 하고 1년 내에 처분하기 곤란한 사정이 있으면 '인가일로부터 2년 내'로 합니다.

(3) 강제집행 등의 효력

☞ 특별한 사정이 없는 경우 변제계획안 양식의 문구를 그대로 사용합니다.

7. 미확정 개인회생채권에 대한 조치

☞ 채권의 존재 여부나 채권의 액수에 관하여 다툼이 있어 변제계획안 작성 당시 아직 확정되지 아니한 채권이 있는 경우 해당 있음에, 그러한 채권이 없는 경우 해당 없음에 체크(√)합니다.

가. 변제금액의 유보

☞ 특별한 사정이 없는 경우 변제계획안 양식의 문구를 그대로 사용합니다.

나. 미확정 개인회생채권에 대한 변제

☞ 특별한 사정이 없는 경우 변제계획안 양식의 문구를 그대로 사용하고, 모든 [   ] 안에는 [원금]이라고 기재합니다.

8. 변제금원의 회생위원에 대한 임치 및 지급

☞ "위 [   ]항에 의하여"의 [   ]에는 위 3. 내지 5.항 및 7.항 중 해당 있는 경우에는 해당 번호를 기재하고, 6.항은 항상 기재합니다. 예를 들어 5.항 및 6.항이 해당 있는 경우에는 [5, 6]이라고 기재합니다.

☞ 개인회생위원의 예금계좌는 신청 당시에는 공란으로 두었다가 추후 보완합니다.

9. 면책의 범위 및 효력발생시기

☞ 특별한 사정이 없는 경우 변제계획안 양식의 문구를 그대로 사용합니다.

10. 기타사항

☞ 해당 여부에 체크(√)하고, 해당 있는 경우 그 내용을 기재합니다.

Ⅱ. 개인회생채권 변제예정액 표 작성요령

A. 가용소득만으로 변제하는 경우의 개인회생채권 변제예정액 표 작성요령

1. 기초사항

변제계획안의 "2. 변제에 제공되는 소득 또는 재산" 항목으로부터 월평균 가용소득 및 변제횟수를 옮겨 적습니다. 월 회생위원 보수 관련하여서는 법원사무관이 회생위원으로 선임되는 경우 0원으로 기재(또는 공란으로 둠)하고, 법원사무관이 아닌 회생위원이 선임되는 경우 월평균 가용소득의 1%(소수점 이하는 반올림처리함)에 해당하는 금액을 기재합니다. (A) 월 실제 가용소득 관련하여서는 월평균 가용소득에서 월 회생위원 보수를 차감한 금액을 기재하며, (C) 총 실제 가용소득 관련하여서는 (A) 월 실제 가용소득에 (B) 변제횟수를 곱한 금액을 기재합니다.

2. 채권자별 변제예정액의 산정내역

"채권번호"와 "채권자"를 채권자목록으로부터 옮겨서 기재합니다. "(D)개인회생채권"란은 확정채권액과 미확정채권액의 두 가지로 나누어 기재하고 총합계액을 (G)란에 기재합니다. 여기의 채권액에는 대개는 원금만 기재하면 되겠지만, 변제액이 커서 원금 외에 개시결정일 전날까지의 이자·지연손해금도 변제될 수 있는 경우에는, 개시결정일 전날까지의 이자·손해금의 합계액도 기재합니다.

그 다음 [(A)월 실제 가용소득×개인회생채권액 중 확정채권 비율{"(D)해당 개인회생채권 중 확정채권액"÷"(G)개인회생채권액 총계"}]을 계산하여 각 개인회생채권액 중 확정채권에 대한 월 변제예정액을 구합니다. 미확정채권에 대해서도, 마찬가지 방법으로 월 변제유보액을 구합니다. 그 결과값에서 원 미만은 '올림'으로 처리하여, 이를 "(E)월 변제예정(유보)액"란에 기재하고 이를 합산하여 (H)란에 기재합니다. 위에서 각 채권별 변제액을 구할 때에 원 미만은 '올림' 처리를 하였으므로, 이 월 변제예정(유보)액은 이미 기재한 "월 실제 가용소득"보다 약간 더 많은 금액이 될 것입니다.

(E)월 변제예정(유보)액에 (B)변제횟수를 곱한 (F)총 변제예정(유보)액을 산정하여 기재하고 이를 합산하여 (I)란에 기재합니다.

3. 변제율

총변제예정(유보)액을 개인회생채권 합계액으로 나눈 비율×100을 기재하되 소수점 이하는 반올림합니다.

4. 청산가치와의 비교

먼저 채무자가 현재 가지고 있는 재산의 가치, 즉 [신청서 첨부서류 2] 재산목록의 합계액을 (J)청산가치란에 기재하고, 다음으로 가용소득에 의한 (I)총변제예정(유보)액을 (K)에 옮겨 적습니다. 그 결과 (K)가 (J)보다 훨씬 큰 경우에는 (L)현재가치를 산정하여 기재할 필요가 없습니다만 (K)가 (J)보다 작거나 큰 차이가 나지 않는 경우에는 반드시 (L)현재가치를 산정하여 기재하여야 하며, 이 경우 (K)에 대한 (L)현재가치는, 3년(36개월)의 변제계획안의 경우, (H)월변제예정(유보)액에 33.7719를 곱하는 방법으로 산정(원 미만은 버림)하여 기재합니다.

[원래 (L)현재가치는 인가일을 기준으로 산정하는 것이나, 신청시에는 인가일을 알 수 없으므로, 일응 3개월간의 적립액이 있은 후(적립일로부터 2개월 후가 되는 날)에 인가가 될 것을 가정하고, 이를 기준으로 라이프니쯔 방식에 의한 현가할인율을 적용하여 (L)현재가치를 산정하면 됩니다. 따라서 위 수치 33.7719는 { 3(이미 적립된 것으로 보는 3개월) + 30.7719(33개월에 해당하는 라이프니쯔 복리연금현가율) }을 의미하는 것입니다.]

B. 가용소득과 재산처분으로 변제하는 경우 개인회생채권 변제예정액 표 작성요령

1. 기초사항

변제계획안의 "2. 변제에 제공되는 소득 또는 재산" 항목으로부터 월평균 가용소득 및 변제횟수를 옮겨 적습니다. 월 회생위원 보수 관련하여서는 법원사무관이 회생위원으로 선임되는 경우 0원으로 기재(또는 공란으로 둠)하고, 법원사무관이 아닌 회생위원이 선임되는 경우 월평균 가용소득의 1%(소수점 이하는 반올림처리함)에 해당하는 금액을 기재합니다. (A) 월 실제 가용소득 관련하여서는 월평균 가용소득에서 월 회생위원 보수를 차감한 금액을 기재하며, (C) 총 실제 가용소득 관련하여서는 (A) 월 실제 가용소득에 (B) 변제횟수를 곱한 금액을 기재합니다.

2. 채권자별 변제예정액의 산정내역

가. 가용소득에 의한 변제내역

"채권번호"와 "채권자"를 채권자목록으로부터 옮겨서 기재합니다. "(D)개인회생채권액"란은 확정채권액과 미확정채권액의 두 가지로 나누어 기재하고 총합계액을 (G)란에 기재합니다. 여기의 채권액에는 대개는 원금만 기재하면 되겠지만, 변제액이 커서 원금 외에 개시결정일 전날까지의 이자·지연손해금도 변제될 수 있는 경우에는, 개시결정일 전날까지의 이자·손해금의 합계액도 기재합니다.

그 다음 [(A)월 실제 가용소득 × 개인회생채권액 중 확정채권 비율{"(D)해당 개인회생채권 중 확정채권액"÷"(G)개인회생채권액 총계"}]를 계산하여 각 개인회생채권액 중 확정채권에 대한 월변제예정액을 구합니다. 미확정채권에 대해서도, 마찬가지 방법으로 월변제유보액을 구합니다. 그 결과값에서 원 미만은 '올림'으로 처리하여, 이를 "(E)월변제예정(유보)액"란에 기재하고 이를 합산하여 (H)란에 기재합니다. 위에서 각 채권별 변제액을 구할 때에 원 미만은 '올림' 처리를 하였으므로, 이 월변제예정(유보)액은 이미 기재한 "월 실제 가용소득"보다 약간 더 많은 금액이 될 것입니다.

(E)월변제예정(유보)액에 (B)변제횟수를 곱한 (F)총변제예정(유보)액을 산정하여 기재하고 이를 합산하여 (I)란에 기재합니다.

나. 재산처분을 통한 변제의 예상

원래 재산처분을 통한 (O)실제 변제투입예정액(변제투입예정액에서 회생위원 보수를 차감한 금액)은 다음 4항의 청산가치와의 비교를 통하여 비로소 정해지는 것입니다. 따라서 먼저 다음 4항에 따라 (O)실제 변제투입예정액을 산정한 후, 이를 기준으로 (O)에 대하여 개인회생채권 비율{"(D)당해 개인회생채권액"÷"(G) 개인회생채권액 총계"}에 따른 안분액을 계산합니다. 그 결과값에서 원 미만은 '올림'으로 처리하여 이를 (P)총변제예정(유보)액란에 기재하고 이를 합산하여 (Q)란에 적습니다. 위에서 각 채권별 변제액을 구할 때에 원 미만은 '올림' 처리를 하였으므로, 이 총변제예정(유보)액은 이미 기재한 변제투입예정액보다 약간 더 많은 금액이 될 것입니다.

3. 변제율

가. 가용소득에 의한 변제

가용소득에 의한 총변제예정(유보)액을 개인회생채권 합계액으로 나눈 비율×100을 기재하되 소수점 이하는 반올림합니다.

나. 재산처분에 의한 변제

재산처분에 의한 총변제예정(유보)액을 개인회생채권 합계액으로 나눈 비율×100을 기재하되 소수점 이하는 반올림합니다.

4. 청산가치와의 비교

먼저 채무자가 현재 가지고 있는 재산의 가치, 즉 [신청서 첨부서류 2] 재산목록의 합계액을 (J)청산가치란에 기재하고, 다음으로 가용소득에 의한 (I)총변제예정(유보)액을 (K)에 옮겨 적습니다.

그 다음 (K)에 대한 (L)현재가치는, 3년(36개월)의 변제계획안의 경우, (H)월변제예정(유보)액에 33.7719를 곱하는 방법으로 산정(원 미만은 버림)하여 기재합니다.

[원래 (L)현재가치는 인가일을 기준으로 산정하는 것이나, 신청시에는 인가일을 알 수 없으므로, 일응 3개월간의 적립액이 있은 후(적립일로부터 2개월 후가 되는 날)에 인가가 될 것을 가정하고, 이를 기준으로 라이프니쯔 방식에 의한 현가할인율을 적용하여 (L)현재가치를 산정하면 됩니다. 따라서 위 수치 33.7719는 { 3(이미 적립된 것으로 보는 3개월) + 30.7719(33개월에 해당하는 라이프니쯔 복리연금현가율) }을 의미하는 것입니다.]

마지막으로, (J)청산가치에서 (L)현재가치를 공제한 잔액에, 개괄적으로 ① 재산처분에 의한 변제기한이 인가일로부터 1년이내인 경우에는 1.3을, ②그 변제기한이 2년이내인 경우에는 1.5를, 각 곱하여 산출한 금액(원 미만은 '올림'으로 처리합니다)을 법원사무관이 회생위원으로 선임되는 경우 (O)실제 변제투입예정액으로 보아 (O)란에 기재하고, 법원사무관이 아닌 회생위원이 선임되는 경우에는 변제투입예정액에서 1%(소수점 이하는 반올림처리함)에 해당하는 금액을 차감한 금액을 (O)실제 변제투입예정액으로 보아 (O)란에 기재하고, 이어서 위 2.의 나항에서 설명한 바대로 (O)를 기준으로 (P), (Q)를 산정한 다음, (M)에는 (Q)를 그대로 옮겨 적으면 됩니다. 이 경우 (N)은 기재하지 않아도 무방합니다.

　[물론 정확한 (N)의 액수를 산정하기 위해서는, 먼저 청산가치의 보장을 위해서 항상 {(L)+(N)}이 (J)보다 많아야 하는 것이므로, (J)에서 (L)을 뺀 잔액을, 인가일로부터 재산처분에 의한 변제기한까지의 기간에 따라 라이프니쯔 방식에 의한 현가할인율(변제기한이 1년이내인 경우에는 0.9523, 그 기한이 2년이내인 경우에는 0.9070)로 나누어 산출한 금액을 (O)실제 변제투입 예정액으로 하고 이를 기준으로 다시 현가할인율을 적용하여 (N)을 계산하여야 할 것입니다. 그러나 이와 같은 계산방법은 복잡할 뿐만 아니라 그렇게 계산하여 산출한 금액만을 정확하게 변제투입예정액으로 정하게 되면, 절차의 신속을 위하여 간이하게 이뤄진 재산의 가액평가방법에 대해 정식의 감정절차가 필요하게 되는 등으로 추가비용과 절차지연이 초래될 가능성이 있는 점 등을 고려하여, 위에서 예시한 방법에서는 개괄적이기는 하지만 그 금액을 다소 증액하는 대신 간이하게 변제투입예정액을 산출할 수 있도록 설명한 것입니다.]

[양식 6] 간이양식 모음

간이양식에 의한 개인회생절차 신청서류 작성요령

☞ 이 작성요령은 간이양식에 의하여 개인회생절차를 신청하는 경우를 위한 것입니다. 간이양식은 정식양식 중 채권자목록, 변제계획안, 수입 및 지출에 관한 목록의 일부를 작성하기 쉽도록 수정한 것입니다.
☞ 간이양식에 의하여 개시신청을 한 경우에는 개시신청서의 접수 후에 회생위원 또는 접수담당 법원사무관 등이 검토하여 신청채무자가 추가로 제출할 필요가 있는 정식양식을 교부하고 작성요령을 안내하게 됩니다.
☞ 특히 가용소득 이외에 재산처분대가를 이용하여 변제하는 경우에는 변제계획안은 정식양식을 이용하셔야 합니다.

I. 개인회생절차개시신청서

1. 관할법원

채무자의 주소지를 관할하는 회생법원에 신청하여야 합니다. 서울의 경우는 서울회생법원에 신청하여야 합니다. 다만 주채무자와 보증인, 채무자 및 그와 함께 동일한 채무를 부담하는 자, 부부의 경우 그 중 하나에 파산사건 또는 개인회생사건이 계속되어 있으면 같은 법원에 신청할 수 있고 신청서의 해당란에 성명과 사건번호를 기재하여야 합니다.

2. 신청인

신청인의 성명 등 인적사항을 모두 기재합니다. 특히 현주소는 법원으로부터 우편물을 송달받을 수 있는 확실한 주소를 기재하여야 하고 연락이 가능한 휴대폰 등 전화번호를 반드시 기재하여야 합니다.

3. 신청이유

① 급여소득자 또는 영업소득자인지 여부를 신청이유 1항의 해당란에 ☑ 표시를 합니다.
② 변제계획안에 예정되어 있는 변제기간과 월변제예정액을 각 기재하고 변제계획안 제출일로부터 60일 후 90일 내의 일정한 날(급여소득자의 경우 급여일, 영업소득자의 경우 매출채권 회수일 등)을 정하여 그 날을 제1회의 납입개시일로 하고 이 후 매월 같은 날을 매월 변제일로 기재합니다. 변제계획인가시의 월변제예정액은 여기서 기재하는 금액과 다를 수 있습니다.
③ 개인회생절차개시 후 변제계획이 불인가될 경우 그동안 적립된 금액을 반환받을 예금계좌를 기재합니다.
④ 개인회생절차개시신청 후 회생위원과의 면담을 통하여 개인회생채권자목록의 잘못된 부분과 누락된 부분을 수정하는 등으로 최종적인 개인회생채권자목록을 작성한 후 그 원본과 채권자수에 2통을 더한 부본을 회생위원이 지정한 날까지 이 법원에 제출하여야 합니다.

Ⅱ. 개인회생채권자목록

1. 채권현재액 산정기준일: 채권현재액을 산정함에 있어서 기준이 되는 일자로 신청일 또는 신청예정일을 기재합니다.

2. 채권의 기재순서: 채권의 기재는 발생일자에 따라 오래된 것부터 먼저 기재하되 여러 채권을 가진 동일한 채권자는 연속하여 기재합니다.

3. 채권현재액 총합계 등: 채권자목록에 기재된 채권현재액의 원금과 이자를 모두 합산하여 '채권현재액 총합계'란에 먼저 기재합니다.

4. 채권자: 법인 등의 경우 법인등기부에 기재된 정식명칭을 기재합니다. 개인영업자의 경우 개인의 이름을 기재하되 실제 영업상 사용되는 명칭을 괄호에 넣어 병기합니다.
   [예 : 홍길동(○○상사)]

5. 채권의 원인: 채권의 발생당시를 기준으로 차용금, 매매대금 등의 채권의 발생원인, 시기 또는 기간 등을 간략히 기재하되 대여금 등의 경우 최초의 원금을 같이 기재합니다.
   (예, 2019. 1. 1.자 대여금 10,000,000원)
   또한 담보채권인지, 무담보채권인지를 ☑ 표시를 하여 기재합니다.

6. 채권현재액: 채권현재액 산정기준일 현재의 원금과 이자(지연손해금 포함)를 구분하여 기재합니다.

7. 채권현재액 산정근거: 채권현재액이 어떻게 산정되었는지 상세하게 기재합니다. 산정근거를 기재할 때에는 잔여 원금과 이자 등으로 크게 구분하고, 이자 등의 계산에 있어서 산정 대상 원금, 이자율이 변경되는 경우에는 원금, 이자율이 달라지는 기간별로 나누어 계산한 근거를 기재합니다.
   다만 변제계획안이 원금만을 변제하는 것으로 작성된 경우에는 채권현재액의 이자 산정은 월 미만은 버리는 등으로 간이하게 산정하여도 무방합니다.
   금융기관에서 발급한 부채확인서는 원금과 이자가 구분되어 있는 것을 발급받아 첨부하는 것이 바람직합니다. 만약 부채확인서를 발급받기 어려운 경우에는 채권자에게 부채내역에 관한 자료송부청구서를 발송하고 그 사본을 신청서에 첨부하면 됩니다. 그 후 채권자로부터 자료송부서가 도착하면 그 사본을 법원에 제출하고 필요한 경우 개인회생채권자목록을 수정하여 다시 제출하여야 합니다(채무자 회생 및 파산에 관한 규칙 제82조, 개인회생사건 처리지침 제4조 참조).

8. 보증인: 채무자의 채무에 대하여 연대보증인 등이 있는 경우에는, 연대보증인 등을 채권자목록에 기재하고, 채권의 원인은 보증의 구체적인 내역을, 채권현재액란에는 '장래의 구상권'으로, 채권의 내용란에는 '보증채무를 대위변제할 경우 구상금액'이라고 기재하되, 채권번호는 보증한 채권의 채권번호에 가지번호를 붙여 표시하고 보증한 채권 바로 다음에 기재합니다. (예, 연대보증한 채무의 채권번호가 3일 경우 보증채권은 3-1로 표시)

9. 소명자료 제출: 채권자목록상의 채권자 및 채권금액에 관한 각 소명자료를 1통씩 제

출하는 것이 절차의 신속한 진행을 위하여 바람직합니다. 부득이하게 신청시 제출하기 어려운 경우에는 신청 후 보완 제출하여도 됩니다.

Ⅲ. 재산목록

1. 현금
○ 10만 원 이상인 경우에 기재하여 주십시오.

2. 예금
○ 잔고가 소액이라도 반드시 기재하고, 정기예금·적금·주택부금 등 예금의 종류를 불문하고 모두 기재하여 주십시오. 그리고 개인회생절차 신청시의 잔고가 기재된 통장 사본을 첨부하여 주십시오.

3. 보험
○ 가입하고 있는 보험은 해약반환금이 없는 경우에도 전부 기재하여 주십시오.
○ 보험증권사본 및 개인회생절차 신청시의 해약반환금예상액(없는 경우에는 없다는 사실)을 기재한 보험회사 작성의 증명서를 첨부하여 주십시오.

4. 자동차(오토바이 포함)
○ 자동차등록원부와 시가 증명자료를 첨부하여 주십시오.

5. 임차보증금
○ 반환받을 수 있는 금액을 적어 주시고, 계약상의 보증금과 반환받을 수 있는 금액이 차이 나는 경우에는 '차이나는 사유' 난에 그 사유를 적어 주십시오.
○ 임대차계약서 사본 등 임차보증금 중 반환예상액을 알 수 있는 자료를 첨부하여 주십시오.

6. 부동산
○ 부동산등기사항증명서 등과 재산세과세증명서 등 시가 증명자료를 첨부하여 주십시오.
○ 저당권 등 등기된 담보권에 대하여는 은행 등 담보권자가 작성한 피담보채권의 잔액증명서 등의 증명자료를 첨부하여 주십시오.

7. 사업용 설비, 재고품, 비품 등
○ 급여소득자의 경우에는 기재할 필요가 없고, 영업소득자의 경우에 그 영업에 필요한 것들을 기재하여 주십시오.

8. 대여금 채권
○ 계약서의 사본 등 대여금의 현재액을 알 수 있는 자료를 첨부하고, 변제받는 것이 어려운 경우에는 그 사유를 기재한 진술서를 첨부하여 주십시오.

9. 매출금 채권
○ 영업소득자의 경우 영업장부의 사본 등 매출금의 현재액을 알 수 있는 자료를 첨부하고, 변제받는 것이 곤란한 경우에는 그 사유를 기재한 진술서를 첨부하여 주십시오.

10. 예상 퇴직금

○ 현재 퇴직할 경우 지급받을 수 있는 퇴직금 예상액(다만 압류할 수 없는 부분은 기재하지 아니하고, 비고란에 표시합니다.)을 기재하고 사용자 작성의 퇴직금 계산서 등 증명서를 첨부하여 주십시오.

11. 면제재산 결정신청금액

○ 면제재산 결정을 신청한 재산의 금액과 그 내역을 기재하여 주시고 재산 합계액에서 면제재산 결정신청금액을 공제한 잔액을 청산가치로 기재하여 주십시오.

12. 압류 및 가압류 유무

○ 재산 항목에 대하여 압류·가압류 등 강제집행이 있는 경우에는 그 유무를 해당란에 표시하고, 그러한 압류·가압류의 결정법원, 사건번호, 상대방 채권자, 압류된 금액 등 상세한 내용은 [신청서 첨부서류 4] 진술서의 해당란에 기재하고 관련자료를 첨부하여 주십시오.

13. **기재할 사항이 많은 항목은, 그 항목에 "별지 기재와 같음"이라고 적은 후, 별지를 첨부하여 주십시오.**

Ⅳ. 수입 및 지출에 관한 목록

1. 현재의 수입목록

○ 급여소득자와 영업소득자를 구분하여 수입상황에 기재합니다. 급여소득자의 경우 급여는, 신청일 현재 매월 받는 금액과 정기상여금·연말성과급 등 매월 받지 않는 금액을 구별하여, "소득세, 주민세, 건강보험료, 국민연금보험료, 고용보험료, 산업재해보상보험료 중 해당하는 금액(채무자 회생 및 파산에 관한 법률 제579조 제4호 나목 금액)"을 공제한 순수입액을 해당란에 기재하고, 다시 연단위로 환산한 금액과 이를 평균한 월 평균수입(소수점 이하는 올림)을 각 기재합니다. 그리고 근로소득세 원천징수영수증 사본, 급여증명서, 급여확인서, 급여입금통장사본 등 소명자료를 제출하여 주십시오.

○ 연금 등의 일정수입이 있는 경우에는 그 내역을 기재하고 연간수령금액을 환산하여 해당란에 기재합니다. 그리고 이를 소명할 수급증명서 등의 자료를 첨부하여 주십시오.

○ 영업소득자의 경우, 수입 명목을 부동산임대소득·사업소득·농업소득·임대소득 또는 기타소득으로 구분하여 최근 1년간의 소득을 평균한 연간 소득금액에서 소득세등 위 법률 제579조 제4호 나목 소정 금액과 같은 호 라목 소정의 영업의 경영, 보존 및 계속을 위하여 필요한 비용을 공제한 순소득액을 산출하여 이를 월 평균수입으로 환산(소수점 이하는 올림)하여 기재합니다. 소명자료로는 종합소득세 확정신고서, 사업자 소득금액 증명원, 기타 소득을 확인할 수 있는 자료를 첨부하여 주십시오.

○ 최근 1년 동안 직장이나 직업의 변동이 있었던 경우는 변동 이후의 기간 동안의 소득을 평균한 소득금액을 기준으로 산정하고, 변동 후의 기간에 대한 소명자료를 제출하십시오.

○ 수입에 대하여, 압류나 가압류 등 강제집행이 있는 경우에는 그 유무를 해당란에 표시하고, 그러한 압류·가압류의 결정법원, 사건번호, 상대방 채권자, 압류된 금액 등 상세한 내용은 [신청서 첨부서류 4] 진술서의 해당란에 기재하고 관련서류를 첨부하여 주십시오.

2. 변제계획 수행시의 예상 지출목록

○ 채무자가 신고하는 지출예상 생계비가 보건복지부 공표 가구별 기준 중위소득의 60% 이하인 경우에는 그 금액대로 인정받을 수 있으므로 해당란에 V표를 하고 그 내역만을 기재합니다.

○ 채무자가 신고하는 지출예상 생계비가 보건복지부 공표 가구별 기준 중위소득의 60%를 초과하는 경우에는 해당란에 V표를 하고 뒷면 표에 각 항목별로 나누어 추가로 지출되는 금액과 그 사유를 구체적으로 기재합니다. 이 경우 생계비가 추가 소요되는 근거에 관하여 구체적인 소명자료를 제출하여야 합니다.

3. 가족관계

○ 채무자와 생계를 같이 하는 가족을 기재하고 동거 여부와 채무자의 수입에 의하여 부양되는지 유무를 표시하십시오. 가족 중 수입이 있는 자에 대하여는 급여명세서사본, 종합소득세확정신고서 등을 첨부하여 주십시오.

○ 동거여부 및 동거기간의 소명을 위해 주민등록등본 및 가족관계증명서를 제출하십시오.

4. 기타

○ 기재할 사항이 많은 항목은, 그 항목에 "별지 기재와 같음"이라고 적은 후, 별지를 첨부하여 주십시오.

Ⅴ. 변제계획안

☞ 이 작성요령에 첨부된 변제계획안은 가용소득만으로 변제를 하는 경우만을 위한 것입니다. 만약 가용소득 이외에 재산처분대가를 이용하여 변제를 하는 경우에는 정식양식의 변제계획안을 사용하시기 바랍니다.

A. 변제계획안

1. 변제기간

변제는 1개월 1회 변제가 원칙입니다. 다만 농업, 어업 등 매월 수입이 없는 직업에 종사하는 경우에는 수개월에 1회 변제하는 방법으로 변제할 수 있습니다.

변제기간은 언제부터 언제까지를 변제기간으로 할 것인지를 기재하여야 합니다. 변제기간은 채권현재액(원금)의 합계를 월 실제 가용소득으로 나누어 산정합니다.

채무자는 변제기간을 변제개시일로부터 원칙적으로 3년(최장 5년)을 초과하지 아니하는 범위 내에서 정할 수 있습니다. 다만 채무자는 변제기간을 다음과 같이 정하는 것이 바람직합니다.

① 변제계획안에서 정하는 변제기간 동안 그 가용소득의 전부를 투입하여 우선 원금을 변제하고 잔여금으로 이자를 변제합니다.

② 3년 이내의 변제기간 동안 원금과 이자를 전부 변제할 수 있는 때에는 그때까지를 변제기간으로 합니다.

③ 위 ②항 이외의 경우에는 변제기간을 3년으로 하되, 만일 청산가치 보장의 원칙 등을 준수하기 위하여 필요한 경우에는 5년의 한도 내에서 3년이 넘는 변제기간을 설정할 수 있습니다.

④ 채무자가 위 ① 내지 ③의 규정에 정한 기간보다 단기간을 변제기간으로 작성하여 제출한 경우에는 법원은 위 각 기간으로 변제기간을 수정하도록 명령할 수 있으며, 채무자는 수정명령에 응하여야만 합니다.

변제를 시작하는 날짜는 원칙적으로 변제계획안 제출일로부터 60일 후 90일 내의 날로 정하면 됩니다. 변제를 마치는 날짜는 위와 같은 원칙에 따라 정한 변제기간의 마지막 날짜를 기재하고, 이어서 변제기간의 총 개월수를 기재하면 됩니다. 예를 들어 2021. 4. 25.부터 변제를 시작하여 3년 동안 원금 또는 원리금의 전부를 변제할 수 없는 경우에는 변제기간을 3년(36개월)으로 정하여 2024. 3. 25. 변제를 마치는 것으로 하고, 개월수는 36개월이라고 기재합니다.

2. 변제에 제공되는 소득

(1) 개인회생절차개시신청서에 첨부한 '수입 및 지출에 관한 목록'의 'Ⅰ. 현재의 수입목록'으로부터 월 평균 수입을 옮겨서 기재합니다.

(2) 위 '수입 및 지출에 관한 목록'의 'Ⅱ. 변제계획 수행시의 예상지출목록'으로부터 지출예상 생계비를 옮겨서 기재합니다.

(3) 총 가용소득란에는 월 평균 가용소득에 변제횟수를 곱한 금액을 기재합니다.

3. 일반 개인회생채권에 대한 변제

(1) 우선 변제예정액표의 작성요령을 잘 읽고 그에 따라서 표를 완성합니다. 변제예정액표의 월 변제예정액 합계란의 금액과 총 변제예정액 합계란의 금액을 그대로 월 변제예정액과 총 변제예정액으로 각 기재합니다.

(2) 변제방법

㈎ 변제기간 및 횟수는 1항의 변제기간을 그대로 기재합니다.

㈏ 변제월 및 변제일은 최초 변제개시일부터 변제계획 인가일 직전까지의 기간과 변제계획 인가일 직후부터 최종 변제일까지의 둘로 나누어 기재합니다. 매월 변제할 날짜를 정하여 그 날짜에 변제하는 것으로 기재합니다.

B. 변제예정액표

1. 기초사항

변제계획안의 "2. 변제에 제공되는 소득 또는 재산" 항목으로부터 월평균 가용소득 및 변제횟수를 옮겨 적습니다. 월 회생위원 보수 관련하여서는 법원사무관이 회생위원으로 선임되는 경우 0원으로 기재(또는 공란으로 둠)하고, 법원사무관이 아닌 회생위원이 선임되는 경우 월평균 가용소득의 □%(소수점 이하는 반올림처리함)에 해당하는 금액을 기재합니다. (A) 월 실제 가용소득 관련하여서는 월평균 가용소득에서 월 회생위원 보수를 차감한 금액을 기재하며, (C) 총 실제 가용소득 관련하여서는 (A) 월 실제 가용소득에 (B) 변제횟수를 곱한 금액을 기재합니다.

2. 채권자별 변제예정액의 산정내역

"채권번호"와 "채권자" 및 "개인회생채권액(원금)"을 개시신청서에 첨부한 개인회생채권자목록으로부터 옮겨서 기재합니다.

그 다음 [월 실제 가용소득×각 채권별 개인회생채권액 원금의 비율{해당 채권별 개인회생채권액 ÷ 개인회생채권액 합계}]를 계산하여 각 채권별 월변제예정액을 구합니다. 그 결과값에서 소수점 이하는 '올림'으로 처리하여, 이를 각 채권별 "월변제예정액"란에 기재합니다. 위에서 각 채권별 변제액을 구할 때에 올림처리를 하였으므로, 이 월 변제예정액의 합계는 이미 기재한 "월 실제 가용소득"보다 약간 더 많은 금액이 될 것입니다.

각 채권별 월변제예정액에 변제횟수를 곱한 총변제예정액을 산정하여 기재합니다.

3. 변제율

총변제예정(유보)액을 개인회생채권 합계액으로 나눈 비율 × 100 을 기재하되 소수점 이하는 반올림합니다.

개인회생절차개시신청서

수입인지
30,000원

신청인	성 명		주민등록번호	
	주민등록상 주소			우편번호:
	현 주 소			우편번호:
	전화번호 (집·직장)		전화번호 (휴대전화)	

대리인	성 명			
	사무실 주소			우편번호:
	전화번호 (사무실)			
	이-메일 주소		FAX번호	

주채무자가(또는 보증채무자가, 연대채무자가, 배우자가) 이미 귀 법원에 파산절차 또는 개인회생절차개시신청을 하였으므로 그 사실을 아래와 같이 기재합니다

성 명		사건번호	

신 청 취 지

「신청인에 대하여 개인회생절차를 개시한다.」라는 결정을 구합니다.

신 청 이 유

1. 신청인은, 첨부한 개인회생채권자목록 기재와 같은 채무를 부담하고 있으나, 수입 및 재산이 별지 수입 및 지출에 관한 목록과 재산목록에 기재된 바와 같으므로, 파산의 원인사실이 발생하였습니다(파산의 원인사실이 생길 염려가 있습니다).

    □ 신청인은 정기적이고 확실한 수입을 얻을 것으로 예상되고, 또한 채무자 회생 및 파산에 관한 법률 제595조에 해당하는 개시신청 기각사유는 없습니다(급여소득자의 경우).

□ 신청인은 부동산임대소득·사업소득·농업소득·임업소득 그 밖에 이와 유사한 수입을 장래에 계속적으로 또는 반복하여 얻을 것으로 예상되고, 또한 채무자 회생 및 파산에 관한 법률 제595조에 해당하는 개시신청 기각사유는 없습니다(영업소득자의 경우).

2. 신청인은, 각 회생채권자에 대한 채무 전액의 변제가 곤란하므로, 그 일부를 분할하여 지급할 계획입니다. 즉 현시점에서 계획하고 있는 변제예정액은 _____개월간 월 _____원씩이고, 이 변제의 준비 및 절차비용지급의 준비를 위하여, 개시결정이 내려지는 경우 _____을 제1회로 하여, 이후 매월 ____에 개시결정시 통지되는 개인회생위원의 은행구좌에 동액의 금전을 입금하겠습니다.

3. 이 사건 개인회생절차에서 변제계획이 불인가될 경우 불인가 결정시까지의 적립금을 반환받을 신청인의 예금계좌는 _____은행 _____입니다.

첨 부 서 류

1. 개인회생채권자목록 1통
2. 재산목록 1통
3. 수입 및 지출에 관한 목록 1통
4. 진술서 1통
5. 수입인지 1통
6. 예납금영수증 1통
7. 송달료납부서 1통
8. 신청인 본인의 예금계좌 사본 1통(대리인의 예금계좌 사본 아님)
9. 위임장 1통(대리인에 의하여 신청하는 경우)

휴대전화를 통한 정보수신 신청서

위 사건에 관한 개인회생절차개시결정, 월 변제액 3개월분 연체의 정보를 예납의무자가 납부한 송달료 잔액 범위 내에서 휴대전화를 통하여 알려주실 것을 신청합니다.

◼ 휴대전화 번호 :

20 . . .

신청인 채무자   (날인 또는 서명)

※ 개인회생절차개시결정이 있거나, 변제계획 인가결정 후 월 변제액 3개월분 이상 연체시 위 휴대전화로 문자메시지가 발송됩니다.

※ 문자메시지 서비스 이용금액은 메시지 1건당 17원씩 납부된 송달료에서 지급됩니다(송달료가 부족하면 문자메시지가 발송되지 않습니다). 추후 서비스 대상 정보, 이용금액 등이 변동될 수 있습니다.

20 . . .

신청인   (인)

○○법원 귀중

[신청서 첨부서류 1]   [간이양식 1-1]

개인회생채권자목록 간이양식

산정기준일:　　　.　　　.　　　.

20　개회	채무자:	채권현재액 합계:　　　　　　　　　　　　원

채권번호	채권자	채권의 원인	□담보 □무담보	주소 및 연락처
		채권현재액(원금)		채권현재액(원금) 산정근거
		채권현재액(이자)		채권현재액(이자) 산정근거
			□담보 □무담보	(주소) (전화)　　　　　　　(팩스)
			□담보 □무담보	(주소) (전화)　　　　　　　(팩스)
			□담보 □무담보	(주소) (전화)　　　　　　　(팩스)
			□담보 □무담보	(주소) (전화)　　　　　　　(팩스)

※ 채권자가 많아 이 용지에 다 적을 수 없는 경우는 다음 장에 계속 적어야 합니다.

			☐담보 ☐무담보	(주소) (전화) (팩스)
			☐담보 ☐무담보	(주소) (전화) (팩스)
			☐담보 ☐무담보	(주소) (전화) (팩스)
			☐담보 ☐무담보	(주소) (전화) (팩스)
			☐담보 ☐무담보	(주소) (전화) (팩스)
			☐담보 ☐무담보	(주소) (전화) (팩스)

[신청서 첨부서류 2]   [간이양식 1-2]

재산목록 간이양식

명 칭	금액 또는 시가(단위:원)	압류등 유무	비 고			
현금						
예금			금융기관명			
			계좌번호			
			잔고			
보험			보험회사명			
			증권번호			
			해약반환금			
자동차 (오토바이 포함)						
임차보증금 (반환받을 금액을 금액란에 적는다)			임차물건			
			보증금 및 월세			
			차이 나는 사유			
부동산 (환가예상액에서 피담보채권을 뺀 금액을 금액란에 적는다)			소재지,면적			
			부동산의 종류	토지( ), 건물( ), 집합건물( )		
			권리의 종류			
			환가예상액			
			담보권 설정된 경우 그 종류 및 담보액			
사업용 설비, 재고품, 비품 등			품목,개수			
			구입시기			
			평가액			
대여금 채권			상대방 채무자 1:	□ 소명자료 별첨		
			상대방 채무자 2:	□ 소명자료 별첨		
매출금 채권			상대방 채무자 1:	□ 소명자료 별첨		
			상대방 채무자 2:	□ 소명자료 별첨		
예상 퇴직금			근무처: (압류할 수 없는 재산 원 제외)			
기타 ( )						
합계						
면제재산 결정신청 금액			면제재산 결정신청 내용:			
청산가치						

수입 및 지출에 관한 목록 간이양식

I. 현재의 수입목록

(단위 : 원)

수입상황	자영(상호)		고용(직장명)	
	업종		직위	
	종사경력	년 개월	근무기간	년 월부터 현재까지
명목	기간구분	금액	연간환산금액	압류, 가압류 등 유무
		연 수입		월 평균 수입 ( )

II. 변제계획 수행시의 예상지출목록

1. 채무자가 예상하는 생계비가 보건복지부 공표 가구별 기준 중위소득의 60% 이하
인 경우에는 별도의 설명 없이 아래의 괄호에 기재만 하시면 됩니다.

　　　　보건복지부 공표 (   )인 가족 가구별 기준 중위소득 (   )원의 약 (   )%인
　　　　(   )원을 지출할 것으로 예상됩니다.

2. 채무자가 예상하는 생계비가 보건복지부 공표 가구별 기준 중위소득의 60%를 초
과하는 경우에는 아래의 괄호에 내역을 기재한 후 뒷면의 표와 보충기재사항란에
추가로 지출되는 금액과 사유를 구체적으로 기재하시면 됩니다.

　　　　보건복지부 공표 (   )인 가족 가구별 기준 중위소득 (   )원의 약 (   )%인
　　　　(   )원을 지출할 것으로 예상됩니다.

III. 가족관계

관계	성 명	연령	동거여부 및 기간	직 업	월 수입	재산총액	부양유무
배우자							
자							
자							

☞ 채무자가 예상하는 생계비가 보건복지부 공표 가구별 기준 중위소득의 60%를 초과하
는 경우

1. 생계비의 지출 내역

비 목	지출예상 생계비	추가지출 사유
생계비 ☞생계비에는 식료품비, 광열수도비, 가구집기비, 피복신발비, 교양오락비, 교통통신비, 기타 비용의 합산액을 기재합니다.		
주거비		
의료비		
교육비		
계		추가비율 : %

2. 생계비 추가지출사유에 관한 보충기재사항

[신청서 첨부서류 4]   [간이양식 1-4]

진 술 서

I. 경력

1. 최종학력

　　　　　　　　년　　월　　일　　　　　　　　　　학교 (졸업, 중퇴)

2. 과거 경력 (최근 경력부터 기재하여 주십시오)

기간	년 월 일부터	현재까지 (자영, 근무)
업종	직장명	직위
기간	년 월 일부터 년 월 일까지 (자영, 근무)	
업종	직장명	직위
기간	년 월 일부터 년 월 일까지 (자영, 근무)	
업종	직장명	직위

3. 과거 결혼, 이혼 경력

　　　　　　年　　월　　일　　　　와 (결혼, 이혼)

　　　　　　년　　월　　일　　　　와 (결혼, 이혼)

　　　　　　년　　월　　일　　　　와 (결혼, 이혼)

II. 현재 주거상황

거주를 시작한 시점 (　　　년　　월　　일)

거주관계(해당란에 표시)	상세한 내역
㉠ 신청인 소유의 주택	
㉡ 사택 또는 기숙사 ㉢ 임차(전·월세) 주택	임대보증금 (　　　　　　원) 임대료 (월　　　원), 연체액 (　　　　원) 임차인 성명 (　　　　　)
㉣ 친족 소유 주택에 무상 거주 ㉤ 친족외 소유 주택에 무상 거주	소유자 성명 (　　　　　　) 신청인과의 관계 (　　　　　)
㉥ 기타(　　　　　　　　　)	

☆ ㉠ 또는 ㉣항을 선택한 분은 주택의 등기사항증명서를 첨부하여 주십시오.

☆ ㉡ 또는 ㉢항을 선택한 분은 임대차계약서(전월세 계약서) 또는 사용허가서 사본을 첨부하여 주시기 바랍니다.

☆ ㉣ 또는 ㉤항을 선택한 분은 소유자 작성의 거주 증명서를 첨부하여 주십시오.

Ⅲ. 부채 상황

1. 채권자로부터 소송·지급명령·전부명령·압류·가압류 등을 받은 경험(있음, 없음)

내 역	채권자	관할법원	사건번호

☆ 위 내역란에는 소송, 지급명령, 압류 등으로 그 내용을 기재합니다.

☆ 위 기재사항에 해당하는 소장·지급명령·전부명령·압류 및 가압류결정의 각 사본을 첨부하여 주십시오.

2. 개인회생절차에 이르게 된 사정(여러 항목 중복 선택 가능)

　　　　( ) 생활비 부족　　　　　　　( ) 병원비 과다지출

　　　　( ) 교육비 과다지출　　　　　( ) 음식, 음주, 여행, 도박 또는 취미활동

　　　　( ) 점포 운영의 실패　　　　　( ) 타인 채무의 보증

　　　　( ) 주식투자 실패　　　　　　( ) 사기 피해

　　　　( ) 기타 (　　　　　　　　　　　　　　　　　　　　　　　)

3. 채무자가 많은 채무를 부담하게 된 사정 및 개인회생절차개시의 신청에 이르게 된 사정에 관하여 구체적으로 기재하여 주십시오(추가기재시에는 별지를 이용하시면 됩니다).

Ⅳ. 과거 면책절차 등의 이용 상황

절차	법원 또는 기관	신청시기	현재까지 진행상황
□ 파산·면책절차 □ 화의·회생·개인회생절차			
□ 신용회복위원회 워크아웃 □ 배드뱅크			(　　　)회 (　　　　　)원 변제

☆ 과거에 면책절차 등을 이용하였다면 해당란에 ☑ 표시 후 기재합니다.

☆ 신청일 전 **10년** 내에 회생사건·파산사건 또는 개인회생사건을 신청한 사실이 있는 때에는 그 관련서류 1통을 제출하여야 합니다.

> 가용소득만으로 변제하는 경우

변제계획안 간이양식

사 건   20   개회   개인회생
채 무 자 _____
대 리 인 _____

채무자는 별지와 같이 변제계획안을 작성하여 제출하니
인가하여 주시기 바랍니다.

20 .   .   .   .

채무자   (서명 또는 날인)

○○법원 귀중

20   개회   호   채무자_____

변 제 계 획 (안)

<u>20   .   .   .</u> 작성

1. 변제기간

[   ]년 [   ]월 [   ]일부터 [   ]년 [   ]월 [   ]일까지 [   ]개월간

2. 변제에 제공되는 소득

(1) 변제기간 동안 월 평균 수입: [   ]원

(2) 채무자 및 피부양자의 생활에 필요한 생계비: 월 [   ]원

(3) 채무자의 월 평균 가용소득: [   ]원

(4) 총 가용소득: [   ]원 (월 평균 가용소득 × 변제 횟수)

3. 일반 개인회생채권에 대한 변제

(1) 월 변제예정액 및 총 변제예정액의 산정

월 실제 가용소득을 각 일반 개인회생채권의 원금의 액수를 기준으로 안분하여 산출한 금액을 각 일반 개인회생채권자에게 변제한다. 이를 기초로 산정한 월 변제예정액은 [   ]원이고 총 변제예정액은 [   ]원이다.

☞ 구체적 산정 내역은 별지 개인회생채권 변제예정액 표 참조.

(2) 변제방법

위 (1)항의 변제예정액은 다음과 같이 분할하여 변제한다.

(가) 기간 및 횟수

[   ]년 [   ]월 [   ]일부터 [   ]년 [   ]월 [   ]일까지 [   ]개월간 합계 [   ]회

(나) 변제월 및 변제일

① [   ]년 [   ]월 [   ]일부터 변제계획인가일 직전 [   ]일까지 기간 변제계획인가일 직후 최초 도래하는 월의 [   ]일에 위 기간 동안의 변제분을 개인회생절차개시후 변제계획 인가 전에 적립된 가용소득으로 일시에 조기 변제

② 변제계획인가일 직후 최초 도래하는 월의 [   ]일부터 [   ]년 [   ]월 [   ]일까지 기간

매월마다 [   ]일에 변제

4. 변제금원의 회생위원에 대한 임치 및 지급

채무자는 위 3항에 의하여 개인회생채권자들에게 변제하여야 할 금액을 개시결정시 통지되는 개인회생위원의 예금계좌 { [   ]은행 계좌번호 [   ] }에 순차 임치하고, 개인회생채권자는 법원에 예금계좌를 신고하여 회생위원으로부터 변제액을 송금받는 방법으로 지급받는다. 회생위원은 계좌번호를 신고하지 않은 개인회생채권자에 대하여는 변제액을 적립하였다가 이를 연 1회 개인회생사건이 계속되어 있는 지방법원에 공탁하여 지급할 수 있다.

☞ 개인회생위원의 예금계좌는 신청 당시에는 알 수 없으므로 공란으로 두었다가 추후 보완합니다.

5. 면책의 범위 및 효력발생시기

채무자가 개인회생채권에 대하여 이 변제계획에 따라 변제를 완료하고 면책신청을 하여 면책결정이 확정되었을 경우에는, 이 변제계획에 따라 변제한 것을 제외하고 개인회생채권자에 대한 채무에 관하여 그 책임이 면제된다. 단, 채무자 회생 및 파산에 관한 법률 제625조 제2항 단서 각호 소정의 채무에 관하여는 그러하지 아니하다.

20   개회   호   채무자

개인회생채권 변제예정액 표

1. 기초사항

(단위 : 원)

월 평균 가용소득		월 회생위원 보수	
(A) 월 실제 가용소득		(B)변제횟수		(C) 총 실제 가용소득	

2. 채권자별 변제예정액의 산정내역

(단위 : 원)

채권 번호	채권자	개인회생채권액(원금)	월 변제예정액	총 변제예정액
합 계				

3. 변제율: 원금의 [   ]% 상당액 ☞ [총변제예정액을 개인회생채권 합계액으로 나눈 비율] ×

100 을 기재하되 소수점 이하는 반올림합니다.

[양식 7] 소득증명서(급여소득자용)

소 득 증 명 서

성 명		주민등록번호	
주 소			
직 장 명		직장전화번호	
직장주소			
근무기간			

    상기인은   년   월   일부터 매월 평균   만 원의 소득이 있음을 증명합니다.

20 년 월   일

직 장 명 :

대표자명 :   (서명 또는 날인)

서울회생법원 귀중

[양식 7-1] 소득진술서(영업소득자용)

소득진술서

성 명		주민등록 번 호	
주 소		전화번호	
상 호 명		업 종	
주요판매 품 목		영업개시일	
영 업 장 소 재 지			

 본인은   년   월   일부터 매월 평균 (   )원의
사업소득이 있음을 진술합니다.

            20 년   월   일

                신청인 :   (서명 또는 날인)

첨부서류 : 1. 보증인 2명의 확인서
          2. 사업자 등록증 사본 1통(사업자 등록이 되어있는 사업자의 경우)

                            서울회생법원 귀중

[양식 7-2] 확인서(영업소득자용)

확 인 서

성　　명		주민등록 번　　호	
주　　소		전화번호	
신청인과의 관　　계			
신청인을 알게된 기간			

　　상기 본인은 신청인 (　　　　　)의 월 평균소득이 (　　　　　　)원임
이 틀림 없음을 확인합니다.

20　.　　.　　.

보증인　　　　　　(서명 또는 날인)

서울회생법원 귀중

[양식 7-3] 자료송부청구서

자료송부청구서

채권자   ○○○   귀하

청구인 (채무자)   ○○○
주민등록번호
주소
　　　　　　　　　　　.

　채무자는 채무자 회생 및 파산에 관한 규칙 제82조에 기하여 채권자에게 채무자에 대하여 가진 개인회생채권의 존부 및 액수, 피담보채권액 및 피담보목적물의 가액, 담보부족전망액 등에 관한 자료의 송부를 청구합니다.
　채권자는 별지 자료송부서에 의거하여 20   .   .   .까지 송부하여 주시기 바랍니다.

20 . . .

채무자 ○○○   (서명 또는 날인)

주 소		전화	
		팩스	

붙임.

[양식 7-4] 자료송부서

자료송부서

채무자	○ ○ ○	주소	

1. 채권내역(기준일 :   년   월   일)

(단위 : 원)

1	채권의 원인			원금 현잔액 (①)	이자 현잔액 (②)	합계(①+②)
	대출일자	대출과목	대출금액			
	채권의 내용 / ①, ② 산정근거 (이자율)					
2	채권의 원인			원금 현잔액 (①)	이자 현잔액 (②)	합계(①+②)
	대출일자	대출과목	대출금액			
	채권의 내용 / ①, ② 산정근거 (이자율)					

2. 담보부 대출

채권 번호	피담보내용 및 목적물	피담보채권액	피담보 목적물 가액	담보부족예상액

주)1.위 1의 채권내역 중 담보부 대출을 기재함.

채권자명 :   (서명 또는 날인)

전화번호 :

채무자 ○ ○ ○ 귀하

[양식 8] 변제계획 수정안 제출서

변제계획 수정안 제출서

<pre>
사   건   20   개회   개인회생
채 무 자   ○   ○   ○
대 리 인   변호사 ○ ○ ○
</pre>

채무자는 다음과 같은 사유로 20 .   .   . 제출한 변제계획안을 별지와 같이 수정하여 변제계획 수정안을 제출하니 인가하여 주시기 바랍니다.

다   음

1. 채무자가 변제계획안을 제출한 후에, 착오로 잘못 기재된 사항이 발견되어(채권자목록이 수정되어 / 법원의 변제계획안 수정명령이 내려져) 기제출한 변제계획안을 별지와 같이 수정하여 제출합니다.

2. 수정사항의 요지
   □ 변제기간의 변경,   □ 가용소득의 변경,   □ 변제예정액표의 변경,
   □ 기타 (   )

20 .   .   .

채무자 ○ ○ ○
대리인 변호사 ○ ○ ○ (인)

서울회생법원 귀중

[양식 9] 채권자목록 수정허가 신청서

채권자목록 수정허가 신청

허	부

사 건   20   개회   개인회생
채 무 자   ○ ○ ○
대 리 인   변호사 ○ ○ ○

채무자는 다음과 같은 사유로 20 . . . 제출한 개인회생채권자목록을 별지와 같이 수정하고자 하니 허가하여 주시기 바랍니다.

다   음

1. 채무자가 개인회생채권자 목록을 귀원에 제출한 후, 채무자가 책임질 수 없는 사유(소명자료 별첨)로 인하여 그 목록에 누락하거나 잘못 기재된 사항이 발견되어 채무자 회생 및 파산에 관한 규칙 제81조 제1항에 따라 이를 별지와 같이 수정하고자 합니다.

2. 수정사항의 요지:

3. 수정항목

☐ 누락된 채권의 추가   ☐ 누락된 장래의 구상권(채무자의 보증인)의 추가

☐ 기존채권금액의 증가   ☐ 기존채권금액의 감소

☐ 기존채권의 소멸로 인한 삭제   ☐ 채권자 이름 등 오기 수정

☐ 개시결정 전 채권양도나 대위변제   ☐ 개시결정 후 채권양도나 대위변제

☐ 기타 (   )

20   .   .   .

채무자 ○ ○ ○

대리인 변호사 ○ ○ ○ (인)

서울회생법원 귀중

[양식 10] 개인회생절차개시신청의 취하허가결정

서 울 회 생 법 원
결   정

사   건   2021개회○○   개인회생

채무자(신청인)   ○○○ (640101-1234567)

　　　　　　　　　서울 서초구 ○○길 ○○

주   문

이 사건 개인회생절차개시신청의 취하를 허가한다.

이   유

채무자로부터 이 사건 개인회생절차개시신청 취하서가 제출되었는바, 채무자
가 이 사건 개인회생절차개시신청 및 그 취하에 이르게 된 경위, 이해관계인에
게 미치는 영향 등 제반사정을 종합하여 보면, 이를 허가하는 것이 상당하다고
인정되므로, 채무자 회생 및 파산에 관한 법률 제594조 단서에 의하여 주문과
같이 결정한다.

2021. ○. ○.

판사   ○ ○ ○

[양식 10-1] 회생위원에 대한 업무협조문

서 울 회 생 법 원
제 00 개인회생단독

우) 06594 서울 서초구 서초중앙로 157(서초동) / ☎ 000-0000 / 팩스 000-0000 / ○○○ 판사

시 행 일 자   2021. 0. 0.

수   신   채무자 ○○○의 회생위원 변호사 ○○○

제   목   보수산정을 위한 자료 요청

1. 채무자 ○○○에 대한 이 법원 2021개회00000호 개인회생 신청사건과 관련된 내용입니다.

2. 채무자 회생 및 파산에 관한 법률 제602조에 의하여 다음 사항에 대하여 의뢰하오니, 2021. 0. 0.까지 조치하여 주시기 바랍니다.

◇ 다   음 ◇

  1. 신청인의 취하신청에 따라 취하허가를 하였는바, 회생위원의 인가 전 보수 산정을 위한 소명자료를 제출하시기 바랍니다.

판사   ○   ○   ○

[양식 11] 보전처분결정(급여소득자)

서 울 회 생 법 원
결   정

사   건   2021개회○○   개인회생

채무자(신청인)   ○○○ (640101-1234567)

서울 서초구 ○○길 ○○

주   문

1. 채무자는 2021. ○. ○. 10:00 이전의 원인으로 생긴 일체의 금전채무에 관하여 그 변제 또는 담보제공을 하여서는 아니된다.

2. 채무자는 부동산, 자동차 등 등기 또는 등록의 대상이 되는 그 소유의 일체의 재산 및 금 1,000,000원 이상의 기타 재산에 관한 소유권의 양도, 담보권·임차권의 설정 기타 일체의 처분행위를 하여서는 아니된다.

3. 채무자는 명목 여하를 막론하고 차재(신용카드를 이용한 일체의 현금융통, 어음할인을 포함한다)를 하여서는 아니된다.

4. 위 각 항의 경우에 있어서 미리 이 법원의 허가를 받았을 때에는 그 제한을 받지 아니한다.

이   유

이 사건 신청은 이유 있으므로, 채무자 회생 및 파산에 관한 법률 제592조 제1항에 의하여 주문과 같이 결정한다.

2021. ○. ○.

판사   ○○○

[양식 11-1] 보전처분결정(영업소득자)

서 울 회 생 법 원
결 정

<pre>
사   건   2021개회○○   개인회생
채무자(신청인)   ○ ○ ○ (640101-1234567)
                 서울 서초구 ○○길 ○○
</pre>

주 문

1. 채무자는 2021. ○. ○. 10:00 이전의 원인으로 생긴 일체의 금전채무에 관하여 그 변제 또는 담보제공을 하여서는 아니된다.

2. 채무자는 부동산, 자동차, 중기, 특허권 등 등기 또는 등록의 대상이 되는 그 소유의 일체의 재산 및 금 1,000,000원 이상의 기타 재산에 관한 소유권의 양도, 담보권·임차권의 설정 기타 일체의 처분행위를 하여서는 아니된다. 그러나 계속적이고 정상적인 영업활동에 해당하는 제품, 원재료 등의 처분행위는 예외로 한다.

3. 채무자는 명목 여하를 막론하고 차재(신용카드를 이용한 일체의 현금융통, 어음할인을 포함한다)를 하여서는 아니된다.

4. 위 각 항의 경우에 있어서 미리 이 법원의 허가를 받았을 때에는 그 제한을 받지 아니한다.

이 유

이 사건 신청은 이유 있으므로, 채무자 회생 및 파산에 관한 법률 제592조 제1항에 의하여 주문과 같이 결정한다.

2021. ○. ○.

판사   ○ ○ ○

[양식 11-2] 개인회생절차개시신청 취하에 따른 보전처분 취소결정

서 울 회 생 법 원
결   정

사   건   2021개회○○   개인회생
채무자(신청인)   ○○○ (640101-1234567)
　　　　　　　　서울 서초구 ○○길 ○○

주   문

이 법원이 채무자에 대하여 한 2021. ○. ○. 보전처분결정을 취소한다.

이   유

　신청인이 이 법원의 허가를 얻어 이 사건 개인회생절차개시신청을 취하하였
으므로, 채무자 회생 및 파산에 관한 법률 제592조 제2항에 의하여 주문과 같이
결정한다.

2021.　○.　○.

판사　　○　○　○

[양식 11-3] 보전처분의 기입등기·등록촉탁서

서 울 회 생 법 원
등기(등록)촉탁서

수 신   수신처 참조

사 건   2021개회○○   개인회생

채무자(신청인)   ○○○ (640101-1234567)

       서울 서초구 ○○길 ○○

위 사건에 관하여 다음과 같이 보전처분결정의 기입등기(등록)를 촉탁합니다.

부동산(권리)의 표시	별지 기재와 같음
등기(등록)원인과 그 연월일	2021. ○. ○. 보전처분결정
등기의 목적	별지 기재 부동산(권리)에 대한 보전처분결정 기입등기(등록)
등록세 및 등기촉탁 수수료	채무자 회생 및 파산에 관한 법률 제24조 제6항, 제27조, 제25조 제4항, 등기사항증명서 등 수수료 규칙 제5조의2 제2항 제3호에 의하여 면제

첨 부   1. 보전처분결정등본 1통.

       2. 촉탁서 부본 1통

2021. ○. ○.

법원주사(보)   ○   ○   ○

수신처 : 서울중앙지방법원 등기관, ······

[양식 12] 중지명령 신청서

중지명령 신청서

사　　　건　　20　개회　　　개인회생
신　청　인　　이 름 :　　　　(주민등록번호　　　－　　　　)
(채 무 자)　　주 소 :
상　대　방　　이 름 :
　　　　　　　주 소 :

신 청 취 지

신청인에 대한 이 법원 2021 개회 ○○ 개인회생사건에 관하여 개인회생절차의 개시신청에 대한 결정이 있을 때까지 신청인에 대한 ○○법원 2021 타채 ○호 사건의 압류·추심명령절차를 중지한다는 결정을 구합니다.

신 청 원 인

1. 신청인은 귀원 2021개회 ○○ 개인회생 사건의 신청 채무자입니다.
2. 위 사건의 개시결정 전에 신청인의 급여에 대한 압류·추심명령 절차를 진행하게 되면 채권자간의 형평을 해하게 되며, 개인회생절차에 따른 변제계획의 수행에 큰 어려움이 생길 것입니다.
3. 따라서 신청인은 채무자 회생 및 파산에 관한 법률 제593조 제1항에 의하여 이 신청을 하게 되었습니다.

소 명 방 법

1. 결정문 1통

2021.　　.　　.

신청인(채무자)　　　　　　　　(서명 또는 날인)
(연락처 :　　　　　　　)

서울회생법원 귀중

[양식 12-1] 체납처분 중지명령에 대한 의견조회

서 울 회 생 법 원
제 00 개인회생단독

2021. ○○. ○○.발송필

우) 06594 서울 서초구 서초중앙로 157(서초동) / ☎ 000-0000 / 팩스 000-0000 / ○○○ 판사

시 행 일 자   2021. ○○. ○○.

수   신   ○○세무서장

참   조   ○○○○○과 과장 ○○○, 계장 ○○○, 담당자 ○○○

제   목   체납처분 중지명령신청에 대한 의견조회

---

1. 채무자 ○○○(주민등록번호 : ○○○○○○-○○○○○○○)에 대한 이 법원 2021개회000호 개인회생사건과 관련된 내용입니다.

2. 이 법원은 채무자 회생 및 파산에 관한 법률 제593조 제1항 제5호에 의하여 채무자의 체납처분 중지명령신청에 대한 의견을 조회하니, 2021. ○○. ○○. 12:00까지 이 법원에 도착할 수 있도록 귀 세무서의 의견을 팩시밀리 전송 등의 방법으로 회신하여 주시기 바랍니다.

※ 별첨 : 체납처분 중지명령신청서 사본 1부. 끝.

판사   ○○○

[양식 12-2] 중지명령(파산절차에 대한 중지명령)

서 울 회 생 법 원
결   정

사   건   2021개회○○   개인회생
채무자(신청인)   ○○○ (640101-1234567)
              서울 서초구 ○○길 ○○

주   문

  채무자에 대한 이 법원 2021개회○○ 개인회생 사건에 관하여 개인회생절차
의 개시신청에 대한 결정이 있을 때까지 채무자에 대한 이 법원 2021하단○○
파산선고사건의 파산절차를 중지한다.

이   유

  채무자 회생 및 파산에 관한 법률 제593조 제1항을 적용하여 주문과 같이 결
정한다.

2021. ○. ○.

판사   ○○○

[양식 12-3] 중지명령(강제집행 등에 대한 중지명령)

서 울 회 생 법 원
결   정

사   건   2021개회○○   개인회생

채무자(신청인)   ○○○ (640101-1234567)

서울 서초구 ○○길 ○○

주   문

채무자에 대한 이 법원 2021개회○○ 개인회생 사건에 관하여 개인회생절차
의 개시신청에 대한 결정이 있을 때까지 채무자에 대한 이 법원 2021타채○○
채권압류 및 추심절차(이 법원 2021타경○○ 부동산 임의경매절차)를 중지한다.

이   유

채무자 회생 및 파산에 관한 법률 제593조 제1항을 적용하여 주문과 같이 결
정한다.

2021. ○. ○.

판사   ○○○

[양식 13] 금지명령 신청서

금 지 명 령   신 청 서

사   건   20 개회   개인회생

신 청 인   이름 :   (주민등록번호   –   )

(채 무 자)   주소 :

신 청 취 지

신청인에 대한 이 법원 2021 개회 ○○ 개인회생사건에 관하여 개인회생절차의 개시
신청에 대한 결정이 있을 때까지 다음의 각 절차 또는 행위를 금지한다.

1. 개인회생채권에 기하여 신청인 소유의 유체동산과 신청인이 사용자로부터 매월 지급
   받을 급료, 제수당, 상여금 기타 명목의 급여 및 퇴직금에 대하여 하는 강제집행·가
   압류 또는 가처분.

2. 개인회생채권을 변제받거나 변제를 요구하는 일체의 행위. 다만 소송행위를 제외한다.
   라는 결정을 구합니다.

신 청 원 인

1. 신청인은 귀원 2021 개회 ○○ 개인회생 사건의 신청 채무자입니다.

2. 신청인은 위 개인회생 사건에서 신청인이 매월 (**급여를 받는 회사명**)에서 지급받는 급여
   에서 생계비를 제외한 나머지 가용소득으로 채무를 변제하는 계획안을 제출하였습니다.

3. 현재 신청인 소유의 유체동산과 신청인이 사용자로부터 매월 지급받을 급여 및 퇴직
   금에 대하여는 아직 가압류 또는 압류의 집행이 없는 바, 채권자들이 신청인 소유의
   유체동산이나 신청인의 급여 등에 대하여 강제집행·가압류 또는 가처분을 하게 되면
   신청인의 개인회생절차에 따른 변제계획의 수행에 큰 어려움이 생길 것입니다.

4. 또한 채권자들이 신청인으로부터 개인회생채권을 변제받거나 변제를 요구하는 행위를
   할 경우 채권자간의 형평을 해하게 되며, 신청인의 정상적인 생활에도 지장을 초래하
   게 될 것입니다.

5. 따라서 신청인은 신청인 소유의 유체동산과 급여 및 퇴직금에 대한 강제집행·가압류
   또는 가처분과 개인회생채권의 변제요구행위를 금지시켜야 할 필요가 있으므로, 채무
   자 회생 및 파산에 관한 법률 제593조 제1항에 의하여 이 신청에 이르게 되었습니다.

2021.   .   .

신청인(채무자)   (서명 또는 날인)

(연락처 :   )

서울회생법원 귀중

[양식 13-1] 금지명령

서 울 회 생 법 원
결 정

사 건 2021개회○○ 개인회생

채무자(신청인) ○○○ (640101-1234567)

서울 서초구 ○○길 ○○

주 문

채무자에 대한 이 법원 2021개회○○호 개인회생 사건에 관하여 개인회생절차의 개시신청에 대한 결정이 있을 때까지 다음의 각 절차 또는 행위를 금지한다.

1. 개인회생채권에 기하여 채무자 소유의 유체동산과 채무자가 사용자로부터 매월 지급받을 급료, 제수당, 상여금 기타 명목의 급여 및 퇴직금에 대하여 하는 강제집행·가압류 또는 가처분.[1]

2. 개인회생채권을 변제받거나 변제를 요구하는 일체의 행위. 다만 소송행위를 제외한다.

이 유

채무자 회생 및 파산에 관한 법률 제593조 제1항을 적용하여 주문과 같이 결정한다.

2021. ○. ○.

판사 ○○○

---

1) 채무자가 지급받을 보험영업소득을 특정할 때는 '○○○보험 주식회사로부터 받을 영업수수료 채권 또는 영업수당채권', 채무자 소유의 부동산을 특정할 때는 '신청인(채무자) 소유의 부동산(서울 서초구 ○○길 ○○)', 채무자 소유의 자동차를 특정할 때는 '○○가○○○○호 자동차(차명: ○○○)', 채무자가 보유한 임대차보증금 채권을 특정할 때는 '임대인 ○○○에 대한 임대차보증금반환채권(부동산 소재지: 서울 서초구 ○○길 ○○)', 채무자가 보유한 예금반환채권을 특정할 때는 '○○은행에 대하여 가지는 예금반환채권(계좌: ○○○○-○○○○○-○○○○○○)'이라고 표현한다.

[양식 14] 포괄적 금지명령

서 울 회 생 법 원
결 정

사   건   2021개회○○   개인회생
채무자(신청인)   ○○○ (640101-1234567)
                      서울 서초구 ○○길 ○○

주   문

  채무자에 대한 이 법원 2021개회○○호 개인회생 사건에 관하여 개인회생절차의 개시신청에 대한 결정이 있을 때까지 모든 개인회생채권자에 대하여, 개인회생채권에 기하여 채무자의 재산에 대하여 하는 강제집행, 가압류, 가처분 또는 담보권실행을 위한 경매절차를 금지한다.

이   유

  채무자 회생 및 파산에 관한 법률 제593조 제5항, 제45조 제1항을 적용하여 주문과 같이 결정한다.

2021. ○. ○.

판사   ○○○

[양식 14-1] 포괄적 금지명령 공고

포괄적 금지명령 공고

사 건 2021개회○○ 개인회생
채 무 자 ○○○(1964. 1. 1.생)
  서울 서초구 ○○길 ○○

 위 사건에 관하여 이 법원은 2021. ○. ○. 포괄적 금지명령을 하였으므로 채무자 회생 및 파산에 관한 법률 제593조 제5항, 제46조 제1항에 의하여 다음과 같이 공고합니다.

다 음

 채무자에 대한 이 법원 2021개회○○호 개인회생 사건에 관하여 개인회생절차의 개시신청에 대한 결정이 있을 때까지 모든 개인회생채권자에 대하여, 개인회생채권에 기하여 채무자의 재산에 대하여 하는 강제집행, 가압류, 가처분 또는 담보권실행을 위한 경매절차를 금지한다.

2021. ○. ○.

판사 ○ ○ ○

[양식 14-2] 포괄적 금지명령 통지서

서 울 회 생 법 원
통 지 서

수　　신　　수신처 참조
사　　건　　2021개회○○　　개인회생
채　무　자　　○ ○ ○ (640101-1234567)
　　　　　　서울 서초구 ○○길 ○○

　위 사건에 관하여 이 법원은 2021. ○. ○. 포괄적 금지명령을 하였으므로, 채무자 회생 및 파산에 관한 법률 제593조 제5항, 제46조 제1항의 규정에 의하여 다음 사항을 통지합니다.

다　　음

　채무자에 대한 이 법원 2021개회○○호 개인회생 사건에 관하여 개인회생절차의 개시신청에 대한 결정이 있을 때까지 모든 개인회생채권자에 대하여, 개인회생채권에 기하여 채무자의 재산에 대하여 하는 강제집행, 가압류, 가처분 또는 담보권실행을 위한 경매절차를 금지한다.

2021. ○. ○.

판사　○　○　○

　수신처: 채무자, 회생위원, 개인회생채권자.

[양식 14-3] 포괄적 금지명령 적용배제결정

서 울 회 생 법 원
결　　정

사　　　　건　　2021개회○○　　개인회생

신　청　인　　○○ 주식회사

　　　　　　　서울 서초구 ○○길 ○○

　　　　　　　대표이사 ○○○

채　무　자　　○○○ (640101-1234567)

　　　　　　　서울 서초구 ○○길 ○○

주　　문

　채무자에 대한 이 법원 2021개회○○호 개인회생 사건에 관하여 2021. ○. ○.
한 포괄적 금지명령은 신청인에 대하여는 그 적용을 배제한다.

이　　유

　채무자 회생 및 파산에 관한 법률 제593조 제5항, 제47조 제1항을 적용하여
주문과 같이 결정한다.

2021. ○. ○.

판사 ○　○　○

[양식 14-4] 주택담보대출채권 채무재조정 프로그램 신청서 및 안내문

주택담보대출채권 채무재조정 프로그램 신청서

사 건	2021개회000000 개인회생
신청인 (채무자)	성명 : 주소 : 전화 : (이메일 :)
상대방 (금융기관)	성명 : 주소 : 전화 : (이메일 :)
조정대상 주택담보대출의 내역	1. 대상 주택의 표시 : 2. 대상 주택담보대출채권액, 이율 및 채권최고액 :

위와 같이 주택담보대출채권 채무재조정 프로그램을 신청합니다.

2021. 0. 0.

신청인   (인)

안 내 문

1. 채무자는 신용회복위원회의 '주택담보대출채권 채무재조정 프로그램'을 신청하였는바, 아래 2.항 내지 5.항의 내용을 숙지하여 주시기 바랍니다.

2. '주택담보대출 채무재조정 프로그램'은 담보채권자와 채무자 사이에 채권에 대한 재조정 합의를 할 수 있는 기회를 부여하는 절차입니다. 위 절차에서 담보채권자와 채무자 사이에 합의가 성립되고, 채무자가 담보채권자에게 그 합의에 따른 변제를 완료할 경우 담보주택의 소유권을 유지할 수 있게 됩니다.

3. 채무자는 위 채무재조정 프로그램에 회부하는 법원의 결정을 받은 즉시 신용회복위원회를 직접 방문하여, **법원의 채무재조정 프로그램 회부 결정문 사본, 채무자의 소득에 관한 서류(배우자가 있는 경우 배우자의 소득에 관한 서류 포함), 법원에 제출한 변제계획안** 등을 제출하여야 합니다. 또한 이후에 신용회복위원회에서 진행하는 절차에 성실히 임하여야 합니다.

4. 채무재조정 프로그램의 실시기간은 법원의 결정이 있은 날로부터 약 8주 동안이며, 필요한 경우 채무자의 신청에 의하여 약 4주 간 연장될 수 있습니다.

5. 다음과 같은 경우에 채무자의 조정신청이 받아들여지지 않을 수 있으니, 주의하시기 바랍니다.
   ① 채무자가 「신용회복지원협약」 제3조 제2항의 채무조정 신청 제외 대상에 해당하는 경우
   ② 담보주택에 채무자회생법 제415조 제1항 또는 제2항에 따른 임차인이 있는 경우
   ③ 채무자가 법원 또는 신용회복위원회에서 요청한 서류를 제출하지 아니하거나, 허위로 작성하여 제출하거나, 제출기간을 준수하지 아니한 경우
   ④ 채무자가 절차에 필요한 비용을 납부하지 아니한 경우
   ⑤ 그 밖에 법원 또는 신용회복위원회에서 조정절차에 의함이 적절하지 않다고 인정하는 경우

서 울 회 생 법 원

[양식 15] 예납명령

서 울 회 생 법 원
결 정

사 건 2021개회○○ 개인회생

채무자(신청인) ○○○ (640101-1234567)

서울 서초구 ○○길 ○○

주 문

신청인은 이 결정을 송달받은 날부터 3일 이내에 15만 원(법원공무원등이 아닌 회생위원의 보수로 지급될 비용이므로, 송달료가 아닌 민사예납금으로 납입)을 예납하여야 한다.

이 유

채무자 회생 및 파산에 관한 법률 제590조 및 같은 규칙 제87조 제1항 제3호에 의하여 주문과 같이 결정한다.

2021. ○. ○.

판사 ○○○

[양식 16] 수입상황 보고요구서등

수입상황 보고요구서

사 건   2021개회○○   개인회생
채 무 자   ○○○(19 . . .생)
          ○○시 ○○구 ○○길 ○○

  채무자 회생 및 파산에 관한 법률 제591조에 의하여 채무자의 수입상황에 관한 보고를 요구하오니, 아래의 보고서에 의하여 수입상황을 정확히 보고하여 주시기 바랍니다. 수입상황의 보고요구를 거부하거나 수입상황을 허위로 보고하면 개인회생절차를 이용할 수 없게 될 뿐만 아니라 채무자 회생 및 파산에 관한 법률 제649조 제5호(보고 등 거절의 죄)에 의하여 형사처벌을 받게 됩니다.

제○회생위원 ○ ○ ○

수입상황 보고서

1. 현재의 직업
   ① 직장 또는 회사명 (   )
   ② 직   위 (   )
2. 월평균 수입 (원)

  회생위원의 수입상황 보고요구에 대하여 채무자의 직업 및 수입상황을 위와 같이 보고하오며, 그 내용에 허위가 있을 경우 어떠한 불이익을 받게 되더라도 이의가 없음을 확인합니다.

2021. ○. ○.
채무자 ○ ○ ○ (서명 또는 날인)

[양식 17] 심문신청서

심문신청서

사건번호   20 개회   [담당재판부 : 제   (단독)]
채 무 자

위 사건에 관하여 채무자는 다음과 같은 사유로 채무자 회생 및 파산에 관한
규칙 제88조 제2항에 의하여 채무자에 대한 심문을 신청합니다.

다   음

신청사유 :

첨부서류 :

20   .   .   .

위 채무자   (날인 또는 서명)
(연락처   )

서울회생법원   귀중

◇ 유의사항 ◇

연락처란에는 언제든지 연락 가능한 전화번호나 휴대전화번호를 기재하고, 그
밖에 팩스번호, 이메일 주소 등이 있으면 함께 기재하기 바랍니다.

[양식 18] 재산조회신청서(개인회생)

재 산 조 회 신 청 서(개인회생)

채 권 자	이름 : 주민등록번호 : 주소 : 전화번호 : 팩스번호: 이메일 주소 : 대리인 :
채 무 자	이름 : (한자 :) 주민등록번호 : 주소 : (사업자등록번호)
조회대상기관 조회대상재산	별지와 같음
개인회생사건	지방(회생)법원 20 개회 호
집행권원	
불이행 채권액	
신청취지	위 기관의 장에게 채무자 명의의 위 재산에 대하여 조회를 실시한다.
신청사유	채권자는 아래와 같은 사유가 있으므로 채무자회생 및 파산에 관한 법률 제29조 제1항의 규정에 의하여 채무자에 대한 재산조회를 신청합니다.
비용환급용 예금계좌	
첨부서류	
(인지 첨부란)	20 . . . 신청인 (날인 또는 서명) 지방(회생)법원 귀중

주 ① 신청서에는 1,000원의 수입인지를 붙여야 합니다.
   ② 신청인은 별지 조회비용의 합계액을 법원보관금 중 재산조회비용으로 예납하여야 합니다.
   ③ 신청인은 송달필요기관수에 2를 더한 횟수의 송달료를 예납하여야 합니다.
     ※ 「송달필요기관」이란 별지 조회기관 중 음영으로 표시된 기관을 의미합니다.
   ④ "불이행 채권액"란에는 채무자가 재산조회신청 당시까지 갚지 아니한 금액을 기재합니다.
   <u>⑤ 채무자가 법인인 경우 사업자등록번호를 기재하면 더욱 정확한 재산조회가 가능합니다.</u>
참조 : 민집규 35, 25, 재산조회규칙 7, 8

순번	재산종류	기관분류	조회대상 재산 / 조회대상기관의 구분	개수	기관별/재산별 조회비용	예납액
1	토지. 건물의 소유권	법원행정처	☐ 현재조회		20,000원	
			☐ 현재조회와 소급조회 ※ 소급조회는 재산명시명령이 송달되기 전 2년 안에 채무자가 보유한 재산을 조회합니다.		40,000원	
	과거주소 1. 　　　　 2. 　　　　 3. ※ 부동산조회는 채무자의 주소가 반드시 필요하고, 현재주소 이외에 채무자의 과거주소를 기재하면 보다 정확한 조회를 할 수 있습니다.					
2	건물의 소유권	국토교통부	☐국토교통부 ※ 미등기 건물 등을 포함하여 건축물대장상의 소유권을 조회합니다.		없 음	
3	특허권, 실용신안권, 디자인권, 상표권	특허청	☐특허청		20,000원	
4	자동차·건설기계의 소유권	한국교통안전공단	☐한국교통안전공단 ※ 한국교통안전공단에 조회신청을 하면 전국 모든 시·도의 자동차·건설기계소유권에 대하여 조회됩니다. ※ 특별시, 광역시, 도 및 특별자치시·도와 (구)교통안전공단에 대하여 하던 자동차·건설기계의 소유권 조회를 한국교통안전공단으로 일원화합니다.		5,000원	
5	금융자산 중 계좌별로 시가 합계액이 50만원 이상인 것	「은행법」에 따른 은행, 「한국산업은행법」에 따른 한국산업은행 및 「중소기업은행법」에 따른 중소기업은행	☐경남은행　　　　☐광주은행 ☐국민은행　　　　☐기업은행 ☐농협은행　　　　☐뉴욕멜론은행 ☐대구은행　　　　☐도쿄미쓰비시UFJ은행 ☐메트로은행　　　☐뱅크오브아메리카 ☐부산은행　　　　☐수협은행 ☐스탠다드차타드은행(구, SC제일은행) ☐신한은행　　　　☐야마구찌은행 ☐우리은행　　　　☐전북은행 ☐제이피모간 체이스은행　☐제주은행 ☐크레디아그리콜코퍼레이트앤인베스트먼트 뱅크서울지점(구, 칼리온은행) ☐케이뱅크　　　　☐파키스탄국립은행 ☐하나은행(한국외환은행합병) ☐한국산업은행　　☐한국씨티은행 ☐한국카카오은행		기관별 5,000원	
			☐노바스코셔은행　　☐대화은행 ☐도이치은행　　　　☐디비에스은행 ☐멜라트은행　　　　☐미쓰이스미토모은행 ☐미즈호코퍼레이트은행 ☐비엔피 파리바은행　☐소시에테제네랄은행 ☐스테이트스트리트은행　☐유바프은행 ☐유비에스은행 ☐인도해외은행　　　☐중국건설은행 ☐중국공상은행　　　☐중국은행 ☐크레디트스위스은행(구,크레디트스위스퍼스트보스톤은행) ☐호주뉴질랜드은행 ☐홍콩상하이은행(HSBC) ☐ING은행　　　　　☐OCBC은행		기관별 5,000원	

순번	재산종류	기관분류	조회대상 재산 / 조회대상기관의 구분	개수	기관별/재산별 조회비용	예납액
6	금융자산 중 계좌별로 시가 합계액이 50만원 이상인 것	「자본시장과 금융투자업에 관한 법률」에 따른 투자매매업자, 투자중개업자, 집합투자업자, 신탁업자, 증권금융회사, 종합금융회사, 및 명의개서 대행회사	□골든브릿지투자증권(구,브릿지증권) □교보증권　　　　　□대신증권 □동부증권　　　　　□리딩투자증권 □메리츠종합금융증권(구, 메리츠종금,메리츠증권,아이엠투자증권) □미래에셋대우(구, 대우증권) □부국증권 □삼성증권　　　　　□신영증권 □신한금융투자(구. 굿모닝신한증권) □씨티그룹글로벌마켓증권 □엔에이치투자증권(우리투자증권, 엔에이치농협증권 합병) □우리종합금융(구. 금호종합금융) □유안타증권(구, 동양종합금융증권) □유진투자증권　　　　□유화증권 □이베스트투자증권(구,이트레이드증권) □코리아에셋투자증권(구, 코리아RB증권중개) □크레디트스위스증권(구, Credit Suisse First Boston) □키움증권　　　　　□펀드온라인코리아 □하나금융투자(구, 하나대투증권) □하이투자증권(구,CJ투자신탁증권) □한국예탁결제원(구, 증권예탁원) □한국투자증권(구,동원증권)　　□한양증권 □한화투자증권(구,푸르덴셜투자증권,한화증권) □흥국증권(구,흥국증권중개) □현대차증권(구, HMC투자증권)　□IBK투자증권 □KB증권　　　　　□SK증권		기관별 5,000원	
			□다이와증권캐피탈마켓코리아 □도이치증권　　　　　□맥쿼리증권 □비엔피파리바증권(구,BNP파리바페레그린증권중개) □크레디 아그리콜 아시아증권(구, 알비에스 아시아증권) □한국증권금융(주)　　　□홍콩상하이증권(HSBC) □CLSA □Goldman Sachs　　　□J.P Morgan □KIDB채권중개　　　□Merrill Lynch □Morgan Stanley Dean Witter □Nomura		기관별 5,000원	
7	금융자산 중 계좌별로 시가 합계액이 50만원 이상인 것	「상호저축은행법」에 따른 상호저축은행 및 상호저축은행중앙회	□상호저축은행중앙회 □ □ □ ※ 중앙회에 조회신청을 하면 전국 모든 상호저축은행에 대하여 조회됩니다. ※ 개별상호저축은행에 대한 조회를 원하는 경우에는 그 명칭을 별도로 기재하여야 합니다.		20,000원 기관별 5,000원	
8	금융자산 중 계좌별로 시가 합계액이 50만원 이상인 것	「농업협동조합법」에 따른 지역조합 및 품목조합	□지역조합(지역농협, 지역축협)과 품목조합 □ □ □ ※ 개별 단위지역조합에 대한 조회를 원하는 경우에는 그 명칭을 별도로 기재하여야 합니다.		20,000원 기관별 5,000원	
9	금융자산 중 계좌별로 시가 합계액이 50만원 이상인 것	「수산업협동조합법」에 따른 조합	□전국단위지역조합 □ □ □ ※ 개별 단위지역조합에 대한 조회를 원하는 경우에는 그 명칭을 별도로 기재하여야 합니다.		20,000원 기관별 5,000원	

순번	재산종류	기관분류	조회대상 재산 / 조회대상기관의 구분	개수	기관별/재산별 조회비용	예납액
10	금융자산 중 계좌별로 시가 합계액이 50만원 이상인 것	「신용협동조합법」에 따른 신용협동조합 및 신용협동조합중앙회	□신용협동조합중앙회 □ □ □ ※ 중앙회에 조회신청을 하면 전국 모든 신용협동조합에 대하여 조회됩니다. ※ 개별 신용협동조합에 대한 조회를 원하는 경우에는 그 명칭을 별도로 기재하여야 합니다.		20,000원 기관별 5,000원	
11	금융자산 중 계좌별로 시가 합계액이 50만원 이상인 것	「산림조합법」에 따른 지역조합, 전문조합 및 중앙회	□산림조합중앙회 □ □ □ ※ 중앙회에 조회신청을 하면 전국 모든 산림조합에 대하여 조회됩니다. ※ 개별 산림조합에 대한 조회를 원하는 경우에는 그 명칭을 별도로 기재하여야 합니다.		20,000원 기관별 5,000원	
12	금융자산 중 계좌별로 시가 합계액이 50만원 이상인 것	「새마을금고법」에 따른 금고 및 중앙회	□새마을금고중앙회 □ □ □ ※ 중앙회에 조회신청을 하면 전국 모든 새마을금고에 대하여 조회됩니다. ※ 개별 새마을금고에 대한 조회를 원하는 경우에는 그 명칭을 별도로 기재하여야 합니다.		20,000원 기관별 5,000원	
13	해약환급금이 50만원 이상인 것	「보험업법」에 의한 보험회사	□교보생명보험주식회사 □그린손해(구,그린화재해상)보험(주)(MG손해보험으로 계약이전) □농협생명보험　　　　　□농협손해보험 □디비생명보험주식회사 (구. 동부생명보험주식회사) □디비손해보험주식회사 (구. 동부화재해상보험주식회사) □동양생명보험주식회사 □디지비(구, 우리아비바)생명보험주식회사 □라이나생명보험주식회사　　□롯데손해보험(주) □메리츠화재해상보험(주) □메트라이프생명보험주식회사 □미래에셋생명보험주식회사 □삼성생명보험주식회사 □삼성화재해상보험(주)　　□서울보증보험(주) □신한생명보험주식회사 □악사손해보험(주)(구,교보악사손해보험) □에이비엘생명보험 주식회사 (구. 알리안츠생명보험 주식회사) □에이스아메리칸재해상보험(주)(구,ACE AMERICAN) □주식회사케이비손해보험(구, LIG손해보험) □처브라이프생명보험주식회사(구, 뉴욕생명보험주식회사) □퍼스트어메리칸 권원보험(주) □푸르덴셜생명보험주식회사 □하나생명보험주식회사 □한화(구. 대한)생명보험주식회사 □한화손해보험(주) □푸본현대생명보험 주식회사(구 현대라이프생명보험주식회사) □현대해상화재보험(주)　　□흥국생명보험주식회사 □흥국(구, 흥국쌍용)화재해상보험주식회사 □AIA생명보험주식회사　　□AIG손해보험 □오렌지라이프생명보험 주식회사(구 ING생명보험주식회사) □KDB생명보험주식회사 (구 금호생명보험주식회사) □MG손해보험주식회사		기관별 5,000원	
			□더케이손해보험(구. 교원나라자동차보험) □동경해상일동화재보험 □미쓰이스미토모해상화재보험 □비엔피파리바카디프생명보험(구, 카디프생명보험) □비엔피파리바카디프(구,에르고다음다이렉트)손해보험 □KB생명보험		기관별 5,000원	
14	금융자산 중 계좌별로 시가 합계액이 50만원 이상인 것	과학기술정보통신부	□과학기술정보통신부		5,000원	
			송달필요기관수		합계	

※ 「송달필요기관수」란에는 음영으로 기재된 란에 표시된 조회대상기관 수의 합계를 기재함
※ 크레디트스위스은행, KIDB채권중개 : 법인에 대해서만 조회 가능
※ 국토교통부 : 개인에 대해서만 조회 가능

〈별지〉

순번	기관분류	재산종류	조회대상 재산 / 조회대상기관의 구분	개수	기관별/재산별 조회비용	예납액
1	법원행정처	토지.건물의 소유권	☐ 현재조회		20,000원	
			☐ 현재조회와 소급조회 ※소급조회는 명시명령 송달일로부터 2년 내에 채무자가 보유한 재산을 조회합니다		40,000원	
	과거주소 1. 2. 3. ※ 부동산조회는 채무자의 주소가 반드시 필요하고, 현재주소 이외에 채무자의 과거주소를 기재하면 보다 정확한 조회를 할 수 있습니다.					
2	국토교통부	건물의 소유권	☐국토교통부		10,000원	
3	특허청	특허권,실용신안권,디자인권,상표권	☐특허청		20,000원	
4	특별시 광역시 또는 도	자동차.건설기계의 소유권	☐서울특별시　☐광주광역시　☐전라북도 ☐부산광역시　☐울산광역시 ☐강원도　　　☐경상남도 ☐대전광역시　☐충청북도　☐제주특별자치도 제주시 ☐대구광역시　☐충청남도　☐제주특별자치도 서귀포시 ☐경기도　　　☐경상북도　☐전라남도 ☐인천광역시 중구청　☐인천광역시 동구청 ☐인천광역시 남구청　☐인천광역시 연수구청 ☐인천광역시 남동구청　☐인천광역시 부평구청 ☐인천광역시 계양구청　☐인천광역시 서구청 ☐인천광역시 강화군청　☐인천광역시 옹진군청 *인천시 차량등록사업소가 없어지고, 각 구청에서 담당함		기관별 5,000원	
5	은행법에 의한 금융기관	금융자산 중 계좌별로 시가 합계액이 50만원 이상인 것	☐경남은행　　　☐우리은행　　　☐기업은행 ☐광주은행　　　☐전북은행　　　☐하나은행 ☐국민은행　　　☐SC제일은행　☐한국산업은행 ☐대구은행　　　☐제주은행　　　☐한국외환은행 ☐부산은행　　　☐신한은행　　　☐농협은행 ☐한국씨티은행 ☐뉴욕은행　　　　　　　☐야마구찌은행 ☐도쿄미쓰비시UFJ은행　☐제이피모간 체이스은행 ☐메트로은행　　　　　　☐중국은행 ☐멜라트은행　　　　　　☐파키스탄국립은행 ☐뱅크오브아메리카　　　☐아랍은행 ☐크레디아그리콜코퍼레이트앤인베스트먼트뱅크서울지점 (구, 칼리온은행)		기관별 5,000원	
			☐노바스코셔은행　　　☐에이비엔 암로은행 ☐대화은행　　　　　　☐유바프은행 ☐도이치은행　　　　　☐유비에스은행 ☐미쓰이스미토모은행　　　☐미즈호코퍼레이트은행 ☐인도해외은행　　　　　　☐바클레이즈은행 ☐중국건설은행　　　　☐중국공상은행 ☐비엔피 파리바은행　☐소시에데제네랄은행 ☐크레디트스위스은행(구,크레디트스위스퍼스트보스톤은행) ☐스테이트스트리트은행 ☐싱가폴개발은행(DBS은행)☐호주뉴질랜드은행 ☐홍콩상하이은행(HSBC)　☐OCBC은행 ☐ING은행		기관별 5,000원	

순번	기관분류	재산종류	조회대상 재산 / 조회대상기관의 구분	개수	기관별/재산별 조회비용	예납액
6	상호저축은행법에 의한 상호저축은행과 그 중앙회	금융자산 중 계좌별로 시가 합계액이 50만원 이상인 것	□상호저축은행중앙회 □( ) □( ) □( ) ※ 중앙회에 조회신청을 하면 전국 모든 상호저축은행에 대하여 조회됩니다. ※ 개별상호저축은행에 대한 조회를 원하는 경우에는 그 명칭을 별도로 기재하여야 합니다. ※ ( )속에 조회대상기관 명부에 기재된 순번을 기재합니다.		20,000원	
7	농업협동조합법 제2조에 1에 의한 조합	금융자산 중 계좌별로 시가 합계액이 50만원 이상인 것	□지역조합(지역농협, 지역축협)과 품목조합 □( ) □( ) □( ) ※ 개별 단위지역조합에 대한 조회를 원하는 경우에는 그 명칭을 별도로 기재하여야 합니다. ※ ( )속에 조회대상기관 명부에 기재된 순번을 기재합니다.		20,000원 기관별 5,000원	
8	수산업협동조합법에 의한 수협 중앙회	금융자산 중 계좌별로 시가 합계액이 50만원 이상인 것	□수협중앙회 및 전국단위지역조합 □수협중앙회 □( ) □( ) □( ) ※ 개별 단위지역조합에 대한 조회를 원하는 경우에는 그 명칭을 별도로 기재하여야 합니다. ※ ( )속에 조회대상기관 명부에 기재된 순번을 기재합니다.		20,000원 5,000원 기관별 5,000원	
9	신용협동조합법에 의한 신용협동조합	금융자산 중 계좌별로 시가 합계액이 50만원 이상인 것	□( ) □( ) □( ) ※ 개별 신용협동조합에 대한 조회를 원하는 경우에는 그 명칭을 별도로 기재하여야 합니다. ※ ( )속에 조회대상기관 명부에 기재된 순번을 기재합니다.		기관별 5,000원	
10	산림조합법에 의한 산림조합 중앙회	금융자산 중 계좌별로 시가 합계액이 50만원 이상인 것	□산림조합중앙회 □( ) □( ) □( ) ※ 중앙회에 조회신청을 하면 전국 모든 산림조합에 대하여 조회됩니다. ※ 개별 산림조합중앙회에 대한 조회를 원하는 경우에는 그 명칭을 별도로 기재하여야 합니다. ※ ( )속에 조회대상기관 명부에 기재된 순번을 기재합니다.		20,000원 기관별 5,000원	

순번	기관분류	재산종류	조회대상 재산 / 조회대상기관의 구분	개수	기관별/재산별 조회비용	예납액
11	새마을금고법에 의한 새마을금고연합회	금융자산 중 계좌별로 시가합계액이 50만원 이상인 것	□새마을금고연합회		20,000원	
			□ ( ) □ ( ) □ ( ) ※ 연합회에 조회신청을 하면 전국 1,716개 중 1,677개 새마을금고에 대하여 조회됩니다. ※ 개별 새마을금고에 대한 조회를 원하는 경우에는 그 명칭을 별도로 기재하여야 합니다. ※ ( )속에 조회대상기관 명부에 기재된 순번을 기재합니다.		기관별 5,000원	
12	자본시장과 금융투자업에 관한 법률에 의한 투자매매업자, 투자중개업자, 집합투자업자, 신탁업자, 증권금융회사, 종합금융회사, 자금중개회사, 단기금융회사, 명의개서대행회사	금융자산 중 계좌별로 시가합계액이 50만원 이상인 것	□금호 □교보증권 □신한금융투자 □우리투자증권(구,LG투자증권) (구. 굿모닝신한증권) □대신증권 □유화증권 □대우증권 □이트레이드증권 □하나대투증권(하나IB증권과 합병) □증권예탁원 □코리아RB증권중개 □동부증권 □키움증권 □동양종합금융증권 □한화투자증권(구,푸르덴셜투자증권,한화증권) □리딩투자증권 □흥국증권(구,흥국증권중개) □리먼브러더스인터내셔널증권 □한국투자증권(구,동원증권) □메리츠종금증권(구, 메리츠종금, 메리츠증권) □KB투자증권 □미래에셋증권 □한양증권 □부국증권 □현대증권 □골든브릿지투자증권 □애플투자증권중개 (구,브릿지증권) □비엔지증권중개 □씨티그룹글로벌마켓증권 □하이투자증권(구,CJ투자신탁증권) □크레디트스위스증권(구, Credit Suisse First Boston) □삼성증권 □유진투자증권 □Merrill Lynch □NH투자증권 □아이엠투자증권(구. 솔로몬투자증권) □신영증권 □SK증권 □HMC투자증권(구, 현대차IB증권) □IBK투자증권 ※ 우리종합금융은 우리은행으로 합병됨		기관별 5,000원	
			□도이치증권 □Goldman Sachs □맥쿼리증권 □Indosuez Cheuvreux □한국증권금융(주) □J.P Morgan □ABN AMRO □KIDB채권중개 □Barclys Capital □Morgan Stanley Dean Witter □BNP파리바페레그린 증권중개 □Nomura □CLSA □SG □다이와증권캐피탈마켓코리아 □UBS Warburg □홍콩상하이증권(HSBC)		기관별 5,000원	

순번	기관분류	재산종류	조회대상 재산 / 조회대상기관의 구분	개수	기관별/재산별 조회비용	예납액
13	보험업법에 의한 보험사업자	해약환급금 이 50만원 이상인 것	□악사손해보험(주)(구,교보악사손해보험(주)) □흥국쌍용화재해상보험(주)　□한화손해보험(주) □그린화재해상보험(주)　□미래에셋생명보험주식회사 □롯데손해보험(주)　□퍼스트어메리칸 권원보험(주) □동부화재해상보험(주)　□현대해상화재보험(주) □메리츠화재해상보험(주)　□FEDERAL □삼성화재해상보험(주)　□LIG손해보험 □서울보증보험(주)　□삼성생명보험주식회사 □교보생명보험주식회사　□신한생명보험주식회사 □KDB생명보험주식회사　□알리안츠생명보험주식회사 　(구 금호생명보험주식회사)　□뉴욕생명보험주식회사 □푸르덴셜생명보험주식회사　□녹십자생명보험주식회사 □하나생명보험주식회사　□한화(구. 대한)생명보험주식회사 □흥국생명보험주식회사　□동부생명보험주식회사 □AIA생명보험주식회사　□동양생명보험주식회사 □ING생명보험주식회사　□라이나생명보험주식회사 □PCA생명보험주식회사 □우리아비바생명보험주식회사(구,LIG생명보험주식회사) □메트라이프생명보험주식회사 □농협생명보험　□농협손해보험		기관별 5,000원	
			□더케이손해보험(구. 교원나라자동차보험) □에이스아메리칸화재해상보험(주)(구,ACE AMERICAN) □다음다이렉트자동차보험 □동경해상일동화재보험 □AIG손해보험 □미쓰이스미모토해상화재보험 □KB생명보험 □카디프생명보험(구,SH&C 생명보험)		기관별 5,000원	
14	미래창조 과학부	금융자산 중 계좌별로 시가 합계액이 50만원 이상인 것	□미래창조과학부		5,000원	
			송달필요기관수		합계	

※ 「송달필요기관수」란에는 음영으로 기재된 란에 표시된 조회대상기관 수의 합계를 기재함
※ 크레디트스위스은행, KIDB채권중개, SG: 법인에 대해서만 조회 가능
※ 국토교통부: 개인에 대해서만 조회 가능

[양식 19-1] 회생위원 업무수행결과 보고서 1

제   회생위원 업무수행결과 보고서

사 건: 개회   개인회생

채무자:

대리인:

접수일:

위 사건에 관하여 제   회생위원은 다음과 같이 업무수행결과를 보고합니다.

다   음

개인회생신청에 이르게 된 경위		'신청서' 및 신청서에 첨부한 '진술서' 기재와 같음
개인회생채권자목록의 적정성		개인채권자	
		특이사항	
재산		부동산 소유	
		차량 소유	
		특이사항	
	담보목적물의 평가		
소득		신청직전 소득감소	
		성인부양	
부인권 행사대상의 존부			
기타사항		보정권고 미이행	
		미송달채권자	
		채권자추가등	
		채권자이의등	

20 .   .   .

제   회생위원 ○ ○ ○ (인)

서울회생법원 제 ○ 회생단독판사 귀중

[양식 19-2] 회생위원 업무수행결과 보고서 2

채무자 재산 및 소득에 관한 보고

1. 기본정보

채무자	
생년월일	○ ○****-○******
총채무액	원
총변제예정액	원
변제율	%
배우자 유무	있음 / 없음

2. 재산

청산가치		원
부동산 유무	있음	없음
임대보증금 유무	있음	없음
주택담보대출 재조정신청	있음	없음
기타(특이사항)		

3. 소득 및 지출 등

구분			비고(특이사항)
소득 구분	급여	영업	
월 소득		원	
배우자 소득	있음	없음	
채무자 및 피부양자 수		명	
생계비		원	
추가생계비		원	

[양식 19-3] 절차전환에 대한 보고서

제○○○회생위원 절차 전환에 대한 보고서

사　건 : 20○○개회○○○○호
채무자 :

위 사건에 관하여 제○○○회생위원은 다음과 같이 개인회생 사건의 취하 및 개인파산 신청의 권유에 대하여 보고합니다.

다　음

절차 전환이 필요한 사유	□ 채무자의 수입이 기준 중위소득 100분의 60에 미치지 못함 □ 채무자가 수입을 장래에 계속적·반복적으로 얻을 가능성이 있다고 보기 어려움 □ 그 외의 사유 （　　　　　　　　　　　　　　　　　）
기타사항	
절차 전환에 대한 회생위원 의견	적정 의견 또는 부적정 의견

[양식 19-4] 절차전환에 관한 보정명령

서울회생법원

보 정 명 령

사　　　　건　　　20○○개회○○○○　개인회생

신 청 인　　　　○○○
(채 무 자)　　　　서울 ○○구 ○○길 ○○

신청인은 이 명령이 송달된 날로부터 14일 이내에 아래 사항을 보정하여 주시기 바랍니다.

아　　　래

1. 이 사건의 경우 <u>채무자의 수입에서 인간다운 생활을 유지하기 위하여 필요한 생계비를 공제하면 채권자들에 대한 변제에 제공할 만한 금액이 없을 것으로 보입니다.</u>[2] 따라서, <u>개인파산을 신청하고 파산선고가 이루어지면 이 사건 개인회생 신청은 취하하는 것을 검토하기 바랍니다.</u>

2. 위 제1항에 따라 개인파산을 신청하고 이 사건 개인회생 신청은 취하하고자 하는 경우에는 본 보정명령에 첨부된 <u>[첨부1] 개인파산 신청서 양식에 따라 개인파산 신청서를 작성한 후 '파산 신청에 따른 추가 자료제출목록'에 기재되어 있는 자료를 첨부하여 이 법원에 제출하면 됩니다.</u> 이와 같이 [첨부1]에 따라 작성된 개인파산 신청서를 제출할 때 <u>기존에 개인회생 신청 시 제출하였던 신청서 및 첨부서류도 같이 제출하여야 합니다.</u>

---

2) 절차 전환이 필요한 사유에 따라 "채무자의 수입에서 인간다운 생활을 유지하기 위하여 필요한 생계비를 공제하면 채권자들에 대한 변제에 제공할 만한 금액이 없을 것으로 보입니다"라는 문구를 "채무자가 수입을 장래에 계속적·반복적으로 얻을 가능성이 있다고 하기 어려운 것으로 보입니다"로 변경하여야 할 수 있음

3. 위 제2항에서와 같이 [첨부1]에 따라 작성된 개인파산 신청서를 제출하는 것과 관련하여, 기존에 개인회생 신청 시 제출하였던 신청서 및 첨부서류를 같이 제출하기 어렵다면 대신에 [첨부2] 문서송부촉탁 신청서 양식에 따라 문서송부촉탁 신청서를 작성하여 [첨부1]에 따라 작성된 개인파산 신청서와 같이 제출하기 바랍니다.

4. [첨부1]에 따라 작성된 개인파산 신청서를 제출한 후 실제로 파산선고가 이루어질 때까지는 이 사건 개인회생 신청을 취하하기 바랍니다.

5. 만일 개인회생절차를 그대로 진행하기 원하는 경우에는 그 사유를 밝히기 바랍니다.

※ 개인파산을 신청하게 되면 주로 파산관재인 보수로 사용될 일정한 금액(사건마다 차이가 있을 수 있으나 보통 30만 원)을 예납하여야 합니다. 별도의 예납명령이 있기 전에도 개인파산 신청을 하면서 30만 원을 미리 예납할 수 있습니다[송달료가 아닌 민사예납금(하단사건)으로 납입하고 납입영수증을 법원에 제출하기 바랍니다].

※ 개인파산절차에서의 면책불허가 사유가 있는 경우, 또는 개인파산절차에서는 비면책채권으로 되어 있는 채무를 많이 부담하고 있는 경우 등에는 개인회생을 취하하고 개인파산을 신청하는 것이 곤란한 때에 해당하는지 여부를 자세히 검토하기 바랍니다.

※ 정당한 사유 없이 이 보정명령에 답변하지 아니하는 때에는 채무자 회생 및 파산에 관한 법률 제595조 제1호에 따라 개인회생 신청이 기각될 수도 있습니다.

[첨부1]

파 산 및 면 책 신 청 서(전환용)

인지
2000원

기존 개인회생 사건의 사건번호 : 20__개회_____ (담당 판사의 성명 : _____)

신 청 인(채 무 자)   (주민등록번호 :   -   )
주 소 :   (우편번호 :   )
거 소 :   (우편번호 :   )
송달장소 :   송달영수인 :   (우편번호 :   )
등록기준지 :
연락처 : 휴대전화(   ),집전화(   ),e-mail(   )

신 청 취 지
1. 신청인에 대하여 파산을 선고한다.
2. 채무자를 면책한다. 라는 결정을 구합니다.

신 청 이 유
1. 신청인에게는 별첨한 채권자목록 기재와 같이 지급하여야 할 채무가 존재합니다.
2. 그런데 개인회생절차개시신청 시 첨부한 수입 및 지출에 관한 목록 기재와 같은 신청인의 현재 자산, 수입의 상황 하에서는 채무를 지급할 수 없는 상태에 있습니다.
3. 따라서 신청인에 대하여 파산을 선고하며, 채무자를 면책한다. 라는 결정을 구합니다.

첨 부 서 류
1. 파산신청에 따른 추가 진술사항 1부
2. 채권자목록 1부
3. 개인회생절차개시신청서 및 그 첨부서류 1부

휴대전화를 통한 정보수신 신청서
위 사건에 관한 파산선고결정, 면책결정 등 정보를 예납의무자가 납부한 송달료 잔액 범위 내에서 휴대전화를 통하여 알려주실 것을 신청합니다.
■ **휴대전화 번호 :**
          신청인 채무자   (날인 또는 서명)

※ 파산선고 및 이의기간지정 결정(또는 면책심문기일 결정), 면책결정이 있으면 신속하게 위 휴대전화로 문자메시지가 발송됩니다. 문자메시지 서비스 이용금액은 메시지 1건당 **17원**씩 납부된 송달료에서 지급됩니다(송달료가 부족하면 문자메시지가 발송되지 않습니다). 추후 서비스 대상 정보, 이용금액 등이 변동될 수 있습니다.

---

20 .   .   .

신 청 인   ㉔

서울회생법원 귀중

파산사건번호	
면책사건번호	
배당순위번호	
재 판 부	제 단독

파산신청에 따른 추가 진술사항

서울회생법원   귀중

신 청 인   (인)

신청인은 다음과 같은 내용을 **사실대로** 진술합니다.
<u>위 각 서류에 사실과 다른 내용이 있을 경우 면책불허가될 수 있음을 잘 알고 있습니다.</u>

1. 본인의 현재까지의 생활상황 등은 다음과 같습니다.

(1) 사기죄, 사기파산죄, 과태파산죄, 도박죄로 고소되거나 형사재판을 받은
경험 (있음, 없음)

_____

(2) 과거 1년간 물건을 할부나 월부로 구입하고 대금을 전부 지급하지 않은 상태
에서 처분(매각, 입질 등)을 한 경험 (있음, 없음) (물건의 품명, 구입시기,
가격, 처분 시기 및 방법을 전부 기재하여 주십시오)

_____

_____

(3) 이번 항목은 개인 영업을 경영한 경험이 있는 분만 기재하여 주십시오.

▷ 영업 중 상업장부의 기재

☐ 정확히 기장하였다. ☐ 부정확하게 기장하였다. ☐ 기장하지 아니하였다.

▷ 영업 중에 도산을 면하기 위하여 상품을 부당하게 염가로 매각한 사실 (있음,
없음) (언제 무엇을 매입원가의 몇 %로 할인판매를 하였는지를 기재하여 주십
시오)

_____

☆ 개인 영업을 경영한 경험이 있는 분은 아래 8종류의 사실증명(현재
로부터 과거 3년까지의 기간에 관한 것)에 대하여 발급신청을 하고,
그에 따라 세무공무원이 교부하여 주는 서류를 제출하여 주시기 바
랍니다. 8종류의 사실증명 : ① 사업자등록증명, ② 휴업사실증명,
③ 폐업사실증명, ④ 납세 및 체납사실증명, ⑤ 소득금액증명, ⑥
부가가치세과세표준증명, ⑦ 부가가치세면세사업자수입금액증명, ⑧
표준재무제표증명(개인, 법인)

2. 채권자와 채무지급방법에 관하여 교섭한 경험 (있음, 없음)

▷ 그 결과 합의가 성립된 채권자수 (   )명
▷ 합의에 기하여 지급한 기간 (년   월   일부터   년   월   일까지)
▷ 매월 지급한 총액   1개월 평균 (   )원 정도
▷ 지급 내역 (누구에게 얼마를 지급하였는지를 기재하여 주십시오)

_____

3. 파산신청에 이르게 된 사정(채무 증대의 경위 및 지급이 불가능하게 된 사정) (□안에 √ 표시)

　　(1) 지급이 불가능하게 된 계기는 다음과 같습니다(두 가지 이상 선택 가능)

　　　　□ 변제해야 할 원리금이 불어나 수입을 초과하게 됨

　　　　□ 실직함

　　　　□ 경영 사정 악화로 사업 폐업함

　　　　□ 급여 또는 사업 소득이 감소됨

　　　　□ 병에 걸려 입원함

　　　　□ 그 밖의 사유 :

　　(2) 지급이 불가능하게 된 시점 :　　　　년　　　월　　　일

4. 지급이 불가능하게 된 시점 이후에 차용하거나 채무가 발생한 사실 (있음, 없음)

시기(연월일)	차용(채무 발생) 원인, 금액, 조건 등

　(있다면 차용 또는 채무발생의 시기, 원인, 금액, 조건 등을 기재하여 주십시오. 별지를 사용하여도 됩니다.)

5. 채무의 지급이 불가능하게 된 시점 이후에 일부 채권자에게만 변제한 경험 (있음, 없음) (변제한 채권자의 성명, 변제시기, 금액을 전부 기재하여 주십시오)

　　──────────────────────────────

　　──────────────────────────────

6. 채무의 지급이 불가능하게 된 시점의 1년 이전부터 현재까지 사이에 처분한 1,000만원 이상의 재산 (있음, 없음) (다만, 여러 재산을 처분한 경우 그 합계액이 1,000만 원 이상이면 모두 기재하여야 하고, 부동산은 1,000만 원 미만이라도 기재하여야 합니다.)

　　──────────────────────────────

　　──────────────────────────────

☆ 처분의 시기, 대가 및 대가의 사용처를 상세히 기재하여 주시기 바랍니다. 그리고 여기서 말하는 재산의 처분에는 보험의 해약, 정기예금 등의 해약, 퇴직에 따른 퇴직금수령 등도 포함합니다. 주거이전에 따른 임차보증금의 수령에 관하여는 다음의 7항에 기재하여 주시기 바랍니다.

☆ 특히 부동산이나 하나의 재산의 가액이 1,000만 원 이상의 재산을 처분한 경우에는 처분시기와 대가를 증명할 수 있는 부동산등기사항전부증명서, 계약서사본, 영수증 사본 등을 첨부하시기 바랍니다(경매로 처분된 경우에는 배당표 및 사건별수불내역서를 제출하여 주십시오).

7. 최근 2년 이내에 주거이전에 따른 임차보증금을 수령한 사실 (있음, 없음)

_____

_____

☆ 임차물건, 임대차계약상 임차보증금의 액수와 실제로 수령한 임차보증금의 액수, 수령한 임차보증금의 사용처를 기재하여 주시기 바랍니다.

8. 최근 2년 이내에 이혼에 따라 재산분여(할)한 사실 (있음, 없음)

_____

_____

☆ 분여한 재산과 그 시기를 기재하여 주십시오.

☆ 최근 2년 이내에 이혼을 한 경우에는 그러한 이혼에 관한 재판서(조정·화해가 성립된 경우에는 그에 대한 조서) 또는 협의이혼의사확인서의 등본을 제출하여 주시기 바랍니다.

9. 친족의 사망에 따라 상속한 사실 (있음, 없음)

　　　　　년　　　월　　　일　친족_____의 사망에 의한 상속

상속상황

　　　㉠ 상속재산이 전혀 없었음

　　　㉡ 신청인의 상속포기 또는 상속재산 분할에 의하여 다른 상속인이 모두 취득하였음

　　　㉢ 신청인이 전부 또는 일부를 상속하였음

주된 상속재산과 그 처분의 경과

_____

_____

☆ ㉡ 또는 ㉢항을 선택한 분은 주된 상속재산을 기재하여 주시기 바랍니다.

☆ ㉡항을 선택한 분은 다른 상속인이 주된 상속재산을 취득하게 된 경위를 기재하여 주십시오.

채 권 자 목 록

1. 채 권 내 역

순번	채권자명	차용 또는 구입일자	발생원인	최초 채권액	사용처	보증인	잔존 채권액	
							잔존 원금	잔존 이자· 지연손해금

※채권의 '발생원인' 란에는 아래 해당번호를 기재함 ①금원차용(은행대출,사채 포함), ②물품구입(신용카드에 의한 구입 포함), ③보증(피보증인 기재), ④기타	합계	잔존 원금	잔존 이자· 지연손해금

채권자목록 기재요령

※ 양식 ※

순번	채권자명	차용 또는 구입일자	발생원인	최초 채권액	사용처	보증인	잔존 채권액	
							잔존 원금	잔존 이자·지연손해금
1	00카드(주)	16.1.7-20.1.31	②	6,000,000	생활비	김이순	5,234,567	789,456
1-1	김이순	17.5.8	③	6,000,000			미정	미정
2	00은행(주)	17.5.8	①	10,000,000	창업자금		10,000,000	2,456,789
9	최00	20.6.9	①	5,000,000	병원치료비		5,000,000	1,150,000

※채권의 '발생원인'란에는 아래 해당번호를 기재함 ①금원차용(은행대출, 사채 포함), ②물품구입(신용카드에 의한 구입 포함), ③보증(피보증인 기재), ④기타	합계	잔존 원금	잔존 이자·지연손해금
	24,630,812	20,234,567	4,396,245

※ 기재요령 ※

채권자목록에 기재하여야 할 사항을 한 가지라도 기재하지 아니하거나 허위 또는 부정확하게 기재하는 경우에는 파산면책절차가 진행되지 아니하거나 면책절차에서 불리하게 작용할 수 있으니 주의하시기 바랍니다.

1. 채권자목록은 채무별로 순번을 달리하여 기재하십시오. 다만 같은 채권자에 대한 여러 개의 채무는 연이어 기재하되, 발생원인이 오래된 것부터 날짜 순서에 따라 기재하십시오.

2. 「채권자명」란에는 법인과 개인을 구분하여 채권자의 성명이나 법인명을 정확히 기재하십시오.
   채권자의 성명은 가족관계증명서 또는 주민등록등본이나 법인등기부등본의 주소와 일치하여야 하며, 법인의 경우에는 대표자까지 기재하여야 합니다(※잘못된 기재례 : 순이 엄마, 영주댁, ○○상사).

3. 채무자를 위하여 보증을 해 준 사람이 있으면 그 보증인도 「보증인」란에 정확하게 기재하여야 합니다. 보증으로 인한 구상채무는 보증인이 보증한 채무의 바로 다음에 기재하되, 「순번」란에는 보증한 채권의 순번에 가지번호를 붙여 표시하고, 「잔존채권액·잔존원금 / 잔존 이자·지연손해금」란에는 '미정'이라고 기재하십시오.

4. 「차용 또는 구입일자」란에는 원래 차용 또는 구입일자를 기재하고 채권양도시 양도일자를 그 옆에 (   )를 표시하여 추가하며, 「발생원인」란에는 표 하단에 기재된 발생원인의 해당번호를, 「최초 채권액」란에는 채무발생 당시의 금액을, 「사용처」란에는 구체적 사용용도 또는 구입물품을 각 기재하십시오.

5. 「잔존 채권액·잔존원금 / 잔존 이자·지연손해금」란에는 파산신청(면책신청) 당시까지 채무자(채무자)가 갚지 못하고 있는 채무의 원금과 이자·지연손해금을 각 채권자별로 구분하여 기재하고, 하단의 「합계」란에는 채무의 총액을 기재하며, 「잔존원금」, 「잔존 이자·지연손해금」란에는 각각의 합계액을 반드시 기재하십시오.

2. 채권자 주소

※ 기재요령 ※

1. 채권자의 주소는 신청일 당시의 주소로 번지까지 정확하게 기재하고, **채무자를 위하여 보증을** **해 준 사람이 있으면 그 보증인의 주소까지 정확히 기재하여야 합니다.**

2. 채권자가 금융기관이나 기타 법인인 경우에는 본점 소재지 또는 거래지점의 소재지를 정확하게 기재하여야 합니다.

순번	채권자명	주소	전화번호	팩스	비고 (우편 번호)

※ '신청서'를 제출한 경우, 법원 홈페이지 '나의 사건검색'에서 본 채 권자목록의 반영 여부를 확인할 수 있습니다.

파산신청에 따른 추가 자료제출목록

채무자_____(인)

채무자는 아래와 같은 자료들을 제출합니다.

※ 아래표의 해당 □ 란에 ∨ 표시하고 뒷면에 제출하는 서류를 순서대로 첨부하여 제출합니다.

※ 아래의 자료 중 개인회생 신청 시에 이미 제출한 자료로서 [첨부2]의 문서송부촉탁 신청서 양식에 따른 문서송부촉탁을 통하여 이를 제출하고자 하는 경우라면 그러한 자료를 중복하여 제출할 필요는 없습니다.

순번	제출하여야 하는 자료	제출 여부	제출 못하거나 일부만 제출한 이유	발급 기관
1	채무자의 혼인관계증명서 (상세증명서) ※ 채무자 외 제3자의 주민등록번호 뒷자리가 표기되지 아니한 것을 제출(채무자 본인의 주민등록번호는 전체 표기)	□ 제출하였음		구청 등
2	채무자의 주민등록초본 [주소변동내역(과거 주소 전체) 및 개명, 주민등록번호 변동사항 포함]	□ 제출하였음		
3	채무자가 개인 영업을 하였던 경우, 채무자의 사실증명 (현재부터 과거 3년까지의 기간에 관한 것) ※ 아래 8종류의 사실증명에 대하여 발급신청을 하고, 그에 따라 세무공무원이 교부해주는 서류를 제출 ① 사업자등록증명 ② 휴업사실증명 ③ 폐업사실증명 ④ 납세 및 체납사실증명 ⑤ 소득금액증명 ⑥ 부가가치세과세표준증명 ⑦ 부가가치세면세사업자수입금액증명 ⑧ 표준재무제표증명 (개인, 법인)	□ 제출하였음		세무서3)

---

3) 각종 증명서 조회 및 발급 등이 가능한 국세청 홈텍스의 홈페이지 주소는 https://www.hometax.go.kr이고, 국세상담센터의 상담전화번호는 국번 없이 126번입니다.

4	과거 1년부터 현재까지의 채무자의 은행통장거래내역 (공과금, 통신료, 카드사용, 급여이체 등이 기재된 통장 사본 또는 예금거래내역서를 제출, 가족명의의 계좌로 거래하였다면 그 계좌에 관한 통장 사본 또는 예금거래내역서를 제출)	□ 전부 제출하였음 □ 일부만 제출하였음	□ 해당사항 없음(은행거래 없음) □ 협조거부 ( ) □기타 ( )	은행, 농협, 수협, 축협, 신협, 증권사, 우체국, 마을금고 등
5	지급 불가능 시점의 1년 이전부터 신청 시까지 사이에 부동산이나 하나의 재산의 가액이 1,000만 원 이상의 재산을 처분한 경우, 처분시기와 대가를 증명할 수 있는 부동산등기사항전부증명서, 계약서사본, 영수증사본 (경매로 처분된 경우에는 배당표 및 사건별수불내역서)	□ 전부 제출하였음 □ 일부만 제출하였음	□ 해당사항 없음 (지급 불가능 시점의 1년 이전부터 신청 시까지 사이에 부동산이나 하나의 재산의 가액이 1,000만 원 이상의 재산을 처분한 일이 없음) □ 협조거부 ( ) □ 기타 ( )	채무자 보유 자료 (경매 법원)
6	최근 2년 이내에 이혼을 한 경우, 이혼에 관한 재판서(조정·화해가 성립된 경우에는 그에 대한 조서) 또는 협의이혼의사확인서의 등본	□ 제출하였음	□ 해당사항 없음 (최근 2년 이내 이혼 사실 없음)	법원
7	수입에 관한 자료 [자영수입이 있는 경우에는 종합소득세 확정신고서 (최근 2년분)/급여수입이 있는 경우에는 급여증명서 (최근 2년분)와 근로소득세 원천징수영수증의 사본 /연금을 받는 경우에는 수급증명서/생활보호대상자인 경우에는 수급증명서/기타의 경우에는 수입원을 나타내는 자료]	□ 제출하였음		채무자 보유 자료, 세무서, 국민연금공단, 구청 등

[첨부2]

문서송부촉탁신청서

개인파산 및 면책 사건에 관하여 채무자는 주장사실을 입증하기 위하여 아래와 같이 문서송부촉탁을 신청합니다.

1. 기록의 보관처 : 서울회생법원

2. 송부촉탁할 기록 : 20__개회_____호 사건의 개인회생절차개시신청서 및 그 첨부서류

3. 증명하고자 하는 사실 : 파산의 원인이 되는 사실

20 . . .

채무자   (날인 또는 서명)
(연락처)

서울회생법원   귀중

[양식 20] 개인회생절차개시결정

서 울 회 생 법 원
결   정

사   건   2021개회○○   개인회생
채 무 자   ○ ○ ○ (640101-1234567)
　　　　　　　　서울 서초구 ○○길 ○○

주   문

1. 채무자에 대하여 개인회생절차를 개시한다.
2. 개인회생채권에 관한 이의기간을 20○○. ○. ○.까지로 한다.
3. 개인회생채권자집회의 기일 및 장소를 20○○. ○. ○. ○:○ 서울회생법원 제
　　○호 법정으로 한다.

이   유

  이 사건 신청은 이유 있으므로 채무자 회생 및 파산에 관한 법률 제596조에
의하여 주문과 같이 결정한다.

2021. ○. ○. ○:○

판사   ○ ○ ○

[양식 20-1] 가압류의 취소결정

서 울 회 생 법 원
결   정

사   건   2021개회○○   개인회생

채 무 자   ○○○ (640101-1234567)

             서울 서초구 ○○길 ○○

상 대 방   주식회사 ○○은행

             서울 ○○구 ○○길 ○○○

             대표이사 ○○○

제 3 채 무 자   별지 목록 기재와 같다.

주   문

채무자와 상대방 사이의 서울회생법원 2021카단○○○호 채권가압류 신청사건에 관하여 위 법원이 2021. ○. ○. 한 가압류결정을 취소한다.

이   유

(전략) 따라서, 채무자 회생 및 파산에 관한 법률 제600조 제3항에 의하여 주문과 같이 결정한다.

2021. ○. ○.

판사   ○○○

[양식 21] 개인회생절차개시신청 기각결정

서 울 회 생 법 원
결   정

사   건   2021개회○○   개인회생

채 무 자   ○ ○ ○ (640101-1234567)

　　　　　　　　서울 서초구 ○○길 ○○

주   문

이 사건 신청을 기각한다.

신 청 취 지

채무자에 대하여 개인회생절차를 개시한다는 결정

이   유

　채무자가 신청일 전 5년 이내에 면책을 받은 사실이 인정되므로 채무자 회생 및 파산에 관한 법률 제595조 제5호에 의하여 채무자의 이 사건 신청을 기각하기로 하여 주문과 같이 결정한다.

2021. ○. ○.

판사　　○ ○ ○

[양식 21-1] 회생위원 보수결정

서 울 회 생 법 원
결   정

사   건   2021개회○○   개인회생
채 무 자   ○○○ (640101-1234567)
           서울 서초구 ○○길 ○○
회 생 위 원   ○○○

주   문

회생위원의 보수를 150,000원(부가가치세 포함)으로 한다.

이   유

채무자 회생 및 파산에 관한 법률 제30조에 의하여 주문과 같이 결정한다.

2021. ○. ○.

판사   ○○○

[양식 22] 개인회생절차개시결정 공고

개인회생절차개시공고

사   건   2021개회○○   개인회생

채   무   자   ○○○(1964. 1. 1.생)

                      서울 서초구 ○○길 ○○

    위 사건에 관하여 이 법원은 개인회생절차개시결정을 하였으므로 채무자 회생 및 파산에 관한 법률 제597조에 의하여 다음과 같이 공고합니다.

다   음

1. 개인회생절차개시결정의 주문

    채무자에 대하여 개인회생절차를 개시한다.

2. 개인회생절차개시 결정일시: 2021. ○. ○. ○:○

3. 이의기간: 2021. ○. ○.까지

4. 개인회생채권자집회의 기일 및 장소

    ① 개인회생채권자집회의 기일 : 2021. ○. ○.(요일) ○:○

    ② 개인회생채권자집회의 장소 : 서울회생법원 제○호 법정

5. 개인회생채권자목록의 내용에 관하여 이의가 있는 개인회생채권자는 위 이의기간 내에 자신 또는 다른 개인회생채권자의 채권내용에 관하여 서면으로 개인회생채권조사확정재판을 신청할 수 있다. 다만 개인회생절차개시 당시 이미 소송이 계속 중인 권리에 대하여 이의가 있는 경우에는 별도로 조사확정재판을 신청할 수 없고 이미 계속 중인 소송의 내용을 개인회생채권조사확정의 소로 변경하여야 한다.

6. 변제현황은 변제계획 인가 이후 「대법원 홈페이지 ⇒ 나의사건검색 ⇒ 변제현황조회」를 통해 확인할 수 있으며, 서울회생법원 대표전화 02-530-1114로 문의바랍니다.

7. 채권자 명의변경(채권양도·양수, 대위변제, 상호변경)이 있는 경우 「대법원 홈페이지 ⇒ 전자민원센터 ⇒ 양식모음 ⇒ 개인회생」에 있는 '채권자 명의변경 신청서'양식을 사용하여 제출하기 바랍니다(※ 계좌신고서 양식으로 제출을 할

경우 해당내역이 반영이 되지 않을 수 있으니 반드시 명의변경 신청서 양식을 사용하여 제출해 주시기 바랍니다.)

2021. ○. ○.

서울회생법원

판사 ○ ○ ○

[양식 22-1] 개인회생절차개시결정 통지서

서 울 회 생 법 원
통 지 서

수　　신　　　　수신처 참조

사　　건　　　　2021개회○○　　개인회생

채 무 자　　　　○○○ (640101-1234567)

　　　　　　　　서울 서초구 ○○길 ○○

　　이 법원은 20○○. ○. ○. ○:○ 개인회생절차개시결정을 하였으므로, 채무자 회생 및 파산에 관한 법률 제597조 제2항, 제1항에 의하여 다음 사항을 통지합니다.

다　　음

1. 개인회생절차개시결정의 주문 : 채무자에 대하여 개인회생절차를 개시한다.

2. 이의기간 : 2021. ○. ○.까지

3. 개인회생채권자집회의 기일 및 장소

　　① 2021. ○. ○.(　　요일) ○:○,　② 서울회생법원 제○호 법정

4. 채권자 유의사항

　　① 개인회생채권자목록의 내용에 관하여 이의가 있는 개인회생채권자는 이의기간 내에 자신 또는 다른 개인회생채권자의 채권내용에 관하여 서면으로 개인회생채권조사확정재판을 신청할 수 있습니다. 다만 개인회생절차개시 당시 이미 소송이 계속 중인 권리에 대하여 이의가 있는 경우에는 조사확정재판을 신청할 수 없고 이미 계속 중인 소송의 내용을 개인회생채권조사확정의 소로 변경하여야 합니다.

　　② 모든 개인회생채권자는 직접 또는 우편으로 변제계획에 따른 변제예정액을 입금받을 계좌번호 신고서를 채권자집회기일 종료 시까지 제○○회생위원에게 제출하여야 하고(「대법원 홈페이지 ⇒ 전자민원센터 ⇒ 양식모음 ⇒ 개인회생」에서 출력하실 수 있습니다), 변제계획에 이의가 있는 때에는 채권자집회에 출석하여 이의를 진술하거나, 채권자집회기일의 종료 시까지 법원에 이의진술서를 제출할 수 있습니다. [우편번호 : 06594, 주소 : 서울 서초구 서초중앙로 157]

　　③ 변제계획이 인가되면, 변제계획에 따른 월 변제액은 채권자가 신고한 계좌로 입금됩니다. 채권자에게 입금되는 금액이 변제계획에 따라 입금되어야 할 월 변제액과 수 회 계속하여 차이가 나는 경우 그 사실을 법원에 신고해야 합니다(최초 입금액이나 변제계획 등의 수정 후 입금액의 경우에는 누적된 금액이 입금되어 금액이 과다할 수도 있습니다).

5. 채무자 유의사항

① 채무자는 채권자집회에 출석하여 채권자의 요구가 있는 경우 변제계획에 관하여 필요한 설명을 하여야 합니다. 정당한 사유 없이 채권자집회에 불출석하거나 허위의 설명을 한 경우에는 개인회생절차폐지 등의 불이익을 받을 수 있습니다.

② 채무자는 변제계획안이 인가되기 이전이라도 변제계획안에서 정한 최초 변제일부터 월 변제액을 [　]은행[　　　　　　]계좌(계좌번호를 반드시 메모하여 두시기 바랍니다)에 임치하여야 합니다.

6. 변제현황은 변제계획 인가 이후 「대법원 홈페이지⇒나의사건검색⇒변제현황조회」를 통해 확인할 수 있으며, 서울회생법원 대표전화 02-530-1114로 문의바랍니다.

7. 채권자의 명의변경(채권양도·양수, 대위변제, 상호변경)이 있는 경우, 「대법원 홈페이지 ⇒ 전자민원센터 ⇒ 양식모음 ⇒ 개인회생」에 있는 '채권자 명의변경 신청서' 양식을 사용하여 제출하시기 바랍니다. (※ 계좌신고서 양식으로 제출을 할 경우 해당 내역이 반영이 되지 않을 수 있으니 반드시 명의변경 신청서 양식을 사용하여 제출해 주시기 바랍니다.)

2021. ○. ○.

판사 　○○○

수신처: 채무자, 회생위원, 개인회생채권자, 채무자의 재산을 소지하고 있거나 그에게 채무를 부담하는 자.

[양식 22-2] 채권자 계좌번호신고

채권자 계좌번호 신고서

사　건 : 2021개회○○　　개인회생
채무자 :

채권번호		채권자명	
주　소			
전화번호	(집)	(직장)	(휴대폰)

※ 채권번호란에 채권자목록상의 채권번호를 꼭 기재하시기 바랍니다.

　위 채권자는 채무자 회생 및 파산에 관한 규칙 제84조에 따라 위 개인회생사건에서 변제액을 송금받기 위한 채권자 계좌번호를 다음과 같이 신고합니다.

다　　음

예금주	금융기관명	계좌번호

2021.　.　.

채권자　　　　(인)

서울회생법원 제 ○회생위원 귀중

☞ 개인회생채권자는 변제계획에 따른 변제금을 송금받기 위해서는 개인회생채권자집회기일
　까지 위 신고서를 회생위원에게 직접 또는 우편으로 제출하여야 합니다.
　(채무자 회생 및 파산에 관한 규칙 제84조)

[양식 23] 송달에 갈음하는 공고의 결정

서 울 회 생 법 원
결   정

사   건   2021개회○○   개인회생

채 무 자   ○○○ (640101-1234567)

          서울 서초구 ○○길 ○○

주   문

 개인회생채권자 ○○○에 대한 채무자 회생 및 파산에 관한 법률 제597조 제
1항 각 호의 사항을 기재한 서면, 개인회생채권자목록 및 변제계획안의 송달은
공고로써 갈음한다.

이   유

 채무자 회생 및 파산에 관한 법률 제10조 제1항, 같은 규칙 제7조 제1호를 적
용하여 주문과 같이 결정한다.

2021. ○. ○.

판사   ○○○

[양식 23-1] 개인회생채권자목록등의 송달에 갈음하는 공고

개인회생채권자목록등 공고

사　　　건　　　2021개회○○　　개인회생

채　무　자　　　○○○(1964. 1. 1.생)

　　　　　　　　○○시 ○○구 ○○길 ○○

　위 사건에 관하여 이 법원은 개인회생절차개시결정을 하였으므로, 채무자 회생 및 파산에 관한 법률 제597조 제1항·제2항, 제10조 제1항에 의하여 개인회생채권자 ○○○에 대한 송달에 갈음하여 다음과 같이 공고합니다.

다　　　음

1. 개인회생절차개시결정의 주문: 채무자에 대하여 개인회생절차를 개시한다.

2. 개인회생절차개시 결정일시: 2021. ○. ○. ○:○

3. 이의기간: 2021. ○. ○.까지

4. 개인회생채권자집회의 기일 및 장소

　　① 개인회생채권자집회의 기일 : 2021. ○. ○.(　　요일) ○:○

　　② 개인회생채권자집회의 장소 : 서울회생법원 제○호 법정

5. 개인회생채권자목록의 요지

　　가. 담보부 개인회생채권액 :　　　　　　　　원

　　나. 무담보 개인회생채권액 :　　　　　　　　원

　　다. 채권자 ○○○의 개인회생채권 내역

　　　　－ 채권의 원인 :

　　　　－ 채권의 내용 :

6. 변제계획안의 요지

　　가. 변제율 : 일반개인회생채권 원금의 ○○% 상당

　　나. 변제기간 :　○○개월

7. 개인회생채권자목록의 내용에 관하여 이의가 있는 개인회생채권자는 위 이의기간 내에 자신 또는 다른 개인회생채권자의 채권내용에 관하여 서면으로 개인회생채권조사확정재판을 신청할 수 있다. 다만 개인회생절차개시 당시 이미 소송이 계속 중인 권리에 대하여 이의가 있는 경우에는 별도로 조사확정재판을 신청할 수 없고 이미 계속 중인 소송의 내용을 개인회생채권조사확정의 소로 변경하여야 한다.

2021. ○. ○.

서울회생법원

판사 ○　○　○

[양식 23-2] 수정된 개인회생채권자목록등의 송달에 갈음하는 공고의 결정

서 울 회 생 법 원
결   정

사   건   2021개회○○   개인회생
채 무 자   ○○○ (640101-1234567)
           서울 서초구 ○○길 ○○

주   문

  개인회생채권자 ○○○에 대한 채무자 회생 및 파산에 관한 법률 제597조 제
1항 제2호 및 제4호의 변경된 사항을 기재한 서면, 수정된 개인회생채권자목록
및 변제계획안의 송달은 공고로써 갈음한다.

이   유

  채무자 회생 및 파산에 관한 법률 제10조 제1항, 같은 규칙 제7조 제1호를 적
용하여 주문과 같이 결정한다.

2021. ○. ○.

판사   ○○○

[양식 23-3] 수정된 개인회생채권자목록등의 송달에 갈음하는 공고

수정된 개인회생채권자목록등 공고

사   건   2021개회○○   개인회생
채 무 자   ○○○(1964. 1. 1.생)
              ○○시 ○○구 ○○길 ○○

　위 사건에 관하여 이 법원은 개인회생채권자목록의 수정된 사항에 관한 이의기간을 정하고, 개인회생채권자집회의 기일을 변경하는 결정을 하였으므로, 채무자 회생 및 파산에 관한 법률 제597조, 제10조 제1항에 의하여 개인회생채권자 ○○○에 대한 송달에 갈음하여 다음과 같이 공고합니다.

다   음

1. 수정된 사항에 관한 이의기간 : 2021. ○. ○.까지

2. 변경된 개인회생채권자집회의 기일 및 장소

　　① 개인회생채권자집회의 기일 : 2021. ○. ○.(　요일) ○:○

　　② 개인회생채권자집회의 장소 : 서울회생법원 제○호 법정

3. 수정된 개인회생채권자목록의 요지

　　가. 담보부 개인회생채권액 :　　　　　　　　원

　　나. 무담보 개인회생채권액 :　　　　　　　　원

　　다. 채권자 ○○○의 개인회생채권 내역

　　　　- 채권의 원인 :

　　　　- 채권의 내용 :

4. 수정된 변제계획안의 요지

　　가. 변제율 : 일반개인회생채권 원금의 ○○% 상당

　　나. 변제기간 :　○○개월

5. 수정된 개인회생채권자목록의 수정된 사항에 관하여 이의가 있는 개인회생채권자는 위 이의기간 내에 수정된 사항의 채권내용에 관하여 서면으로 개인회생채권조사확정재판을 신청할 수 있다. 다만 개인회생절차개시 당시 이미 소송이 계속중인 권리에 대하여 이의가 있는 경우에는 별도로 조사확정재판을 신청할 수 없고 이미 계속중인 소송의 내용을 개인회생채권확정의 소로 변경하여야 한다.

2021. ○. ○.

서울회생법원

판사　○　○　○

[양식 24] 이의기간 지정 및 채권자집회기일 변경결정

서 울 회 생 법 원
결   정

사   건   2021개회○○   개인회생

채 무 자   ○○○ (640101-1234567)

　　　　　　　서울 서초구 ○○길 ○○

주   문

1. 수정된 개인회생채권자목록 중 수정된 사항에 대한 이의기간을 2021. ○. ○. 까지로 정한다.

2. 개인회생채권자집회기일 및 장소를 2021. ○. ○. ○:○ 서울회생법원 제○호 법정으로 변경한다.

이   유

　채무자가 제출한 개인회생채권자목록이 수정허가되었고, 채무자가 수정된 변제계획안을 제출하였으므로 채무자 회생 및 파산에 관한 법률 제596조 제3항을 적용하여 주문과 같이 결정한다.

2021. ○. ○.

판 사   ○ ○ ○

[양식 24-1] 이의기간 지정 및 채권자집회기일 변경 통지서

서 울 회 생 법 원
이의기간 지정 및 채권자집회기일 변경 통지서

수 신	채무자, 회생위원, 개인회생채권자, 채무자의 재산을 소지하거나 그에게 채무를 부담하는 자
사 건	2021개회○○ 개인회생
채 무 자	○○○ (19○○. ○. ○.생)
	서울 ○○구 ○○길 ○○

위 사건에 관하여 이 법원은 다음과 같이 수정된 개인회생채권자목록 중 수정된 사항에 관한 이의기간을 정하고 개인회생채권자집회의 기일을 변경하는 결정을 하였으므로 채무자 회생 및 파산에 관한 법률 제597조 제3항, 제2항에 의하여 통지합니다.

다   음

1. 결정주문

  (1) 수정된 개인회생채권자목록 중 수정된 사항에 관한 이의기간을 2021. ○. ○.까지로 정한다.

  (2) 개인회생채권자집회의 기일 및 장소를 아래와 같이 변경한다.

    ① 개인회생채권자집회의 기일 : 2021. ○. ○.(요일) ○:○

    ② 개인회생채권자집회의 장소 : 서울회생법원 제○호 법정

2. 유의사항

수정된 개인회생채권자목록 중 수정된 사항에 관하여 이의가 있는 개인회생채권자는 위 이의기간 내에 수정된 사항의 채권내용에 관하여 서면으로 개인회생채권조사확정재판을 신청할 수 있다. 다만 개인회생절차개시 당시 이미 소송이 계속 중인 권리에 대하여 이의가 있는 경우에는 별도로 조사확정재판을 신청할 수 없고 이미 계속 중인 소송의 내용을 개인회생채권확정의 소로 변경하여야 한다.

3. 첨부서류

  (1) 수정허가된 개인회생채권자목록 (2) 수정된 변제계획안

2021. ○. ○.

판 사 ○ ○ ○

[양식 24-2] 이의기간 지정 및 채권자집회기일 변경 공고

이의기간 지정 및 채권자집회기일 변경 공고

사   건   2021개회○○   개인회생
채 무 자   ○○○ (19○○. ○. ○.생)
                      서울 ○○구 ○○길 ○○

   위 사건에 관하여 이 법원은 다음과 같이 수정된 개인회생채권자목록 중 수
정된 사항에 관한 이의기간을 정하고 개인회생채권자집회의 기일을 변경하는 결
정을 하였으므로 채무자 회생 및 파산에 관한 법률 제597조 제3항, 제1항에 의
하여 다음과 같이 공고합니다.

다   음

1. 결정주문
   (1) 수정된 개인회생채권자목록 중 수정된 사항에 관한 이의기간을 2021. ○.
   ○.까지로 정한다.
   (2) 개인회생채권자집회의 기일 및 장소를 아래와 같이 변경한다.
         ① 개인회생채권자집회의 기일 : 2021. ○. ○.(요일) ○:○
         ② 개인회생채권자집회의 장소 : 서울회생법원 제○호 법정
2. 유의사항
   수정된 개인회생채권자목록 중 수정된 사항에 관하여 이의가 있는 개인회생
   채권자는 위 이의기간 내에 수정된 사항의 채권내용에 관하여 서면으로 개인
   회생채권조사확정재판을 신청할 수 있다. 다만 개인회생절차개시 당시 이미
   소송이 계속 중인 권리에 대하여 이의가 있는 경우에는 별도로 조사확정재판
   을 신청할 수 없고 이미 계속 중인 소송의 내용을 개인회생채권확정의 소로
   변경하여야 한다.

                              2021. ○. ○.
                              서울회생법원
                              판사 ○ ○ ○

[양식 25] 항고장 각하명령

서 울 회 생 법 원
명   령

사   건   2021개회○○   개인회생

항 고 인   ○○주식회사

　　　　　　　서울 ○○구 ○○길 ○○

　　　　　　　대표이사 ○○○

상 대 방   ○○○ (640101-1234567)

　　　　　　　서울 서초구 ○○길 ○○

주   문

항고인의 이 사건 항고장을 각하한다.

이   유

　기록에 의하면 항고인은, 이 법원이 2021. ○. ○. 10:00 채무자에 대하여 이 사건 개인회생절차개시결정을 하고 같은 날 이를 공고한 후로부터 14일이 경과한 2021. ○. ○. 이 사건 개인회생절차개시결정의 취소를 구하는 항고장을 제출하였는바, 이는 항고기간 도과 후의 항고임이 명백하므로 채무자 회생 및 파산에 관한 법률 제33조, 민사소송법 제443조, 제399조 제2항을 적용하여 주문과 같이 명령한다.

2021. ○. ○.

판사　　○○○

[양식 26] 개인회생절차개시결정 취소 및 신청기각결정

서 울 회 생 법 원
제 21 부
결   정

사   건   2021라○○   개인회생

항 고 인   최○○

　　　　　　서울 ○○구 ○○길 ○○○

채 무 자   ○○○ (640101-1234567)

　　　　　　서울 서초구 ○○길 ○○

원 심 결 정   서울회생법원 2019. ○. ○.자 2019개회○○ 결정

주   문

1. 원심결정을 취소한다.
2. 채무자의 이 사건 개인회생절차개시신청을 기각한다.
3. 항고비용 및 신청비용은 채무자의 부담으로 한다.

이   유

(전략), 따라서 채무자 회생 및 파산에 관한 법률 제595조 제○호에 의하여 채무자의 이 사건 개인회생절차개시신청을 기각하여야 할 것인바, 이와 결론을 달리한 원심결정은 부당하므로 이를 취소하고, 채무자의 이 사건 신청을 기각하기로 하여 주문과 같이 결정한다.

2021. ○. ○.

재판장   판사   ○○○

　　　　　　판사   ○○○

　　　　　　판사   ○○○

[양식 26-1] 개인회생절차개시결정 취소결정 확정공고

개인회생절차개시결정 취소결정 확정공고

사   건   2021라○○   개인회생
채 무 자   ○○○(1964. 1. 1.생)
              서울 서초구 ○○길 ○○

  위 사건에 대한 서울회생법원 2021. ○. ○.자 개인회생절차개시결정을 취소하는 결정이 2021. ○. ○. 확정되었으므로 채무자 회생 및 파산에 관한 법률 제599조에 의하여 공고합니다.

2021. ○. ○.

서울회생법원 제21파산부
재판장   판사   ○○○
         판사   ○○○
         판사   ○○○

[양식 26-2] 개인회생절차개시결정 취소결정 확정통지서

서 울 회 생 법 원
제 21 부
통 지 서

수   신   수신처 참조

사   건   2021라○○   개인회생

채 무 자   ○○○ (1964. 1. 1.생)

　　　　　　　서울 서초구 ○○길 ○○

　위 사건에 대한 서울회생법원 2021. ○. ○.자 개인회생절차개시결정을 취소하는 결정이 2021. ○. ○. 확정되었으므로 채무자 회생 및 파산에 관한 법률 제599조에 의하여 이를 통지합니다.

　　　　　　　　　　　2021. ○. ○.

　　　　　　　　　재판장　판사　　○○○

수신처: 채무자, 회생위원, 개인회생채권자, 채무자의 재산을 소지하고 있거나 그에게 채무를 부담하는 자.

[양식 27] 개인회생재단에 속하지 않는 재산목록 제출서

개인회생재단에 속하지 않는 재산목록 제출서

사   건   2021개회○○   개인회생

신청인(채무자)   ○   ○   ○

신청인은 다음과 같이 개인회생재단에 속하지 않는 재산목록(채무자 회생 및 파산에 관한 법률 제580조 제3항, 제1항 제1호, 제383조 제1항 소정)을 제출합니다.

순번	재산의 대상과 명칭 (구체적으로 기재)	소재지	추정가액	압류금지의 근거조문	소명자료
1	개인회생절차 신청일 기준 회사에 대한 예상퇴직금채권의 2분의 1에 해당하는 금액	서울 ○○구 ○○길 소재 (주)○○상사 (채무자의 근무지)	1,200만 원	민사집행법 제246조 제1항 제4호	예상퇴직금 증명서

2021.   .   .

신청인(채무자) _____(인)

첨부서류: 예상퇴직금 증명서   1통

서울회생법원 귀중

[양식 28] 면제재산 결정신청서

면제재산 결정신청서

사   건   2021개회○○   개인회생
신청인(채무자)   ○   ○   ○

　신청인은 채무자 회생 및 파산에 관한 법률 제580조 제3항, 제1항 제1호, 제383조 제2항에 따라 채무자 소유의 별지 목록 기재 재산을 면제재산으로 정한다는 결정을 구합니다.

(※아래 해당되는 부분에 ∨표를 하고, 면제재산결정 신청을 하는 재산목록 및 소명자료를 첨부하시기 바랍니다.)

　□ 1. 주거용건물 임차보증금반환청구권에 대한 면제재산결정 신청

　　　　　(법 제580조 제3항, 제1항 제1호, 제383조 제2항 제1호)

　※ 첨부서류

　　　가. 별지 면제재산목록 (채권자수 + 3부)

　　　나. 소명자료 : □ 임대차계약서　　　　1부

　　　　　　　　　　□ 주민등록등본　　　　1통

　　　　　　　　　　□ 기타 [　　　　　] 　통

　□ 2. 6개월간의 생계비에 사용할 특정재산에 대한 면제재산결정 신청

　　　　　(법 제580조 제3항, 제1항 제1호, 제383조 제2항 제2호)

　※ 첨부서류

　　　가. 별지 면제재산목록 (채권자수 + 3부)

　　　나. 소명자료 : □ [　　　　　　　　　] 　1통

2021.   .   .

신청인(채무자) ＿＿＿＿＿＿＿＿＿＿＿＿＿＿＿(인)

서울회생법원 귀중

목   록

면제재산 금액	금 원
주택임대차계약의 내용	① 임대차계약일자 ( ) ② 임대차기간 (부터 까지) ③ 임차목적물의 소재지( ) ④ 임차보증금 (원) ⑤ 임료의 액수 및 연체기간(월 원, 개월간 연체) ⑥ 임대인의 성명 ( ) ⑦ 주민등록일자 ( ) ⑧ 확정일자(. . .확정일자받음, 확정일자 무)

[양식 29] 면제재산결정

서 울 회 생 법 원
결   정

사   건   2021개회○○   개인회생

채무자(신청인)   ○○○ (640101-1234567)

서울 서초구 ○○길 ○○

주   문

채무자 소유의 별지 목록 기재 재산을 개인회생재단에서 면제한다.

이   유

채무자 회생 및 파산에 관한 법률 제580조 제3항, 제1항 제1호, 제383조 제2항을 적용하여 주문과 같이 결정한다.

2021. ○. ○.

판사   ○   ○   ○

[양식 30] 부인권행사명령

서 울 회 생 법 원
결   정

사   건   2021개회○○   개인회생
채 무 자   ○○○ (640101-1234567)
　　　　　　　　서울 서초구 ○○길 ○○

주   문

채무자는 별지 기재 부동산에 대하여 20○○. ○. ○. 채무자와 ○○○ 사이에 체결된 매매계약에 대하여 부인권을 행사하여야 한다.

이   유

(전략), 따라서 주문 기재 매매계약은 채무자 회생 및 파산에 관한 법률 제584 조 제1항, 제391조 제○호 소정의 부인할 수 있는 행위에 해당한다 할 것이므로, 같은 법 제584조 제3항에 의하여 주문과 같이 결정한다.

2021. ○. ○.

판사   ○○○

[양식 31] 회생위원 채권자집회 전 보고서

회 생 위 원 채 권 자 집 회 전 보 고 서

1. 사건의 표시

사건번호 : 2021개회○○

신청인(채무자) : ○○○

2. 개인회생채권자집회기일

가. 개인회생채권자집회의 기일 : 2021. ○. ○.(○요일) 14:00

나. 개인회생채권자집회의 장소 : 서울회생법원 ○○호 법정

3. 채무자의 소득 및 가용소득 적립 여부

가. 채무자의 소득은 개시신청서에 첨부한 '채무자의 수입 및 지출에 관한 목록' 기재 수입과 같다.

나. 채무자는 ○○원을 임치하였다. 총 변제예정액은 ○○원이다.

4. 채무자의 재산 및 청산가치

가. 채무자의 재산 : 개시신청서에 첨부한 '재산목록' 기재와 같다.

나. 청산가치

개인회생채권자들이 채무자가 파산하는 때에 배당받을 총액은 ○○원이다.

5. 변제계획에 대한 이의 여부

가. 이의채권자 : ○○○, △△△

나. 이의내용

(1) ○○○ : 원금만을 기준으로 변제예정액을 산정한 것은 공정하지 아니하고 형평에 맞지 아니하므로, 원금에 개시결정일까지의 이자 및 지연손해금을 더한 원리금을 기준으로 변제예정액을 산정하여야 한다.

(2) △△△ :

6. 변제계획 인가요건 충족 여부

가. 법 제614조 제1항 제4호 관련

개인회생채권에 대한 총변제액이 채무자가 파산하는 때에 배당받을 총액보다 적지 아니하다.

나. 법 제614조 제2항 관련

  (1) 제1호 관련: 이의를 진술하는 개인회생채권자 ○○○에 대한 36개월 간의 총변제액이 ○○원으로서 그 현재평가액이 채무자가 파산하는 때에 ○○○이 배당받을 총액 ○○원보다 적지 아니하다.

  (2) 제2호 관련: 채무자가 최초의 변제일부터 변제계획에서 정한 변제기 간 동안 수령할 수 있는 가용소득의 합계는 ○○원이고 변제총액은 ○○원이어서 가용소득의 전부가 변제계획에 따른 변제에 제공된다.

  (3) 제3호 관련: 채무자가 최초의 변제일부터 변제계획에서 정한 변제기 간 동안 변제하는 총변제예정액이 법 제614조 제2항 제3호의 기준에 따른 최저변제액보다 적지 아니하다.

7. **결론**: 채무자가 제출한 변제계획안은 법 제614조 제1항 제4호 및 제2항 각호의 요건을 충족합니다.

2021. . .

제　　회생위원　○○○　(인)

서울회생법원　제　　회생단독판사　귀중

[양식 32] 채권조사확정재판 기록표지

년 질 호

	서울회생법원 **채권조사확정 사건기록**			
사건번호	2021 개확 ○○ 2021 개확 ○○(병합)	재 판 부	제○회생단독	
사건명	채권조사확정			
채권자 (신청인, 상대방)	○ ○ ○ 대리인 변호사 ○ ○ ○			
채무자 (상대방)	○ ○ ○ 대리인 변호사 ○ ○ ○			
제3채권자 (신청인)	1. ○ ○ ○(대리인 변호사 ○ ○ ○) 2. ○ ○ ○(대리인 변호사 ○ ○ ○)			
관련사건	2021개회○○ 개인회생			

완결 공람	담임	과장	국장	재판장	원장
			공람 생략	전결	

[양식 33] 채권조사확정재판 신청서 1(채권자⇨채무자)

채권조사확정재판 신청서

채 권 자   최○○ (440101 - *******)
(신 청 인)

                서울 ○○구 ○○길 ○○

채 무 자   ○○○ (640101 - *******)
(상 대 방)

                서울 ○○구 ○○길 ○○

신 청 취 지

채권자(신청인)의 채무자(상대방)에 대한 개인회생채권은, 금 30,000,000원 및 이에 대한 2017. 1. 21.부터 2021. 5. 21.까지 연 24%의 비율에 의한 금원의 일반 개인회생채권과 위 금 30,000,000원에 대한 2021. 5. 22.부터 다 갚는 날까지 연 24%의 비율에 의한 금원의 후순위 개인회생채권임을 확정한다.

신 청 원 인

1. 채권자(신청인, 이하 채권자라 한다)는 귀 법원 2021개회○○호 개인회생사건의 개인회생채권자입니다.

2. 채무자(상대방, 이하 채무자라 한다)는 귀 법원에 2021. 4. 25. 2021개회○○호로 개인회생절차의 개시를 신청하면서 그 개인회생채권자목록에 채권자가 보유한 채권의 원인을 '2016. 10. 21.자 금 2,700만 원 신용대출,' 채권의 내용을 '원금 2,700만 원 및 이에 대한 2017. 1. 21.부터 다 갚는 날까지 연 24%의 비율에 의한 금원(단 개인회생절차개시결정일 이후의 이자, 지연손해금은 후순위 개인회생채권임)'이라고 기재하였고, 귀 법원은 2021. 5. 22. 채무자에 대하여 개인회생절차개시결정을 하였습니다.

3. 그러나 채권자는 2016. 10. 21. 채무자에게 금 30,000,000원을 이율은 연 24%, 변제기는 2017. 1. 21.로 정하여 대여하였는데, 채무자는 2017. 1. 20.까지의 이자만 지급한 채 그 다음날부터는 전혀 이자를 지급하지 아니하고 있습니다. 즉, 채권자가 2016. 10. 21. 채무자에게 대출한 돈은 27,000,000원이 아니라 30,000,000원이므로, 채무자가 제출한 채권자목록의 기재는 잘못된 것입니다.

4. 따라서 채권자의 채무자에 대한 개인회생채권은, 금 30,000,000원 및 이에 대한 2017. 1. 21.부터 2021. 5. 21.까지 연 24%의 비율에 의한 금원의 일반 개인회생채권과 위 금 30,000,000원에 대한 2021. 5. 22.부터 다 갚는 날까지 연 24%의 비율에 의한 금원의 후순위 개인회생채권이라고 할 것이므로, 채무자 회생 및 파산에 관한 법률 제604조 제1항, 제3항에 의하여 귀 법원에 채권조사확정재판을 신청합니다.

2021. ○. ○.

채권자   최○○ (인)

소 명 방 법

1. 소갑제1호증   대출거래계약서
2. 소갑제2호증   대출금원장

첨 부 서 류

1. 위 소명방법   각 1통
2. 송달료 납부서   1통
3. 신청서 부본   1통

서울회생법원 귀중

[양식 34] 채권조사확정재판 신청서 2(제3채권자⇨채권자, 채무자)

채권조사확정재판 신청서

제3채권자 (신 청 인)	오○○ (740101 - *******)
	서울 ○○구 ○○길 ○○
채 권 자 (상 대 방)	이○○ (540101 - *******)
	서울 ○○구 ○○길 ○○
채 무 자 (상 대 방)	○○○ (640101 - *******)
	서울 ○○구 ○○길 ○○

신 청 취 지

채권자(상대방)의 채무자(상대방)에 대한 개인회생채권은 금 1,000만 원 및 이에 대한 2014. 3. 4.부터 2021. 5. 21.까지 연 10%의 비율에 의한 금원의 일반 개인 회생채권과 위 금 1,000만 원에 대한 2021. 5. 22.부터 다 갚는 날까지 연 10%의 비율에 의한 금원의 후순위 개인회생채권임을 확정한다.

신 청 원 인

1. 제3채권자(신청인, 이하 제3채권자라 한다)는 귀 법원 2021개회○○호 개인회 생사건의 개인회생채권자 중 1인입니다.

2. 채무자(상대방, 이하 채무자라 한다)는 귀 법원에 2021. 4. 25. 2021개회○○호 로 개인회생절차의 개시를 신청하면서 개인회생채권자목록에 채권자(상대방, 이하 채권자라 한다)의 채권에 관하여 채권의 원인은 '2012. 3. 3.자 차용금 3,000만 원,' 채권의 내용은 '2,000만 원 및 이에 대한 2014. 3. 4.부터 다 갚는 날까지 연 10%의 비율에 의한 금원(단 개인회생절차개시결정일 이후의 이자, 지연손해금은 후순위 개인회생채권임)'이라고 기재하고, 채권현재액의 산정근 거란에 '2013. 3. 3. 원금 중 1,000만 원을 변제하였다'라고 기재하였습니다.

한편 귀 법원은 2021. 5. 22. 채무자에 대하여 개인회생절차개시결정을 하였습니다.

3. 그러나 채무자는 2013. 2.경 제3채권자로부터 금 2,000만 원을 차용하여 2013. 3. 3.경 채권자의 채권 원금 3,000만 원 중 2,000만 원을 변제하고, 이자는 2014. 3. 3.까지분을 완제하였습니다. 따라서 채권자가 채무자에 대하여 가지는 개인회생채권은, 1,000만 원 및 이에 대한 2014. 3. 4.부터 2021. 5. 21.까지 연 10%의 비율에 의한 금원의 일반 개인회생채권과 위 금 1,000만 원에 대한 2021. 5. 22.부터 다 갚는 날까지 연 10%의 비율에 의한 금원의 후순위 개인회생채권 밖에 없습니다.

4. 따라서, 제3채권자는 채무자 회생 및 파산에 관한 법률 제604조 제1항, 제3항에 의하여 귀 법원에 개인회생채권조사확정재판을 신청합니다.

2021. ○. ○.

제3채권자   오○○   (인)

소 명 방 법

1. 소갑제1호증   차용증
2. 소갑제2호증   통장사본

첨 부 서 류

1. 위 소명방법   각 1통
2. 송달료 납부서   1통
3. 신청서 부본   1통

서울회생법원 귀중

[양식 35] 채권조사확정재판 심문기일지정

서 울 회 생 법 원
결   정

사   건   2021개확○○   채권조사확정

채 권 자   최○○ (440101 － ＊＊＊＊＊＊＊)
(신 청 인)   서울 ○○구 ○○길 ○○

채 무 자   ○○○ (640101 － ＊＊＊＊＊＊＊)
(상 대 방)   서울 ○○구 ○○길 ○○

위 사건에 관하여 다음과 같이 채권자 및 채무자에 대한 심문을 시행한다.

다   음

　1. 심문일시 : 2021. ○. ○. ○:○
　2. 심문장소 : 서울법원종합청사 ○별관 303-1호 심문실

2021. ○. ○.

판사   ○ ○ ○

[양식 36] 채권조사확정재판 심문조서 1(채권자⇨채무자)

서 울 회 생 법 원
심문조서

2021개확○○ 채권조사확정	기 일 : 2021. ○. ○. ○:○
	장 소 : 서울법원종합청사 ○별관
판 사 ○○○	303-1호 심문실
	공개여부 : 비 공 개

법원주사(보) ○○○

사건과 당사자를 부름

채권자(신청인) 최○○   출석

채무자(상대방) ○○○   출석

판사

2021개확○○   채권조사확정 사건 심문을 시작.

채권자

신청서 진술하고, 소갑제1, 2호증 제출.

채무자

3,000만 원을 차용한 것이 아니라 2,700만 원만 차용하였다고 진술.

판사

채무자에게 대출거래계약서에 서명 날인한 사실이 있는지 여부에 관하
여 답변을 명함.

채무자

대출거래계약서에 서명 날인한 것은 맞으나 당시 금액이 기재되지 아
니하였던 것으로 기억하고 실제 받은 돈은 잘 기억나지 않으나 2,700만
원 가량이었던 것으로 기억한다고 답변.

채권자

채권자가 3,000만 원으로 기재된 대출거래계약서에 서명 날인하였고,
실제 받은 돈도 3,000만 원이라고 진술.

채권자 및 채무자

변제기까지 이자는 전부 지급되었고, 추가로 제출할 자료는 없다고 진술.

판사

이것으로써 심문기일을 모두 마치겠습니다.

심문종료

법원주사(보)　　○○○

판　　　　사　　○○○

[양식 37] 채권조사확정재판 심문조서 2(제3채권자 ⇨ 채권자, 채무자)

서 울 회 생 법 원
심문조서

2021개확○○   채권조사확정   기 일 : 2021. ○. ○. ○:○

판   사   ○○○   장   소 : 서울법원종합청사 ○별관

                                                    303-1호 심문실

                                            공개여부 : 비   공   개

법원주사(보)   ○○○

사건과 당사자를 부름

제3채권자(신청인)   오○○   출석

채권자(상대방)   이○○   출석

채무자(상대방)   ○○○   출석

판사

2021개확○○ 채권조사확정 사건 심문을 시작.

제3채권자

신청서 진술하고, 소갑제1, 2호증 제출.

채무자

제3채권자로부터 2,000만 원을 빌려서 1,000만 원만 채권자의 채권을 변제하는 데에 사용하였다고 진술

판사

채권자는 2013. 3. 3.경 얼마를 변제받았나요.

채권자

제3채권자의 말과 같이 원금 2,000만 원을 변제받았고, 이자는 2014. 3. 3.까지 완제 받았다고 진술

판사

　이것으로써 심문기일을 모두 마치겠습니다.

심문종료

법원주사(보)　○○○

판　　　사　○○○

[양식 38] 채권조사확정재판 결정 1(채권자 ⇨ 채무자: 인용취지)

서 울 회 생 법 원
결   정

사 건	2021개확○○ 채권조사확정
채 권 자 (신 청 인)	최○○ (440101 – *******) 서울 ○○구 ○○길 ○○
채 무 자 (상 대 방)	○○○ (640101 – *******) 서울 ○○구 ○○길 ○○

주   문

채권자(신청인)의 채무자(상대방)에 대한 개인회생채권은, 30,000,000원 및 이에 대한 2017. 1. 21.부터 2021. 5. 21.까지 연 24%의 비율에 의한 금원의 일반 개인회생채권과 위 30,000,000원에 대한 2017. 5. 22.부터 다 갚는 날까지 연 24%의 비율에 의한 금원의 후순위 개인회생채권임을 확정한다.

신 청 취 지

주문과 같다.

이   유

1. 소갑 제1, 2호증의 기재 및 이 법원의 채권자(신청인, 이하 채권자라 한다) 및 채무자(상대방, 이하 채무자라 한다)에 대한 심문결과를 종합하면 다음과 같은 사실이 소명된다.

   가. 채무자는 2021. 4. 25. 이 법원 2021개회○○호로 개인회생절차의 개시를 신청하였고, 아울러 그 개인회생채권자목록에 채권자의 채권의 원인을 '2016. 10. 21.자 금 2,700만 원 차용,' 채권의 내용을 '원금 2,700만 원 및

이에 대한 2017. 1. 21.부터 다 갚는 날까지 연 24%의 비율에 의한 금원 (단 개인회생절차개시결정일 이후의 이자, 지연손해금은 후순위 개인회생 채권임)'이라고 기재하였다.

나. 이 법원은 2021. 5. 22. 채무자에 대하여 개인회생절차개시결정을 하면서 위 채권자목록에 대한 이의기간을 2021. 6. 21.까지로 정하여 공고하였고, 채권자는 2021. 6. 15. 채무자(상대방)에 대한 채권원금이 2,700만 원이 아닌 3,000만 원이라는 이유로 이 사건 채권조사확정재판을 신청하였다.

다. 한편 위 금원대여 당시 채권자는 채무자에게 3,000만 원을 변제기 2017. 1. 20. 이자율 연 24%로 정하여 대여하면서, 채무자로부터 위와 같은 내용이 기재된 대출거래계약서를 교부받았고, 채권자는 채무자로부터 위 대여금에 대한 2017. 1. 20.까지의 이자를 지급받았다.

2. 위 소명사실에 의하면 채권자는 채무자에 대하여 대출원금 3,000만 원 및 이에 대한 이자 및 지연손해금 채권을 갖는다 할 것이므로, 결국 채권자는 채무자에 대하여, 30,000,000원 및 이에 대한 2017. 1. 21.부터 2021. 5. 21.까지 연 24%의 비율에 의한 금원의 일반 개인회생채권과 위 30,000,000원에 대한 2021. 5. 22.부터 다 갚는 날까지 연 24%의 비율에 의한 금원의 후순위 개인회생채권을 가지고 있음이 명백하다 할 것이다.

3. 따라서 주문과 같이 결정한다.

2021. ○. ○.

판사   ○ ○ ○

[양식 39] 채권조사확정재판 결정 1-1(채권자 ⇨ 채무자: 기각취지)

서 울 회 생 법 원
결   정

사   건   2021개확○○   채권조사확정

채 권 자   최○○ (440101 - *******)
(신 청 인)
             서울 ○○구 ○○길 ○○

채 무 자   ○○○ (640101 - *******)
(상 대 방)
             서울 ○○구 ○○길 ○○

주   문

채권자(신청인)의 채무자(상대방)에 대한 개인회생채권은 27,000,000원 및 이에
대한 2017. 1. 21.부터 2021. 5. 21.까지 연 24%의 비율에 의한 금원의 일반 개인
회생채권과 위 27,000,000원에 대한 2021. 5. 22.부터 다 갚는 날까지 연 24%의
비율에 의한 금원의 후순위 개인회생채권임을 확정한다.

신 청 취 지

채권자(신청인, 이하 채권자라 한다)의 채무자(상대방, 이하 채무자라 한다)에
대한 개인회생채권은, 30,000,000원 및 이에 대한 2017. 1. 21.부터 2021. 5. 21.까
지 연 24%의 비율에 의한 금원의 일반 개인회생채권과 위 30,000,000원에 대한
2021. 5. 22.부터 다 갚는 날까지 연 24%의 비율에 의한 금원의 후순위 개인회
생채권임을 확정한다.

이   유

1. 채권자는 이 사건 신청원인으로, 채무자에 대하여 개시된 이 사건 개인회생
   절차에서 채권자의 채무자에 대한 개인회생채권은, 채무자가 채권자목록에서
   인정한 원금 27,000,000원 및 이에 대한 2017. 1. 21.부터의 이자 및 지연손해
   금(그 중 개시결정일 이후 부분의 이자 및 지연손해금은 후순위 개인회생채

권임)이 아니라 원금 30,000,000원 및 이에 대한 2017. 1. 21.부터 2021. 5. 21. 까지 연 24%의 비율에 의한 금원의 일반 개인회생채권과 위 30,000,000원에 대한 2021. 5. 22.부터 다 갚는 날까지 연 24%의 비율에 의한 금원의 후순위 개인회생채권이라고 주장하나, 채권자가 제출한 소갑 제1, 2호증의 기재 및 이 법원의 채권자 및 채무자에 대한 심문결과에 의하더라도 채권자가 채무자에 대하여 위 대여 당시 27,000,000원이 아닌 30,000,000원을 대여하였다는 사실을 인정하기에 부족하고, 달리 이를 인정할 아무런 소명자료가 없다.

따라서, 채권자가 채무자에 대하여 가지는 개인회생채권은 위 채권자목록에 기재된 채권과 동일한 것으로 인정되므로 주문과 같이 결정한다.

2021. ○. ○.

판사   ○   ○   ○

[양식 40] 채권조사확정재판 결정 2(제3채권자 ⇨ 채권자, 채무자: 인용취지)

서 울 회 생 법 원
결   정

사 건	2021개확○○ 채권조사확정
제3채권자 (신 청 인)	오○○ (740101 - *******) 서울 ○○구 ○○길 ○○
채 권 자 (상 대 방)	이○○ (540101 - *******) 서울 ○○구 ○○길 ○○
채 무 자 (상 대 방)	○○○ (640101 - *******) 서울 ○○구 ○○길 ○○

주   문

채권자(상대방)의 채무자(상대방)에 대한 개인회생채권은 1,000만 원 및 이에 대한 2014. 3. 4.부터 2021. 5. 21.까지 연 10%의 비율에 의한 금원의 일반 개인회생채권과 위 1,000만 원에 대한 2021. 5. 22.부터 다 갚는 날까지 연 10%의 비율에 의한 금원의 후순위 개인회생채권임을 확정한다.

신 청 취 지

주문과 같다.

이   유

1. 소갑 제1, 2호증의 각 기재 및 이 법원의 제3채권자(신청인, 이하 제3채권자라 한다), 채무자(상대방, 이하 채무자라 한다), 채권자(상대방, 이하 채권자라 한다)에 대한 심문결과를 종합하면 다음과 같은 사실이 소명된다.

가. 채무자는 2021. 4. 25. 이 법원 2021개회○○호로 개인회생절차의 개시를 신청하였고, 아울러 개인회생채권자목록에 채권자의 채권의 원인을 '2012. 3. 3.자 차용금 3,000만 원,' 채권의 내용을 '2,000만 원 및 이에 대한 2014. 3. 4.부터 다 갚는 날까지 연 10%의 비율에 의한 금원(단 개인회생절차개시결정일 이후의 이자, 지연손해금은 후순위 개인회생채권임)'이라고 기재하였다.

나. 이 법원은 2021. 5. 22. 채무자에 대하여 개인회생절차개시결정을 하면서 위 채권자목록에 대한 이의기간을 2021. 6. 21.까지로 정하여 공고하였고, 제3채권자는 2021. 6. 15. 채무자의 채권자에 대한 채권원금이 1,000만 원에 불과하다는 이유로 이 사건 채권조사확정재판을 신청하였다.

다. 채권자는 2012. 3. 3. 채무자에게 3,000만 원을 이자는 연 10%, 변제기는 2013. 3. 3.로 정하여 대여하였는데, 2013. 3. 3. 원금 중 2,000만 원을 변제받고, 2014. 3. 3.까지의 이자를 모두 변제받았다.

2. 위 소명사실에 의하면 채권자의 채무자에 대한 개인회생채권은 1,000만 원 및 이에 대한 2014. 3. 4.부터 2021. 5. 21.까지 연 10%의 비율에 의한 금원의 일반 개인회생채권과 위 1,000만 원에 대한 2021. 5. 22.부터 다 갚는 날까지 연 10%의 비율에 의한 금원의 후순위 개인회생채권이라고 할 것이므로 주문과 같이 결정한다.

2021. ○. ○.

판사   ○ ○ ○

[양식 41] 채권조사확정재판 결정 2-1(제3채권자 ⇨ 채권자, 채무자: 기각취지)

서 울 회 생 법 원
결   정

사   건   2021개확○○   채권조사확정

제3채권자   오○○ (740101 - *******)
(신 청 인)   서울 ○○구 ○○길 ○○

채 권 자   이○○ (540101 - *******)
(상 대 방)   서울 ○○구 ○○길 ○○

채 무 자   ○○○ (640101 - *******)
(상 대 방)   서울 ○○구 ○○길 ○○

주   문

채권자(상대방)의 채무자(상대방)에 대한 개인회생채권은 2,000만 원 및 이에 대한 2014. 3. 4.부터 2021. 5. 21.까지 연 10%의 비율에 의한 금원의 일반 개인회생채권과 위 2,000만 원에 대한 2021. 5. 22.부터 다 갚는 날까지 연 10%의 비율에 의한 금원의 후순위 개인회생채권임을 확정한다.

신 청 취 지

채권자(상대방, 이하 채권자라 한다)의 채무자(상대방, 이하 채무자라 한다)에 대한 개인회생채권은 1,000만 원 및 이에 대한 2014. 3. 4.부터 2021. 5. 21.까지 연 10%의 비율에 의한 금원의 일반 개인회생채권과 위 1,000만 원에 대한 2021. 5. 22.부터 다 갚는 날까지 연 10%의 비율에 의한 금원의 후순위 개인회생채권임을 확정한다.

이   유

1. 소갑 제1, 2호증의 각 기재 및 이 법원의 제3채권자(신청인, 이하 제3채권자라 한다), 채무자, 채권자에 대한 심문결과를 종합하면 다음과 같은 사실이 소명된다.

   가. 채무자는 2021. 4. 25. 이 법원 2021개회○○호로 개인회생절차의 개시를 신청하였고, 아울러 개인회생채권자목록에 채권자의 채권의 원인을 '2012. 3. 3.자 차용금 3,000만 원,' 채권의 내용을 '2,000만 원 및 이에 대한 2014. 3. 4.부터 다 갚는 날까지 연 10%의 비율에 의한 금원(단 개인회생절차개시결정일 이후의 이자, 지연손해금은 후순위 개인회생채권임)'이라고 기재하였다.

   나. 이 법원은 2021. 5. 22. 채무자에 대하여 개인회생절차개시결정을 하면서 위 채권자목록에 대한 이의기간을 2021. 6. 21.까지로 정하여 공고하였고, 제3채권자는 2021. 6. 15. 채무자의 채권자에 대한 채권원금이 1,000만 원에 불과하다는 이유로 이 사건 채권조사확정재판을 신청하였다.

   다. 채권자는 2012. 3. 3. 채무자에게 3,000만 원을 이자는 연 10%, 변제기는 2013. 3. 3.로 정하여 대여하였는데, 2013. 3. 3. 원금 중 1,000만 원을 변제받고, 2014. 3. 3.까지의 이자를 모두 변제받았다.

2. 제3채권자는 이 사건 신청원인으로, 채권자는 2013. 3. 3. 원금 중 2,000만 원을 변제받고, 2014. 3. 3.까지의 이자를 모두 변제받았으므로, 채권자의 채무자에 대한 개인회생채권은 1,000만 원 및 이에 대한 2014. 3. 4.부터 2021. 5. 21.까지 연 10%의 비율에 의한 금원의 일반 개인회생채권과 위 1,000만 원에 대한 2021 5. 22.부터 다 갚는 날까지 연 10%의 비율에 의한 금원의 후순위 개인회생채권이라고 주장하나 이를 인정할 아무런 자료가 없다.

   그렇다면, 채권자의 채무자에 대한 개인회생채권은 개인회생채권자목록에 기재된 바와 같으므로 주문과 같이 결정한다.

2021. ○. ○.

판사   ○ ○ ○

[양식 42] 채권조사확정재판에 대한 이의의 소장 1(채무자⇨채권자: 인용취지 불복)

소　　장

원　　고　　○○○ (640101 - *******)
(채 무 자)
　　　　　　서울 ○○구 ○○길 ○○

피　　고　　최○○ (440101 - *******)
(채 권 자)
　　　　　　서울 ○○구 ○○길 ○○

채권조사확정재판에 대한 이의의 소

청 구 취 지

1. 서울회생법원 2021. ○. ○.자 2021개확○○호 채권조사확정재판을 다음과 같이 변경한다.

　　피고(채권자)의 원고(채무자)에 대한 개인회생채권은, 27,000,000원 및 이에 대한 2017. 1. 21.부터 2021. 5. 21.까지 연 24%의 비율에 의한 금원의 일반 개인회생채권과 위 27,000,000원에 대한 2021. 5. 22.부터 다 갚는 날까지 연 24%의 비율에 의한 금원의 후순위 개인회생채권임을 확정한다.

2. 소송비용은 피고가 부담한다.

청 구 원 인

1. 원고(채무자, 이하 원고라 한다)는 2016. 10. 21. 피고(채권자, 이하 피고라 한다)로부터 27,000,000원을 이율은 연 24%, 변제기는 2017. 6. 20.로 정하여 차용하였고 그후 원고는 피고에게 위 변제기까지의 이자를 전부 지급하였습니다.

2. 원고는 2021. 4. 25. 이 법원 2021개회○○호로 개인회생절차의 개시를 신청하였고, 아울러 그 개인회생채권자목록에 피고에 대한 채권의 원인을 '2016. 10. 21.자 금 2,700만 원 신용대출,' 채권의 내용을 '원금 2,700만 원 및 이에 대한 2017. 1. 21.부터 다 갚는 날까지 연 24%의 비율에 의한 금원(단 개인회생절차 개시결정일 이후의 이자, 지연손해금은 후순위 개인회생채권임)'이라고 기재하

였는데, 피고는 2021. 6. 15. 원고에 대한 채권원금이 2,700만 원이 아닌 3,000만 원이라는 이유로 서울회생법원 2021개확○○호로 채권조사확정재판을 신청하였습니다.

3. 한편 서울회생법원은, 위 채권조사확정재판에서 피고의 주장을 받아들여 2021. ○. ○. 피고의 원고에 대한 개인회생채권이 개인회생채권자목록에 기재된 원금 27,000,000원 및 이에 대한 2017. 1. 21.부터의 이자 및 지연손해금(그 중 개시결정일 이후 부분의 이자 및 지연손해금은 후순위 개인회생채권임)이 아닌 원금 30,000,000원 및 이에 대한 2017. 1. 21.부터 개인회생절차개시결정일 전날인 2021. 5. 21.까지 연 24%의 비율에 의한 금원의 일반 개인회생채권과 위 30,000,000원에 대한 2021. 5. 22.부터 다 갚는 날까지 연 24%의 비율에 의한 금원의 후순위 개인회생채권이라는 결정을 하였고, 원고는 위 결정 정본을 2021. ○. ○.에 송달받았습니다.

4. 그러나 원고는 위 채권조사확정재판에 불복이므로, 귀 법원에 청구취지 기재 판결을 구하기 위하여 채무자 회생 및 파산에 관한 법률 제605조 제1항에 의하여 채권조사확정재판에 대한 이의의 소를 제기합니다.

2021. ○. ○.

원고(채무자)   ○○○   (인)

입 증 방 법

1.
2.

첨 부 서 류

1.
2.

서울회생법원 귀중

[양식 43] 채권조사확정재판에 대한 이의의 소장 1-1(채권자⇨채무자: 기각취지 불복)

소 장

원 고 (채 권 자)	최○○ (440101 - *******) 서울 ○○구 ○○길 ○○
피 고 (채 무 자)	○○○ (640101 - *******) 서울 ○○구 ○○길 ○○

채권조사확정재판에 대한 이의의 소

청 구 취 지

1. 서울회생법원 2021. ○. ○.자 2021개확○○호 채권조사확정재판을 다음과 같이 변경한다.

　　원고(채권자)의 피고(채무자)에 대한 개인회생채권은, 30,000,000원 및 이에 대한 2017. 1. 21.부터 2021. 5. 21.까지 연 24%의 비율에 의한 금원의 일반 개인회생채권과 위 30,000,000원에 대한 2021. 5. 22.부터 다 갚는 날까지 연 24%의 비율에 의한 금원의 후순위 개인회생채권임을 확정한다.

2. 소송비용은 피고가 부담한다.

청 구 원 인

1. 피고(채무자, 이하 피고라 한다)는 2016. 10. 21. 원고(채권자, 이하 원고라 한다)로부터 30,000,000원을 이율은 연 24%, 변제기는 2017. 1. 20.로 정하여 차용하였는데, 당시 위 변제기까지의 선이자 및 수수료 300만 원을 공제한 후 변제기일에 3,000만 원을 상환하기로 약정하였습니다.

2. 피고는 2021. 4. 25. 이 법원 2021개회○○호로 개인회생절차의 개시를 신청하였는데, 그 개인회생채권자목록에 원고에 대한 채권의 원인을 '2016. 10. 21.자 2,700만 원 신용대출,' 채권의 내용을 '원금 2,700만 원 및 이에 대한 2017. 1. 21.부터 다 갚는 날까지 연 24%의 비율에 의한 금원(단 개인회생절차개시 결정일 이후의 이자, 지연손해금은 후순위 개인회생채권임)'이라고 기재하였

고, 이에 원고는 2021. 6. 15. 피고에 대한 채권원금이 2,700만 원이 아닌 3,000만 원이라는 이유로 서울회생법원 2021개확○○호로 채권조사확정재판을 신청하였습니다.

3. 한편 서울회생법원은, 위 채권조사확정재판에서 2021. ○. ○. 원고는 피고에 대하여 위 개인회생채권자목록에 기재된 것과 같은 내용의 채권을 갖는다는 취지의 결정을 하였고, 원고는 위 결정 정본을 2021. ○. ○.에 송달받았습니다.

4. 그러나 원고는 위 채권조사확정재판에 불복이므로, 귀 법원에 청구취지 기재 판결을 구하기 위하여 채무자 회생 및 파산에 관한 법률 제605조 제1항에 의하여 채권조사확정재판에 대한 이의의 소를 제기합니다.

2021. ○. ○.

원고(채권자)   최○○   (인)

입 증 방 법

1.
2.

첨 부 서 류

1.
2.

서울회생법원 귀중

[양식 44] 채권조사확정재판에 대한 이의의 소장 2(채권자⇨제3채권자, 채무자: 인용취지불복)

소　　장

원　　고　　　　이○○ (540101 - *******)
(채 권 자)　　　서울 ○○구 ○○길 ○○

피　　고　　　　○○○ (640101 - *******)
(채 무 자)　　　서울 ○○구 ○○길 ○○

피　　고　　　　오○○ (740101 - *******)
(제3채권자)　　서울 ○○구 ○○길 ○○

채권조사확정재판에 대한 이의의 소

청 구 취 지

1. 서울회생법원 2021. ○. ○.자 2021개확○○호 채권조사확정재판을 다음과 같이 변경한다.

　　원고(채권자)의 피고(채무자)에 대한 개인회생채권은 2,000만 원 및 이에 대한 2014. 3. 4.부터 2021. 5. 21.까지 연 10%의 비율에 의한 금원의 일반 개인회생채권과 위 2,000만 원에 대한 2021. 5. 22.부터 다 갚는 날까지 연 10%의 비율에 의한 금원의 후순위 개인회생채권임을 확정한다.

2. 소송비용은 피고들이 부담한다.

청 구 원 인

1. 피고(채무자)는 2021. 4. 25. 이 법원 2021개회○○호로 개인회생절차의 개시를 신청하였고, 아울러 개인회생채권자목록에 원고(채권자, 이하 원고라 한다)의 채권의 원인을 '2012. 3. 3.자 차용금 3,000만 원,' 채권의 내용을 '2,000만 원 및 이에 대한 2014. 3. 4.부터 다 갚는 날까지 연 10%의 비율에 의한 금원(단 개인회생절차개시결정일 이후의 이자, 지연손해금은 후순위 개인회생채권임)'이라고 기재하였고, 위 기재는 정확합니다.

2. 서울회생법원은 2021. 5. 22. 피고(채무자)에 대하여 개인회생절차개시결정을 하면서 위 채권자목록에 대한 이의기간을 2021. 6. 21.까지로 정하여 공고하였고, 피고(제3채권자)는 2021. 6. 15. 원고의 피고(채무자)에 대한 채권원금이 1,000만 원에 불과하다는 이유로 채권조사확정재판을 신청하였습니다.

3. 그런데, 서울회생법원은 2021. ○. ○. 피고(제3채권자)의 주장을 받아들여 원고의 피고(채무자)에 대한 개인회생채권은 1,000만 원 및 이에 대한 2014. 3. 4.부터 2021. 5. 21.까지 연 10%의 비율에 의한 금원의 일반 개인회생채권과 위 금 1,000만 원에 대한 2021. 5. 22.부터 다 갚는 날까지 연 10%의 비율에 의한 금원의 후순위 개인회생채권임을 확정한다는 결정을 하였고, 원고는 위 결정을 2021. ○. ○. 송달받았습니다.

4. 그러나 원고는 위 채권조사확정재판에 불복하므로 귀 법원에 채무자 회생 및 파산에 관한 법률 제605조 제1항에 의하여 위 채권조사확정재판에 대한 이의의 소를 제기합니다.

2021. ○. ○.

원고   이○○   (인)

입 증 방 법

1.
2.

첨 부 서 류

1.
2.

서울회생법원 귀중

[양식 45] 채권조사확정재판에 대한 이의의 소장 2-1(제3채권자⇨채권자: 기각취지 불복)

소 장

원   고   오○○ (740101 - *******)
(제3채권자)
              서울 ○○구 ○○길 ○○

피   고   이○○ (540101 - *******)
(채 권 자)
              서울 ○○구 ○○길 ○○

채권조사확정재판에 대한 이의의 소

청 구 취 지

1. 서울회생법원 2021. ○. ○.자 2021개확○○호 채권조사확정재판을 다음과 같이 변경한다.

    피고(채권자)의 채무자 ○○○에 대한 개인회생채권은 1,000만 원 및 이에 대한 2014. 3. 4.부터 2021. 5. 21.까지 연 10%의 비율에 의한 금원의 일반 개인회생채권과 위 1,000만 원에 대한 2021. 5. 22.부터 다 갚는 날까지 연 10%의 비율에 의한 금원의 후순위 개인회생채권임을 확정한다.
2. 소송비용은 피고가 부담한다.

청 구 원 인

1. 채무자 ○○○은 2021. 4. 25. 이 법원 2021개회○○호로 개인회생절차의 개시를 신청하였고, 아울러 개인회생채권자목록에 피고(채권자, 이하 피고라 한다)의 채권의 원인을 '2012. 3. 3.자 차용금 3,000만 원,' 채권의 내용을 '2,000만 원 및 이에 대한 2014. 3. 4.부터 다 갚는 날까지 연 10%의 비율에 의한 금원(단 개인회생절차개시결정일 이후의 이자, 지연손해금은 후순위 개인회생채권임)'이라고 기재하였습니다.
2. 그러나 ○○○은 2013. 2.경 원고(제3채권자, 이하 원고라 한다)로부터 2천만 원을 차용하여 2013. 3. 3.경 피고의 채권 원금 3,000만 원 중 2,000만 원을 변제하고, 이자는 2014. 3. 3.까지분을 완제하였습니다. 따라서 피고의 ○○○에

대한 개인회생채권은, 1,000만 원 및 이에 대한 2014. 3. 4.부터 2021. 5. 21.까지 연 10%의 비율에 의한 금원의 일반 개인회생채권과 위 1,000만 원에 대한 2021. 5. 22.부터 다 갚는 날까지 연 10%의 비율에 의한 금원의 후순위 개인회생채권밖에 없습니다.

3. 서울회생법원은 2021. 5. 22. ○○○에 대하여 개인회생절차개시결정을 하면서 위 채권자목록에 대한 이의기간을 2021. 6. 21.까지로 정하여 공고하였고, 원고는 2021. 6. 15. ○○○의 피고에 대한 채권원금이 1,000만 원에 불과하다는 이유로 채권조사확정재판을 신청하였습니다.

   그런데, 서울회생법원은 2021. ○. ○. 피고의 ○○○에 대한 개인회생채권은 2,000만 원 및 이에 대한 2014. 3. 4.부터 2021. 5. 21.까지 연 10%의 비율에 의한 금원의 일반 개인회생채권과 위 2,000만 원에 대한 2021. 5. 22.부터 다 갚는 날까지 연 10%의 비율에 의한 금원의 후순위 개인회생채권임을 확정한다는 결정을 하였고, 원고는 위 결정을 2021. ○. ○. 송달받았습니다.

4. 그러나 원고는 위 채권조사확정재판에 불복하므로 귀 법원에 채무자 회생 및 파산에 관한 법률 제605조 제1항에 의하여 위 채권조사확정재판에 대한 이의의 소를 제기합니다.

2021. ○. ○.

원고   오○○   (인)

입 증 방 법

1.
2.

첨 부 서 류

1.
2.

서울회생법원 귀중

[양식 46] 채권조사확정재판에 대한 이의의 소 판결 주문기재례 1(채무자와 채권자 사이)

주 문 기 재 례

(원고: 채무자, 피고: 채권자 / 조사확정재판에서 채권자 주장 인정: 이의의 소에서 이를 취소)

1. 서울회생법원 2021. ○. ○.자 2021개확○○호 채권조사확정재판을 다음과 같이 변경한다.

　　피고(채권자)의 원고(채무자)에 대한 개인회생채권은, 27,000,000원 및 이에 대한 2017. 1. 21.부터 2021. 5. 21.까지 연 24%의 비율에 의한 금원의 일반 개인회생채권과 위 7,000,000원에 대한 2021. 5. 22.부터 다 갚는 날까지 연 24%의 비율에 의한 금원의 후순위 개인회생채권임을 확정한다.

2. 소송비용은 피고(채권자)가 부담한다.

(원고: 채권자, 피고: 채무자 / 조사확정재판에서 채무자 주장 인정: 이의의 소에서 이를 일부 변경)

1. 서울회생법원 2021. ○. ○.자 2021개확○○호 채권조사확정재판을 다음과 같이 변경한다.

　　원고(채권자)의 피고(채무자)에 대한 개인회생채권은, 28,000,000원 및 이에 대한 2017. 1. 21.부터 2021. 5. 21.까지 연 24%의 비율에 의한 금원의 일반 개인회생채권과 위 28,000,000원에 대한 2021. 5. 22.부터 다 갚는 날까지 연 24%의 비율에 의한 금원의 후순위 개인회생채권임을 확정한다.

2. 소송비용 중 1/3은 원고(채권자)가, 나머지는 피고(채무자)가 각 부담한다.

(원고: 채권자, 피고: 채무자 / 조사확정재판에서 채무자 주장 인정: 이의의 소에서 이를 유지)

1. 서울회생법원 2021. ○. ○.자 2021개확○○호 채권조사확정재판을 인가한다.

2. 소송비용은 원고(채권자)가 부담한다.

[양식 47] 채권조사확정재판에 대한 이의의 소 판결 주문기재례 2(채권자와 제3채권자, 채무자 사이)

주 문 기 재 례

(원고: 채권자, 피고: 제3채권자, 채무자 / 조사확정재판에서 제3채권자 주장 인정: 이의의 소에서 이를 유지)

1. 서울회생법원 2021. ○. ○.자 2021개확○○호 채권조사확정재판을 인가한다.
2. 소송비용은 원고(채권자)가 부담한다.

(원고: 채권자, 피고: 제3채권자, 채무자 / 조사확정재판에서 제3채권자 주장 인정: 이의의 소에서 이를 취소)

1. 서울회생법원 2021. ○. ○.자 2021개확○○호 채권조사확정재판을 다음과 같이 변경한다.
   원고(채권자)의 피고(채무자)에 대한 개인회생채권은 2,000만 원 및 이에 대한 2014. 3. 4.부터 2021. 5. 21.까지 연 10%의 비율에 의한 금원의 일반 개인회생채권과 위 2,000만 원에 대한 2021. 5. 22.부터 다 갚는 날까지 연 10%의 비율에 의한 금원의 후순위 개인회생채권임을 확정한다.
2. 소송비용은 피고들(채무자, 제3채권자)이 부담한다.

(원고: 제3채권자, 피고: 채권자 / 조사확정재판에서 채권자 주장 인정: 이의의 소에서 이를 유지)

1. 서울회생법원 2021. ○. ○.자 2021개확○○호 채권조사확정재판을 인가한다.
2. 소송비용은 원고(제3채권자)가 부담한다.

(원고: 제3채권자, 피고: 채권자 / 조사확정재판에서 채권자 주장 인정: 이의의 소에서 이를 취소)

1. 서울회생법원 2021. ○. ○.자 2021개확○○호 채권조사확정재판을 다음과 같이 변경한다.
   피고(채권자)의 채무자 ○○○에 대한 개인회생채권은 1,000만 원 및 이에 대한 2014. 3. 4.부터 2021. 5. 21.까지 연 10%의 비율에 의한 금원의 일반 개인회생채권과 위 1,000만 원에 대한 2021. 5. 22.부터 다 갚는 날까지 연 10%의 비율에 의한 금원의 후순위 개인회생채권임을 확정한다.
2. 소송비용은 피고(채권자)가 부담한다.

[양식 48] 채권조사확정재판에 대한 이의의 소 소가결정

서 울 회 생 법 원
결   정

사   건   2021개회○○   개인회생
소가결정신청인   최 ○ ○
                서울 ○○구 ○○길 ○○
채   무   자   ○○○ (640101-1234567)
                서울 서초구 ○○길 ○○

주   문

소가결정 신청인의 채무자에 대한 이 법원 ○○가단○○호 채권조사확정재판에 대한 이의의 소의 목적물의 가액을 ○○○원으로 정한다.

이   유

채무자 회생 및 파산에 관한 법률 제609조에 의하여 주문과 같이 결정한다.

2021. ○. ○.

판사   ○ ○ ○

[양식 49] 개인회생채권자표

개인회생채권자표

사　　건 : 2021개회○○　개인회생

채 무 자 : ○○○

　　　　　　서울회생법원 제○회생단독 법원주사(보) ○○○ 작성

1. 이의기간 안에 채권조사확정재판을 신청하지 아니하여 확정된 채권

채권자의 성명 및 주소, 채권의 원인 및 내용	법원주사(보) 날인
별지 개인회생채권자목록 기재와 같다. 다만 같은 목록 중 채권번호 4는 제외한다.	20 ． ． ． 날인

2. 개인회생채권의 확정에 관한 소송결과 등

채권 번호	채권자	확정소송	소송결과 등	법원주사(보) 날인
4	(주) A 카드	2021개확○○ 채권조사확정 재판	3,000,000원 및 이에 대한 2017. 1. 21.부터 2021. 5. 21.까지 연 24%의 비율로 계산한 금원의 일반개인회생채권과 위 금원에 대하여 2021. 5. 22.부터 다 갚는 날까지 연 24%의 비율로 계산한 금원의 후순위 개인회생채권	20 ． ． ． 날인
		2021가단○○ 확정재판에 대한 이의	위와 같음 (2021. 7. 10. 확정됨).	20 ． ． ． 날인

☞ 제3채권자가 다른 채권자를 상대로 채권조사확정재판을 신청한 경우에는 '소송결과 등'란에 제3채권자의 이름, 다투는 금액, 다툼이 없는 금액, 차이가 나는 부분, 다툼의 원인을 미리 기재하여 두어야 이를 근거로 채무자는 수정된 변제계획안을 작성하고 법원에서도 변제계획 인가시 참고할 수 있습니다.

3. 개인회생채권의 변동 내역

신청일	채권 번호	채권자	변경후 채권자	변경사유	법원주사(보) 날인
2021. ○. ○.	4	(주)B은행	○○유동화전 문유한회사	2021. ○. ○. 채권양도	20 . . . 날인
2021. ○. ○.	7	(주)C은행	(주)C은행 ○○보증기금	2021. ○. ○. 일부(85%) 보증인 대위변제	20 . . . 날인
2021. ○. ○.	10	(주)D은행	동일함	2021. ○. ○. ○○원 상계처리	20 . . . 날인

[양식 50] 개인회생채권자집회조서(법원이 직접 지휘하는 경우)

서 울 회 생 법 원
개인회생채권자집회조서

2021개회○○   개인회생

판   사   ○○○

기 일 : 2021. ○. ○. ○:○

장 소 : 서울법원종합청사 ○별관

제○호 법정

공개여부 : 비 공 개

법원주사(보)   ○○○

사건과 당사자를 부름

채무자 ○○○   출석

대리인 변호사 ○○○   불출석

제○회생위원 ○○○   출석

개인회생채권자의 출석사항은 별첨 "출석현황표"의 기재와 같음.

판사

1. 2021개회○○ 채무자 ○○○에 대한 개인회생채권자집회를 개회합니다.

2. 우선, 오늘 진행하는 절차에 관하여 간단히 설명드리겠습니다.

   먼저 채무자가 2021. ○. ○. 이 법원에 제출한 변제계획안(또는 2021. ○. ○. 이 법원에 제출한 변제계획안 수정안)에 대하여 채무자로부터 설명을 듣습니다. 개인회생채권자 여러분께서는 변제계획안에 의문이 있을 경우에는 자유롭게 의견을 진술하실 수 있고 이에 대하여 채무자의 답변을 듣게 됩니다.

   다음으로, 개인회생채권자 여러분 및 회생위원에게 채무자가 제출한 변제계획안에 대하여 이의 여부를 묻는 절차를 진행합니다. 개인회생채권자 또는 회생위원의 이의진술이 없는 경우에는 채무자 회생 및 파산에 관한 법률 제614조 제1항 각 호의 요건이 충족되는 한 이 법원은 변제계획인가결정을 내리게 됩니다. 개인회생채권자 또는 회생위원이 이의를 진술하는 때에는 채무자 회생 및 파산에 관한 법률 제614조 제1항의 요건 외에 같은 법 제614조 제2항 각 호의 요건까지 구비하고 있는 때에 한하여 이 법원은 변제계획인가결정을 내리게 됩니다.

3. 채무자에게, 변제계획안에 대하여 설명을 하지 아니하거나 허위의 설명을 한 때에는 채무자 회생 및 파산에 관한 법률 제620조 제2항에 의하여 개인회생절차폐지의 사유가 된다고 고지한 후, 채무자에게 변제계획안에 관하여 설명할 것을 명.

채무자

별첨 "변제계획안"의 기재와 같이 변제계획에 관하여 설명.

판사

개인회생채권자들에게 채무자가 제출한 변제계획안에 관하여 의문이 있으면 의견을 진술할 것을 요구.

개인회생채권자 주식회사 ○○은행의 대리인 ○○○

......

판사

채무자에게 답변할 것을 명.

채무자

......

나머지 개인회생채권자들

별다른 의견을 진술하지 아니하다.

판사

회생위원 및 개인회생채권자에게 변제계획안에 관하여 이의가 있으면 진술할 것을 요구.

회생위원

......

개인회생채권자 주식회사 ○○은행의 대리인 ○○○

......

(개인회생채권자 ○○○의 이의진술서 진술간주)

나머지 개인회생채권자들

별다른 이의를 진술하지 아니하다.

[(인부결정을 같이 선고하는 경우)

판사

별지 인가결정문에 의하여 이 사건 변제계획의 인가결정을 선고.]

판사

　이것으로써 2021개회○○　채무자　○○○에　대한　개인회생채권자집회기일을
모두 마치겠습니다.

집회종료

　　　　　　　　　　　　　　　　　법원주사(보)　　○○○
　　　　　　　　　　　　　　　　　판　　　　　사　　○○○

[양식 51] 회생위원의 채권자집회결과 등 보고서(회생위원이 채권자집회를 진행하는 경우)

회생위원 집회결과 등 보고서

1. 사건의 표시

사건번호 : 2021개회○○

신청인(채무자) : ○○○

2. 개인회생채권자집회의 진행

가. 개인회생채권자집회의 기일 : 2021. 7. 5.(금요일) 14:00

나. 개인회생채권자집회의 장소 : 서울회생법원 제○호 법정

다. 개인회생채권자집회 진행 회생위원 : 제○회생위원 ○○○

라. 출석사항

구 분	이 름	출 석	불출석
채무자	○○○	○	
채무자대리인	변호사 ○○○	○	
채권자	주식회사 ○○은행		○
	○○상호저축은행 주식회사의 대리인 ○○○	○	
	○○ 크레디트 주식회사의 대리인 ○○○	○	

마. 주요 내용

(1) 회생위원 : 채무자에게 변제계획안에 대하여 설명을 하지 아니하거나 허위의 설명을 한 때에는 채무자 회생 및 파산에 관한 법률(이하 법이라고 한다) 제620조 제2항에 의하여 개인회생절차폐지의 사유가 된다고 고지한 후, 채무자에게 변제계획안에 관하여 설명할 것을 명.

(2) 채무자 : 2021. 6. 8. 수정 제출한 변제계획안의 기재와 같이 변제계획에 관하여 설명.

(3) 회생위원 : 개인회생채권자들에게 채무자가 제출한 변제계획안에 관하여 의문이 있으면 의견을 진술할 것을 요구.

(4) 채권자 ○○○ 진술

[채권자 ○○상호저축은행 주식회사의 대리인 ○○○ : 원금만을 기준으로 변제예정액을 산정한 것은 공정하지 아니하고 형평에 맞지 아니하므로, 원금에 개시결정일까지의 이자 및 지연손해금을 더한 원리금을

기준으로 변제예정액을 산정하여야 한다는 내용의 이의를 진술]

(개인회생채권자 ○○○의 이의진술서 진술간주)

(5) 나머지 개인회생채권자들

별다른 이의를 진술하지 아니하다.

(6) 회생위원 : 변제계획안 인가 여부에 대하여는 가까운 시일 내에 법원에서 인가요건을 검토한 후 선고할 것이라는 취지를 설명하고, 이것으로써 2021개회○○ 채무자 ○○○에 대한 개인회생채권자집회기일을 모두 마치겠다고 고지.

3. 채무자의 소득 및 가용소득 적립 여부

가. 채무자의 소득은 개시신청서에 첨부한 '채무자의 수입 및 지출에 관한 목록' 기재 수입과 같다.

나. 채무자는 2021. 5. 28.부터 2021. 6. 28.까지 2개월에 걸쳐서 매월 28. 가용소득 483,334원을 적립하여, 총 966,668원을 적립하였다.

4. 채무자의 재산 및 청산가치

가. 채무자의 재산(개시결정일인 2019. 5. 22. 기준)

개시신청서에 첨부한 재산목록 중 (2)항 부분이 아래와 같이 변동된 것을 제외하고는 위 재산목록 기재와 같다.

[위 재산목록 중 국민은행 서초지점의 예금이 250,000원 감소하여 200,000원이 되었고, 예금 총액은 650,000원에서 400,000원으로 되었으며, 총 재산 합계는 9,650,000원이 되었다.]

나. 청산가치

개인회생채권자들이 채무자가 파산하는 때에 배당받을 총액은 9,650,000원이다.

5. 변제계획 인가요건 충족 여부

가. 법 제614조 제1항 제4호 관련

개인회생채권에 대한 36개월간의 총변제액이 17,400,024원으로서 그 현재평가액이 채무자가 파산하는 때에 배당받을 총액 9,650,000원보다 적지 아니하다.

나. 법 제614조 제2항 관련

(1) 제1호 관련

이의를 진술하는 개인회생채권자 ○○상호저축은행 주식회사에 대한 36개월간의 총변제액이 5,354,856원으로서 그 현재평가액이 채무자가 파산하는 때에 ○○상호저축은행 주식회사가 배당받을 총액 3,284,118원(채권자들이 배당받을 총액 9,650,000원을 채권자들의 원리금비율에 따라 안분한 액)보다 적지 아니하다.

(2) 제2호 관련

채무자가 최초의 변제일부터 변제계획에서 정한 변제기간 동안 수령할 수 있는 가용소득의 합계는 17,400,024원이고 변제총액은 17,400,024원이어서 가용소득의 전부가 변제계획에 따른 변제에 제공된다.

(3) 제3호 관련

채무자가 최초의 변제일부터 변제계획에서 정한 변제기간 동안 변제하는 총변제예정액이 법 제614조 제2항 제3호의 기준에 따른 최저변제액보다 적지 아니하다.

6. 결론 : 채무자가 제출한 변제계획안은 법 제614조 제1항 제4호 및 제2항 각 호의 요건을 충족합니다.

20○○. ○. ○

제○회생위원 ○○○ (인)

서울회생법원 제○회생단독판사 귀중

[양식 52] 변제계획인가결정

서 울 회 생 법 원
결   정

사 건   2021개회○○   개인회생
채 무 자   ○○○ (640101-1234567)
            서울 서초구 ○○길 ○○

주   문

별지 변제계획을 인가한다.
(별지 목록 기재 부동산에 대하여 개인회생채권에 기하여 한 강제집행, 가압류 또는 가처분은 채무자 회생 및 파산에 관한 법률 제615조 제3항에 불구하고 변제계획에서 정한 바에 따라 그 효력을 잃는다.)

이   유

채무자 회생 및 파산에 관한 법률 제614조(제615조 제3항 단서)에 의하여 주문과 같이 결정한다.

2021. ○. ○.

판사   ○   ○   ○

[양식 53] 변제계획인가결정 공고

변제계획 인가결정 공고

사   건   2021개회○○   개인회생
채 무 자   ○○○ (1964. 1. 1.생)
                 서울 서초구 ○○길 ○○

이 법원은 2021. ○. ○. 위 채무자의 변제계획을 인가하였으므로 다음과 같이 공
고한다.

다   음

1. 변제계획 인가결정의 주문 및 이유의 요지
   이 사건 변제계획을 채무자 회생 및 파산에 관한 법률 제614조에 의하여 인
   가한다.
2. 변제계획의 요지
   가. 변제율 : 일반개인회생채권 원금의 ○○% 상당
   나. 변제기간 : ○년

       ....

2021. ○. ○.

서울회생법원
판사   ○   ○   ○

[양식 54] 변제계획 수행정지 결정(변제계획인가결정에 대한 항고시)

서 울 회 생 법 원
결   정

사   건   2021개회○○   개인회생

채 무 자   ○○○ (640101-1234567)

　　　　　　서울 서초구 ○○길 ○○

신청인(항고인)   ○○○

　　　　　　서울 ○○구 ○○길 ○○

주   문

신청인의 항고에 대한 결정이 있을 때까지 이 사건 변제계획(변제계획 중 ·······
의 조항)의 수행을 정지한다.

이   유

변제계획의 수행으로 생길 회복할 수 없는 손해를 예방하기 위하여 긴급한 필요
가 있음이 소명되므로, 항고인의 신청에 의하여 (담보로 ○○원을 공탁하게 하
는 것을 조건으로) 채무자 회생 및 파산에 관한 법률 제618조 제2항, 제247조
제3항을 적용하여 주문과 같이 결정한다.

2021. ○. ○.

판사   ○ ○ ○

[양식 55] 회생위원의 변제예정액표 수정에 관한 보고

제   회생위원 변제예정액표 수정에 관한 보고

사   건 : 2021개회○○
채 무 자 : ○ ○ ○

  위 사건에 관하여 귀 법원이 2021. ○. ○. 인가한 변제계획의 변제예정액표의 내용에 다음과 같은 수정사유가 발생하였으므로 별지 수정된 변제예정액표를 첨부하여 보고합니다.

다   음

1. 수정원인 : 제○번 채권자 ○○○가 제기한 채권조사확정재판의 확정(20 . . . 확정)
2. 수정내용 : 제○번 채권자의 유보금액 ○○원 중 채권조사확정재판에서 확정된 금액 ○○원과 부존재하는 것으로 확정된 금액 ○○원에 관하여 채무자의 변제계획안 제7항 나의 (2)에 따라 변제예정액표를 수정

2021.   .   .

제   회생위원 ○○○ (인)

첨부서류

1. 인가받은 변제계획 사본 1통
2. 수정된 변제예정액표 1통
3. 채권조사확정 결정문 사본 1통

서울회생법원   제   회생단독판사 귀중

[양식 56] 변제계획 변경안 제출서

변제계획 변경안 제출서

사　　건　　20　개회　　　　개인회생
채 무 자　　　○　　○　　○
대 리 인　　변호사　○　○　○

　채무자는 다음과 같은 변제계획의 변경사유가 발생하여 별지와 같이 변제계획변경안을 제출하니 인가하여 주시기 바랍니다.

다　　음

　채무자는 2020. ○. ○. 변제계획을 인가받을 당시 월 평균 수입이 ○○원이고 그 중 생계비 등을 공제한 월평균 가용소득 ○○원을 변제에 제공할 것으로 변제계획의 인가를 받은 후 ○년여동안 성실히 변제계획대로 수행하여 왔습니다.
　그러나 최근 채무자는 계속되는 경기의 침체로 인한 회사 재무사정의 악화로 급여가 삭감되어 월 평균수입이 ○○원이 되었고 생계비 등을 공제할 경우 월 평균 가용소득이 ○○원으로 감소되었습니다. ------ 중 략 ------ 따라서 감소된 가용소득을 기초로 하여 새로 작성한 별지 변제계획 변경안을 인가받고자 합니다.

20　　.　　.　　.

채무자　○　○　○
대리인 변호사　○　○　○　(인)

첨 부 서 류

1. 최근 6개월간 급여명세서 사본 1통
2. 수입 및 지출에 관한 목록 1통
3. 진술서 1통
4. 변제계획 변경안 1통

서울회생법원 귀중

[양식 57] 변제계획불인가결정

서 울 회 생 법 원
결   정

사   건   2021개회○○   개인회생

채 무 자   ○○○ (640101-1234567)

　　　　　　 서울 서초구 ○○길 ○○

주   문

별지 변제계획안을 인가하지 아니한다.

이   유

이 사건 변제계획안은 채무자 회생 및 파산에 관한 법률 제614조 제1항 제○호의 요건을 충족하지 못한 경우에 해당하여(이 사건 변제계획안은 채무자 회생 및 파산에 관한 법률 제614조 제1항 단서에 따라 / 이 사건 변제계획안은 채무자 회생 및 파산에 관한 법률 제614조 제1항 제○호 및 제2항 제○호의 요건을 충족하지 못한 경우에 해당하여) 이를 인가할 수 없으므로, 주문과 같이 결정한다.

2021. ○. ○.

판사   ○ ○ ○

[양식 57-1] 변제계획불인가결정 공고

변제계획불인가결정 공고

사　　　건　　2021개회○○　　개인회생
채　무　자　　○○○ (1964. 1. 1.생)
　　　　　　　서울 서초구 ○○길 ○○

이 법원은 2021. ○. ○. 위 채무자의 변제계획을 불인가하였으므로 다음과 같이 공고한다.

다　　　음

1. 변제계획 불인가결정의 주문
   이 사건 변제계획을 인가하지 아니한다.
2. 변제계획 불인가결정의 이유의 요지
   채무자 회생 및 파산에 관한 법률 제614조

2021. ○. ○.

서울회생법원

판사　　　○　　○　　○

[양식 58] 개인회생절차폐지결정(변제계획불인가결정 확정시)

서 울 회 생 법 원
결   정

사   건   2021개회○○   개인회생

채 무 자   ○○○ (640101-1234567)

　　　　　　　　서울 서초구 ○○길 ○○

주   문

이 사건 개인회생절차를 폐지한다.

이   유

이 사건 변제계획안은 인가되지 아니하였으므로, 채무자 회생 및 파산에 관한 법률 제620조 제1항에 의하여 주문과 같이 결정한다.

2021. ○. ○.

판사   ○ ○ ○

[양식 58-1] 개인회생절차폐지결정(변제계획불인가결정 없이 폐지하는 경우)

서 울 회 생 법 원
결   정

사   건   2021개회○○   개인회생
채 무 자   ○○○ (640101-1234567)
            서울 서초구 ○○길 ○○

주   문

이 사건 개인회생절차를 폐지한다.

이   유

이 사건 채무자가 신청권자의 자격을 갖추지 아니한 것이 명백하므로(채무자가
신청일 전 5년 이내에 면책을 받은 사실이 있으므로 / 변제계획안을 인가할 수
없으므로), 채무자 회생 및 파산에 관한 법률 제620조 제1항에 의하여 주문과
같이 결정한다.

2021. ○. ○.

판사   ○ ○ ○

[양식 59] 개인회생절차폐지결정(채무자의 서류제출의무, 집회출석/설명의무 불이행시)

서 울 회 생 법 원
결   정

사   건   2021개회○○   개인회생
채 무 자   ○○○ (640101-1234567)
           서울 서초구 ○○길 ○○

주   문

이 사건 개인회생절차를 폐지한다.

이   유

채무자가 정당한 사유 없이 개인회생채권자집회에 출석하지 아니하였으므로(첨부서류를 제출하지 않거나 허위로 작성하여 제출하거나 제출기한을 준수하지 아니하였으므로 / 정당한 사유 없이 개인회생채권자집회에서 변제계획에 관한 필요한 설명을 하지 아니하였으므로 / 개인회생채권자집회에서 변제계획에 관하여 허위의 설명을 하였으므로), 채무자 회생 및 파산에 관한 법률 제620조 제2항에 의하여 주문과 같이 결정한다.

2021. ○. ○.

판사   ○   ○   ○

[양식 60] 항고보증금 공탁명령("불인가결정" 또는 "개인회생절차폐지결정"에 대한 항고시)

서 울 회 생 법 원
결   정

사   건   2021개회○○   개인회생
채 무 자   ○○○ (640101-1234567)
             서울 서초구 ○○길 ○○
항 고 인   ○○○
             서울 ○○구 ○○길 ○○

주   문

항고인은 보증으로 이 결정을 송달받은 날로부터 10일 이내에 금 ○○원을 공탁하여야 한다.

이   유

채무자 회생 및 파산에 관한 법률 제623조 제2항, 제247조 제4항에 의하여 주문과 같이 결정한다.

2021. ○. ○.

판사   ○ ○ ○

[양식 61] 항고장 각하결정("불인가결정" 또는 "개인회생절차폐지결정"에 대한 항고시)

서 울 회 생 법 원
결   정

사   건   2021개회○○   개인회생
채 무 자   ○○○ (640101-1234567)
           서울 서초구 ○○길 ○○
항 고 인   ○○○
           서울 ○○구 ○○길 ○○

주   문

이 사건 항고장을 각하한다.

이   유

이 사건에 대하여 항고인에게 상당한 기간을 정하여 보증금을 공탁할 것을 명하
였으나, 이를 이행하지 아니하므로 채무자 회생 및 파산에 관한 법률 제618조
제2항(제623조 제2항), 제247조 제5항에 의하여 주문과 같이 결정한다.

2021. ○. ○.

판사   ○ ○ ○

[양식 62] 변제계획인가 후 개인회생절차폐지결정

서 울 회 생 법 원
결   정

사   건   2021개회○○   개인회생
채 무 자   ○○○ (640101-1234567)
              서울 서초구 ○○길 ○○

주   문

이 사건 개인회생절차를 폐지한다.

이   유

채무자가 ....하여 인가된 변제계획을 이행할 수 없음이 명백하므로(채무자가 ....
하여 부정한 방법으로 인가된 변제계획을 수행하지 아니하므로 / 채무자에 대한
면책불허가결정이 2021. ○. ○. 확정되었으므로), 채무자 회생 및 파산에 관한 법
률 제621조 제1항에 의하여 주문과 같이 결정한다.

2021. ○. ○.

판사   ○ ○ ○

[양식 63] 개인회생절차폐지결정 공고

개인회생절차폐지결정 공고

사 건   2021개회○○   개인회생

채 무 자   ○○○ (1964. 1. 1.생)

              서울 서초구 ○○길 ○○

   이 법원은 2021. ○. ○. 위 사건에 관하여 개인회생절차폐지결정을 하였으므로 다음과 같이 공고한다.

다   음

1. 개인회생절차폐지결정의 주문

   이 사건 개인회생절차를 폐지한다.

2. 개인회생절차폐지결정의 이유의 요지

   채무자 회생 및 파산에 관한 법률 제620조 제1항(제621조 제1항)

2021. ○. ○

서울회생법원

판사   ○   ○   ○

[양식 64] 회생위원의 채무자 변제계획 불수행에 관한 보고

제   회생위원 변제계획 불수행에 관한 보고

사　건 : 2021개회○○

채무자 : ○　○　○

　위 사건에 관하여 다음과 같이 채무자가 변제계획에 따른 변제액을 납입하지 않고 있고, 그 지체액이 변제액의 3개월분에 달하고 있어 채무자 회생 및 파산에 관한 규칙 제88조 제1항 제4호에 의거 보고합니다.

다　　　음

　1. 지체내역

　　　1) 매월변제예정액 :　　　　원

　　　2) 매월변제예정일 :　　　　일

　　　3) 지체한 납입예정일　　1회 20 .　.　.

　　　　　　　　　　　　　　　2회 20 .　.　.

　　　　　　　　　　　　　　　3회 20 .　.　.

　2. 지체사유

　　　1) 실직 등 소득의 급격한 감소(　　　　)

　　　2) 부양가족의 증가나 의료비 등 생계비 증가(　　　　)

　　　3) 채무자의 절차폐지 희망(　　　　)

　　　4) 연락두절(　　　　)

　　　5) 기타(　　　　　　　　　　)

　3. 변제계획변경 등에 의한 절차의 수행가능성 유무

　　　가능성 있음(　　), 가능성 없음(　　)

2021.　　.　　.

제　회생위원　○○○ (인)

서울회생법원　제　회생단독판사 귀중

[양식 64-1] 금전수지 및 업무보고명령

서 울 회 생 법 원

06594 서울 서초구 서초중앙로 157(서초동) /☎ 000-0000/팩스 000-0000/담당: ○○○ 주사(보)

시행일자 : 2021.   ○.   ○.

수   신 : 채무자 ○○○

제   목 : 금전수지 및 재산상 업무현황에 관한 보고명령

---

1. 채무자 ○○○(1964. 1. 1.생, 주소 : 서울 서초구 ○○길 ○○)에 대한 이 법원 2020개회○○ 개인회생 사건과 관련된 내용입니다.

2. 채무자 회생 및 파산에 관한 법률 제591조에 의하면, 채무자는 법원 또는 회생위원의 요구에 따라 언제든지 금전의 수입과 지출 그 밖의 채무자의 재산상의 업무에 관하여 보고하여야 하며, 법원 또는 회생위원이 필요하다고 인정하는 경우에는 재산상황의 조사, 시정의 요구 기타 적절한 조치를 취할 수 있습니다.

3. 귀하는 2020. ○. ○. 변제계획인가결정을 받았으나, [사유 1. 인가된 변제계획에 따라 변제할 금원을 회생위원에게 임치하지 않고 있어 변제계획이 제대로 수행되지 않고 있습니다.] [사유 2. 채권자로부터 인가된 변제계획에서 예정한 장래소득을 넘는 소득을 채무자가 수령하고 있다는 진정서와 아울러 변제계획의 변경안이 제출되었습니다.]

    따라서 채무자는 별지 '금전수지 및 재산상 업무현황 보고서' 작성요령에 따라 채무자의 금전의 수지상황과 재산상황 및 업무 등에 관한 상세한 보고서(3부)를 작성하여 2021. ○. ○.까지 이 법원 개인회생과에 제출하시기 바랍니다.

※참고 : 만일 채무자가 정당한 사유없이 위 보고서 제출을 거부하거나 보고내용이 허위인 경우에는 채무자 회생 및 파산에 관한 법률 제649조 제5호에 의하여 형사처벌될 수 있고, 동법 제624조 제3항 제2호에 의하여 면책불허가결정이 내려질 수도 있음을 유념하시기 바랍니다.

판 사   ○   ○   ○

<금전수지 및 재산상 업무 현황 보고서 작성요령>

[사유1. 변제계획상의 변제미이행의 경우]

1. 개인회생채무의 변제와 관련하여

① 인가받은 변제조건에 따른 별제권, 재단채권, 우선권 있는 개인회생채권과 일반 개인회
생채권의 변제현황을 보고하되, 실변제금액, 미변제금액, 미변제사유를 기재할 것.

② 개인회생채권 변제계획상의 재산처분계획(처분대상재산내역, 변제기한, 실제매각여부)

③ 변제계획에 따른 변제를 제대로 이행하지 못한 사유

④ 향후 변제계획에 따른 변제의 가능성 및 불가능한 경우의 대책

2. 변제계획인가 이후의 소송, 강제집행에 대하여

① 변제계획인가 이후 채무자가 제소당한 가압류, 가처분 현황

② 변제계획인가 이후 채무자가 제소당한 본안소송, 조사확정재판 및 이의소송 현황

③ 변제계획인가 이후 채무자가 집행당한 동산, 부동산, 채권 기타 재산권에 대한 강제집행,
임의경매 등 현황(주요 영업용 자산에 대한 강제집행은 별도로 표시)

④ 위와 같은 가압류, 가처분, 임의경매 등으로 인하여 채무자의 당초 사업계획이나 급여수
령에 지장을 초래하였는지 여부와 그 대책

[사유2. 예상을 초과한 장래소득이 발생한 경우]

1. 예상을 초과한 장래소득 발생여부에 대하여

① 인가받은 변제계획에서 예정한 가용소득의 산출근거(총수입액 - 생계비 등)

② 위 변제계획 인가 당시 예정하지 못한 장래소득의 발생 유무, 만약 발생하였다면 그 발
생시기 및 소득증가의 구체적 내역

2. 채권자가 채무자의 가용소득에 대하여 이의한 경우

① 채권자가 채무자의 장래소득이 증가하였다고 이의한 경우 그 타당성 여부

② 위 이의한 내용에 대한 채무자의 반박자료 등 소명

[양식 65] 회생위원의 변제계획 완료에 관한 보고

제   회생위원 변제계획 완료에 관한 보고

사 건 : 2018개회 ○○
채무자 : ○ ○ ○

　위 사건에 관하여 귀 법원이 2018. ○. ○. 인가한 변제계획에 대하여 채무자가 그 변제계획에 따른 변제를 완료하였으므로 채무자 회생 및 파산에 관한 규칙 제88조 제1항 제5호에 의거 보고합니다.

다   음

1. 변제완료일 : 20 . . .
2. 면책불허가 사유 : (유, 무)
3. 면책불허가 사유의 구체적 내용 :

2021. . .

제   회생위원 ○○○ (인)

첨부서류

　1. 인가받은 변제계획 사본 1통
　1. 변제계획에 따른 변제내역 사본 1통

서울회생법원   제   회생단독판사 귀중

[양식 65-1] 부칙면책 신청서

면 책 신 청 서

사   건   20 개회   개인회생
신청인(채무자)   이   름 :   (주민등록번호   -   )
                주   소 :
                전화번호 :
                환급계좌 :   은행   지점(계좌번호:)

신 청 취 지

'채무자를 면책한다' 라는 결정을 구합니다.

신 청 원 인

1. 신청인은 위 사건의 채무자로서 귀 법원에서 20_____._____. 변제계획인가결
   정을 받았으며, 변제계획안에 따라 2018. 6. 13.까지 3년 이상 변제계획을 수
   행하였습니다.

2. 이에 채무자 회생 및 파산에 관한 법률(법률 제15158호로 시행된 것) 부칙
   제2조 제1항 단서에 따라 '채무자를 면책한다'라는 결정을 구합니다.

20 .   .   .

신청인(채무자)   (서명 또는 날인)
      (연락처:)

서울회생법원 귀중

※ 환급계좌에는 채무자 본인명의의 은행계좌번호를 기재합니다.
※ 납부할 송달료 : 채권자의 수 × 2회분

[양식 66] 면책결정 1(변제완료시)

서 울 회 생 법 원
결   정

사   건   2018개회○○   개인회생
채 무 자   ○○○ (640101-1234567)
           서울 서초구 ○○길 ○○

주   문

채무자를 면책한다.

이   유

채무자가 변제계획에 따른 변제를 완료하였으므로 채무자 회생 및 파산에 관한 법률 제624조 제1항을 적용하여 채무자의 신청에 의하여(직권으로) 주문과 같이 결정한다.

2021. ○. ○.

판사   ○   ○   ○

[양식 67] 면책결정 2(변제미완료시)

서 울 회 생 법 원
결   정

사   건   2019개회○○   개인회생

채 무 자   ○○○ (640101-1234567)

　　　　　　　서울 서초구 ○○길 ○○

주   문

채무자를 면책한다.

이   유

채무자가 변제계획에 따른 변제를 완료하지 못하였으나, ...(사정)....이므로, 채무자 회생 및 파산에 관한 법률 제624조 제2항을 적용하여 이해관계인의 의견을 듣고 채무자의 신청에 의하여(직권으로) 주문과 같이 결정한다.

2021. ○. ○.

판사   ○ ○ ○

[양식 68] 면책결정 공고

면책결정 공고

사   건   2018개회○○   개인회생
채 무 자   ○○○ (1964. 1. 1.생)
             서울 서초구 ○○길 ○○

이 법원은 2021. ○. ○. 위 사건에 관하여 면책결정을 하였으므로 다음과 같이 공고한다.

다   음

1. 면책결정의 주문
   채무자를 면책한다.
2. 면책결정의 이유의 요지
   채무자 회생 및 파산에 관한 법률 제624조 제1항

2021. ○. ○.

서울중앙지방법원
판사   ○   ○   ○

[양식 69] 구의견서(변제미완료시 면책결정을 하기 전)

서 울 회 생 법 원
의 견 청 취 서

수   신   개인회생채권자목록 참조

사   건   2019개회○○   개인회생

채 무 자   ○○○ (640101-1234567)

                 서울 서초구 ○○길 ○○

1. 이 법원은 위 채무자에 대한 면책 여부의 결정에 앞서 채무자 회생 및 파산
   에 관한 법률 제624조 제2항이 정한 바에 따라 귀하의 의견을 듣고 심리자료
   로 삼고자 합니다.

2. 별지 <채권자 의견> 사항에 관하여 알고 있는 사항을 기재하여 2021. ○. ○.
   까지 서면으로 제출하여 주시고, 부득이한 경우 팩시밀리전송(팩시밀리번호 :
   530-○○○○)의 방법으로 제출하여 주십시오.

2021. ○. ○.

판사   ○ ○ ○

참   고 : 우편물을 보내실 곳(우편물을 보내실 때에는 사건번호를 명시하여 주시기 바랍니다)
          서울 서초구 서초중앙로 157(서초동) 서울회생법원 개인회생과 개인회생사건 담
          당자 앞 (우편번호 06594)

채 권 자 의 견

1. 사건 : 2019개회○○

2. 채무자 : ○○○

3. 귀하의 채권

　　○ 채권의 내용　　□ 대여금　　□ 물품대금　　□ 기타:

　　○ 채권이 발생한 연월일 : (　　　　　　　　　　　)

　　○ 변제계획 인가 당시 채권액수 (　　　　　　　　　　)

4. 채무자로부터 변제계획에 따라,

　　○ 변제받은 금액 : ○○○원

　　○ 변제받지 못한 잔액 : ○○○원

5. 채권의 변제를 받지 못하였다면 그 이유는,

　　□ 채무자가 책임질 수 없는 사유로 인한 것이다.

　　　(구체적 사유기재 :　　　　　　　　　　　　　　　　　　　　　)

　　□ 채무자가 책임져야 할 사유로 인한 것이다.

　　　(구체적 사유기재 :　　　　　　　　　　　　　　　　　　　　　)

　　□ 모르겠다.

6. 채무자로부터 현재까지 변제받은 금액이 채무자가 당초에 개인회생절차를 신청하지 않고 파산하였다면 파산절차에서 배당받았을 금액보다,

　　□ 적다.　　□ 적지 않다.　　□ 모르겠다.

7. 변제계획을 변경하여서라도 채무자로 하여금 나머지 채무를 변제하도록 함이,

　　□ 가능하다.

　　　(희망하는 변경 변제계획의 내용 :　　　　　　　　　　　　)

　　□ 불가능하다.

　　□ 모르겠다.

8. 기타 의견이 있으면 아래 채권자기입란에 기재하여 주십시오.

2021.　○.　○.

채권자　○　○　○　(인)

주소 및 전화번호 :

채권자기입란:

[양식 69-1] 구의견서(부칙면책 신청시)

○ ○ 지 방 법 원

의 견 청 취 서

수   신   개인회생채권자목록 참조
사   건   20○○개회○○   개인회생
채 무 자   ○○○ (640101-1234567)
                 ○○시 ○○구 ○○동 ○○

1. 이 법원은 위 채무자에 대한 면책 여부의 결정에 앞서 **채무자 회생 및 파산에 관한 법률(법률 제15158호로 시행된 것) 부칙 제2조 제1항**이 정한 바에 따라 귀하의 의견을 듣고 심리자료로 삼고자 합니다.
2. 별지 <채권자 의견> 사항에 관하여 알고 있는 사항을 기재하여 20○○. ○. ○.까지 서면으로 제출하여 주시고, 부득이한 경우 팩시밀리전송(팩시밀리번호 : ○○○-○○○○)의 방법으로 제출하여 주십시오.

                  20○○. ○. ○.

                     판사   ○ ○ ○

참   고 : 우편물을 보내실 곳(우편물을 보내실 때에는 사건번호를 명시하여 주시기 바랍니다)
          ○○시 ○○구 ○○동 ○○ ○○지방법원 개인회생사건 담당자 앞 우편번호 (000-000)

채 권 자 의 견

1. 사건 : 20○○개회○○

2. 채무자 : ○○○

3. 귀하의 채권
   - 채권의 내용   □ 대여금 □ 물품대금 □ 기타:
   - 채권이 발생한 연월일 : (   )
   - 변제계획 인가 당시 채권액수 (   )

4. 채무자로부터 변제계획에 따라,
   - 2018. 6. 13.까지 변제받은 금액 : ○○○원(전체변제횟수 ○○회 중 ○○회)
   - 현재까지 변제받은 금액 : ○○○원
   - 변제받지 못한 잔액 : ○○○원

5. 채무자로부터 현재까지 변제받은 금액이 채무자가 당초에 개인회생절차를 신청하지 않고 파산하였다면 파산절차에서 배당받았을 금액보다,
   □ 적다. □ 적지 않다. □ 모르겠다.

6. 기타 의견이 있으면 아래 <u>채권자기입란</u>에 기재하여 주십시오.

20○○. ○. ○.

채권자 ○ ○ ○ (인)

주소 및 전화번호 :

채권자기입란:

[양식 70] 면책불허가결정(채권자목록에서 누락한 채권이 있을 경우)

서 울 회 생 법 원
결   정

사   건   2018개회○○   개인회생
채 무 자   ○○○ (640101-1234567)
　　　　　　　　서울 서초구 ○○길 ○○

주   문

이 사건 면책을 허가하지 아니한다.

이   유

채무자가 악의로 개인회생채권자목록에 기재하지 아니한 개인회생채권이 있으므로 채무자 회생 및 파산에 관한 법률 제624조 제3항 제1호에 의하여 주문과 같이 결정한다.

2021. ○. ○.

판사   ○ ○ ○

[양식 71] 면책취소 관련 이해관계인 심문기일 지정

서 울 회 생 법 원
결   정

사   건   2021개기○○   면책취소(2017개회○○   개인회생)
채 무 자   ○○○ (640101-1234567)
              서울 서초구 ○○길 ○○
이해관계인   ○○○
              서울 ○○구 ○○길 ○○

채무자에 대한 면책의 취소 여부와 관련하여 다음과 같이 채무자와 이해관계인
에 대한 심문을 시행한다.

다   음

1. 심문일시 : 2021. ○. ○. ○○:○○
2. 심문장소 : 서울법원종합청사 ○별관 303-1호 심문실

2021. ○. ○.

판사 ○ ○ ○

[양식 72] 면책취소 관련 이해관계인 심문조서

서 울 회 생 법 원
심문조서

1차

사   건 2021개기○○   면책취소   일   시 : 2021. ○. ○. 15:00
          (2017개회○○   개인회생)
판   사   ○ ○ ○   장   소 : ○별관 제○호 법정
                                          공개여부 : 비공개

법원주사(보)   ○ ○ ○

사건과 당사자를 부름

채 무 자   ○○○   출석
이해관계인   ○○○   출석

....

판   사
        채무자와 이해관계인에 대한 심문기일을 시작하겠다고 선언
이해관계인
        2021. ○. ○.자 면책취소신청서 진술
채무자
        ....라고 진술.
이해관계인
        ....라고 진술
심문종결

                                          법원주사(보) ○ ○ ○
                                          판   사 ○ ○ ○

[양식 73] 면책취소결정

서 울 회 생 법 원
결   정

사   건   2021개기○○   면책취소(2017개회○○   개인회생)

채 무 자   ○○○ (640101-1234567)

서울 서초구 ○○길 ○○

이해관계인   ○○○
(신 청 인)
서울 ○○구 ○○길 ○○

주   문

채무자에 대한 면책을 취소한다.

이   유

이해관계인(신청인)의 진술 및 이 사건 기록에 의하면, 채무자는 2020. ○. ○. 이 법원으로부터 면책을 받았으나, 채무자가 ....(행위)....한 사실이 인정되는바, 그렇다면 채무자는 기망 그 밖의 부정한 방법으로 면책을 받았다 할 것이므로, 채무자 회생 및 파산에 관한 법률 제626조 제1항을 적용하여 이해관계인의 신청에 의하여(직권으로) 주문과 같이 결정한다.

2021. ○. ○.

판사   ○   ○   ○

[양식 74] 면책취소신청 각하결정

서 울 회 생 법 원
결   정

사   건   2021개기○○   면책취소(2017개회○○   개인회생)

채 무 자   ○○○ (640101-1234567)

                서울 서초구 ○○길 ○○

이해관계인   ○○○

(신 청 인)   서울 ○○구 ○○길 ○○

주   문

이해관계인(신청인)의 채무자에 대한 면책취소 신청을 각하한다.

이   유

채무자 회생 및 파산에 관한 법률에 의하여 채무자가 받은 면책의 취소를 구하는 신청은 면책결정의 확정일로부터 1년 이내에 제기하여야 하는바(같은 법 제626조 제2항), 기록에 의하면 채무자에 대한 면책결정은 2020. ○. ○. 확정되었으나 이해관계인은 그로부터 1년이 지난 뒤인 2021. ○. ○. 이 사건 면책취소 신청서를 제출한 사실이 인정되므로, 채무자 회생 및 파산에 관한 법률 제626조 제2항에 의하여 이 사건 면책취소 신청을 각하하기로 하여 주문과 같이 결정한다.

2021. ○. ○.

판사　　○　○　○

[양식 75] 면책취소결정 공고

면책취소결정 공고

사　　　건　　　2021개기○○　　　면책취소(2017개회○○　　　개인회생)
채　무　자　　　○○○ (1964. 1. 1.생)
　　　　　　　　서울 서초구 ○○길 ○○

이 법원은 2021.　○.　○. 위 사건에 관하여 면책취소결정을 하였으므로 다음과 같이 공고한다.

다　　　음

1. 면책취소결정의 주문
   채무자에 대한 면책을 취소한다.
2. 면책취소결정의 이유의 요지
   채무자 회생 및 파산에 관한 법률 제626조 제1항

2021.　○.　○.

서울회생법원
판사　　　○　○　○

재판예규 제1471호

개인회생사건 처리지침(재민 2004-4)

개정 2018. 6. 7. 재판예규 제1693호

제1조(목적)

이 예규는 개인회생사건의 사무처리에 필요한 사항을 정함을 목적으로 한다.

제2조(신청서 양식)

① 개인회생사건을 관할하는 회생법원은 다음 각호의 양식을 작성, 비치하여야 한다.
  1. 개인회생절차개시신청서 : [ ]
  2. 재산목록 : [ ]
  3. 채무자의 수입 및 지출에 관한 목록 : [ ]
  4. 진술서 : [ ]
  5. 개인회생채권자목록 : [ ]
  6. 재산조회신청서 : [ ]
  7. 개인회생재단에 속하지 않는 재산목록 제출서 : [ ]
  8. 면제재산결정신청서 : [ ]
  9. 개인회생채권조사확정재판 신청서 : [, 또는]
  10. 변제계획안 : [, 또는]
  11. 변제계획안 간이양식 : [ ]
  12. 개시신청용 간이양식 모음 :
      간이양식에 의한 개인회생절차 신청서류 작성요령,
      개인회생절차개시신청서 [과 동일],
      재산목록 간이양식 [ ],
      개인회생채권자목록 간이양식 [ ],
      수입 및 지출에 관한 목록 간이양식 [ ],
      진술서 [과 동일]
      변제계획안 간이양식[과 동일]
  13. 소득증명서 [ ]
  14. 소득진술서 및 확인서 [,]
  15. 자료송부청구서 및 자료송부서 [,]
  16. 채권자 계좌번호 신고서 [ ]
  17. 채권자 명의변경 신청서(채권양도·양수) [ ], 채권자 명의변경 신청서(전부·일부 대위변제) [ ], 채권자 명의변경 신청서(채권자 상호변경) [ ]
② 접수담당 법원서기관·법원사무관·법원주사 또는 법원주사보(다음부터 "법원사무관등"이라 한다)는 개인회생절차의 신청인, 개인회생채권자로 하여금 제1항 기재의 양식을 사용하도록 창구지도를 하여야 한다.

제3조(접수 후 서류 심사 및 안내)

① 개인회생절차의 개시신청서를 접수한 다음 접수담당 법원사무관등은 신청서의 기재사항에 오류나 누락이 있는 경우 보정을 권고할 수 있고, 정확히 기재하도록 안내를 하여야 한다.
② 개인회생절차의 개시신청서를 접수한 다음 접수담당 법원사무관등은 「채무자 회생 및 파산에 관한 법률」(다음부터 "법"이라 한다) 제589조 제2항 및 「채무자 회생 및 파산에 관한 규칙」(다음부터 "규칙"이라 한다) 제79조에 규정된 개인회생절차개시신청서에 첨부하여야 하는 서류가 첨부되어 있는지 여부를 확인하고, 제대로 첨부하도록 안내를 하여야 한다.
③ 채무자는 제2조 제1항 기재의 간이양식을 사용하여 개인회생절차의 개시신청을 할 수 있다. 간이양식을 사용한 개시신청서를 접수한 다음 접수담당 법원사무관등은 그 채무자에게 제출할 필요가 있는 정식양식이 있는 경우에는 그 양식을 교부하고 작성요령을 안내하여야 한다.
④ 삭제(2012.02.24.제1382호)

제4조(제출 서류)

① 규칙 제79조 제1항의 규정에 따라 개인회생절차개시신청서에 첨부할 서류 중 관공서에서 작성하는 서류는 특별한 사정이 없는 한 신청일로부터 2개월 내에 발급받은 것이어야 한다.
② 개인회생절차를 신청하고자 하는 채무자가 개인회생채권자 발행의 부채확인서 등 채무 내역을 소명할 자료를 입수하려고 노력하였으나 입수하여 제출하기 곤란한 경우에는 규칙 제82조의 규정에 따라 개인회생채권자에 대하여 개인회생채권의 발생일, 원금, 원금 잔액, 이자 잔액, 이자율 등에 관한 자료의 송부를 청구한 다음 그 청구서 사본을 첨부하는 방법으로 소명자료에 갈음할 수 있다.
③ 개인회생채권자가 제2항의 청구에 따른 자료를 송부하여 온 경우에 채무자는 지체 없이 그 사본을 법원에 제출하여야 하며, 송부해온 자료를 검토한 후 필요한 경우에는 개인회생채권자목록의 기재를 수정하여 다시 제출하여야 한다.

제4조의2(보전처분 또는 중지·금지명령)

① 법원은 법 제592조의 규정에 의한 보전처분 또는 법 제593조의 규정에 의한 중지·금지명령의 신청이 있는 경우에는 특별한 사정이 없는 한 지체없이 그에 관한 결정을 하여야 한다.
② 삭제(2006.12.26.제1103호)

제5조(변제계획안의 제출)

① 채무자는 개인회생절차개시신청을 한 날로부터 14일 이내에 법 제610조에 규정된 변제계획안을 제출하여야 한다. 다만, 채무자는 절차의 신속한 진행을 위하여 개인회생절차개시신청과 동시에 변제계획안을 제출할 수 있다.
② 삭제(2012.02.24.제1382호)
③ 회생위원은 변제계획안의 기재사항에 오류나 누락이 있는 경우 채무자에게 보정을 권고할 수 있다.

제6조(공고의 방법)

① 개인회생절차에서의 공고는 전자통신매체를 이용한 방법에 의한 공고를 원칙으로 한다.
② 규칙 제6조제1항제2호 의 규정에 따른 전자통신매체를 이용한 공고는 공고사항을 법원 홈페이지 법원공고란에 게시하는 방법으로 한다.

③ 삭제(2017.05.12 제1653호)

제7조(채무자의 소득의 산정)

① 법 제579조 제4호 제가목의 소득의 합계금액은 다음과 같이 산정하되 특별한 사정이 있는 경우에는 증감할 수 있다.
  1. 최근 1년간 직장의 변동이 없는 경우에는 1년간의 실제 소득액을 평균한 월평균 소득을 기초로 하여 산정하고, 직장이 변동이 있는 경우에는 직장 변동 이후의 실제 소득액을 평균한 월평균 소득을 기초로 하여 산정한다.
  2. 영업소득자가 그 소득에 관한 소명자료가 없는 경우에는 임금구조기본통계조사보고서 등의 통계소득을 기초로 하여 산정할 수 있다.
② 법 제579조 제4호 제다목의 "국민기초생활보장법 제6조의 규정에 따라 공표된 최저생계비, 채무자 및 그 피부양자의 연령, 피부양자의 수, 거주지역, 물가상황, 그 밖에 필요한 사항을 종합적으로 고려하여 법원이 정하는 금액"은 국민기초생활보장법 제6조의 규정에 따라 공표된 개인회생절차개시신청 당시의 기준 중위소득에 100분의 60을 곱한 금액으로 산정하는 것을 원칙으로 하되, 특별한 사정이 있는 경우에는 적절히 증감할 수 있다.
③ 채무자는 법 제610조 제1항에 규정된 변제계획안을 제출하면서 변제계획안의 인가이전이라도 변제계획안의 제출일로부터 60일 후 90일 내의 일정한 날을 제1회로 하여 매월 일정한 날에 그 변제계획안상의 매월 변제액을 회생위원에게 임치할 뜻을 기재함으로써, 그 변제계획안이 수행가능함을 소명할 수 있다.

제7조의2(신청자격)

① 법 제579조 제2호의 급여소득자에는 아르바이트, 파트타임 종사자, 비정규직, 일용직 등 그 고용형태와 소득신고의 유무에 불구하고 정기적이고 확실한 수입을 얻을 가능성이 있는 모든 개인을 포함한다.
② 법 제579조 제3호의 영업소득자에는 소득신고의 유무에 불구하고 수입을 장래에 계속적으로 또는 반복하여 얻을 가능성이 있는 모든 개인을 포함한다.

제8조(변제기간)

① 채무자는 법 제611조 의 규정에 따른 변제계획에서 정하는 변제기간을 변제개시일로부터 3년을 초과하지 아니하는 범위 내에서 정할 수 있다.
다만, 법 제614조 제1항 제4호의 요건을 충족하기 위하여 필요한 경우 등 특별한 사정이 있는 때에는 변제개시일부터 5년을 초과하지 않는 범위에서 변제기간을 정할 수 있다.
② 채무자가 제1항의 변제기간을 정함에 있어서는 다음과 같이 하는 것이 바람직하다.
  1. 채무자는 변제계획안에서 정하는 변제기간 동안 그 가용소득의 전부를 투입하여 우선 원금을 변제하고 잔여금으로 이자를 변제한다.
  2. 채무자가 5년 이내의 변제기간 동안 제1호의 방법에 따른 변제로써 제1항 단서의 규정을 충족할 수 있는 때에는 그때까지를 변제기간으로 한다.
  3. 삭제(2018.06.07. 제1693호)
  4. 삭제(2018.06.07. 제1693호)
  5. 삭제(2018.06.07. 제1693호)
③ 채무자가 제2항 제1호 및 제2호의 규정에 정한 기간보다 단기간을 변제기간으로 작성하여 제출한 경우에는 법원은 위 각 호의 기간으로 변제기간을 수정할 것을 명할 수 있다. 다만, 법

원은 법 제614조의 변제계획 인가요건, 채무자의 수입 등 제반 사정을 종합적으로 고려하여, 변제기간을 달리하여 수정을 명할 수 있다.

④ 채무자가 제7조 제3항의 규정에 의하여 변제계획안의 인가 전에 매월 변제액을 회생위원에게 임치한 경우에는 그 임치한 기간을 위 각 항의 변제기간에 산입한다.

⑤ 농업소득자, 임업소득자 등 소득이 매월 발생하지 않는 채무자는 채무를 매월 변제하지 아니하고 수개월 간격으로 변제하는 것으로 변제계획안의 내용을 정할 수 있으며, 법원은 법 제611조 제4항의 규정에 따라 이를 허가할 수 있다.

제8조의2(채권자집회의 진행)

① 법원은 특별한 사정이 없는 한 개인회생채권자집회를 직접 진행하여야 한다.

② 법원이 직접 개인회생채권자집회를 진행하는 경우에는 회생위원은 개인회생채권자집회의 기일 전에 규칙 제88조 제1항 제1호 및 제7호의 사항을 기재한 보고서를 법원에 제출하여야 한다.

제9조(회생위원의 선임과 사임)

① 법원은 특별한 사정이 없는 한 법 제601조 제1항 각 호에 해당하는 사람 중 1인을 회생위원으로 선임한다.

② 개인회생사건을 관할하는 회생법원의 법원장은 회생위원 업무를 담당할 인원이 여러 명 있는 경우에는 그 사람들에게 번호를 부여하여야 한다.

③ 법원은 회생위원의 선임시에 제2항 기재의 번호를 부여하여야 한다. 삭제(2006.12.26. 제1103호)

④ 회생위원은 법원의 허가를 받아야 사임할 수 있으며, 회생위원이 사임을 원하는 경우 법원은 미리 후임 회생위원을 물색하여 둠으로써 업무수행에 공백이 없도록 조치하여야 한다.

⑤ 회생위원으로 선임된 때 또는 사임하거나 퇴임한 때에는 지체없이 자신의 직위와 성명을 관리은행에 통지하여야 한다.

제9조의2(법원사무관등이 아닌 회생위원의 위촉 등)

① 법원행정처장은 법 제601조 제1항 제1호, 제3호 내지 제7호에 해당하는 사람을 개인회생사건을 관할하는 회생법원의 회생위원 업무를 담당(이하 "비전임회생위원"이라 한다)하거나, 전임하여 담당(이하 "전임회생위원"이라 한다)하도록 위촉할 수 있다.

② 법원행정처장은 다음 각 호의 경우에는 제1항에 의한 회생위원(이하 "법원사무관등이 아닌 회생위원"이라 한다)을 해촉할 수 있다.

  1. 품위를 잃은 행위를 한 경우

  2. 법원에 대한 보고의무를 다하지 아니하는 등 회생위원 업무 처리가 불성실한 경우

  3. 그 밖에 회생위원으로서 계속 활동하기 어렵다고 인정할 상당한 이유가 있는 경우

③ 법원사무관등이 아닌 회생위원의 위촉기간은 2년으로 하되, 재위촉할 수 있다.

④ 법원사무관등이 아닌 회생위원이 위촉기간 중 해촉되어 새로이 법원사무관등이 아닌 회생위원을 위촉하는 경우 새로 위촉된 법원사무관등이 아닌 회생위원의 위촉기간은 해촉된 법원사무관등이 아닌 회생위원의 잔여 위촉기간으로 한다. 다만, 특별한 사정이 있는 경우에는 위촉기간을 이와 다르게 정할 수 있다.

⑤ 전임회생위원은 법원행정처장의 허가 없이 영리를 목적으로 하는 다른 직무를 겸할 수 없다.

⑥ 법원행정처장은 전임회생위원의 효율적인 개인회생사건 처리를 위하여 필요하다고 판단하

는 때에는 개인회생사건을 관할하는 회생법원의 법원장으로 하여금 전임회생위원에게 그 업무
의 수행에 필요한 사무실 등 물적 시설을 제공하게 할 수 있다.

⑦ 개인회생사건을 관할하는 회생법원은 매년 1회 이상 정기적으로 법원사무관등이 아닌 회생
위원이 수행한 업무의 적정성을 평가하여야 한다. 이 경우 법원은 관리위원회의 의견을 들어야
한다.

⑧ 법원은 전항의 평가결과를 법원행정처 회생·파산위원회(이하 "위원회"라 한다)에 통보하여
야 한다.

⑨ 법원사무관등이 아닌 회생위원의 업무에 관한 구체적인 사항은 개인회생사건을 관할하는
회생법원의 내규로 정한다.

⑩ 개인회생사건을 관할하는 회생법원의 법원장은 법원사무관등이 아닌 회생위원에게 제2항
각호의 사유가 있다고 판단될 경우 법원행정처장에게 해촉을 건의할 수 있다.

제9조의3(법원사무관등이 아닌 회생위원의 선발 등)

① 법원행정처장은 법원사무관등이 아닌 회생위원 위촉후보자의 선발 및 법원사무관등이 아닌
회생위원의 위촉, 해촉 등(이하 "선발 등"이라 한다)의 심사를 위원회에 요청할 수 있다.

② 위원회는 상임위원을 포함하여 3인 이상을 심사위원으로 지정하되, 개인회생사건을 관할하
는 회생법원의 부장판사, 변호사, 대학교수, 학식과 경험이 있는 자를 심사위원으로 참여하게
할 수 있다.

③ 삭제(2016.12.16. 제1629호)

④ 삭제(2016.12.16. 제1629호)

⑤ 삭제(2016.12.16. 제1629호)

⑥ 심사위원에게는 예산의 범위에서 수당을 지급할 수 있다.

제9조의4 삭제(2016.12.16 제1629호)

제9조의5 삭제(2016.12.16 제1629호)

제9조의6(법원사무관등이 아닌 회생위원을 선임할 사건)

① 법원사무관등이 아닌 회생위원이 위촉되어 있는 회생법원에서는 법 제579조의 규정에 의한
영업소득자인 채무자의 개인회생절차개시신청사건에 대해서는 법원사무관등이 아닌 회생위원
을 선임한다. 다만, 접수 사건수의 추이, 위촉된 회생위원의 수 등 여러 사정을 고려하여 법원
사무관등이 아닌 회생위원을 선임하는 것이 적당하지 않다고 판단되는 경우에는 그러하지 아
니하다.

② 법 제579조의 규정에 의한 급여소득자인 채무자의 개인회생절차개시신청사건의 경우에도
부인권 대상 행위의 존부, 접수 사건수의 추이 등 여러 사정을 참작하여 법원사무관등이 아닌
회생위원을 선임할 수 있다.

제10조(회생위원의 보수)

① 회생위원이 법원사무관등인 경우에는 보수를 지급하지 아니하는 것을 원칙으로 한다.

② 삭제(2012.02.24. 제1382호)

③ 법원사무관등이 아닌 회생위원의 보수는 [별표 1]의 보수기준액으로 정하되, 변제액, 사안의
난이, 회생위원이 수행한 직무의 내용 등을 참작하여 적절히 증감할 수 있다. 다만 특별한 사

정이 없는 한 [별표 1]의 보수상한액을 넘을 수 없다.

④ 제9조의6에 따라 법원사무관등이 아닌 회생위원을 선임하는 개인회생사건의 채무자는 규칙 제 87조에 따라 [별표 1] 중 인가결정 이전 업무에 대한 보수기준액 상당 금액을 예납하여야 한다.

제11조(변제액의 임치와 지급)

① 개인회생사건의 회생위원으로 선임되면 지체 없이 대법원장이 지정하는 각 법원별 관리은행(다음부터 "관리은행"이라 한다)에 별단예금 계좌를 개설하여야 한다. 이 계좌에는 법원코드, 회생위원번호, 사건번호를 표시하여야 한다.

② 대법원장이 지정하는 각 법원별 관리은행은 [별표 2]와 같다.

③ 제7조 제3항과 법 제617조 제1항의 규정에 따른 임치는 제1항의 별단예금 계좌의 입금계좌번호에 송금하는 방법으로 한다.

④ 법 제617조 제2항의 규정에 따른 지급은 규칙 제84조에 따라 신고된 계좌로 송금받는 방법으로 하는 것을 원칙으로 한다.

⑤ 규칙 제84조 제1항에 따라 신고된 계좌번호에 대하여 번호오류 등의 사유로 송금할 수 없는 경우에는 규칙 제84조 제2항과 같은 방법으로 공탁할 수 있다.

제11조의2(계좌번호의 신고방법)

① 개인회생채권자가 규칙 제84조의 규정에 따른 변제액을 송금받기 위한 금융기관 계좌번호의 신고를 회생위원에게 하는 경우에는 전자소송 홈페이지를 통한 제출, 이메일, 팩스 또는 우편의 방법으로 할 수 있다.

② 개인회생채권자가 이메일의 방법으로 제1항의 신고를 하는 경우에는 채권자계좌번호신고서[ ]를 작성하여 이메일에 첨부하는 방법에 의하여 하여야 한다.

③ 회생위원은 개인회생 인가결정 이전에 전자소송 홈페이지 또는 이메일의 방법에 의한 신고가 된 경우에는 전자소송 홈페이지를 통해 제출된 신고서 또는 이메일에 첨부된 채권자계좌번호신고서를 출력하여 기록에 편철하여야 한다.

④ 개인회생채권자는 원칙적으로 자신이 예금주인 금융기관 계좌번호를 신고하여야 하고, 자신이 예금주가 아닌 경우에는 인감증명서를 첨부하는 등으로 계좌번호 신고서가 자신의 의사에 따라 작성된 것임을 소명하여야 한다.

제11조의3(회생위원의 변제계획 불수행 보고 등)

① 회생위원은 변제계획에 따른 변제가 지체되고 그 지체액이 3개월분 변제액에 달한 경우에 변제계획 불수행 보고서를 작성하여 법원에 보고하여야 한다.

② 회생위원은 채무자가 인가된 변제계획을 수행하지 아니하는 때에는 전화, 전자우편, 팩시밀리 등 적절한 방법으로 그 사유를 파악하고 변제수행을 독려하여야 한다. 다만 채무자가 인가된 변제계획을 이행할 수 없음이 명백한 때에는 그러하지 아니하다.

제11조의4(제3채무자에 대한 통지)

가압류 또는 압류에 따라 제3채무자가 채무자에게 지급하지 아니하고 보관 중인 적립금을 변제에 투입할 뜻과 그 적립금을 관리하고 처분할 권한이 회생위원에게 있다는 뜻을 채무자가 변제계획안에 기재한 경우, 회생위원은 변제계획인가결정 후 바로 통지서를 이용하여 제3채무자에게 변제계획의 취지를 통지한다.

제11조의5(개인회생공탁 등)

① 회생위원은 변제액을 송금받기 위한 금융기관 계좌번호를 신고하지 아니한 채권자(신고한 계좌번호에 오류가 있는 채권자도 포함한다. 다음부터 "미신고 채권자"라고 한다)에 대하여는 규칙 제84조 제2항(2006. 3. 31. 이전에 개인채무자회생법에 따라 개인회생절차개시신청을 한 사건은 개인채무자회생규칙 제18조제2항) 및 변제계획에 따라 연 1회(변제계획인가일부터 1년이 지날 때마다 1회) 변제액을 공탁할 수 있다.

② 회생위원은 채무자가 개인회생절차개시신청서에 기재한 금융기관 계좌번호와 전화번호에 오류가 있고, 채무자의 소재불명 등의 사유로 채무자와 연락이 되지 않는 경우에는 법 제617조의2에 따라 임치된 금원을 공탁할 수 있다. 이 경우 사전에 채무자용 공탁예정통지서를 발송할 수 있다.

③ 회생위원은 미신고 채권자에 대하여는 전화, 전자우편, 팩시밀리 등 적절한 방법으로 계좌번호를 신고하도록 촉구하여야 하고, 제1항의 공탁을 하기 전에 공탁예정통지서를 발송하여 통지서를 송달받은 날부터 1주일 안에 계좌번호를 신고하지 아니하면 변제액을 공탁한다는 점을 알려주어야 한다. 다만, 해당 채권자에 대하여 법 제10조에 따라 송달에 갈음하는 공고를 한 경우에는 그러하지 아니하다.

④ 제1항 또는 제2항의 공탁은 「공탁사무 문서양식에 관한 예규」제1-1호 양식에 의하여 「공탁규칙」이 정한 절차에 따른다. 이 경우 회생위원은 계좌입금에 의한 공탁금 납입을 신청하여야 한다.

⑤ 공탁관의 공탁 수리 후 회생위원은 「가상계좌에 의한 공탁금 납입절차에 관한 업무지침」에 따라 공탁금을 납입한다. 이 경우 회생위원은 법원과 공탁금 보관은행 사이에 연계된 전산시스템을 이용하여 공탁예정액을 지정된 계좌에 입금하는 방식으로 공탁금을 납입한다.

⑥ 공탁관이 공탁서를 교부하면 회생위원은 공탁서 사본을 해당 사건기록에 편철하고, 공탁서 원본은 연도별, 사건번호순으로 별도 보관한다.

⑦ 제1항 또는 제2항의 공탁금을 출급받으려는 채권자 또는 채무자가 있을 경우 회생위원은 「공탁규칙」 제43조에서 정한 절차에 따라 공탁관에게 지급위탁서를 보내고 지급받을 채권자 또는 채무자에게 그 자격에 관한 증명서를 주어야 한다.

제11조의6(미확정 개인회생채권에 관한 통지절차)

회생위원은 미확정 개인회생채권에 관하여 다음 각 호의 어느 하나에 해당하는 사유가 있는 경우 해당 채권자에게 각 전산양식을 이용하여 통지서를 발송하거나 전화, 전자우편, 팩시밀리 등 적절한 방법으로 채권확정 신고를 하도록 촉구하여야 한다.

  1. 변제계획 인가일부터 1년 6월이 지날 때까지 그 확정 여부가 판명되지 아니한 때
  2. 변제계획에 따른 변제를 완료하거나 개인회생절차 폐지결정이 있는 때까지 그 확정 여부가 판명되지 아니한 때

제12조(임치금의 반환 등)

① 채무자가 제7조 제3항의 규정에 따라 변제계획안의 인가이전에 금원을 임치하였으나 변제계획안이 인가되지 못하고 개인회생절차가 종료된 경우에는 회생위원은 임치된 금원을 채무자에게 반환하여야 한다. 이 때에는 채무자가 미리 신고한 금융기관의 예금계좌에 송금하는 방법으로 반환하는 것을 원칙으로 한다.

② 회생위원이 임치금의 공탁, 반환 등을 위하여 제7조 제3항, 법 제617조 및 법 제617조의2의 규정에 따라 임치된 금원을 출금하려는 때에는 미리 법원의 허가를 받아야 한다.

③ 제1항 및 제11조 4항의 규정에 의하여 임치금을 반환 또는 지급하여야 하는 경우에 당해 임치금의 현금출급사유가 발생한 때에는, 회생위원은 관리은행에 사건번호, 출급금액, 출급청구자 및 그 대리인의 성명·주소·주민등록번호(법인인 경우에는 사업자등록번호), 출급의 구분, 출급허가일 등 현금출급지시사항을 전송하고 출급청구자에게 개인회생환급(변제)금 출급지시서 [ ]를 교부하여 이를 관리은행에 제출하게 하여야 한다.

④ 관리은행이 출급청구자의 청구에 의하여 임치금을 반환 또는 지급한 때에는 즉시 그 지급내역을 회생위원에게 전송하여야 한다.

⑤ 제1항 내지 제4항의 규정은 제7조 제3항 또는 법 제617조 제1항에 따라 임치된 금원에 과오납이 있을 경우 그 반환에 관하여 준용한다.

제13조(회생위원이 선임되지 않은 경우의 변제액의 지급)

① 회생위원이 선임되지 않은 경우에는 채무자는 인가된 변제계획의 내용에 따라 개인회생채권자에게 변제하여야 할 금원을 개인회생채권자에게 지급한다.

② 채무자는 변제액의 지급시마다 그 지급사실을 증명할 수 있는 서면(영수증 또는 입금확인서 등)을 받아 법원에 제출하여야 하고, 법원사무관등은 이를 기록에 철하여 두어야 한다.

제14조 삭제(2006.03.29 제1065호)

제15조(면책취소신청과 채무자의 심문)

법 제626조 제1항의 규정에 따라 면책취소 여부를 결정하는 경우에 법원은 채무자를 심문하여야 한다.

제16조(법률상의 제재의 고지)

회생위원은 법 제591조 의 규정에 따라 채무자에게 보고, 조사, 시정의 요구, 기타 적절한 조치를 하는 경우에는 그에 위반할 때에는 법 제649조 제5호의 규정에 따라 처벌될 수 있음을 고지하여야 한다.

제17조(열람·등사 등 청구의 절차 및 비용)

개인회생사건의 열람·복사에 관하여는 법 제28조 에 규정된 사항 이외에는 「재판기록 열람·복사 규칙」과 「재판기록 열람·복사 예규」(재일 2003-3) 및 비밀보호를 위한 열람 등의 제한 예규(재일 2004-2)를 준용한다.

제18조(한국신용정보원의 장에 대한 통보)

① 법원은 다음 각호의 경우에는 한국신용정보원의 장에게 통보하여야 한다.
  1. 법 제614조 에 규정된 변제계획안 인가결정을 한 경우
     통보할 사항: 사건번호, 채무자의 성명, 주민등록번호, 인가결정일
  2. 법 제624조제1 , 2항 에 규정된 면책결정이 확정된 경우
     통보할 사항: 사건번호, 채무자의 성명, 주민등록번호, 면책결정일, 면책결정의 확정일, 면책결정의 종류(제624조제1항 면책인지, 제624조제2항 면책인지를 명시함)
  3. 법 제621조에 규정된 개인회생절차 폐지결정이 확정된 경우
     통보할 사항: 사건번호, 채무자의 성명, 주민등록번호, 폐지결정일, 폐지결정의 확정일

② 제1항의 통보는 전자통신매체를 이용하여 할 수 있다.

제19조(항고 보증 공탁물 출급 또는 회수 절차)

변제계획불인가 또는 개인회생절차폐지의 결정에 대한 항고를 할 때에 항고인이 보증으로 공탁한 현금 또는 유가증권의 출급 또는 회수의 절차는 다음과 같다.
  1. 파산재단에 속하게 된 경우의 출급 절차
      항고가 기각되고 채무자에 대하여 파산선고가 있거나 파산절차가 속행됨으로써, 보증으로 공탁한 현금 또는 유가증권이 파산재단에 속하게 된 경우에는, 파산관재인이 위 사항을 증명하는 서면 [파산사건 담당 재판부의 법원사무관등이 발급한 것에 한한다.]을 첨부하여 공탁물 출급청구를 할 수 있다.
  2. 공탁자의 회수 절차
      항고가 인용된 경우 또는 항고가 기각되고 채무자에 대하여 파산선고가 없으며 파산절차가 속행되지 않는 경우에는, 공탁자가 공탁서와 항고 인용의 재판이 확정되었음을 증명하는 서면 또는 채무자에 대하여 파산선고가 없으며 파산절차가 속행되지 않음을 증명하는 서면[개인회생사건 담당 재판부의 법원사무관등이 발급한 것에 한한다.]을 첨부하여 공탁물 회수청구를 할 수 있다.

부   칙

이 예규는 2004. 8. 26.부터 시행한다.

부   칙(2004.09.21 제981호)

이 예규는 2004. 9. 23.부터 시행한다.

부   칙(2004.10.26 제984호)

이 예규는 2004. 11. 01.부터 시행한다.

부   칙(2004.12.09 제993호)

이 예규는 2004. 12. 13.부터 시행한다.

부   칙(2005.08.24 제1017호)

제1조(시행일) 이 예규는 2005. 9. 1.부터 시행한다.
제2조(경과규정) 이 예규는 이 예규 시행당시 법원에 계속 중인 사건에도 적용한다.

부   칙(2006.03.29 제1065호)

①(시행일) 이 예규는 2006년 4월 1일부터 시행한다.
②(경과조치) 이 예규 시행당시 종전의 「개인채무자회생법」에 따라 신청한 개인회생사건은 종전의 예에 의한다.

부   칙(2006.12.26 제1103호)

①(시행일) 이 예규는 2007. 1. 1.부터 시행한다.
②(경과규정) 이 예규 시행 당시 법원에 계속 중인 사건에 대하여는 종전의 예에 의한다.

부   칙(2007.08.31 제1149호)

이 예규는 2007. 9. 3.부터 시행한다.

부   칙(2008.05.02 제1218호)

① (시행일) 이 예규는 2008. 5. 15.부터 시행한다.
② (경과규정) 이 예규 시행 당시 이미 변제계획인가일부터 1년이 지난 사건의 공탁 대상 채권
에 대하여는, 3년이 지난 사건, 2년이 지난 사건, 1년이 지난 사건의 차례로 공탁을 실시한다.

부   칙(2009.05.13 제1272호)

이 예규는 즉시 시행한다.

부   칙(2012.02.24 제1282호)

이 예규는 즉시 시행하되, 2012년 1월 1일부터 적용한다.

부   칙(2012.12.27 제1410호)

제1조(시행일) 이 예규는 2013년 1월 1일부터 시행한다.
제2조 ① 개인회생사건 처리지침(재민 2004-4) 일부를 다음과 같이 개정한다.
제17조 중 "「재판기록열람수수료등에관한규칙」"을 "「재판기록 열람·복사 규칙」"으로, "재판기
록열람복사예규"를 "「재판기록 열람·복사 예규」"로 한다.
제2조(다른 예규의 개정) ②~⑧ 생략

부   칙(2012.12.27 제1413호)

이 지침은 2013년 1월 1일부터 시행한다.

부   칙(2014.01.21 제1459호)

제1조(시행일) 이 예규는 즉시 시행한다.
제2조(경과조치) 이 예규는 이 예규 시행 당시 법원에 계속 중인 사건에도 적용한다.

부   칙(2014.05.30 제1471호)

제1조(시행일) 이 예규는 2014년 6월 1일부터 시행한다.
제2조(경과규정) 이 예규 시행 이전에 접수된 사건은 종전의 예에 의한다.

부   칙(2015.02.03 제1503호)

이 예규는 즉시 시행한다.

부   칙(2015.05.28 제1530호)

이 예규는 2015년 5월 28일부터 시행한다.

부   칙(2015.11.09 제1550호)

제1조(시행일) 이 예규는 2016년 1월 1일부터 시행한다.
제2조(경과규정) 이 예규 시행 전에 접수된 사건은 종전의 예에 의한다.

부   칙(2015.12.22 제1556호)

이 예규는 2016년 1월 1일부터 시행한다.

부   칙(2016.11.22 제1618호)

제1조(시행일) 이 예규는 2017년 1월 1일부터 시행한다.
제2조(경과규정) 이 예규 시행 전에 종전의 규정에 따라 행한 행위의 효력에는 영향을 미치지
아니한다. 다만, 이 예규 시행 당시 법원에 계속 중인 사건에 대하여도 적용한다.

부   칙(2016.12.16 제1629호)

제1조(시행일) 이 예규는 2017년 1월 1일부터 시행한다.
제2조(경과규정) 이 예규는 이 예규 시행 당시 법원에 계속 중인 사건에 대하여도 적용한다.
다만, 이 예규 시행 전에 종전의 규정에 따라 생긴 효력에는 영향을 미치지 아니한다.

부   칙(2017.02.09 제1642호)

제1조(시행일) 이 예규는 2017년 3월 1일부터 시행한다.
제2조(경과조치) 이 예규는 이 예규 시행 당시에 법원에 계속 중인 사건에도 적용한다. 다만,
종전의 규정에 따라 생긴 효력에는 영향을 미치지 아니한다.
제3조(다른 예규의 개정) ① 관리위원 위촉지침(재민 2016-1) 일부를 다음과 같이 개정한다.
제2조, 제3조 제1항, 제4조 제4항·제5항 및 제5조 제1항·제2항 중 "지방법원"을 각각 "회생법
원"으로 한다.
② 소송구조제도의 운영에 관한 예규(재민 2002-2) 일부를 다음과 같이 개정한다.
제23조제1항 및 제24조제1항 중 "지방법원"을 각각 "회생법원"으로 한다.
제24조제2항 중 "파산수석부장판사(파산수석부장판사가 없는 경우에는 수석부장판사)"를 "수석
부장판사"로 한다.
③ 법관등의 사무분담 및 사건배당에 관한 예규 일부를 다음과 같이 개정한다.
제3조 제1항·제2항·제3항 중 "지방법원·가정법원 및 그 지원"을 각각 "지방법원·가정법원
및 그 지원, 회생법원"으로 한다.
제12조제1항 중 "민사소송사건, 형사소송사건, 가사소송사건과 가사비송사건"을 "민사소송사건,
형사소송사건, 가사소송사건, 가사비송사건과 도산사건"으로 한다.

④ 재판서 양식에 관한 예규(재일 2003-12) 일부를 다음과 같이 개정한다.

제4조제2항제4호 중 "특허법원, 행정법원, 가정법원"을 "특허법원, 행정법원, 가정법원, 회생법원"으로 한다.

제9조제1항 중 "민사·행정·특허사건"을 "민사·행정·특허·도산사건"으로 한다.

⑤ 채무자 회생 및 파산에 관한 법률 위반사실 통지에 관한 업무처리지침(재민 2008-1) 일부를 다음과 같이 개정한다.

제3조제1항 중 "[전산양식 A5615]"를 "[전산양식 D5517]"로 한다.

부   칙(2017.05.12 제1653호)

제1조(시행일) 이 예규는 즉시 시행한다.

제2조(경과조치) 이 예규는 이 예규 시행 당시에 법원에 계속 중인 사건에도 적용한다. 다만, 종전의 규정에 따라 생긴 효력에는 영향을 미치지 아니한다.

부   칙(2017.10.30 제1669호)

제1조(시행일) 이 예규는 2018년 2월 17일부터 시행한다.

제2조(적용례) 이 예규는 이 예규 시행 후 최초로 접수되는 사건부터 적용한다.

부   칙(2018.02.22 제1686호)

제1조(시행일) 이 예규는 2018년 3월 13일부터 시행한다.

제2조(적용례) 이 예규는 이 예규 시행 전에 신청된 개인회생사건에도 적용한다.

부   칙(2018.06.07 제1693호)

제1조(시행일) 이 예규는 2018년 6월 13일부터 시행한다.

제2조(적용례) 이 예규는 이 예규 시행 후 최초로 신청하는 개인회생사건부터 적용한다.

서울회생법원 실무준칙 제1편

제1편 총 칙

제101호

서울회생법원 실무준칙의 목적 등

제1조(준칙의 목적)

서울회생법원 실무준칙(이하 '준칙'이라 한다)은 서울회생법원에 계속 중인 사건의 절차를 공정하고 신속하며 효율적으로 진행하기 위한 합리적인 실무기준과 서울회생법원의 신뢰받는 업무처리를 위해 필요한 사항을 정함을 목적으로 한다.

제2조(준칙의 적용범위)

준칙은 서울회생법원(이하 '법원'이라 한다)에 계속 중인 사건과 법원이 처리하는 업무에 적용된다.

제3조(업무지침의 제정)

법원은 준칙의 효율적인 시행을 위하여 상세한 기준을 정할 필요가 있는 경우 그에 관한 업무지침을 제정할 수 있다.

제4조(준칙 및 업무지침에 따른 절차진행)

절차관계인은 법원이 진행하는 절차에 관하여 준칙 및 업무지침을 준수하여야 한다. 다만, 준칙 또는 업무지침에도 불구하고 법원은 구체적 사건이나 절차의 특수성을 반영하여 공정하고 형평에 맞는 방식으로 절차를 진행할 수 있다.

제102호

회생·파산위원회 의견조회 등

제1조(목적)

준칙 제102호는 회생·파산위원회의 설치 및 운영에 관한 규칙에 따라 설치된 법원행정처 회생·파산위원회(이하 '회생·파산위원회'라 한다)에 대한 의견조회 등이 필요한 사항을 정리하고 이에 관한 구체적 사항을 정하여 법원과 회생·파산위원회 사이의 업무가 원활하게 이루어지게 함으로써 법원이 사건을 보다 공정하고 효율적으로 처리하게 함을 목적으로 한다.

제2조(절차관계인 선임 등에 관한 의견 조회)

① 법원은 관리인(채무자의 대표자가 아닌 자를 관리인으로 선임하는 경우에 한한다), 보전관리인 또는 감사(이하 준칙 제102호에서 관리인, 보전관리인 또는 감사를 포함하여 '관리인 등'이라 한다)를 선임하는 경우 회생·파산위원회의 의견을 들어야 한다.
② 법원은 조사위원 적임자 명단 및 파산관재인 후보자 명단을 작성할 때에 회생·파산위원회의 의견을 들어야 한다.

제3조(절차관계인 선임 등에 관한 자료 제공)

법원은 다음 각 호의 자료를 회생·파산위원회에 제공한다.
  1. 관리인 등 선임과정에서 참고한 자료
  2. 조사위원 적임자 명단 작성 과정에서 참고한 자료
  3. 파산관재인 후보자 명단 작성 과정에서 참고한 자료

제4조(절차관계인 업무수행 평가결과의 통보)

법원은 매년 1회 이상 관리인 등, 조사위원, 회생위원(법원서기관, 법원사무관, 법원주사 또는 법원주사보인 회생위원은 제외), 상임관리위원, 파산관재인이 수행한 업무의 적정성을 평가한 결과를 회생·파산위원회에 통보한다.

제5조(관리위원 후보자 추천 의뢰)

법원은 관리위원을 위촉하기 위하여 회생·파산위원회에 관리위원 후보자 추천을 의뢰하여야 한다. 다만, 다음 각 호의 경우에는 그러하지 아니하다.

  1. 기존 관리위원의 임기가 만료되어 동일한 사람을 다시 관리위원으로 위촉하고자 하는 경우
  2. 비상임 관리위원을 위촉하는 경우

제3편 파 산

제1장 통 칙

제301호

파산관재인의 선정 및 평정

제1조(목적)

준칙 제301호는 파산관재인 선정 절차, 파산관재인에 대한 평정 기준을 수립함으로써 파산절차가 공정하고 투명하게 진행되도록 하기 위하여 「파산관재인 후보자 명단의 작성 및 관리에 관한 예규」(재민2016-3)에서 정한 내용을 법원에서 시행하기 위하여 필요한 사항을 정함을 목적으로 한다.

제2조(파산관재인 후보자 명단 관리위원회)

① 법원에 「파산관재인 후보자 명단 관리위원회」(이하 준칙 제301호에서 '위원회'라 한다)를 둔다.

② 위원회는 다음 각 호의 사무를 행한다. 단 제1, 2호의 사무를 행하는 경우 파산관재인 후보자 명단의 작성 및 관리에 관한 예규 제2조 제1항 및 제3항에 따라 회생·파산위원회의 의견을 들어야 한다.

 1. 파산관재인 후보자 명단(이하 준칙 제301호에서 '후보자 명단'이라 한다)에 등재될 후보자의 선정

 2. 후보자 명단에서의 삭제

 3. 그 밖에 후보자 명단의 작성, 관리에 필요한 사무

③ 위원회는 위원장 1명과 10명 이내의 위원으로 구성한다.

④ 위원장은 서울회생법원 수석부장판사로 하고, 위원회의 위원은 다음 각 호에 해당하는 사람 중 각 1명 이상과 서울회생법원 파산과장을 법원장이 지명한다.

   1. 법원 소속 부장판사

   2. 법원 소속 판사

   3. 법원 관리위원회 소속 관리위원

⑤ 위원회의 회의는 위원장이 소집한다.

⑥ 위원회에는 위원장이 법원 소속 판사 또는 직원 중에서 지명한 간사를 둘 수 있다.

⑦ 위원회는 서면으로 심의·의결할 수 있다.

제3조(후보자 명단의 작성)

① 후보자 명단에 등재될 수 있는 사람은 서울지방변호사회 소속 변호사로서 법조경력 3년 이상인 자로 한다.

② 위원회는 법인 파산관재인과 개인 파산관재인 후보자 명단을 각각 작성하되, 특별한 사정이 없는 한 2년마다 각 후보자 명단을 새로 작성한다.

③ 위원회의 위원장은 2인 이상의 판사와 1인 이상의 관리위원회 소속 관리위원을 심사위원으로 지정한다.

④ 심사위원은 후보자 명단에 등재되기를 지원한 사람에 대하여 지원자의 경력, 파산관재업무와 파산절차 및 파산 관련 소송·집행절차에 대한 이해의 정도, 파산관재업무에 임하고자 하는 자세, 성실성 등을 고려하여 서류심사와 면접을 시행한다. 다만, 기존 후보자 명단에 등재되어 있던 사람에 대하여는 위원회의 의결에 따라 서류심사와 면접 절차를 생략할 수 있다.

⑤ 위원회는 심사위원의 심사 결과에 기초하여 심의를 거쳐 파산관재인 업무를 적정히 수행할 의사와 능력이 있다고 인정되는 자를 후보자 명단에 등재한다.

⑥ 위원회는 후보자 명단을 새로 작성할 때 파산사건의 접수건수, 지원자의 수, 지원자의 후보자 명단 등재기간과 평정 결과 등을 고려하여 기존 후보자 명단에 등재되어 있던 사람 중 일부를 교체 또는 삭제한다.

제4조(파산관재인 선임 원칙)

① 법원은 특별한 사정이 없는 한 후보자 명단에 등재된 후보자(이하 준칙 제301호에서 '후보자'라 한다) 전원에게 균등한 선임 기회가 부여되도록 노력한다.

② 법원은 후보자가 수행하고 있는 관재업무의 과중도, 후보자와 해당 파산 사건과의 이해관계 유무, 사건의 난이도, 후보자의 업무능력과 성실도, 경험, 전문성, 파산관재인 대리인의 선임 여부 및 대리인의 수, 후보자가 파산관재 인으로 선임된 다른 파산 사건의 선임시기, 파산원인, 채무자의 자산과 부채 규모, 법원의 사건 관리·감독의 효율성 등을 고려하여 제1항과 달리 파산 관재인을 선임할 수 있다.

③ 법원은 부부, 직계 존·비속, 형제자매, 주채무자와 보증인, 채무자 및 그 와 함께 동일한 채무를 부담하는 자에 대하여는 동일한 개인 파산관재인을 선임할 수 있다.

제5조(후보자에 대한 평가표의 작성)

① 후보자는 매년 3월 말, 9월 말을 기준으로 후보자가 파산관재인으로 선 임된 사건에 관한 업무현황보고서를 작성하여 각 다음 달 말일까지 법원에 제출하여야 한다.

② 법인파산 사건 주심판사는 [별지 1 법인 파산관재인 평가표] 양식에 따 라, 개인파산 사건 담당판사는 [별지 2 개인 파산관재인 평가표] 양식에 따 라 1년에 2회 후보자에 대한 평가표를 작성한다.

③ 법원은 후보자가 파산관재인으로 선임된 사건에 대하여, 채무자가 제출 한 자료와 파산관재인 보고서 기재 내용의 일치 여부, 환가 및 배당 과정에 서 파산재단의 적절한 관리 여부, 그 밖에 필요하다고 인정되는 사항에 관 한 조사를 관리위원회에 의뢰할 수 있다.

제6조(후보자에 대한 평정)

① 위원회는 제5조 제2항의 평가표와 제5조 제3항의 조사결과 등을 기초로 관리위원회의 의견을 들어 매년 1회 이상 후보자가 파산관재인으로서 수행한 업무의 적정성에 관한 평정을 실시한다.

② 법원은 제1항의 평정결과를 회생·파산위원회에 통보한다.

③ 위원회는 제5조 제2항의 평가 또는 제6조 제1항의 평정결과에 따라 업무수행의 적정성이 미흡한 파산관재인에 대하여 후보자 명단에서 삭제할 수 있음을 개별적으로 경고할 수 있다.

④ 위원회는 제3조 제2항에 따라 후보자 명단을 새로 작성하거나 제7조 제1항에 따라 후보자를 후보자 명단에서 삭제할 경우 제1항의 평정 결과를 고려한다.

제7조(후보자 명단에서의 삭제)

① 위원회는 다음 각 호의 어느 하나에 해당하는 사유가 있는 경우 심의를 거쳐 언제든지 해당 후보자를 후보자 명단에서 삭제할 수 있다.

　1. 후보자가 직무를 위반하거나 재판의 공정과 신뢰를 해할 우려가 있는 행위를 한 경우

　2. 후보자 또는 그 보조인이 관재업무에 관하여 뇌물을 수수·요구 또는 약속하거나, 파산재단에 속하는 금품을 횡령하는 등으로 파산재단의 형성·관리에 지장을 초래한 경우

　3. 후보자가 관재업무를 수행할 의사 또는 능력이 부족하거나 불성실하여 관재업무를 적절히 수행하는 것이 곤란하다고 인정되는 경우

　4. 그 밖에 후보자가 파산관재인으로 계속 활동하기 어렵다고 인정할 상당한 이유가 있는 경우

② 후보자가 후보자 명단에서 삭제된 경우(제3조 제2항에 따라 후보자 명단

이 새로 작성되면서 기존 후보자가 새로운 후보자 명단에 등재되지 않은 경우를 포함한다) 법원은 파산절차의 공정하고 원활한 진행을 위해 후보자 명단에서 삭제된 경위, 파산절차의 진행 정도 등을 고려하여 그 후보자가 파산관재인으로 선임된 사건의 파산관재인을 변경할 수 있다.

제8조(청문절차)

위원회는 제6조의 평정의 실시, 제7조의 삭제 여부의 판단에 필요한 경우 후보자 등의 의견을 듣고 관련 자료를 조사하는 등의 청문을 실시할 수 있다.

제9조(손해배상책임의 보장)

법원은 후보자가 파산관재인 업무를 수행하는 경우에 고의 또는 과실로 파산재단에 재산상 손해를 발생하게 한 때에 지게 되는 손해배상책임을 보장하기 위하여 후보자를 보증보험에 가입하게 할 수 있다.

[별지 1 법인 파산관재인 평가표]

법인 파산관재인 평가표

성명	재판부	
	관리위원	

관리위원 평가	
· 보고서의 형식적 완결성	상 ☐　　중 ☐　　하 ☐
평가 의견	(업무수행일지 기재 성실성, 보고서 및 법원 제출서류 작성 충실도, 제출기한 준수 등)

재판부 평가			
평가 항목(각 5점)	가	나	다
1. 일반사항			
· 관재업무 수행의 성실성			
· 업무처리의 신속성			
· 관재업무 수행의 적극성			
· 파산절차 및 관련 법령, 법리의 　숙지여부			
· 허가, 보고사항의 누락 여부			
· 허가, 보고 내용의 충실도			
· 보조인 업무수행의 실질적 감독 여부			
· 보조인 및 임치금에 대한 철저한 　관리 · 감독 여부			
· 관재업무 개선에 대한 기여도			
· 이해관계인에 대한 성실한 절차 안내 　여부			
2. 환가			
· 환가에 대한 적극성			
· 환가 내용의 적절성			
· 환가의 신속성			
· 환가가 어려운 자산에 대한 환가 실적			
3. 비용			
· 경비 내역의 적절성			
· 환가 대비 비용 지출의 효율성			
· 보조인 사용의 적절성			
4. 소송수행			
· 소송수행의 신속성			
· 소송수행의 적절성			
· 소송대리인에 대한 의존 여부			
합계/평점			
종합평가 및 의견	(장점, 개선할 점, 재위촉 여부 등)		

[별지 2 개인 파산관재인 평가표]

개인 파산관재인 평가표

성명	재판부	
	관리위원	

관리위원 평가	
· 보고서의 형식적 완결성	상 □　중 □　하 □
평가 의견	(업무수행일지 기재 성실성, 보고서 및 법원 제출서류 작성 충실도, 제출기한 준수 등)

재판부 평가	
· 파산절차 및 관련법령, 법리의 숙지 정도	상 □　중 □　하 □
· 재산·부채 조사의 충실도	상 □　중 □　하 □
· 절차 진행의 신속성	상 □　중 □　하 □
· 환가·배당 업무의 충실도	상 □　중 □　하 □
· 사건관리 및 보고의 적시성 및 충실도	상 □　중 □　하 □
· 면책허부 조사의견의 적정성	상 □　중 □　하 □
· 채권자 이의 사유에 대한 조사 충실도	상 □　중 □　하 □
· 보조인 업무수행의 실질적 감독 여부	상 □　중 □　하 □
· 보조인 사용의 적정성	상 □　중 □　하 □
· 관재업무 개선에 대한 기여도	상 □　중 □　하 □
· 이해관계인에 대한 안내의 충실도 (신청인 직접 면담 포함)	상 □　중 □　하 □
· 소송수계, 부인권행사 등 소송수행의 신속성 및 적절성	상 □　중 □　하 □
종합평가 및 의견	상 □　중 □　하 □ (장점, 개선할 점, 재위촉 여부 등)

제302호

파산재단에 속한 재산의 환가방법

제1조(목적)

준칙 제302호는 파산재단에 속한 재산을 공정하고 효율적으로 환가할 수 있도록 합리적인 환가방법을 정함을 목적으로 한다.

제2조(환가의 방법)

① 파산관재인은 파산재단에 속한 재산을 다음 각 호의 방법으로 환가할 수 있다.

    1. 공고를 통한 공개매각

    2. 수의계약

    3. 파산선고 전 강제집행의 속행

    4. 법 제497조 제1항, 민사집행법 제274조 제1항에 따른 경매 신청

    5. 법 제335조에 따라 기본계약을 해제한 후 원상회복청구권 등 행사

    6. 처분 전 임대

    7. 추심

    8. 수개 자산의 일괄매각

    9. 영업의 양도

   10. 그 밖에 재산의 환가에 적당한 방법

② 파산관재인은 특별한 사정이 없는 한 파산재단에 속한 재산을 처분하기 전에 파산선고로 실효된 강제집행 및 체납처분의 외관을 제거하여 정당한 가격에 매각이 이루어질 수 있도록 한다.

③ 파산관재인은 필요한 경우 채무자의 시재와 해당 재산의 예상 환가액을 고려하여 전문 중개업자, 매각주간사 등에게 매각 주선을 의뢰할 수 있다.

④ 파산관재인은 환가의 실익이 없는 자산의 경우 법원의 허가를 얻어 포기할 수 있다.

제3조(공개매각)

① 파산관재인은 법원에 공개매각허가를 신청할 경우 신청서에 다음 각 호의 사항을 기재한다.

  1. 공개매각할 자산의 구체적인 내용

  2. 최저매각가격 및 그 산정 근거

  3. 입찰일시, 장소

  4. 입찰보증금

② 법원사무관등은 법원이 제1항의 공개매각허가 신청을 허가하면 법원 홈페이지 공고 게시판에 입찰공고를 한다. 파산관재인은 법원 홈페이지 외에 다른 매체에 공고할 수 있고, 위 공고사실을 채무자의 거래처, 동종업체 등 해당 재산에 관심이 있을 만한 자들에게 별도로 통지할 수 있다.

③ 법원은 공개매각을 통해 낙찰자가 결정되더라도 낙찰금액이 예상된 시가에 미치지 못한 경우 매매계약 체결허가 신청을 불허할 수 있다.

제4조(수의계약)

① 파산관재인은 법원에 수의계약체결 허가를 신청하는 경우 시가에 관한 객관적인 자료를 첨부한다. 파산관재인은 3개 이상 업체의 견적서를 첨부하여 위 시가에 관한 객관적인 자료에 갈음할 수 있다.

② 파산관재인은 시가에 관한 객관적인 자료가 없거나 시가에 미달한 금액으로 수의계약을 체결할 경우 수의매각금액을 최저매각가로 하여 공개매각을 했을 때 유찰될 것을 조건으로 계약을 체결할 수 있다.

제5조(환가방법에 관한 업무지침)

법원은 파산재단에 속한 각종 재산의 합리적인 환가를 위해 필요한 구체적인 사항에 관하여 업무지침을 제정할 수 있다.

제3장 개인파산

제361호

개인파산 예납금 납부기준

제1조(목적)

준칙 제361호는 개인 파산관재인(이하 준칙 제361호에서 '파산관재인'이라한다)의 실질적인 조사업무 수행과 채무자의 예납금에 대한 부담 경감을 고려하여 개인파산 및 면책신청사건의 처리에 관한 예규(재민 2005-1, 이하준칙 제361호에서 '예규'라 한다) 제2조의4에 정한 예납기준에 관한 사항을구체적으로 정함을 목적으로 한다.

제2조(예납금의 기본원칙)

① 개인파산 사건에서 동시폐지를 하지 아니하는 경우의 예납금은 30만 원으로 한다.
② 제1항의 금액은 물가상승률, 파산관재인의 업무 수행 환경 및 개인파산사건 실무 변경 등 여러 요인을 고려하여 변경할 수 있다.

제3조(예납금의 증액)

다음 각 호의 경우를 종합적으로 고려하여 예납금을 예규 제2조의4에서 정한 상한인 500만 원까지 증액할 수 있다.

1. 부채총액이 다액인 경우
2. 부채총액 중 잔존채무 원금이 높은 비율을 차지하는 경우
3. 채권자가 다수인 경우
4. 비금융기관 채권자가 존재하는 경우
5. 파산신청일에 근접하여 지급불능에 이른 경우

6. 파산신청일에 근접하여 채무자 및 직계가족의 재산변동이 있는 경우

7. 파산신청일에 근접하여 발생한 채무가 다액인 경우

8. 파산재단의 규모가 클 것으로 예상되는 경우

9. 부인권 대상 행위가 있는 것으로 예상되는 경우

10. 관련 소송이 존재하는 경우

제4조(예납금의 감액)

다음 각 호 중 2개 이상의 사유에 해당할 경우 예납금을 감액할 수 있다.

1. 채무자가 생계급여 수급자인 경우

2. 지급불능에 이른 시기가 파산신청 10년 이전인 경우

3. 채무자 및 직계존비속인 부양가족에 대하여 의료비가 지속적으로 지출되어야 하는 불가피한 사정이 있는 경우

4. 채무자에게 질병이 있거나, 재산이나 수입이 전혀 없는 등 예납금의 납입이 곤란한 특별한 사정이 인정되는 경우

제371호

개인 파산관재인의 보수

제1조(목적)

준칙 제371호는 개인 파산관재인(이하 준칙 제371호에서 '파산관재인'이라 한다)에게 적정한 보수가 지급되도록 하기 위하여 파산관재인의 보수산정방법에 관한 사항을 정함을 목적으로 한다.

제2조(보수의 지급시기)

① 이시폐지로 종료될 것으로 예상되는 사건은 이시폐지 결정 시 최후보수를 한 번 지급함을 원칙으로 하되, 이 경우에도 관재 업무의 복잡성, 환가진행의 정도 등을 고려하여 법원이 우선보수를 지급함이 상당하다고 인정하는 경우에는 우선보수를 지급할 수 있다.

② 환가할 재산이 있어서 배당절차 진행이 예상되는 사건은 특별한 사정이 없는 한 제1회 채권자집회 종료 직후 또는 채권조사기일 종료 직후 우선보수를 지급한다.

③ 파산관재인이 중도에 사임·해임되거나 변경되는 경우 최후보수를 정산한다.

제3조(우선보수)

파산관재인에게 우선보수를 지급하는 경우, 우선보수금은 절차비용으로 예납된 금액 범위 내에서 파산재단의 규모, 채권조사의 난이도, 소송의 수계 유무, 부인권 행사 유무, 채권자 집회 준비과정에 투입된 노력 등을 고려하여 결정한다.

제4조(최후보수의 산정)

① 최후보수 배당 시까지 총 수집액에 의하여 [별지 파산관재인 보수산정표]에 따라 기준보수를 산정하고, 다음 각 호를 고려하여 기준보수의 50%의 범위 안에서 적정한 금액을 가감하여 정한다.

  1. 채권의 종류 및 채권자의 수

  2. 관재업무의 수행기간

  3. 환가업무의 구체적 내용과 업무난이도

  4. 파산업무를 위하여 행한 법률적 검토 내용과 횟수

  5. 파산관재인 보고서 작성 횟수, 제출 누락 여부, 작성 수준

  6. 예상 배당률과 실제 배당률의 차이

  7. 기타 관재업무와 관련하여 파산관재인 보수 결정에 필요한 사항

② 파산관재인이 이미 지급받은 보수가 있는 경우는 제1항에 따라 산정한 금액에서 차감하여 결정한다.

제5조(특별보수)

① 파산관재인이 환가에 이례적인 성과(예: 부동산 위에 설정된 담보권의 피담보채권 총액이 부동산의 시가를 초과함에도 부동산 매각대금의 일부를 파산재단에 유입시키는 협상에 성공한 경우 등)를 거두는 등 파산재단의 재산 증식에 특별한 기여를 한 경우 특별보수를 지급할 수 있다.

② 특별환가로 인한 특별보수는 이익금액의 20%의 범위 내에서 제반 사정을 고려하여 정한다.

③ 파산관재인은 특별보수를 지급받을 수 있는 사유가 발생한 경우 즉시 또는 제4조의 보수신청 시 소명자료를 첨부하여 특별보수의 지급을 신청한다.

제6조(중도 선임된 파산관재인의 보수)

파산관재인이 중간에 사임 또는 해임되어 새로운 파산관재인이 선임되는 경

우 그 기준보수를 정할 때 보수산정표 상의 수집액은 당해 파산관재인이 수집한 액을 기준으로 산정한다.

제7조(재단채권자에 대한 변제만 실시된 경우)

파산재단이 부족하여 파산채권자들에게 전혀 배당하지 못하고 재단채권자에 대한 변제만으로 파산절차가 종료되는 경우에도 특별한 사정이 없는 한 제3조 내지 제6조의 규정을 준용한다.

제8조(파산재단에 편입할 재산이 없는 경우)

파산관재인의 조사결과, 파산재단에 편입할 재산이 없어서 파산채권자들 및 재단채권자들에게 전혀 배당하지 못하고 이시폐지하는 사건의 경우, 최후보수는 절차비용으로 예납된 금액 범위 내에서 채권자의 수, 업무수행기간, 업무난이도, 보고서 제출 횟수 및 작성 수준, 소송의 수계 유무, 부인권 행사 유무, 면책불허가 사유, 조사업무의 난이도 등의 제반 사정을 감안하여 결정한다.

[별지 파산관재인 보수산정표]

파산관재인 보수산정표

① 최후보수 산정의 기초가 되는 기준보수의 산정은 아래와 같이 한다.

수집액	산정방식
500만 원 이하	30만 원＋수집액 × 20%
500만 원 초과~1,000만 원 이하	130만 원＋(수집액－500만 원) × 10%
1,000만 원 초과~5,000만 원 이하	180만 원＋(수집액－1,000만 원) × 8%
5,000만 원 초과~1억 원 이하	500만 원＋(수집액－5,000만 원) × 5%
1억 원 초과~5억 원 이하	750만 원＋(수집액－1억 원) × 2%
5억 원 초과~10억 원 이하	1,550만 원＋(수집액－5억 원) × 1%
10억 원 초과~50억 원 이하	2,050만 원＋(수집액－10억 원) × 0.2%
50억 원 초과	2,850만 원＋(수집액－50억 원) × 0.1%

② 수집액은 파산관재인이 환가하여 금전화한 것을 말하며, 파산선고 당시 이미 현금이나 현금 등가물과 같이 이미 현금화되어 있거나, 즉시 현금화가 가능한 것은 제외한다. 끝.

제372호

개인 파산관재인 간담회 등

제1조(목적)

준칙 제372호는 개인 파산관재인(이하 준칙 제372호에서 '파산관재인'이라 한다) 업무의 통일성, 전문성 제고를 위하여 파산관재인에 대한 간담회, 직무교육 등에 관한 사항을 정함을 목적으로 한다.

제2조(간담회)

법원은 파산관재인 사이의 업무 편차를 줄이고, 현안을 논의하기 위하여 개인파산 담당판사와 파산관재인 사이의 간담회를 연 2회 개최한다.

제3조(직무교육)

법원은 파산관재인이 새로이 후보자 명부에 등재된 경우 등재 후 가까운 시일 내에 직무교육을 실시한다.

제373호

개인 파산관재인의 현장방문 조사

제1조(목적)

준칙 제373호는 개인파산절차의 공정성을 제고하고 채무자에 대한 권리침해를 방지하기 위하여 개인 파산관재인(이하 준칙 제373호에서 '파산관재인'이라 한다)이 현장방문 조사를 할 때 유의해야 할 사항을 정함을 목적으로 한다.

제2조(파산관재인의 현장방문 조사)

파산관재인은 파산재단의 관리 및 면책불허가사유의 조사에 관한 권한을 행사하기 위하여 필요한 경우 채무자가 운영하는 것으로 보이는 사업장 또는 채무자가 실제 거주하는 것으로 보이는 주거지를 방문하여 조사할 수 있다.

제3조(채무자의 사전 동의)

파산관재인이 현장방문 조사를 하기 전에 채무자로부터 동의를 받아야 한다.

제4조(현장방문 시 유의사항)

파산관재인은 현장방문 조사 시 사생활이 침해되거나 영업이 방해되지 않도록 주의한다.

제5조(현장방문 보고서의 제출)

파산관재인은 현장방문 후 파악한 채무자의 재산, 소득 등 조사내용에 관한 현장방문 보고서를 제출한다.

제4편 개인회생

제401호

사건배당의 기준

제1조(목적)

준칙 제401호는 개인회생 사건의 배당에 관하여 필요한 아래의 사항을 정함으로써 절차의 신뢰성과 업무처리의 전문성을 확보하고, 절차의 효율성을 높이는 것을 목적으로 한다.

1. 법원사무관등이 아닌 회생위원을 선임할 사건에 관한 기준
2. 유관기관 경유사건의 전담재판부 배당에 관한 처리

제2조(법원사무관등이 아닌 회생위원을 선임할 사건)

① 법원에 법 제601조 제1항 제1호, 제3호 내지 제7호에 의한 회생위원(이하 준칙 제401호에서 '외부 회생위원'이라 한다)을 선임할 사건을 전담하는 재판부(이하 준칙 제401호에서 '외부 회생위원 전담재판부'라 한다)를 둔다.

② 법원은 다음 각 호에서 정한 채무자의 개인회생절차 개시신청 사건은 외부 회생위원 전담재판부에 배당하고, 외부 회생위원을 선임한다.

1. 법 제579조에서 정한 영업소득자인 채무자(채무자 명의로 사업자등록이 되어 있는지 여부와 무관하게 채무자가 실질적으로 영업소득을 얻는 경우를 의미한다)
2. 법 제579조에서 정한 급여소득자인 채무자 중 채무액 총합계(담보부 채무액을 포함한다)가 1억 5천만 원을 초과하는 채무자
3. 법 제579조에서 정한 급여소득자인 채무자 중 다음 각 목에서 정한 직업에 종사하는 채무자. 다만, 채무자가 영업활동에 따른 성과급을 지급받지 않는 경우에는 외부 회생위원 전담재판부에 배당하지 않을 수 있다.

    가. 보험설계사

    나. 영업사원 및 방문판매사원

    다. 법인의 대표자

    라. 지입차주

    마. 그 밖에 영업활동에 따른 성과급을 지급받는 직업

③ 법원은 법 제579조에서 정한 급여소득자인 채무자 중 제2항 제2호, 제3호에 해당하지 않는 채무자가 신청한 개인회생절차 개시신청 사건의 경우에도 부인권 대상 행위의 존부, 접수 사건수의 추이 등 여러 사정을 참작하여 사건을 외부 회생위원 전담재판부에 배당하고, 외부 회생위원을 선임할 수 있다.

④ 채무자가 신청한 개인회생절차 개시신청 사건이 외부 회생위원 전담재판부가 아닌 재판부에 배당된 경우에도 사건에 대한 조사결과 제2항, 제3항에 해당하는 사건으로 밝혀진 경우에는 외부 회생위원 전담재판부로 재배당할 수 있다. 다만, 개인회생절차 개시결정을 한 경우에는 재배당하지 않는다.

⑤ 외부 회생위원은 그와 합동으로 사무소를 운영하는 자 또는 그가 소속된 법인이 수임하였거나 처리하는 사건을 배당받은 경우 법원에 재배당을 요청하여야 한다.

제402호

개인회생 사건 신청서에 첨부할 서류

제1조(목적)

준칙 제402호는 효율적이고 신속한 개인회생 사건 심리를 위하여 법 제589조 제2항, 규칙 제79조, 개인회생 사건 처리지침(재민 2004-4) 제2조에 따라 채무자가 개인회생절차 개시신청서에 첨부할 서류에 관하여 필요한 사항을 구체적으로 정함을 목적으로 한다.

제2조(개인회생 사건 신청 시 첨부할 서류의 목록)

채무자는 개인회생절차 개시신청서에 다음 각 호의 서류를 첨부하여야 한다.

1. 채권자목록: 원본과 채권자 수에 2를 더한 개수의 부본(회생위원용 1부, 채권자표 작성용 1부)

2. 재산목록

   가. 부동산등기사항전부증명서

   나. 가입된 보험의 예상 해약환급금확인서

   다. 채무자 본인 명의의 지적전산자료조회결과서, 지방세세목별과세증명서

   라. 채무자 본인 소유 부동산에 대한 국민은행 홈페이지 부동산 시세확인 또는 국토교통부 홈페이지의 아파트실거래정보

   마. 자동차등록원부와 시가 증명자료(자동차 전문 중고거래 사이트 등의 인터넷 시가자료)

   바. 채무자 본인 명의의 임대차계약서 사본

3. 채무자의 수입 및 지출에 관한 목록

  가. 급여소득자: 원칙적으로 근로소득원천징수영수증, 불가피한 경우에는 사용자의 기명날인 또는 서명이 된 급여명세서 또는 소득증명서나 최근 6개월간 급여를 지급받은 통장거래내역

  나. 영업소득자: 부가가치세과세표준증명, 세무서 발행의 소득금액증명서, 매출처·매입처별 세금계산서 합계표, 신용카드 매출전표 발행금액 등 집계표, 손익계산서 또는 총매출액, 필요비 실질소득을 매 월별로 산정한 신청일 직전 1년간의 수입상황보고서

  다. 국민건강보험자격득실확인서, 국민연금산정용가입내역확인서

4. 급여소득자 또는 영업소득자임을 증명하는 서류

  가. 급여소득자: 재직증명서, 사업자등록증이 첨부된 사업주의 확인서 또는 이에 준하는 서류

  나. 영업소득자: 사업자등록증 또는 이에 준하는 서류

5. 진술서

6. 신청일 전 10년 이내에 회생, 파산, 개인회생을 신청한 사실이 있는 경우 이와 관련되는 서면[종전 사건의 사건번호, 종국내역(취하, 기각, 폐지 등), 종국일자가 기재된 서류 등]

7. 그 밖에 대법원 규칙이 정하는 서류(규칙 제79조)

  가. 주민등록등본

  나. 소득세 등을 납부한 증명서

  다. 영업에 필요한 필요비 지출을 증명할 수 있는 세금계산서나 명세서, 사업장의 임료, 전기세, 기타 공과금의 납부를 소명할 수 있는 서류

  라. 시설 및 비품의 시가확인서

  마. 신용회복위원회, 한국자산관리공사 등을 통하여 개인워크아웃 등을 신청한 경우 이와 관련된 자료

제3조(법원이 추가로 제출을 명할 수 있는 서류의 목록)

법원은 개인회생사건의 적정한 심리와 원활한 진행을 위하여 채무자에게 제2조에 규정된 서류 이외에 다음 각 호의 서류를 추가로 제출하도록 명할 수 있다.

1. 재산목록 관련 서류

   가. 배우자 명의의 지적전산자료조회결과서, 지방세세목별과세증명서

   나. 신청일 기준 직전 1년간 채무자 본인 명의의 예금계좌거래내역

   다. 채무자 본인 및 배우자 명의의 보험가입내역조회서, 보험증권 사본

   라. 채무자 배우자 소유 부동산에 대한 국민은행 홈페이지 부동산 시세 확인 또는 국토교통부 홈페이지의 아파트실거래정보

   마. 신청일 기준 직전 2년간 채무자 본인 및 배우자가 부동산 매매를 한 경우 매매대금의 사용처를 확인할 수 있는 자료

   바. 배우자 명의의 임대차계약서 사본

   사. 신청일 기준 직전 5년간 주거지 등기부등본

   아. 채무자가 사업을 하다가 폐업한 경우 폐업증명서, 사업장 임대차계약서 사본, 임차보증금, 권리금, 사용설비 및 재고품 등의 가액, 그 처분대금의 잔존 여부 및 사용처를 소명할 수 있는 자료

2. 채무자의 수입 및 지출에 관한 목록 관련 서류

   무상거주사실확인서(작성자의 인감증명서 또는 신분증 사본 첨부)

3. 진술서 관련 서류

   가. 최근에 직장이 변경된 경우 종전 직장의 급여액을 확인할 수 있는 자료

   나. 현재의 주거상황을 확인할 수 있는 자료

4. 신청일 전 10년 이내에 회생, 파산, 개인회생을 신청한 사실이 있는 경우 이와 관련되는 서면

   가. 종전 사건의 채권자목록, 변제계획안, 보정권고 또는 보정명령 사항

　　나. 종전 사건의 종결 후 그 사유를 해소할 만한 사정변경이 있었는지 여부가 기재된 사유서

5. 그 밖에 대법원 규칙이 정하는 서류(규칙 제79조) 관련

　　가. 본인의 개명 등을 소명할 기본증명서, 배우자의 유무를 확인할 수 있는 혼인관계증명서

제403호

중지명령 등의 발령

제1조(목적)

준칙 제403호는 중지명령 및 금지명령(이하 준칙 제403호에서 '중지명령 등'이라 한다) 발령의 시기, 발령의 기준 등에 관하여 필요한 사항을 정함으로써 과도한 채무독촉에 시달리는 채무자의 신속한 구제 및 채권자와 채무자 사이의 이익 균형 도모를 목적으로 한다.

제2조(중지명령 등의 발령)

① 법원은 중지명령 등의 신청이 있는 경우에는 특별한 사정이 없는 한 신청서 접수일부터 3일 이내에 중지명령 등의 발령 여부를 결정한다. 다만, 채무자가 인지대 또는 송달료를 납부하지 않은 경우에는 그러하지 아니하다.

② 법원은 채무자가 과거 개인회생을 신청한 적이 있는 경우로서 신청횟수, 과거 절차 종료일, 종국 사유 등을 고려하여 중지명령 등의 신청이 개인회생절차의 남용에 해당한다고 볼 객관적인 사정이 있는 때를 제외하고는 원칙적으로 중지명령 등을 발령한다.

제3조(중지명령 등의 취소 및 변경)

① 법원은 법 제593조 제4항에 따라 개인회생채권자 등 이해관계인이 중지명령 등의 취소 또는 변경을 신청하면서 다음 각 호의 사유를 소명한 경우에는 중지명령 등의 취소 또는 변경 여부를 면밀히 검토하여야 한다.

  1. 신청일 전 1년 이내에 발생한 채무의 합계가 총 채무액에서 차지하는 비중이 큰 경우
  2. 신청일 전 1년 이내에 발생한 채무의 합계가 다액인 경우

3. 채무자가 과거 개인파산이나 개인회생을 신청한 적이 있는 경우

4. 그 밖에 중지명령 등의 신청이 개인회생절차의 남용에 해당한다고 볼 객관적인 사정이 있는 경우

② 법원은 제1항 각 호의 사유가 있다고 판단하는 경우 채무자로 하여금 다음 각 호의 자료 또는 기타 소명자료의 제출을 명할 수 있다.

1. 신청일 전 1년 이내에 발생한 채무의 발생경위, 사용처 및 소명자료

2. 신청일 전 1년 간 사용한 신용카드이용명세서

3. 종전에 신청한 개인회생 사건의 결정문, 채권자목록, 변제계획안, 보정명령 및 보정권고 사항

제404호

채무자에 대한 면담 및 심문절차

제1조(목적)

준칙 제404호는 개인회생 사건을 신속하고 적정하게 처리하기 위하여 회생위원의 채무자에 대한 면담절차와 법원의 채무자 등에 대한 심문절차의 진행과 관련하여 필요한 사항을 정함을 목적으로 한다.

제2조(채무자에 대한 면담절차)

① 접수 담당 법원사무관 등은 개인회생 사건을 접수하는 즉시 신청인 혹은 신청인의 대리인에게 회생위원별로 미리 협의된 면담기일을 고지할 수 있다.

② 우편접수사건이나 전항에 의한 면담기일 고지가 어려운 사건에 대해서는 회생위원이 사건을 배당받아 검토 후 면담기일을 고지하되, 개인회생 사건의 접수일부터 3주를 넘지 않는 날을 최초 면담기일로 지정하여야 한다.

③ 전항에도 불구하고 회생위원은 기록 검토 후 면담절차의 진행이 불필요하다고 판단한 사건에 대해서는 면담절차를 진행하지 않을 수 있다.

제3조(회생위원의 보정권고)

① 회생위원은 회생위원의 업무수행을 위하여 필요한 경우 서면으로 채무자에게 보정권고를 할 수 있다.

② 회생위원이 전항에 따라 채무자에게 보정권고를 할 때 면담기일을 함께 지정하거나 이미 면담기일이 지정되어 있는 경우에는 보정권고에 따른 보정서 제출기한을 면담기일 이전으로 정하여야 한다.

③ 회생위원은 특별한 사정이 없는 한 면담절차를 진행하지 않는 사건에 대한 보정서 제출기한을 개인회생 사건의 접수일부터 4주 이내로 정한다.

④ 회생위원은 개인회생절차 개시신청서의 오기, 누락 등을 이유로 한 간단한 보정사항에 대해서는 구두 또는 유선, 팩시밀리 전송 등의 방법으로 보정권고를 할 수 있다. 다만, 이 경우 회생위원은 보정권고사항이 기록에 드러날 수 있도록 적절한 조치를 취하여야 한다.

제4조(채무자 등에 대한 심문절차)

① 법원은 다음 각 호의 사유가 있는 경우 채무자에 대한 심문절차를 진행할 수 있다.

1. 회생위원이 업무수행결과를 보고하면서 채무자의 재산 및 소득 등에 관하여 특이사항이 있다는 의견을 진술한 경우
2. 채무자가 규칙 제88조 제2항에 따라 법원에 심문을 신청한 경우
3. 그 밖에 법원이 심문이 필요하다고 인정한 경우

② 법원은 채무자에 대한 심문절차에 회생위원, 법원이 알고 있는 개인회생채권자, 개인회생절차가 개시된 채무자의 재산을 소지하고 있거나 그에게 채무를 부담하는 자를 참여시켜 의견을 진술하게 할 수 있다.

③ 법원은 채무자에 대한 심문절차를 마친 후 법 제595조 각 호의 사유를 검토하여 지체없이 개인회생절차의 개시 여부의 결정을 하여야 하고, 심문절차를 진행하는 경우에 위 결정이 지나치게 지체되지 않도록 주의하여야 한다.

제5조(면담기일에 불출석한 경우의 처리)

① 회생위원은 채무자가 면담기일에 불출석한 경우 유선으로 불출석한 사유를 확인하고 다음 면담기일을 약속하여 기일을 진행한다.

② 회생위원은 채무자가 두 번째 면담기일에도 불출석한 경우에는 상당한 이유 없이 절차를 지연시키는 때에 해당함을 사유로 한 개인회생신청 기각의견 취지의 업무수행결과보고서를 작성하여 재판장에게 인계한다.

제405호

생계비의 산정 기준

제1조(목적)

준칙 제405호는 법 제579조 제4호 다목에 따라 채무자 및 그 피부양자의 인간다운 생활을 유지하기 위하여 필요한 생계비를 개인회생사건 처리지침(재민 2004-4, 이하 준칙 제405호에서 '예규'라 한다) 제7조 제2항에 의하여 산정함에 있어 그 구체적인 사항을 정함을 목적으로 한다.

제2조(배우자를 부양가족으로 볼 것인지 여부)

예규 제7조 제2항의 "국민기초생활보장법 제6조의 규정에 따라 공표된 개인회생절차개시신청 당시의 기준 중위소득에 100분의 60을 곱한 금액"을 산정함에 있어 경제활동이 가능한 연령대인 채무자의 배우자도 제반 사정을 고려하여 상당하다고 인정되면 채무자의 부양가족으로 볼 수 있다.

제3조(추가 생계비 인정의 기본원칙)

① 채무자가 지속적으로 지출할 필요가 있는 주거비, 의료비 및 미성년 자녀에 대한 교육비는 합리적인 범위 내에서 개인회생절차개시신청 당시의 기준 중위소득에 100분의 60을 곱한 금액에 가산하여 법 제579조 제4호 다목에 따른 생계비로 인정한다.

② 제1항에 따라 생계비를 산정함에 있어서는 법 제579조 제4호 가목에 따른 채무자의 소득액을 "급료·연금·봉급·상여금·퇴직연금, 그 밖에 이와 비슷한 성질을 가진 급여채권"으로 보아 민사집행법 제246조 제1항 제4호, 같은 법 시행령 제3조, 제4조에 따라 계산된 금액을 고려할 수 있다.

제4조(위원회의 구성)

① 제2조에 따라 경제활동이 가능한 연령대인 채무자의 배우자를 부양가족으로 인정하는 것에 관한 구체적인 기준 및 제3조 제1항에 따라 개인회생절차개시신청 당시의 기준 중위소득에 100분의 60을 곱한 금액에 가산하여 생계비로 인정할 주거비, 의료비 및 미성년 자녀에 대한 교육비의 합리적인 범위를 정하기 위하여 법원에 생계비 검토 위원회(이하 준칙 제405호에서 '위원회'라 한다)를 둔다.

② 위원회는 위원장을 포함하여 6인 이상 9인 이하의 위원으로 구성한다.

③ 위원회의 위원장은 수석부장판사로 하고, 위원은 법원장이 지명 또는 위촉한다.

④ 위원장은 위원 중 1인을 간사로 지명한다.

⑤ 위원회의 위원에는 다음 각 호의 사람이 포함되어야 한다.

  1. 개인회생 담당 판사
  2. 개인회생과장
  3. 회생위원
  4. 법원외부인으로서 개인도산절차에 관하여 학식 또는 경험을 갖춘 사람

제5조(정기회의)

위원장은 매년 1회 위원회의 정기 회의를 소집하여야 한다.

제6조(임시회의)

위원장은 필요한 경우 회의를 소집할 수 있다.

제7조(의결 방법)

위원회는 과반수 위원의 출석으로 회의를 개최하고, 출석한 위원 과반수의

찬성으로 의결한다.

제8조(의결 내용의 공표)

위원장은 위원회의 의결 내용을 개인회생 담당 재판부에 알리고 서울회생법원 홈페이지에 게시하는 방법으로 공표하여야 한다.

제406호

배우자 명의의 재산

제1조(목적)

준칙 제406호는 개인회생절차에서 배우자 명의 재산의 취급에 관한 사항을 정함을 목적으로 한다.

제2조(배우자 명의 재산의 취급)

① 채무자의 배우자 명의로 되어 있는 재산(예 : 부동산, 자동차, 임차보증금 반환채권 등)은 법 제614조 제1항 제4호 본문 및 같은 조 제2항 제1호의 "채무자가 파산하는 때에 배당받을 총액"을 산정할 때 고려하여서는 아니 된다. 다만, 다음 각호의 경우에는 그러하지 아니하다.

1. 제출된 자료 등에 비추어 채무자가 당해 재산을 실질적으로 소유하기 위하여 그 대가를 부담한 명의신탁재산으로 인정되는 경우
2. 채무자가 배우자에게 당해 재산을 처분한 행위에 관하여 부인권 성립 및 행사의 요건이 충족되는 경우

② 법원은 제1항 단서 각호의 경우에 해당한다고 의심할 만한 사정이 있는 때에는 채무자에게 그에 관한 조사를 위하여 필요한 자료를 제출하도록 요구할 수 있다.

제407호

개인파산절차로의 실무운용상 전환

제1조(목적)

준칙 제407호는 개인파산절차를 진행하여야 할 상황에 있는 채무자가 개인
회생을 신청한 경우에 개인회생의 취하 및 개인파산의 신청을 권유하는 방식
으로 절차를 실무운용상 전환하는 것에 관한 사항을 정함을 목적으로 한다.

제2조(회생위원의 절차 전환에 대한 보고서 작성)

① 회생위원은 개인회생 사건 중 채무자의 수입이 국민기초생활보장법 제6
조의 규정에 따라 공표된 개인회생절차개시신청 당시의 기준 중위소득에
100분의 60을 곱한 금액에 미치지 못하는 것으로 보이는 사건 또는 채무자
가 수입을 장래에 계속적·반복적으로 얻을 가능성이 있다고 보기 어려운 사
건에 관하여 특별한 사정이 없는 한 [별지 1 보고서 양식]에 따라 절차 전
환에 대한 보고서를 작성하여야 한다.

② 회생위원이 [별지 1 보고서 양식]에 따라 절차 전환에 대한 보고서를 작
성함에 있어서는 제1항에 해당하는 사건이라고 하더라도, 개인파산절차의
면책불허가 사유가 있는 것으로 보이는 경우, 또는 개인회생절차에서는 면
책될 수 있으나 개인파산절차에서는 면책될 수 없는 채무를 많이 부담하고
있는 것으로 보이는 경우에는 절차 전환에 대한 회생위원의 의견을 정함에
있어 부정적인 요소로 고려할 수 있다.

제3조(절차 전환에 관한 보정명령)

① 회생위원이 제2조에 따라 절차 전환에 대한 보고서를 작성한 사건에 대
하여 판사는 당해 사건에서 채무자의 수입이 국민기초생활보장법 제6조의

규정에 따라 공표된 개인회생절차개시신청 당시의 기준 중위소득에 100분의 60을 곱한 금액에 미치지 못하는 때 또는 채무자가 수입을 장래에 계속적·반복적으로 얻을 가능성이 있다고 보기 어려운 때에 해당하는지 여부, 개인파산절차의 면책불허가 사유가 있는 것으로 보이는 경우 또는 개인회생절차에서는 면책될 수 있으나 개인파산절차에서는 면책될 수 없는 채무를 많이 부담하고 있는 것으로 보이는 경우에 해당하는지 여부 등을 종합적으로 고려하여 개인회생절차개시결정 전까지 [별지 2 보정명령 양식]에 따라 절차 전환에 관한 보정명령을 할 수 있다.

② 판사는 회생위원이 제2조에 따른 절차 전환에 대한 보고서를 작성하지 아니한 채 준칙 제411호에 따라 개시결정 전 업무수행결과보고서를 작성한 사건이라고 하더라도, 제1항에 열거한 제반사정을 고려하여 같은 항에서 규정한 보정명령을 함이 상당하다고 보이는 사건에 관하여는 회생위원으로 하여금 제2조에 따라 절차 전환에 대한 보고서를 작성하게 할 수 있고, 특별한 사정이 있는 때에는 회생위원으로 하여금 제2조에 따른 절차 전환에 대한 보고서를 작성하게 하지 아니하고 개인회생절차개시결정 전까지 제1항에서 규정한 보정명령을 할 수 있다.

제4조(파산선고 후 개인회생 사건의 처리)

제3조에 의한 보정명령이 있은 후에 채무자가 그에 따라 개인파산을 신청하여 파산선고가 이루어졌으나 개인회생 신청을 취하하지 아니하고 있는 경우, 회생위원은 준칙 제411호 제2조에 따라 업무수행결과보고서를 작성하여 판사에게 제출함에 있어서 법 제595조 제1호에 정한 개시신청 기각사유가 있다고 보이면 그와 같은 취지의 의견을 기재할 수 있고, 판사는 법 제595조 제1호에 정한 개시신청 기각사유가 있다고 판단된 경우에 개인회생절차 개시신청에 대한 기각결정을 할 수 있다.

[별지 1 보고서 양식]

제○○○회생위원 절차 전환에 대한 보고서

사 건 : 20○○개회○○○○호

채무자 :

위 사건에 관하여 제○○○회생위원은 다음과 같이 개인회생 사건의 취하 및 개인파산 신청의 권유에 대하여 보고합니다.

다 음

절차 전환이 필요한 사유	□ 채무자의 수입이 기준 중위소득 100분의 60에 미치지 못함 □ 채무자가 수입을 장래에 계속적·반복적으로 얻을 가능성이 있다고 보기 어려움 □ 그 외의 사유 ( )
기타사항	
절차 전환에 대한 회생위원 의견	적정 의견 또는 부적정 의견

[별지 2 보정명령 양식]

서울회생법원

보 정 명 령

사   건   20○○개회○○○○   개인회생

신 청 인   ○○○
(채 무 자)   서울 ○○구 ○○길 ○○

신청인은 이 명령이 송달된 날로부터 14일 이내에 아래 사항을 보정하여 주시기 바랍니다.

아   래

1. 이 사건의 경우 채무자의 수입에서 인간다운 생활을 유지하기 위하여 필요한 생계비를 공제하면 채권자들에 대한 변제에 제공할 만한 금액이 없을 것으로 보입니다.[4] 따라서, 개인파산을 신청하고 파산선고가 이루어지면 이 사건 개인회생 신청은 취하하는 것을 검토하기 바랍니다.

2. 위 제1항에 따라 개인파산을 신청하고 이 사건 개인회생 신청은 취하하고자 하는 경우에는 본 보정명령에 첨부된 [첨부1] 개인파산 신청서 양식에 따라 개인파산 신청서를 작성한 후 '파산 신청에 따른 추가 자료제출목록'에 기재되어 있는 자료를 첨부하여 이 법원에 제출하면 됩니다. 이와 같이 [첨부1]에 따라 작성된 개인파산 신청서를 제출할 때 기존에 개인회생 신청 시 제출하였던 신청서 및 첨부서류도 같이 제출하여야 합니다.

---

4) 절차 전환이 필요한 사유에 따라 "채무자의 수입에서 인간다운 생활을 유지하기 위하여 필요한 생계비를 공제하면 채권자들에 대한 변제에 제공할 만한 금액이 없을 것으로 보입니다"라는 문구를 "채무자가 수입을 장래에 계속적·반복적으로 얻을 가능성이 있다고 하기 어려운 것으로 보입니다"로 변경하여야 할 수 있음

3. 위 제2항에서와 같이 [첨부1]에 따라 작성된 개인파산 신청서를 제출하는 것과 관련하여, 기존에 개인회생 신청 시 제출하였던 신청서 및 첨부서류를 같이 제출하기 어렵다면 대신에 [첨부2] 문서송부촉탁 신청서 양식에 따라 문서송부촉탁 신청서를 작성하여 [첨부1]에 따라 작성된 개인파산 신청서와 같이 제출하기 바랍니다.

4. [첨부1]에 따라 작성된 개인파산 신청서를 제출한 후 실제로 파산선고가 이루어질 때까지는 이 사건 개인회생 신청을 취하하기 바랍니다.

5. 만일 개인회생절차를 그대로 진행하기 원하는 경우에는 그 사유를 밝히기 바랍니다.

※ 개인파산을 신청하게 되면 주로 파산관재인 보수로 사용될 일정한 금액(사건마다 차이가 있을 수 있으나 보통 30만 원)을 예납하여야 합니다. 별도의 예납명령이 있기 전에도 개인파산 신청을 하면서 30만 원을 미리 예납할 수 있습니다[송달료가 아닌 민사예납금(하단사건)으로 납입하고 납입영수증을 법원에 제출하기 바랍니다].

※ 개인파산절차에서의 면책불허가 사유가 있는 경우, 또는 개인파산절차에서는 비면책채권으로 되어 있는 채무를 많이 부담하고 있는 경우 등에는 개인회생을 취하하고 개인파산을 신청하는 것이 곤란한 때에 해당하는지 여부를 자세히 검토하기 바랍니다.

※ 정당한 사유 없이 이 보정명령에 답변하지 아니하는 때에는 채무자 회생 및 파산에 관한 법률 제595조 제1호에 따라 개인회생 신청이 기각될 수도 있습니다.

[첨부1]

파산 및 면책 신청서(전환용)

인지
2000원

기존 개인회생 사건의 사건번호 : 20__개회_____ (담당 판사의 성명 : _____)

신 청 인(채 무 자)   (주민등록번호 :   -   )

주 소 :   (우편번호 :   )
거 소 :   (우편번호 :   )
송달장소 :   송달영수인 :   (우편번호 :   )
등록기준지 :
연락처 : 휴대전화(   ),집전화(   ),e-mail(   )

신 청 취 지

1. 신청인에 대하여 파산을 선고한다.
2. 채무자를 면책한다. 라는 결정을 구합니다.

신 청 이 유

1. 신청인에게는 별첨한 채권자목록 기재와 같이 지급하여야 할 채무가 존재합니다.
2. 그런데 개인회생절차개시신청 시 첨부한 수입 및 지출에 관한 목록 기재와 같은 신청인의 현재 자산, 수입의 상황 하에서는 채무를 지급할 수 없는 상태에 있습니다.
3. 따라서 신청인에 대하여 파산을 선고하며, 채무자를 면책한다. 라는 결정을 구합니다.

첨 부 서 류

1. 파산신청에 따른 추가 진술사항 1부
2. 채권자목록 1부
3. 개인회생절차개시신청서 및 그 첨부서류 1부

휴대전화를 통한 정보수신 신청서

위 사건에 관한 파산선고결정, 면책결정 등 정보를 예납의무자가 납부한 송달료 잔액 범위 내에서 휴대전화를 통하여 알려주실 것을 신청합니다.
■ 휴대전화 번호 :
          신청인 채무자   (날인 또는 서명)

※ 파산선고 및 이의기간지정 결정(또는 면책심문기일 결정), 면책결정이 있으면 신속하게 위 휴대전화로 문자메시지가 발송됩니다. 문자메시지 서비스 이용금액은 메시지 1건당 17원씩 납부된 송달료에서 지급됩니다(송달료가 부족하면 문자메시지가 발송되지 않습니다). 추후 서비스 대상 정보, 이용금액 등이 변동될 수 있습니다.

---

20 .   .   .

신 청 인   ㉑

파산사건번호	
면책사건번호	
배당순위번호	
재 판 부	제 단독

서울회생법원 귀중

파산신청에 따른 추가 진술사항

서울회생법원   귀중

신 청 인   (인)

신청인은 다음과 같은 내용을 <u>사실대로</u> 진술합니다.
<u>위 각 서류에 사실과 다른 내용이 있을 경우 면책불허가될 수 있음을 잘 알고 있습니다.</u>

1. 본인의 현재까지의 생활상황 등은 다음과 같습니다.

(1) 사기죄, 사기파산죄, 과태파산죄, 도박죄로 고소되거나 형사재판을 받은 경험 (있음, 없음)

_____

(2) 과거 1년간 물건을 할부나 월부로 구입하고 대금을 전부 지급하지 않은 상태에서 처분(매각, 입질 등)을 한 경험 (있음, 없음) (물건의 품명, 구입시기, 가격, 처분 시기 및 방법을 전부 기재하여 주십시오)

_____

_____

(3) 이번 항목은 개인 영업을 경영한 경험이 있는 분만 기재하여 주십시오.

▷ 영업 중 상업장부의 기재

□ 정확히 기장하였다.   □ 부정확하게 기장하였다.   □ 기장하지 아니하였다.

▷ 영업 중에 도산을 면하기 위하여 상품을 부당하게 염가로 매각한 사실 (있음, 없음) (언제 무엇을 매입원가의 몇 %로 할인판매를 하였는지를 기재하여 주십시오)

_____

☆ 개인 영업을 경영한 경험이 있는 분은 아래 8종류의 사실증명(현재로부터 과거 3년까지의 기간에 관한 것)에 대하여 발급신청을 하고, 그에 따라 세무공무원이 교부하여 주는 서류를 제출하여 주시기 바랍니다. 8종류의 사실증명 : ① 사업자등록증명, ② 휴업사실증명, ③ 폐업사실증명, ④ 납세 및 체납사실증명, ⑤ 소득금액증명, ⑥ 부가가치세과세표준증명, ⑦ 부가가치세면세사업자수입금액증명, ⑧ 표준재무제표증명(개인, 법인)

2. 채권자와 채무지급방법에 관하여 교섭한 경험 (있음, 없음)

▷ 그 결과 합의가 성립된 채권자수 (   )명

▷ 합의에 기하여 지급한 기간 (년 월 일부터   년 월 일까지)

▷ 매월 지급한 총액   1개월 평균 (   )원 정도

▷ 지급 내역 (누구에게 얼마를 지급하였는지를 기재하여 주십시오)

_____

3. 파산신청에 이르게 된 사정(채무 증대의 경위 및 지급이 불가능하게 된 사정) (□안에 √ 표시)

   (1) 지급이 불가능하게 된 계기는 다음과 같습니다(두 가지 이상 선택 가능)

   □ 변제해야 할 원리금이 불어나 수입을 초과하게 됨

   □ 실직함

   □ 경영 사정 악화로 사업 폐업함

   □ 급여 또는 사업 소득이 감소됨

   □ 병에 걸려 입원함

   □ 그 밖의 사유 :

   (2) 지급이 불가능하게 된 시점 :   년   월   일

4. 지급이 불가능하게 된 시점 이후에 차용하거나 채무가 발생한 사실 (있음, 없음)

시기(연월일)	차용(채무 발생) 원인, 금액, 조건 등

   (있다면 차용 또는 채무발생의 시기, 원인, 금액, 조건 등을 기재하여 주십시오. 별지를 사용하여도 됩니다.)

5. 채무의 지급이 불가능하게 된 시점 이후에 일부 채권자에게만 변제한 경험 (있음, 없음) (변제한 채권자의 성명, 변제시기, 금액을 전부 기재하여 주십시오)

   _____

   _____

6. 채무의 지급이 불가능하게 된 시점의 1년 이전부터 현재까지 사이에 처분한 1,000만원 이상의 재산 (있음, 없음) (다만, 여러 재산을 처분한 경우 그 합계액이 1,000만 원 이상이면 모두 기재하여야 하고, 부동산은 1,000만 원 미만이라도 기재하여야 합니다.)

   _____

   _____

☆ 처분의 시기, 대가 및 대가의 사용처를 상세히 기재하여 주시기 바랍니다. 그리고 여기서 말하는 재산의 처분에는 보험의 해약, 정기예금 등의 해약, 퇴직에 따른 퇴직금수령 등도 포함합니다. 주거이전에 따른 임차보증금의 수령에 관하여는 다음의 7항에 기재하여 주시기 바랍니다.

☆ 특히 부동산이나 하나의 재산의 가액이 1,000만 원 이상의 재산을 처분한 경우에는 처분시기와 대가를 증명할 수 있는 부동산등기사항전부증명서, 계약서사본, 영수증 사본 등을 첨부하시기 바랍니다(경매로 처분된 경우에는 배당표 및 사건별수불내역서를 제출하여 주십시오).

7. 최근 2년 이내에 주거이전에 따른 임차보증금을 수령한 사실 (있음, 없음)

_____

_____

☆ 임차물건, 임대차계약상 임차보증금의 액수와 실제로 수령한 임차보증금의 액수, 수령한 임차보증금의 사용처를 기재하여 주시기 바랍니다.

8. 최근 2년 이내에 이혼에 따라 재산분여(할)한 사실 (있음, 없음)

_____

_____

☆ 분여한 재산과 그 시기를 기재하여 주십시오.

☆ 최근 2년 이내에 이혼을 한 경우에는 그러한 이혼에 관한 재판서(조정·화해가 성립된 경우에는 그에 대한 조서) 또는 협의이혼의사확인서의 등본을 제출하여 주시기 바랍니다.

9. 친족의 사망에 따라 상속한 사실 (있음, 없음)

　　　　　년　　　월　　　일 친족_____의 사망에 의한 상속

상속상황

　　㉠ 상속재산이 전혀 없었음

　　㉡ 신청인의 상속포기 또는 상속재산 분할에 의하여 다른 상속인이 모두 취득하였음

　　㉢ 신청인이 전부 또는 일부를 상속하였음

　주된 상속재산과 그 처분의 경과

_____

_____

☆ ㉡ 또는 ㉢항을 선택한 분은 주된 상속재산을 기재하여 주시기 바랍니다.

☆ ㉡항을 선택한 분은 다른 상속인이 주된 상속재산을 취득하게 된 경위를 기재하여 주십시오.

채 권 자 목 록

1. 채권내역

순번	채권자명	차용 또는 구입일자	발생원인	최초 채권액	사용처	보증인	잔존 채권액	
							잔존 원금	잔존 이자·지연손해금

※채권의 '발생원인'란에는 아래 해당번호를 기재함 ①금원차용(은행대출, 사채 포함), ②물품구입(신용카드에 의한 구입 포함), ③보증(피보증인 기재), ④기타	합계	잔존 원금	잔존 이자·지연손해금

채권자목록 기재요령

※ 양식 ※

순번	채권자명	차용 또는 구입일자	발생 원인	최초 채권액	사용처	보증인	잔존 채권액	
							잔존 원금	잔존 이자·지연손해금
1	00카드 (주)	16.1.7- 20.1.31	②	6,000,000	생활비	김 이 순	5,234,567	789,456
1-1	김 이 순	17.5.8	③	6,000,000			미정	미정
2	00은행 (주)	17.5.8	①	10,000,000	창업자금		10,000,000	2,456,789
9	최 00	20.6.9	①	5,000,000	병원치료비		5,000,000	1,150,000

※채권의 '발생원인'란에는 아래 해당번호를 기재함 ①금원차용(은행대출, 사채 포함), ②물품구입(신용카드에 의한 구입 포함), ③보증(피보증인 기재), ④기타	합계	잔존 원금	잔존 이자·지연손해금
	24,630,812	20,234,567	4,396,245

※ 기재요령 ※

채권자목록에 기재하여야 할 사항을 한 가지라도 기재하지 아니하거나 허위 또는 부정확하게 기재하는 경우에는 파산·면책절차가 진행되지 아니하거나 면책절차에서 불리하게 작용할 수 있으니 주의하시기 바랍니다.

1. 채권자목록은 채무별로 순번을 달리하여 기재하십시오. 다만 같은 채권자에 대한 여러 개의 채무는 연이어 기재하되, 발생원인이 오래된 것부터 날짜 순서에 따라 기재하십시오.

2. 「채권자명」란에는 법인과 개인을 구분하여 채권자의 성명이나 법인명을 정확히 기재하십시오.
   채권자의 성명은 가족관계증명서 또는 주민등록등본이나 법인등기부등본의 주소와 일치하여야 하며, 법인의 경우에는 대표자까지 기재하여야 합니다(※잘못된 기재례 : 순이 엄마, 영주댁, ○○상사).

3. 채무자를 위하여 보증을 해 준 사람이 있으면 그 보증인도 「보증인」란에 정확하게 기재하여야 합니다. 보증으로 인한 구상채무는 보증인이 보증한 채무의 바로 다음에 기재하되, 「순번」란에는 보증한 채권의 순번에 가지번호를 붙여 표시하고, 「잔존채권액·잔존원금 / 잔존 이자·지연손해금」란에는 '미정'이라고 기재하십시오.

4. 「차용 또는 구입일자」란에는 <u>원래 차용 또는 구입일자</u>를 기재하고 채권양도시 양도일자를 그 옆에 (   )를 표시하여 추가하며, 「발생원인」란에는 표 하단에 기재된 발생원인의 해당번호를, 「최초 채권액」란에는 채무발생 당시의 금액을, 「사용처」란에는 구체적 사용용도 또는 구입물품을 각 기재하십시오.

5. 「잔존 채권액·잔존원금 / 잔존 이자·지연손해금」란에는 <u>파산신청(면책신청) 당시까지</u> 채무자(채무자)가 갚지 못하고 있는 채무의 원금과 이자·지연손해금을 각 채권자별로 구분하여 기재하고, 하단의 「합계」란에는 채무의 총액을 기재하며, 「잔존원금」, 「잔존 이자·지연손해금」란에는 각각의 합계액을 반드시 기재하십시오.

2. 채권자 주소

※ 기재요령 ※

1. 채권자의 주소는 신청일 당시의 주소로 번지까지 정확하게 기재하고, **채무자를 위하여 보증을 해 준 사람이 있으면 그 보증인의 주소까지 정확히 기재하여야 합니다.**
2. 채권자가 금융기관이나 기타 법인인 경우에는 본점 소재지 또는 거래지점의 소재지를 정확하게 기재하여야 합니다.

순번	채권자명	주소	전화번호	팩스	비고 (우편 번호)

※ '신청서'를 제출한 경우, 법원 홈페이지 '나의 사건검색'에서 본 채권자목록의 반영 여부를 확인할 수 있습니다.

파산신청에 따른 추가 자료제출목록

채무자＿＿＿＿＿＿＿＿＿(인)

채무자는 아래와 같은 자료들을 제출합니다.

※ 아래표의 해당 □ 란에 ∨ 표시하고 뒷면에 제출하는 서류를 순서대로 첨부하여 제출합니다.

※ 아래의 자료 중 개인회생 신청 시에 이미 제출한 자료로서 [첨부2]의 문서송부촉탁 신청서 양식에 따른 문서송부촉탁을 통하여 이를 제출하고자 하는 경우라면 그러한 자료를 중복하여 제출할 필요는 없습니다.

순번	제출하여야 하는 자료	제출 여부	제출 못하거나 일부만 제출한 이유	발급 기관
1	채무자의 혼인관계증명서 **(상세증명서)** ※ 채무자 외 제3자의 주민등록번호 뒷자리가 표기되지 아니한 것을 제출(채무자 본인의 주민등록번호는 전체 표기)	□ 제출하였음		**구청 등**
2	채무자의 주민등록초본 **[주소변동내역(과거 주소 전체) 및 개명, 주민등록번호 변동사항 포함]**	□ 제출하였음		
3	채무자가 개인 영업을 하였던 경우, 채무자의 사실증명 (현재부터 과거 3년까지의 기간에 관한 것) **※ 아래 8종류의 사실증명에 대하여 발급신청을 하고, 그에 따라 세무공무원이 교부해주는 서류를 제출** **① 사업자등록증명** **② 휴업사실증명** **③ 폐업사실증명** **④ 납세 및 체납사실증명** **⑤ 소득금액증명** **⑥ 부가가치세과세표준증명** **⑦ 부가가치세면세사업자수입금액증명** **⑧ 표준재무제표증명(개인,법인)**	□ 제출하였음		세무서5)

---

5) 각종 증명서 조회 및 발급 등이 가능한 국세청 홈택스의 홈페이지 주소는 https://www.hometax.go.kr이고, 국세상담센터의 상담전화번호는 국번 없이 126번입니다.

4	과거 1년부터 현재까지의 채무자의 은행통장거래내역 (공과금, 통신료, 카드사용, 급여이체 등이 기재된 통장 사본 또는 예금거래내역서를 제출, 가족명의의 계좌로 거래하였다면 그 계좌에 관한 통장 사본 또는 예금거래내역서를 제출)	□ 전부 제출하였음 □ 일부만 제출하였음	□ 해당사항 없음(은행거래 없음) □ 협조거부 ( ) □기타 ( )	은행, 농협, 수협, 축협, 신협, 증권사, 우체국, 마을금고 등
5	지급 불가능 시점의 1년 이전부터 신청 시까지 사이에 부동산이나 하나의 재산의 가액이 1,000만 원 이상의 재산을 처분한 경우, 처분시기와 대가를 증명할 수 있는 부동산등기사항전부증명서, 계약서사본, 영수증사본 (경매로 처분된 경우에는 배당표 및 사건별수불내역서)	□ 전부 제출하였음 □ 일부만 제출하였음	□ 해당사항 없음 (지급 불가능 시점의 1년 이전부터 신청 시까지 사이에 부동산이나 하나의 재산의 가액이 1,000만 원 이상의 재산을 처분한 일이 없음) □ 협조거부 ( ) □ 기타 ( )	채무자 보유 자료 (경매 법원)
6	최근 2년 이내에 이혼을 한 경우, 이혼에 관한 재판서(조정·화해가 성립된 경우에는 그에 대한 조서) 또는 협의이혼의사확인서의 등본	□ 제출하였음	□ 해당사항 없음 (최근 2년 이내 이혼 사실 없음)	법원
7	수입에 관한 자료 [자영수입이 있는 경우에는 종합소득세 확정신고서(최근 2년분)/급여수입이 있는 경우에는 급여증명서(최근 2년분)와 근로소득세 원천징수영수증의 사본/연금을 받는 경우에는 수급증명서/생활보호대상자인 경우에는 수급증명서/기타의 경우에는 수입원을 나타내는 자료]	□ 제출하였음		채무자 보유 자료, 세무서, 국민연금공단, 구청 등

[첨부2]

문서송부촉탁신청서

개인파산 및 면책 사건에 관하여 채무자는 주장사실을 입증하기 위하여 아래와 같이 문서송부촉탁을 신청합니다.

1. 기록의 보관처 : 서울회생법원

2. 송부촉탁할 기록 : 20__개회_____호 사건의 개인회생절차개시신청서 및 그 첨부서류

3. 증명하고자 하는 사실 : 파산의 원인이 되는 사실

20   .   .   .

채무자   (날인 또는 서명)
(연락처)

서울회생법원   귀중

제411호

회생위원의 개시결정 전 업무수행결과보고

제1조(목적)

준칙 제411호는 규칙 제88조 제1항 제1호에 따른 회생위원의 업무수행 결과 보고에 필요한 사항을 정함을 목적으로 한다.

제2조(회생위원의 업무수행결과보고서 작성)

회생위원은 채무자의 재산 및 소득에 대한 조사가 완료된 경우 그로부터 2 주 이내에 다음 각 호의 사항을 포함한 [별지 1 업무수행결과보고서]를 작 성하여 판사에게 제출하여야 한다.

  1. 채무자가 개인회생신청에 이르게 된 경위
  2. 개인회생채권자목록의 적정성
  3. 저당권 등으로 담보된 개인회생채권이 있는 경우 그 담보목적물에 대 한 평가
  4. 채무자의 재산
  5. 채무자의 소득
  6. 부인권 행사대상의 존부
  7. 중점관리대상 유형
  8. 법 제595조에서 정한 개시신청 기각사유의 존부

제3조(회생위원의 보고의무)

회생위원은 개인회생 사건 접수일부터 3개월이 경과한 사건에 관하여는 채 무자의 재산 및 소득에 대한 조사가 완료되지 않은 경우라도 업무수행결과 보고서를 작성하여 판사에게 제출하여야 한다.

[별지 1 업무수행결과보고서]

제   회생위원 업무수행결과 보고서

사 건 :   2017 개회   개인회생
채무자 :   이○○
대리인 :   변호사 김○○
접수일 :   2017. ○. ○.

재판장

위 사건에 관하여 제   회생위원은 다음과 같이 업무수행결과를 보고합니다.

다 음

개인회생신청에 이르게 된 경위		'신청서' 및 신청서에 첨부한 '진술서' 기재와 같음
개인회생채권자목록의 적정성		개인채권자	
		특이사항	
재산		부동산 소유	
		차량 소유	
		특이사항	
	담보목적물의 평가		
	소득	신청직전 소득감소	
		성인부양	
부인권 행사대상의 존부			
기타사항		보정권고 미이행	
		미송달채권자	
		채권자추가등	
		채권자이의등	

2017. . .

제   회생위원 김○○ (인)
서울회생법원 제   회생 단독판사 귀중

제412호

개시결정의 송달

제1조(목적)

준칙 제412호는 신속하고 통일적인 개인회생절차 진행을 위하여 법 제597조 제2항에서 정한 개인회생절차 개시결정의 송달에 관한 구체적 사항 및 송달 불능 시 처리방안 등에 관한 기준을 정립함을 목적으로 한다.

제2조(관련 서류의 송달)

① 법원은 개인회생절차 개시결정을 한 직후 채무자, 알고 있는 개인회생채권자, 개인회생절차가 개시된 채무자의 재산을 소지하고 있거나 그에게 채무를 부담하는 자에게 법 제596조 각 호의 사항이 기재된 개인회생절차 개시결정 정본 및 개시통지서, 개인회생채권자목록, 변제계획안 및 계좌신고서를 송달한다.

② 법원의 사건담당 공무원은 제1항 기재 각 서류를 송달함과 동시에 전산 시스템에 개인회생절차 개시결정일, 이의기간 및 채권자집회기일을 입력하고, 개인회생채권자에게 송달한 개인회생채권자목록 및 변제계획안을 각 제출일자별로 특정하여 입력한다.

제3조(송달의 방법)

① 제2조 각 항의 송달은 송달받을 사람에게 서류의 등본 또는 부본을 우편 또는 집행관에 의하여 교부하는 방법으로 한다. 다만 채무자의 소송대리인에 대한 송달은 법원사무관등이 전화·팩시밀리·전자우편 또는 휴대전화 문자전송을 이용하여 할 수 있다.

② 제1항 단서의 규정에 따른 송달을 한 경우 법원사무관등은 송달받은 소송대리인으로부터 송달을 확인하는 서면을 받아 소송기록에 붙여야 한다.

③ 제1항에도 불구하고, 법 제593조의 중지명령, 금지명령 등을 이미 송달받은 개인회생채권자에게 송달할 서류는 달리 송달할 장소를 알 수 없는 경우 중지명령, 금지명령 등을 송달받은 장소에 등기우편의 방법으로 발송할 수 있다.

제4조(송달에 갈음하는 공고)

① 개인회생채권자의 주소 또는 근무장소를 알 수 없는 경우 또는 외국에서 하여야 할 송달에 관하여 제3조의 규정에 따를 수 없거나 이에 따라도 효력이 없을 것으로 인정되는 경우, 법원은 직권으로 또는 당사자의 신청에 따라 공고로써 송달을 갈음하는 내용의 결정을 할 수 있다.

② 제1항의 신청에는 다음 각 호 중 하나에 해당하는 사유를 소명하여야 한다.

  1. 개인회생채권자가 개인인 경우, 개인회생채권자의 주민등록초본상 현재 주소지에 집행관에 의한 송달을 하였음에도 송달되지 않은 경우

  2. 개인회생채권자가 은행·농업협동조합·수산업협동조합·축산업협동조합·산림조합·신용협동조합·신용보증기금·기술신용보증기금·지역신용보증재단·새마을금고·상호저축은행·종합금융회사·시설대여회사·보험회사·신탁회사·증권회사·신용카드회사·할부금융회사 또는 신기술사업금융회사인 사건으로서 법인등기부등본상 주사무소에 우편송달을 하였음에도 송달되지 않은 경우

  3. 개인회생채권자가 제2호에서 정한 금융기관 외의 법인인 경우, 법인등기부등본상 주사무소에 우편송달을 하였음에도 송달되지 않았고, 대표자의 주소지에 집행관에 의한 송달을 하였음에도 송달되지 않은 경우

③ 재판장은 제1항의 경우 외에 개인회생절차의 지연을 피하기 위하여 필요하다고 인정하는 때에는 송달에 갈음하는 공고결정을 할 수 있다.

④ 법원의 사건담당 공무원은 송달에 갈음하는 공고결정이 있는 경우 전산시스템에 해당 개인회생채권자와 결정일을 특정하여 입력한다.

⑤ 재판장은 직권으로 또는 신청에 따라 송달에 갈음하는 공고결정을 취소할 수 있다.

제421호

이의기간의 부여

제1조(목적)

준칙 제421호는 신속하고 통일적인 개인회생절차 진행을 위하여 개인회생절차 개시결정 후 개인회생채권자목록이 수정된 경우 수정된 사항에 관한 이의기간 부여의 기준을 각 유형별로 명확히 정함을 목적으로 한다.

제2조(개시결정 후 채권자목록의 수정)

채무자는 책임질 수 없는 사유로 개인회생채권자목록에 누락하거나 잘못 기재한 사항을 발견한 경우 개인회생절차 개시결정 후 변제계획인가결정이 있기 전까지 법원의 허가를 받아 개인회생채권자목록에 기재된 사항을 수정할 수 있다. 이 경우 법원은 그 수정된 사항에 관한 이의기간을 정하여 공고하고, 채무자 및 알고 있는 개인회생채권자에게 이의기간이 기재된 서면과 수정된 개인회생채권자목록을 송달한다. 다만, 수정으로 인하여 불리한 영향을 받는 개인회생채권자가 없는 경우 또는 불리한 영향을 받는 개인회생채권자의 의사에 반하지 아니한다고 볼만한 상당한 이유가 있는 경우에는 공고와 송달을 하지 않을 수 있다.

제3조(누락된 개인회생채권 추가)

① 누락된 개인회생채권을 추가하는 내용으로 개인회생채권자목록의 수정허가를 신청한 경우, 채무자는 법원에 해당 채권을 뒤늦게 추가한 사유를 소명하여야 한다. 법원은 추가된 채권액이 다액이고 채무자가 해당 채권을 고의로 누락하였다고 판단하는 경우 법 제620조 제2항 제1호, 제595조 제2호에 해당한다고 보아 인가 전 폐지결정을 할 수 있다.

② 법원은 누락된 개인회생채권을 추가하는 내용으로 개인회생채권자목록수정을 허가할 경우 새로운 이의기간을 지정한다. 이 때 이의기간의 새로운 지정으로 인하여 이의기간과 이미 공고된 채권자집회기일 사이의 기간이 2주 이하로 된 경우, 채권자집회기일을 변경한다.

③ 추가된 개인회생채권이 보증채권인 경우, 제2항의 기재에도 불구하고 법원은 별도의 이의기간을 지정하지 않고, 추가된 개인회생채권자에게 개시결정통지서와 수정된 개인회생채권자목록 및 변제계획안을 송달한다.

제4조(개인회생채권금액의 변경)

① 개인회생채권자가 이의기간 내에 개인회생채권자목록에 기재된 자신의 개인회생채권금액에 대하여 이의를 제기한 경우, 채무자는 그 이의내용을 인정하여 개인회생채권자목록의 수정허가를 신청할 수 있다.

② 법원은 제1항의 신청에 따라 개인회생채권금액을 변경하는 내용의 개인회생채권자목록수정을 허가할 경우, 새로운 이의기간을 지정한다. 이 때 이의기간의 새로운 지정으로 인하여 이의기간과 이미 공고된 채권자집회기일 사이의 기간이 2주 이하로 된 경우, 채권자집회기일을 변경한다.

③ 제2항에도 불구하고 다음 각 호의 1에 해당하는 경우, 법원은 이의기간의 연장이나 집회기일의 변경을 하지 않을 수 있다.

  1. 채권금액이 감액 변경된 경우
  2. 개인회생채권자목록 수정으로 인하여 불리한 영향을 받는 개인회생채권자가 없는 경우
  3. 증액된 금액이 총 채권액의 5% 미만의 소액으로서 다른 채권자에게 미치는 불리한 영향이 미미한 경우

제5조(채권양도, 대위변제)

① 채무자가 개인회생절차 개시결정 전에 채권양도나 대위변제가 있었음을

이유로 개인회생채권자와 개인회생채권금액을 변경하는 내용의 개인회생채권자목록의 수정허가를 신청한 경우, 법원은 개인회생채권자목록의 수정을 허가하고, 새로운 이의기간을 지정한다. 이 때 이의기간의 새로운 지정으로 인하여 이의기간과 이미 공고된 채권자집회기일 사이의 기간이 2주 이하로 된 경우, 채권자집회기일을 변경한다.

② 채무자가 개인회생절차 개시결정 후에 채권양도나 대위변제가 있었음을 이유로 개인회생채권자와 개인회생채권금액을 변경하는 내용의 개인회생채권자목록의 수정허가를 신청한 경우, 법원은 개인회생채권자목록의 수정을 허가할 수 있다. 다만 이 경우 법원은 별도의 이의기간을 지정하지 아니하고, 변경 전 및 변경 후 개인회생채권자에게 수정된 개인회생채권자목록 및 변제계획안을 송달한다.

제422호

회생위원의 채권자집회 전 및 집회 후 보고서 제출

제1조(목적)

준칙 제422호는 규칙 제88조 제1항 제7호에 따른 변제계획안에 대한 이의 여부 등에 관한 회생위원의 채권자집회 보고에 필요한 사항을 정함을 목적 으로 한다.

제2조(채권자집회 전 보고서)

① 회생위원은 특별한 사정이 없는 한 개인회생채권자집회기일(이하 준칙 제422호에서 '채권자집회기일'이라 한다) 전까지 채권자집회 전 보고서를 작 성하여 판사에게 제출하여야 한다.

② 채권자집회 전 보고서에는 다음 각 호의 사항에 관한 내용이 포함되어야 한다.

  1. 개시결정 이후 채권자목록·변제계획안 등의 변동사항

  2. 법원이 정한 기간 내에 개인회생채권자들이 변제계획안에 대한 이의가 있었는지 여부 및 그 이의내용

  3. 채무자의 가용소득 적립여부

  4. 변제계획의 인가요건 충족 여부

제3조(채권자집회 후 보고서)

① 회생위원은 개인회생채권자가 채권자집회기일에서 출석하여 이의를 제기 한 사건에 중 추가조사를 진행한 사건에 관하여, 추가조사가 완료된 후 2주 이내에 채권자집회 후 보고서를 작성하여 판사에게 제출하여야 한다.

② 채권자집회 후 보고서에는 다음 각 호의 사항에 관한 내용이 포함되어야

한다.

1. 개인회생채권자의 이의 내용 및 채무자의 답변 내용

2. 채무자에 대한 추가조사 사항 및 조사결과

3. 변제계획의 수정 여부 및 수정된 변제계획의 요지

4. 변제계획의 인가요건 충족 여부

제423호

채권자집회기일의 진행

제1조(목적)

준칙 제423호는 개인회생 채권자집회의 효율적이고 통일적인 운영을 위하여 기일 진행 방식, 조서 작성 등 채권자집회의 진행과 관련하여 필요한 사항을 정함을 목적으로 한다.

제2조(채무자의 출석)

① 채권자집회는 특별한 사정이 없는 한 채무자 본인이 출석함을 원칙으로 한다.

② 법원은 채무자가 첫 번째 채권자집회기일에 불출석한 경우 특별한 사정이 없는 한 새로운 채권자집회기일을 지정하여 채무자에게 채권자집회기일에 출석할 수 있는 기회를 준다.

제3조(개인회생채권자가 출석하지 않은 사건의 진행)

① 판사는 채무자에게 변제계획안에 관하여 설명하도록 하고, 회생위원은 집회 전 보고서를 진술한다.

② 개인회생채권자가 출석하지 않더라도 채권자집회를 진행하고 종료할 수 있다.

제4조(개인회생채권자가 출석한 사건의 진행)

① 판사는 채무자에게 변제계획안에 관하여 설명하도록 하고, 회생위원에게 집회 전 보고서를 진술하도록 한 후 개인회생채권자에게 변제계획안에 대한 이의 여부 등을 진술하도록 한다.

② 법원은 개인회생채권자의 이의에 대한 추가 조사를 위해 채권자집회를 속행할 수 있고, 채권자집회 종료 후 개인회생채권자의 이의에 대한 추가 조사를 거쳐 변제계획안의 인부를 결정할 수 있다.

제5조(기일의 변경, 연기)

① 법원은 다음 각 호의 사유가 있는 경우 채권자집회기일을 연기 또는 변경하여야 한다.

1. 누락된 개인회생채권을 추가한 경우
2. 월 변제액의 감소·채무액의 증가 등으로 개인회생채권자가 불리한 영향을 받을 수 있는 경우
3. 개인회생절차 개시결정 전에 개인회생채권에 대하여 채권양도나 대위변제가 있었음을 이유로 개인회생채권자와 개인회생채권금액이 변경된 경우 등 새로운 이의기간을 부여할 필요가 있는 경우
4. 채권자목록 및 변제계획안이 송달되지 않은 개인회생채권자가 있고 그 개인회생채권자에 대한 송달을 공고로 갈음할 수 없는 경우

② 개인회생절차 개시결정 당시와 비교하여 개인회생채권자나 개인회생채권액이 변경되었더라도 다음의 경우에는 채권자집회기일을 연기 또는 변경할 필요가 없다.

1. 개인회생채권액이 감소한 경우
2. 개인회생채권액이 증가하였더라도 증가한 금액이 전체 개인회생채권액과 비교하여 소액이어서 개인회생채권자들의 이의가 없을 것으로 보이는 경우
3. 개인회생절차 개시결정 후에 개인회생채권에 대하여 채권양도나 대위변제가 있었음을 이유로 개인회생채권자와 개인회생채권금액이 변경된 경우

③ 그 밖의 기일의 연기 또는 변경에 관하여는 민사소송법 및 민사소송규칙에서 정한 사유에 따른다.

제6조(채권조사확정재판 등이 진행 중인 경우)

채권조사확정재판이나 이에 불복한 이의의 소가 진행 중이더라도 특별한 사정이 없는 한 채권자집회기일을 진행한다. 다만, 위 재판이 조기에 종결될 것으로 예상되고 그 결과를 변제계획안에 반영하는 것이 바람직한 경우에는 채권자집회기일을 변경, 연기 또는 속행할 수 있다.

제7조(채무자에 대한 신고 및 보고의무 설명)

① 판사 또는 회생위원은 채권자집회기일에서 채무자에게 아래와 같은 신고 및 보고의무가 있음을 설명한다.

  1. 주소 및 연락처가 변경된 경우 즉시 법원이나 회생위원에게 변경된 주소 및 연락처를 신고할 것
  2. 인가된 변제계획에 따른 변제가 지체되고 그 지체액이 3개월분에 달한 경우 그로부터 14일 이내에 법원이나 회생위원에게 지체내역, 지체사유, 변제계획변경 등에 의한 절차의 수행가능성 유무에 관하여 보고하고 관련된 소명자료를 제출할 것

② 판사 또는 회생위원은 제1항의 설명을 마친 후 채무자로부터 [별지 1 확약서]를 제출받아 이를 개인회생 사건의 기록에 편철한다.

제8조(조서의 작성)

① 채권자집회기일의 조서는 작성하지 않는 것을 원칙으로 한다. 다만, 법원사무관 등은 채무자가 불출석하거나 채권자가 출석하여 변제계획에 관한 이의의 진술을 한 경우에는 조서를 작성한다.

② 법원사무관등이 채권자집회에 참여하지 않은 경우 조서 작성이 필요한 사건에 대하여는 판사 또는 회생위원의 설명에 따라 사후에 조서를 작성한다.

[별지 1 확약서]

확 약 서

사　건: 201○개회○○ 개인회생
채무자: ○　○　○

1. 채무자는 주소 및 연락처가 변경된 경우, 즉시 법원이나 회생위원에게 변경된 주소 및 연락처를 신고하고, 이를 게을리 하여 법원이나 회생위원으로부터 필요한 연락을 받지 못하더라도 아무런 이의가 없음을 확약합니다.

2. 채무자는 인가된 변제계획에 따른 변제가 지체되고 그 지체액이 3개월분 변제액에 달한 경우, 그로부터 14일 이내에 법원이나 회생위원에게 지체내역, 지체사유, 변제계획변경 등에 의한 절차의 수행가능성 유무, 기타 사항에 관하여 필요한 소명자료를 첨부하여 서면으로 보고할 의무가 있고, 이를 게을리 할 경우 어떠한 불이익을 받더라도 아무런 이의가 없음을 확약합니다.

201○.　　○.　　○.

　　　　채무자:　　　　　　　　　　　(서명 또는 인)

제424호

변제계획의 변제기간

제1조(목적)

준칙 제424호는 법 제611조 제5항, 개인회생사건 처리지침 제8조에서 정한 변제기간에 관하여 3년 미만의 기간을 변제기간으로 할 수 있는 구체적 사항을 정하여 채무자의 신속한 구제 및 사회복귀를 도모함을 목적으로 한다.

제2조(3년 미만의 변제기간을 정할 수 있는 경우)

① 채무자가 3년 미만의 변제기간 동안 원금의 전부를 변제할 수 있는 때에는 이자의 변제 여부에 불구하고 원금의 전부를 변제할 수 있는 때까지를 변제기간으로 한다.

② 채무자가 다음 각호의 어느 하나에 해당하는 경우에는 3년 미만의 변제기간 동안 원금의 전부를 변제할 수 없는 때에도 그 변제기간을 3년 미만의 기간으로 할 수 있다.

    1. 65세 이상의 노인

    2. 장애인복지법 제2조에 따른 장애인 중 장애의 정도가 심한 장애인

    3. 30세 미만인 청년

    4. 3명 이상의 미성년 자녀를 양육하는 자

    5. 한부모가족지원법에 따른 한부모가족의 부 또는 모

③ 법원은 변제계획의 인가요건, 채무자의 수입 및 지출, 개인회생신청에 이르게 된 경위 등 제반사정을 종합적으로 고려하여, 변제기간을 제1, 2항에서 정한 기간과 달리하여 수정을 명할 수 있다.

제431호

변제계획의 인가결정

제1조(목적)

준칙 제431호는 법원이 신속하게 변제계획 인가 여부의 결정을 할 수 있도록 개인회생 채권자집회기일 이후 변제계획 인가 여부의 결정이 있을 때까지의 개인회생 사건의 진행에 관하여 추가 보정의 필요성 유무 등에 따라 상세한 절차를 정함을 목적으로 한다.

제2조(변제계획의 신속한 인가)

① 회생위원은 개인회생 채권자집회기일을 마친 사건 중 변제계획을 즉시 인가할 수 있는 사건들을 취합하여 판사에게 보고한다.

② 판사는 회생위원으로부터 인가의견으로 보고된 제1항 기재 사건에 관하여 즉시 변제계획의 인가 여부를 결정한다.

제3조(개인회생 채권자집회기일 이후의 보정)

① 회생위원은 개인회생 채권자집회기일을 마친 사건 중 다음 각 호의 사건들에 관하여는 변제계획을 즉시 인가할 수 없는 사정 및 이후의 절차에 관한 의견을 판사에게 보고한다.

1. 채무자나 개인회생채권자에게 개시결정, 채권자목록, 변제계획안이 송달되지 않은 사건

2. 개인회생채권자의 이의신청에 대하여 채무자로부터 답변서나 개인회생채권자의 이의내용을 인정하는 취지의 보정서가 제출되지 않은 사건

3. 채권자들에게 최종적으로 송달된 채권자목록, 변제계획안과 다른 내용의 채권자목록, 변제계획안이 제출된 사건

  4. 변제계획에서 정한 변제금을 3회 이상 납부하지 않은 사건

② 회생위원은 제1항에서 정한 사유가 소멸된 사건을 취합하여 판사에게 변제계획의 인가 여부에 관한 의견서를 제출하고, 판사는 회생위원으로부터 위 의견서를 제출받은 후 지체없이 변제계획의 인가 여부를 결정한다.

제432호

변제계획 인가 전 폐지결정

제1조(목적)

준칙 제432호는 개인회생 사건의 공정하고 통일적인 처리를 위하여 법 제
620조 제1항 제2호, 제2항 제2호에 따라 법원이 개인회생절차를 폐지하는
기준을 정함을 목적으로 한다.

제2조(적립금의 미납)

① 회생위원은 개인회생 채권자집회기일을 마친 사건 중 1개월이 지나도록
3개월분 이상의 적립금(변제계획에 따라 인가결정 이전에 채무자가 납부하
여야 할 변제금을 의미한다)을 미납한 사건을 취합하여 판사에게 보고한다.
② 판사는 채무자가 3개월분 이상의 적립금을 납부하지 않은 경우 채무자의
여러 사정을 고려하여 법 제620조 제1항 제2호에서 정한 폐지사유인 '채무자
가 제출한 변제계획안을 인가할 수 없는 때'에 해당하는지 여부를 판단한다.

제3조(채무자의 채권자집회기일 불출석)

① 법원은 채무자가 개인회생 채권자집회기일에 1회 불출석한 경우 특별한
사정이 없는 한 새로운 채권자집회기일을 지정하여 채무자에게 채권자집회
기일에 출석할 수 있는 기회를 준다.
② 법원은 다음 각 호의 경우에 특별한 사정이 없는 한 개인회생절차폐지의
결정을 한다. 다만, 채무자가 개인회생 채권자집회기일에 출석할 수 없었거
나, 적립금을 납부할 수 없었던 정당한 사유를 소명한 경우에는 개인회생절
차폐지의 결정을 하지 않는다.

  1. 채무자가 개인회생 채권자집회기일에 2회 불출석한 경우
  2. 채무자가 개인회생 채권자집회기일에 1회 불출석하였고, 변제계획에 따
     른 적립금을 3개월분 이상 미납한 경우

제441호

변제계획 불수행 사건의 처리

제1조(목적)

준칙 제441호는 법원이 인가된 변제계획에 따른 변제가 지체되고 있는 사건을 신속하게 파악하고, 채무자의 변제계획 이행가능성, 변제계획 변경의 필요성 등을 종합적으로 고려하여 신속히 개인회생절차의 폐지, 변제계획변경 등의 조치를 취할 수 있도록 변제가 지체되고 있는 사건에 관한 통일적인 업무처리기준을 정립함을 목적으로 한다.

제2조(정의)

준칙 제441호에서 변제계획 불수행 사건이란 채무자가 인가된 변제계획에서 정한 변제를 3개월분 이상 지체한 개인회생 사건을 말한다.

제3조(회생위원의 채무자에 대한 통지 및 의견 청취)

① 회생위원은 주기적으로 변제계획 불수행 사건을 확인하여 채무자의 변제금 미납기간이 길어지지 않도록 관리하여야 한다.

② 회생위원은 변제계획 불수행 사건의 채무자에게 유선 또는 서면의 방법으로 연락하여 변제계획 불수행 사유, 변제계획변경의 필요성 및 가능성을 확인하여야 한다.

③ 회생위원은 제2항의 확인을 함과 동시에 채무자에게 [별지 1 통지서], [별지 2 채무자 진술서], [별지 3 변제계획변경 절차 이용 안내문]을 발송하여 채무자로부터 지체사유, 변제계획 변경 필요성에 관한 의견을 들어야 한다. 다만 채무자에게 위 서류를 송달할 송달료가 부족하고, 다른 방법으로도 채무자에게 연락할 수 없는 경우에는 이를 생략할 수 있다.

제4조(회생위원의 보고)

① 회생위원은 채무자로부터 제3조 제3항에 따른 의견을 청취한 후 개인회생 사건 처리지침 제11조의3에 따른 변제계획 불수행 보고서를 작성하여 판사에게 보고하여야 한다.

② 회생위원은 변제계획 불수행 보고서에 채무자의 지체내역 및 지체사유에 관한 사실, 변제계획의 이행가능성, 변제계획변경의 필요성, 법 제624조 제2항에 따른 면책결정의 가능성에 관한 의견을 기재하여야 한다. 다만, 변제계획의 이행가능성에 관한 의견을 정함에 있어서 천재지변, 감염병 확산, 전쟁, 테러, 소요사태 등으로 인하여 재정적 어려움을 겪은 기간 동안의 변제계획 불수행은 부정적인 요소로 고려하지 아니할 수 있다.

제5조(인가 후 개인회생절차폐지의 결정)

법원은 다음 각 호에서 정한 사유가 있는 경우에는 특별한 사정이 없는 한 개인회생절차폐지의 결정을 한다.

1. 회생위원이 제3조 제2항에 따라 채무자에게 연락을 시도하였으나 채무자에게 연락이 되지 않았고, 채무자도 법원이나 회생위원에게 변제계획 불수행에 대한 보고를 하지 않은 경우

2. 회생위원이 제3조 제3항에 따른 통지서 등을 채무자에게 발송하였으나, 채무자가 '채무자 진술서'를 제출하지 않은 경우

3. 채무자가 제출한 진술서 및 소명자료에 의하더라도 변제계획 수행가능성이 없다고 판단되고, 법 제619조에 따른 변제계획 변경이나 법 제624조 제2항에 따른 면책결정을 할 사유에 해당되지도 않는다고 판단된 경우(다만, 천재지변, 감염병 확산, 전쟁, 테러, 소요사태 등으로 인하여 재정적 어려움을 겪은 기간 동안의 변제계획 불수행은 변제계획 수행가능성이 없다는 판단의 근거로 고려하지 아니할 수 있다)

제6조(인가 후 개인회생절차폐지결정에 대한 즉시항고)

개인회생절차폐지결정에 대하여 즉시항고가 제기된 경우 원심법원은 다음 각 호에서 정한 사유 중 하나에 해당하는 경우에는 폐지결정을 취소할 수 있다.

1. 채무자가 개인회생절차폐지결정 이후 기록이 항고심에 송부되기 전까지 지체한 변제액을 모두 납입하고 원심법원에 그 소명자료를 제출한 경우

2. 채무자가 지체한 변제액을 모두 납입하지 않았더라도 그 지체사유가 소명되었고, 그 사유가 법 제619조에 따른 변제계획의 변경이나 법 제624조 제2항에 따른 면책결정을 하여야 할 사유로 판단되는 경우

[별지 1 통지서]

통 지 서

사　건: 201○개회○○ 개인회생
채무자: ○ ○ ○

　채무자는 인가된 변제계획에 따라 변제액을 납입하여야 함에도 이를 지체하고 있고, 그 지체액이 3개월분에 달하였음을 통지합니다(별첨 '변제수행 납입증명원' 참조). 이 통지서를 송달받은 날부터 7일 이내에 별첨 '채무자 진술서'에 지체사유 및 미납금 해결방안 등을 구체적으로 기재하여 필요한 소명자료와 함께 제출하기 바랍니다. 이에 응하지 아니할 경우 개인회생절차가 폐지되는 불이익을 받을 수 있습니다.

<첨부>
1. 변제수행 납입증명원
2. 채무자 진술서

201○.　　○.　　○.

서울회생법원 제○회생위원 ○ ○ ○

[별지 2 채무자 진술서]

채무자 진술서

사　　건: 201○개회○○ 개인회생

채무자: ○ ○ ○

채무자는 변제금 납부 지체와 관련하여 다음과 같이 진술합니다.

1. 변제금 납부 지체사유 (구체적으로 기재하고 소명자료 첨부)

2. 미납금 해결방안 (구체적으로 기재하고 실현가능성에 관한 소명자료 첨부)

[예시]

① 앞으로 월 변제액을 제때 납입하면서 미납금은 진술서 제출일부터 1개월 이내(또는 2개월 이내)에 모두 납부하도록 하겠습니다.

② 앞으로 월 변제액을 제때 납입하면서 미납금은 월 변제액에 추가하여 일정 금액씩(구체적인 금액 기재) 납부하도록 하겠습니다.

③ 기타

201○.　　○.　　○.

채무자:　　　　　　　　　　　　　(서명 또는 인)

[별지 3 변제계획변경 절차 이용 안내문]

<변제계획변경 절차 이용 안내문>

1. 채무자가 변제계획상의 변제액을 이미 지체하였거나 앞으로 일정 시점부터 지체가 예상되는 경우, 채무자 회생 및 파산에 관한 법률 제619조에 따라 가용소득의 변동사유를 소명하여 변제계획 변경안을 제출할 수 있습니다.
   가. 현재의 근로활동이나 사업활동을 계속 유지할 수 없을 정도의 병에 걸렸거나 신체 사고를 당한 경우
   나. 임신, 출산 등으로 근로활동을 할 수 없어 소득이 사라지거나 감소한 경우
   다. 출산, 부모의 간호 등으로 부양가족이 발생하여 생계비가 증가한 경우
   라. 주택이 경매 당하여 주거지를 이전함으로써 새로운 월세비용이 발생하였거나, 기타 사유로 주거비가 크게 증가한 경우
   마. 고용주의 폐업이나 임금 체불, 채무자의 실직, 이직 등으로 인해 소득이 사라지거나 감소한 경우
   바. 기타 채무자가 예상하지 못하였거나 통제할 수 없는 사유로 인해 가용소득이 사라지거나 감소한 경우

2. 변제계획 변경안을 작성한 때에는 다음과 같은 방식을 채무자의 상황에 맞게 고려할 수 있습니다. 단, 개인회생채권자나 회생위원이 이의를 진술하는 때에는 채무자 회생 및 파산에 관한 법률 제614조 제2항 각 호에서 정한 청산가치 보장의 원칙과 가용소득 전부 투입의 원칙, 최저변제액 투입의 원칙을 모두 만족해야 합니다.
   가. 변제기간의 변동 없이 일정한 시점부터 월 변제액을 줄이는 방법
   나. 일정한 횟수의 변제액을 추후에 분할 변제하는 것으로 변제기간을 연장하는 방법
   다. 일정한 횟수의 변제액의 지급을 중지하는 방법

   ※ 단, 어떤 경우에도 인가된 원 변제계획상의 최초 변제일을 기준으로 5년의 변제기간을 초과할 수 없고, 이미 1회 이상 변제계획 변경안을 인가받은 적이 있다면 경우에 따라 다시 인가 받기 어려울 수 있습니다.

제442호

변제계획의 변경

제1조(목적)

준칙 제442호는 변제계획 변경 절차가 신속히 이루어질 수 있도록 하기 위하여 회생위원의 의견서 제출, 채권자집회기일의 지정, 회생위원의 보고사항 등 법 제619조에서 정한 인가 후의 변제계획 변경과 관련하여 필요한 사항을 정함을 목적으로 한다.

제2조(변제계획 변경안의 제출)

① 채무자, 회생위원 또는 개인회생채권자는 특별한 사정이 없는 한 변제완료일 3개월 전까지 변제계획 변경안을 제출하여야 한다.

② 회생위원은 변제계획 변경안이 제출된 경우 지체없이 변제계획 변경사유가 있는지 여부, 변제계획 변경안 기재의 적정성 여부를 판단한 후 변제계획 변경안에 대한 의견서를 작성하여 법원에 보고하여야 한다.

③ 회생위원은 제2항의 의견서에 사건번호, 인가일, 현재 수행회차, 변경사유로 주장하는 내용 및 회생위원의 조사내용을 기재하여야 한다.

제3조(채권자집회기일 지정)

법원은 변제계획 변경안에 관하여 개인회생 채권자집회기일을 지정하고, 채무자 및 개인회생채권자들에게 변제계획 변경안 부본을 송달한다.

제4조(회생위원의 조사 및 보고서 제출)

① 회생위원은 채무자가 주장하는 변제계획 변경사유에 대하여 조사하고, 채무자로부터 관련 소명자료를 제출받아 이를 확인하여야 한다.

② 회생위원은 채무자가 주장하는 변제계획 변경사유가 다음 각 호에 해당하는 경우 아래에서 예시하는 사항들에 관하여 중점적으로 확인하고, 기타 변경사유를 뒷받침할 수 있는 자료를 확인하여야 한다.

1. 수입의 감소: 질병휴직서, 회사와의 협약서, 사직의 경위에 관한 자료, 과거 경력에 비추어 현재의 수입이 적정한지 여부에 관한 자료

2. 일시적인 수입의 감소: 수입이 회복될 것으로 예상되는 시기에 변제계획 변경안을 제출할 의무를 기타사항에 기재

3. 생계비의 증가: 본인이나 가족들의 질병, 부상, 출산, 실직 등에 관한 객관적인 자료

③ 회생위원은 개인회생 채권자집회기일 1주 전까지 변제계획 변경사유 및 변제계획 변경안에 대한 보고서를 작성하여 판사에게 제출하여야 한다.

제443호

변제계획의 수정처리

제1조(목적)

준칙 제443호는 개인회생절차가 효율적으로 진행될 수 있도록 변제계획인가 후 담보권의 실행, 채권의 양도 등 변동이 생긴 경우에 변동사유별로 변제계획안에 반영할 것인지 여부 및 그 사유를 반영할 경우의 구체적인 절차에 관하여 정함을 목적으로 한다.

제2조(담보권의 실행으로 인한 미확정 개인회생채권의 확정)

① 변제계획인가 후 별제권자가 자신의 담보권을 실행하여 채권최고액 범위 내에서 변제에 충당한 후 변제받지 못하는 채권액이 존재하는 경우, 그 개인회생채권자는 법원에 채권확정신고를 하여 그 권리를 행사할 수 있다.

② 제1항의 경우 개인회생채권자는 채권확정신고서에 부동산등기사항증명서(담보물이 자동차인 경우에는 자동차등록원부), 배당표 및 확정채권액 계산서를 첨부하여야 한다.

③ 개인회생채권자의 채권확정신고액이 미확정 개인회생채권액과 동일하거나 그보다 적은 경우, 법원은 확정신고한 금액으로 변제계획안을 수정한다.

④ 개인회생채권자의 채권확정신고액이 미확정 개인회생채권액을 초과하는 경우, 개인회생채권자는 법원에 확정금액을 반영한 변제계획 변경안을 제출하여 법 제619조에 따른 변제계획 변경을 청구할 수 있다. 다만, 개인회생채권자가 미확정 개인회생채권액을 그대로 확정하여 달라는 취지의 채권확정신고서를 제출하는 경우, 법원은 변제계획 변경절차 없이 미확정 개인회생채권액을 확정신고한 금액으로 변제계획안을 수정할 수 있다.

제3조(조사확정재판 또는 소송으로 인한 미확정 개인회생채권의 확정)

① 변제계획인가 후 다툼이 있는 채권의 존부 및 내용이 조사확정재판이나

소송을 통해 확정된 경우, 그 개인회생채권자는 법원에 채권확정신고를 하여 그 권리를 행사할 수 있다.

② 제1항의 경우 개인회생채권자는 채권확정신고서에 확정된 결정서 또는 판결정본을 첨부하여야 한다.

③ 법원은 제1항 기재 채권확정신고가 있는 경우, 미확정 개인회생채권액을 확정신고한 금액으로 변제계획을 수정한다.

제4조(채무의 소멸에 따른 수정)

① 변제계획인가 후 상계에 의하거나 주채무자나 채무자 본인의 변제에 의하여 개인회생채권이 소멸한 경우, 법원은 소멸한 개인회생채권자에 대한 완제일 이후의 변제금을 다른 개인회생채권자들에게 안분하여 변제하는 내용으로 변제계획안을 수정한다.

② 제1항의 경우 변제계획안의 변제율이 원금의 100%인 때에는 남은 유보금 전액을 채무자에게 환급하는 내용으로 변제계획안을 수정한다.

제5조(채권양도 및 대위변제)

① 개인회생채권자는 변제계획인가 후 개인회생채권을 제3자에게 양도한 경우, 법원에 채권양도계약서, 채무자에 대한 양도통지서 또는 채무자의 양도승낙서 및 양수인의 계좌신고서를 첨부한 채권양도신고서를 제출하여야 한다.

② 법원은 제1항 기재 채권양도신고서가 제출된 경우, 전산시스템의 변제예정액표상 채권자명을 "채권양수인(채권양도인)"의 형태로 수정하고, 채권양도신고서의 사본을 회생위원에게 송부한다.

③ 제2항과 같이 변제예정액표가 수정된 경우, 법원은 변제금을 채권양수인에게 계좌이체 방식으로 지급한다.

④ 보증인이 보증범위의 전부에 대하여 대위변제한 경우, 제1항 내지 제3항을 준용한다.

제444호

변제기간 중의 일시변제

제1조(목적)

준칙 제444호는 채무자가 변제계획에 대한 인가결정 후에 변제기간 중에 남은 기간의 변제예정액을 일시에 변제하는 내용의 신청서(이하 준칙 제444호에서 '일시변제 신청서'라 한다)를 제출하는 경우 변제자금의 출처 및 재산목록에 대한 조사, 개인회생채권자에 대한 의견청취 등의 절차를 정함으로써 채권자들의 신뢰를 바탕으로 채무자가 신속히 면책결정을 받을 수 있도록 함을 목적으로 한다.

제2조(신청서의 제출)

① 채무자는 일시변제 신청서에 일시변제를 하게 된 사유를 소명하고 다음 각 호의 서류를 첨부하여야 한다.

  1. 변제자금의 출처에 관한 금융거래자료
  2. 재산목록에 기재된 재산내역에 변동이 있는 경우 그에 대한 소명자료
  3. 채무자의 진술서
  4. 일시변제에 따른 변제계획수정안

② 채무자는 특별한 사정이 없는 한 이미 수행한 변제계획은 그대로 유지하고 마지막 회차에 개인회생채권자들에게 일시변제금을 안분하는 내용의 변제계획수정안을 작성하여야 한다.

제3조(채권자의 의견청취)

① 법원은 채무자로부터 일시변제 신청서가 제출된 경우 개인회생채권자들에게 신청서 사본을 첨부한 의견청취서를 송달한다.

② 법원은 개인회생채권자로부터 의견서 등이 접수되면 이를 기록에 편철한다.

제4조(일시변제 사유에 대한 조사)

회생위원은 채무자가 제출한 일시변제 신청서 및 소명자료와 개인회생채권자가 제출한 의견서를 검토한 후 일시변제금의 재원 마련 경위가 적절한지 여부, 개인회생 신청 당시의 수입 및 재산신고가 진실하였는지 여부, 면책결정이 가능한지 여부 등에 관한 의견을 기재한 보고서를 판사에게 제출하여야 한다.

제5조(변제금 납입 및 회생위원의 이체)

① 채무자는 일시변제에 대한 법원의 허가가 있으면 일시변제금을 입금하고, 회생위원은 위 변제금을 개인회생채권자들에게 이체한다.
② 채무자는 일시변제 신청서를 제출하면서 일시변제금을 미리 입금할 수 있다.

제6조(면책의 신청)

채무자는 일시변제에 대한 법원의 허가를 얻어 일시변제금을 전부 입금한 후 법원에 면책신청을 할 수 있고, 법원은 법 제624조에 따라 면책의 허부에 관한 결정을 한다.

제451호

면책허부의 결정

제1조(목적)

준칙 제451호는 규칙 제94조에 따른 면책 허가에 관하여 필요한 사항을 정함을 목적으로 한다.

제2조(신청 면책)

① 회생위원은 채무자가 규칙 제94조 제1항의 면책 신청서를 법원에 제출한 경우, 그로부터 1개월 이내에 다음 각 호의 사항에 관한 보고서를 작성하여 판사에게 제출하여야 한다.

1. 채무자가 규칙 제94조 제1항 각 호의 사항을 기재한 신청서를 제출하였는지 여부
2. 채무자가 변제계획안에 따른 변제를 완료하였는지 여부
3. 채무자에게 법 제624조 제3항 제1호, 제2호의 면책불허가 사유가 존재하는지 여부

② 판사는 회생위원으로부터 제1항의 보고서를 제출받은 후 특별한 사정이 없는 한 1주 이내로 채무자에 대한 면책허가여부에 관한 결정을 하여야 한다.

제3조(직권 면책)

① 회생위원은 채무자가 변제계획안에 따른 변제를 완료하였음에도 6개월 이내에 면책신청을 하지 않는 경우, 제2조 제1항 제2호, 제3호의 사항에 관한 보고를 판사에게 하여야 한다.

② 판사는 회생위원으로부터 제1항의 보고를 받은 후 특별한 사정이 없는 한 1주 이내에 채무자에 대한 면책허가여부에 관한 결정을 하여야 한다.

제4조(특별면책)

① 회생위원은 채무자가 규칙 제94조 제2항의 면책신청서를 법원에 제출한 경우, 1개월 이내에 다음 각 호의 사항에 관한 조사를 마쳐야 한다.

1. 채무자가 책임질 수 없는 사유(예 : 비자발적 실직으로 인한 장기간의 소득 상실 등)로 인하여 변제를 완료하지 못한 구체적인 사정

2. 청산가치 이상의 변제를 하였는지 여부

3. 변제계획의 변경이 불가능한 사유(예 : 생계비를 초과하는 수입을 계속적으로 얻을 수 있다고 보기 어려운 경우 등)

4. 채무자에게 법 제624조 제3항 제1호, 제2호상의 면책불허가 사유가 존재하는지 여부

② 회생위원은 제1항의 조사과정에서 필요한 경우, 채무자에 대한 면담 또는 심문절차를 진행할 수 있다.

③ 회생위원은 채무자에 대한 제1항의 조사를 마친 후 14일 이내에 제1항 각 호의 조사내용에 관하여 [별지 1 의견서]를 작성하여 판사에게 제출하여야 한다. 이때, 비자발적 실직으로 인한 소득의 상실이 있더라도 전문직 종사자 등으로서 다시 소득을 얻는 것이 용이한지 여부, 개인파산절차의 면책불허가 사유가 있는지 여부(나아가 재량면책이 가능한지 여부), 개인회생절차에서는 면책될 수 있으나 개인파산절차에서는 면책될 수 없는 채무를 부담하고 있는지 여부 등을 고려하여 면책에 관한 의견을 기재하여야 한다.

④ 판사는 회생위원으로부터 제3항의 보고를 받은 후 특별한 사정이 없는 한 1주 이내에 채무자에 대한 면책허가여부에 관한 결정을 하여야 한다.

[별지 1 의견서]

제   회생위원 특별면책에 대한 의견서

사 건 : 20○○개회   호
채무자 :

위 사건에 관하여 제   회생위원은 다음과 같이 채무자 회생 및 파산에 관한 법률 제624조 제2항에 따른 면책에 대한 의견서를 제출합니다.

- 다   음 -

	특별면책 신청 여부	○ 또는 ×
요건 충족 여부	채무자가 책임질 수 없는 사유(예 : 비자발적 실직으로 인한 장기간의 소득 상실 등)로 인하여 변제를 완료하지 못하였는지 여부	○ 또는 ×
	청산가치보장의 원칙 충족 여부	○ 또는 ×
	변제계획의 변경이 불가능(예 : 생계비를 초과하는 수입을 계속적으로 얻을 수 있다고 보기 어려운 경우 등)한 것인지 여부	○ 또는 ×
이해 관계인	송달 여부	○ 또는 ×
	의견서 제출 여부	○ 또는 ×
	의견 중 특이사항	
기타사항		
회생위원 의견		적정 의견 또는 부적정 의견

20○○.   .   .

제   회생위원   (인)

서울회생법원 제   회생 단독판사 귀중

제452호

면책결정 후의 절차

제1조(목적)

준칙 제452호는 개인회생절차에서 면책결정을 받은 채무자가 신속히 경제적 재기를 할 수 있도록 법원이 면책결정을 전후하여 해야 할 사항을 정함을 목적으로 한다.

제2조(한국신용정보원의 장에 대한 통보)

법원은 채무자에 대한 면책결정이 확정되면 이를 한국신용정보원의 장에게 즉시 통보하여 변제계획인가 결정 시에 등록된 채무자의 특수기록정보 등 신용거래정보가 해제될 수 있도록 하여야 한다.

제3조(미환급 적립금 처리방안)

법원은 채무자가 변제계획에 정한 변제금의 납입을 완료하여 채권자들에게 변제금이 모두 배분되었음에도 불구하고 채무자에게 환급해야 할 적립금이 있는 경우 채무자가 미리 신고한 계좌에 입금하는 방법으로 채무자에게 환급한다.

제4조(확정신고가 없는 경우 미확정 개인회생채권 처리방안)

① 법원은 채무자가 변제계획에 정한 변제금의 납입을 완료한 경우 미확정 개인회생채권의 확정 여부를 확인하여야 한다.

② 법원은 확인 결과 대출기간이 연장되는 등의 사유로 면책단계에 이를 때까지 미확정 개인회생채권이 확정되지 않은 경우에는 최종변제기에 유보한 금액 전부를 일반 개인회생채권자들의 채권액에 비례하여 추가로 배분하는 방식으로 유보금을 처리한 후 면책을 진행한다.

제491호

외부 회생위원 제도의 운영

제1조(목적)

준칙 제491호는 법 제601조 제1항 제1호, 제3호 내지 제7호에 따른 외부 회생위원 제도가 안정적으로 시행될 수 있도록 외부 회생위원의 적정한 보수기준, 외부 회생위원에 대한 교육 등 외부 회생위원 제도의 운영과 관련하여 필요한 사항을 정함을 목적으로 한다.

제2조(보수의 기준)

① 외부 회생위원의 인가결정 이전 업무에 대한 보수는 15만 원으로 정하되, 사안의 난이, 회생위원이 수행한 직무의 내용 등을 참작하여 적절히 증감할 수 있다. 다만 특별한 사정이 없는 한 30만 원을 넘을 수 없다.

② 법원은 인가결정이 있기 전에 다음 각 호의 사유가 발생한 경우 인가결정 이전 업무에 대하여 별도의 보수결정을 한다.

　1. 개인회생절차 개시신청 기각결정이 있은 경우

　2. 개인회생절차 개시신청이 취하된 경우

　3. 변제계획인가결정이 있기 전에 개인회생절차의 폐지결정이 있은 경우

　4. 이송결정이 있은 경우

③ 외부 회생위원의 인가결정 이후 업무에 대한 보수는 인가된 변제계획에 따라 채무자가 실제 임치한 금액의 5% 범위 내로 정한다.

④ 외부 회생위원의 인가결정 이후 업무에 대한 보수의 합리적 기준을 검토하기 위하여 법원에 보수검토위원회(이하 본조에서 '위원회'라 한다)를 둔다.

⑤ 위원회는 위원장 및 3인 이상 6인 이하의 위원으로 구성한다.

⑥ 위원회의 위원장은 수석부장판사로 하고, 위원은 법원장이 지명한다.

⑦ 위원회의 위원에는 개인회생 담당 판사, 관리위원, 법원사무관이 포함되

어야 한다.

⑧ 위원회는 심의를 위하여 필요한 경우 외부 회생위원에게 의견 제출을 요구할 수 있다.

제3조(보수의 결정)

① 법원은 변제계획을 인가한 때에는 인가결정이 확정된 이후 지체없이 인가결정 이전 업무에 대한 외부 회생위원의 보수를 결정한다.

② 법원은 인가결정이 있기 전에 제2조 제2항 각 호의 사유가 발생한 경우에는 그 사유가 확정된 이후 지체없이 인가결정 이전 업무에 대한 외부 회생위원의 보수를 결정한다.

제4조(직무교육)

법원은 외부 회생위원의 신규위촉 후 지체없이 직무교육을 실시한다.

제5조(간담회)

법원은 외부 회생위원 사이의 업무 편차를 줄이고, 개인회생절차의 현안 등을 논의하기 위하여 개인회생 담당판사와 외부 회생위원 사이, 법원사무관등 회생위원과 외부 회생위원 사이의 간담회를 각 연 2회 이상 개최한다. 이때, 개인회생 담당판사와 외부 회생위원 사이의 간담회와 법원사무관등 회생위원과 외부 회생위원 사이의 간담회를 통합하여 실시할 수 있다.

제6조(외부 회생위원에 대한 평가 및 통보)

① 법원은 매년 6월과 12월에 외부 회생위원이 수행한 업무의 적정성에 관하여 평가한다.

② 법원은 제1항의 평가를 하기 전에 외부 회생위원으로부터 업무처리에 관한 의견서를 제출받고, 관리위원회의 의견을 듣는다.

③ 법원은 제1항의 평가결과를 회생·파산위원회에 통보한다.

제493호

외부 회생위원 평가위원회의 운영

제1조(목적)

준칙 제493호는 외부 회생위원에 대한 평가 및 심사가 공정하고 투명하게 진행되도록 하기 위하여 법원 내에 설치할 외부 회생위원 평가위원회의 운영에 관한 사항을 정함을 목적으로 한다.

제2조(위원회의 구성)

① 법원에 「외부 회생위원 평가위원회」(이하 준칙 제493호에서 '위원회'라 한다)를 둔다.

② 위원회는 다음 각 호의 사무를 행한다.

  1. 외부 회생위원에 대한 매년 6월과 12월의 정기 평가

  2. 외부 회생위원에 대한 해촉 사유 등에 관한 심사

  3. 그 밖에 외부 회생위원에 대한 평가가 필요한 경우의 사무

③ 위원회는 위원장 1명과 10명 이내의 위원으로 구성한다.

④ 위원장은 서울회생법원 수석부장판사로 하고, 위원회의 위원은 다음 각 호에 해당하는 사람 중 각 1명 이상과 서울회생법원 개인회생과장을 법원장이 지명한다.

  1. 법원 소속 부장판사

  2. 법원 소속 판사

  3. 법원 관리위원회 소속 관리위원

⑤ 위원회의 회의는 위원장이 소집한다.

⑥ 위원회에는 위원장이 법원 소속 판사 또는 직원 중에서 지명한 간사를 둘 수 있다.

⑦ 위원회는 서면으로 심의·의결할 수 있다.

제3조(외부 회생위원에 대한 정기평정)

① 법원의 개인회생사건 담당 판사는 외부 회생위원으로부터 매년 6월 및 12월 중에 제출받은 업무처리에 관한 의견서를 기초로 하여 [별지 1 외부 회생위원 평가표]를 작성한다.

② 법원의 개인회생사건 담당 판사는 [별지 1 외부 회생위원 평가표]의 총점이 85점 이상인 경우 '상', 70점 이상 85점 미만인 경우 '중', 70점 미만인 경우 '하'로 평가자 종합평가를 기재한다.

③ 법원의 개인회생사건 담당 판사는 외부 회생위원이 제출한 의견서의 적절성, 그 밖에 필요하다고 인정되는 사항에 관한 조사를 관리위원회에 의뢰할 수 있다.

④ 위원회는 개인회생사건 담당 판사가 작성한 평가표와 관리위원회의 조사결과 등을 기초로 매년 6월 및 12월 중에 외부 회생위원이 수행한 업무의 적정성에 관한 평정을 실시한다.

⑤ 위원회는 제4항에 따른 평정결과에 따라 업무수행의 적정성이 미흡한 외부 회생위원에 대하여 평정결과를 고지하고, 고지를 받은 외부 회생위원은 평정결과에 대한 의견을 제출할 수 있다.

⑥ 법원은 위원회의 평정결과와 외부 회생위원의 의견을 종합하여 회생·파산위원회에 외부 회생위원이 수행한 업무의 적정성에 관한 평정결과를 통보한다.

제4조(외부 회생위원에 대한 임시평정)

① 위원회는 외부 회생위원이 다음 각호의 어느 하나에 해당하는 사유가 있다고 볼 사정이 있는 경우 언제든지 해당 외부 회생위원에 대한 평정을 실시할 수 있다.

 1. 품위를 잃은 행위를 한 경우

 2. 법원에 대한 보고의무를 다하지 아니하는 등 회생위원 업무 처리가 불

성실한 경우

3. 그 밖에 회생위원으로서 계속 활동하기 어렵다고 인정할 상당한 이유가 있는 경우

② 위원회는 제1항의 평정을 실시하는 과정에서 관리위원회에 필요하다고 인정되는 사항에 관한 조사를 의뢰할 수 있다.

③ 위원회는 제1항의 평정결과를 즉시 법원장에게 보고하고, 법원장은 위원회의 평정결과를 참고하여 해당 외부 회생위원에 대한 해촉 건의 여부 등 필요한 조치를 취한다.

제5조(청문절차)

위원회는 제3조의 정기평정, 제4조의 임시평정 과정에서 판단에 필요한 경우 외부 회생위원 등의 의견을 듣고 관련 자료를 조사하는 등의 청문을 실시할 수 있다.

[별지 1 외부 회생위원 평가표]

외부 회생위원 평가표

201 . . .

평가자: 판사

평가대상자			
평가항목(배점)	점수	비고(특이사항)	
절차의 신속성(25점)			
재산 및 소득 조사의 충실도(25점)			
사건관리 및 보고의 충실도(25점)			
인가 후 변제수행 관리, 감독업무의 충실도(25점)			
총점	점	평가자 평정	
		상 / 중 / 하	
관리위원회의 의견			
기타사항			

제6편   일반사항

제601호

개인도산 신뢰성 제고 위원회의 운영

제1조(목적)

준칙 제601호는 채무자가 채권자 등 이해관계인 모두가 신뢰하는 개인파산·개인회생절차(이하 준칙 제601호에서'개인도산절차'라 한다)를 통해 경제적으로 재기할 수 있도록 하고 개인도산절차의 공정성과 신뢰를 저해하는 행위를 방지하기 위하여 법원 내에 설치할 개인도산 신뢰성 제고 위원회의 운영에 관하여 필요한 사항을 정함을 목적으로 한다.

제2조(위원회의 구성)

① 체크리스트의 효율적 활용을 위하여 법원에 개인도산 신뢰성 제고 위원회(이하 준칙 제601호에서'위원회'라 한다)를 둔다.

② 위원회는 위원장을 포함하여 7인의 위원으로 구성하고, 매년 법관 정기인사일부터 7일 이내에 구성한다.

③ 위원회의 위원장은 법원장이 서울회생법원 부장판사 중에서 지명한다.

④ 위원은 위원장이 지명한다.

⑤ 위원장은 위원 중 1인을 간사로 지명한다.

⑥ 위원회의 위원에는 다음 각 호의 사람이 포함되어야 한다.

1. 개인도산담당판사

2. 개인회생과장

3. 파산과장

4. 법원사무관등 회생위원

5. 외부 회생위원

6. 개인 파산관재인

제3조(회의)

① 위원장은 매년 6월 및 12월 중에 위원회의 정기 회의를 소집하여야 한다.
② 위원장은 필요한 경우 임시 회의를 소집할 수 있고, 위원이 위원회의 소집을 청구할 경우 위원장은 임시 회의를 소집하여야 한다.
③ 회의는 전자적 방식에 의한 원격회의(동영상이나 음성을 송수신하는 원격통신수단으로 진행하는 회의, 이하 같다)로 진행할 수 있다.

제4조(의결 방법)

① 위원회의 의사는 위원장을 포함한 위원 3분의 2 이상의 출석과 출석한 인원의 과반수로써 결정한다.
② 원격회의에 참여한 위원은 회의장에 출석한 것으로 본다.
③ 원격회의로 진행한 경우 전자적 방식 또는 서면 투표에 의하여 의결할 수 있다.

제5조(회의록)

① 간사는 위원회의 회의록을 작성한다.
② 회의록에는 회의 결과를 기재하고 위원장 및 간사가 서명한다.

제6조(보고)

위원장은 위원회의 회의 결과를 회의 후 7일 이내에 법원장과 수석부장판사에게 보고한다.

제7조(체크리스트 양식)

① 개인도산담당판사, 개인회생사건을 담당하는 회생위원 및 개인 파산관재인은 개인도산절차의 공정성과 신뢰성을 저해할 위험이 있는 행위를 발견한 경우 [별표 1 체크리스트] 양식에 따라 체크리스트를 작성하고, 관련된 자료

를 첨부하여 개인회생과장 또는 파산과장에게 송부한다.

② 체크리스트의 작성 및 송부는 전자적 방식으로 할 수 있다.

③ 개인회생과장 또는 파산과장은 개인도산절차의 공정성을 저해할 우려가 큰 체크리스트에 관하여는 수시로 위원장에게 보고할 수 있다.

제8조(자료의 분석)

① 개인회생과장 및 파산과장은 위원회의 회의 전 위원들에게 수집된 체크리스트를 분석한 후 분석보고서를 작성하여 배포한다.

② 분석보고서에는 체크리스트 내용의 요지, 총 제출건수 및 체크리스트 항목별 분석결과 등을 기재한다.

제9조(자료의 공유)

위원회는 필요한 경우 체크리스트 등 위원회에 제출된 자료를 개인도산사건 처리담당자 등과 공유하거나 그 내용을 알려줄 수 있다.

제10조(대응조치)

① 관리위원회는 체크리스트가 작성된 사안에 관하여 법위반 사실의 경중에 따라 회의를 거쳐 다음의 조치를 취할 수 있다.

1. 수사기관에 수사의뢰

2. 해당 단체에 징계의뢰

3. 서면경고

② 관리위원회는 대응조치에 관한 의결과 함께 해당 사건의 자료 제공의 범위도 결정한다.

③ 관리위원장은 관리위원 중 1인을 체크리스트와 관련된 사무를 담당할 주무 관리위원으로 지명한다.

[별표 1 채크리스트]

사건번호	20	신청대리인	
작성자		작성일	20 . . .

1. 허위[6]자료 제출

가. 허위 채권자목록 제출
☐ 금지명령 받은 후 최근 채무 추가
☐ 허위 개인채권자 기재
☐ 채권자 고의 누락

나. 허위 소득자료 제출
☐ 소득 축소신고

다. 허위 지출자료 제출

라. 허위 재산목록 제출
1) 현금, 예금
☐ 신청 직전 이체
2) 보험
3) 자동차
☐ 허위의 시가 서류 제출
4) 임대차보증금
☐ 위·변조된 임대차계약서나 무상거주 확인서 제출
5) 부동산
☐ 허위의 시가 서류 제출
☐ 명의신탁
☐ 신청 직전 처분행위

---

[6] 허위임이 밝혀진 경우 및 허위라는 의심이 들 만한 사정이 있는 경우를 포함합니다.

6) 사업용 설비

 ☐ 허위의 시가 서류 제출

7) 채권

 ☐ 고의 누락

8) 퇴직금

 ☐ 고의 누락

9) 기타

마. 허위 진술서 제출

2. 소송위임 관련 항목

☐ 무자격자가 형식상의 대리인만 내세우고 개인도산사무를 취급한 경우

☐ 신청대리인 측 상담자를 통해서 수임료를 지급하기 위하여 대부회사와 대출
 계약을 한 경우

☐ 수임료 미지불을 이유로 채무자 동의 없이 취하서를 제출한 경우

☐ 그 밖에 브로커 개입 정황이 있는 경우

 ✳ 이 공간을 활용하여 좌측에 체크한 항목의 구체적인 내용을 적습니다.

제602호

뉴스타트 상담센터 설치 및 운영

제1조(목적)

준칙 제602호는 법원에 뉴스타트 상담센터(이하 준칙 제602호에서 '상담센터'라 한다)를 설치하여 회생·파산·개인회생절차(이하 준칙 제602호에서 '도산절차'라 한다)에 대하여 알고자 하는 채무자, 채권자, 이해관계인 등이 전문가로부터 직접 상담을 받을 수 있도록 함으로써 도산절차의 이용을 쉽게 하고 도산절차가 신뢰받을 수 있도록 하는 데 목적이 있다.

제2조(상담센터의 업무)

상담센터는 다음 각 호의 업무를 수행한다.
  1. 도산절차에 관한 일반적인 안내
  2. 도산절차 신청방법 등 구체적인 절차 이용 안내
  3. 도산절차 이용에 경제적 어려움이 있는 사람에 대한 소송구조 등 관련 지원제도 안내
  4. 신용회복위원회, 서울시 금융복지상담센터, 한국가정법률상담소, 한국자산관리공사 등 유관기관의 채무조정제도 안내
  5. 기타 도산절차 관련 사항에 관한 상담

제3조(상담위원)

법원장은 회생위원, 파산관재인, 유관기관 직원 등 도산절차 또는 채무조정절차에 관하여 지식과 경험이 있는 사람을 상담위원으로 위촉한다.

제4조(운영지원단)

① 상담센터의 운영지원을 위하여 운영지원단을 둔다.

② 운영지원단은 법원장이 지명한 10명 이내의 법관 및 법원공무원으로 구성한다.

③ 운영지원단은 상담 내역 및 진행 상황을 정기적으로 법원장에게 보고하여야 한다.

제5조(상담일지)

① 운영지원단은 상담일지를 상담센터 내에 비치하고 관리한다.

② 상담일지에는 상담내용을 기재하되, 개인정보 보호법이 정하는 개인정보, 민감정보 및 고유식별정보 기타 상담신청인의 인적사항을 특정할 수 있는 정보를 기재하지 않음을 원칙으로 한다.

제6조(홈페이지 게시)

상담센터 운영에 관한 사항은 서울회생법원 홈페이지에 게시한다.

제7조(간담회)

법원은 상담위원 사이의 업무 편차를 줄이고, 현안을 논의하기 위하여 법관과 상담위원 간의 간담회를 연 1회 이상 개최한다.

제8조(직무교육)

법원은 유관기관 상담의 객관성, 중립성, 전문성을 제고하고 업무 편차를 줄이기 위하여 유관기관 상담위원에 대한 직무교육을 연 1회 이상 실시한다.

제603호

면책 전 신용관리 등 교육 및 상담

제1조(목적)

준칙 제603호는 채무자가 실질적인 경제적 재기에 성공할 수 있도록 지원하기 위하여 법원이 채무자에 대하여 신용관리, 취업지원 등에 관하여 교육 또는 상담(이하 준칙 제603호에서 '신용관리 등 교육'이라 한다)을 실시하는 데 필요한 사항을 정함을 목적으로 한다.

제2조(신용관리 등 교육의 내용)

법원이 실시하는 신용관리 등 교육은 개인회생·파산절차를 이용하는 채무자가 법적 도산절차를 성공적으로 수행하고, 면책결정 후에는 경제활동을 온전히 할 수 있도록 하는 데 필요한 사항을 전달하거나 또는 이에 관하여 상담하는 것을 주요내용으로 한다.

제3조(신용관리 등 교육의 시기)

채무자에 대한 신용관리 등 교육은 개인회생·파산절차 종료 전까지 실시하는 것을 원칙으로 한다.

제4조(유관기관과의 협약 체결)

법원은 신용관리 등 교육, 그 밖에 채무자의 실질적 재기지원을 위한 업무의 수행을 위하여 필요한 경우 유관기관과 협약을 체결할 수 있다.

부 칙

제1조(시행일)

이 준칙은 2017. 9. 1.부터 시행한다.

제2조(적용례)

이 준칙은 이 준칙 시행 당시 법원에 계속 중인 사건에 대하여도 적용된다. 다만, 이 준칙 시행 전에 서울중앙지방법원 파산부에서 시행하던 실무준칙의 규정에 따라 생긴 효력에는 영향을 미치지 아니한다.

제3조(준칙 제242호에 대한 경과규정)

준칙 제242호 「M&A 관련 홈페이지(웹사이트)의 관리 요령」(이하 이 조에서 '준칙'이라 한다) 시행 당시 회생절차가 진행 중인 채무자 중 준칙 제2조에 해당하는 채무자에 대해서는 준칙 시행일부터 30일 이내에 제3조에 따라 홈페이지를 개설하고 자료를 공시하도록 하고, 준칙 제6조에서 정한 사항을 M&A 안내에 게재한다.

제4조(준칙 제301호에 대한 경과규정)

서울회생법원 설립 이후 후보자 명단이 다시 작성되지 않은 경우 기존에 시행 중이던 서울중앙지방법원 법인 또는 개인 파산관재인 후보자 명단은 준칙 제301호 「파산관재인의 선정 및 평정」에 의한 서울회생법원의 후보자 명단으로 본다.

부 칙(2017. 8. 29.)

제1조(시행일)

이 준칙은 2017. 9. 1.부터 시행한다.

제2조(적용례)

이 준칙은 이 준칙 시행 당시 법원에 계속 중인 사건에 대하여도 적용된다. 다만, 이 준칙 시행 전에 서울중앙지방법원 파산부에서 시행하던 실무준칙 의 규정에 따라 생긴 효력에는 영향을 미치지 아니한다.

부   칙(2017. 12. 21.)

제1조(시행일)

이 준칙은 2017. 12. 26.부터 시행한다.

제2조(적용례)

이 준칙은 이 준칙 시행 당시 법원에 계속 중인 사건에 대하여도 적용된다.

부   칙(2018. 2. 13.)

제1조(시행일)

이 준칙은 2018. 2. 26.부터 시행한다.

제2조(적용례)

이 준칙은 이 준칙 시행 당시 법원에 계속 중인 사건에 대하여도 적용된다. 다만, 이 준칙 시행 전에 서울회생법원에서 시행하던 실무준칙의 규정에 따라 생긴 효력에는 영향을 미치지 아니하고, 준칙 제401호 제2조, 준칙 제491 호 제2조는 같은 개정조항 시행 후 서울회생법원에 신청한 개인회생사건부 터 각 적용한다.

부   칙(2018. 2. 22.)

제1조(시행일)

이 준칙은 2018. 2. 26.부터 시행한다.

제2조(적용례)

이 준칙은 이 준칙 시행 당시 법원에 계속 중인 사건에 대하여도 적용된다. 다만, 이 준칙 시행 전에 서울회생법원에서 시행하던 실무준칙의 규정에 따라 생긴 효력에는 영향을 미치지 아니한다.

부   칙(2018. 6. 28.)

제1조(시행일)

이 준칙은 2018. 7. 1.부터 시행한다.

제2조(적용례)

이 준칙은 이 준칙 시행 당시 법원에 계속 중인 사건에 대하여도 적용된다. 다만, 이 준칙 시행 전에 서울회생법원에서 시행하던 실무준칙의 규정에 따라 생긴 효력에는 영향을 미치지 아니한다.

부   칙(2018. 12. 3.)

제1조(시행일)

이 준칙은 2018. 12. 3.부터 시행한다.

제2조(적용례)

이 준칙은 이 준칙 시행 당시 법원에 계속 중인 사건에 대하여도 적용된다. 다만, 이 준칙 시행 전에 서울회생법원에서 시행하던 실무준칙의 규정에 따라 생긴 효력에는 영향을 미치지 아니한다.

부　칙(2019. 1. 21.)

제1조(시행일)

이 준칙은 2019. 1. 21.부터 시행한다.

제2조(적용례)

이 준칙은 이 준칙 시행 당시 법원에 계속 중인 사건에 대하여도 적용된다. 다만, 이 준칙 시행 전에 서울회생법원에서 시행하던 실무준칙의 규정에 따라 생긴 효력에는 영향을 미치지 아니한다.

부　칙 (2019. 3. 25.)

제1조 (시행일)

이 준칙은 2019. 3. 25.부터 시행한다.

제2조 (적용례)

이 준칙은 이 준칙 시행 당시 법원에 계속 중인 사건에 대하여도 적용된다. 다만, 이 준칙 시행 전에 서울회생법원에서 시행하던 실무준칙의 규정에 따라 생긴 효력에는 영향을 미치지 아니한다.

부　칙 (2019. 6. 17.)

제1조 (시행일)

이 준칙은 2019. 7. 1.부터 시행한다.

부 칙 (2019. 11. 25.)

제1조 (시행일)

이 준칙은 2019. 11. 25.부터 시행하되, 2019. 10. 28.부터 적용한다.

부 칙 (2019. 12. 16.)

제1조 (시행일)

이 준칙 중 제301호는 2019. 12. 16.부터, 제504호는 2020. 1. 1.부터, 제374호
는 2020. 2. 1.부터 각 시행한다.

제2조 (적용례)

이 준칙은 이 준칙 시행 당시 법원에 계속 중인 사건에 대하여도 적용된다.
다만, 이 준칙 시행 전에 서울회생법원에서 시행하던 실무준칙의 규정에 따
라 생긴 효력에는 영향을 미치지 아니한다.

부 칙 (2020. 4. 27.)

제1조 (시행일)

이 준칙은 2020. 4. 27.부터 시행한다.

제2조 (적용례)

이 준칙은 이 준칙 시행 당시 법원에 계속 중인 사건에 대하여도 적용된다.
다만, 이 준칙 시행 전에 서울회생법원에서 시행하던 실무준칙의 규정에 따
라 생긴 효력에는 영향을 미치지 아니한다.

부 칙 (2020. 6. 2.)

제1조 (시행일)

이 준칙은 2020. 6. 2.부터 시행한다.

부 칙 (2020. 7. 22.)

제1조 (시행일)

이 준칙은 2020. 7. 23.부터 시행한다. 다만 준칙 제219호 제3조 제2항, 준칙 제262호 제2조 본문은 2020. 9. 7.부터 시행한다.

제2조 (적용례)

이 준칙은 이 준칙 시행 당시 법원에 계속 중인 사건에 대하여도 적용된다. 다만, 이 준칙 시행 전에 서울회생법원에서 시행하던 실무준칙의 규정에 따라 생긴 효력에는 영향을 미치지 아니한다.

부 칙 (2020. 11. 23.)

제1조 (시행일)

이 준칙은 2020. 11. 24.부터 시행한다.

제2조 (적용례)

① 이 준칙은 이 준칙 시행 당시 법원에 계속 중인 사건에 대하여도 적용된다. 다만, 이 준칙 시행 전에 서울회생법원에서 시행하던 실무준칙의 규정에 따라 생긴 효력에는 영향을 미치지 아니한다.

② 준칙 제406호는 같은 준칙 시행 전에 이미 인가된 변제계획의 효력에는

영향을 미치지 아니한다.

부   칙 (2021. 3. 29.)

제1조 (시행일)

이 준칙은 2021. 3. 29.부터 시행한다.

제2조 (적용례)

이 준칙은 이 준칙 시행 당시 법원에 계속 중인 사건에 대하여도 적용된다. 다만, 이 준칙 시행 전에 서울회생법원에서 시행하던 실무준칙의 규정에 따라 생긴 효력에는 영향을 미치지 아니한다.

부   칙 (2021. 6. 18.)

제1조 (시행일)

이 준칙은 2021. 6. 21.부터 시행한다.

제2조 (적용례)

이 준칙은 이 준칙 시행 당시 법원에 계속 중인 사건에 대하여도 적용하되, 준칙 제203호는 이 준칙 시행 후 최초로 접수되는 채권조사확정재판 사건부터 적용한다. 다만, 이 준칙 시행 전에 서울회생법원에서 시행하던 실무준칙의 규정에 따라 생긴 효력에는 영향을 미치지 아니한다.

부 칙 (2021. 6. 30.)

제1조 (시행일)

이 준칙은 2021. 7. 1.부터 시행한다.

제2조 (적용례)

이 준칙은 이 준칙 시행 당시 법원에 계속 중인 사건에 대하여도 적용한다. 다만, 이 준칙 시행 전에 서울회생법원에서 시행하던 실무준칙의 규정에 따라 생긴 효력에는 영향을 미치지 아니한다.

부 칙 (2021. 7. 26.)

제1조 (시행일)

이 준칙은 2021. 8. 1.부터 시행한다.

제2조 (적용례)

① 이 준칙은 이 준칙 시행 당시 법원에 계속 중인 사건에 대하여도 적용하되, 다만, 이 준칙 시행 전에 서울회생법원에서 시행하던 실무준칙의 규정에 따라 생긴 효력에는 영향을 미치지 아니한다.
② 준칙 제424호는 같은 준칙 시행 전에 이미 인가된 변제계획의 효력에는 영향을 미치지 아니한다.

조문색인

제 2 편 개인회생실무

사항색인

제 2 편 개인회생실무

제6판
개인파산·회생실무

초판발행	2006년 6월 5일
제2판발행	2008년 8월 25일
제3판발행	2011년 4월 30일
제4판발행	2014년 9월 25일
제5판발행	2019년 7월 25일
제6판발행	2022년 3월 10일

지은이	서울회생법원 재판실무연구회
펴낸이	안종만·안상준

편 집	한두희
기획/마케팅	조성호
표지디자인	이수빈
제 작	고철민·조영환

펴낸곳	(주) **박영사**
	서울특별시 금천구 가산디지털2로 53, 210호(가산동, 한라시그마밸리)
	등록 1959. 3. 11. 제300-1959-1호(倫)
전 화	02)733-6771
f a x	02)736-4818
e-mail	pys@pybook.co.kr
homepage	www.pybook.co.kr
ISBN	979-11-303-4071-5 93360

정 가   72,000원